EBS 중학

뉴런

| 국어 1 |

KB214442

개념책

| 기획 및 개발 |

송해나 정혜진 이미애

| 집필 및 검토 |

강영미(신상중) 김수학(중동고) 박종혁(보성중) 신영미(운중고) 신장우(창문여고) 오경란(탄벌중) 이용우(이대부고) 한세나(도선고)

| 검토 |

강서희 고은영 고재현 김선희 김수민 김영근 김잔디 노정훈 박현정

성난주 이세주 이현기 임동원 하성욱 류근호 손동인 이화욱 장은경

교재 정답지, 정오표 서비스 및 내용 문의 EBS 중학사이트 → 교재 검색 → 교재 선택

+ **수학 전문가 100여 명의 노하우**로 만든
수학 특화 시리즈

+ **연산 ε ▸ 개념 α ▸ 유형 β ▸ 고난도 Σ** 의
단계별 영역 구성

+ **난이도별, 유형별 선택**으로
사용자 맞춤형 학습

연산 ε(6책) | **개념 α**(6책) | **유형 β**(6책) | **고난도 Σ**(6책)

EBS No.1 과목 특화 브랜드

EBS 중학

뉴런

| 국어 1 |

개념책

개념책

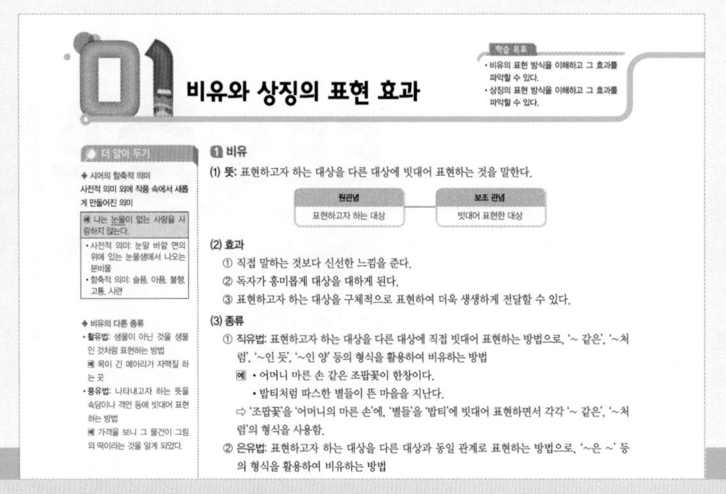

01 비유와 상징의 표현 효과

학습 목표
- 비유의 표현 방식을 이해하고 그 효과를 파악할 수 있다.
- 상징의 표현 방식을 이해하고 그 효과를 파악할 수 있다.

더 알아 두기

✚ 시어의 함축적 의미
사전적 의미 외에 작품 속에서 새롭게 만들어진 의미

예 나는 눈물이 없는 사람을 사랑하지 않는다.
- 사전적 의미: 눈알 바깥 면의 위에 있는 눈물샘에서 나오는 분비물
- 함축적 의미: 슬픔, 아픔, 불행, 고통, 시련

✚ 비유의 다른 종류
- 활유법: 생물이 아닌 것을 생물인 것처럼 표현하는 방법
  예 목이 긴 메아리가 자맥질 하는 곳
- 풍유법: 나타내고자 하는 뜻을 속담이나 격언 등에 빗대어 표현하는 방법
  예 가격을 보니 그 물건이 그림의 떡이라는 것을 알게 되었다.

1 비유

(1) 뜻: 표현하고자 하는 대상을 다른 대상에 빗대어 표현하는 것을 말한다.

원관념	보조 관념
표현하고자 하는 대상	빗대어 표현한 대상

(2) 효과
① 직접 말하는 것보다 신선한 느낌을 준다.
② 독자가 흥미롭게 대상을 대하게 된다.
③ 표현하고자 하는 대상을 구체적으로 표현하여 더욱 생생하게 전달할 수 있다.

(3) 종류
① **직유법:** 표현하고자 하는 대상을 다른 대상에 직접 빗대어 표현하는 방법으로, '~ 같은', '~처럼', '~인 듯', '~인 양' 등의 형식을 활용하여 비유하는 방법
예 • 어머니 마른 손 같은 조팝꽃이 한창이다.
• 밥티처럼 따스한 별들이 뜬 마을을 지난다.
⇨ '조팝꽃'을 '어머니의 마른 손'에, '별들'을 '밥티'에 빗대어 표현하면서 각각 '~ 같은', '~처럼'의 형식을 사용함.
② **은유법:** 표현하고자 하는 대상을 다른 대상과 동일 관계로 표현하는 방법으로, '~은 ~' 등의 형식을 활용하여 비유하는 방법

학습 내용 정리

꼭 알아 두어야 할 교과서의 주요 개념을 정리하였습니다.

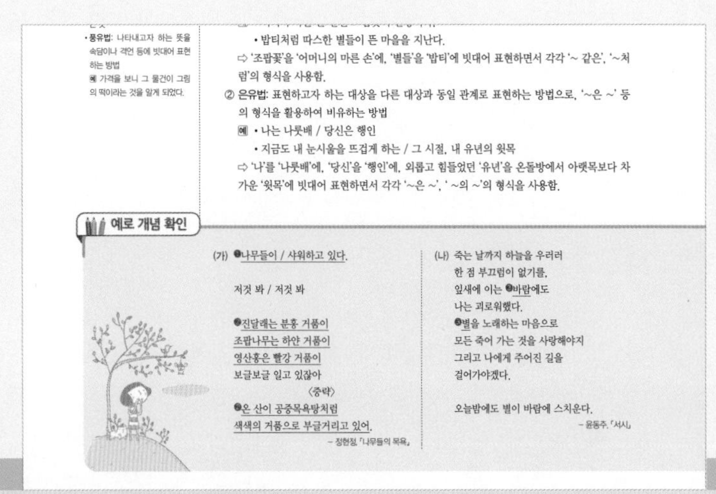

- 풍유법: 나타내고자 하는 뜻을 속담이나 격언 등에 빗대어 표현하는 방법
  예 가격을 보니 그 물건이 그림의 떡이라는 것을 알게 되었다.

• 밥티처럼 따스한 별들이 뜬 마을을 지난다.
⇨ '조팝꽃'을 '어머니의 마른 손'에, '별들'을 '밥티'에 빗대어 표현하면서 각각 '~ 같은', '~처럼'의 형식을 사용함.
② **은유법:** 표현하고자 하는 대상을 다른 대상과 동일 관계로 표현하는 방법으로, '~은 ~' 등의 형식을 활용하여 비유하는 방법
예 • 나는 나룻배 / 당신은 행인
• 지금도 내 눈시울을 뜨겁게 하는 / 그 시절, 내 유년의 윗목
⇨ '나'를 '나룻배'에, '당신'을 '행인'에, 외롭고 힘들었던 '유년'을 온돌방에서 아랫목보다 차가운 '윗목'에 빗대어 표현하면서 각각 '~은 ~', ' ~의 ~'의 형식을 사용함.

예로 개념 확인

(가) ❶나무들이 / 샤워하고 있다.

저것 봐 / 저것 봐

❷진달래는 분홍 거품이
조팝나무는 하얀 거품이
영산홍은 빨강 거품이
보글보글 일고 있잖아
〈중략〉
❸온 산이 공중목욕탕처럼
색색의 거품으로 부글거리고 있어.
– 정현정, 「나무들의 목욕」

(나) 죽는 날까지 하늘을 우러러
한 점 부끄럼이 없기를,
잎새에 이는 ❹바람에도
나는 괴로워했다.
❺별을 노래하는 마음으로
모든 죽어 가는 것을 사랑해야지
그리고 나에게 주어진 길을
걸어가야겠다.

오늘밤에도 별이 바람에 스치운다.
– 윤동주, 「서시」

예로 개념 확인

학습 내용과 관련된 기본 개념과 원리를 예를 통해 확인할 수 있습니다.

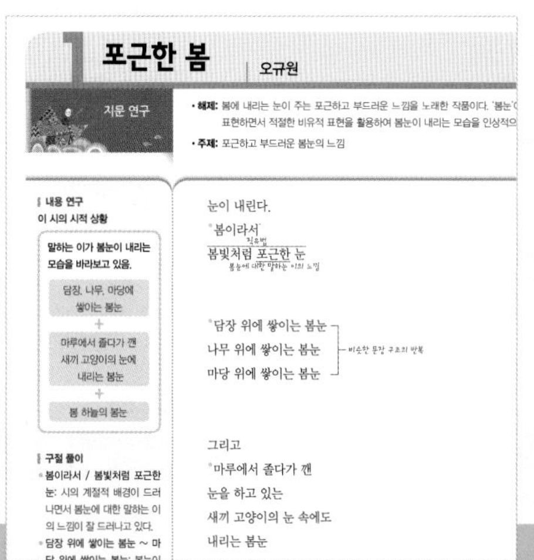

지문 연구 및 문제

주요 지문을 학습하고, 문제를 통해 평가에 대비하도록 하였습니다.

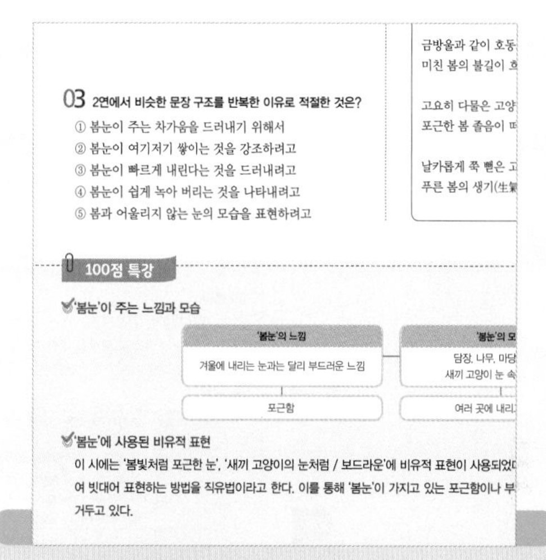

100점 특강

핵심 내용을 한눈에 확인할 수 있습니다.

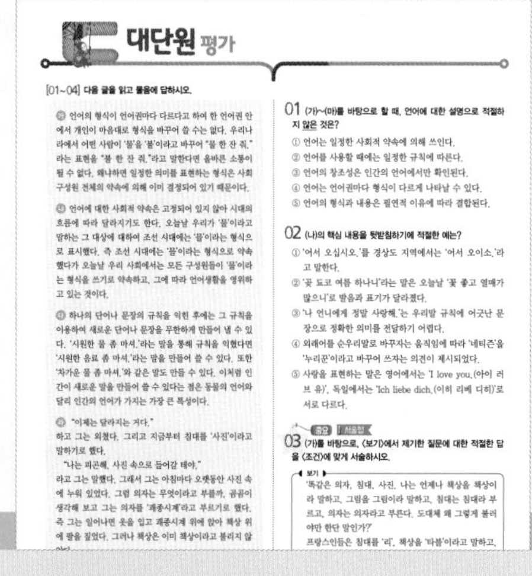

대단원 평가

다양한 유형과 난이도의 문제를 통해 단원을 최종 마무리합니다.

- EBS 홈페이지(mid.ebs.co.kr)에 들어오셔서 회원으로 등록하세요.
- 본 방송 교재의 프로그램 내용은 인터넷 동영상(VOD)으로 다시 보실 수 있습니다.

Structure 이 책의 구성과 특징

실전책

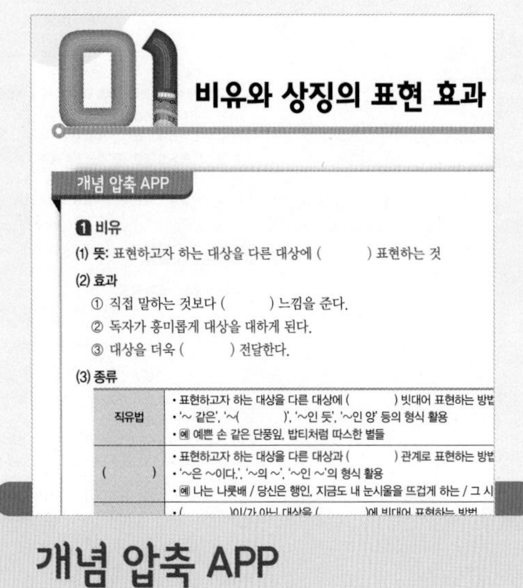

01 비유와 상징의 표현 효과

개념 압축 APP

1 비유

(1) **뜻:** 표현하고자 하는 대상을 다른 대상에 (　　　) 표현하는 것

(2) **효과**

① 직접 말하는 것보다 (　　　) 느낌을 준다.

② 독자가 흥미롭게 대상을 대하게 된다.

③ 대상을 더욱 (　　　) 전달한다.

(3) **종류**

직유법	• 표현하고자 하는 대상을 다른 대상에 (　　　) 빗대어 표현하는 방법 • '~ 같은', '~(　　　)', '~인 듯', '~인 양' 등의 형식 활용 • 예 예쁜 손 같은 단풍잎, 밥티처럼 따스한 별들
(　　　)	• 표현하고자 하는 대상을 다른 대상과 (　　　) 관계로 표현하는 방법 • '~은 ~이다.', '~의 ~', '~인 ~'의 형식 활용 • 예 나는 나룻배 / 당신은 행인, 지금도 내 눈시울을 뜨겁게 하는 / 그 시

개념 압축 APP

중요 개념을 다시 한번 확인할 수 있습니다.

(　　　)	• 부분으로 전체를 대표하여 표현하거나, 대상과 밀접하게 연관된 사물이 상을 표현하는 방법 • 예 사람은 빵만으로는 살 수 없다. 펜은 칼보다 강하다.

2 상징

(1) **뜻:** 표현하려는 대상을 드러내지 않고 다른 사물로 대신하여 표현하는 방법

(2) **효과:** 대상이 지닌 본래의 의미에 새로운 의미를 부여하여 보다 넓고 풍부

(3) **특징**

① (　　　)이 겉으로 드러나지 않는다.

② 원관념과 보조 관념 사이에 직접적인 연관성이 부족하다.

③ 한 작품 속에서 (　　　)으로 사용하는 경향이 있다.

예 별을 노래하는 마음으로 / 모든 죽어 가는 것을 사랑해야지

⇨ '별'은 노래하는 대상으로, 말하는 이가 추구하는 '순수, 이상, 희망'

필수 어휘 사전

• **원관념:** 비유되는 대상, 즉 표현하고자 하는 대상을 뜻함.

• **보조 관념:** 비유하는 대상, 즉 원관념이 잘 드러나도록 돕는 관념

필수 어휘 사전

주요 개념과 어휘, 용어 등을 확인할 수 있습니다.

학습 활동 따라잡기

1 다음 시에서 '상징'이 활용된 시어를 찾고 그 시어의 상징적 의미를 일

내를 건너서 숲으로
고개를 넘어서 마을로

어제도 가고 오늘도 갈
나의 길 새로운 길

민들레가 피고 까치가 날고
아가씨가 지나고 바람이 일고

나의 길은 언제나 새로운 길
오늘도…… 내일도 ……

내를 건너서 숲으로
고개를 넘어서 마을로

학습 활동 따라잡기

교과서의 학습 활동을 응용한 문제를 실었습니다.

학습 목표 응용

01 이 글에 대한 설명으로 적절한 것은?

① 서술자인 '나'가 자신의 생각을 고백하듯이 전달하고 있다.
② 현재와 과거의 시간이 반복적으로 교차되면서 서술되고 있다.
③ 인물의 말과 행동을 통해 심리를 드러내는 방법을 사용하고 있다.
④ 사투리를 사용하여 인물의 해학성을 더욱 효과적으로 드러내고 있다.
⑤ 일제 강점기라는 암울한 시대 상황에 대한 작가의 비판 의식이 드러나 있다.

중요

02 이 글에 나타난 갈등의 양상과 해결 과정에 대한 설명으로 적절하지 않은 것은?

① 문기는 솔직한 고백을 통해서 갈등을 해결하고 있다.
② 문기는 외적 갈등을, 수만이는 내적 갈등을 주로 겪고 있다.
③ 문기는 갈등의 상황에서 벗어나려는 태도를 지니고 있다.
④ 수만이가 문기의 말을 믿지 않으면서 둘 사이의 갈등이 심화된다.

학습 목표 응용

학습 목표를 중심으로 지문의 중요한 내용을 점검할 수 있습니다.

고난도 응용

01 〈보기〉와 이 글에 나타난 공통점으로 적절한 것은?

보기

그 말을 듣는 순간 나는 그의 목덜미를 움켜잡아 거꾸러뜨리고 싶은 심정이었으나 꼼짝 못 하고 형편없는 무법자가 되어 그 자리에 서 있었고, 에밀은 여전히 경멸을 품은 채 마치 우주의 질서처럼 차갑게 내 앞에 서 있었다네. 그는 단 한 마디도 욕을 하지 않았고 그저 바라보는 것만으로 충분히 경멸했던 거야. / 그때 나는 처음으로, 한 번 결딴난 일은 다시 손을 써 볼 수 없다는 사실을 알게 되었지. 집으로 돌아가니 다행히도 어머니는 아무것도 묻지 않고 내게 키스를 해 주셨지. – 헤르만 헤세, 「공작나방」

① '나'의 체험을 통해 교훈을 전달한다.
② 인물이 타인의 도움으로 외적 갈등을 해결한다.
③ 비유를 통해 인물의 외양을 세밀하게 묘사한다.
④ 과장을 사용하여 인물의 천진난만함을 부각한다.
⑤ 인물이 갈등 해결 과정에서 내적 성숙을 이룬다.

중요

02 ㉠과 ㉡에 대한 이해로 적절하지 않은 것은?

고난도 응용

어려운 고난도 문제를 통해 사고력을 높이고 실전 감각을 익힐 수 있습니다.

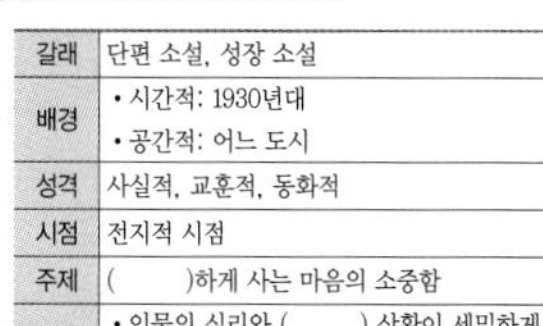

소단원 한눈에 보기

갈래	단편 소설, 성장 소설
배경	• 시간적: 1930년대 • 공간적: 어느 도시
성격	사실적, 교훈적, 동화적
시점	전지적 시점
주제	(　　)하게 사는 마음의 소중함
특징	• 인물의 심리와 (　　) 상황이 세밀하게 드러나 있음. • 작품의 배경이 되는 (　　)을/를 짐작할 수 있는 소재를 사용함. • 일상적 상황을 소재로 하여 인물이 성숙해 가는 과정을 보여 줌.

▶ 이 글의 사건 구성 단계

발단	고깃간에서 더 받은 거스름돈을 수만이와 함께 씀.
전개	공과 쌍안경을 버리고, 남은 거스름돈을 고깃간 마당에 던짐.
위기	숙모의 돈을 훔치고, 점순이가 누명을 쓰고 쫓겨남.
절정	자신의 행동에 대해 괴로워하다 교통사고를 당함.
결말	삼촌에게 그동안의 일을 고백하고 후련함을 느낌.

소단원 한눈에 보기

갈래, 특징, 중요 개념 등을 정리합니다.

▶ 이 글에 사용된 주된 표현 방법

• 비유적 표현

직유법	망망대해를 헤매는 것처럼 힘든 인생
은유법	인생의 항해, 파도, 무서운 사막, 증인 없이 사라지는 일, 탑, 열매 등

• 상징적 표현

'사막을 함께 가는 벗'에서 '사막'의 상징적 의미: '사막'은 비가 오지 않고 척박한 땅을 나타내며, 이 글에서는 각박하고 고난으로 가득 찬 세상을 의미한다.

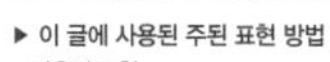

출제 포인트

• 이 글은 직유법, 은유법 등 다양한 표현 방법을 통해 글쓴이가 드러내고자 하는 의미를 인상적으로 표현하고 있다. 따라서 글을 읽으며 다양한 표현 방법이 사용된 부분과 그 표현 효과에 대해 파악할 수 있어야 한다.
• 글쓴이의 경험과 깨달음을 통해 말하고자 하는 중심 의미를 파악할 수 있어야 한다.

출제 포인트

지문에서 시험에 주로 출제되는 포인트를 알 수 있습니다.

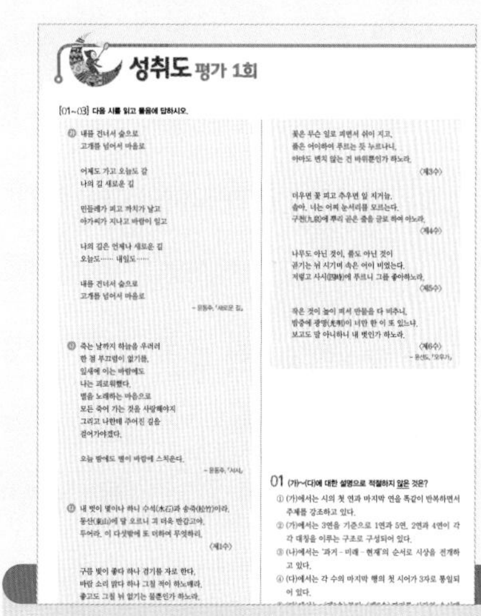

성취도 평가 1회

성취도 평가

최종 마무리! 실전 감각을 익히고 실력을 업그레이드합니다.

• EBS 홈페이지(mid.ebs.co.kr)에 들어오셔서 회원으로 등록하세요.
• 본 방송 교재의 프로그램 내용은 인터넷 동영상(VOD)으로 다시 보실 수 있습니다.

Contents 이 책의 차례

개념책

● 교재 및 강의 내용에 대한 문의는 EBS 홈페이지(mid.ebs.co.kr)의 Q&A 서비스를 활용하시기 바랍니다.

Contents 이 책의 차례
실전책

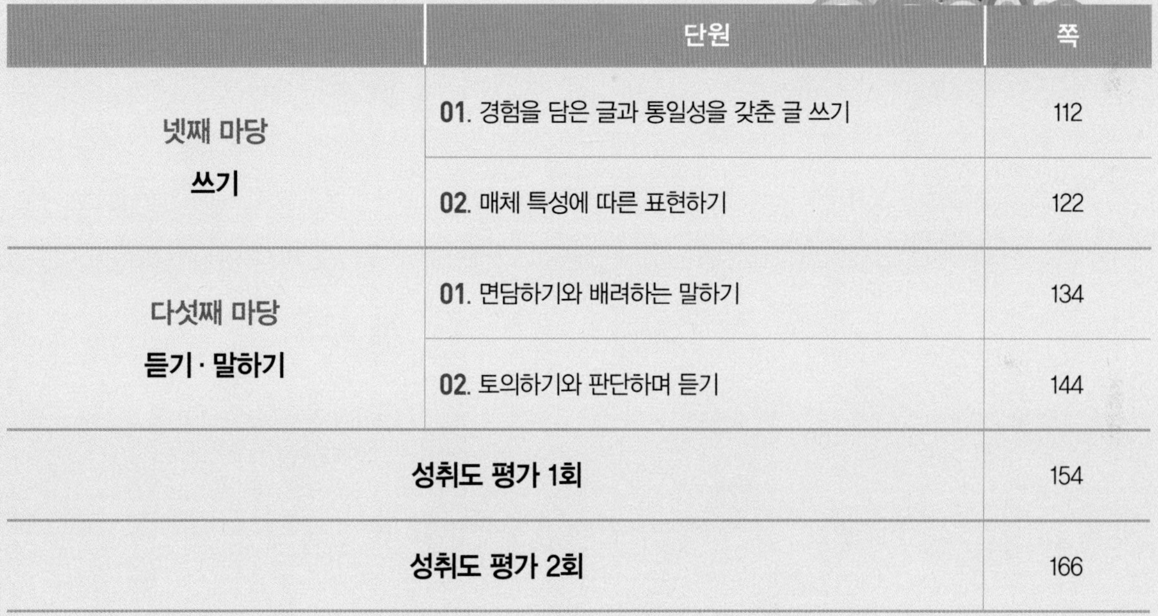

● 교재 및 강의 내용에 대한 문의는 EBS 홈페이지(mid.ebs.co.kr)의 Q&A 서비스를 활용하시기 바랍니다.

- 첫째 마당 -

문학

비유와 상징의 표현 효과

학습 목표
- 비유의 표현 방식을 이해하고 그 효과를 파악할 수 있다.
- 상징의 표현 방식을 이해하고 그 효과를 파악할 수 있다.

1 비유

(1) **뜻:** 표현하고자 하는 대상을 다른 대상에 빗대어 표현하는 것을 말한다.

원관념	보조 관념
표현하고자 하는 대상	빗대어 표현한 대상

(2) **효과**

① 직접 말하는 것보다 신선한 느낌을 준다.
② 독자가 흥미롭게 대상을 대하게 된다.
③ 표현하고자 하는 대상을 구체적으로 표현하여 더욱 생생하게 전달할 수 있다.

(3) **종류**

① **직유법:** 표현하고자 하는 대상을 다른 대상에 직접 빗대어 표현하는 방법으로, '~ 같은', '~처럼', '~인 듯', '~인 양' 등의 형식을 활용하여 비유하는 방법

예 • 어머니 마른 손 같은 조팝꽃이 한창이다.
• 밥티처럼 따스한 별들이 뜬 마을을 지난다.

⇨ '조팝꽃'을 '어머니의 마른 손'에, '별들'을 '밥티'에 빗대어 표현하면서 각각 '~ 같은', '~처럼'의 형식을 사용함.

② **은유법:** 표현하고자 하는 대상을 다른 대상과 동일 관계로 표현하는 방법으로, '~은 ~' 등의 형식을 활용하여 비유하는 방법

예 • 나는 나룻배 / 당신은 행인
• 지금도 내 눈시울을 뜨겁게 하는 / 그 시절, 내 유년의 윗목

⇨ '나'를 '나룻배'에, '당신'을 '행인'에, 외롭고 힘들었던 '유년'을 온돌방에서 아랫목보다 차가운 '윗목'에 빗대어 표현하면서 각각 '~은 ~', ' ~의 ~'의 형식을 사용함.

더 알아 두기

✚ 시어의 함축적 의미
사전적 의미 외에 작품 속에서 새롭게 만들어진 의미

예 나는 눈물이 없는 사람을 사랑하지 않는다.
- 사전적 의미: 눈알 바깥 면의 위에 있는 눈물샘에서 나오는 분비물
- 함축적 의미: 슬픔, 아픔, 불행, 고통, 시련

✚ 비유의 다른 종류
- **활유법:** 생물이 아닌 것을 생물인 것처럼 표현하는 방법
  예 목이 긴 메아리가 자맥질 하는 곳
- **풍유법:** 나타내고자 하는 뜻을 속담이나 격언 등에 빗대어 표현하는 방법
  예 가격을 보니 그 물건이 그림의 떡이라는 것을 알게 되었다.

예로 개념 확인

(가) ❶나무들이 / 샤워하고 있다.

저것 봐 / 저것 봐

❷진달래는 분홍 거품이
조팝나무는 하얀 거품이
영산홍은 빨강 거품이
보글보글 일고 있잖아
〈중략〉
❷온 산이 공중목욕탕처럼
색색의 거품으로 부글거리고 있어.

– 정현정, 「나무들의 목욕」

(나) 죽는 날까지 하늘을 우러러
한 점 부끄럼이 없기를,
잎새에 이는 ❸바람에도
나는 괴로워했다.
❸별을 노래하는 마음으로
모든 죽어 가는 것을 사랑해야지
그리고 나에게 주어진 길을
걸어가야겠다.

오늘밤에도 별이 바람에 스치운다.

– 윤동주, 「서시」

③ **의인법:** 사람이 아닌 대상을 사람으로 표현하는 방법

예 말갛게 씻은 얼굴 고운 해야 솟아라.

⇨ '해'를 사람의 얼굴에 빗대어 표현함.

④ **대유법:** 부분으로 전체를 대표하여 표현하거나, 대상과 밀접하게 관련이 있는 사물이나 관념으로 그 대상을 표현하는 방법

예 • 빼앗긴 들에도 봄은 오는가
• 너그러운 봄은, 삼천리 마을마다

⇨ '들'이라는 부분으로 '국토' 전체를 표현하였고, '삼천리'라는 거리의 개념으로 '우리 국토'를 표현하였음.

2 상징

(1) 뜻: 표현하려는 대상을 드러내지 않고 다른 사물로 대신하여 표현하는 방법으로 주로 추상적인 대상을 구체적 사물로 표현한다.

(2) 효과: 대상이 지닌 본래의 의미에 새로운 의미를 부여하고 보다 넓고 풍부한 의미를 표현할 수 있다.

(3) 특징

① 원관념이 겉으로 드러나지 않는다.

② 원관념과 보조 관념 사이에 직접적인 연관성이 부족하다.

③ 한 작품 속에서 반복적으로 사용되는 경향이 있다.

예 산 넘어 산 넘어서 어둠을 살라 먹고, 산 넘어서 밤새도록 어둠을 살라 먹고, 이글이글 애띤 얼굴 고운 해야 솟아라

⇨ '어둠'은 '해'가 떠오르기 위해 극복해야 하는 대상으로 부정적 상황을 상징하고, '해'는 밝고 희망적이며 평화로운 이상 세계를 상징함.

더 알아 두기

✚ 상징의 종류

• **개인적(창조적) 상징:** 개인이 독창적으로 만들어 낸 상징으로 그 사람의 작품에 나타나는 고유한 상징임.

• **관습적 상징:** 시인이 속해 있는 특정 사회, 문화, 역사적 상황 속에서 오랫동안 쓰여서 널리 인정되고 있는 상징임.

예	상징
동양의 '소나무'	지조, 절개
서양의 '십자가'	기독교, 희생, 고난

• **원형적 상징:** 동서양을 막론하고 인류에게 보편적으로 나타나는 상징임.

예	상징
불	정열, 파멸
물	생명력, 정화, 죽음

❶ **비유 – 의인법:** (가)에서는 '나무들이 / 샤워하고 있다.'라고 표현하고 있다. 이와 같은 표현은 사람이 아닌 대상을 사람처럼 표현하는 방법인 의인법에 해당한다. 의인법을 사용하여 산의 나무들이 꽃을 피우는 모습을 있는 그대로 말하는 것보다 더욱 친근하게 표현하고 있다.

❷ **비유 – 은유법, 직유법:** (가)에서 진달래는 분홍 거품으로, 조팝나무는 하얀 거품으로, 영산홍은 빨간 거품으로 표현하고 있다. 이와 같이 '~은/는 ~'의 형식으로 비유하는 방법을 은유법이라고 한다. 그리고 '온 산이 공중목욕탕처럼 / 색색의 거품으로 부글거리고 있어.'에서는 '~처럼 ~'의 형식으로 비유하는 방법인 직유법이 사용되고 있다. 이와 같은 비유법을 사용함으로써 대상을 더욱 생동감 있게 표현하고 있다.

❸ **상징:** (나)에는 '바람', '별'과 같은 상징적인 의미를 가진 시어가 활용되고 있다. (나)에서 '바람'은 '고난, 고통, 어려운 현실, 일제의 탄압'을 상징하고, '별'은 말하는 이가 추구하는 '순수, 양심, 이상, 희망, 조국의 독립'을 상징한다고 할 수 있다. 이와 같은 표현을 통해 주제를 효과적으로 드러내고 있다.

1 포근한 봄 | 오규원

지문 연구

• **해제:** 봄에 내리는 눈이 주는 포근하고 부드러운 느낌을 노래한 작품이다. '봄눈'이라는 소재를 통해 봄이라는 계절이 주는 느낌을 표현하면서 적절한 비유적 표현을 활용하여 봄눈이 내리는 모습을 인상적으로 표현하고 있다.

• **주제:** 포근하고 부드러운 봄눈의 느낌

내용 연구

이 시의 시적 상황

말하는 이가 봄눈이 내리는 모습을 바라보고 있음.

담장, 나무, 마당에 쌓이는 봄눈
+
마루에서 졸다가 깬 새끼 고양이의 눈에 내리는 봄눈
+
봄 하늘의 봄눈

구절 풀이

• **봄이라서 / 봄빛처럼 포근한 눈:** 시의 계절적 배경이 드러나면서 봄눈에 대한 말하는 이의 느낌이 잘 드러나고 있다.

• **담장 위에 쌓이는 봄눈 ~ 마당 위에 쌓이는 봄눈:** 봄눈이 쌓이는 장소를 표현하였다. 비슷한 문장 구조를 반복하여 운율을 형성하면서 눈이 여기저기 쌓이고 있다는 의미를 강조하고 있다.

• **마루에서 졸다가 깬 ~ 내리는 봄눈:** 포근하게 내리는 봄눈이 새끼 고양이의 눈 속에 비치는 것을 표현하고 있다.

• **봄 / 봄 하늘 / 봄 하늘의 봄눈:** 의도적으로 시행을 배열하여 부드러운 봄눈이 하늘에서 내려 쌓이는 모습을 시각적으로 형상화하고 있다.

눈이 내린다.

°봄이라서
봄빛처럼 포근한 눈
(직유법 / 봄눈에 대한 말하는 이의 느낌)

▶ 포근하게 내리는 [ ]

°담장 위에 쌓이는 봄눈
나무 위에 쌓이는 봄눈
마당 위에 쌓이는 봄눈
(비슷한 문장 구조의 반복)

▶ 담장, [ ], 마당에 쌓이는 봄눈

그리고
°마루에서 졸다가 깬
눈을 하고 있는
새끼 고양이의 눈 속에도
내리는 봄눈

▶ 새끼 고양이의 눈 속에도 내리는 봄눈

감았다 떴다 하는
새끼 고양이의 눈처럼
보드라운
(직유법(봄눈을 새끼 고양이의 눈에 직접 비유))

▶ 새끼 고양이의 [ ]처럼 보드라운 봄눈

°봄
봄 하늘
봄 하늘의 봄눈
(의도적인 시행의 배열로 봄눈이 내려 쌓이는 모습을 형상화함.)

▶ 보드라운 봄 [ ]의 봄눈

01 이 시가 주는 느낌을 설명한 것으로 적절한 것은?

① 시원하고 상쾌한 느낌을 자아낸다.
② 포근하면서도 부드러운 느낌이 든다.
③ 여유로움 속에서 가벼운 긴장감이 느껴진다.
④ 안타까운 추억을 떠오르게 하는 따뜻함이 있다.
⑤ 봄이 주는 생동감 있고 경쾌한 느낌이 드러난다.

02 이 시의 화자가 바라보고 있는 대상 중에서 중심 소재와 거리가 먼 것은?

① 담장 ② 나무 ③ 마당
④ 마루 ⑤ 새끼 고양이의 눈

03 2연에서 비슷한 문장 구조를 반복한 이유로 적절한 것은?

① 봄눈이 주는 차가움을 드러내기 위해서
② 봄눈이 여기저기 쌓이는 것을 강조하려고
③ 봄눈이 빠르게 내린다는 것을 드러내려고
④ 봄눈이 쉽게 녹아 버리는 것을 나타내려고
⑤ 봄과 어울리지 않는 눈의 모습을 표현하려고

04 5연에 대한 설명으로 적절한 것은?

① 계절이 변하는 모습을 단계적으로 보여 주고 있다.
② 대상의 범위를 점점 넓혀 가며 봄눈의 느낌을 표현하였다.
③ 봄눈을 통해 봄에 대한 말하는 이의 느낌을 직접적으로 드러내고 있다.
④ '하늘'이라는 소재에 봄에 대한 말하는 이의 안타까운 감정을 실어 표현하였다.
⑤ 시행의 의도적 배열을 통해 봄눈이 내려 쌓이는 모습을 시각적으로 형상화하였다.

중요 | 서술형

05 〈보기〉에 사용된 비유적 표현을 1연에서 찾아 쓰시오. (단, 원관념을 밝혀 쓸 것.)

보기

꽃가루와 같이 부드러운 고양이의 털에
고운 봄의 향기(香氣)가 어리우도다.

금방울과 같이 호동그란 고양이의 눈에
미친 봄의 불길이 흐르도다.

고요히 다물은 고양이의 입술에
포근한 봄 졸음이 떠돌아라.

날카롭게 쭉 뻗은 고양이의 수염에
푸른 봄의 생기(生氣)가 뛰놀아라.

– 이장희, 「봄은 고양이로다」

100점 특강

'봄눈'이 주는 느낌과 모습

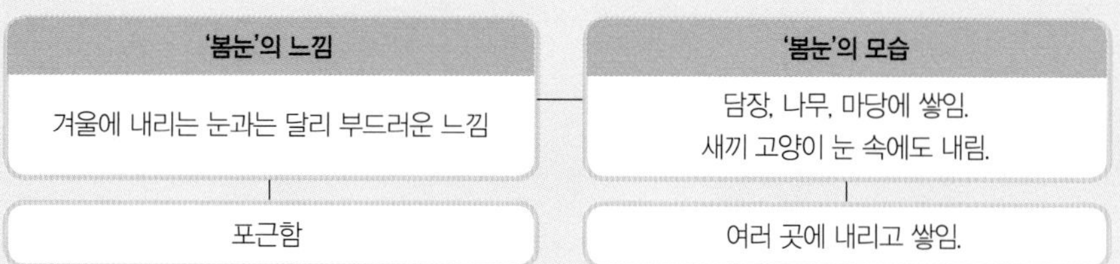

'봄눈'의 느낌
겨울에 내리는 눈과는 달리 부드러운 느낌
포근함
'봄눈'의 모습
담장, 나무, 마당에 쌓임.
새끼 고양이 눈 속에도 내림.
여러 곳에 내리고 쌓임.

'봄눈'에 사용된 비유적 표현

이 시에는 '봄빛처럼 포근한 눈', '새끼 고양이의 눈처럼 / 보드라운'에 비유적 표현이 사용되었다. 이와 같은 '~처럼 ~'의 형식을 사용하여 빗대어 표현하는 방법을 직유법이라고 한다. 이를 통해 '봄눈'이 가지고 있는 포근함이나 부드러움이 더욱 생생하게 느껴지는 효과를 거두고 있다.

2 새로운 길 | 윤동주

지문 연구

- **해제:** '길'이라는 상징적 의미를 지닌 시어를 활용하여 인생을 대하는 자신의 태도를 고백하듯이 노래하고 있다. '새로운 길'이라는 시어를 반복적으로 사용함으로써 날마다 새로운 마음으로 살아가고자 하는 말하는 이의 의지를 효과적으로 표현하였다.
- **주제:** 언제나 새로운 길을 가려고 다짐하는 마음

㉠ *내를 건너서 숲으로 (△: 인생의 고난, 시련)
㉡ 고개를 넘어서 마을로 (○: 희망과 평화)

▶ 내와 고개를 지나 숲과 [　　](으)로 감('나'의 여정).

어제도 가고 오늘도 갈
나의 길 새로운 길 — 과거로부터 이어져 온 인생의 길

▶ '나'는 새로운 [　　]을/를 감(길의 의미).

[민들레]가 피고 [까치]가 날고 ([　]: 인생의 길에서 만나는 다양한 존재들)
[아가씨]가 지나고 [바람]이 일고

▶ 길을 가며 [　　], 까치, 아가씨, 바람을 만남(길의 풍경).

나의 길은 언제나 새로운 길
오늘도…… 내일도…… — 2연과 형태는 다르지만 같은 내용임.

▶ 언제나 [　　] 길을 가고자 함(길의 의미).

내를 건너서 숲으로
고개를 넘어서 마을로 — 1연과 같은 내용으로 수미상관에 해당함.

▶ 내와 [　　]을/를 지나 숲과 마을로 감('나'의 여정).

| 내용 연구

말하는 이의 상황과 태도

상황
인생의 길을 걸어가고 있음.

⬇

태도
새로운 마음으로 미래를 향해 나아가고자 함.

| 구절 풀이

- **내를 건너서 ~ 넘어서 마을로:** '내'와 '고개'는 험난한 곳, '숲'과 '마을'은 험한 곳을 지나서 가고자 하는 곳의 의미를 지닌다.
- **어제도 가고 ~ 새로운 길:** 현재도 미래에도 가야 할 인생의 길을 항상 새로운 길을 가듯이 살고자 하는 말하는 이의 태도가 드러난다.
- **나의 길은 ~ 내일도……:** 2연의 변화된 형태로, 앞으로도 새로운 마음으로 길을 가겠다는 소망과 의지를 보여 준다.

| 낱말 풀이

* **내:** 시내보다는 크지만 강보다는 작은 물줄기.

답 마을, 길, 민들레, 새로운, 고개

01 이 시에 대한 설명으로 적절하지 않은 것은?

① 상징적 의미를 지닌 시어를 사용하고 있다.
② 전체 내용이 '길'을 중심으로 전개되고 있다.
③ 인생을 대하는 말하는 이의 태도가 드러나 있다.
④ 다양한 비유적 표현을 통해 주제를 강조하고 있다.
⑤ 3연을 중심으로 앞과 뒤가 내용상 대칭을 이루고 있다.

02 이 시의 분위기에 대한 설명으로 적절한 것은?

① 여유롭고 행복한 느낌을 준다.
② 우울하고 답답한 느낌이 든다.
③ 경쾌하면서 강한 의지가 느껴진다.
④ 엄숙하고 장엄한 분위기를 자아낸다.
⑤ 분주하면서 열정적인 분위기가 보인다.

03 3연에 쓰인 소재들의 의미로 적절한 것은?

① 말하는 이의 마음속 풍경
② 말하는 이가 꿈꾸는 이상향
③ 말하는 이가 겪게 되는 고난
④ 말하는 이의 행복했던 어린 시절
⑤ 말하는 이가 만나는 다양한 존재들

04 4연에 대한 설명으로 적절하지 않은 것은?

① 2연의 변화된 형태라고 할 수 있다.
② 주제 의식이 분명하게 드러나고 있다.
③ 말하는 이의 소망과 의지가 담겨 있다.
④ 말줄임표를 사용하여 여운을 남기고 있다.
⑤ 시대적 상황에 대한 안타까움이 드러나고 있다.

중요 | 서술형

05 다음은 ㉠과 ㉡의 함축적 의미에 대해 발표한 내용이다. 빈칸에 들어가기에 적절한 내용을 하나의 문장으로 완성하시오.

◀ 보기 ▶

'내'는 시내보다는 크지만 강보다는 작은 물줄기로 건너기가 쉽지 않고, '고개'는 비탈진 곳으로 넘어가기가 쉽지 않은 험난한 곳입니다. 그렇다면 '내'와 '고개'는 '(   )'라고 해석할 수 있습니다.

100점 특강

상징적 의미를 지닌 시어와 주제

길	내와 고개	숲과 마을
'어제도', '오늘도', '내일도' 걸어가야 함.	길을 가면서 건너야 하고 넘어야 하는 것	어려움을 이겨 내고 나아갈 곳
인생의 길	고난과 시련	희망과 평화

수미상관의 효과

수미상관은 이 시와 같이 시의 첫 부분과 끝부분에 같거나 비슷한 내용의 구절이나 문장을 배치해 반복하는 구성이다. 이런 구성은 전체적으로 형태적 안정감을 주며, 비슷한 내용을 반복하기 때문에 의미를 강조하는 효과가 있다. 또한 반복되는 구절을 통해 운율을 살릴 수 있으며, 시적 여운을 남기기도 한다.

3 오우가 | 윤선도

지문 연구

- **해제:** 다섯 자연물을 다섯 친구로 의인화하여 자연에 대한 사랑과 인간이 지녀야 할 덕성에 대해 노래하면서 그 자연물이 지닌 상징적 의미를 통해 주제를 드러낸다. 이 작품은 6수로 이루어진 연시조로 우리말의 아름다움을 잘 살려서 시조를 높은 경지로 끌어올렸다는 평가를 받고 있다.
- **주제:** 물, 바위, 소나무, 대나무, 달의 미덕에 대한 예찬

내용 연구

이 시의 구성

1수	다섯 벗 소개
2수	물
3수	바위
4수	소나무
5수	대나무
6수	달

구절 풀이

- 두어라: 종장 첫 음보는 세 글자여야 한다는 시조의 형식을 맞추기 위해 사용한 감탄사이다.
- 구름 빛이 ~ 하노매라.: 구름과 바람은 영원하지 않고 쉽게 변함을 뜻한다.
- 푸르는 듯 누르나니.: 풀은 잠시 푸르다가 금세 시들어 색이 변한다는 의미이다.
- 더우면 ~ 잎 지거늘: 사람들이 세상 형편에 따라 편하게 살아감을 꽃이 피고 잎이 지는 것에 빗대어 표현하였다.
- 곧기는 ~ 비었는다.: 지조가 곧고 욕심이 없음을 뜻한다.

낱말 풀이

* 긔: 그것이.
* 좋다: 깨끗하다.
* 자로: 자주.
* 하노매라: 많구나.
* 뉘: (~할) 때, (~할) 적.
* 눈서리: 눈과 서리. 고난과 시련을 상징함.
* 모르는다: 모르는가.
* 구천: 땅속 깊은 밑바닥.
* 뉘 시기며: 누가 시켰으며.
* 비었는다: 비었는가.

(가) 내 벗이 몇이나 하니 수석(水石)과 송죽(松竹)이라.
(자연물을 친구로 표현함. - 의인법)
동산(東山)에 달 오르니 *긔 더욱 반갑고야.
*두어라, 이 다섯밖에 또 더하여 무엇하리.
(다섯: 물, 바위, 소나무, 대나무, 달)

▶ 다섯 벗에 대한 소개

(나) ㉠ *구름 빛이 *좋다 하나 검기를 *자로 한다.
㉡바람 소리 맑다 하나 그칠 적이 *하노매라.
좋고도 그칠 *뉘 없기는 물뿐인가 하노라.
(물의 특성 - 맑고도 변함이 없음.)

▶ 물의 [ ]

(다) ㉢꽃은 무슨 일로 피면서 쉬이 지고,
㉣풀은 어이하여 *푸르는 듯 누르나니.
아마도 변치 않는 건 바위뿐인가 하노라.
(바위의 특성 - 변하지 않음.)

▶ 바위의 [ ]

(라) *더우면 꽃 피고 추우면 잎 지거늘,
솔아, 너는 어찌 *눈서리를 *모르는다.
(소나무의 특성 ① - 눈서리를 모름.)
*구천(九泉)에 뿌리 곧은 줄을 글로 하여 아노라.
(소나무의 특성 ② - 뿌리가 곧음.)

▶ 솔의 지조와 [ ]

(마) 나무도 아닌 것이, 풀도 아닌 것이
*곧기는 *뉘 시기며, 속은 어이 *비었는다.
(대나무의 특성 ① - 곧음, 속이 빔.)
저렇고 사시(四時)에 푸르니 그를 좋아하노라.
(대나무의 특성 ② - 사철 푸름. / 그: 대나무)

▶ 대나무의 [ ]와/과 지조

(바) ㉤작은 것이 높이 떠서 만물을 다 비추니,
(작은 것: 달 / 달의 특성 ① - 밝게 빛남. 만물을 다 비춤.)
밤중에 광명(光明)이 너만 한 이 또 있느냐.
보고도 말 아니하니 내 벗인가 하노라.
(달의 특성 ② - 과묵함.)

▶ 달의 [ ]와/과 과묵함

답 영원함, 불변성, 절개, 욕심 없음, 광명

01 이 시에 대한 설명으로 적절하지 않은 것은?

① 대상을 예찬하는 태도가 나타난다.
② 우리나라 전통 시의 형식을 보여 준다.
③ 자연에 대한 사랑이 바탕에 깔려 있다.
④ 바람직한 인간상에 대한 시인의 생각이 드러난다.
⑤ 자연의 특성과 인간의 속성이 대조적으로 그려진다.

중요

02 이 시의 주된 표현 방법을 설명한 것으로 적절한 것은?

① 부분으로 전체를 대표하여 표현하였다.
② 사람이 아닌 대상을 사람처럼 표현하였다.
③ 전달하고자 하는 내용과 반대로 표현하였다.
④ 문장 안에서 언어의 배열 순서를 바꾸어 표현하였다.
⑤ 표현하고자 하는 대상을 다른 대상에 직접 빗대어 표현하였다.

중요 | 서술형

03 〈보기〉에서 제시한 상징적 의미를 가진 소재를 찾고, 그 소재가 가진 특성을 서술하시오.

보기

지조와 욕심이 없음을 상징하는 소재

04 (다)~(마)에서 공통적으로 강조하는 덕성을 다루고 있는 것은?

① 어버이 살아실 제 섬기기란 다하여라.
지나간 후면 애달프다 어이하리.
평생에 고쳐 못할 일은 이뿐인가 하노라.
② 동창이 밝았느냐 노고지리 우지진다.
소치는 아이는 상기 아니 일었느냐.
재 너머 사래 긴 밭을 언제 갈려 하느니.
③ 이 몸이 죽고 죽어 일백 번 고쳐 죽어
백골이 진토 되어 넋이라도 있고 없고
임 향한 일편단심이야 가실 줄이 있으랴.
④ 노래 만든 사람 시름도 많기도 많으리.
일러 다 못 일러 불러나 풀었던가.
진실로 풀릴 것이면 나도 불러 보리라.
⑤ 어져 내 일이야 그릴 줄을 모르더냐.
있으라 하더면 가랴마는 제 구태여
보내고 그리는 정은 나도 몰라 하노라.

05 ㉠~㉤ 중, 대상을 대하는 말하는 이의 태도가 나머지와 다른 하나는?

① ㉠ ② ㉡ ③ ㉢ ④ ㉣ ⑤ ㉤

100점 특강

이 시에 나타난 자연물의 특성과 상징적 의미

자연물	특성	상징적 의미(덕성)
물	깨끗하면서도 그치지 않음.	그치지 않는 영원함
바위	변치 않음.	불변성
소나무	눈서리를 모르며 뿌리가 곧음.	꿋꿋한 지조와 절개
대나무	곧고 속이 비었으며 사시에 푸름.	욕심 없음과 지조
달	밝게 빛나며 보고도 말하지 않음.	밝고 과묵함.

이 시의 비유적 표현

서시에 해당하는 1수에서 말하는 이는 자신의 다섯 친구를 소개하는데, 그 벗은 수석(水石)과 송죽(松竹)과 달이다. 물, 바위, 소나무, 대나무, 달이라는 자연물을 '벗'이라고 부르며 사람처럼 표현하는 의인법을 사용하였다.

4 사막을 같이 가는 벗 | 양귀자

지문 연구

- **해제:** 글쓴이가 자신의 경험을 토대로 진정한 친구의 중요성에 대한 견해를 드러낸 수필이다. 글쓴이는 학창 시절 친구들과 헤어져 소외감을 느꼈던 신학기를 회상하며, 각박한 세상을 견디어 내기 위해 참다운 벗이 필요하고, 내가 먼저 참다운 벗이 되기 위해 노력해야 한다는 생각을 드러내고 있다.
- **주제:** 진정한 친구의 중요성과 참다운 벗이 되기 위한 노력의 필요성

(가) 학창 시절에는 유별나게도 학년이 바뀌고 반이 바뀌어 친구들과 뿔뿔이 흩어져야 하는 신학기가 싫었다. 마음으로 간절히 원했던 친구는 거의 언제나 다른 반으로 가 버렸고, 한 반이 되지 않기를 빌고 빌었던 친구는 어김없이 한 반으로 편성되곤 하는 불행 아닌 불행 앞에서 얼마나 많이 속상해했는지 모른다.

(글쓴이의 학창 시절 회상 / 당시에 느꼈던 감정 – 속상함.)

▶ 친한 친구와 헤어져야 했던 신학기에 대한 기억

(나) 그래서 ㉠학년이 바뀌면 처음 얼마 동안은 늘 마음을 잡지 못했다. 아침에 눈을 떠 학교에 갈 일을 생각하면 *가슴 한쪽이 싸늘해지곤 하던 그 느낌을 지금도 나는 *선연히 떠올릴 수가 있다.

(이유: 친구들과 헤어져 외로움과 소외감을 느꼈기 때문에)

▶ 마음을 잡지 못했던 신학기

(다) 특히 운동장 조회나 체육 시간 같은 때 친한 친구도 없이 외따로 떨어져 그 지겨운 시간을 견딜 생각을 하면 어디론가 도망가고 싶을 지경이었다. 게다가 점심시간은 또 얼마나 *무렴한지, *친하지도 않은 짝과 김치 국물 흐른 도시락을 꺼내 놓고 밥알 씹는 소리까지 서로 환히 들어 가며 밥 먹을 생각을 하면 입맛도 달아나 버렸다.

(친하지 않은 친구와 밥을 먹는 점심시간의 상황을 생생하게 표현함.)

그런데 다른 아이들은 그렇지 않은 것 같았다. 가만히 살펴보면 어느새 하나둘씩 친한 친구를 만들어 저희들끼리 밥도 먹고 조회 시간에도 나란히 서서 다정하게 *속살거리는데, 그 속에서 혼자만 외톨이로 빙빙 돌고 있는 아이는 나 하나뿐인 것처럼 생각되곤 했다.

('나'가 느꼈던 외로움과 소외감을 느끼지)

▶ 친한 친구 없이 견뎌야 했던 신학기에 느꼈던 지겨움과 [　　]

(라) 그 지독한 *소외감은 물론 시간이 흐르면서 조금씩 나아지기는 했다. 여름 방학을 할 때쯤이면 운동장 조회나 점심시간을 외롭게 하지 않을 단짝 한 명 정도는 발견하기 마련이니까 결국은 시간이 해결해 주었던 셈이다.

▶ [　　]이/가 지나면서 단짝 친구를 발견함.

(마) 그러나 역시 시간이 흐르면 신학기 또한 어김없이 다시 찾아오는 것이었다. 그러면 이별과 탐색, 그리고 그 지독한 소외감에 시달리는 쓸쓸한 나날이 잊지도 않고 이어지는 것이었다.

(신학기마다 비슷한 상황이 반복되었음.)

▶ 신학기가 될 때마다 [　　]을/를 느꼈던 기억

(바) 이제는 반이 나뉘고 새로운 급우들한테서 낯설음을 실컷 맛봐야 하는 신학기 따위는 영영 내 곁에서 사라졌다. 그 대신 *사랑하고 믿어 주는 것보다 시기하고 미워하며, 또는 빼앗고 속이는 일이 더 많은 *황폐한 세상살이에 낯가림하며 사는 나날 속으로 내던져지고 말았다.

(시간이 흘러 어른이 되었음. / 어른이 된 현재의 삶이 더 힘겨움.)

▶ 어른이 된 현재의 황폐한 세상살이

| 내용 연구

이 글의 구조

현재 (어른)	→ 회상	학창 시절

어른이 된 현재 학창 시절의 신학기를 회상함.

| 구절 풀이

- **가슴 한쪽이 싸늘해지곤 하던 그 느낌:** 친한 친구와 떨어진 교실에서 경험한 외로움과 낯선 느낌.
- **친하지도 않은 ~ 달아나 버렸다.:** 친하지 않은 짝과 함께 밥을 먹어야 하는 점심시간에 대한 느낌을 생생하게 드러내고 있다.
- **사랑하고 믿어 주는 ~ 사는 나날:** 어른이 되어 겪는 현재의 삶을 더 힘겹게 생각함을 알 수 있다.

| 낱말 풀이

- * **선연히:** 실제로 보는 것같이 생생하게.
- * **무렴한지:** 염치가 없음을 느껴 마음이 부끄럽고 거북한지.
- * **속살거리는데:** 남이 알아듣지 못하도록 작은 목소리로 자질구레하게 자꾸 이야기하는데.
- * **소외감:** 남에게 따돌림을 당하여 멀어진 듯한 느낌.
- * **황폐한:** 정신이나 생활 따위가 거칠어지고 메말라 가는.

01 이 글의 특징에 대한 설명으로 적절한 것은?

① 글쓴이가 겪은 일화들을 공간의 이동에 따라 나열하고 있다.
② 글쓴이가 대상에게 편지 형식으로 자신의 심경을 드러내고 있다.
③ 글쓴이가 과거의 경험을 토대로 현재의 문제를 극복한 사례를 제시하고 있다.
④ 글쓴이가 특정 대상과의 갈등에 대한 해결 과정을 시간의 흐름에 따라 서술하고 있다.
⑤ 현재의 글쓴이가 과거의 일을 회상하며 학창 시절의 느낌을 구체적으로 떠올리고 있다.

02 이 글을 읽은 독자의 반응으로 적절한 것은?

① 글쓴이는 남을 따돌리는 친구의 특성을 잘 파악하고 있군.
② 글쓴이는 신학기에 발생할 수 있는 문제점을 비판적으로 평가하고 있군.
③ 글쓴이는 자신이 겪었던 학창 시절의 일면을 진솔하게 표현하고 있군.
④ 글쓴이는 학창 시절을 벗어난 것에 대한 안도감과 감사함을 표현하고 있군.
⑤ 글쓴이는 당시의 기억을 통해 자신이 개선해야 할 점을 새롭게 발견하고 있군.

중요

03 이 글의 내용을 글쓴이가 일기로 썼다고 가정할 때, 적절하지 않은 것은?

> ⓐ올해도 나는 친했던 친구들과 헤어져서 다른 반이 되어서 무척 속상하다. ⓑ쓸쓸하게 보내야 하는 신학기가 무척 견디기 힘들다. ⓒ다른 친구들은 벌써 친한 친구들이 생긴 것 같은데, 나만 혼자 있는 것 같다. ⓓ하지만 시간이 흐르면서 점차 친구를 사귀게 되었다. ⓔ이제는 친구들이 많아져서 신학기가 되는 것이 두렵지 않게 되었다.

① ⓐ ② ⓑ ③ ⓒ ④ ⓓ ⑤ ⓔ

04 ㉠의 이유로 적절한 것은?

① 아침에 일어나서 학교에 가는 생활에 적응하기 힘들었기 때문에
② 운동장 조회 같은 특별한 행사에 참여하는 일이 많았기 때문에
③ 친한 친구들과 헤어져서 외롭게 학교생활을 해야 했기 때문에
④ 신학년이 되는 설렘과 기대감으로 학업에 집중하지 못했기 때문에
⑤ 다른 반이 되어 떨어진 친구들을 만나기 위해 돌아다녀야 했기 때문에

서술형

05 (바)에 나타난 글쓴이의 생각을 〈조건〉에 맞게 한 문장으로 쓰시오.

> 조건
> • '학창 시절'과 '어른이 된 현재'를 활용하여 문장을 만들 것.
> • 과거와 현재의 차이점을 드러낼 것.

100점 특강

이 글의 구성

〈이 글에서 말하는 이〉 • '나' = 글쓴이 자신을 나타냄. • 어른이 된 '나'가 학창 시절을 회상함.	〈글쓴이가 회상한 내용〉 • 학창 시절에 신학기마다 반이 바뀌어 친한 친구와 헤어져서 지내야 했던 기억 • 그 당시에 낯섦, 외로움, 괴로움, 소외감 등을 느꼈음.
	〈어른이 된 글쓴이의 생각〉 • 인생은 신학기의 낯섦보다 더 힘든 일들이 많음.

4 사막을 같이 가는 벗

내용 연구

글쓴이가 생각하는 '참다운 벗'의 의미

- 험난한 인생살이에서 동지애를 느낄 수 있는 친구
- 내 삶의 따뜻한 동반자라는 느낌이 전해져 오는 친구

➡ 각박한 세상에서 영혼을 함께 나눌 수 있는 친구

구절 풀이

- **망망대해를 헤매는 ~ 가득한 일이다.**: 인생은 신학기에 외로움을 견디는 것보다 넓은 바다를 항해하는 것처럼 더욱 두렵고 힘든 일이다.
- **친구 없이 ~ 사라지는 일이라고.**: '무서운 사막'은 사막에 있듯이 외롭고 힘겹게 사는 것, '증인 없이 사라지는 일'은 삶의 의미를 설명해 줄 친구가 없는 것을 비유하는 말로, 친구 없이 사는 것은 이처럼 무섭고 힘든 일이라는 것을 나타내고 있다.
- **내가 먼저 ~ 열매인 것이다.**: '탑'과 '열매'는 모두 '진정한 우정'을 비유한 말로, 나 자신이 먼저 참다운 친구가 되어야 한다는 뜻이다.
- **우리한테 참다운 ~ 다름이 없다.**: 자신이 먼저 참다운 벗이 되어 주어야만 참다운 벗과 교류를 할 수 있다는 의미이다.

낱말 풀이

- * **망망대해**: 한없이 크고 넓은 바다.
- * **돈독한**: 도탑고 성실한.
- * **낙향하여**: 시골로 거처를 옮기거나 이사하여.
- * **식솔**: 한 집안에 딸린 구성원.
- * **불현듯**: 갑자기 어떠한 생각이 걷잡을 수 없이 일어나는 모양.
- * **각박하다**: 인정이 없고 삭막하다.

(가) *망망대해를 헤매는 것처럼 힘든 인생의 항해는 신학기 잠시의 외로움을 극복하는 일 따위와는 비교도 할 수 없을 만큼 두려움 가득한 일이다. 삶은 고난투성이고 끝없는 인내를 요구하기만 하는데, 홀로 헤치는 파도는 높고 거칠기만 한 것이다.
(은유법 / 직유법 / 은유법)

▶ 삶은 망망대해를 항해하듯이 두렵고 힘든 일임.

(나) 바로 이때에 영혼을 함께 나눌 친구가 절실히 필요해진다. ㉠인생이란 험난한 항해를 같이 겪고 있다는 동지애를 느낄 수 있는 친구, 혹은 내 삶의 따뜻한 동반자라는 느낌이 전해져 오는 친구와 같이 있는 시간에는 이 세상도 한번 살아 볼 만하다는 용기가 솟는다. 그런 친구와 *돈독한 우정을 서로 교환하고 있는 이들이라면, 적어도 실패한 삶은 아니라고 단정할 수 있는 것이다.
(삶이 두렵고 힘들 때 / 영혼을 함께 나누는 친구 / 힘들 때 영혼을 함께 나눌 수 있으므로)

▶ 힘겨울 때 [　　]을/를 함께 나눌 친구가 있다면 실패한 삶이 아님.

(다) 살아가면서 그런 우정을 가꾸는 이들을 종종 만난다. 비록 나의 친구는 아니지만 그 모습을 보는 일은 참 아름답다. 언젠가 친구가 사업에 실패해서 *낙향하여 쓸쓸히 살아가는 것을 안쓰러워하다 못해 자기도 다니던 직장을 정리하고 가족과 함께 시골로 내려가 친구 옆에서 땅을 일구는 사람을 만난 적이 있었다.
(영혼을 함께 나누는)

이미 결혼하여 각각의 *식솔을 이끌고 있는 두 사람한테는 참으로 어려운 결정이었겠지만, 양쪽 집의 가족들 모두는, 한결같이 이렇게 말하였다. 냉혹한 이 세상에 대항하기 위해 두 집이 힘을 합쳤으니 얼마나 든든하냐고.
(도치법)

▶ 영혼을 함께 나누는 친구 사이를 보았던 예

(라) ㉮누군가는 말했다. *친구 없이 사는 일만큼 무서운 사막은 없다고. 또 누군가는 말했다. 친구 없이 사는 것은 증인 없이 사라지는 일이라고.
(도치법, 은유법)

그 말들을 새기고 있으면 *불현듯 마음이 찡해 온다. 나는 지금 무서운 사막을 홀로 걷고 있는 것은 아닌지, 지금 내 삶의 의미를 설명해 줄 단 한 사람의 증인도 없이 마음을 닫고 살아가는 것은 아닌지.
('증인 없이 사라지는 일'과 관련됨.)

▶ 자신에게 진정한 친구가 있는지 [　　]해 봄.

(마) 하지만 우정은 상호 간의 교류이다. 일방적인 행위가 결코 아니다. ㉡말하자면 *내가 먼저 쌓아야 할 탑이고 내가 받을 경작해서 맺어야 할 열매인 것이다. 그럼에도 불구하고 탑을 제대로 쌓는 사람, 혹은 빛깔 곱고 아름다운 열매를 맺는 사람은 참 드물다. 친구는 많지만 진정으로 벗이라 부를 만한 이는 몇이나 되는지, 그것만이라도 한 번쯤 되새겨 보며 살아야 하는 것 아닐까. *우리한테 참다운 벗이 없다는 말은 곧 우리가 누군가에게 참다운 벗이 되어 주지 않았다는 말과 조금도 다름이 없다.
(탑, 열매: '우정'의 보조 관념, 은유법 / 설의법)

▶ 상호 간의 교류인 우정을 위해 자신이 참다운 벗이 되었는지 성찰해야 함.

(바) 세상이 참 *각박하다고들 말한다. 세상이 온통 거짓과 불화로 가득 차 있다고 말한다. 그러면 그럴수록, 그렇기 때문에 더욱 우리에게 필요한 것은 누군가의 따뜻한 가슴일 것이다. 그리고 또한 누군가에게 따뜻한 가슴이 되어 주는 일일 것이다.
(과장법 / 진정한 친구가 되는 것)

▶ [　　]한 세상을 살기 위해 진정한 친구가 필요함.

답 영혼(우정), 성찰, 각박

06 이 글에 나타난 글쓴이의 생각으로 적절하지 않은 것은?

① 진정한 친구가 있다면 삶을 살아갈 용기를 얻을 수 있습니다.
② 학창 시절보다 어른이 된 후의 삶이 더 힘겹고 험난하다고 생각합니다.
③ 돈독한 우정을 나누는 사람들의 모습을 보면서 아름답다고 생각했습니다.
④ 진정한 우정은 친구가 실패했을 때 그 친구의 증인 역할을 하는 것이라 생각합니다.
⑤ 나에게 진정한 친구가 없다면 내가 먼저 그런 친구가 되어 주었는지 반성해 보아야 합니다.

07 (가)에 나타난 표현에 대한 이해로 적절하지 않은 것은?

① '인생'을 바다를 건너는 '항해'에 빗대어 표현하고 있군.
② '파도'는 삶을 힘들게 하는 고난을 의미한다고 볼 수 있군.
③ 직유법과 도치법을 사용하여 글쓴이의 생각을 강조하고 있군.
④ 친구가 없이 홀로 어려움을 헤쳐 나가기가 더욱 힘들다는 의미가 담겨 있군.
⑤ 비유적인 표현을 통해 힘겨운 인생의 의미를 더욱 인상 깊게 전달하는 효과를 거두는군.

중요

08 ㉮에 대한 설명으로 적절한 것을 모두 고른 것은?

ㄱ. 어떤 대상을 다른 대상에 직접 빗대어 드러내고 있다.
ㄴ. 문장의 앞뒤 순서를 바꾸어 표현함으로써 단조로운 느낌을 없애고 있다.
ㄷ. 하나의 원관념을 다른 보조 관념을 활용하여 빗대어 표현하고 있다.
ㄹ. 사람이 아닌 대상을 사람처럼 표현하여 대상의 특징을 생생하게 전달하고 있다.

① ㄱ, ㄴ ② ㄱ, ㄷ ③ ㄴ, ㄷ ④ ㄴ, ㄹ ⑤ ㄷ, ㄹ

09 ㉠과 같은 표현 방법을 사용한 것은?

① 내게로 달려오는 산
② 이것은 소리 없는 아우성
③ 참새들이 글씨를 공부하지요.
④ 구름에 달 가듯이 가는 나그네
⑤ 밥티처럼 따스한 별들이 뜬 마을을 지난다.

서술형

10 ㉡에서 (1) 비유가 사용된 부분 두 곳을 찾아 쓰고, (2) ㉡의 의미를 다음과 같이 정리하여 문장을 완성하시오.

• (1):
• (2): 내가 먼저 ( )

100점 특강

이 글에 사용된 표현 방법

직유법	'~같이', '~듯이' 등의 형식을 사용하여, 표현하고자 하는 대상을 다른 대상에 직접적으로 빗대어 표현하는 방법	예 망망대해를 헤매는 것처럼 힘든 인생: '힘든 인생'을 매우 넓은 바다를 헤매는 것으로 비유함.
은유법	표현하고자 하는 대상을 다른 대상과 동일한 관계로 표현하는 방법	예 인생의 항해: '인생'을 배를 타고 '항해'하는 것에 비유함.
도치법	문장이나 구의 정상적인 순서를 뒤바꾸어 내용을 강조하는 방법	예 누군가는 말했다. 친구 없이 사는 일만큼 무서운 사막은 없다고.: 앞 문장과 뒤 문장의 순서를 바꾸어 친구의 중요성을 강조함.
설의법	쉽게 판단할 수 있는 사실을 의문의 형식으로 표현하여 그 사실을 강조하는 방법	예 그것만이라도 한 번쯤 되새겨 보며 살아야 하는 것 아닐까.: '살아야 한다'는 내용을 의문 형식으로 표현함으로써 삶의 자세를 강조함.
과장법	어떤 사물이나 사실을 실제보다 지나치게 크게 또는 작게 표현하여 강조하는 방법	예 세상이 온통 거짓과 불화로 가득 차 있다고 말한다.: '거짓'과 '불화'의 정도를 실제보다 부풀려서 세상살이의 험난함을 강조함.

이 글에서 '사막'의 의미

'사막'은 비도 자주 오지 않고 척박하여 인간 활동이 제한되는 지역이다. 이 글에서 글쓴이는 각박하고 고난으로 가득 찬 세상을 상징하기 위해 '사막'이라는 말을 사용하였다. 이를 통해 험난한 '사막' 같은 세상을 같이 갈 수 있는 친구를 얻는 것이 그만큼 중요하다는 것을 말하고자 한 것이다.

5 꿩 | 이오덕

지문 연구

• **해제:** 용이 아버지가 남의 집 머슴살이를 한다는 이유로 자신도 아이들의 머슴 노릇을 하는 용이는 학교에 가기를 싫어한다. 어느 날 등굣길에 하늘로 날아오르는 꿩을 본 용이는 이에 힘을 얻어 당당한 태도로 아이들에게 맞서면서 갈등을 극복해 나간다.

• **주제:** 편견에 맞서는 용기 있는 태도의 중요성

(가) "엄마, 정말 나 이젠 학교 안 갈래요."

김이 모락모락 오르는 **보리밥 그릇**(어려운 형편을 나타냄.)을 무릎 앞에 놓고 먹을 생각도 않는 용이가 투정을 부렸습니다.

"야가 또 이런다. 지발 어미 속 그만 썩혀라. 3년이나 다닌 학교를 그만두면 어쩔래? 순이 봐라, 글한 자도 모르제?(순이는 학교를 그만두었음을 알 수 있음.) 순인 기집애라서 그래도 괜찮지. 사내가 *국민학교도 졸업 못 하면 어떡할라고?(어머니가 용이를 학교에 보내려는 이유)"

순이는 뒷집 아이입니다. 작년에 학교에 입학했는데, •하도 아이들이 곰보딱지(천연두 자국)라고 놀려서 한 달도 다니지 못하고 학교를 그만두었습니다. 가까이에서 보면 얼굴이 조금 얽었습니다. 그래서 순이는 요즘 아침밥만 먹으면 *책보 대신 바구니를 들고 혼자 들로 나갑니다. 냉이를 캐는 것입니다.

"나도 이젠 4학년 됐잖아요. •남의 책 보퉁이만 메고 다니는 거 부끄럽다니까요?(용이가 학교에 가지 않으려는 이유)"

"글쎄, 그거 늘 하는 소리제. 지발 좀 참아라. **없는 기 원수**지. 그놈 애들이 왜 그렇게 못살게 하나?"

어머니도 밥숟갈을 들 생각을 않으시고 한숨을 쉬시더니 또 말을 이었습니다.

"야야, 너 아부지도 올해나 남의 일을 하면 그만두실 끼다. 한 해만 참아라. 부디 한 해만……."

용이는 아버지가 남의 집 **머슴살이**를 올해만 하면 그만두신다는 말에 귀가 번쩍 열렸습니다.(반가운 마음 때문)

"정말 그만둬요? 올해만 하고?"

"**너 장랠 생각해서라도** 그만두시게 해야지. 남의 *산전을 얻어서 죽을 먹더래도……."

㉠용이는 된장국에 보리밥을 말더니 단숨에 퍼먹고는 책보를 허리에 둘러매고 일어났습니다. '올해만 참으면 된다!'(어머니 말씀을 듣고 희망을 가짐.)

▶ [　　] 때문에 학교에 가지 않겠다고 하다가 어머니 말씀을 듣고 등교하는 용이

(나) 모진 겨울을 이겨 낸 보리들이 새파랗게 살아난 밭둑길을 걸어가면서 아이들은 모두 어깨를 우쭐거리며 '**향토 예비군의 노래**'(시대를 드러냄.)를 소리쳐 불렀습니다. 그러다가 산기슭을 돌아 고갯길을 오르기 시작했을 때 그들은 모두 용이 발밑에 책보를 던졌습니다. 3년 동안 용이 어깨에 매달려 재를 넘어가고 넘어오던 책보들입니다.(용이가 그동안 아이들의 책 보퉁이를 계속 날라 왔음.) 용이 아버지가 같은 동네에서 머슴살이를 하고 있기 때문에 아이들은 모두 용이까지 남의 짐을 날라 주어야 하는 것으로 생각하고 있는 것입니다.(아이들이 용이에게 책 보퉁이를 나르게 하는 이유)

"자 인마, 너 인제 4학년이 돼서 기운도 세졌잖아. 하나 더 날라라."

지금까지 같은 반의 아이들만 그렇게 하던 것이 오늘은 한 학년 위의 성윤이까지도 따라와 커다란 책보를 놓고 갑니다.

▶ [　　]의 아들인 용이에게 책보를 맡기는 아이들

(다) 저 밑에서 따라 올라오던 2학년, 3학년 아이들이 모두 책보를 허리에 둘러매고 용이를 앞질러 올라갑니다. 그 아이들은 용이를 돌아보면서 저희들끼리 무엇을 수군거렸습니다.

"헤헤, 4학년이 됐다는 아이가 남의 책보나 메다 주고……." / "참 ㉡못난 아이제."

모두 이런 말로 수군거리는 것 같았습니다.(용이가 스스로 부끄럽게 생각하기 때문임.) / '뭐, 못난 아이라고?'

▶ 2, 3학년 아이들까지 자신을 놀리는 것 같은 느낌을 받은 용이

내용 연구

이 소설의 등장인물과 상황

용이	아버지가 머슴살이를 한다는 이유로 다른 아이들의 책 보퉁이를 들어다 주는 것이 싫어서 학교에 가지 않으려고 함.
어머니	용이를 설득하여 학교에 보냄.
아이들	용이 아버지가 머슴이니까 용이도 자신들의 책보를 들어 주는 것이 당연하다고 생각함.

구절 풀이

• **하도 아이들이 ~ 학교를 그만두었습니다.:** 아이들이 천연두를 앓고 난 후 얼굴에 흉터가 생긴 순이를 놀려 순이가 학교를 그만두었다는 말이다.

• **남의 책 보퉁이만 ~ 부끄럽다니까요?:** 아이들이 등굣길에 용이에게 책 보퉁이를 나르도록 하는 상황에 대해 용이가 부끄럽게 생각하는 것으로, 어머니와 갈등하는 원인이다.

낱말 풀이

* **국민학교:** '초등학교'의 전 용어.
* **책보:** 책을 싸는 보자기.
* **산전:** 산에 있는 밭.

답 부끄러움, 머슴

01 이 글에서 알 수 있는 사실로 적절하지 않은 것은?

① 용이는 올해 국민학교 4학년 학생이다.
② 용이 아버지는 남의 집 머슴살이를 하신다.
③ 뒷집의 순이는 아이들의 놀림 때문에 학교를 그만두었다.
④ 용이 어머니는 용이가 국민학교를 나와야 한다고 생각하신다.
⑤ 용이는 자신이 글을 한 자도 모른다고 아이들이 놀려서 학교에 가기 싫어한다.

중요

02 이 글을 감상한 내용으로 적절하지 않은 것은?

① '보리밥 그릇'이나 '머슴살이'를 통해 용이네 집안이 넉넉지 않은 상황이라는 것을 짐작할 수 있어.
② '국민학교', '향토 예비군의 노래' 등의 낯선 말로 미루어 작품의 배경이 되는 시대를 짐작할 수 있어.
③ '없는 기 원수'라는 어머니 말을 통해 용이가 괴롭힘을 당하는 이유가 아버지가 머슴이라는 이유로 용이도 머슴 노릇을 해야 한다고 아이들이 생각하기 때문임을 짐작할 수 있어.
④ '너 장랠 생각해서라도'라는 어머니 말씀으로 미루어 아버지의 직업이 그대로 자식에게 대물림되는 시대였다는 것을 짐작할 수 있어.
⑤ '3년 동안 용이 어깨에 매달려'라는 말을 통해 용이가 그동안 계속 아이들의 책 보퉁이를 들어 주었다는 것을 짐작할 수 있어.

03 ㉠에 담긴 용이의 심리에 대해 추측한 내용으로 적절한 것은?

① 우리 집 식구들이 가난으로 고생하는 것도 올해면 끝나겠구나.
② 아침을 배불리 먹으니 학교에 가서 열심히 공부할 의욕이 생기는구나.
③ 나를 믿어 주는 친구들이 기다리고 있으니 빨리 밥을 먹고 일어나야겠어.
④ 1년만 참으면 남의 책 보퉁이 메고 다니는 생활을 끝낼 수 있으니까 올해만 참자.
⑤ 내가 건강하지 못하지만 어머니께서 정성껏 차려 주신 음식을 먹고 힘을 내서 공부해야겠어.

04 ㉡에 대한 이해로 적절한 것은?

① 2, 3학년 아이들이 수군대면서 한 말이다.
② 평상시 아이들이 용이를 놀릴 때 쓰는 말이다.
③ 용이의 겉모습에 대해 놀리는 의미가 담겨 있다.
④ 용이가 자신의 입장에서 들었다고 생각한 말이다.
⑤ 책 보퉁이를 들 만한 힘도 내지 못하는 용이를 비난하는 의미가 담겨 있다.

서술형

05 (1) (가)의 갈등 주체를 쓰고, (2) 이 갈등이 어떻게 해소되었는지 다음 빈칸에 들어갈 내용을 쓰시오.

(1) ________ 와/과 ________ 의 갈등
(2) ______________________________ (라)는 말로 인해서 해소되었다.

100점 특강

이 소설에 나타난 갈등과 해소 (1)

용이	↔	어머니
아버지가 남의 집 머슴살이를 한다는 이유로 자신이 아이들의 책보를 들어 주는 것이 부끄러워 학교에 가기 싫어함.		국민학교는 졸업해야 한다는 생각으로 학교에 가야 한다고 함.

[갈등 해소]
• 어머니가 용이 아버지가 올해까지만 머슴살이를 하고 그만둔다고 용이를 설득함.
• 용이는 이 말을 듣고 기운이 나서 학교에 감.

아이들이 용이에게 책 보퉁이를 나르게 하는 이유

용이 아버지가 머슴살이를 하고 있으므로, 머슴의 아들인 용이도 머슴 노릇을 하는 것이 당연하다고 생각하기 때문임.

5 꿩

| 내용 연구

용이의 태도 변화

꿩을 보기 전	아이들의 책 보퉁이를 들어 주며 자신의 처지를 속상해함.
⬇	
꿩을 본 후	자신감을 얻어서 용기를 내어 아이들에게 맞서게 됨.

| 구절 풀이

- **용이는 화가 났습니다.**: 2, 3학년 아이들이 자신을 놀리는 듯한 생각이 들어서 화가 난 것이다.
- **돌멩이가 저 ~ 하나가 솟아올랐습니다.**: 돌멩이를 던진 것을 계기로 '커다란 뭉텅이', 즉 꿩이 날아오르면서 용이의 심리와 행동이 변화하게 된다.
- **날개를 쫙 ~ 마구 솟구쳤습니다.**: 꿩이 소리를 내며 힘차게 날아가는 모습을 보고 '어떤 힘', 즉 자신을 괴롭히는 아이들에게 맞설 용기를 갖게 되었음을 의미한다.
- **지금까지의 ~ 딴 아이였습니다.**: 그동안 아이들에게 보였던 용이의 모습과 달리 용기 있고 자신감 있는 모습을 보여 주게 되었음을 의미한다.

| 낱말 풀이

* **거머쥐고는**: 틀어잡거나 휘감아 쥐고는.

(가) 용이는 화가 났습니다. 벌써 고개 위에 다 올라갔는지 아이들의 고함 소리가 산 위에서 들려왔을 때, 용이는 눈앞에 있는 책보를 그냥 콱콱 짓밟아 버리고 싶은 충동이 일었습니다. 발밑에 돌멩이 하나가 밟혔습니다. 용이는 벌떡 일어나 그 돌멩이를 집어 힘껏 골짜기 아래로 던졌습니다. 돌멩이가 저 밑에 떨어지자, 갑자기 온 산골을 뒤흔드는 소리를 치면서 ㉠커다란 뭉텅이 하나가 솟아올랐습니다.

"꼬공 꼬공 푸르륵!" / 그것은 온 산골의 가라앉은 공기를 뒤흔들어 놓고 하늘을 날아오르는, 정말 살아 있는 목숨이 부르짖는 소리였습니다. / '야, 참 멋지다!' / 날개를 쫙 펴고 꽁지를 쭉 뻗고 아침 햇빛에 눈부신 모습으로 산을 넘어가는 꿩을 쳐다보는 용이의 온몸에 갑자기 어떤 힘이 마구 솟구쳤습니다. 용이는 그 자리에서 한 번 훌쩍 뛰어올라 보았습니다. 하늘에라도 날아오를 듯합니다. 용이는 발에 채이는 책보 하나를 집어 들었습니다. 그리고 그것을 하늘 위로 던졌습니다.

▶ 힘차게 날아오르는 꿩을 보고 용기와 [ ]을/를 얻은 용이가 다른 아이들의 책보를 던짐.

(나) 휭! 공중에서 몇 바퀴 돌던 책보가 '퍽' 소리를 내면서 골짜기에 떨어졌을 때 용이는 두 번째 책보를 집어던졌습니다. / 또 하나, 또 하나…….

마지막에 던진 작대기는 건너편 벼랑의 소나무 가지를 철썩 치도록 멀리 떨어졌습니다. / '됐다!'

용이는 인제 하늘이 탁 트이고 가슴이 시원해져서, 저 건너 산을 보고 하하하 웃었습니다.

떠가는 구름을 따라 마구 날아갈 것 같았습니다.

▶ 책보를 던진 후 후련함을 느끼는 용이

(다) 용이는 아이들을 한번 둘러보고는 조용히, 그러나 힘찬 소리로 말했습니다. 이상하게도 책보를 모두 날리고 나니 마음이 가라앉는 것이 조금도 겁이 나지 않았습니다.

"너들 책보 말이제? 저 밑의 뚜꺼비 바우 밑에 던져 놨어."

"뭐? 이 새끼가!" / "이 새끼 돌았나?" / "빨리 못 가져 오겠나?"

그러나 용이는 여전히 조용한 소리로 말했습니다. / "나, 인제 못난 놈 아니야!" / "어, 이 새끼가!"

"요런, 머슴의 새끼가……." / "×새끼! 맛 좀 볼래?"

아이들의 발과 주먹이 용이를 향해 덮쳐 왔을 때, 용이는 번개같이 거기를 빠져 나와 몇 걸음 발을 옮기더니, 발밑에 있는 돌을 두 손으로 한 개씩 *거머쥐고는 거기 있는 커다란 바윗돌 위에 껑충 뛰어올랐습니다. 그 몸놀림이 어찌나 재빠른지, 아이들이 모두 놀랐습니다. 지금까지의 용이와는 아주 다른 딴 아이였습니다. / "자, 덤빌람 덤벼! 누구든지 오는 놈은 이 돌로 박살 낼끼다!"

아이들이 입을 벌리고 어쩔 줄 모르고 서 있을 때, 뒤에서 한 아이가, / "난, 내 책보 가질러 갈란다." / 하고 달려갔습니다. 그 소리에 다른 아이들도 모두 정신이 돌아온 것처럼, / "나도 간다."

"나도 간다." / 하고 달려갔습니다.

▶ 용이의 달라진 모습에 놀라고 [ ]한 아이들

(라) 아이들이 모두 '와아' 하고, 아까 올라온 길을 내려가는 뒷모습을 보면서 용이는 또 한 번 가슴을 확 펴고 하하하 웃었습니다.

"난 이젠 못난 놈 아니야!" / 그러고는 다시 혼잣말로 중얼거렸습니다.

"내일 아침에는 순이를 데리고 오자. 순이를 놀리는 놈은 어떤 놈이고 용서 안 할 끼다."

용이는 돌아서서, 햇빛이 눈부신 내리받잇길을 바라보았습니다. 인제는 단숨에 학교까지 뛰어갈 듯합니다. 하늘에는 하얀 구름 한 송이가 날고 있습니다. 용이는 훌쩍 한 번 뛰더니 마구 두 팔을 내저으면서 내리달렸습니다. 그것은 ㉡마치 한 마리의 꿩이 소리치면서 날아오르는 모습과도 같았습니다.

▶ 당당하게 등교하는 용이

06 이 글에 드러난 갈등과 해결을 정리한 것으로 적절한 것은?

① 아이들과 용이의 갈등 → 용이가 아이들에게 맞서서 해결함.
② 아이들과 용이의 갈등 → 용이가 아이들을 말로 설득하여 해결함.
③ 아이들과 순이의 갈등 → 용이가 중간에서 순이와 함께 맞서서 해결함.
④ 아이들과 순이, 용이의 갈등 → 용이가 자신과 순이의 부모님을 설득하여 해결함.
⑤ 아이들과 다른 아이들의 갈등 → 중간에 용이가 이를 중재하여 해결함.

07 ㉠에 대한 이해로 적절하지 않은 것은?

① 산골에서 하늘로 날아오른 꿩을 나타낸다.
② 용이에게 생명력이 넘치는 힘찬 모습으로 비추어진다.
③ 용이는 이 모습에 영향을 받아 심적인 변화를 일으킨다.
④ 용이와 아이들과의 관계가 변화하게 되는 계기로 작용한다.
⑤ 용이가 평상시에 자신의 처지와 유사하다고 느끼던 대상이다.

중요

08 ㉡에 사용된 것과 같은 표현 방법이 사용된 것은?

① 내 마음은 호수요
② 나는 나룻배 / 당신은 행인.
③ 지상에는 / 아홉 켤레의 신발
④ 구름에 달 가듯이 / 가는 나그네
⑤ 어두운 방안엔 / 빠알간 숯불이 피고

서술형

09 〈보기〉는 탐구 과제와 그 수행 과정이다. ⓐ와 ⓑ에 들어갈 적절한 문장을 서술하시오.

◀ 보기 ▶
- 탐구 과제: 이 작품에서 '꿩'이 어떤 상징적 의미를 나타내는지 용이의 심리 변화를 중심으로 알아봅시다.
- 탐구 방법: 용이가 '꿩'을 보기 전과 '꿩'을 본 후의 태도 변화를 통해서 생각해 봅시다.
- 과제 수행 과정

학생 1: 용이가 '꿩'을 보기 전에는 아이들의 책 보퉁이를 들어 주는 것이 부당하다고 생각하면서도 맞서지 않았습니다.
학생 2: 용이가 '꿩'을 본 후에는 ______ⓐ______
학생 3: 이를 통해 보았을 때 '꿩'은 용이에게 ____ⓑ____

100점 특강

이 소설에 나타난 갈등과 해소 (2)

용이		아이들
남의 책보를 날라 주는 것이 부끄럽다고 생각하지만 아이들에게 맞서지 못함.	↔	용이 아버지가 머슴이기 때문에 용이도 머슴처럼 남의 짐을 날라 주는 것이 당연하다고 생각하고 용이에게 책보를 맡김.

[갈등 해소]
날아오르는 꿩의 모습을 보고 자신감과 용기를 얻은 용이가 책보를 던지는 행위를 통해 아이들에게 당당히 맞섬.

'꿩'의 상징적 의미와 그 영향

꿩의 모습	의미	영향
• 온 산골의 공기를 뒤흔들어 놓는 힘찬 소리를 내며 하늘을 날아오름. • 아침 햇빛을 받으며 날개를 쫙 펴고 날아감.	생명의 소리, 자유로움, 당당함, 자신감 등을 상징함.	용이의 심리와 행동을 변화시킴.

이 소설에 사용된 비유적 표현

비유적 표현	의미
• 하늘에라도 날아오를 듯합니다. • 떠가는 구름을 따라 마구 날아갈 것 같았습니다.	날아오를 수 있을 것 같은 느낌이 들 정도로 자신감과 용기가 솟음을 나타냄.

02 갈등의 진행과 해결 과정

학습 목표
- 갈등의 의미와 역할을 이해할 수 있다.
- 갈등의 진행과 해결 과정에 유의하며 작품을 감상할 수 있다.

더 알아 두기

✚ 갈등의 사전적 의미
갈등(葛藤)은 칡을 뜻하는 '갈(葛)'과 등나무를 뜻하는 '등(藤)'이 합쳐서 된 말로, 덩굴 식물인 칡과 등나무가 서로 엉키는 것처럼 사람과 사람 사이의 관계나, 한 사람의 마음이 복잡하게 얽혀 있는 상태를 나타낼 때 쓰는 말임.

1 갈등의 뜻

(1) 개인이나 집단 사이에 목표나 이해관계가 달라 서로 적대시하거나 충돌함. 또는 그런 상태

(2) 소설이나 희곡에서 인물이 자기 자신이나 다른 인물과의 사이에서 생각이나 의견이 맞서서 일어나는 대립과 충돌, 또는 인물과 환경 사이의 모순과 대립을 이르는 말

2 문학과 갈등의 관계

삶은 갈등의 연속이고, 문학은 인간의 삶을 반영한다. 따라서 작가는 현실에서의 다양한 갈등을 토대로 작품을 창작하고, 독자는 작품 속에 나타난 갈등과 그 해결 과정을 파악하면서 현실에서 맞닥뜨리는 갈등을 해결하는 데 도움을 받는다.

작가	→	작품	→	독자
삶에 나타나는 다양한 갈등을 토대로 문학 작품을 창작함.		다양한 양상의 갈등이 발생하고 해결됨.		작품을 통해 현실에서의 갈등을 해결하는 데 도움을 받음.

3 소설에서 갈등의 전개 과정

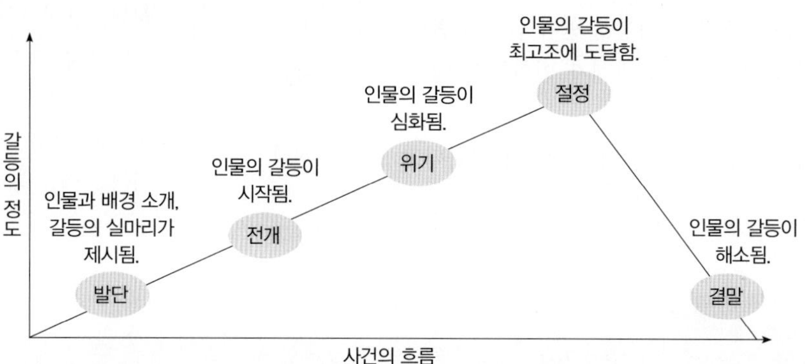
갈등의 정도
인물과 배경 소개, 갈등의 실마리가 제시됨.
발단
인물의 갈등이 시작됨.
전개
인물의 갈등이 심화됨.
위기
인물의 갈등이 최고조에 도달함.
절정
인물의 갈등이 해소됨.
결말
사건의 흐름

예로 개념 확인

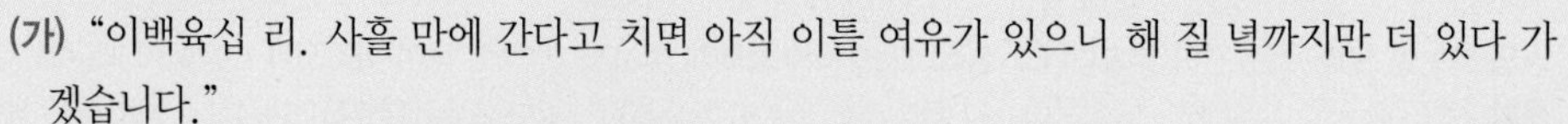

❶ (가) "이백육십 리. 사흘 만에 간다고 치면 아직 이틀 여유가 있으니 해 질 녘까지만 더 있다 가겠습니다."
"달려가면 과장에 곧바로 들어갈 생각이오? 그 남은 이틀은 그동안의 공부도 정리도 하고 문제도 어림해 보며 금쪽같이 써야 할 시간인 줄 몰라서 하는 소리요?"
"먼저 가시지요." / 허준은 조용히 다시 병자를 대해 마주 앉았다. / "어떡하시겠소?"
하고 우공보가 또 초조한 눈으로 아직도 침통을 닫지 못하는 허준에게 물었다.

(나) ❶그러나 사흘 반 앞으로 다가온 과거 날짜에 이백육십 리의 갈 길이 남아 있는 것이다. ❸
'뿌리치고 가야 해…….'
허준은 마음속으로 또 한 번 자신을 독촉했으나, 그 입에서 나온 말은 다른 소리였다.
"어쩔 수 없소." / "어쩔 수 없다니?"
마을 사람들이 숨을 삼키며 허준의 다음 말을 주시했다.
❷"난 남겠소. 미숙한 재주나마 날 필요로 하는 사람들이 있다면, 그들을 뿌리치고 갈 순 없습니다."
마을 사람들이 안도의 환성을 질렀고, 합장하는 이도 있었다.

– 이은성, 「소설 동의보감」

4 갈등의 종류

(1) **내적 갈등:** 한 인물의 내면에서 서로 다른 생각이 대립해 발생하는 갈등

예 박완서, 「자전거 도둑」에서 '수남'이 자전거를 들고 도망쳐 온 자신의 행동과 관련하여 '간악하게 구는 신사를 골려 준 것은 나쁜 일이 아니다.'라는 생각과 '신사 몰래 자전거를 들고 도망쳐 온 것은 나쁜 일이다.'라는 생각의 대립 때문에 마음속으로 갈등을 겪음.

(2) **외적 갈등:** 인물과 그 인물을 둘러싼 외부 요인 사이에서 일어나는 갈등

인물과 인물 사이의 갈등	인물들 사이에서 성격이나 생각, 가치관의 차이로 발생하는 갈등 예 김유정, 「동백꽃」에서 '나'와 '점순이' 사이의 갈등
인물과 사회의 갈등	인물이 그가 몸담고 있는 사회의 윤리나 제도 등과 충돌하여 겪는 갈등 예 허균, 「홍길동전」에서 호부호형을 하고 문관으로 출세하고자 하는 '길동'과 서자에게 호부호형과 문관의 벼슬을 허용하지 않는 신분 차별의 사회 제도 사이의 갈등
인물과 운명의 갈등	인물이 타고난 운명을 벗어나려 함으로써 겪는 갈등 예 김동리, 「역마」에서 한 곳에 정착하지 못하고 이리저리 끊임없이 떠돌아야 하는 운명을 타고난 주인공이 자신의 운명을 극복하려는 과정에서 겪는 갈등
인물과 자연의 갈등	인물이 자연 환경과 부딪쳐 싸우면서 겪는 갈등 예 헤밍웨이, 「노인과 바다」에서 어렵게 잡은 물고기를 지키려는 '노인'과 물고기를 노리는 '상어'와의 갈등

5 문학 작품에서 갈등의 역할

- 사건을 전개하고 사건에 필연성을 부여함.
- 독자의 재미와 흥미, 긴장감을 불러일으킴.
- 갈등 상황을 통해 인물의 성격을 뚜렷하게 드러냄.
- 갈등의 고조, 해결 과정에서 주제를 자연스럽게 드러냄.

더 알아 두기

✚ 갈등의 해결 과정으로서의 문학 작품 감상
- 갈등의 양상과 원인 파악하기
- 갈등의 심화 과정 파악하기
- 갈등의 해결 과정 파악하기

❶ **갈등의 양상:** (가)에는 과거를 보러 빨리 떠나자는 우공보와 해 질 녘까지 남아 병자들을 더 치료하고 떠나겠다는 허준 사이에서 외적 갈등이 나타난다. (나)에는 허준의 내적 갈등이 나타난다. 허준은 사흘 반 앞으로 다가온 과거 날짜와 한양까지 가야 할 거리를 생각하면서, 과거를 보러 바로 떠날 것인가, 아니면 좀 더 남아 병자들을 돌볼 것인가 하는 생각이 충돌하면서 마음속으로 갈등하고 있는 것이다.

❷ **갈등의 해결 방법:** 허준은 우공보와의 외적 갈등뿐만 아니라, 자신의 마음속에서 일어나는 상반된 생각이 충돌하면서 내적 갈등을 겪고 있다. 이러한 갈등 상황에서 허준은 자신을 필요로 하는 병자들이 있으므로 남겠다고 결심한다. 이러한 허준의 결심으로 갈등이 해소되고 있다.

❸ **갈등의 역할:** 허준이 겪는 갈등은 사건 전개 과정에 긴장감을 불어넣는다. 그리고 허준과 우공보의 갈등 상황에서 병자들에게 희생적인 허준의 성격과 병자들 때문에 과거를 포기할 수 없는 우공보의 성격이 드러난다. 그리고 허준이 과거를 보러 급히 떠나야 하는 상황에서도 병자들을 치료하기 위해 남는 모습을 통해 가난한 병자를 위한 허준의 희생과 봉사 정신이라는 주제가 자연스럽게 부각된다.

1 하늘은 맑건만 | 현덕

- **해제:** 이 작품은 우연히 거스름돈을 잘못 받고, 그 돈을 친구 수만과 함께 어울려 쓰게 되면서 주인공 문기가 겪는 양심의 가책과 인물 사이의 갈등, 해결 과정이 섬세하게 묘사된 단편 소설이다.
- **주제:** 양심을 지키며 정직하게 사는 삶의 소중함.

(가) *중문 안 *안반 뒤에 숨겨 둔 공이 간 데가 없다. 팔을 넣어 아무리 더듬어도 *빈탕이다. 문기는 가슴이 두근거리기 시작하였다.

서술자가 인물의 심리까지 서술함. 문기의 불안감

'혹 동네 아이들이 집어 갔을까?'

도리어 그랬으면 다행이다. 만일에 그 공이 숙모 손에 들어가기나 했으면 큰일이다.

공을 갖게 된 경위가 정당하지 않음을 암시함.

문기는 아무 일 없는 태도로 전날과 다름없이 안마당에서 화초분에 물을 준다. 그러면서 계속 숙모의 눈치를 살핀다. 숙모는 부엌에서 저녁을 짓는다. 마루로 부엌으로 오르고 내릴 때 얼굴이 마주치는 것이다. 문기는 자기를 보는 숙모 눈에 별다른 것이 없다 싶었다. 문기는 차츰 생각을 고친다.

'필시 공은 거지나 동네 아이들이 집어 갔기 쉽지. 그렇잖으면 작은어머니가 알고 가만있을 리 있나.'

숙모의 눈치를 살핀 후 문기의 생각. 다소 안도함.

조금 후 문기는 아랫방으로 내려갔다.

그리고 책상 서랍을 열어 보았을 때 문기는 또 좀 놀랐다. 서랍 속에 깊숙이 간직해 둔 쌍안경이 보이질 않는다. 그것뿐이 아니다. 서랍 안이 뒤죽박죽이고 누가 손을 댔음이 분명하다.

문기가 놀란 이유

'인제 얼마 안 있으면 작은아버지가 회사에서 돌아오시겠지. 그리고 필시 일은 나고 말리라.'

공과 쌍안경에 대해서 물어볼 것을 염려하고 걱정함.

문기는 책상 앞에 돌아앉아 책을 펴 들었다. 그러나 ●눈은 아물아물 가슴은 두근두근 도무지 글이 읽어지질 않는다.

▶ 숨겨 둔 물건이 없어져 초조해하는 ☐

(나) ●며칠 전 일이다. 문기는 저녁에 쓸 ㉠고기 한 근을 사 오라고 숙모에게 ㉡*지전 한 장을 받았다.

공과 쌍안경을 갖게 된 과거 사건을 회상함.

언제나 그맘때면 사람이 붐비는 삼거리 ㉢고깃간이다. 한참을 기다려서 문기 차례가 왔다. 문기는 지전을 내밀었다. 뚱뚱보 고깃간 주인은 그 돈을 받아 *둥구미에 넣고 천천히 고기를 베어 저울에 단 후 종이에 말아 내밀었다. 그리고 그 거스름돈으로 아, 지전 아홉 장과 그 위에 ㉣*은전 몇 닢을 얹어 내주는 것이 아닌가. 문기는 어리둥절하였다. 처음 그 돈을 숙모에게 받을 때와 고깃간 주인에게 내밀 때까지도 ㉤1원짜리로만 알았던 것이다. 문기는 돈과 주인을 의심스레 쳐다보았다. 허나 그는 다음 사람의 고기를 베느라 분주하다. 문기는 *주뼛주뼛하는 사이 사람에게 밀려 뒷줄로 나오고 말았다. 그러나 다시 생각하면 정말 숙모가 1원짜리를 준 것인지 아닌지 모르겠다. 아니라면 도리어 큰일이 아닌가. 하여튼 먼저 숙모에게 알아볼 일이었다. 문기는 집을 향해 돌아가면서도 계속 고개를 기웃거리며 그 일을 생각하였다. 내가 잘못 본 것인가, 고깃간 주인이 잘못 본 것인가, 하고.

사건의 발단이 됨. / 소극적이고 내성적인 성격

▶ 고깃간에서 너무 많은 ☐을/를 받고 고민하는 문기

내용 연구

이 글의 배경

지전, 고깃간, 둥구미, 은전, 1원
↓
1930년대

사건의 실마리

숙모의 심부름으로 고기를 사러 감.
↓
고깃간에서 거스름돈을 잘못 받음.

구절 풀이

- **눈은 아물아물 ~ 읽어지질 않는다.:** 숨겨 둔 물건이 없어져서 불안해하고 초조해하는 심리가 드러나 있다.
- **며칠 전 일이다.:** 현재 문기가 불안한 마음 상태를 보이는 까닭을 알 수 있도록 과거의 사건으로 되돌아감을 알려 준다. 소설의 시간 흐름이 역순행적으로 서술되어 있음을 알 수 있다.

낱말 풀이

* **중문:** 대문 안에 거듭 세운 문.
* **안반:** 떡을 칠 때 쓰는 두껍고 넓은 나무 판.
* **빈탕:** 실속이 없는 것을 비유적으로 이르는 말.
* **지전:** 지폐.
* **둥구미:** 짚으로 둥글고 깊게 엮어 만든 그릇.
* **은전:** 은돈.
* **주뼛주뼛하는:** 망설이며 자꾸 머뭇머뭇하는.

정답과 해설 • 6쪽

01 이와 같은 글을 감상하는 방법으로 적절하지 않은 것은?

① 인물의 심리 변화 과정을 파악한다.
② 장면을 머릿속으로 상상하며 읽는다.
③ 갈등의 양상과 해결 과정을 파악한다.
④ 작가의 체험 속에 드러난 가치관을 파악한다.
⑤ 인물의 행위를 통해 드러나는 인물의 성격을 파악한다.

02 이 글의 사건 중, 시간 순서상 가장 나중에 일어난 것은?

① 중문 안 안반 뒤에 숨겨 둔 공이 없어짐.
② 문기가 화초분에 물을 주며 숙모의 눈치를 살핌.
③ 문기가 책상 앞에서 책을 펴 들었으나 읽히지 않음.
④ 문기가 숙모의 심부름으로 고깃간에 고기를 사러 감.
⑤ 문기가 고깃간 주인이 건네 준 거스름돈을 받고 의아해함.

03 이 글에 나타난 문기의 성격으로 가장 적절한 것은?

① 쾌활하고 외향적이다.
② 소심하고 내성적이다.
③ 의뭉스럽고 약삭빠르다.
④ 소신이 있고 적극적이다.
⑤ 계산적이고 욕심이 많다.

04 이 글에 나타난 문기의 심리를 파악한 것으로 적절하지 않은 것은?

① (가): 안반 뒤에 숨겨 둔 공이 없어졌음을 알고 불안해하는군.
② (가): 서랍 속에 넣어 둔 쌍안경이 보이지 않자 당황스러워하는군.
③ (가): 책상 앞에 돌아앉아 책을 읽으면서도 초조해하는군.
④ (나): 고깃간 주인이 거스름돈을 많이 내주자 어리둥절해하는군.
⑤ (나): 숙모에게 먼저 알아보아야겠다고 집으로 향해 가면서 의기양양해하는군.

05 ㉠~㉤ 중, 시대적 배경을 짐작할 수 있게 하는 소재가 아닌 것은?

① ㉠ ② ㉡ ③ ㉢ ④ ㉣ ⑤ ㉤

중요 | 서술형

06 문기가 심리적 갈등을 겪게 되는 계기가 되는 사건을 (나)에서 찾아 쓰시오.

100점 특강

(가)에 나타난 문기의 심리 상태

• 중문 안 안반 뒤에 숨겨 둔 공이 없어짐. • 서랍 속에 간직해 둔 쌍안경이 안 보임.	작은아버지와 숙모에게 들킬 것을 걱정함.	• 놀람. • 불안하고 걱정됨.

(나)에 나타난 문기의 성격

고깃간 주인에게서 거스름돈을 받고 어리둥절해함.	거스름돈과 고깃간 주인을 의심스레 쳐다보며 주뼛주뼛하다가 숙모에게 알아볼 일이라고 그냥 집으로 옴.	소심하고 내성적인 성격

1 하늘은 맑건만

| 내용 연구

장소에 따른 문기의 심리 상태 변화

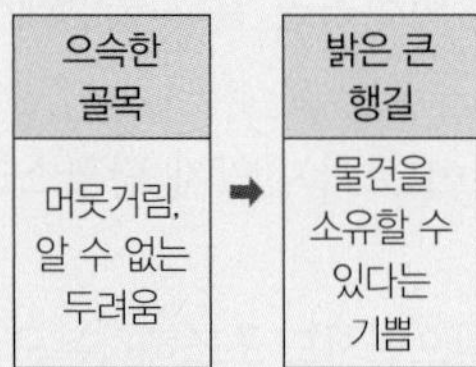

으슥한 골목
머뭇거림, 알 수 없는 두려움
밝은 큰 행길
물건을 소유할 수 있다는 기쁨

| 구절 풀이

- **손이 맞고:** 무슨 일을 하는데 의견이 맞고.
- **어머님은 어려서 ~ 너 하나야.:** 문기가 처한 환경을 짐작해 볼 수 있다. 집안 환경이 안 좋아 삼촌의 집에 얹혀살고 있으며 삼촌이 문기의 유일한 보호자임을 짐작할 수 있다.
- **난 너 하나는 어디까지든지 ~ 애를 쓰는데:** 문기를 바르게 키우려는 삼촌의 뜻이 드러난다. 삼촌이 책임감이 강한 성격임을 알 수 있다.

| 낱말 풀이

- * **행길:** 한길. 사람이나 차가 많이 다니는 넓은 길.
- * **활동사진:** '영화'의 옛 용어.
- * **환등:** 그림, 사진, 실물 따위에 강한 불빛을 비추어 그 반사광을 렌즈에 의하여 확대하여서 영사(映射)하는 조명 기구. 또는 그 불빛.
- * **착수:** 어떤 일에 손을 댐. 또는 어떤 일을 시작함.
- * **약조:** 조건을 붙여서 약속함. 또는 약속으로 정한 조항.
- * **뒤뚝:** 물체가 중심을 잃고 한쪽으로 기울어지는 모양.

(가) 수만이가 있다던 좋은 일이란 다른 것이 아니었다. 거리에서 보고 지내던, 온갖 가지고 싶고 해보고 싶은 가지가지를 한번 모조리 돈으로 바꾸어 보자는 것이다. (수만이의 대담하고 영악한 성격) 그러나 문기는,

"돈을 쓰면 어떻게 되니?" (문기가 거스름돈을 쓰는 일에 대해 불안감을 지님.)

"염려 없어. 나 하는 대로만 해."

하고 머뭇거리는 ⓐ문기 어깨에 팔을 걸고 수만이는 우쭐거리며 걸음을 옮긴다. 하긴 문기 역시 돈으로 바꾸고 싶은 것이 없지 않은 터, 그리고 수만이가 시키는 대로 끌려 하기만 하면 남이 하래서 하는 것이니까 어떻게 자기 책임은 없는 듯싶었다. (문기의 마음속 욕망, 수만이의 부추김으로 양심에 어긋나는 행동을 하게 됨.) (문기의 자기 행동에 대한 합리화) 그리고 ⓑ수만이는 수만이대로 돈은 문기가 만든 돈, 나중에 무슨 일이 난다 하여도 자기 책임은 없으니까 또 안심이었다. 이래서 두 소년은 마침내 °손이 맞고 말았다.

▶ 문기가 [　　] 와/과 거스름돈을 함께 쓰기로 함.

(나) 그래도 으슥한 골목을 걸을 때에는 알 수 없는 두려움에 가슴이 두근거리었으나, (거스름돈을 쓰는 것이 잘못된 일이라는 생각) 밝은 큰 *행길로 나오자 차차 다른 기쁨으로 변했다. 길 좌우편 환한 상점 유리창 안의 온갖 것이 모두 제 것인 양, 손짓해 부르는 듯했다. (평소 갖고 싶었던 물건을 가질 수 있다는 생각) 드디어 그들은 공을 샀다. 만년필을 샀다. 쌍안경을 샀다. 만화책을 샀다. (문기가 공, 쌍안경을 갖게 된 경위가 드러남.) 그리고 *활동사진 구경도 갔다. 다니며 이것저것 군것질도 했다.

그리고 그 나머지 돈으로 또 한 가지 즐거운 계획이 있었다. 조그만 *환등 기계 한 틀을 사자는 것이다. 이것을 놀려 아이들에게 일 전씩 받고 구경을 시킨다. 그리고 여기서 나오는 것으로 두고두고 용돈에 주리지 않도록 하자는 계획이다. 하고 오늘 저녁부터 그 첫 *착수를 하자는 *약조였다.

▶ 문기는 수만이와 함께 [　　] (으)로 물건도 사고 즐거운 계획도 세움.

(다) "이거 웬 공이냐?" / "수만이가 준 공이에요." / "이것두?"

하고 삼촌은 무릎 밑에서 쌍안경을 꺼내 들었다.

"네." / "수만이란 뭣하는 집 아이냐?"

문기는 고개를 숙이고 앉아 말이 없다. 삼촌은 숭늉을 마시고 상을 물렸다.

「"㉠네 입으로 수만이가 줬다니 네 말이 옳겠지. 설마 네가 날 속이기야 하겠니? 하지만 남이 준다고 아무것이고 덥적덥적 받는다는 것두 좀 생각해 볼 일이거든."」 (「」: 문기의 말을 믿어 주면서 잘못된 점을 훈계함.)

삼촌은 다시 말을 계속한다.

"말 들으니 너 요샌 저녁두 가끔 나가 먹는다더구나. 그것두 수만이에게 얻어먹는 거냐?"

문기는 벌겋게 얼굴이 달아 수그리고 앉았다. (삼촌에게 거짓말을 한 죄책감과 부끄러움) 삼촌은 잠시 묵묵히 건너다만 보고 있더니 음성을 고쳐 엄한 어조로,

"°어머님은 어려서 돌아가시구 아버지는 저 모양이시구 앞으로 집안을 일으킬 사람은 너 하나야. (삼촌이 문기를 돌보게 된 이유가 드러남.) 성실치 못한 아이들하고 어울려 다니다 혹 나쁜 데 빠지거나 하면 첫째 네 꼴은 뭐구 내 모양은 뭐냐? °난 너 하나는 어디까지든지 공부도 시키구, 사람을 만들어 주려구 애를 쓰는데 너두 그 뜻을 받아 주어야 사람이 아니냐."

그리고 삼촌은 이렇게 *뒤뚝 맘 한번 잘못 가졌다가 영 신세를 망치고 마는 예를 이것저것 들어 말씀하시고는 이후론 절대 이런 것 받아들이지 말라는 단단한 다짐을 받은 후 문기를 내보냈다. (엄하고 설득력 있는 삼촌의 훈계 → 문기가 죄책감을 느끼고 잘못을 스스로 반성하게 함.)

▶ [　　] 이/가 문기를 훈계함.

답 수만이, 거스름돈, 삼촌

07 이 글에 대한 설명으로 적절하지 않은 것은?

① 대화를 통해 인물의 성격을 드러내고 있다.
② 주인공이 자신이 겪은 사건을 전달하고 있다.
③ 인물과 인물 사이의 갈등 양상이 드러나고 있다.
④ 소재들을 통해 시대적 배경을 짐작해 볼 수 있다.
⑤ 일상에서 일어날 수 있는 일을 사실적으로 다루고 있다.

08 (가)~(다)의 내용에 대한 설명으로 적절한 것은?

① 문기는 거스름돈 전부를 혼자 쓸 수 있는 방법을 찾고 있다.
② 문기는 자신의 고민을 해결해 준 수만이에게 고마워하고 있다.
③ 수만이는 문기의 돈을 쓰는 것에 대해 속으로 미안해하고 있다.
④ 문기는 상황의 책임을 수만이의 탓으로 돌리며 자신을 합리화하고 있다.
⑤ 문기는 수만이와 함께 물건을 사면서 끊임없이 자신의 행동을 후회하였다.

09 이 글의 삼촌에 대한 이해로 적절하지 않은 것은?

① 문기의 말을 믿어 주고 신뢰하는 태도를 지니고 있군.
② 어려운 상황의 문기를 돌보는 보호자 역할을 하고 있군.
③ 문기에게 도움을 준 수만이에게 호의적인 태도를 보이는군.
④ 문기의 장래를 염려하는 마음에서 엄격한 훈계를 하고 있군.
⑤ 문기가 스스로 자신의 잘못을 깨닫고 양심의 가책과 죄책감을 느끼게 하는 역할을 하는군.

10 ㉠을 들은 후의 문기의 심리 상태로 적절한 것은?

① 삼촌의 어리석음을 알고 놀라움을 느낀다.
② 삼촌을 완벽하게 속였다는 사실에 통쾌함을 느낀다.
③ 자신을 믿는 척하는 삼촌에 대해서 두려움을 느낀다.
④ 삼촌이 자신을 믿어 준다는 사실에 안도감을 느낀다.
⑤ 진심으로 믿는다는 삼촌의 말에 더욱더 죄책감을 느낀다.

중요

11 ⓐ와 ⓑ에 대한 평가로 적절한 것은?

① ⓐ는 거스름돈을 고깃간의 주인에게 돌려주고자 하는 의지가 강하다.
② ⓐ는 거스름돈으로 갖고 싶은 물건들을 사면서도 죄책감에 시달린다.
③ ⓑ는 거스름돈을 고깃간의 주인에게 돌려주어야 한다는 생각을 지니고 있다.
④ ⓑ는 거스름돈을 쓴 데 대한 문제가 발생하면 자신이 책임을 지고자 한다.
⑤ ⓑ는 제안을 통해 ⓐ가 거스름돈을 쓰도록 부추기는 영악한 면이 있다.

서술형

12 (나)에 드러난 문기의 심리 변화를 서술하시오.

100점 특강

수만이와 삼촌의 성격과 역할

수만이	삼촌
문기가 잘못 받아 온 거스름돈으로 하고 싶은 것을 다 해 보고, 사고 싶은 것을 다 사자고 제안함.	• 공과 쌍안경에 대해 문기에게 묻고, 문기의 대답을 믿어 줌. • 어려운 상황의 문기를 돌보며 바르게 키우고자 하는 뜻을 밝히고 엄하게 훈계함.
약삭빠르고 영악함.	책임감이 강하고 문기에 대한 믿음과 애정이 있음.

➡ 수만이는 문기가 잘못 받은 거스름돈을 쓰도록 부추겨서 사건을 새로운 국면으로 전환하는 계기를 제공한다. 삼촌은 문기에 대한 애정과 신뢰를 보여 주어 문기로 하여금 죄책감을 느끼게 하고 있다.

1 하늘은 맑건만

내용 연구
양심의 가책에서 벗어나기 위한 문기의 행동과 심리

- 공을 흐르는 물 위로 던져 버림.
- 쓰고 남은 거스름돈은 고깃간 앞마당에 던짐.

⬇

죄책감에서 벗어난 홀가분한 기분을 느낌.

구절 풀이
- 그제야 문기는 ~ 어깨가 거뜬했다.: 자기가 저지른 일을 조금이라도 수습했다는 것에 마음이 한결 가벼워졌다는 뜻이다.
- 빙그레 웃는 ~ 문기는 달아났다.: 자신을 괴롭히고 비양심적인 행동을 하도록 만든 수만이에 대한 원망과 분노가 담긴 행동이다.

낱말 풀이
* 약을: 자신에게만 이롭게 꾀를 부리는 성질이 있을.
* 다리오금: 무릎 뒤쪽의 오목한 부분.
* 풍길: (소문을) 퍼뜨릴.
* 꼽는다: 수나 날짜를 세려고 손가락을 하나씩 헤아린다.
* 모종: 옮겨 심으려고 가꾼, 벼 이외의 온갖 어린 식물. 또는 그것을 옮겨 심음.
* 붙장: 부엌 벽의 안쪽이나 바깥쪽에 붙여 만든 장.
* 허물: 잘못 저지른 실수.

(가) 자전거가 가고 노인이 오고 동이 뜬 그 중간을 타서 문기는 허옇게 흐르는 ⓐ물 위로 공을 던져 버렸다. 이어 양복 안주머니에 간직해 두었던 나머지 돈을 꺼내 들었다. 그것도 마저 던져 버리려다가 문득 들었던 손을 멈춘다. 그리고 잠시 둥실둥실 물을 따라 떠나가는 공을 통쾌한 듯 바라보다가는 돌아서 걸음을 옮긴다.

(수만이와 쓰고 남은 거스름돈을 고깃간 안마당에 던져 주는 것이 낫다고 생각함.)

문기는 삼거리 고깃간을 향해 갔다. ⓑ그리고 뒷골목으로 돌아가 나머지 돈을 종이에 싸서 담 너머로 그 집 안마당을 향해 던졌다.

°그제야 문기는 무거운 짐을 풀어 놓은 듯 어깨가 거뜬했다.

(문기가 죄책감에서 벗어나고 갈등이 어느 정도 해소되었음을 알 수 있음.)

▶ 공을 버리고 고깃간 주인집 안마당을 향해 [　　]을/를 던지는 문기

(나) "난 싫다."

수만이는 어리둥절해 쳐다본다.

"뭐 말야? 환등 틀 사기 싫단 말야?"

"난 인제 돈 가진 것 없다." / "뭐?"

하고 수만이는 의외라는 듯 눈이 둥그레지다가는 금세 능청스러운 웃음을 지으며,

"너 혼자 두고 쓰잔 말이지. 그러지 말구 어서 가자."

(수만이가 문기의 말을 믿지 않음. 수만이와 문기 사이의 외적 갈등의 원인이 됨.)

"정말 없어. 지금 고깃간집 안마당으로 던져 주고 오는 길야. 공두 쌍안경두 버리구."

하고 문기는 증거를 보이느라고 이쪽저쪽 주머니를 털어 보이는 것이나 수만이는 흥, 하고 코웃음을 친다.

(영악한 수만이의 성격이 드러남.)

㉠"누군 너만 못 *약을 줄 아니?"

▶ [　　]이/가 돈이 없다는 문기의 말을 믿지 않음.

(다) 철봉 틀 옆에 정신없이 선 문기를 불시에 *다리오금을 쳐 골탕을 먹게 하였다. 단거리 경주 연습을 하는 척 달음박질을 하다가는 일부러 문기 앞으로 달려들어 몸째 부딪는다.

그리고 으슥한 곳에서 단 둘이 만나는 때면 수만이는,

"너 네 맘대루만 허지. 나두 내 맘대루 헐 테다. 내 안 *풍길 줄 아니? 풍길 테야."

(수만이의 협박)

하고 손을 들어 *꼽는다.

"풍기기만 하면 첫째 학교에서 쫓겨날 것이요, 둘째 너희 집에서 쫓겨날 것이요, 그리고 남의 걸 훔친 거나 일반이니까 또 그런 곳으로 붙들려 갈 것이요."

하고는 또, / "풍길 테다."

▶ 돈을 달라며 [　　]을/를 괴롭히는 수만이

(라) 문기는 여전히 못 들은 척 걸음만 옮긴다. 자기 집 마당엘 들어섰다. 숙모는 뒤꼍에서 화초 *모종을 하는지,

"여기 심어라, 저기 심어라."

하고 아랫집 심부름하는 아이와 이야기하는 소리가 날 뿐 집 안엔 아무도 없다.

그리고 눈앞에 보이는 *붙장 안 앞턱에 잔돈 얼마와 지전 몇 장이 놓여 있다. 그리고 문밖엔 지금 수만이가 돈을 가지고 나오기를 기다리고 섰다. 여기서 문기는 ㉡두 번째 *허물을 범하고 말았다.

(숙모의 돈으로, 문기가 훔쳐 수만이에게 줌.)
(문기에게 또 다른 갈등을 일으키는 원인이 됨.)

"진작 듣지."

하고 °빙그레 웃는 수만이 얼굴에다 뺨을 때리듯 돈을 던져 주고 문기는 달아났다.

▶ 돈을 [　　] 수만이에게 주는 문기

답 돈, 수만이, 문기, 훔쳐(서)

13 (나)~(라)의 수만이의 행동이 이 소설의 전개에 미치는 영향으로 적절한 것은?

① 문기의 갈등이 해소되도록 만든다.
② 문기가 잘못을 뉘우치도록 이끌어 준다.
③ 문기의 행동의 숨겨진 의미를 알려 준다.
④ 문기가 문제를 해결할 수 있도록 실마리를 제공한다.
⑤ 사건의 긴장감을 불러일으키고, 문기가 또 다른 갈등에 놓이도록 만든다.

중요

14 (나), (다)에 주로 나타난 갈등의 양상과 다른 것은?

① 부모님에게 거짓말한 것을 사실대로 고백할까 고민할 때
② 운동 경기를 하는 중에 반칙을 하는 상대편에게 항의할 때
③ 치킨을 시켜 먹으려고 하는데, 부모님이 살찐다고 먹지 말라고 할 때
④ 구청에 가로등을 고쳐 달라고 요구했는데, 구청에서 못 해 주겠다고 할 때
⑤ 컴퓨터를 쓰려고 하는데, 언니가 숙제해야 한다며 컴퓨터를 못 쓰게 할 때

15 (나), (다)에서 알 수 있는 수만이의 성격으로 적절한 것은?

① 쾌활하고 천진난만하다.
② 능청스럽고 장난을 좋아한다.
③ 친구 사이의 의리를 매우 중시한다.
④ 욕심을 내세우고 영악한 면이 있다.
⑤ 우유부단하나 상대의 입장을 배려한다.

16 ㉠에 담겨 있는 수만이의 속마음을 적절하게 표현한 것은?

① 문기가 나를 정말 무서워하는구나.
② 문기를 더 이상 힘들게 해서는 안 되겠다.
③ 문기한테 좀 더 약게 살라고 말해 줘야지.
④ 문기한테 정직하게 살라고 충고해 줘야지.
⑤ 문기가 나와 돈을 나눠서 쓰기 싫은 거구나.

17 ㉡에 대한 설명으로 적절하지 않은 것은?

① 숙모의 돈을 훔친 것을 의미한다.
② 문기의 또 다른 갈등을 예고하는 장치이다.
③ 수만이와의 외적 갈등 때문에 한 행동이다.
④ 숙모에 대한 문기의 반감을 짐작할 수 있다.
⑤ 근본적으로 문기의 갈등을 해소하지 못한다.

서술형

18 문기가 ⓐ, ⓑ와 같은 행동을 한 이유를 서술하시오.

100점 특강

문기와 수만이의 외적 갈등과 문기의 갈등 해결 과정

문기	↔	수만이
양심의 가책을 벗어나기 위해서 거스름돈을 돌려주고 그 사실을 수만이에게 밝힘.	↔	문기가 돈을 혼자 쓰려는 것으로 오해하고, 돈을 달라며 계속 문기를 괴롭힘.

⬇

수만이의 괴롭힘에서 벗어나고자 문기가 숙모의 돈을 훔쳐서 수만이에게 던져 줌.

➡ 문기는 삼촌의 훈계를 듣고 양심을 지키고자 거스름돈을 고깃간 마당에 던져 놓은 후, 수만이에게 거스름돈을 돌려주었다고 밝힌다. 그러나 수만이는 문기의 말을 믿지 않고 돈을 내놓으라고 협박하면서 둘 사이의 외적 갈등은 본격적으로 전개된다. 수만이의 괴롭힘과 협박을 견디지 못한 문기는 숙모의 돈을 훔쳐서 수만이에게 줌으로써 갈등을 해소하고자 하나, 이러한 문기의 행동은 문기가 또 다른 갈등 상황에 놓이도록 만든다.

1 하늘은 맑건만

(가) 날이 저물어서 문기는 풀이 죽어 집 마루에 걸터앉았다. 숙모가 방에서 나오다 보고,

"너 학교에서 인제 오니?" / 그리고 이어,

"너 혹 붙장 안의 돈 봤니?"

하다가는 채 문기가 입을 열기 전에 숙모는,

"학교서 지금 오는 애가 알겠니. 참, 점순이 고년 *앙큼헌 년이드라. 낮에 내가 뒤곁에서 화초 모종을 내고 있는데 집을 간다고 나가더니 글쎄 돈을 집어 갔구나."

문기는 잠잠히 듣기만 한다. 그러나 속으로는 갚으면 고만이지 소리를 또 한 번 외어 본다.

▶ [ ]이/가 돈을 훔친 사람으로 지목되었음을 알게 된 문기

(나) 그날 밤이었다. 아랫방 *들창 밑에 훌쩍훌쩍 우는 어린아이 울음소리가 났다. 아랫집 심부름하는 아이 점순이 음성이었다. 숙모가 직접 그 집에 가서 무슨 말을 한 것은 아니로되 자연 그 말이 한 입 걸러 두 입 걸러 그 집에까지 들어갔고 그리고 그 집 주인 여자는 점순이를 때려 쫓아낸 것이다. 먼저는 동네 아이들이 모여 지껄지껄하더니 차차 하나 가고 둘 가고 훌쩍훌쩍 우는 그 소리만 남는다. 방 안의 문기는 그 밤을 뜬눈으로 새웠다.

▶ 자신으로 인해 점순이가 쫓겨나자 [ ]을/를 느끼는 문기

(다) 이튿날 아침이다. 문기는 밥을 두어 술 뜨다가는 고만둔다. 뭐 그 돈을 갚기 위한 그것이 아니다. 도무지 입맛이 나지 않았다. 학교에 갔다. 첫 시간은 *수신 시간, 그리고 *공교로이 제목이 '정직'이다. 선생님은 뒷짐을 지고 교단 위를 왔다 갔다 하며 거짓이라는 것이 얼마나 악한 것이고 정직이 얼마나 귀하고 중한 것인가를 누누이 말씀한다. 그리고 안경 쓴 선생님의 그 눈이 번쩍 하고 문기 얼굴에 머물렀다 가고 가고 한다. 그럴 때마다 문기는 가슴이 뜨끔뜨끔해진다. ㉠문기는 자기 한 사람에게만 들리기 위한 정직이요, 수신 시간인 듯싶었다.

▶ [ ] 시간에 [ ]의 가책을 받는 문기

(라) 어느덧 걸음은 삼거리를 지나고 있었다. 문기 등 뒤에서 아주 멀리 뿡뿡 하고 자동차 소리와 비켜라 비켜라 하는 사람의 소리가 나는 듯하더니 갑자기 귀밑에서 크게 울린다. 언뜻 돌아다보니 바로 눈앞에 자동차 머리가 달려든다. 그리고 문기는 으쓱하고 높은 데서 아래로 떨어져 가는 듯싶은 감과 함께 정신을 잃고 말았다.

▶ 문기가 죄책감으로 괴로워하다가 [ ]을/를 당함.

(마) "작은아버지." / 하고 문기는 입을 열었다. 그리고,

"저는 마땅히 받아야 할 벌을 받은 거예요."

하고 문기는 눈을 감으며 한마디 한마디 그러나 똑똑하게 처음부터 끝까지, 먼저 고깃간 주인이 일 원을 십 원으로 알고 거슬러 준 것, 그 돈을 써 버린 것, 그리고 또 붙장 안의 돈을 자기가 훔쳐 낸 것, 이렇게 하나하나 숨김없이 자백을 하자, 이때까지 겹겹으로 싸고 있던 허물이 한 꺼풀 한 꺼풀 벗어지면서 따라 마음속의 어둠도 차차 사라지며 맑아 가는 것을 문기는 확실히 깨달을 수 있었다. 마음이 맑아지며 따라 몸도 *가뜬해진다. 내일도 해는 뜨고 하늘은 맑아지리라. ㉡그리고 문기는 그 하늘을 떳떳이 마음껏 쳐다볼 수 있을 것이다.

▶ [ ]에게 자신의 죄를 [ ]하고 후련해하는 문기

내용 연구

수신 시간에 문기가 가슴이 뜨끔뜨끔해진 이유
정직하지 못한 자신의 행동을 선생님께서 다 아시고 말씀하시는 것 같은 생각에 양심의 가책을 받아 죄책감을 느꼈기 때문임.

구절 풀이

- **방 안의 문기는 그 밤을 뜬눈으로 새웠다.**: 문기는 붙장 안의 돈을 훔쳐 낸 일로 인해서 이웃집의 심부름하는 아이인 점순이가 누명을 쓰게 된 상황을 알게 된다. 자신의 과오로 인해 다른 사람에게까지 피해를 주게 된 상황에 문기는 심한 죄책감을 느끼고, 잠을 이루지 못한다.
- **그리고 문기는 ~ 있을 것이다.**: 삼촌에게 모든 것을 자백한 문기가 죄책감에서 벗어났다는 것을 알려 준다.

낱말 풀이

- * **앙큼헌**: 엉뚱한 욕심을 품고 깜찍하게 분수에 넘치는 짓을 하고자 하는 태도가 있는.
- * **들창**: 들어서 여는 창.
- * **수신**: 일제 강점기 때 교과목 중 하나.
- * **공교로이**: 생각지 않았거나 뜻하지 않았던 사실이나 사건과 우연히 마주치게 된 것이 기이하다고 할 만하게.
- * **가뜬해진다**: 마음이 가볍고 상쾌해진다.

답 점순이, 죄책감, 수신, 양심, 교통사고, 삼촌, 고백

19 이 글의 서술상의 특징으로 가장 적절한 것은?

① 대화를 통해 인물 사이의 갈등을 고조시킨다.
② 사투리를 사용하여 인물을 생동감 있게 묘사한다.
③ 구체적인 지명을 사용하여 현장감 있게 서술한다.
④ 인물의 엉뚱한 행동으로 해학적 분위기를 조성한다.
⑤ 서술자가 인물의 심리까지 다 아는 것처럼 서술한다.

20 이 글의 내용을 바르게 이해하지 <u>않은</u> 것은?

① 점순이는 억울한 일을 당해 아랫집에서 쫓겨났다.
② 문기는 내적 갈등에 시달리다가 교통사고를 당한다.
③ 숙모는 점순이가 붙장 안의 돈을 훔쳤다고 생각한다.
④ 문기는 울고 있는 점순이를 위로하느라 밤을 새운다.
⑤ 문기는 작은아버지에게 자신의 잘못을 모두 고백한다.

중요
21 (나)에 드러난 문기의 갈등의 원인으로 가장 적절한 것은?

① 자신의 불쌍한 처지에 대한 한탄
② 점순이를 때린 주인집 여자에 대한 미움
③ 자신을 나쁜 길로 이끈 수만이에 대한 원망
④ 자신이 범인으로 밝혀질지도 모른다는 두려움
⑤ 자신으로 인해 누명을 쓴 점순이에 대한 죄책감

22 (마)를 통해 알 수 있는 이 글의 주제로 가장 적절한 것은?

① 양심을 지키며 살자.
② 올바른 친구를 사귀자.
③ 죄를 지으면 벌을 받는다.
④ 물질에 욕심을 갖지 말자.
⑤ 가족과 대화를 나누며 살자.

23 ㉠과 같은 상황에 적절한 속담은?

① 개밥에 도토리.
② 도둑이 제 발 저리다.
③ 하룻강아지 범 무서운 줄 모른다.
④ 미꾸라지 한 마리가 강물을 흐린다.
⑤ 얌전한 고양이 부뚜막에 먼저 올라간다.

서술형
24 ㉡과 같이 문기가 할 수 있게 된 계기를 쓰시오.

100점 특강

문기의 갈등 해소 과정

숙모, 삼촌, 점순이에 대한 죄책감으로 괴로워함.
→
• 교통사고로 자신의 죄에 대한 벌을 받았다고 생각함.
• 삼촌에게 자신의 잘못을 털어놓음.
→
• 마음속의 어둠이 사라지며 맑아 가는 것을 깨달음.
• 죄책감에서 벗어나 모든 갈등이 해소됨.

제목 '하늘은 맑건만'의 의미

'하늘'은 언제나 변함없이 맑고 푸른 모습을 지닌 소재로, 문기가 떳떳하지 못한 행동으로 괴로움을 겪는 상황과 대조적인 의미를 지닌다. 문기는 정직하지 못한 행동을 한 후, 죄책감에 '하늘은 맑건만' 마음이 무거워 하늘을 쳐다보지 못한다. '하늘은 맑건만'이라는 제목은 맑고 깨끗한 하늘처럼 양심을 지키며 정직하고 떳떳하게 살자는 생각을 전달하고 있다.

2 자전거 도둑 | 박완서

지문 연구

• **해제:** 이 글은 1970년대 청계천 세운 상가를 배경으로 하여 빠른 속도로 근대화가 이루어지면서 이익을 위해 수단과 방법을 가리지 않는 삶의 모습을 그려 내고 있다. 어린 소년을 주인공으로 내세워 어른들의 비양심적인 모습, 부도덕한 세상에 대해 되돌아 보게 하는 작품이다.

• **주제:** 부도덕한 삶의 태도에 대한 비판

내용 연구

중심인물과 배경

중심 인물	• 이름: 수남이 • 나이: 열여섯 살 • 신분: 전기용품 도매상 점원 • 외양: 볼이 토실하니 붉고, 눈 속이 깨끗함. 제법 굵고 부드러운 목소리를 가짐.
배경	• 공간적: 청계천 세운 상가 • 시간적: 1970년대

구절 풀이

• **열여섯 살이라지만 ~ 속이 깨끗하다.:** 사춘기에 접어든 소년이지만 외양 묘사를 통해 심성이 맑고 순수한 인물임을 표현한다.

• **똥통 학교라면 ~ 있으면 책이라고.:** 주인 영감이 겉으로는 수남이의 진학을 위해 여러 가지로 고민하고 있는 듯한 인상을 주고 있으나 인건비를 절약하기 위해 수남이가 일할 시간을 더 확보하기 위한 속셈을 가지고 있다.

• **"누가 뭐 ~ 들긴 쉽거든.":** 인건비를 덜 들이려는 주인 영감의 속내를 수남이를 지킨다는 핑계를 들어 변명하는 부분이다.

낱말 풀이

* **다후다:** 합성 섬유의 한 종류.
* **혹사당하고:** 혹독하게 시키는 일을 하게 되고.

(가) 수남이는(중심인물) 청계천 세운 상가 뒷길의 전기용품 도매상의 꼬마 점원이다.

수남이란 어엿한 이름이 있는데도 꼬마로 통한다. •열여섯 살이라지만 볼은 아직 어린아이처럼 토실하니 붉고, 눈 속이 깨끗하다(수남이의 순수함). 숙성한 건 목소리뿐이다. 제법 굵고 부드러운 저음이다. 그 목소리가 전화선을 타면 점잖고 떨떠름한 늙은이 목소리로 들린다.

이 가게에는 변두리 전기 상회나 전공들로부터 걸려오는 전화가 잦다. 수남이가 받으면,

"주인 영감님이십니까?" / 하고 깍듯이 존대를 해 온다.

"아, 아닙니다. 꼬맙니다."

수남이는 제가 무슨 큰 실수나 저지른 것처럼 황공해하며 볼까지 붉어진다.

▶ [   ] 면모를 지닌 수남이

(나) "왜 하필 남의 머리를 쥐어박어? 채 굳지도 않은 머리를. 그게 어떤 머린 줄이나 알고들그래, 응? 공부 많이 해서 대학도 가고 박사도 될 머리란 말야. 임자들 같은 돌대가리가 아니란 말야."

그러면 아무리 막돼먹은 손님이라도 선생님 꾸지람에 떠는 초등학생처럼 풀이 죽어서 수남이에게 진심으로 미안해했다. 그러고는,

"꼬마야, 그럼 너 요새 어디 야학이라도 다니니?"

하며 은근히 부러워하는 눈치까지 보였다. 그러면 영감님은 딱하다는 듯이 혀를 차며,

"아니, 야학은 아무 때나 들어가나. •똥통 학교라면 또 몰라. 수남이는 내년 봄에 시험 봐서 들어가야 해. 야학이라도 일류로. 그래서 인석이 그저 틈만 있으면 책이라고(수남이의 학업을 염려하는 듯 보이려는 주인 영감의 말). 허허……."

▶ 수남이의 학업을 염려하는 듯한 주인 영감

(다) 수남이의 하루는 눈코 뜰 새 없이 고단하지만 행복하다. 내년 봄(수남이가 학교에 들어갈 때) — 내년 봄은 올봄보다는 멀지만 오기는 올 것이다. 그리고 영감님이 잘못 알아서 그렇지 시험 볼 때는 봄이 아니라 겨울이다. 겨울은 봄보다 이르다.

수남이는 온종일 눈코 뜰 새 없이 바쁘게 일을 하고 밤에는 가겟방에서 숙직을 한다. 꾀죄죄한 *다후다 이불에 몸을 휘감고 나면 방바닥이야 차건 더웁건 잠이 쏟아진다(수남이의 고단한 하루).

▶ 수남이의 [   ] 하루

(라) 점원이 적어도 세 명은 있어야 해낼 가게 일을 혼자서 해내자니 여간 벅찬 것이 아니다. 그래도 수남이는 *혹사당하고 있다는 억울한 생각 같은 것은 전혀 없다. 어쩌다 남들이 영감님에게

"꼬마 혼자 데리고 벅차시겠습니다. 좀 큰 애 하나 더 쓰셔야죠."

㉠영감님은 그런 소리를 제일 싫어한다(자신의 속셈을 들킨 데 대한 불쾌함 표현). 벌레라도 씹어 먹은 듯이 이상야릇한 얼굴로 상대방을 흘겨보며,

「•"누가 뭐 사람 더 쓰기 싫어 안 쓰나. 어디 ⓐ사람 같은 놈이 있어야 말이지. ⓑ깡패 놈이라도 걸려들어 봐. 우리 ⓒ수남이가 물든다고. 이런 ⓓ순진한 놈일수록 ⓔ구정물 들긴 쉽거든."」(「」: 수남이를 위하는 체하는 주인 영감의 위선적인 모습)

얼마나 고마운 주인 영감님인가(주인 영감의 속셈을 모르는 순수한 수남이의 마음).

▶ 주인 영감에게 [   ]을/를 느끼는 수남이

답 순수함, 고단함, 고마움

01 이와 같은 글을 감상할 때 유의할 점으로 가장 적절한 것은?

① 당시 사회에 대한 객관적 정보를 파악해야 한다.
② 갈등의 발생 원인과 해결 과정을 파악해야 한다.
③ 인물의 생애와 업적을 사실 그대로 파악해야 한다.
④ 언어가 가지는 음악적 아름다움을 느끼고 음미해야 한다.
⑤ 작가의 개인적인 체험을 통한 삶의 교훈을 깨달아야 한다.

02 (가)~(라)를 통해 알 수 있는 수남이의 모습에 대한 설명으로 적절하지 않은 것은?

① 미래에 대한 꿈을 가지고 있다.
② 자신의 일에 최선을 다하고 있다.
③ 사춘기 소년이면서 순수한 면이 있다.
④ 어른들의 말을 사실 그대로 믿고 있다.
⑤ 자신의 영특함에 대한 자부심을 가지고 있다.

중요

03 일반적인 갈등의 전개 과정으로 보아 (가)의 역할을 바르게 설명한 것은?

① 사건이 해결되면서 모든 갈등이 해소된다.
② 사건이 시작되면서 갈등의 원인이 드러난다.
③ 사건이 복잡하게 전개되면서 갈등이 심화된다.
④ 인물과 배경을 소개하여 갈등의 실마리를 제시한다.
⑤ 사건이 극적으로 치달으면서 갈등이 최고조에 도달한다.

04 (나)~(라)를 바탕으로 나눈 대화이다. 이야기의 흐름을 바르게 파악한 사람은?

① 영주: 수남이는 실제로 공부에는 관심이 없는 아이로군.
② 신우: 주인 영감은 수남이의 학업에 큰 관심이 없는 것 같아.
③ 은래: 수남이는 힘든 생활로 인해 자신의 삶을 비관하고 있어.
④ 아림: 주인 영감은 수남이의 고단한 하루를 안타깝게 여기고 있어.
⑤ 상규: 수남이는 주인 영감의 보살핌을 받고 야학에 가게 될 거야.

05 ⓐ~ⓔ 중 의미하는 바가 같은 것끼리 묶은 것은?

① ⓐ, ⓑ, ⓒ
② ⓐ, ⓒ, ⓓ
③ ⓐ, ⓓ, ⓔ
④ ⓑ, ⓒ, ⓔ
⑤ ⓒ, ⓓ, ⓔ

서술형

06 (나)~(라)로 보아 알 수 있는 '주인 영감'의 성격을 바탕으로 할 때, ㉠의 이유를 〈조건〉에 맞게 서술하시오.

조건
- '수남이'와 관련지어 근거를 서술할 것.
- 한 문장으로 서술할 것.

100점 특강

수남이와 주인 영감의 성격

수남이	주인 영감
• 많은 일을 혼자 해내면서도 불평하지 않음. • 주인 영감이 자신의 학업을 염려해 준다고 믿고 고마워함.	• 수남이가 공부하고 싶어 하는 마음을 알면서도 겉으로만 걱정하는 척함. • 수남이에게 많은 일을 시켜 인건비를 줄이려 함.
순수하고 세상 물정을 잘 모름.	이기적이고 계산적임.

➡ 수남이가 주인 영감의 계산적이고 이기적인 면을 바르게 파악하지 못하고, 겉으로 드러나는 모습을 통해 오히려 주인 영감에게 고마움을 느끼는 순진한 인물임을 강조하고 있다.

2 자전거 도둑

| 내용 연구

'바람'의 의미

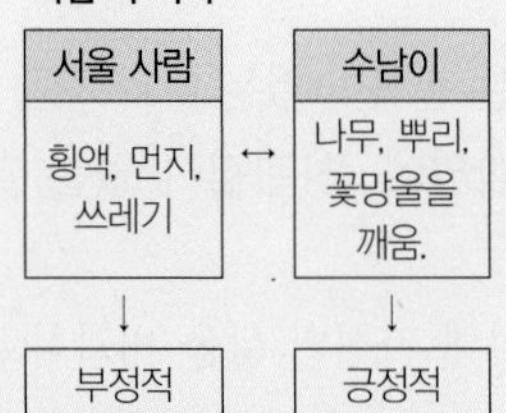

| 구절 풀이

- **별안간 기온이 ~ 세차게 몰아쳤다.**: 갑작스런 날씨의 변화를 통해 분위기를 전환하고 새로운 사건이 발생하게 됨을 암시한다.
- **꼭 네깐 ~ 소리로 들린다.**: 주인 영감의 말에 대해 부정적으로 생각하는 수남이의 마음을 서술하고 있다.
- **저런 수에 ~ 있기 때문이다.**: 수남이가 물건 배달을 가서 물건값을 제때에 받지 못한 일이 있었으며, 이를 통해 상인들의 습성을 알게 되었음을 표현한다.

| 낱말 풀이

- * **횡액**: 뜻밖에 당하게 되는 재난이나 액운.
- * **생경한**: 처음이거나 익숙하지 못하여 부드럽지 못하고 딱딱한.
- * **고깝게**: 섭섭하고 야속하여 마음이 언짢게.
- * **공갈**: 공포를 느끼도록 윽박지르며 을러댐.
- * **되놈**: 되놈. 중국 사람을 낮추어 이르는 말.

(가) 그 어느 해보다도 긴 겨울이 가고 봄이 왔다. 내년 봄이 아니라 올봄이 온 것이다. 캘린더에는 벚꽃이 만발해 있었다. 그런데도 그 어느 해보다도 길게 해 먹은 겨울은 뭘 아직도 덜 해 먹었는지 화창한 봄날에 끼어들어 심술을 부렸다.(겨울 추위가 오래 감.) •별안간 기온이 급강하하더니 바람(새로운 사건 발생 암시)까지 세차게 몰아쳤다.

▶ 갑작스럽게 [　　]이/가 불어옴.

(나) 수남이네 주인 영감님도 가더니, 한참 만에 돌아오면서 하늘을 쳐다보며 욕지거리를 했다.

"육시랄 놈의 바람, 무슨 끝장을 보려고 온종일 이 지랄이야."

아마 전선 가게 아저씨 손해가 대단했던 모양이다. 그래서 동정 삼아 그렇게 화를 내는 눈치다. 하긴 그런 일이 아니더라도 서울 사람들에게는 바람이 손톱만큼도 반가울 리가 없겠다. 바람의 의미를, 간판이 날아가는 *횡액, 한없이 날아오는 먼지, 쓰레기(바람에 대한 서울 사람들의 현실적이고 계산적인 판단 – 부정적) 그것밖에 모르니까.

봄바람이 게으른 나무들에게, 잠든 뿌리들에게, *생경한 꽃망울들에게 얼마나 신기한 마술을 베풀고 지나갔나(바람에 대한 수남이의 생각 – 자연물에 생명을 불어넣는 존재)를 모르니까. 봄바람이 한차례 지나고 거짓말같이 화창하고 아늑하게 갠 날, 들판이나 산등성이에 있어 본 적이 없을 테니까.

▶ 바람에 대한 서울 사람과 [　　]의 생각의 차이

(다) 전화를 받은 주인 영감님이 좀 생기가 나더니 계산서를 작성해 주면서 ××상회에 20W 형광 램프 다섯 상자만 배달해 주고 오란다. 가까운 데 있는 소매상에서는 이렇게 전화 주문으로 배달까지를 부탁해 오는 수가 많다. 수남이는 자전거도 잘 타 배달이라면 문제도 없다.

그래도 오늘은 바람이 유난해서(불길한 분위기 조성) 조심하느라 형광 램프 상자를 밧줄로 꼼꼼히 묶는다. 주인 영감님까지 묶는 걸 거들어 주면서,

"인석아, 까불지 말고 조심해. 사고 내 가지고 누구 못할 노릇 시키지 말고.(자신의 손해를 걱정하는 주인 영감의 계산적인 면모)"

오늘 장사가 좀 잘 안 돼서 그런지 말씨가 퉁명스럽긴 했지만, 나쁜 말은 아닌데도 수남이는 *고깝게 듣는다.

•꼭 네깐 놈 다칠 게 걱정이 아니라 나 손해 볼 게 겁난다는 소리로 들린다.

▶ 수남이가 자전거를 타고 [　　]을/를 가게 됨.

(라) ××상회 주인은 니코틴이 새까맣게 달라붙은 이빨 안쪽(인물에 대한 부정적인 묘사)을 드러내고 크게 하품을 한다. 돈을 빨리 안 주는 변명 같기도 하고, '인석아, 하루 종일 기다려 봐라, 누가 돈을 호락호락 내줄 줄 아니.' 하는 *공갈 같기도 하다.

그러나 수남이는 들은 척도 안 하고 장승처럼 버티고 서 있다.(물건 값을 받아가려는 수남이의 의지) •저런 수에 넘어가 호락호락 물러가면 주인 영감님에게 야단맞는 것도 맞는 거려니와, 앞으로 열 번도 넘게 헛걸음을 해야 수금을 끝마칠 수 있기 때문이다.(수금의 어려움을 경험으로 터득함.)

▶ 수남이가 물건값을 받기 위해 버팀.

(마) 소매상이라 큰돈은 안 들어와도 그동안 들어온 돈이 어림잡아 만 원은 됨 직하다. 수남이는 비실비실 안 나오는 웃음을 웃으며,

"어떻게 결제 좀 해 줍쇼."

하고 또 한 번 빌붙는다. 주인은 '짜아식' 하며 또 한 번 알밤을 먹이곤 오백 원짜리, 백 원짜리 합해서 만 원을 세 번이나 세어 보더니 아까운 듯이 내준다.(계산적이고 탐욕적인 모습)

"짜아식 끈덕지기가 꼭 *되놈 같다니까, 됐어."

▶ 수남이가 [　　]을/를 받음.

답 바람, 수남이, 배달, 물건값(돈)

07 이 글에서 대상에 대한 서술자의 주된 관심과 서술 태도를 바르게 설명한 것은?

① 자연을 파괴하는 삶에 대해 비판하고 있다.
② 도시적인 삶에 대해 부정적으로 보고 있다.
③ 개성이 없는 사회의 모습을 냉소적으로 말하고 있다.
④ 시대 변화에 따른 삶의 변화를 관조적으로 바라보고 있다.
⑤ 동심의 순수함이 사라지고 있는 사회의 모습을 우려하고 있다.

08 (가)~(마)로 보아 '바람'의 역할을 바르게 나타낸 것은?

① 새로운 사건 발생의 실마리
② 중심인물의 성격 변화의 계기
③ 갈등을 해결할 수 있는 실마리
④ 새로운 인물의 등장을 암시하는 소재
⑤ 공간적 배경의 이동을 암시하는 단서

09 (나)로 보아 '바람'에 대한 수남이의 생각으로 적절한 것은?

① 자연물의 다양함을 알게 하는 것이다.
② 자연의 무서운 힘을 보여 주는 것이다.
③ 자연이 인간에게 베풀어 주는 혜택이다.
④ 자연물에 생명력을 불어넣어 주는 것이다.
⑤ 자연과 인간의 조화로움을 보여 주는 것이다.

중요

10 (라)와 (마)에 드러나는 중심 갈등을 바르게 나타낸 것은?

① 부지런히 일해야 하는 상황에도 편히 쉬고 싶은 수남이의 내적 갈등
② 돈을 받아 오라는 주인 영감과 돈을 받지 못한 수남이 사이의 외적 갈등
③ 물건값을 주어야 하지만 수남이에게 돈을 주고 싶지 않은 상인의 내적 갈등
④ 돈을 받아 가야 하는 수남이와 쉽게 돈을 주고 싶지 않은 상인 사이의 외적 갈등
⑤ 세상 물정을 모르는 수남이와 현실 적응 방법을 가르치려는 상인 사이의 외적 갈등

서술형

11 〈보기〉는 소설의 인물에 대한 설명의 일부이다. 〈보기〉를 바탕으로 할 때 주인 영감과 ××상회 주인을 통해 표현하고자 하는 전형성을 〈조건〉에 맞게 한 문장으로 서술하시오.

보기

소설 속의 인물은 가상의 인물이지만 현실 속의 인물의 모습을 드러낸다. 작가는 인물에게 개성을 부여하면서도 전형성을 부여하여 갈등의 전개 과정을 통해 주제를 드러내고자 한다. 여기서 전형성은 신분이나 지위, 가치관이 같은 사람들의 집단을 대표할 수 있는 성격을 말한다.

조건

• 본문에서 드러나는 인물의 성격을 근거로 서술할 것.

100점 특강

주인 영감과 ××상회 주인의 공통점

주인 영감	××상회 주인
• 바람 때문에 신경질을 냄. • 수남이가 다치는 것보다 자신의 손해에만 민감함.	• 물건값을 제때에 주지 않으려 함. • 여러 번에 걸쳐 돈을 세어 보고 내줌.

물질 지상주의적인 가치관을 지님.

➡ 주인 영감과 ××상회 주인은 서울 사람들에 해당하는 인물로, 모두 물질을 중시하는 도시민들의 모습을 보여 준다.

수남이의 모습

바람을 통해 생명력을 느끼는 순수함을 지니고 있음. — 이익만 중시하는 상인들의 습성을 알고 그에 대처하는 방법을 알고 있음.

⬇

순수한 동심을 가지고 있지만 도시에서의 삶의 방식에 젖어 들고 있음.

2 자전거 도둑

내용 연구

사건의 전개 과정

바람이 불어옴.
↓
수남이가 자전거를 세워 두고 배달 일을 함.
↓
바람에 자전거가 넘어짐.
↓
자전거가 신사의 차에 생채기를 냄.
↓
신사가 자전거를 잡아 두고 변상을 요구함.
↓
수남이가 자전거를 들고 도망감.

구절 풀이

- **조금 전만 ~ 누워 있다.**: 수남이의 자전거가 바람에 쓰러져 있음을 통해 무언가 새로운 일이 발생했음을 암시한다.
- **인마, 네놈의 ~ 들이받았단 말야.**: 자전거가 넘어지면서 차체에 흠집을 냈다는 사실을 밝히는 부분으로, 신사와 수남이의 본격적인 갈등을 표현한다.
- **달리면서 마치 ~ 쾌감까지 느꼈다.**: 수남이가 자전거를 들고 도망가면서 죄책감보다 해방감을 느끼고 있다.

낱말 풀이

- * **생채기**: 손톱 따위로 할퀴이거나 긁히어서 생긴 작은 상처.
- * **검부러기**: 가느다란 마른 나뭇가지, 마른 풀, 낙엽 따위의 부스러기.
- * **질풍**: 몹시 빠르고 거세게 부는 바람.
- * **쾌감**: 상쾌하고 즐거운 느낌.

(가) 바람이 지난 후 수남이는 눈을 뜨고 침을 탁 뱉는다. 입 속에 모래가 들어와 깔깔하고 목구멍이 알싸하니 아프다. 다시 자전거 쪽으로 걷는다. 조금 전만 해도 서 있던 자전거가 누워 있다(불길한 분위기). 그래도 날아가진 않았으니 다행이다.

자전거뿐 아니라 골목의 모든 것이 다 제자리에 그대로 있다. 수남이는 그것이 신기하다. 누워 있는 자전거를 일으켜 세우고 날렵하게 올라타 막 페달을 밟으려는데, 어디선지 고함 소리가(외적 갈등의 발생) 벽력같이 들린다.

▶ 수남이의 [ ]이/가 누워 있음.

(나) "인마, 네놈의 자전거가 쓰러지면서 내 차를 들이받았단 말야. 이런 고급차를 말야. 이런 미련한 놈, 왜 눈은 째려, 째리긴. 그러니 내 차에 흠이 안 나고 배겼겠냐. 내 차는 인마, 여자들 손톱만 살짝 닿아도 *생채기가 나는 고급차야 인마, 알간?"

그러고는 거울처럼 티 하나 없이 번들대는 차체를 면면히 훑어보더니 "그러면 그렇지." 하고 환성을 질렀다. 아마 생채기를 찾아낸 모양이다.

"일은 컸다. 인마, 칠만 살짝 긁혔어도 또 모르겠는데 여봐라, 여기가 이렇게 우그러지기까지 했으니 일은 컸다, 컸어."

신사가 덩칫값도 못하게 팔짝팔짝 뛰면서 잘 봐 두라는 듯이 수남이의 얼굴을 차에다 바싹 밀어붙였다.

▶ 수남이의 자전거가 [ ]의 차에 생채기를 냄.

(다) "아니 욘석이 이제 보니 이런 큰일 저지르고 그냥 내뺄 심사 아냐? 요런 악질 녀석 같으니라고."

신사의 표정은 은은히 감돌던 연민이 싹 가시고 점잖게 무표정해진다.

그러고는 옆에 섰던 운전사인 듯한 남자에게,

"안 되겠네. 요런 악질 깡패 녀석하고 시비해 봤댔자 공연히 시간만 낭비니, 자네 자물쇠 하나 마련해다 주게. 이 녀석 자전걸 잡아 놓기로 하세. 언제든지 오천 원 가져와서 찾아가라고.(신사가 수남이의 자전거를 붙잡아 두고 보상을 요구함.)"

▶ 수남이의 자전거를 잡아 놓고 [ ]을/를 요구하는 신사

(라) 「"아저씨, 잘못했습니다. 한 번만 용서해 주십시오. 네, 아저씨."

제법 또렷한 소리로 용서를 빈다. / "용서라니, 이만큼 했으면 됐지 어떻게 더 용서를 해."

"아저씨, 그러시지 말고 한 번만 봐 주셔요. 네, 아저씨."」 「」: 신사와 수남이 사이의 외적 갈등

수남이는 주머니에 들은 만 원(주인 영감에게 가져다줄 돈) 생각을 하면 얼굴이 화끈대고 공연히 무섭기까지 하다. 그렇지만 주인 영감님을 위해 그 돈만은 죽기를 무릅쓰고 지킬 각오를 단단히 한다.

▶ 신사에게 용서를 비는 수남이

(마) "그래라, 그래. 그까짓 거 들고 도망가렴. 뒷일은 우리가 감당할게."

그러자 모든 구경꾼이 수남이의 편이 되어 와글와글 외쳐 댔다.

"도망가라, 어서어서 자전거를 번쩍 들고 도망가라, 도망가라."

수남이는 자기편이 되어 준 이 많은 사람들을 도저히 배반할 수 없었다(자전거를 들고 도망가기로 작정함.). 이상한 용기가 솟았다. 수남이는 자전거를 마치 ㉠ *검부러기처럼 가볍게 옆구리에 끼고 *질풍같이 달렸다.

정말이지 조금도 안 무거웠다. 타고 달릴 때보다 더 신나게 달렸다. 달리면서 마치 ㉡오래 참았던 오줌을 시원스레 내깔기는 듯한 *쾌감까지 느꼈다.

▶ 수남이가 자전거를 들고 도망가며 [ ]을/를 느낌.

답 자전거, 신사, 오천 원(돈), 쾌감

12 (가)~(마)의 사건 전개 과정에 대한 설명으로 잘못된 것은?

① 사건의 발생 원인은 '바람'이다.
② 중심인물인 '수남이'의 갈등이 해결된다.
③ '고급차'가 갈등 해소의 실마리로 제시된다.
④ 새로운 인물 '신사'가 등장하면서 갈등이 일어난다.
⑤ '신사'와 '수남이' 사이의 외적 갈등을 중심으로 사건이 전개된다.

13 (가)~(마)에 드러난 '수남이'의 심리 변화 과정을 바르게 나타낸 것은?

① 당황함 → 기쁨 → 원망
② 기쁨 → 당황함 → 미안함
③ 당황함 → 두려움 → 기쁨
④ 미안함 → 두려움 → 원망
⑤ 당황함 → 두려움 → 미안함

14 (가)~(마)로 보아 알 수 있는 '신사'의 성격으로 가장 적절한 것은?

① 다른 사람의 시선을 두려워한다.
② 물건을 깨끗하고 깔끔하게 사용한다.
③ 주변 사람들의 인정을 받고 싶어 한다.
④ 자신이 손해 보는 일을 무척 싫어한다.
⑤ 어린아이의 잘못을 바로잡아 주고자 한다.

15 ㉠이 비유하는 대상이 무엇인지 찾아 쓰시오.

16 ㉡에 대한 설명으로 적절한 것은?

① 수남이의 내면적 성장을 암시한다.
② 수남이의 순수한 마음을 강조한다.
③ 수남이의 부도덕한 내면을 표현한다.
④ 사춘기 소년 특유의 반항적 태도를 상징한다.
⑤ 양심적 행동에 대한 수남이의 안도감을 의미한다.

중요 | 서술형

17 <보기>의 밑줄 친 부분에 해당하는 '수남이'의 행동을 찾아 <조건>에 맞게 쓰시오.

보기

소설에서의 갈등은 각각의 인물들이나 집단들이 서로 대립하는 관계에 놓이는 것을 말한다. 갈등 관계 속에서 각각의 인물이나 집단은 자신에게 유리한 상황으로 사건을 끌어가려고 하게 된다. 자신의 입장에 유리하고 편안한 방향으로 사건을 전개해 가면서 갈등을 해소하고자 하는 것이다.

조건

• 본문의 내용을 그대로 옮겨 쓸 것.

100점 특강

수남이와 신사의 갈등 양상

신사	↔	수남이
• 자동차에 난 생채기를 보고 크게 화를 냄. • 용서를 구하는 수남이의 자전거를 붙잡아 두고 오천 원을 요구함.	↔	• 자동차에 생채기가 거의 보이지 않음. • 신사의 요구에 따라 돈을 줄 형편이 되지 않음.

➡ 신사는 수남이에게 자동차의 흠집에 대해 보상을 요구하지만, 수남이는 주인 영감에게 가져다줄 돈을 그대로 지키기 위해 돈을 줄 수 없는 입장이어서 외적 갈등을 겪게 된다.

수남이의 심리 변화

자전거가 차체에 흠집을 냄.	➡	신사가 변상을 요구함.	➡	주머니 속 만 원을 떠올림.	➡	자전거를 들고 도망감.
놀람		당황함, 난감함		무서움, 두려움		쾌감

2 자전거 도둑

내용 연구

'누런 똥빛'의 의미

수남이의 행동을 칭찬한 주인 영감의 얼굴	도둑질을 한 형의 얼굴

⬇

탐욕스럽고 부도덕한 마음을 시각적으로 형상화함.

구절 풀이

- **"잘했다. 잘했어. ~ 제법인데, 제법이야.":** 수남이가 자전거를 훔쳐 돌아왔음에도 주인 영감은 수남이의 잘못을 훈계하지 않고 자신이 손해 보지 않음에 대해 안도하면서 수남이를 칭찬하고 있다.
- **혹시 내 ~ 때문이 아닐까.:** 자신이 자전거를 훔치면서도 가책을 받지 못한 것에 대해 반성하고 있다. 형의 도둑질을 떠올리면서 내적 갈등이 최고조에 도달하는 부분이다.
- **그날 밤 ~ 못 잊겠다.:** 도둑질을 해서 물건을 사온 형의 부도덕한 얼굴을 '누런 똥빛'으로 표현하고 있다.
- **아아, 내일도 ~ 보리밭을 보았으면.:** 자신의 순수한 양심을 되찾아 줄 수 있는 고향을 그리워하고 있다.

낱말 풀이

- * **간악하게:** 간사하고 악독하게.
- * **견제해:** 상대편이 지나치게 세력을 펴거나 자유롭게 행동하지 못하게 억눌러.
- * **청순함:** 깨끗하고 순수함.

(가) 다 듣고 난 주인 영감님은 무엇이 그리 좋은지 무릎을 치면서 통쾌해한다.

"잘했다. 잘했어. 맨날 촌놈인 줄만 알았더니 제법인데, 제법이야." (자신에게 손해를 끼치지 않은 수남이의 행동에 대한 칭찬)

그러고는 가게에서 쓰는 드라이버니 펜치를 가지고 자전거에 채운 자물쇠를 분해하기 시작한다. 엎드려서 그 짓을 하고 있는 주인 영감님이 수남이의 눈에 흡사 도둑놈 두목(부도덕한 인물) 같아 보여 속으로 정이 떨어진다. 주인 영감님 얼굴이 ㉠누런 똥빛인(탐욕스럽고 이기적인 모습) 것조차 지금 깨달은 것 같아 속이 메스껍다.

▶ 주인 영감의 칭찬에 정이 떨어진 수남이

(나) 낮에 내가 한 짓은 옳은 짓이었을까? 옳을 것도 없지만 나쁠 것은 또 뭔가. 자가용까지 있는 주제에 나 같은 아이에게 오천 원을 우려내려고 그렇게 *간악하게 굴던 신사를 그 정도 골려 준 것이 뭐가 나쁜가?(자신의 행동에 대한 합리화) 그런데도 왜 무섭고 떨렸던가. 그 때의 내 꼴이 어땠으면, 주인 영감님까지 "네놈 꼴이 꼭 도둑놈 꼴이다."고 하였을까.

㉡그럼 내가 한 짓은 도둑질이었단 말인가. 그럼 나는 도둑질을 하면서 그렇게 기쁨을 느꼈더란 말인가.(자신의 행동에 대한 반성과 성찰)

▶ 수남이가 자신의 행동에 대하여 [　　　]함.

(다) *혹시 내 피 속에 도둑놈의 피가 흐르고 있기 때문이 아닐까. 순간 수남이는 방바닥에서 송곳이라도 치솟은 듯이 후닥닥 일어서서 안절부절을 못하고 좁은 방 안을 헤맸다.(자신의 잘못이 도둑질과 같다는 점을 깨닫고 몹시 놀라고 당황하는 모습) 수남이의 눈앞에는 수갑을 차고, 순경들에게 끌려와 도둑질 흉내를 그대로 내보이던 형의 얼굴이 환히 떠오른다. 그리고 서울 가서 무슨 짓을 하든지 도둑질만은 하지 말라고 신신당부하던 아버지의 얼굴도(아버지가 도덕적으로 견제해 주는 역할을 함.) 떠오른다.

▶ 수남이가 형과 [　　　]을/를 떠올리며 괴로워함.

(라) 형이 돈을 많이 벌어 오면 — 이런 기대에 온 집안 식구가 하루하루를 매달려 살았다. 어느 날 밤, 형은 돌아왔다. 옷과 운동화와 과자와 고기를 한 짐이나 되게 사 가지고. 형이 정말 돈을 벌어서 별의별 것을 다 사 가지고 온 것이었다. 아버지는 밤중이지만 동네 사람을 모아 큰 잔치를 벌이지 못해 안달을 했다. 형이 험악한 얼굴을 하고 안 된다고 했다. 잔치는커녕 동생들이 좋아서 떠드는 것도 못 하게 윽박질렀다.

수남이는 지금도 그날 밤 일이 생생하다. *그날 밤 형의 누런 똥빛 얼굴은(부도덕하고 비양심적인 모습) 정말로 못 잊겠다. 꼭 악몽 같다.

다음 날 형은 읍내에서 온 순경한테 수갑이 채워져 붙들려 갔다.

▶ 형이 [　　　]을/를 하여 체포됨.

(마) 소년은 아버지가(도덕적으로 견제해 줄 어른) 그리웠다. 도덕적으로 자기를 *견제해 줄 어른이 그리웠다. 주인 영감님은 자기가 한 짓을 나무라기는커녕 손해 안 난 것만 좋아서 "오늘 운 텄다."고 좋아하지 않았던가.

수남이는 짐을 꾸렸다. *아아, 내일도 바람이 불었으면. 바람이 물결치는 보리밭을(순수한 양심을 지킬 수 있는 곳) 보았으면.

마침내 결심을 굳힌 수남이의 얼굴은 누런 똥빛이 말끔히 가시고, 소년다운 *청순함으로 빛났다.(수남이의 내적 갈등 해소)

▶ 수남이가 [　　　](으)로 돌아가기로 결심함.

답 갈등(고민), 아버지, 도둑질, 고향

18 이 글을 통해 작가가 비판하고 있는 삶의 모습을 바르게 표현한 것은?

① 고향과 가족들을 멀리하는 삶
② 다른 사람과의 교류에 소극적인 삶
③ 시대의 변화에 적응하지 못하고 소외된 삶
④ 자녀의 인성을 바르게 교육하지 않는 어른들의 삶
⑤ 양심을 지키는 것보다 자신의 이익을 중시하는 삶

중요

19 (가)~(마)에 드러나는 갈등의 전개 과정에 대해 바르게 설명한 것은?

① (가)~(라)에서는 갈등이 최고조에 도달하고, (마)에서는 갈등이 해소되고 있다.
② (가)에서는 갈등이 복잡하게 얽히고, (나)와 (다)에서는 갈등이 최고조에 도달하며, (라), (마)에서는 갈등이 해소되고 있다.
③ (가)에서는 갈등의 실마리가 나타나고, (나)~(라)에서는 갈등이 복잡하게 전개되며, (마)에서는 갈등이 최고조에 도달하고 있다.
④ (가)~(다)에서는 갈등의 실마리가 나타나고, (라)에서는 갈등이 복잡하게 전개되며, (마)에서는 갈등이 최고조에 도달하고 있다.
⑤ (가)에서는 갈등의 실마리가 나타나고, (나), (다)에서는 갈등이 복잡하게 전개되며, (라)에서는 갈등이 최고조에 도달하며, (마)에서는 갈등이 해소되고 있다.

20 ㉠의 상징적 의미로 적절한 것은?

① 불평과 불만에 쌓인 모습
② 탐욕스럽고 이기적인 모습
③ 책임감이 없고 무능력한 모습
④ 여유 없이 일에만 매달리는 모습
⑤ 자신의 잘못을 깨닫고 뉘우치는 모습

21 ㉡과 같이 느낀 이유로 적절한 것은?

① 주인 영감의 돈을 마음대로 썼기 때문에
② 자동차 수리비를 물어 주지 않았기 때문에
③ 형이 했던 행동을 그대로 따라 했기 때문에
④ 다른 사람의 자전거로 바꾸어 가져왔기 때문에
⑤ 신사에게 수리비를 준다고 거짓말을 했기 때문에

서술형

22 〈보기〉는 이 글의 등장인물의 관계를 나타낸 것이다. ㉮, ㉯에 들어갈 적절한 말을 쓰시오.

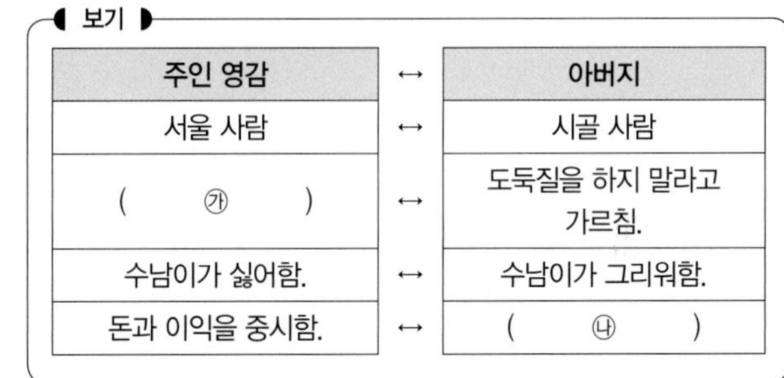

보기

주인 영감	↔	아버지
서울 사람	↔	시골 사람
(㉮)	↔	도둑질을 하지 말라고 가르침.
수남이가 싫어함.	↔	수남이가 그리워함.
돈과 이익을 중시함.	↔	(㉯)

100점 특강

주인 영감과 아버지의 가치관의 차이

주인 영감	↔	아버지
도덕보다 자신의 이익을 중시함.	↔	도덕과 양심을 지키며 살기를 바람.
⬇		⬇
수남이의 잘못된 행동을 칭찬함.		도둑질을 하면 안 된다고 가르침.
⬇		⬇
정이 떨어짐.		그리워짐.

수남이의 갈등과 갈등 해결

수남이는 자신의 부도덕한 행동을 훈계하지 않고 운이 텄다고 말하는 주인 영감에게 혐오감을 느끼면서 자신의 잘못에 대해 깨닫고 내적 갈등을 겪는다. 그리고 도덕적인 삶을 살도록 당부하던 아버지를 떠올리고 고향으로 돌아갈 결심을 하며 내적 갈등에서 벗어나게 된다.

3 홍길동전 | 허균

• **해제:** 이 작품은 조선 시대에 서자로 태어나 신분의 차별을 받는 홍길동을 주인공으로 내세운 한글 소설이다. 길동은 자신의 신분 때문에 가정 내에서 갈등을 겪는다. 출가를 한 후에 새로운 사회를 만들기 위해 활빈당을 조직하여 탐관오리를 벌주고 사회 개혁을 주장하는데 그 과정에서 여러 가지 갈등을 겪는다.

• **주제:** 사회의 모순에 대한 비판과 개혁 의지

(가) 세월이 흐르고 흘러 길동이 열한 살이 되었다. 비범한 아이인지라 누구 하나 길동을 칭찬하지 않는 이가 없었다(길동의 비범한 면모). 비록 *천비의 몸을 빌려 난 자식이긴 하지만, 길동의 재주를 눈여겨본 대감 역시 길동을 무척 아끼고 사랑하였다.

그러나 길동의 가슴에는 늘 원한이 맺혀 있었다. 출생이 천한 탓에 아버지를 아버지라 부르지 못하고 형을 형이라 부르지 못하기 때문이었다(길동의 천한 신분 - 개인적 갈등의 원인). 그는 자신의 천한 신분을 한탄하고 또 한탄하였다.

▶ 길동이 자라면서 자신의 [ ]에 대해 한탄함.

(나) 어느 칠월 보름날(사건 발생을 암시), 길동은 밝은 달을 쳐다보며 뜰을 *배회하고 있었다. 쓸쓸한 가을바람 사이로 들려오는 기러기 울음소리가 마음에 외로움을 더했다. 길동의 가슴에는 절로 탄식이 일어났다.

「"대장부가 세상에 태어나서 공자, 맹자의 학문을 익힌 뒤에, 나가서는 장수가 되고 들어와서는 재상이 되며, *대장인을 허리춤에 차고 단(壇) 위에 높이 앉아 수많은 군사를 마음대로 지휘하며, 남쪽으로 초(楚)나라를 치고, 북쪽으로 중원(中原)을 평정하며, 서쪽으로 촉(蜀)나라를 쳐 업적을 쌓은 후에, •얼굴을 *기린각에 그려 빛내고 이름을 후세에 전함이 대장부의 떳떳한 일일 것이다.」(「 」: 길동이 꿈꾸는 삶의 모습 - 유교적 성공(입신양명)) •옛사람이 이르기를 ㉠'*왕후장상의 씨가 따로 없다'(사람이 모두 평등하다는 생각) 하였는데 이는 나를 두고 말함인가? 아무리 하찮은 사람도 아버지를 아버지라 부르고 형을 형이라 부르는데, 나만 홀로 그리하지 못하는구나(길동의 신세 한탄). 내 인생은 어찌하여 이리도 기박한가?"

길동은 가슴에 차오르는 답답함을 걷잡을 수가 없었다. 달빛 아래서 칼을 잡고 한바탕 춤을 추듯 몸을 날래게 움직이며 장한 기운을 다스리고 있었다.

▶ 길동이 출셋길이 막혀 있는 것과 [ ]하지 못하는 것을 한탄함.

(다) 그때 홍 대감 역시 밝은 달빛을 즐기고자 창문을 열고 비스듬히 기대어 앉아 있다가 이런 길동의 모습을 보았다(고전 소설의 특징 - 우연한 사건 전개). 대감이 크게 놀라며 물었다.

"밤이 이미 깊었는데 너는 무슨 흥이 있어 이러고 있느냐?"

길동이 칼을 던지고 엎드려 대답하였다.

"소인이 대감의 정기를 받고 당당한 남자로 태어났으니 이만한 즐거움도 없습니다. 그러나 늘 서러운 것은 아버지를 아버지라 부르지 못하고 형을 형이라 부르지 못하는 신세이옵니다. 하인들까지 모두 천하게 보며, 친지와 친구조차도 아무개의 *천생이라고 이릅니다(차별 받는 길동의 처지). 이런 원통한 일이 어디 있겠습니까?"

길동은 대성통곡하였다. •대감은 속으로는 길동이 불쌍했지만 짐짓 꾸짖어 말하였다. 만일 그 마음을 드러내서 위로하면 오히려 버릇이 없어질까 염려하였던 것이다.

▶ 길동을 안타까워하면서도 꾸짖는 [ ]

| 내용 연구

'길동'과 '홍 판서'의 현실 대응 방식

길동	현실을 있는 그대로 받아들이지 않고 개혁하려고 함.
↕	
홍 판서	주어진 현실을 받아들이며 살아야 한다고 생각함.

| 구절 풀이

• **얼굴을 기린각에 ~ 후세에 전함:** 출세하여 이름을 세상에 널리 알린다는 뜻이다.

• **옛사람이 이르기를 ~ 두고 말함인가?:** 신분 차별의 부당함을 주장하는 말을 인용하여 서자로서 자신이 받는 차별이 잘못되었음을 드러내고 있다.

• **대감은 속으로는 ~ 꾸짖어 말하였다.:** 대감은 길동의 처지에 대해 이해하지만 적서 차별의 사회 제도를 부정하지는 않는다. 대감의 소극적 성격과 현실 순응적 면모가 드러나 있다.

| 낱말 풀이

* **천비:** 천한 신분의 여자 종.
* **배회하고:** 목적 없이 이리저리 돌아다니고.
* **대장인:** 대장이 가지던 도장.
* **기린각:** 중국 한(漢)나라의 무제(武帝)가 장안(長安)의 궁중에 세운 누각.
* **왕후장상:** 왕과 제후, 장수와 재상을 아울러 이르는 말.
* **천생:** 천첩에게서 난 자손. 천한 출신.

답 신분, 호부호형, 홍 대감

01 이와 같은 글을 읽는 방법으로 적절하지 않은 것은?

① 작품의 중심 사건이 무엇인지 파악한다.
② 작품의 배경이 된 사회적 상황을 이해한다.
③ 인물의 성격과 내면 심리를 바르게 파악한다.
④ 자신의 배경지식을 활용하여 작품의 의미를 생각해 본다.
⑤ 작품 속에 드러난, 작가의 생애에 대한 사실적 정보를 파악한다.

02 이 글에 드러나 있는 사회적 배경으로 적절하지 않은 것은?

① 적서 차별이 존재했다.
② 축첩 제도가 인정되었다.
③ 엄격한 신분 제도가 있었다.
④ 출세를 중시하는 유교 사회였다.
⑤ 평민에 대한 사회적 인식이 변화되었다.

03 (나)에서 '길동'이 궁극적으로 소망하는 삶의 모습으로 적절한 것은?

① 벼슬을 하여 후세에 이름을 남기고자 한다.
② 모든 사람들이 평등한 세상을 만들고자 한다.
③ 자신의 역할에 충실한 아버지가 되고자 한다.
④ 행복한 가정에서 권세를 누리며 살고자 한다.
⑤ 공자와 맹자의 학문을 익혀 학자로 인정받고자 한다.

중요

04 (가), (나)에 나타난 '길동'의 갈등 상황을 다음과 같이 설명할 때, 빈칸에 들어갈 적절한 말은?

> 길동은 자신의 욕망을 억압하는 (   )와/과의 갈등을 겪고 있다.

① 자연환경 ② 사회 제도
③ 가족 관계 ④ 주변 인물
⑤ 자신의 능력

05 (다)에서 알 수 있는 '홍 대감'의 현실 대응 방식으로 적절한 것은?

① 현실 상황과 무관하게 살아가고 있다.
② 잘못된 현실에 그대로 순응하고 있다.
③ 현실의 문제를 신랄하게 비판하고 있다.
④ 현실을 비현실적 세계로 받아들이고 있다.
⑤ 현실을 도피하여 이상 세계에서 살아가고 있다.

서술형

06 ㉠에 담겨 있는 길동의 가치관이 무엇인지 한 문장으로 서술하시오.

100점 특강

작품에 드러난 사회적 배경

엄격한 신분 제도와 축첩 제도		적서 차별		출세를 중시하는 유교 사회
재상가 첩의 몸에서 태어난 길동이 천대받음.	+	서자 출신인 길동이 호부호형을 못하고 입신양명의 꿈도 제약을 받음.	+	길동이 유학을 공부하여 나라에 공을 세우고 이름을 널리 떨치는 것을 대장부 최고의 삶이라고 여김.

갈등의 양상

길동이 겪는 갈등의 근본 원인은 적자와 서자를 차별하는 조선 시대의 신분 차별 제도에 있다. 이 사회 제도 때문에 길동은 호부호형이나 입신양명의 꿈을 이루지 못해 갈등을 겪고 있다. 길동 개인의 욕망이 길동이 속해 있는 사회 제도와 대립하면서 갈등이 전개되고 있다.

3 홍길동전

내용 연구

길동의 갈등의 전개

갈등 상황
목숨을 건지기 위해 집을 떠나야 하는 처지에 놓임.
⬇
갈등의 해소
• 출가에 대하여 홍 대감과 어머니의 허락을 얻음. • 홍 대감으로부터 호부호형을 허락받음.

구절 풀이

- **집안에 흉한 변고가 있기에:** 앞부분의 생략된 내용으로, 홍 대감의 애첩인 초낭이 대감의 사랑을 받는 길동을 시기하여 특자를 시켜 길동을 죽이려고 한 사건을 말한다. 길동은 특자를 꾸짖고 죽여 위기에서 벗어난다.
- **평생에 원한이 ~ 날이 없으니:** 호부호형을 하지 못해 마음속에 한이 깊다.
- **하루도 빠짐없이 ~ 돌아오기를 바라노라.:** 길동을 염려하는 아버지의 정을 표현하고 있다.

낱말 풀이

* **변고:** 갑작스러운 재앙이나 사고.
* **하직:** 먼 길을 떠날 때 웃어른께 작별을 고하는 것.
* **곡절:** 순조롭지 아니하게 얽힌 이런저런 복잡한 사정이나 까닭.

(가) ㉠대감은 잠이 깨어 있다가 문밖에 인기척이 있어 문을 열었다. 길동이 뜰아래 엎드려 있는 모습을 본 대감이 물었다.

"밤이 이미 깊었는데 너는 무슨 까닭으로 자지 않고 이러고 있느냐?"

길동이 눈물을 흘리면서 대답했다.

"집안에 흉한 *변고가 있기에 목숨을 구하고자 집을 나가면서 대감께 *하직 인사를 올리러 왔사옵니다." (길동이 천생이므로 아버지를 대감이라고 함.)

대감이 크게 놀라는 한편 '반드시 무슨 *곡절이 있구나.' 하고 짐작하며 말했다.

▶ 홍 대감이 길동의 [　　] 을/를 눈치챔.

(나) "소인이 이제 집을 떠나려 합니다. (㉡)께서는 평안히 계십시오. 다시 뵐 기약도 아득하옵니다."

길동의 결심에 찬 말에 대감은 그저 안타깝기만 했다.

"네가 이제 집을 떠나면 어디로 가겠느냐?"

"목숨을 건지고자 도망하는 처지에 어찌 따로 정한 곳이 있겠습니까? 다만 평생에 원한이 가슴에 맺혀 풀어 버릴 날이 없으니, 이것이 더욱 서러울 따름입니다."

대감은 길동을 말릴 수 없으리라 생각하고 길동의 한을 위로하였다.

"내가 너의 품은 한을 짐작하겠구나. 오늘부터는 아버지를 아버지라 부르고 형을 형이라 불러도 좋다. (길동의 개인적 갈등이 해소됨.) 다만 네가 천지 사방을 두루 돌아다니더라도, 죄를 지어 아버지와 형에게 걱정을 끼치는 일만은 삼가거라. (유교적 질서를 중시하는 태도) 또한 하루도 빠짐없이 너를 기다리고 있을 것이니, 부디 속히 돌아오기를 바라노라. 여러 말 하지는 않겠다. 신중하고 겸손하게 생각하도록 하라."

대감의 말을 다 들은 길동은 아버지를 향해 크게 절을 하였다.

"(㉢)께서 오늘 해묵은 소원을 풀어 주시니, 이제 죽어도 한이 없겠습니다. (아버지를 아버지라 부르는 일) 황공하여 몸 둘 바를 모르겠사옵니다. 간절히 바라옵건대 만수무강하옵소서."

▶ 길동이 출가를 고하고, 홍 대감이 [　　] 을/를 허락함.

(다) 사정을 자세히 들은 어미 춘섬도 길동의 출가를 말릴 수 없겠다 생각하고 그저 한탄만 하였다.

"네가 이제 집을 나가더라도 잠깐 화를 피하고 나서, 어미 낯을 보아 곧 돌아오거라. 그리하여 내가 실망해 병을 얻는 일이 없도록 하려무나."

길동의 손을 부여잡고 크게 슬퍼하니, 길동이 어미를 위로하고 눈물을 무수히 흘리며 하직을 고했다.

▶ 길동이 어미에게 [　　] 을/를 고함.

답 | 곡절, 호부호형, 하직

07 이와 같은 글에서 갈등의 역할에 대한 설명으로 적절하지 않은 것은?

① 작가의 삶의 모습을 보여 준다.
② 독자에게 흥미와 재미를 전달한다.
③ 해결 과정을 통해 주제를 드러낸다.
④ 인물의 성격을 구체적으로 드러낸다.
⑤ 사건 전개 과정에 긴장감을 부여한다.

08 (가), (나)에서 길동에 대한 홍 대감의 속마음을 가장 적절하게 표현한 것은?

① 네 처지가 참으로 딱하고 안타깝구나.
② 집을 떠나기로 결정하다니 원망스럽구나.
③ 예상했던 일이지만 슬픈 건 어쩔 수 없구나.
④ 한밤중에 찾아와 인사를 올리니 감동스럽구나.
⑤ 네 한을 아직 짐작하지 못하니 정말 미안하구나.

중요

09 (나), (다)의 갈등 양상을 설명한 것으로 적절한 것은?

① 갈등이 완전히 해소되었다.
② 갈등이 더욱 고조되고 있다.
③ 갈등이 최고조에 달하고 있다.
④ 갈등이 마무리되면서 결말을 예고한다.
⑤ 기존의 갈등이 해소되고 새로운 갈등을 예고한다.

서술형

10 (나)에 드러난 '길동'의 심리 변화 과정을 〈조건〉에 맞게 서술하시오.

조건
• 심리 변화의 원인이 드러나도록 서술할 것.

11 ㉠에서 알 수 있는 고전 소설의 특징으로 적절한 것은?

① 악과 대결해 선이 이기는 교훈적 주제
② 주인공이 행복한 삶을 살게 되는 결말
③ 한 인물의 일생을 다루는 일대기적 구성
④ 현실에서는 일어날 수 없는 비현실적 장면
⑤ 필연적 인과 관계가 없는 우연적 사건 전개

12 사건의 흐름으로 보아 ㉡과 ㉢에 들어갈 호칭으로 적절한 것은?

	㉡	㉢
①	대감	나리
②	아버님	아버지
③	대감	아버님
④	아버님	나리
⑤	대감	주인님

100점 특강

길동의 심리 변화

길동은 (나)에서 급격한 심리 변화를 겪는다. 어쩔 수 없이 죄를 짓고 집을 떠나야 하는 자신의 처지에 대해 참담해하면서 서러워하다가 홍 대감이 드디어 호부호형을 허락하자 자신의 처지를 이해해 주는 아버지에 대해 감격한다.

호칭의 변화와 갈등의 양상

'대감'이라고 부름.	가족의 일원으로 인정받지 못함(적서 차별).	갈등의 원인이 됨.
⬇		
'아버지(아버님)'라고 부름.	가족으로 인정받음.	갈등이 해소됨.

3 홍길동전

내용 연구

길동의 영웅적 면모

- 무거운 바위를 들어 올림.
- 분신술을 사용함.
- 도술을 부려 군사들을 꼼짝 못하게 함.
- 임금 앞에 나타났다가 구름을 타고 홀연히 사라짐.

⬇

비범한 능력을 지닌 영웅

구절 풀이

- 길동이 도술을 ~ 수가 없었다.: 비현실적 요소로, 길동의 비범한 재주를 구체적으로 표현하고 있다.
- 차라리 그 ~ 것이 낫겠구나.: 임금이 길동의 재주를 인정하고 길동을 달래어 민심을 다스리고자 한다.

낱말 풀이

* 두령: 여러 사람을 거느리는 우두머리. 또는 그를 부르는 칭호.
* 착취한: 직접 생산한 사람으로부터 정당한 대가를 치르지 않고 빼앗는.
* 구제하게: 자연적인 재해나 사회적인 피해를 당하여 어려운 처지에 있는 사람을 도와주게.
* 불의한: 의롭지 못한.
* 탈취하며: 빼앗아 가지며.
* 성은: 임금의 큰 은혜.

(가) 길동은 말을 마치기가 무섭게 팔을 걷어붙이고 바위 앞으로 다가갔다. 그러고는 ㉠곧장 바위를 뽑아 번쩍 치켜들더니, 힘겨워하는 기색도 없이 한참을 이리저리 걸어 다녔다.(길동의 영웅적 면모 ① - 괴력을 지님.) 놀랍고도 신기한 모습에 도적들은 벌린 입을 다물지 못했다.

"실로 장사로다!"

그것만으로도 도적들은 길동을 *두령으로 인정하였다. 길동을 제일 높은 자리에 모셔 앉히고 술을 권하며, 새 두령의 등장을 소리 높여 축하했다.

▶ 길동이 [   ] 무리의 두령이 됨.

(나) 분위기가 점차 무르익어 갈 즈음, 길동이 일어나 부하들에게 말했다.

"우리는 이제 무고한 백성의 재물에는 절대 손대지 않을 것이다. 각 읍의 수령과 감사들이 백성들로부터 *착취한 재물만을 빼앗아 그것으로 불쌍한 백성들을 *구제하게 될 것이다.(활빈당의 목적) 그런 의미에서 우리 무리의 ㉡이름을 '활빈당'으로 정하고자 한다."

길동의 말에 모든 도적들이 "활빈당, 활빈당!" 하고 외치며 박수를 쳐 환영했다.

▶ 무리의 이름을 '[   ]'(으)로 정함.

(다) ㉢여덟 명의 홍길동은(길동의 영웅적 면모 ② - 분신술) 전국 팔도를 누비면서, 정당하지 못한 재물을 빼앗아 불쌍한 백성을 구제했다. *불의한 수령의 뇌물을 *탈취하며 창고를 열어 백성을 도와주니 곳곳에 소동이 일어났다. 팔도의 군사들은 잠을 설쳐 가며 창고를 지켜야 했다. 하지만 ∘길동이 도술을 한 번 부리면 ㉣비바람이 크게 일어나고 구름과 안개가 자욱하여 천지를 분별할 수가 없었다.(길동의 영웅적 면모 ③ - 도술을 부림.) 상황이 이쯤 되니, 지키는 군사 모두 손이 묶인 듯 어쩌지를 못했다. 팔도에서 난을 일으키면서도 '활빈당 장수 홍길동'이라고 버젓이 외치지만, 누가 감히 길동의 자취를 찾을 수 있겠는가?

▶ 길동이 정당하지 못한 재물을 빼앗아 백성들을 구제함.

(라) 한편 길동으로 인해 매일같이 탄식하던 임금은 마침내 결정을 내렸다.

"이놈의 재주는 사람의 힘으로 어찌할 수가 없겠다. 민심이 이렇듯 술렁이고 그 재주는 기특하니, ∘차라리 그 재주를 인정하여 조정에서 쓰는 것이 낫겠구나."

임금은 병조 판서를 내주겠다(길동을 회유하기 위한 방법) 하고 길동을 불렀다. 며칠 후 드디어 길동이 수레를 타고 하인 수십 명을 거느리고 대궐에 나타났다.

"*성은이 망극하게도 분수에 넘치는 은혜를 입어 병조 판서에 오르게 되었습니다. 성은을 만분의 일도 갚기 어려울 것이니, 황공하기 그지없나이다."

이 말을 남기고 ㉤길동은 구름을 타고서는 하늘로 홀연히 사라져 버렸다.(길동의 영웅적 면모 ④ - 구름을 타고 사라짐.) 그 이후로는 길동이 다시 소란을 피우지 않았고, 임금 또한 홍길동을 잡으라는 명을 거두었다.

▶ 임금이 병조 판서의 [   ]을/를 내리자 길동이 감사하며 사라짐.

답 도적, 활빈당, 벼슬

13 이 글에서 비판적으로 그려 내고 있는 당시 사회의 모습으로 적절한 것은?

① 평민이 높은 벼슬에 오를 수 있었다.
② 힘이 센 사람들이 도적이 되어 활동했다.
③ 전국에 도적들이 들끓어 백성들을 괴롭혔다.
④ 백성들의 재물을 착취하는 부당한 관리들이 있었다.
⑤ 도술을 부리는 비범한 재능을 지닌 사람들이 있었다.

서술형

14 이 글에서 길동의 갈등 전개 과정을 통해 작가가 말하고자 하는 바가 무엇인지 2가지를 쓰시오.

15 (가)~(라)의 내용과 일치하지 않는 것은?

① 길동은 관리들의 횡포에 저항하고자 했다.
② 길동은 백성들의 힘든 생활을 구제해 주고자 했다.
③ 길동은 도적들이 의로운 일을 할 수 있도록 하였다.
④ 길동은 임금에게 인정받고 나라의 인재로 활약했다.
⑤ 길동은 병조 판서가 된 후에 더 이상 소란을 피우지 않았다.

16 이 글에 드러나는 길동의 인물됨을 설명한 것으로 적절한 것은?

① 웃음을 자아내는 희극적 인물이다.
② 비운의 운명을 가진 비극적 인물이다.
③ 비범한 재주를 지닌 영웅적 인물이다.
④ 우리 주변에서 흔히 볼 수 있는 일상적 인물이다.
⑤ 갈등 해소에 결정적 역할을 하는 중재적 인물이다.

중요

17 (다)에 드러나 있는 갈등의 양상으로 적절한 것은?

① 개인의 내면적 갈등
② 개인과 집단의 갈등
③ 개인과 불교 윤리의 갈등
④ 개인과 자연 재앙의 갈등
⑤ 개인과 다른 개인의 갈등

18 ㉠~㉤ 중, 고전 소설의 비현실적 특성과 관계가 없는 것은?

① ㉠ ② ㉡ ③ ㉢ ④ ㉣ ⑤ ㉤

100점 특강

갈등의 전개 과정

길동은 관리들의 횡포에 대한 비판 의식을 바탕으로 백성들에게서 착취한 관리들의 재물을 빼앗아 백성들에게 나누어 준다. 당시 지배층은 정당하지 않거나 불의한 방법으로 재물을 모았다가 길동에게 재물을 빼앗기고 그를 잡으려 애쓰지만 잡지 못한다. 이에 임금이 길동에게 병조 판서의 벼슬을 내리고 길동의 재주를 칭찬하자 길동은 임금의 은혜에 감사하며 다시는 소란을 피우지 않는다. 길동과 당시 지배층의 외적 갈등이 해소된 것이다.

이 소설의 주제

신분에 따라 사람을 차별하는 사회 제도에 대한 비판 의식

백성들을 탄압하면서 부당한 방법으로 재물을 긁어모은 탐관오리들의 횡포에 대한 비판 의식

↘ ↙

탐욕적이고 이기적인 지배층에 대한 비판과 사회 전반의 모순점을 바로잡아야 한다는 개혁 의지를 표현

03 문학과 삶의 성찰

학습 목표
- 작품 속의 인물이나 말하는 이의 경험과 생각을 파악하며 문학 작품을 감상한다.
- 문학 작품을 읽으며 얻은 깨달음을 바탕으로 자신의 삶을 성찰한다.

더 알아 두기

✚ 문학의 기능
- **쾌락적 기능:** 문학 작품을 읽으며 내용에 대한 흥미와 글을 읽는 즐거움을 느낄 수 있음.
- **심미적 기능:** 문학 작품의 내용이나 표현 등에서 미적인 감동을 느낄 수 있음.
- **교훈적 기능:** 문학 작품을 읽으며 바람직한 삶에 대한 깨달음을 얻고 올바른 가치관을 세울 수 있음.

1 문학과 삶

(1) 문학의 교훈적 기능
- 문학 작품 속에 나타난 여러 인물들의 다양한 모습들을 비판적으로 바라보며 읽음.
- 작가가 전달하고자 하는 내용이 무엇인지 파악한 후, 그것에 대한 자신의 생각을 정리해 봄.
- 문학 작품 읽기를 바탕으로 바람직한 삶에 대해 생각해 보며 올바른 가치관을 형성할 수 있음.

(2) 문학과 삶
- 문학은 인간의 실제 삶을 바탕으로 창작됨.
- 문학 작품에는 다양한 인물들의 삶과 성찰이 담겨져 있음.
- 문학 작품 읽기가 독자들의 삶에 영향을 줄 수 있음.

2 문학의 갈래와 인간의 성장

	시	소설	수필
특징	• 작가의 분신인 말하는 이의 목소리가 담김. • 말하는 이의 경험이나 성찰이 드러남. • 중심 내용을 비유, 상징 등을 사용해 함축적으로 표현함.	• 작가가 창조해 낸 서술자가 이야기를 전달함. • 다양한 인물들의 삶이 담김. • 중심 내용을 인물의 말과 행동을 통해 우회적으로 표현함.	• 작가가 직접 자신의 이야기를 함. • 작가의 경험이나 성찰이 드러남. • 중심 내용을 작가가 자신의 목소리로 고백적으로 전달함.
읽기 방법	• 비유, 상징 등의 표현 의도와 효과를 파악함. • 말하는 이가 처한 상황을 이해한 후, 말하는 이의 내면을 이유와 함께 파악함.	• 갈등 상황의 전개 양상과 인물의 행동을 파악함. • 인물의 삶에서 교훈이 될 만한 것을 파악함.	• 작가의 경험과 이에 대한 성찰의 내용을 파악함. • 작가의 가치관을 파악한 후 자신과 비교해 봄.

예로 개념 확인

❶ (가) "저 학교에 안 가면 안 되겠습니까? 배울 것도 없는 것 같고 애들도 너무 유치해서 사귈 마음이 나지 않습니다. 차라리 자연과 라디오를 스승 삼고 주경야독으로 제 수준에 맞는 진학 준비를 하는 것이 좋겠다고 생각합니다. 어떻게 생각하시는지요?"

(나) 그런데 아버지는 꽤 오랜 시간이 지났는데도 오시지 않았다. 세차게 불어오는 바람에 자전거는 금방이라도 쓰러질 것 같았다. 그렇지만 자칫 잘못 내렸다가는 자전거와 함께 신작로 아래로 굴러 떨어질 것 같아 이러지도 저러지도 못한 채 떨면서 기다리고 있을 수밖에 없었다. 아버지가 앉았던 안장을 움켜쥐고 내가 하느님을 서너 번은 족히 불렀을 때 비로소 아버지가 올라왔다.

"달밤에 신작로 위에서 자전거 타고 혼자 있으니까 세상이 다 네 아래로 보이더냐?"

❷ (다) 그때 아버지의 나이가 사십대 초반이었다. 나는 내 아이가 내게 그렇게 말해 온다면 어떻게 할까 생각해 본다. 준비되지 않은 채 몸과 마음만 들뜬 아이를 마음으로 감복시킬 생각을 하지 못하고 어떻게든 세상의 틀에 우겨 넣으려는 한, 내 중년은 아버지의 중년에 비할 수 없이 유치하다.

– 성석제, 「젊은 아버지의 추억」

3 문학과 성찰

(1) 성찰의 뜻

자신의 마음을 반성하고 살핌.

(2) 문학과 성찰

- 작중 인물의 성찰: 작품 속의 인물(또는 말하는 이)이 배경이 되는 현실에 대해 고민하며 자신의 삶을 되돌아봄.
- 독자의 성찰: 작품을 읽은 독자들이 읽기를 통해 얻은 깨달음을 바탕으로 자신의 삶을 되돌아봄.

4 문학 작품을 읽고 자신의 삶 성찰하기

(1) 문학 작품을 읽고 자신의 삶을 성찰하는 과정

문학 작품을 읽으면서 작중 인물(또는 말하는 이)의 경험이나 성장 과정을 파악함.

⬇

작품 속에서 작중 인물(또는 말하는 이)의 태도나 성찰 내용을 파악함.

⬇

문학 작품 읽기 과정에서 얻은 깨달음을 바탕으로 자신의 삶을 성찰함.

(2) 문학 작품을 읽고 자신의 삶을 성찰하는 질문

문학 작품을 읽으며	문학 작품을 읽고 난 후
• 작중 인물은 어떤 상황에 처해 있는가? • 작중 인물은 상황에 대해 어떤 반응을 보이는가? • 작중 인물은 자신의 행동에 대해 어떻게 평가하고 있는가? • 작가는 작품을 통해 어떤 이야기를 하고 싶은가?	• 작중 인물과 비슷한 상황에 처했거나 비슷한 경험을 한 적이 있는가? • 나는 그 상황에서 어떻게 반응했는가? • 나의 반응은 적절했는가? • 이후에 같은 상황에 처하면 어떻게 반응할 것인가? • 작품 읽기가 나에게 어떤 영향을 주었는가?

더 알아 두기

✚ 자아 성찰의 매개체

문학 작품에서 작품 속의 인물이나 시의 말하는 이가 자신의 삶을 되돌아보는 상황은 우연히 일어나지 않는다. 특별한 상황이나 물건이 이러한 자아 성찰의 계기를 마련해 주는 것이다. 이때 인물이나 시의 말하는 이의 자아 성찰의 계기가 되는 대상을 '자아 성찰의 매개체'라고 한다.

예 1 현덕의 소설 「하늘은 맑건만」에서 문기는 자신의 부끄러운 행동 때문에 하늘을 바라보지 못하고, 다시 하늘을 떳떳이 볼 수 있기를 소망한다. 문기에게는 '하늘'이 자아 성찰의 매개체 역할을 하는 것이다.

예 2 윤동주의 시 「자화상」에서 말하는 이는 우물 속에 비친 자신의 모습을 보면서 자신의 현재 모습에 대해 미움과 연민 등을 느낀다. 이 시에서 자아 성찰의 매개체는 '우물'인 것이다.

1단계: ❶ 작품 속 인물의 경험이나 성장 과정 찾기: 이 글은 '나'가 과거를 회상하며 쓴 수필이다. 학창 시절의 '나'는 아버지께 자신이 또래의 학생들보다 훨씬 뛰어나기 때문에 학교에 다니지 않겠다고 말을 한다. 아버지는 '나'에게 가르침을 주기 위해 달밤에 자전거에 앉은 채 바람 부는 언덕 위에 혼자 있게 한다. '나'가 두려움에 떨고 있을 때 언덕 아래에서 올라온 아버지는 '나'의 자만심을 꾸짖으신다. 이처럼 글을 읽으며 '나'가 어떤 경험을 하며 성장하는지를 파악한다.

2단계: ❷ 경험이나 생각에 대한 글쓴이나 작중 인물의 깨달음 찾기: 위의 경험을 통해 '나'는 자신의 잘못을 스스로 깨닫게 하는 아버지의 훈육 방법에 감동한다. 그리고 그때 아버지와 비슷한 나이가 된 자신을 되돌아보면서 자신의 훈육 방법을 아버지와 비교하며 성찰한다. 이와 같이 글 속의 인물이 경험을 통해 어떤 점을 깨달았는지를 파악해 본다.

3단계: 작품을 읽고 자신의 삶 성찰하기: 이 글을 읽은 독자들은 먼저 글 속의 '나'와 자신의 모습을 비교하면서, '나'처럼 자신도 스스로가 제일 잘났다고 자만하지는 않는지 생각해 볼 수 있다. 그리고 아버지가 '나'에게 깨달음을 주는 과정을 보면서 바람직한 자녀 교육 방법에 대해 생각해 볼 수도 있다.

1 서시 | 윤동주

지문 연구

- **해제:** 이 시는 일제에 의해 나라를 빼앗긴 상황에서 자신의 모습을 성찰하면서 부끄럼 없는 삶을 살아야겠다고 고백하는 지식인의 의지를 드러낸 작품이다.
- **주제:** 부끄럼이 없는 삶에 대한 소망

내용 연구

시의 시상 전개

과거	과거의 삶에 대한 성찰
⬇	
미래	미래의 삶에 대한 의지
⬇	
현재	현재의 부정적 상황

구절 풀이

- **죽는 날까지 ~ 부끄럼이 없기를:** 하늘을 우러러 한 점 부끄럼이 없는 순수한 삶을 지향하는 말하는 이의 태도가 드러난다.
- **잎새에 이는 ~ 괴로워했다.:** 아주 작은 시련에도 바람에 흔들리는 잎새처럼 흔들렸던 지난 삶을 성찰하고 있다.
- **별을 노래하는 ~ 사랑해야지:** 살아 있는 모든 존재를 아끼고 사랑하고 싶어 하는 말하는 이의 순수함이 드러나 있다.
- **그리고 나한테 ~ 걸어가야겠다.:** 자신에게 주어진 사명을 완수하며 부끄럽지 않은 삶을 살고자 하는 의지가 드러나 있다.
- **오늘 밤에도 ~ 스치운다.:** 고난과 시련이 많은 어두운 현실에서도 외로이 빛나는 별처럼 양심을 지키며 살아야겠다는 의지가 드러나 있다.

낱말 풀이

* **잎새:** 나무의 잎사귀. 주로 문학적 표현에서 많이 쓰임.

죽는 날까지 하늘을 우러러
(하늘: 도덕적 판단의 기준이 되는 존재)
한 점 부끄럼이 없기를,
(말하는 이가 소망하는 삶)
*잎새에 이는 바람에도
나는 괴로워했다.
(과거의 삶에 대한 성찰)

▶ [　　　]이/가 없는 삶에 대한 소망(과거)

별을 노래하는 마음으로
모든 죽어 가는 것을 사랑해야지
(고통받으며 살고 있는 모든 것)
그리고 나한테 주어진 길을
(자신에게 주어진 숙명이나 역할)
걸어가야겠다.

▶ 자신의 [　　　]을/를 걸어가겠다는 의지(미래)

오늘 밤에도 별이 ㉠바람에 스치운다.
(바람: 어두운 현실을 의미)

▶ 어두운 현실 속에서도 [　　　]처럼 빛나는 양심(현재)

01 이 시에 대한 설명으로 가장 적절한 것은?

① 대화 형식의 구성을 사용하여 극적인 효과를 주고 있다.
② 의성어와 의태어를 사용하여 대상을 생동감 있게 표현하고 있다.
③ 과거부터 현재까지 시간의 순서를 따르며 시상을 전개하고 있다.
④ 대조적인 이미지의 시어를 사용하여 시적 상황을 드러내고 있다.
⑤ 색채를 드러내는 시어를 사용하여 대상을 선명하게 묘사하고 있다.

02 이 시의 말하는 이에 대한 설명으로 가장 적절한 것은?

① 말하는 이는 과거의 행복했던 추억을 그리워하고 있다.
② 말하는 이는 자신이 처한 상황에 대해 긍정적으로 생각하고 있다.
③ 말하는 이는 다른 사람과 비교하면서 자신의 삶을 성찰하고 있다.
④ 말하는 이는 자연 속에서 여유를 즐기며 사는 생활을 꿈꾸고 있다.
⑤ 말하는 이는 바람직한 삶을 살고자 하는 의지와 소망을 가지고 있다.

중요

03 이 시를 읽고 난 독자의 반응으로 적절하지 않은 것은?

① 세상은 나 혼자 살아가는 것이 아니야. 주변의 사람들을 사랑하는 마음이 필요해.
② 별은 어두운 곳에서 빛을 내는 거야. 밝음보다 어둠을 사랑하는 마음을 가져야 해.
③ 세상에는 나에게 주어진 역할이 있을 거야. 그 역할에 최선을 다하는 것도 중요해.
④ 자신의 지난 행동을 되돌아보는 것이 앞으로의 삶을 계획하는 데 도움이 될 수 있겠어.
⑤ 지금 내가 처한 상황이 힘들고 어렵더라도 올바른 삶을 살겠다는 마음은 변치 않아야 해.

서술형

04 ㉠과 〈보기〉의 밑줄 친 시어의 유사점을 〈조건〉에 맞게 서술하시오.

보기

눈 맞아 휘어진 대를 뉘라서 *굽다턴고.
굽을 절(節)이면 눈 속에 푸를소냐.
아마도 *세한고절(歲寒高節)은 너뿐인가 하노라.

– 원천석

* 굽다턴고: 굽었다 하는가?
* 세한고절: 한겨울의 추위도 견뎌 내는 높은 절개.

조건

• '눈'과 '바람'은 공통적으로 (　　　　　)(이)라는 의미를 지닌다.'의 형식으로 서술할 것.

100점 특강

시어의 상징적 의미

시인은 여러 가지 상징을 사용하면서 시의 내용을 효과적으로 전달하고 있다. 먼저 '하늘', '별'과 같은 시어를 사용하여 말하는 이의 이상을 표현하고 있다. '하늘'은 말하는 이가 부끄럼 없이 살겠다는 판단을 하는 절대적 기준이고, '별'은 말하는 이가 추구하는 순수하고 이상적인 삶을 의미한다. 한편, '바람'과 '밤'은 말하는 이의 현실을 표현하는 시어이다. '밤'은 말하는 이가 처한 어두운 현실을 의미하며, '바람'은 그러한 현실에서 오는 시련이나 이로 인한 말하는 이의 갈등을 상징한다. 그리고 '길'은 말하는 이가 걸어가야 할 삶의 길, 또는 말하는 이의 운명을 의미한다고 볼 수 있다.

시대적 상황과 시인의 태도

이 시는 일제 강점기에 지어진 작품이다. 일제에 의해 나라를 빼앗긴 암울한 현실에서 시인은 지식인으로서 자신의 삶을 성찰하고 있다. 그리고 모든 살아 있는 것을 사랑하는 순수한 마음으로 자신에게 주어진 역할을 다하며 살겠다는 의지를 드러내고 있다. 그렇게 본다면 이 시에 표현된 '나한테 주어진 길'은 '지식인으로서 빼앗긴 나라를 위해 해야 할 일'로 볼 수 있다.

2 동해 바다 – *후포에서

신경림

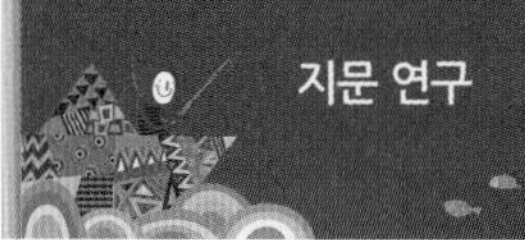

지문 연구

- **해제:** 이 시는 남들에게는 엄격하면서 자신에게는 너그러운 현재의 삶을 반성하면서 넓은 바다처럼 다른 사람에게 너그러워지는 삶을 살고 싶다는 소망을 고백한 작품이다.
- **주제:** 자신에게는 엄격하면서 남에게는 너그러워지는 삶에 대한 소망

내용 연구

시의 시상 전개

1연	현재 삶에 대한 말하는 이의 성찰
⬇	
2연	바람직한 삶에 대한 말하는 이의 소망

구절 풀이

- **친구가 원수보다 ~ 커 보이는 때가 많다:** 사소한 잘못마저 이해하지 못해 친구를 미워할 때가 많다는 의미로, 다양한 표현 방법을 사용하여 타인에게 너그럽지 못한 자신의 태도를 성찰하고 있다.
- **널따란 바다처럼 ~ 받아들일 수는 없을까:** 모든 것을 포용하는 바다처럼 다른 사람을 이해하고 포용하는 삶을 살고 싶다는 소망을 드러내고 있다.
- **스스로는 억센 ~ 매로 채찍질하면서:** 엄격하게 자신을 성찰하는 삶을 살고 싶다는 소망을 드러내고 있다.

낱말 풀이

- * **후포:** 경상북도 울진군에 있는 작은 항구.
- * **맷방석:** 매통이나 맷돌을 쓸 때 밑에 까는, 짚으로 만든 방석.
- * **잘아지고:** 생각이나 성질이 대담하지 못하고 좀스러워지고.
- * **모진:** 기세가 몹시 모질고 사나운.

친구가 원수보다 더 미워지는 날이 많다
(현재 삶에 대한 성찰)
티끌만 한 잘못이 *맷방석만 하게
(사소한 잘못)
동산만 하게 커 보이는 때가 많다
(친구의 사소한 잘못이 커 보임. – 타인에게 엄격함.)
그래서 세상이 어지러울수록
(말하는 이가 생각하는 현재 사회 – 어지러운 세상)
남에게는 엄격해지고 **내게는 너그러워지나 보다**
(말하는 이가 성찰하는 현재 자신의 모습)
돌처럼 *잘아지고 굳어지나 보다
(말하는 이 자신의 부정적인 모습을 비유하는 대상)

▶ 남에게는 엄격하면서 자신에게는 너그러운 태도에 대한 [ ]

멀리 동해 바다를 내려다보며 생각한다
(자아 성찰의 매개체)
널따란 바다처럼 너그러워질 수는 없을까
(말하는 이가 본받고 싶은 바다의 속성 ① – 너그러움)
깊고 짙푸른 바다처럼
감싸고 끌어안고 받아들일 수는 없을까
(말하는 이가 본받고 싶은 바다의 속성 ② – 포용력)
스스로는 억센 파도로 다스리면서
제 몸은 맵고 *모진 매로 채찍질하면서
(말하는 이가 본받고 싶은 바다의 속성 ③ – 엄격한 자아 성찰)

▶ 자신에게는 엄격하면서 남에게는 너그러운 삶에 대한 [ ]

답 성찰, 소망

01 이 시에 대한 설명으로 적절하지 않은 것은?

① 1연과 2연이 대칭을 이룬다.
② 종결형을 반복하면서 운율을 형성한다.
③ 색채어를 사용하여 대상의 특성을 드러낸다.
④ 구체적인 공간에서의 경험을 바탕으로 시상을 전개한다.
⑤ 청각적 심상을 사용하여 시적 상황을 실감 나게 전달한다.

02 이 시에 사용된 표현 방법이 아닌 것은?

① 대조적인 성격의 소재를 대비하면서 의미를 강조하고 있다.
② 비슷한 구조의 문장을 나란히 배열하면서 변화를 주고 있다.
③ 표현하고자 하는 대상을 다른 대상에 직접 빗대어 표현하고 있다.
④ 작은 것부터 큰 것으로 순서대로 나열하면서 의미를 강조하고 있다.
⑤ 실제 표현하고자 하는 뜻과는 반대되는 표현을 사용하여 의미를 강조하고 있다.

서술형

03 이 시의 말하는 이가 말하고자 하는 내용을 〈보기〉와 같이 정리할 때, 빈칸에 적절한 말을 넣어 내용을 완성하시오.

보기

자신에게는 (   ), 다른 사람에게는 (   ) 사람이 되자.

중요

04 이 시를 읽은 독자가 자신을 성찰한 내용으로 볼 수 없는 것은?

① '친구가 원수보다 더 미워지는 날이 많다'를 읽으며 자신이 친구를 미워한 일이 없는지 생각해 본다.
② '내게는 너그러워지나 보다'를 읽으며 자신의 잘못에 대해 스스로 용서하며 합리화했던 경험을 떠올린다.
③ '널따란 바다처럼 너그러워질 수는 없을까'를 읽고 가족들과 함께 바다로 놀러간 즐거운 추억을 생각한다.
④ '감싸고 끌어안고 받아들일 수는 없을까'를 읽으며 다른 사람을 감싸는 모습에는 어떤 것이 있을지 생각해 본다.
⑤ '제 몸은 맵고 모진 매로 채찍질하면서'를 읽으며 말하는 이의 생각이 자신의 생각과 일치하는지 생각해 본다.

05 이 시의 내용을 다음과 같이 정리할 때, ㉮와 ㉯에 들어갈 소재를 바르게 연결한 것은?

말하는 이의 현재 모습	↔	말하는 이가 소망하는 모습
㉮		㉯

	㉮	㉯
①	원수	돌
②	동산	돌
③	돌	바다
④	바다	파도
⑤	파도	원수

100점 특강

말하는 이의 성찰과 소망

이 시의 1연과 2연은 의미상으로 대칭 관계에 있다. 1연에는 말하는 이의 현재 모습에 대한 성찰이 드러난다. 다른 사람의 사소한 잘못에는 엄격하면서 자신에게는 너그러워지는 현재의 모습을 돌에 비유하며 반성하고 있다. 2연에는 바람직한 삶에 대한 말하는 이의 소망이 드러난다. 자신이 소망하는 모습을 바다에 비유하면서 다른 사람에게는 너그러워지면서 자신에게는 엄격한 삶을 살고 싶다는 고백을 하고 있다. 이때 말하는 이는 넓은 바다를 보는 것을 계기로 자신을 성찰하게 된다. 이처럼 성찰의 계기가 되는 것을 '자아 성찰의 매개체'라고 부른다.

말하는 이의 성찰	말하는 이의 소망
남들에게 엄격하면서 자신에게는 너그러움.	남들에게는 너그러우면서 자신에게는 엄격하고 싶음.

3 소나기

황순원

지문 연구

• **해제:** 이 작품은 평화로운 시골을 배경으로, 시골 소년과 도시 소녀의 아름답고 순수한 사랑 이야기를 서정적으로 그리고 있는 단편 소설이다.

• **주제:** 소년과 소녀의 아름답고 순수한 사랑

(가) 소년은 개울가에서 소녀를 보자 곧 윤 *초시네 증손녀(曾孫女)라는 걸 알 수 있었다. (인물 정보(소녀) ① - 윤 초시네 증손녀) 소녀는 개울에다 손을 *잠그고 물장난을 하고 있는 것이다. •서울서는 이런 개울물을 보지 못하기나 한 듯이. (인물 정보(소녀) ② - 서울 출신)

벌써 며칠째 소녀는, 학교에서 돌아오는 길에 물장난이었다. 그런데 어제까지는 개울 기슭에서 하더니, 오늘은 *징검다리 한가운데 앉아서 하고 있다. (소년이 개울을 건너지 못하는 이유)

㉠소년은 개울둑에 앉아 버렸다. 소녀가 비키기를 기다리자는 것이다. (소년의 소극적인 성격이 드러남.)

*요행 지나가는 사람이 있어, 소녀가 길을 비켜 주었다.

▶ 소년과 소녀의 [ ]

(나) 다음 날은 좀 늦게 개울가로 나왔다.

이 날은 소녀가 징검다리 한가운데 앉아 세수를 하고 있었다. 분홍 스웨터 소매를 걷어 올린 팔과 목덜미가 마냥 희었다. (① 서울에서 생활함. ② 병약함.)

한참 세수를 하고 나더니, 이번에는 물속을 빤히 들여다본다. 얼굴이라도 비추어 보는 것이리라. 갑자기 물을 움켜 낸다. 고기 새끼라도 지나가는 듯.

「소녀는 소년이 개울둑에 앉아 있는 걸 아는지 모르는지, 그냥 날쌔게 물만 움켜 낸다. 그러나 번번이 *허탕이다. 그대로 재미있는 양, 자꾸 물만 움킨다. 어제처럼 개울을 건너는 사람이 있어야 길을 비킬 모양이다.」

(「 」: 소년이 개울을 건너지 못하고 소녀를 지켜보고 있음.)

▶ [ ]에 앉아 계속 물장난을 치는 소녀

(다) 그러다가 소녀가 물속에서 무엇을 하나 집어낸다. 하얀 *조약돌이었다. 그러고는 벌떡 일어나 팔짝팔짝 징검다리를 뛰어 건너간다.

다 건너가더니만 홱 이리로 돌아서며,

"이 바보." (적극적이지 못한 소년에 대한 핀잔)

조약돌이 날아왔다.

소년은 저도 모르게 벌떡 일어섰다.

단발머리를 나폴거리며 소녀가 막 달린다. 갈밭 사잇길로 들어섰다. 뒤에는 청량한 가을 햇살 아래 빛나는 갈꽃뿐. (계절적 배경 - 청량한 가을)

▶ 소녀가 소년에게 [ ]을/를 던짐.

(라) 이제 저쯤 갈밭머리로 소녀가 나타나리라. 꽤 오랜 시간이 지났다고 생각됐다. 그런데도 소녀는 나타나지 않는다. 발돋움을 했다. (소녀에 대한 소년의 관심 ①) 그러고도 상당한 시간이 지났다고 생각됐다.

저쪽 갈밭머리에서 갈꽃이 한 옴큼 움직였다. 소녀가 갈꽃을 안고 있었다. 그리고 이제는 천천한 걸음이었다. 유난히 맑은 가을 햇살이 소녀의 갈꽃머리에서 반짝거렸다. •소녀 아닌 갈꽃이 들길을 걸어가는 것만 같았다.

소년은 이 갈꽃이 아주 뵈지 않게 되기까지 그대로 서 있었다. 문득, 소녀가 던진 조약돌을 내려다보았다. 물기가 걷혀 있었다. •소년은 조약돌을 집어 주머니에 넣었다. (소녀에 대한 소년의 관심 ②)

▶ 소녀가 던진 조약돌을 주머니에 집어넣는 [ ]

| 내용 연구

'징검다리'의 의미

한 사람밖에는 건널 수 없는 다리

⬇

소년과 소녀의 만남이 필연적으로 이루어질 수밖에 없는 소재

| 구절 풀이

• **서울서는 이런 개울물을 보지 못하기나 한 듯이.:** 소녀가 서울에서 온 아이라는 것을 직접적으로 알려 주고 있는 표현이다.

• **소녀 아닌 갈꽃이 들길을 걸어가는 것만 같았다.:** 소녀가 움직이는 것을 갈꽃이 움직이는 것처럼 표현하고 있다.

• **소년은 조약돌을 집어 주머니에 넣었다.:** 조약돌을 버리지 않고 주머니에 넣는 행동을 통해 소년이 소녀에게 관심을 갖고 있음을 간접적으로 표현하고 있다.

| 낱말 풀이

* **초시:** 예전에, 한문을 좀 아는 유식한 양반을 높여 이르던 말.
* **잠그고:** 물속에 물체를 넣거나 가라앉게 하고.
* **징검다리:** 개울이나 물이 괸 곳에 돌이나 흙더미를 드문드문 놓아 만든 다리.
* **요행:** 뜻밖에 얻는 행운.
* **허탕:** 아무 소득이 없는 일.
* **조약돌:** 작고 둥글둥글한 돌.

답 만남, 징검다리, 조약돌, 소년

01 이 글에 대한 설명으로 적절하지 않은 것은?

① 공간적 배경은 한적한 시골이다.
② 시간적 배경은 청량한 가을날이다.
③ 향토적이면서 평화로운 분위기를 형성한다.
④ 이야기 밖의 서술자가 이야기를 전달하고 있다.
⑤ 모든 문장을 현재형으로 서술하여 생생한 느낌을 준다.

중요
02 이 글의 소녀에 대해 학생들이 이해한 내용으로 적절한 것은?

① 영수: 소녀는 시골 생활에 매우 익숙한 것으로 보여.
② 주민: 소녀가 개울물에 와서 노는 것은 서울이 그립기 때문이야.
③ 재원: 소녀는 자신이 윤 초시네 증손녀로 알려지는 걸 싫어하는 것 같아.
④ 민지: 소녀는 소년이 기다리는 것을 몰랐기 때문에 징검다리에서 비키지 않는 것 같아.
⑤ 소영: 분홍 스웨터나 흰 목덜미와 팔을 통해 소녀가 도시 아이라는 점을 짐작할 수 있어.

03 (가)와 (나)에 나타난 소년의 행동에 대한 평가로 적절한 것은?

① 소녀의 행동에 소극적으로 대처한다.
② 여유로운 마음으로 소녀를 놀리고 있다.
③ 상대방에 대해 적대적인 감정을 품고 있다.
④ 소녀의 행동을 계기로 자신을 돌아보고 있다.
⑤ 상대방이 호감을 보이자 좋아하면서도 겉으로 드러내지 않고 있다.

서술형
04 〈보기〉는 이 소설에서 '조약돌'을 통해 드러난 인물의 심리를 도식화한 것이다. ㉮와 ㉯에 적절한 내용을 각각 쓰시오.

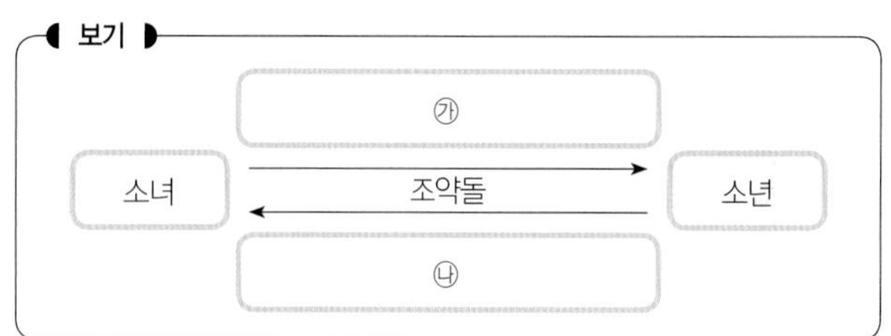

05 ㉠으로 짐작할 수 있는 소년의 성격으로 가장 적절한 것은?

① 활달하다. ② 개구지다. ③ 내성적이다.
④ 적극적이다. ⑤ 무기력하다.

100점 특강

이 소설의 공간적 · 시간적 배경

이 소설의 공간적 배경은 개울에 징검다리가 놓여 있는 시골로, 평화롭고 한적한 느낌을 준다. 또한 시간적 배경은 갈꽃이 만발하고 청량한 햇살이 내리쬐는 가을 무렵으로, 맑고 깨끗한 느낌을 준다. 이와 같은 공간적 배경과 시간적 배경은 소설의 향토적 분위기를 형성하는 한편 전체적인 느낌을 깨끗하고 순수하게 유지하는 효과를 준다.

공간적 배경	평화롭고 한적한 시골
시간적 배경	청량하고 맑은 가을 무렵

➡ • 소설의 향토적인 분위기를 형성함.
• 소설의 느낌을 깨끗하고 순수하게 유지함.

소년과 소녀의 인물 분석

소녀	소년
서울에서 내려온 '윤 초시네 손녀'	시골 소년
소년이 기다리는 것을 알면서도 징검다리를 비키지 않음.	소녀가 비켜 줄 때까지 개울둑에서 기다림.
아무 말도 없는 소년에게 조약돌을 던짐.	소녀가 던진 조약돌을 말없이 주머니에 넣음.
⬇	⬇
적극적이고 당돌한 성격임.	내성적이고 순박한 성격임.

3 소나기

| 내용 연구

'꽃'에 대한 소녀의 태도

소녀
소년이 꺾어 온 꽃을 하나도 버리지 말라고 함.

⬇

꽃을 소중하게 생각함.

| 구절 풀이

- **참, 먹장구름 한 장이 ~ 보랏빛으로 변했다.**: 곧 소나기가 올 것임을 알려 주면서 위기감을 조성하는 표현이다.
- **밖을 내다보던 ~ 수수밭 쪽으로 달려간다.**: 소년이 소녀를 위해 적극적으로 행동함을 보여 준다. 시골 생활에 익숙한 소년은 소녀를 적극적으로 보호하고 있다.
- **소녀가 안고 있는 꽃묶음이 망그러졌다.**: 소녀의 불행한 미래(죽음)를 암시한다.

| 낱말 풀이

* **양산**: 주로, 여자들이 볕을 가리기 위하여 쓰는 우산 모양의 큰 물건.
* **먹장구름**: 먹빛같이 시꺼먼 구름.
* **듣는**: 액체가 방울져 떨어지는.
* **그을**: 비를 잠시 피하여 그치기를 기다릴.
* **잠방이**: 가랑이가 무릎까지 내려오게 만든 짧은 남자 홑바지.
* **쪽빛**: 남색.

(가) 산이 가까워졌다. / **단풍잎**이 눈에 따가웠다. / "야아!"
(계절적 배경이 드러남.)

소녀가 산을 향해 달려갔다. 이번은 소년이 뒤따라 달리지 않았다. 그러고도 곧 소녀보다 더 많은 꽃을 꺾었다.
(소년이 시골 생활에 소녀보다 더 익숙함.)

"이게 들국화, 이게 싸리꽃, 이게 도라지꽃,……."

"도라지꽃이 이렇게 예쁜 줄은 몰랐네. ㉠난 보랏빛이 좋아!…… 그런데 이 *양산같이 생긴 노란 꽃이 뭐지?" / "마타리꽃"
(보랏빛의 느낌 - 우울하고 불길함.)

소녀는 마타리꽃을 양산 받듯이 해 본다. 약간 상기된 얼굴에 살포시 보조개를 떠올리며,

다시 소년은 꽃 한 옴큼을 꺾어 왔다. 싱싱한 꽃가지만 골라 소녀에게 건넨다.
(소녀에게 좋은 것만 주고 싶은 마음이 드러남.)

그러자 소녀는

"하나도 버리지 마라."

▶ [　　　]을/를 꺾어 소녀에게 주는 소년

(나) 「*참, *먹장구름 한 장이 머리 위에 와 있다. 갑자기 사면이 소란스러워진 것 같다. 바람이 우수수 소리를 내며 지나간다. 삽시간에 주위가 ㉡보랏빛으로 변했다.」
(「 」: 긴장감이 조성됨.) (위기감을 느끼게 하는 배경 묘사)

산을 내려오는데, 떡갈나무 잎에서 빗방울 *듣는 소리가 난다. 굵은 빗방울이었다. 목덜미가 선뜩선뜩했다. 그러자 대번에 눈앞을 가로막는 빗줄기.
(소나기가 내리기 시작함.)

▶ 갑자기 내리기 시작하는 [　　　]

(다) 소녀가 들어선 곳도 비가 새기 시작했다. 더 거기서 비를 *그을 수 없었다.

*밖을 내다보던 소년이 무엇을 생각했는지 수수밭 쪽으로 달려간다. 세워 놓은 수숫단 속을 비집어 보더니, 옆의 수숫단을 날라다 덧세운다. 다시 속을 비집어 본다. 그러고는 이쪽을 향해 손짓을 한다.
(소녀가 비를 맞지 않게 하기 위한 노력)

수숫단 속은 비는 안 새었다. 그저 어둡고 좁은 게 안됐다. 앞에 나앉은 소년은 그냥 비를 맞아야만 했다. 그런 소년의 어깨에서 김이 올랐다.
(소녀를 위하는 소년의 마음이 드러남.)

소녀가 속삭이듯이, 이리 들어와 앉으라고 했다. 괜찮다고 했다. 소녀가 다시, 들어와 앉으라고 했다. 할 수 없이 뒷걸음질을 쳤다. 그 바람에, *소녀가 안고 있는 꽃묶음이 망그러졌다. ㉢그러나 소녀는 상관없다고 생각했다. 비에 젖은 소년의 몸 내음새가 확 코에 끼얹어졌다. 그러나 고개를 돌리지 않았다. 도리어 소년의 몸기운으로 해서 떨리던 몸이 적이 누그러지는 느낌이었다.
(꽃이 망가지지 않는 것보다 소년이 비를 맞지 않는 게 더 중요하다고 생각함.) (소년에게 친밀감을 느낌.)

▶ [　　　] 속에서 함께 비를 피하는 소년과 소녀

(라) 소란하던 수숫잎 소리가 뚝 그쳤다. 밖이 멀개졌다.
(소나기가 멈춤.)

수숫단 속을 벗어 나왔다. 멀지 않은 앞쪽에 햇빛이 눈부시게 내리붓고 있었다. **도랑** 있는 곳까지 와 보니, 엄청나게 물이 불어 있었다. 빛마저 제법 붉은 흙탕물이었다. 뛰어 건널 수가 없었다.
(소년이 소녀를 업게 되는 이유)

소년이 등을 돌려 댔다. 소녀가 순순히 업히었다. 걷어 올린 소년의 *잠방이까지 물이 올라왔다. 소녀는 "어머나!" 소리를 지르며 소년의 목을 끌어안았다.
(소년의 성격 변화 - 적극적으로 변함.) (소년과 소녀가 가까워짐.)

개울가에 다다르기 전에, **가을 하늘**은 언제 그랬는가 싶게 구름 한 점 없이 *쪽빛으로 개어 있었다.
(맑은 가을 하늘 - 소년과 소녀의 순수함을 부각시킴.)

▶ 소녀를 업고 [　　　]을/를 건너는 소년

답 꽃, 빗줄기, 수숫단, 도랑

06 이 글에 대한 설명으로 적절하지 않은 것은?

① 배경을 묘사하면서 독자들에게 위기감을 조성하고 있다.
② 서술자가 인물의 심리를 독자들에게 직접 전달하고 있다.
③ 시간의 흐름을 따라가면서 순차적으로 이야기가 진행되고 있다.
④ 주로 인물들 간의 대화를 통해 독자들에게 사건을 전달하고 있다.
⑤ 자연 현상이 인물들 사이의 관계를 이어 주는 중요한 역할을 하고 있다.

중요

07 다음의 관점에서 이 글을 감상할 때, 적절하지 않은 것은?

> 소설에서 배경은 사건이 일어나는 시간과 공간이다. 또한 작가는 배경을 구성하는 다양한 소재를 통해 주제를 부각시키거나 인물의 심리를 드러내고, 소설의 분위기를 조성하는 등의 여러 가지 효과를 노리기도 한다.

① '단풍잎'은 이 소설의 계절적 배경을 드러낸다.
② '먹장구름'은 이어질 내용을 암시한다.
③ 좁은 '수숫단 속'은 소년과 소녀가 더 가까워지는 계기를 마련한다.
④ 물이 불은 '도랑'은 소년과 소녀의 불안한 심리를 드러낸다.
⑤ '가을 하늘'은 소년과 소녀의 순수한 모습을 더욱 돋보이게 한다.

08 이 글에서 소녀를 대하는 소년의 태도나 심리로 가장 적절한 것은?

① 소녀를 원망하고 있다.
② 소녀를 보호하려고 한다.
③ 소녀와 이질감을 느끼고 있다.
④ 소녀의 행동을 부담스러워한다.
⑤ 소녀에게 미안한 마음을 가지고 있다.

서술형

09 ㉡을 통해 이 소설에서 '보랏빛'이 주는 느낌을 쓰고, 이를 바탕으로 ㉠의 역할을 추측하여 서술하시오.

(1) '보랏빛'의 느낌	
(2) ㉠의 역할	

10 〈보기〉는 '꽃'에 대한 소녀의 태도 변화를 정리한 것이다. 이를 참고하여 ㉢을 이해한 것으로 가장 적절한 것은?

보기

(가)	꽃을 하나도 버리지 말라고 함.
(다)	꽃묶음이 망그러진 것을 상관없다고 생각함.

① 처음부터 꽃에는 별다른 관심이 없었다.
② 꽃묶음이 망그러진 것을 당연하다고 생각한다.
③ 꽃묶음보다 소년과의 만남을 더 중요하게 생각한다.
④ 꽃묶음이 망그러졌지만 꽃은 상하지 않았다고 생각한다.
⑤ 현재의 상황이 너무 힘들어 꽃묶음에 신경을 쓰지 못한다.

100점 특강

소나기의 역할

이 글에서 소나기는 여러 가지 역할을 한다. 먼저 화창했던 날씨에 갑자기 먹장구름이 몰려오면서 주위가 어두워지는 상황에서는 위기감이 조성된다. 그리고 소년과 소녀가 좁은 수숫단 속에 함께 있게 되고, 소년이 소녀를 업게 되는 상황을 만들었다는 점에서는 소년과 소녀를 더욱 친근하게 만들어 주는 계기가 되기도 한다. 소나기는 갑자기 쏟아졌다가 금방 그치고 마는 비를 말하는데, 이는 소년과 소녀의 사랑이 아름답지만 짧게 끝나 버리고 말 것이라는 사실을 암시한다고 볼 수도 있다.

꽃의 변화와 사건 전개

소년이 꺾어 온 꽃 중 싱싱한 꽃가지만 고르자 소녀는 '하나도 버리지 마라.'라고 말하며 꽃에 대한 애정을 드러낸다. 이는 병약한 소녀가 자신과 꽃을 동일시하고 있기 때문이다. 그런데 소나기를 피하기 위해 좁은 수숫단 안에 피해 있으면서 소녀가 안고 있는 꽃묶음은 완전히 망가져 버린다. 하지만 소녀는 상관없다고 생각한다. 꽃이 일그러지는 것은 소녀의 불행한 미래와 관련이 있다고 볼 수 있는데, 소녀는 소년과 좁은 공간에 함께 있는 것이 꽃의 상태를 온전하게 유지하는 것보다 의미 있는 일이라고 생각하는 것이다.

3 소나기

(가) 이튿날, 소년이 학교에서 돌아오니, 아버지가 나들이옷으로 갈아입고 닭 한 마리를 안고 있었다.

어디 가시느냐고 물었다.

그 말에는 대꾸도 없이, 아버지는 안고 있는 닭의 무게를 겨냥해 보면서,

"이만하면 될까?"

어머니가 *망태기를 내주며,

"벌써 며칠째 '걀걀' 하고 알 날 자리를 보던데요. 크진 않아도 살은 쪘을 거예요."

소년이 이번에는 어머니한테, 아버지가 어디 가시느냐고 물어보았다.

"저 서당골 윤 초시 댁에 가신다. 제사상에라도 놓으시라고……."

•"그럼 저 큰 놈으로 하나 가져가지. 저 얼룩 수탉으로……."

이 말에, 아버지는 허허 웃고 나서,

"인마, 그래도 이게 실속이 있다."

소년은 공연히 *열적어, 책보를 집어던지고는 외양간으로 가, 쇠잔등을 한번 철썩 갈겼다. 쇠파리라도 잡는 체.

▶ 소녀네 집에 [ ]을/를 가져가기를 바라는 소년

(나) ㉠ 개울물은 날로 여물어 갔다.

소년은 갈림길에서 아래쪽으로 가 보았다. 갈밭머리에서 바라보는 서당골 마을은 쪽빛 하늘 아래 한결 가까워 보였다.

어른들의 말이, 내일 소녀네가 양평읍으로 이사 간다는 것이었다. 거기 가서는 조그마한 가겟방을 보게 되리라는 것이었다.

소년은 저도 모르게 주머니 속 호두알을 만지작거리며, 한 손으로는 수없이 갈꽃을 휘어 꺾고 있었다.

그날 밤, 소년은 자리에 누워서도 같은 생각뿐이었다. 내일 소녀네가 이사하는 걸 가 보나 어쩌나, 가면 소녀를 보게 될까 어떨까.

▶ 소녀와의 [ ]을/를 안타까워하는 소년

(다) 그러다가 까무룩 잠이 들었는가 하는데,

"허, 참, 세상일도……."

마을 갔던 아버지가 언제 돌아왔는지,

"윤 초시 댁도 말이 아니야. 그 많던 전답(田畓)을 다 팔아 버리고, 대대로 살아오던 집마저 남의 손에 넘기더니, 또 *악상까지 당하는 걸 보면……."

남폿불 밑에서 바느질감을 안고 있던 어머니가

"증손(曾孫)이라곤 계집애 그 애 하나뿐이었지요?"

"그렇지, 사내애 둘 있던 건 어려서 잃어버리고……."

"어쩌면 그렇게 자식 복이 없을까."

"글쎄 말이지. 이번엔 꽤 여러 날 앓는 걸 약도 변변히 못 써 봤다더군. 지금 같아선 윤 초시네도 대가 끊긴 셈이지……. 그런데 참, 이번 계집앤 어린 것이 여간 *잔망스럽지가 않아. 글쎄, 죽기 전에 이런 말을 했다지 않아? •자기가 죽거든 자기 입던 옷을 꼭 그대로 입혀서 묻어 달라고……."

▶ 소녀의 죽음과 [ ]

| 내용 연구

'개울물'을 통한 심리 표현

개울물이 날로 여물어 갔다.
→ 시간이 경과함.

⬇

소녀에 대한 소년의 그리움이 깊어짐.

| 구절 풀이

- **"그럼 큰 놈으로 하나 가져가지. 저 얼룩 수탉으로…….":** 소녀에게 더욱 좋은 것을 주고 싶어 하는 소년의 순수한 마음이 잘 드러나 있다.
- **자기가 죽거든 자기 입던 옷을 꼭 그대로 입혀서 묻어 달라고……:** 소녀의 유언으로, 소년과의 아름다운 추억을 간직하고 싶은 마음이 잘 드러나 있다.

| 낱말 풀이

- * **망태기:** 물건을 담아 들거나 어깨에 메고 다닐 수 있도록 만든 그릇.
- * **열적어:** 조금 부끄러워져. '열없어'의 사투리.
- * **악상:** 자식이 부모보다 먼저 죽거나 대가 끊긴 초상.
- * **잔망스럽지:** 나이에 비해서 깜찍하고 엉뚱하지.

답 호두알, 이별, 유언

중요

11 이 글에 대한 학생들의 감상으로 적절하지 않은 것은?

① 지환: 이 소설은 시골을 배경으로 하고 있어 향토적 분위기가 느껴져.
② 찬영: 소년과 소녀는 어리지만 아름답고 순수한 사랑을 했다고 생각해.
③ 재형: 소년이 과거를 회상하는 구조 때문에 소설이 더욱 아름답게 느껴져.
④ 동건: 이 소설은 깔끔하고 간결한 표현으로 서정적 분위기를 조성하고 있어.
⑤ 건영: 이 소설에는 인물의 심리를 짐작할 수 있는 소재가 쓰여서 더 애틋하게 느껴졌어.

12 이 글을 통해서 알 수 있는 내용은?

① 소녀는 할아버지인 윤 초시의 죽음으로 혼자가 되었다.
② 소년은 소녀에게 적극적으로 자신의 마음을 표현하였다.
③ 소년은 소녀에게서 양평읍으로 이사 간다는 이야기를 들었다.
④ 소년은 아버지가 소녀네 집 제사에 더 좋은 것을 가져가기를 바랐다.
⑤ 소년은 아버지에 대한 불만을 외양간에서 쇠잔등을 때리는 것으로 표현했다.

13 다음 중 소녀를 만나고 싶어 하는 소년의 마음을 드러내는 소재는?

① 옷 ② 책보 ③ 망태기
④ 호두알 ⑤ 남폿불

14 (다)에 대한 설명으로 적절하지 않은 것은?

① 비극적인 결말을 보여 준다.
② 소녀의 죽음이 대화를 통해 드러나고 있다.
③ 소년의 안타까운 심정이 직접 드러나 있다.
④ 생략법을 사용하여 여운과 감동을 느끼게 한다.
⑤ 소녀의 유언을 통해 소년에 대한 소녀의 마음을 드러내고 있다.

서술형

15 다음은 ㉠이 의미하는 바를 정리한 것이다. 빈칸에 소년의 심리와 관련하여 적절한 말을 써 넣으시오.

의미 1	개울물의 변화로 시간의 경과를 드러냄.
의미 2	

100점 특강

소년과 소녀의 마음

이 글에서 소년과 소녀가 서로에 대해 어떻게 생각하고 있는지가 직접적으로 드러나지는 않는다. 하지만 소년과 소녀의 말과 행동을 통해 서로에 대한 마음을 짐작할 수 있다. 소년은 소녀네 집에 가려는 아버지에게 얼룩 수탉을 가져가라고 말한다. 소년의 눈에는 아버지가 가져가려는 암탉보다는 얼룩 수탉이 더 크고 좋아보였기 때문이다. 이는 소녀에게 더 좋은 것을 가져다주고 싶어 하는 소년의 마음을 보여 준다. 또한 소녀가 이사를 간다는 말을 듣고 갈림길에서 아래쪽으로 내려가 보는 행동이나, 소녀에게 주기 위해 딴 호두알을 주머니 속에서 만지작거리며 갈꽃을 휘어 꺾는 행동에서는 소녀에 대한 그리움이 드러난다. 한편 소녀는 유언으로 자신이 입던 옷을 그대로 입혀서 묻어 달라는 말을 한다. 그 옷은 소년과 함께 산에 가서 소나기를 만났던 날에 입었던 옷이다. 죽음을 앞둔 소녀는 소년과의 추억을 영원히 간직하고 싶은 마음에 그와 같은 유언을 남긴 것이다.

	말이나 행동	소년과 소녀의 마음
소년의 마음	• 소녀네 집에 가는 아버지에게 얼룩 수탉을 가져가라고 말함.	소녀에게 더 좋은 것을 주고 싶음.
	• 갈림길에서 아래쪽으로 내려감. • 주머니 속의 호두를 만지작거리며 갈꽃을 휘어 꺾음.	소녀를 보고 싶음.
소녀의 마음	• 유언으로 자신이 입던 옷을 그대로 입혀 묻어 달라고 함.	소년과의 추억을 영원히 간직하고 싶음.

4 괜찮아 | 장영희

지문 연구

- **해제:** 이 글은 몸이 불편한 글쓴이가 어릴 적에 주위 사람들의 따뜻한 말 한마디에 희망을 얻었던 경험을 솔직하고 담담하게 이야기한 수필이다. '괜찮아.'라는 말에 담긴 여러 가지 의미를 나열하며 글쓴이가 얻은 깨달음을 전달하고 있다.
- **주제:** '괜찮아.'라는 말에 담긴 선의와 너그러움

내용 연구

'나'에 대한 친구들의 행동

- '나'에게 고무줄놀이나 달리기의 심판을 시킴.
- '나'에게 신발주머니나 책가방을 맡김.
- 술래잡기를 할 때 '나'에게 어디 숨을지 미리 말해 줌.

↓

다리가 불편해 놀이에 참여할 수 없는 '나'에 대한 친구들의 배려

구절 풀이

- **초등학교 때 ~ 작은 한옥이었다.:** 글쓴이가 어린 시절을 회상하고 있음을 알 수 있다.
- **어머니는 내가 ~ 것을 싫어하셨다.:** '나'가 아이들과 어울리기를 바라셨기 때문이다.
- **목발을 옆에 두고 ~ 지나쳐 갔다.:** '나'가 몸이 불편하다는 것을 알 수 있다.

낱말 풀이

- * **고만고만한:** 고만한 정도로 여럿이 다 비슷비슷한.
- * **사방치기:** 땅바닥에 여러 공간을 구분해 그려 놓고, 그 안에서 납작한 돌을 한발로 차서 다음 공간으로 옮기다가 정해진 공간에 가서는 돌을 공중으로 띄워 받아 돌아오는 놀이.
- * **모퉁이:** 변두리나 구석진 곳.
- * **박탈감:** 무언가를 빼앗겼다고 드는 생각이나 느낌.
- * **리어카:** 자전거 뒤에 달거나 사람이 끄는, 바퀴가 둘 달린 작은 수레. '손수레'로 순화함.

(가) °초등학교 때(과거를 회상하는 글임.) 우리 집은 서울 동대문구 제기동에 있는 작은 한옥이었다. 골목 안에는 *고만고만한 한옥 여섯 채가 서로 마주 보고 있었다. 그때만 해도 한 집에 아이가 보통 네댓은 됐으므로 골목길 안에만도 초등학교 다니는 아이가 줄잡아 열 명이 넘었다.(과거의 사회적 상황) 학교가 파할 때쯤 되면 골목은 시끌벅적, 아이들의 놀이터가 되었다.

▶ 어린 시절, 아이들의 놀이터였던 [　　]

(나) °어머니는 내가 집에서 책만 읽는 것을 싫어하셨다. 그래서 방과 후 골목길에 아이들이 모일 때쯤이면 어머니는 대문 앞 계단에 작은 방석을 깔고 나를 거기에 앉히셨다.('나'가 아이들과 어울려 놀 수 없는 상황임.) 아이들이 노는 걸 구경이라도 하라는 뜻이었다.

▶ 골목길에 앉아 아이들이 노는 것을 [　　]하던 '나'

(다) 딱히 놀이 기구가 없던 그때, 친구들은 대부분 술래잡기, *사방치기, 공기놀이, 고무줄놀이 등을 하고 놀았지만 나는 공기놀이 외에는 그 어떤 놀이에도 참여할 수 없었다.(뛰어다닐 수 없기 때문에) 하지만 골목 안 친구들은 나를 위해 꼭 무언가 역할을 만들어 주었다.(같이 뛰어놀 수 없는 '나'를 배려하는 친구들의 마음 ①) 고무줄놀이나 달리기를 하면 내게 심판을 시키거나 신발주머니와 책가방을 맡겼다. 그뿐인가. 술래잡기를 할 때는 한곳에 앉아 있어야 하는 내가 답답해할까 봐 어디에 숨을지 미리 말해 주고 숨는 친구도 있었다.(같이 뛰어놀 수 없는 '나'를 배려하는 친구들의 마음 ②)

우리 집은 골목에서 중앙이 아니라 *모퉁이 쪽이었는데 내가 앉아 있는 계단 앞이 늘 친구들의 놀이 무대였다.(같이 뛰어놀 수 없는 '나'를 배려하는 친구들의 마음 ③) 놀이에 참여하지 못해도 난 전혀 소외감이나 *박탈감을 느끼지 않았다.(친구들의 배려 때문에) 아니, 지금 생각하면 내가 소외감을 느낄까 봐 친구들이 배려해 준 것이었다.

▶ '나'가 [　　]을/를 느끼지 않도록 배려해 준 친구들

(라) 그 골목길에서의 일이다. 초등학교 1학년 때였던 것 같다. 하루는 우리 반이 좀 일찍 끝나서 나 혼자 집 앞에 앉아 있었다. 그런데 그때 마침 골목을 지나던 깨엿 장수가 있었다. 그 아저씨는 가위를 쩔렁이며, °목발을 옆에 두고 대문 앞에 앉아 있는 나를 흘낏 보고는 그냥 지나쳐 갔다. 그러더니 *리어카를 두고 다시 돌아와 내게 깨엿 두 개를 내밀었다.('나'에 대한 아저씨의 위로의 마음) 순간 아저씨와 내 눈이 마주쳤다. 아저씨는 아무 말도 하지 않고 아주 잠깐 미소를 지어 보이며 말했다.

"괜찮아."(위로와 배려의 말)

무엇이 괜찮다는 건지 몰랐다. 돈 없이 깨엿을 공짜로 받아도 괜찮다는 것인지, 아니면 목발을 짚고 살아도 괜찮다는 말인지…….(아저씨의 말에 대한 '나'의 해석) 하지만 그건 중요하지 않다. 중요한 것은 내가 그날 마음을 정했다는 것이다. 「이 세상은 그런대로 살 만한 곳이라고, 좋은 사람들이 있고 선의와 사랑이 있고, '괜찮아.'라는 말처럼 용서와 너그러움이 있는 곳이라고 믿기 시작했다는 것이다.」(「 」: 세상을 긍정적으로 보게 됨.)

▶ 깨엿 장수 아저씨의 '[　　].'(이)라는 말에 세상을 긍정적으로 보기 시작한 '나'

01 이와 같은 글의 일반적 특징으로 적절하지 않은 것은?

① 형식이 비교적 자유롭다.
② 허구적 인물이 이야기를 전달한다.
③ 삶에 대한 이해와 성찰이 드러난다.
④ 글쓴이의 개성과 가치관이 잘 드러난다.
⑤ 글쓴이의 경험이나 생각을 고백적으로 서술한다.

02 이 글의 내용과 일치하는 것은?

① '나'는 가난한 형편 때문에 학교를 다니지 못했다.
② '나'의 친구들은 '나'와 함께 노는 것을 불편해하였다.
③ '나'는 놀이에 참여하지 못해 소외감을 느끼며 외로워했다.
④ '나'는 친구들과 노는 것보다 혼자 조용히 책을 읽는 것을 좋아하였다.
⑤ '나'의 친구들이 신발주머니나 책가방을 맡긴 것은 '나'를 배려한 것이었다.

서술형

03 (나), (다)의 내용으로 미루어 볼 때, 어머니가 글쓴이를 대문 앞 계단에 앉혀 놓은 궁극적인 이유를 서술하시오.

중요

04 (라)에서 '깨엿 장수 아저씨'가 '나'에게 미친 영향으로 가장 적절한 것은?

① 세상을 긍정적으로 볼 수 있게 해 주었다.
② 건강이 안 좋은 자신의 처지를 깨닫게 해 주었다.
③ 친구들에 대한 고마움을 느낄 수 있게 해 주었다.
④ 세상을 사는 데 돈이 중요하지 않다는 것을 알게 해 주었다.
⑤ 도움을 받았으면 그에 대한 보답을 해야 한다는 것을 알게 해 주었다.

05 〈보기〉는 이 글을 읽은 학생이 쓴 감상문의 일부이다. 이 내용의 근거로 볼 수 없는 것은?

보기

이 글을 읽으면서 글쓴이가 어떤 사람인지에 주목했어. 글에는 직접적으로 드러나지 않았지만, 글쓴이는 다리가 불편한 사람이라는 것을 알 수 있었어.

① 친구들의 놀이에 심판을 하거나 소지품을 지켰다.
② 공기놀이 외에는 어떤 놀이에도 참여할 수 없었다.
③ 대문 앞 계단에 앉아 친구들이 노는 것을 구경했다.
④ 깨엿 장수 아저씨로부터 깨엿 두 개를 공짜로 얻었다.
⑤ 깨엿 장수 아저씨가 지나갈 때 목발을 옆에 두고 대문 앞에 앉아 있었다.

100점 특강

'나'의 처지

초등학교 때 '나'는 아이들이 골목길에서 놀 때, 대문 앞 계단에 방석을 깔고 앉아 아이들이 노는 걸 구경만 해야 했다. '나'가 친구들의 놀이에 참여할 수 있는 것은 공기놀이가 유일했기 때문이다. 그래서 다른 아이들이 놀 때 심판을 하거나 신발주머니, 책가방을 보관하는 일을 하였다. 또한 엿장수 아저씨가 골목길을 지나갈 때 목발을 옆에 두고 대문 앞에 앉아 있었다. 이런 내용을 통해 '나'가 다리가 불편하다는 것을 알 수 있다.

- 대문 앞 계단에 앉아 친구들이 노는 것을 구경만 함.
- 공기놀이 외에는 어떤 놀이에도 참여할 수 없음.
- 친구들의 놀이에 심판을 하거나 소지품을 지킴.
- 목발을 옆에 두고 대문 앞에 앉아 있음.

→ 다리가 불편해 아이들과 함께 뛰어놀 수가 없음.

깨엿 장수 아저씨의 '괜찮아.'라는 말의 의미

깨엿 장수 아저씨가 '나'에게 한 '괜찮아.'라는 말은 '나'에게 '돈을 안 내고 그냥 먹어도 돼.', '다리가 불편해도 잘 살 수 있을 거야, 걱정하지 않아도 돼.' 등의 여러 의미로 다가온다. 즉 '괜찮아.'라는 말은 '나'에게 위로와 격려가 되는 말이었으며, 어려움이 있어도 세상은 살 만한 곳이라는 희망을 주는 말이었다.

4 괜찮아

내용 연구

'괜찮아.'라는 말에 담긴 의미

- 용기를 북돋워 주는 말
- 용서의 말
- 격려의 말
- 나눔의 말
- 부축의 말

⬇

이제 다시 시작할 수 있는 희망을 주는 말임.

구절 풀이

- **"그만하면 참 잘했다."라고 ~ 부축의 말, "괜찮아.":** '괜찮아.'라는 말이 상황과 맥락에 따라 조금씩 달리 해석되나, 그 다양한 해석들 사이에는 너그러움과 따뜻함, 희망의 메시지가 있다는 공통점이 있다.
- **아, 그래서 ~ 희망의 말이다.:** 어려운 사람에 대한 배려와 이해는 다시 일어설 수 있는 희망이 됨을 알려 준다.

낱말 풀이

* **찡해진다:** 감동을 받아 가슴 등이 뻐근해지는 느낌이 든다.
* **부축:** 겨드랑이를 붙잡아 걷는 것을 도움.
* **만만치:** 부담스럽거나 무서울 것이 없어 쉽게 다루거나 대할 만하지.

(가) 오래전 학교 친구를 찾아 주는 방송 프로그램이 있었다. 한번은 유명 가수가 나와서 초등학교 때 친구를 찾았는데, 함께 축구하던 이야기가 나왔다. 당시 허리가 36인치일 정도로 뚱뚱한 친구가 있었는데, 뚱뚱해서 잘 뛰지 못한다고 다른 친구들이 축구팀에 끼워 주려고 하지 않았다. 그때 그 가수가 나서서 말했다고 한다.

(유명 가수의 일화 소개 – 배려와 위로의 사례)

"괜찮아. 얜 골키퍼를 시키면 우리 함께 놀 수 있잖아!"

(친구를 배려하는 유명 가수의 따뜻한 말)

그래서 그 친구는 골키퍼를 맡아 함께 축구를 했고, 몇 십 년이 지난 후에도 그 가수의 따뜻한 말과 마음을 그대로 기억하고 있었다.

▶ 어린 시절, 친구를 [ ]해 준 유명 가수의 일화

(나) "괜찮아." 난 지금도 이 말을 들으면 괜히 가슴이 *찡해진다. 2002년 월드컵 4강에서 우리나라 축구 대표 팀이 독일에게 졌을 때 관중들은 우리 선수들을 향해 외쳤다.

"괜찮아! 괜찮아!"

(축구 대표 팀을 위로하고 격려하는 말)

혼자 남아 문제를 풀다가 결국 골든벨을 울리지 못해도 친구들이 얼싸안고 말해 준다.

㉠"괜찮아! 괜찮아!"

(친구를 위로하고 격려하는 말)

▶ 위로와 [ ]의 의미를 지니는 '괜찮아.'라는 말

(다) 「"그만하면 참 잘했다."라고 용기를 북돋아 주는 말, "너라면 뭐든지 다 눈감아 주겠다."라는 용서의 말, "무슨 일이 있어도 나는 네 편이니 넌 절대 외롭지 않다."라는 격려의 말, "지금은 아파도 슬퍼하지 마라."라는 나눔의 말, 그리고 마음으로 일으켜 주는 *부축의 말, "괜찮아."」

(「」: '괜찮아'라는 말에 담긴 여러 가지 의미)

그래서 세상 사는 것이 *만만치 않다고 느낄 때, 죽을 듯이 노력해도 내 맘대로 일이 풀리지 않는다고 생각될 때, 나는 내 마음속에서 작은 속삭임을 듣는다. 오래전 내 따뜻한 추억 속 골목길 안에서 들은 말,

(세상을 살면서 어려움을 느낄 때)

"괜찮아! 조금만 참아, 이제 다 괜찮아질 거야."

('나'에게 용기와 힘을 주는 말)

아, 그래서 "괜찮아."는 이제 다시 시작할 수 있다는 희망의 말이다.

▶ '[ ].'(이)라는 말에 담긴 의미

답 배려, 격려, 괜찮아

06 이와 같은 글을 쓸 때의 유의점으로 적절하지 않은 것은?

① 자신의 체험을 꾸밈없이 진솔하게 쓴다.
② 경험에서 느낀 감정이 잘 드러나게 표현한다.
③ 사건 전개 방향에 대해서 다양한 상상력을 발휘하여 쓴다.
④ 경험이 잘 드러나도록 구체적이고 생동감 있는 언어로 쓴다.
⑤ 자신이 보고, 듣고, 겪은 일들 가운데 어떤 일이 소중하고 가치 있는지를 되돌아본다.

중요

07 이 글을 읽고 느낀 점으로 적절한 것은?

① 유리: 결과보다는 과정이 중요하다는 진리를 깨달았어.
② 세린: 거짓된 말과 행동이 타인에게 얼마나 큰 상처를 주는지 알게 되었어.
③ 준태: 타인에 대한 배려가 얼마나 세상을 아름답게 변화시킬 수 있는지 알게 되었어.
④ 민수: 우리에게 행복을 가져다주는 것은 오직 자신의 꾸준한 노력뿐이라는 것을 깨달았어.
⑤ 동현: 몸이 불편한데도 타인에게 의존하지 않고 살아가려는 글쓴이의 삶의 자세를 본받고 싶어졌어.

08 글쓴이가 (가)의 내용을 인용한 의도로 적절한 것은?

① 친구 찾는 방송 프로그램의 유익함을 주장하기 위해
② 다른 사람을 배려하는 말이 주는 감동을 전달하기 위해
③ 갈등 상황을 해결하는 유명 가수의 정확한 판단력을 설명하기 위해
④ 유명 가수의 친구가 축구 선수로 성공하게 된 계기를 알려 주기 위해
⑤ 뚱뚱한 친구를 축구팀에 끼워 주지 않은 친구들의 행동을 비판하기 위해

09 다음 상황에서 사용된 '괜찮아!'는 어떤 의도가 담긴 말인지 (다)에서 찾아 쓰시오.

> 진수: 시간이 많이 지났네. 늦어서 미안해.
> 정호: 괜찮아!

10 ㉠의 의미와 통하는 속담으로 적절한 것은?

① 백지장도 맞들면 낫다.
② 콩 한 쪽도 나눠 먹어라.
③ 비 온 뒤에 땅이 굳어진다.
④ 우물을 파도 한 우물을 파라.
⑤ 늦게 배운 도둑이 날 새는 줄 모른다.

100점 특강

수필 읽기와 성찰

이 글은 다리가 불편한 글쓴이의 경험과 생각이 잘 드러나는 수필이다. 글쓴이는 어머니와 친구들, 깨엿 장수 아저씨 등의 배려에 관련된 자신의 경험과 다른 사람의 일화, 주변에서 관찰한 내용 등을 솔직하고 담담한 말투로 전달하고 있다. 그리고 이를 통해서 자신의 삶을 성찰하면서, 다른 사람의 어려운 처지를 이해하고 감싸 주며 배려하는 태도가 희망을 줄 수 있다는 깨달음을 얻고 있다. 또한 이 글을 읽는 독자들은 이러한 글쓴이의 경험과 깨달음을 통해 각자 자신의 삶을 되돌아보고, 다른 사람을 배려하는 삶을 살아야겠다는 깨달음을 얻고, 선의와 사랑, 용서와 너그러움이 있는 세상의 따뜻함을 느끼게 된다.

- 다른 사람의 배려를 받았던 글쓴이의 경험
- 글쓴이가 방송에서 들은 유명 가수의 일화
- 글쓴이가 축구 경기와 골든벨에서 본 장면

⬇

〈글쓴이의 성찰〉
- 세상은 살 만한 곳이라고 믿게 됨.
- '괜찮아.'라는 말이 어려운 사람들에게 희망을 줄 수 있음을 깨달음.

→

〈독자들의 성찰〉
- 글을 읽으며 글쓴이의 경험이나 생각을 파악함.
- 글을 읽으며 자신의 삶을 되돌아봄.
- 자신의 삶을 반성하거나, 다른 사람을 배려하는 삶을 살아야겠다는 깨달음을 얻음.

대단원 평가

[01~10] 다음 글을 읽고 물음에 답하시오.

(가) [내]를 건너서 숲으로
고개를 넘어서 마을로

어제도 가고 오늘도 갈
나의 길 새로운 길

㉠ 민들레가 피고 까치가 날고
아가씨가 지나고 바람이 일고

나의 길은 언제나 새로운 길
오늘도…… 내일도……

ⓐ 내를 건너서 숲으로
고개를 넘어서 마을로

– 윤동주, 「새로운 길」

(나) 눈이 내린다.
봄이라서
ⓑ 봄빛처럼 포근한 눈

담장 위에 쌓이는 봄눈
나무 위에 쌓이는 봄눈
마당 위에 쌓이는 봄눈

그리고
마루에서 졸다가 깬
눈을 하고 있는
㉡ 새끼 고양이의 눈 속에도
내리는 봄눈

감았다 떴다 하는
새끼 고양이의 눈처럼
보드라운

봄
봄 하늘
봄 하늘의 봄눈

– 오규원, 「포근한 봄」

(다) 내 벗이 몇이나 하니 수석(水石)과 송죽(松竹)이라.
동산(東山)에 달 오르니 긔 더욱 반갑고야.
두어라, 이 다섯밖에 또 더하여 무엇하리.

구름 빛이 좋다 하나 검기를 자로 한다.
바람 소리 맑다 하나 그칠 적이 하노매라.
좋고도 그칠 뉘 없기는 물뿐인가 하노라.

㉢ 꽃은 무슨 일로 피면서 쉬이 지고,
풀은 어이하여 푸르는 듯 누르나니.
아마도 변치 않는 건 바위뿐인가 하노라.

더우면 꽃피고 추우면 잎 지거늘,
ⓒ 솔아 너는 어찌 눈서리를 모르는다.
구천(九泉)에 뿌리 곧은 줄을 글로 하여 아노라.

나무도 아닌 것이 풀도 아닌 것이
곧기는 뉘 시기며, 속은 어이 비었는다.
ⓓ 저렇고 사시(四時)에 푸르니 그를 좋아하노라.

[A]
작은 것이 높이 떠서 만물을 다 비추니,
밤중에 광명(光明)이 너만 한 이 또 있느냐.
보고도 말 아니하니 내 벗인가 하노라.

– 윤선도, 「오우가」

(라) ㉣ 죽는 날까지 하늘을 우러러
한 점 부끄럼이 없기를,
잎새에 이는 바람에도
나는 괴로워했다.
별을 노래하는 마음으로
모든 죽어 가는 것을 사랑해야지
그리고 나한테 주어진 길을
걸어가야겠다.

오늘 밤에도 별이 바람에 스치운다.

– 윤동주, 「서시」

(마) ⓔ 친구가 원수보다 더 미워지는 날이 많다
티끌만 한 잘못이 맷방석만 하게
동산만 하게 커 보이는 때가 많다
그래서 세상이 어지러울수록
남에게는 엄격해지고 내게는 너그러워지나 보다
돌처럼 잘아지고 굳어지나 보다

㉤ 멀리 동해 바다를 내려다보며 생각한다
널따란 바다처럼 너그러워질 수는 없을까
깊고 짙푸른 바다처럼
감싸고 끌어안고 받아들일 수는 없을까
스스로는 억센 파도로 다스리면서
제 몸은 맵고 모진 매로 채찍질하면서

– 신경림, 「동해 바다 – 후포에서」

중요

01 말하는 이의 태도를 중심으로 (가)~(마)를 감상한 것으로 적절하지 <u>않은</u> 것은?

① (가): 자신이 걸어가고 있는 길에 대한 애정을 드러내면서 늘 새로운 마음으로 길을 가겠다는 다짐을 하고 있다.
② (나): 담장, 나무, 마당 등에 내리는 봄눈을 바라보면서 봄눈이 주는 따뜻하고 포근한 정서를 즐기고 있다.
③ (다): 자연물과 어우러져 사는 삶에 대한 만족을 드러내면서 각 자연물이 지닌 덕성을 예찬하고 있다.
④ (라): 죽는 날까지 한 점 부끄럼이 없는 삶을 살겠다는 지난날의 고백을 후회하면서 괴로워하고 있다.
⑤ (마): 남에게는 엄격하면서 자신에게는 너그러운 현재의 모습을 성찰하면서 바다와 같은 마음으로 살고 싶다는 소망을 밝히고 있다.

02 (가)~(마)에 대한 설명으로 적절하지 <u>않은</u> 것은?

① (가)에서는 수미상관의 방법을 사용해 음악적인 느낌을 주고 있다.
② (나)에서는 시행을 점층적으로 배열하여 시각적 효과를 주고 있다.
③ (다)는 일정한 음보 수를 규칙적으로 반복하여 정형적인 느낌을 주고 있다.
④ (라)는 2연으로 구성되었지만, 의미상으로 '과거-현재-미래' 순서의 세 부분으로 나눌 수 있다.
⑤ (마)는 1연과 2연이 대칭적으로 구성되어 있다.

03 (가)의 1연과 (나)의 2연에 공통적으로 사용된 표현 방법을 (마)에서 찾은 것으로 적절한 것은?

① 친구가 원수보다 더 미워지는 날이 많다
② 남에게는 엄격해지고 내게는 너그러워지나 보다
③ 돌처럼 잘아지고 굳어지나 보다
④ 널따란 바다처럼 너그러워질 수는 없을까
⑤ 깊고 짙푸른 바다처럼

서술형

04 〈보기〉의 학생이 선생님의 질문에 답할 말을 〈조건〉에 맞게 서술하시오.

보기

선생님: 시의 표현 방법 중 직유법은 두 대상 사이의 유사점을 바탕으로 합니다. 예를 들어 '새털처럼 가벼운 마음'이라는 표현에서 '새털'과 '마음'은 '가볍다'라는 공통점이 있어 비유할 수 있는 거죠. 그러면 (나)에서 '봄눈'은 비유하고 있는 '고양이의 눈'과 어떤 유사점이 있을까요?
학생: ____________________

조건

• 학생이 대답하는 말투로 쓸 것.
• 15자 이내로 쓸 것.

05 (다)에서 시의 말하는 이가 생각하는 다섯 벗의 덕목을 갖춘 사람을 <u>잘못</u> 연결한 것은?

① 물: 청렴하면서 끊임없이 학문에 힘쓰는 학자
② 바위: 시간이 지나도 변치 않는 지조를 가진 선비
③ 소나무: 어려운 일이 있어도 쉽게 마음이 변하지 않는 충신
④ 대나무: 지조가 있으며 재물에 욕심이 없는 사람
⑤ 달: 어려울 때마다 좋은 말로 충고를 해 주는 친구

서술형

06 (마)를 말하는 이를 중심으로 다음과 같이 정리할 때, ㉮~㉰에 들어갈 적절한 내용을 각각 넣으시오.

말하는 이가 본 동해 바다의 모습	말하는 이가 성찰한 내용
㉮	다른 사람에게 너그러워지고 싶다.
깊고 짙푸른 바다	㉯
㉰	스스로를 맵고 모진 매로 채찍질하고 싶다.

07 [A]에 쓰인 시어 중 가리키는 대상이 <u>다른</u> 하나는?

① 작은 것 ② 만물 ③ 광명
④ 너 ⑤ 내 벗

08 〈보기〉를 참고할 때, (라)에 사용된 소재 중 (가)의 내와 상징적 의미가 유사한 것은?

보기

(가)의 말하는 이는 살아가면서 만나는 많은 어려움을 이겨 내고 결국은 평화로운 세상으로 가겠다는 소망을 상징적인 소재를 사용하여 표현하고 있다. 즉 이 시에서 말하는 이가 가고자 하는 '숲'이나 '마을'은 말하는 이가 꿈꾸는 평화로운 세상이 되는 것이다.

① 하늘 ② 잎새 ③ 바람
④ 별 ⑤ 길

09 ㉠~㉤에 대한 설명으로 적절하지 않은 것은?

① ㉠: 말하는 이가 길을 가면서 만나게 되는 다양한 존재를 나열하고 있다.
② ㉡: 마루에 앉아 있는 새끼 고양이의 눈에 봄눈이 비친 모습을 표현하고 있다.
③ ㉢: 바위의 덕성을 강조하기 위하여 유사한 성격의 꽃의 특성을 드러내고 있다.
④ ㉣: 말하는 이가 소망하는 삶의 모습을 직접적으로 고백하고 있다.
⑤ ㉤: '동해 바다'는 말하는 이가 자신을 성찰하게 하는 매개체로 사용되었다.

10 ⓐ~ⓔ의 표현 방법과 효과에 대한 설명으로 적절한 것은?

① ⓐ: 영탄법을 사용하여 말하는 이가 가야 할 길이 멀고 험하다는 것을 표현하였다.
② ⓑ: 은유법을 사용하여 포근한 봄눈의 특성을 드러내고 있다.
③ ⓒ: 설의법을 사용하여 솔에 대한 의문을 직접 표현하고 있다.
④ ⓓ: 의인법을 사용하여 대상에 대한 친근감을 표현하고 있다.
⑤ ⓔ: 직유법을 사용하여 친구의 긍정적인 면을 강조하고 있다.

[11~15] 다음 글을 읽고 물음에 답하시오.

(가) "나도 이젠 4학년 됐잖아요. 남의 책 보퉁이만 메고 다니는 거 부끄럽다니까요?"

"글쎄, 그거 늘 하는 소리제. 지발 좀 참아라. 없는 기 원수지. 그놈 애들이 왜 그렇게 못살게 하나?"

어머니도 밥숟갈을 들 생각을 않으시고 한숨을 쉬시더니 또 말을 이었습니다.

"야야, 너 아부지도 올해나 남의 일을 하면 그만두실 끼다. 한 해만 참아라. 부디 한 해만……."

용이는 아버지가 남의 집 ⓐ머슴살이를 올해만 하면 그만두신다는 말에 귀가 번쩍 열렸습니다.

(나) 모진 겨울을 이겨 낸 ⓑ보리들이 새파랗게 살아난 밭둑길을 걸어가면서 아이들은 모두 어깨를 우쭐거리며 '향토 예비군의 노래'를 소리쳐 불렀습니다. 그러다가 산기슭을 돌아 고갯길을 오르기 시작했을 때 그들은 모두 용이 발밑에 책보를 던졌습니다. 3년 동안 용이 어깨에 매달려 재를 넘어가고 넘어오던 책보들입니다. 용이 아버지가 같은 동네에서 머슴살이를 하고 있기 때문에 아이들은 모두 용이까지 남의 짐을 날라 주어야 하는 것으로 생각하고 있는 것입니다.

(다) '야, 참 멋지다!'

날개를 쫙 펴고 꽁지를 쭉 뻗고 아침 햇빛에 눈부신 모습으로 산을 넘어가는 ⓒ꿩을 쳐다보는 용이의 온몸에 갑자기 어떤 힘이 마구 솟구쳤습니다. 용이는 그 자리에서 한 번 훌쩍 뛰어올라 보았습니다. 하늘에라도 날아오를 듯합니다. 용이는 발에 채이는 ⓓ책보 하나를 집어 들었습니다. 그리고 그것을 하늘 위로 던졌습니다.

휭! 공중에서 몇 바퀴 돌던 책보가 '퍽' 소리를 내면서 골짜기에 떨어졌을 때 용이는 두 번째 책보를 집어던졌습니다.

(라) 아이들의 발과 주먹이 용이를 향해 덮쳐 왔을 때, 용이는 번개같이 거기를 빠져 나와 몇 걸음 발을 옮기더니, 발밑에 있는 돌을 두 손으로 한 개씩 거머쥐고는 거기 있는 커다란 바윗돌 위에 껑충 뛰어올랐습니다. 그 몸놀림이 어찌나 재빠른지, 아이들이 모두 놀랐습니다. 지금까지의 용이와는 아주 다른 딴 아이였습니다.

"자, 덤빌람 덤벼! 누구든지 오는 놈은 이 돌로 박살낼끼다!"

아이들이 입을 벌리고 어쩔 줄 모르고 서 있을 때, 뒤에서 한 아이가,

"난, 내 책보 가질러 갈란다."

하고 달려갔습니다.

마 ㉠"난 이젠 못난 놈 아니야!"
그러고는 다시 혼잣말로 중얼거렸습니다.
"내일 아침에는 ⓔ순이를 데리고 오자. 순이를 놀리는 놈은 어떤 놈이고 용서 안 할 끼다."
용이는 돌아서서, 햇빛이 눈부신 내리받잇길을 바라보았습니다. 인제는 단숨에 학교까지 뛰어갈 듯합니다. 하늘에는 하얀 구름 한 송이가 날고 있습니다. 용이는 훌쩍 한 번 뛰더니 마구 두 팔을 내저으면서 내리달렸습니다. 그것은 ㉡마치 한 마리의 꿩이 소리치면서 날아오르는 모습과도 같았습니다.

– 이오덕, 「꿩」

11 이 글에 대한 설명으로 가장 적절한 것은?

① 과거 회상을 통해 주요 사건의 원인을 밝히고 있다.
② 도시를 배경으로 벌어지는 세대 간의 갈등을 주로 다루고 있다.
③ 인물들이 사용하는 사투리로 향토적인 분위기를 조성하고 있다.
④ 같은 시간에 벌어지는 여러 가지 이야기를 나열하여 제시하고 있다.
⑤ 작품 속의 인물이 자신이 경험하고 느낀 점을 독자들에게 전달하고 있다.

중요

12 〈보기〉는 이 글을 읽고 난 뒤에 학생들끼리 나눈 대화이다. 적절한 발언을 한 학생을 모두 모은 것은?

◀ 보기 ▶
민수: 아이들은 용이 아버지가 머슴살이를 한다는 이유로 용이를 무시하고 있었어.
윤숙: 지금까지 용이는 다른 아이들에게 제대로 대들지도 못하고 당하기만 했나 봐.
준철: 아이들은 용이를 혼내 주는 것보다 책보를 가지러 가는 게 중요하다고 생각했나 봐.
수지: 용이가 학교에 가지 않겠다고 한 것은 가방이 없어서 보통이를 메고 가는 게 부끄러워서야.

① 민수, 윤숙　　② 윤숙, 준철
③ 준철, 수지　　④ 민수, 윤숙, 준철
⑤ 윤숙, 준철, 수지

13 ㉠의 의미를 바르게 이해한 것은?

① 이제는 다른 아이들이 내 책보를 들고 다닐 거야.
② 나를 괴롭히는 아이들에게 당하고만 살지 않을 거야.
③ 나도 이제 친한 친구들이 많이 생겼으니 혼자 다니지 않아도 돼.
④ 아버지가 머슴살이를 끝낼 테니 나는 이제 머슴의 아들이 아니야.
⑤ 이제는 학교에 다니지 않을 것이니 아이들의 눈치를 볼 필요가 없어.

서술형

14 ㉡을 통해 비유하려는 것이 무엇인지 쓰시오.

15 ⓐ~ⓔ에 대한 설명으로 적절하지 않은 것은?

① ⓐ: 소설의 배경이 되는 시대의 상황을 알 수 있게 해 준다.
② ⓑ: 계절적 배경을 알려 주면서 현재 용이의 심리 상태를 상징적으로 보여 준다.
③ ⓒ: 용이가 변하는 계기가 되는 소재로, 자유로운 존재이다.
④ ⓓ: 지금까지 용이를 구속하고 있었던 소재로, 용이는 이를 벗어남으로써 홀가분해진다.
⑤ ⓔ: 지금까지 용이와 비슷한 처지였지만, 이제부터 용이가 도와주겠다고 생각한 인물이다.

[16~18] 다음 글을 읽고 물음에 답하시오.

가 세월이 흐르고 흘러 길동이 열한 살이 되었다. 비범한 아이인지라 누구 하나 길동을 칭찬하지 않는 이가 없었다. 비록 천비의 몸을 빌려 난 자식이긴 하지만, 길동의 재주를 눈여겨본 대감 역시 길동을 무척 아끼고 사랑하였다.
그러나 길동의 가슴에는 늘 원한이 맺혀 있었다. 출생이 천한 탓에 아버지를 아버지라 부르지 못하고 형을 형이라 부르지 못하기 때문이었다. 그는 자신의 천한 신분을 한탄하고 또 한탄하였다.
나 "대장부가 세상에 태어나서 공자, 맹자의 학문을 익힌 뒤에, 나가서는 장수가 되고 들어와서는 재상이 되며,

대장인을 허리춤에 차고, 단(壇) 위에 높이 앉아 수많은 군사를 마음대로 지휘하며, 남쪽으로 초(楚)나라를 치고, 북쪽으로 중원(中原)을 평정하며, 서쪽으로 촉(蜀)나라를 쳐 업적을 쌓은 후에, 얼굴을 기린각에 그려 빛내고 이름을 후세에 전함이 대장부의 떳떳한 일일 것이다. 옛사람이 이르기를 '왕후장상의 씨가 따로 없다.' 하였는데 이는 나를 두고 말함인가? 아무리 하찮은 사람도 아버지를 아버지라 부르고 형을 형이라 부르는데, 나만 홀로 그리하지 못하는구나. 내 인생은 어찌하여 이리도 기박한가?"

(다) 길동이 칼을 던지고 엎드려 대답하였다.

"소인이 대감의 정기를 받고 당당한 남자로 태어났으니 이만한 즐거움도 없습니다. 그러나 늘 서러운 것은 아버지를 아버지라 부르지 못하고 형을 형이라 부르지 못하는 신세이옵니다. 하인들까지 모두 천하게 보며, 친지와 친구조차도 아무개의 천생이라고 이릅니다. 이런 원통한 일이 어디 있겠습니까?"

길동은 대성통곡하였다. 대감은 속으로는 길동이 불쌍했지만 짐짓 꾸짖어 말하였다. 만일 그 마음을 드러내서 위로하면 오히려 버릇이 없어질까 염려하였던 것이다.

(라) 길동이 뜰아래 엎드려 있는 모습을 본 대감이 물었다.

"밤이 이미 깊었는데 너는 무슨 까닭으로 자지 않고 이러고 있느냐?"

길동이 눈물을 흘리면서 대답했다.

"집안에 흉한 변고가 있기에 목숨을 구하고자 집을 나가면서 대감께 하직 인사를 올리러 왔사옵니다."

(마) "내가 너의 품은 한을 짐작하겠구나. 오늘부터는 아버지를 아버지라 부르고 형을 형이라 불러도 좋다. 다만 네가 천지 사방을 두루 돌아다니더라도, 죄를 지어 아버지와 형에게 걱정을 끼치는 일만은 삼가거라. 또한 하루도 빠짐없이 너를 기다리고 있을 것이니, 부디 속히 돌아오기를 바라노라. 여러 말 하지는 않겠다. 신중하고 겸손하게 생각하도록 하라."

대감의 말을 다 들은 길동은 아버지를 향해 크게 절을 하였다.

"아버님께서 오늘 해묵은 소원을 풀어 주시니, 이제 죽어도 한이 없겠습니다. 황공하여 몸 둘 바를 모르겠사옵니다. 간절히 바라옵건대 만수무강하옵소서."

– 허균, 「홍길동전」

16 이 글에서 알 수 있는 사회 · 문화적 배경으로 적절하지 않은 것은?

① 서자들은 아버지를 아버지라고 함부로 부르지 못하였다.
② 양반들이 부인 외에도 여자 종을 통해 자식을 낳는 경우가 있었다.
③ 공을 세워 이름을 널리 알리는 것이 대장부가 할 일이라고 생각했다.
④ 자식들이 집을 떠나 사방을 돌아다니는 것은 부모에게 죄를 짓는 일이라고 생각했다.
⑤ 양반의 자식이라도 천비의 몸에서 태어나면 하인들에게 대우를 받지 못할 수도 있었다.

중요

17 〈보기〉를 참고하여 이 글을 감상한 것으로 적절하지 않은 것은?

보기

소설은 다양한 갈등에 의해 내용이 전개된다. 그중 한 인물의 마음속에 두 가지 이상의 대립되는 생각이 동시에 일어나는 것을 '내적 갈등'이라 하고, 한 인물과 그 인물을 둘러싼 외부 요인 사이에 일어나는 갈등을 '외적 갈등'이라 한다. 외적 갈등에는 인물과 인물 사이의 갈등, 인물과 사회 사이의 갈등, 인물과 운명 사이의 갈등 등이 있다.

① (가)에서 '천한 신분'은 길동의 내적 갈등의 원인이 된다.
② (나)에서 길동이 호부호형을 못해 한탄하는 것은 인물과 사회 사이의 갈등으로 볼 수 있다.
③ (다)에서 길동과 아버지의 관계에서 인물과 인물 사이의 갈등을 찾을 수 있다.
④ (라)에서 늦은 밤에 길동이 눈물을 흘리며 엎드린 것은 인물과 자연 사이의 갈등 때문이다.
⑤ (마)에서 아버지의 위로는 길동과 아버지 사이의 갈등을 해소하는 역할을 한다.

서술형

18 (다)와 (마)에서 길동이 대감을 부르는 호칭의 변화를 쓰고, 그 원인이 무엇인지를 쓰시오.

(1) 호칭의 변화:

(2) 원인:

[19~22] 다음 글을 읽고 물음에 답하시오.

㉮ 학창 시절에는 유별나게도 학년이 바뀌고 반이 바뀌어 친구들과 뿔뿔이 흩어져야 하는 신학기가 싫었다. 마음으로 간절히 원했던 친구는 거의 언제나 다른 반으로 가 버렸고, 한 반이 되지 않기를 빌고 빌었던 친구는 어김없이 한 반으로 편성되곤 하는 불행 아닌 불행 앞에서 얼마나 많이 속상해했는지 모른다.

㉯ 그러나 역시 시간이 흐르면 신학기 또한 어김없이 다시 찾아오는 것이었다. 그러면 이별과 탐색, 그리고 그 지독한 소외감에 시달리는 쓸쓸한 나날이 잊지도 않고 이어지는 것이었다.

이제는 반이 나뉘고 새로운 급우들한테서 낯섦을 실컷 맛봐야 하는 신학기 따위는 영영 내 곁에서 사라졌다. 그 대신 사랑하고 믿어 주는 것보다 시기하고 미워하며, 또는 빼앗고 속이는 일이 더 많은 황폐한 세상살이에 낯가림하며 사는 나날 속으로 내던져지고 말았다.

㉰ ㉠망망대해를 헤매는 것처럼 힘든 ㉡인생의 항해는 신학기 잠시의 외로움을 극복하는 일 따위와는 비교도 할 수 없을 만큼 두려움 가득한 일이다. 삶은 고난투성이고 끝없는 인내를 요구하기만 하는데, 홀로 헤치는 ㉢파도는 높고 거칠기만 한 것이다.

바로 이때에 영혼을 함께 나눌 친구가 절실히 필요해진다. 인생이란 험난한 항해를 같이 겪고 있다는 동지애를 느낄 수 있는 친구, 혹은 내 삶의 따뜻한 동반자라는 느낌이 전해져 오는 친구와 같이 있는 시간에는 이 세상도 한번 살아 볼 만하다는 용기가 솟는다.

㉱ 누군가는 말했다. 친구 없이 사는 일만큼 무서운 사막은 없다고. 또 누군가는 말했다. 친구 없이 사는 것은 증인 없이 사라지는 일이라고.

그 말들을 새기고 있으면 불현듯 마음이 찡해 온다. 나는 지금 무서운 ㉣사막을 홀로 걷고 있는 것은 아닌지, 지금 내 삶의 의미를 설명해 줄 단 한 사람의 증인도 없이 마음을 닫고 살아가는 것은 아닌지.

㉲ 하지만 우정은 상호 간의 교류이다. 일방적인 행위가 결코 아니다. 말하자면 내가 먼저 쌓아야 할 ㉤탑이고 내가 밭을 경작해서 맺어야 할 열매인 것이다. 그럼에도 불구하고 탑을 제대로 쌓는 사람, 혹은 빛깔 곱고 아름다운 열매를 맺는 사람은 참 드물다. 친구는 많지만 진정으로 벗이라 부를 만한 이는 몇이나 되는지, 그것만이라도 한 번쯤 되새겨 보며 살아야 하는 것 아닐까. 우리한테 참다운 벗이 없다는 말은 곧 우리가 누군가에게 참다운 벗이 되어 주지 않았다는 말과 조금도 다름이 없다.

– 양귀자, 「사막을 같이 가는 벗」

19 이 글에 대한 설명으로 적절하지 않은 것은?

① 글쓴이의 경험과 생각이 직접 드러난다.
② 세상살이에 대한 긍정적인 인식이 드러난다.
③ 다른 사람의 말을 인용하여 주제를 뒷받침한다.
④ 과거와 현재를 비교하면서 현재의 어려움을 부각한다.
⑤ 비유적인 표현을 사용하여 주제를 효과적으로 드러낸다.

중요

20 이 글의 내용과 일치하는 것은?

① '나'는 학창 시절을 그리워하고 있다.
② '나'는 새로운 환경에 쉽게 적응하는 성격이다.
③ '나'는 친구가 삶에 용기를 주는 존재라고 생각한다.
④ '나'는 바다를 항해한 경험에서 깨달음을 얻고 있다.
⑤ '나'는 주변의 모든 친구가 진정한 벗이라고 생각한다.

21 ㉠~㉤에 대한 설명으로 적절하지 않은 것은?

① ㉠: 고난과 어려움이 가득한 삶
② ㉡: 흥미롭고 신기한 세상살이
③ ㉢: 세상을 살면서 겪게 되는 어려움
④ ㉣: 친구가 없는 고독한 삶
⑤ ㉤: 참된 우정

서술형

22 (마)에서 글쓴이가 전달하고자 하는 말을 〈조건〉에 맞게 쓰시오.

조건
- 청유형의 문장으로 쓸 것.
- 20자 이내로 쓸 것.

대단원 평가

[23~26] 다음 글을 읽고 물음에 답하시오.

(가) 딱히 놀이 기구가 없던 그때, 친구들은 대부분 술래잡기, 사방치기, 공기놀이, 고무줄놀이 등을 하고 놀았지만 나는 공기놀이 외에는 그 어떤 놀이에도 참여할 수 없었다. 하지만 골목 안 친구들은 나를 위해 꼭 무언가 역할을 만들어 주었다. ㉠고무줄놀이나 달리기를 하면 내게 심판을 시키거나 신발주머니와 책가방을 맡겼다. 그뿐인가. 술래잡기를 할 때는 한곳에 앉아 있는 내가 답답할까 봐 어디에 숨을지 미리 말해 주고 숨는 친구도 있었다.

(나) 그 골목길에서의 일이다. 초등학교 1학년 때였던 것 같다. 하루는 우리 반이 좀 일찍 끝나서 나는 혼자 집 앞에 앉아 있었다. 그런데 그때 마침 골목을 지나던 깨엿 장수가 있었다. 그 아저씨는 가위를 쩔렁이며, 목발을 옆에 두고 대문 앞에 앉아 있는 나를 흘낏 보고는 그냥 지나쳐 갔다. 그러더니 리어카를 두고 다시 내게 돌아와 내게 깨엿 두 개를 내밀었다. 순간 그 아저씨와 내 눈이 마주쳤다. 아저씨는 아무 말도 하지 않고 아주 잠깐 미소를 지어 보이며 말했다.

"괜찮아."

(다) 무엇이 괜찮다는 건지 몰랐다. 돈 없이 깨엿을 공짜로 받아도 괜찮다는 것인지, 아니면 목발을 짚고 살아도 괜찮다는 말인지……. 하지만 그건 중요하지 않다. 중요한 건 내가 그날 마음을 정했다는 것이다. 이 세상은 그런대로 살 만한 곳이라고. 좋은 사람들이 있고, 선의와 사랑이 있고, '괜찮아.'라는 말처럼 용서와 너그러움이 있는 곳이라고 믿기 시작했다는 것이다.

(라) "괜찮아." 난 지금도 이 말을 들으면 괜히 가슴이 찡해진다. 2002년 월드컵 4강에서 우리나라 축구 대표 팀이 독일에 졌을 때 관중들은 우리 선수들을 향해 외쳤다.

"괜찮아! 괜찮아!"

혼자 남아 문제를 풀다가 결국 골든벨을 울리지 못해도 친구들이 얼싸안고 말해 준다.

㉡"괜찮아! 괜찮아!"

(마) 그래서 세상 사는 것이 만만치 않다고 느낄 때, 죽을 듯이 노력해도 내 맘대로 일이 풀리지 않는다고 생각될 때, 나는 내 마음속에서 작은 속삭임을 듣는다. 오래전 내 따뜻한 추억 속 골목길 안에서 들은 말,

"괜찮아! 조금만 참아. 이제 다 괜찮아질 거야."

아, 그래서 "괜찮아."는 이제 다시 시작할 수 있다는 희망의 말이다.

– 장영희, 「괜찮아」

23 이와 같은 글을 읽는 태도로 적절하지 않은 것은?

① 글쓴이가 만들어 낸 서술자의 역할을 생각하며 읽는다.
② 글에 직접 드러나는 글쓴이의 생각을 파악하며 읽는다.
③ 글쓴이의 경험과, 그 경험을 통한 깨달음을 파악하며 읽는다.
④ 글에 나타난 글쓴이의 가치관과 자신의 가치관을 비교하며 읽는다.
⑤ 글쓴이가 생각을 효과적으로 전달하기 위해 사용한 표현 방법의 효과를 생각하며 읽는다.

중요

24 (나)의 경험이 '나'에게 미친 영향으로 적절한 것은?

① 세상을 긍정적으로 보고 희망을 갖게 되었다.
② 세상 사는 것이 만만치 않다는 것을 깨닫게 되었다.
③ 다른 친구들과 함께 어울릴 수 있다는 자신감을 갖게 되었다.
④ 세상에는 좋은 사람들도 있지만, 나쁜 사람들도 있다는 것을 알게 되었다.
⑤ 살면서 겪게 되는 모든 어려움은 혼자만의 힘으로 이겨 낼 수 있다고 믿게 되었다.

25 현재의 '나'가 ㉠에 대해 느끼는 감정은?

① 미안함　② 고마움　③ 서운함
④ 억울함　⑤ 안타까움

서술형

26 〈보기〉를 참고하여, ㉡의 뒤에 친구들이 할 수 있는 말을 〈조건〉에 맞게 쓰시오.

보기

"그만하면 참 잘했다."라고 용기를 북돋아 주는 말, "너라면 뭐든지 다 눈감아 주겠다."라는 용서의 말, "무슨 일이 있어도 나는 네 편이니 넌 절대 외롭지 않다."라는 격려의 말, "지금은 아파도 슬퍼하지 마라."라는 나눔의 말, 그리고 마음으로 일으켜 주는 부축의 말, "괜찮아."

조건

- 〈보기〉에서 적절한 말을 찾아 쓸 것.
- 친구들에게 하는 말투로 쓸 것.

[27~30] **다음 글을 읽고 물음에 답하시오.**

㉮ "인마, 네놈의 자전거가 쓰러지면서 내 차를 들이받았단 말야. 이런 고급차를 말야. 이런 미련한 놈, 왜 눈은 째려, 째리긴. 그러니 내 차에 흠이 안 나고 배겼겠냐. 내 차는 인마, 여자들 손톱만 살짝 닿아도 생채기가 나는 고급차야 인마, 알간?"

그러고는 거울처럼 티 하나 없이 번들대는 차체를 면면히 훑어보더니 "그러면 그렇지." 하고 환성을 질렀다. 아마 생채기를 찾아낸 모양이다.

㉯ "도망가라, 어서어서 자전거를 번쩍 들고 도망가라, 도망가라."

수남이는 자기편이 되어 준 이 많은 사람들을 도저히 배반할 수 없었다. 이상한 용기가 솟았다. 수남이는 자전거를 마치 검부러기처럼 가볍게 옆구리에 끼고 질풍같이 달렸다.

정말이지 조금도 안 무거웠다. 타고 달릴 때보다 더 신나게 달렸다. 달리면서 마치 오래 참았던 오줌을 시원스레 내깔기는 듯한 쾌감까지 느꼈다.

㉰ 다 듣고 난 주인 영감님은 무엇이 그리 좋은지 무릎을 치면서 통쾌해한다.

"잘했다, 잘했어. 맨날 촌놈인 줄만 알았더니 제법인데, 제법이야."

그러고는 가게에서 쓰는 드라이버니 펜치를 가지고 자전거에 채운 자물쇠를 분해하기 시작한다. 엎드려서 그 짓을 하고 있는 주인 영감님이 수남이의 눈에 흡사 도둑놈 두목같아 보여 속으로 정이 떨어진다. 주인 영감님 얼굴이 누런 똥빛인 것조차 지금 깨달은 것 같아 속이 메스껍다.

㉱ 혹시 내 피 속에 도둑놈의 피가 흐르고 있기 때문이 아닐까. 순간 수남이는 방바닥에서 송곳이라도 치솟은 듯이 후닥닥 일어서서 안절부절을 못하고 좁은 방안을 헤맸다. 수남이의 눈앞에는 수갑을 차고, 순경들에게 끌려와 도둑질 흉내를 그대로 내보이던 형의 얼굴이 환히 떠오른다. 그리고 서울 가서 무슨 짓을 하든지 도둑질만은 하지 말라고 신신당부하던 아버지의 얼굴도 떠오른다.

㉲ 소년은 아버지가 그리웠다. 도덕적으로 자기를 견제해 줄 어른이 그리웠다. 주인 영감님은 자기가 한 짓을 나무라기는커녕 손해 안 난 것만 좋아서 "오늘 운 텄다."고 좋아하지 않았던가.

수남이는 짐을 꾸렸다. 아아, 내일도 바람이 불었으면. 바람이 물결치는 보리밭을 보았으면.

마침내 결심을 굳힌 수남이의 얼굴은 누런 똥빛이 말끔히 가시고, 소년다운 청순함으로 빛났다.

– 박완서, 「자전거 도둑」

27 이 글에서 알 수 있는 내용은?

① 수남이는 일부러 고급차에 생채기를 냈다.
② 수남이는 다른 사람의 자전거를 훔쳐서 달아났다.
③ 수남이의 형은 도둑질을 한 죄로 순경에게 끌려갔다.
④ 수남이는 순경에게 잡히지 않기 위해 가게를 떠났다.
⑤ 수남이는 아버지의 빚을 갚기 위해 가게에서 일을 했다.

서술형

28 이 글에서 수남이가 주인 영감을 떠난 이유를 〈조건〉에 맞게 쓰시오.

조건
- (마)의 내용을 참고하여 쓸 것.
- '아버지와 달리'와 '~ 때문이다.'라는 말을 모두 넣어 쓸 것.

서술형

29 (나)에서 수남이가 자전거를 타지 않고 들고 도망을 간 이유를 〈조건〉에 맞게 서술하시오.

조건
- (다)의 내용을 참고하여 쓸 것.
- '~ 때문이다.' 형태의 한 문장으로 쓸 것.

중요

30 갈등을 중심으로 (마)를 이해한 것으로 적절한 것은?

① 갈등의 원인이 제시된다.
② 갈등이 새롭게 발생한다.
③ 갈등이 최고조에 이른다.
④ 갈등이 해소되고 주제가 부각된다.
⑤ 갈등이 고조되면서 긴장감을 조성한다.

- 둘째 마당 -

문법

언어의 본질과 국어의 어휘 체계

학습 목표

- 언어의 본질을 이해하고 국어 생활에 활용할 수 있다.
- 국어 어휘의 체계와 양상을 이해하고 바르게 활용할 수 있다.

더 알아 두기

✚ 언어의 기능

- **지시적 기능:** 어떤 사물이나 개념을 가리킴.
  예 이것은 꽃이다.
- **정보적 기능:** 지식이나 정보를 전달함.
  예 내일 비가 온다고 한다.
- **명령적 기능:** 상대에게 특정 반응이나 행동을 요구함.
  예 이리로 오너라.
- **친교적 기능:** 상대와 친밀한 관계를 형성함.
  예 안녕하세요?
- **정서적 기능:** 감정을 드러내어 표현함.
  예 그 노래 참 좋아.

✚ 언어의 역사성

- **생성:** 새로운 말이 생겨남.
  예 텔레비전, 택시, 스마트폰, 수능 등
- **변화:** 소리나 뜻이 달라짐.
  예 '나무'의 표기와 발음 변화: 나모 → 나무
  '어리다'의 의미 변화: 어리석다 → 나이가 적다
- **소멸:** 쓰이던 말이 사라짐.
  예

옛날	오늘날
온, 백(百)	백(百)

1 언어의 본질

(1) 언어의 개념

- 인간의 생각이나 느낌을 전달하는 말 또는 글
- 말소리/글자(형식)와 의미(내용)가 결합되어 이루어짐.

(2) 언어의 본질

① **기호성:** 언어는 내용과 형식이 결합하여 성립된 기호 체계이다.

예

② **자의성:** 의미와 형식의 관계가 필연적이지 않고 임의적이다.
예 ★: 한국어 '별', 영어 'star', 중국어 '星', 일본어 'ほし'

③ **사회성:** 언어는 한 언어 사회에 속한 사람들 사이의 사회적 약속이다.
예 '★'을 의미하는 '별'을 개인이 마음대로 '결'로 바꾸어 쓸 수 없다.

④ **역사성:** 언어는 고정되어 있는 것이 아니라 시간의 흐름에 따라 끊임없이 변한다.
예 '어여쁘다'라는 말은 '불쌍하다'에서 '예쁘다'로 그 의미가 달라졌다.

⑤ **창조성:** 이미 익힌 언어를 통해 새로운 단어와 문장을 무한히 만들어 쓸 수 있다.
예 밥 먹자. → 과자 먹자. 빵 먹자. 과일 먹자. 등

⑥ **규칙성:** 각 언어마다 지켜야 할 일정한 규칙이 있다.
예 별을 많이 떴다. (×)
별이 많이 떴다. (○)

예로 개념 확인

(가) 어떤 사전에는 '얼짱'이라는 단어가 올라 있더라고. 10여 년 넘게 꾸준히 그리고 폭넓게 쓰였으니까 사전에 등록했겠지. '얼짱'이라는 단어가 나중에는 '몸짱'이라는 단어로 확장된 걸 보면 그 단어의 생명력이 강하다는 걸 알 수 있어. ❶그렇지만 아직까지도 '얼짱'을 국어사전에 등록한 걸 인정할 수 없다는 사람들도 많을 거야. 우리가 쓰는 말 중에는 국적 불명의 단어들이 많고 지금도 새로 만들어지지만, 사실 문법을 파괴하며 만들어진 신조어들은 반짝 쓰였다가 ❷대부분 연기처럼 사라져 버렸어. 말도 자연처럼 스스로 정화 작용을 하는 거지. 몇 가지가 살아남았다는 건 그것이 생명을 가질 만큼 사람들에게 깊은 인상을 남겼기 때문일 거야.

(나) 요즘 들어 많이 쓰는 ❸'널널하다'는 사전에는 '널찍하다'는 뜻의 함경남도 방언으로 올라 있습니다. '얼척없다'는 '어처구니없다'는 뜻의 전라도 사투리랍니다.

사투리는 정확한 의사소통을 위해 공적인 자리나 문서에선 잘 사용하지 않아요. 그렇지만 절대 좋고 나쁨으로 구분할 수 있는 말이 아닙니다. 오히려 문화의 다양성을 잘 보여 주는 자산이지요. 지역 고유의 정감이 뚝뚝 묻어나는 사투리를 들으면 괜스레 마음이 푸근해지는 기분, 저 혼자만 느끼는 걸까요?

2 국어의 어휘 체계

(1) 어휘 체계 분류의 기준: 어휘의 기원(어원)

① **고유어:** 본디부터 우리말에 있었거나 그것에 기초하여 새로 만들어진 순우리말
- 일상생활에서 쓰이는 말이 많음.
- 우리 민족 고유의 문화와 정서를 표현하는 데 효과적임.
- 감각이나 감정을 다양하게 표현할 수 있음.

예 어머니, 밥, 가다, 구수하다, 졸졸, 노르스름하다 등

② **한자어:** 중국의 한자를 기반으로 하여 만들어진 말
- 주로 개념어, 추상어가 많음.
- 고유어에 비해 좀 더 정확하고 분화된 의미를 가짐.

예 우정(友情), 시계(時計), 수리(修理), 수정(修整) 등

③ **외래어:** 외국어로부터 빌려 와서 우리말처럼 쓰는 말
- 다른 나라의 문명과 접촉하는 과정에서 유입됨.
- 지나치게 많이 사용하면 우리말의 정체성을 훼손할 수 있음.

예 버스(bus), 피아노(piano), 커피(coffee), 세일(sale) 등

3 국어의 어휘 양상

(1) 표준어: 전 국민이 공통적으로 쓰기 위해 국가 수준에서 규범으로 정한 말

(2) 방언: 하나의 언어에서 지역이나 사회 계층에 따라 달라진 말

① 지역 방언
- 지역적 요인에 따라 달라진 말
- 동일 지역 사람들에게 친밀감과 유대감을 주지만 타 지역 사람들에게 이질감을 줌.

예 옥수수: 옥시기(강원도), 강내이(경상도), 옥수깽이(충청도) 등

② 사회 방언
- 연령, 성별, 계층 등 사회적 요인에 따라 달라진 말
- 같은 집단 구성원들 사이에 친밀감을 형성하지만 다른 집단과의 소통이 어려움.

예 낚다: 좋은 기사를 취재하다(기자 집단) / 넙대: 곰(심마니 집단)

더 알아 두기

✚ 사용 양상에 따른 어휘의 분류
- **은어:** 특정 집단이 비밀 유지를 위해 만들어 쓰는 말
  예 생선(청소년 은어: 생일 선물)
  심(심마니 은어: 산삼)
- **전문어:** 전문 직업인들이 쓰는 학술적이고 전문적인 말
  예 어레스트(의학 전문어)
- **유행어:** 비교적 짧은 기간 동안 일시적으로 유행하는 말
  예 혼밥족(혼자 밥을 해 먹고 지내는 사람들)
- **관용어:** 둘 이상의 낱말이 결합하여 특별한 의미로 쓰이는 말
  예 손이 크다(씀씀이가 크다)
- **새말:** 새롭게 생겨난 말
  예 스몸비(스마트폰 좀비)

✚ 방언의 가치
- 방언은 표준어 제정의 기초가 됨.
- 방언은 국어의 여러 가지 특성을 보여 줌.
- 국어의 역사 연구에 도움이 됨.
- 같은 지역 사람들에게 동질감을 느끼게 함.
- 우리 민족의 문화와 정서를 담아냄.

---

❶ **사회적 약속의 과정:** 어떤 말이 한 사회에서 통용되기 위해서는 사회 구성원 대부분의 인정을 받아야 한다. 사회 구성원끼리 그 말을 특정 의미를 지닌 기호로 인정하는 것, 그것이 사회적 약속이다. 이는 언어가 본질적으로 사회성이 있기 때문에 나타나는 현상이다.

❷ **언어의 소멸:** 언어는 사회 상황의 변화에 따라 그 변화를 반영하여 새롭게 생겨나기도 하고 소리나 의미가 달라지기도 하며, 사라지기도 한다. 표현하던 대상이 더 이상 존재하지 않거나 두 개 이상의 언어가 경쟁하다가 어느 하나가 경쟁에 밀려 소멸하기도 한다. 이와 같은 현상은 언어의 역사성을 보여 준다.

❸ **지역 방언:** 우리나라의 지역 방언은 행정 구역 단위를 기준으로 '강원도 방언, 충청도 방언, 경상도 방언, 전라도 방언, 제주도 방언'과 같이 크게 분류하기도 한다. 대체로 지역 방언은 '여수 방언, 강릉 방언, 공주 방언, 김해 방언' 등과 같이 작게 분류하기도 한다.
지역 방언은 거리가 멀수록 서로 큰 차이를 보이며, 거리가 가까운 곳일수록 비슷한 모습으로 나타난다.

1 언어의 본질

지문 연구

- **해제:** 이 글은 언어의 본질을 기호성, 자의성, 사회성, 역사성, 규칙성, 창조성으로 구분하고 구체적인 예를 들어 설명하고 있다.
- **주제:** 언어의 본질

(가) 아침에 일어나서 시원하게 마시는 물 한 잔, 건강에 여러 가지 좋은 점이 있다고 한다. 이때 '물'이라는 말을 살펴보자. '무색, *무미의 액체', 컵에 담겨 있는 '그것'을 가리키는 말이다. °우리는 '무색, 무미의 액체', '그것'을 '물'이라는 글자나 음성으로 드러내어 서로 소통을 한다.

여기서 언어라는 것은 어떤 의미를 일정한 형식, 즉 *기호로 표현하여 만들어진 것임을 알 수 있다. ▶ 언어의 기호성

(나) 그런데 그 형식은 언어권마다 다르게 나타난다. 우리말을 쓰는 사람들은 '물'이라고 하지만 영어권에서는 'water'라는 형식을 사용한다. 중국어에서는 '水[shuǐ]'라는 형식을 사용한다. 이로 보아 '물'을 반드시 '물'이라고만 할 *필연적인 이유가 없다. '물'이라는 형식 또는 기호는 우리말을 사용하는 사람들이 임의로 붙인 것이다. ▶ 언어의 [ ]

(다) 언어의 형식이 언어권마다 다르다고 하여 한 언어권 안에서 개인이 마음대로 형식을 바꾸어 쓸 수는 없다. 우리나라에서 어떤 사람이 '물'을 '불'이라고 바꾸어 "물 한 잔 줘."라는 표현을 "불 한 잔 줘."라고 말한다면 올바른 소통이 될 수 없다. °왜냐하면 일정한 의미를 표현하는 형식은 사회 구성원 전체의 약속에 의해 이미 결정되어 있기 때문이다. ▶ 언어의 [ ]

(라) 그런데 언어에 대한 사회적 약속은 *고정되어 있지 않아 시대의 흐름에 따라 달라지기도 한다. 오늘날 우리가 '물'이라고 말하는 그 대상에 대하여 조선 시대에는 '믈'이라는 형식으로 표시했다. 즉 조선 시대에는 '믈'이라는 형식으로 약속했다가 오늘날 우리 사회에서는 모든 구성원들이 '물'이라는 형식을 쓰기로 약속하고, 그에 따라 언어생활을 영위하고 있는 것이다.

언어의 변화는 한순간에 일어나는 것이 아니라 비교적 오랜 시간에 걸쳐 일어나며, 새로운 문물의 *유입에 따른 새로운 말의 생성, 사회 변화에 따른 언어의 의미나 소리의 변화 등 ㉠다양한 양상으로 나타난다. ▶ 언어의 역사성

(마) 한편, 언어는 실제 사용될 때 일정한 규칙에 따르는 성향이 있다. ㉡'시원한 물 좀 마셔.'라는 언어 표현은 우리말을 쓰는 사람들이 정한 규칙에 따른 것이다. 이 표현을 '물 좀 시원한 마셔.'라고 바꾸어 쓰면 규칙에 어긋나 원활한 소통에 방해가 된다. 이러한 규칙은 언어를 쉽게 익히도록 하며, 올바르게 사용하도록 하는 규범이 된다. ▶ 언어의 규칙성

(바) 하나의 단어나 문장의 규칙을 익힌 후에는 그 규칙을 이용하여 새로운 단어나 문장을 무한하게 만들어 낼 수 있다. '시원한 물 좀 마셔.'라는 말을 통해 규칙을 익혔다면 '시원한 음료 좀 마셔.'라는 말을 만들어 쓸 수 있다. 또한 '차가운 물 좀 마셔.'와 같은 말도 만들 수 있다. 이처럼 인간이 새로운 말을 만들어 쓸 수 있다는 점은 동물의 언어와 달리 인간의 언어가 가지는 가장 큰 특성이다.

▶ 언어의 [ ]

내용 연구

'물'의 내용과 형식

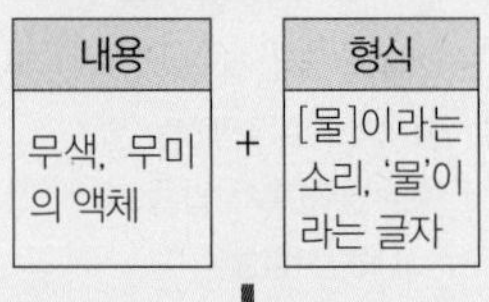

구절 풀이

- **우리는 '무색, 무미의 액체' ~ 소통을 한다.:** '물'이라는 언어가 그 내용이 '무색, 무미의 액체', 컵에 담겨 있는 '그것'이며, 그것을 표현하는 형식이 '물'이라는 글자나 음성이라는 점을 설명한다.
- **왜냐하면 일정한 ~ 있기 때문이다.:** 어떤 말이나 글이 사회 내에서 의사소통의 도구인 언어로 사용되기 위해서는 사회 구성원 전체 또는 대부분이 그 언어의 의미와 형식의 결합에 동의해야 한다.

낱말 풀이

- * **무미:** 아무런 맛이 없음.
- * **기호:** 어떠한 뜻을 나타내기 위하여 쓰이는 부호, 문자, 표지 따위를 통틀어 이르는 말.
- * **필연적:** 사물의 관련이나 일의 결과가 반드시 그렇게 될 수밖에 없는. 또는 그런 것.
- * **고정되어:** 한번 정한 대로 변경되지 아니하여.
- * **유입:** 문화, 지식, 사상 따위가 들어옴.

중요

01 (가)~(마)에서 설명하는 언어의 본질을 바르게 연결한 것은?

① (가): 언어의 자의성
② (나): 언어의 사회성
③ (다): 언어의 기호성
④ (라): 언어의 창조성
⑤ (마): 언어의 규칙성

02 (나)~(바) 중 〈보기〉의 설명과 가장 관계 깊은 것은?

보기

같은 언어를 사용한다는 것은 하나의 공동체를 형성하는 데 중요한 의미가 있다. 언어는 공동체 내의 소통의 도구로서 사회적 합의이며 문화의 계승이나 발전의 밑바탕이 된다.

① (나) ② (다) ③ (라) ④ (마) ⑤ (바)

03 (나)의 내용을 뒷받침할 수 있는 내용으로 적절하지 않은 것은?

① '옷', '의상'은 같은 대상을 나타내는 말들이다.
② 우리말의 '어머니'는 영어에서 'mother'로 쓰인다.
③ '옥수수'라는 말은 '강내이', '옥쑤시기' 등의 사투리로도 불린다.
④ '사람의 복부', '물 위를 떠다니는 교통수단'을 의미할 때 우리는 모두 '배'라고 한다.
⑤ '다리'는 원래 '사람이나 동물의 몸통 아랫부분'을 칭하는 말이었으나 그 형태적 유사성을 바탕으로 '상다리, 지겟다리'라고도 사용하고 있다.

04 ㉠의 예로 적절하지 않은 것은?

① 오늘날 우리가 '나무'라고 일컫는 대상을 조선 시대에는 '나모'라고 일컬었다.
② '어여쁘다'라는 말은 '가엾다'라는 뜻에서 '예쁘다'라는 뜻으로 의미가 바뀌었다.
③ 우리나라에서 '바밥바바'라는 소리는 특별한 의미를 전할 수 없기 때문에 언어가 아니다.
④ 서양 악기인 피아노가 들어오면서 그것을 지칭하는 말인 '피아노'도 그대로 들어와 우리말처럼 쓰이고 있다.
⑤ '즈믄'이라는 말은 숫자 '1,000'을 나타내던 우리말이었는데, '천(千)'이라는 한자어가 쓰이면서 완전히 사라졌다.

05 ㉡의 구체적인 내용을 바르게 설명한 것은?

① 대상에 대한 높임의 방법이 다르다.
② 주체를 설명하는 말이 가장 나중에 온다.
③ 시간에 따른 호응 관계가 명확히 드러난다.
④ 꾸미는 말은 꾸밈을 받는 말 앞에 위치한다.
⑤ 조사의 쓰임에 따라 문장의 의미가 달라진다.

서술형

06 (라)와 (바)를 바탕으로 인간의 언어가 발전하게 된 원인과 결과를 〈조건〉에 맞게 서술하시오.

조건

- 긍정적인 결과가 드러나도록 쓸 것.
- 한 문장으로 쓸 것.

100점 특강

언어의 본질

기호성	언어는 일정한 내용(의미)을 일정한 형식(기호)으로 담아낸다.
자의성	언어의 내용과 형식 사이에는 필연적인 관계가 없다.
사회성	언어는 그 언어를 쓰는 사람들 사이의 약속으로 성립한다.
역사성	언어는 시간이 흐르면서 변화한다.
규칙성	각 언어마다 일정한 규칙이 있어 이 규칙에 따라 언어를 사용한다.
창조성	인간은 끊임없이 새로운 언어를 만들어 쓸 수 있다.

2 책상은 책상이다 | 페터 빅셀

지문 연구

• **해제:** 이 글은 한 개인이 사물의 이름을 마음대로 바꾸어 부름으로써 사회로부터 단절되어 가는 과정을 그려 낸 단편 소설이다.

• **주제:** 개인이 만든 언어 사용으로 인한 의사소통의 단절

| 내용 연구

'남자'의 삶의 모습

• 평범한 생활 도구 사용
• 일상적인 행동 반복

↓

• 색다른 삶을 원함.
• 사물의 이름을 바꾸어 부름.

↓

반복적인 일상에 대해 회의를 느끼고 당연한 것들에 대한 의문을 가짐.

| 구절 풀이

• **괘종시계는 언제나 똑딱거렸다.:** 주인공인 남자의 일상이 언제나 똑같은 모습으로 반복되고 있었음을 표현한다.

• **'무엇 때문에 ~ 안 된단 말인가.':** 언어의 형식과 내용 사이의 임의적인 관계를 인식하면서 같은 언어권의 사람들이 대상을 똑같이 부르는 이유에 대해 의문을 가지게 되었음을 표현한다.

• **그래서 그는 ~ 누워 있었다.:** '침대'라는 언어 형식을 '사진'으로 바꾸어 사용한 문장으로, 언어의 자의성을 보여 준다.

| 낱말 풀이

* **괘종시계:** 시간마다 종이 울리는 시계. 보통 추가 있으며 벽에 걸어 둔다.

* **일과:** 날마다 규칙적으로 하는 일정한 일.

* **세상만사:** 세상에서 일어나는 모든 일.

(가) 그의 방에는 의자 둘, 책상 하나, 양탄자 한 장, 그리고 침대와 옷장이 하나씩 있다. 조그만 책상 위에는 *괘종시계가 하나 놓여 있다. 그 옆에는 오래된 신문과 사진첩이 놓여 있고 벽에는 거울과 사진이 한 장 걸려 있다.

이 늙은 남자는 아침마다 산책을 했다. 오후에도 한 차례 산책을 했다. 이웃 사람들과 몇 마디 말을 주고받고, 저녁때면 자기 책상에 앉아 있었다. (평범한 일상)

이러한 *일과는 결코 변하는 법이 없었다. (무료한 일상의 반복) 일요일에도 마찬가지였다. 이 남자가 책상에 앉아 있을 때면 괘종시계가 똑딱거리는 소리가 들려왔다. •괘종시계는 언제나 똑딱거렸다.

▶ 반복적이고 [　　]한 일상을 살고 있는 한 남자

(나) 그런데 보통 때와는 다른 날이 한번 있었다. 그날도 햇볕이 났고, 너무 덥지도 너무 춥지도 않았고, 새들은 지저귀었고, 사람들은 친절했고, 아이들은 놀고 있었다. 보통 때와 달랐던 점은 이 남자에게 갑자기 *세상만사가 마음에 들게 되었다는 것이었다. 그는 미소를 지었다.

'이제는 모든 것이 달라질 거야.' (색다른 삶에 대한 열망)

라고 그는 생각했다.

▶ 늙은 남자가 색다른 삶을 희망함.

(다) '똑같은 의자, 침대, 사진. 나는 언제나 책상을 책상이라 말하고, 그림을 그림이라 말하고, 침대는 침대라 부르고, 의자는 의자라고 부른다. (언어가 사회적 약속이기 때문에) 도대체 왜 그렇게 불러야만 한단 말인가?'

㉠프랑스인들은 침대를 '리', 책상을 '타블'이라고 말하고, 그림은 '타블로', 의자는 '셰에즈'라 부른다. (언어의 자의성, 언어의 사회성) 그 말들을 사용하여 그들은 의견을 주고받는다. 중국인들도 그들끼리 역시 이런 식으로 의사소통한다.

•'무엇 때문에 침대를 사진이라고 부르면 안 된단 말인가.' (언어의 자의성에 대한 깨달음, 언어의 사회성에 대한 의문)

▶ 남자가 대상을 똑같이 부르는 것에 대해 [　　]을/를 가짐.

(라) "이제는 달라지는 거다."

하고 그는 외쳤다. 그리고 지금부터 침대를 '사진'이라고 말하기로 했다. (언어의 자의성)

"나는 피곤해. 사진 속으로 들어갈 테야."

라고 그는 말했다. •그래서 그는 아침마다 오랫동안 사진 속에 누워 있었다. 그럼 의자는 무엇이라고 부를까, 곰곰이 생각해 보고 그는 의자를 '괘종시계'라고 부르기로 했다. 즉 그는 일어나면 옷을 입고 괘종시계 위에 앉아 책상 위에 팔을 짚었다. 그러나 ㉡책상은 이미 ㉢책상이라고 불리지 않았다.

책상은 이제 양탄자라고 불리게 되었던 것이다. 그러니까 아침에 이 남자는 (ⓐ)을/를 떠나 옷을 입고 (ⓑ)의 (ⓒ) 위에 앉아 있게 된 셈이다.

▶ 남자가 사물의 [　　]을/를 바꾸어 부르기 시작함.

답 평범, 의문, 이름

01 이 글에 대한 설명으로 적절하지 않은 것은?

① 현대 우화적인 성격을 띤다.
② 외적 갈등을 중심으로 사건이 전개된다.
③ 인물의 내면을 구체적으로 서술하고 있다.
④ 일상적인 삶의 공간을 배경으로 제시하고 있다.
⑤ 시간의 순서에 따라 순차적으로 사건이 전개된다.

02 (가)~(라)에서 알 수 있는 '남자'의 모습으로 적절한 것은?

① 순수한 동심으로 상상의 세계를 동경하고 있다.
② 일상적 삶의 반복을 통해 안정감을 느끼고 있다.
③ 주변 상황에 대해 긍정적인 입장에서 보고 있다.
④ 당연하게 받아들였던 것에 대해 의문을 품고 있다.
⑤ 다른 사람과의 교류를 통해 삶의 의미를 찾고 있다.

중요

03 (다)에서 '남자'가 가진 의문과 가장 관계 깊은 것은?

① 사람들의 언어는 동물의 언어와 어떻게 다른 것일까?
② 우리가 쓰는 언어는 다른 나라의 언어와 어떤 점에서 다른가?
③ 앞으로 언어를 발전시키려면 우리는 어떤 점에 유의해야 할까?
④ 언어의 내용과 형식은 필연적인 관계에 의해 정해지는 것일까?
⑤ 인간의 언어는 언제부터 쓰이기 시작했으며 얼마나 많은 종류가 있나?

04 ㉠의 의미로 적절한 것은?

① 프랑스인들은 '침대', '책상', '그림', '의자'의 이름을 자주 바꾸어 부른다.
② '리', '타블', '타블로', '셰에즈'는 프랑스인들이 사물에 임의로 붙인 이름이다.
③ 프랑스어의 '리', '타블', '타블로', '셰에즈'는 언어의 내용(의미)에 해당한다.
④ 프랑스에서는 '리', '타블', '타블로', '셰에즈'의 순서에 따라 언어를 구사한다.
⑤ 최근 프랑스에서는 '리', '타블', '타블로', '셰에즈'와 같은 말을 새로 만들어 쓰고 있다.

서술형

05 ㉡과 ㉢의 차이를 〈조건〉에 맞게 서술하시오.

조건
• '형식(기호)'과 '내용(의미)'을 언급할 것.

06 ⓐ~ⓒ에 들어갈 말을 차례대로 나열한 것은?

	ⓐ	ⓑ	ⓒ
①	사진	양탄자	괘종시계
②	사진	괘종시계	양탄자
③	양탄자	괘종시계	시계
④	양탄자	시계	괘종시계
⑤	괘종시계	양탄자	시계

100점 특강

남자의 태도

나는 언제나 ~ 그렇게 불러야만 한단 말인가?	프랑스인들은 침대를 ~ 부르면 안 된단 말인가.
프랑스 사람들의 언어인 "리(침대)', '타블(책상)', '타블로(그림)', '셰에즈(의자)"를 반드시 '리', '타블', '타블로', '셰에즈'와 같은 기호(문자, 발음)로 표현해야 하는가? 다른 기호를 사용해도 되지 않을까?	프랑스인, 중국인이 각기 자신들이 정한 말을 사용하여 소통하는데, 한 번 정한 '침대'라는 기호를 '사진'이라는 기호로 바꾸어 사용하면 어떤 문제가 있을까? 왜 사람들은 바꾸려고 하지 않고 그 말을 그대로 사용하는 것일까?
언어의 형식과 내용 사이에 필연적인 이유가 있는 것인지에 대한 의문	언어가 사회적 약속이라는 점을 정확히 인식하지 못함.

➡ 남자는 언어를 사회적 약속을 바탕으로 한 소통의 도구로 사용한다는 점을 고려하지 않고 언어의 형식과 내용 사이에 필연적인 관계가 없다는 점을 바탕으로 혼자만의 언어를 만들어 쓰고자 한다.

2 책상은 책상이다

내용 연구

사회적 언어와 남자의 언어

사회적 언어	남자의 언어
침대	사진
책상	양탄자
의자	괘종시계
신문	침대
거울	의자
괘종시계	사진첩
옷장	신문
양탄자	옷장
사진	책상
사진첩	거울
남자	발
발	아침
아침	남자
울린다	세워 놓다
언다	바라본다
누워 있다	울린다
서 있다	언다
세워 놓다	펼친다

구절 풀이

- **모든 사물의 이름이 바뀌었다.**: 남자가 모든 사물의 이름을 자신만의 언어로 바꾸었다는 의미로, 그 언어는 사회적 소통의 도구로서의 기능을 할 수 없는 것이다.
- **웃을 수밖에 ~ 없었던 것이다.**: 남자는 자신만의 언어로 사람들이 쓰는 말을 해석했기 때문에 사람들의 말이 앞뒤가 맞지 않는 이상한 말일 수밖에 없었고, 남자는 사람들의 말을 제대로 이해하지 못하고 사람들이 이상하게 말한다고 생각하여 웃을 수밖에 없었다.
- **이보다 훨씬 ~ 된 것이었다.**: 다른 사람들이 남자가 자기만의 언어로 대화한다는 것을 알아차리고, 남자의 말을 이해하지 못하여 서로 소통하지 못하게 된 것이었다.

(가) ㉠침대를, 그는 ㉡사진이라고 말했다.
(㉠ 사회적 약속으로서의 언어 / ㉡ 개인이 만든 언어)
책상을, 그는 양탄자라고 말했다.
의자를, 그는 괘종시계라고 말했다.
신문을, 그는 침대라고 말했다.
거울을, 그는 의자라고 말했다.
괘종시계를, 그는 사진첩이라고 말했다.
옷장을, 그는 신문이라고 말했다.
양탄자를, 그는 옷장이라고 말했다.
사진을, 그는 책상이라고 말했다.
그리고 사진첩을, 그는 거울이라고 말했다. ▶ 남자가 여러 단어를 바꾸어 씀.

(나) 이 남자는 이것이(언어를 바꾸는 일) 즐거웠다. 그는 온종일 연습을 했고, ㉮새로운 단어들을 암기했다. 모든 사물의 이름이 바뀌었다. 그 자신은 남자가 아니라 발이었다. 발은 아침이었다. 그리고 아침은 남자였다. ▶ 남자가 새로운 단어를 통해 즐거움을 느낌.

(다) '울린다'라는 말은 '세워 놓다'로,
'언다'라는 말은 '바라본다'로,
'누워 있다'라는 말은 '울린다'로,
'서 있다'라는 말은 '언다'로,
'세워 놓다'라는 말은 '펼친다'로 바꿔 보자. ▶ [ ]들을 새로운 단어로 바꿈.

(라) 이 늙은 발은 오랫동안 사진 속에서 울리고 있었다. 아홉 시에 사진첩은 세워 놓았다. 이 발은 얼어 올라왔고 아침이 바라보지 않도록 이 발은 옷장 위에 자신을 펼쳤다.
▶ 남자의 언어를 사용한 표현

(마) 이 남자는 사람들이 이야기하는 것을 들으면 웃지 않고는 견딜 수가 없는 지경에 이르렀다(자신의 언어로는 말이 안 되는 이야기를 나누고 있기 때문에). 누군가
"당신은 내일도 축구 경기를 보러 가십니까?"
라고 말하는 것을 듣거나, 또는 누군가
"벌써 두 달 동안이나 계속 비가 오는군요."
라고 말하는 것을 듣거나, 또는 누군가
"미국에 저의 아저씨가 한 분 계십니다."
라고 말하는 것을 들으면 그는 웃지 않고는 견딜 수가 없었다. 웃을 수밖에 없는 것이, 그는 이 모든 말을(사회적 약속으로서의 언어) 이해할 수 없었던 것이다. ▶남자가 다른 사람의 말을 [ ]하지 못함.

(바) 회색 외투를 걸친 이 늙은 남자가 사람들을 이해할 수 없게 되었다는 것은 그렇게 나쁘지 않았다. 이보다 훨씬 더 나쁘게 된 것은 사람들이 이제는 그를 이해할 수 없게 된 것이었다. 그래서 그는 말을 하지 않았다. ㉯그는 침묵했고, 자기 자신하고만 이야기했고, 다른 사람에게 인사조차 하지 않게 되어 버렸다(서로 소통하지 못하면서 남자가 사회로부터 소외됨). ▶남자가 사회로부터 [ ]됨.

답 동사, 이해, 소외

07 이 글에서 작가가 관심을 가지고 있는 대상으로 가장 적절한 것은?

① 인간의 언어 발달 과정
② 나라별 단어의 수와 분류
③ 언어를 통한 소통의 문제
④ 언어 변화의 원인과 결과
⑤ 명사와 동사의 쓰임의 차이

중요

08 (가)에서 두드러지게 드러나는 언어의 본질은?

① 언어를 구성하는 내용과 형식은 필연적인 이유가 없이 자의적으로 결합한다.
② 언어는 사회 구성원들의 합의에 따라 만들어진 일정한 약속 체계라 할 수 있다.
③ 언어에도 스포츠와 같은 규칙이 있어 규칙을 바르게 사용하지 않으면 정확하게 소통하기 어렵다.
④ 세상에 존재하지 않았던 말이 만들어지는 것으로 보아 인간의 언어는 무한히 창조될 수 있는 속성을 지녔다.
⑤ 시간의 흐름에 따라 새로운 말이 만들어지기도 하고 소리나 뜻이 달라지기도 하며 있던 말이 사라지기도 한다.

09 ㉮의 특징으로 적절한 것은?

① 임의적 ② 수동적 ③ 이기적
④ 독창적 ⑤ 비유적

10 ㉯에 대한 설명으로 적절하지 않은 것은?

① 남자가 사회와의 소통에서 소외되었다는 것을 표현한다.
② 남자가 마음대로 바꾼 말들은 사회적으로 인정받지 못한 것들이다.
③ 다른 사람과 남자가 사용하는 언어는 더 이상 같은 것이 아님을 의미한다.
④ 다른 사람과 남자는 하나의 내용에 대하여 서로 다른 형식을 사용한 것이다.
⑤ 남자가 다른 사람과의 교류에서 예의 없는 언어를 사용해 왔음을 알 수 있다.

11 ㉠과 ㉡의 관계를 바르게 나타낸 것은?

	㉠		㉡
①	일상적 언어	–	공식적 언어
②	사회적 언어	–	개인적 언어
③	남성적 언어	–	여성적 언어
④	유아적 언어	–	성인의 언어
⑤	지역적 언어	–	공용의 언어

서술형

12 (가)~(다)를 바탕으로 하여, 〈조건〉에 맞게 (라)를 일반적인 언어 표현으로 바꾸어 쓰시오.

조건
• 자연스러운 문장으로 표현하되, 반복되는 표현은 생략할 것.

100점 특강

남자의 비극적 상황

남자	자기만의 언어를 사용하기 때문에 사람들이 하는 말을 이해하지 못함.
↕	
다른 사람들	자신들과 다른 언어를 사용하는 남자의 말을 이해하지 못함.

➡ 남자가 사회와 소통하지 못하고 결국 사회로부터 소외되어 외톨이로 살아감.

➡ 이 이야기에서 남자의 행위는 언어의 사회성에서 벗어나는 것이다. 언어는 그 언어를 사용하는 사람들 사이에서 성립한 무언의 약속을 바탕에 두고 있다. 남자는 같은 언어를 사용하는 사람들과의 약속을 깨고 마음대로 자기만의 언어를 만들었으며, 결국 그 언어는 다른 사람들과의 소통의 도구로서의 역할을 하지 못하게 된 것이다. 결국 남자는 그 사회의 일원으로 받아들여지지 못하고 홀로 외롭게 살아가게 되었다.

3 우리말에도 '메이드 인 차이나'가 넘친다 | 공규택

지문 연구

- **해제:** 이 글은 우리말 중에서 많은 비중을 차지하고 있는 한자어의 실상을 소개하면서 그 이유에 대한 한 학자의 주장을 제시하고 있다. 아울러 한자어를 순우리말로 바꾸려는 노력이 필요함을 강조하고 있다.
- **주제:** 한자어의 실상과 우리말로 대체하려는 노력의 필요성

(가) 우리말에는 '메이드 인 차이나'(중국으로부터 들어온 말)가 얼마나 될까? ●이미 일상에서 너무나 익숙하게 사용하고 있어서 이제는 그것이 '메이드 인 차이나'인지조차 인식하지 못하는 말이 참 많다. 바로 예부터 사용해 오는 한자어가 그렇다. 우리말 어휘에서 한자어가 차지하는 비중은 70퍼센트 정도이다. 일상 대화에서 쓰이는 말 가운데 순수한 우리말은 30퍼센트가 채 안 되는 셈이다.

▶ 우리말의 [   ]퍼센트 정도를 차지하고 있는 한자어

(나) 한자 문화권에 속하는 아시아의 대부분 국가가 비슷한 사정이다. 그런데 왜 일상에서 사용하는 기초적인 어휘까지 한자가 차지하고 있을까? 한자가 우리나라에 수입된(삼국 시대에 수입됨.) 뒤로 문자를 통해 중국과 교류한 사람들은 주로 정치권의 *위정자나 학문, 종교, 예술 등의 분야에 있던 전문가였다(한자어를 유입한 사람들). 그렇다면 우리 어휘 체계에 침투한 한자어는 전문어나 학술어 같은(한자어의 일반적인 특성) *추상어에 그쳐야 마땅하다. 그런데 우리말에 뿌리박은 한자어를 살펴보면 가장 기초적인 어휘(일상적인 삶에 필요한 어휘)까지 한자어로 대체되었음을 알 수 있다. 구체적인 사물은 물론이거니와 아주 기본적인 서술하는 말, ㉠ 꾸미는 말, 이어 주는 말까지도 우리말이 아닌 한자어가 그 역할을 대신하고 있는 현실과 마주하게 된다.

▶ [   ]은/는 물론, 기초적인 어휘까지도 한자어로 대체됨.

(다) 원로 국어학자 정재도 선생은 숱한 *토박이말을 한자어로 둔갑시켜 사전에 올린 것은 일제가 저지른 *만행이라고 주장한다. 예컨대 일제가 '잠깐'이라는 우리말을 한자어로 바꾸려고 '잠시간(暫時間)'이라는 헛것(원래는 없었던 말)을 만들어 놓고, 잠시(暫時)나 잠간(暫間)이 그 준말이라고 하여 '잠깐'의 *어원으로 삼았다는 것이다. ㉡ 일제가 이런 식으로 수많은 한자어를 만들어 내고 '조선에는 원래 *토종어가 거의 없으며 70퍼센트가 한자어에서 온 것'이라고 *왜곡했다고(우리말에 대한 의도적인 폄하) 한다.

▶ 우리말에 한자어가 많은 이유를 일제의 만행 때문으로 보는 시각

(라) ●이유가 무엇이든, 우리말보다 한자어가 더 많이 실려 있는 국어사전은 오늘날 중국산 공산품이 곳곳에 스며든 현실과 다를 게 없다(한자어가 국어사전에 많이 실려 있음.). 공산품에는 최소한 '메이드 인 차이나'라는 표시라도 있지만, 말에는 그런 표시도 없지 않은가. 최소한 우리말이 아니라는 것만이라도 알고 써야 하지 않을까?

▶ 한자어 표시도 없이 [   ]에 많이 실려 있는 한자어

(마) 한자어를 우리말 체계에서 일방적으로 몰아낼 수도 없는 형편이다. 한자어를 몰아내면, 그 빈자리를 대신 채워 줄 순우리말이 현재로서는 마땅치 않기 때문이다(한자어를 대체할 순우리말이 없기 때문에). 그렇다고 한자어를 우리말로 바꾸려는 노력조차 포기해서는 안 되겠다. 가령 '나와 제일 친한 친구가 지각을 해서 선생님께 야단을 맞았다.'라는 문장을 보자. 이 문장을 보면 한자어를 우리말로 충분히 바꿔 쓸 수 있는 가능성을 엿볼 수 있다. "(㉮   )"와 같이 바꾸었을 때 충분히 의미를 전달할 수 있지 않은가?

▶ 한자어를 [   ]로 바꾸려는 노력이 필요함.

내용 연구

우리말에 쓰이는 한자어의 특성

- 정치권의 위정자나 학문, 종교, 예술 등의 분야에 있던 전문가가 수입하여 전문어가 많음.
- 구체적인 사물은 물론, 기본적인 술어와 부사, 접속어도 한자어로 대체됨.

⬇

우리말 어휘 중 70퍼센트를 차지하고 있음.

구절 풀이

- **이미 일상에서 ~ 참 많다.:** 한자어라는 사실을 인식하지 못할 정도로 익숙해진 말이 많음을 의미한다.
- **이유가 무엇이든, ~ 다를 게 없다.:** 오늘날 우리의 일상에 중국산 공산품이 널리 쓰이는 것처럼 한자어가 많이 쓰이고 있음을 의미한다.

낱말 풀이

* **위정자:** 정치를 하는 사람.
* **추상어:** 추상적 개념을 표현하는 말.
* **토박이말:** 해당 언어에 본디부터 있던 말이나 그것에 기초하여 새로 만들어진 말.
* **만행:** 야만스러운 행위.
* **어원:** 어떤 단어의 근원적인 형태. 또는 어떤 말이 생겨난 근원.
* **토종어:** 토박이말.
* **왜곡했다고:** 사실과 다르게 해석하거나 그릇되게 했다고.

답 70, 추상어, 국어사전, 순우리말

중요

01 이 글을 통해 알 수 있는 내용이 아닌 것은?

① 우리말에 쓰이는 한자어는 대부분 전문어이다.
② 아시아 대부분의 국가에 한자어가 많이 쓰이고 있다.
③ 우리말에서 한자어가 차지하는 비중은 70% 정도이다.
④ 한자어를 모두 우리말로 바꾸어 쓰기에는 어려움이 있다.
⑤ 우리말의 한자어 중에는 일제에 의해서 만들어진 것들도 있다.

02 (나)의 내용을 뒷받침할 수 있는 문장으로 적절하지 않은 것은?

① 가을은 파란 하늘로 다가옵니다.
② 대학생이 되어 교정을 거닐고 싶다.
③ 우천 시 행사가 연기됨을 알립니다.
④ 씨름에서 밭다리 걸기는 난해한 기술이다.
⑤ 어휘의 팽창 양상은 복합 요인에 의거한다.

03 (라)를 통해 글쓴이가 말하고자 하는 바로 적절한 것은?

① 한자어를 그 의미에 맞게 사용해야 한다.
② 한자어를 쓰지 않으려는 노력이 필요하다.
③ 국어사전에 표시도 없이 실린 한자어가 많다.
④ 일본식 한자어를 모두 우리말로 순화해야 한다.
⑤ 국어사전에 실린 우리말 어휘를 바꾸어야 한다.

04 밑줄 친 말이 ㉠에 해당하는 것은?

① 멈추면 비로소 보입니다.
② 그러면 우리가 먼저 갈게요.
③ 거기까지는 얼마나 멀어요?
④ 그 건물이 굉장히 크고 멋졌다.
⑤ 따라서 우리는 더 노력해야 합니다.

05 ㉡의 이유를 표현하는 말로 가장 적절한 것은?

① 말할 때를 아는 사람이 침묵할 때를 안다.
② 말은 그 민족의 얼을 담고 있는 그릇이다.
③ 부주의한 말 한 마디가 싸움의 불씨가 된다.
④ 진실한 말에는 꾸밈이 없고 꾸미는 말에는 진실이 없다.
⑤ 말은 한 사람의 입에서 나오지만, 천 사람의 귀에 들어 간다.

서술형

06 ㉮에 들어갈 문장을 〈조건〉에 맞게 바꾸어 쓰시오.

조건
- ㉮의 앞에 나온 예시문에 쓰인 모든 한자어를 순우리말로 바꿀 것.
- 한 문장으로 쓸 것.

100점 특강

‘우리말’에 한자어가 많은 이유에 대한 어느 학자의 주장

국어사전에 실린 한자어 중 일제가 만든 것들이 많다.

일제가 원래 없던 한자어 ‘잠시간(暫時間)’을 만들어 놓고, 실제 사용하고 있던 ‘잠시(暫時)’, ‘잠간(暫間)’이 ‘잠시간’의 준말이라고 주장함.

↓

우리말 ‘잠깐’을 한자어 ‘잠간(暫間)’에서 나온 말로 바꾸어 버림.

⬇

우리말에 토종어(순우리말)가 많이 없으며, 한자어에서 만들어진 말임을 주장하기 위한 일제의 농간

➡ ‘국어사전에 실린 한자어들이 어떻게 만들어진 것인지를 살펴보고, 가능한 것이라도 우리말로 바꾸어 쓰자.’라는 생각이 담겨 있다.

국어의 품사와 특성

학습 목표
- 품사의 개념과 분류 기준을 안다.
- 품사의 종류를 구분하고, 각 품사의 특성을 안다.

1 품사

단어를 일정한 기준에 따라 공통된 성질을 지닌 것끼리 모아서 갈래를 지어 놓은 것

2 품사의 분류 기준

(1) **형태에 따른 분류:** 단어가 문장에서 쓰일 때 형태가 변하는가, 변하지 않는가에 따른 분류. 불변어와 가변어가 있음.

불변어	가변어
• 문장에서 쓰일 때 단어의 형태가 변하지 않는 것 • 명사, 대명사, 수사, 관형사, 부사, 감탄사, 조사('이다' 제외) 예 나무가 자라다. / 저것은 나무이다.	• 문장에서 쓰일 때 단어의 형태가 변하는 것 • 동사, 형용사, 서술격 조사 '이다' 예 학교에 가다. / 학교에 갔구나. 하늘이 푸르다. / 푸른 하늘을 보았다. 이것은 책이다. / 이것은 책이니?

(2) **기능에 따른 분류:** 단어가 문장에서 어떤 역할을 하는가에 따른 분류. 체언, 용언, 수식언, 관계언, 독립언이 있음.

체언	• 문장에서 주로 주체가 되는 역할을 함. • 명사, 대명사, 수사	예 꽃이 예쁘다. 그가 첫째로 들어왔다.
용언	• 문장에서 주로 주체를 서술하는 역할을 함. • 동사, 형용사	예 호수의 물이 매우 깨끗하다. 사자가 들판을 달린다.
수식언	• 문장에서 주로 체언이나 용언의 앞에 놓여서 뒤에 오는 말을 꾸며 주는 역할을 함. • 관형사, 부사	예 새 연필로 글씨를 썼다. 말이 빨리 달린다.
관계언	• 문장에서 다른 단어들과의 문법적인 관계를 나타내거나 특별한 뜻을 더해 주는 역할을 함. • 조사	예 나는 학생이다. 꽃이 피었다.
독립언	• 문장에서 독립적으로 쓰이면서 놀람, 느낌, 대답 등을 나타냄. • 감탄사	예 네, 내일은 일찍 오겠습니다. 어머나, 깜짝 놀랐네.

(3) **의미에 따른 분류:** 단어들이 지닌 공통된 의미에 따른 분류. 명사, 대명사, 수사, 동사, 형용사, 관형사, 부사, 조사, 감탄사가 있음.

더 알아 두기

+ 단어
자립할 수 있는 말이나, 자립할 수 있는 말 뒤에 붙어서 쉽게 분리할 수 있는 말
예 '나는 학생이다.'에서 '나', '학생'은 자립할 수 있는 말이며, '는', '이다'는 자립할 수 있는 말 뒤에 붙어서 쉽게 분리할 수 있는 말임.

+ 단어의 형태 변화
단어가 문장에서 쓰임에 따라 그 모양을 달리하는 경우를 말함. 용언이나 서술격 조사 '이다'의 어간에 다양한 어미가 붙어서 말의 형태가 바뀌는 경우가 이에 해당함. 이를 용언의 '활용'이라고 함.
예 '높다': '높아', '높아서', '높으니'

+ 문장
생각이나 감정을 완결된 내용으로 표현하는 최소의 언어 형식. 최소한 하나의 '주어 – 서술어' 구조를 갖추고 있고, 하나의 문장이 끝날 때는 문장 부호를 찍어서 나타낸다.
예 눈이 오다.
너는 밥을 먹었니?

예로 개념 확인

(가) 하나의 문장은 대개 서로 성질이 다른 여러 가지 단어로 이루어진다. 이들은 ❶성질이 비슷한 것도 있고 다른 것도 있다.

선희가 과일을 먹는다. / 영호가 책을 읽는다.

위의 두 문장에서 '선희'와 '영호'는 사람의 이름을 나타내고, '과일'과 '책'은 물건의 이름을 나타낸다. 그리고 '가, 을'은 이 말들이 문장 안에서 어떤 구실을 하는가를 나타낸다. 또, '먹는다, 읽는다'는 움직임을 나타낸다.

(나) ❷해야 솟아라. 해야 솟아라. 말갛게 씻은 얼굴 고운 해야 솟아라. – 박두진, 「해」

3 품사의 특징과 종류

(1) 체언

뜻	문장에서 주로 주체가 되는 역할을 하는 말	
특징	• 형태가 변하지 않는 불변어임. • 문장에서 주로 주어, 목적어, 보어로 쓰임. • 조사와 결합할 수 있고, 관형어의 꾸밈을 받을 수 있음.	
종류	명사	• 뜻: 사람이나 사물, 추상적인 대상의 이름을 나타내는 단어 예 하늘에 풍선이 날아간다. / 항상 희망을 지니고 살아라.
	대명사	• 뜻: 사람이나 사물, 장소 등의 이름을 대신하여 나타내는 단어 예 우리는 여기서 무엇을 해야 할까?
	수사	• 뜻: 사람이나 사물의 수량 또는 순서를 나타내는 단어 예 첫째로 감자 하나만 가지고 와라.

(2) 용언

뜻	문장에서 주로 주체를 서술하는 역할을 하는 말	
특징	• 형태가 변하는 가변어임. • 문장에서 주로 서술어로 쓰임. • 부사어의 꾸밈을 받을 수 있음.	
종류	동사	• 뜻: 사람이나 사물의 움직임이나 작용 등을 나타내는 단어 예 비가 오다. / 나는 밥을 먹었다. • 특징 – 명령형('–어라/–아라'의 형태), 청유형('–자'의 형태), 현재형('–는–/–ㄴ–'의 형태)으로 쓰일 수 있음. 예 빨리 문을 닫아라. (○) 어서 밥을 먹자. (○) 지금 숙제를 하는 중이다. (○)
	형용사	• 뜻: 사람이나 사물의 성질이나 상태를 나타내는 단어 예 꽃이 예쁘다. / 이유는 이러하다. • 특징 – 명령형('–어라/–아라'의 형태), 청유형('–자'의 형태), 현재형('–는–/–ㄴ–'의 형태)으로 쓰일 수 없음. 예 물이 맑아라. (×) 하늘이 높자. (×) 꽃이 예쁜 중이다. (×)

더 알아 두기

+ 명령형 어미
말하는 이가 듣는 이에게 어떤 행동을 하도록 강하게 요구하는 문장에 사용하는 어미로 '–아라/–어라' 등이 있음.
예 날씨가 추우니 옷을 따뜻하게 입어라.

+ 청유형 어미
말하는 이가 듣는 이에게 어떤 행동을 함께하자고 요청하는 문장에 사용하는 어미로 '–자' 등이 있음.
예 내일 우리 같이 가자.

+ 현재 시제 선어말 어미
말하고자 하는 사건이 말하는 시점인 현재 일어난 것을 나타내는 어미로 '–ㄴ–/–는–'이 있음.
예 동생이 지금 국어책을 읽는다.

+ 어간과 어미
용언의 형태가 변화할 때, 즉 활용할 때 변하지 않는 부분과 변하는 부분이 있음. 이때 변하지 않는 부분을 어간, 변하는 부분을 어미라고 함.

평서형	예 동생이 달린다.
의문형	예 동생이 달리니?
청유형	예 같이 달리자.
명령형	예 빨리 달려라.
감탄형	예 빨리 달리는구나!

❶ **품사의 개념:** 단어들은 일정한 성질을 지니고 있다. 성질이 비슷한 단어끼리 모은 단어의 갈래를 '품사'라고 한다. 이렇게 기준에 따라 분류해 놓음으로써 단어들 사이의 관계와 특성을 보다 쉽게 파악할 수 있다. (가)에서 '선희', '영호', '과일', '책'은 명사이며, '가', '을'은 조사, '먹는다', '읽는다'는 동사이다.

❷ **품사의 분류:** (나)에서 '해', '얼굴'은 사물의 이름을 나타내는 명사, '솟아라', '씻은'은 주체의 움직임을 나타내는 동사, '고운'은 주체의 성질이나 상태를 나타내는 형용사이다.

(3) 수식언

뜻	문장에서 체언이나 용언 앞에 놓여서 뒤에 오는 말을 꾸며 주는 역할을 하는 말	
특징	형태가 변하지 않는 불변어임.	
종류	관형사	• 뜻: 체언(명사, 대명사, 수사) 앞에 놓여서 '어떤'이라고 그 내용을 꾸며 주는 단어 예 나는 새 책을 샀다. 교실에 한 명이 있다. • 특징 – 조사 또는 어미와 결합하지 않음. 예 동생은 밥을 두 공기나 먹었다. (○) 동생은 밥을 두의 공기나 먹었다. (×) ※ 관형사와 다른 품사의 구별 • 관형사와 수사의 구별: 관형사 중에서 수나 양을 나타내는 관형사는 수사와 구별하기가 어려움. 관형사에는 조사가 결합할 수 없지만, 수사에는 뒤에 조사가 결합할 수 있음. 예 나는 사과 세 개를 샀다. (세: 관형사) 나는 사과 하나를 다 먹었다. (하나: 수사) • 관형사와 형용사의 구별: 용언은 활용을 하면서 뒤에 오는 체언을 꾸며 주기도 하기 때문에 관형사와 구별하기 어려운 경우가 있음. 이때 기본형이 있으면 용언인 동사나 형용사이고, 기본형이 없고 형태의 변화가 없으면 관형사임. 예 나는 맛있는 사과를 먹었다. (맛있는: 형용사) 모든 사과가 다 맛있는 것은 아니다. (모든: 관형사)
	부사	• 뜻: 주로 용언(동사, 형용사) 앞에 놓여서 '어찌'라고 그 내용을 꾸며 주는 단어 예 네가 입은 옷이 아주 멋진데. 과연 이 일은 앞으로 어떻게 될까? • 특징 – 문장 내에서 위치가 비교적 자유로움. 예 제발 비가 왔으면 좋겠다. 비가 왔으면 좋겠다, 제발. – 다른 부사, 관형사, 구절이나 문장 전체를 수식하기도 함. 예 저 선수는 무척 빨리 달리는구나. ('무척'은 '빨리'라는 부사를 수식함.) – 보조사와 결합하기도 함. 예 감나무에 감이 많이도 열렸다.

더 알아 두기

✚ 부사의 종류

부사는 문장에 따라 뒤에 오는 용언을 꾸며 주는 성분 부사와 문장 전체를 꾸며 주는 문장 부사가 있음.

성분 부사	예 꽃이 매우 예쁘다. 나는 여기 있을게. 나는 밥을 안 먹었다.
문장 부사	예 제발 비가 왔으면 좋겠다. 예 나는 일어났다. 그리고 창문을 열었다.

예로 개념 확인

(가) 단어는 문장에서 어떤 기능을 하느냐에 따라서 나눌 수도 있다.

선희가 과일을 먹는다. / 영호가 책을 읽는다.

'선희', '영호'는 '먹는다', '읽는다'라는 말이 설명하는 주체, 즉 주어로 사용되었다. '먹는다', '읽는다'는 '선희', '영호'가 어떤 행동을 했는지 설명해 주는 말인 서술어의 역할을 한다. '가', '을'은 문장에 쓰이는 단어들의 관계를 나타내는 구실을 하고 있다. 이런 문장에서의 ❶기능에 따라서 단어를 체언, 용언, 수식언, 관계언, 독립언으로 나눌 수 있다.

(나) ❷돌담에 속삭이는 햇발같이 / 풀 아래 웃음 짓는 샘물같이

– 김영랑, 「돌담에 속삭이는 햇발」

(4) 관계언

뜻	문장에 쓰인 단어들의 관계를 나타내는 역할을 하는 말	
특징	형태가 변하지 않는 불변어임. (단, 서술격 조사 '이다'는 제외)	
종류	조사	• 뜻: 주로 체언 뒤에 붙어서 다른 말과의 문법적 관계를 나타내거나 특별한 뜻을 더해 주는 단어 예 동생이 밥을 먹는다. 너와 나는 같은 반이다. 나는 연필만 샀다. • 특징 – 홀로 쓰일 수 없고 반드시 다른 말에 붙어 쓰임. – 여러 개가 겹쳐 쓰일 수 있음. 예 여기에서부터가 시험 범위이다. – 서술격 조사 '이다'는 형태가 변화함. 예 이것은 자전거이다. 이것은 자전거이니?

(5) 독립언

뜻	문장에서 독립적으로 사용되는 말	
특징	형태가 변하지 않는 불변어임.	
종류	감탄사	• 뜻: 감정을 넣어 말하는 이의 놀람, 느낌, 부름이나 대답 등을 나타내는 단어 예 어머나, 깜짝 놀랐네. (놀람) • 특징 – 문장에서 다른 문장 성분들과 문법적 관계를 맺지 않고 독립적으로 사용됨. – 조사가 붙지 않으며, 형태가 변하지 않음. – 문장에서 위치 이동이 비교적 자유로움. 예 민서가 글쎄, 달리기에서 1등을 했대. 글쎄, 민서가 달리기에서 1등을 했대.

더 알아 두기

✚ 조사의 종류

종류	의미와 예
격 조사	체언 뒤에 붙어서 그 말이 일정한 자격을 갖도록 해 주는 조사 예 내가 버스를 탔다.
접속 조사	단어와 단어, 문장과 문장을 같은 자격으로 이어 주는 조사 예 너와 나는 같은 반이다.
보조사	주로 체언 뒤에서 특별한 뜻을 더해 주는 조사 예 나는 연필만 샀다.

✚ 격 조사

종류	예
주격 조사	이/가, 께서 예 내가 책을 읽는다.
서술격 조사	이다(형태가 변함.) 예 나는 학생이다. 너는 학생이니?
목적격 조사	을/를 예 동생이 축구를 한다.
보격 조사	이/가 예 물이 얼음이 되다.
관형격 조사	의 예 너의 책
부사격 조사	에, 에서, 에게, (으)로 예 친구가 나에게 선물을 주었다.
호격 조사	아/야, 여, (이)시여 예 민지야, 고마워.

❶ **기능에 따른 품사의 분류:** 단어는 문장 속에서 단어가 담당하는 기능에 따라 주로 주어나 목적어로 쓰일 수 있는 체언, 주로 서술어로 쓰이는 용언, 다른 성분을 수식하는 수식언, 여러 성분 사이의 관계를 나타내 주는 관계언, 독립적으로 쓰이는 독립언으로 분류할 수 있다.

❷ **품사의 구분:** (나)의 예문에 제시된 단어 중 '돌담', '햇발', '풀', '아래', '웃음', '샘물'은 사물이나 대상의 이름을 나타내는 명사로서 문장에서 기능상 체언에 해당한다. '에', '같이'는 체언 뒤에 붙어 그 말과 다른 말과의 문법적인 관계를 나타내는 조사로서 기능상 관계언에 해당한다. '속삭이는', '짓는'은 사물의 움직임을 나타내는 동사로서 기능상 용언에 해당한다.

1 품사의 개념과 분류 기준 | 김남미

지문 연구

- **해제:** 품사를 각각의 기준에 따라 분류할 때 그러한 이름이 붙은 이유를 한자의 뜻과 함께 설명하고 있다.
- **주제:** 품사의 개념과 품사의 분류 기준

| 내용 연구

품사의 분류 기준

기능	의미	형태 변화
체언	명사	불변어
	대명사	
	수사	
수식언	관형사	
	부사	
독립언	감탄사	
관계언	조사	
	서술격 조사	가변어
용언	동사	
	형용사	

| 구절 풀이

- **품사의 이름은 ~ 확인할 수 있답니다.:** 국어의 품사를 분류하는 데 사용된 명칭은 한자로 되어 있다. 그 한자의 뜻을 파악하면 그 이름에 해당하는 품사의 의미를 더 쉽게 알 수 있다.

| 낱말 풀이

* **기능:** 하는 구실이나 작용을 함. 또는 그런 것.
* **형태:** 사물의 생김새나 모양.
* **보좌하다:** 직책상 자기보다 더 높은 자리에 있는 사람을 도와 일을 처리함.

(가) 단어들을 의미나 *기능, *형태에 따라 구분한 것을 '품사'라고 해요. (‘품사’의 개념) *품사의 이름은 모두 한자로 되어 있어서 그 의미를 활용하면 뜻을 쉽게 확인할 수 있답니다. 국어의 품사는 모두 아홉 개입니다.

▶ 품사의 개념

(나) '체언, 용언, 수식언' 등으로 표시한 것은 기능에 따라 품사를 나눈 것이에요. '체언'이라는 말은 (주체가 되는 말. 명사, 대명사, 수사) 문장에서 몸의 역할을 한다는 뜻이지요. '용언'은 (주체를 서술하는 말. 동사, 형용사) 문장에서 서술어의 기능을 주로 한다는 기능을 보인 것이고요, '수식언'은 (꾸며 주는 말. 관형사, 부사) 말 그대로 다른 품사를 수식하는 기능을 하는 것을 의미하는 것이지요. '관계언'은 (단어 간의 관계를 나타내는 말. 조사) 품사 간의 관계를 나타내는 것, 그리고 '독립언'은 (독립적으로 쓰이는 말. 감탄사) 다른 품사와 관련 없이 쓰인다는 것을 나타낸 것이에요.

▶ [ ]에 따른 품사의 분류

(다) '명사, 대명사, 수사, 감탄사' 등은 단어의 의미에 따라 나눈 것입니다. 여러분에게 아주 익숙한 것들이지요? 품사들은 이름 속에 뜻이 다 들어 있답니다. '명사'가 사물의 이름을 나타내는 것은 더 말할 필요가 없을 거예요. 이 이름을 대신해서 말하는 품사가 '대명사'이겠네요. 앞의 '대(代)'라는 한자가 '대신하다'를 의미하는 것은 다 아시지요? '수사'는 수(數)를 나타내는 품사입니다. '동사'는 동작을 나타내는 품사이며, '형용사'는 상태나 모양을 나타내는 품사겠네요.

▶ 의미에 따른 품사의 분류 ①

(라) 명사의 앞에 붙어서 수식하는 품사를 '관형사'라 합니다. 여기서 '관(冠)'이라는 것이 모자를 의미하는 한자입니다. 여기서 주목하실 점! 관형사의 '형(形)'이라는 한자가 형용사의 '형'과 같다는 점입니다. (형태나 모양을 가리킨다는 공통점을 지닌 것과 관련됨.) 두 품사가 모두 형태나 모양을 가리키는 품사라는 뜻입니다. 두 개의 품사를 혼동하시는 분들이 많습니다. '부사'의 '부(副)'라는 한자 역시 '*보좌하다'라는 의미를 가졌어요. 동사나 형용사를 보좌하는 역할을 하는 품사이지요. (주로 동사나 형용사를 꾸며 줌.)

▶ 의미에 따른 품사의 분류 ②

(마) '조사'의 '조(助)' 역시 보조한다는 의미의 한자예요. 문장에서 다른 품사들의 역할을 나타내는 품사이니 (단어들 간의 문법적 관계를 나타내거나 특별한 의미를 더해 줌.) 다른 품사의 보조라 생각하여 이름 지은 것입니다. '서술격 조사'가 낯선 분들이 계시겠네요. 국어에서는 'ⓐ나는 학생이다'와 같은 문장의 맨 마지막에 붙은 '이다'를 서술격 조사라 한답니다. '학생'이라는 명사를 서술어로 만드는 기능을 했네요. 그래서 서술어의 자격을 주는 조사라 하여 서술격 조사라고 이름 지은 거예요. '감탄사'는 (말하는 이의 놀람, 느낌, 부름이나 대답 등을 나타내는 말) 감탄을 나타내는 품사이므로 굳이 설명하지 않아도 되겠죠?

▶ 의미에 따른 품사의 분류 ③

(바) 마지막으로 품사가 문장에 나타날 때 형태 변화가 있는지 여부에 따라 분류할 수 있습니다. (가변어, 불변어) '가다'와 같은 동사는 '가고, 가니, 가니까' 등으로 바뀌어 나타납니다. 이렇게 어미가 붙어서 형태 변화를 하는 것을 '활용'이라 합니다. 국어에서 활용을 하는 품사는 '동사, 형용사, 서술격 조사'입니다. 서술격 조사에만 주의를 하시면 됩니다. 동사나 형용사가 끊임없이 변화한다는 것은 이미 잘 아시는 사실이니까요.

▶ [ ] 변화 여부에 따른 품사의 분류

답 기능, 형태

01 이 글을 읽고 품사에 대해 이해한 내용으로 적절하지 않은 것은?

① 명사, 동사, 부사, 조사 등은 의미에 따른 명칭이다.
② 관형사와 형용사는 모두 서술어의 기능을 담당한다.
③ 서술격 조사는 동사나 형용사처럼 형태가 변화한다.
④ 동사나 형용사를 보좌하는 역할을 하는 품사는 부사이다.
⑤ 의미, 기능, 형태 변화 여부에 따라 다른 명칭으로 구분된다.

중요

02 이 글을 읽고 다음 문장을 구성하는 단어들의 품사에 대해 파악한 것으로 적절하지 않은 것은?

> 상우의 동생은 책을 빨리 읽는다.

① 의미를 기준으로 할 때 '읽는다'는 동작을 나타내는 품사이군.
② 형태 변화를 기준으로 할 때 '읽는다'는 활용을 하는 품사이군.
③ 기능을 기준으로 할 때 '의'와 '은', '을'은 관계언이군.
④ 의미를 기준으로 할 때 '빨리'는 다른 품사들의 역할을 나타내는 품사이군.
⑤ '상우', '동생', '책'은 모두 문장에서 몸의 역할을 하는 단어에 해당하겠군.

03 (바)를 참고할 때, ㉠~㉤ 중 성격이 나머지와 다른 하나는?

> 내㉠가 운동장㉡에서 농구공㉢을 주워서 운동선수㉣인 영진이㉤에게 주었다.

① ㉠ ② ㉡ ③ ㉢ ④ ㉣ ⑤ ㉤

04 이 글로 미루어 〈보기〉와 같이 단어를 분류한 기준으로 적절한 것은?

보기

둘째, 물, 누구	을/를, 부터, 에서	예, 여보세요, 어머나

① 의미의 공통점에 따라
② 문장에서 형태의 변화 여부에 따라
③ 문장에서 어떤 기능을 하는가에 따라
④ 자립해서 쓰일 수 있는지 여부에 따라
⑤ 문장에서 어떤 말의 수식을 받는가에 따라

서술형

05 다음 문장에서 (1) 의미에 따라 구분할 때, ⓐ와 같은 품사에 속하는 단어를 모두 골라 쓰고, (2) 어떠한 의미를 지니는지 설명하시오.

> 우리는 오늘 점심에 비빔밥을 먹었다.

• (1):

• (2):

100점 특강

각 품사의 명칭에 대한 이해

기능에 따라	• 체언: 몸의 역할을 하는 말	• 용언: 문장에서 서술어의 기능을 주로 하는 말	• 수식언: 다른 품사를 꾸며 주는 기능을 하는 말	• 관계언: 품사 간의 관계를 나타내는 말	• 독립언: 다른 품사와 관련 없이 사용되는 말
의미에 따라	• 명사: 사물의 이름을 나타냄. • 대명사: 사물의 이름을 대신해서 나타냄. • 수사: 수를 나타냄.	• 동사: 동작을 나타냄. • 형용사: 상태나 모양을 나타냄.	• 관형사: 체언의 앞에서 체언을 꾸며 줌. • 부사: 주로 동사나 형용사를 꾸며 줌.	• 조사: 문장에서 그 말과 다른 말과의 문법적인 관계를 나타내거나 특별한 뜻을 더해 줌.	• 감탄사: 문장 속에서 놀람, 느낌, 부름, 대답 등을 나타냄.

◎ **활용:** 일반적으로 용언의 어간에 여러 어미가 붙어서 단어의 형태가 변하는 것을 말한다.

기본형: 먹다	형태의 변화: 먹고, 먹으니, 먹어서, 먹지, 먹니,……

➡ 이때 변하지 않는 부분인 '먹-'을 '어간'이라고 하고, 변하는 부분인 '-고', '-(으)니', '-아서/-어서', '-지', '-니' 등을 '어미'라고 한다.

2 품사의 종류와 특성

01 다음 ㉠~㉤ 중, 체언이 아닌 것은?

> ㉠나는 어제 ㉡서점에서 책 ㉢한 권을 샀다. 오는 길에 ㉣과일 가게에서 배 ㉤하나를 샀다.

① ㉠　② ㉡　③ ㉢　④ ㉣　⑤ ㉤

중요

02 〈보기〉의 밑줄 친 단어를 중심으로 체언의 특징에 대해 탐구한 내용으로 적절하지 않은 것은?

> 보기
> • 예지가 사과를 먹는다.
> • 상우는 정약용을 가장 존경한다.
> • 내 동생이 이 학교 학생이다.
> • 나는 책이 없어서 숙제를 할 수 없었다.

① 체언은 문장에서 쓰일 때 형태의 변화가 없는 불변어이다.
② 체언은 '가', '는', '이다'와 같은 말이 붙어서 쓰일 수 있다.
③ '내', '이'와 같은 말이 체언 앞에 놓여 체언을 꾸며 줄 수도 있다.
④ 체언 중에는 '나', '수'와 같이 자립하여 홀로 쓰일 수 없는 것도 있다.
⑤ 명사 중에는 '학교'와 같이 두루 쓰이는 것과, '정약용'과 같이 특정한 대상에 쓰이는 것이 있다.

03 밑줄 친 단어들의 공통점으로 가장 적절한 것은?

> 어머나, 깜짝이야!
> 아차, 버스 카드를 안 가지고 나왔구나.
> 네, 제가 박춘향입니다.

① 다른 문장 성분과 큰 관련이 없다.
② 문장 전체를 꾸며 주는 역할을 한다.
③ 상대방의 말에 대한 대답을 나타내는 말이다.
④ 상황에 따라 그 형태가 변화하는 가변어이다.
⑤ 문장에서 다른 성분과의 문법적인 관계를 나타낸다.

04 다음 밑줄 친 단어 중, 품사가 나머지와 다른 하나는?

① 너는 비빔밥을 잘 먹는구나.
② 이 빵은 무슨 맛일까 궁금하다.
③ 저 고양이는 나를 졸졸 따라왔다.
④ 길동이는 형과 무척 사이가 좋다.
⑤ 사람은 모름지기 고운 말을 써야 한다.

05 ㉠~㉣에 대한 설명 중, 〈보기〉에서 확인할 수 없는 것은?

> 보기
> 내 동생㉠이 밥㉡을 잘 안 먹어서 어머니 속을 썩인다. 그런데 오늘은 축구 시합을 하고 돌아와서 밥㉢과 국을 한 그릇씩 깨끗이 먹었다. '시장이 반찬㉣이다.'라는 말이 생각이 났다.

① 단어와 단어를 같은 자격으로 이어 주기도 한다.
② 홀로 쓰이지 못하고 항상 앞의 말에 붙어서 쓰인다.
③ 대체로 형태가 변하지 않으나 형태가 변하는 말도 있다.
④ 주로 체언 뒤에 붙어서 앞의 말에 자격을 부여하기도 한다.
⑤ 동사나 형용사의 뒤에 붙어서 어떤 특별한 뜻을 더해 주기도 한다.

06 다음 글에서 찾아볼 수 없는 품사는?

> 최 진사 댁에는 딸이 셋이다. 그중에서 셋째 딸은 등산을 제일 좋아한다. 그녀가 산에 오르는 모습은 마치 새처럼 보인다.

① 부사　② 수사　③ 관형사
④ 형용사　⑤ 대명사

서술형

07 다음 문장에서 수식언에 해당하는 단어를 모두 찾아 쓰고, 그 단어들을 각각의 품사에 따라 분류하시오.

> 나는 연필로 글씨를 쓰는 것을 무척 좋아한다. 특히 나는 삼촌께서 주신 이 연필을 제일 좋아한다. 글씨가 아주 잘 써지기 때문이다. 한 자루 연필이 친구 같은 느낌을 준다.

서술형

08 〈보기〉에서 ㉠, ㉡ 각각의 품사를 쓰고, 이와 같이 분류한 기준을 서술하시오.

> 보기
> • 나와 승훈이, 민지 셋은 함께 서점에 갔다. 서점 앞에서 재민이를 만나서 우리 넷은 같이 책을 골랐다.
> ㉠: 나, 우리
> ㉡: 셋, 넷

09 다음 밑줄 친 단어 중, 〈보기〉에 제시된 특성을 지닌 품사에 해당하는 것은?

보기
- 문장에서 다른 단어들과의 문법적인 관계를 나타내는 역할을 함.
- 문장에서 형태가 변하는 가변어임.
- 홀로 쓰일 수 없고 다른 말에 붙어 쓰임.

① 영희는 방금 국어 숙제를 끝냈다.
② 사과 두 개 중에서 하나만 먹어라.
③ 내가 추천할 책은 바로 이 책이다.
④ 이 영화는 언제 보아도 재미있다.
⑤ 내 동생은 지금 야구 경기를 본다.

중요

10 〈보기〉의 ㉠~㉣을 비교한 내용으로 적절하지 않은 것은?

보기

나와 영희, 진우는 같은 반 친구이다. ㉠우리는 어제 ㉡광화문에 가서 ㉢서점에 들렀다. 돌아오는 길에 배가 고파서 빵 ㉣하나를 사서 나눠 먹었다.

① ㉠~㉣은 모두 체언에 해당한다.
② ㉡과 ㉢은 모두 대상의 이름을 나타내는 말이다.
③ ㉠은 사람을 대신하여 가리키는 말이다.
④ ㉡은 특정한 사물을 나타내는 말이다.
⑤ ㉣은 사물의 순서를 나타내는 말이다.

11 다음 밑줄 친 말 중, 품사가 다른 하나는?

① 나는 새 신을 신고 학교에 갔다.
② 나와 내 동생은 이 학교를 졸업했다.
③ 나비 축제에서 온갖 나비들을 보았다.
④ 그렇게 높은 건물에는 가 본 적이 없다.
⑤ 산과 바다 중에 어느 곳을 더 좋아하니?

12 문맥으로 미루어 다음 밑줄 친 말 중, 〈보기〉의 빈칸에 들어갈 수 있는 말로 적절하지 않은 것은?

보기

나는 자동사입니다. 나는 주어가 반드시 필요합니다. 움직임이나 작용이 주어에만 미치기 때문이죠. 오다, 걷다, 달리다, (　　　　)와 같은 말이 여기에 속합니다.

① 학교에 가다　　② 영희가 노래하다
③ 영화를 보다　　④ 나무가 우뚝 솟다
⑤ 키가 자라다

13 다음 ㄱ~ㄷ의 밑줄 친 말에 대한 이해로 적절하지 않은 것은?

ㄱ. 너와 나는 사이좋은 친구이다.
ㄴ. 나는 어제 하루 종일 잠만 잤다.
ㄷ. 여기에서부터가 등산하기 힘든 길이다.

① ㄱ과 ㄴ의 '는'은 체언이 일정한 자격을 갖도록 해 주는 조사이다.
② ㄱ과 ㄴ의 밑줄 친 말은 홀로 쓰이지 않고 체언 뒤에 붙어서만 쓰였다.
③ ㄱ의 '와'는 단어와 단어를 같은 자격으로 이어 주는 역할을 한다.
④ ㄴ의 '만'은 체언 뒤에서 특별한 뜻을 더해 주는 조사이다.
⑤ ㄷ의 '에서부터가'는 여러 개의 조사가 겹쳐 쓰인 것이다.

서술형

14 다음 단어의 품사와 제시된 문장에서의 쓰임을 고려할 때, ㉠~㉣에 들어갈 적절한 말을 쓰시오.

웃다	아름답다
• 품사: (㉠) • 활용의 예: 나는 (㉡) 얼굴로 친구를 맞이했다.	• 품사: (㉢) • 활용의 예: 길가에 꽃이 (㉣) 피었다.

3 동사는 힘이 세다 | 김철호

지문 연구

- **해제:** 명사, 형용사, 동사의 특성을 어린 소나무가 자라서 거목이 되기까지의 과정에 빗대어 이해하기 쉽게 쓴 설명문이다. 특히 동사가 자연의 변화하는 속성인 움직임을 담고 있어 명사나 형용사에 영향을 끼치기 때문에 가장 힘이 세다고 설명하고 있다.
- **주제:** 인간과 자연의 본질인 변화(움직임)를 말로 흉내 내어 어떤 말보다도 힘이 센 동사

(가) 산등성이 바위틈에서 싹을 틔운 어린 소나무. 그 가느다란 잎들 위로 빗방울이 떨어지기 시작한다. 바람도 *선들선들 불어온다. 어느덧 하늘이 열리고 햇빛이 눈부시게 쏟아져 내린다. 계절이 바뀌고, 소나무는 흩날리는 함박눈을 온몸으로 받아 낸다. 찬바람이 몰아친다. 때로는 느린 강물처럼, 때로는 화살처럼 시간이 흘러간다. 소나무는 쉬지 않고 키를 높이며 몸집을 불려 간다.

▶ 어린 소나무의 성장 과정

(나) 그리고 마침내 우람한 거목이 되어 산자락을 내려다본다……. (어린 소나무가 거목으로 성장함.) 어린 소나무가 저 혼자였다면 시들어 죽고 말았을 것이다. 하지만 세상에는 눈과 비와 바람과 햇빛이 있어서 어린 소나무의 키를 키우고 몸집을 불려 주었다. 소나무는 눈, 비, 바람, 햇빛과 관계를 맺고 있었다. 어떤 사물이든, 다른 사물과 관계를 맺으면 변화를 맞을 수밖에 없다. 관계는 변화를 일으킨다.

▶ 사물은 다른 사물과 관계를 맺으면 변화함.

(다) '소나무', '눈', '비', '바람', '햇빛'은 명사다. 명사들이 서로 떨어져 있으면 아무런 일도 일어나지 않는다. 명사들이 서로 관계를 맺을 때 비로소 변화가 일어난다. 눈이 흩날리고 비가 내리고 바람이 불고 햇빛이 쏟아질 때, 소나무는 변하지 않을 수 없었다. (각각의 명사들이 다른 작용에 의해 관계를 맺을 때 변화하게 됨을 소나무를 통해 드러냄.) 소나무는 작고, 가늘고, 여렸었다. 그랬던 것이 *위풍당당한 거목이 되었다. 그래서 이제는 크고, 굵고, 단단해졌다.

▶ [ ]들은 서로 관계를 맺을 때 변화함.

(라) ㉠'작다', '가늘다', '여리다' 같은 형용사들이 '(눈이) 흩날리다', '(바람이) 불다', '(비가) 내리다', '(햇빛이) 쏟아지다' 같은 동사들을 만나서 '크다', '굵다', '단단하다'로 변했다. 동사가 형용사에 변화를 일으킨 것이다. 동사는 움직이는 성질이 있고, 형용사는 가만히 있는 성질이 있다. (형용사는 움직임이 아닌 대상의 성질이나 상태를 나타냄.) 동사가 축구 선수라면 형용사는 축구공이다. (동사와 형용사의 관계를 비유적으로 드러냄.) •동사는 형용사보다 힘이 셀 수밖에 없다. / 동사는 명사보다도 힘이 세다. 인간은 '잠'이라는 것이 있어서 자는 것이 아니다. 인간이 자기 때문에 '잠'이 있는 것이다. 싸우는 행동이 있고 나서 '싸움'도 있다. 웃어서 '웃음'이 있고, 울어서 '울음'이 있다. 놀아야 '놀이'가 있고, 달려야 '달리기'가 있다. ㉡동사는 명사의 어머니다.

▶ 동사는 [ ], [ ]보다 힘이 셈.

(마) '어머니'라는 말은 진짜 어머니가 아니다. 다만 진짜 어머니를 대신할 뿐이다. (말은 실제 사물을 대신하는 역할을 함.) 말은 사물을 흉내 낸다. 말은 그림자다. 말은 현실의 *모방이고 자연의 모방이다. 자연은 변화한다. 변화하지 않으면 자연이 아니다. (자연은 변화하는 속성을 지님.) 낮이 지나 밤이 되고, 봄 지나 여름, 가을 지나 겨울이 되는 것이 자연이다. 이런 대자연의 변화 속에서 식물이 살고 동물이 살고 인간들도 살아간다.

▶ 말은 현실과 변화하는 [ ]을/를 모방함.

(바) 인간의 삶도 변화한다. 변화하지 않으면 목숨을 이어 갈 수가 없다. (인간도 변화하는 속성을 지님.) 변화는 곧 움직임이다. 먹고, 자고, 싸고, 걷고, 뛰고, 울고, 웃고 하는 것이 다 움직임이다. 움직임은 동사로 표현된다. (동사가 사물의 속성을 잘 반영하고 있음.) •동사는 사람살이를 그대로 흉내 낸 말이다. 동사는 인간과 자연의 본질인 변화, 곧 움직임을 말로써 흉내 낸 것이다. 그래서 동사는 다른 어떤 말보다도 힘이 세다.

▶ 동사는 인간과 자연의 [ ]을/를 흉내 낸 말이라서 다른 어떤 말보다도 힘이 셈.

내용 연구

소재의 비유적 의미

축구 선수	움직임을 나타내는 동사의 특성을 빗댄 표현
축구공	성질이나 상태를 나타내는 형용사의 특성을 빗댄 표현
동사는 명사의 어머니	동사의 움직임이 있어서 명사가 만들어진다는 의미임.

구절 풀이

- **동사는 형용사보다 힘이 셀 수밖에 없다.:** 동사는 움직임을 나타내고, 형용사는 성질이나 상태를 나타내는데, 동사가 형용사를 변하게 하기 때문에 힘이 더 세다는 뜻이다.
- **동사는 사람살이를 그대로 흉내 낸 말이다.:** 동사는 사람이 살아가는 움직임을 그대로 모방하여 흉내 낸 것이라는 의미이다.

낱말 풀이

- * **선들선들:** 서늘한 바람이 가볍고 부드럽게 자꾸 부는 모양.
- * **위풍당당한:** 풍채나 기세가 위엄 있고 떳떳한.
- * **모방:** 다른 것을 본뜨거나 본받음.

답 명사, 형용사, 명사, 자연, 움직임(변화)

01 이 글에 대한 설명으로 적절한 것은?

① 글쓴이의 체험을 진솔하게 고백하고 있다.
② 우리 언어생활이 지닌 문제점을 논리적으로 지적하고 있다.
③ 동사, 형용사, 명사의 공통점을 분석하여 설명하고 있다.
④ 동사의 올바른 사용의 필요성에 대한 주장을 펼치고 있다.
⑤ 동사, 형용사, 명사의 특성을 다른 대상에 빗대어 쉽게 설명하고 있다.

02 이 글에 제시된 동사에 대한 설명과 일치하지 않는 것은?

① 움직임을 나타내는 말이다.
② 대상의 변화를 이끌어 낸다.
③ 자연과 인간의 변화를 나타낸 말이다.
④ 명사를 바탕으로 만들어지는 경우가 많다.
⑤ 사람살이의 움직임을 말로써 흉내 내어 표현한다.

03 ㉠에 대한 설명으로 적절하지 않은 것은?

① 기능으로 나눌 때 용언이다.
② 형태로 나눌 때 가변어이다.
③ 주로 동사를 꾸미는 구실을 한다.
④ 대상의 성질이나 상태를 나타낸다.
⑤ 어미와 결합하여 다양하게 활용한다.

중요
04 이 글을 바탕으로 할 때 동사, 형용사, 명사에 대한 이해로 적절하지 않은 것은?

① 형용사는 동사와 달리 대상의 성질이나 상태를 나타낸다.
② 우리가 사용하는 말 중에는 동사에서 만들어 낸 명사도 있다.
③ 명사는 '소나무', '눈', '바람' 등과 같이 자립하여 홀로 쓰일 수 있다.
④ 동사는 자연이나 인간의 변화하는 속성을 가장 많이 반영한 말이다.
⑤ 명사와 형용사에 해당하는 말들은 동사와 결합할 때만 문장에서 제 기능을 발휘할 수 있다.

05 다음 중 품사가 나머지와 다른 하나는?

① 먹다 ② 기쁘다
③ 웃다 ④ 싸우다
⑤ 달리다

서술형
06 (라)의 내용을 바탕으로 ㉡과 같이 말한 이유를 〈조건〉에 맞게 쓰시오.

조건
• (라)에 제시된 구체적인 단어들을 예로 들어서 설명할 것.

100점 특강

이 글의 전개 방식과 품사의 특성

글쓴이는 어린 소나무가 자연과 관계를 맺으면서 성장하는 과정에 빗대어 동사, 형용사, 명사의 특성을 설명하고 있다. 글쓴이는 '소나무, 눈, 비, 바람, 햇빛'과 같은 명사가 서로 관계를 맺지 않고 떨어져 있으면 아무런 변화가 일어나지 않는다고 말한다. 명사가 동사를 만나서 '어린 소나무'에 영향을 줄 때 소나무는 거목으로 자란다는 것이다. 또 '작다, 가늘다, 여리다'는 어린 소나무의 성질이나 상태를 나타내는 형용사인데, 움직임을 나타내는 동사와 결합하여 거목의 특성인 '크다, 굵다, 단단하다'로 바뀐다고 예를 들어 설명하고 있다.

명사	다른 말과 관계를 맺을 때 변화하고 제 기능을 함.	소나무, 눈, 비, 바람, 햇빛 등
형용사	성질이나 상태를 나타냄.	작다, 가늘다, 여리다, 크다, 굵다, 단단하다 등
동사	움직임을 나타내고 변화를 이끌어 냄.	흩날리다, 내리다, 불다, 쏟아지다 등

동사가 다른 말보다 힘이 세다고 말한 이유

글쓴이는 동사가 움직이는 성질이 있어서 성질이나 상태를 가만히 유지하려는 형용사에 변화를 일으킨다고 하였다. 또, '자다 → 잠', '싸우다 → 싸움', '웃다 → 웃음' 등 동사의 움직임을 통해서 다양한 명사가 만들어진다고 말한다. 또한 글쓴이는 사람과 사물도 대자연의 변화 속에서 살아가며, 사람의 삶도 변화, 즉 움직임으로 나타난다고 보았다. 동사는 특히 이러한 움직임을 말로써 흉내 낸 것이기 때문에 동사가 다른 어떤 말보다 힘이 세다고 하였다.

대단원 평가

[01~04] 다음 글을 읽고 물음에 답하시오.

(가) 언어의 형식이 언어권마다 다르다고 하여 한 언어권 안에서 개인이 마음대로 형식을 바꾸어 쓸 수는 없다. 우리나라에서 어떤 사람이 '물'을 '불'이라고 바꾸어 "물 한 잔 줘."라는 표현을 "불 한 잔 줘."라고 말한다면 올바른 소통이 될 수 없다. 왜냐하면 일정한 의미를 표현하는 형식은 사회 구성원 전체의 약속에 의해 이미 결정되어 있기 때문이다.

(나) 언어에 대한 사회적 약속은 고정되어 있지 않아 시대의 흐름에 따라 달라지기도 한다. 오늘날 우리가 '물'이라고 말하는 그 대상에 대하여 조선 시대에는 '믈'이라는 형식으로 표시했다. 즉 조선 시대에는 '믈'이라는 형식으로 약속했다가 오늘날 우리 사회에서는 모든 구성원들이 '물'이라는 형식을 쓰기로 약속하고, 그에 따라 언어생활을 영위하고 있는 것이다.

(다) 하나의 단어나 문장의 규칙을 익힌 후에는 그 규칙을 이용하여 새로운 단어나 문장을 무한하게 만들어 낼 수 있다. '시원한 물 좀 마셔.'라는 말을 통해 규칙을 익혔다면 '시원한 음료 좀 마셔.'라는 말을 만들어 쓸 수 있다. 또한 '차가운 물 좀 마셔.'와 같은 말도 만들 수 있다. 이처럼 인간이 새로운 말을 만들어 쓸 수 있다는 점은 동물의 언어와 달리 인간의 언어가 가지는 가장 큰 특성이다.

(라) "이제는 달라지는 거다."
하고 그는 외쳤다. 그리고 지금부터 침대를 '사진'이라고 말하기로 했다.
"나는 피곤해. 사진 속으로 들어갈 테야."
라고 그는 말했다. 그래서 그는 아침마다 오랫동안 사진 속에 누워 있었다. 그럼 의자는 무엇이라고 부를까, 곰곰이 생각해 보고 그는 의자를 '괘종시계'라고 부르기로 했다. 즉 그는 일어나면 옷을 입고 괘종시계 위에 앉아 책상 위에 팔을 짚었다. 그러나 책상은 이미 책상이라고 불리지 않았다.
책상은 이제 ㉠양탄자라고 불리게 되었던 것이다.

(마) 회색 외투를 걸친 이 늙은 남자가 사람들을 이해할 수 없게 되었다는 것은 그렇게 나쁘지 않았다. 이보다 훨씬 더 나쁘게 된 것은 사람들이 이제는 그를 이해할 수 없게 된 것이었다. 그래서 그는 말을 하지 않았다. 그는 침묵했고, 자기 자신하고만 이야기했고, 다른 사람에게 인사조차 하지 않게 되어 버렸다.

01 (가)~(마)를 바탕으로 할 때, 언어에 대한 설명으로 적절하지 않은 것은?

① 언어는 일정한 사회적 약속에 의해 쓰인다.
② 언어를 사용할 때에는 일정한 규칙에 따른다.
③ 언어의 창조성은 인간의 언어에서만 확인된다.
④ 언어는 언어권마다 형식이 다르게 나타날 수 있다.
⑤ 언어의 형식과 내용은 필연적 이유에 따라 결합된다.

02 (나)의 핵심 내용을 뒷받침하기에 적절한 예는?

① '어서 오십시오.'를 경상도 지역에서는 '어서 오이소.'라고 말한다.
② '곶 됴코 여름 하나니'라는 말은 오늘날 '꽃 좋고 열매가 많으니'로 발음과 표기가 달라졌다.
③ '나 언니에게 정말 사랑해.'는 우리말 규칙에 어긋난 문장으로 정확한 의미를 전달하기 어렵다.
④ 외래어를 순우리말로 바꾸자는 움직임에 따라 '네티즌'을 '누리꾼'이라고 바꾸어 쓰자는 의견이 제시되었다.
⑤ 사랑을 표현하는 말은 영어에서는 'I love you.(아이 러브 유)', 독일에서는 'Ich liebe dich.(이히 리베 디히)'로 서로 다르다.

중요 | 서술형

03 (가)를 바탕으로, 〈보기〉에서 제기한 질문에 대한 적절한 답을 〈조건〉에 맞게 서술하시오.

보기

'똑같은 의자, 침대, 사진. 나는 언제나 책상을 책상이라 말하고, 그림을 그림이라 말하고, 침대는 침대라 부르고, 의자는 의자라고 부른다. 도대체 왜 그렇게 불러야만 한단 말인가?'
프랑스인들은 침대를 '리', 책상을 '타블'이라고 말하고, 그림은 '타블로', 의자는 '셰에즈'라 부른다. 그 말들을 사용하여 그들은 의견을 주고받는다. 중국인들도 그들끼리 역시 이런 식으로 의사소통한다.
'무엇 때문에 침대를 사진이라고 부르면 안 된단 말인가.'

조건

• (가)의 내용을 언급하되, 언어의 본질을 용어로 정리할 것.
• 두 문장으로 서술할 것.

04 ⓐ~ⓔ 중 ㉠이 지니는 특성과 관련성이 가장 적은 것은?

> "그런 식으로 ⓐ새로운 말이 만들어지는 건 맞다만, 펜은 어떻게 되는 거니? 펜이 꼭 그…… ⓑ그런 말로 바뀌어야 할까? 펜이라는 말은 오랜 역사를 가지고 있어. 펜은 깃털이라는 뜻을 가진 라틴어 '피나'에서 온 말인데, 깃털로 만든 펜이 최초의 필기도구였기 때문에 피나가 ⓒ'펜'이라는 말이 된 거야. 펜은 ⓓ하늘에서 뚝 떨어진 말이 아니야. 펜이 된 데에는 그럴 만한 이유가 있어."
> 닉이 말했다.
> "ⓔ프린들이라는 말도 그럴 만한 이유가 있어요. 어차피 '피나'라는 말도 누군가 만들어 낸 것 아니에요?"

① ⓐ ② ⓑ ③ ⓒ ④ ⓓ ⑤ ⓔ

05 다음 문장을 규칙에 맞게 고쳐 쓰기 위한 방안으로 적절하지 않은 것은?

> 할아버지께서 어제 먹는다고 사 오시라고 한다.

① '사 오다'의 목적어가 빠졌으므로 '빵을', '과일을' 등의 말을 넣는다.
② 앞으로의 일을 가정하는 문장이므로 '만일', '만약'과 같은 부사를 넣는다.
③ 주어를 고려할 때 '먹는다'는 높임 표현이 적절하지 않으므로 '잡수신다'로 바꾼다.
④ 문장에서 표현하는 시간이 일치하지 않으므로 '어제'를 '이따가', '나중에'로 바꾼다.
⑤ '사 오다'의 주체를 고려할 때 높임 표현이 적절하지 않으므로 '오시라고'를 '오라고'로 바꾼다.

[06~08] 다음 글을 읽고 물음에 답하시오.

> (가) 우리말에는 ㉠'메이드 인 차이나'가 얼마나 될까? 이미 일상에서 너무나 익숙하게 사용하고 있어서 이제는 그것이 '메이드 인 차이나'인지조차 인식하지 못하는 말이 참 많다. 바로 예부터 사용해 오는 한자어가 그렇다. 우리말 어휘에서 한자어가 차지하는 비중은 70퍼센트 정도다. 일상 대화에서 쓰이는 말 가운데 순수한 우리말은 30퍼센트가 채 안 되는 셈이다.
>
> (나) 한자 문화권에 속하는 아시아의 대부분 국가가 비슷한 사정이다. 그런데 왜 일상에서 사용하는 기초적인 어휘까지 한자가 차지하고 있을까? 한자가 우리나라에 수입된 뒤로 문자를 통해 중국과 교류한 사람들은 주로 정치권의 위정자나 학문, 종교, 예술 등의 분야에 있던 전문가였다. 그렇다면 우리 어휘 체계에 침투한 한자어는 전문어나 학술어 같은 추상어에 그쳐야 마땅하다. 그런데 우리말에 뿌리박은 한자어를 살펴보면 가장 기초적인 어휘까지 한자어로 대체되었음을 알 수 있다. 구체적인 사물은 물론이거니와 아주 기본적인 서술하는 말, 꾸미는 말, 이어 주는 말까지도 ㉡우리말이 아닌 한자어가 그 역할을 대신하고 있는 현실과 마주하게 된다.

중요

06 〈보기〉를 고려할 때, (가), (나)를 읽은 후의 반응으로 적절한 것은?

> 보기
> 우리가 쓰는 말은 크게 고유어와 외래어로 나눌 수 있다. 원래부터 우리말로 쓰던 말이나 그 말들이 어우러져 새로 만들어진 말을 고유어라 하고, 다른 나라로부터 들어왔지만 우리말처럼 쓰이는 말이 외래어다. 바람, 어머니, 구름 등은 고유어이고, 텔레비전, 버스, 컴퓨터 등이 외래어다. 우리말에서 쓰이는 한자어는 원래 외래어지만 그 성격이 다르다. 오래도록 우리말처럼 쓰여 왔고, 우리가 만들어 쓰는 한자어도 있기 때문이다. 그래서 어떤 학자는 한자어를 준고유어라고 말하기도 했다.

① 한자어는 이제 완전한 고유어로 생각해야 되겠군.
② 우리가 쓰는 한자어를 모두 고유어로 바꾸는 것은 어려운 일이겠군.
③ 한자어가 다른 외래어보다 더 가치 있는 말이라는 점을 깨달아야겠군.
④ 앞으로는 외래어를 되도록 쓰지 말고 고유어를 바르게 쓰려고 노력해야겠군.
⑤ 우리가 쓰는 우리말이 모두 한자어로 이루어져 있다는 점을 알려 개선을 촉구해야겠군.

07 다음 단어 중, ㉠에 해당하는 것은?

① 내일 ② 엄마 ③ 나무 ④ 모래 ⑤ 여름

대단원 평가

08 ㉡의 문맥적 의미로 적절한 것은?

① 기초적인 말
② 우리가 쓰는 말
③ 전문어나 학술어
④ 한자어가 아닌 말
⑤ 순우리말로 이루어진 말

09 다음에서 설명하는 어휘의 예로 적절한 것은?

> 사회 방언은 사회적 요인에 따라 달라진 말로, 기존의 언어가 각각의 요인에 따라 변하여 생겨난 말이다. 사회 방언의 하나인 청소년 은어는 그 변화가 빠르고 크게 나타나는데, 이미 있던 말을 이용해서 새로 만들어 쓰는 경우와, 원래 있던 말을 다른 뜻으로 쓰는 경우로 나눌 수 있다.

① 까까
② 강내이
③ 넘사벽
④ 블루투스
⑤ 초미세 먼지

서술형

10 〈보기〉는 지역에 따라 달리 쓰이는 고속 도로 표지판의 문구이다. 이를 통해 알 수 있는 언어의 본질을 〈조건〉에 맞게 쓰시오.

보기
- 시방 짜잔한 졸음하고 싸우고 있소? 쉬어 가믄 되제.
- 졸리면 쉬다 가이소~
- 졸리면 쉬었다 가셔유~

조건
- 문구의 의미가 드러나도록 쓸 것.
- 한 문장으로 서술할 것.

[11~15] 다음 글을 읽고 물음에 답하시오.

> (가) '체언, 용언, 수식언' 등으로 표시한 것은 기능에 따라 품사를 나눈 것이에요. '체언'이라는 말은 문장에서 몸의 역할을 한다는 뜻이지요. '용언'은 문장에서 서술어의 기능을 주로 한다는 기능을 보인 것이고요, '수식언'은 말 그대로 다른 품사를 수식하는 기능을 하는 것을 의미하는 것이지요. '관계언'은 품사 간의 관계를 나타내는 것, 그리고 '독립언'은 다른 품사와 관련 없이 쓰인다는 것을 나타낸 것이에요.
>
> (나) '명사, 대명사, 수사, 감탄사' 등은 단어의 의미에 따라 나눈 것입니다. 여러분에게 아주 익숙한 것들이지요? 품사들은 이름 속에 뜻이 다 들어 있답니다. '명사'가 사물의 이름을 지시한다는 것은 더 말할 필요가 없을 거예요. 이 이름을 대신해서 말하는 품사가 '대명사'이겠네요. 앞의 '대(代)'라는 한자가 '대신하다'를 의미하는 것은 다 아시지요? '수사'는 수(數)를 지시하는 품사입니다. '동사'는 동작을 나타내는 품사이며, '형용사'는 상태나 모양을 나타내는 품사겠네요.
>
> (다) 명사의 앞에 붙어서 수식하는 품사를 '관형사'라 합니다. 여기서 '관(冠)'이라는 것이 모자를 의미하는 한자입니다. 여기서 주목하실 점! 관형사의 '형(形)'이라는 한자가 형용사의 '형'과 같다는 점입니다. 두 품사가 모두 형태나 모양을 가리키는 품사라는 뜻입니다. 두 개의 품사를 혼동하시는 분들이 많습니다. '부사'의 '부(副)'라는 한자 역시 '보좌하다'라는 의미를 가졌어요. 동사나 형용사를 보좌하는 역할을 하는 품사이지요.
>
> (라) '조사'의 '조(助)' 역시 보조한다는 의미의 한자예요. 문장에서 다른 품사들의 역할을 나타내는 품사이니 다른 품사의 보조라 생각하여 이름 지은 것입니다. '서술격 조사'가 낯선 분들이 계시겠네요. 국어에서는 '나는 학생이다'와 같은 문장의 맨 마지막에 붙은 '이다'를 서술격 조사라 한답니다. '학생'이라는 명사를 서술어로 만드는 기능을 했네요. 그래서 서술어의 자격을 주는 조사라 하여 서술격 조사라고 이름 지은 거예요. ㉠'감탄사'는 감탄을 나타내는 품사이므로 굳이 설명하지 않아도 되겠죠?
>
> (마) '가다'와 같은 동사는 '가고, 가니, 가니까' 등으로 바뀌어 나타납니다. 이렇게 어미가 붙어서 형태 변화를 하는 것을 '활용'이라 합니다. 국어에서 활용을 하는 품사는 '동사, 형용사, 서술격 조사'입니다.

중요

11 (가)~(마)의 설명과 일치하지 않는 것은?

① 품사 분류의 기준은 기능, 의미, 형태이다.
② 품사의 이름은 단어의 의미에 따라 나눈 것이다.
③ 문장에서 쓰일 때 형태가 달라지는 단어도 있다.
④ 관계언은 품사 간의 관계만 나타내므로 품사로 인정받지 못한다.
⑤ 관형사와 형용사는 형태나 모양과 관련되는 의미를 가지고 있다.

12 (가)~(마)로 보아, 다음 문장에 쓰인 단어에 대한 설명으로 적절한 것은?

> 쓰레기를 그곳에 몰래 버렸다.

① '쓰레기'는 문장에서 독립되어 쓰이고 있다.
② '를'은 '쓰레기'와 '버렸다'의 관계를 정해 준다.
③ '그곳'은 '쓰레기'를 대신하여 쓰인 말이다.
④ '몰래'는 다른 단어들과 상관없이 쓰인 말이다.
⑤ '버렸다'는 기본형인 '버렸다'가 원래의 형태 그대로 쓰였다.

13 (마)와 〈보기〉를 바탕으로 할 때, 품사가 다른 하나는?

> 보기
> 대부분의 단어는 문장에서 쓰일 때 모양이 바뀌지 않지만 동사나 형용사는 쓰임에 따라 단어의 모양이 바뀌어 쓰인다. 다만 동사와 형용사가 똑같이 바뀌는 것은 아니다. 어떤 어미와 결합될 수 있는지가 동사와 형용사를 나누는 기준이 되기도 한다.

① 곱다 ② 멀다 ③ 웃다
④ 파랗다 ⑤ 행복하다

서술형
14 (가)~(마)를 바탕으로 할 때, 다음 문장의 밑줄 친 ㉮와 ㉯가 어떻게 다른지 〈조건〉에 맞게 설명하시오.

> 그(㉮) 문제를 결국 그(㉯)가 해결해야 합니다.

> 조건
> • 두 단어의 품사와 그 역할이 드러나도록 쓸 것.
> • 한 문장으로 쓸 것.

15 다음 중 ㉠이 쓰인 문장은?

① 엄마, 배고파요.
② 와우, 우리가 이겼네.
③ 좋아요. 이제 떠납시다.
④ 지후야, 그만 일어나서 씻어라.
⑤ 과연 좋은 책은 마음의 양식입니다.

16 다음 문장에 쓰인 품사가 모두 나타나 있는 문장은?

> 하늘이 몹시 뿌옇다.

① 이번엔 우리가 이기자. ② 하얀 블라우스를 샀다.
③ 숲길을 빠르게 걸었다. ④ 강아지가 제법 귀엽구나.
⑤ 오늘도 비바람이 몰아쳤다.

17 밑줄 친 두 단어의 품사가 같은 것은?

① 한 명만 남아라.
그 일을 한 사람이 누구냐?
② 그는 비판적이다.
그는 비판적 인물이다.
③ 딸 다섯에 아들 둘이다.
다섯 딸과 두 아들이 있다.
④ 만세를 누리소서.
만세! 우리가 이겼다.
⑤ 다른 일은 다 잊어 버려.
이제 다른 길로 가 보자.

서술형
18 〈보기〉를 바탕으로 다음 밑줄 친 단어의 어원과 품사를 분석하여 〈조건〉에 맞게 서술하시오.

> 보기
> 오늘날 마구 쏟아지고 있는 청소년 은어의 대부분은 줄임말이 많다. 일반적으로 단어의 첫 글자를 따서 결합하여 만드는데, '강력 추천'의 뜻을 가진 '강추'와 같은 것들이 있다. 그런데 문제는 우리말 문법 체계에 어긋나는 억지스러운 말이 많다는 것이다. 품사의 고유한 특성을 무시하기도 하고 외국어를 결합하여 정체불명의 말이 만들어지기도 한다.

> 이 게임 꿀잼이다.

> 조건
> • 단어의 의미를 풀어 품사를 분석할 것.
> • 각 품사의 기능적 측면을 바탕으로 평가할 것.
> • 한두 문장으로 쓸 것.

셋째 마당

읽기

예측하며 읽기

학습 목표

• 독자의 배경지식, 읽기 맥락 등을 활용하여 글의 내용을 예측한다.

더 알아 두기

✚ 배경지식

뜻	우리의 기억 속에 저장되어 있는 모든 경험과 지식의 총체
역할	• 정보를 선택적으로 받아들이게 함. • 여러 정보들을 일관성 있는 형태로 재구성함.
독서와의 관계	• 글을 읽을 때, 의미를 재구성하는 데 도움을 주고, 독서를 통해 기존의 배경지식이 수정되기도 함. • 독서 후, 글의 내용을 배경지식으로 저장하여 다른 글 읽기에 활용함.

1 예측하며 읽기의 뜻

독자가 자신의 지식이나 경험, 글 속의 정보, 내용의 흐름 등을 바탕으로 언급되지 않은 내용이나 이어질 내용을 미리 짐작해 보며 능동적이고 적극적으로 읽는 것

주체	독자	
활용 정보	배경지식과 경험	독자가 이미 알고 있는 기본적인 지식이나 경험
	글에 나타난 정보	글의 제목, 삽화, 겉표지, 구성 방식 등
	다양한 읽기의 맥락	글의 흐름, 사회 · 문화적 상황 등 글과 관련된 외적인 상황 맥락 등
예측 항목	• 글의 구조와 결말 • 글쓴이의 주장과 논지 • 글의 목적과 글쓴이의 의도 • 글 속에 언급되지 않은 내용과 앞으로 이어질 내용	
성격	능동적, 적극적	

2 예측하며 읽기의 필요성

(1) 글 읽기의 방향과 목적을 정할 수 있어 읽기에 집중할 수 있다.

(2) 배경지식을 적극 활용하여 글의 내용을 더 명료하게 이해할 수 있다.

(3) 수동적 읽기가 아닌 능동적 · 적극적 읽기로, 이해한 글의 내용을 더 잘 기억할 수 있다.

(4) 예측한 내용과 실제 글의 내용이 일치하는지 확인하는 과정에서 글을 읽는 재미가 증가한다.

예로 개념 확인

(가) ❶관계는 첫인상부터 시작된다.

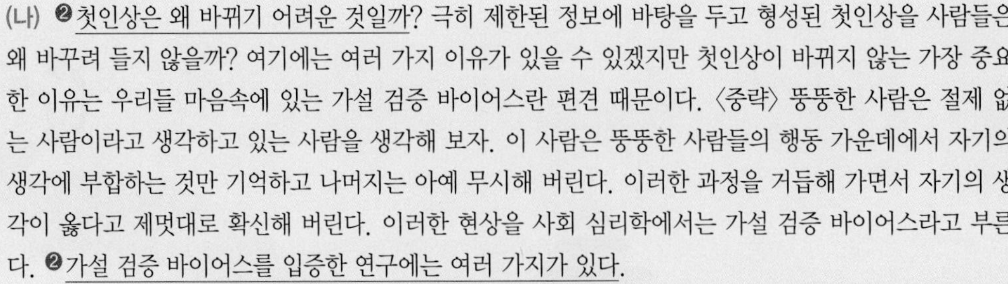

(나) ❷첫인상은 왜 바뀌기 어려운 것일까? 극히 제한된 정보에 바탕을 두고 형성된 첫인상을 사람들은 왜 바꾸려 들지 않을까? 여기에는 여러 가지 이유가 있을 수 있겠지만 첫인상이 바뀌지 않는 가장 중요한 이유는 우리들 마음속에 있는 가설 검증 바이어스란 편견 때문이다. 〈중략〉 뚱뚱한 사람은 절제 없는 사람이라고 생각하고 있는 사람을 생각해 보자. 이 사람은 뚱뚱한 사람들의 행동 가운데에서 자기의 생각에 부합하는 것만 기억하고 나머지는 아예 무시해 버린다. 이러한 과정을 거듭해 가면서 자기의 생각이 옳다고 제멋대로 확신해 버린다. 이러한 현상을 사회 심리학에서는 가설 검증 바이어스라고 부른다. ❷가설 검증 바이어스를 입증한 연구에는 여러 가지가 있다.

(다) 선입관에 의해 형성된 첫인상이 위험한 이유가 여기에 있다. 여러 가지 측면이 있을 수 있는 상대의 성격을 극히 제한된 정보를 자기의 잣대로 재단하여 자기 마음대로 형성한 것이 첫인상이기 때문이다. 이 모두가 가설 검증 바이어스 때문임은 두말할 필요가 없겠다. ❸결국 우리가 가설 검증 바이어스에 사로잡혀 있는 한, 우리 모두는 첫인상에 쓸데없는 신경을 쓸 수밖에 없다는 이야기가 된다.

– 이철우, 「관계의 심리학: 마음을 읽어 내는 관계의 기술」

❸ 예측하며 읽기의 방법

(1) 글의 종류와 형식을 고려하며 읽는다.

(2) 자신의 배경지식과 경험을 활용하며 읽는다.

(3) 글에 나타난 다양한 정보를 활용하며 읽는다.

❹ 읽기 과정에 따른 예측하며 읽기

읽기 과정	활용 정보	예측 내용
읽기 전	제목, 차례, 글쓴이, 겉표지, 삽화	글의 내용, 목적, 글쓴이의 의도
읽는 중	글에 제시된 정보	다음에 이어질 내용, 글의 구조나 결말, 생략된 부분
읽은 후	글의 전체 내용	글이 독자와 사회에 미치는 영향

❺ 예측하며 읽기에 유용한 질문

- 이 글은 어떤 방식으로 전개될까?
- 이 글은 독자에게 어떤 영향을 미칠까?
- 제목이나 차례로 보아 어떤 내용을 다루고 있을까?
- 글쓴이의 의견을 뒷받침하는 근거에는 무엇이 있을까?
- 글쓴이는 어떤 사람이고, 어떤 의도로 이 글을 썼을까?
- 글에 주어진 정보를 참고할 때, 다음에 이어질 내용은 무엇일까?

더 알아 두기

✚ 배경지식 활용 방법
- 글과 관련한 자신의 배경지식이나 경험을 떠올린다.
- 책이나 인터넷을 통해 글과 관련된 다른 배경지식을 탐색한다.
- 독서를 통해 새롭게 알게 된 내용을 자신의 배경지식으로 기억한다.

✚ 글에 나타난 정보 활용 방법
- **글의 제목:** 내용이나 주제 예측
- **글의 소제목:** 내용이나 구조 예측
- **삽화, 사진, 도표:** 글의 내용 예측

✚ 글의 종류나 형식 활용 방법
- **기사문:** 표제, 부제, 사진 등을 참고하여 기사의 내용 예측
- **논설문:** 제목과 문제 제기 등을 참고하여 글쓴이의 주장 예측

✚ 글의 내용이 독자와 사회에 미치는 영향

글은 독자 개인의 감정이나 생각에 영향을 미칠 수도 있지만 더 나아가 정치, 문화, 정책, 교육, 윤리, 역사 등의 분야에 영향을 미칠 수 있다.

❶ **읽기 전:** 제목을 보면, 이 글은 사람들 사이의 '관계'에 대한 글임을 알 수 있고, 특히 '첫인상'으로 관계가 시작된다고 했으므로 관계 맺기에서 첫인상의 영향력이 큰 이유와 바람직한 관계를 맺기 위해 우리가 고려해야 할 것들에 대한 내용이 전개될 것임을 예측해 볼 수 있다.

❷ **읽는 중:** 첫인상이 바뀌기 어려운 이유에 대해 질문하고 있으므로 다음에 이어질 내용이 첫인상이 바뀌기 어려운 이유라는 점을 예측할 수 있고, 글을 읽으면서 그 이유가 가설 검증 바이어스 때문이라는 점을 확인할 수 있다. 또한 가설 검증 바이어스를 입증한 연구에 여러 가지가 있다고 언급하고 있으므로, 앞으로 가설 검증 바이어스에 대한 여러 가지 연구 결과가 나올 것임을 예측할 수 있다.

❸ **읽은 후:** 이 글은 가설 검증 바이어스 이론을 통해 첫인상이 잘 바뀌지 않는다는 점을 설명하면서 선입견에 의해 형성된 첫인상이 위험할 수 있다고 설명한다. 이 글은 독자에게 잘못된 선입견을 가지지 않도록 하며, 또 자신의 첫인상에 더욱 신경을 쓰도록 하는 방향으로 영향을 줄 수 있다.

1 군사들에게 종이옷을 보낸 인조 | 조희진

• **해제:** 조선 시대 때 인조가 군사들에게 종이옷을 보낸 이야기를 통해 종이옷의 개념과 만드는 방법, 효과, 종이옷에 활용된 낙폭지의 쓰임새를 설명한 글이다. 일화를 통해 종이옷에 담긴 왕의 마음과 지혜를 알기 쉽게 설명하고 있다.

• **주제:** 종이옷에 담긴 왕의 마음과 삶의 지혜

| 내용 연구

인조가 군사들에게 보낸 종이옷

인조 ⟶ 군사
↓

종이옷	
뜻	종이를 잘 활용한 옷
제작 방법	옷감과 옷감 사이에 종이를 넣어 꿰맴.
종이의 효과	• 찬바람을 막음. • 솜이 미끄러지는 것을 막음.

| 구절 풀이

• **적들의 칼날을 ~ 여기지 않겠는가.:** 인조는 적들과의 싸움 이전에 병사들이 겪는 어려움이 추위라고 생각하고, 백성의 부모인 임금으로서 그들을 불쌍하게 여기고 있다.

• **인조가 변방의 ~ '종이를 잘 활용한 옷'입니다.:** 종이옷은 우리의 상상대로 종이만으로 만든 옷이 아니라 옷감 사이에 종이를 넣는 방법으로 종이를 활용한 옷이다.

| 낱말 풀이

* **변방:** 중심지에서 멀리 떨어진 가장자리 지역.
* **측은하게:** 가엾고 불쌍하게.
* **명주:** 명주실로 무늬 없이 짠 천.
* **갖옷:** 짐승의 털가죽으로 안을 댄 옷.
* **방한 용품:** 추위를 막기 위한 물건.

(가)

아침이 되자, 인조는 곧 도승지를 불러오라 명했습니다. 그리고 말했습니다.

"*변방에는 두꺼운 얼음이 얼어 추위와 굶주림을 견디기 어려운데, 병사들이 춥고 의지할 곳이 없으니 두려운 마음이 생기기 쉬울 것이다. •적들의 칼날을 마주치기도 전에(적들과의 싸움 이전에) 고달픔이 이와 같으니 백성의 부모 된 처지(임금)에 어찌 이를 *측은하게 여기지 않겠는가."

"예, 전하. 그 말씀이 타당하옵니다."

도승지가 한 손에 붓을 쥔 채 대답했습니다.

"도승지는 받아 적으라. 서쪽 변방을 지키느라 고생하는 장수와 병사들을 헤아려 등급을 나눈 다음, 비단과 *명주 같은 옷감을 주어 나의 마음을 전하도록 하라(백성을 측은하게 여기는 마음). 그리고 군졸들에게도 솜옷, 개가죽으로 만든 *갖옷, 종이옷을 고르게 나누어 주고 그들이 조정의 지극한 뜻을 저버리지 않도록 각별히 보살피라고 비변사와 병조, 호조에 전하라."

▶ 변방을 지키는 군사들에게 [   ]을/를 나누어 주라고 명령하는 인조

(나) •인조가 변방의 군사들에게 보내려 한 '종이옷'이란 우리의 상상처럼 종이를 오려 붙여 만든 옷이 아니라 '종이를 잘 활용한 옷'입니다. 즉 옷감과 옷감 사이에 종이를 넣어 만든 옷을 말하는 겁니다. 그런데 왜 옷감 사이에 종이를 넣느냐구요?(질문 형식을 통한 독자들의 흥미 유발)

목화를 키우기 어려운 변방에서 군사들이 따뜻하게 겨울을 날 수 있을 만큼 많은 솜을 구하는 게 결코 쉬운 일이 아니었습니다. 변방이 아닐지라도 조선의 생산 환경 속에서 솜은 늘 부족하기 마련이었지요. 그런 상황에서 솜을 대신하고, 솜과 함께 썼을 때 그 효과를 최대로 높일 수 있는 재료가 바로 종이였습니다.(옷감에 종이를 넣는 이유)

▶ 종이옷의 뜻과 제작 이유

(다) 종이옷을 만드는 방법은 아주 간단합니다. 옷감과 옷감 사이에 종이를 넣어 꿰매면 끝이지요.(종이옷을 만드는 방법) 비록 두툼한 솜만큼 따뜻하지 않을지라도 옷감 사이에 종이를 넣어 꿰매 입으면, 옷감만으로 옷을 지었을 때보다 찬바람을 막는 효과(종이옷의 효과 ①)가 한층 커집니다.

무엇보다도 이때 사용한 것은 닥나무(종이의 주재료)로 만든 종이였기 때문에 쉽게 찢어지지 않을 뿐만 아니라 두께가 얇고 가벼워서 옷감 사이에 집어넣어도 전혀 불편함이 없었습니다. 솜을 아주 조금밖에 넣지 못할 때라도 종이와 함께 바느질하면 옷감과 종이, 솜이 서로 겹쳐져서 더욱 효과적으로 바람이 통하는 것을 막을 수 있었습니다. 그리고 이렇게 옷을 만들면 공기층이 여러 겹 생기기 때문에 두께가 얇아도 추위를 더욱 잘 막아 주는 옷이 됩니다.

뿐만 아니라 솜과 종이, 옷감을 함께 바느질하면 종이의 거칠거칠한 표면 덕분에 마찰력이 생겨서 솜이 미끄러져 아래쪽으로 늘어지거나 떨어지는 것을 막을 수 있습니다(종이옷의 효과 ②). 종이의 이런 효능은(종이옷의 효과 ①~②) *방한 용품이 턱없이 부족한 변방에서 군사들의 추위를 막는 데 아주 큰 도움이 되었지요.

▶ 종이옷의 제작 방법과 [   ]

탑 옷, 효과

01 이와 같은 글을 예측하며 읽을 때, 고려할 점으로 적절하지 않은 것은?

① 제목을 통해 글의 내용을 예측하며 읽는다.
② 글이 독자들에게 미칠 영향을 예측하며 읽는다.
③ 글쓴이에 대한 정보를 바탕으로 글의 의도를 예측하며 읽는다.
④ 글에 나타난 정보를 바탕으로 생략된 내용을 예측하며 읽는다.
⑤ 글쓴이가 제기한 문제를 참고하여 주장하고자 하는 내용을 예측하며 읽는다.

중요

02 이 글을 예측하며 읽는 과정에서 독자가 떠올릴 만한 질문으로 적절하지 않은 것은?

① 제목으로 보아 역사적인 일에 대한 내용이 아닐까?
② 인조가 병사들을 측은히 여겨 한 행동은 무엇일까?
③ 종이옷의 뜻이 시대에 따라 달라지는 이유가 무엇일까?
④ 종이옷을 만드는 방법이 간단하다고 했는데, 구체적인 방법을 알려 줄까?
⑤ 종이옷이 방한의 효과가 크다고 하는데, 이 글을 읽는 독자들이 종이옷을 활용한 옷을 만들 수 있지 않을까?

03 (가)를 보고 〈보기〉와 같이 예측했을 때, 예측의 근거로 적절한 것은?

> 보기
> 군사들에게 종이옷을 보낸 인조의 일화는 글쓴이가 역사서나 사료에서 인용하여 재구성한 것이 아닐까?

① 글의 제목 ② 글의 형식 ③ 글의 갈래
④ 글의 출처 ⑤ 글의 편집 방법

04 (나)를 읽고 알 수 있는 내용으로 적절하지 않은 것은?

① 목화를 통해 솜을 얻을 수 있다.
② 조선에서 솜을 구하기는 어려웠다.
③ 우리가 상상한 종이옷과 실제 종이옷은 같다.
④ 종이가 솜을 대신하거나 솜의 효과를 높일 수 있다.
⑤ 인조가 군사들이 따뜻하게 겨울을 날 수 있기를 바라는 마음에서 옷을 보냈다.

서술형

05 〈보기〉는 (다)를 읽은 학생의 사고 과정을 서술한 글의 일부이다. 학생의 읽기 과정에 나타난 예측하며 읽기 방법을 15자 내외로 서술하시오.

> 보기
> 예전에 얇은 옷을 여러 겹 겹쳐 입는 것이 멋을 위해서뿐만 아니라 보온성도 높여 준다는 내용의 기사를 읽은 적이 있어. 옷감과 옷감 사이에 종이를 넣는 것이 얇은 옷을 겹쳐 입는 것과 비슷하니, 아마 종이옷은 보온의 효과가 있지 않을까?

100점 특강

인조의 명령에 담긴 마음

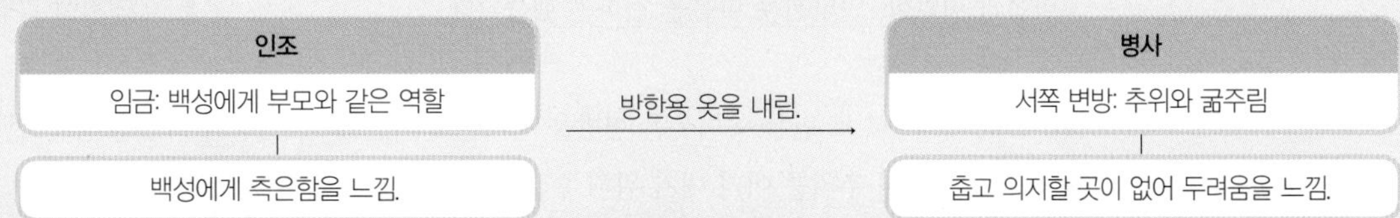
인조
임금: 백성에게 부모와 같은 역할
백성에게 측은함을 느낌.
방한용 옷을 내림.
병사
서쪽 변방: 추위와 굶주림
춥고 의지할 곳이 없어 두려움을 느낌.

➡ 인조는 부모 된 마음으로 변방에서 추위와 굶주림에 떠는 병사를 위해 방한용 옷(옷감, 솜옷, 갖옷, 종이옷)을 마련해서 보내라고 명령하고 있다.

종이옷의 개념과 효과

개념	옷감과 옷감 사이에 종이를 넣어 꿰매는 방법으로 종이를 활용해 만든 옷
효과	• 찬바람과 추위를 막음. • 솜이 미끄러지는 것을 막음.

1 군사들에게 종이옷을 보낸 인조

내용 연구

낙폭지의 뜻과 쓰임새

뜻	과거 시험에 낙방한 사람들의 답안지
쓰임새	• 추위를 막음. • 벽이나 가구의 안쪽에 바름. • 바구니, 가방, 신발을 만듦.

구절 풀이

- **그러니 귀하기로 ~ 바로 종이였지요.**: 옷감 못지않게 종이를 만드는 과정에 많은 정성과 노고가 필요하기 때문에 종이가 귀하다고 말하고 있다.
- **먹물로 쓴 ~ 문제가 없었습니다.**: 재활용했기 때문에 지저분해 보여도 옷감과 겹쳐 넣었을 때 방한의 효과는 그대로라는 의미이다.

낱말 풀이

- * **잿물**: 짚이나 나무를 태운 재를 우려낸 물.
- * **대발**: 대를 엮어서 만든 발.
- * **절박한**: 어떤 일이나 때가 가까이 닥쳐서 몹시 급한.
- * **산물**: 어떤 것에 의하여 생겨나는 사물이나 현상을 비유적으로 이르는 말.

(가) 예전에 솜만큼이나 귀한 것이 종이였습니다. 그도 그럴 것이 종이를 만드는 과정에서 많은 정성과 노고가 필요했으니까요. 종이를 만들기 위해서는 우선 닥나무를 베어 커다란 솥에 넣고 쪄서 겉껍질을 모두 벗겨 내야 했습니다. 그리고 고운 속껍질을 모아 *잿물에 삶아서 한참 동안 불렸다가 맷돌로 곱게 갈거나 방망이로 두들겨 닥나무의 섬유를 잘게 찢었지요. 이것을 풀과 섞어 한 장, 한 장 *대발로 종이를 떴습니다. 끝이냐고요? 천만에요! 물기를 빼고 뜨거운 돌 위에 얹어 한 장씩 말려야 비로소 종이 한 장을 얻을 수 있었습니다. •그러니 귀하기로 따진다면 옷감 못지않은 물건이 바로 종이였지요.

▶ 종이를 만드는 과정에 담긴 정성과 노고

(나) 그 때문에 나랏일에 필요한 문서나 책을 만들 때를 제외하고는 새 종이를 마음껏 쓸 수가 없었습니다. ㉠한 번 사용한 종이라도 잘 모아 두었다가 재활용하는 것은 습관처럼 당연한 일이었지요. 군사들에게 보낸 종이도 그런 재활용품인 '낙폭지'였습니다. 낙폭지란 과거 시험에 낙방한 사람의 답안지를 말합니다. 종이가 워낙 귀했던 때라 선비들의 답안지까지 분리수거해서 알뜰하게 사용한 것이지요. ㉡•먹물로 쓴 글자 때문에 다소 지저분해 보이긴 해도 종이의 성질은 그대로라서 옷감 안쪽에 넣는 데에는 아무런 문제가 없었습니다.

▶ [   ]을/를 사용하는 이유

(다) ㉢이렇듯 사람들이 낙폭지를 빼돌린 것은 그 쓰임새가 무척 다양했기 때문입니다. 비록 한 번 사용한 종이지만 낙폭지는 벽이나 가구의 안쪽을 바를 때에도 요긴하게 쓰였고, 가늘고 길게 찢어서 꼬아 엮으면 바구니나 가방, 신발을 만드는 좋은 재료가 되었습니다. 종이의 성질이 치밀하고 질기기 때문에 가능한 일이었지요.

㉣이렇게 일상생활에 쓰임이 많고 추위를 막는 데에도 탁월한 효과가 있다 보니, 낙폭지를 원하는 사람이 적지 않았고 시험을 감독한 감독관들조차도 그 욕심을 버리지 못했던 것입니다.

▶ 낙폭지의 다양한 쓰임새

(라) 조선의 역사와 정치, 일상생활을 담은 『조선왕조실록』에서, 낙폭지로 만든 종이옷에 관한 기록은 외세의 침략에 반복적으로 시달렸던 시기에 유난히 자주 등장합니다. ㉤선조부터 광해군, 인조에 이르기까지 여러 왕들이 겨울이 되면 어김없이 낙폭지를 구해 변방으로 보내어 군사들에 대한 고마움과 미안함, 안타까운 마음을 전하곤 했습니다.

▶ 낙폭지에 담긴 왕의 마음

(마) 그러니 낙폭지로 만든 종이옷은 변방을 지키는 군사들에 대한 왕의 마음을 담은 선물이자, *절박한 환경 속에서 추위를 이겨 내기 위해 수없이 고민한 결과로 탄생한 지혜의 *산물인 셈입니다.

▶ 종이옷에 담긴 [   ]와/과 [   ]

답 낙폭지, 왕의 마음, 지혜

06 (가)~(마)를 통해 알 수 있는 내용으로 적절하지 않은 것은?

① 종이의 주재료는 닥나무이다.
② 군사들에게 보낸 종이는 한 번 사용한 종이이다.
③ 사람들이 낙폭지를 빼돌리는 이유는 쓰임새가 다양했기 때문이다.
④ 조선 시대의 종이옷은 절박한 추위를 이겨 내기 위한 하나의 수단이었다.
⑤ 변방을 지키는 군사들이 많아지는 시기에는 오히려 낙폭지의 가치가 떨어졌다.

07 (가)의 중심 내용으로 적절한 것은?

① 종이는 만드는 과정이 번거롭지만 활용도가 매우 높다.
② 종이를 만드는 과정에서 다양한 과학적 원리가 적용된다.
③ 종이는 친환경적으로 제작되기 때문에 다른 옷감보다 귀하다.
④ 종이는 많은 노고를 들여 만들기 때문에 꼭 재활용해야 한다.
⑤ 종이는 만드는 데 많은 정성이 필요하기 때문에 솜만큼 귀했다.

서술형

08 '종이옷'에 담긴 의미를 〈조건〉에 맞게 구체적으로 서술하시오.

조건
• '종이옷'에 담긴 왕의 마음과 종이옷의 효과를 고려하여 서술할 것.

중요

09 읽기 과정에 따라 글을 예측하며 읽을 때, 이 글을 읽은 후에 독자의 반응을 예측한 것으로 적절한 것은?

① 제목을 보면 인조가 군사들에게 종이옷을 보낸 이유가 분명 있을 거야.
② 나랏일에 필요한 문서나 책을 만들 때에는 새 종이를 쓸 수 있었을 거야.
③ 이 글을 정치가가 읽는다면, 종이옷에 담긴 인조의 마음에서 교훈을 느낄 거야.
④ 외세의 침략에 반복적으로 시달렸던 시기에는 종이옷에 대한 필요성이 더욱 높았을 거야.
⑤ 설명문이라는 글의 종류를 고려하면 종이옷에 대한 독자들의 이해를 돕기 위한 내용일 거야.

10 ㉠~㉤을 바탕으로 글의 내용을 예측한 것으로 적절하지 않은 것은?

① ㉠: 재활용은 종이의 부족함을 해결하는 방법일 것이다.
② ㉡: 옷감 안쪽에 넣기 위해 필요한 종이의 성질은 먹물로 쓴 글자와는 무관할 것이다.
③ ㉢: 내용의 흐름을 보니 낙폭지의 쓰임새가 뒤에 나올 것이다.
④ ㉣: 낙폭지를 원하는 사람들은 시험을 감독하는 감독관이 되기 위해 열심히 공부했을 것이다.
⑤ ㉤: 변방의 군사들은 겨울에 왕이 보내 준 낙폭지로 만든 옷을 받을 수 있었을 것이다.

100점 특강

종이를 만드는 과정

닥나무를 베어 솥에 넣고 쪄서 겉껍질을 벗겨 냄. → 속껍질을 모아 잿물에 삶아 불림. → 맷돌로 갈거나 방망이로 두들겨 닥나무의 섬유를 잘게 찢음. → 풀과 섞어 한 장씩 대발로 종이를 뜸. → 물기를 빼고 뜨거운 돌 위에 얹어 한 장씩 말림.

➡ 만드는 데 많은 정성과 노고가 필요한 종이는 귀하게 생각되었기 때문에, 나랏일에 필요한 문서나 책을 만들 때를 제외하고 새 종이를 마음껏 쓸 수 없는 환경이었다.

종이옷에 담긴 의미

왕의 마음	+	지혜의 산물
변방의 추위에서 나라를 지키는 군사에 대한 고마움과 미안함, 안타까움		재활용한 낙폭지를 사용하여 방한의 효과를 얻음.

2 고래들의 따뜻한 동료애 | 최재천

지문 연구

• **해제:** 길에서 장애인을 배려하지 않는 상황을 경험한 글쓴이가 고래들의 따뜻한 동료애를 근거로 들어, 장애인에 대한 따뜻한 배려의 자세를 배우고 그들이 당당하게 삶을 꾸릴 수 있는 사회적 여건을 만들어 주자는 설득적 내용의 글이다.

• **주제:** 고래들의 동료애를 통해 배울 수 있는 장애인에 대한 배려의 자세

몇 년 전 일이다(과거의 경험 회상). 어디론가 가기 위해 바삐 걷던 중 저만치 앞에서 휠체어를 탄 장애인이 차도로 내려서는 걸 보았다. 위험할 터인데 왜 저러나 싶어 살펴보니 그의 앞에 큼직한 자동차가 인도를 꽉 메운 채 버티고 있는 게 아닌가. 어쩔 수 없는 상황(큼직한 자동차가 인도를 꽉 메운 채 버티고 있는 상황)에서 차도로라도 돌아가려는 그에게 차들은 한 치의 양보도 하지 않았고 심지어는 요란하게 *경적을 울리는 이들도 있었다(장애인을 배려하지 않는 모습).

나는 황급히 그에게 다가가 그의 휠체어 손잡이를 잡으며 도와드리겠다고 했다. °그러나 나의 도움은 아무런 효과가 없었다. 차들은 여전히 매정하게 우리 앞을 가로지르고 있었고 세워 달라고 내가 손을 흔들 때면 더 빠른 속도로 달려오곤 했다. 그러자 그는 나에게 휠체어는 혼자서도 운전할 수 있으니 미안하지만 차도로 내려가 오는 차들을 잠시 멈춰 줄 수 있겠느냐고 부탁했다. °그러면서 자기처럼 장애인은 되지 않도록 조심하라는 당부를 잊지 않았다.

나는 곧바로 차도에 뛰어들어 달려오는 차들을 막아 세웠고, 그는 차도로 우회한 후 다시 인도로 올라가던 길을 계속 갈 수 있었다.

그는 비교적 말이 적은 사람이었다. 아니면 방금 벌어진 일(장애인을 배려하지 않는 모습)을 되새기며 씁쓸해하고 있었는지도 모르겠다. 어쨌든 나는 엉거주춤 그의 곁에서 그와 보조를 맞추며 그렇게 한참을 걸었다. 어색해하는 나에게 그는 먼저 서둘러 가라고 권했다. 나는 결국 그와 몇 번의 인사를 나누고 먼저 앞서 걷기 시작했다. °그러나 자꾸 몇 걸음 걷다가 뒤를 돌아보지 않을 수 없었다. 그런 나를 향해 그는 가끔 조용히 손을 흔들어 주었다.

▶ 길에서 난처한 상황에 빠진 장애인을 도운 경험

당시 나는 외국에서의 긴 연구 생활을 마치고 귀국한 지 얼마 되지 않았을 때였고 외국에 비해 장애인들이 별로 눈에 띄지 않아 의아하게 생각하던 참이었다. 하지만 우리나라가 외국보다 장애인이 적어서가 아니라 그들이 길에 나서기 너무 불편하게 되어 있기 때문(외국에 비해 장애인들이 별로 눈에 띄지 않는 이유)이라는 걸 나는 그날 비로소 깨닫게 되었다. 미국에는 건물마다 장애인들이 이용하기 쉽도록 장애인 전용 통로까지 만들어 놓았다(외국에서 찾아볼 수 있는 장애인에 대한 배려 ①). 얼마 전에는 우리나라 출신의 장애인 학생을 위해 하버드 행정 대학원이 건물 구조까지 바꿨다(외국에서 찾아볼 수 있는 장애인에 대한 배려 ②)는 기사가 신문에 실리기도 했다.

▶ 장애인에 대한 [　　　]이/가 부족한 현실

해마다 우리는 장애인의 날이면 행사를 하며 법석을 떤다. 정작 그들에게 따뜻한 눈길 한번 주지 않으면서, 길 한번 제대로 비켜 주지 않으면서 말이다. ㉠그날만 장애인을 걱정하는 것처럼 *가장하고 그동안 그러지 못했던 것을 *속죄하는 척하기만 하면 되는 것처럼 하루를 보낸다. 이제 우리는 일상생활에서 장애인과 함께 사는 법을 배워야 한다(글쓴이의 주장). 그래서 하루빨리 장애인의 날 같은 건 사라지게 말이다.

▶ 일상생활에서 장애인과 함께 사는 법을 배울 필요성

내용 연구

글쓴이의 경험과 느낀 점

차도에서 움직이지 못하는 장애인을 도움.
⬇
• 우리나라는 장애인이 길을 다니기에 매우 불편함. • 일상생활에서 장애인과 함께 사는 법을 배워야 함.

구절 풀이

- **그러나 나의 ~ 효과가 없었다.:** 내가 다가가 그를 도왔음에도 불구하고 차도로 우회하여 갈 수 없었음을 의미한다. 장애인을 배려하지 않는 매정한 현실이 드러나 있다.
- **그러면서 자기처럼 ~ 잊지 않았다.:** 차도로 내려가 오는 차를 멈추다가 사고를 당하지 않도록 조심하라는 당부이다.
- **그러나 자꾸 ~ 수 없었다.:** 장애인을 배려하지 않는 사회에서 휠체어를 타고 길을 걷는 그에 대한 걱정이 드러나 있다.

낱말 풀이

- * **경적:** 주의나 경계를 하도록 소리를 울리는 장치. 또는 그 소리.
- * **가장하고:** 태도를 거짓으로 꾸미고.
- * **속죄하는:** 지은 죄를 물건이나 다른 공로 따위로 비겨 없애는.

배려 目

01 이 글의 내용과 일치하지 않는 것은?

① '나'는 장애인의 날 같은 것이 하루 빨리 사라져야 한다고 생각한다.
② '나'는 길에서 장애인들이 별로 눈에 띄지 않는 것을 의아하게 생각하였다.
③ 외국에 비해 우리나라는 장애인이 적기 때문에 장애인을 배려하는 시설이 부족하다.
④ '나'는 차도에 내려가서 차를 막은 후에 휠체어를 탄 장애인에게 도움을 줄 수 있었다.
⑤ 휠체어를 탄 장애인은 인도를 꽉 채운 채 버티고 있는 자동차 때문에 어쩔 수 없이 차도로 돌아가는 것이다.

02 이 글을 예측하며 읽을 때, 활용할 수 있는 배경지식으로 보기 어려운 것은?

① 외국의 장애인 배려 시설 현황
② 장애인의 날에 개최하는 행사들
③ 장애인에 대한 우리나라 사람들의 인식
④ 장애인을 위한 인공 지능 발달의 필요성
⑤ 우리나라의 길을 다닐 때 장애인들이 느끼는 불편함

03 ㉠을 나타내는 사자성어로 적절한 것은?

① 다다익선(多多益善)
② 설상가상(雪上加霜)
③ 안하무인(眼下無人)
④ 일거양득(一擧兩得)
⑤ 표리부동(表裏不同)

중요

04 이 글의 다음에 이어질 내용을 예측한 것으로 적절하지 않은 것은?

① 글의 목적을 고려할 때, 장애인의 날을 반대하는 자신의 주장의 설득력을 높이기 위한 내용들이 제시될 것 같아.
② 글의 제목을 통해, 고래들이 보여 주는 따뜻한 동료애가 장애인을 대하는 우리의 태도에도 필요하다는 내용이 나올 것 같아.
③ 글의 구조를 보니, 장애인을 대하는 우리의 태도에 문제가 있다고 제기했기에 이를 해결하기 위해 필요한 자세가 나올 것 같아.
④ 글쓴이의 과거 경험이 먼저 제시된 것으로 보아, 그와 상반된 현재 경험을 대조하여 장애인을 대하는 태도가 변하고 있음을 강조할 것 같아.
⑤ 글쓴이가 과학자임을 생각하면, 인간 사회에서 나타나는 문제의 해결책으로 자연이나 과학에서 얻을 수 있는 교훈을 제안할 수 있을 것 같아.

서술형

05 〈보기〉에 제시된 글쓴이의 생각을 참고하여, 이 글을 통해 글쓴이가 말하고자 하는 바를 예측하여 서술하시오.

보기

- 우리나라는 외국에 비해 장애인들이 길을 나서기에 불편하다고 생각한다.
- 평소에 눈길 한번 주지 않으면서 장애인의 날에만 걱정하는 척하는 상황을 비판적으로 생각한다.

100점 특강

'나(글쓴이)'의 경험

상황	• 외국에서 긴 연구 생활 후 귀국한 지 얼마 되지 않았음. • 외국에 비해 장애인이 별로 눈에 띄지 않아 의아해함.
경험	차들이 길을 비켜 주지 않아 어려움을 겪는 장애인을 도움.
느낀 점	우리나라는 외국에 비해 장애인이 길을 다니기에 불편하며 장애인에 대한 배려가 부족함.

'장애인의 날'에 대한 글쓴이의 문제 제기

평소에는 장애인을 배려하지 않으면서 '장애인의 날'에만 걱정하는 모습을 '가장(假裝, 거짓)'이라고 표현하며, '장애인의 날'을 없애고 일상생활에서 장애인과 함께 사는 법을 배워야 한다고 주장하고 있다.

2 고래들의 따뜻한 동료애

| 내용 연구

고래들의 사회 모습

- 다친 동료를 여러 고래들이 둘러싸고 들어 나름.
- 그물에 걸린 동료를 구출하기 위해 그물을 물어뜯음.
- 다친 동료와 고래잡이배 사이에 뛰어들어 사냥을 방해함.
- 부상을 당한 친구가 기력을 찾을 때까지 떠받치고 있음.
- 무언가로 괴로워하는 친구 곁에 그냥 오랫동안 있어 줌.

⬇

따뜻한 동료애가 넘침.

| 구절 풀이

- **그런 친구를 ~ 머리가 숙여진다.**: 인간 사회의 모습과 대비되는 고래의 따뜻한 동료애에 대한 감탄과 반성의 마음이 담겨져 있다.
- **우리 사회의 ~ 것인지도 모른다.**: 장애인을 직접 돕는 것보다 장애인이 스스로 삶을 꾸릴 수 있는 사회적 여건과 응원이 필요함을 의미한다.

| 낱말 풀이

* **병약한**: 병으로 인하여 몸이 쇠약한.
* **개체**: 전체나 집단에 상대하여 하나하나의 낱개를 이르는 말.
* **포식자**: 다른 동물을 먹이로 하는 동물.
* **거동**: 몸을 움직임. 또는 그런 짓이나 태도.
* **기력**: 사람의 몸으로 활동할 수 있는 정신과 육체의 힘.

[A] 자연계는 언뜻 보면 늙고 *병약한 *개체들은 어쩔 수 없이 늘 *포식자의 밥이 되고 마는 비정한 세계처럼만 보인다. 하지만 인간에 버금가는 지능을 지닌 고래들의 사회는 다르다.(비정한 자연계의 모습과 다른 고래들의 사회) *거동이 불편한 동료를 결코 나 몰라라 하지 않는다.(고래들의 사회가 다르다고 말하는 까닭) 다친 동료를 여러 고래들이 둘러싸고 거의 들어 나르듯 하는 모습(고래들의 따뜻한 동료애 ①)이 고래 학자들의 눈에 여러 번 관찰되었다. 그물에 걸린 동료를 구출하기 위해 그물을 물어뜯는가 하면(고래들의 따뜻한 동료애 ②) 다친 동료와 고래잡이배 사이에 과감히 뛰어들어 사냥을 방해하기도 한다.(고래들의 따뜻한 동료애 ③)

고래는 비록 물속에 살지만 엄연히 허파로 숨을 쉬는 젖먹이 동물이다. 그래서 부상을 당해 움직일 수 없게 되면 무엇보다도 물 위로 올라와 숨을 쉴 수 없게 되므로 쉽사리 목숨을 잃는다. °그런 친구를 혼자 등에 업고 그가 충분히 *기력을 되찾을 때까지 떠받치고 있는 고래의 모습(고래들의 따뜻한 동료애 ④)을 보면 저절로 머리가 숙여진다. 고래들은 또 많은 경우 직접적으로 육체적인 도움을 주지 않더라도 무언가로 괴로워하는 친구 곁에 그냥 오랫동안 있어 주기도 한다.(고래들의 따뜻한 동료애 ⑤)

▶ 따뜻한 [ ]이/가 있는 고래 사회

°우리 사회의 장애인들에게도 휠체어를 직접 밀어 줄 사람들보다 그들이 스스로 밀고 갈 수 있도록 길을 비켜 주고 따뜻하게 함께 있어 줄 사람들이 필요한 것인지도 모른다. 그들이 당당하게 삶을 꾸릴 수 있도록 여건을 마련해 준 후 그저 다른 이들을 대하듯 똑같이만 대해 주면 될 것이다.

앞으로 좀 더 자세한 연구가 진행되어야 밝혀질 일이겠지만 남을 돕는 고래가 모두 다친 고래의 가족이거나 가까운 친척만은 아닐지도 모른다. 우리 인간이 그렇듯이 장애인 동생을 보살피는 것과 전혀 연고도 없는 장애인을 돕는 것은 근본적으로 다르다. 부상당한 고래를 등에 업고 있는 고래가 가족이나 친척으로 밝혀질 가능성은 충분히 있지만 다친 고래를 가운데 두고 보호하는 그 모든 고래들이 다 가족일 가능성은 적은 것 같다. 고래들의 사회에 우리처럼 장애인의 날이 있어 '장애 고래를 도웁시다'라는 구호를 외치며 배웠을 리 없건만 ㉠결과만 놓고 보면 고래들이 우리보다 훨씬 낫다.

▶ 장애인에 대한 따뜻한 [ ]이/가 필요함.

답 동료애, 배려

06 이 글에서 알 수 있는 고래의 모습으로 적절하지 않은 것은?

① 그물에 걸린 동료를 구출하기 위해 그물을 물어뜯는다.
② 다친 동료를 여러 고래들이 둘러싸고 거의 들어 나른다.
③ 다친 동료와 고래잡이배 사이에 뛰어들어 사냥을 방해한다.
④ 무언가로 괴로워하는 친구 곁에 그냥 오랫동안 머물러 준다.
⑤ 기력을 다한 친구가 충분히 회복할 때까지 머리를 숙이고 있다.

중요
07 이 글을 〈보기〉와 같이 읽었을 때, 얻을 수 있는 효과로 적절하지 않은 것은?

보기

글과 함께 제시된 삽화를 보니, 많은 고래들이 다친 고래를 가운데 두고 보호하고 있어. 아마 우리가 장애인을 대할 때, 다친 고래를 보호하는 다른 고래들과 같은 태도가 필요하다는 내용으로 글이 전개될 것 같아.

① 글을 읽는 재미가 늘어날 수 있다.
② 이해한 글의 내용을 더 잘 기억할 수 있다.
③ 글의 내용이 논리에 어긋나지 않는지 판단할 수 있다.
④ 글 읽기의 방향을 정할 수 있어 읽기에 집중할 수 있다.
⑤ 능동적이고 적극적으로 글을 읽는 태도를 기를 수 있다.

08 ㉠의 구체적 의미로 적절하지 않은 것은?

① 장애를 가진 동료를 위해 특별한 날을 정한다.
② 장애를 가진 동료를 결코 나 몰라라 하지 않는다.
③ 장애를 가진 친구들을 다른 이들 대하듯 똑같이 대해 준다.
④ 장애를 가진 친구들이 스스로 살아갈 수 있도록 환경을 조성한다.
⑤ 가족이나 가까운 친척이 아닌, 연고도 없는 장애를 가진 친구를 돕는다.

09 이 글이 독자와 사회에 미칠 영향을 예측한 내용으로 적절하지 않은 것은?

① 고래들이 보여 준 따뜻한 동료애에 감동받을 것이다.
② 남을 돕는 고래에 대한 자세한 연구가 진행될 것이다.
③ 평소에 장애인을 대했던 자신의 태도를 되돌아보게 될 것이다.
④ 제도적으로 장애인을 위한 특별한 날이 만들어지도록 건의할 것이다.
⑤ 장애인이 스스로 자신의 삶을 꾸릴 수 있는 사회적 분위기를 만들려고 노력할 것이다.

서술형
10 글쓴이가 [A]를 통해 전달하고자 하는 바를 〈조건〉에 맞게 서술하시오.

조건

• 인간 사회와 대비되는 모습을 중심으로 쓸 것.
• 명사로 끝나는 3어절로 쓸 것.

100점 특강

인간(우리)들의 사회와 고래들의 사회

자연계	↔	고래들의 사회
늙고 병약한 개체가 포식자의 밥이 되는 비정한 세계		• 다친 동료를 여러 고래들이 둘러싸고 들어 나름. • 그물에 걸린 동료를 구출하기 위해 그물을 물어뜯음. • 다친 동료와 고래잡이배 사이에 뛰어들어 사냥을 방해함. • 부상을 당한 친구가 기력을 찾을 때까지 떠받치고 있음. • 무언가로 괴로워하는 친구 곁에 그냥 오랫동안 있어 줌.
인간들의 사회		
장애인의 날에는 행사를 하며 법석을 떨지만 정작 평소에 장애인에 대한 배려가 부족함.		

글쓴이의 의도

글쓴이는 고래들의 사회가 우리보다 훨씬 낫다고 하면서, 따뜻한 동료애를 가진 고래들처럼 우리 사회의 장애인들이 스스로 당당하게 그들의 삶을 꾸릴 수 있도록 배려하는 자세가 필요함을 주장하고 있다.

02 요약하며 읽기

학습 목표
- 읽기 목적을 고려하여 글의 내용을 요약할 수 있다.
- 글의 특성을 고려하여 글의 내용을 요약할 수 있다.

더 알아 두기

✚ 요약하기의 효과
- 글의 요점을 정확하게 파악하는 능력을 기를 수 있다.
- 글에서 중요한 내용과 그렇지 않은 내용을 구분하는 능력을 기를 수 있다.
- 글의 내용을 이해하는 능력을 기를 수 있다.
- 글의 내용을 체계적으로 파악하여 오랫동안 기억할 수 있다.

1 요약하기의 뜻과 필요성

(1) **뜻:** 글의 주요 내용을 간추려 정리하는 것

(2) **필요성**
- 글의 핵심 내용을 파악하여 글의 내용을 정확하게 이해할 수 있다.
- 글의 내용을 체계적으로 정리하여 오래도록 기억할 수 있다.

2 글의 내용을 요약하는 방법

(1) **선택:** 글이나 문단에서 중심 내용과 뒷받침 내용을 구분하여 중심 내용을 선택함.

예 우리 반에는 마음이 따뜻한 친구들이 많다. 영희는 아픈 친구가 있으면 함께 보건실에 간다. 철수는 우울한 친구를 위해 노래를 불러 주는 멋쟁이이다. 민수는 무거운 짐을 들고 가는 어르신을 보면 달려가 도와드린다.

➡ [요약] 우리 반에는 마음이 따뜻한 친구들이 많다.

(2) **삭제:** 세부 내용이나 반복되는 내용, 덜 중요한 내용을 지워 중심 내용을 간추림.

예 ~~진희는 내 생일을 축하하며 선물을 주었다~~. 진희가 준 생일 선물은 삼색 볼펜이었다. 그 ~~삼색 볼펜~~ 덕분에 나는 기분이 참 좋아졌다.

➡ [요약] 진희가 생일 선물로 준 삼색 볼펜 덕분에 나는 기분이 좋아졌다.

(3) **일반화:** 구체적이고 개별적이고 세부적인 내용들을 그것들을 포함하는 상위 개념으로 일반화함.

예 현도는 달리기를 좋아한다. 축구나 농구도 좋아한다. 수영도 좋아하여 주말에 우리 동네 수영장에 가면 현도를 볼 수 있다.

➡ [요약] 현도는 운동을 좋아한다.

예로 개념 확인

청소년들은 여가 시간에 주로 컴퓨터 게임, 인터넷 검색, 텔레비전 시청 등을 하는 것으로 조사되었다. 그중 ❷과도하고 무분별한 텔레비전 시청은 청소년들에게 부정적 영향을 미치며 각종 사회 문제를 야기하고 있다. 텔레비전 시청이 어떤 부작용을 낳고 있는지 살펴보자.

❶ ❷우선, 텔레비전 시청은 청소년들이 학업에 전념하지 못하도록 방해한다. 공부할 시간을 빼앗아 가기 때문이다. ❷또한 텔레비전 시청은 청소년들의 건전한 여가 활동을 방해한다. 독서 활동, 다양한 문화 · 예술 활동, 운동과 같은 생산적인 여가 활동을 하는 대신에 청소년들은 텔레비전 앞에 멍하니 앉아 시간을 보낸다.

❷또한 텔레비전 시청은 가족 간의 대화 시간을 빼앗는다. 식사를 할 때조차 텔레비전을 켜 놓고 온 가족이 텔레비전에 시선을 고정한 채 밥을 먹는다. 밥상에는 가족들이 서로의 일과를 묻고 서로의 걱정거리를 함께 나누는 대화 대신 텔레비전 소음만이 가득하다. 가족 간의 대화가 줄고 이로 인해 청소년들이 자신의 고민을 가족과 함께 나누지 못해 여러 가지 문제가 발생한다.

(4) **재구성:** 중심 내용이 명확히 드러나지 않을 때, 제시된 내용들을 바탕으로 중심 내용을 만듦.

예 구준이는 지각을 하지 않는다. 수업 시간에 준비물을 빠짐없이 챙기고, 숙제도 꼬박꼬박 해 온다. 청소 시간에는 딴짓을 하지 않고 자신이 맡은 구역을 열심히 청소한다.

➡ [요약] 구준이는 학교생활을 성실히 한다.

더 알아 두기

✚ 글의 갈래에 따라 요약하는 방법

종류	요약 방법
전기문	인물의 주요 활동과 업적을 중심으로 시간 순서대로 요약함.
기행문	여정을 중심으로 견문과 감상을 요약함.
기사문	'누가, 언제, 어디서, 무엇을, 어떻게, 왜'의 육하원칙에 따라 주요 정보를 요약함.

3 글의 종류에 따라 요약하는 방법

	설명하는 글	주장하는 글	이야기 글
방법	설명 대상을 파악하여 그것에 대한 주요 정보를 요약한다.	글쓴이의 주장과 그것을 뒷받침하는 근거를 중심으로 요약한다.	인물, 사건, 배경 등 이야기를 구성하는 핵심 요소를 중심으로 요약한다.
과정	각 문단의 중심 내용을 파악한다. ⬇ '처음–중간–끝'의 세 부분으로 정리한다. ⬇ 세 부분의 중심 내용을 연결하여 글 전체의 내용을 짜임새 있게 요약한다.		이야기의 흐름에 따라 중심 사건을 정리한다. ⬇ 중심 사건을 자연스럽게 연결하여 줄거리를 요약한다.

4 요약할 때 고려할 점

(1) 글을 읽는 목적에 따라 같은 글이라도 요약하는 방법이 달라질 수 있다.

예 • 감동을 얻기 위한 목적: 자신이 감동을 받은 부분을 중심으로 요약한다.

• 정보를 얻기 위한 목적: 자신에게 필요한 정보가 나온 부분, 새롭게 알게 된 내용을 중심으로 요약한다.

• 학습 또는 연구의 목적: 글의 핵심 내용을 구조화하여 요약한다.

(2) 글의 구조나 내용 전개 방식 등 글의 특성을 고려하여 적절한 방법으로 요약한다.

(3) 요구되는 분량이나 정보의 중요도를 고려하여 적절한 방법으로 요약한다.

❶ **문단의 내용을 요약하는 방법 – 선택과 삭제:** 이 문단의 중심 내용은 텔레비전 시청이 청소년들에게 미치는 부정적 영향에 대한 것이다. 따라서 '선택'의 방법을 사용하여, '텔레비전 시청은 청소년들이 학업에 전념하지 못하도록 방해한다.'와 '텔레비전 시청은 청소년들의 건전한 여가 활동을 방해한다.'를 중심 내용으로 선정한다. 그런 다음 '삭제'의 방법을 사용하여, 두 문장에서 중복되는 내용을 삭제하여 '텔레비전 시청은 청소년들의 학업과 건전한 여가 활동을 방해한다.'라고 요약한다.

❷ **주장하는 글을 요약하는 방법 – 주장과 근거를 중심으로 간추리기:** 주장하는 글은 글쓴이의 주장과 그것을 뒷받침하는 근거를 중심으로 요약해야 한다. 이 글의 주장은 1문단에 제시되어 있고, 그 근거가 각각 2문단과 3문단에 제시되어 있다. 따라서 각 문단에서 주장과 근거를 찾아 '과도하고 무분별한 텔레비전 시청은 청소년들에게 부정적 영향을 미친다. 청소년들의 학업과 건전한 여가 활동을 방해하고, 가족 간의 대화 시간을 빼앗기 때문이다.'라고 전체 내용을 요약할 수 있다.

1 주몽 신화 - 열두 살 나이에 고구려를 세우다 | 일연

지문 연구

- **해제:** 이 글은 고구려 시조인 주몽의 출생과 주몽이 고난을 극복하고 고구려를 건국하기까지의 과정을 담은 신화이다. 일대기적 구조가 잘 드러나는 영웅 이야기로 주몽을 신성한 존재로 묘사하여 민족적 자긍심을 느낄 수 있다.
- **주제:** 주몽의 탄생과 고구려의 건국

(가) 당시 북부여의 왕이었던 해부루는 *천제의 명령으로 동부여로 피해 가서 살았다. 해부루는 아들이 없어 이 자리를 *금와가 이어받았다.

어느 날 금와가 지금의 백두산인 태백산 남쪽의 우발수라는 강을 지나고 있을 때였다. 그는 매우 아리따운 여인이 강변에서 울고 있는 것을 보았다. (주몽의 어머니가 될 유화를 말함.)

"웬 여인이 이곳에서 그리 슬피 울고 있는가?"

왕의 물음에 그 여인은 울음을 그치고 이렇게 대답했다.

"저는 북부여의 물의 신 *하백의 딸로 이름은 유화라고 합니다. (주몽의 어머니가 될 유화가 고귀한 혈통을 지닌 사람임을 보여 줌.) 어느 화창한 날, 동생들과 함께 놀러 나왔는데, 그때 웬 남자가 나타나 자신이 하늘나라 임금의 아들 해모수라고 하면서 (주몽의 아버지가 될 해모수가 고귀하고 신성한 혈통을 지닌 사람임을 보여 줌.) 웅신산 아래 압록강 가에 있는 집으로 저를 데려가 정을 통했습니다. 그러고는 저를 버리고 떠나가서 돌아오지 않았습니다. 부모님은 제가 혼인도 하지 않은 채 낯선 남자를 (해모수를 말함.) 따라가 함부로 정을 통한 것을 알고 노발대발하여 이곳으로 귀양을 보냈습니다."

아무래도 평범한 여인이 아니다 싶었던 금와왕은 그녀를 궁궐로 데려왔다. 그리고 사람들의 눈에 띄지 않는 궁궐의 외딴 곳에 유화의 거처를 마련해 주고, 시중드는 사람들에게 그녀를 잘 지켜보도록 했다.

▶ 금와왕이 울고 있는 [ ]을/를 궁궐로 데려옴.

(나) 그러던 어느 날, 유화에게 신기한 일이 생기기 시작했다. 따사로운 햇빛이 유화가 머물고 있는 어두운 방 안을 환하게 비추었다. 그런데 유화가 햇빛을 피하는데도 햇빛이 자꾸 따라다니며 비추는 것이었다. (햇빛은 하늘나라 임금의 아들 해모수임을 암시함.) 더욱 신기한 일은 그 뒤로 유화의 배가 점점 불러오더니 열 달이 되자 알을 하나 낳은 것이었다. 알의 크기는 무려 다섯 되쯤 되었다.

▶ 유화가 커다란 [ ]을/를 낳음.

(다) 사람의 몸으로 알을 낳은 유화를 보자 금와왕은 그녀를 궁궐로 데리고 온 것을 후회했다. 그렇다고 이제 와서 다시 내쫓아 버릴 수도 없는 노릇이었다. 「금와왕은 왠지 꺼림칙하여 알을 개와 돼지에게 던져 주라고 명령했다. 그런데 어느 동물도 이 알을 먹지 않았다. 이번에는 알을 다시 길가에 내다 버렸다. 하지만 이번에도 길을 지나는 소나 말들이 하나같이 그 알을 피해 다니는 것이었다. 금와왕은 더욱 이상한 생각이 들어 알을 새와 짐승들이 먹도록 거친 들판에다 버렸다. 그러자 새들이 알에 다가와 오히려 깃털로 덮어 주기까지 하는 것이었다. 왕은 이 알을 그냥 두어서는 안 된다고 생각하고는 깨뜨려 버리려고 했지만 너무 단단해 도저히 깨지지 않았다.」 (「 」: 동물들이 알을 귀하고 신성하게 여기고 있음을 암시함.) 이러지도 저러지도 못한 금와왕은 결국 알을 유화에게 되돌려 주었다.

▶ 금와왕이 유화에게 알을 [ ].

(라) 유화는 알을 돌려받자, 천으로 부드럽게 감싸 따뜻한 곳에 두었다. 그러자 얼마 되지 않아 한 어린아이가 스스로 껍질을 깨고 나왔는데, 아이의 모습이 남달랐다. (주몽의 '기이한 출생'을 보여 줌.)

무척 영리한 그 아이는 일곱 살이 되었을 때부터 빼어난 용모와 함께 뛰어난 재주를 보이기 시작했다. 아이는 제 스스로 활과 화살을 만들어 쏘곤 했는데, 백 번 쏘면 백 번을 다 맞추었다. (주몽이 '비범한 능력'을 지녔음을 보여 줌.) 이 당시 동부여에서는 활을 잘 쏘는 사람을 주몽이라 부르는 풍속이 있어서 금와왕을 비롯한 주변 사람들이 모두 그를 주몽이라고 불렀다.

▶ 알에서 태어난 [ ]이/가 비범한 능력을 지님.

내용 연구

주몽의 출생과 비범한 능력

출생	• 고귀한 혈통 • 햇빛을 받고 잉태됨. • 동물들이 알을 보호함. • 알에서 태어남.
비범한 능력	• 무척 영리함. • 활 솜씨가 뛰어남.

구절 풀이

- **저는 북부여의 ~ 정을 통했습니다.:** 주몽의 어머니가 될 유화는 물의 신 하백의 딸이며, 주몽의 아버지가 될 해모수는 하늘나라 임금의 아들임을 밝혀 주몽이 고귀한 혈통을 지닌 신성한 존재임을 보여 준다.
- **유화가 햇빛을 ~ 비추는 것이었다.:** 유화가 주몽을 잉태한 일이 범상치 않은 일임을 드러내어 신성성을 부여한다.
- **이 당시 동부여에서는 ~ 주몽이라고 불렀다.:** 활을 잘 쏘는 주몽의 비범한 능력과 이름의 유래를 알 수 있다.

낱말 풀이

- * **천제:** 하느님.
- * **금와:** 동부여의 왕.
- * **하백:** 물을 맡아 다스린다는 신. 고구려 시조인 주몽의 외조부.

답 유화, 알, 되돌려 줌, 주몽

01 이 글에 대한 설명으로 적절하지 않은 것은?

① 비현실적인 요소가 드러난다.
② 인물의 비정상적인 탄생 과정이 나타난다.
③ 비범한 능력을 지닌 존재에 관한 이야기이다.
④ 신성한 혈통을 지닌 인물이 주인공으로 등장한다.
⑤ 비극적 결말을 넌지시 알려 주는 복선이 나타난다.

중요

02 이 글을 요약하는 방법으로 적절하지 않은 것은?

① 이야기의 전체적인 구조를 파악한다.
② 이야기의 흐름에 따라 주요 사건을 정리한다.
③ 전체적인 흐름을 고려하여 줄거리를 간추린다.
④ 주인공의 활동과 관련된 세부적 사건을 요약한다.
⑤ 인물, 사건, 배경 등 이야기의 핵심 요소를 파악한다.

03 이 글의 내용과 일치하는 것은?

① 아들이 없는 해부루의 뒤를 이어 금와가 북부여의 왕이 되었다.
② 유화는 하백의 딸로 해모수를 사랑했지만 부모가 결혼에 반대하자 집을 나왔다.
③ 금와는 평범하지 않은 유화를 궁궐로 데려와 자신의 아내로 삼고 극진히 대접하였다.
④ 주몽은 유화가 낳은 알에서 태어난 아이이며, 활을 잘 쏘고 용모와 재주가 남달랐다.
⑤ 금와는 유화가 알을 낳자 이를 신성한 일로 여기고 유화를 더욱 아끼고 사랑하였다.

서술형

04 이 글의 갈래를 고려하여 (나)를 한 문장으로 요약하여 쓰시오. (단, 장소를 포함하여 쓸 것.)

100점 특강

이야기를 요약하는 방법

이 글은 주몽의 탄생과 고구려 건국 과정을 다루고 있는 이야기이다. 그러므로 이야기에 등장하는 인물과 그들이 일으키는 사건, 사건이 일어나는 배경 등 이야기의 핵심적 요소들을 먼저 파악해 보아야 한다. 그리고 이야기의 흐름에 따라 중심 사건을 정리할 필요가 있다. 중심 사건을 파악한 후에는 전체적인 흐름을 고려하여 자연스럽게 연결되도록 줄거리를 간추린다.

이야기의 핵심 요소를 중심으로 요약하기	인물	주몽, 유화, 해모수, 금와왕, 하백 등
	사건	주몽의 기이한 탄생, 위기 극복 과정, 고구려 건국
	배경	상고 시대, 동부여, 졸본주

'주몽 신화'의 특징

이 이야기는 설화 중에서도 신화에 속한다. 신화는 민족 사이에서 전해져 내려오는 신적 존재의 탄생과 활동에 관한 이야기인데, '주몽 신화'에도 후에 고구려를 건국하게 되는 주몽이 신적인 존재로 등장한다. 주인공인 주몽은 일반적인 영웅 이야기의 주인공의 탄생과 비슷하게 비정상적이고 기이한 탄생을 보인다. 하느님의 아들인 해모수와 물의 신인 하백의 딸 유화 사이에서 탄생하는데, 햇빛이 따라와 유화를 비추자 잉태하여 낳은 커다란 알에서 태어난다는 내용을 통해 주몽이 하늘과 관련되는 신성한 존재임을 드러낸다. 또한 주몽은 비범한 능력을 지닌 존재로 묘사된다. 매우 지혜롭고 총명할 뿐만 아니라 활을 잘 쏘는 능력을 지녔다.

1 주몽 신화 - 열두 살 나이에 고구려를 세우다

내용 연구

주몽의 위기 극복 과정

위험을 피해 길을 떠남. → 금와왕의 아들들에게 쫓기다가 큰 강물에 가로막힘. → 물고기들과 자라들이 떠올라 다리를 만들어 줌. → 졸본주에 이르러 고구려를 건국함.

구절 풀이

- **주몽은 말을 알아보고 ~ 좋은 말로 변신시켰다.**: 자신에게 닥칠 앞날을 예측하고 좋은 말을 얻기 위한 주몽의 선견지명과 지략이 잘 드러난다.
- **"태자 대소를 비롯해 ~ 보존하도록 하여라."**: 유화가 금와왕의 아들들의 시기심으로 주몽이 위험에 처할 것을 염려하여 동부여를 떠나라고 권유하는 말로, 주몽과 그 일행이 길을 떠나 고구려를 건국하는 계기가 된다.
- **"나는 해모수의 아들이자 ~ 어떻게 하면 좋겠는가?"**: 주몽이 고귀한 혈통을 타고난 신성한 존재임을 드러내고 있으며, 주몽이 위기에 처했지만 절망하지 않고 도움을 얻기 위해 노력하는 모습을 보여 준다.

낱말 풀이

- * **대소**: 금와왕의 큰아들로, 동부여의 제3대 군주가 됨.
- * **엄수**: 지금의 압록강의 동북쪽.
- * **비류수**: 고구려 영토에 있던 강으로 만주 퉁자 강 상류로 추측됨.

(가) 당시 금와왕에게는 일곱 명의 아들이 있었는데, 그들은 언제나 주몽과 함께 어울려 놀았다. 그러나 ㉠금와의 아들들은 자신들의 재능이 도저히 주몽을 따라가지 못하자, 하루는 맏아들 *대소가 아버지인 금와왕에게 아뢰었다.

"주몽은 사람의 몸에서 태어난 자가 아닙니다. 없애 버리지 않으면 훗날 뒤탈이 있을 것입니다."

▶ 금와왕의 아들 [　　]이/가 비범한 주몽을 시기함.

(나) 그러나 금와왕은 섬뜩한 주장을 하는 맏아들 대소의 말을 귀담아듣지 않았다. 오히려 왕은 주몽이 태어나기 전에 있었던 일들을 곰곰이 되새겨 보았고, 고민 끝에 주몽에게 말을 기르도록 하였다.

㉡ *주몽은 말을 알아보고 기르는 재주도 갖고 있었는데「자신이 기르는 말 가운데 힘이 좋고 날쌘 말에게는 먹이를 조금씩 주어 비쩍 마르게 만들었고, 반대로 늙고 병든 말은 잘 먹여 살을 찌워 겉으로 보기엔 힘차고 보기 좋은 말로 변신시켰다.」그러자 금와왕은 보기 좋게 살찐 말은 자기가 탔고, 겉으로는 비쩍 말랐지만 사실은 날쌘 말을 주몽에게 주었다. 사실 주몽은 자신에게 닥쳐올 앞날을 내다보고 이렇게 행동한 것이었다.

(「」: 주몽이 미래의 위기에 대비하기 위해 좋은 말을 얻고자 발휘한 지략 → 주몽의 비범한 능력)
(대소의 음모를 피해 부여를 떠나야 하는 상황)

▶ 주몽이 [　　]을/를 발휘하여 좋은 말을 가지게 됨.

(다) 그 무렵 대소는 다른 동생들과 신하들을 꾀어 어떻게든 자신에게 위협이 될 수 있는 주몽을 해치려고 이런저런 음모를 꾸몄다. 이런 사실을 알게 된 주몽의 어머니 유화는 어느 날 아들에게 몰래 말했다.

(대소: 주몽과 적대 관계에 있는 인물)

㉢ *"태자 대소를 비롯해 많은 사람들이 너를 해치려고 하지만, 네가 영특하니 어디를 간들 살지 못하겠느냐? 빨리 이곳을 떠나 목숨을 보존하도록 하여라."

어머니의 말을 들은 주몽은 평소에 자신을 따르던 오이를 비롯한 세 명의 부하들을 데리고 몰래 부여를 떠나기로 했다.

▶ 주몽이 위험을 피해 부여를 [　　].

(라) 하지만 대소 또한 주몽의 행동을 눈여겨보고 있던 터라, 주몽이 떠났다는 사실을 알고 부하들과 함께 뒤를 쫓기 시작했다. 주몽은 부하들과 대소의 추격을 피해 말을 달려 *엄수라는 강가에 이르렀다. 그런데 ㉣엄수는 넓은 강이었고 더구나 물살도 거칠어 더 이상 달아날 수가 없었다. 그때 주몽은 강물을 향해 큰 소리로 외쳤다.

(주몽이 위기에 처함.)

*"나는 해모수의 아들이자 물의 신 하백의 외손자다. 지금 나를 죽이려는 자들을 피해 달아나는데 뒤쫓는 자들이 코앞까지 따라오고 있으니 내가 어떻게 하면 좋겠는가?"

(주몽이 신성하고 고귀한 혈통을 지닌 존재임을 보여 줌.)

주몽의 말이 끝나자마자 신기한 일이 벌어졌다.「㉤갑자기 강물 위로 수많은 물고기와 자라가 떠올라 다리를 만들어 주는 것이었다. 그리고 주몽 일행이 무사히 강을 건너자마자 남김없이 물속으로 사라져 버렸다. 주몽을 뒤쫓던 대소의 군사들은 발만 동동 구르면서 그 광경을 바라만 볼 뿐이었다.」

(「」: 주몽이 물고기와 자라의 도움으로 위기를 극복함.)

▶ 주몽이 대소의 추격을 피해 물고기들과 자라들의 [　　](으)로 무사히 강을 건넘.

(마) 이렇게 하여 어렵게 목숨을 건진 주몽은 졸본주에 도착해 자신이 장차 다스릴 나라의 도읍으로 정했다. 그리고 일단 *비류수 강가에 초가를 짓고 임시로 궁궐로 삼았으며, 나라 이름을 고구려라 짓고 고(高)를 자신의 성씨로 삼았다. 이때, 주몽의 나이 겨우 12세였다.

(주몽이 나라를 세우는 위업을 이룸.)

▶ 졸본주에 이르러 주몽이 [　　]을/를 건국함.

답 대소, 지략, 떠남, 도움, 고구려

중요

05 (가)~(마)의 중심 내용을 요약한 것으로 적절한 것은?

① (가): 대소가 주몽의 뛰어난 재주를 시기함.
② (나): 금와는 대소의 말을 귀담아듣지 않음.
③ (다): 대소는 주몽을 해치려고 음모를 꾸밈.
④ (라): 대소와 부하들이 주몽을 추격함.
⑤ (마): 주몽은 어렵게 살아남아 졸본주에 도착함.

06 이 글을 요약하는 과정에서 꼭 필요한 내용이 아닌 것은?

① 주몽의 지략
② 고구려의 건국
③ 대소와 부하들의 추격
④ 물고기와 자라의 도움
⑤ 주몽의 임시 궁궐의 위치

07 ㉠~㉤에 대한 설명으로 적절하지 않은 것은?

① ㉠: 금와의 아들들은 주몽의 능력을 당할 수 없어서 주몽을 미워함.
② ㉡: 주몽은 자신에게 닥칠 앞날을 예견하여 미리 위기에 대처하는 선견지명을 지님.
③ ㉢: 주몽과 그 일행이 길을 떠나는 직접적인 계기가 되는 말임.
④ ㉣: 주몽이 활쏘기를 비롯한 비범한 능력을 발휘할 수 있는 여건을 제공해 줌.
⑤ ㉤: 주몽이 자신에게 닥친 위기를 극복하도록 도와주는 조력자의 역할이 나타남.

서술형

08 다음과 같은 영웅 이야기의 특성이 분명하게 드러난 문장을 이 글에서 찾아 쓰시오.

> 주인공의 아버지와 어머니의 혈통이 드러나며, 이를 통해 주인공이 고귀하고 신성한 혈통을 지닌 인물임을 알 수 있다.

100점 특강

영웅의 일대기적 구조에 따라 요약하기

이 글은 주몽의 영웅적 일대기를 다루고 있는 신화로, 영웅 서사 문학의 틀을 갖추고 있다. 따라서 이 글 전체를 일반적인 영웅의 일대기적 구조에 따라 요약해 볼 수 있다.

고귀한 혈통	아버지가 하느님의 아들인 해모수이고, 어머니가 물의 신인 하백의 딸인 유화임.
기이한 출생	알에서 태어남.
비범한 능력	지혜롭고 영리하며, 활을 잘 쏨. 앞날을 예측하고 미리 준비하는 지략을 지님.
위기와 고난	금와왕의 아들들의 시기와 질투로 위험에 처해 길을 떠나지만 추격자들에게 쫓기다가 큰 강에 가로막힘.
위기의 극복	물고기들과 자라들의 도움으로 무사히 강을 건너 도망침.
위업의 달성	졸본주에 이르러 고구려를 건국함.

(라)를 주요 사건을 중심으로 요약하기

(라) 문단은 '삭제'와 '재구성'의 방법을 사용하여 주요 사건을 요약할 수 있다. 주요 사건을 나열하면, '부여를 떠난 주몽이 대소의 추격을 받음, 큰 강이 주몽의 길을 가로막음, 주몽이 도움을 요청하자 물고기들과 자라들이 다리를 만들어 주어 무사히 강을 건넘, 대소와 부하들은 더 이상 추격하지 못함.'이라고 간추릴 수 있다. 여기에서 중복되는 내용은 삭제하고 전체 내용을 재구성하면, '주몽이 대소의 추격을 피해 물고기들과 자라들의 도움으로 무사히 강을 건넜다.'라고 요약할 수 있다.

2 남극과 북극 어떤 점에서 다를까

홍준의 외

- **해제:** 이 글은 남극과 북극의 지역적 특징, 기후 조건, 거주민, 서식 동물 등을 중심으로 남극과 북극의 차이를 설명한 글이다.
- **주제:** 남극과 북극의 서로 다른 특징

내용 연구

이 글의 구성

처음	(가)	설명 대상(남극과 북극) 제시
중간 ①	(나), (다)	남극과 북극의 지역적 특징의 차이
중간 ②	(라)	남극과 북극의 기후 조건의 차이

구절 풀이

- **남극은 대륙이지만 북극은 대륙이 아니다:** 남극과 북극이 겉으로 보기에는 다 얼음덩어리로 이루어진 것 같지만, 남극은 눈이 얼어붙은 얼음덩어리가 대륙을 덮고 있는 것이고 북극은 바닷물이 얼어서 된 얼음덩어리가 물 위에 떠 있는 것이다.
- **'빙산의 일각'이라는 ~ 나온 것이다.:** '빙산의 일각'은 '대부분이 숨겨져 있고 외부로 나타나 있는 것은 극히 일부분에 지나지 아니함을 비유적으로 이르는 말'인데, 이 말이 실제 북극 빙하의 모습에서 나온 말이라는 뜻이다.

낱말 풀이

* **운석:** 지구상에 떨어진 별똥. 대기 중에 돌입한 유성이 다 타버리지 않고 땅에 떨어진 것.

* **지표:** 지구의 표면. 또는 땅의 겉면.

(가) 지구상에서의 다양한 열 순환에도 불구하고 따뜻한 태양 복사 에너지를 넉넉하게 받지 못한 소외된 땅이 바로 남극과 북극이다(이 글의 설명 대상). 이 두 지역은 겉으로는 비슷해 보이지만 서로 전혀 다른 특징을 갖고 있다(이 글에서 다룰 내용: 남극과 북극의 서로 다른 특징).

▶ 비슷해 보이지만 서로 다른 [   ]와/과 [   ]의 특징

(나) •남극은 대륙이지만 북극은 대륙이 아니다(남극과 북극의 지역적 특징의 차이). 남극은 면적이 1,360 km²로서 한반도의 60배에 달하는 거대한 대륙으로 지구상의 7대 대륙(아시아, 아프리카, 북아메리카, 남아메리카, 유럽, 오세아니아, 남극) 중 다섯 번째로 크다. 오랜 세월에 걸쳐 쌓인 눈이 자체 압력으로 단단하게 굳어져 생긴 두께 2km에 이르는 거대한 얼음덩어리가 남극 대륙 표면의 98% 가량을 덮고 있다. 남극 대륙에서 오래된 *운석이 발견되는 것으로 보아 이곳에는 오래전 *지표의 모습을 확인할 수 있는 천연 자료들이 보관되어 있을 것으로 추정된다.

▶ [   ]의 지역적 특징

(다) 반면에(대조의 표지) 북극은 아시아와 아메리카 대륙으로 둘러싸인 거대한 북극해를 말한다. 북극해는 면적이 1,400만km²로 지중해의 6배이며, 전 세계 바다의 3%를 차지한다. 북극은 이 북극해 주변의 바닷물이 얼어서 된 거대한 얼음덩어리가 떠 있는 것에 불과하다(북극은 남극과 달리 대륙 표면에 얼음이 언 것이 아니라 바닷물이 얼어서 물 위에 떠 있는 것이라는 의미). 물론 해수면 위로 보이는 빙하는 전체 얼음덩어리의 10% 정도에 불과하다. •'빙산의 일각'이라는 표현은 여기에서 나온 것이다.

▶ 북극의 [   ] 특징

(라) 이처럼 서로 다른 지역적 특징은((나)와 (다)의 내용: 남극은 대륙이지만 북극은 대륙이 아님.) 두 지역의 기후 조건에도 많은 영향을 미치고 있다. 남극과 북극 가운데 어디가 더 추울까? 남극이 훨씬 춥다. 북극은 주변에 있는 바다와 저위도에서 흘러 들어오는 따뜻한 해류의 영향을 받는다(북극이 남극보다 따뜻한 이유). 얼음덩어리에 비해 상대적으로 온도가 높은 바다에서 상승하는 따뜻한 공기의 흐름으로 겨울에는 최저 영하 30~40℃까지 내려가지만, 여름에는 영상 10℃ 정도로 비교적 따뜻한 편이다. 한편, 남극은 가열과 냉각이 쉽게 이루어지는 지각이 아래쪽에 있기 때문에(남극이 북극보다 훨씬 추운 이유) 한겨울에 해당하는 8월 말 무렵이면 내륙의 고원 지대에서는 기온이 영하 70℃ 가까이 내려간다고 한다. 역사상 최저 기온은 영하 89℃였다.

▶ 북극과 남극의 [   ]

답 남극, 북극, 남극, 지역적, 기후 조건

중요

01 이와 같은 글을 요약하는 방법으로 적절하지 않은 것은?

① 세부 내용이나 반복되는 내용, 덜 중요한 내용은 삭제한다.
② 문단에서 중심 내용과 뒷받침 내용을 구분하여 중심 내용을 선택한다.
③ 구체적이고 개별적인 내용들은 그것을 포함하는 상위 개념으로 일반화한다.
④ 일반적인 원리와 구체적인 사례를 구분하여 사례를 중심으로 이해하기 쉽게 간추린다.
⑤ 중심 내용이 명확히 드러나지 않을 때 제시된 내용들을 바탕으로 중심 내용을 재구성한다.

02 이 글에서 알 수 있는 정보로 적절한 것은?

① 북극의 여름은 비교적 따뜻한 편이다.
② 남극의 여름은 북극의 겨울보다 훨씬 춥다.
③ 북극은 지구상에서 다섯 번째로 큰 대륙이다.
④ 북극의 얼음은 지구상의 얼음 중 10%를 차지한다.
⑤ 남극은 주변 바다의 따뜻한 해류의 영향을 받는다.

03 (나)와 (다)에 쓰인 주된 내용 전개 방식으로 적절한 것은?

① 두 대상의 차이점을 중심으로 서술하고 있다.
② 두 대상의 공통점을 중심으로 서술하고 있다.
③ 대상의 특징을 예를 들어 구체적으로 서술하고 있다.
④ 대상의 진행 과정을 공간의 이동에 따라 서술하고 있다.
⑤ 하나의 대상을 전체를 구성하고 있는 부분으로 나누어 서술하고 있다.

서술형

04 (가)~(라)를 다음과 같이 요약할 때 빈칸에 들어갈 적절한 내용을 한 문장으로 쓰시오.

> ____________________
>
> ____________________
>
> 먼저, 남극은 눈이 단단하게 굳어진 거대한 얼음덩어리가 대륙 표면을 덮고 있는 지역인 반면에 북극은 바닷물이 얼어서 된 거대한 얼음덩어리가 떠 있는 지역이다. 또한 북극은 따뜻한 해류의 영향을 받지만 남극은 가열과 냉각이 쉽게 이루어지는 지각이 아래쪽에 있기 때문에 남극이 북극보다 훨씬 춥다. 이렇게 지역적 특징과 그로 인한 기후 조건에서 남극과 북극은 차이를 보인다.

100점 특강

설명문을 요약하는 방법

이 글은 남극과 북극이 어떤 차이가 있는지를 설명하는 글이다. 그러므로 설명 대상을 파악하고 그것에 대한 주요 정보를 요약해야 한다. 설명 대상과 주요 정보는 각 문단의 중심 내용을 간추리면 쉽게 파악할 수 있다. (가)를 보면 이 글의 설명 대상이 남극과 북극임을 알 수 있다. (나)~(라)에서 주요 정보를 확인할 수 있는데, (나)와 (다)에서는 남극과 북극의 지역적 특징이, (라)에서는 기후 조건이 서술되어 있다. 이렇게 문단별 핵심 내용을 중심으로 주요 정보를 간추린다.

(라)를 요약하는 방법

> ①~~남극과 북극 가운데 어디가 더 추울까?~~ ②남극이 훨씬 춥다. ③북극은 ~~주변에 있는 바다와 저위도에서 흘러 들어오는~~ 따뜻한 해류의 영향을 받는다. ④~~얼음덩어리에 비해 상대적으로 온도가 높은 바다에서 상승하는 따뜻한 공기의 흐름으로 겨울에는 최저 영하 30~40℃까지 내려가지만, 여름에는 영상 10℃ 정도로 비교적 따뜻한 편이다~~. ⑤한편, 남극은 가열과 냉각이 쉽게 이루어지는 지각이 아래쪽에 있기 때문에 ~~한겨울에 해당하는 8월 말 무렵이면 내륙의 고원 지대에서는 기온이 영하 70℃ 가까이 내려간다고 한다~~. ⑥~~역사상 최저 기온은 영하 89℃였다~~.
>
> ②는 이 문단의 중심 문장임. '남극이 북극보다 훨씬 춥다.'로 의미를 명확히 함.
> 설명 대상
> 수식하는 내용이므로 삭제함.
> 북극이 남극보다 따뜻한 이유를 설명하는 주요 정보임.
> ④는 ③을 상세하게 설명한 내용이므로 ④는 문장 전체를 삭제할 수 있음.
> 설명 대상
> 남극이 북극보다 훨씬 추운 이유를 설명하는 주요 정보임.
> '한겨울에 해당하는 ~ 영하 89℃였다.'는 ②의 세부 내용에 해당하므로 삭제하거나 '매우 춥다'로 재구성함.

➡ (라)의 중심 내용은 ②에 있으므로 ②를 중심으로 요약하되, ③과 ⑤에서 ②의 원인에 해당하는 뒷받침 내용을 추려 내면, '북극은 따뜻한 해류의 영향을 받지만 남극은 가열과 냉각이 쉽게 이루어지는 지각이 아래쪽에 있기 때문에 남극이 북극보다 훨씬 춥다.'라고 요약할 수 있다.

2 남극과 북극 어떤 점에서 다를까

❙ 내용 연구

남극과 북극에 사는 사람과 동물

	남극	북극
거주민	연구자들만 살고 원주민은 없음.	이누이트들이 거주하며 수렵과 어로에 종사함.
서식 동물	펭귄	북극곰

❙ 구절 풀이

- **또한 북극에는 ~ 어렵기 때문이다.**: 남극과 북극의 기후 조건의 차이로 인해, 상대적으로 따뜻한 북극에는 이누이트와 같은 원주민이 살지만, 북극보다 훨씬 추운 남극에는 원주민이 살지 못하고 연구를 목적으로 거주하는 사람들만 살고 있다는 말이다.
- **두꺼운 얼음층은 ~ 역할을 하고 있다.**: 10만 년 동안 굳어서 현재의 남극 얼음이 만들어졌기 때문에 이 얼음을 통해 10만 년 동안의 지구의 역사에 대한 귀한 정보를 얻을 수 있다는 점에서 남극 얼음이 지니는 가치를 이야기하고 있다.

❙ 낱말 풀이

- * **이누이트**: 에스키모의 다른 이름으로, 북극, 캐나다, 그린란드 및 시베리아의 북극 지방에 사는 인종.
- * **극지**: 남극과 북극을 중심으로 한 그 주변 지역인 극지방을 말함.
- * **유빙**: 물 위에 떠내려가는 얼음덩이.

(가) ●또한 북극에는 *이누이트들이 거주하고 있지만, 남극에는 연구를 목적으로 거주하는 사람들 외에는 원주민이 없다. 남극의 혹한을 견뎌 내기가 그만큼 어렵기 때문이다. 흔히 '에스키모'라고 불리는 이누이트들은 그린란드, 캐나다, 시베리아의 북극 지방에 살며 주로 수렵과 어로에 종사한다. 남극에는 우리나라 남극 탐험의 교두보인 세종 기지가 들어서 있는데, 이곳에서 우리의 젊은 과학자들이 *극지 환경 연구 및 지구 환경 변화 연구를 위해 노력하고 있다.

▶ 기후 조건에 따른 북극과 남극의 [ ]

(나) 또한 펭귄은 남극에서 볼 수 있고 북극곰은 북극에서만 산다. 왜 펭귄은 남극에서만 살까? 펭귄은 여러 종이 있으며 대부분 남극을 비롯한 남반구에서 살고 있다. 주로 해안가에서 구멍을 파고 사는 펭귄들은 작은 돌 조각들을 이용하여 둥지를 만든다. 빙원에서 구할 수 있는 돌 조각은 태양열을 흡수하거나 체온을 따뜻하게 유지시킬 수 있는 유일한 물질이다. 펭귄이 주로 남극에 살고 있는 이유는 남극이 아메리카 대륙에서 분리되기 전에 서식하던 조류의 일부가 추위에 적응하기 위해 현재의 펭귄으로 진화하였기 때문으로 보고 있다.

▶ [ ]이/가 남극에만 사는 이유

(다) 반면 북극곰이 북극에만 살게 된 것은 북극이 북반구의 대륙에서 가까운 곳이기 때문이다. 대륙에 살던 곰이 넘어가 살게 되었을 가능성이 매우 높다. 지금도 *유빙을 타고 이동하는 북극곰이 있다고 하니 북극해 주변의 얼음덩어리는 북극곰의 이동 수단으로 볼 수 있다. 그렇다고 곰이 얼음덩어리를 타고 남극 대륙까지 갈 수는 없었지만 펭귄 같은 조류는 육지를 따라 이동하였기 때문에 상대적으로 남극 대륙으로 이동하기가 더 쉬웠다. 그래서 ㉠북극곰은 있지만 남극곰은 없고, 남극 펭귄은 있지만 북극 펭귄은 없는 것이다.

▶ [ ]이/가 북극에만 사는 이유

(라) 보통 100m 두께의 얼음이 만들어지려면, 1,000년의 긴 세월이 필요하기 때문에 지금의 남극의 얼음이 되기까지 약 10만 년이 걸렸을 것으로 보고 있다. 현재 남극 대륙의 얼음은 전 지구상의 얼음 중 90% 가량을 차지하고 있으며 ●두꺼운 얼음층은 지구 기록에 대한 냉동 창고의 역할을 하고 있다.

▶ 남극 [ ]의 특징과 가치

답 거주민, 펭귄, 북극곰, 얼음

05 이 글을 쓴 목적으로 가장 적절한 것은?

① 북극과 남극의 가치를 알리기 위해
② 북극과 남극의 특징을 설명하기 위해
③ 북극과 남극의 역사를 알려 주기 위해
④ 펭귄과 북극곰을 보호하도록 독자를 설득하기 위해
⑤ 북극과 남극에 대한 연구가 필요함을 주장하기 위해

06 이 글의 내용과 일치하지 않는 것은?

① 남극에는 연구를 목적으로 거주하는 사람들이 있다.
② 북극에는 '에스키모'라고 불리는 원주민이 거주하고 있다.
③ 펭귄은 주로 남극을 비롯한 남반구의 해안가에서 구멍을 파고 산다.
④ 지금은 분리되어 있는 남극과 아메리카 대륙은 오래전에 하나의 대륙이었다.
⑤ 과학자들은 남극의 얼음을 통해 10만 년 가까운 지구 역사의 비밀을 밝혀내는 데 성공했다.

07 ㉠의 이유로 적절하지 않은 것은?

① 곰이 얼음덩어리를 타고 남극까지 갈 수는 없었기 때문이다.
② 북반구의 대륙에서 살던 곰이 북극으로 넘어가 살게 되었기 때문이다.
③ 펭귄은 육지를 따라 이동하였기 때문에 남극 대륙으로 이동하기가 더 쉬웠기 때문이다.
④ 펭귄은 남극이 아메리카 대륙에서 분리되기 전에 남극에서 서식하던 조류가 진화한 것이기 때문이다.
⑤ 펭귄은 태양열을 흡수하거나 체온을 따뜻하게 유지할 수 있는 돌 조각을 사용해 둥지를 만들기 때문이다.

중요 | 서술형

08 (가)를 읽고 다음 질문에 대한 답을 20자 내외의 한 문장으로 요약하여 쓰시오.

> 북극에는 누가 무엇을 하며 살고 있을까?

100점 특강

이 글의 특성(설명 방법)에 따라 요약하는 방법

이 글은 남극과 북극의 특징을 차이점을 중심으로 설명하는 비교 · 대조의 설명 방법을 주로 사용하고 있다. 북극과 남극의 지역적 특징, 기후 조건의 차이를 비롯해 (가)에서는 거주민의 차이, (나)와 (다)에서는 서식 동물의 차이를 설명함으로써 북극과 남극의 특징을 쉽게 이해하도록 돕고 있다. 이렇게 비교 · 대조의 방법을 사용하여 내용을 전개하는 글을 요약할 때에는 두 대상의 차이점을 중심으로 각각의 특징을 보여 주는 핵심 내용을 간추려 요약할 수 있다. 내용 전개 방식이나 글의 구성 등 글이 지니고 있는 특징을 고려하면 보다 효과적으로 글의 내용을 요약할 수 있다.

읽기 목적에 따라 요약하는 방법

같은 글을 읽더라도 읽기 목적에 따라 요약의 방법과 내용은 달라질 수 있다. 만약 '북극을 조사하는 보고서 쓰기' 과제를 수행하기 위해 이 글을 읽는다면, 남극과 다른 북극의 특징을 중심으로 (가)와 (다)에 나타난 북극에 관한 정보를 간추려야 한다. 혹은 '남극의 역사'에 대해 알아보고자 이 글을 읽는다면, 남극의 역사를 짐작할 수 있는 (라)의 내용을 중심으로 10만 년이 넘은 남극의 역사에 대한 정보를 요약할 수 있다. 혹은 '남극에 관한 연구가 필요함을 주장하는 글 쓰기'를 하기 위해 이 글을 읽는다면, (라)에서 '두꺼운 얼음층은 지구 기록에 대한 냉동 창고의 역할을 하고 있다.'는 점을 중심으로 남극 얼음이 갖는 역사적 가치를 중심으로 글의 내용을 요약할 수 있다.

03 자료 활용하며 읽기

학습 목표
- 도서관이나 인터넷에서 관련 자료를 찾아 참고하면서 한 편의 글을 읽을 수 있다.
- 스스로 선정한 책 한 권을 능동적으로 끝까지 읽을 수 있다.

더 알아 두기

✚ 인터넷 자료 참고할 때 유의할 점
- 불필요한 정보나 신뢰성이 떨어지는 정보가 많음.
  ➡ 정보의 출처를 확인하고 자신에게 필요한 정보를 선택하는 비판적 자세가 필요함.

✚ 도서관 자료 검색 방법
- **빠른 검색:** 가장 간편한 검색 방법으로, 하나의 검색어로 검색할 때 사용함.
- **확장 검색:** 두세 개의 검색어로 검색할 때 사용함.

AND	두세 개의 검색어를 모두 포함한 자료를 검색함.
OR	두세 개의 검색어 중에서 하나라도 포함한 자료를 검색함.

1 자료를 참고하며 한 편의 글 읽기

(1) 자료를 찾아 참고하며 글을 읽어야 하는 상황

글을 읽으면서 모르는 단어나 낯선 용어, 모르는 정보나 지식과 맞닥뜨릴 때, 또는 더 알고 싶거나 궁금한 부분이 있을 때 자료를 찾아 참고할 필요가 생김.

(2) 자료를 찾아 참고하며 읽는 방법

① 사전 찾아보기
- 국어사전, 백과사전, 분야별 전문 사전 등에서 모르는 단어의 의미나 용례, 낯선 용어의 개념 등을 정확히 알 수 있음.

② 인터넷 검색하기
- 인터넷 검색창에 검색어를 입력하여 다양한 사전, 신문, 서적, 동영상 등을 통해 필요한 정보를 손쉽게 찾을 수 있음.
- 컴퓨터, 휴대 전화 등에서 수시로 간편하게 검색하여 자료를 활용할 수 있음.

③ 도서관에서 자료 찾기
- 학교 도서관이나 지역 도서관 누리집에서 찾고자 하는 자료의 핵심 단어를 입력하여 검색함.
- 책의 제목이나 차례 등을 통해서 자신에게 필요한 자료를 선별해야 함.
- 분류 기호를 확인한 후, 직접 서가에서 자신에게 필요한 책을 고를 수 있음.
- 다양한 책, 문서, 잡지, 출판물 등의 자료를 통해서 신뢰성 있는 정보를 찾을 수 있음.

(3) 자료를 찾아 참고하며 글 읽기의 효과

① 능동적으로 글을 읽는 습관을 기를 수 있음.
② 모르는 것을 해소하고 배경지식을 확충할 수 있음.
③ 글의 내용을 정확하고 깊이 있게 이해하는 데에 도움이 됨.
④ 필요한 자료를 선별하는 비판적 시각과 매체 활용 능력을 기를 수 있음.

예로 개념 확인

(가) ❶프랑스 작가 베르베르의 공상 과학 소설 ❷『개미』에 보면 인간이 개미들의 언어를 터득하여 그들과 대화를 나눈다. 현대 생물학은 하루가 다르게 무서운 속도로 발전하고 있다. 과연 인간과 개미 간의 의사소통이 가능한 시대가 올 것인가? 만일, 그런 때가 온다면 무슨 언어를 사용할 것인가?

(나) 개미가 냄샛길을 그릴 때에 사용하는 화학 물질은 일종의 ❷페로몬(Pheromone)이다. 개미가 만드는 페로몬의 종류는 무척 다양하다. 개미의 몸속에는 머리끝에서 배 끝까지 크고 작은 온갖 화학 공장들이 있다. 그래서 개미는 마치 걸어 다니는 공단과도 같다. 냄샛길을 그리는 데 사용되는 페로몬은 대개 배 끝에 있는 ❸외분비샘에서 만들어진다. 정확히 어느 분비샘에서 만들어진 페로몬으로 냄샛길을 그리는지 찾아내는 일은 그리 어렵지 않다.

– 최재천, 「개미와 말한다」, 『개미제국의 발견』, 사이언스북스, 1999.

2 스스로 선정한 한 권의 책 읽기

(1) 자신의 독서 습관 점검하기

① 평소에 얼마나 자주 책을 읽는지 생각해 보기
② 주로 어떤 분야의 책을 읽는지 생각해 보기
③ 주로 어떤 목적으로 책을 읽는지 생각해 보기
④ 어떤 기준으로 책을 선정하는지 생각해 보기
⑤ 책을 선정할 때 스스로 찾고 고르는지 생각해 보기
⑥ 책을 읽으면서 자료를 찾아 참고하면서 읽는지 생각해 보기
⑦ 책 읽기 과정에서 활용한 독서 활동에 대해 생각해 보기
⑧ 선정한 책을 능동적으로 끝까지 읽는지 생각해 보기

(2) 한 권의 책 읽기 과정

① 읽기 전
- 책을 읽는 목적, 책의 주제, 저자, 분량, 수준 등을 고려하여 책을 스스로 선정함.
- 책을 읽을 장소나 시간, 읽기 방법 등을 고려하여 계획을 세움.

② 읽는 중
- 사전, 인터넷, 도서관에서 관련 자료를 찾아서 참고하며 읽음.
- 핵심어나 중요한 내용에 밑줄을 긋거나 메모를 하면서 읽음.
- 글의 내용을 예측해 보거나, 관련된 질문을 스스로 던지고 답을 찾으면서 읽음.

③ 읽은 후
- 독서 일지 등에 책의 중심 내용, 인상적인 부분, 더 알고 싶은 내용, 책을 통해 깨달은 점 등을 정리함.
- 친구에게 책을 권하는 서평을 쓰거나, 책의 내용에서 쟁점을 찾아 친구들과 토론함.
- 책에 대한 다른 사람들의 감상을 참고하고, 누리 소통망을 통해 감상을 나눔.

(3) 한 권 책 읽기의 효과

① 능동적인 책 읽기 경험을 통해 읽기에 대한 자신감을 갖게 됨.
② 책 읽기의 가치를 알고, 스스로 책을 찾아 읽는 습관을 기를 수 있음.

더 알아 두기

✚ 책 읽기 과정을 점검하고 조정할 때 필요한 질문들
- 나의 흥미나 수준을 고려하여 책을 선정하였는가?
- 읽기의 목적, 계획에 적합한 읽기 방법을 활용하고 있는가?
- 책의 내용을 잘 파악하며 읽고 있는가?
- 배경지식이나 참고 자료를 활용하여 능동적으로 책을 읽고 있는가?
- 책 읽기 계획에 따라 책을 끝까지 읽었는가?

❶ **자료를 활용하며 글을 읽어야 하는 상황:** 이 글을 읽으면서 프랑스 작가 '베르베르'라는 인물이나 '페로몬', '외분비샘'이라는 용어에 대해서 모르거나 궁금증이 생기면 글의 내용을 정확하게 이해하기도 어렵게 된다. 이런 경우에 사전, 인터넷, 도서관 등에서 자료를 찾아 참고하면서 글을 읽게 되면 글의 내용을 정확하고 깊이 있게 이해할 수 있고 폭넓은 배경지식을 쌓을 수도 있다.

❷ **사전이나 인터넷에서 자료 찾기:** '페로몬'이라는 용어를 모를 때 국어사전이나 백과사전에서 용어의 의미나 관련된 정보를 손쉽게 찾아 볼 수 있다. 작가 '베르베르'에 대해서 궁금증이 생겼을 때, 인터넷 검색창에 '베르베르'를 입력하여 관련된 정보를 검색해 볼 수도 있다.

❸ **도서관에서 자료 찾기:** '외분비샘'에 대해서 알고 싶거나, 개미가 냄샛길을 그리는 모습을 확인하고 싶을 때는 도서관에서 개미와 관련된 생물학 서적을 통해 자세한 정보와 지식을 얻을 수 있다.

1 포기하고 싶을 때 딱 한 걸음만 더 나아가라

이정현

• **해제:** 이 글은 청소년기에 겪을 수 있는 고통과 시련을 무조건 회피하려는 자세에 대한 비판과 현실 회피 현상 극복 방안에 대한 글쓴이의 주장이 드러나는 논설문이다.

• **주제:** 어려운 순간에 포기하지 않고 견디며 극복하려는 자세의 중요성

| 내용 연구

로버트 사폴스키 '쥐 격리 실험'	어릴 적부터 어미와 격리된 경험을 꾸준히 한 쥐가 스트레스를 덜 받고 건강함.

| 구절 풀이

• **황허 문명뿐만 ~ 없는 환경이었다.:** 황허 문명과 다른 고대 문명이 모두 척박한 환경의 제약을 극복하면서 발전했음을 알 수 있다.

• **하지만 토인비의 ~ 나쁜 것만은 아니다.:** 시련과 맞서 싸우는 과정에서 더욱 성숙해지고 강인해질 수 있기 때문에 시련이나 고통이 나쁜 것만은 아니라는 의미이다.

| 낱말 풀이

* **척박하기:** 땅이 기름지지 못하고 몹시 메마르기.
* **응전:** 상대편의 공격에 맞서서 싸움. 또는 상대편의 도전에 응하여 싸움.
* **물메기:** 메기와 비슷한 꼼칫과의 바닷물고기.
* **필사적:** 죽을힘을 다하는. 또는 그런 것.
* **격리시켰다가:** 다른 것과 통하지 못하게 사이를 막거나 떼어 놓았다가.

(가) 역사학자 토인비는 『역사의 연구』라는 책에서 아주 재미있는 역사 이론을 펼친다. (세계 26개 문명권의 성장·발전·쇠망의 공통된 경로를 살피고, 서유럽 문명의 미래를 전망함.) 가혹한 환경이 인간을 위협하면 그에 맞서 싸우는 과정에서 인류 역사가 발전해 왔다고 주장한 것이다. (역사학자 토인비가 『역사의 연구』라는 책에서 밝힌 주장) 고대 중국 문명을 예로 들어 보자. (가혹한 환경에 맞서 싸우는 과정에서 인류가 발전했다는 사례) 양쯔강과 황허강은 중국을 대표하는 강인데, 그중 양쯔강 유역은 기후가 따뜻하고, 농토가 비옥해서 농사를 짓기에는 최적의 환경이었다. 반면 황허강 유역은 너무 추워서 겨울이면 강물이 얼어붙어 배가 다닐 수조차 없었다. 게다가 매년 범람이 잦아 농사 피해가 이만저만이 아니었다. (인간이 살기에 매우 척박한 환경임.) 그런데 고대 문명이 생겨난 곳은 양쯔강이 아니라 험난한 황허강 유역이었다. ∘황허 문명뿐만 아니라 다른 고대 문명의 발상지 또한 모두 *척박하기 이를 데 없는 환경이었다.

▶ 인류는 가혹한 환경에 맞서 싸우는 과정에서 발전했다는 [　　]의 주장

(나) 그래서 토인비는 인류 역사는 곧 '도전과 *응전'의 역사로 설명될 수 있으며, 가혹한 환경이 없었다면 인류는 지금처럼 발전할 수 없었을 거라고 말한다. (토인비는 인류 역사를 '도전과 응전'의 과정으로 봄.) 토인비는 이 주장을 뒷받침하기 위해 청어와 관련된 이야기도 했다. (인류가 가혹한 환경의 도전에 맞서 싸우며 발전했음을 뒷받침하기 위한 사례) 보통 북해나 베링 해협 같은 먼 바다에서 잡히는 청어는 운반되는 동안 죽어 버리기 일쑤다. 그런데 언젠가부터 런던에 살아 있는 청어가 대량으로 공급되기 시작했다. 그 비결은 다름 아닌 청어의 천적, *물메기에 있었다. 청어들이 가득 담긴 수조에 물메기를 몇 마리 넣으면 청어는 물메기에게 잡아먹히지 않으려고 있는 힘껏 도망다닌다. (물메기 - 청어에게 가혹한 시련(도전), 청어의 필사적 도망(응전) → 운반되는 동안 살아남음.) 청어에게 물메기와 함께 있는 것은 가혹한 시련이었고, 그에 맞서 *필사적으로 대응하다 보니 오히려 죽지 않고 살아남을 수 있었다.

▶ 토인비의 주장을 뒷받침하는 [　　] 관련 이야기

(다) 우리는 삶에 시련이나 고통이 찾아오면 나쁜 일이 벌어졌다고만 생각한다. '왜 하필이면 이런 일이 나에게 일어났을까?'라고 생각하며 세상을 원망하기도 한다. (시련이나 고통에 대해 원망하고 부정적으로 인식함.) ∘하지만 토인비의 주장에 따르면 시련이나 고통이 꼭 나쁜 것만은 아니다. ㉠시련에 맞서 싸우는 과정에서 우리는 더욱 성숙해지고 강인해지니까 말이다. (시련이나 고통이 우리 삶에 주는 긍정적인 측면)

▶ 고통과 시련을 통해 인간은 더욱 [　　]해지고 강인해짐.

(라) 1960년대 초 생물학자 로버트 사폴스키는 막 태어난 쥐 몇 마리를 21일 동안 매일 작은 우리 속에 15분 정도 *격리시켰다가 다시 어미에게 보내 주는 실험을 했다. (쥐 격리 실험 - 적절한 좌절을 경험해야 하는 필요성을 알려 줌.) 그 결과 이 쥐들은 성장하면서 스트레스를 받아도 잘 이겨 내고, 모험을 두려워하지 않으며, 용감하게 도전했다. 반면 어미와 떨어져 혼자 있어 본 경험이 없는 쥐들은 작은 스트레스에도 민감하게 반응하며 괴로워했다. 그래서 자기 심리학의 대가인 하인즈 코헛은 인간이 건강한 심리 구조를 이루려면 반드시 '적절한 좌절'을 경험해야만 한다고 주장한다.

▶ 쥐 실험 결과와 '적절한 [　　]'의 필요성

답 토인비, 청어, 성숙, 좌절

01 이 글에 대한 설명으로 적절한 것은?

① 대상의 모습을 구체적으로 묘사하고 있다.
② 시간의 흐름에 따라 일어난 사건을 서술하고 있다.
③ 다양한 사례를 통해 글쓴이의 생각을 전달하고 있다.
④ 저명한 학자의 주장에 대해 글쓴이가 반론하고 있다.
⑤ 글쓴이는 체험에서 깨달은 점을 진솔하게 표현하고 있다.

02 이 글에 대한 이해로 적절하지 않은 것은?

① 고대 문명 발상지는 모두 척박한 환경이었군.
② 청어에게 물메기는 심각한 도전으로 작용하겠군.
③ 토인비는 역사를 도전과 응전의 과정으로 보았군.
④ 양쯔강 유역은 인류 생활에 적합한 곳이 아니었군.
⑤ 하인즈 코헛은 적절한 좌절의 필요성을 강조하였군.

중요

03 이 글을 읽으면서 자료를 찾아 참고한 활동으로 적절하지 않은 것은?

① '응전'에 대해서 국어사전에서 정보를 찾아보았다.
② 『역사의 연구』를 도서관에서 대출받아 읽어 보았다.
③ '자기 심리학'의 전문적인 연구 자료를 교과서에서 찾아보았다.
④ 황허 문명과 주변의 자연 환경에 대해서 인터넷에서 정보를 검색해 보았다.
⑤ 로버트 사폴스키의 쥐 격리 실험에 대해서 인터넷에서 관련 자료를 찾아보았다.

04 (라)의 쥐 격리 실험을 한 목적을 추측한 것으로 가장 적절한 것은?

① 자기 심리학이 지닌 문제점을 찾아낸다.
② 쥐의 성장 과정에 나타난 특징을 살핀다.
③ 자식 교육에서 부모의 사랑이 필수적임을 증명한다.
④ 적절한 좌절이 인간 심리에 끼치는 영향을 알아본다.
⑤ 스트레스가 인간의 건강에 끼치는 부정적인 영향을 밝힌다.

05 ㉠과 상통하는 속담으로 가장 적절한 것은?

① 우물에 가 숭늉 찾는다.
② 비 온 뒤에 땅이 굳어진다.
③ 가랑비에 옷 젖는 줄 모른다.
④ 숭어가 뛰니까 망둥이도 뛴다.
⑤ 부뚜막의 소금도 집어넣어야 짜다.

서술형

06 〈보기〉의 사례를 통해 역사학자 토인비가 말하고자 한 바를 한 문장으로 쓰시오.

보기
• 고대 중국의 황허 문명
• 청어 관련 이야기

100점 특강

이 글과 관련한 자료 찾아 참고하며 글 읽기의 예시

자료 찾기의 대상	자료 찾기의 방법	참고할 수 있는 자료의 내용
토인비	백과사전 찾아보기	백과사전이나 인물 사전 등을 활용하면 토인비의 출생, 국적, 주요 활동과 저서 등에 대한 정보를 찾아볼 수 있음.
『역사의 연구』	인터넷 검색하기	책의 주요 내용을 간편하게 찾을 수 있고, 도서 검색을 통해 책의 목차, 서평, 다른 사람들의 감상 등도 참고할 수 있음.
하인즈 코헛	도서관 이용하기	도서관 누리집에서 저자 검색을 통해 관련 책들을 찾아볼 수 있고, 하인즈 코헛의 자기 심리학과 관련된 내용도 참고할 수 있음.

➡ 이외에도 '양쯔강'이나 '황허강', '물메기', '로버트 사폴스키' 등에 대해서도 모르거나 궁금한 점을 사전, 인터넷, 도서관 등에서 다양한 자료를 찾아 참고하며 글을 능동적으로 읽을 수 있다. 어떤 자료 찾기 방법을 활용하는 것이 더 효과적이고 적절할지 판단하고 자신에게 필요한 정보나 지식을 선별하는 능력도 필요하다.

1 포기하고 싶을 때 딱 한 걸음만 더 나아가라

내용 연구

리셋 증후군	현실 세계에서도 리셋이 가능할 것이라 착각하는 현상을 일컫는 말

구절 풀이

- **그 어떤 환경에서도 ~ 노릇 아닌가.**: 어떤 환경에서도 고통과 시련은 있기 마련이기에, 그때마다 고통과 시련을 회피하고 다시 시작할 수는 없다는 글쓴이의 비판적 태도가 드러난다.
- **또 열일곱 살 때 ~ 봉착할 수도 있다.**: 20대의 성인이 되었을 때 그 나이에 겪어야 할 고통이나 시련뿐만 아니라 열일곱 살 무렵에 겪어야 할 고통까지 함께 겪어야 하므로 더 큰 위기에 처하게 된다는 의미이다.
- **이렇게 생각한다면 ~ 볼 수 있지 않을까?**: 독자에게 말을 건네는 표현을 사용하여 독자 스스로 고통과 시련에 어떻게 대응할지 생각해 보게 하고 깨닫게 하는 효과를 얻고 있다.

낱말 풀이

* **증후군**: 몇 가지 증후가 늘 함께 나타나지만, 그 원인이 명확하지 아니하거나 단일하지 아니한 병적인 증상들을 통틀어 이르는 말.
* **역경**: 일이 순조롭지 않아 매우 어렵게 된 처지나 환경.
* **봉착할**: 어떤 처지나 상태에 부닥칠.
* **뒤죽박죽**: 여럿이 마구 뒤섞여 엉망이 된 모양. 또는 그 상태.

(가) 그런데 요즘 열일곱 살은 고통과 시련이 찾아오면 지레 겁부터 먹는다. 어떻게든 도전할 생각을 하는 게 아니라 좌절하고 다시 못 일어나지 않을까부터 염려한다. 그들의 두려움은 결국 도전에 대한 무조건적인 회피 현상으로 나타난다.

고통이나 시련에 대한 요즘 청소년들의 반응

고통이나 시련에 대한 두려움 때문에 회피하려는 현상을 보임 → 리셋 증후군의 증상

"지금 고1인데요. 저는 우리나라의 교육 제도가 너무 싫어요. 모든 게 대학 입시 위주고, 학생 개인의 개성은 완전히 무시해 버리잖아요. 친구들과 경쟁해야 하는 것도 힘들고요. 고등학교 3년 내내 이렇게 보내야 한다고 생각하면 벌써부터 숨이 막혀요. 견딜 용기도 안 나고요. 그래서 다른 나라로 유학 갈까 생각 중이에요. 그곳에서 새 출발하면 잘할 수 있지 않을까요?"

현실의 고통과 시련을 회피하고, 다시 시작하면 가능할 것으로 착각함.

▶ 리셋 증후군을 보이는 요즘 청소년의 사례

(나) '리셋 *증후군'을 보이는 어느 열일곱 살의 이야기다. 「리셋 증후군이란 컴퓨터가 원활하게 돌아가지 않거나 제대로 작동하지 않을 때 리셋 버튼만 누르면 처음부터 다시 시작할 수 있는 것처럼 현실 세계에서도 리셋이 가능할 것이라 착각하는 현상을 일컫는 말이다.」 힘들고 고통스러운 상황에서 벗어나 다시 새롭게 시작하고 싶은 마음이야 이해하지만 다른 나라로 간들 그곳이라고 *역경이 없을까? •그 어떤 환경에서도 고통스러운 과정은 있게 마련인데 그때마다 다시 시작할 수는 없는 노릇 아닌가.

「 」: 리셋 증후군의 개념 정의

설의법 - 다른 환경에서도 고통과 시련은 있음.

▶ 리셋 증후군의 개념 정의와 어떤 환경에도 [　　　]의 과정이 있는 현실

(다) •또 열일곱 살 때 겪어야 할 역경을 피하려다 오히려 20대에 더 큰 위기에 *봉착할 수도 있다. 그러므로 20대, 30대가 되어 그 나이에 마땅히 겪어야 할 고통과 사춘기의 고통까지 *뒤죽박죽 겪고 싶지 않다면 차라리 지금 겪는 게 낫다. 『그래도 계속 가라』라는 책에서 '늙은 매'라 불리는 할아버지는 손자인 제레미에게 다음과 같이 말한다.

역경을 회피하기보다는 제때에 겪어야 한다는 글쓴이의 생각이 드러남.

속담 '매도 먼저 맞는 놈이 낫다.'와 상통함.

조셉 M. 마셜의 책. '사는 게 힘들다.'라고 느끼는 사람들을 위한 우화집

아버지를 잃은 손자가 삶이 왜 이렇게 힘든 거냐고 질문함.

"얼마나 많이 불어닥치건 간에 ㉠폭풍에 맞서 대항하다 보면, 그것에 저항하기 위해서는 굳이 폭풍만큼 강할 필요가 없다는 사실을 터득하게 된단다. 그냥 서 있을 정도만 강하면 된다. 겁에 질린 채 떨면서 서 있든지, 주먹을 휘두르면서 서 있든지 간에 우리가 서 있는 한은 그만큼 강하다는 뜻이 아니겠느냐."

고통과 시련을 회피하지 않고, 그에 맞서 조금이라도 노력하는 자세가 필요함.

▶ 고통과 시련을 [　　　]하지 않고 맞서 견디고 겪어 내는 태도가 중요함.

(라) 어떤 사람들은 잘하지 못할 바엔 처음부터 도전하지 않는 게 낫다고 말한다. 중간에 그만두면 괜히 시간만 낭비하는 셈이라고 주장하면서 말이다. 그러나 그것은 도전이 두려워 포기해 버리는 자의 변명에 불과하다. 늙은 매의 말처럼 폭풍이 불어닥쳤을 때는 서 있을 정도로만 강해도 된다. •이렇게 생각한다면 할 수 없다고만 말할 게 아니라 뭐든 해 볼 수 있지 않을까? 포기하고 싶은 마음이 들 때는 더도 말고 딱 한 발자국만 앞으로 나아가 보라. 시련을 이겨 내고 더 단단해진 나를 상상하면서 말이다.

고통 회피에 대한 변명과 자기합리화.

『그래도 계속 가라』에 등장하는 할아버지

글쓴이가 이 글의 독자인 청소년들에게 하고 싶은 말

▶ 포기하고 싶은 마음이 들 때에도 조금만 더 노력하는 자세가 중요함.

답 역경, 회피

07 이 글을 능동적으로 읽는 방법으로 적절하지 않은 것은?

① 글의 내용과 관련된 자료를 찾아보며 읽는다.
② 핵심어나 중요 내용에 밑줄을 그으면서 읽는다.
③ 세부 내용을 중심으로 간략하게 요약하며 읽는다.
④ 글의 내용과 관련된 배경지식을 활용하며 읽는다.
⑤ 글의 내용과 관련된 질문을 던지고 답을 찾으며 읽는다.

08 이 글을 읽으면서 자료를 찾아 참고할 때의 효과로 적절하지 않은 것은?

① 능동적으로 글을 읽는 습관을 기를 수 있다.
② 글의 내용을 정확하고 깊이 있게 이해할 수 있다.
③ 전체적인 내용을 구조화하여 오래 기억할 수 있다.
④ 모르는 것을 해소하고 배경지식을 확충할 수 있다.
⑤ 필요한 자료를 선별할 수 있는 비판적 시각을 기를 수 있다.

09 이 글의 '리셋 증후군'에 대한 이해로 적절하지 않은 것은?

① 요즘 청소년들에게서 주로 나타나는 경향이 있군.
② 도전에 대한 무조건적인 회피 현상과 관련되는군.
③ 삶의 시련에 대한 두려움이 원인이라 할 수 있겠군.
④ 현실에서도 리셋이 가능할 것이라 착각하는 현상이군.
⑤ 다른 환경에 직면했을 때는 사라지는 경향을 보이는군.

중요

10 이 글과 관련된 자료를 찾아 참고하며 읽은 것으로 적절하지 않은 것은?

① '증후군'의 의미를 백과사전에서 찾아보았다.
② '리셋 증후군'에 대해서 인터넷에서 검색해 보았다.
③ '제레미'의 의미와 용례를 국어사전에서 찾아보았다.
④ 『그래도 계속 가라』라는 책에 대해 도서관에서 자료를 찾아보았다.
⑤ 『그래도 계속 가라』라는 책의 주요 내용과 목차를 인터넷 도서 검색을 통해 알아보았다.

11 ㉠의 상징적 의미로 가장 적절한 것은?

① 삶의 고통과 시련
② 역경에 대한 도전
③ 무조건적인 회피 현상
④ 삶의 고난에 대한 극복 의지
⑤ 어려운 현실에서의 새로운 출발

서술형

12 이 글에서 글쓴이가 독자인 청소년에게 말하고자 하는 중심 내용을 〈조건〉에 맞게 찾아 쓰시오.

조건
- '포기'라는 단어를 포함한 한 문장으로 쓸 것.
- '–자'의 청유형으로 문장을 끝맺을 것.

100점 특강

이 글과 관련한 자료 찾아 참고하며 글 읽기의 예시

자료 찾기의 대상	자료 찾기의 방법	참고할 수 있는 자료의 내용
리셋 증후군	인터넷 검색하기	리셋 증후군의 개념과 증상, 진단 방법, 실제 사례와 해결 방법 등
『그래도 계속 가라』	도서관 이용하기	조셉 M. 마셜의 책으로, '사는 게 힘들다.'라고 느끼는 사람들을 위한 우화집이고, 고난 속에서도 삶을 살아가야 하는 이유와 인간의 근원적 문제를 주요 내용으로 다룬다는 정보

➡ 사전, 인터넷, 도서관 등에서 자료를 찾아 참고하며 글을 능동적으로 읽으면 글의 내용을 정확하고 깊이 있게 이해할 수 있을 뿐만 아니라 배경지식도 폭넓게 확충할 수 있다. 그리고 매체 활용 능력과 자신에게 필요한 정보를 선별하는 비판적 시각도 기를 수 있다.

2 이타적 디자인, 인간을 위한 디자인 | 공규택

지문 연구

- **해제:** 이 글은 '인간을 위한 디자인'과 그에 담긴 정신에 대해서 소개하고, '인간을 위한 디자인'의 다양한 사례를 구체적으로 제시하여 독자의 이해를 돕는 설명문이다.
- **주제:** 사회적 약자를 돕는 '인간을 위한 디자인(이타적 디자인)'

(가) 현재 활동하는 세계적인 디자이너들에게 '존경하는 디자이너가 누구냐'고 물으면 *이구동성으로 '*이타적 디자인'의 원조인(어떤 일을 처음으로 시작한 사람) 빅터 파파넥을 손꼽습니다. 빅터 파파넥은 살아생전에 세계 각국을 다니며 가난한 사람들, 장애인과 어린이, 여성과 문맹 등 소외된 사람들을 위한 디자인을 했습니다.(사회적 약자를 위한 파파넥의 활동) 그의 이러한 노력은 자연과 사회적 약자를 돕는 데도 디자인이 중요한 역할을 할 수 있다는 가르침을 전해 주었습니다. 그래서 파파넥의 생각에서 비롯된 이러한 디자인의 경향을 ㉠'인간을 위한 디자인' 혹은 '이타적 디자인' 이라고 부릅니다.(파파넥이 생각하는 '인간을 위한 디자인'의 역할)

▶ 사회적 ☐ 을/를 돕기 위한 '인간을 위한 디자인'

(나) 파파넥은 1960년대 동남아에서 빈번하게 발생하는 화산 폭발로 인해 많은 사람들이 목숨을 잃어야만 하는 현실이 안타까웠습니다. 그리고 •화산 폭발에 대한 재난 경보를 듣고 대피를 했더라면 얼마든지 막을 수 있는 피해였다는 생각에 아쉬움이 컸습니다.

▶ 화산 폭발에 대한 ☐ 경보의 필요성을 인식한 파파넥

(다) '라디오를 사서 원주민들에게 나눠 주면 어떨까?' 하는 생각도 했지만, 발리 원주민들 모두에게 보급하기에는 턱없이 예산이 모자랐습니다.(깡통 라디오를 만들게 된 이유 ①) 또 설령 구호금을 통해 라디오를 보급한다고 하더라도 라디오가 고장 났을 경우 수리할 수 있는 전파상이 없으니 곧 (㉡)이/가 될 것이었습니다.(깡통 라디오를 만들게 된 이유 ②) 문제는 또 있었습니다. 원주민 마을에는 전기가 들어오지 않아(깡통 라디오를 만들게 된 이유 ③) 라디오를 작동시킬 수 없을 뿐만 아니라, 원주민들에게는 건전지를 사서 쓸 수 있을 만큼의 경제적 여유도 없었기(깡통 라디오를 만들게 된 이유 ④) 때문입니다.

▶ ☐ 이/가 깡통 라디오를 만든 이유

(라) 이윽고 파파넥은 원주민들과 함께 이른바 '깡통 라디오'를 제작합니다. 관광객들이 버리고 간 깡통을 이용해 라디오 몸체를 만들었기 때문에 붙은 이름입니다.(인간을 위한 디자인의 사례 ① / 비용 절감을 위한 방법, 깡통 라디오라고 이름 붙인 계기) 라디오 부품 역시 발리섬 여기저기에서 구할 수 있는 간단한 재료들이었습니다. 전기 배선, 안테나 등이 그대로 노출되어 겉모습은 *조악하기 그지없었습니다.(거칠고 나쁘기 이루 말할 수 없다.) 그러나 라디오의 겉모습을 보기 좋게 포장할 경우 제작 비용이 높아지기 때문에 그대로 두었습니다.

▶ 깡통 라디오를 제작한 파파넥과 발리 원주민들

(마) 결국 그가 만든 라디오는 라디오가 가진 최소한의 기능만을 구현한 것이었습니다.(라디오의 기능에 초점을 맞춤.) 그래서 처음 보는 사람은 라디오라고 인식하기도 어려울 만큼 괴이한 형태를 지녔습니다. 그런데 우리는 그것을 왜 '괴이하다'고 느낄까요? 바로 우리가 가진 '디자인에 대한 *고정 관념' 때문입니다. 좋은 디자인은 보기 좋고 아름다워야 한다는(디자인에 대한 고정 관념) 생각이 바로 그것이지요. 파파넥은 디자인에 대한 이러한 고정 관념을 다음과 같은 말로 뛰어넘습니다.

•"사물을 아름답게만 만드는 것은 죄악입니다. 사물을 쓸모 있게 만드는 것이 바로 디자인이지요."

▶ ☐ 있는 디자인이 좋은 디자인이라는 파파넥의 생각

내용 연구

깡통 라디오	• 발리의 원주민들을 화산 폭발로부터 보호하려고 만듦. • 관광객들이 버리고 간 깡통을 이용하여 최소한의 기능만 구현함.

구절 풀이

- **화산 폭발에 대한 ~ 아쉬움이 컸습니다.:** 화산 폭발로 발리의 원주민들이 목숨을 잃는 상황에 대한 대처 방안으로 파파넥이 라디오 보급을 생각하게 된 계기에 해당한다. 사회적 약자에 대한 파파넥의 배려와 관심을 엿볼 수 있다.
- **"사물을 아름답게만 ~ 바로 디자인이지요.":** 인간에게 쓸모 있는 것이 좋은 디자인이라는 파파넥의 생각이 드러난다.

낱말 풀이

- * **이구동성:** 입은 다르나 목소리는 같다는 뜻으로, 여러 사람의 말이 한결같음을 이르는 말.
- * **이타적:** 자기의 이익보다는 다른 이의 이익을 더 꾀하는. 또는 그런 것.
- * **조악하기:** 거칠고 나쁘기.
- * **고정 관념:** 잘 변하지 아니하는, 확고한 의식이나 관념. 또는 어떤 집단의 사람들에 대한 단순하고 지나치게 일반화된 생각들.

답 약자, 재난, 파파넥, 쓸모

정답과 해설 • 36쪽

01 이 글에 대한 설명으로 적절한 것은?

① '인간을 위한 디자인'의 구체적 사례를 통해 독자의 이해를 돕고 있다.
② '인간을 위한 디자인'이 필요하다는 주장을 근거를 들어 제시하고 있다.
③ '인간을 위한 디자인'의 특징을 예시와 분류의 설명 방법을 통해 설명하고 있다.
④ '인간을 위한 디자인'에 대한 사회적 편견에 대해 글쓴이의 비판을 드러내고 있다.
⑤ '인간을 위한 디자인'에 대한 체험을 바탕으로 글쓴이의 생각을 솔직하게 드러내고 있다.

02 이 글의 내용과 일치하지 않은 것은?

① 깡통 라디오는 깡통으로 몸체를 만들어서 붙여진 이름이다.
② 파파넥이 만든 깡통 라디오는 다양한 기능을 갖춘 라디오였다.
③ 파파넥은 재난 경보를 통해 화산 폭발로 인한 피해를 줄일 수 있다고 생각했다.
④ 발리의 원주민들은 경제적으로 가난해서 라디오 건전지를 구입할 수가 없는 처지였다.
⑤ 파파넥이 깡통을 이용하여 라디오를 만든 이유는 제작 비용을 줄이고자 했기 때문이다.

중요

03 이 글과 관련하여 파파넥이 쓴 책 한 권을 스스로 선정하여 읽는다고 할 때, 책 읽기 과정으로 적절하지 않은 것은?

① 읽기 전: 읽기 목적, 책의 주제, 분량, 수준 등을 고려하여 책을 스스로 선정한다.
② 읽기 전: 책을 읽을 시간이나 장소, 읽기 방법 등에 대한 계획을 세운다.
③ 읽는 중: 사전, 인터넷, 도서관 등에서 자료를 찾아 참고하며 읽는다.
④ 읽는 중: 친구들에게 책을 권하는 서평을 쓰거나 전체적인 내용에서 쟁점을 찾아 토론한다.
⑤ 읽은 후: 독서 일기에 중심 내용, 인상 깊은 부분, 깨달은 점 등을 종합적으로 정리한다.

04 ㉠에 대한 이해로 적절하지 않은 것은?

① 이타적 디자인이라고도 부르는군.
② 자연과 사회적 약자를 도울 수 있군.
③ 빅터 파파넥이 원조라고 할 수 있겠군.
④ 소외된 사람들에게 실용성이 있게 만들겠군.
⑤ 세계적으로 명성이 있는 디자이너들의 작품이군.

05 ㉡에 들어갈 단어로 가장 적절한 것은?

① 불로소득 ② 어불성설
③ 아전인수 ④ 무용지물
⑤ 함흥차사

서술형

06 파파넥이 생각하는 좋은 디자인이 무엇인지 (마)에서 찾아 5어절로 쓰시오.

100점 특강

'인간을 위한 디자인(이타적 디자인)'의 개념

가난한 사람들, 장애인과 어린이, 여성과 문맹 등 사회적 약자들에게 쓸모 있는 물건을 만드는 일, 또는 그렇게 만든 물건

이 글과 관련한 자료 찾아 참고하며 글 읽기의 예시

'이구동성', '원조', '고정 관념' 등에 대해서 국어사전에서 그 개념을 찾아볼 수 있다. 그리고 '빅터 파파넥'에 대해서 인터넷에서 그의 생애와 활동, 저술한 책 등에 대한 정보를 찾아볼 수 있다. '발리 섬'의 위치에 대해서도 인터넷 지도 검색을 통해 찾아볼 수 있다. 도서관에서는 '빅터 파파넥'과 관련된 책들을 찾아 빌려 볼 수 있고, 잡지 등에서 파파넥과 관련된 '이타적 디자인'에 대한 정보를 얻을 수 있다.

2 이타적 디자인, 인간을 위한 디자인

| 내용 연구

라이프 스트로우	• 오염된 물을 먹고 온갖 질병에 고통받는 사람들을 위해 만듦. • 정수 기능 갖춘 휴대용 빨대로, 쓰기 편하고 가격이 저렴하며 품질이 훌륭함.
큐드럼	• 식수를 구하느라 고통받는 아프리카 아이들이 물을 길어 쉽게 나를 수 있도록 만듦. • 알파벳 'Q'자를 닮은 원기둥 모양의 물통으로, 줄로 묶어서 끌고 다니도록 디자인함.

| 구절 풀이

◦ **세계적으로 수십억 명이 ~ 정수기를 디자인했습니다.:** 미켈이 휴대용 개인 정수기인 '라이프 스트로우'를 디자인한 계기가 드러난다.

◦ **"저렴하고, 단순하고, 인간의 ~ 사랑이 있어야 합니다.":** 파파넥이 생각하는 디자인의 기본 조건으로, 이타적 디자인, 즉 인간을 위한 디자인이 추구하는 철학을 짐작해 볼 수 있다.

| 낱말 풀이

* **구호:** 재해나 재난 따위로 어려움에 처한 사람을 도와 보호함.
* **군더더기:** 쓸데없이 덧붙은 것.
* **역설했습니다:** 자기의 뜻을 힘주어 말했습니다.
* **망상:** 이치에 맞지 아니한 망령된 생각을 함. 또는 그 생각.
* **숭고한:** 뜻이 높고 고상한.

(가) 베스터가드 프란센이라는 회사에서 만든 *구호 물품 '라이프 스트로우'도 파파넥을 이어 인간을 위한 디자인 철학을 담은 제품입니다. ◦세계적으로 수십억 명이 안전한 물을 마시지 못하고 있고, 매년 수백만 명이 오염된 물을 먹고 목숨을 잃는 현실을 외면할 수 없었던 이 회사의 대표인 미켈은 쓰기 간편하고 가격도 저렴한 휴대용 개인 정수기를 디자인했습니다.

미켈은 아프리카에 여행을 다녀온 적이 있었는데, 그곳 사람들이 오염된 물을 마시고 온갖 질병으로 고통받는 모습에 큰 충격을 받았습니다. 여행을 마치고 돌아온 미켈은 보건 구호 사업가로서의 삶을 살기로 결심했습니다. 그가 만든 휴대용 정수기 라이프 스트로우는 말 그대로 ㉠생명을 살리는 빨대가 되어 세계적인 구호 단체들에 공급되었습니다. 라이프 스트로우는 정수 기능에 최대한 충실하면서도 *군더더기를 모두 뺀 디자인으로써 최대한 원가를 절약해 저렴하면서도 품질이 훌륭했습니다. 구호 단체들이 부담 없이 구입해 보급할 수 있게끔 한 것이지요.

(인간을 위한 디자인의 사례 ② / 미켈이 보건 구호 사업가가 된 계기 / 저렴하고 간편하며 쓸모 있게 만듦. - 사회적 약자를 위한 디자인임.)

▶ [ ]된 식수로 고통받는 사람들을 위한 '라이프 스트로우'

(나) 아프리카에서 식수를 구하기란 하늘의 별 따기만큼이나 어렵고 힘든 일입니다. 한 양동이의 물을 긷기 위해서 심지어 수십km를 걸어가야 하는 경우도 허다합니다. 게다가 물을 양손에 들거나 머리에 이고 돌아오는 길은 얼마나 힘들고 고되겠어요? 더구나 그런 고된 일이 아이들에게 맡겨진다면 그 고통이야 이루 말할 수 없을 것입니다. 그런 아이들이 그 고된 일을 즐겁고 재밌는 놀이처럼 할 수 있게 해 준 디자인이 있습니다. 피에트 헨드릭스라는 사람이 만든 ㉡'큐드럼'이 바로 그것입니다.

알파벳 'Q'자를 닮았다고 해서 이렇게 이름 붙여진 물통은 원기둥 모양으로 되어 있어 물통을 손으로 들거나 머리에 이지 않고도 운반할 수 있도록 디자인되었습니다. 아이들은 이 물통을 장난감을 가지고 놀 듯 줄로 묶어서 끌고 다닙니다. 줄을 잡고 달리면 먼 거리를 왕복하며 물을 긷는 고된 일도 즐거운 놀이가 될 것 같은 느낌의 디자인입니다.

(무엇을 얻거나 성취하기가 매우 어려운 경우를 비유적으로 이르는 속담 / '큐드럼'을 디자인한 목적 / 인간을 위한 디자인의 사례 ③ / 물을 길어 이동할 때의 고통을 줄여 줌.)

▶ 아프리카 아이들이 물을 길어 쉽게 나를 수 있도록 한 '[ ]'

(다) 빅터 파파넥은 1970년대에 『인간을 위한 디자인』을 통해 세계가 안고 있는 환경 문제, 사회 문제에 대해 디자이너도 책임감과 사명감을 느껴야 한다고 주장했습니다. 그뿐만 아니라 디자이너들은 각종 위기에 처한 세계를 살리기 위해 무엇을 디자인할 것인지 고민하고, 더 나은 세상을 만드는 일에 동참해야 한다고 *역설했습니다.

◦"저렴하고, 단순하고, 인간의 일상생활과 연결되어 있어야 합니다. 이것은 모두를 위한 디자인의 기본 조건입니다. 그리고 무엇보다 사람에 대한 관심과 사랑이 있어야 합니다."

생소하고 낯설었던 이러한 생각이 처음 세상에 알려졌을 때 지나치게 순진하다거나 *망상에 불과하다며 비난하던 사람들도 있었습니다. 그러나 다행히도 현재 파파넥의 생각은 지속 가능한 디자인의 밑거름으로 평가받고 있으며, 오늘날에도 수많은 후배 디자이너들이 그의 *숭고한 뜻을 이어 가고 있습니다.

(현재 디자인의 실상, 미래 디자인의 가능성, 디자인의 조건에 대한 파파넥의 생각이 담긴 책 / 인간을 위한 디자인에 대한 파파넥의 생각)

▶ [ ]을/를 위한 디자인이 추구하는 정신

07 이 글의 내용과 일치하지 않은 것은?

① '라이프 스트로우'에는 인간을 위한 디자인 철학이 담겨 있다.
② '라이프 스트로우'는 가격이 저렴하면서도 정수 기능이 훌륭하다.
③ '라이프 스트로우'와 '큐드럼'으로 아프리카의 식수 문제는 완전히 해결되고 있다.
④ 파파넥의 인간을 위한 디자인은 지속 가능한 디자인의 밑거름으로 평가받고 있다.
⑤ 파파넥은 '저렴함, 단순함, 인간 생활에 유용함.' 등을 디자인의 기본 조건으로 강조하고 있다.

중요

08 이 글을 통해 글쓴이가 전달하고자 하는 중심 생각으로 가장 적절한 것은?

① 여행은 인간의 삶에 대한 이해를 가져온다.
② 인간을 위한 디자인은 사회적 약자를 살린다.
③ 디자인을 할 때는 외적 아름다움을 고려해야 한다.
④ 세계 곳곳에서 사회적 약자들이 고통을 받고 있다.
⑤ 지구촌 물 문제 해결을 위해 국제적 관심이 필요하다.

09 이 글에 나타난 '인간을 위한 디자인'이 추구하는 정신으로 적절하지 않은 것은?

① 모두를 위하는 디자인이어야 한다.
② 사람에 대한 관심과 사랑이 담겨야 한다.
③ 외향의 아름다움과 창의성을 추구해야 한다.
④ 더 나은 세상을 만드는 데에 기여해야 한다.
⑤ 세계의 환경 문제와 사회 문제에 대한 책임감이 담겨야 한다.

10 ㉠과 같이 표현한 이유로 가장 적절한 것은?

① 재활용이 가능한 디자인이기 때문에
② 쓰기 간편하고 가격도 저렴하기 때문에
③ 보건 구호 사업가인 미켈이 만들었기 때문에
④ 세계적인 구호 단체에서 사용하는 물품이기 때문에
⑤ 오염된 물을 마시고 질병으로 고통받는 사람들을 구제하기 때문에

11 ㉡에 대한 이해로 적절하지 않은 것은?

① 물통의 모양이 알파벳 'Q'자와 닮았겠군.
② 인간을 위한 디자인의 사례라고 할 수 있겠군.
③ 경제적 이익을 추구하기 위해 만들어진 제품이군.
④ 물을 긷고 나르는 아이들의 고통을 덜어 주었겠군.
⑤ 아프리카 아이들이 좀 더 즐겁게 물을 길을 수 있었겠군.

중요 | 서술형

12 이 글의 내용과 관련하여 '빅터 파파넥'에 대한 자료를 〈조건〉에 맞게 찾을 수 있는 방법과 얻을 수 있는 정보를 간략히 쓰시오.

조건
- 인물과 관련된 시각 자료를 참고하고자 함.
- 백과사전, 기사 등을 함께 참고하고자 함.

100점 특강

'인간을 위한 디자인'이 추구하는 정신

인간을 위한 디자인	• 모두를 위한 디자인 • 사람에 대한 관심과 사랑이 담긴 디자인 • 더 나은 세상을 만드는 역할을 하는 디자인 • 위기에 처한 세계의 여러 문제에 대한 책임감과 사명감이 있는 디자인

➡ '이타적 디자인'이라고도 부르는 '인간을 위한 디자인'은 인간이 살아가면서 겪는 환경 문제와 사회 문제 등에 대해 관심을 갖고 이를 해결하기 위해서 노력하는 디자인이라고 할 수 있다. 사회적으로 소외된 약자를 돕고, 자연환경에도 도움이 되는 디자인이어야 한다는 점을 빅터 파파넥은 강조하고 있다.

대단원 평가

[01~04] 다음 글을 읽고 물음에 답하시오.

㉮ 인조가 변방의 군사들에게 보내려 한 '종이옷'이란 ㉠우리의 상상처럼 종이를 오려 붙여 만든 옷이 아니라 '종이를 잘 활용한 옷'입니다. 즉 옷감과 옷감 사이에 종이를 넣어 만든 옷을 말하는 겁니다. 그런데 왜 옷감 사이에 종이를 넣느냐구요?

목화를 키우기 어려운 변방에서 군사들이 따뜻하게 겨울을 날 수 있을 만큼 많은 솜을 구하는 게 결코 쉬운 일이 아니었습니다. 변방이 아닐지라도 조선의 생산 환경 속에서 솜은 늘 부족하기 마련이었지요.

㉯ 종이옷을 만드는 방법은 아주 간단합니다. 옷감과 옷감 사이에 종이를 넣어 꿰매면 끝이지요. 비록 두툼한 솜만큼 따뜻하지 않을지라도 옷감 사이에 종이를 넣어 꿰매 입으면, 옷감만으로 옷을 지었을 때보다 찬바람을 막는 효과가 한층 커집니다.

무엇보다도 이때 사용한 것은 닥나무로 만든 종이였기 때문에 ㉡쉽게 찢어지지 않을 뿐만 아니라 두께가 얇고 가벼워서 옷감 사이에 집어넣어도 전혀 불편함이 없었습니다. 솜을 아주 조금밖에 넣지 못할 때라도 종이와 함께 바느질하면 옷감과 종이, 솜이 서로 겹쳐져서 더욱 효과적으로 바람이 통하는 것을 막을 수 있었습니다. 그리고 이렇게 옷을 만들면 ㉢공기층이 여러 겹 생기기 때문에 두께가 얇아도 추위를 더욱 잘 막아 주는 옷이 됩니다.

㉰ 예전에 솜만큼이나 귀한 것이 종이였습니다. 그도 그럴 것이 ㉣종이를 만드는 과정에서 많은 정성과 노고가 필요했으니까요. 종이를 만들기 위해서는 우선 닥나무를 베어 커다란 솥에 넣고 쪄서 겉껍질을 모두 벗겨 내야 했습니다. 그리고 고운 속껍질을 모아 잿물에 삶아서 한참 동안 불렸다가 맷돌로 곱게 갈거나 방망이로 두들겨 닥나무의 섬유를 잘게 찢었지요. 이것을 풀과 섞어 한 장, 한 장 대발로 종이를 떴습니다. 끝이냐고요? 천만에요! 물기를 빼고 뜨거운 돌 위에 얹어 한 장씩 말려야 비로소 종이 한 장을 얻을 수 있었습니다.

㉱ 조선의 역사와 정치, 일상생활을 담은 『조선왕조실록』에서, ㉤낙폭지로 만든 종이옷에 관한 기록은 외세의 침략에 반복적으로 시달렸던 시기에 유난히 자주 등장합니다. 선조부터 광해군, 인조에 이르기까지 여러 왕들이 겨울이 되면 어김없이 낙폭지를 구해 변방으로 보내어 군사들에 대한 고마움과 미안함, 안타까운 마음을 전하곤 했습니다.

중요

01 이 글을 읽을 때 예측하며 읽기가 필요한 이유로 적절하지 않은 것은?

① 능동적인 읽기가 가능하여 글의 내용을 더 잘 기억할 수 있다.
② 글 읽기의 방향과 목적을 정할 수 있어 내용 이해에 집중할 수 있다.
③ 배경지식을 적극적으로 활용하여 글의 내용을 풍부하게 이해할 수 있다.
④ 예측한 내용과 실제 글의 내용이 일치할 때 읽기의 즐거움을 느낄 수 있다.
⑤ 다양한 자료를 수집하는 과정에서 매체를 활용한 글 읽기 능력을 기를 수 있다.

02 이 글에 대한 이해로 적절하지 않은 것은?

① 옷감 사이에 종이를 넣어 방한 효과를 높였구나.
② 종이가 솜보다 추위를 막는 기능이 더 좋았구나.
③ 변방의 군사들은 겨울 추위 때문에 고생이 많았구나.
④ 조선은 솜을 대량 생산할 수 있는 여건이 아니었구나.
⑤ 종이옷에는 군사들에 대한 임금의 마음이 담겨 있었구나.

03 ㉠~㉤에 대해 이해한 내용으로 적절하지 않은 것은?

① ㉠: 종이를 부수적으로 사용하여 만든 옷이군.
② ㉡: 닥나무로 만든 종이의 특질로 볼 수 있겠군.
③ ㉢: 공기층이 바람을 잘 통하게 하는 효과가 있겠군.
④ ㉣: 종이를 솜만큼 귀하게 여긴 이유에 해당하겠군.
⑤ ㉤: 많은 군사들에게 종이옷을 보내야 했기 때문이군.

서술형

04 이 글에서 인조가 겨울에 '종이옷'을 변방의 군사들에게 보내려 한 이유를 〈조건〉에 맞게 쓰시오.

조건
- 인조의 심리가 드러나게 쓸 것.
- '종이옷'의 기능과 관련지어 쓸 것.

[05~08] 다음 글을 읽고 물음에 답하시오.

㉮ ㉠해마다 우리는 장애인의 날이면 행사를 하며 법석을 떤다. 정작 그들에게 따뜻한 눈길 한번 주지 않으면서, 길 한번 제대로 비켜 주지 않으면서 말이다. 그날만 장애인을 걱정하는 것처럼 가장하고 그동안 그러지 못했던 것을 속죄하는 척하기만 하면 되는 것처럼 하루를 보낸다. ㉡이제 우리는 일상생활에서 장애인과 함께 사는 법을 배워야 한다. 그래서 하루빨리 장애인의 날 같은 건 사라지게 말이다.

㉯ 자연계는 언뜻 보면 늙고 병약한 개체들은 어쩔 수 없이 늘 포식자의 밥이 되고 마는 비정한 세계처럼만 보인다. ㉢하지만 인간에 버금가는 지능을 지닌 고래들의 사회는 다르다. 거동이 불편한 동료를 결코 나 몰라라 하지 않는다. 다친 동료를 여러 고래들이 둘러싸고 거의 들어 나르듯 하는 모습이 고래학자들의 눈에 여러 번 관찰되었다. 그물에 걸린 동료를 구출하기 위해 그물을 물어뜯는가하면 다친 동료와 고래잡이배 사이에 과감히 뛰어들어 사냥을 방해하기도 한다.

㉣고래는 비록 물속에 살지만 엄연히 허파로 숨을 쉬는 젖먹이 동물이다. 그래서 부상을 당해 움직일 수 없게 되면 무엇보다도 물 위로 올라와 숨을 쉴 수 없게 되므로 쉽사리 목숨을 잃는다. 그런 친구를 혼자 등에 업고 그가 충분히 기력을 되찾을 때까지 떠받치고 있는 고래의 모습을 보면 저절로 머리가 숙여진다.

㉰ 우리 사회의 장애인들에게도 휠체어를 직접 밀어 줄 사람들보다 그들이 스스로 밀고 갈 수 있도록 길을 비켜 주고 따뜻하게 함께 있어 줄 사람들이 필요한 것인지도 모른다. 그들이 당당하게 삶을 꾸릴 수 있도록 여건을 마련해 준 후 그저 다른 이들을 대하듯 똑같이만 대해 주면 될 것이다.

㉤앞으로 좀 더 자세한 연구가 진행되어야 밝혀질 일이겠지만 남을 돕는 고래가 모두 다친 고래의 가족이거나 가까운 친척만은 아닐지도 모른다. 우리 인간이 그렇듯이 장애인 동생을 보살피는 것과 전혀 연고도 없는 장애인을 돕는 것은 근본적으로 다르다. 부상당한 고래를 등에 업고 있는 고래가 가족이나 친척으로 밝혀질 가능성은 충분히 있지만 다친 고래를 가운데 두고 보호하는 그 모든 고래들이 다 가족일 가능성은 적은 것 같다. 고래들의 사회에 우리처럼 장애인의 날이 있어 '장애 고래를 도웁시다.'라는 구호를 외치며 배웠을 리 없건만 ⓐ결과만 놓고 보면 고래들이 우리보다 훨씬 낫다.

05 이 글에 대한 설명으로 적절하지 않은 것은?

① 고래의 생태에 대한 정보 전달을 목적으로 쓴 글이다.
② 자연계의 사례에 우리의 생활 모습을 비추어 보고 있다.
③ 서로 돕는 고래 사회에 대한 글쓴이의 긍정적 시선이 드러난다.
④ 고래 사회에서 우리 사회의 문제점에 대한 해결 방안을 이끌어 내고 있다.
⑤ 장애인과 더불어 살며 평소 관심을 기울여야 한다는 글쓴이의 생각이 드러난다.

중요

06 이 글을 읽은 후 독자의 반응으로 적절하지 않은 것은?

① 장애인에게 무심했던 자신의 태도를 성찰할 것이다.
② 동료애를 지닌 고래들에 대해 긍정적인 시선을 갖게 될 것이다.
③ 글쓴이가 소개한 고래의 사례가 과학적으로 타당한지 검증을 해 볼 것이다.
④ 장애인이 자신의 삶을 당당하게 꾸릴 수 있는 사회적 여건 마련을 위해 관심을 가질 것이다.
⑤ 장애인들과 더불어 살아갈 수 있는 방법에 대해서 생각해 보고, 이를 실천하고자 할 것이다.

07 ㉠~㉤을 바탕으로 예측한 내용으로 적절하지 않은 것은?

① ㉠: 장애인의 날 행사와 관련한 글쓴이의 부정적 생각이 이어지겠군.
② ㉡: 장애인과 함께 살 수 있는 방법에 대한 글쓴이의 생각을 밝히겠군.
③ ㉢: 약육강식의 비정한 세계와는 상반된 내용이 이어지겠군.
④ ㉣: 부상을 당한 고래가 위험에 처할 수 있다는 내용이 이어지겠군.
⑤ ㉤: 부상을 당한 고래를 돕는 고래들이 서로 연고 관계가 있었음을 밝히는 연구 내용이 이어지겠군.

서술형

08 ⓐ에 담긴 글쓴이의 주장을 〈조건〉에 맞게 쓰시오.

조건
• (다)의 내용을 바탕으로 '-자'의 청유형으로 끝맺을 것.

대단원 평가

[09~13] 다음 글을 읽고 물음에 답하시오.

(가) 그러던 어느 날, 유화에게 신기한 일이 생기기 시작했다. 따사로운 햇빛이 유화가 머물고 있는 어두운 방 안을 환하게 비추었다. 그런데 유화가 햇빛을 피하는데도 햇빛이 자꾸 따라다니며 비추는 것이었다. 더욱 신기한 일은 그 뒤로 유화의 배가 점점 불러오더니 열 달이 되자 알을 하나 낳은 것이었다.

(나) 금와왕은 왠지 꺼림칙하여 알을 개와 돼지에게 던져 주라고 명령했다. 그런데 ㉠어느 동물도 이 알을 먹지 않았다. 이번에는 알을 다시 길가에 내다 버렸다. 하지만 ㉡이번에도 길을 지나는 소나 말들이 하나같이 그 알을 피해 다니는 것이었다. 금와왕은 더욱 이상한 생각이 들어 알을 새와 짐승들이 먹도록 거친 들판에다 버렸다. 그러자 ㉢새들이 알에 다가와 오히려 깃털로 덮어 주기까지 하는 것이었다. ㉣왕은 이 알을 그냥 두어서는 안 된다고 생각하고는 깨뜨려 버리려고 했지만 너무 단단해 도저히 깨지지 않았다. 이러지도 저러지도 못한 ㉤금와왕은 결국 알을 유화에게 되돌려 주었다.

(다) 유화는 알을 돌려받자, 천으로 부드럽게 감싸 따뜻한 곳에 두었다. 그러자 얼마 되지 않아 한 어린아이가 스스로 껍질을 깨고 나왔는데, 아이의 모습이 남달랐다.

무척 영리한 그 아이는 일곱 살이 되었을 때부터 빼어난 용모와 함께 뛰어난 재주를 보이기 시작했다. 아이는 제 스스로 활과 화살을 만들어 쏘곤 했는데, 백 번 쏘면 백 번을 다 맞추었다. 이 당시 동부여에서는 활을 잘 쏘는 사람을 주몽이라 부르는 풍속이 있어서 금와왕을 비롯한 주변 사람들이 모두 그를 주몽이라고 불렀다.

(라) 당시 금와왕에게는 일곱 명의 아들이 있었는데, 그들은 언제나 주몽과 함께 어울려 놀았다. 그러나 금와의 아들들은 자신들의 재능이 도저히 주몽을 따라가지 못하자, 하루는 맏아들 대소가 아버지인 금와왕에게 아뢰었다.

"주몽은 사람의 몸에서 태어난 자가 아닙니다. 없애 버리지 않으면 훗날 뒤탈이 있을 것입니다."

(마) 주몽은 말을 알아보고 기르는 재주도 갖고 있었는데 자신이 기르는 말 가운데 힘이 좋고 날쌘 말에게는 먹이를 조금씩 주어 비쩍 마르게 만들었고, 반대로 늙고 병든 말은 잘 먹여 살을 찌워 겉으로 보기엔 힘차고 보기 좋은 말로 변신시켰다. 그러자 금와왕은 보기 좋게 살찐 말은 자기가 탔고, 겉으로는 비쩍 말랐지만 사실은 날쌘 말을 주몽에게 주었다. 사실 ⓐ주몽은 자신에게 닥쳐올 앞날을 내다보고 이렇게 행동한 것이었다.

09 이 글을 요약하는 방법으로 가장 적절한 것은?

① 사실과 의견을 나누어 내용을 정리한다.
② 글쓴이의 주장과 근거를 중심으로 간추린다.
③ 이야기의 주요 사건을 중심으로 줄거리를 간추린다.
④ 인물의 심리가 잘 드러난 부분을 중심으로 요약한다.
⑤ 인물의 구체적인 활동과 관련된 세부 내용을 정리한다.

중요

10 (가)~(마)의 중심 사건을 요약한 것으로 적절한 것은?

① (가): 햇빛이 유화를 따라다니며 비춤.
② (나): 금와왕이 알을 꺼림칙하게 여김.
③ (다): 유화가 알을 천으로 감싸 따뜻한 곳에 둠.
④ (라): 대소가 주몽의 뛰어난 재주를 시기함.
⑤ (마): 주몽이 늙은 말을 좋은 말로 변신시킴.

11 이 글을 사건 전개 과정에 따라 요약할 때, ㉠~㉤ 중 중심 사건으로 선택해야 하는 것은?

① ㉠ ② ㉡ ③ ㉢ ④ ㉣ ⑤ ㉤

12 (가)~(마) 중, 〈보기〉와 같은 영웅 이야기의 요소가 모두 드러난 부분은?

보기
- 인물의 기이한 출생
- 인물의 비범한 능력

① (가) ② (나) ③ (다) ④ (라) ⑤ (마)

13 ⓐ와 의미상 가장 관계가 깊은 말은?

① 선견지명(先見之明) ② 아전인수(我田引水)
③ 설상가상(雪上加霜) ④ 이심전심(以心傳心)
⑤ 새옹지마(塞翁之馬)

[14~17] 다음 글을 읽고 물음에 답하시오.

(가) 지구상에서의 다양한 열 순환에도 불구하고 따뜻한 태양 복사 에너지를 넉넉하게 받지 못한 소외된 땅이 바로 남극과 북극이다. 이 두 지역은 겉으로는 비슷해 보이지만 서로 전혀 다른 특징을 갖고 있다.

(나) 남극은 대륙이지만 북극은 대륙이 아니다. 남극은 면적이 1,360 km^2로서 한반도의 60배에 달하는 거대한 대륙으로 지구상의 7대 대륙 중 다섯 번째로 크다. 오랜 세월에 걸쳐 쌓인 눈이 자체 압력으로 단단하게 굳어져 생긴 두께 2km에 이르는 거대한 얼음덩어리가 남극 대륙 표면의 98%가량을 덮고 있다. 남극 대륙에서 오래된 운석이 발견되는 것으로 보아 이곳에는 오래전 지표의 모습을 확인할 수 있는 천연 자료들이 보관되어 있을 것으로 추정된다.

(다) 반면에 북극은 아시아와 아메리카 대륙으로 둘러싸인 거대한 북극해를 말한다. 북극해는 면적이 1,400만 km^2로 지중해의 6배이며, 전 세계 바다의 3%를 차지한다. 북극은 이 북극해 주변의 바닷물이 얼어서 된 거대한 얼음덩어리가 떠 있는 것에 불과하다. 물론 해수면 위로 보이는 빙하는 전체 얼음덩어리의 10% 정도에 불과하다. '빙산의 일각'이라는 표현은 여기에서 나온 것이다. 이처럼 서로 다른 지역적 특징은 두 지역의 기후 조건에도 많은 영향을 미치고 있다.

(라) 남극과 북극 가운데 어디가 더 추울까? 남극이 훨씬 춥다. 북극은 주변에 있는 바다와 저위도에서 흘러 들어오는 따뜻한 해류의 영향을 받는다. 얼음덩어리에 비해 상대적으로 온도가 높은 바다에서 상승하는 따뜻한 공기의 흐름으로 겨울에는 최저 영하 30~40℃까지 내려가지만, 여름에는 영상 10℃ 정도로 비교적 따뜻한 편이다. 한편, 남극은 가열과 냉각이 쉽게 이루어지는 지각이 아래쪽에 있기 때문에 한겨울에 해당하는 8월 말 무렵이면 내륙의 고원 지대에서는 기온이 영하 70℃ 가까이 내려간다고 한다. 역사상 최저 기온은 영하 89℃였다.

(마) 또한 북극에는 이누이트들이 거주하고 있지만, 남극에는 연구를 목적으로 거주하는 사람들 외에는 원주민이 없다. 남극의 혹한을 견뎌 내기가 그만큼 어렵기 때문이다. 흔히 '에스키모'라고 불리는 이누이트들은 그린란드, 캐나다, 시베리아의 북극 지방에 살며 주로 수렵과 어로에 종사한다. 남극에는 우리나라 남극 탐험의 교두보인 세종 기지가 들어서 있는데, 이곳에서 우리의 젊은 과학자들이 극지 환경 연구 및 지구 환경 변화 연구를 위해 노력하고 있다.

14 이 글에서 두드러지게 사용한 서술상의 특징으로 가장 적절한 것은?

① 북극과 남극의 공통점을 부각하여 두 지역의 특징을 설명하고 있다.
② 북극과 남극의 차이점을 중심으로 서로 다른 특징을 설명하고 있다.
③ 시간의 흐름에 따라 변화하는 북극과 남극의 특징을 서술하고 있다.
④ 북극과 남극의 가치에 대해 일정한 기준으로 나누어 서술하고 있다.
⑤ 전문가의 말을 인용하여 북극과 남극의 특징을 대략적으로 설명하고 있다.

중요

15 이 글을 요약할 때 꼭 필요한 내용으로 보기 어려운 것은?

① 대륙으로서 남극의 지역적 특징
② 바다로서의 북극의 지역적 특징
③ 남극에 거주하는 연구 인력의 현황
④ 겨울 추위가 극심한 남극의 기후적 특징
⑤ 남극에 비해 따뜻한 편인 북극의 기후적 특징

16 이 글에 대한 이해로 적절하지 않은 것은?

① 북극의 얼음덩어리 중 90%는 바닷물에 잠겨 있겠군.
② 북극은 지각의 영향으로 남극에 비해 따뜻한 기온을 보이는군.
③ 남극에 원주민이 없는 이유는 혹한을 견딜 수 없었기 때문이군.
④ 남극의 얼음덩어리는 오랫동안 쌓인 눈의 자체 압력에 의해서 형성되었군.
⑤ 북극과 남극은 태양 복사 에너지를 넉넉히 받지 못해서 기온이 낮은 지역이군.

서술형

17 (마)를 〈조건〉에 맞게 요약하여 한 문장으로 쓰시오.

조건
• 대조의 방법을 활용할 것.
• 거주민의 차이가 드러나는 이유를 밝힐 것.

대단원 평가

[18~21] 다음 글을 읽고 물음에 답하시오.

가 역사학자 토인비는 『역사의 연구』라는 책에서 아주 재미있는 역사 이론을 펼친다. 가혹한 환경이 인간을 위협하면 그에 맞서 싸우는 과정에서 인류 역사가 발전해 왔다고 주장한 것이다. 고대 중국 문명을 예로 들어 보자. 양쯔강과 황허강은 중국을 대표하는 강인데, 그중 양쯔강 유역은 기후가 따뜻하고, 농토가 비옥해서 농사를 짓기에는 최적의 환경이었다. 반면 황허강 유역은 ⓐ너무 추워서 겨울이면 강물이 얼어붙어 배가 다닐 수조차 없었다. 게다가 매년 범람이 잦아 농사 피해가 이만저만이 아니었다. 그런데 고대 문명이 생겨난 곳은 양쯔강이 아니라 험난한 황허강 유역이었다. 황허 문명뿐만 아니라 다른 고대 문명의 발상지 또한 모두 척박하기 이를 데 없는 환경이었다.

나 1960년대 초 생물학자 로버트 사폴스키는 ⓑ막 태어난 쥐 몇 마리를 21일 동안 매일 작은 우리 속에 15분 정도 격리시켰다가 다시 어미에게 보내 주는 실험을 했다. 그 결과 이 쥐들은 성장하면서 스트레스를 받아도 잘 이겨 내고, 모험을 두려워하지 않으며, 용감하게 도전했다. 반면 어미와 떨어져 혼자 있어 본 경험이 없는 쥐들은 작은 스트레스에도 민감하게 반응하며 괴로워했다. 그래서 자기 심리학의 대가인 하인즈 코헛은 인간이 건강한 심리 구조를 이루려면 반드시 '적절한 좌절'을 경험해야만 한다고 주장한다.

다 그런데 요즘 열일곱 살은 ⓒ고통과 시련이 찾아오면 지레 겁부터 먹는다. 어떻게든 도전할 생각을 하는 게 아니라 좌절하고 다시 못 일어나지 않을까부터 염려한다. 그들의 두려움은 결국 도전에 대한 무조건적인 회피 현상으로 나타난다.

"지금 고1인데요. 저는 우리나라의 교육 제도가 너무 싫어요. 모든 게 대학 입시 위주고, 학생 개인의 개성은 완전히 무시해 버리잖아요. 친구들과 경쟁해야 하는 것도 힘들고요. 고등학교 3년 내내 이렇게 보내야 한다고 생각하면 벌써부터 숨이 막혀요. 견딜 용기도 안 나고요. 그래서 ⓓ다른 나라로 유학 갈까 생각 중이에요. 그곳에서 새 출발하면 잘할 수 있지 않을까요?"

라 '리셋 증후군'을 보이는 어느 열일곱 살의 이야기다. 리셋 증후군이란 컴퓨터가 원활하게 돌아가지 않거나 제대로 작동하지 않을 때 리셋 버튼만 누르면 처음부터 다시 시작할 수 있는 것처럼 현실 세계에서도 리셋이 가능할 것이라 착각하는 현상을 일컫는 말이다. 힘들고 고통스러운 상황에서 벗어나 다시 새롭게 시작하고 싶은 마음이야 이해하지만 다른 나라로 간들 그곳이라고 역경이 없을까? 그 어떤 환경에서도 ⓔ고통스러운 과정은 있게 마련인데 그때마다 다시 시작할 수는 없는 노릇 아닌가.

18 이 글을 통해 글쓴이가 전달하고자 하는 중심 생각으로 가장 적절한 것은?

① 인류 역사는 가혹한 환경에 맞서 싸우면서 발전했다.
② 요즘의 청소년들은 시련에 쉽게 좌절하는 모습을 보인다.
③ 고통과 시련에 회피하지 말고 맞서서 극복하는 자세가 필요하다.
④ 인간이 건전한 심리 구조를 이루려면 반드시 인위적 긴장이 필요하다.
⑤ 고통에 직면했을 때는 환경을 바꾸어 새롭게 시작하려는 마음을 지녀야 한다.

중요

19 이 글과 관련된 자료를 찾아 참고하며 읽은 활동으로 적절하지 않은 것은?

① '범람', '증후군'에 대해 국어사전을 찾아보았다.
② 『역사의 연구』에 대해 도서관에서 자료를 찾아보았다.
③ '하인즈 코헛'에 대해 심리학 관련 서적에서 정보를 찾아보았다.
④ '리셋 증후군'에 대해 인터넷 검색 후 필요한 자료를 선별해 참고하였다.
⑤ '로버트 사폴스키'에 대해 국어 교과서에서 상세한 자료를 찾아보았다.

20 이 글을 읽고 더 알고 싶은 내용을 정리한 것으로 적절하지 않은 것은?

① '리셋 증후군'의 개념
② 토인비의 생애와 저서
③ 다른 '고대 문명 발상지'의 환경
④ '자기 심리학'의 주된 연구 분야
⑤ '쥐 실험'과 유사한 다른 실험의 결과

21 ⓐ~ⓔ 중, 〈보기〉의 밑줄 친 말과 의미상 거리가 먼 것은?

보기
토인비는 인류 역사는 곧 '도전과 응전'의 역사로 설명될 수 있으며, 가혹한 환경이 없었더라면 인류는 지금처럼 발전할 수 없었을 것이라고 말한다.

① ⓐ ② ⓑ ③ ⓒ ④ ⓓ ⑤ ⓔ

[22~25] 다음 글을 읽고 물음에 답하시오.

가 인도네시아를 찾은 파파넥은 원주민들이 왜 무방비로 화산 폭발의 피해를 입을 수밖에 없었는지 깨닫게 되었습니다. 그곳의 원주민들은 재난 경보를 들을 수 있는 간단한 장비조차 구매할 수 없을 만큼 가난했기 때문에 예고 없이 찾아오는 재난에 속절없이 당할 수밖에 없었던 것입니다.

나 이윽고 파파넥은 원주민들과 함께 이른바 ㉠'깡통 라디오'를 제작합니다. 관광객들이 버리고 간 깡통을 이용해 라디오 몸체를 만들었기 때문에 붙은 이름입니다. 라디오 부품 역시 발리섬 여기저기에서 구할 수 있는 간단한 재료들이었습니다. 전기 배선, 안테나 등이 그대로 노출되어 겉모습은 조악하기 그지없었습니다. 그러나 라디오의 겉모습을 보기 좋게 포장할 경우 제작 비용이 높아지기 때문에 그대로 두었습니다. / 결국 그가 만든 라디오는 라디오가 가진 최소한의 기능만을 구현한 것이었습니다. 그래서 처음 보는 사람은 라디오라고 인식하기도 어려울 만큼 괴이한 형태를 지녔습니다. 그런데 우리는 그것을 왜 '괴이하다'고 느낄까요? 바로 우리가 가진 '디자인에 대한 고정 관념' 때문입니다. 좋은 디자인은 보기 좋고 아름다워야 한다는 생각이 바로 그것이지요. 파파넥은 디자인에 대한 이러한 고정 관념을 다음과 같은 말로 뛰어넘습니다.

"사물을 아름답게만 만드는 것은 죄악입니다. 사물을 쓸모 있게 만드는 것이 바로 디자인이지요."

다 미켈은 아프리카에 여행을 다녀온 적이 있었는데, 그곳 사람들이 오염된 물을 마시고 온갖 질병으로 고통받는 모습에 큰 충격을 받았습니다. 여행을 마치고 돌아온 미켈은 보건 구호 사업가로서의 삶을 살기로 결심했습니다. 그가 만든 ㉡휴대용 정수기 라이프 스트로우는 말 그대로 생명을 살리는 빨대가 되어 세계적인 구호 단체들에 공급되었습니다. 라이프 스트로우는 정수 기능에 최대한 충실하면서도 군더더기를 모두 뺀 디자인으로써 최대한 원가를 절약해 저렴하면서도 품질이 훌륭했습니다.

라 빅터 파파넥은 1970년대에 『인간을 위한 디자인』을 통해 세계가 안고 있는 환경 문제, 사회 문제에 대해 디자이너도 책임감과 사명감을 느껴야 한다고 주장했습니다. 그뿐만 아니라 디자이너들은 각종 위기에 처한 세계를 살리기 위해 무엇을 디자인할 것인지 고민하고, 더 나은 세상을 만드는 일에 동참해야 한다고 역설했습니다.

"저렴하고, 단순하고, 인간의 일상생활과 연결되어 있어야 합니다. 이것은 모두를 위한 디자인의 기본 조건입니다. 그리고 무엇보다 사람에 대한 관심과 사랑이 있어야 합니다."

중요

22 이 글을 〈보기〉와 관련하여 능동적으로 읽고자 할 때, 가장 적절한 방법은?

보기

현대 사회에서는 매체의 발달로 필요로 하는 정보를 빠른 시간 안에, 손쉽게 찾아볼 수 있다. 대상과 관련된 정보, 시각적 이미지, 동영상까지도 매체를 활용하면 편리하게 접할 수 있다.

① 글의 주요 내용을 간략히 요약하며 읽는다.
② 자신의 배경지식을 적극적으로 활용하며 읽는다.
③ 질문을 던지고, 글 속에서 그 답을 찾으며 읽는다.
④ 사전, 인터넷, 도서관 등에서 자료를 참고하며 읽는다.
⑤ 글의 제목, 소제목, 글에 담긴 정보 등을 통해 이어질 내용을 예측하며 읽는다.

23 이 글을 읽은 후, 독자의 반응으로 가장 적절한 것은?

① 디자인은 대상을 아름답게 만드는 것이구나.
② 창의적 생각이 사회적 약자를 도울 수 있구나.
③ 인도네시아는 화산으로 국가 재정에 타격이 크구나.
④ 우리도 깡통 라디오를 재난 경보에 활용해야겠구나.
⑤ 아프리카를 여행할 때는 물을 꼭 끓여 먹어야겠구나.

24 (라)를 자료를 찾아 참고하며 읽은 활동으로 적절하지 않은 것은?

① 인터넷에서 『인간을 위한 디자인』에 대해 알아보았다.
② 독서를 좋아하는 학급 친구에게 파파넥에 대해 물어보았다.
③ 인터넷 신문 기사에서 『인간을 위한 디자인』에 대해 알아보았다.
④ 『인간을 위한 디자인』과 관련된 방송 자료가 있는지 인터넷에서 확인해 보았다.
⑤ 도서관에서 파파넥의 책을 검색하여 관련 자료를 얻을 수 있는 책을 읽어 보았다.

25 ㉠과 ㉡의 공통점으로 적절한 것은?

① 사람에게 쓸모가 있는 디자인이다.
② 외형이 아름답게 만들어진 디자인이다.
③ 질병으로 고통받는 사람들을 위한 디자인이다.
④ 기업가의 경제적 이윤을 증대시키는 디자인이다.
⑤ 일상생활에서 사용하는 데에 제약이 큰 디자인이다.

넷째 마당

쓰기

경험을 담은 글과 통일성을 갖춘 글 쓰기

학습 목표
- 자신의 삶과 경험을 바탕으로 하여 독자에게 감동이나 즐거움을 주는 글을 쓸 수 있다.
- 다양한 자료에서 내용을 선정하여 통일성을 갖춘 글을 쓸 수 있다.

더 알아 두기

✚ 수필의 뜻과 특징
- 뜻: 자신의 경험을 바탕으로 하여 느끼고 생각한 것을 자유롭게 쓴 글
- 종류: 편지, 일기, 감상문, 자서전, 기행문 등 다양함.
- 특징
  - 소재가 다양함.
  - 형식이 자유로움.
  - 글쓴이의 개성이 잘 드러남.
  - 삶에 대한 성찰과 깨달음을 보여 줌.

1 경험을 담은 글 쓰기

(1) **개념:** 자신의 삶과 경험을 통해 얻은 생각이나 느낌을 효과적으로 표현하여 독자에게 감동과 즐거움을 주는 글 쓰기

(2) **과정**

계획하기	자신의 삶과 경험을 바탕으로 글을 쓰기 위해 글을 쓰는 목적과 글의 주제, 예상 독자를 정함.
⬇	
내용 선정하기	독자에게 감동이나 즐거움을 줄 수 있는 의미 있고 인상적인 경험을 선정함.
⬇	
내용 조직하기	경험의 구체적 내용과 경험에서 얻은 생각이나 느낌이 잘 드러나도록 '처음-중간-끝'의 일반적인 형식에 따라 개요를 작성함.
⬇	
표현하기	경험이 구체적이고 생생하게 드러나도록 표현하고, 경험에서 얻은 생각이나 느낌을 진솔하게 표현하여 글을 씀.
⬇	
고쳐쓰기	내용이 주제에 따라 일관되게 전개되는지, 구조가 체계적인지, 표현이 생생하고 진솔한지 등을 기준으로 고쳐 씀.

(3) **효과**
- 삶의 경험과 깨달음을 독자와 공유함으로써 독자에게 감동과 즐거움을 줄 수 있다.
- 자신의 삶과 경험을 돌아보는 성찰의 태도를 길러 건강한 자아를 형성할 수 있다.

예로 개념 확인

2010○년 ○월 ○일

오늘도 비가 왔다. 장마철도 아닌데 일주일째 비가 내리고 있다. ❷아침에 폭우로 인해 피해를 본 지역에 대한 뉴스를 보았다. 집이 통째로 물에 잠기고 산사태가 일어나 동네 학교에 피신해 있는 그들의 모습이 안타까워 보였다. 학교 가는 길에 땅 밖으로 기어 나온 지렁이들을 보았다. 지렁이는 정말 징그럽다. 지렁이 같은 건 없었으면 좋겠다고 생각했다. 그런데 ❶마침 수업 시간에 지렁이가 인간에게 얼마나 이로운 존재인지 배웠다. 땅속을 돌아다니면서 작은 굴을 파 땅을 부드럽게 하고, 지렁이의 배설물에는 영양분이 많아서 땅을 기름지게 만든다고 한다. 그래서 지렁이를 활용한 농법도 시행되고 있다고 한다. ❷수업을 들으면서 지렁이를 혐오스럽게 여겼던 나 자신을 돌아보게 되었다. 지렁이는 우리를 위해 좋은 일을 하는데 나는 지렁이의 생김새만 가지고 지렁이를 미워하고 괴롭혔던 것 같다. ❶사람을 판단할 때에도 외모만 가지고 판단해선 안 되는 것처럼, 인간과 함께 살아가는 작은 생명체들에 대해서도 좀 더 관심을 가지고 단지 겉모습만으로 혐오하지 말아야겠다는 생각을 했다.

❷ 통일성을 갖춘 글 쓰기

(1) 개념: 글의 세부 내용이 하나의 주제를 향하여 긴밀하게 연관되는 글 쓰기

(2) 과정

계획하기	예상 독자와 글을 쓰는 목적과 의도, 글의 주제를 명확히 정함.

⬇

내용 선정하기	책, 신문, 인터넷, 영상물 등 다양한 자료를 찾아 주제와 관련된 세부 내용을 정함.

⬇

내용 조직하기	선정한 내용을 글의 흐름에 맞게 배열하고 주제를 잘 드러낼 수 있도록 내용을 구성하여 글의 개요를 작성함.

⬇

표현하기	개요에 따라 주제가 명료하게 드러나도록 글을 씀.

⬇

고쳐쓰기	글의 내용, 구성, 표현 등이 글의 주제를 잘 드러내는지를 점검하고 고쳐 씀.

(3) 다양한 자료에서 내용을 선정할 때의 유의점

- 자신의 수준과 흥미에 맞는 내용을 선정한다.
- 글을 쓰는 목적에 적합하며 글의 주제와 관련된 내용을 선정한다.
- 신뢰할 만한 자료를 활용하고 출처를 분명하게 밝힌다.

더 알아 두기

✚ 자료를 찾을 수 있는 매체

매체	예
인쇄 매체	책, 잡지, 신문 등
영상 매체	텔레비전, 영화 등
인터넷 매체	인터넷 게시판, 블로그, 사회 관계망 서비스 등

✚ 통일성을 갖춘 글 쓰기의 평가 기준

- 글의 주제에서 벗어난 내용은 없는가?
- 글의 구조, 흐름, 전개 방식이 자연스러운가?
- 문단이나 글 수준에서 통일성을 해치는 표현은 없는가?
- 선정한 내용이 자신의 수준에 맞고 흥미를 끄는 내용인가?

❶ **경험을 담은 글 쓰기의 예:** 이 글은 글쓴이가 하루 중 의미 있거나 인상 깊은 일을 적은 일기로, 경험을 바탕으로 한 글 중 일상생활에서 누구나 손쉽게 쓸 수 있는 글이다. 글쓴이는 수업 시간에 지렁이가 인간에게 이로운 존재라는 것을 배웠고, 이 경험을 바탕으로 자신이 지렁이를 대했던 태도를 돌아보고 있다. 외모나 생김새만 가지고 대상을 판단하는 것이 바람직하지 않으며, 지렁이와 같은 작은 생명체들에 대해 편견 없이 진심 어린 관심을 가져야겠다는 깨달음을 얻고 있다. 이렇게 경험을 바탕으로 글을 쓸 때에는 자신의 경험과 그 경험으로부터 얻은 깨달음을 진솔하게 표현하는 것이 좋다.

❷ **통일성을 갖춘 글을 쓰는 방법:** 이 글은 폭우로 인해 피해를 입은 사람들에 대한 안타까움과 지렁이에 관한 수업을 듣고 자신의 잘못된 편견을 돌아보는 내용으로 이루어져 있다. 이렇게 서로 관련이 없는 두 가지 내용이 하나의 글에 표현되면 글의 통일성을 해치게 된다. 그래서 글쓴이가 말하고자 하는 바가 분명히 드러나지 못한다. 글을 쓸 때에는 글의 세부 내용이 주제와 긴밀하게 관련되어 글의 내용이 하나의 주제로 모아질 수 있도록 해야 한다. 따라서 이 글이 통일성을 갖추려면 서로 관련이 없는 두 가지 내용 중 하나를 선택하여 그것과 관련된 내용만을 제시해야 한다.

1 어머니는 왜 숲속의 이슬을 떨었을까 | 이순원

지문 연구

- **해제:** 이 글은 학교 다니기 싫어하는 아들에게 글쓴이가 겪었던 어린 시절 경험과 그 경험에서 얻은 깨달음을 진솔하게 들려줌으로써 아들의 태도 변화를 이끌어 내기 위해 쓴 편지 형식의 수필이다.
- **주제:** 어머니의 헌신적 사랑과 인생길의 의미

(가) 아들아. (이 글의 독자)

●이제야 너에게 하는 얘기지만, 어릴 때 나도 너처럼 학교 다니기 참 싫었단다. (독자와 유사한 글쓴이의 어린 시절 경험을 제시함. → 독자의 공감 유도) 그러니까 꼭 너만 했을 때부터 그랬던 것 같구나. 사람들은 아빠가 지금은 소설을 쓰는 사람이니까 (글쓴이의 직업: 소설가) 저 사람은 어릴 때 참 착실하게 공부를 했겠구나, 생각할지 모르지만 전혀 그렇지 않았단다.

「초등학교 때부터 아빠는 가끔씩 학교를 빼먹었단다. 집에서 학교까지 5리쯤 산길을 걸어가야 하는데, 학교를 가다 말고 그냥 산에서 하루를 보내고 집으로 온 날도 있었단다.

그러다 중학교에 다니면서부터는 정말 학교 다니기가 싫었단다. 학교엔 전화가 있어도 집에는 전화가 없던 시절이니까 내가 학교를 빼먹어도 집안 식구들은 아무도 그걸 몰랐단다.」

(「 」: 글쓴이(아버지)의 어린 시절에 대해 잘 모르는 독자(아들)를 고려하여 글쓴이의 어린 시절 상황을 자세히 제시함.)

▶ '나'가 학교 가기 싫어하는 [　　]에게 자신의 어린 시절 경험을 들려줌.

(나) 오월 어느 날이었다.「그날도 나는 학교에 가기 싫다고 말했다. 왜 안 가냐고 물어 공부도 재미가 없고, 학교 가는 것도 재미가 없다고 말했다.

(「 」: 학교에 가는 문제를 둘러싸고 '나'와 어머니 사이에 갈등이 생김.)

어린 아들이 (글쓴이) 그러니 어머니로서도 한숨이 나왔을 것이다.

"그래도 얼른 교복으로 갈아입어라."

"학교 안 간다니까."

그 시절 나는 어머니에게 존댓말을 쓰지 않았다. 어머니를 만만히 보아서가 아니라 우리 동네 아이들 모두 그랬다. 다들 아버지에게는 존댓말을, 어머니에게는 반말을 썼다.

"안 가면?"

"그냥 이렇게 자라다가 이다음 농사지을 거라구."」

▶ 학교에 가기 싫은 '나'와 학교에 가라는 [　　]이/가 실랑이를 벌임.

(다) ㉠어머니는 한 손엔 내 가방을 들고 또 한 손엔 *지겟작대기를 들고 나보다 앞서 마당을 나섰다. (학교에 가지 않으려는 '나'를 위해 어머니가 등굣길에 직접 동행하기로 함.) 나는 말없이 어머니의 뒤를 따랐다.

그러다 *신작로로 가는 산길에 이르러 어머니가 다시 내게 가방을 내주었다.

"자, 여기서부터는 네가 가방을 들어라."

●나는 어머니가, 내가 학교에 가기 싫어하니 중간에 학교로 가지 않고 다른 길로 샐까 봐 신작로까지 데려다 주는 것이라고 생각했다. (어머니가 등굣길에 동행하는 이유에 대한 '나'의 추측) 나는 어머니가 내주는 가방을 도로 받았다.

"너는 뒤따라오너라."

거기에서부터는 *이슬받이였다. 사람 하나 겨우 다닐 좁은 산길 양옆으로 풀잎이 우거져 길 한가운데로 늘어져 있었다. 아침이면 풀잎마다 이슬방울이 조록조록 매달려 있었다.

▶ [　　]에 이르러 어머니가 가방을 '나'에게 주고 뒤따라오라 함.

▌내용 연구

이 글의 구성 – 액자식 구성

〈외부 이야기〉 '나'가 학교에 가기 싫어하는 아들에게 편지를 씀.

〈내부 이야기〉 학교에 다니기 싫어했던 '나'의 어린 시절 이야기

▌구절 풀이

- **이제야 너에게 ~ 참 싫었단다.:** 학교에 다니기 싫어하는 아들의 상황에 공감하며 자신의 어린 시절 경험에 대해 이야기할 것임을 보여 준다.
- **나는 어머니가 ~ 것이라고 생각했다.:** 어머니가 신작로까지 함께 가는 이유를 '나'가 짐작한 내용이다.

▌낱말 풀이

- * **지겟작대기:** 지게를 버티어 세우는 작대기.
- * **신작로:** 새로 만든 길이라는 뜻으로, 자동차가 다닐 수 있을 정도로 넓게 새로 낸 길을 이르는 말.
- * **이슬받이:** 양쪽에 이슬 맺힌 풀이 우거진 좁은 길.

답 아들, 어머니, 신작로(이슬받이)

01 이 글을 쓸 때 글쓴이가 계획했을 법한 내용으로 적절하지 <u>않은</u> 것은?

① 어린 시절 내 실제 경험을 소재로 글을 써야겠어.
② 글의 목적은 독자의 마음을 변화시키려는 데 있어.
③ 아들이 독자이니까 편지 형식으로 쓰는 게 좋겠군.
④ 내가 처한 상황을 최대한 객관적으로 보여 주어야겠어.
⑤ 독자의 공감을 이끌어 내도록 친근한 말투를 사용해야지.

중요

02 이 글에 나타난 글쓴이의 경험으로 적절한 것은?

① 학교에 가기 싫어하자 등굣길에 어머니가 동행하였다.
② 외진 산골에 살았기 때문에 학교를 다니기가 어려웠다.
③ 어머니에게 존댓말을 사용하지 않아서 자주 갈등하였다.
④ 중학교 때 전학을 가면서 학교생활에 적응하기가 어려웠다.
⑤ 험한 산길로 등교하기가 힘들어 가방을 들고 다니지 않았다.

03 이 글에서 독자를 고려한 표현 방식에 대한 설명으로 적절한 것은?

① 독자의 흥미를 반영한 재미있는 이야기를 선정하여 웃음을 유발하고 있다.
② 대화를 인용하거나 당시 상황을 자세히 제시하여 구체적으로 묘사하고 있다.
③ 독자가 처한 상황을 글쓴이가 처한 상황과 대조적으로 제시하여 이해를 돕고 있다.
④ 비유적 표현을 사용하여 서정적이고 낭만적인 분위기가 느껴지도록 그려 내고 있다.
⑤ 다소 과장된 말투와 어리숙한 인물 설정으로 이야기를 흥미진진하게 이끌어 나가고 있다.

서술형

04 어머니가 ㉠과 같이 행동한 이유에 대한 '나'의 생각을 (다)에서 찾아 한 문장으로 쓰시오.

100점 특강

이 글의 독자와 글을 쓴 목적 및 주요 내용

(가)의 시작하는 말인 '아들아'에서 글쓴이는 자신의 아들을 독자로 글을 쓰고 있음을 알 수 있다. '어릴 때 나도 너처럼 학교 다니기 참 싫었단다.'라는 말에서는 이 글을 쓰는 목적을 짐작할 수 있다. 학교 다니기 싫어하는 아들이 마음을 바꾸도록 설득하기 위해 편지 형식의 글을 쓰고 있는 것이다. '초등학교 때부터'로 시작하는 부분에서는 아들처럼 학교에 다니기 싫어했던 글쓴이의 어린 시절 경험이 제시되고 있는데, 이러한 경험이 이 글의 주된 내용을 이루고 있다.

이 글을 쓰는 상황	독자	아들
	목적	학교 다니기 싫어하는 아들의 태도 변화를 이끌어 내고자 함.
	내용	학교 다니기 싫어했던 글쓴이의 어린 시절 경험과 경험으로부터 얻은 깨달음

독자의 감동과 즐거움을 끌어내기 위한 표현 방식

글쓴이는 아들의 태도 변화를 이끌어 내기 위해 자신의 어린 시절 경험을 솔직하게 고백하고 있다. 또한 '-단다'를 사용하여 친근감을 형성하고 편안한 분위기를 느낄 수 있게 한다. 그리고 글쓴이 자신과 같은 경험을 해 보지 못한 아들을 고려하여 어린 시절 나눈 대화를 인용하거나 당시 상황을 자세히 제시하여 실감 나게 묘사하고 있다. 이렇게 구체적이고 실감 나는 묘사와 진솔한 고백은 글쓴이의 어린 시절 경험을 듣는 독자에게 감동과 즐거움을 줄 수 있다.

1 어머니는 왜 숲속의 이슬을 떨었을까

| 내용 연구

어머니의 사랑을 보여 주는 소재

어머니의 두 발, 지겟작대기, 새 양말, 새 신발

⬇

아들이 이슬에 젖지 않고 말끔한 상태로 학교에 다니기를 바라는 어머니의 정성과 사랑

| 구절 풀이

- **거기서 어머니는 ~ 내게 갈아 신겼다.**: 아들이 성실하게 학교에 다니길 바라는 마음에서 새 양말과 신발을 준비한 어머니의 정성과 사랑이 드러난다.
- **아마 그렇게 떨어내 ~ 이루지 않을까 싶다.**: '나'를 위한 어머니의 헌신과 사랑이 작은 강을 이룰 만큼 깊고 넓다는 의미이다. 바로 현재의 글쓴이를 있게 한 것은 어머니의 헌신과 사랑이었음을 짐작하게 한다.

| 낱말 풀이

- ＊**몸뻬**: 여자들이 일할 때 입는 바지의 하나. 일본에서 들어온 옷으로 통이 넓고 발목을 묶게 되어 있다. '왜바지', '일 바지'로 순화.
- ＊**찔꺽찔꺽**: 차지고 끈끈한 물질이 자꾸 밟히거나 들러붙는 소리. 또는 그 모양.
- ＊**이슬떨이**: 이슬이 내린 길을 갈 때에 맨 앞에 서서 가는 사람.

(가) 어머니는 내게 가방을 넘겨준 다음 두 발과 지겟작대기를 이용해 내가 가야 할 산길의 이슬을 떨어내기 시작했다. 어머니의 ＊몸뻬 자락이 이내 아침 이슬에 흥건히 젖었다. 어머니는 발로 이슬을 떨고, 지겟작대기로 이슬을 떨었다.

(어머니가 등굣길에 동행한 이유: 이슬떨이를 해 주기 위해서)

그런다고 뒤따라가는 내 교복 바지가 안 젖는 것도 아니었다. 신작로까지 15분이면 넘을 산길을 30분도 더 걸려 넘었다. 어머니의 옷도, 그 뒤를 따라간 내 옷도 흠뻑 젖었다. 어머니는 고무신을 신고 나는 검정색 운동화를 신었다. 걸음을 옮길 때마다 물에 빠졌다가 나온 것처럼 땟국이 ＊찔꺽찔꺽 발목으로 올라왔다. 그렇게 어머니와 아들이 무릎에서 발끝까지 옷을 흠뻑 적신 다음에야 신작로에 닿았다.

(당시 상황을 생생하고 실감 나게 서술함.)

▶ 어머니가 '나'를 위해 산길의 [ ]을/를 떨어냄.

(나) "자, 이제 이걸 신어라."

• 거기서 어머니는 품속에 넣어 온 새 양말과 새 신발을 내게 갈아 신겼다. 학교 가기 싫어하는 아들을 위해 아주 마음먹고 준비해 온 것 같았다.

(아들을 위하는 어머니의 정성과 사랑을 보여 주는 소재)

"앞으로는 매일 떨어 주마. 그러니 이 길로 곧장 학교로 가. 중간에 다른 데로 새지 말고."

그 자리에서 울지는 않았지만 왠지 눈물이 날 것 같았다.

(아들을 위하는 어머니의 헌신적인 사랑과 정성에 감동함.)

"아니, 내일부터 나오지 마. 나 혼자 갈 테니까."

다음 날도 그 다음 날도 어머니가 매일 이슬을 떨어 준 것은 아니었다. 그러나 ㉠어떤 날 가끔 어머니는 내 등굣길의 이슬을 떨어 주었다. 또 새벽처럼 일어나 그 길의 이슬을 떨어 놓고 올 때도 있었다. 물론 어머니도 어머니가 아무리 먼저 그 길의 이슬을 떨어내도 집에서 신작로까지 산길을 가다 보면 내 옷과 신발도 어머니의 것처럼 젖는다는 걸 알고 있었다. 알면서도 어머니는 그 산길의 이슬을 떨어 준 것이다.

▶ '나'는 이슬을 떨어 준 어머니의 정성과 사랑에 [ ]함.

(다) 그때부터 나는 학교를 결석하지 않았다.

(어머니의 헌신과 사랑을 깨달았기 때문에)

어른이 된 지금도 나는 그렇게 생각한다. 그때 어머니가 이슬을 떨어 주신 길을 걸어 지금 내가 여기까지 왔다고. 돌아보면 꼭 그때가 아니더라도 어머니는 내가 지나온 길 고비고비마다 ＊이슬떨이를 해 주셨다.

(어머니의 헌신과 사랑 덕분에 현재의 '나'가 있음을 깨달음.)

아들은 어른이 된 뒤에야 그때 어머니가 떨어 주시던 이슬떨이의 의미를 깨닫게 되었다. • 아마 그렇게 떨어내 주신 이슬만 모아도 내가 온 길 뒤에 작은 강 하나를 이루지 않을까 싶다.

(아들을 진심으로 위하는 어머니의 헌신적인 사랑)

('나'가 살아오는 과정에서 어머니가 '나'를 위해 끊임없이 스스로를 희생해 왔음을 짐작할 수 있음.)

▶ 어머니의 정성과 [ ] 덕분에 현재의 '나'가 있음을 깨달음.

(라) 아들아.

나는 그 강을 이제 '이슬강'이라고 이름 지으려 한다. 그러나 그 강은 이 세상에 없다. 오직 내 마음 안에만 있는 강이란다. 그때 아빠 등굣길에 이슬을 떨어 주시던 할머니의 연세가 올해 일흔넷이다. 어쩌면 할머니는 그때 그 일을 잊고 계실지도 모른다. 그러나 아빠한테는 그 길이 이제까지 아빠가 걸어온 길 가운데 가장 아름답고도 안타까우며 마음 아픈 길이 되었단다.

(자식을 위하는 어머니의 희생과 사랑, 정성을 의미함.)

이다음 어른이 되었을 때, 아빠처럼 너에게도 그런 아름다운 길 하나 있었으면 좋겠다. 어린 날 나는 그 길을 걸어 나오며 내 앞에 펼쳐진 이 세상의 모든 길들을 바라보았단다.

(이 글의 독자인 아들이 자신을 위하는 아버지의 사랑을 깨닫고 바른 삶을 살아가길 바라는 마음을 표현함.)

아들아. 길은 그 자체로 인생이란다. 그리고 그것을 걷는 것이 곧 우리의 삶이란다.

▶ 아들이 부모의 사랑을 알고 [ ]의 의미를 깨닫기를 '나'가 바람.

답 이슬, 감동, 사랑, 이슬떨이

05 이와 같은 글을 쓰는 방법으로 적절하지 않은 것은?

① 형식의 제약을 받지 않고 자유롭게 쓴다.
② 의미 있고 인상적인 경험을 선정하여 쓴다.
③ 경험이 구체적이고 생생하게 드러나도록 쓴다.
④ 독자가 재미를 느낄 수 있도록 과장되게 표현한다.
⑤ 경험에서 얻은 깨달음이나 생각 등이 드러나게 쓴다.

06 이 글을 통해 글쓴이가 아들에게 하고 싶은 말로 적절한 것은?

① 너를 위해 희생하고 헌신했던 할머니의 사랑을 잊지 않기를 바란다.
② 네가 아버지의 말을 귀담아듣지 않으니 정말 안타깝고 마음이 아프구나.
③ 학교 다니기가 싫다면 학교 밖 세상에서 의미 있는 일을 찾아보는 것도 좋을 것 같구나.
④ 너에게 아낌없는 사랑을 주고자 하는 부모의 마음을 깨닫고 네 삶을 소중히 여기며 살았으면 좋겠구나.
⑤ 할머니가 나에게 그랬듯이 나도 너의 잘못을 한 번쯤은 용서해 줄 테니 앞으로는 실수하는 일이 없기를 바란다.

07 ㉠에 담긴 어머니의 의도로 가장 적절한 것은?

① 아들이 학교에 가지 않고 학교 밖에서 놀지는 않는지 감시하려는 의도
② 아들이 이슬에 젖지 않고 말끔한 상태로 학교에 다니기를 바라는 마음
③ 어린 시절 교육을 받지 못해 아들과 함께라도 학교를 다니고 싶은 마음
④ 아들에게 부지런한 삶의 자세가 중요함을 몸소 실천해 보여 주려는 의지
⑤ 가난한 집안 형편으로 인한 아들과의 갈등을 꼭 해결하고자 하는 강한 의지

중요 | 서술형

08 이 글에 담긴 경험과 깨달음을 다음과 같이 정리할 때, 빈칸에 들어갈 적절한 내용을 쓰시오.

경험	학창 시절 등굣길에 '나'를 위해 어머니가 이슬떨이를 해 주심.

⬇

깨달음	

100점 특강

글쓴이의 경험과 깨달음

(가)와 (나)에는 글쓴이의 어린 시절 경험으로 어머니가 글쓴이를 위해 손수 이슬을 떨어 주셨던 이야기가 제시되어 있다. (다)에는 이 경험에서 글쓴이가 얻은 감동과 깨달음으로 어머니의 무한한 정성과 사랑에 대한 고마움이 진솔하게 드러나 있다.

경험		깨달음
어린 시절 학교에 가기 싫어하는 글쓴이를 위해 어머니가 등굣길을 동행하여 산길의 이슬을 떨어내고 글쓴이에게 새 양말과 새 신발을 신겨 주었고, 글쓴이는 그 덕분에 이슬에 젖지 않고 말끔한 상태로 학교에 갈 수 있었음.	➡	자식을 위해 희생과 헌신을 아끼지 않는 어머니의 무한한 사랑과 정성에 감동함.

글쓴이가 독자인 아들에게 하고 싶은 말

(라)에는 (가)~(다)에서 제시한 경험과 깨달음을 통해 글쓴이가 독자인 아들에게 전하고 싶은 말이 드러나 있다. '아빠 등굣길에 이슬을 떨어 주시던 할머니'와 함께했던 그 길이 '가장 아름답고도 안타까우며 마음 아픈 길'이라고 하면서 아들에게도 '그런 아름다운 길 하나 있었으면 좋겠다.'라고 말하고 있다. 즉 자신의 아들도 아낌없는 사랑을 주고자 하는 부모의 마음을 깨닫고, 다양한 일상의 경험을 소중하게 여기면서 앞으로의 삶을 살아가기를 바라고 있다. 그리고 그것이 바로 아들이 앞으로 걸어 나가야 할 인생길의 의미라고 할 수 있다.

2 친구들아, 책을 읽자

지문 연구

- **해제:** 이 글은 책 읽기가 청소년들에게 어떤 도움을 줄 수 있는지를 소개하고 책 읽기를 생활화할 수 있는 구체적인 방안을 제시하여 청소년들에게 책 읽기를 생활화하자고 권유하는 글이다.
- **주제:** 책 읽기의 장점과 생활화 방안을 알고 책 읽기를 생활화하자.

(가) 「학교 수업을 마치고 나면 우리들 손에는 주로 책 대신 휴대 전화가 들려 있다. 시간이 남을 때 도서관에 가기보다는 영화관이나 게임방을 찾는다. 독서가 중요하다는 말은 수없이 들었지만 막상 책을 읽기는 쉽지 않다.」 (「」: 책을 읽지 않는 청소년의 현실) ㉠도대체 우리 같은 청소년들이 책을 읽으면 무엇이 좋은지, 그리고 책 읽기를 실천하려면 어떻게 해야 하는지 알아보자. (이 글에서 다룰 내용: 책 읽기의 장점, 책 읽기의 생활화 방안)

▶ [ ]이/가 책을 읽지 않는 상황

(나) 우리 학교 도서관 앞에는 책 읽기가 우리에게 주는 도움을 간략하게 소개해 놓은 게시판이 있다. (이 글을 쓸 때 활용한 자료 ①: 학교 도서관 앞 게시판의 글) 그 게시판의 내용을 바탕으로 하여 책 읽기의 장점을 몇 가지만 정리해 보면 다음과 같다. 일단, 독서는 우리의 학교 공부에 직접적인 도움이 된다. (책 읽기의 장점 ①) 무언가를 읽고 그 내용을 이해하는 것은 모든 공부의 기본이 되기 때문이다. 따라서 독서력은 모든 학습의 기본이자 핵심이다. 또한 독서는 시간과 공간의 제한을 뛰어넘는 다양한 간접 경험의 기회를 제공하여 세상과 인생과 인간을 이해할 수 있도록 도와준다. (책 읽기의 장점 ②) 이를 통해 우리가 어떻게 살아가야 할지 삶의 방향을 정하고 가치관을 정립하는 데에도 도움을 받을 수 있다. (책 읽기의 장점 ③) ㉡미래를 준비하며 진로를 고민하는 우리들에게 책은 나침반 역할을 해 주는 것이다.

▶ 책 읽기의 [ ]

(다) 실제로 어려서부터 책 읽기를 생활화하여 성공한 인물들을 쉽게 찾아볼 수 있다. 한 인터넷 신문 기사에서는 (이 글을 쓸 때 활용한 자료 ②: 인터넷 신문 기사 내용) 미국의 한 작가가 30년 동안 전 세계를 돌며 1200여 명의 부자들을 인터뷰한 결과, 성공한 사람들의 공통점을 찾아내었는데 그것이 바로 독서 습관이었다고 한다. 우리가 잘 알고 있는 세계 최고의 기업가 빌 게이츠는 '독서 대통령'으로도 불리는데, '오늘날의 나를 있게 한 것은 우리 동네 도서관이었다. 하버드대학 졸업장보다 소중한 것이 독서하는 습관이다.'(이 글을 쓸 때 활용한 자료 ③: 유명인의 독서 명언)라고 말할 정도로 독서를 성공의 필수 조건으로 꼽았다. 또한 「부자들의 습관」이라는 책에서 (이 글을 쓸 때 활용한 자료 ④: 책) 저자는 가난한 사람들과 성공한 부자들의 책 읽는 시간을 조사해 보았더니, 가난한 사람들은 TV를 시청하는 시간이 월등히 많고, 부자들은 책을 보는 시간이 훨씬 더 많다고 한다. 책 읽기는 성공으로 이끄는 지름길인 셈이다. ㉢기왕이면 책 중에서도 오랜 시간 그 가치를 인정받은 동서양의 고전을 읽는 것이 좋다.

▶ 책 읽기의 [ ] 사례

(라) 그렇다면 언제 어떻게 책을 읽어야 할까? 사서 선생님과의 면담을 통해 (이 글을 쓸 때 활용한 자료 ⑤: 전문가와의 면담 자료) 책 읽기를 생활화할 수 있는 방안에 대한 좋은 정보를 얻을 수 있었는데, 첫째는 도서관을 적극적으로 이용하는 것이다. (책 읽기의 생활화 방안 ①) 학교 점심시간에는 학교 도서관에, 방과 후나 주말에는 동네 도서관에 가자. ㉣혼자 가도 좋고 친구나 가족과 함께 가도 좋다. 둘째, 혼자서 책을 읽기가 어렵다면 친구들과 함께 독서 동아리를 만들거나 가족과 함께 독서 토론을 해 본다. (책 읽기의 생활화 방안 ②) 셋째, 특별한 추억을 남기고 싶다면 독서 기행이나 독서 캠프 같은 프로그램에 참여해 보는 것이 좋다. (책 읽기의 생활화 방안 ③) 마지막으로 책 읽는 습관 자체를 들이기가 어렵다면 자신이 흥미를 느끼는 쉬운 책부터 하루 10분씩만 읽어 보는 것도 좋을 것이다. (책 읽기의 생활화 방안 ④)

▶ 책 읽기의 [ ] 방안

(마) 책 읽기가 컴퓨터 게임이나 영화 보기, 야구 관람처럼 마냥 편하게 즐길 수 있는 일은 아닐 것이다. 하지만 조금 힘들더라도 책 읽기를 생활화하면 우리들은 험난한 인생을 헤쳐 나갈 든든한 *지원군을 곁에 두게 될 것이다. ㉤세상을 이해하기 위해, 더 나은 미래를 위해, 시공간을 초월한 다양한 벗들을 만나기 위해, 내 지친 영혼에 활력을 불어넣기 위해 지금 당장 휴대 전화를 내려놓고 책을 꺼내 드는 것은 어떨까?

▶ 책 읽기의 생활화에 대한 [ ]

내용 연구

이 글의 구성

처음	(가)	청소년이 책을 읽지 않는 상황
중간	(나), (다), (라)	책 읽기의 장점과 책 읽기의 생활화 방안
끝	(마)	책 읽기의 생활화에 대한 권유

구절 풀이

- **학교 수업을 ~ 쉽지 않다.:** 자신의 경험을 바탕으로 하여 청소년들이 책을 읽지 않는 문제 상황을 구체적으로 제시하고 있다.
- **미래를 준비하며 ~ 나침반 역할을 해 주는 것이다.:** 책 읽기를 통해 세상과 인생과 인간을 이해할 수 있으므로 책 읽기는 앞으로 어떤 삶을 살아가야 할지 방향을 정하는 데 도움을 줄 수 있다는 말이다.
- **세상을 이해하기 ~ 꺼내 드는 것은 어떨까?:** 책 읽기가 청소년들에게 주는 도움을 나열하면서 책 읽기를 권유하고 있다.

낱말 풀이

* **지원군:** 남이 어떤 일을 하고자 할 때 곁에서 지지하여 도와주는 사람을 비유적으로 이르는 말.

답 청소년들, 장점, 성공적, 생활화, 권유

01 이 글을 쓰기 위한 계획하기 단계에서 메모한 내용으로 적절한 것은?

① 글의 목적: 책 읽기에 대한 정보를 제공하고 독자에게 책 읽기를 권유함.
② 예상 독자: 책 읽기를 좋아하는 청소년들
③ 전달 매체: 책 읽기의 중요성을 알리는 광고 영상
④ 표현 방법: 독자의 감성을 자극하는 다정다감하고 친근한 대화체로 표현함.
⑤ 글의 주제: 독서 습관을 기르기 위한 도서관 활용 방법

02 이 글의 내용과 일치하지 않는 것은?

① 책 읽기를 통해 세상과 인간을 이해할 수 있다.
② 책 읽기는 학습 능력을 향상시키는 데 도움이 된다.
③ 책 읽기를 생활화하여 성공한 삶을 사는 사람들이 많다.
④ 책 읽기는 여럿이 함께하는 것보다 혼자서 하는 것이 더 효과적이다.
⑤ 도서관을 적극적으로 이용하면 독서 습관을 기르는 데 도움을 받을 수 있다.

03 이 글을 쓸 때 글쓴이가 활용한 자료로 적절하지 않은 것은?

① 성공한 사람들의 독서 습관을 다룬 신문 기사
② 부자와 가난한 사람들의 독서 습관을 조사한 책
③ 청소년들의 독서 실태를 조사한 설문 조사 결과
④ 책 읽기의 장점을 소개한 학교 도서관 게시판의 글
⑤ 책 읽기의 생활화 방안에 대해 알아본 사서 선생님과의 면담

중요 | 서술형

04 다음 설명을 참고할 때, ㉠~㉤ 중 문단의 통일성을 해치는 문장의 기호를 쓰고, 그 이유를 한 문장으로 쓰시오.

> 통일성이란 글의 주제와 세부 내용이 밀접하게 유기적으로 연결되는 것을 말한다. 하나의 문단에는 하나의 중심 내용이, 하나의 글에는 하나의 주제가 담겨 있어야 통일성을 갖춘 글이라고 할 수 있다.

100점 특강

이 글에서 문단의 통일성을 해치는 표현

(다)의 마지막 문장은 고전의 가치를 말하는 것으로, 독서 습관이 성공의 필수 조건이라는 (다) 문단의 중심 내용과 관련이 없어 통일성을 해치고 있다. 따라서 '기왕이면 ~ 읽는 것이 좋다.'는 삭제하는 것이 바람직하다. 이렇게 글을 쓸 때에는 문단의 중심 내용과 관련이 없는 내용은 삭제해야 한다. 나아가 글 전체의 주제를 뒷받침하지 못하는 불필요한 내용도 삭제하여 통일성을 갖춘 글을 써야 한다.

이 글을 쓰기 위해 수집한 자료들

글쓴이는 청소년들에게 책 읽기를 권유하기 위해 책 읽기의 좋은 점과 성공적 사례, 생활화 방안 등에 대한 정보를 여러 매체에서 다양한 방법으로 수집하였다. 선정된 자료들은 주제와 관련된 것들로 독자의 수준과 흥미를 고려한 내용이다.

문단	자료	내용
(나)	학교 도서관 게시판 글	책 읽기의 장점: 학교 공부를 도움, 삶의 방향과 가치관 정립을 도움.
(다)	인터넷 신문 기사	성공한 사람들의 공통적인 독서 습관
	독서 명언	빌 게이츠가 말하는 독서와 성공의 관계
	책 「부자들의 습관」	부자들은 독서 시간이, 가난한 사람들은 TV 시청 시간이 많음.
(라)	사서 선생님과의 면담 내용	책 읽기의 생활화 방안: 도서관 이용, 독서 동아리, 독서 토론, 독서 기행, 독서 캠프, 10분 독서

매체 특성에 따른 표현하기

학습 목표

• 영상 매체의 특성을 이해하고 영상으로 자신의 생각과 느낌을 표현할 수 있다.
• 인터넷 매체의 특성을 이해하고 이를 통해 자신의 생각과 느낌을 표현할 수 있다.

더 알아 두기

✚ 영상 언어의 주요 용어
• 숏
 – 뜻: 카메라가 작동하는 순간부터 멈추는 순간까지 하나의 사물이나 장면을 연속적으로 촬영한 단위
 – 구성: 카메라와 대상의 거리, 카메라가 대상을 비추는 각도, 초점, 조명, 색채, 카메라의 움직임 등에 의해 구성됨.
• 스토리보드
 – 뜻: 영상 속 장면의 초안을 그린 문서로 주요 장면을 그림이나 사진 등으로 정리한 계획표
 – 기능
  ① 주요 장면을 앞으로 완성해야 할 영상에 가장 가깝게 보여 줌.
  ② 기획 단계에서 시나리오를 구체적으로 시각화하는 도구로 쓰임.
  ③ 촬영장에서는 제작진 사이의 의사소통을 위한 주요 도구로 쓰임.

1 영상물과 영상 언어의 뜻

(1) **영상물:** 영화나 비디오, 텔레비전 따위의 영상 매체로 전달되는 작품을 통틀어 이르는 말

(2) **영상 언어:** 영상물을 만들기 위해 사용되는 영상물의 구성 요소

2 영상 언어의 구성 요소와 특징

시각적 요소
• 화면(영상): 카메라에 의해 촬영된 이미지
• 자막: 화면에 등장하는 인물이나 상황, 대화 내용, 배경 등을 보여 주는 문자

\+

청각적 요소
• 음향 효과: 영상을 생생하게 만드는 소리
• 음악: 영상물의 분위기를 조성하는 역할
• 인물의 말: 영상물 속 등장인물이 하는 말

3 영상물로 표현하는 일반적 절차

영상물 기획하기
• 주제와 목적 정하기
• 시청자의 관심, 흥미 파악하기
• 영상물의 형식 결정하기

영상물 구성하기(시나리오, 스토리보드 작성하기)
• 화면 구성 및 대사, 자막, 소리나 음악 등을 기술한 대본 작성하기

촬영하기
• 적절한 매체를 활용하여 촬영하기

↓

편집하기
• 방영 시간에 맞추어 편집하기
• 주제나 목적에 맞게 수정하기
• 자막, 음향 효과, 음악 등을 삽입하여 완성도 높이기

예로 개념 확인

❶

파일(F) 편집(E) 보기(V) 즐겨찾기(A) 도구(T) 도움말(H)

오늘 국어 시간에 「달리는 차은」이라는 영화를 보았다. 「달리는 차은」은 달리기를 잘하고 좋아하는 차은이라는 소녀의 꿈과 갈등, 그리고 성장 과정을 담은 영화이다.

가장 재미있었던 장면은 엄마가 거짓으로 통화하는 장면이다. 관심 있는 사람은 예고편을 보자.

↳ 미소천사: 나도 재미있게 봤어. 엄마의 사랑 덕분에 꿈을 이루어 가는 차은의 모습이 감동적이었지.

❷

4 인터넷 매체 자료의 종류

블로그	자신이 관심 있는 분야에 대해 자유로운 형식과 내용으로 글을 올릴 수 있는 웹 사이트
전산망 대화	인터넷상에서 한번에 여러 사용자가 실시간으로 대화를 나누는 것
전자 우편	전자 우편 주소를 가진 사람끼리 인터넷을 이용해 주고받는 편지
누리 소통망	특정한 관심이나 활동을 공유하는 사람들끼리 관심사를 나누며 서로 관계를 만들어 갈 수 있도록 관리하는 전산망 서비스. 소셜 네트워크 서비스(SNS)

5 인터넷 매체의 특성

다매체성	사진 · 음악 · 동영상 등 다양한 자료를 첨부할 수 있음.

+

양방향성	서로가 한번에 다양한 정보와 의견을 주고받을 수 있음.

+

즉시성	정보나 의견의 소통이 즉각적으로 이루어짐.

+

익명성	인터넷상에서는 자신을 드러내지 않아도 되는 특성 때문에 자신의 이름을 숨기는 경우가 많음.

6 인터넷 매체를 활용하여 글을 쓸 때 유의할 점

- 자신의 글이 많은 사람들에게 순간적으로 전달될 수 있으므로 신중하게 표현한다.
- 다른 사람의 권리(초상권, 저작권 등)를 침해하지 않아야 한다.
- 확인되지 않은 사실이나 자신의 주관적 생각, 느낌을 객관적인 사실인 것처럼 표현하지 않는다.
- 비속어, 유행어, 지나치게 줄인 말, 다른 사람이 읽었을 때 모욕감을 느낄 만한 부분은 없는지 충분히 고려하면서 언어 예절을 지킨다.

더 알아 두기

✚매체 자료의 저작권 보호

- 개인 정보를 침해하는 내용이 없는지 확인한다.
- 여러 매체에서 수집한 매체 자료는 그 출처를 반드시 밝혀야 한다.
- 자료를 사용하기 전에는 반드시 저작권자의 허락을 받는다.
- 저작권자의 동의 없이 자료를 심하게 변경하거나 훼손하지 않는다.

✚ 저작권 침해의 유형

- 다른 사람이 찍은 사진이나 연예인 사진으로 개인 블로그를 꾸미는 것
- 자신이 좋아하는 텔레비전 프로그램의 동영상이나 사진을 블로그에 올려 공유하는 것
- 불법 복제된 영화나 소설, 만화 등을 내려받는 것

❶ **인터넷 매체를 활용한 표현의 특징:** 이 글은 자신이 본 영화에 대한 생각과 느낌을 인터넷 게시판에 자유롭게 표현한 글이다. 인터넷 매체를 이용해서 자신의 생각이나 느낌을 표현하는 것은 자연스럽게 이루어질 수 있는 일이다. 다만 그때 인터넷이 가지고 있는 특성과 주의점을 잘 알고 사용해야 한다.

한편 이 글의 글쓴이는 영상을 함께 올려서 독자의 이해를 돕고 있다. 이와 같이 인터넷 매체는 동영상을 비롯한 다양한 매체를 활용하여 다채롭게 표현할 수 있다. 그리고 인터넷 매체는 글쓴이의 글에 대한 댓글이 보여 주는 것처럼 즉각적인 반응이 이루어지는 특성을 가지고 있다.

❷ **영상 언어의 특징과 구성 요소:** 글쓴이가 삽입한 영상은 「달리는 차은」의 예고편이다. 이 영상을 보면 「달리는 차은」이라는 영화에 대한 정보를 알 수 있다. 영화와 같은 영상물은 화면, 즉 카메라에 의해 촬영된 이미지와 자막과 같은 시각적인 요소와 등장인물의 말, 효과음, 배경 음악, 해설과 같은 청각적 요소로 구성된다. 영상 언어는 다양한 요소가 결합되어 표현되기 때문에 음성 언어나 문자 언어에 비해 직접적이고 구체적이다.

1 당신의 언어 습관을 기록합니다 | 국립국어원

지문 연구

• **해제:** 이 영상은 청소년들의 폭력적인 언어 습관을 독특한 상상력으로 보여 주고 이들에게 바람직한 언어 습관이 필요하다는 점을 일깨우고 있는 영상물이다. 우리의 언어 습관이 나이테가 기록되는 것처럼 우리의 삶에 기록된다는 것을 표현하고 있다.

• **주제:** 올바른 언어 습관의 필요성

| 내용 연구

영상에 대한 분석

주제	올바른 언어 습관의 필요성
소재	청소년의 부정적인 언어 습관 – 욕설, 비속어의 사용
특징	폭력적인 언어를 인상적으로 표현하기 위해 그림을 활용함.

| 구절 풀이

• **습관처럼 내뱉는 욕설, 비속어:** 청소년들이 욕설, 비속어를 너무 많이 사용해서 그것을 사용하는 것에 무감각해 마치 습관과 같아진 현상을 말하고 있다.

• **당신은 어떠신가요?:** 해설자가 영상을 시청하는 사람들의 언어 습관에 대해 묻고 있다. 이를 통해 시청자가 영상에 더욱 집중할 수 있게 해 주고 자신의 언어 습관을 돌아보게 해 주고 있다.

| 낱말 풀이

* **나이테:** 나무의 줄기나 가지 따위를 가로로 자른 면에 나타나는 둥근 테. 1년마다 하나씩 생기므로 그 나무의 나이를 알 수 있다.

당신의 언어 습관을 기록합니다.
– 국립국어원

카메라를 멀리서 촬영하여 전체적 분위기 표현

▶ 교실에서 대화를 나누고 있는 학생들의 모습

손 위에 욕하는 입 모양 그림을 그려 욕설, 비속어를 표현

자막 · 내레이션: °습관처럼 내뱉는 욕설, 비속어

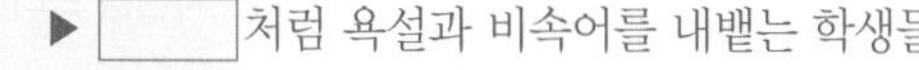

▶ [ ]처럼 욕설과 비속어를 내뱉는 학생들

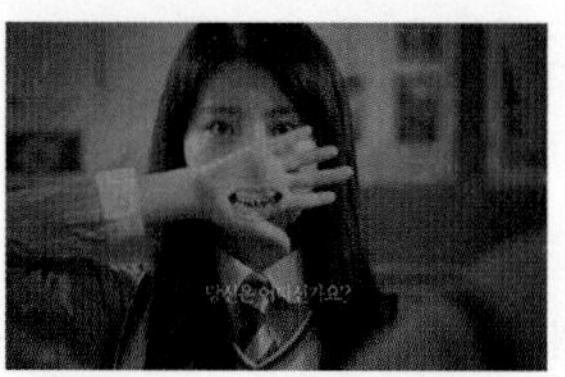

자막 · 내레이션: °당신은 어떠신가요?

▶ 우리의 [ ] 습관에 대한 질문

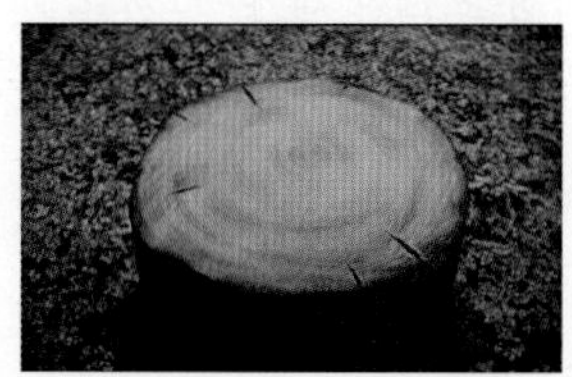

내레이션: 살아온 세월을 기록하는 *나이테처럼 당신의 얼굴도 당신이 쌓아 온 언어 습관을 기록합니다.

카메라를 위쪽으로 하면서 클로즈업함.

배경 음악: (㉠) 분위기를 조성하는 음악

▶ [ ]처럼 기록되는 우리의 언어 습관

자막 · 내레이션: 10년 후, 당신의 얼굴은 어떤 모습을 하고 있을까요?

질문을 통해 관객의 관심을 유도

▶ 10년 후의 우리 모습에 대한 질문

01 이와 같은 영상물을 만들 때, 주의할 점으로 적절하지 않은 것은?

① 관객의 관심과 흥미를 고려한다.
② 주제와 목적이 분명하게 드러나야 한다.
③ 사회적으로 이슈가 되는 문제만을 다룬다.
④ 영상 언어의 특성을 잘 이해하고 구성한다.
⑤ 반복적으로 점검하여 완성도 있는 영상물을 만든다.

중요

02 이 영상에 드러나는 영상 언어의 요소가 아닌 것은?

① 자막
② 내레이션
③ 배경 음악
④ 시각 이미지
⑤ 인물의 대사

03 이 영상에서 관객들에게 강한 인상을 주기 위해 시각적으로 고려한 점으로 적절한 것은?

① 자막의 크기를 다르게 하였다.
② 그림을 통해 내용을 강조하였다.
③ 많은 수의 등장인물을 활용하였다.
④ 비현실적인 공간을 배경으로 제시하였다.
⑤ 관객들에게 질문을 던지는 형식을 활용하였다.

04 다음 짝지어진 영상에서 카메라가 어떻게 움직였는지 설명한 것으로 적절한 것은?

➡

① 카메라가 옆에서 위로 움직였다.
② 카메라가 좌에서 우로 움직였다.
③ 카메라가 위에서 아래로 움직였다.
④ 카메라가 정면에서 아래로 움직였다.
⑤ 카메라가 먼 곳에서 가까운 곳으로 움직였다.

05 ㉠에 들어갈 단어로 가장 적절한 것은?

① 진지한 ② 경쾌한 ③ 구슬픈
④ 웅장한 ⑤ 긴박한

서술형

06 이 영상물을 바탕으로 할 때, 바람직하지 않은 언어를 사용할 경우 예상되는 우리 미래의 모습이 어떠할지 〈조건〉에 맞게 서술하시오.

조건
• 유사성을 가진 두 단어를 찾아 활용할 것.
• 한 문장으로 쓸 것.

100점 특강

카메라의 위치에 따른 내용의 변화

먼 곳에서 가까운 곳으로 이동	+	정면에서 위로 이동
전체적인 상황을 표현함. ⇨ 인물의 심리나 표정을 부각함.		전체적인 상황을 표현함. ⇨ 표현하고자 하는 바를 분명하게 제시함.

내레이션과 자막, 배경 음악의 역할

내레이션	+	자막	+	배경 음악
장면의 내용을 설명함.		내레이션의 내용을 강조하여 표현함.		영상물의 분위기를 조성함.

인터넷 매체 특성에 맞는 표현

지문 연구

• **해제:** 이 글은 온라인 대화, 인터넷 게시판 댓글, 전자 우편, 블로그, 사회 관계망 서비스 등 인터넷 매체의 특성을 바탕으로 하여 인터넷 매체를 활용한 표현의 유의점에 대해 설명하고 있다.

• **주제:** 매체의 특성과 매체 특성에 맞는 표현의 필요성

(가) 인터넷 매체의 발달은 자신의 감정이나 생각을 드러내는 방법도 다양하게 변화시켜 왔다. 시간과 공간의 제약을 받지 않고 낯선 사람들과 쉽게 소통할 수 있다는 점은 새로운 인간관계 형성에 중요한 역할을 하고 있다. / 다만 매체의 종류가 다양해지면서 매체를 활용하는 사람은 매체 특성에 따라 적절한 내용과 형식을 갖추어야 하겠다. 활용하고자 하는 매체가 어떤 특성을 지니는지에 따라 감정과 생각을 표현하는 방법이 달라지기 때문이다. ▶ 매체 특성에 대해 알아야 할 필요성

(나) 온라인 대화는 인터넷상에서 문자 언어로 상대방과 실시간으로 대화를 나누는 매체이다. 일대일, 또는 일대다의 상황에서 자신의 메시지를 전달하고 즉각적으로 상대의 회신을 받는 대화 방식이다. 이에 따라 문자와 더불어 다양한 시각 기호를 활용하거나 의성어, 의태어 등을 통해 표정과 동작, 감정 등을 표현한다. 서로 대면하지 않고도 대화를 나눌 수 있고 한 번에 여러 사람과 만날 수 있다는 장점도 있지만 자칫 일반적인 대화 예절을 지키지 않는 경우도 있어 유의해야 한다.

▶ 온라인 대화의 매체 특성

(다) 인터넷 게시판의 댓글은 하나의 게시물에 대하여 다수가 참여하여 짧은 의견을 제시하는 데 적합한 매체이다. 게시판의 성격이나 게시물의 내용, 댓글의 목적에 따라 의견을 작성하는데, 이때 문자 외에 이모티콘과 같은 시각 기호를 활용하기도 한다. 다만 ㉠무책임한 내용으로 상처를 주거나 사회적 *물의를 빚는 일이 없도록 해야 한다. ▶ 인터넷 게시판 ☐의 매체 특성

(라) 전자 우편은 인터넷을 통해 편지를 주고받는 것으로 일반적인 편지와 같이 작성하지만 네트워크를 통해 전달되기 때문에 즉시 전송할 수 있을 뿐 아니라, 한꺼번에 여러 명에게 동일한 내용을 발송할 수 있다. 또한, 발송한 편지는 수신자가 인터넷에 접속했을 때 언제라도 읽어 볼 수 있다. 단순한 문서뿐만 아니라 그림이나 소리가 들어간 파일도 함께 첨부해서 전송할 수 있으므로 전자 우편을 통해 전송받은 내용을 다양한 용도로 사용할 수 있다. ▶ 전자 우편의 매체 특성

(마) 블로그는 '웹(web)'에서 따온 영어 알파벳 'b'와 '항해 일지 또는 여행 일기'를 뜻하는 영어 단어 '로그(log)'의 합성어로, '웹상의 일지'라고 말할 수 있다. 블로그를 통해 자신이 좋아하는 주제에 대해 글이나 사진, 동영상 등을 활용하여 전문적으로 다룰 수 있으며, 다양한 의견이나 댓글을 확인할 수도 있다. 일반적으로 블로그가 1인 미디어이지만 같은 생각을 가진 사람들이 모여서 공동 관심사에 대하여 소통하는 모임방을 개설하기도 한다. ▶ ☐의 매체 특성

(바) 사회 관계망 서비스는 특정한 관심이나 활동을 공유하는 사람들 사이의 관계를 구축해 주는 매체이다. SNS로도 지칭되는 이 매체는 공통의 관심이나 활동을 지향하는 사람들이 일정한 시간 이상 공개적으로 또는 비공개적으로 자신의 *신상 정보를 드러내고 정보 교환을 수행함으로써 관계망을 형성하도록 해 주는 웹 *기반의 온라인 서비스로 정의될 수 있다. 소통과 공유를 강조하는 오늘날의 사회 · 문화를 반영하여 최근 발달하고 있는데, 특히 신상 정보의 등록 및 공개를 특징으로 하기 때문에 사생활 보호와 관련하여 사회적 문제를 *야기하기도 한다. ▶ 사회 관계망 서비스의 매체 특성

(사) °이들 매체를 활용할 때에는 *(㉡)을/를 이유로 상대에 대한 예의에 소홀해질 수 있다는 점을 주의해야 할 것이다. 또한 정보 활용의 용이성 때문에 사실을 왜곡하거나 다른 사람의 자료를 *표절하는 등의 쓰기 윤리에 벗어난 행동도 삼가야 할 것이다. ▶매체를 활용할 때 유의할 점

내용 연구

인터넷 매체의 종류

- **온라인 대화:** 실시간 대화
- **인터넷 게시판 댓글:** 게시물에 대한 짧은 의견 제시
- **전자 우편:** 인터넷을 통해 주고받는 편지
- **블로그:** 인터넷으로 쓰는 개인 또는 공동체의 일지
- **사회 관계망 서비스:** 개인 신상을 공개하여 정보를 교환하며 관계망을 형성함.

구절 풀이

- **이들 매체를 ~ 주의해야 할 것이다.:** 인터넷 매체가 자신을 쉽게 드러내지 않은 상태에서 소통할 수 있는 매체라는 점에서 다른 사람에게 예의 없이 말하거나 허위 사실을 유포하는 것과 같이 바람직하지 않은 태도를 보일 수 있다.

낱말 풀이

- * **물의:** (대개 부정적인 뜻으로 쓰여) 어떤 사람 또는 단체의 처사에 대하여 많은 사람이 이러쿵저러쿵 논평하는 상태.
- * **신상:** 한 사람의 몸이나 처신, 또는 그의 주변에 관한 일이나 형편.
- * **기반:** 기초가 되는 바탕. 또는 사물의 토대.
- * **야기하기도:** 일이나 사건 따위를 끌어 일으키기도.
- * **익명성:** 어떤 행위를 한 사람이 누구인지 드러나지 않는 특성.
- * **표절하는:** 시나 글, 노래 따위를 지을 때에 남의 작품의 일부를 몰래 따다 쓰는.

답: ㄱ. 댓글, ㄴ. 익명성

01 이 글에서 알 수 있는 내용이 아닌 것은?

① 인터넷 매체의 특성에 따라 활용 방법이 다르다.
② 인터넷 매체는 소통의 속도와 범위를 긍정적으로 변화시켰다.
③ 인터넷 매체는 상대와의 대면의 부담을 해소시켜 주는 역할을 한다.
④ 인터넷 매체의 내용과 형식에 대한 정보는 다양하게 제시되어 있다.
⑤ 인터넷 매체의 발달은 인간으로 하여금 다양한 방식으로 소통하도록 하였다.

중요

02 (나)~(바) 중, 〈보기〉의 설명과 가장 관계 깊은 것은?

보기

이 매체를 활용하여 소통할 때에는 상대방의 메시지를 보고 바로 자신의 생각을 표현할 수 있다. 그리고 다시 상대방의 회신을 받으며 실제 대화하는 것 같은 느낌을 가질 수 있다.

① (나) ② (다) ③ (라) ④ (마) ⑤ (바)

03 (마)로 보아, 블로그를 통한 글쓰기에서 유의할 점으로 적절한 것은?

① 글은 되도록 길고 자세하게 써야 한다.
② 자신이 잘 아는 분야를 다루는 것이 좋다.
③ 다른 사람의 정보를 되도록 많이 제시해야 한다.
④ 사진이나 동영상은 재미있는 것들로 올려야 한다.
⑤ 다른 사람의 반응에 대해 관심을 갖지 않는 것이 좋다.

04 ㉠에 담긴 글쓴이의 의도를 가장 잘 표현한 것은?

① 고개를 들면 눈이 보입니다.
② 독서보다 좋은 학력은 없습니다.
③ 악성 댓글은 영혼까지 파괴시키는 범죄입니다.
④ 불법 복제 · 배포, 뉴스 저작권의 숨통을 조입니다.
⑤ 검색으로도 찾을 수 없는 지혜, 어르신에게 있습니다.

05 ㉡에 들어갈 말로 적절한 것은?

① 쌍방성 ② 동시성 ③ 장기성
④ 신속성 ⑤ 익명성

서술형

06 〈보기〉를 바탕으로 할 때, 인터넷 매체를 통한 정보 습득에 있어 유의할 점이 무엇인지 〈조건〉에 맞게 서술하시오.

보기

인터넷과 SNS를 활발히 이용하는 요즘, 특히 10대 청소년들 사이에서 가짜 뉴스가 전달하는 내용을 사실로 믿는 사례가 늘고 있다. 성인보다 분별력이 약한 10대들이 자신이 이용하는 매체 속 정보를 무조건 받아들이는 경우가 많다는 것이다. 중학교를 다니는 한 여학생은 "주로 통학 시간이나 방과 후에 SNS를 통해 기사나 정보를 접한다."며 "특히 '좋아요'가 많거나 댓글이 많은 글일수록 '아, 이런 일도 있구나.' 하며 읽게 되고 사실로 믿게 되는 것 같다."라고 말했다.

조건

• 한 문장으로 서술할 것.

100점 특강

매체를 활용한 표현의 특성

매체에 따라 내용과 형식이 달라진다.	익명의 상황에서 상호 소통하는 활동이다.
온라인 대화, 인터넷 게시판 댓글, 전자 우편, 블로그, 사회 관계망 서비스 등 각 매체에 따라 표현의 내용과 목적이 달라질 수 있다.	각 매체를 통한 표현이 쌍방향의 소통이므로 상대에 대한 존중을 바탕으로 예의에 맞게 표현해야 한다.
매체 특성을 바르게 알아야 한다.	소통을 위한 올바른 예절을 지켜야 한다.

➡ 인터넷 매체를 통한 표현은 각 매체별 특성을 바탕으로 적절한 내용과 형식을 갖추어야 하며, 이러한 표현 활동도 엄연히 서로 소통하는 과정이므로 일반적인 소통 상황에서와 같은 예의범절을 갖추어야 한다.

3 댓글은 나의 얼굴 | 최병광

지문 연구

- **해제:** 이 글은 최근 다양한 사람들이 참여하고 있는 인터넷 게시판의 댓글 쓰기에서 유의해야 할 점을 여섯 가지로 풀어서 이야기하는 칼럼이다.
- **주제:** 인터넷 게시판 댓글 쓰기의 유의점

(가) 댓글은 인터넷에서 게시물 밑에 보는 즉시 남길 수 있는 짧은 글을 이른다. 덧글, 혹은 코멘트(comment), 리플(reply)이라고도 한다. 댓글은 사이버 공간을 통해 카페나 블로그의 회원들 또는 *불특정 다수의 네티즌들 사이에 정보를 주고받을 수 있는 인터넷 게시판이 활성화되면서 나타난 현상 중의 하나이다. ▶댓글의 개념

(나) 댓글의 긍정적인 측면은 많은 네티즌들이 자유롭게 자신의 의견을 펼칠 수 있다는 점이다. 그러나 °익명성을 악용하여 다른 사람을 공격하거나 허위 사실을 *유포하며 *인신공격까지 서슴지 않는 부정적인 측면도 있다. 그렇기 때문에 인터넷 실명제, 본인 확인제 등의 도입이 필요하다는 의견도 많았다. 비뚤어진 인터넷 게시판 문화를 바꾸려는 취지라는 점에서 완전 실명제를 도입하거나 처벌 조항을 둬야 한다고 주장하는 이들이 많다. ▶댓글의 긍정적인 면과 부정적인 면에 대한 논란

(다) 글을 쓰는 이는 댓글에 관심이 많다. 내 글에 아무 댓글도 달리지 않는 소위 무플은 허무함을 주기도 한다. 그만큼 관심을 받지 못하는 글이거나 아무런 논쟁이나 반응을 일으키지 못하는 ㉠'죽은 글'이 될 수 있기 때문이다. 다른 이의 글을 읽은 후에는 적극적으로 댓글을 다는 것이 중요하다. 내가 글을 쓰는 것 이상으로 댓글이 나를 알리는 수단이 되기 때문이다. 좋은 댓글을 달기 위해서는 다음 몇 가지만 기억하자. ▶좋은 댓글에 대한 관심의 필요성

(라) 첫째, 글의 핵심을 파악하고 그 핵심에 대한 댓글을 달아라. 쓸데없는 내용에 대해 댓글을 달지 말라는 것이다. 그렇지 않으면 당신의 댓글은 무엇을 이야기하는지 모르는 허황된 글이 될 것이다. 말만 많고 내용은 없는 댓글이 될 것이다. 간결하게 요점을 찌르는, ㉡*촌철살인이 바로 좋은 댓글이다. ▶ 글의 [ ]에 대한 간결한 댓글

(마) 둘째, 상대방의 의견을 존중하고 반론이 있을 경우 논리적이고 유쾌하게 하라. 반대 의견이라도 다른 이가 즐겁게 읽을 수 있는 댓글을 쓰라. 우리의 인터넷 세상에는 지금 너무 투쟁적인 댓글이 많다. °합의나 포용은 없고 오로지 나와 의견이 다르면 무조건 적이 되고 있는 현실이다. 우리에게는 논리적인 반론, 유쾌한 토론이 절실하다. 당신의 유쾌한 댓글이 우리의 댓글 문화를 성숙하게 할 것이다. ▶다른 의견에 대하여 [ ]이고 유쾌하게 대응하는 댓글

(바) 셋째, 너무 짧거나 너무 길지 않도록 하라. 댓글 란의 크기를 기준으로 하여 두세 줄이면 족하다. 하나의 댓글로 부족해서 도배를 하는 사람도 많다. 읽어 보기가 힘이 든다. 쓰는 사람은 할 말이 많아서 그랬겠지만 읽는 사람은 짜증나기 쉽다. 간단명료한 댓글을 추구하라. ▶간단명료한 댓글

(사) 넷째, 욕설을 하거나 인신공격을 하지 말라. 자신을 깎아내리는 처사다. 오늘날 우리의 댓글은 차마 입에 올리기도 힘든 욕설이 *난무하고 있다. 다른 이에게 퍼붓는 인신공격도 만연한 현상이다. 그러나 욕설과 인신공격은 자신을 향해 침을 뱉는 것과 같다. ▶욕설과 인신공격을 하지 않는 댓글

(아) 다섯째, 칭찬을 아끼지 말라. 칭찬은 아무런 비용도 들이지 않고 기회를 얻는 방법이다. 칭찬을 통해 글쓴이의 감성을 자극하라. 칭찬은 고래도 춤추게 한다고 한다. 칭찬은 인터넷에서도 많은 친구를 만드는 길이며 당신을 돋보이게 하는 훌륭한 방법이다. ▶[ ]을 아끼지 않는 댓글

(자) 여섯째, 다른 이의 글을 보고 좋은 점을 댓글로 달면서 배움을 얻을 수 있다는 것이다. 그런 마음으로 댓글을 달라는 얘기다. 사실 이 점은 댓글이 주는 최고의 효과다. ▶배움을 얻을 수 있는 댓글

내용 연구

'댓글'의 두 가지 측면

긍정적	부정적
자유로운 의사 표현	인신공격, 허위 사실 유포

구절 풀이

- **익명성을 악용하여 ~ 부정적인 측면도 있다.:** 자신을 드러내지 않는다는 점 때문에 다른 사람에 대한 공격적 발언이나 잘못된 정보를 무분별하게 퍼뜨리는 행위가 나타난다.
- **합의나 포용은 ~ 있는 현실이다.:** 자신과 의견이 다른 사람을 무조건 적대시하는 잘못된 태도를 비판하고 있다.

낱말 풀이

- * **불특정:** 특별히 정하지 아니함. '임의의'로 순화.
- * **유포하며:** 세상에 널리 퍼지며. 또는 세상에 널리 퍼뜨리며.
- * **인신공격:** 남의 신상에 관한 일을 들어 비난함.
- * **촌철살인:** 한 치의 쇠붙이로도 사람을 죽일 수 있다는 뜻으로, 간단한 말로도 남을 감동하게 하거나 남의 약점을 찌를 수 있음을 이르는 말.
- * **난무하고:** 함부로 나서서 마구 날뛰고.

정답과 해설 • 42쪽

01 이 글에서 나타난 글쓴이의 생각과 가장 거리가 먼 것은?

① 인터넷 댓글은 정보 교류에 긍정적 효과가 있다.
② 댓글은 게시글에 비해 그 가치가 떨어지는 글이다.
③ 좋은 댓글은 글을 쓰는 사람에게 힘을 줄 수 있다.
④ 댓글을 활용하여 건전한 토론 활동을 경험할 수 있다.
⑤ 댓글은 우리 사회에 막대한 영향을 끼칠 수 있는 매체이다.

02 (나)에서 언급한 '인터넷 실명제'와 관련하여 입장이 다른 하나는?

① 정보의 공유나 소통에 방해가 된다.
② 개성적이고 자유로운 표현을 제한한다.
③ 거짓 정보에 대한 책임 의식을 가지도록 한다.
④ 개인 정보 유출로 인해 피해가 발생할 수 있다.
⑤ 건전한 인터넷 문화를 위한 개인의 노력이 우선되어야 한다.

중요

03 (라)~(자) 중 〈보기〉에서 말하고 있는 게시판 댓글의 문제점을 지적하고 있는 문단은?

보기

시사적인 글을 쓰는 많은 지식인들이 인터넷으로부터 튀기는 '똥물' 세례를 염두에 두고 자기 검열을 하고 있다. 물론 그런 '똥물'에 전혀 개의치 않고 자기 소신을 더 세게 밀고 나가는 지식인들도 있지만, 그것도 문제다. 아주 독하거나 상처받지 않는 기계적 인간들만 제 목소리 내고, 나머지 대다수가 '똥물'을 피하려는 글만 쓰려고 드는 공공 커뮤니케이션 시장이 건강하다고 보기는 어렵다.

– 선샤인 지식 노트, 「댓글의 역설」

① (라)　② (마)　③ (바)　④ (아)　⑤ (자)

04 이 글로 보아, ㉠의 의미로 적절한 것은?

① 시대적으로 뒤처진 글
② 현대 사회와 무관한 글
③ 댓글이 하나도 없는 글
④ 다른 사람에게 불이익을 주는 글
⑤ 주제가 명확하게 드러나지 않는 글

05 ㉡과 같은 의미로 쓰이는 한자 성어로 적절한 것은?

① 정문일침(頂門一鍼)　② 살신성인(殺身成仁)
③ 우문현답(愚問賢答)　④ 문일지십(聞一知十)
⑤ 칠전팔기(七顚八起)

서술형

06 이 글을 바탕으로 할 때, 다음 밑줄 친 댓글에 대해 〈조건〉에 맞게 서술하시오.

동물 보호 단체에서는 반려동물을 분양받지 말고 입양하자는 운동을 벌이고 있다. 하루가 다르게 늘어나는 유기 동물에 대한 사회적 관심을 촉구하는 움직임이라 할 수 있다.

↳ 쭈아리: 반려동물 사실 때, 동물 병원에서 사세요. 그래야 AS 확실! ^.^
↳ 댕댕이짱: 분양이든 입양이든 함께 살면 가족이죵~~

조건

• 댓글의 문제점을 한 문장으로 서술할 것.
• 바람직한 댓글을 한 문장으로 서술할 것.

100점 특강

좋은 댓글의 요건

• 게시 글의 핵심에 대해 간결하게 표현한다.
• 너무 짧거나 너무 길지 않게 표현한다.
• 충분한 칭찬을 담아 표현한다.
• 반대 의견에 대해 논리적이고 유쾌하게 표현한다.
• 욕설이나 인신공격을 하지 않는다.
• 다른 사람에게 배움을 줄 수 있는 내용으로 표현한다.

➡ 댓글은 인터넷 게시판에 오른 글에 대해 자신의 생각을 밝히는 짧은 글로, 게시 글뿐 아니라 다른 댓글과의 소통을 가능하게 한다. 자신의 생각과 느낌을 간결하고 분명하게 밝히되, 다른 사람의 의견도 존중하는 태도를 지녀야 한다.

대단원 평가

[01~04] 다음 글을 읽고 물음에 답하시오.

㉮ 아들아. / 이제야 너에게 하는 얘기지만, 어릴 때 나도 너처럼 학교 다니기 참 싫었단다. 그러니까 꼭 너만 했을 때부터 그랬던 것 같구나. 사람들은 아빠가 지금은 소설을 쓰는 사람이니까 저 사람은 어릴 때 참 착실하게 공부를 했겠구나, 생각할지 모르지만 전혀 그렇지 않았단다.

㉯ 오월 어느 날이었다. 그날도 나는 학교에 가기 싫다고 말했다. 왜 안 가냐고 물어 공부도 재미가 없고, 학교 가는 것도 재미가 없다고 말했다.

어린 아들이 그러니 어머니로서도 한숨이 나왔을 것이다.

"그래도 얼른 교복으로 갈아입어라."

"학교 안 간다니까."

㉰ 어머니는 한 손엔 내 가방을 들고 또 한 손엔 지겟작대기를 들고 나보다 앞서 마당을 나섰다. 나는 말없이 어머니의 뒤를 따랐다. 〈중략〉

어머니는 내게 가방을 넘겨준 다음 두 발과 지겟작대기를 이용해 내가 가야 할 산길의 이슬을 떨어내기 시작했다. 어머니의 몸뻬 자락이 이내 아침 이슬에 흥건히 젖었다. 어머니는 발로 이슬을 떨고, 지겟작대기로 이슬을 떨었다.

그런다고 뒤따라가는 내 교복 바지가 안 젖는 것도 아니었다. 신작로까지 15분이면 넘을 산길을 30분도 더 걸려 넘었다. 어머니의 옷도, 그 뒤를 따라간 내 옷도 흠뻑 젖었다.

㉱ "자, 이제 이걸 신어라."

거기서 어머니는 품속에 넣어 온 새 양말과 새 신발을 내게 갈아 신겼다. 학교 가기 싫어하는 아들을 위해 아주 마음먹고 준비해 온 것 같았다.

"앞으로는 매일 떨어 주마. 그러니 이 길로 곧장 학교로 가. 중간에 다른 데로 새지 말고."

그 자리에서 울지는 않았지만 왠지 눈물이 날 것 같았다.

㉲ 그때부터 나는 학교를 결석하지 않았다.

어른이 된 지금도 나는 그렇게 생각한다. 그때 어머니가 이슬을 떨어 주신 길을 걸어 지금 내가 여기까지 왔다고. 돌아보면 꼭 그때가 아니더라도 어머니는 내가 지나온 길 고비고비마다 ㉠이슬떨이를 해 주셨다.

㉳ 이다음 어른이 되었을 때, 아빠처럼 너에게도 그런 아름다운 길 하나 있었으면 좋겠다. 어린 날 나는 그 길을 걸어 나오며 내 앞에 펼쳐진 이 세상의 모든 길들을 바라보았단다. / 아들아. 길은 그 자체로 인생이란다. 그리고 그것을 걷는 것이 곧 우리의 삶이란다.

01 이와 같은 글에 대한 설명으로 적절한 것은?

① 생각이나 느낌을 압축된 형식에 담아 표현한다.
② 작가의 상상력을 바탕으로 하여 이야기를 꾸며 낸다.
③ 삶의 경험으로부터 얻은 깨달음을 진솔하게 표현한다.
④ 독자에게 교훈을 주는 삶을 산 사람의 행적을 기록한다.
⑤ 등장인물의 갈등이 전개되고 해결되는 과정을 주로 드러낸다.

02 이 글의 '나'에 대한 설명으로 적절하지 않은 것은?

① 현재 직업은 소설가이다.
② 학교에 다니기 싫어하는 아들을 두고 있다.
③ 학교에 다니는 문제로 어머니와 갈등을 했다.
④ 학창 시절 등굣길에 어머니가 동행한 적이 있다.
⑤ 어머니를 위해 매일 산길의 이슬을 떨어내야 했다.

중요

03 이 글을 쓸 때 글쓴이가 고려했을 법한 내용으로 적절한 것은?

① 독자의 이해를 돕기 위해 핵심 내용만 간추려서 제시한다.
② 독자의 흥미를 고려하여 재미있고 유쾌한 경험을 선정한다.
③ 배경지식이 부족한 독자를 고려하여 어려운 어휘의 뜻을 하나하나 풀이해 준다.
④ 독자의 공감을 이끌어 내기 위해 독자가 직접 겪은 이야기를 소재로 활용한다.
⑤ 글쓴이와 같은 경험을 해 보지 않은 독자를 고려하여 상황을 실감 나게 묘사한다.

서술형

04 ㉠에 담긴 의미를 〈조건〉에 맞게 쓰시오.

조건
• 글쓴이가 자신의 경험으로부터 얻은 깨달음이 드러나게 쓸 것.
• 명사로 끝맺을 것.

[05~08] 다음 글을 읽고 물음에 답하시오.

가 우리 학교 도서관 앞에는 책 읽기가 우리에게 주는 도움을 간략하게 소개해 놓은 게시판이 있다. 그 게시판의 내용을 바탕으로 하여 책 읽기의 장점을 몇 가지만 정리해 보면 다음과 같다. 일단, 독서는 우리의 학교 공부에 직접적인 도움이 된다. 무언가를 읽고 그 내용을 이해하는 것은 모든 공부의 기본이 되기 때문이다. 따라서 독서력은 모든 학습의 기본이자 핵심이다. [㉠] 또한 독서는 시간과 공간의 제한을 뛰어넘는 다양한 간접 경험의 기회를 제공하여 세상과 인생과 인간을 이해할 수 있도록 도와준다. 이를 통해 우리가 어떻게 살아가야 할지 삶의 방향을 정하고 가치관을 정립하는 데에도 도움을 받을 수 있다. [㉡]

나 실제로 어려서부터 책 읽기를 생활화하여 성공한 인물들을 쉽게 찾아볼 수 있다. 한 인터넷 신문 기사에서는 미국의 한 작가가 30년 동안 전 세계를 돌며 1200여 명의 부자들을 인터뷰한 결과, 성공한 사람들의 공통점을 찾아내었는데 그것이 바로 독서 습관이었다고 한다. 우리가 잘 알고 있는 세계 최고의 기업가 빌 게이츠는 '독서 대통령'으로도 불리는데, '오늘날의 나를 있게 한 것은 우리 동네 도서관이었다. 하버드대학 졸업장보다 소중한 것이 독서하는 습관이다.'라고 말할 정도로 독서를 성공의 필수 조건으로 꼽았다. [㉢]

다 그렇다면 언제 어떻게 책을 읽어야 할까? 사서 선생님과의 면담을 통해 책 읽기를 생활화할 수 있는 방안에 대한 좋은 정보를 얻을 수 있었는데, 첫째는 도서관을 적극적으로 이용하는 것이다. 학교 점심시간에는 학교 도서관에, 방과 후나 주말에는 동네 도서관에 가자. 혼자 가도 좋고 친구나 가족과 함께 가도 좋다. 둘째, 혼자서 책을 읽기가 어렵다면 친구들과 함께 독서 동아리를 만들거나 가족과 함께 독서 토론을 해 본다. 셋째, 특별한 추억을 남기고 싶다면 독서 기행이나 독서 캠프 같은 프로그램에 참여해 보는 것이 좋다. 마지막으로 책 읽는 습관 자체를 들이기가 어렵다면 자신이 흥미를 느끼는 쉬운 책부터 하루 10분씩만 읽어 보는 것도 좋을 것이다. [㉣]

라 책 읽기가 컴퓨터 게임이나 영화 보기, 야구 관람처럼 마냥 편하게 즐길 수 있는 일은 아닐 것이다. 하지만 조금 힘들더라도 책 읽기를 생활화하면 우리들은 험난한 인생을 헤쳐 나갈 든든한 지원군을 곁에 두게 될 것이다. [㉤] 세상을 이해하기 위해, 더 나은 미래를 위해, 시공간을 초월한 다양한 벗들을 만나기 위해, 내 지친 영혼에 활력을 불어넣기 위해 지금 당장 휴대 전화를 내려놓고 책을 꺼내 드는 것은 어떨까?

중요

05 이 글을 쓰기 위해 필요한 자료를 수집할 때 유의할 점으로 적절한 것은?

① 최대한 다양한 종류의 매체를 활용한다.
② 글의 목적과 주제에 맞는 자료를 선정한다.
③ 전문성을 높이기 위해 다소 어려운 자료를 수집한다.
④ 독자의 즐거움과 재미를 위해 흥미 위주로 자료를 찾는다.
⑤ 글의 내용과 관련이 있다면 출처가 불분명한 자료도 사용한다.

06 이 글에 대한 평가로 적절한 것은?

① 비슷한 내용을 반복하여 독자에게 지루한 느낌을 준다.
② 글의 주제에서 벗어난 불필요한 내용이 많아 통일성이 떨어진다.
③ 구성 단계상 '처음'에 해당하는 부분이 없어 글의 짜임새가 떨어진다.
④ 말하고자 하는 바가 분명하지 않아 글의 중심 내용을 파악하기가 어렵다.
⑤ 개인적인 느낌이나 주관적인 생각을 표현한 내용이 많아 객관성이 떨어진다.

서술형

07 이 글에 다음 자료를 추가하고자 할 때, 자료의 적절성을 평가하고 그렇게 평가한 이유를 한 문장으로 쓰시오.

> 종이 책과 전자책의 차이를 바탕으로 종이 책의 장점을 설명한 신문 기사

08 ㉠~㉤ 중, 다음 내용이 들어갈 부분으로 적절한 것은?

> 또한 『부자들의 습관』이라는 책에서 저자는 가난한 사람들과 성공한 부자들의 책 읽는 시간을 조사해 보았더니, 가난한 사람들은 TV를 시청하는 시간이 월등히 많고, 부자들은 책을 보는 시간이 훨씬 더 많다고 한다.

① ㉠ ② ㉡ ③ ㉢ ④ ㉣ ⑤ ㉤

대단원 평가

[09~12] 다음 글을 읽고 물음에 답하시오.

당신의 언어 습관을
기록합니다.
– 국립국어원

자막 · 내레이션: 습관처럼 내뱉는 욕설, 비속어

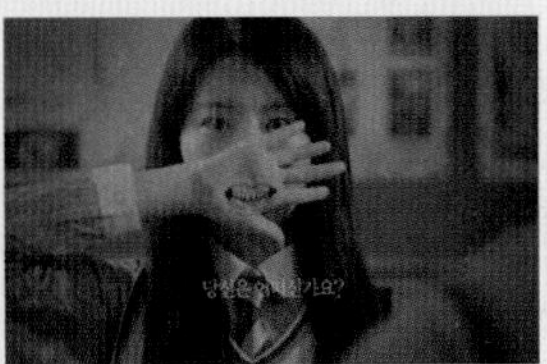

자막 · 내레이션: 당신은 어떠신가요?

㉠

내레이션: 살아온 세월을 기록하는 나이테처럼 당신의 얼굴도 당신이 쌓아 온 언어 습관을 기록합니다.

배경 음악: 진지한 분위기를 조성하는 음악

자막 · 내레이션: ㉡10년 후, 당신의 얼굴은 어떤 모습을 하고 있을까요?

09 이와 같은 영상물을 제작하는 과정을 〈보기〉에서 골라 바르게 나열한 것은?

〈보기〉
ㄱ. 시나리오 작성하기　　ㄴ. 영상물 기획하기
ㄷ. 편집하기　　ㄹ. 스토리보드 만들기
ㅁ. 촬영하기

① ㄱ-ㄴ-ㄷ-ㄹ-ㅁ　② ㄱ-ㄴ-ㄹ-ㅁ-ㄷ
③ ㄴ-ㄱ-ㄹ-ㅁ-ㄷ　④ ㄴ-ㄹ-ㄱ-ㄷ-ㅁ
⑤ ㄹ-ㄴ-ㄷ-ㄱ-ㅁ

중요

10 이 영상물을 제작하는 단계에서 생각했을 법한 내용으로 적절하지 않은 것은?

① 핵심 내용을 강조하기 위해 자막을 넣어야겠어.
② 분위기 조성을 위해 적절한 음악을 넣어야겠어.
③ 장면 내용을 설명하려면 내레이션을 넣는 게 낫겠어.
④ 내용을 쉽게 이해시키려면 적절한 시각 이미지가 필요하겠어.
⑤ 주제를 효과적으로 전달하기 위해 인물들의 대사를 활용해야겠어.

11 ㉠에 쓰인 촬영 기법을 〈보기〉에서 골라 바르게 묶은 것은?

〈보기〉
ㄱ. C.U.(클로즈업): 대상의 일부를 확대하여 화면에 크게 나타내는 기법
ㄴ. O.L.(오버랩): 하나의 화면이 끝나기 전에 다음 화면이 겹치면서 먼저 화면이 차차 사라지게 하는 기법
ㄷ. 로우 앵글 숏(low angle shot): 아래에서 위로 대상을 올려다보면서 촬영하는 기법
ㄹ. 하이 앵글 숏(high angle shot): 위에서 아래로 대상을 내려다보면서 촬영하는 기법

① ㄱ, ㄴ　② ㄱ, ㄷ　③ ㄱ, ㄹ　④ ㄴ, ㄷ　⑤ ㄴ, ㄹ

서술형

12 ㉡에 담긴 영상물 제작자의 의도를 〈조건〉에 맞게 쓰시오.

〈조건〉
• 이 글의 주제가 드러나게 쓸 것.
• 청유문 형식의 한 문장으로 끝맺을 것.

[13~15] **다음 글을 읽고 물음에 답하시오.**

가 온라인 대화는 인터넷상에서 문자 언어로 상대방과 실시간으로 대화를 나누는 매체이다. 일대일, 또는 일대다의 상황에서 자신의 메시지를 전달하고 즉각적으로 상대의 회신을 받는 대화 방식이다. 이에 따라 문자와 더불어 다양한 시각 기호를 활용하거나 의성어, 의태어 등을 통해 표정과 동작, 감정 등을 표현한다. 서로 대면하지 않고도 대화를 나눌 수 있고 한 번에 여러 사람과 만날 수 있다는 장점도 있지만 자칫 ㉠일반적인 대화 예절을 지키지 않는 경우도 있어 유의해야 한다.

나 인터넷 게시판의 댓글은 하나의 게시물에 대하여 다수가 참여하여 짧은 의견을 제시하는 데 적합한 매체이다. 게시판의 성격이나 게시물의 내용, 댓글의 목적에 따라 의견을 작성하는데, 이때 문자 외에 이모티콘과 같은 시각 기호를 활용하기도 한다. 다만 무책임한 내용으로 상처를 주거나 사회적 물의를 빚는 일이 없도록 해야 한다.

다 전자 우편은 인터넷을 통해 편지를 주고받는 것으로 일반적인 편지와 같이 작성하지만 네트워크를 통해 전달되기 때문에 즉시 전송할 수 있을 뿐 아니라, 한꺼번에 여러 명에게 동일한 내용을 발송할 수 있다. 또한, 발송한 편지는 수신자가 인터넷에 접속했을 때 언제라도 읽어 볼 수 있다. 단순한 문서뿐만 아니라 그림이나 소리가 들어간 파일도 함께 첨부해서 전송할 수 있으므로 전자우편을 통해 전송받은 내용을 다양한 용도로 사용할 수 있다.

라 블로그는 '웹(web)'에서 따온 영어 알파벳 'b'와 '항해일지 또는 여행 일기'를 뜻하는 영어 단어 '로그(log)'의 합성어로, '웹상의 일지'라고 말할 수 있다. 블로그를 통해 자신이 좋아하는 주제에 대해 글이나 사진, 동영상 등을 활용하여 전문적으로 다룰 수 있으며, 다양한 의견이나 댓글을 확인할 수도 있다. 일반적으로 블로그가 1인 미디어이지만 같은 생각을 가진 사람들이 모여서 공동 관심사에 대하여 소통하는 모임방을 개설하기도 한다.

마 사회 관계망 서비스는 특정한 관심이나 활동을 공유하는 사람들 사이의 관계를 구축해 주는 매체이다. SNS로도 지칭되는 이 매체는 공통의 관심이나 활동을 지향하는 사람들이 일정한 시간 이상 공개적으로 또는 비공개적으로 자신의 신상 정보를 드러내고 정보 교환을 수행함으로써 관계망을 형성하도록 해 주는 웹 기반의 온라인 서비스로 정의될 수 있다. 소통과 공유를 강조하는 오늘날의 사회문화를 반영하여 최근 발달하고 있는데, 특히 신상 정보의 등록 및 공개를 특징으로 하기 때문에 사생활 보호와 관련하여 사회적 문제를 야기하기도 한다.

중요

13 이 글에서 알 수 있는 인터넷 매체의 특징으로 적절하지 않은 것은?

① 온라인 대화에는 이모티콘과 같은 다양한 시각 기호가 활용된다.

② 인터넷 게시판의 댓글은 길고 복잡한 내용을 논리적으로 제시하는 데 효과적이다.

③ 전자 우편은 한꺼번에 여러 명에게 발송이 가능하며 신속하게 내용을 전달할 수 있다.

④ 블로그에 내용을 작성할 때에는 글, 사진, 동영상 등 다양한 자료를 활용할 수 있다.

⑤ 사회 관계망 서비스는 개인의 신상 정보를 드러낸 채 소통과 공유가 이루어진다.

14 이 글을 바탕으로 할 때, 다음과 같은 상황에서 활용할 매체로 가장 적절한 것은?

> 전학 간 친구 미지에게 오랜만에 소식을 전하고 싶어. 그동안 있었던 일을 상세히 알려 주고 개인적으로 하고 싶었던 말들을 남겨야겠어. 다른 사람은 볼 수 없었으면 좋겠어. 그리고 바쁜 미지가 아무 때나 편한 시간에 받아 보도록 배려해 줘야지. 아 참, 현장 체험 학습 때 친구들과 찍었던 사진과 동영상도 함께 보내 주면 좋겠네.

① 블로그 ② 전자 우편
③ 온라인 대화 ④ 사회 관계망 서비스
⑤ 인터넷 게시판의 댓글

서술형

15 다음 대화에서 ㉠에 해당하는 사람의 아이디를 쓰고, 그 이유를 한 문장으로 쓰시오.

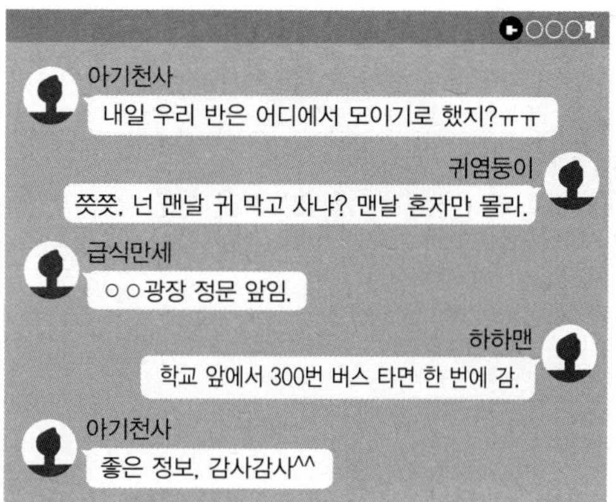

다섯째 마당

듣기·말하기

면담하기와 배려하는 말하기

학습 목표
- 목적에 맞게 질문을 준비하여 면담한다.
- 언어폭력의 문제점을 인식하고 상대방을 배려하여 말하는 태도를 지닌다.

1 면담하기

(1) 뜻: 일정한 목적을 위해 적절한 상대방을 만나 상의하거나 질문과 대답을 하는 말하기

예 뉴스 인터뷰, 탐방 인터뷰, 동아리 신입 회원 선발 면담 등

(2) 목적

- 정보 수집, 상담, 평가, 설득 등
- 면담의 목적에 따라 질문의 내용이 결정됨.

(3) 과정

면담 준비하기	• 면담의 목적과 주제 정하기 • 면담 대상 선정하기 • 면담 시간과 장소 정하기 • 면담 질문지 작성하기

⬇

면담 진행하기	• 면담 대상 만나기 • 준비한 질문을 하고 답변 듣기 • 주요 내용 메모하기(사전 동의 얻고 녹음하기) • 정중하고 예의 바른 태도 갖추기

⬇

면담 정리하기	• 면담 내용을 주제와 목적에 맞게 정리하기

더 알아 두기

✚ 면담의 특징
- 직접 만나서 대화를 주고받는 의사소통임.
- 면담 대상자의 경험을 직접 들으며 생생함을 느낄 수 있음.
- 면담 도중에 궁금한 점을 추가 질문할 수 있음.

✚ 면담에서 사용되는 질문
- **내용:** 면담의 목적에 따라 결정됨.
- **종류**
  - 주안적 질문: 질문자가 일차적으로 묻고자 하는 핵심 내용을 담은 질문임.
  - 부차적 질문: 주안적 질문에 대한 보충 질문으로, 대답이 불충분하거나 불명확할 때 쓰임.

예로 개념 확인

❶ (가) 여성 가족부에서 발표한 '청소년 언어 사용 실태 조사'에 따르면, 청소년의 약 73%가 매일 욕설을 사용하는 것으로 나타났다. 특히 욕설을 사용하는 동기 중 50%가 습관이며, 욕설의 의미를 아는 청소년이 27%에 불과하다는 결과가 나와 청소년들의 바람직한 언어 사용을 위한 대책 마련이 시급하다.

(나) 정현: 현우야! 오늘 신문 기사 봤어? 청소년들의 욕설 사용이 심각하다는 내용의 기사였어.

현우: 응, 나도 봤어. 그렇게 심각한 줄 몰랐는데, 정말 대책이 필요한 것 같아.

정현: 나도 그렇게 생각해. 그래서 이번 기회에 청소년들의 언어 사용 실태에 대해 좀 더 심도 있게 조사하고, 대책을 마련하는 글을 쓰고 싶은데 생각보다 자료를 수집하는 데 한계가 있어. 좋은 방법이 없을까?

현우: 그러면 ❷국립국어원에서 근무하는 직원분께 전자 우편을 보내서 면담을 의뢰하는 건 어때? 그 분야의 전문가이기도 하시고, 좀 더 실질적이고 생생한 이야기를 들을 수 있을 거야.

정현: 그럼 정말 좋겠다. ❸청소년 언어 사용 실태를 주제로 정보를 얻기 위한 면담을 계획해야겠어. 직원분과 면담 약속도 정하고, 질문지도 만들어야지.

❷ 상대방을 배려하는 말하기

(1) **뜻:** 상대방에 대한 존중과 배려를 바탕으로 생각과 감정을 이해하고 헤아리는 말하기

(2) **필요성**

개인적	서로 긍정적인 관계를 형성하며 우호적인 대화 분위기를 만들 수 있음.
사회적	존중하고 배려하는 분위기가 형성되어 밝고 따뜻한 사회가 될 수 있음.

(3) **방법**

- 상대방의 처지와 상황을 고려하여 말하기: 상대방의 관심 분야, 성격, 가치관, 직업, 사회적 지위, 경험, 배경지식, 친밀도 등을 고려한 말하기
- 상대방을 존중하는 언어 표현 사용하기

❸ 언어폭력

(1) **뜻:** 말로써 온갖 음담패설을 늘어놓거나 욕설, 협박 따위를 하는 것

(2) **유형**

상대방을 비하하는 말	비속어, 욕설 등 상대방을 비하하고 낮잡아 이르는 말
상대방을 차별하는 말	다른 구성원과 비교하여 성(性), 신체, 지역, 민족, 인종 등에 따라 상대방을 낮추어 대우하는 말

(3) **영향**

- 원활한 의사소통을 방해하고 인간관계를 해침.
- 부정적 표현을 사용하는 사람의 정서에도 악영향을 미침.
- 개인의 자존심을 무너뜨리거나 삶을 파괴하는 등 사회적 문제를 낳음.

더 알아 두기

✚ **상대방을 배려하는 말하기 태도**

- 상대방의 말에 동의하기
- 상대방에 대해 칭찬하기
- 상대방에게 겸손하게 말하기
- 상대방에게 부담 주지 않기

✚ **상대방을 비하하는 말**

욕설	상대방을 저주, 비하, 모욕, 협박, 조롱하는 등의 부정적 언어 표현으로, 주로 비속어를 포함함.
비속어	사회적으로 격이 낮으며 통속한 말로, 상대방을 낮추거나 속되게 표현하는 말

❶ **청소년의 욕설 사용의 문제점:** 청소년은 욕설 사용이 습관화되어 있으며, 그 심각성을 깨닫지 못하고 있는 경우가 많다. 청소년의 욕설 사용은 상대방에게 큰 상처를 주는 언어폭력에 해당하는 현상이기 때문에 순화된 언어를 사용하기 위한 대책 마련이 시급하다.

❷ **면담:** 면담은 일정한 목적을 위해 적절한 상대방을 만나 상의하거나 질문과 대답을 하는 말하기이다. 전문가와 직접 만나 생생한 이야기를 들을 수 있으며, 즉각적인 질문이 가능하다는 점에서 책이나 인터넷을 통한 정보 수집보다 좋은 면이 있다.

❸ **면담 준비하기:** 면담을 준비하기 위해서는 우선 면담 대상자, 면담의 목적, 주제 등을 정한다. 그 후 면담 대상자에게 면담 약속을 정하고 면담에 활용할 질문지를 미리 작성한다.

1 국어 교사와의 면담

지문 연구

- **해제:** 이 글은 국어 교사에 대한 기사를 쓰기 위해 정보를 수집하는 과정에서 실시한 면담이다. 이를 통해 국어 교사가 된 계기, 국어 교사에게 필요한 능력, 국어 교사를 하면서 보람을 느낀 순간 등에 관한 구체적인 정보를 얻을 수 있다.
- **주제:** '국어 교사'에 대한 정보를 얻기 위한 면담

서현: 안녕하세요? *저는 전자 우편으로 먼저 인사드렸던 박서현입니다.[전자 우편으로 면담 약속을 정했음을 알 수 있음.] 바쁘실 텐데 면담에 응해 주셔서 감사합니다.[면담이 이루어진 것에 대한 감사 인사] 전자 우편으로 말씀드렸듯이 국어 교사에 대한 기사를 쓰기 위해 면담을 신청했습니다. *국어 교사에 대한 정보를 얻기 위해[면담의 목적] 책이나 인터넷 같은 다른 매체[책이나 인터넷]를 통해 찾아보긴 했지만 그 과정에서 또 다른 의문도 생기고, 찾은 내용도 만족스럽지 못해서요.[즉각적인 문답을 할 수 없는 다른 매체의 한계] 중간에 기사에 들어갈 사진을 찍고, 면담 내용을 녹음하려 하는데 괜찮으신지요?

국어 교사: 그럼요. 면담 질문지도 미리 받아 보았으니,[면담 준비 과정에서 질문지를 미리 작성했음을 알 수 있음.] 편하게 면담을 진행하세요.

▶ 면담의 개요 안내

서현: 감사합니다. 그럼 질문 드리겠습니다. 국어 교사가 되신 계기가 무엇인가요?[정보 수집을 위한 질문]

국어 교사: 제가 중학생 때, 저의 국어 선생님께서 발표 수업을 시키셨는데 친구들의 반응이 무척 좋았고, 국어 선생님께서도 저에게 소질이 있다고 칭찬해 주셨어요. 내가 잘 할 수 있는 일을 직업으로 가지면 좋겠다는 생각이 들면서 국어 교사라는 직업에 관심이 생겼죠.

서현: ㉠어떤 수업이었나요?[면담 대상자의 답변에 대한 추가 질문 – 즉각적인 문답이 가능함]

국어 교사: 황순원의 「소나기」란 작품이었어요. 목소리 연기로 수업을 했거든요.

▶ 국어 교사가 된 [ ]

서현: 참 재미있었을 것 같아요.[면담자의 답변에 대한 적절한 반응] 그럼 국어 교사가 되는 방법에 무엇이 있나요?[정보 수집을 위한 질문]

국어 교사: 우선 국어교육과에 진학하는[국어 교사가 되기 위한 방법 ①] 게 가장 일반적인 방법이에요. 하지만 국어교육과에 진학하지 않더라도 국문과에 입학하여 *교직을 *이수하는[국어 교사가 되기 위한 방법 ②] 방법도 있어요. 또 교육대학원에 진학해도[국어 교사가 되기 위한 방법 ③] 임용 시험을 볼 수 있는 자격이 주어져요.

서현: ㉡임용 시험을 볼 수 있는 자격이요?[면담자의 답변에 대한 추가 질문]

국어 교사: 네. 임용 시험을 보기 위해서 정교사 2급 자격증이 필요해요. 이 자격증이 있으면 기본적으로 교사를 할 수 있구요, 저처럼 공립 학교에 근무하기 위해서 임용 시험을 보는 거예요.

▶ 국어 교사가 되기 위한 [ ]

서현: 아, 그렇다면 (㉮)

국어 교사: 요즘은 임용 시험의 경쟁률이 무척 높아서 우선 전공과목에 대한 전문적 지식이 필요해요. 또한 실제 수업을 할 수 있는 능력과 자신만의 교육 철학을 가지는 것도 중요하죠. 하지만 무엇보다 학생들과 소통하는 노력이 가장 필요한 것 같아요.

▶ 국어 교사에게 필요한 능력

서현: 학생들과 소통하는 능력이 무엇보다 중요하군요.[면담자의 대답 요약 및 재확인] 국어 교사를 하시면서 보람을 느끼실 때는 언제인가요?[정보 수집을 위한 질문]

국어 교사: 교실이 붕괴되고 *교권이 추락했다고 하지만 아직까지 교사를 믿고 따르는 학생들이 많아요. 열심히 준비한 수업에 대해 긍정적으로 반응하고 적극적으로 참여하는 학생들을 보면 정말 보람을 느껴요.

서현: 저도 긍정적인 반응과 적극적 참여를 기억해서 수업 시간에 실천해야겠네요. 면담에 응해 주시고, 친절하게 답변해 주셔서 감사합니다.[면담자의 답변에 대한 적절한 반응]

국어 교사: 저도 즐거운 면담이었습니다. 더 궁금한 점이 있으면 언제든지 연락하세요.

서현: 감사합니다.

▶ 국어 교사로서 [ ]을/를 느낀 때와 면담의 마무리

답 계기, 방법, 보람

내용 연구

면담에서의 질문과 답

Q	국어 교사가 된 계기
A	발표 수업에서 친구들의 좋은 반응과 선생님의 칭찬으로 관심을 가짐.
Q	국어 교사가 되기 위한 방법
A	• 국어교육과 진학 • 교직 이수 · 교육대학원 진학
Q	국어 교사에게 필요한 능력
A	• 교과에 대한 전문 지식 및 수업 능력 • 자신만의 교육 철학 • 학생들과의 소통 능력
Q	국어 교사로서 보람을 느낄 때
A	수업에 긍정적으로 반응하고 적극적으로 참여하는 학생을 볼 때

구절 풀이

- **저는 전자 우편으로 먼저 인사드렸던 박서현입니다.:** 면담을 하기 전, 준비 과정으로 면담을 의뢰하고 면담 약속을 정했음을 알 수 있다.
- **국어 교사에 ~ 만족스럽지 못해서요.:** 책이나 인터넷같이 면담도 정보를 얻기 위한 방법이다. 하지만 면담은 그 과정에서 즉각적인 문답이 가능하다는 점에서 앞의 두 매체와 차이가 있다.

낱말 풀이

* **교직:** 학생을 가르치는 직업이나 직무.
* **이수:** 해당 학과를 순서대로 공부하여 마침.
* **교권:** 교사로서 지니는 권위나 권력.

정답과 해설 • 45쪽

01 면담하기에 대한 설명으로 적절하지 않은 것은?

① 면담의 목적에 따라 질문의 내용이 결정된다.
② 정보 수집, 상담, 평가, 설득 등 목적이 다양하다.
③ 면담 도중에 궁금한 점을 추가 질문할 수 없다는 한계가 있다.
④ 면담에서 사용할 면담 질문지는 면담의 준비 과정에서 미리 작성된다.
⑤ 일정한 목적을 위해 적절한 상대방을 만나 질문과 대답을 하는 말하기이다.

02 〈보기〉의 면담 계획서를 바탕으로 이 면담이 진행되었을 때, 그 내용으로 적절하지 않은 것은?

보기

- 면담 목적: 국어 교사로서의 자격 평가 ········ ①
- 면담 대상: 국어 교사 ········ ②
- 면담 질문지
  - 국어 교사가 된 계기가 무엇인가요? ········ ③
  - 국어 교사로서 느끼는 보람은 무엇인가요? ········ ④
  - 국어 교사가 되기 위한 방법은 무엇인가요? ········ ⑤

중요

03 면담 과정에서 나타난 서현이의 말하기 방식에 대한 설명으로 적절하지 않은 것은?

① 상대방에게 예의를 갖추어 질문하고 있다.
② 상대방의 대답을 요약하여 재확인하고 있다.
③ 자신의 배경지식을 활용하여 상대방을 설득하고 있다.
④ 면담 대상의 대답을 경청하고 적절하게 반응하고 있다.
⑤ 상대방에게 면담과 관련한 구체적 정보를 제공하고 있다.

04 ㉮에 들어갈 질문으로 적절한 것은?

① 국어 교사에 대한 대우는 어떤가요?
② 국어 교사를 하면서 힘든 점은 없나요?
③ 국어 교사가 주로 하는 일은 무엇인가요?
④ 국어 교사의 활동 영역은 어떻게 되나요?
⑤ 국어 교사에게 필요한 능력은 무엇인가요?

서술형

05 ㉠과 ㉡을 통해 알 수 있는 면담의 장점을 〈조건〉에 맞게 서술하시오.

조건

- 책이나 인터넷을 활용한 방법과 비교하여 쓸 것.

100점 특강

면담의 진행 과정

면담의 진행 과정	국어 교사와의 면담
면담자 소개 및 인사	저는 ~ 박서현입니다. 바쁘실 텐데 ~ 감사합니다.
면담의 개요 설명	국어 교사에 대한 정보를 얻기 위해
면담 대상자와의 문답	• 국어 교사가 되신 계기가 무엇인가요? • 국어 교사가 되는 방법에 무엇이 있나요? • 국어 교사에게 필요한 능력은 무엇인가요? • 국어 교사를 하시면서 보람을 느끼실 때는 언제인가요?
마무리 및 감사 인사	면담에 응해 ~ 주셔서 감사합니다.

2 배려하는 말하기

지문 연구

• **해제:** (가), (나), (다)는 바람직한 의사소통 문화를 만들기 위해서 배려하는 말하기가 필요함을 나타내는 언어 자료들이다. (가)에서는 배려하는 말하기가 인간관계에 미치는 영향을, (나)에서는 언어폭력이 될 수 있는 욕설 사용의 문제점을, (다)에서는 이덕무의 『사소절(士小節)』에서 배울 수 있는 말하기 태도를 다루고 있다.

• **주제:** 배려하는 말하기

(가) 대학생인 현우는 오늘도 학교를 마치자마자 곧장 아르바이트를 하는 곳으로 갔다. 며칠 전 함께 길을 걷는 중에 여자 친구가 매장에 진열된 옷을 보고 예쁘다고 말하기에,

"생일 기념으로 내가 꼭 사 줄게!"

라고 약속했기 때문이다.

여자 친구를 위해 열심히 돈을 모은 현우는 당당하게 매장으로 가서 옷을 구입하려고 했지만 「옷의 가격은 예상했던 것보다 훨씬 더 비쌌다. 옷을 살 수 없어 실망을 한 현우는 자신이 모은 돈의 액수 안에서 최대한 비슷한 옷을 사서 여자 친구에게 갔다.」

「 」: 현우의 의사소통 상황

현우: (머뭇거리며) 이거 생일 선물이야.

(여자 친구에 대한 미안함과 걱정)

여자 친구: (포장지를 뜯으며) 어! 이거 저번에 우리 같이 본 옷이구나! 기대하고 있었는데, 정말 고마워!

현우: (당황하며) 아니, 그건 아니고……. ●예상했던 것보다 가격이 너무 비싸서 대신 비슷한 것으로 샀어. 마음에 들지는 모르겠지만 그래도 최대한 비슷한 것으로…….

여자 친구: [   ]

[A]

현우는 자신의 선물을 긍정적인 마음으로 받으면서도 자신의 자존심까지 살려 주는 여자 친구에게 고마움을 느꼈다. 현우는 자신의 걱정이 *기우였음을 깨닫고 앞으로 여자 친구에게 더욱 잘해 줘야겠다고 다짐했다.

(여자 친구와 현우의 관계가 좋아짐.)

▶ [   ]하는 말하기를 통한 의사소통 [   ]

[B]

현우는 여자 친구의 생일을 축하해 주는 내내 가시방석에 앉은 듯 불편했다. 나름대로 최선을 다한 자신을 몰라주는 여자 친구가 원망스럽기도 하고, 앞으로 여자 친구와 잘 지낼 수 있을까 하는 생각에 기분이 좋지 않은 하루였다.

(여자 친구와 현우의 관계가 나빠짐.)

▶ [   ]하지 않는 말하기를 통한 의사소통 [   ]

| 내용 연구

여자 친구의 대답에 따른 반응

여자 친구의 대답에 따라 현우의 반응이 [A]와 [B]로 나누어진다. 이때, [A]는 여자 친구와의 관계가 더욱 좋아졌으므로 의사소통에 성공했다고 볼 수 있으며, [B]는 현우의 마음이 계속 불편하고 여자 친구와의 관계도 고민하고 있기 때문에 성공적인 의사소통이라고 보기 어렵다.

| 구절 풀이

● **예상했던 것보다 ~ 비슷한 것으로…….:** 현우가 여자 친구와의 약속을 지키지 못해 미안해하는 상황을 설명하고 있다.

| 낱말 풀이

* **기우:** 앞일에 대해 쓸데없이 걱정을 함. 또는 그 걱정.

답 배려, 성공, 배려, 실패

01 (가)의 의사소통 상황을 분석한 내용으로 적절한 것은?

① 여자 친구는 현우의 말을 중간에 가로채고 있다.
② 현우는 성별에 따른 차별적 표현을 사용하고 있다.
③ 현우는 여자 친구가 자신의 상황을 이해해 주길 바라고 있다.
④ 여자 친구가 소극적으로 의사소통에 참여하여 현우가 당황하고 있다.
⑤ 현우와 여자 친구의 의사소통을 통해 서로의 관심사가 매우 다름을 알 수 있다.

02 현우가 [A]의 반응을 보인다고 할 때, [　　] 안에 들어갈 여자 친구의 대답으로 적절한 것은?

① 내가 너에게 그 정도밖에 안 되는 거야? 실망인데.
② 싼 게 비지떡이지만 그래도 선물이니 고맙게 받을게.
③ 너무 쉽게 약속한다 했어. 너를 믿고 기대한 내 탓이지.
④ 물건이 비싼 건 다 이유가 있어. 다음 생일도 있으니까 괜찮아.
⑤ 이 옷이 나에게 더 잘 어울리는 것 같아. 역시 패션의 완성은 얼굴이야! 고마워!

03 [A]로 대화가 끝나는 상황을 나타내는 속담으로 적절한 것은?

① 범도 제 말 하면 온다.
② 발 없는 말이 천 리 간다.
③ 말 한 마디에 천 냥 빚을 갚는다.
④ 입은 비뚤어져도 말은 바로 해라.
⑤ 남의 잔치에 감 놔라 배 놔라 한다.

중요

04 현우가 [B]의 반응을 보였을 때, 여자 친구에게 조언할 내용으로 가장 적절한 것은?

① 평소에 남자 친구와 관심사를 공유하려고 노력해 봐.
② 남자 친구에게 느낀 바를 좀 더 솔직하게 이야기해 봐.
③ 남자 친구의 상황을 이해하고 배려하는 말하기를 해 봐.
④ 남자 친구 앞에서 자신의 자랑은 좀 줄이고 겸손한 모습을 보여 봐.
⑤ 형식적이고 의례적인 말을 하려면 차라리 아무 말도 하지 않는 게 나아.

서술형

05 [A]와 [B]로 반응이 나누어진 원인과 결과를 〈조건〉에 맞게 분석하여 쓰시오.

> 조건
> • 결과는 의사소통의 성공 여부를 쓸 것.
> • '[A]는 ~ 하여 의사소통에 ~하였고, [B]는 ~ 하여 의사소통에 ~하였다.'의 형식으로 쓸 것.

100점 특강

'현우'와 '여자 친구'의 의사소통

현우의 상황
• 돈이 부족해 약속한 옷을 사 주지 못함.
• 여자 친구와의 약속을 지키지 못하는 것에 대해 미안함을 느낌.
• 여자 친구가 실망할까 봐 걱정함.

[A] 배려하는 말하기	[B] 배려하지 않는 말하기
이 옷이 나에게 더 잘 어울리는 것 같아. 역시 패션의 완성은 얼굴이야! 고마워!	너무 쉽게 약속한다 했어. 너를 믿고 기대한 내 탓이지.
↓	↓
의사소통 성공, 관계가 더욱 좋아짐.	의사소통 실패, 관계가 어색해짐.

2 배려하는 말하기

| 내용 연구

(나) 만화에 나타난 언어 사용의 문제점

욕설이나 은어를 쓸 경우	욕설이나 은어를 쓰지 않을 경우
학생들이 끊임없이 말을 함.	학생들이 모두 말을 하지 못함.

⬇

평상시 욕설이나 은어를 쓰는 경우가 매우 많음을 알 수 있음.

(다) 이덕무의 『사소절(士小節)』에서 배울 수 있는 말하기 태도

대화 상대의 상황
• 여름에 솜옷을 입음. • 겨울에 홑옷을 입음. • 굶주림.

에서

자신의 생각이나 불평
• 덥다. • 춥다. • 음식의 간이 맞지 않다.

라고 말하지 말 것

⬇

상대방의 상황과 처지를 고려하여 대화할 것

구절 풀이

- **대화는 독백이 아니다.**: 대화는 독백처럼 혼자 말하기가 아닌 상대방이 있는 말하기이므로 상대방에 대한 배려의 태도가 필요하다.

| 낱말 풀이

* **치부하고**: 마음속으로 그러하다고 보거나 여기고.

(나)

㉠지×하고 있네.
개×립
치지 마라.

㉡쩔×! 쩔×!
안×이야!

욕설이나
은어 사용 금지

…….

…….

㉢

▶ 청소년들이 지나친 [   ](이)나 은어 사용

(다) 이덕무는 『사소절(士小節)』의 '언어(言語)' 편에서 말하기에 대해 다음과 같이 언급하고 있다.

> 여름에 솜옷을 입은 사람과 한자리에 앉아 있으면 아무리 덥더라도 덥다고 하지 말고, 겨울에 홑옷을 입은 사람을 보면 아무리 춥더라도 춥다고 말하지 말며, 굶주린 사람을 보고 밥을 먹을 때에는 음식의 간이 맞지 않은 것을 탄식하지 말라.

아무리 자신이 하고 싶은 말과 생각이 있더라도 솜옷을 입은 사람, 홑옷을 입은 사람, 굶주린 사람이 있는, 즉 대화의 상대방이나 상황을 고려하여 할 말과 하지 않아야 할 말을 구분해서 말을 하라는 의미이다.
(대화의 상대방이나 상황: 솜옷을 입은 사람, 홑옷을 입은 사람, 굶주린 사람 / 할 말: 상대방을 배려하는 말 / 하지 않아야 할 말: 상대방을 배려하지 않는 말)

㉣ *대화(對話)는 독백(獨白)이 아니다. 상대방을 대(對)하며 이야기(話)하는 것이다. 그러니 대화를 할 때에는 상대방의 처지와 상황, 생각과 감정을 고려하며 말해야 한다. 또한 상대방에 대한 존중과 배려의 태도를 갖추어 그에 맞는 언어 표현을 사용해야 한다. 우리가 친근감의 표시라고 *치부하고, 별 것 아니라 생각하며 내뱉는 말들이 상대방에게 아픔과 상처가 될 수 있음을 인지하고, 그렇게 쓴 부정적 언어의 화살이 나에게 되돌아올 수 있음을 깨달아야 한다.
(상대방을 배려하는 말하기 방법 ① / 상대방을 배려하는 말하기 방법 ② / 부정적 언어: 상대방을 배려하지 않은 말)

▶ [   ]하는 말하기의 중요성

답 욕설, 배려

06 (나)에 나타난 상황에 대한 설명으로 적절한 것은?

① 나이가 어릴수록 은어와 욕설은 부정적 영향력이 크다.
② 부정적 언어 표현으로 친구들과의 사이가 어색해지고 있다.
③ 여학생보다 남학생이 은어와 욕설을 쓰는 빈도가 더욱 많다.
④ 말하는 것보다 말하지 않는 것이 더 많은 의미를 전달하고 있다.
⑤ 은어와 욕설을 쓰지 않으니 친구들 사이에 의사소통이 원활하지 않다.

중요

07 (다)에서 설명하는 말하기가 실천되는 모습으로 적절하지 않은 것은?

① 상대방의 사회적 지위를 고려하여 높임말을 사용한다.
② 상대방의 상황을 고려하여 말의 내용과 표현을 고른다.
③ 상대방의 배경지식을 파악하여 내용의 수준을 조절한다.
④ 상대방의 관심 분야에 해당하는 내용으로 말하기를 준비한다.
⑤ 공식적인 상황이라도 상대방과 친밀감이 있다면 격의 없는 표현으로 상대방을 편하게 해 준다.

08 ㉠과 ㉡에 해당하는 말에 대한 설명으로 적절하지 않은 것은?

① 언어폭력에 해당하는 말이다.
② 상대방을 비하하고 낮잡아 이르는 말이다.
③ 이미 청소년들에게 습관화되어 있어 순화가 필요하다.
④ 자주 사용할 경우 긍정적인 인간관계 형성이 어려울 수 있다.
⑤ 사용하는 사람의 정서에는 상관없지만 듣는 사람의 정서에는 악영향을 줄 수 있다.

09 〈조건〉에 맞는 말을 ㉢에 적으려고 할 때, 가장 적절한 것은?

조건
- 만화의 의도가 드러나도록 쓸 것.
- 같은 단어를 반복 사용하여 의미를 강조할 것.

① 백마디 말보다 백마디 침묵이 필요합니다.
② 우리가 쓴 욕설과 은어가 언어 쓰레기입니다.
③ 아름다운 우리말을 쓰는 당신이 아름답습니다.
④ 청소년들의 올바른 언어 습관, 우리의 미래입니다.
⑤ 정체불명의 외계어를 말하는 당신이 바로 외계인입니다.

서술형

10 ㉣의 구체적인 의미와 이를 통해 글쓴이가 강조하는 말하기 태도를 〈조건〉에 맞게 서술하시오.

조건
- '대화는 ____이므로 ____해야 한다.' 형식으로 쓸 것.
[구체적인 의미] [강조하는 말하기 태도]

100점 특강

만화에 나타난 언어 사용의 문제점

욕설과 은어를 사용할 수 있는 경우	➡	욕설과 은어를 사용할 수 없는 경우
지×하고 있네. 개×립 치지 마라. 쩔×! 쩔×! 안×이야!		…….

➡ 청소년의 일상생활: 욕설과 은어를 지나치게 많이 사용하고 있음.

이덕무의 『사소절』에서 강조하는 말하기 태도

덥거나 춥거나 혹은 음식의 간이 맞지 않을 때에도 자신의 불평을 먼저 말하기보다는 여름에 솜옷을 입은 사람, 겨울에 홑옷을 입은 사람, 굶주린 사람 등 대화 상대방의 처지와 상황을 고려하여 배려하는 말하기

02 토의하기와 판단하며 듣기

학습 목표
- 토의에서 협력적 태도로 의견을 주장하고 수용할 수 있다.
- 내용의 타당성을 판단하며 들을 수 있다.

더 알아 두기

✚ 토의와 토론의 차이

	토의	토론
목적	정보, 의견 교환	주장, 설득
내용	문제 해결을 위한 다양한 의견	찬성과 반대의 상반된 두 가지 주장
참여자의 태도	상호 협력적	상호 경쟁적
논제의 예	교실 청소를 어떻게 할 것인가?	교실 청소는 교육적인가?

✚ 패널 토의의 절차

토의 주제 소개, 패널 소개
⬇
패널들의 주장과 의견 교환
⬇
패널과 청중과의 질의응답
⬇
토의 내용 정리 및 마무리

1 토의의 뜻

문제를 해결하기 위해 여러 사람들이 의견이나 생각을 주고받는 협력적인 말하기이다.

목적		태도
문제 해결	+	협력적 태도

2 토의의 일반적인 절차

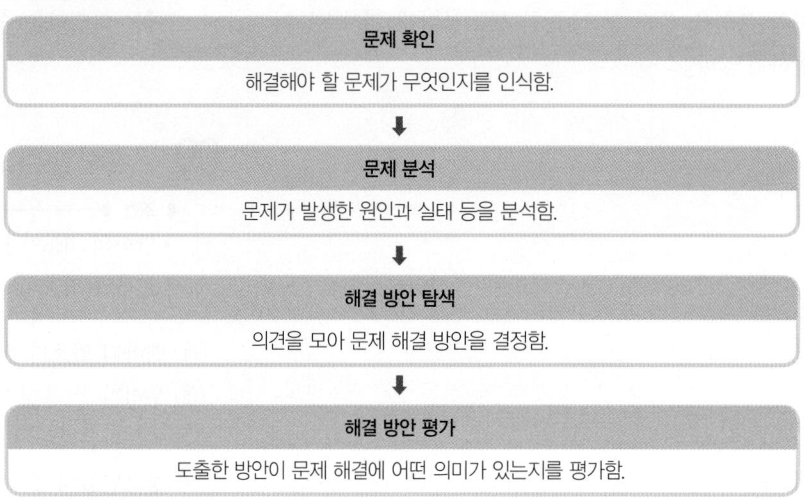

문제 확인
해결해야 할 문제가 무엇인지를 인식함.
⬇
문제 분석
문제가 발생한 원인과 실태 등을 분석함.
⬇
해결 방안 탐색
의견을 모아 문제 해결 방안을 결정함.
⬇
해결 방안 평가
도출한 방안이 문제 해결에 어떤 의미가 있는지를 평가함.

3 토의 참여자의 올바른 태도

- 자신의 의견과 주장을 명확하게 펼친다.
- 다른 사람의 의견을 존중하며 서로 협력하는 태도를 가진다.
- 토의를 통해 마련한 해결책을 수용하는 자세를 가진다.

예로 개념 확인

❶
❷ 그런데 식민지의 이름은 뭐지? 그러고 보니 아직 섬 이름을 짓지 않았다.
"잠깐만, 섬 이름이라면 나한테 좋은 생각이 있어!" 가장 나이 어린 코스타가 외쳤다.
"네가 섬 이름을 생각했다고?" 도니펀이 놀라서 물었다. / "좋았어, 코스타." 가넷이 소리쳤다.
❸ "들으나 마나 '아기섬'이라는 이름일 거야. 틀림없이!" 서비스가 코스타를 놀렸다.
"코스타를 놀리면 안 돼!" 브리앙이 타일렀다. "어떤 이름을 생각했는지 들어 보자!"
코스타는 당황하여 입을 다물어 버렸다.
"자, 어서 말해 봐, 코스타." 브리앙이 코스타를 재촉했다. "틀림없이 좋은 이름일 거야."
"그럼, 말할게." 코스타가 입을 열었다. "우리는 체어먼 학교 학생이니까, 이 섬을 '체어먼 섬'이라고 부르면 어때?"
확실히 그보다 나은 이름은 찾을 수 없었다. 그래서 모두 박수갈채로 동의했다.

– 쥘 베른, 「15소년 표류기」

4 사회자의 역할

- 토의 주제와 진행 절차를 설명하고 토의 참여자를 소개한다.
- 토의 참여자가 발언 순서에 따라 공평하게 발언할 수 있도록 진행한다.
- 토의를 진행하면서 필요에 따라 토의한 내용을 요약한다.
- 토의 유형에 따라 토의 참여자와 청중 간의 질의응답 시간을 진행한다.
- 토의 내용을 정리하고 마무리한다.

5 내용의 타당성을 판단하며 듣기의 뜻

주장과 근거가 이치에 맞는지 판단하며 듣는 것을 말한다.

6 내용의 타당성을 판단하며 들을 때 고려할 점

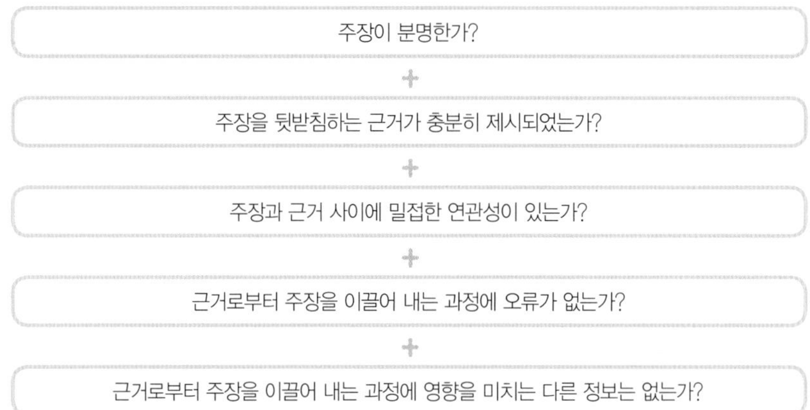

주장이 분명한가?
+
주장을 뒷받침하는 근거가 충분히 제시되었는가?
+
주장과 근거 사이에 밀접한 연관성이 있는가?
+
근거로부터 주장을 이끌어 내는 과정에 오류가 없는가?
+
근거로부터 주장을 이끌어 내는 과정에 영향을 미치는 다른 정보는 없는가?

7 내용의 타당성을 판단하며 듣기의 효과

- 상대방의 주장을 일방적으로 받아들이지 않게 되어 더 합리적으로 결정할 수 있다.
- 상대방의 말을 있는 그대로 받아들일 경우에 빠지게 될 곤란한 상황에서 벗어날 수 있다.

더 알아 두기

✚ 다른 사람의 말을 들을 때 유의할 점

- 말의 목적을 파악하면서 듣는다.
- 사실과 의견을 구분하면서 듣는다.
- 논리 전개상의 모순이나 비약이 없는지를 판단하면서 듣는다.
- 말하는 이가 솔직하게 말하는지를 판단하면서 듣는다.
- 단어와 문장을 정확하게 선택하여 사용하는지를 판단하면서 듣는다.
- 편견의 유무를 판단하면서 듣는다.
- 논거가 타당한지, 충분하게 제시되어 있는지를 판단하면서 듣는다.
- 관점의 차이를 확인하면서 듣는다.
- 말하는 이의 의견에 동의하지 않을 경우 반대 의견을 생각하면서 듣는다.

❶ **토의의 과정:** 이 토의는 섬 이름을 정하자는 누군가의 제안에 따라 시작되었으며 한 사람이 사회를 맡아 구성원들의 의견을 물어보았다. 코스타가 기숙 학교 이름을 따 '체어먼 섬'이라고 하자는 의견이 받아들여지고 구성원들의 동의를 얻어 최종적으로 섬의 이름이 결정되는 과정을 보여 주고 있다.

❷ **토의의 목적:** 이 글은 『15소년 표류기』라는 소설의 일부이다. 섬에 표류한 소년들이 섬의 이름을 정하는 문제로 토의를 하고 있다. 이처럼 토의는 혼자서는 해결하기 어려운 문제, 집단의 이해관계가 얽힌 문제를 여러 사람이 협력하여 풀어 나가는 문제 해결 방법으로 유용하다.

❸ **부적절한 토의 태도:** 서비스는 꼬마 코스타가 섬의 이름을 제안하려고 하자 코스타를 무시하며 말을 막는다. 이에 브리앙이 나서서 서비스를 제지하고 코스타의 의견을 발표하게 한다. 다른 사람의 발언 중간에 끼어들어 토의를 방해한 것, 코스타를 무시하고 빈정거려 상대방의 감정을 상하게 한 것은 부적절한 토의 태도이다.

1 교실 청소, 어떻게 할까?

지문 연구

• **해제:** 사회자가 진행을 맡고 세 명의 토의자가 청중 앞에서 교실의 청소 방법에 대해 의견을 나누는 토의이다. 학급에서 일상적으로 벌어질 수 있는 토의 상황을 통해 토의의 절차와 사회자 및 참가자의 역할, 유의점을 파악할 수 있다.

• **주제:** 교실 청소를 합리적이고 효과적으로 하는 방법의 모색 과정

| 내용 연구

토의에 대한 분석

주제	'교실 청소를 어떻게 할까?'
구성원	사회자, 토의자 세 명, 청중
절차	토의 주제 제시 ➡ 토의자의 의견 제시와 상호 의견 교환 ⇨ 청중의 질의응답

| 구절 풀이

• **오늘 토의는 ~ 순서로 진행하겠습니다.:** 사회자가 앞으로 진행될 토의의 절차를 소개하고 있다. 이와 같이 토의 절차를 소개하는 것은 청중이 토의에 더욱 집중할 수 있도록 할 수 있다.

• **저는 방과 후에 ~ 좋겠다고 생각합니다.:** 토의자는 자신의 의견이 방과 후에 청소를 하는 기존의 방식에서 벗어나는 새로운 방식이라는 점을 강조함으로써 청중의 관심을 유도하고 있다.

| 낱말 풀이

* **반박하고:** 어떤 의견, 주장, 논설 따위에 반대하여 말하고.

(가) 사회자: 안녕하세요? 오늘은 '교실 청소를 어떻게 할까?'라는 주제로 토의하겠습니다. [토의 주제 제시] 교실 청소를 어떻게 할까라는 문제는 우리 학급의 모든 학생들이 관심을 가지고 있고 여러 학생들이 청소 당번을 정하는 문제나 청소하는 방식에 대해 다양한 의견을 가지고 있는 문제입니다. 그래서 오늘은 장민수, 강성주, 이소연 학생을 토의자로 모시고 [토의자 소개] 토의를 진행하도록 하겠습니다. °오늘 토의는 세 분의 토의자가 의견을 발표하고, 토의자 간의 의견 교환이 있은 후에 청중의 질문을 받는 순서로 진행하겠습니다. 그럼, 장민수, 강성주, 이소연 학생 순서로 의견을 발표해 [의견 발표 순서 안내] 주시기 바랍니다.

▶ 사회자의 토의 주제, 토의자, 토의 [ ] 소개

(나) 장민수: 저는 교실 청소를 청소 당번을 정해서 하지 말고 수업이 끝난 후에 모두 함께 청소를 하는 것이 더 효율적이라고 생각합니다. [장민수 토의자의 주장] 지금과 같이 청소 당번을 정해서 하다 보면 어떤 학생들은 청소를 열심히 하지만 어떤 학생들은 청소를 하지 않고 시간만 보내는 경우가 [현재 청소 방식의 문제점 ①] 있습니다. 그리고 방과 후에 늦게까지 청소를 하게 되면서 방과 후 시간을 낭비하게 [현재 청소 방식의 문제점 ②] 됩니다. 모두 함께 자기가 맡은 구역을 청소한다면 청소도 빨리 끝나고 청소를 하지 않는 학생들도 없어질 것입니다. [주장의 근거(의견의 긍정적 영향)]

▶ 장민수 토의자의 주장 – 청소 당번을 정하지 말고 방과 후에 모두 [ ] 청소하기

(다) 강성주: 저는 청소 당번의 수를 늘리는 방식을 제안합니다. [강성주 토의자의 주장] 지금은 청소 당번이 4명씩입니다. 4명이 청소를 하다 보니 청소하는 시간이 오래 걸리고 청소도 깨끗하게 이루어지지 않습니다. [현재 청소 방식의 문제점 ③] 청소 당번을 6명으로 늘린다면 청소를 더욱 효율적으로 할 수 있습니다. [주장의 근거] 청소 당번을 늘리면 청소를 맡는 횟수는 늘어나겠지만 청소를 하는 부담은 훨씬 줄어들고 방과 후 시간을 활용하기에 더 좋습니다. [주장의 긍정적, 부정적 영향]

▶ 강성주 토의자의 주장 – [ ]의 수 늘리기

(라) 이소연: °저는 방과 후에 청소하는 시간을 갖는 지금의 방식을 획기적으로 바꾸어 보는 것이 좋겠다고 생각합니다. 지금은 청소 당번이 남아 교실 청소를 하고 있습니다. 각자 자기 자리를 깨끗하게 관리한다면 굳이 방과 후에 남아서 청소를 할 필요가 있을까요? 쉬는 시간이나 점심시간 등을 이용해서 자기 자리를 자기가 스스로 청소하면 됩니다. [이소연 토의자의 주장] 자기 자리를 자기가 청소하는 게 당연한 것 아닌가요?

▶ 이소연 토의자의 주장 – 자기 자리를 [ ] 청소하기

(마) 사회자: 네, 지금까지 세 분 토의자의 의견을 잘 들었습니다. 세 분의 의견을 정리하면, 모두 함께 방과 후에 청소하자는 의견, 청소 당번을 기존 4명에서 6명으로 늘리자는 의견, 방과 후 청소 시간을 없애고 쉬는 시간과 점심시간에 각자 자기 자리를 스스로 청소하자는 의견입니다. [토의 내용의 정리] 모두 좋은 의견이라는 생각이 듭니다. 이제 토의자들께서는 서로의 의견에 대해 궁금한 점이 있거나 *반박하고 싶은 부분이 있으면 말씀해 주시기 바랍니다. [토의자들 간의 의견 교환 및 조정 순서로 진행]

▶ 사회자의 내용 [ ]와/과 토의자들 간의 의견 [ ] 순서로 진행

답 절차, 함께, 청소 당번, 스스로, 정리, 교환

01 이와 같은 대화의 궁극적 목적으로 적절한 것은?

① 대화 상대를 설득하기 위해서
② 상대방과 공감을 나누기 위해서
③ 다양한 정보를 교환하기 위해서
④ 공동체의 문제를 해결하기 위해서
⑤ 상대방에게 정서와 감정을 전달하기 위해서

02 (가)를 통해 알 수 있는 내용이 아닌 것은?

① 토의 주제
② 토의 절차
③ 토의의 결과
④ 토의 참여자
⑤ 주장 발표 순서

중요

03 (나)에서 토의자의 구체적 주장으로 적절한 것은?

① 청소 당번의 수를 늘리자.
② 자신의 자리를 스스로 깨끗하게 하자.
③ 청소가 필요 없는 깨끗한 교실을 만들자.
④ 방과 후에 모든 학생이 청소에 참여하자.
⑤ 깨끗한 교실을 만들기 위해 다 함께 노력하자.

04 (다)의 발언에 대한 설명으로 적절하지 않은 것은?

① 현재의 문제점을 지적하였다.
② 다른 토의자의 의견을 반박하였다.
③ 문제를 해결할 구체적인 대안을 제시하였다.
④ 주장을 뒷받침하는 타당한 근거를 제시하였다.
⑤ 해결 방안으로 인한 긍정적 효과를 제시하였다.

05 (라)에서 토의자가 가진 문제점으로 적절한 것은?

① 자신의 주장을 분명하게 제시하지 못했다.
② 객관적이지 못한 개인적 경험을 내세웠다.
③ 다른 토의자의 의견을 근거 없이 비난하였다.
④ 토의 주제와 관련이 없는 의견을 제시하였다.
⑤ 주장을 뒷받침하는 타당한 근거를 제시하지 않았다.

중요 | 서술형

06 (마)에 드러나는 사회자의 역할이 무엇인지 〈조건〉에 맞게 서술하시오.

조건
• 사회자의 역할 두 가지를 각각 한 문장으로 서술할 것.

100점 특강

사회자의 역할

토의를 시작할 때
• 토의 주제 소개 • 토의자 소개
• 토의 절차 안내 • 의견 발표 순서 지정

➡

토의자의 의견 발표가 끝난 후
• 토의자의 의견 정리
• 토의자 간의 의견 교환 순서로 진행

토의자의 의견

장민수	강성주	이소연
방과 후에 모든 학생이 참여하여 청소하자.	청소 당번의 수를 늘리자.	각자 자기 자리는 스스로 청소하자.

1 교실 청소, 어떻게 할까?

내용 연구

토의에 임하는 토의자의 태도

- **장민수:** 이소연 토의자의 의견에 동의함.
- **강성주:** 다른 토의자의 의견 중에서 타당한 내용은 받아들이고 타당하지 않은 내용을 반박함.
- **이소연:** 자신이 생각하지 못한 것을 솔직하게 인정하고 수정된 의견을 제시함.

⬇

협력적 태도

구절 풀이

- **교실 청소에 모든 학생들이 ~ 비슷한 점이 있다고 봅니다.:** 자신과 다른 토의자의 의견 간의 유사점을 찾아내어 동의를 표현하고 있다. 토의에서는 자신의 의견을 끝까지 주장만 하는 것이 아니라 협력적인 태도를 보여 주어야 한다.
- **네, 토의자들께서 ~ 의견을 모았습니다.:** 사회자가 토의자들 간 의견 교환 순서 후에 의견 조정 결과를 정리하고 있다. 이와 같은 과정을 통해 자연스럽게 문제 해결 방안이 도출된다.

낱말 풀이

* **합의한:** 서로 의견이 일치한.

(가) 장민수: ㉠저는 이소연 학생 의견에 동의합니다. °교실 청소에 모든 학생들이 참여한다는 점에서 제 의견과 이소연 학생의 의견은 비슷한 점이 있다고 봅니다. 모든 학생들이 교실 청소에 관심을 두고 쉬는 시간과 점심시간을 이용해서 스스로 자기 자리를 청소한다면 굳이 방과 후에 남아서 청소할 필요가 없을 것입니다. 이소연 학생의 의견을 받아들여서 모두 자기 자리를 스스로 청소하면 좋겠습니다.

▶ 토의자 간의 의견 교환 – 장민수의 ☐

(나) 강성주: ㉡자기 자리를 스스로 청소해야 한다는 것에는 동의합니다. 하지만 청소 당번을 없애자는 의견에는 동의하지 않습니다. ㉢자기 자리를 깨끗하게 유지하는 것은 당연한 일입니다. 하지만 아무리 각자가 자기 자리를 깨끗이 한다고 해도 사람마다 차이가 날 수 있습니다. 그리고 무책임하게 자기 자리를 청소하지 않는 사람은 어떻게 합니까? 또, 누구 자리라고 말하기 애매한 공간들도 있습니다.

▶ 토의자 간의 의견 교환 – 강성주의 동의와 ☐

(다) 이소연: ㉣제가 그 점에 대해서는 미처 생각하지 못했습니다. 각자 자기 자리를 청소하면서 최소한의 청소 당번이 주변과 함께 뒷마무리를 하는 방식으로 하면 어떨까요?

장민수: ㉤듣고 보니 그렇게 하는 것이 좋을 것 같습니다. 각자 자기 자리를 쉬는 시간이나 점심시간을 이용해서 스스로 청소하고 매일 두 명씩 청소 당번을 정해 마무리하도록 하면 좋겠습니다.

▶ 토의자 간의 의견 교환 – 이소연과 ☐의 의견 수정

(라) 사회자: °네, 토의자들께서 청소 방법에 대해 논의한 결과, 모든 학생들이 자기 자리를 스스로 청소하고 청소 당번 2명을 지정하여 주변과 함께 방과 후에 마무리하는 것으로 의견을 모았습니다. 이제 토의 내용과 관련하여 청중 가운데 질문이 있는 분은 말씀해 주시기 바랍니다.

▶ 사회자의 내용 정리와 토의자와 청중의 ☐ 순서로 진행

(마) 김정원: 청소도 중요하지만 교실을 더럽히지 않는 것이 더 중요할 것 같습니다. 교실을 깨끗하게 하기 위한 방법에 대해 생각해 보셨나요?

이소연: 저는 실내화를 신고 밖에 나가는 학생들이 많아서 교실이 지저분해진다고 생각합니다. 실내화는 실내에서 신고, 일반 신발은 밖에서 신는 기본적인 예절을 지키는 것이 필요하다고 생각합니다.

▶ 토의자와 ☐의 질의응답 – 교실을 깨끗이 하는 방법

(바) 사회자: 네, 청중의 질문과 그 답변까지 들었습니다. 오늘 토의 결과, 교실 청소는 각자 자기 자리를 스스로 청소하고 방과 후에 청소 당번 2명이 주변과 함께 마무리하는 것으로 했습니다. 오늘 토의에서 *합의한 내용을 잘 실천해서 항상 깨끗한 교실이 되었으면 좋겠습니다. 의견을 내 주신 토의자 분들과 관심을 가지고 참여해 주신 청중 여러분 모두 감사합니다. 이것으로 오늘 토의를 마치겠습니다.

▶ 사회자의 내용 정리와 실천을 위한 ☐, 토의 마무리

07 이 토의에 대한 설명으로 적절하지 않은 것은?

① 토의자 간의 의견 교환이 이루어지고 있다.
② 토의자들의 조정으로 해결 방안이 마련되었다.
③ 청중과 토의자의 질의응답이 이루어지고 있다.
④ 토의자의 주장에 대한 청중의 반박이 드러난다.
⑤ 사회자는 토의 진행 외에 토의자들의 대화에 개입하지 않는다.

중요
08 (가)의 토의자에 대한 평가로 적절한 것은?

① 다른 토의자의 의견을 반박하고 있다.
② 자신의 의견과 유사한 의견에 동의하고 있다.
③ 토의의 주제에 대해 다시 한번 강조하고 있다.
④ 다른 토의자의 의견과의 차이점을 부각하고 있다.
⑤ 사회자와 의견을 교환하며 자신의 의견을 조정하고 있다.

09 〈보기〉는 이와 같은 토의 방식의 순서를 정리한 것이다. 빈칸에 들어가기에 적절한 단계를 쓰시오.

보기
주제 소개 → 토의자의 의견 발표 → (㉠) → (㉡) → 논의 내용 정리 및 마무리

10 (나)에서 토의자가 청소 당번이 있어야 한다고 말한 이유로 적절한 것은?

① 청소에 좀 더 집중할 수 있기 때문에
② 청소를 좋아하는 사람들이 없기 때문에
③ 교육적으로 가장 좋은 효과가 있기 때문에
④ 지금까지 청소는 청소 당번이 해 왔기 때문에
⑤ 자기 자리를 잘 청소하지 못하는 사람이 있기 때문에

중요
11 (바)에서 사회자가 한 일이 아닌 것은?

① 토의를 마무리하였다.
② 새로운 논제를 제시하였다.
③ 토의 결과를 정리하여 발표하였다.
④ 토의 결과에 대한 실천을 당부하였다.
⑤ 토의자의 참여에 대해 감사의 인사를 했다.

12 ㉠~㉤에서 토의의 바람직한 태도인 협력적 태도와 거리가 먼 것은?

① ㉠ ② ㉡ ③ ㉢ ④ ㉣ ⑤ ㉤

100점 특강

토의자들 간의 의견 교환 과정

토의자는 자신의 의견과 상대방의 의견을 함께 고려하면서 해결 방안을 이끌어 내고 있다. 먼저 장민수 토의자는 자신의 의견을 양보하고 자신과 유사성이 있는 이소연의 의견에 동의했으며, 강성주 토의자는 그런 장민수 토의자의 의견에 일부분은 동의하고 다른 부분에는 이의를 제기하고 있다.

이 토의의 특징

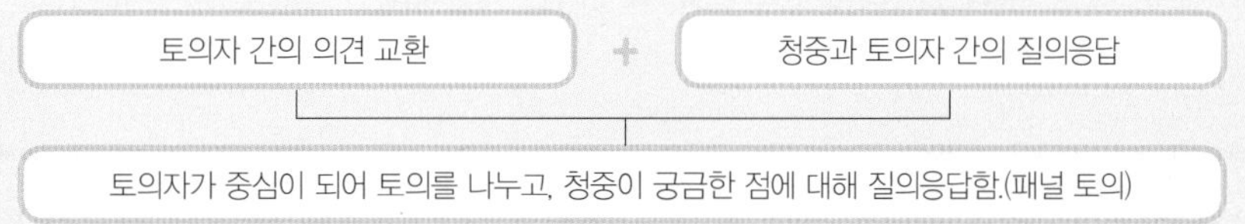

토의자 간의 의견 교환
+
청중과 토의자 간의 질의응답
토의자가 중심이 되어 토의를 나누고, 청중이 궁금한 점에 대해 질의응답함.(패널 토의)

2 판단하며 듣기

지문 연구

- **해제:** (가)는 듣는 사람들이 타당성을 판단하며 듣지 않았을 때 잘못된 선택을 할 수 있는 내용을 담고 있는 다이어트 보조 식품에 대한 광고이고, (나)는 교내 동아리의 신입생 모집 연설이다. 말하는 이의 주장이 무엇인지 파악하고 근거의 타당성을 판단하는 활동을 통해 타당성을 판단하며 듣기의 필요성을 알 수 있다.
- **주제:** 내용의 타당성을 판단하며 듣기의 필요성

(가) 라디오 광고

°살을 빼고 싶으십니까?

좀 더 날씬해지고 싶으세요?

다이어트 보조 식품 ×××를 복용하면 누구나 살을 뺄 수 있습니다. (주장)

다이어트 보조 식품 판매량 1위를 자랑하는 ×××. (근거 ① - 효능을 직접 증명하지는 못함.)

최고의 여배우 ○○○도 효과를 봤다는 ×××

"안녕하세요? ○○○입니다. ×××를 먹고 체중이 10 kg이나 빠졌어요." (근거 ② - 주장을 이끌어 내는 데 다른 정보가 있을 수 있음.)

국세청에서 우수 납세 기업으로 상을 받은 □□□이 만든 믿을 만한 제품, 다이어트 보조 식품 ×××, 당신도 다이어트 성공의 주인공이 되세요. (근거 ③ - 주장과 관련이 없음.)

▶ 내용의 [　　]이/가 떨어지는 다이어트 보조 식품 광고

(나) 안녕하세요? 저는 로봇 동아리 '멋진 신세계'의 회장, 민수호입니다.

우리 동아리 '멋진 신세계'는 로봇과 인간이 조화를 이루며 행복하게 살아가는 세계를 꿈꾸는 동아리입니다.

°우리 동아리에 가입하면 다양한 활동을 통해 여러분들도 로봇 전문가가 될 수 있습니다. (연설자의 주장) 우선 우리 동아리에 가입하면 1주일에 한 번씩 로봇 관련 책이나 자료를 함께 읽는 활동을 합니다. 동아리 지도 교사이신 ○○○ 선생님께서 함께해 주시기 때문에 자료를 이해하는 데 많은 도움을 얻을 수 있습니다. (근거 ① - 타당성이 있는 근거)

㉠또, 동아리 학생들 간의 친목을 위해서 한 달에 한 번씩 영화를 보거나 놀이공원에 놀러 가는 행사를 갖기도 합니다. 우리 동아리 학생들이 제일 좋아하는 활동이기도 합니다. (근거 ② - 주장과 관련성이 없음.)

8월에 △△대학교에서 열리는 청소년 로봇 *박람회를 아시나요? 이곳에 참가하기 위해 우리 로봇 동아리도 많은 준비를 하고 있답니다. 여러분 같은 신입생들도 함께 참가할 수 있는 기회를 얻을 수 있습니다. (근거 ③ - 타당성이 있는 근거)

우리 동아리의 자랑거리는 학업 성적이 좋은 선배들이 많다는 것입니다. 우리 동아리에 가입하면 이런 선배들의 도움을 받아 성적이 오를 수도 있습니다. (근거 ④ - 주장과 관련성이 없음.) 실제로 성적이 많이 오른 사람도 있으니 동아리에 들어와서 확인해 보세요.

로봇 과학자인 □□□ 박사님도 우리 동아리 출신이라는 걸 아시면 깜짝 놀라실 겁니다. 여러분도 우리 동아리에 들어오면 이렇게 훌륭한 로봇 과학자가 될 수 있습니다. (근거 ⑤ - 주장을 이끌어 내는 데 다른 정보가 있을 수 있음.)

우리 동아리에서 꼭 만날 수 있기를 바랍니다.

▶ 내용의 [　　]이/가 떨어지는 [　　] 가입 권유 연설

| 내용 연구

광고와 연설의 목적

광고	다이어트 보조 식품의 판매
연설	로봇 동아리 가입 권유

| 구절 풀이

- **살을 빼고 ~ 날씬해지고 싶으세요?:** 소비자에게 말을 건네듯이 친근한 태도로 관심을 유도하고 있다. 살을 빼고 싶은 마음을 가진 사람들이 이 말을 듣고 광고에 관심을 갖게 될 것이다.
- **우리 동아리에 ~ 될 수 있습니다.:** 연설에서 말하는 이의 주장이 담긴 말이다. 이어지는 내용은 이 주장을 뒷받침하는 근거가 된다.

| 낱말 풀이

* **박람회:** 생산물의 개량·발전 및 산업의 진흥을 꾀하기 위하여 농업, 상업, 공업 따위에 관한 온갖 물품을 모아 벌여 놓고 판매, 선전, 우열 심사를 하는 전람회.

답 타당성, 타당성, 동아리

01 (가)와 (나)를 들을 때, 유의해야 할 점으로 적절한 것은?

① 내용에 공감하며 듣는다.
② 이어질 내용을 상상하며 듣는다.
③ 내용의 타당성을 판단하며 듣는다.
④ 자신의 경험에 비추어 가며 듣는다.
⑤ 내용의 교훈적 의미를 파악하며 듣는다.

02 (가)의 궁극적인 목적으로 적절한 것은?

① 다이어트 권유
② 비만의 위험성 경고
③ 기업에 대한 인식 변화
④ 다이어트 보조 식품 소개
⑤ 다이어트 보조 식품 판매

중요
03 (가)의 내용이 가진 타당성을 판단하며 들은 것으로 적절하지 않은 것은?

① 누구나 살을 뺄 수 있다는 말은 과장된 내용이야.
② 판매량 1위와 제품의 효과는 직접적인 연관이 없어.
③ ○○○의 체중이 10kg 빠진 것에는 다른 원인이 있을 수도 있어.
④ 우수 납세 기업이 만든 제품이라고 해서 제품이 효과가 있는 것은 아니야.
⑤ 당신도 다이어트 성공의 주인공이 되라는 말은 누구나 살을 빼야 한다고 과장하는 거야.

04 (나)에서 연설을 하는 사람이 주장하고 있는 것으로 적절한 것은?

① 로봇 동아리는 선후배 간의 관계가 돈독하다.
② 로봇과 사람이 조화를 이루는 사회가 바람직하다.
③ 로봇 동아리에 가입하면 로봇 전문가가 될 수 있다.
④ 동아리 활동을 통해 보람찬 학교생활을 할 수 있다.
⑤ 로봇 동아리에 들어오면 □□□ 박사와 같은 과학자가 될 수 있다.

서술형
05 〈보기〉와 같은 두 가지 이유로 내용에 타당성이 없는 근거를 (나)에서 찾아 쓰시오.

보기
- 주장과 관련성은 있지만 주장을 뒷받침하는 근거의 사례의 수가 한 가지뿐이다.
- 근거로부터 주장을 이끌어 내는 과정에 영향을 미치는 다른 정보가 있을 수 있다.

중요
06 ㉠이 타당성이 떨어지는 이유로 적절한 것은?

① 주장과 연관성이 없다.
② 과장된 내용을 담고 있다.
③ 확인할 수 없는 허위 사실이다.
④ 주장과 서로 모순을 이루고 있다.
⑤ 경험에만 의존해 객관적이지 못하다.

100점 특강

(가)에서 내용의 타당성이 떨어지는 근거

누구나 살을 뺄 수 있습니다.	판매량 1위	효과를 본 여배우	우수 납세 기업이 만든 제품
누구나 살을 뺄 수 있다는 것은 과장임.	제품의 효능과 직접적인 관련이 없음.	여배우 한 명만으로는 부족함. 여배우가 다른 이유로 살이 빠졌을 수도 있음.	제품의 효능과 연관성이 없음.

(나)에서 내용의 타당성이 떨어지는 근거

한 달에 한 번 영화 보기 / 성적 좋은 선배들의 도움	로봇 과학자 □□□ 박사의 출신 동아리
로봇 동아리의 목적과 연관성이 떨어짐.	• 사례가 □□□ 박사 한 명뿐임. • □□□ 박사가 로봇 박사가 된 이유가 다른 것이 있을 수도 있음.

대단원 평가

[01~04] 다음 글을 읽고 물음에 답하시오.

(가) **서현:** 안녕하세요? 저는 전자 우편으로 먼저 인사드렸던 박서현입니다. 바쁘실 텐데 면담에 응해 주셔서 감사합니다. 전자 우편으로 말씀드렸듯이 국어 교사에 대한 기사를 쓰기 위해 면담을 신청했습니다. 중간에 기사에 들어갈 사진을 찍고, 면담 내용을 녹음하려 하는데 괜찮으신지요?
국어 교사: 그럼요. 면담 질문지도 미리 받아 보았으니, 편하게 면담을 진행하세요.

(나) **서현:** 감사합니다. 그럼 질문 드리겠습니다. 국어 교사가 되신 계기가 무엇인가요?
국어 교사: 제가 중학생 때, 저의 국어 선생님께서 발표 수업을 시키셨는데 친구들의 반응이 무척 좋았고, 국어 선생님께서도 저에게 소질이 있다고 칭찬해 주셨어요. 내가 잘 할 수 있는 일을 직업으로 가지면 좋겠다는 생각이 들면서 국어 교사라는 직업에 관심이 생겼죠.
서현: 어떤 수업이었나요?
국어 교사: 황순원의 「소나기」란 작품이었어요. 목소리 연기로 수업을 했거든요.

(다) **서현:** 참 재미있었을 것 같아요. 그럼 국어 교사가 되는 방법에 무엇이 있나요?
국어 교사: 우선 국어교육과에 진학하는 게 가장 일반적인 방법이에요. 하지만 국어교육과에 진학하지 않더라도 국문과에 입학하여 교직을 이수하는 방법도 있어요. 또 교육대학원에 진학해도 임용 시험을 볼 수 있는 자격이 주어져요.
서현: 임용 시험을 볼 수 있는 자격이요?
국어 교사: 네, 임용 시험을 보기 위해서 정교사 2급 자격증이 필요해요. 이 자격증이 있으면 기본적으로 교사를 할 수 있구요. 저처럼 공립 학교에 근무하기 위해서 임용 시험을 보는 거예요.

(라) **서현:** 아, 그렇다면 국어 교사에게 필요한 능력은 무엇인가요?
국어 교사: 요즘은 임용 시험의 경쟁률이 무척 높아서 우선 전공과목에 대한 전문적 지식이 필요해요. 또한 실제 수업을 할 수 있는 능력과 자신만의 교육 철학을 가지는 것도 중요하죠. 하지만 무엇보다 학생들과 소통하는 노력이 가장 필요한 것 같아요.

01 이 면담에 대한 설명으로 적절하지 않은 것은?

① 전문가와의 면담이다.
② 기사를 쓰기 위한 면담이다.
③ 정보 수집을 목적으로 하는 면담이다.
④ 피면담자에게 미리 질문지를 제공한 면담이다.
⑤ 면담자와 피면담자의 의견이 교환되는 면담이다.

중요

02 (가), (나)의 면담자를 평가한 것으로 적절하지 않은 것은?

① 면담 과정을 잘 설명하고 있어.
② 예의를 갖추어 면담에 임하고 있어.
③ 질문을 핵심만 간략하게 제시하고 있어.
④ 피면담자를 고려하는 태도를 보이고 있어.
⑤ 부차적 질문 없이 주안적 질문만 하고 있어.

서술형

03 (나)를 바탕으로 할 때, 국어 선생님이 교단에 서게 된 계기를 한 문장으로 서술하시오.

04 (다), (라)를 통해 알 수 있는 정보가 아닌 것은?

① 임용 시험을 보기 위해서 교육대학원에 진학하는 방법도 있다.
② 임용 시험의 경쟁률이 무척 높으므로 전공과목에 대한 지식이 필요하다.
③ 국어 교사는 자신만의 교육 철학을 가지기 위해 전문적 지식을 갖추어야 한다.
④ 국어 교사가 되기 위해서는 국어교육과에 진학하는 것이 가장 일반적인 방법이다.
⑤ 국어 교사에게는 실제 수업을 할 수 있는 능력과 함께 학생들과 소통하는 노력이 필요하다.

[05~08] 다음 글을 읽고 물음에 답하시오.

가 현우: (머뭇거리며) 이거 생일 선물이야.
여자 친구: (포장지를 뜯으며) 어! 이거 저번에 우리 같이 본 옷이구나! 기대하고 있었는데, 정말 고마워!
현우: (당황하며) 아니, 그건 아니고……. 예상했던 것보다 가격이 너무 비싸서 대신 비슷한 것으로 샀어. 마음에 들지는 모르겠지만 그래도 최대한 비슷한 것으로…….
여자 친구: ㉠이 옷이 나에게 더 잘 어울리는 것 같아. 역시 패션의 완성은 얼굴이야! 고마워!

나

지×하고 있네.
개×립 치지 마라.
쩔×! 쩔×!
안×이야!

욕설이나 은어 사용 금지

…….
…….

다 이덕무는 『사소절(士小節)』의 '언어(言語)' 편에서 말하기에 대해 다음과 같이 언급하고 있다.

여름에 솜옷을 입은 사람과 한자리에 앉아 있으면 아무리 덥더라도 덥다고 하지 말고, 겨울에 홑옷을 입은 사람을 보면 아무리 춥더라도 춥다고 말하지 말며, 굶주린 사람을 보고 밥을 먹을 때에는 음식의 간이 맞지 않은 것을 탄식하지 말라.

아무리 자신이 하고 싶은 말과 생각이 있더라도 솜옷을 입은 사람, 홑옷을 입은 사람, 굶주린 사람이 있는, 즉 대화의 상대방이나 상황을 고려하여 할 말과 하지 않아야 할 말을 구분해서 하라는 의미이다.

05 (가)~(다)에 대한 설명으로 적절하지 않은 것은?

① (가)와 (나)는 일상에서의 대화 상황을 다루고 있다.
② (가)에서 현우는 여자 친구의 반응에 집중하고 있다.
③ (가)에는 상반된 태도의 말하기 방식이 보인다.
④ (나)는 상반된 두 상황을 보여 주고 있다.
⑤ (다)는 인용을 통해 주제를 전달해 주고 있다.

중요
06 (나)에서 문제가 되고 있는 언어생활로 적절한 것은?

① 시끄럽게 큰 소리로 말을 한다.
② 책임질 수 없는 말을 쉽게 한다.
③ 세대 간의 언어 차이가 심각하다.
④ 마음에 없는 형식적인 말을 많이 사용한다.
⑤ 다른 사람에게 상처를 주는 말을 많이 한다.

중요
07 (다)에서 이덕무가 『사소절』의 '언어' 편에서 하고자 하는 말로 가장 적절한 것은?

① 말을 할 때에는 상대방을 고려하여야 한다.
② 말은 그 사람의 인격을 드러내는 거울이다.
③ 말을 하기 전에 자신을 먼저 반성해야 한다.
④ 사람들은 모두 자신이 처한 상황이 다 다르다.
⑤ 말 한 마디의 중요성을 알고 정확하게 말을 해야 한다.

서술형
08 ㉠과 같은 말하기와 〈보기〉와 같은 말하기의 차이점이 무엇인지 〈조건〉에 맞게 서술하시오.

보기
"너무 쉽게 약속한다 했어. 너를 믿고 기대한 내 탓이지."

조건
• 배려하는 말하기의 관점에서 서술할 것.
• 하나의 문장으로 서술할 것.

대단원 평가

[09~12] 다음 글을 읽고 물음에 답하시오.

(가) 장민수: 저는 교실 청소를 청소 당번을 정해서 하지 말고 수업이 끝난 후에 모두 함께 청소를 하는 것이 더 효율적이라고 생각합니다. 지금과 같이 청소 당번을 정해서 하다 보면 어떤 학생들은 청소를 열심히 하지만 어떤 학생들은 청소를 하지 않고 시간만 보내는 경우가 있습니다. 그리고 방과 후에 늦게까지 청소를 하게 되면서 방과 후 시간을 낭비하게 됩니다. 모두 함께 자기가 맡은 구역을 청소한다면 청소도 빨리 끝나고 청소를 하지 않는 학생들도 없어질 것입니다.

(나) 강성주: 저는 청소 당번의 수를 늘리는 방식을 제안합니다. 지금은 청소 당번이 4명씩입니다. 4명이 청소를 하다 보니 청소하는 시간이 오래 걸리고 청소도 깨끗하게 이루어지지 않습니다. 청소 당번을 6명으로 늘린다면 청소를 더욱 효율적으로 할 수 있습니다. 청소 당번을 늘리면 청소를 맡는 횟수는 늘어나겠지만 청소를 하는 부담은 훨씬 줄어들고 방과 후 시간을 활용하기에 더 좋습니다.

(다) 이소연: 저는 방과 후에 청소하는 시간을 갖는 지금의 방식을 획기적으로 바꾸어 보는 것이 좋겠다고 생각합니다. 지금은 청소 당번이 남아 교실 청소를 하고 있습니다. 각자 자기 자리를 깨끗하게 관리한다면 굳이 방과 후에 남아서 청소를 할 필요가 있을까요? 쉬는 시간이나 점심시간 등을 이용해서 자기 자리를 자기가 스스로 청소하면 됩니다. 자기 자리를 자기가 청소하는 게 당연한 것 아닌가요?

(라) 장민수: 저는 이소연 학생 의견에 동의합니다. 교실 청소에 모든 학생들이 참여한다는 점에서 제 의견과 이소연 학생의 의견은 비슷한 점이 있다고 봅니다. 모든 학생들이 교실 청소에 관심을 두고 쉬는 시간과 점심시간을 이용해서 스스로 자기 자리를 청소한다면 굳이 방과 후에 남아서 청소할 필요가 없을 것입니다. 이소연 학생의 의견을 받아들여서 모두 자기 자리를 스스로 청소하면 좋겠습니다.

(마) 강성주: 자기 자리를 스스로 청소해야 한다는 것에는 동의합니다. 하지만 청소 당번을 없애자는 의견에는 동의하지 않습니다. 자기 자리를 깨끗하게 유지하는 것은 당연한 일입니다. 하지만 아무리 각자가 자기 자리를 깨끗이 한다고 해도 사람마다 차이가 날 수 있습니다. 그리고 무책임하게 자기 자리를 청소하지 않는 사람은 어떻게 합니까? 또, 누구 자리라고 말하기 애매한 공간들도 있습니다. 저는 최소한의 청소 당번은 유지하는 것이 좋다고 생각합니다.

09 이 토의의 주제로 적절한 것은?

① 교실 청소를 어떻게 할 것인가?
② 교실 청소의 책임은 누구에게 있는가?
③ 교실 청소 당번의 수를 어떻게 할 것인가?
④ 교실의 자기 자리를 어떻게 관리할 것인가?
⑤ 교실의 수업 분위기를 어떻게 조성할 것인가?

중요

10 (가)에서 장민수의 주장과 근거를 정리한 것으로 적절한 것은?

① 주장: 수업이 끝난 후 모두 함께 청소하자.
근거: 청소를 더 꼼꼼하게 할 수 있다.
② 주장: 수업이 끝난 후 모두 함께 청소하자.
근거: 방과 후 시간을 아낄 수 있고 효율적이다.
③ 주장: 수업이 끝나기 전 자기 자리를 스스로 청소하자.
근거: 청소를 하지 않는 학생들이 없어진다.
④ 주장: 수업이 끝난 후 모두 함께 청소하자.
근거: 자기 자리를 스스로 정리하는 습관을 기를 수 있다.
⑤ 주장: 교실 청소를 열심히 하자.
근거: 청소가 빨리 끝나고 청소를 안 하는 학생이 없어진다.

11 (나)와 (다)에 대한 반응으로 적절하지 않은 것은?

① 이소연은 분명한 근거를 제시하지 못하고 있어.
② 강성주는 기존 방식을 완전히 바꾸자고 하는군.
③ 이소연은 청소 시간을 따로 갖지 말자고 하는군.
④ 강성주는 현재의 문제점을 분명히 언급하고 있어.
⑤ 이소연은 질문의 형식으로 자신의 주장을 강조하고 있어.

서술형

12 (라), (마)에 드러나는 토의에서의 바람직한 태도가 무엇인지 〈조건〉에 맞게 서술하시오.

조건
• 구체적인 예를 (라), (마)에서 찾아 한 가지 포함할 것.
• 하나의 문장으로 서술할 것.

[13~16] 다음 글을 읽고 물음에 답하시오.

㉮ 살을 빼고 싶으십니까?
좀 더 날씬해지고 싶으세요?
다이어트 보조 식품 ×××를 복용하면 누구나 살을 뺄 수 있습니다.
다이어트 보조 식품 판매량 1위를 자랑하는 ×××.
최고의 여배우 ○○○도 효과를 봤다는 ×××
"안녕하세요? ○○○입니다. ×××를 먹고 체중이 10 kg이나 빠졌어요."
국세청에서 우수 납세 기업으로 상을 받은 □□□이 만든 믿을 만한 제품, 다이어트 보조 식품 ×××, 당신도 다이어트 성공의 주인공이 되세요.

㉯ 안녕하세요? 저는 로봇 동아리 '멋진 신세계'의 회장, 민수호입니다.
우리 동아리 '멋진 신세계'는 로봇과 인간이 조화를 이루며 행복하게 살아가는 세계를 꿈꾸는 동아리입니다.
우리 동아리에 가입하면 다양한 활동을 통해 여러분들도 로봇 전문가가 될 수 있습니다. 우선 ㉠우리 동아리에 가입하면 1주일에 한 번씩 로봇 관련 책이나 자료를 함께 읽는 활동을 합니다. 동아리 지도 교사이신 ○○○ 선생님께서 함께해 주시기 때문에 자료를 이해하는 데 많은 도움을 얻을 수 있습니다.
또, ㉡동아리 학생들 간의 친목을 위해서 한 달에 한 번씩 영화를 보거나 놀이공원에 놀러 가는 행사를 갖기도 합니다. 우리 동아리 학생들이 제일 좋아하는 활동이기도 합니다.
㉢8월에 △△대학교에서 열리는 청소년 로봇 박람회를 아시나요? 이곳에 참가하기 위해 우리 로봇 동아리도 많은 준비를 하고 있답니다. 여러분 같은 신입생들도 함께 참가할 수 있는 기회를 얻을 수 있습니다.
㉣우리 동아리의 자랑거리는 학업 성적이 좋은 선배들이 많다는 것입니다. 우리 동아리에 가입하면 이런 선배들의 도움을 받아 성적이 오를 수도 있습니다. 실제로 성적이 많이 오른 사람도 있으니 동아리에 들어와서 확인해 보세요.
㉤로봇 과학자인 □□□ 박사님도 우리 동아리 출신이라는 걸 아시면 깜짝 놀라실 겁니다. 여러분도 우리 동아리에 들어오면 이렇게 훌륭한 로봇 과학자가 될 수 있습니다.
우리 동아리에서 꼭 만날 수 있기를 바랍니다.

13 (가), (나)의 내용의 타당성을 판단하며 들을 때, 유의할 점으로 적절하지 않은 것은?

① 주장이 분명한지 판단하며 듣는다.
② 주장과 근거의 연관성을 생각하며 듣는다.
③ 주장이 얼마나 창의적인지 판단하며 듣는다.
④ 주장을 이끌어 낸 근거가 충분한지 판단하며 듣는다.
⑤ 근거로부터 주장을 이끌어 내는 데 오류가 없는지 판단하며 듣는다.

중요
14 〈보기〉는 (가)를 분석한 표이다. 내용 중에서 적절하지 않은 것은?

보기

광고의 목적	다이어트 보조 식품 판매
광고의 대상	다이어트에 관심이 있는 사람
설득 전략	유명인을 활용한 광고
타당한 내용	'판매량 1위를 자랑하는'
타당하지 않은 내용	'최고의 여배우 ~' '우수 납세 기업'

① 광고의 목적　② 광고의 대상
③ 설득 전략　④ 타당한 내용
⑤ 타당하지 않은 내용

서술형
15 (나)의 주장이 무엇인지 〈조건〉에 맞게 서술하시오.

조건
• 연설문의 말투에 어울리게 서술할 것.
• 하나의 문장으로 서술할 것.

중요
16 ㉠~㉤의 타당성을 판단한 것으로 적절하지 않은 것은?

① ㉠: 로봇 동아리의 목적과 어울려 타당하다.
② ㉡: 말하는 이의 주장과 연관성이 떨어진다.
③ ㉢: 로봇과 관련된 활동으로 타당한 근거이다.
④ ㉣: 로봇 동아리의 목적과 관련이 없으므로 타당하지 않다.
⑤ ㉤: 로봇 전문가와 관련된 근거로 타당하다.

MEMO

중학도 역시 EBS

중/학/기/본/서 베/스/트/셀/러

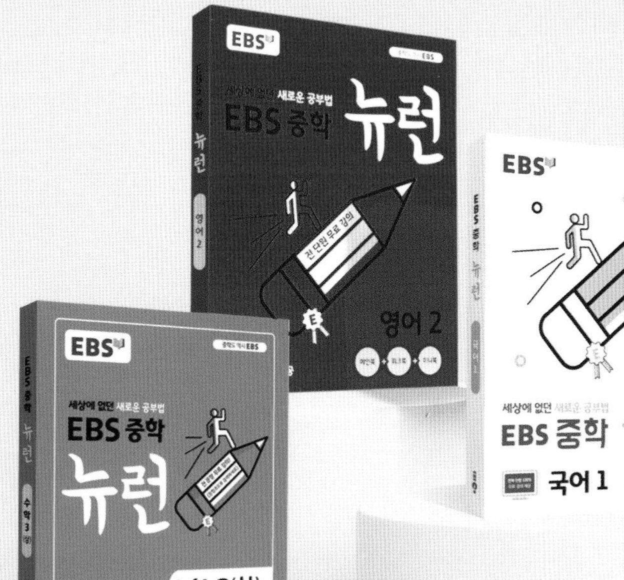

교과서가 달라도,
한 권으로 끝내는
자기 주도 학습서
뉴런

국어 1~3 | 영어 1~3 | 수학 1(상)~3(하)
사회 ①,② | 과학 1~3 | 역사 ①,②

문제 상황		뉴런으로 해결!
 학교마다 다른 교과서	→	어떤 교과서도 통하는 중학 필수 개념 정리
 자신 없는 자기 주도 학습	→	All-in-One 구성(개념책/실전책/미니북), 무료 강의로 자기 주도 학습 완성
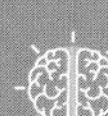 풀이가 꼭 필요한 수학	→	수학 강의는 문항코드가 있어 원하는 문항으로 바로 연결

세상에 없던 새로운 공부법

EBS 중학

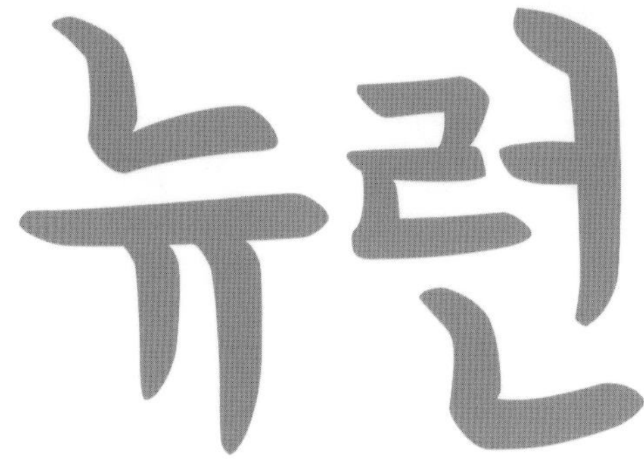

| 국어 1 |

개념책

중학도 역시 EBS

세상에 없던 새로운 공부법

EBS 중학 뉴런

국어 1

실전책

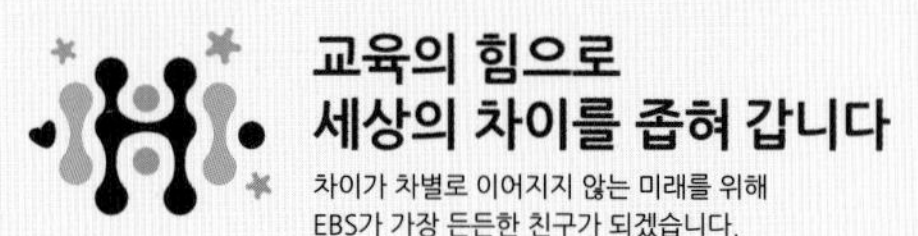
교육의 힘으로
세상의 차이를 좁혀 갑니다
차이가 차별로 이어지지 않는 미래를 위해
EBS가 가장 든든한 친구가 되겠습니다.

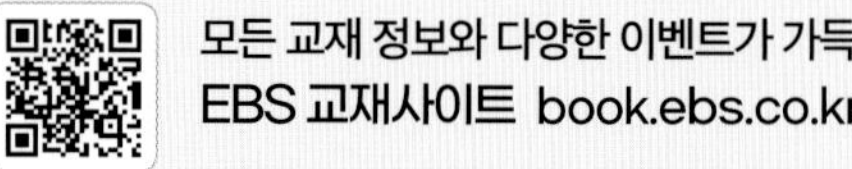
모든 교재 정보와 다양한 이벤트가 가득!
EBS 교재사이트 book.ebs.co.kr

본 교재의 강의 프로그램은
TV와 모바일 APP, EBS 중학사이트(mid.ebs.co.kr)에서
무료로 이용하실 수 있습니다.

발행일 2018. 1. 5. **22쇄 인쇄일** 2024. 2. 16. **신고번호** 제2017-000193호 **펴낸곳** 한국교육방송공사 경기도 고양시 일산동구 한류월드로 281
표지디자인 위북스 **표지** ㈜무닉 **편집디자인** 신흥이앤비 **편집** 신흥이앤비 **인쇄** 동아출판㈜
인쇄 과정 중 잘못된 교재는 구입하신 곳에서 교환하여 드립니다. 신규 사업 및 교재 광고 문의 pub@ebs.co.kr

문법 족보

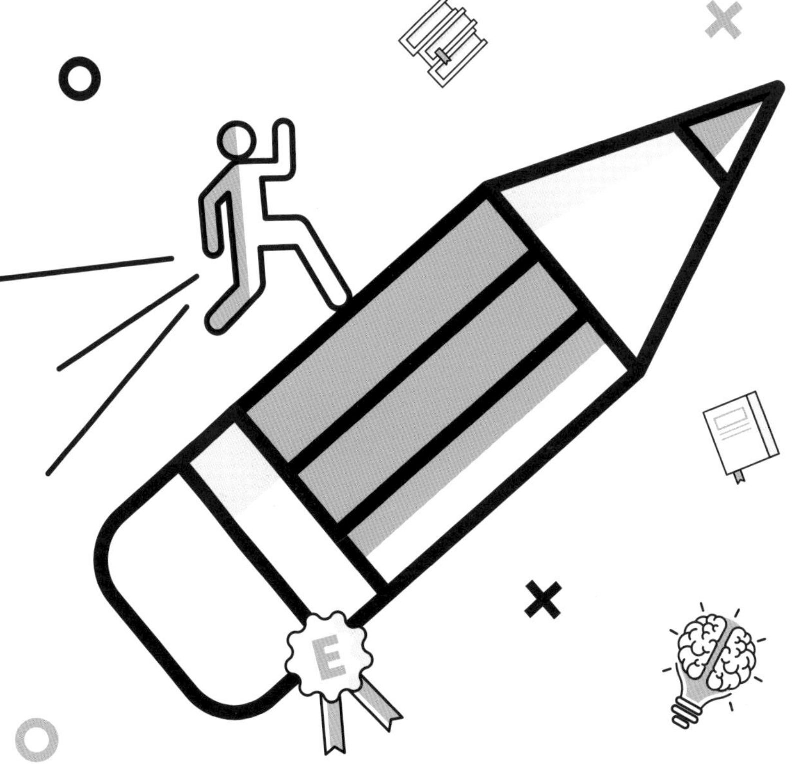

세상에 없던 새로운 공부법

EBS 중학 뉴런

국어 1

미니북

EBS 중학

뉴런 미니북

국어 1 문법 족보

1. 언어의 본질

01 다음 빈칸에 들어갈 적절한 말을 쓰시오.

언어: 언어란, 인간이 생각이나 느낌을 전달하기 위해 사용하는 소리와 □□의 체계

02 (1)~(8)에 들어갈 언어의 특성을 〈보기〉에서 골라 기호를 쓰시오.

◖ 보기 ◗

㉠ 언어의 자의성　　㉡ 언어의 역사성　　㉢ 언어의 규칙성
㉣ 언어의 사회성　　㉤ 언어의 창조성

(1) 시간이 지나면서 새로운 말이 생기거나, 기존의 말이 변하거나, 쓰이던 말이 사라지기도 한다. (　　)

(2) 이미 알고 있는 단어나 문장을 활용하여 새로운 표현을 무한히 만들어 낼 수 있다. (　　)

(3) 언어는 그 언어를 사용하는 사람들 사이의 사회적 약속이기 때문에 개인이 마음대로 바꾸어 쓸 수 없다. (　　)

(4) 사람을 가리킬 때에 한국어에서는 '사람'이라고 하고, 영어에서는 'man(맨)', 일본어에서는 'ひと(히토)'라고 한다. (　　)

(5) 어떤 개인이 마음대로 '사과'를 '이불'이라고 바꾸어 말하면 사람들 사이에 의사소통이 제대로 이루어지지 않는다. (　　)

(6) 언어에는 일정한 규칙이 있어서 그것에 맞게 사용해야 한다. (　　)

(7) '어리다'가 조선 전기에는 '어리석다'는 의미로 쓰였지만, 지금은 '나이가 적다'는 의미로 쓰인다. (　　)

(8) 언어의 의미(내용)와 음성(형식)의 관계는 필연적이 아니라 임의적이다. (　　)

03 〈보기〉에서 설명하고 있는 언어의 특성은 무엇인지 쓰시오.

◀ 보기 ▶

'물을 소원아 차가운 줘.'라는 문장은 어법에 맞는 문장이 아니며, 이 문장을 어법에 맞게 표현하면 '소원아, 차가운 물을 줘.'라고 해야 한다.

04 다음과 같이 '배'라는 음성이 다양한 의미와 결합되는 것과 관련이 있는 언어의 특성을 고르시오.

배[01] 사람이나 동물의 몸에서 위장, 창자, 콩팥 따위의 내장이 들어 있는 곳으로 가슴과 엉덩이 사이의 부위.

배[02] 사람이나 짐 따위를 싣고 물 위로 떠다니도록 나무나 쇠 따위로 만든 물건.

배[03] 배나무의 열매.

① 언어의 역사성
② 언어의 자의성
③ 언어의 규칙성
④ 언어의 창조성

05 다음과 같은 말놀이가 가능한 이유와 밀접한 관련이 있는 언어의 특성 두 가지를 쓰시오.

사회자: 공중에 떠 있는 물방울이 햇빛을 받아 나타나는, 반원 모양의 일곱 빛깔의 줄은?

출연자: 무지개. (딩동댕~)

사회자: 주로 봄날 햇빛이 강하게 쬘 때 공기가 공중에서 아른아른 움직이는 현상은?

출연자: 신기루. (땡~)

06 **밑줄 친 질문에 대한 대답으로 가장 적절한 것을 고르시오.**

> 만일, 우리 가운데서 자기 마음대로 '꽃'이라는 음성을 '넓고 평평하게 생긴 땅'이라는 의미로, '가다'라는 음성을 '음식 따위를 입을 통하여 배 속에 들여보내다'라는 뜻으로 사용하는 사람이 있다면, 우리는 그 사람과 함께 언어생활을 할 수가 없다. 그 까닭은 무엇일까?

① 자기중심적으로 말했기 때문이다.
② 의사소통 기술이 서툴렀기 때문이다.
③ 사용할 줄 아는 단어가 너무 적었기 때문이다.
④ 남의 말을 잘 들으려고 하지 않았기 때문이다.
⑤ 사회에서 정한 약속을 지키지 않았기 때문이다.

07 **다음 설명을 참고하여 ㉠~㉣의 예를 ⓐ~ⓓ에서 찾아 연결하시오.**

> 세상의 모든 것이 다 변하듯이 언어도 변한다. ㉠소리가 변하기도 하고, ㉡뜻이 변하기도 한다. 또 소리나 뜻만이 아니라, ㉢있던 말이 없어지기도 하고 이전에 없던 ㉣새말이 생기기도 한다.

㉠ 소리가 변함. •
㉡ 뜻이 변함. •
㉢ 있던 말이 없어짐. •
㉣ 새말이 생김. •

• ⓐ 나모 → 나무
• ⓑ ϕ → 스마트폰, 인공위성
• ⓒ 즈믄 → ϕ
• ⓓ 인정(뇌물 → 따뜻한 마음)
＊'ϕ'는 '없음' 표시임.

08 아래 대화의 ㉮~㉱에 들어갈 언어의 특성을 〈보기〉에서 골라 쓰시오.

보기

기호성　　자의성　　사회성　　역사성　　규칙성　　창조성

대화 1

학생: '불휘'? '곶'? 이게 무슨 뜻이죠?

교사: 현대 국어의 '뿌리'와 '꽃'이 조선 전기에는 '불휘'와 '곶'이었어.

학생: 그렇군요. 단어의 형태가 달라진 것이군요.

교사: 맞아. 발음도 달랐겠지? 이런 특성을 언어의 [㉮]이라고 해.

대화 2

호진: 미국에서는 개 짖는 소리를 어떻게 표현하는지 알아?

승연: 우리처럼 '멍멍'이라고 하지 않을까?

호진: 땡~. '바우와우'라고 한대. 이렇게 개 짖는 소리가 다른 이유는 뭘까?

승연: 그건 소리와 뜻이 임의적으로 결합하는 언어의 [㉯] 때문이야.

대화 3

진혁: 우리 동아리 이름을 '별바라기'로 바꿔 부르기로 했어.

시현: 뭐? 나는 처음 듣는데. 언제 결정한 거야?

진혁: 오늘 여기 오기 전에 내가 생각해서 바꾼 거야. 어때 멋있지?

시현: 그렇긴 한데, 혼자 마음대로 바꾸면 언어의 [㉰]을 어기는 거잖아.

대화 4

선재: 가만히 생각해 보면 참 신기하단 말이야. 누구에게 배운 적도 없는 문장들을 자유롭게 만들어 쓰는 거, 신기하지 않아?

수빈: 아, 그건 언어의 [㉱] 덕분이야.

09 **다음 설명을 참고하여 ㉠~㉥과 관련 있는 것을 ⓐ~ⓒ에서 찾아 연결하시오.**

> 단어의 의미는 확대, 축소되거나 이동하는 변화를 겪기도 한다. 의미의 확대는 단어의 의미 영역이 넓어지는 현상이고, 의미의 축소는 단어의 의미 영역이 좁아지는 현상이다. 의미의 이동은 단어의 의미 영역이 넓어지거나 좁아지는 일 없이 단어의 의미가 변하는 현상이다.

㉠ 조선 시대에는 '어엿브다'가 오늘날과 달리 '불쌍하다'라는 뜻으로 쓰였다. •

㉡ '세수'는 원래 손을 씻는 행위만을 뜻했지만, 지금은 얼굴을 씻는 행위까지 포함한다. •

㉢ '지갑'은 원래 종이로 만든 것만을 뜻했는데, 지금은 가죽이나 헝겊으로 만든 것까지도 포함한다. •

㉣ 조선 시대에 '형체', '모습'을 뜻했던 단어 '얼굴'이 지금은 '안면(顔面)'의 뜻만 갖는다. •

㉤ '싁싁하다'는 원래 '엄하다'는 뜻이었는데, 지금은 '용감하다'는 뜻으로 바뀌었다. •

㉥ '놈'은 원래 보통의 '사람' 전체를 뜻하는 단어였지만, 지금은 남자를 낮잡아 이르는 단어로 쓰인다. •

• ⓐ 의미의 축소

• ⓑ 의미의 확대

• ⓒ 의미의 이동

10 다음 글의 ㉠과 ㉡에 들어갈 말을 바르게 묶은 것은?

> 우리는 말을 할 때, 누군가로부터 배웠거나 들어 본 적이 있는 (㉠)을/를 기억해서 그대로 사용하는 것이 아니라, 그때그때 상황에 맞는 (㉠)을/를 만들어 사용한다. 이렇게 우리 인간이 사용하는 말이 늘 새롭다는 것, 즉 (㉡)을 지니고 있다는 것은, 인간의 언어가 다른 동물들이 사용하는 의사소통 수단과 크게 다른 점이다.

	㉠	㉡		㉠	㉡
①	어휘	사회성	②	의미	창조성
③	문장	창조성	④	문장	역사성
⑤	의미	사회성			

11 〈보기〉에서 언어의 규칙성에 어긋난 표현을 모두 골라, 틀린 부분을 바르게 고쳐 쓰시오.

보기

㉠ 어제도 눈이 많이 내린다.
㉡ 나는 국어를 가장 좋아한다.
㉢ 건이는 밤늦게까지 공부를 했다.
㉣ 길가에 코스모스를 활짝 피었다.
㉤ 이번에야말로 결코 약속을 지키겠다.
㉥ 누나가 할머니를 모시고 공원에 갔다.

2. 어휘

01 〈보기〉가 공통적으로 설명하는 것은 무엇인지 쓰시오.

보기

㉠ 일정한 범위 안에 포함되는 단어의 집합이다.
㉡ 고유어, 한자어, 외래어로 구분한다.
㉢ 지역이나 사회적 요인에 따라 다양한 양상을 보인다.

02 다음은 고유어에 대한 설명이다. 맞으면 ○표, 틀리면 ×표를 하시오.

(1) 한자에 기초하여 만들어진 말이다. (　　)
(2) 의성어나 의태어는 주로 고유어로 되어 있다. (　　)
(3) '버스, 오렌지'와 같은 말이 해당된다. (　　)
(4) 국가 간 교류가 증가하면서 함께 늘고 있는 말이다. (　　)
(5) 오랜 옛날부터 사용해 온 순수한 우리말이다. (　　)
(6) 한자어에 비해 추상적인 개념을 지닌 말들이 많다. (　　)

03 다음 중 한자어에 해당하는 단어를 찾아 ✓표를 하시오.

(1) 어머니 □
(2) 자유 □
(3) 방송국 □
(4) 컴퓨터 □
(5) 달콤하다 □
(6) 식당 □
(7) 바람 □
(8) 텔레비전 □
(9) 국어 □
(10) 빵 □

04 **소원이는 자신이 가지고 있는 문구들을 책상 위에 올려놓았다. ㉠~㉻을 어휘의 종류에 따라 아래 바구니에 나누어 담아 봅시다.**

㉠ 필통	㉡ 연필	㉢ 지우개	㉣ 샤프펜슬	㉤ 샤프심
㉥ 볼펜	㉦ 형광펜	㉧ 사인펜	㉨ 자	㉩ 클립
㉪ 가위	㉫ 스테이플러	㉬ 메모지	㉭ 딱풀	

고유어

한자어

외래어

고유어+외래어

한자어+외래어

05 **다음은 외래어에 대한 설명이다. 맞으면 ○표, 틀리면 ×표를 하시오.**

(1) 특정 시기에 다른 나라에서 들어온 말이다. ( )

(2) 집단의 비밀을 유지하기 위하여 만들어졌다. ( )

(3) 우리말의 일부로 인정된 말이며, 국어사전에 등재된다. ( )

(4) 어느 한 시기에 널리 쓰이다가 시간이 지나면 대부분 사라진다. ( )

(5) 지나치게 많이 사용하면 고유어의 비중이 위축될 수 있다. ( )

06 다음 설명 중 맞는 것에 ○표 하시오. 그리고 ○표에 해당하는 번호를 아래에 있는 표에서 모두 찾아 색칠해 보고, 어떤 동물이 나오는지 적어 봅시다.

① 국어의 단어는 어종에 따라 고유어, 한자어, 외래어로 나눌 수 있다. (　　)
② '학교', '교사', '학생'은 모두 고유어에 해당한다. (　　)
③ 고유어는 예로부터 우리의 문화와 정서를 표현해 온 말이다. (　　)
④ 한자어를 다른 말로 '토박이말'이라고도 한다. (　　)
⑤ 모든 한자어는 고유어로 쉽게 바꾸어 쓸 수 있다. (　　)
⑥ 외래어는 외국에서 들어온 말이지만 국어처럼 사용되는 말이다. (　　)
⑦ 국어의 의성어와 의태어에는 한자어가 고유어보다 많다. (　　)
⑧ 한자어는 모두 중국에서 만들어져서 들어온 말이다. (　　)
⑨ 외래어를 지나치게 많이 사용하면 우리말의 정체성을 훼손할 수 있다. (　　)

2	2	2	1	1	1	5	5	7	5	5	4	4	4	4
4	4	3	3	3	1	3	5	7	5	5	4	4	5	5
6	6	1	2	1	6	3	6	7	8	5	5	5	5	5
5	6	1	6	1	6	3	6	7	8	2	2	2	4	5
5	7	1	3	1	6	3	4	4	8	4	2	2	4	7
4	7	7	3	1	6	2	2	2	8	8	2	5	5	7
5	5	6	3	1	6	6	2	2	5	8	2	7	7	7
5	3	3	3	6	6	6	6	9	5	4	5	7	7	7
1	1	1	1	8	8	2	6	9	3	6	4	2	2	6
5	6	5	2	6	6	1	7	9	3	6	6	6	9	1
5	6	5	2	6	6	1	6	7	3	1	1	6	9	5
8	8	1	1	5	5	5	5	6	3	6	1	6	9	5
8	4	4	1	1	9	6	6	6	3	6	9	9	5	5
5	4	2	2	5	9	6	6	2	6	6	2	2	2	5
5	4	2	6	6	9	3	3	3	2	2	4	4	4	4

■ 어떤 동물일까요?: ____________

07 다음은 우리나라의 표준어 규정이다. 제시된 초성을 참고하여 빈칸에 들어갈 적절한 말을 순서대로 쓰시오.

> 표준어는 [ㄱ][ㅇ] 있는 사람들이 두루 쓰는 [ㅎ][ㄷ] [ㅅ][ㅇ] 말로 정함을 원칙으로 한다.
>
> (ㄱㅇ 있는 사람들이 두루 쓰는: 계층적 조건 / ㅎㄷ: 시대적 조건 / ㅅㅇ: 지역적 조건)

08 다음 설명에서 표준어에 해당하면 '표', 지역 방언에 해당하면 '지', 사회 방언에 해당하면 '사'라고 쓰시오.

(1) 다른 지역 사람들에게 이질감을 줄 수 있다. (　　)

(2) 한 나라에서 표준이 되게 정한 말이다. (　　)

(3) 성별, 세대별, 사회 집단별로 다른 언어를 사용한다. (　　)

(4) 다른 사회 집단의 구성원들과의 의사소통을 어렵게 만들 수 있다. (　　)

(5) 같은 지역 사람들에게 친밀감과 유대감을 준다. (　　)

(6) '옥수수'를 강원도에서는 '옥시기', 경상도에서는 '강내이'라고 한다. (　　)

(7) '수라'는 궁중에서 밥을 높여 이르는 말이었다. (　　)

09 **다음 설명 중 맞는 것에 ○표 하시오. 그리고 ○표에 해당하는 번호를 아래에 있는 표에서 모두 찾아 색칠해 보고, 어떤 과일이 나오는지 적어 봅시다.**

① 지역 방언은 거리가 멀수록 서로 큰 차이를 보이는 경향이 있다. (　　)

② 표준어는 이전에 없던 말을 국가가 새롭게 만든 것이다. (　　)

③ 공식적인 자리에서는 가급적 표준어를 사용하는 것이 바람직하다. (　　)

④ 표준어는 국민 사이에 의사소통을 원활하게 하기 위해 정해졌다. (　　)

⑤ 지역에 따라 표준어도 조금씩 다를 수 있다. (　　)

⑥ 표준어는 한 번 정해지면 절대로 변하지 않는다. (　　)

⑦ 여자들이 사용하는 '오빠'와 '언니'는 사회 방언에 해당한다. (　　)

⑧ 사회 방언을 활발히 사용하는 것은 사회의 통합과 발전에 도움이 된다. (　　)

⑨ 비밀 유지를 위해 만들어진 말도 사회 방언으로 볼 수 있다. (　　)

2	5	5	6	8	8	8	1	1	1	1	1	4	4	4
2	5	5	6	6	6	6	3	9	9	9	3	3	4	3
2	2	5	5	5	8	8	2	5	5	5	3	2	2	2
5	2	5	9	4	9	2	2	2	5	7	7	7	6	2
5	2	9	4	4	4	9	2	8	9	9	5	3	3	2
5	9	6	6	4	9	9	9	9	2	5	5	5	3	2
7	9	6	6	1	1	1	1	2	2	2	5	5	9	5
7	7	7	4	9	9	9	9	8	2	3	7	7	9	5
7	8	4	4	4	7	7	7	8	3	3	3	3	4	9
9	1	9	4	9	3	9	7	4	3	6	6	4	4	4
9	1	9	9	9	3	9	4	4	4	6	6	9	4	9
5	1	9	3	3	3	9	8	4	9	9	1	1	1	1
5	8	9	9	9	3	8	2	9	7	7	9	4	9	1
5	8	5	8	8	8	2	2	2	9	7	4	4	4	1
5	5	5	8	8	8	6	2	6	6	7	9	4	9	9

■ 어떤 과일일까요?: ____________

10 사회 방언 형성의 요인이 아닌 것은?

① 세대 ② 직업 ③ 계층 ④ 지역 ⑤ 성별

11 표준어를 정해서 사용할 경우 얻을 수 있는 장점에 해당하지 않는 것은?

① 지식이나 정보를 교환하기가 쉬어진다.
② 국어의 순화와 발달에 기여할 수 있다.
③ 다양한 언어의 맛을 느낄 수 있게 된다.
④ 언중들이 통일된 의사소통을 할 수 있다.
⑤ 언어 교육의 측면에서 효율성을 높일 수 있다.

12 지역 방언의 가치에 해당하는 내용을 모두 찾아 ✓표를 하시오.

□ ① 우리의 민족성과 전통, 풍습을 이해하는 데 도움을 준다.
□ ② 외국에서 들어온 말을 우리말로 대체하는 데 유용하다.
□ ③ 지역 간의 위화감과 이질감을 극복하는 데 기여할 수 있다.
□ ④ 지식이나 정보를 쉽게 얻을 수 있고, 문화생활도 누릴 수 있다.
□ ⑤ 우리의 중요한 언어문화 자산이며 국어의 역사 탐구에 도움을 준다.
□ ⑥ 그 말을 사용하는 사회의 구성원들 간에 정신적 유대감을 유발한다.
□ ⑦ 국제 사회의 새로운 정보들을 빠르고 쉽게 받아들일 수 있게 해 준다.
□ ⑧ 문학 작품에 사용함으로써 현장감을 조성하고 독자의 흥미를 유발한다.

3. 품사

01 **다음 빈칸에 들어갈 적절한 말을 쓰고, 오른쪽 표에서 이에 해당되는 글자를 지워 봅시다. 그리고 표에서 남은 글자를 조합하여 사자성어를 만들어 봅시다.**

(1) 단어를 일정한 성질에 따라 몇 갈래로 나누고, 각각에 이름을 붙인 것을 ☐☐(이)라고 한다.

(2) 단어를 분류할 때에 기준으로 삼는 것은 ☐☐, ☐☐, ☐☐이다.

(3) 단어를 기준에 따라 분류하면 그 단어의 ☐☐을/를 이해하는 데 도움이 된다.

(4) 우리말의 품사는 모두 ☐☐ 개이다.

일	품	기	이
형	석	태	사
의	미	능	특
아	조	성	흡

■ 사자성어: ____________

02 **제시된 단어들을 다음과 같이 분류한 기준에 해당하는 것에 ✓표를 하시오.**

(1) | 빠르다 놀라다 막다 | 구름 다섯 훨씬 |

☐ 홀로 독립하여 쓰이는가?

☐ 문장에서 쓰일 때에 형태가 바뀌는가?

(2) | 우뚝 조용히 겨우 | 어느 어떤 무슨 |

☐ 주로 용언을 꾸며 주는가?

☐ 단어들의 관계를 나타내는가?

(3) | 깊다 순하다 미끄럽다 | 숨다 고르다 달려가다 |

☐ 사물의 상태나 성질을 나타내는가?

☐ 문장에서 주로 서술어 기능을 하는가?

03 다음 제시된 단어의 품사를 쓰시오.

(1) 셋 (　　　　　)　　(2) 닭 (　　　　　)
(3) 부지런하다 (　　　　　)　　(4) 너 (　　　　　)
(5) 달리다 (　　　　　)　　(6) 궁금하다 (　　　　　)
(7) 에게 (　　　　　)　　(8) 청소하다 (　　　　　)
(9) 다섯 (　　　　　)　　(10) 그녀 (　　　　　)

04 다음 문장의 밑줄 친 부분에 들어갈 수 있는 말을 모두 찾아 ✓표를 하시오.

(1) 소원이는 ________을/를 시작하였다.

□ 노래　□ 매우　□ 춥다　□ 공부

(2) 현희는 조심스럽게 ________.

□ 지하철　□ 걸었다　□ 마셨다　□ 던졌다

(3) ________ 옷을 빨았다.

□ 훨씬　□ 새　□ 여러　□ 부터

(4) 자동차가 ________ 달린다.

□ 잘　□ 갖은　□ 사다　□ 쌩쌩

(5) ________, 깜짝 놀랐잖아.

□ 앗　□ 어이쿠　□ 비록　□ 에그머니

(6) 그 사람은 ________ 달아났다.

□ 멀리　□ 결코　□ 도전　□ 재빨리

05 단어들을 다음과 같이 분류할 때, ㉠~㉤에 들어갈 적절한 말을 순서대로 쓰시오.

형태	기능	의미
불변어	체언	명사
		㉠
		수사
	수식언	㉡
		부사
	㉢	감탄사
	㉣	조사
가변어		(서술격 조사)
	용언	동사
		㉤

06 왼쪽에 제시된 단어와 그 단어에 해당하는 품사를 설명한 것을 연결하시오.

빨리 •
걷다 •
홍길동 •
공부하다 •
아주 •
땅 •

• 사람이나 사물의 이름을 나타내는 단어

• 사람이나 사물의 움직임이나 작용을 나타내는 단어

• 주로 용언 앞에서 그 말을 꾸며 주는 단어

07 품사가 다른 하나를 찾아 ✓표를 하시오.

(1)
- □ 호랑이 □ 세종 □ 부디
- □ 이순신 □ 사랑 □ 액자

(2)
- □ 길다 □ 단단하다 □ 맑다
- □ 푸르다 □ 그리다 □ 새롭다

(3)
- □ 어머 □ 세상에 □ 네
- □ 한테 □ 그래 □ 어이쿠

08 다음 설명에 해당하는 단어의 품사를 적어서, 오른쪽에 있는 가로세로 퍼즐을 완성하시오.

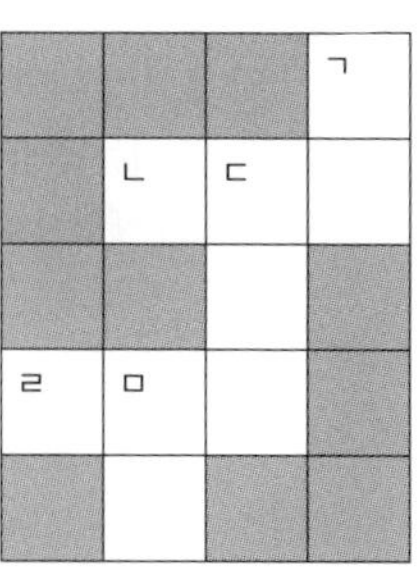

[가로 열쇠]

ㄴ. 체언 앞에 놓여서 그 말을 꾸며 주는 단어이다.

ㄹ. '나', '너희', '이것', '저기' 등은 ○○○에 해당한다.

[세로 열쇠]

ㄱ. ○○의 종류에는 격 ○○, 접속 ○○, 보○○가 있다.

ㄷ. 사람이나 사물의 성질이나 상태를 나타내는 단어이다.

ㅁ. 사람이나 사물, 추상적인 대상 등의 이름을 나타내는 단어이다.

09 다음 끝말잇기에 쓰인 단어를 보고, 아래 물음에 답하시오.

교실 → 실수 → 수영하다 → 다람쥐 → 쥐구멍 →
멍하다 → 다행히 → 히죽 → 죽다 → 다리미 →
미치다 → 다소곳이 → 이유 → 유감스럽다

(1) 추상적 대상의 이름을 나타내는 단어를 쓰시오.

➡ ________________

(2) 사람이나 사물의 이름을 나타내는 단어를 쓰시오.

➡ ________________

(3) 사람이나 사물의 상태나 성질을 나타내는 단어를 쓰시오.

➡ ________________

(4) 사람이나 사물의 움직임이나 작용을 나타내는 단어를 쓰시오.

➡ ________________

(5) 문장에서 쓰일 때에 주로 용언을 꾸며 주는 기능을 하는 단어를 쓰시오.

➡ ________________

10 **밑줄 친 ㉠~㉤이 가리키는 말을 찾아 쓰시오.**

> 민수와 은지는 함께 학교 도서관에 갔다. ㉠그들이 ㉡거기에 도착했을 때, 아직 문이 열려 있지 않았다. 민수는 도서관 입구에 은지를 세워 놓고,
> "㉢너는 잠깐 ㉣여기에서 기다려. 내가 열쇠 가져올게."
> 하고는 행정실로 뛰어갔다. 잠시 후 민수는 ㉤그곳에서 열쇠를 들고나왔다.

㉠: ________　㉡: ________　㉢: ________
㉣: ________　㉤: ________

11 **다음 설명을 읽고 물음에 답하시오.**

> ㉮ 사람이나 사물의 이름, 추상적인 대상 등의 이름을 나타내는 단어이다.
> ㉯ 사람이나, 사물, 장소 등의 이름을 대신하여 나타내는 단어이다.
> ㉰ 사람이나 사물의 수량이나 순서를 나타내는 단어이다.

(1) ㉮~㉰에 해당하는 단어의 공통점으로 적절한 것을 고르시오.
① 문장에서 주어로만 쓰인다.
② 주로 부사의 꾸밈을 받는다.
③ 뒤에 조사가 결합될 수 있다.
④ 문장에서 쓰일 때에 형태가 변한다.
⑤ 주로 다른 단어를 꾸며 주는 기능을 한다.

(2) ㉮에 해당하는 단어 중, 추상적인 대상의 이름을 나타내는 단어를 모두 찾아 ✔표를 하시오.

☐ 행복　☐ 학교　☐ 토끼　☐ 믿음
☐ 연필　☐ 자유　☐ 추억　☐ 자전거

(3) 〈보기〉에서 ㉯에 해당하는 단어를 모두 찾고, 각각의 단어가 가리키는 대상을 쓰시오.

보기
> 진우는 친구와 함께 설악산에 갔다. 눈이 와서 그들은 거기 정상까지는 오르지 못했다.

12 밑줄 친 단어들을 기능에 따라 분류할 때, 나머지와 성격이 다른 하나를 골라 그 단어가 쓰인 문장에 ✓표를 하시오.

(1)
- ☐ 연못이 무척 깊다.
- ☐ 드디어 첫 월급을 받았다.
- ☐ 이 책은 내 것이 아니다.
- ☐ 첫째도 건강, 둘째도 건강이다.

(2)
- ☐ 옷이 무척 더럽다.
- ☐ 누나는 모자를 샀다.
- ☐ 집이 작고 아늑하다.
- ☐ 네가 주인공이다.

(3)
- ☐ 그 일은 우리의 임무이다.
- ☐ 사과가 매우 맛있다.
- ☐ 저 아이는 누구지?
- ☐ 이 음식은 순 살코기로 만들었다.

13 다음 밑줄 친 말 중, 품사가 다른 하나는?

㉠여보게, ㉡자네는 ㉢거기서 ㉣그와 ㉤무엇을 하고 있었나?

① ㉠ ② ㉡ ③ ㉢ ④ ㉣ ⑤ ㉤

14 다음 문장에서 수사를 모두 찾아 쓰시오.

둘이 먹다가 하나가 죽어도 모를 만큼 맛있다.

15 **다음 설명을 읽고 물음에 답하시오.**

> ㉮ 사람이나 사물의 움직임이나 작용 등을 나타내는 단어들의 갈래이다.
> ㉯ 사람이나 사물의 성질이나 상태를 나타내는 단어들의 갈래이다.

(1) ㉮와 ㉯에 해당하는 단어의 공통점으로 적절한 것을 모두 고르시오.

① 홀로 쓰일 수 없다.
② 부사의 꾸밈을 받는다.
③ 문장에서 독립적으로 쓰인다.
④ 문장에서 서술어로만 쓰인다.
⑤ 문장에서 쓰일 때에 형태가 변한다.

(2) ㉮에 해당하는 단어를 모두 찾아 ✔표를 하시오.

□ 높다	□ 사다	□ 버리다	□ 더럽다
□ 건강하다	□ 일어나다	□ 부끄럽다	□ 생각하다

(3) 〈보기〉에서 ㉯에 해당하는 단어를 모두 찾아 각각의 기본형을 쓰시오.

> 보기
> 사람들의 착하고 고운 마음들이 모여 따뜻한 봄이 왔나 봅니다.

(4) 다음 문장 중, ㉮와 ㉯에 해당하는 단어가 쓰이지 않은 것은?

① 어제 산 볼펜이 사라졌다.
② 그는 종이비행기를 날렸다.
③ 이 소설책은 민영이의 책이다.
④ 쉬는 시간에 매점 앞에서 만나자.
⑤ 나는 어제 하루 종일 게임만 했어.

16 다음 문장에서 용언에 해당하는 단어를 모두 찾아 각각의 기본형을 쓰시오.

(1) 나는 공부하느라 늦도록 점심을 못 먹었다.

➡ ______

(2) 앞니가 빠진 아이의 모습이 귀여워 보였다.

➡ ______

(3) 파란 하늘을 나는 비행기를 볼 때마다 내 가슴이 뛴다.

➡ ______

(4) 이 샘에서 솟은 물이 냇물을 이루고, 그것이 흘러서 언젠가 바다에 이를 거야.

➡ ______

17 ㉠~㉤ 중 형용사가 아닌 것은?

㉠화창한 오후, 나는 은정이와 함께 ㉡새로 연 옷 가게에 가서 ㉢빨간 외투를 샀다. 좀 ㉣비쌌지만, 그 옷을 입으니 따뜻하고 ㉤포근한 느낌이 들었다.

① ㉠ ② ㉡ ③ ㉢ ④ ㉣ ⑤ ㉤

18 다음 시에서 ㉠~㉥의 품사를 바르게 제시하지 못한 것은?

(1)

> ㉠죽는 날까지 하늘을 ㉡우러러 / ㉢한 점 부끄럼이 없기를
> 잎새에 이는 ㉣바람에도 / ㉤나는 ㉥괴로워했다. – 윤동주, 「서시」

① ㉠ – 동사　② ㉡ – 형용사　③ ㉢ – 관형사
④ ㉣ – 명사　⑤ ㉤ – 대명사　⑥ ㉥ – 동사

(2)

> ㉠자세히 ㉡보아야 ㉢예쁘다
> ㉣오래 보아야 ㉤사랑스럽다
> 너㉥도 그렇다 – 나태주, 「풀꽃」

① ㉠ – 부사　② ㉡ – 동사　③ ㉢ – 형용사
④ ㉣ – 형용사　⑤ ㉤ – 형용사　⑥ ㉥ – 조사

(3)

> ㉠내려갈 때 ㉡보았네
> ㉢올라갈 ㉣때 보지 못한
> ㉤그 ㉥꽃 –고은, 「그 꽃」

① ㉠ – 동사　② ㉡ – 동사　③ ㉢ – 동사
④ ㉣ – 명사　⑤ ㉤ – 대명사　⑥ ㉥ – 명사

19 다음 단어들의 공통점으로 가장 적절한 것은?

반갑다	좁다	느리다
반기다	줍다	늘리다

① 체언 바로 뒤에 붙어 쓰인다.
② 문장에서 서술어로 많이 쓰인다.
③ 사물의 성질이나 상태를 나타낸다.
④ 대상의 움직임이나 작용을 나타낸다.
⑤ 주로 다른 단어들을 꾸며 주는 기능을 한다.

20 다음 단어들 중, 〈보기〉와 같은 변화가 가능한 것을 모두 찾아 ✓표를 하시오.

□ 읽다　　□ 하얗다　　□ 부드럽다
□ 굵다　　□ 만들다　　□ 일어서다

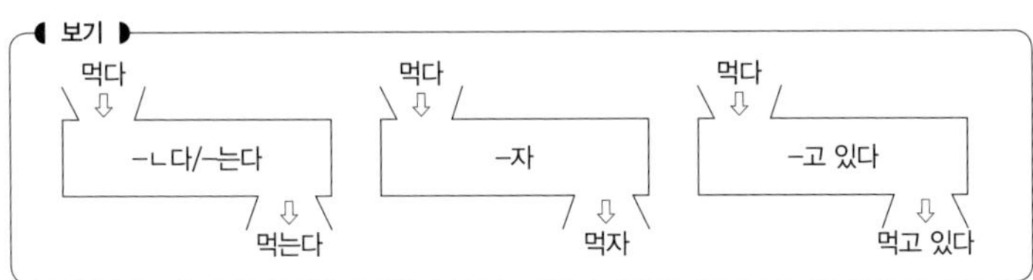

21 ㉠~㉥의 빈칸에 들어갈 적절한 말을 ⓐ~ⓔ에서 찾아 연결하시오.

㉠ 밥그릇에 밥을 [　　] 담았다. •　　• ⓐ 듬뿍
㉡ 숨길 생각 말고 [　　] 말해라. •　　• ⓑ 온갖
㉢ 어머니는 [　　] 정성을 기울였다. •　　• ⓒ 똑바로
㉣ [　　] 너까지 날 의심하는 건 아니지? •　　• ⓓ 설마
㉤ 나는 [　　] 가방이 마음에 쏙 든다. •　　• ⓔ 저

22 다음 설명 중 맞는 것에 ✓표를 하시오.

□ 관형사는 체언 앞에 놓여서, 그 체언을 꾸며 준다.
□ 관형사는 조사와 자유롭게 결합할 수 있다.
□ 부사는 용언에 해당하는 동사와 형용사만 꾸며 준다.
□ 부사와 관형사는 모두 형태가 고정되어 있는 불변어이다.

23 밑줄 친 단어의 품사가 관형사이면 '관', 수사이면 '수'를 쓰시오.

(1) 세 사람만 시험을 통과하였다. (　　)
(2) 우리 셋으로는 이기기 힘들어. (　　)
(3) 필통에서 연필 하나를 꺼냈다. (　　)
(4) 너에게 한 가지만 더 물어보자. (　　)
(5) 어머니는 둘째 아이를 더 걱정하신다. (　　)

24 다음 설명을 읽고 물음에 답하시오.

> ㉮ 체언 앞에 놓여서 '어떠한'이라고 그 내용을 꾸며 주는 단어들의 갈래이다.
> ㉯ 주로 용언 앞에 놓여서 '어떻게'라고 그 내용을 꾸며 주는 단어들의 갈래이다.

(1) ㉮와 ㉯에 해당하는 단어가 모두 쓰인 것을 고르시오.
① 소녀의 까만 눈동자가 초롱초롱 빛난다.
② 밤하늘에 둥근 보름달이 두둥실 떠 있다.
③ 우리는 힘을 모아 교실을 깨끗이 청소했다.
④ 새 신발을 신으니 마음까지 새로워진 듯하다.
⑤ 저 가방 안에 무엇이 들었는지 몹시 궁금하다.

(2) 〈보기〉에서 ㉮에 해당하는 단어를 모두 찾아 쓰시오.

> **보기**
> 새 건물을 보니 옛 모습이 어땠는지 전혀 생각나지 않는다.

➡ ______________________________

(3) 빈칸에 ㉯에 해당하는 단어가 들어갈 수 없는 것을 고르시오.
① 모형 비행기가 [　　] 날았다.
② 저 산에는 소나무가 [　　] 많다.
③ 내 동생은 성격이 [　　] 활달하다.
④ [　　] 그가 약속을 지킬 수 있을까?
⑤ 그는 친구에게 붓 [　　] 자루를 줬다.

25 다음 단어들의 공통된 특징으로 적절한 것을 골라 ✓표를 하시오.

살금살금	반짝반짝	뒤뚱뒤뚱
개굴개굴	쿵쾅쿵쾅	파닥파닥

□ 뒤에 조사가 붙는다.
□ 형태가 바뀌지 않는다.
□ 주로 용언을 꾸며 준다.
□ 대상의 움직임을 흉내 낸 말이다.
□ 관형사와 함께 수식언으로 묶인다.
□ 생략하면 온전한 문장을 만들 수 없다.

26 다음 글에 쓰인 단어들 중, 관형사와 부사를 모두 찾아 쓰시오.

오후에 그토록 기다리던 첫눈이 펑펑 내렸다. 새 장갑을 끼고 밖으로 나갔다. 거리를 오가는 모든 사람들의 표정이 무척 밝아 보였다. 이 함박눈이 사람들을 모두 행복하게 해 준 것 같다. 나 역시 어느 누구도 차별하지 않고 골고루 내리는 눈을 좋아한다.

관형사	부사

27 ㉠~㉥의 빈칸에 들어갈 조사를 ⓐ~ⓕ에서 찾아 연결하시오.

㉠ 내일부터 방학 [　　] 시작된다. •		• ⓐ 의
㉡ 민수는 우리 반 학급 회장 [　　]. •		• ⓑ 이/가
㉢ 그는 아침에 빵 [　　] 우유를 먹었다. •		• ⓒ 을/를
㉣ 그 책은 혜수 [　　] 책이다. •		• ⓓ 에
㉤ 늦잠을 자서 학교 [　　] 늦게 갔다. •		• ⓔ 와/과
㉥ 소원이는 안개꽃 [　　] 좋아한다. •		• ⓕ 이다

28 **다음 문장에 쓰인 조사를 모두 찾아 쓰시오.**

(1) 아버지는 오늘 아침 일찍 출근하셨다.

➡ ______________________

(2) 뒤뜰에 해바라기가 활짝 피어 있었다.

➡ ______________________

(3) 오늘 밤에도 늦게까지 공부를 할 생각이야.

➡ ______________________

(4) 내일 우리 학교에서 동아리 축제가 열린다.

➡ ______________________

(5) 점심시간에 친구들과 신나게 축구를 하였다.

➡ ______________________

29 **〈보기〉의 대화에서 밑줄 친 말은 모두 조사에 해당한다. 이를 참고하여, 아래 체크 리스트의 해당되는 칸에 ✓표를 하시오.**

보기

준하: 소영아, 표정이 안 좋아 보이네.
소영: 어제 본 국어와 수학 시험 답안지에 번호를 안 쓴 것 같아 걱정이야.
준하: 빨리도 알아차렸네. 걱정 말고, 담임 선생님께 말씀 드려 봐.
소영: 담임 선생님께만 말씀 드리면 될까?

〈체크 리스트〉

점검 항목	그렇다	아니다
(1) 조사는 실질적인 뜻을 갖지 않는 단어이다.		
(2) 조사는 체언 뒤에 붙어 그 말이 일정한 자격을 갖도록 해 준다.		
(3) 조사는 체언 이외의 다른 단어 뒤에는 결합할 수 없다.		
(4) 조사를 생략하면 문장을 만들 수 없다.		
(5) 접속 조사 '와/과'는 두 단어를 같은 자격으로 이어 준다.		
(6) 모든 조사는 문장에서 쓰일 때에 형태가 바뀌지 않는다.		
(7) 조사는 문장 속에서 홀로 쓰일 수 없지만 단어에 해당한다.		
(8) 조사는 다른 조사 뒤에도 결합할 수 있다.		
(9) 조사 중에는 그 앞에 오는 사람을 높이는 기능을 하는 조사도 있다.		

30 다음 〈조건〉을 모두 만족하는 품사에 해당하는 단어를 모두 골라 ✓표를 하시오.

조건

- 문장에서 독립적으로 쓰인다.
- 대체로 조사가 결합하지 않는다.
- 대체로 뒤에 느낌표(!)나 쉼표(,)가 붙는다.
- 문장에서 쓰일 때에 형태가 바뀌지 않는다.

□ 이봐	□ 하늘	□ 꾸짖다
□ 같이	□ 깜짝	□ 에끼
□ 여기	□ 어이쿠	□ 아서라
□ 천만에	□ 여보세요	□ 슬그머니

31 〈보기〉의 대화에서 밑줄 친 말의 품사가 다른 하나를 쓰시오.

보기

승민: 오늘부터 기타 학원 다니기로 했어.
지수: 뭐, 기타 학원?
승민: 어, 전부터 취미로 악기 하나를 배우고 싶었거든.
지수: 글쎄, 다음 주부터 시험인데 괜찮겠어?
승민: 그럼, 공부는 평소에 잘해 두었으니까.
지수: 승민아, 그래도 다시 한번 생각해 보는 게 어때?
승민: 아니야, 내 결심은 흔들리지 않을 거야.

32 다음 밑줄 친 단어들의 품사를 각각 쓰시오.

(1)

나 는 영희 와 함께 학교 에 갔다.
① ② ③ ④ ⑤ ⑥ ⑦ ⑧

① ( ) ② ( )
③ ( ) ④ ( )
⑤ ( ) ⑥ ( )
⑦ ( ) ⑧ ( )

(2)

아뿔싸, 국어 숙제 를 깜빡 잊어버렸어.
① ② ③ ④ ⑤ ⑥

① (　　　　) ② (　　　　)
③ (　　　　) ④ (　　　　)
⑤ (　　　　) ⑥ (　　　　)

(3)

한 시간을 걷자 외딴 마을 이 어렴풋이 보였다.
① ② ③ ④ ⑤ ⑥ ⑦ ⑧

① (　　　　) ② (　　　　)
③ (　　　　) ④ (　　　　)
⑤ (　　　　) ⑥ (　　　　)
⑦ (　　　　) ⑧ (　　　　)

33 〈보기〉의 단어들을 다음의 과정에 따라 분류할 때, ㉠~㉤에 들어갈 단어들을 각각 쓰시오.

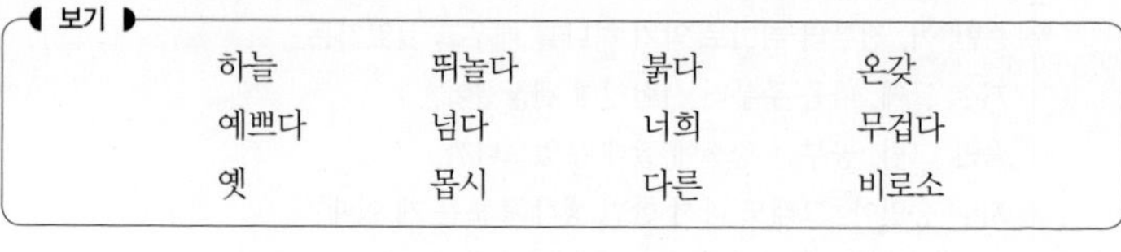

보기

하늘	뛰놀다	붉다	온갖
예쁘다	넘다	너희	무겁다
옛	몹시	다른	비로소

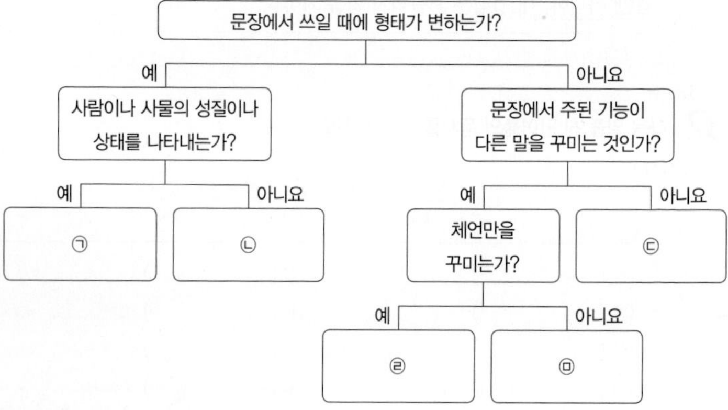
문장에서 쓰일 때에 형태가 변하는가?
예
아니요
사람이나 사물의 성질이나 상태를 나타내는가?
문장에서 주된 기능이 다른 말을 꾸미는 것인가?
예
아니요
㉠
㉡
예
아니요
체언만을 꾸미는가?
㉢
예
아니요
㉣
㉤

정답

1. 언어의 본질

2~7쪽

01 의미

02 (1) ㉡ (2) ㉤ (3) ㉣ (4) ㉠ (5) ㉣ (6) ㉢ (7) ㉡ (8) ㉠

03 언어의 규칙성

04 ②

05 언어의 사회성, 언어의 자의성

06 ⑤

07 ㉠ – ⓐ, ㉡ – ⓓ, ㉢ – ⓒ, ㉣ – ⓑ

08 ㉮ 역사성, ㉯ 자의성, ㉰ 사회성, ㉱ 창조성

09 ㉠ – ⓒ, ㉡ – ⓑ, ㉢ – ⓑ, ㉣ – ⓐ, ㉤ – ⓒ, ㉥ – ⓐ

10 ③

11 ㉠ 내린다 → 내렸다, ㉣ 코스모스를 → 코스모스가, ㉤ 결코 → 반드시

2. 어휘

8~13쪽

01 어휘

02 (1) × (2) ○ (3) × (4) × (5) ○ (6) ×

03 자유, 방송국, 식당, 국어

04 고유어: ㉢, ㉧, ㉪, ㉭ 한자어: ㉠, ㉡ 외래어: ㉣, ㉥, ㉦, ㉨, ㉫ 고유어+외래어: 없음.
한자어+외래어: ㉤, ㉦, ㉬

05 (1) ○ (2) × (3) ○ (4) × (5) ○

06 ①, ③, ⑥, ⑨ – 병아리

07 교양, 현대, 서울

08 (1) 지 (2) 표 (3) 사 (4) 사 (5) 지 (6) 지 (7) 사

09 ①, ③, ④, ⑦, ⑨ – 체리(버찌)

10 ④

11 ③

12 ①, ⑤, ⑥, ⑧

06

2	2	2	1	1	1	5	5	7	5	5	4	4	4	4
4	4	3	3	3	1	3	5	7	5	5	4	4	5	5
6	6	1	2	1	6	3	6	7	8	5	5	5	5	5
5	6	1	6	1	6	3	6	7	8	2	2	2	4	5
5	7	1	3	1	6	3	4	4	8	4	2	2	4	7
4	7	7	3	1	6	2	2	2	8	8	2	5	5	7
5	5	6	3	1	6	6	2	2	5	8	2	7	7	7
5	3	3	3	6	6	6	6	9	5	4	5	7	7	7
1	1	1	1	8	8	2	6	9	3	6	4	2	2	6
5	6	5	2	6	6	1	7	9	3	6	6	6	9	1
5	6	5	2	6	6	1	6	7	3	1	1	6	9	5
8	8	1	1	5	5	5	5	6	3	6	1	6	9	5
8	4	4	1	1	9	6	6	6	3	6	9	9	5	5
5	4	2	2	5	9	6	6	2	6	6	2	2	2	5
5	4	2	6	6	9	3	3	3	2	2	4	4	4	4

09

2	5	5	6	8	8	8	1	1	1	1	1	4	4	4
2	5	5	6	6	6	6	3	9	9	9	3	3	4	3
2	2	5	5	5	8	8	2	5	5	5	3	2	2	2
5	2	5	9	4	9	2	2	2	5	7	7	7	6	2
5	2	9	4	4	4	9	2	8	9	9	5	3	3	2
5	9	6	6	4	9	9	9	9	2	5	5	5	3	2
7	9	6	6	1	1	1	1	2	2	2	5	5	9	5
7	7	7	4	9	9	9	9	8	2	3	7	7	9	5
7	8	4	4	4	7	7	7	8	3	3	3	3	4	9
9	1	9	4	9	3	9	7	4	3	6	6	4	4	4
9	1	9	9	9	3	9	4	4	4	6	6	9	4	9
5	1	9	3	3	3	9	8	4	9	9	1	1	1	1
5	8	9	9	9	3	8	2	9	7	7	9	4	9	1
5	8	5	8	8	8	2	2	2	9	7	4	4	4	1
5	5	5	8	8	8	6	2	6	6	7	9	4	9	9

3. 품사

14~28쪽

01 (1) 품사 (2) 형태, 기능, 의미 (3) 특성 (4) 아홉, 사자성어: 일석이조

02 (1) 문장에서 쓰일 때에 형태가 바뀌는가? (2) 주로 용언을 꾸며 주는가? (3) 사물의 상태나 성질을 나타내는가?

03 (1) 수사 (2) 명사 (3) 형용사 (4) 대명사 (5) 동사 (6) 형용사 (7) 조사 (8) 동사 (9) 수사 / 관형사 (10) 대명사

04 (1) 노래, 공부 (2) 걸었다, 마셨다, 던졌다 (3) 새, 여러 (4) 잘, 쌩쌩 (5) 앗, 어이쿠, 에그머니 (6) 멀리, 재빨리

05 ㉠ 대명사, ㉡ 관형사, ㉢ 독립언, ㉣ 관계언, ㉤ 형용사

06 • 사람이나 사물의 이름을 나타내는 단어: 홍길동, 땅 • 사람이나 사물의 움직임이나 작용을 나타내는 단어: 걷다, 공부하다 • 주로 용언 앞에서 그 말을 꾸며 주는 단어: 빨리, 아주

07 (1) 부디 (2) 그리다 (3) 한테

08 [가로 열쇠] ㄴ: 관형사, ㄹ: 대명사 [세로 열쇠] ㄱ: 조사, ㄷ: 형용사, ㅁ: 명사

09 (1) 실수, 이유 (2) 교실, 다람쥐, 쥐구멍, 다리미 (3) 멍하다, 유감스럽다 (4) 수영하다, 죽다, 미치다 (5) 다행히, 히죽, 다소곳이

10 ㉠: 민수와 은지, ㉡: 학교 도서관, ㉢: 은지, ㉣: 도서관 입구, ㉤: 행정실

11 (1) ③ (2) 행복, 믿음, 자유, 추억 (3) 그들: 진우와 친구, 거기: 설악산

12 (1) 드디어 첫 월급을 받았다. (2) 네가 주인공이다. (3) 그 일은 우리의 임무이다.

13 ①

14 둘, 하나,

15 (1) ②, ⑤ (2) 사다, 버리다, 일어나다, 생각하다 (3) 착하다, 곱다, 따뜻하다 (4) ③

16 (1) 공부하다, 늦다, 먹다 (2) 빠지다, 귀엽다, 보이다 (3) 파랗다, 날다, 보다, 뛰다 (4) 솟다, 이루다, 흐르다, 이르다

17 ②

18 (1) ② (2) ④ (3) ⑤

19 ②

20 읽다, 만들다, 일어서다

21 ㉠ – ⓐ, ㉡ – ⓒ, ㉢ – ⓑ, ㉣ – ⓓ, ㉤ – ⓔ

22 관형사는 체언 앞에 놓여서, 그 체언을 꾸며 준다. 부사와 관형사는 모두 형태가 고정되어 있는 불변어이다.

23 (1) 관 (2) 수 (3) 수 (4) 관 (5) 관

24 (1) ⑤ (2) 새, 옛 (3) ⑤

25 형태가 바뀌지 않는다. 주로 용언을 꾸며 준다. 관형사와 함께 수식언으로 묶인다.

26 • 관형사: 새, 모든, 이, 어느 • 부사: 그토록, 펑펑, 무척, 모두, 역시, 골고루

27 ㉠ – ⓑ, ㉡ – ⓕ, ㉢ – ⓔ, ㉣ – ⓐ, ㉤ – ⓓ, ㉥ – ⓒ

28 (1) 는 (2) 에, 가 (3) 에, 도, 까지, 를, 이야 (4) 에서, 가 (5) 에, 과, 를

29 • 그렇다: (1), (2), (5), (7), (8), (9) • 아니다: (3), (4), (6)

30 이봐, 에끼, 어이쿠, 아서라, 천만에, 여보세요

31 승민아

32 (1) ① 대명사, ② 조사, ③ 명사, ④ 조사, ⑤ 부사, ⑥ 명사, ⑦ 조사, ⑧ 동사

(2) ① 감탄사, ② 명사, ③ 명사, ④ 조사, ⑤ 부사, ⑥ 동사

(3) ① 관형사, ② 명사, ③ 동사, ④ 관형사, ⑤ 명사, ⑥ 조사, ⑦ 부사, ⑧ 동사

33 ㉠ 붉다, 예쁘다, 무겁다, ㉡ 뛰놀다, 넘다 ㉢ 하늘, 너희, ㉣ 온갖, 옛, 다른, ㉤ 몹시, 비로소

01

일	품	기	이
형	석	태	사
의	미	능	특
아	조	성	홉

08

			ㄱ조
	ㄴ관	ㄷ형	사
		용	
ㄹ대	ㅁ명	사	
	사		

세상에 없던 새로운 공부법

EBS 중학

| 국어 1 |

미니북

자르는 선

EBS 중학

뉴런

| 국어 1 |

실전책

| 기획 및 개발 |

송해나 정혜진 이미애

| 집필 및 검토 |

강영미(신상중) 김수학(중동고) 박종혁(보성중) 신영미(운중고) 신장우(창문여고) 오경란(탄벌중) 이용우(이대부고) 한세나(도선고)

| 검토 |

강서희 고은영 고재현 김선희 김수민 김영근 김잔디 노정훈 박현정

성난주 이세주 이현기 임동원 하성욱 류근호 손동인 이화옥 장은경

교재 정답지, 정오표 서비스 및 내용 문의 EBS 중학사이트 → 교재 검색 → 교재 선택

중 | 학 | 도 | 역 | 시 EBS

예·비·중1·을·위·한

EBS중학
신입생
예비과정

새 학년! 내신 성적 향상을 위한
최고의 **단기 완성 교재**와 함께 준비하자!

EBS 중학 신입생 예비과정: 국어 · 영어 · 수학 · 사회 · 과학

mid.ebs.co.kr

EBS 중학

뉴런

| 국어 1 |

실전책

Structure 이 책의 구성과 특징

실전책

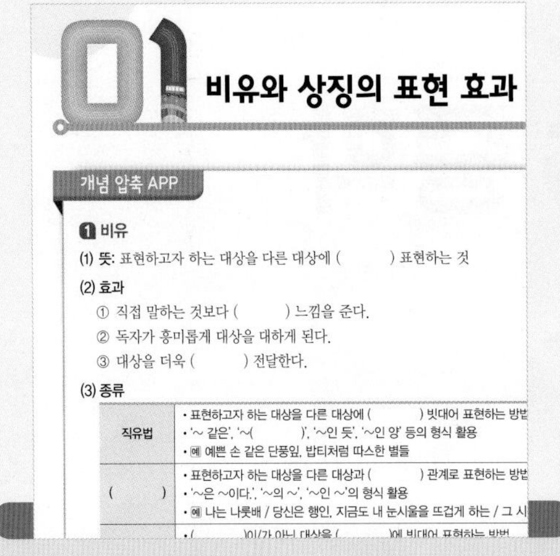
01 비유와 상징의 표현 효과

개념 압축 APP

❶ 비유

(1) 뜻: 표현하고자 하는 대상을 다른 대상에 (　　　) 표현하는 것

(2) 효과

① 직접 말하는 것보다 (　　　) 느낌을 준다.

② 독자가 흥미롭게 대상을 대하게 된다.

③ 대상을 더욱 (　　　) 전달한다.

(3) 종류

직유법	• 표현하고자 하는 대상을 다른 대상에 (　　　) 빗대어 표현하는 방법 • '~ 같은', '~(　　　)', '~인 듯', '~인 양' 등의 형식 활용 • 예 예쁜 손 같은 단풍잎, 밥티처럼 따스한 별들
(　　　)	• 표현하고자 하는 대상을 다른 대상과 (　　　) 관계로 표현하는 방법 • '~은 ~이다', '~의 ~', '~인 ~'의 형식 활용 • 예 나는 나룻배 / 당신은 행인, 지금도 내 눈시울을 뜨겁게 하는 / 그 시

개념 압축 APP

중요 개념을 다시 한번 확인할 수 있습니다.

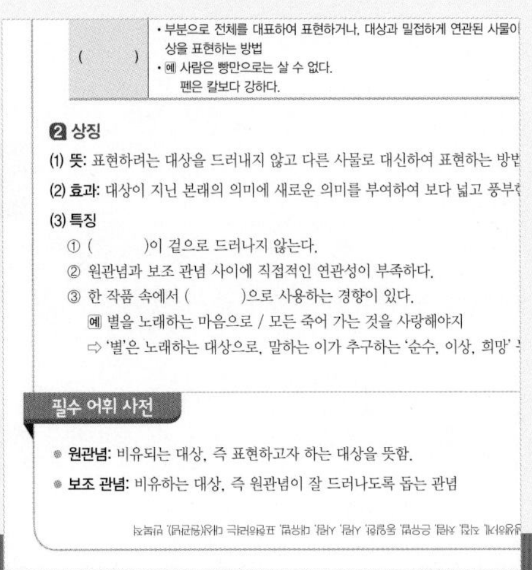
(　　　)	• 부분으로 전체를 대표하여 표현하거나, 대상과 밀접하게 연관된 사물이 상을 표현하는 방법 • 예 사람은 빵만으로는 살 수 없다. 펜은 칼보다 강하다.

❷ 상징

(1) 뜻: 표현하려는 대상을 드러내지 않고 다른 사물로 대신하여 표현하는 방법

(2) 효과: 대상이 지닌 본래의 의미에 새로운 의미를 부여하여 보다 넓고 풍부

(3) 특징

① (　　　)이 겉으로 드러나지 않는다.

② 원관념과 보조 관념 사이에 직접적인 연관성이 부족하다.

③ 한 작품 속에서 (　　　)으로 사용하는 경향이 있다.

예 별을 노래하는 마음으로 / 모든 죽어 가는 것을 사랑해야지

⇨ '별'은 노래하는 대상으로, 말하는 이가 추구하는 '순수, 이상, 희망'

필수 어휘 사전

• 원관념: 비유되는 대상, 즉 표현하고자 하는 대상을 뜻함.

• 보조 관념: 비유하는 대상, 즉 원관념이 잘 드러나도록 돕는 관념

필수 어휘 사전

주요 개념과 어휘, 용어 등을 확인할 수 있습니다.

학습 활동 따라잡기

❶ 다음 시에서 '상징'이 활용된 시어를 찾고 그 시어의 상징적 의미를

내를 건너서 숲으로
고개를 넘어서 마을로

어제도 가고 오늘도 갈
나의 길 새로운 길

민들레가 피고 까치가 날고
아가씨가 지나고 바람이 일고

나의 길은 언제나 새로운 길
오늘도…… 내일도 ……

내를 건너서 숲으로
고개를 넘어서 마을로

학습 활동 따라잡기

교과서의 학습 활동을 응용한 문제를 실었습니다.

학습 목표 응용

01 이 글에 대한 설명으로 적절한 것은?

① 서술자인 '나'가 자신의 생각을 고백하듯이 전달하고 있다.
② 현재와 과거의 시간이 반복적으로 교차되면서 서술되고 있다.
③ 인물의 말과 행동을 통해 심리를 드러내는 방법을 사용하고 있다.
④ 사투리를 사용하여 인물의 해학성을 더욱 효과적으로 드러내고 있다.
⑤ 일제 강점기라는 암울한 시대 상황에 대한 작가의 비판 의식이 드러나 있다.

중요

02 이 글에 나타난 갈등의 양상과 해결 과정에 대한 설명으로 적절하지 않은 것은?

① 문기는 솔직한 고백을 통해서 갈등을 해결하고 있다.
② 문기는 외적 갈등을, 수만이는 내적 갈등을 주로 겪고 있다.
③ 문기는 갈등의 상황에서 벗어나려는 태도를 지니고 있다.
④ 수만이가 문기의 말을 믿지 않으면서 둘 사이의 갈등이 심화된다.

학습 목표 응용

학습 목표를 중심으로 지문의 중요한 내용을 점검할 수 있습니다.

고난도 응용

01 〈보기〉와 이 글에 나타난 공통점으로 적절한 것은?

보기

그 말을 듣는 순간 나는 그의 목덜미를 움켜잡아 거꾸러뜨리고 싶은 심정이었으나 꼼짝 못 하고 형편없는 무법자가 되어 그 자리에 서 있었고, 에밀은 여전히 경멸을 품은 채 마치 우주의 질서처럼 차갑게 내 앞에 서 있었다네. 그는 단 한 마디도 욕을 하지 않았고 그저 바라보는 것만으로 충분히 경멸했던 거야. / 그때 나는 처음으로, 한 번 결딴난 일은 다시 손을 써 볼 수 없다는 사실을 알게 되었지. 집으로 돌아가니 다행히도 어머니는 아무것도 묻지 않고 내게 키스를 해 주셨지. – 헤르만 헤세, 「공작나방」

① '나'의 체험을 통해 교훈을 전달한다.
② 인물이 타인의 도움으로 외적 갈등을 해결한다.
③ 비유를 통해 인물의 외양을 세밀하게 묘사한다.
④ 과장을 사용하여 인물의 천진난만함을 부각한다.
⑤ 인물이 갈등 해결 과정에서 내적 성숙을 이룬다.

중요

02 ㉠과 ㉡에 대한 이해로 적절하지 않은 것은?

고난도 응용

어려운 고난도 문제를 통해 사고력을 높이고 실전 감각을 익힐 수 있습니다.

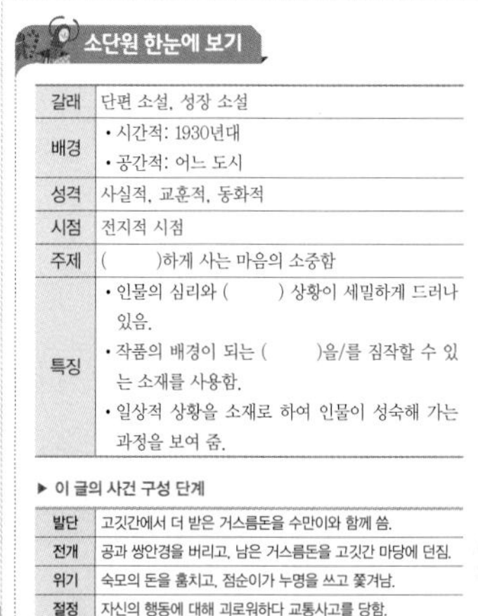
소단원 한눈에 보기

갈래	단편 소설, 성장 소설
배경	• 시간적: 1930년대 • 공간적: 어느 도시
성격	사실적, 교훈적, 동화적
시점	전지적 시점
주제	(　　)하게 사는 마음의 소중함
특징	• 인물의 심리와 (　　) 상황이 세밀하게 드러나 있음. • 작품의 배경이 되는 (　　)을/를 짐작할 수 있는 소재를 사용함. • 일상적 상황을 소재로 하여 인물이 성숙해 가는 과정을 보여 줌.

▶ 이 글의 사건 구성 단계

발단	고깃간에서 더 받은 거스름돈을 수만이와 함께 씀.
전개	공과 쌍안경을 버리고, 남은 거스름돈을 고깃간 마당에 던짐.
위기	숙모의 돈을 훔치고, 점순이가 누명을 쓰고 쫓겨남.
절정	자신의 행동에 대해 괴로워하다 교통사고를 당함.
결말	삼촌에게 그동안의 일을 고백하고 후련함을 느낌.

소단원 한눈에 보기

갈래, 특징, 중요 개념 등을 정리합니다.

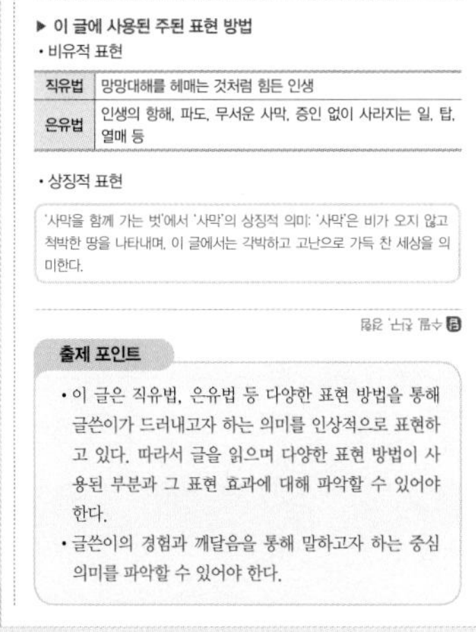
▶ 이 글에 사용된 주된 표현 방법

• 비유적 표현

직유법	망망대해를 헤매는 것처럼 힘든 인생
은유법	인생의 항해, 파도, 무서운 사막, 증인 없이 사라지는 일, 탑, 열매 등

• 상징적 표현

'사막을 함께 가는 벗'에서 '사막'의 상징적 의미: '사막'은 비가 오지 않고 척박한 땅을 나타내며, 이 글에서는 각박하고 고난으로 가득 찬 세상을 의미한다.

출제 포인트

• 이 글은 직유법, 은유법 등 다양한 표현 방법을 통해 글쓴이가 드러내고자 하는 의미를 인상적으로 표현하고 있다. 따라서 글을 읽으며 다양한 표현 방법이 사용된 부분과 그 표현 효과에 대해 파악할 수 있어야 한다.
• 글쓴이의 경험과 깨달음을 통해 말하고자 하는 중심 의미를 파악할 수 있어야 한다.

출제 포인트

지문에서 시험에 주로 출제되는 포인트를 알 수 있습니다.

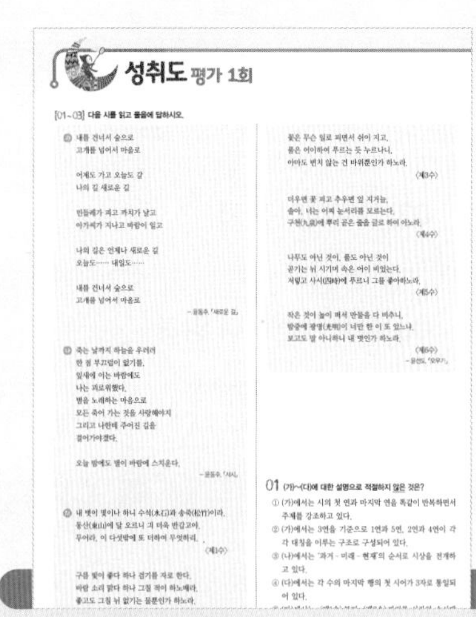

성취도 평가

최종 마무리! 실전 감각을 익히고 실력을 업그레이드합니다.

• EBS 홈페이지(mid.ebs.co.kr)에 들어오셔서 회원으로 등록하세요.
• 본 방송 교재의 프로그램 내용은 인터넷 동영상(VOD)으로 다시 보실 수 있습니다.

Contents 이 책의 차례 실전책

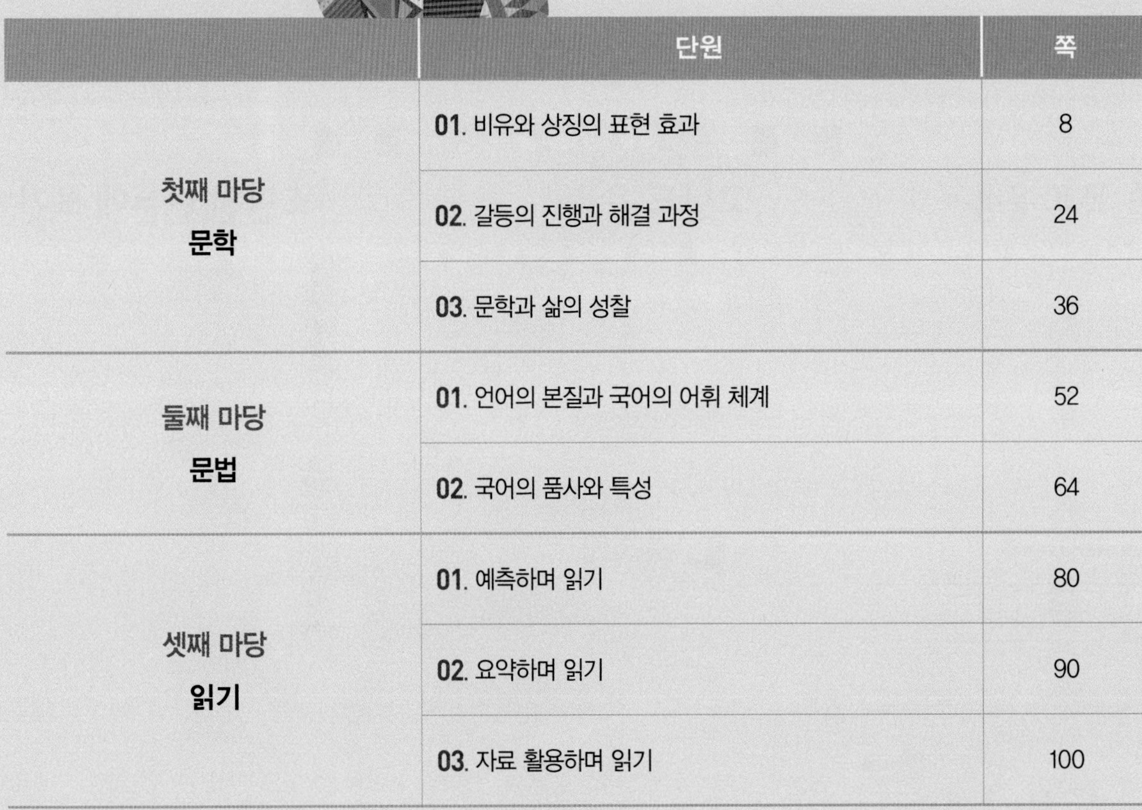

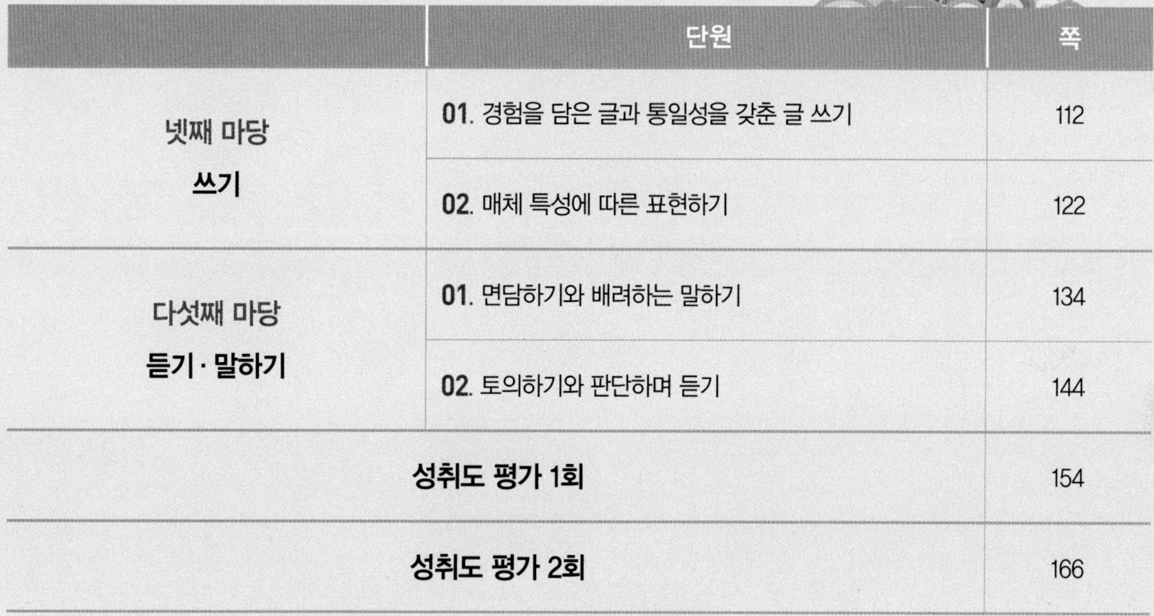

● 교재 및 강의 내용에 대한 문의는 EBS 홈페이지(mid.ebs.co.kr)의 Q&A 서비스를 활용하시기 바랍니다.

첫째 마당

문학

01
비유와 상징의 표현 효과

02
갈등의 진행과 해결 과정

03
문학과 삶의 성찰

비유와 상징의 표현 효과

개념 압축 APP

1 비유

(1) 뜻: 표현하고자 하는 대상을 다른 대상에 (　　　　) 표현하는 것

(2) 효과

① 직접 말하는 것보다 (　　　　) 느낌을 준다.

② 독자가 흥미롭게 대상을 대하게 된다.

③ 대상을 더욱 (　　　　) 전달한다.

(3) 종류

직유법	• 표현하고자 하는 대상을 다른 대상에 (　　　　) 빗대어 표현하는 방법 • '~ 같은', '~(　　　　)', '~인 듯', '~인 양' 등의 형식 활용 • 예 예쁜 손 같은 단풍잎, 밥티처럼 따스한 별들
(　　　　)	• 표현하고자 하는 대상을 다른 대상과 (　　　　) 관계로 표현하는 방법 • '~은 ~이다.', '~의 ~', '~인 ~'의 형식 활용 • 예 나는 나룻배 / 당신은 행인, 지금도 내 눈시울을 뜨겁게 하는 / 그 시절, 내 유년의 윗목
의인법	• (　　　　)이/가 아닌 대상을 (　　　　)에 빗대어 표현하는 방법 • 예 산은 사람들과 친하고 싶어서 / 기슭을 끌고 마을에 들어오다가도
(　　　　)	• 부분으로 전체를 대표하여 표현하거나, 대상과 밀접하게 연관된 사물이나 관념으로 그 대상을 표현하는 방법 • 예 사람은 빵만으로는 살 수 없다. 펜은 칼보다 강하다.

2 상징

(1) 뜻: 표현하려는 대상을 드러내지 않고 다른 사물로 대신하여 표현하는 방법

(2) 효과: 대상이 지닌 본래의 의미에 새로운 의미를 부여하여 보다 넓고 풍부한 의미를 지님.

(3) 특징

① (　　　　)이 겉으로 드러나지 않는다.

② 원관념과 보조 관념 사이에 직접적인 연관성이 부족하다.

③ 한 작품 속에서 (　　　　)으로 사용하는 경향이 있다.

예 별을 노래하는 마음으로 / 모든 죽어 가는 것을 사랑해야지

⇨ '별'은 노래하는 대상으로, 말하는 이가 추구하는 '순수, 이상, 희망' 등을 상징함.

필수 어휘 사전

- **원관념:** 비유되는 대상, 즉 표현하고자 하는 대상을 뜻함.
- **보조 관념:** 비유하는 대상, 즉 원관념이 잘 드러나도록 돕는 관념

답 빗대어, 신선한, 생생하게, 직접, 처럼, 은유법, 동일한, 사람, 사람, 대유법, 표현하려는 대상(원관념), 반복적

확인 문제

1. 다음에서 설명하고 있는 표현 방법은?

> 표현하고자 하는 대상을 다른 대상과 동일한 관계로 표현하는 방법

① 직유법
② 은유법
③ 의인법
④ 대유법
⑤ 대조법

2. 비유법의 종류가 나머지와 다른 것은?

① 내 마음은 호수요
② 예쁜 손 같은 단풍잎
③ 밥티처럼 따스한 별들
④ 선생님은 낙타처럼 늙으셨다.
⑤ 깊은 마음 속 거룩한 합장인 양하고,

3. 다음에 사용된 표현 방법이 무엇인지 쓰시오.

> 나는 한 그루 나무의 그늘이 된 사람을 사랑한다.

답 1. ② 2. ① 3. 은유법

학습 목표

- 비유의 표현 방식을 이해하고 그 효과를 파악할 수 있다.
- 상징의 표현 방식을 이해하고 그 효과를 파악할 수 있다.

학습 활동 따라잡기

1 다음 시에서 '상징'이 활용된 시어를 찾고 그 시어의 상징적 의미를 알아보자.

내를 건너서 숲으로
고개를 넘어서 마을로

어제도 가고 오늘도 갈
나의 길 새로운 길

민들레가 피고 까치가 날고
아가씨가 지나고 바람이 일고

나의 길은 언제나 새로운 길
오늘도…… 내일도 ……

내를 건너서 숲으로
고개를 넘어서 마을로

2 다음 시를 바탕으로 (1)~(3)의 활동을 해 보자.

내 벗이 몇이나 하니 수석(水石)과 송죽(松竹)이라.
동산(東山)에 달 오르니 긔 더욱 반갑고야.
두어라, 이 다섯밖에 또 더하여 무엇하리.

(1) 이 시에 주로 사용된 표현 방법은 무엇일까?

(2) 이 시에서 말하는 이가 (1)과 같은 표현 방법을 사용한 이유는 무엇일까?

(3) 이 시에서처럼 자신의 주변에서 친구와 같이 생각하는 사물 다섯 가지를 찾아서 적어 보자.

끌어 주기

◎ 윤동주의 '새로운 길'이라는 시이다. 인생을 길로 표현하는 경우를 자주 볼 수 있다. 이 시에서도 '길'은 인생을 상징한다. 길 이외에도 상징적인 의미를 가진 시어들을 찾고, 그 의미를 길과 연관 지어 생각해 보자.

예시 답안 길: 인생, 삶의 여정
내, 고개: 고난과 시련
숲, 마을: 목표와 희망
민들레, 바람, 까치, 아가씨: 살아가면서 만나는 다양한 존재들

◎ 윤선도의 연시조 '오우가' 가운데 한 수이다. 이 시에 사용된 표현 방법을 알아보고 말하는 이의 마음이 되어 자신의 주변에서 다섯 친구를 찾아보는 활동을 통해 표현 방법이 주는 효과를 느낄 수 있다.

(1) 이 시조에서는 자연물을 마치 사람처럼 표현하고 있다.
예시 답안 의인법

(2) 자연물을 사람처럼 표현하면 자연물이 더욱 친근하게 느껴지는 효과가 있다.
예시 답안 자연에 대한 친근함을 표현하기에 적합하기 때문이다.

(3) 자신이 평소에 중요하게 생각하는 사물을 떠올려 본다.
예시 답안 휴대 전화, 컴퓨터, 좋아하는 연예인 사진, 초등학교 졸업 앨범, 가족 여행에서 사온 기념품

1 포근한 봄 | 오규원

*다음 시를 읽고 물음에 답하시오.

눈이 내린다.
봄이라서
봄빛처럼 포근한 눈

담장 위에 쌓이는 봄눈 ┐
나무 위에 쌓이는 봄눈 ㉠
마당 위에 쌓이는 봄눈 ┘

그리고
마루에서 졸다가 깬
눈을 하고 있는
새끼 고양이의 눈 속에도
내리는 봄눈

감았다 떴다 하는
새끼 고양이의 눈처럼
보드라운

봄
봄 하늘
봄 하늘의 봄눈

학습 목표 응용

01 이 시에 대한 설명으로 적절하지 <u>않은</u> 것은?

① 봄날의 정취를 노래한 시이다.
② 반복을 통해 운율을 형성하고 있는 시이다.
③ 다양한 심상으로 상반된 느낌을 표현하고 있다.
④ 대상을 구체화하는 표현 방법을 사용하고 있다.
⑤ 대상에 대한 느낌을 직접적으로 드러내고 있다.

02 이 시의 '봄눈'에 대한 설명으로 적절하지 <u>않은</u> 것은?

① 부드러운 느낌을 준다.
② 고양이의 눈에 비치고 있다.
③ 봄이 주는 포근함을 가지고 있다.
④ 담장과 나무, 마당에 쌓이고 있다.
⑤ 봄에 대한 아쉬움을 불러일으킨다.

중요

03 이 시의 1연, 4연에 쓰인 주된 표현 방법이 활용된 시구로 적절한 것은?

① 나비 허리에 새파란 초생달이 시리다.
② 내 고장 칠월은 / 청포도가 익어 가는 시절
③ 물바가지에 떠 담던 접동새 소리 별 그림자
④ 코스모스 갸웃갸웃 얼굴 내밀며 손 흔들거든
⑤ 엄마 안 오시네, 배추잎 같은 발소리 타박타박

04 이 시의 말하는 이에 대한 설명으로 적절한 것은?

① 봄눈을 보며 추억에 잠겨 있다.
② 봄눈 속에서 자연과의 조화를 꿈꾸고 있다.
③ 봄눈의 모습에서 미래에 대한 희망을 발견한다.
④ 봄눈을 바라보며 봄눈과 겨울눈을 대조하고 있다.
⑤ 봄눈이 오는 모습을 바라보며 포근함과 부드러움을 느낀다.

고난도 응용

01 〈보기〉의 설명과 어울리는 연으로 적절한 것은?

> **보기**
> • 의도적 시행 배열이 드러난다.
> • 봄눈의 모습을 시각적으로 형상화하고 있다.
> • 시어의 반복이 이루어지고 있다.
> • 대상을 좁혀 가며 봄눈의 느낌을 강조한다.

① 1연 ② 2연 ③ 3연 ④ 4연 ⑤ 5연

중요

02 〈보기〉와 비교했을 때, ㉠의 표현 효과로 적절하지 않은 것은?

> **보기**
> 담장, 나무, 마당 위에 쌓이는 봄눈

① 운율이 느껴진다.
② 봄눈의 부드러움을 강조한다.
③ 봄눈이 골고루 내리는 느낌을 준다.
④ 봄눈이 천천히 내리는 것 같이 느껴진다.
⑤ 봄눈에 대한 말하는 이의 시선이 느껴진다.

중요 | **서술형**

03 이 시와 〈보기〉의 시에 공통적으로 사용된 비유적 표현이 무엇인지 쓰고, 그 표현이 주는 효과를 서술하시오.

> **보기**
> 강나루 건너
> 밀밭 길을
>
> 구름에 달 가듯
> 가는 나그네
>
> 길은 외줄기
> 남도 삼백리
>
> 술익은 마을 마다
> 타는 저녁 놀
>
> 구름에 달 가듯
> 가는 나그네
>
> – 박목월, 「나그네」

소단원 한눈에 보기

갈래	자유시, 서정시
성격	서정적, ( )
운율	내재율
제재	( )
주제	( )하고 부드럽게 내리는 봄눈의 정취
특징	• 봄눈의 느낌을 효과적으로 묘사함. • 시어와 시행을 반복하여 ( )을/를 형성함. • ( )을/를 활용하여 대상을 생생하게 표현함. • 반복법을 활용하여 표현 효과를 높임.

▶ **봄눈이 주는 느낌**

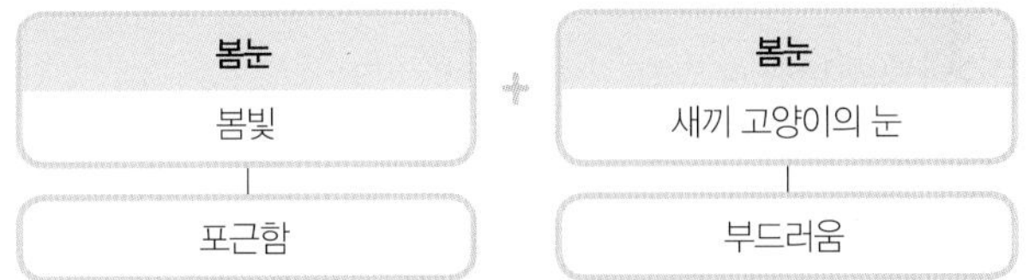

▶ **이 시의 표현 방법**

봄빛처럼 포근한 눈
새끼 고양이의 눈처럼 / 보드라운

↓

직유법: '~처럼', '~같이' 등의 형식을 활용하여 표현하고자 하는 대상을 다른 대상에 직접 빗대어 표현하는 방법

답 감각적, 봄눈, 포근, 운율, 직유법

출제 포인트

• 이 시에 활용된 비유적 표현이 무엇인지 출제된다.
• 이 시에서 봄의 정취를 드러내기 위한 봄눈의 느낌을 묻는 문제가 출제된다.

2 새로운 길 | 윤동주

*다음 시를 읽고 물음에 답하시오.

내를 건너서 숲으로
고개를 넘어서 마을로

어제도 가고 오늘도 갈
나의 길 새로운 길

민들레가 피고 까치가 날고
아가씨가 지나고 바람이 일고

나의 길은 언제나 새로운 길
오늘도…… 내일도……

내를 건너서 숲으로
고개를 넘어서 마을로

학습 목표 응용

01 이 시에 대한 감상으로 적절한 것은?

① 시어가 가진 상징적 의미가 주제를 드러낸다.
② 자연 속에서 누리는 조화로운 삶을 보여 준다.
③ 시간적 흐름과 반대로 시상을 전개해 나가고 있다.
④ 비유적 표현이 주는 생동감이 두드러지게 나타난다.
⑤ 의성어와 의태어를 활용하여 언어적 아름다움을 드러낸다.

02 이 시에서 첫 연과 마지막 연에 같은 내용을 제시함으로써 얻을 수 있는 효과로 적절하지 않은 것은?

① 운율을 형성한다.
② 시적인 여운을 남긴다.
③ 형태적인 안정감을 준다.
④ 새로운 심상을 만들어 낸다.
⑤ 의미를 강조하는 효과가 있다.

중요

03 이 시의 주된 표현 방법과 같은 표현 방법을 보여 주는 시구로 적절한 것은?

① 나는 나룻배 / 당신은 행인
② 털털거리며 저들끼리 얼굴을 부비는 수박들
③ 먼 훗날 당신이 찾으시면 / 그때에 내 말이 '잊었노라'
④ 저것은 벽 / 어쩔 수 없는 벽이라고 우리가 느낄 때 / 그때 / 담쟁이는 말없이 그 벽을 오른다.
⑤ 기분 좋은 말을 생각해 보자. / 파랗다, 하얗다, 깨끗하다, 싱그럽다 / 신선하다, 짜릿하다, 후련하다

04 이 시의 주제로 적절한 것은?

① 언제나 새로운 길을 가려는 다짐
② 인생을 살아갈 수밖에 없는 인간의 숙명
③ 새로운 길을 갈 수밖에 없는 인생의 고달픔
④ 지나온 길에 대한 후회와 새로운 길에 대한 설렘
⑤ 시대적 상황 속에서 올바른 길을 찾기 위한 방황

고난도 응용

중요

01 〈보기〉의 설명과 어울리는 시어로 보기 어려운 것은?

◀ 보기 ▶
- 인간의 내적 경험이나 감정, 사상 등의 추상적인 내용을 구체적인 대상으로 나타내는 방법으로, 원관념을 숨기고 보조 관념만으로 나타낸다.
- 대상이 지닌 본래의 의미에 새로운 의미를 부여하여, 보다 넓고 풍부한 의미를 표현할 수 있다.

① 내 ② 숲 ③ 고개 ④ 마을 ⑤ 나

02 이 시의 말하는 이에 대한 설명으로 적절하지 않은 것은?

① 소망과 의지를 가지고 살아가고 있다.
② 새로운 마음으로 미래를 향해 가고 있다.
③ 목적을 이루기 위해 고난을 기꺼이 받아들인다.
④ 다른 존재들과의 교감을 통해 위로를 받을 것이다.
⑤ 과거로부터 현재를 거쳐 미래에도 길을 걸어갈 것이다.

서술형

03 〈보기〉에 드러나는 시인의 삶을 바탕으로 시인이 걷고자 하는 길이 어떤 길인지 시인이 살았던 시대적 상황을 고려하여 서술하시오.

◀ 보기 ▶
윤동주(1917~1945): 시인. 북간도 명동촌 출생. 1934년부터 1942년까지 시 76편, 동시 35편 등 총 116편의 문학 작품을 남겼다. 어두운 현실과 역사에 대한 자각을 바탕으로 자아를 성찰하는 내용의 시를 많이 남겼다. 후쿠오카 형무소에서 옥사한 시인은 어두운 시대에 민족의 양심을 드러낸 저항 시인으로 평가받고 있다.

소단원 한눈에 보기

갈래	자유시, 서정시
성격	(　　　), 감각적
운율	내재율
제재	(　　　)
주제	언제나 새로운 길을 가려고 다짐하는 마음
특징	• 상징적 시어를 중심으로 시상을 전개함. • 3연을 중심으로 앞뒤가 대칭적인 구조를 보여 줌. • (　　　)의 구성으로 이루어짐. • 일정한 위치에서 반복되는 소리를 통해 운율을 형성함.

▶ 시어의 상징적 의미

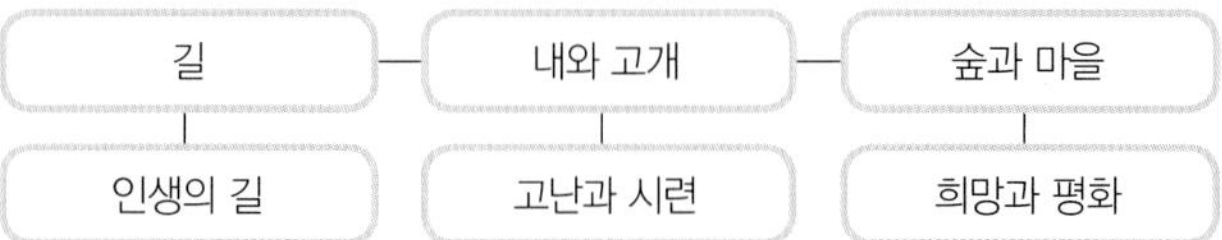

▶ 이 시의 주제

내와 고개를 건너 숲과 마을로 난 새로운 길을 어제도, 오늘도, 내일도 걷겠다.

↓

언제나 새로운 길을 가려고 다짐하는 마음

답 상징적, 길, 수미상관

출제 포인트

- 이 시에서 주제를 형상화하기 위해 사용된 표현 방법이 출제된다.
- 이 시에서 활용한 수미상관, 대칭 구조 등의 독특한 시적 구성이 출제된다.

3 오우가 | 윤선도

*다음 시를 읽고 물음에 답하시오.

내 벗이 몇이나 하니 수석(水石)과 송죽(松竹)이라.
동산(東山)에 달 오르니 긔 더욱 반갑고야.
두어라, 이 다섯밖에 또 더하여 무엇하리.

구름 빛이 좋다 하나 검기를 자로 한다.
바람 소리 맑다 하나 그칠 적이 하노매라.
좋고도 그칠 뉘 없기는 물뿐인가 하노라.

꽃은 무슨 일로 피면서 쉬이 지고,
풀은 어이하여 푸르는 듯 누르나니,
아마도 변치 않는 건 바위뿐인가 하노라.

더우면 꽃 피고 추우면 잎 지거늘,
솔아, 너는 어찌 눈서리를 모르는다.
구천(九泉)에 뿌리 곧은 줄을 글로 하여 아노라.

나무도 아닌 것이, 풀도 아닌 것이
곧기는 뉘 시기며, 속은 어이 비었는다.
저렇고 사시(四時)에 푸르니 그를 좋아하노라.

작은 것이 높이 떠서 만물을 다 비추니,
밤중에 광명(光明)이 너만 한 이 또 있느냐.
보고도 말 아니하니 내 벗인가 하노라.

학습 목표 응용

01 이 시의 말하는 이에 대한 설명으로 적절한 것은?

① 유교적인 가치관을 가지고 있다.
② 과거의 삶에 대한 그리움을 느끼고 있다.
③ 현실에서 도피하여 이상향을 추구하고 있다.
④ 자신이 살아가야 할 삶의 방향을 고민하고 있다.
⑤ 자연의 아름다움에 대해 감탄하는 마음을 보인다.

02 이 시에 드러나는 '다섯 벗'의 특징을 정리한 것으로 적절하지 않은 것은?

① 물: 깨끗하면서도 그치지 않음.
② 바위: 변하지 않고 과묵함.
③ 소나무: 눈서리를 모르며 뿌리가 곧음.
④ 대나무: 곧고 속이 비었으며 사시에 푸름.
⑤ 달: 밝게 빛나며 보고도 말하지 않음.

중요

03 이 시에 쓰인 비유법과 같은 비유법이 사용된 시구로 적절한 것은?

① 나는 찬밥처럼 방에 담겨 / 아무리 천천히 숙제를 해도
② 새악시 볼에 떠오는 부끄럼같이 / 시의 가슴에 살포시 젖는 물결같이
③ 눈물 같은 골짜기에 달밤이 싫어, 아무도 없는 뜰에 달밤이 나는 싫어 …….
④ 이제 올 / 너그러운 봄은 삼천리 마을마다 / 우리들 가슴 속에서 / 움트리라
⑤ 빠알간 보석 알을 / 꼬옥 감춘 석류는 // 빗방울이 / 톡톡 건드려도 / 시치미를 뗀다.

04 이 시에서 서로 대조가 되는 소재로 보기 어려운 것은?

① 꽃 ↔ 솔
② 바람 ↔ 물
③ 풀 ↔ 바위
④ 구름 ↔ 바람
⑤ 풀 ↔ 대나무

고난도 응용

01 이 시의 소재에 관한 설명으로 적절하지 않은 것은?

① 구름이나 바람은 가변성을 가진 존재이다.
② 솔은 눈서리를 모르고 뿌리가 곧은 특성이 있다.
③ 대나무는 지조가 있고, 욕심이 없는 속성을 가졌다.
④ 바위와 물은 가변성과 불변성을 동시에 가진 존재이다.
⑤ 달은 세상 사람들을 두루 비추는 덕성을 상징한다고 할 수 있다.

02 다음은 이 시에 등장하는 소재의 상징적 의미를 정리한 표이다. ㉮에 들어갈 내용을 쓰시오.

소재	상징적 의미
바위	외부 상황에 동요되지 않고 본래 모습을 지켜 가는 삶의 태도
솔	(　　　㉮　　　) 곧고 꿋꿋한 삶의 태도

중요 | 서술형

03 이 시와 〈보기〉의 시에 공통적으로 사용된 비유법의 종류를 쓰고, 이를 통해 얻을 수 있는 효과가 무엇인지 서술하시오.

〈보기〉

산은 사람들과 친하고 싶어서
기슭을 끌고 마을에 들어오다가도
사람 사는 꼴이 어수선하면
달팽이처럼 대가리를 들고 슬슬 기어서
도로 험한 봉우리로 올라간다.

산은 나무를 기르는 법으로
벼랑에 오르지 못하는 법으로
사람을 다스린다.

– 김광섭, 「산」

소단원 한눈에 보기

갈래	고시조, 평시조, 연시조
성격	예찬적, 자연 친화적, 상징적
운율	외형률
제재	물, 바위, 소나무, 대나무, 달
주제	다섯 자연물의 (　　　)을/를 예찬함.
특징	• 안정된 4음보의 운율이 드러남. • 자연물을 (　　　)하여 예찬함. • 자연물을 통해 이상적인 인간상을 제시함.

▶ **시어의 상징적 의미**

소재	특성	상징적 의미
물	깨끗하면서도 그치지 않음.	그치지 않는 영원함.
바위	변하지 않음.	불변함.
소나무	눈서리를 모르며 뿌리가 곧음.	꿋꿋한 지조와 절개
대나무	곧고 속이 비었으며 사시에 푸름.	욕심이 없고, 지조가 있음.
달	밝게 빛나며 보고도 말하지 않음.	밝고 과묵함.

▶ **이 시의 표현 방법**

의인법	자연물을 벗이라고 부르며 사람처럼 표현함.

\+

상징	사람이 갖추어야 할 덕성이라는 추상적 관념을 자연물이라는 구체적인 사물로 표현함.

답 미덕, 의인화

출제 포인트

• 이 시는 의인법을 활용하여 대상에 대한 친근감을 드러내고 있음을 파악하는 문제가 출제된다.
• 이 시는 자연물을 통해 인간의 덕성을 상징적으로 표현한다는 내용이 출제된다.

4 사막을 같이 가는 벗

| 양귀자

*다음 글을 읽고 물음에 답하시오.

가 학창 시절에는 유별나게도 학년이 바뀌고 반이 바뀌어 친구들과 뿔뿔이 흩어져야 하는 신학기가 싫었다. 마음으로 간절히 원했던 친구는 거의 언제나 다른 반으로 가 버렸고, 한 반이 되지 않기를 빌고 빌었던 친구는 어김없이 한 반으로 편성되곤 하는 불행 아닌 불행 앞에서 얼마나 많이 속상해했는지 모른다. 그래서 학년이 바뀌면 처음 얼마 동안은 늘 마음을 잡지 못했다. 아침에 눈을 떠 학교에 갈 일을 생각하면 가슴 한쪽이 싸늘해지곤 하던 그 느낌을 지금도 나는 선연히 떠올릴 수가 있다.

나 망망대해를 헤매는 것처럼 힘든 인생의 항해는 신학기 잠시의 외로움을 극복하는 일 따위와는 비교도 할 수 없을 만큼 두려움 가득한 일이다. 삶은 고난투성이고 끝없는 인내를 요구하기만 하는데, 홀로 헤치는 파도는 높고 거칠기만 한 것이다.

다 바로 이때에 영혼을 함께 나눌 친구가 절실히 필요해진다. 인생이란 험난한 항해를 같이 겪고 있다는 동지애를 느낄 수 있는 친구, 혹은 내 삶의 따뜻한 동반자라는 느낌이 전해져 오는 친구와 같이 있는 시간에는 이 세상도 한번 살아 볼 만하다는 용기가 솟는다. 그런 친구와 돈독한 우정을 서로 교환하고 있는 이들이라면, 적어도 실패한 삶은 아니라고 단정할 수 있는 것이다.

라 누군가는 말했다. 친구 없이 사는 일만큼 무서운 사막은 없다고. 또 누군가는 말했다. 친구 없이 사는 것은 증인 없이 사라지는 일이라고. / 그 말들을 새기고 있으면 불현듯 마음이 찡해 온다. 나는 지금 ㉠무서운 사막을 홀로 걷고 있는 것은 아닌지, 지금 내 삶의 의미를 설명해 줄 단 한 사람의 증인도 없이 마음을 닫고 살아가는 것은 아닌지.

마 하지만 우정은 상호 간의 교류이다. 일방적인 행위가 결코 아니다. 말하자면 내가 먼저 쌓아야 할 탑이고 내가 밭을 경작해서 맺어야 할 열매인 것이다. 그럼에도 불구하고 ㉡탑을 제대로 쌓는 사람, 혹은 ㉢빛깔 곱고 아름다운 열매를 맺는 사람은 참 드물다. 친구는 많지만 진정으로 벗이라 부를 만한 이는 몇이나 되는지, 그것만이라도 한 번쯤 되새겨 보며 살아야 하는 것 아닐까. 우리한테 참다운 벗이 없다는 말은 곧 우리가 누군가에게 참다운 벗이 되어 주지 않았다는 말과 조금도 다름이 없다. / 세상이 참 각박하다고들 말한다. 세상이 온통 거짓과 불화로 가득 차 있다고 말한다. 그러면 그럴수록, 그렇기 때문에 더욱 우리에게 필요한 것은 누군가의 따뜻한 가슴일 것이다. 그리고 또한 누군가에게 따뜻한 가슴이 되어 주는 일일 것이다.

학습 목표 응용

01 이 글에 대한 설명으로 적절하지 않은 것은?

① 글쓴이는 자신의 경험을 통해 얻은 깨달음을 전달하고 있다.
② 글쓴이가 떠올린 학창 시절의 기억을 토대로 생각을 전개하고 있다.
③ 글쓴이의 체험과 관련된 일화들이 시간의 흐름에 따라 제시되어 있다.
④ 글쓴이는 과장법을 사용하여 세상살이가 험난하다는 것을 강조하고 있다.
⑤ 글쓴이는 도치법을 사용하여 문장의 순서에 변화를 줌으로써 지루한 느낌을 없애고 있다.

중요

02 (나)에 사용된 표현 방법에 대한 이해로 적절하지 않은 것은?

① 두려운 마음으로 인생을 살아가는 것을 '망망대해를 헤매는 것'에 직접 빗대어 설명하고 있다.
② '인생'을 '항해'에 은유적으로 빗댐으로써 인생살이를 바다와 연관 지어 나타내고 있다.
③ 인생에서 새로운 친구를 사귀기 위해 다가가는 것을 '파도'에 직접 빗대어 드러내고 있다.
④ '망망대해', '항해', '파도' 등은 표현하고자 하는 대상의 특성과 유사한 특성을 지닌 말이라고 볼 수 있다.
⑤ 다양한 비유법을 사용하여 대상의 의미를 더욱 생생하게 전달하는 효과를 거두고 있다.

03 ㉡과 ㉢을 통해 드러내고자 한 의미로 적절한 것은?

① ㉡은 내가 앞장서서 노력하는 것을, ㉢은 상대방이 앞장서서 노력하는 것을 의미한다.
② ㉡은 친구와 협력하여 뜻을 이룬 사람을, ㉢은 자신만의 노력으로 뜻을 이룬 사람을 나타낸다.
③ ㉡과 ㉢은 실패하지 않고 자신이 뜻하는 바를 이룬 사람을 의미한다.
④ ㉡과 ㉢은 자신에게 진정한 벗이 있는지 반성하는 사람을 의미한다.
⑤ ㉡과 ㉢은 모두 스스로 노력해서 진정한 우정을 나누게 된 사람을 의미한다.

고난도 응용

01 **(가)에서 학창 시절의 '나'에게 지금의 '나'가 해 줄 법한 말로 적절하지 않은 것은?**

① 신학기마다 친한 친구가 없어서 마음을 잡지 못했던 일이 늘 반복되곤 했지.
② 학창 시절의 기억과 이후에 겪은 일을 생각해 보면 진정한 친구를 사귀는 것은 정말로 소중한 일이야.
③ 돌이켜 생각하면 신학기에 친구가 없어서 힘들었던 일은 이후에 겪은 일보다 그리 힘들지 않았던 것 같아.
④ 그 당시의 일을 떠올리면 신학기에 좀 더 빨리 마음을 잡고 많은 친구를 만들지 못한 것은 후회되는 일이야.
⑤ 친한 친구와 헤어져서 신학기를 보내는 것이 너무나 속상하고 힘들겠지만 그럴 때일수록 네가 먼저 친구가 되어 주려고 노력해야 해.

02 **이 글에 사용된 표현 방법과 〈보기〉에 공통적으로 사용된 표현 방법으로 적절한 것은?**

보기

나는 나의 시가 / 오가는 이들의 눈길이나 끌기 위해
최신 유행의 의상 걸치기에 급급해하는 것을 바라지 않는다.
나는 바라지 않는다 나의 시가
생활의 현실에서 눈을 돌리고
순수의 꽃으로 서가에 꽂혀
호사가의 장식품이 되는 것을

– 김남주, 「나는 나의 시가」

① 직유법, 은유법 ② 은유법, 의인법
③ 은유법, 도치법 ④ 직유법, 설의법
⑤ 직유법, 과장법

중요 | 서술형

03 **㉠에 사용된 표현 방법과 효과를 탐구하였다. (1) ㉠에 사용된 표현 방법을 쓰고, (2) ㉠의 의미를 다음 〈조건〉에 맞게 설명하시오.**

조건

• '사막'을 통해 드러내고자 한 말을 (마)에서 찾고, 그 단어를 활용하여 '~ 것'의 형식으로 쓸 것.

소단원 한눈에 보기

갈래	( )
성격	체험적, 회상적, 고백적, 성찰적
제재	진정한 ( )의 의미
주제	진정한 친구의 의미와 진정한 친구가 되기 위한 방법
특징	• 작가의 ( )을/를 시간의 흐름에 따라 서술하고, 이를 통해 깨달은 바를 제시하고 있다. • 직유법, 은유법, 도치법, 설의법 등 다양한 표현 방법을 사용하여 글쓴이가 전달하고자 하는 바를 효과적으로 드러내고 있다.

▶ 이 글의 구조

처음	친한 친구들과 헤어져 지내야 했던 신학기의 외로움과 괴로움
중간	힘든 세상살이에서 영혼을 나눌 친구를 만나는 것의 의미와 그러한 친구를 보았던 예
끝	우정은 상호 간의 교류이므로 내가 먼저 누군가의 참다운 벗이 되어야 함.

▶ 이 글에 사용된 주된 표현 방법

• 비유적 표현

직유법	망망대해를 헤매는 것처럼 힘든 인생
은유법	인생의 항해, 파도, 무서운 사막, 증인 없이 사라지는 일, 탑, 열매 등

• 상징적 표현

'사막을 함께 가는 벗'에서 '사막'의 상징적 의미: '사막'은 비가 오지 않고 척박한 땅을 나타내며, 이 글에서는 각박하고 고난으로 가득 찬 세상을 의미한다.

답 수필, 친구, 경험

출제 포인트

• 이 글은 직유법, 은유법 등 다양한 표현 방법을 통해 글쓴이가 드러내고자 하는 의미를 인상적으로 표현하고 있다. 따라서 글을 읽으며 다양한 표현 방법이 사용된 부분과 그 표현 효과에 대해 파악할 수 있어야 한다.
• 글쓴이의 경험과 깨달음을 통해 말하고자 하는 중심 의미를 파악할 수 있어야 한다.

5 꿩 | 이오덕

＊다음 글을 읽고 물음에 답하시오.

㉮ "나도 이젠 4학년 됐잖아요. 남의 책 보퉁이만 메고 다니는 거 부끄럽다니까요?"

"글쎄, 그거 늘 하는 소리제. 지발 좀 참아라. 없는 기 원수지. 그놈 애들이 왜 그렇게 못살게 하나?"

어머니도 밥순갈을 들 생각을 않으시고 한숨을 쉬시더니 또 말을 이었습니다.

"야야, 너 아부지도 올해나 남의 일을 하면 그만두실 끼다. 한 해만 참아라. 부디 한 해만……."

㉯ 벌써 고개 위에 다 올라갔는지 아이들의 고함 소리가 산 위에서 들려왔을 때, ㉠용이는 눈앞에 있는 책보를 그냥 콱콱 짓밟아 버리고 싶은 충동이 일었습니다. 발밑에 돌멩이 하나가 밟혔습니다. 용이는 벌떡 일어나 그 돌멩이를 집어 힘껏 골짜기 아래로 던졌습니다. 돌멩이가 저 밑에 떨어지자, 갑자기 온 산골을 뒤흔드는 소리를 치면서 커다란 뭉텅이 하나가 솟아올랐습니다.

"꼬공 꼬공 푸르륵!" /그것은 온 산골의 가라앉은 공기를 뒤흔들어 놓고 하늘을 날아오르는, 정말 살아 있는 목숨이 부르짖는 소리였습니다. / '야, 참 멋지다!'

날개를 쫙 펴고 꽁지를 쭉 뻗고 아침 햇빛에 눈부신 모습으로 산을 넘어가는 ㉮꿩을 쳐다보는 용이의 온몸에 갑자기 어떤 힘이 마구 솟구쳤습니다. 용이는 그 자리에서 한 번 훌쩍 뛰어올라 보았습니다. 하늘에라도 날아오를 듯합니다. 용이는 발에 채이는 책보 하나를 집어 들었습니다. 그리고 그것을 하늘 위로 던졌습니다.

㉰ 그 몸놀림이 어찌나 재빠른지, 아이들이 모두 놀랐습니다. 지금까지의 용이와는 아주 다른 딴 아이였습니다.

"자, 덤빌람 덤벼! 누구든지 오는 놈은 이 돌로 박살낼끼다!"

아이들이 입을 벌리고 어쩔 줄 모르고 서 있을 때, 뒤에서 한 아이가,

"난, 내 책보 가질러 갈란다." / 하고 달려갔습니다.

㉱ 아이들이 모두 '와아' 하고, 아까 올라온 길을 내려가는 뒷모습을 보면서 ㉡용이는 또 한 번 가슴을 확 펴고 하하 웃었습니다.

[A]
"난 이젠 못난 놈 아니야!"
그러고는 다시 혼잣말로 중얼거렸습니다.
"내일 아침에는 순이를 데리고 오자. 순이를 놀리는 놈은 어떤 놈이고 용서 안 할 끼다."

용이는 돌아서서, 햇빛이 눈부신 내리받잇길을 바라보았습니다. 인제는 단숨에 학교까지 뛰어갈 듯합니다. 하늘에는 하얀 구름 한 송이가 날고 있습니다. 용이는 훌쩍 한 번 뛰더니 마구 두 팔을 내저으면서 내리달렸습니다. 그것은 마치 한 마리의 꿩이 소리치면서 날아오르는 모습과도 같았습니다.

학습 목표 응용

01 이 글에 드러난 갈등에 대한 이해로 적절하지 않은 것은?

① (가)에서 용이와 어머니 사이의 외적 갈등이 나타나 있다.
② (가)에서 갈등의 원인은 용이가 아이들 책보를 들어 주어야 한다는 부끄러움 때문이다.
③ (나)에서 용이가 겪고 있는 갈등을 해소하는 계기를 짐작할 수 있다.
④ (나)와 (다)를 통해 용이가 아이들과 외적인 갈등을 겪고 있음을 알 수 있다.
⑤ (다)에서 드러난 외적 갈등은 (라)에서 새로운 인물의 등장으로 심화되고 있다.

02 ㉠과 ㉡에 나타난 심리를 정리한 내용으로 바른 것은?

	㉠	㉡
①	두려움	미안함
②	부끄러움	고마움
③	당황스러움	허탈함
④	화가 남	후련함
⑤	걱정스러움	당당함

중요

03 어떤 힘의 의미로 적절한 것끼리 짝지어진 것은?

ㄱ. 속박에서 벗어날 수 있다는 자신감
ㄴ. 자신이 원하던 것을 손에 넣었다는 성취감
ㄷ. 자신 있게 상대방 앞에 나설 수 있는 용기
ㄹ. 하기 싫은 공부를 하지 않겠다고 말하는 결단력

① ㄱ, ㄴ ② ㄱ, ㄷ ③ ㄴ, ㄷ ④ ㄴ, ㄹ ⑤ ㄷ, ㄹ

고난도 응용

01 이 글을 읽고 학생들이 탐구 과제에 대해 발표한 것이다. 적절한 주제를 선정한 학생을 모두 고른 것은?

> 경민: 나는 이 글에서 '꿩'이 어떤 상징 의미를 지니고 있는지 알아보려고 해.
> 석빈: 나는 이 글에서 '용이'와 '순이'가 어떤 일을 계기로 화해하는지 알아보려고 해.
> 진희: 나는 이 글에서 시간의 흐름에 따라 용이의 심리가 변화한 과정을 정리해 보려고 해.
> 현서: 나는 이 글에서 '아이들'이 '용이'에게 사과하게 된 이유를 파악해 보려고 해.

① 경민, 석빈 ② 경민, 진희 ③ 석빈, 진희
④ 석빈, 현서 ⑤ 진희, 현서

02 [A]를 통해 추측할 수 있는 용이의 생각으로 적절하지 않은 것은?

① 이제 더 이상 남의 책 보퉁이를 들어 주는 행동을 하지 않을 거야.
② 나는 앞으로 더욱 자신감 있는 모습으로 학교생활을 할 수 있을 거야.
③ 나처럼 아이들 때문에 힘들었던 순이도 학교에 다녔으면 좋겠어.
④ 만일 순이가 다른 아이들에게 놀림받으면 그 아이들을 혼내 주어야겠어.
⑤ 순이 앞에서 다른 아이들이 나의 책보를 들어 주는 모습을 보여 주어야겠어.

중요 | 서술형

03 이 글에서 ㉮의 상징적 의미를 〈조건〉에 맞게 쓰시오.

> 조건
> • ㉮의 모습이 용이에게 끼친 영향을 중심으로 쓸 것.
> • '~을/를 상징한다.'라는 형태의 문장으로 쓸 것.

소단원 한눈에 보기

갈래	단편 소설, 성장 소설
배경	1970년대 초반의 한 시골 마을
시점	3인칭 시점
주제	편견에 당당히 맞서는 (　　　)
특징	• (　　　)인 소재를 사용하여 주인공의 심리 변화를 드러내고 있다. • 주인공의 태도 변화가 극적으로 표현되어 있다. • 다양한 소재를 통해 (　　　) 배경을 제시하고 있다.

▶ **이 작품 속의 갈등 양상**

구분	내용
내적 갈등	• 학교에 가기 싫어하는 용이의 심리적 갈등 – 아버지가 머슴이라는 이유로 아이들의 책 보퉁이를 들어 주어야 하는 것이 부끄럽고 속상함.
외적 갈등	• 용이와 어머니의 갈등 – 학교에 가기 싫어하는 용이와 초등학교는 졸업해야 한다는 어머니의 갈등 → 아버지께서 내년에 머슴살이를 그만두신다는 어머니의 설득으로 해소됨. • 용이와 친구들의 갈등 – 아이들의 책 보퉁이를 날라 주는 것을 부끄러워하는 용이와 이런 용이를 괴롭히는 아이들의 갈등 – 아이들의 책 보퉁이를 던져 버린 용이와 이를 추궁하는 아이들의 갈등 → 용이가 아이들에게 당당히 맞서서 대응함으로써 갈등이 해소됨.

▶ **'꿩'의 상징적 의미**

어떤 속박에도 얽매이지 않는 자유롭고 자신감이 넘치는 용기 있는 태도를 상징함.

답 용기, 상징적, 시대적

출제 포인트

• 이 글에서는 작품에 드러난 인물의 내적인 갈등과 외적인 갈등 양상을 파악하고, 각각의 갈등이 해소되는 과정을 이해할 수 있어야 한다. 이를 위해 작품 속 인물들의 입장이나 상황과 심리, 태도 변화 등을 파악하며 글을 읽도록 한다.
• 이 글에서는 인물의 심리 변화를 드러내는 상징적인 소재의 특징과 상징적 의미를 이해할 수 있어야 한다.

단원 평가

[01~05] 다음 글을 읽고 물음에 답하시오.

가 ㉠눈이 내린다.
봄이라서
봄빛처럼 포근한 눈

담장 위에 쌓이는 봄눈
나무 위에 쌓이는 봄눈
마당 위에 쌓이는 봄눈

그리고
마루에서 졸다가 깬
눈을 하고 있는
새끼 고양이의 눈 속에도
내리는 봄눈

감았다 떴다 하는
새끼 고양이의 눈처럼
보드라운

[A] ┌ 봄
　　봄 하늘
　　└ 봄 하늘의 봄눈

– 오규원, 「포근한 봄」

나 내 벗이 몇이나 하니 수석(水石)과 송죽(松竹)이라.
동산(東山)에 달 오르니 긔 더욱 반갑고야.
두어라, 이 다섯밖에 또 더하여 무엇하리.

구름 빛이 좋다 하나 검기를 자로 한다.
바람 소리 맑다 하나 그칠 적이 하노매라.
좋고도 그칠 뉘 없기는 **물**뿐인가 하노라.

꽃은 무슨 일로 피면서 쉬이 지고,
풀은 어이하여 푸르는 듯 누르나니.
아마도 변치 않는 건 **바위**뿐인가 하노라.

더우면 꽃 피고 추우면 잎 지거늘,
솔아, 너는 어찌 ㉡눈서리를 모르는다.
구천에 뿌리 곧은 줄을 글로 하여 아노라.

[B] ┌ 나무도 아닌 것이, 풀도 아닌 것이
　　곧기는 뉘 시기며, 속은 어이 비었는다.
　　└ 저렇고 사시(四時)에 푸르니 그를 좋아하노라.

– 윤선도, 「오우가」

중요
01 〈보기〉와 (가)에 대한 감상으로 적절하지 않은 것은?

보기

꽃가루와 같이 부드러운 고양이의 털에
고운 봄의 香氣(향기)가 어리우도다.

금방울과 같이 호동그란 고양이의 눈에
미친 봄의 봄길이 흐르도다.

고요히 다물은 고양이의 입술에
포근한 봄 졸음이 떠돌아라.

날카롭게 쭉 뻗은 고양이의 수염에
푸른 봄의 生氣(생기)가 뛰놀아라.

① 비유를 사용하여 대상에 대한 느낌을 생생하게 드러내는 점이 공통적이야.
② '고양이'라는 소재가 주는 포근한 느낌을 부각하고 있다는 점이 공통적이야.
③ 대상에 대한 관찰을 바탕으로 시상을 전개하고 있다는 점이 공통적이야.
④ (가)는 〈보기〉와 달리 명사로 마무리되는 시행이 많아.
⑤ 〈보기〉는 (가)와 달리 대조적인 소재를 활용하여 대상의 특징을 부각하고 있어.

02 (나)에 대한 감상으로 적절하지 않은 것은?

① 자연물을 통해 작가가 지향하는 인간 세계의 덕목을 드러내고 있어.
② 대상을 의인화하여 대상에 대한 화자의 친근감을 드러내고 있어.
③ '물'을 통해 때에 따라 융통성 있는 태도가 필요함을 강조하고 있어.
④ '꽃'과 '풀'은 '바위'와 대조적인 속성을 지닌 소재로군.
⑤ '솔'을 통해 꿋꿋한 지조와 절개를 지닌 자세를 나타낸다고 볼 수 있어.

03 **㉠과 ㉡에 대한 이해로 적절한 것은?**

① ㉠은 화자가 머릿속으로 떠올린 대상이며, ㉡은 화자가 실제로 접촉하는 대상이다.

② ㉠은 화자가 자신과 동일시하는 소재이며, ㉡은 화자와 상반되는 특징을 지닌 소재이다.

③ ㉠은 특정 계절에 대한 정취를 불러일으키는 소재이며, ㉡은 인생의 시련을 상징하는 소재이다.

④ ㉠과 ㉡은 모두 화자에게 삶에 대한 의지를 지니게 하는 소재이다.

⑤ ㉠과 ㉡은 모두 화자로 하여금 과거에 대한 기억을 떠올리게 하는 소재이다.

서술형

04 **(가)의 [A]와 같이 시행을 배열한 효과를 다음과 같이 정리하여 서술하시오.**

> 의도적으로 시행을 배열하여 (   ) 모습을 시각적으로 형상화하고 있다.

서술형

05 **(나)의 [B]를 통해 드러내고자 한 '그'의 속성을 다음과 같이 정리할 때, 빈칸에 들어갈 내용을 서술하시오.**

> 대나무의 곧음을 통해 지조를 드러내며, 속이 빈 모습을 통해 (   )

[06~08] 다음 글을 읽고 물음에 답하시오.

(가) 내를 건너서 숲으로
고개를 넘어서 마을로

어제도 가고 오늘도 갈
ⓐ나의 길 새로운 길

민들레가 피고 까치가 날고
아가씨가 지나고 바람이 일고

나의 길은 언제나 새로운 길
오늘도…… 내일도……

내를 건너서 숲으로
고개를 넘어서 마을로

– 윤동주, 「새로운 길」

(나) 학창 시절에는 유별나게도 학년이 바뀌고 반이 바뀌어 친구들과 뿔뿔이 흩어져야 하는 신학기가 싫었다.

마음으로 간절히 원했던 친구는 거의 언제나 다른 반으로 가 버렸고, 한 반이 되지 않기를 빌고 빌었던 친구는 어김없이 한 반으로 편성되곤 하는 불행 아닌 불행 앞에서 얼마나 많이 속상해 했는지 모른다. / 그래서 학년이 바뀌면 처음 얼마 동안은 늘 마음을 잡지 못했다. 아침에 눈을 떠 학교에 갈 일을 생각하면 가슴 한쪽이 싸늘해지곤 하던 그 느낌을 지금도 나는 선연히 떠올릴 수가 있다. 〈중략〉

망망대해를 헤매는 것처럼 힘든 인생의 항해는 신학기 잠시의 외로움을 극복하는 일 따위와는 비교도 할 수 없을 만큼 두려움 가득한 일이다. 삶은 고난투성이고 끝없는 인내를 요구하기만 하는데, 홀로 헤치는 파도는 높고 거칠기만 한 것이다. 바로 이때에 영혼을 함께 나눌 친구가 절실히 필요해진다. 인생이란 험난한 항해를 같이 겪고 있다는 동지애를 느낄 수 있는 친구, 혹은 내 삶의 따뜻한 동반자라는 느낌이 전해져 오는 친구와 같이 있는 시간에는 이 세상도 한번 살아 볼 만하다는 용기가 솟는다. 그런 친구와 돈독한 우정을 서로 교환하고 있는 이들이라면, 적어도 실패한 삶은 아니라고 단정할 수 있는 것이다. 〈중략〉

누군가는 말했다. 친구 없이 사는 일만큼 ㉠무서운 사막은 없다고. 또 누군가는 말했다. 친구 없이 사는 것은 증인 없이 사라지는 일이라고.

그 말들을 새기고 있으면 불현듯 마음이 찡해 온다. ⓑ나는 지금 무서운 사막을 홀로 걷고 있는 것은 아닌지, 지금 내 삶의 의미를 설명해 줄 단 한 사람의 증인도 없이 마음을 닫고 살아가는 것은 아닌지.

하지만 우정은 상호 간의 교류이다. 일방적인 행위가 결코 아니다. 말하자면 내가 먼저 쌓아야 할 탑이고 내가 밭을 경작해서 맺어야 할 열매인 것이다. 그럼에도 불구하고 탑을 제대로 쌓는 사람, 혹은 빛깔 곱고 아름다운 열매를 맺는 사람은 참 드물다. 친구는 많지만 진정으로 벗이라 부를 만한 이는 몇이나 되는지, 그것만이라도 한 번쯤 되새겨 보며 살아야 하는 것 아닐까. 우리한테 참다운 벗이 없다는 말은 곧 우리가 누군가에게 참다운 벗이 되어 주지 않았다는 말과 조금도 다름이 없다. – 양귀자, 「사막을 같이 가는 벗」

06 ⓐ와 ⓑ가 나누었을 법한 대화로 적절하지 않은 것은?

① ⓐ: 삶이 이어지는 동안 새로운 상황은 계속 펼쳐지는 것 같아요.
② ⓑ: 맞아요. 학창 시절에는 신학기가 너무나 힘들었는데 어른이 되고 보니 또 다른 어려움이 있네요.
③ ⓐ: 그러게 말이에요. '내'와 '고개'처럼 크고 작은 고난이 반복되기도 하고요.
④ ⓑ: 그럴 때일수록 높은 '파도'가 치듯 험난한 인생길을 함께 헤쳐 나갈 진실한 친구가 필요해요.
⑤ ⓐ: 그래서 저는 그런 친구를 만날 수 있는 '숲'과 '마을'을 목표로 계속 걸어 나갈 거예요.

중요
07 다음 중 ㉠과 유사한 표현이 사용된 것은?

① 돌담에 속삭이는 햇발같이 / 풀 아래 웃음 짓는 샘물같이
② 나는 찬밥처럼 방에 담겨 / 아무리 천천히 숙제를 해도 / 엄마 안 오시네, 배춧잎 같은 발소리 타박타박
③ 이것은 소리 없는 아우성 / 저 푸른 해원을 향(向)하여 흔드는 / 영원한 노스탤지어의 손수건.
④ 푸른 산이 흰 구름을 지니고 살 듯 / 내 머리 위에는 항상 푸른 하늘이 있다.
⑤ 눈은 살아 있다. / 떨어진 눈은 살아 있다. / 마당 위에 떨어진 눈은 살아 있다.

서술형
08 〈보기〉를 바탕으로 하여 (가)의 작가가 가고자 한 길의 의미를 서술하시오.

보기
시인 윤동주는 식민지 시대를 살아가는 지식인으로서 자신의 역할에 대해 끝없이 반성하고 고민하며 어두운 현실 속에서도 시대에 대한 양심을 지키고자 했다.

[09~12] 다음 글을 읽고 물음에 답하시오.

㉮ "나도 이젠 4학년 됐잖아요. 남의 책 보퉁이만 메고 다니는 거 부끄럽다니까요?"

"글쎄, 그거 늘 하는 소리제. 지발 좀 참아라. 없는 기 원수지. 그놈 애들이 왜 그렇게 못살게 하나?"

어머니도 밥숟갈을 들 생각을 않으시고 한숨을 쉬시더니 또 말을 이었습니다.

"야야, 너 아부지도 올해나 남의 일을 하면 그만두실 끼다. 한 해만 참아라. 부디 한 해만……."

용이는 아버지가 남의 집 머슴살이를 올해만 하면 그만두신다는 말에 귀가 번쩍 열렸습니다.

"정말 그만둬요? 올해만 하고?"

"너 장랠 생각해서라도 그만두시게 해야지. 남의 산전을 얻어서 죽을 먹더래도……."

용이는 된장국에 보리밥을 말더니 단숨에 퍼먹고는 책보를 허리에 둘러매고 일어났습니다. '올해만 참으면 된다!'

㉯ 그러다가 산기슭을 돌아 고갯길을 오르기 시작했을 때 그들은 모두 용이 발밑에 책보를 던졌습니다. 3년 동안 용이 어깨에 매달려 재를 넘어가고 넘어오던 책보들입니다. 용이 아버지가 같은 동네에서 머슴살이를 하고 있기 때문에 아이들은 모두 용이까지 남의 짐을 날라 주어야 하는 것으로 생각하고 있는 것입니다.

㉰ 저 밑에서 따라 올라오던 2학년, 3학년 아이들이 모두 책보를 허리에 둘러매고 용이를 앞질러 올라갑니다. 그 아이들은 용이를 돌아보면서 저희들끼리 무엇을 수군거렸습니다.

"헤헤, 4학년이 됐다는 아이가 남의 책보나 메다 주고……."

"참 못난 아이제."

모두 이런 말로 수군거리는 것 같았습니다.

'뭐, 못난 아이라고?'

㉱ 용이는 화가 났습니다. 벌써 고개 위에 다 올라갔는지 아이들의 고함 소리가 산 위에서 들려왔을 때, 용이는 눈앞에 있는 책보를 그냥 콱콱 짓밟아 버리고 싶은 충동이 일었습니다. 발밑에 돌멩이 하나가 밟혔습니다. 용이는 벌떡 일어나 그 돌멩이를 집어 힘껏 골짜기 아래로 던졌습니다. 돌멩이가 저 밑에 떨어지자, 갑자기 온 산골을 뒤흔드는 소리를 치면서 커다란 뭉텅이 하나가 솟아올랐습니다.

[A] "꼬공 꼬공 푸르릉!" /그것은 온 산골의 가라앉은 공기를 뒤흔들어 놓고 하늘을 날아오르는, 정말 살아 있는 목숨이 부르짖는 소리였습니다.

'야, 참 멋지다!'

[B]날개를 쫙 펴고 꽁지를 쭉 뻗고 아침 햇빛에 눈부신 모습으로 산을 넘어가는 꿩을 쳐다보는 용이의 온몸에 갑자기 어떤 힘이 마구 솟구쳤습니다. 용이는 그 자리에서 한 번 훌쩍 뛰어올라 보았습니다. 하늘에라도 날아오를 듯합니다. 용이는 발에 채이는 책보 하나를 집어 들었습니다. 그리고 그것을 하늘 위로 던졌습니다.

마 "너들 책보 말이제? 저 밑의 뚜꺼비 바우 밑에 던져 놨어."

"뭐? 이 새끼가!" / "이 새끼 돌았나?"

"빨리 못 가져 오겠나?"

그러나 용이는 여전히 조용한 소리로 말했습니다.

"나, 인제 못난 놈 아니야!" 〈중략〉

ⓐ아이들의 발과 주먹이 용이를 향해 덮쳐 왔을 때, 용이는 번개같이 거기를 빠져 나와 몇 걸음 발을 옮기더니, 발 밑에 있는 돌을 두 손으로 한 개씩 거머쥐고는 거기 있는 커다란 바윗돌 위에 껑충 뛰어올랐습니다. 그 몸놀림이 어찌나 재빠른지, ⓑ아이들이 모두 놀랐습니다. 지금까지의 용이와는 아주 다른 딴 아이였습니다.

"자, 덤빌람 덤벼! 누구든지 오는 놈은 이 돌로 박살낼끼다!"

바 ⓒ아이들이 모두 '와아' 하고, 아까 올라온 길을 내려가는 뒷모습을 보면서 용이는 또 한 번 가슴을 확 펴고 하하하 웃었습니다. / "난 이젠 못난 놈 아니야!"

그러고는 다시 혼잣말로 중얼거렸습니다.

"내일 아침에는 순이를 데리고 오자. 순이를 놀리는 놈은 어떤 놈이고 용서 안 할 끼다." / 용이는 돌아서서, 햇빛이 눈부신 내리받잇길을 바라보았습니다. 인제는 단숨에 학교까지 뛰어갈 듯 합니다. 하늘에는 하얀 구름 한 송이가 날고 있습니다. 용이는 훌쩍 한 번 뛰더니 마구 두 팔을 내저으면서 내리달렸습니다. 그것은 마치 한 마리의 꿩이 소리치면서 날아오르는 모습과도 같았습니다.

– 이오덕, 「꿩」

09 이 글을 읽고 떠올린 장면으로 적절하지 않은 것은?

① 용이가 어머니께 학교에 가지 않겠다고 투정을 부리는 장면
② 어머니 말씀을 듣고 용이가 힘을 내서 학교에 가는 장면
③ 아이들이 고갯길에서 용이에게 책 보퉁이를 맡기는 장면
④ 2, 3학년 학생들이 책 보퉁이를 들고 가는 용이를 놀리는 장면
⑤ 용이가 아이들의 책 보퉁이를 멀리 내던지는 장면

10 ⓐ~ⓒ의 심리를 추측해 보았다. 작품의 내용으로 미루어 적절하지 않은 것은?

① ⓐ: 남의 책 보퉁이나 들어 주는 머슴의 아들인 주제에 우리에게 도전을 해?
② ⓐ: 당연히 들어 주어야 하는 책 보퉁이를 간수하지 못하다니!
③ ⓑ: 우리가 알던 예전의 용이가 아닌데. 어딘가 힘이 생긴 것 같아.
④ ⓒ: 용이가 저렇게 강해지다니, 이제 용이와 친하게 지내야겠어.
⑤ ⓒ: 이제 용이를 더 이상 놀리거나 부려먹을 수 없겠구나.

서술형

11 (나)와 (다)에서 드러난 갈등은 (바)에서 해소되고 있다. (1) 갈등 해소의 계기가 되는 사건을 (라)에서 찾아 설명하시오. (2) 이를 통해 어떻게 갈등이 해소되었는지 용이의 태도를 중심으로 설명하시오.

(1) ____________________

(2) ____________________

중요 서술형

12 〈보기〉를 참고할 때 [A], [B]를 통해 거두는 효과가 무엇인지 〈조건〉에 맞게 서술하시오.

보기

'상징'은 표현하려는 대상을 드러내지 않고 다른 사물로 대신하여 표현하는 방법으로, 주로 구체적인 대상을 통해 추상적인 대상이나 감정 등을 드러낸다.

조건

- [A]와 [B]에서 '상징'이 되는 사물과 이를 통해 드러내려는 '추상적인 대상이나 감정'을 반드시 포함하여 쓸 것.
- '~ 표현할 수 있다.'의 형태로 쓸 것.

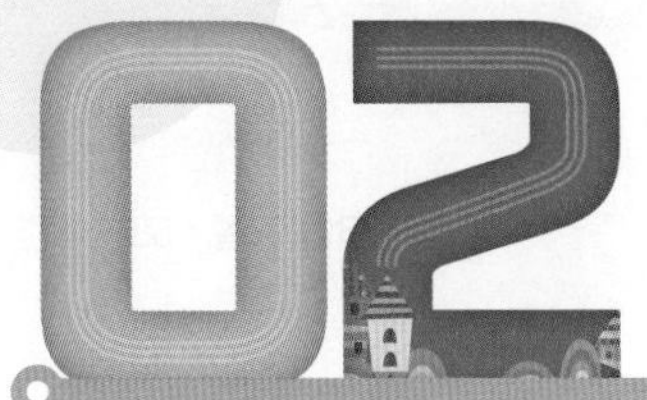

02 갈등의 진행과 해결 과정

개념 압축 APP

1 갈등의 개념

인물이 자기 자신이나 다른 인물과의 사이에서 생각이나 의견이 맞서서 일어나는 (　　　　) 와/과 충돌, 또는 인물과 환경 사이의 모순과 대립을 이르는 말.

2 문학과 갈등의 관계

작가		작품		독자
삶에 나타나는 다양한 (　　　　) 을/를 토대로 문학 작품을 창작함.	➡	다양한 양상의 갈등이 발생하고 해결됨.	➡	작품을 통해 현실에서의 갈등을 해결하는 데 도움을 받음.

3 갈등의 종류

(　　　　) 갈등	한 인물의 내면에서 서로 다른 생각이 대립해 발생하는 갈등	
외적 갈등	인물과 인물	인물들의 성격이나 생각, 가치관의 차이로 발생하는 갈등
	인물과 사회	인물이 그가 몸담고 있는 사회의 윤리나 제도 등과 충돌하여 겪는 갈등
	인물과 운명	인물이 타고난 운명을 벗어나려 함으로써 겪는 갈등
	인물과 자연	인물이 자연 환경과 부딪쳐 싸우면서 겪는 갈등

4 갈등의 역할

- 사건을 전개하고 사건에 필연성을 부여함.
- 독자의 재미와 흥미, 긴장감을 불러일으킴.
- 갈등 상황을 통해 인물의 성격을 뚜렷하게 드러냄.
- 갈등의 고조, 해결 과정에서 (　　　　)을/를 자연스럽게 드러냄.

필수 어휘 사전

- **갈등:** 칡과 등나무가 서로 얽히는 것과 같이, 개인이나 집단 사이에 목표나 이해관계가 달라 서로 적대시하거나 충돌함. 또는 그런 상태.
- **대립:** 의견이나 처지, 속성 따위가 서로 반대되거나 모순됨. 또는 그런 관계.
- **심화:** 정도나 경지가 점점 깊어짐. 또는 깊어지게 함.
- **해결:** 제기된 문제를 해명하거나 얽힌 일을 잘 처리함.

답 대립, 갈등, 내적, 주제

확인 문제

1. 다음 빈칸에 알맞은 말을 쓰시오.

(　　　　)은/는 인물이 자기 자신이나 다른 인물과의 사이에서 생각이나 의견이 맞서서 일어나는 대립과 충돌, 또는 인물과 환경 사이의 모순과 대립을 이르는 말이다.

2. 다음 갈등에 대한 설명이다. 맞으면 ○표, 틀리면 ×표를 하시오.

(1) 내적 갈등은 인물의 내면에서 서로 다른 생각이 대립할 때 발생한다. …………………(　　)

(2) 외적 갈등은 인물과 인물이 서로 대립할 때만 발생한다. ………(　　)

(3) 인물과 사회와의 갈등은 인물이 그가 몸담고 있는 사회 윤리나 제도와 충돌할 때 발생한다. …………………(　　)

3. 문학 작품에서 갈등이 하는 역할로 적절하지 않은 것은?

① 사건에 필연성을 부여한다.
② 독자에게 재미와 흥미를 느끼게 한다.
③ 현실에서 겪는 갈등을 직접적으로 해결해 준다.
④ 갈등 상황에서 인물의 성격이 드러나기도 한다.
⑤ 갈등의 해결 과정에서 주제가 자연스럽게 부각된다.

답 1. 갈등 2. (1) ○ (2) × (3) ○ 3. ③

- 갈등의 의미와 역할을 이해할 수 있다.
- 갈등의 진행과 해결 과정에 유의하며 작품을 감상할 수 있다.

학습 활동 따라잡기

1 다음을 읽고 주어진 활동을 해 보자.

영신과 주재소 주임 사이에 주고받은 대화나 그 밖의 이야기는 기록하지 않는다. 그러나 호출한 요령만 따서 말하면, '첫째는 예배당이 좁고 후락해서 위험하니 아동을 팔십 명 이외에는 한 사람도 더 받지 말라는 것과, 둘째는 기부금을 내라고 돌아다니며 너무 강제 비슷이 청하면 법률에 저촉이 된다.'는 것을 단단히 주의시키는 것이었다. 영신은 여러 가지로 변명도 하고, 오는 아이들을 아니 받을 수 없다고 사정사정하였으나, "상부의 명령이니까 말을 듣지 아니하면 강습소를 폐쇄시키겠다."하고 을러메어서 영신은 하는 수 없이 입술을 깨물고 주재소 문밖을 나왔다. 〈중략〉

아무튼 어길 수 없는 명령이매, 내일부터 일백사십여 명 중에서 팔십 명만 남기고 나머지는 쫓아내야 한다. 제 손으로 쫓아내야만 한다. "난 못 하겠다. 차라리 예배당 문에 못질을 하는 한이 있더라도 내 손으로 차마 그 노릇은 못 하겠다."하고 영신은 부르짖으며 방바닥에 가 쓰러져 버렸다. 한참 동안이나 엎치락뒤치락하며 홀로 고민을 하였다.

(1) 이 글에 나타난 외적 갈등의 상황을 다음과 같이 정리할 때, 영신과 주재소 주임의 생각을 각각 빈칸에 써 보자.

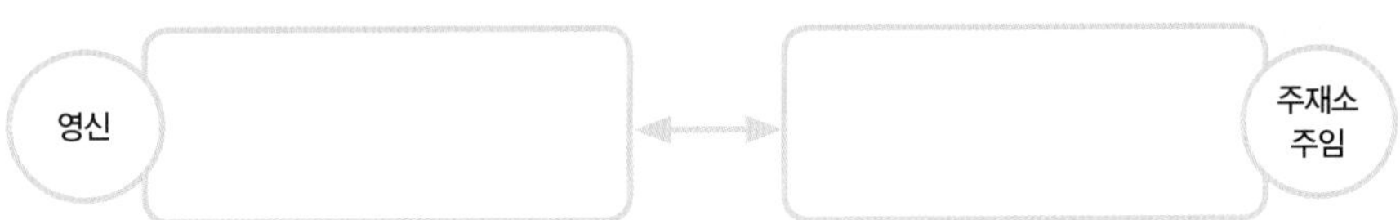

(2) 이 글에서 영신은 내적 갈등을 겪고 있다. 영신의 마음속에서 대립하는 두 가지 생각을 정리해 보자.

2 자신이 일상에서 겪은 갈등과 그 해결 과정을 [예시]를 참고하여 정리해 보자.

[예시]

(1) 언제, 누구와의 갈등이었나요? 초등학교 6학년 때, 주번을 함께 하던 친구 ○○과의 갈등

(2) 갈등의 원인이 무엇이었나요? 주번 역할 분담의 형평성 문제 때문에

(3) 갈등의 해결 과정은 어떠하였나요? 서로의 입장에 대해 솔직하게 대화를 나눈 후, 주번의 역할을 칠판 지우기와 쓰레기 분리수거로 나누고, 요일에 따라 각자 역할을 교대로 하는 것으로 정함.

(1) 언제, 누구와의 갈등이었나요?

(2) 갈등의 원인이 무엇이었나요?

(3) 갈등의 해결 과정은 어떠하였나요?

끌어 주기

◎갈등의 뜻과 문학 작품 속에서 갈등이 어떤 양상으로 드러나는지 정리해 본다.

(1) 영신과 주재소 주임 사이의 대화 내용을 바탕으로, 어떤 생각이 서로 충돌하여 갈등이 일어나는지 파악해 본다.

예시 답안 •영신: 배우기 위해서 강습소에 오는 아이들을 받지 않을 수 없다.
•주재소 주임: 아이들을 80명으로 제한하고 강제성 기부금 모금 활동을 그만 두라는 명령을 듣지 않으면 강습소를 폐쇄시키겠다.

(2) 내적 갈등은 한 인물의 마음속에서 서로 다른 생각이 대립해 발생한다는 점을 염두에 두고, 영신의 마음속에서 어떤 생각들이 서로 대립하는지 파악해 본다.

예시 답안 어길 수 없는 명령이므로 아이들을 강습소 아이들을 80명으로 제한해야 한다. ↔ 배우러 오는 아이들을 차마 내쫓을 수는 없다.

◎[예시]를 참고하여 자신이 일상에서 겪었던 갈등의 상황을 떠올려 본다.

(1) 일상에서 자신이 언제, 누구와 갈등을 겪게 되었는지 떠올려 본다.

예시 답안 3월 초에 어머니와 외적 갈등을 겪음.

(2) 갈등을 겪게 된 원인을 파악해 본다.

예시 답안 내가 매일 한 시간으로 정해진 컴퓨터 게임 시간을 다했음에도 한 시간만 더 하겠다고 고집을 피워서

(3) 갈등을 해소하기 위해서 어떻게 했는지 구체적으로 떠올려 본다.

예시 답안 대화를 통해 평일에는 기존대로 한 시간씩 하고, 토요일, 일요일에 두 시간씩 더 하기로 결정함.

1 하늘은 맑건만 | 현덕

*다음 글을 읽고 물음에 답하시오.

㉮ 문기는 지전을 내밀었다. 뚱뚱보 고깃간 주인은 그 돈을 받아 둥구미에 넣고 천천히 고기를 베어 저울에 단 후 종이에 말아 내밀었다. 그리고 그 ㉠거스름돈으로 아, 지전 아홉 장과 그 위에 은전 몇 닢을 얹어 내주는 것이 아닌가. 문기는 어리둥절하였다.

㉯ "정말 없어. 지금 고깃간집 안마당으로 던져 주고 오는 길야. 공두 쌍안경두 버리구."

하고 문기는 증거를 보이느라고 이쪽저쪽 주머니를 털어 보이는 것이나 수만이는 흥, 하고 코웃음을 친다.

ⓐ"누군 너만 못 약을 줄 아니?"

그리고 연실 빈정댄다. / "거짓말 아니다. 참말야."

할 뿐, 문기는 어떻게 변명할 줄을 몰라 쳐다보기만 하다가 고개를 떨어뜨리고 울상을 한다.

"ⓑ오늘 작은아버지에게 막 꾸중 듣구. 그리고 나두 인젠 그런 건 안 헐 작정이다."

㉰ 문기 집 가까이 이르렀다. 수만이는 문기 앞으로 다가서며 작은 음성으로 조졌다.

"너 지금으로 가지고 나오지 않으면 낼은 가만 안 둔다. 도적질했다 하구 똑바루 써놀 테야." 〈중략〉

그리고 눈앞에 보이는 붙장 안 앞턱에 ㉡잔돈 얼마와 지전 몇 장이 놓여 있다. 그리고 문밖엔 지금 수만이가 돈을 가지고 나오기를 기다리고 섰다. 여기서 ⓒ문기는 두 번째 허물을 범하고 말았다.

㉱ "학교서 지금 오는 애가 알겠니. 참, 점순이 고년 앙큼헌 년이드라. 낮에 내가 뒤곁에서 화초 모종을 내고 있는데 집을 간다고 나가더니 글쎄 돈을 집어갔구나." 〈중략〉

숙모가 직접 그 집에 가서 ⓓ무슨 말을 한 것은 아니로되 자연 그 말이 한 입 걸러 두 입 걸러 그 집에까지 들어갔고 그리고 그 집 주인 여자는 점순이를 때려 쫓아낸 것이다. 먼저는 동네 아이들이 모여 지껄지껄하더니 차차 하나 가고 둘 가고 훌쩍훌쩍 우는 그 소리만 남는다. 방 안의 문기는 그 밤을 뜬눈으로 새웠다.

㉲ "작은아버지." / 하고 문기는 입을 열었다. 그리고,

"저는 마땅히 받아야 할 벌을 받은 거예요."

하고 문기는 눈을 감으며 한마디 한마디 그러나 똑똑하게 처음서부터 끝까지, 먼저 고깃간 주인이 일 원을 십 원으로 알고 거슬러 준 것, ⓔ그 돈을 써 버린 것, 그리고 또 붙장 안의 돈을 자기가 훔쳐낸 것, 이렇게 하나하나 숨김없이 자백을 하자, 이때까지 겹겹으로 싸고 있던 허물이 한 꺼풀 한 꺼풀 벗어지면서 따라 마음속의 어둠도 차차 사라지며 맑아가는 것을 문기는 확실히 깨달을 수 있었다.

학습 목표 응용

01 이 글에 대한 설명으로 적절한 것은?

① 서술자인 '나'가 자신의 생각을 고백하듯이 전달하고 있다.
② 현재와 과거의 시간이 반복적으로 교차되면서 서술되고 있다.
③ 인물의 말과 행동을 통해 심리를 드러내는 방법을 사용하고 있다.
④ 사투리를 사용하여 인물의 해학성을 더욱 효과적으로 드러내고 있다.
⑤ 일제 강점기라는 암울한 시대 상황에 대한 작가의 비판 의식이 드러나 있다.

중요

02 이 글에 나타난 갈등의 양상과 해결 과정에 대한 설명으로 적절하지 않은 것은?

① 문기는 솔직한 고백을 통해서 갈등을 해결하고 있다.
② 문기는 외적 갈등을, 수만이는 내적 갈등을 주로 겪고 있다.
③ 문기는 갈등의 상황에서 벗어나려는 태도를 지니고 있다.
④ 수만이가 문기의 말을 믿지 않으면서 둘 사이의 갈등이 심화된다.
⑤ 점순이의 울음소리는 문기의 갈등을 심화시키는 구실을 하고 있다.

03 (가)~(마)에 나타난 문기의 심리로 적절하지 않은 것은?

① (가): 고깃간 주인이 너무 많은 거스름돈을 내주자 어리둥절해한다.
② (나): 수만이의 반응에 매우 난감해한다.
③ (다): 수만이의 협박에 괴로움을 느낀다.
④ (라): 점순이 집 주인 여자에 대해 분노를 느낀다.
⑤ (마): 자신의 잘못을 고백하고 후련해한다.

04 ⓐ~ⓔ에 대한 이해로 적절하지 않은 것은?

① ⓐ: 문기의 말을 믿지 않으려는 수만이의 영악함이 드러난다.
② ⓑ: 작은아버지에 대한 문기의 섭섭함이 드러난다.
③ ⓒ: 문기가 양심의 가책을 더욱 심하게 느끼는 계기가 된다.
④ ⓓ: 점순이가 돈을 훔쳐갔다는 내용을 의미한다.
⑤ ⓔ: 공과 쌍안경을 사는 데에 쓴 돈과 관련이 된다.

고난도 응용

01 〈보기〉와 이 글에 나타난 공통점으로 적절한 것은?

◀ 보기 ▶
그 말을 듣는 순간 나는 그의 목덜미를 움켜잡아 거꾸러뜨리고 싶은 심정이었으나 꼼짝 못 하고 형편없는 무법자가 되어 그 자리에 서 있었고, 에밀은 여전히 경멸을 품은 채 마치 우주의 질서처럼 차갑게 내 앞에 서 있었다네. 그는 단 한 마디도 욕을 하지 않았고 그저 바라보는 것만으로 충분히 경멸했던 거야. / 그때 나는 처음으로, 한 번 결딴난 일은 다시 손을 써 볼 수 없다는 사실을 알게 되었지. 집으로 돌아가니 다행히도 어머니는 아무것도 묻지 않고 내게 키스를 해 주셨지. – 헤르만 헤세, 「공작나방」

① '나'의 체험을 통해 교훈을 전달한다.
② 인물이 타인의 도움으로 외적 갈등을 해결한다.
③ 비유를 통해 인물의 외양을 세밀하게 묘사한다.
④ 과장을 사용하여 인물의 천진난만함을 부각한다.
⑤ 인물이 갈등 해결 과정에서 내적 성숙을 이룬다.

중요

02 ㉠과 ㉡에 대한 이해로 적절하지 않은 것은?

① ㉠은 사건의 최초 원인을 제공하는군.
② ㉠은 문기와 수만이의 갈등 원인이 되고 있군.
③ ㉡은 문기의 일시적 갈등 해소 수단이 되는군.
④ ㉡은 문기의 내적 갈등을 심화하는 계기가 되겠군.
⑤ ㉡은 ㉠과 달리 문기와 숙모의 갈등을 야기하겠군.

서술형

03 〈보기〉의 핵심어를 활용하여 (라)의 문기에게 해 줄 수 있는 조언을 30자 내외로 서술하시오.

◀ 보기 ▶
첫 시간은 수신 시간, 그리고 공교로이 제목이 '정직'이다. 선생님은 뒷짐을 지고 교단 위를 왔다 갔다 하며 거짓이라는 것이 얼마나 악한 것이고 정직이 얼마나 귀하고 중한 것인가를 누누이 말씀한다. 그리고 안경 쓴 선생님의 그 눈이 번쩍하고 문기 얼굴에 머물렀다 가고 가고 한다. 그럴 때마다 문기는 가슴이 뜨끔뜨끔해진다. 문기는 자기 한 사람에게만 들리기 위한 정직이요, 수신 시간인 듯싶었다. 그만치 선생님은 제 속을 다 들여다보고 하는 말인 듯싶었다.

소단원 한눈에 보기

갈래	단편 소설, 성장 소설
배경	• 시간적: 1930년대 • 공간적: 어느 도시
성격	사실적, 교훈적, 동화적
시점	전지적 시점
주제	(　　　)하게 사는 마음의 소중함
특징	• 인물의 심리와 (　　　) 상황이 세밀하게 드러나 있음. • 작품의 배경이 되는 (　　　)을/를 짐작할 수 있는 소재를 사용함. • 일상적 상황을 소재로 하여 인물이 성숙해 가는 과정을 보여 줌.

▶ 이 글의 사건 구성 단계

발단	고깃간에서 더 받은 거스름돈을 수만이와 함께 씀.
전개	공과 쌍안경을 버리고, 남은 거스름돈을 고깃간 마당에 던짐.
위기	숙모의 돈을 훔치고, 점순이가 누명을 쓰고 쫓겨남.
절정	자신의 행동에 대해 괴로워하다 교통사고를 당함.
결말	삼촌에게 그동안의 일을 고백하고 후련함을 느낌.

▶ 이 글에 나타난 갈등의 양상과 해결 과정

문기와 수만이의 갈등	• 문기: 삼촌의 훈계에 양심의 가책을 느끼고 남은 거스름돈을 고깃간 안마당에 던짐. • 수만이: 문기에게 돈을 내놓으라고 협박함.

↓

문기가 숙모의 돈을 훔쳐 수만이에게 줌.

문기의 내적 갈등	돈을 훔쳤다는 누명을 쓴 점순이의 울음소리를 듣고, 수신 시간에 정직에 대해 배움. 죄책감과 양심의 가책을 느끼고 괴로워함.

↓

하늘을 떳떳이 쳐다보고 싶은 마음이 생기고 괴로움을 느끼다가 교통사고 후 삼촌에게 잘못을 고백함.

답 정직, 갈등, 시대 상황

출제 포인트

• 갈등의 원인과 양상, 갈등의 해결 방법에 주목한다.

2 자전거 도둑 | 박완서

＊다음 글을 읽고 물음에 답하시오.

(가) 운전사는 금방 커다란 자물쇠를 하나 사 가지고 왔다. ㉠신사는 다시 네놈은 쳐다보기도 싫다는 듯이 수남이를 전혀 상대 안 하고, 묵묵히 자전거 바퀴에다 자물쇠를 채우고, 앞에 빌딩을 가리키면서,

"나 저기 306호 실에 있으니까 돈 오천 원 갖고 와. 그러면 열쇠 내줄 테니."

하고는 수남이를 힐끗 흘겨보고 유유히 빌딩 속으로 사라져 갔다.

(나) "도망가라, 어서어서 자전거를 번쩍 들고 도망가라, 도망가라."

수남이는 자기편이 되어 준 이 많은 사람들을 도저히 배반할 수 없었다. 이상한 용기가 솟았다. 수남이는 자전거를 마치 검부러기처럼 가볍게 옆구리에 끼고 질풍같이 달렸다.

(다) 다 듣고 난 주인 영감님은 무엇이 그리 좋은지 무릎을 치면서 통쾌해한다.

㉡"잘했다, 잘했어. 맨날 촌놈인 줄만 알았더니 제법인데, 제법이야."

그러고는 가게에서 쓰는 드라이버니 펜치를 가지고 자전거에 채운 자물쇠를 분해하기 시작한다. 엎드려서 그 짓을 하고 있는 주인 영감님이 수남이의 눈에 흡사 도둑놈 두목 같아 보여 속으로 정이 떨어진다. 주인 영감님 얼굴이 누런 똥빛인 것조차 지금 깨달은 것 같아 속이 메스껍다.

(라) 낮에 내가 한 짓은 옳은 짓이었을까? 옳을 것도 없지만 나쁠 것은 또 뭔가. 자가용까지 있는 주제에 나 같은 아이에게 오천 원을 우려내려고 그렇게 간악하게 굴던 신사를 그 정도 골려 준 것이 뭐가 나쁜가? 그런데도 왜 무섭고 떨렸던가. 그때의 내 꼴이 어땠으면, 주인 영감님까지 "네놈 꼴이 꼭 도둑놈 꼴이다."고 하였을까.

(마) 소년은 아버지가 그리웠다. 도덕적으로 자기를 견제해 줄 어른이 그리웠다. 주인 영감님은 자기가 한 짓을 나무라기는커녕 손해 안 난 것만 좋아서 "오늘 운 텄다."고 좋아하지 않았던가.

수남이는 짐을 꾸렸다. 아아, 내일도 바람이 불었으면. ㉢바람이 물결치는 보리밭을 보았으면.

마침내 결심을 굳힌 수남이의 얼굴은 누런 똥빛이 말끔히 가시고, 소년다운 청순함으로 빛났다.

학습 목표 응용

01 이 글에서 알 수 있는 사실이 아닌 것은?

① 주인 영감은 수남이의 영악한 대처에 흡족해했다.
② 신사는 수남이에게 자동차 수리비로 오천 원을 요구했다.
③ 수남이는 자전거를 훔치는 순간 죄책감을 느끼지 못했다.
④ 수남이는 자전거를 훔친 사실을 주인 영감에게 털어놓았다.
⑤ 수남이는 아버지와 주인 영감이 비슷한 사람이라고 생각했다.

중요

02 (가)~(마)를 다음과 같이 정리할 때 연결이 적절한 것은?

	갈등의 전개	갈등의 해소
①	(가), (나)	(다), (라), (마)
②	(가), (나), (다)	(라), (마)
③	(가), (나), (라)	(다), (마)
④	(가), (다), (라)	(나), (마)
⑤	(가), (라), (마)	(나), (다)

03 ㉠에 대한 설명으로 적절하지 않은 것은?

① '주인 영감'과 유사한 성격으로 등장한다.
② '수남이'의 갈등을 심화시키는 역할을 한다.
③ 작가가 비판적 시각에서 그려 내는 인물이다.
④ '아버지'와 외적 갈등을 겪고 있는 인물이다.
⑤ 현대적 삶의 방식을 대표하는 성격을 지녔다.

04 ㉢이 표현하는 내용으로 적절한 것은?

① 자유와 평등의 공간
② 도덕적인 삶의 공간
③ 경제적으로 넉넉한 삶의 공간
④ 사람들이 조화롭게 사는 공간
⑤ 자연의 아름다움을 느낄 수 있는 공간

고난도 응용

01 이 글에서 작가가 비판하고 있는 사회의 모습을 가장 잘 표현하고 있는 것은?

① 이웃과의 단절, 노인 고독사 점점 늘어
② 혼밥족을 위한 식사 메뉴 개발, 시급해
③ 뭐니 뭐니 해도 머니가 최고, 돈을 위해서라면
④ 경제 불황, 기부와 봉사 지갑 닫는 구두쇠 늘어
⑤ 어른은 어른대로, 아이는 아이대로, 자기 멋에 사는 세상

02 ㉡에 담겨 있는 주인 영감의 속마음을 바르게 표현한 것은?

① '수남이가 나를 위해 무척 노력하는군. 참 고마워.'
② '수남이가 뭐든 똑똑하게 해낼 줄 알았어. 대견하군.'
③ '수남이 덕분에 내가 손해를 안 보게 되었어. 다행이야.'
④ '수남이에게 올바른 판단을 하도록 가르쳐야겠어. 어려운 일이야.'
⑤ '수남이가 이제 내 말을 듣지 않고 자기 맘대로 행동하는군. 걱정스럽구나.'

서술형

03 〈보기〉는 (나)의 장면에서 수남이의 느낌을 표현한 부분이다. 〈보기〉를 바탕으로 할 때 수남이가 고향으로 돌아갈 결심을 한 이유를 〈조건〉에 맞게 서술하시오.

보기

정말이지 조금도 안 무거웠다. 타고 달릴 때보다 더 신나게 달렸다. 달리면서 마치 오래 참았던 오줌을 시원스레 내깔기는 듯한 쾌감까지 느꼈다.

조건

- 〈보기〉에 드러난 수남이의 상황에 대하여 '주인 영감'과 '아버지'의 역할이 드러나도록 쓸 것.
- 2~3 문장으로 쓸 것.

소단원 한눈에 보기

갈래	현대 소설, 성장 소설
배경	• 시간적: 1970년대 • 공간적: 서울 청계천 세운 상가
시점	전지적 시점
주제	현대인의 부도덕성과 ( ) 비판
특징	• 순수한 어린아이의 눈을 통해 어른들의 부도덕한 삶을 부각시키고 있다. • 현대인들의 이기적인 삶에 대한 작가의 비판 의식이 드러나고 있다.

▶ 등장인물의 성격

수남이	• 순진하고 순수함. • 자전거를 훔치고 양심의 가책을 느낌.
주인 영감	• 열심히 일하는 수남이를 아낌. • 개인적인 이익을 중시함.
신사	• 다른 사람의 입장을 배려하지 않음.
아버지	• 도덕적인 삶을 중시함.

▶ 갈등의 전개 과정

발단	수남이가 청계천 상가의 점원으로 일을 하면서 주인 영감에게 고마움을 느낌.
전개	바람 때문에 자전거가 넘어져 신사의 자동차에 흠집이 남.
위기	신사의 자동차 수리비를 물어주지 않고 자전거를 훔쳐 옴.
절정	수남이가 자신의 행동이 도둑질이라는 생각에 괴로워함.
결말	수남이가 고향으로 돌아가기로 결심함.

답 이기심

출제 포인트

- 이 글에는 중심인물의 외적 갈등과 내적 갈등이 모두 드러나 있다. 갈등의 전개 양상이 뚜렷하게 드러나므로 소설의 갈등 양상과 전개 과정을 명확하게 파악해야 한다. 아울러 인물이 갈등을 해결하는 방식이 어떠한가를 파악해 두어야 한다.

3 홍길동전 | 허균

*다음 글을 읽고 물음에 답하시오.

(가) 세월이 흐르고 길동이 열한 살이 되었다. 비범한 아이인지라 누구 하나 길동을 칭찬하지 않는 이가 없었다. 비록 천비의 몸을 빌려 난 자식이긴 하지만, 길동의 재주를 눈여겨본 대감 역시 길동을 무척 아끼고 사랑하였다.

그러나 길동의 가슴에는 늘 원한이 맺혀 있었다. 출생이 천한 탓에 아버지를 아버지라 부르지 못하고 형을 형이라 부르지 못하기 때문이었다.

(나) 어느 칠월 보름날, 길동은 밝은 달을 쳐다보며 뜰을 배회하고 있었다. 쓸쓸한 가을바람 사이로 들려오는 기러기 울음소리가 마음에 외로움을 더했다. 길동의 가슴에는 절로 탄식이 일어났다.

"대장부가 세상에 태어나서 공자, 맹자의 학문을 익힌 뒤에, 나가서는 장수가 되고 들어와서는 재상이 되며, 대장인을 허리춤에 차고 단 위에 높이 앉아 수많은 군사를 마음대로 지휘하며, 남쪽으로 초(楚)나라를 치고 북쪽으로 중원을 평정하며, 서쪽으로 촉(燭)나라를 쳐 업적을 쌓은 후에, 얼굴을 기린각에 그려 빛내고 이름을 후세에 전함이 대장부의 떳떳한 일일 것이다. 옛사람이 이르기를 ㉠'왕후장상의 씨가 따로 없다.' 하였는데 이는 나를 두고 말함인가? 아무리 하찮은 사람도 아버지를 아버지라 부르고 형을 형이라 부르는데, 나만 홀로 그러하지 못하는구나. 내 인생은 어찌하여 이리도 기박한가?"

(다) 대감은 길동을 말릴 수 없으리라 생각하고 길동의 한을 위로하였다.

"내가 ㉡너의 품은 한을 짐작하겠구나. 오늘부터는 아버지를 아버지라 부르고 형을 형이라 불러도 좋다. 다만 네가 천지 사방을 두루 돌아다니더라도, 죄를 지어 아버지와 형에게 걱정을 끼치는 일만은 삼가거라. 또한 하루도 빠짐없이 너를 기다리고 있을 것이니, 부디 속히 돌아오기를 바라노라. 여러 말 하지 않겠다. 신중하고 겸손하게 생각하도록 하라."

(라) 분위기가 점차 무르익어 갈 즈음, 길동이 일어나 부하들에게 말했다.

"우리는 이제 무고한 백성의 재물에는 절대 손대지 않을 것이다. 각 읍의 수령과 감사들이 백성들로부터 착취한 재물만을 빼앗아 그것으로 불쌍한 백성들을 구제하게 될 것이다. 그런 의미에서 우리 무리의 이름을 '활빈당'으로 정하고자 한다."

학습 목표 응용

01 이 글에 대한 평가로 적절한 것은?

① 역사적 인물과 사실을 다룬 역사 소설이다.
② 한 인물의 성장 과정을 다룬 성장 소설이다.
③ 가족 간의 갈등과 화해를 다룬 가족 소설이다.
④ 불합리한 사회의 변화를 추구한 사회 소설이다.
⑤ 남녀 간의 애틋한 사랑을 소재로 한 연애 소설이다.

02 (가)에 드러나는 길동에 대한 설명으로 적절하지 않은 것은?

① 천한 신분 출신이다.
② 대감이 아끼고 사랑하였다.
③ 누구나 칭찬하는 비범함을 지녔다.
④ 다른 사람이 안타까워하는 대상이었다.
⑤ 가족 안에서 제대로 된 대접을 받지 못했다.

중요

03 (나)에 드러나는 갈등을 설명한 것으로 적절한 것은?

① 주어진 운명에 대항하는 길동의 내적 갈등
② 사회적 원인에서 시작된 길동의 내적 갈등
③ 사회적 상황으로 인해 생긴 길동과 가족의 갈등
④ 길동의 내적 갈등이 확대된 길동과 가족의 갈등
⑤ 길동의 개인적 갈등이 확장된 개인과 사회의 갈등

04 ㉡의 원인을 구체적으로 설명한 것으로 적절한 것은?

① 나라의 불합리한 정치
② 서자로서 받은 부당한 차별
③ 가난하고 차별 받는 민중의 삶
④ 길동에 대한 아버지의 부당한 대우
⑤ 길동의 뛰어난 능력을 몰라주는 세상

고난도 응용

01 〈보기〉는 이 글의 '길동'에 대해 나눈 대화이다. 적절하지 않은 발언을 한 사람은?

> **보기**
>
> 정민: 길동은 사회적 차별을 받는 계층에 속하는 인물이었어.
> 민재: 당시에는 적자와 서자를 구별해서 차별하는 것이 일반적이었으니 그런 대접을 받을 수밖에 없었지.
> 영식: 길동과 같은 인재가 자신의 꿈을 펼칠 수 없다는 것은 국가적인 손실이었을 거야.
> 재원: 그걸 알고 홍 대감도 길동에게 호부호형을 허락한 거 아닐까?
> 민정: 길동이 호부호형을 허락받고도 집을 나가 활빈당을 조직한 것은 사회적 문제를 해결하기 위해서였지.

① 정민 ② 민재 ③ 영식 ④ 재원 ⑤ 민정

서술형

02 〈보기〉의 말하는 이와 이 글의 '길동'에게서 동시에 드러나는 정서가 무엇인지 서술하시오.

> **보기**
>
> 하늘을 우러러
> 울기는 하여도
> 하늘이 그리워 울음이 아니다
> 두 발을 못 뻗는 이 땅이 애달파
> 하늘을 흘기니
> 울음이 터진다
> 해야 웃지 마라
> 달도 뜨지 마라
>
> – 이상화, 「통곡」

03 ㉠에 담겨 있는 작가의 생각으로 적절한 것은?

① 입신양명(立身揚名)
② 천부인권(天賦人權)
③ 상부상조(相扶相助)
④ 홍익인간(弘益人間)
⑤ 남녀평등(男女平等)

소단원 한눈에 보기

갈래	고전 소설, 한글 소설, 영웅 소설, 사회 소설
성격	(　　　), 비현실적, 우연적
시점	전지적 시점
제재	홍길동의 영웅적 모습
주제	(　　　)의 의지와 사회 개혁 의지
특징	• (　　　)적인 인물인 길동의 모습이 비현실적으로 드러남. • 최초의 한글 소설이라는 국문학사적 가치를 지님.

▶ **이 소설의 갈등 양상**

- **외적 갈등**: 적서차별의 현실에서 오는 갈등
- ↓
- **내적 갈등**: 길동의 고민
- ↓
- **갈등 해소**: 홍 판서가 호부호형을 허락함.
- ↓
- **외적 갈등**: 길동이 활빈당을 조직해 관리들의 재물을 빼앗음.
- ↓
- **갈등 해소**: 임금이 길동에게 벼슬을 내림.

▶ **이 소설의 사회적 배경과 주제**

- 엄격한 신분 제도와 축첩 제도
- 지배층의 횡포
- 적서 차별
- 출세를 중시하는 유교 사회

↓

주제: 탐욕적이고 이기적인 지배층을 비판하고 사회 전반의 모순점을 바로잡아야 한다는 개혁 의지

답 사회 비판적, 입신양명, 영웅

출제 포인트

- 이 소설에 드러난 길동의 내적 갈등과 길동과 사회와의 외적 갈등을 파악하는 문제가 출제된다.
- 이 소설에서 불합리한 사회 현실을 개혁하고자 하는 주제 의식을 파악하는 문제가 출제된다.

단원 평가

[01~04] 다음 글을 읽고 물음에 답하시오.

가 문기는 삼거리 고깃간을 향해 갔다. 그리고 뒷골목으로 돌아가 ⓐ나머지 돈을 종이에 싸서 담 너머로 그 집 안 마당을 향해 던졌다.

그제야 문기는 무거운 짐을 풀어논 듯 어깨가 거뜬했다. 아까 물 위로 둥실둥실 떠가던 그 공, 지금은 벌써 10리고 20리고 멀리 떠갔을 듯싶은 그 공과 함께 문기는 자기의 허물도 멀리 사라져 깨끗이 벗어난 듯 속이 후련했다. 그리고, / "다시는, 다시는." / 하고 문기는 두 번 다시 그런 허물을 범하지 않겠다고 백 번 다지며 집을 향해 돌아간다.

나 "학교서 지금 오는 애가 알겠니. 참, 점순이 고년 앙큼헌 년이드라. 낮에 내가 뒤꼍에서 화초 모종을 내고 있는데 집을 간다고 나가더니 글쎄 돈을 집어갔구나."

ⓑ문기는 잠잠히 듣기만 한다. 그러나 속으로는 갚으면 고만이지 소리를 또 한 번 외어본다.

그날 밤이었다. 아랫방 들창 밑에 훌쩍훌쩍 우는 어린아이 울음소리가 났다. 아랫집 심부름하는 아이 점순이의 음성이었다. 숙모가 직접 그 집에 가서 무슨 말을 한 것은 아니로되 자연 그 말이 한 입 걸러 두 입 걸러 그 집에까지 들어갔고 그리고 그 집 주인 여자는 점순이를 때려 쫓아낸 것이다. ⓒ먼저는 동네 아이들이 모여 지껄지껄하더니 차차 하나 가고 둘 가고 훌쩍훌쩍 우는 그 소리만 남는다. 방 안의 문기는 그 밤을 뜬눈으로 새웠다.

다 ⓓ언제나 다름없이 하늘은 맑고 푸르건만 문기는 어쩐지 그 하늘조차 쳐다보기가 두려워졌다. 자기는 감히 떳떳한 얼굴로 그 하늘을 쳐다볼 만한 사람이 못 된다 싶었다.

언제나 다름없이 여러 아이들은 넓은 운동장에서 마음대로 뛰고 마음대로 지껄이고 마음대로 즐기건만 ㉠문기 한 사람만은 어둠과 같이 컴컴하고 무거운 마음에 잠겨 고개를 들지 못한다. 무엇보다도 문기는 전일처럼 맑은 하늘 아래서 아무 거리낌 없이 즐길 수 있는 마음이 갖고 싶다.

라 학교에서 볼 때 엄하고 막막하던 선생님은 의외로 부드러이 웃는 낯으로 문기를 대한다. 문기는 선생님 앞에 엎드려 모든 것을 자백할 결심이었다. 그런데 선생님의 부드러운 태도에 도리어 문기는 말문이 열리지 않았다. 다음은 건넌방에서 어린애가 울어 못했다. 다음은 사모님이 들락날락하고 그리고 다음엔 손님이 왔다. ⓔ기어이 문기는 입을 열지 못한 채 물러나오고 말았다. / 먼저보다 갑절 무겁고 컴컴한 마음이었다. 도저히 문기의 약한 어깨로는 지탱하지 못할 무거운 눌림이었다. 걸음은 집을 향해 가는 것이지만 반대로 마음은 멀어진다.

– 현덕, 「하늘은 맑건만」

01 이 글에 대한 독자의 반응으로 적절하지 않은 것은?

① 숙모는 점순이의 비양심적인 행동을 확신하고 있군.
② 문기는 양심의 회복을 바라는 마음을 지녔다고 볼 수 있군.
③ 삼거리 고깃간은 문기에게 갈등의 원인을 제공한 공간으로 볼 수 있군.
④ 과거에 문기는 맑은 하늘을 떳떳하게 쳐다 볼 수 있는 마음을 지니고 있었군.
⑤ 선생님 집에서 나온 문기는 숙모와 삼촌에 대한 두려움 때문에 빨리 집에 가고자 하는군.

중요

02 (가)~(라)에 나타난 문기의 갈등 양상으로 적절하지 않은 것은?

① (가)에서 문기는 갈등이 해소되는 홀가분함을 느끼고 있다.
② (가)의 '나머지 돈'과 '공'은 문기의 갈등 원인과 관련이 있다.
③ (나)에서 문기는 '점순이'의 우는 소리로 내적 갈등을 겪고 있다.
④ (다)에서 문기는 갈등을 해소하고자 하는 바람을 갖고 있다.
⑤ (라)에서 문기는 선생님의 부드러운 태도에 내적 갈등이 차츰 해소됨을 느끼고 있다.

03 ⓐ~ⓔ 중, 〈보기〉의 밑줄 친 부분과 가장 관계가 깊은 것은?

◀ 보기 ▶
문학 작품에는 다양한 갈등의 양상이 나타난다. 독자는 인물들이 갈등하는 양상, 그리고 인물들이 갈등을 해결하려고 노력하는 모습을 보면서 긴장감과 재미를 느끼고 현실에서 맞닥뜨리는 갈등을 해결하는 데에 도움을 받기도 한다.

① ⓐ ② ⓑ ③ ⓒ ④ ⓓ ⑤ ⓔ

서술형

04 ㉠의 이유를 〈보기〉를 참고하여 30자 이내로 쓰시오.

◀ 보기 ▶
'하늘'은 문기가 처한 심리적 상황과는 대조적인 의미를 지닌 소재, '정직한 마음, 떳떳한 양심'을 상징한다고 볼 수 있다. 다른 아이들은 하늘 아래에서 마음대로 즐기지만, 문기는 자신의 행동에 대한 죄책감 때문에 하늘을 쳐다볼 만한 사람이 못된다고 생각한다.

[05~08] 다음 글을 읽고 물음에 답하시오.

(가) "아니 욘석이 이제 보니 이런 큰일 저지르고 그냥 내뺄 심사 아냐? 요런 악질 녀석 같으니라고."

신사의 표정은 은은히 감돌던 연민이 싹 가시고 점잖게 무표정해진다.

그리고는 옆에 섰던 운전사인 듯한 남자에게,

"안 되겠네. 요런 악질 깡패 녀석하고 시비해 봤댔자 공연히 시간만 낭비니, ㉠자네 자물쇠 하나 마련해다 주게. 이 녀석 자전걸 잡아 놓기로 하세. 언제든지 오천 원 가져와서 찾아가라고."

"아저씨, 잘못했습니다. 한 번만 용서해 주십시오. 네, 아저씨." / 제법 또렷한 소리로 용서를 빈다.

(나) "도망가라, 어서어서 자전거를 번쩍 들고 도망가라, 도망가라."

수남이는 자기편이 되어 준 이 많은 사람들을 도저히 배반할 수 없었다. 이상한 용기가 솟았다. 수남이는 자전거를 마치 검부러기처럼 가볍게 옆구리에 끼고 질풍같이 달렸다.

정말이지 조금도 안 무거웠다. 타고 달릴 때보다 더 신나게 달렸다. ㉡달리면서 마치 오래 참았던 오줌을 시원스레 내깔기는 듯한 쾌감까지 느꼈다.

(다) 다 듣고 난 주인 영감님은 무엇이 그리 좋은지 무릎을 치면서 통쾌해한다.

㉢"잘했다, 잘했어. 맨날 촌놈인 줄만 알았더니 제법인데, 제법이야."

그리고는 가게에서 쓰는 드라이버니 펜치를 가지고 자전거에 채운 자물쇠를 분해하기 시작한다. 엎드려서 그 짓을 하고 있는 주인 영감님이 수남이의 눈에 흡사 도둑놈 두목같아 보여 속으로 정이 떨어진다. ⓐ주인 영감님 얼굴이 누런 똥빛인 것조차 지금 깨달은 것 같아 속이 메스껍다.

(라) ㉣낮에 내가 한 짓은 옳은 짓이었을까? 옳을 것도 없지만 나쁠 것은 또 뭔가. 자가용까지 있는 주제에 나 같은 아이에게 오천 원을 우려내려고 그렇게 간악하게 굴던 신사를 그 정도 곯려 준 것이 뭐가 나쁜가? 그런데도 왜 무섭고 떨렸던가. 그 때의 내 꼴이 어땠으면, 주인 영감님까지 "네놈 꼴이 꼭 도둑놈 꼴이다."고 하였을까.

(마) 소년은 아버지가 그리웠다. 도덕적으로 자기를 견제해 줄 어른이 그리웠다. 주인 영감님은 자기가 한 짓을 나무라기는커녕 손해 안 난 것만 좋아서 "오늘 운 텄다."고 좋아하지 않았던가. / 수남이는 짐을 꾸렸다. 아아, 내일도 바람이 불었으면. 바람이 물결치는 보리밭을 보았으면. / 마침내 결심을 굳힌 수남이의 얼굴은 누런 똥빛이 말끔히 가시고, ㉤소년다운 청순함으로 빛났다. – 박완서, 「자전거 도둑」

05 (가)~(마)에 대한 설명으로 적절하지 않은 것은?

① (가): 신사의 말에서 그의 냉정한 성격을 엿볼 수 있다.
② (나): 구경꾼들이 수남이의 비도덕적 행위를 부추기고 있다.
③ (다): 주인 영감에 대한 수남이의 심리가 구체적으로 드러난다.
④ (라): 수남이의 내적 갈등 양상이 구체적으로 드러난다.
⑤ (마): 수남이가 겪게 될 또 다른 갈등이 암시되어 있다.

중요

06 이 글에 나타난 수남이의 근본적인 갈등 해결 방법으로 적절한 것은?

① 현실의 부도덕한 세태와 적절하게 타협을 한다.
② 주인 영감에게 솔직하게 고백을 하고 도덕성을 회복한다.
③ 어른들의 부도덕함을 비판하고 스스로 자신의 양심을 지킨다.
④ 도덕적으로 자신을 견제해 줄 아버지가 계신 시골로 가기로 결심한다.
⑤ 자신의 잘못된 행동의 원인을 타인에게 전가하면서 갈등의 상황을 회피한다.

07 ㉠~㉤에 대한 이해로 적절하지 않은 것은?

① ㉠: 자전거를 붙잡아 두려는 신사의 의도가 드러난다.
② ㉡: 자전거를 들고 도망칠 때의 수남이의 심리가 드러난다.
③ ㉢: 반어적 표현으로 주인 영감이 수남이를 질책하고 있다.
④ ㉣: 자신의 행위에 대한 수남이의 마음속에 두 가지 생각이 서로 대립함을 보여 준다.
⑤ ㉤: 갈등이 해소된 후의 수남이의 모습을 보여 준다.

서술형

08 ⓐ와 〈보기〉의 ⓑ에 대한 수남이의 생각을 각각 쓰시오.

보기

수남이는 "내년 봄에 시험 봐서 들어가야 해. 야학이라도 일류로……." 할 때의 주인 영감님이 그렇게 좋을 수가 없다. 그 소리를 듣기 위해서라면 그까짓 알밤쯤 하루 골백번을 맞으면 대수랴 싶다. 그런 소리를 자기를 위해 해 주는 ⓑ주인 영감님을 위해서라면 뼛골이 부러지게 일을 한들 눈곱만큼도 억울할 것이 없을 것 같다.

[09~12] 다음 글을 읽고 물음에 답하시오.

(가) 어느 칠월 보름날, 길동은 밝은 달을 쳐다보며 뜰을 배회하고 있었다. 쓸쓸한 가을바람 사이로 들려오는 기러기 울음소리가 마음에 외로움을 더했다. 길동의 가슴에는 절로 탄식이 일어났다.

"대장부가 세상에 태어나서 공자, 맹자의 학문을 익힌 뒤에, 나가서는 장수가 되고 들어와서는 재상이 되며, 대장인을 허리춤에 차고, 단(壇) 위에 높이 앉아 수많은 군사를 마음대로 지휘하며, 남쪽으로 초(楚)나라를 치고, 북쪽으로 중원(中原)을 평정하며, 서쪽으로 촉(燭)나라를 쳐 업적을 쌓은 후에, 얼굴을 기린각에 그려 빛내고 이름을 후세에 전함이 대장부의 떳떳한 일일 것이다. 옛사람이 이르기를 '왕후장상의 씨가 따로 없다.' 하였는데 이는 나를 두고 말함인가? 아무리 하찮은 사람도 아버지를 아버지라 부르고 형을 형이라 부르는데, 나만 홀로 그리하지 못하는구나. 내 인생은 어찌하여 이리도 기박한가?"

길동은 가슴에 차오르는 답답함을 걷잡을 수가 없었다.

(나) 길동이 칼을 던지고 엎드려 대답하였다.

"소인이 ⓐ대감의 정기를 받고 당당한 남자로 태어났으니 이만한 즐거움도 없습니다. 그러나 늘 서러운 것은 아버지를 아버지라 부르지 못하고 형을 형이라 부르지 못하는 신세이옵니다. 하인들까지 모두 천하게 보며, 친지와 친구조차도 아무개의 천생이라고 이릅니다. 이런 원통한 일이 어디 있겠습니까?"

길동은 대성통곡하였다. 대감은 속으로는 길동이 불쌍했지만 짐짓 꾸짖어 말하였다. 만일 그 마음을 드러내서 위로하면 오히려 버릇이 없어질까 염려하였던 것이다.

(다) "목숨을 건지고자 도망하는 처지에 어찌 따로 정한 곳이 있겠습니까? 다만 평생의 원한이 가슴에 맺혀 풀어 버릴 날이 없으니, 이것이 더욱 서러울 따름입니다."

대감은 길동을 말릴 수 없으리라 생각하고 길동의 한을 위로하였다.

"내가 너의 품은 한을 짐작하겠구나. 오늘부터는 아버지를 아버지라 부르고 형을 형이라 불러도 좋다. 다만 네가 천지 사방을 두루 돌아다니더라도, 죄를 지어 아버지와 형에게 걱정을 끼치는 일만은 삼가거라. 또한 하루도 빠짐없이 너를 기다리고 있을 것이니, 부디 속히 돌아오기를 바라노라. 여러 말 하지는 않겠다. 신중하고 겸손하게 생각하도록 하라."

대감의 말을 다 들은 길동은 아버지를 향해 크게 절을 하였다.

"ⓑ아버님께서 오늘 해묵은 소원을 풀어 주시니, 이제 죽어도 한이 없겠습니다. 황공하여 몸 둘 바를 모르겠사옵니다. 간절히 바라옵건대 만수무강하옵소서."

– 허균, 「홍길동전」

09 이 글에 나타난 당대의 사회 · 문화적 상황으로 적절하지 않은 것은?

① 신분의 차별이 있었다.
② 입신양명의 가치를 중시했다.
③ 공자와 맹자의 학문을 익혔다.
④ 양반의 집에는 하인이 있었다.
⑤ 서자도 왕후장상이 될 수 있었다.

10 이 글에서 길동이 갈등하는 근본적인 원인으로 가장 적절한 것은?

① 적서 차별의 사회 제도
② 길동에 대한 하인들의 천대
③ 홍 대감의 우유부단한 태도
④ 학문을 중시하는 유교적 가치관
⑤ 비범한 재주가 없는 길동의 처지

중요

11 이 글에 나타난 길동의 갈등 해결 방식을 파악한 것으로 가장 적절한 것은?

① 사회 제도의 문제점을 수용하고 순응적으로 대처한다.
② 다른 인물의 힘을 빌려 자신의 한계를 극복하고자 한다.
③ 자신이 겪는 불합리한 상황을 적극적으로 해결하고자 한다.
④ 현실의 부당함을 받아들이고 낙관적으로 해결하고자 한다.
⑤ 현실의 문제점을 인식하지 못하나 다른 인물의 권위에 저항하고자 한다.

서술형

12 ⓐ와 ⓑ의 호칭 변화가 의미하는 바를 〈조건〉에 맞게 쓰시오.

조건
- (가)에 나타난 길동의 탄식 내용을 활용할 것.
- '소원'이라는 단어를 사용하여 30자 내외로 쓸 것.

[13~16] 다음 글을 읽고 물음에 답하시오.

(가) 오후 해 저물녘이다. ㉠문기는 책보를 흔들흔들 고개를 숙이고 담임 선생님 집 앞을 왔다가는 무춤하고 섰다가 그대로 지나가고 그대로 지나가고 한다. 세 번째는 드디어 그 집 문 안을 들어서서 선생님을 찾았다. 선생님은 문기를 안방으로 맞아들였다. 학교에서 볼 때 엄하고 막막하던 선생님은 의외로 부드러이 웃는 낯으로 문기를 대한다. 문기는 선생님 앞에 엎드려 모든 것을 자백할 결심이었다. 그런데 선생님의 부드러운 태도에 도리어 문기는 말문이 열리지 않았다. 다음은 건넌방에서 어린애가 울어 못했다. 다음은 사모님이 들락날락하고 그리고 다음엔 손님이 왔다. 기어이 문기는 입을 열지 못한 채 물러나오고 말았다.

㉡먼저보다 갑절 무겁고 컴컴한 마음이었다. 도저히 문기의 약한 어깨로는 지탱하지 못할 무거운 눌림이었다. 걸음은 집을 향해 가는 것이지만 반대로 마음은 멀어진다.

– 현덕, 「하늘은 맑건만」

(나) 수남이는 몸을 부르르 떨면서 낮에 자전거를 갖고 달리면서 맛본 공포와 함께 그 까닭 모를 쾌감을 회상한다. 마치 참았던 오줌을 내깔길 때처럼 무거운 억압이 갑자기 풀리면서 ㉢전신이 날아갈 듯이 가벼워지는 그 상쾌한 해방감 — 한 번 맛보면 도저히 잊혀질 것 같지 않은 그 짙은 쾌감, 아아 도둑질하면서도 나는 죄책감보다는 쾌감을 더 짙게 느꼈던 것이다. / 혹시 내 피 속에 도둑놈의 피가 흐르고 있기 때문이 아닐까. 순간 수남이는 방바닥에서 송곳이라도 치솟은 듯이 후닥닥 일어서서 안절부절을 못하고 좁은 방안을 헤맸다. 수남이의 눈앞에는 수갑을 차고, 순경들에게 끌려 와 도둑질 흉내를 그대로 내보이던 형의 얼굴이 환히 떠오른다. 〈중략〉 / 수남이는 지금도 그날 밤 일이 생생하다. ㉣그날 밤 형의 누런 똥빛 얼굴은 정말로 못 잊겠다. 꼭 악몽 같다.

– 박완서, 「자전거 도둑」

(다) 길동은 말을 마치기가 무섭게 팔을 걷어붙이고 바위 앞으로 다가갔다. 그러고는 ㉤곧장 바위를 뽑아 번쩍 치켜들더니, 힘겨워하는 기색도 없이 한참을 이리저리 걸어 다녔다. 놀랍고도 신기한 모습에 도적들은 벌린 입을 다물지 못했다.

"실로 장사로다!"

그것만으로도 도적들은 길동을 두령으로 인정하였다. 길동을 제일 높은 자리에 모셔 앉히고 술을 권하며, 새 두령의 등장을 소리 높여 축하했다. / 분위기가 점차 무르익어 갈 즈음, 길동이 일어나 부하들에게 말했다.

"우리는 이제 무고한 백성의 재물에는 절대 손대지 않을 것이다. 각 읍의 수령과 감사들이 백성들로부터 착취한 재물만을 빼앗아 그것으로 불쌍한 백성들을 구제하게 될 것이다. 그런 의미에서 우리 무리의 이름을 '활빈당'으로 정하고자 한다."

– 허균, 「홍길동전」

13 (가)~(다)에 대한 설명으로 적절한 것은?

① (가): 당대의 시대적 상황에 대한 작가의 비판 의식이 드러난다.
② (가): 인물과 사회와의 외적 갈등이 첨예하게 나타난다.
③ (나): 주인공인 '나'가 자신이 겪은 이야기를 전달하고 있다.
④ (나): 과거 회상을 통해서 인물의 현재 심리 상태를 설득력 있게 보여 주고 있다.
⑤ (다): 인물의 행위를 사실적으로 묘사하여 사건의 필연성을 부여하고 있다.

중요

14 (가)~(나)에 나타난 문기와 수남이의 공통점으로 적절한 것은?

① 내적 갈등을 스스로 해결하고 후련함을 느끼고 있다.
② 다른 인물과의 갈등을 해결하기 위해 적극적으로 대처한다.
③ 자신의 행동에 대해 양심의 가책을 받으며 내적으로 갈등한다.
④ 도시인들의 이기적이고 탐욕적인 태도에 실망하는 모습을 보인다.
⑤ 다른 인물의 조언으로 자신의 잘못된 행동에 대해 반성하고 있다.

15 (다)에 나타난 길동에 대한 평가가 가장 적절한 것은?

① 사회 제도에 대해 긍정적인 태도를 지닌 인물이군.
② 자신의 출세를 위해 사회적 약자를 이용하는 인물이군.
③ 사회적 부조리를 해결하기 위해 노력하고자 하는 인물이군.
④ 신분 차별에 좌절하고 미래에 대한 희망을 버린 인물이군.
⑤ 많은 재물을 얻어서 자신의 신분적 제약을 극복하고자 하는 인물이군.

16 ㉠~㉤에 대한 이해로 적절하지 않은 것은?

① ㉠: 고백할 용기를 내지 못하고 망설이는 모습이다.
② ㉡: 선생님께 꾸중을 들을까 걱정하는 마음이 드러난다.
③ ㉢: 수남이가 자전거를 들고 도망쳤을 때의 느낌이다.
④ ㉣: 형의 부도덕함에 대한 수남이의 기억이다.
⑤ ㉤: 비현실적 요소로 길동의 비범한 능력을 드러낸다.

03 문학과 삶의 성찰

개념 압축 APP

❶ 문학과 삶

① 문학은 작가의 구체적 (　　　　)(이)나 생각을 바탕으로 창작됨.

② 작가는 문학을 통해 바람직한 삶에 대한 (　　　　)을/를 전달함.

③ 독자는 문학을 감상하면서 여러 인물들의 다양한 경험과 생각을 간접적으로 경험할 수 있음.

④ 독자는 문학 작품 속 인물들을 통해 바람직한 삶에 대해 생각하고, 그것을 통해 자신의 삶을 되돌아보게 됨.

❷ 문학 작품 감상과 성찰

① 1단계: 문학 작품을 감상하면서 작중 인물이나 말하는 이의 경험이나 성장 과정을 파악함.

② 2단계: 작품 속에 드러난 작중 인물이나 말하는 이의 깨달음이나 삶의 태도를 파악함.

③ 3단계: 문학 작품 읽기를 통해 얻은 깨달음을 바탕으로 자신의 삶을 (　　　　)함.

❸ 문학의 갈래에 따른 감상

(1) 시

① **특징**: 작가의 분신인 (　　　　)이/가 다양한 표현 방법을 통해 작가의 의도를 간접적으로 전달함.

② **읽기**: 말하는 이가 처한 상황에 대해 어떤 반응과 태도를 보이는지를 파악함.

③ **성찰**: 말하는 이의 태도를 비판적으로 이해한 후, 이를 바탕으로 자신의 삶을 성찰함.

(2) 소설

① **특징**: 작가가 만들어 낸 (　　　　)을/를 통해 다양한 인물들의 행동과 심리를 전달함.

② **읽기**: 인물들의 경험과 심리를 바탕으로 다양한 갈등 양상과 해결 과정을 파악함.

③ **성찰**: 상황에 대한 인물들의 행동을 비판적으로 파악한 후, 이를 바탕으로 자신의 삶을 성찰함.

(3) 수필

① **특징**: 작가가 자신의 경험과 생각을 (　　　　)(으)로 전달함.

② **읽기**: 작품 속에 드러난 작가의 경험과 이를 통해 얻은 깨달음을 찾음.

③ **성찰**: 작가와 자신의 가치관을 비교하면서 자신의 삶을 성찰함.

필수 어휘 사전

- **성찰** : 자신의 마음을 반성하고 살핌.

답 경험, 깨달음, 성찰, 말하는 이(화자), 사건, 자전적

확인 문제

1. 문학과 삶에 대해 설명한 것으로 적절하지 않은 것은?

① 작가는 문학을 통해 자신의 가치관을 표현한다.
② 문학은 작가의 현실에서의 경험을 바탕으로 한다.
③ 문학 속의 인물은 작가의 생각과 무관한 허구적 인물이다.
④ 독자는 문학 읽기를 통해 바람직한 삶에 대한 고민을 할 수 있다.
⑤ 문학은 독자들이 자신의 삶을 성찰할 수 있는 계기를 줄 수 있다.

2. 갈래에 따른 작품 읽기로 적절하지 않은 것은?

① 시에 사용된 다양한 표현 방법의 효과를 파악하며 읽는다.
② 시에서 상황에 대한 말하는 이의 반응이나 태도를 파악하며 읽는다.
③ 수필 속의 경험과 생각에 드러나는 작가의 가치관을 자신과 비교하며 읽는다.
④ 소설에서 작가가 전달하는 삶의 태도를 그대로 받아들여 현실에 적용한다.
⑤ 소설에 드러나는 다양한 인물들의 갈등 양상을 통해 바람직한 삶에 대해 생각한다.

답 1. ③ 2. ④

학습 목표

- 작품 속의 인물이나 말하는 이의 경험과 생각을 파악하며 문학 작품을 감상한다.
- 문학 작품을 읽으며 얻은 깨달음을 바탕으로 자신의 삶을 성찰한다.

학습 활동 따라잡기

1 말하는 이의 경험과 깨달음을 파악하며 다음 시를 감상해 보자.

나는 어릴 때부터 그랬다.
칠칠치 못한 나는 걸핏하면 넘어져
무릎에 딱지를 달고 다녔다.
그 흉물 같은 딱지가 보기 싫어
손톱으로 득득 긁어 떼어 내려고 하면
아버지는 그때마다 말씀하셨다.
딱지를 떼어 내지 말아라 그래야 낫는다.
아버지 말씀대로 그대로 놓아두면
까만 고약 같은 딱지가 떨어지고
딱정벌레 날개처럼 하얀 새살이
돋아나 있었다.
지금도 칠칠치 못한 나는
사람에 걸려 넘어지고 부딪히며
마음에 딱지를 달고 다닌다.
그때마다 그 딱지에 아버지 말씀이
얹혀진다.
딱지를 떼지 말아라 딱지가 새살을 키운다.

– 이준관, 「딱지」

(1) 시 속에 담긴 말하는 이의 경험을 파악해 보자.

(2) 어린 시절의 경험이 어른이 된 말하는 이에게 어떤 영향을 주었는지 파악해 보자.

(3) '마음의 딱지'가 생겼던 경험을 떠올려보고, 그때 자신이 어떤 반응을 보였는지 생각해 보자.

(4) 이 시의 말하는 이라면 그때 나에게 어떤 충고를 했을지 적어 보자.

끌어 주기

◎이 작품은 어린 시절의 경험에서 얻은 깨달음을 노래한 시이다. 시를 감상하며 말하는 이의 어린 시절의 경험과 이에 대한 아버지의 가르침을 파악한 후, 이를 통해 자신의 삶을 성찰하면서 바람직한 삶에 대해 생각해 볼 수 있다.

(1) 시를 읽으며 시에 드러난 어린 시절의 경험과 아버지의 가르침을 파악해 본다.

예시 답안 넘어져서 생긴 딱지를 떼어 내려다 아버지의 가르침대로 그대로 두었더니 딱지가 떨어지고 하얀 새살이 돋아남.

(2) 어른이 된 말하는 이가 달고 다니는 '마음의 딱지'가 무엇일지 생각해 보고, 이에 대해 어떤 태도를 보이는지 찾아본다.

예시 답안 다른 사람들과의 관계에서 마음의 상처를 입을 때, 아버지의 가르침을 생각한다.

(3) 자신에게 있었던 '마음의 딱지'의 경험을 떠올려보고, 그때 어떤 반응을 보였는지 생각해 본다.

예시 답안 친구가 나를 험담하고 다닌다는 이야기를 들어서 마음의 상처를 입었다. 그래서 곧장 친구에게 가서 따지다가 심하게 다투었다. 나중에 그 친구가 험담을 하지 않았다는 것을 알았지만 이미 친구와의 관계는 어색해진 상태이다.

(4) '딱지를 떼지 말아라.'라는 가르침을 바탕으로 스스로의 행동을 평가하며 충고의 말을 써 보자.

예시 답안 친구에게 마음의 상처를 받았다고 곧장 해결하려 하지 말고 참고 기다리면 오해가 풀리고 상처가 치유될 거야.

1 서시 | 윤동주

*다음 시를 읽고 물음에 답하시오.

죽는 날까지 하늘을 우러러
한 점 **부끄럼이 없기를,**
잎새에 이는 바람에도
나는 **괴로워했다.**
㉠ 별을 노래하는 마음으로
모든 죽어 가는 것을 사랑해야지
그리고 **나한테 주어진 길을**
㉡ 걸어가야겠다.

㉮ 오늘 밤에도 별이 바람에 스치운다.

학습 목표 응용

01 이 시에 대한 설명으로 적절한 것은?

① 대화체를 사용하여 시적 상황을 전달하고 있다.
② 상징적인 시어를 사용하여 주제를 드러내고 있다.
③ 동일한 시구를 반복하며 음악적 느낌을 주고 있다.
④ 청각적 이미지를 사용하여 대상의 특성을 드러내고 있다.
⑤ 시의 표면에 직접 드러나지 않는 말하는 이가 내용을 전달하고 있다.

중요

02 이 시를 읽고 말하는 이에 대해 나눈 대화로 적절하지 않은 것은?

① 양수: 말하는 이는 부끄럼이 없는 삶을 살고 싶다고 고백을 하고 있어.
② 준희: 하지만 시간이 지나고 나서 그런 고백을 한 자기 자신에 대한 부끄러움으로 괴로워하고 있나 봐.
③ 진호: 살아 있는 모든 것을 사랑하고 싶다는 말하는 이의 소망이 인상적이야.
④ 은미: 말하는 이는 그것을 죽는 날까지 자신이 해야 할 일이라고 생각하나 봐.
⑤ 가은: 그래서 자신의 모습을 솔직하게 되돌아보는 말하는 이가 참 양심적이라는 생각이 들었어.

03 ㉠에 대한 설명으로 가장 적절한 것은?

① 자연을 즐기며 살고 싶은 소망의 마음
② 순수하고 아름다운 세상을 바라는 마음
③ 현실을 긍정적으로 바라보고 즐기는 마음
④ 물질적으로 여유가 있는 삶을 추구하는 마음
⑤ 유명한 사람이 되어 이름을 널리 알리고 싶은 마음

04 ㉡에 드러난 말하는 이의 태도로 적절한 것은?

① 자신의 선택에 대한 당당함
② 자신의 앞날에 대한 두려움
③ 자신이 행한 일에 대한 만족감
④ 자신이 처한 상황에 대한 안타까움
⑤ 자신의 의지와 무관한 세상에 대한 체념

고난도 응용

중요

01 〈보기〉를 참고하여 이 시를 이해한 내용으로 적절하지 않은 것은?

> 보기
>
> 윤동주가 활동하던 시기는 일제 강점기이다. 윤동주는 시를 통해 식민지 조국의 현실을 안타까워하면서 무기력한 지식인으로 살아가는 자신의 모습을 성찰하였다. 그리고 조국의 독립을 위해 자신의 사명을 다하겠다는 의지를 밝히곤 했다.

① '죽는 날'은 우리 민족이 일제에 의해 주권을 빼앗긴 식민지 시대를 의미한다.
② '부끄럼이 없기를'은 시인이 생각하는 바람직한 삶을 살고 싶다는 소망이다.
③ '괴로워했다'는 무기력한 지식인으로서 느끼는 반성의 모습이다.
④ '모든 죽어가는 것'에는 일제 식민지 현실에서 고통받는 우리 민족이 포함되어 있다.
⑤ '나한테 주어진 길'은 조국의 독립을 위해 헌신하는 길로 볼 수 있다.

02 ㉮에 대한 이해로 적절한 것은?

① '오늘'이라고 하는 것을 보니, 말하는 이는 현재의 상황을 이야기하는 것 같아.
② '밤'은 고요한 시간이야. 평온하고 여유가 있는 느낌이 들어.
③ '도'라는 조사를 사용한 것을 보니, '밤'이라는 시간은 이전에 느끼지 못한 새로운 시간인가 봐.
④ '별'은 '밤'에만 뜨잖아. 그러니 '밤'이라는 시간에 감사하고 있다고 생각해.
⑤ '바람'은 따뜻한 봄바람일 거라는 생각이 들어. 낭만적인 분위기가 느껴져.

서술형

03 소재를 중심으로 이 시를 다음과 같이 정리할 때, ⓐ와 ⓑ에 들어갈 내용을 쓰시오.

	말하는 이가 처한 현실	말하는 이가 바라는 미래
소재	밤	ⓐ
의미	ⓑ	순수하고 아름다운 세계

소단원 한눈에 보기

갈래	자유시, 서정시
성격	성찰적, 고백적, 의지적, 상징적
운율	내재율
제재	별
주제	(　　　)이/가 없는 삶에 대한 소망과 의지
특징	• '(　　　) – (　　　) – 현재'의 시간 변화에 따라 시상이 전개됨. • 상징적 의미의 시어를 대립적으로 사용해 주제를 효과적으로 드러냄. • 말하는 이의 (　　　)와/과 소망이 직접적으로 드러남.

▶ **말하는 이의 성찰과 소망**

성찰	• 부끄럼이 없는 삶을 살고자 함. • 사소한 일에도 양심의 가책을 느끼며 괴로워함.
↓	
소망	• 순수하고 도덕적인 삶을 살고자 함. • 자신에게 주어진 역할을 다하며 살고자 함.

▶ **시어의 상징적 의미**

현실	밤	말하는 이가 처한 어두운 현실
	바람	말하는 이를 힘들게 하는 외부적 시련

↕ 대립적

이상	하늘	말하는 이의 도덕적 판단의 절대적 기준
	별	말하는 이가 소망하는 순수하고 이상적인 삶
	길	말하는 이가 걸어가야 할 숙명, 역할

답 부끄럼, 과거, 미래, 성찰

출제 포인트

• 시에서 주제를 효과적으로 드러내기 위해 사용한 시어의 상징적 의미에 주목하며 감상한다.
• 말하는 이가 소망하는 삶을 파악하고, 이를 바탕으로 자신의 삶을 성찰하며 작품을 감상한다.

2 동해 바다 – 후포에서

신경림

*다음 시를 읽고 물음에 답하시오.

친구가 ㉠원수보다 더 미워지는 날이 많다
티끌만 한 잘못이 맷방석만 하게
㉡동산만 하게 커 보이는 때가 많다
그래서 세상이 어지러울수록
남에게는 엄격해지고 내게는 너그러워지나 보다
㉢돌처럼 잘아지고 굳어지나 보다

멀리 동해 바다를 내려다보며 생각한다
널따란 ㉣바다처럼 너그러워질 수는 없을까
깊고 짙푸른 바다처럼
감싸고 끌어안고 받아들일 수는 없을까 [A]
스스로는 억센 ㉤파도로 다스리면서
제 몸은 맵고 모진 매로 채찍질하면서

학습 목표 응용

중요

01 이 시의 말하는 이에 대한 설명으로 가장 적절한 것은?

① 자신과 주변 사람을 동일하게 보고 있다.
② 자신의 현재 모습을 부정적으로 보고 있다.
③ 자신의 현재 모습에 대해 만족해하고 있다.
④ 자신을 둘러싼 현실 상황을 긍정적으로 인식하고 있다.
⑤ 자신의 마음을 몰라주는 주변 사람들을 원망하고 있다.

02 이 시의 시상 전개 과정을 바르게 정리한 것은?

① 관찰한 내용을 서술한 후, 느낀 점을 이야기한다.
② 타인의 모습을 제시한 후, 자신의 모습과 비교한다.
③ 현재의 모습을 반성한 후, 과거의 모습을 회상한다.
④ 자신의 모습을 성찰한 후, 소망하는 모습을 제시한다.
⑤ 자연의 모습을 묘사한 후, 인간의 모습으로 전환한다.

03 [A]와 〈보기〉에 공통적으로 사용한 표현 방법을 쓰시오.

보기

아버지 말씀대로 그대로 놓아두면
까만 고약 같은 딱지가 떨어지고
딱정벌레 날개처럼 하얀 새살이
돋아나 있었다.

– 이준관, 「딱지」

04 ㉠~㉤에 대한 설명으로 적절하지 않은 것은?

① ㉠: 친구에 대한 미움을 강조하기 위해 비교의 대상으로 사용되었다.
② ㉡: 과장된 표현으로 말하는 이의 잘못된 생각을 강조하고 있다.
③ ㉢: 흔들리지 않는 말하는 이의 굳은 의지를 상징적으로 드러낸다.
④ ㉣: 말하는 이가 본받고 싶은 모습을 갖춘 대상이다.
⑤ ㉤: 바다가 스스로를 엄하게 단련하기 위한 수단이다.

고난도 응용

중요

01 〈보기〉의 학생의 대답으로 가장 적절한 것은?

> 보기
>
> 선생님: 어떤 친구에게 이 시를 알려 주면 도움이 될까?
> 학생: (   )

① 친구와 한 약속을 지키지 못해 속상해하는 민희에게 알려 주고 싶습니다.
② 모둠 활동을 할 때마다 힘든 일을 도맡아 하려는 준수에게 알려 주고 싶습니다.
③ 다른 친구의 잘못도 모두 자기의 탓으로 돌리는 강호에게 알려 주고 싶습니다.
④ 매일 지각 때문에 혼나면서도 자신의 잘못을 인정하지 않는 성윤이에게 알려 주고 싶습니다.
⑤ 바다를 좋아해서 방학 때마다 부모님과 동해로 여행을 가는 미옥이에게 알려 주고 싶습니다.

02 이 시에서 대조적인 의미로 사용된 시어들을 바르게 연결한 것은?

① 남 – 친구
② 파도 – 매
③ 돌 – 바다
④ 맷방석 – 동산
⑤ 티끌 – 채찍질

서술형

03 이 시에서 〈보기〉의 밑줄 친 '구리거울'과 유사한 역할을 하는 소재를 찾고, 공통된 역할을 〈조건〉에 맞게 서술하시오.

> 보기
>
> 파란 녹이 낀 구리거울 속에
> 내 얼굴이 남아 있는 것은
> 어느 왕조의 유물이기에 / 이다지도 욕될까.
>
> 나는 나의 참회(懺悔)의 글을 한 줄에 줄이자.
> — 만(滿) 이십사 년 일 개월을
> 무슨 기쁨을 바라 살아 왔던가.
>
> – 윤동주, 「참회록」

> 조건
>
> • '구리거울'과 (   )은/는 공통적으로 (   ) 역할을 한다.'의 형식으로 서술할 것.

소단원 한눈에 보기

갈래	자유시, 서정시
성격	성찰적, 고백적, 비유적
운율	내재율
제재	바다
주제	( )에게는 엄격하고 ( )에게는 너그러운 삶에 대한 소망
특징	• 1연과 2연이 각각 '( )'와/과 '소망'이라는 내용으로 구성됨. • 말하는 이의 자아 성찰의 매개체로 '( )'이/가 제시됨. • 다양한 표현 방법을 사용하여 주제를 효과적으로 표현함.

▶ **말하는 이의 성찰과 소망**

성찰	타인에게는 엄격하면서 자신에게는 너그러운 삶을 살고 있음.
소망	타인에게는 너그러우면서 자신에게는 엄격한 삶을 살고자 함.

▶ **소재의 의미**

돌	↔	바다
잘고 굳음.		넓고 깊으며, 끊임없이 파도로 자신을 단련함.
말하는 이의 현재 모습		말하는 이가 소망하는 모습

파도, 매	자신을 엄격하게 단련하기 위한 수단

답 자신, 타인, 성찰, 바다

출제 포인트

• 말하는 이가 자신을 성찰하기 위해 사용한 '돌'과 '바다'의 의미에 주목하며 감상한다.
• 말하는 이가 소망하는 삶을 파악하고, 시를 감상하며 얻은 깨달음을 일상생활에 적용하며 감상한다.

3 소나기 | 황순원

*다음 글을 읽고 물음에 답하시오.

㉮ 소년은 개울가에서 소녀를 보자 곧 윤 초시네 증손녀라는 걸 알 수 있었다. 소녀는 ㉠개울에다 손을 잠그고 물장난을 하고 있는 것이다. 서울서는 이런 개울물을 보지 못하기나 한 듯이. / 벌써 며칠째 소녀는, 학교에서 돌아오는 길에 물장난이었다. 그런데 어제까지는 개울 기슭에서 하더니, 오늘은 징검다리 한가운데 앉아서 하고 있다.

소년은 개울둑에 앉아 버렸다. 소녀가 비키기를 기다리자는 것이다.

㉯ "도라지꽃이 이렇게 예쁜 줄은 몰랐네. 난 보랏빛이 좋아!…… 그런데 이 양산같이 생긴 노란 꽃이 뭐지?"

㉡"마타리꽃"

소녀는 마타리꽃을 양산 받듯이 해본다. 약간 상기된 얼굴에 살포시 보조개를 떠올리며, / 다시 소년은 꽃 한 옴큼을 꺾어 왔다. 싱싱한 꽃가지만 골라 소녀에게 건넨다.

㉰ 참, ㉢먹장구름 한 장이 머리 위에 와 있다. 갑자기 사면이 소란스러워진 것 같다. 바람이 우수수 소리를 내며 지나간다. 삽시간에 주위가 보랏빛으로 변했다.

산을 내려오는데, 떡갈나무 잎에서 빗방울 듣는 소리가 난다. 굵은 빗방울이었다. 목덜미가 선뜩선뜩했다. 그러자 대번에 눈앞을 가로막는 빗줄기.

㉱ 소란하던 ㉣수숫잎 소리가 뚝 그쳤다. 밖이 멀개졌다.

수숫단 속을 벗어나 나왔다. 멀지 않은 앞쪽에 햇빛이 눈부시게 내리붓고 있었다. 도랑 있는 곳까지 와 보니, 엄청나게 물이 불어 있었다. 빛마저 제법 붉은 흙탕물이었다. 뛰어 건널 수가 없었다.

소년이 등을 돌려 댔다. 소녀가 순순히 업히었다. 걷어 올린 소년의 잠방이까지 물이 올라왔다. 소녀는 "어머나!" 소리를 지르며 소년의 목을 끌어안았다.

개울가에 다다르기 전에, 가을 하늘은 언제 그랬는가 싶게 구름 한 점 없이 쪽빛으로 개어 있었다.

㉲ "증손이라곤 계집애 그 애 하나뿐이었지요?"

"그렇지, 사내애 둘 있던 건 어려서 잃어버리고……."

"어쩌면 그렇게 자식 복이 없을까?"

"글쎄 말이지. 이번엔 꽤 여러 날 앓는 걸 ㉤약도 변변히 못 써 봤다더군. 지금 같아선 윤 초시 네도 대가 끊긴 셈이지……. 그런데 참, 이번 계집앤 어린 것이 여간 잔망스럽지가 않아. 글쎄, 죽기 전에 이런 말을 했다지 않아? ㉮자기가 죽거든 자기 입던 옷을 꼭 그대로 입혀서 묻어 달라고……."

학습 목표 응용

01 이 소설에 대한 설명으로 적절한 것은?

① 짧은 문장을 사용하여 사건을 간결하게 전달하고 있다.
② 작품 속의 서술자가 자신의 이야기를 직접 전달하고 있다.
③ 모든 문장을 현재형으로 표현하여 생생한 현장감을 주고 있다.
④ 현재와 과거를 오가면서 사건의 인과 관계를 설명하고 있다.
⑤ 인물들의 대화에 사투리를 사용하여 지역적 특색을 살리고 있다.

02 이 소설을 통해 알 수 있는 내용은?

① 소년과 달리 소녀는 형제가 많은 집안에서 자랐다.
② 소년은 소녀를 보기 위해 개울을 건너지 않고 개울둑에 앉았다.
③ 소녀는 소년이 꺾어 온 꽃들 중에서 싱싱한 것들만 골라 가졌다.
④ 소녀는 시골에서의 생활에 적응하지 못하고 서울을 그리워하고 있다.
⑤ 소년은 소녀가 물이 불은 도랑을 쉽게 건너지 못할 것이라고 생각했다.

중요

03 이 소설에 나타난 소년의 성격 변화를 바르게 정리한 것은?

① 활달한 성격에서 차분한 성격으로 변한다.
② 이기적인 성격에서 이타적인 성격으로 변한다.
③ 소극적인 성격에서 적극적인 성격으로 변한다.
④ 긍정적인 성격에서 부정적인 성격으로 변한다.
⑤ 외향적인 성격에서 내향적인 성격으로 변한다.

04 ㉠~㉤ 중 〈보기〉의 내용과 관련 있는 소재는?

보기
• 구체적인 배경의 모습을 설명한다.
• 소설 전개에 위기감을 조성한다.

① ㉠ ② ㉡ ③ ㉢
④ ㉣ ⑤ ㉤

고난도 응용

01 다음은 이 소설을 홍보하기 위해 제작한 포스터이다. 적절하지 않은 것은?

> 소나기
>
> – ⓐ시골 소년과 도시 소녀의 짧은 만남
>
> ⓑ그 해, 소년과 소녀의 7월은 그렇게 뜨거웠다.
>
> ⓒ
>
> 
>
> 〈추천의 글〉
> ⓓ소설가 □□□: 아름다운 자연을 배경으로 펼쳐지는 동화 같은 이야기
> ⓔ평론가 ○○○: 한낮의 소나기처럼 짧지만 강렬한 추억

① ⓐ ② ⓑ ③ ⓒ ④ ⓓ ⑤ ⓔ

중요

02 소년과 소녀의 관계를 중심으로 이 글을 감상한 것으로 적절하지 않은 것은?

① (가)에서 소년과 소녀는 서로에게 거리감을 느끼고 있다.
② (나)에서 소년은 구체적인 행동으로 소녀에 대한 마음을 드러낸다.
③ (다)에서의 날씨 변화는 소년과 소녀가 더욱 가까워지는 계기가 된다.
④ (라)의 물이 불은 도랑은 가까워진 소년과 소녀의 관계에 위기감을 불어 넣는다.
⑤ (마)에서 소녀의 유언에는 소년과의 만남을 소중하게 생각하는 소녀의 마음이 담겨 있다.

서술형

03 ㉮의 유언에 담긴 소녀의 마음을 〈조건〉에 맞게 서술하시오.

> 조건
> • '자기가 입던 옷'은 (라)의 상황에서 입은 옷이라고 전제함.
> • '~에 대해 ~라고 생각한다.'의 형태로 서술할 것.

소단원 한눈에 보기

갈래	단편 소설, 순수 소설
성격	서정적, 향토적
시점	3인칭 시점
배경	• 시간적: 어느 (　　　)날 • 공간적: 평화로운 시골의 마을
제재	(　　　)
주제	소년과 소녀의 아름답고 순수한 (　　　)
특징	• 작품 밖의 서술자가 관찰한 내용을 서술하면서 부분적으로는 인물의 심리도 드러냄. • 배경의 분위기를 통해 사건의 내용을 효과적으로 전달함. • 간결한 문장으로 사건을 깔끔하고 인상적으로 전달함.

▶ 인물의 태도 변화

전반부	소년	소녀
	소심하고 소극적임.	당돌하고 적극적임.

⬇(산에 갔다가 소나기를 만남.)

후반부	소년	소녀
	적극적으로 변해 감.	여린 면을 보임.

▶ 소재의 상징적 의미

조약돌	소년에 대한 소녀의 관심 소녀에 대한 소년의 그리움 ⎤ 서로에 대한 관심
호두, 수탉	소녀를 위하는 소년의 마음
망가진 꽃	소녀의 죽음
옷	소년과 소녀의 추억

답 가을, 소나기, 사랑

출제 포인트

• 소설의 배경, 시점, 문체, 구성 등 서술상의 특징을 파악하며 감상한다.
• 사건이 전개되는 과정에서 드러나는 인물의 성격 변화와, 인물의 말과 행동에 숨어 있는 심리를 파악한다.

4 괜찮아 | 장영희

*다음 글을 읽고 물음에 답하시오.

㉮ 딱히 놀이 기구가 없던 그때, 친구들은 대부분 술래잡기, 사방치기, 공기놀이, 고무줄놀이 등을 하고 놀았지만 나는 공기놀이 외에는 그 어떤 놀이에도 참여할 수 없었다. 하지만 골목 안 친구들은 나를 위해 꼭 무언가 역할을 만들어 주었다. 고무줄놀이나 달리기를 하면 내게 심판을 시키거나 신발주머니와 책가방을 맡겼다. 그뿐인가, 술래잡기를 할 때는 한곳에 앉아 있는 내가 답답할까 봐 어디에 숨을지 미리 말해 주고 숨는 친구도 있었다.

㉯ 그런데 그때 마침 골목을 지나던 깨엿 장수가 있었다. 그 아저씨는 가위를 쩔렁이며, 목발을 옆에 두고 대문 앞에 앉아 있는 나를 흘낏 보고는 그냥 지나쳐 갔다. 그러더니 리어카를 두고 다시 내게 돌아와 내게 깨엿 두 개를 내밀었다. 순간 그 아저씨와 내 눈이 마주쳤다. 아저씨는 아무 말도 하지 않고 아주 잠깐 미소를 지어 보이며 말했다. / ㉠"괜찮아."

㉰ 한번은 유명 가수가 나와서 초등학교 때 친구를 찾았는데, 함께 축구하던 이야기가 나왔다. 당시 허리가 36인치일 정도로 뚱뚱한 친구가 있었는데, 뚱뚱해서 잘 뛰지 못한다고 다른 친구들이 축구팀에 끼워 주려고 하지 않았다. 그때 그 가수가 나서서 말했다고 한다.

"괜찮아, 얜 골키퍼를 시키면 우리 함께 놀 수 있잖아!"

㉱ "괜찮아." 난 지금도 이 말을 들으면 괜히 가슴이 찡해진다. 2002년 월드컵 4강에서 우리나라 축구 대표 팀이 독일에 졌을 때 관중들은 우리 선수들을 향해 외쳤다.

"괜찮아! 괜찮아!"

혼자 남아 문제를 풀다가 결국 골든벨을 울리지 못해도 친구들이 얼싸안고 말해 준다.

"괜찮아! 괜찮아!"

㉲ "그만하면 참 잘했다."라고 용기를 북돋아 주는 말, "너라면 뭐든지 다 눈감아 주겠다."라는 (　　　)의 말, "무슨 일이 있어도 나는 네 편이니 넌 절대 외롭지 않다."라는 (　　　)의 말, "지금은 아파도 슬퍼하지 마라."라는 (　　　)의 말, 그리고 마음으로 일으켜 주는 (　　　)의 말, "괜찮아."

그래서 세상 사는 것이 만만치 않다고 느낄 때, 죽을 듯이 노력해도 내 맘대로 일이 풀리지 않는다고 생각될 때, 나는 내 마음속에서 작은 속삭임을 듣는다. 오래전 내 따뜻한 추억 속 골목길 안에서 들은 말,

"괜찮아! 조금만 참아. 이제 다 괜찮아질 거야."

학습 목표 응용

01 이 글에 대한 설명으로 적절하지 않은 것은?

① 독자들에게 교훈과 깨달음을 줄 수 있다.
② 글쓴이의 구체적인 경험을 바탕으로 하였다.
③ 유사한 주제의 여러 가지 일화를 나열하였다.
④ 경험을 통해 글쓴이가 느낀 점을 솔직하게 고백하였다.
⑤ 동일한 화제에 대한 대립되는 의견을 사례를 통해 제시하였다.

02 이 글에 나오는 인물들에 대한 평가로 적절하지 않은 것은?

① (가)의 '친구들'은 같이 놀 수 없는 '나'의 처지를 이해하고 배려하려 노력하고 있다.
② (나)의 '깨엿 장수 아저씨'는 다리가 불편한 '나'를 위로해 주었다.
③ (다)의 '유명 가수'는 친구의 숨은 재능을 발견하고 격려해 주었다.
④ (라)의 '관중들'은 축구 대표 팀이 최선을 다해 경기를 했다고 믿고 있다.
⑤ (마)의 '나'는 힘이 들 때, 과거의 일을 떠올리며 용기를 얻고 있다.

중요

03 글쓴이의 의도를 고려할 때, 이 글을 읽은 독자들이 성찰한 내용으로 적절하지 않은 것은?

① 일상의 사소한 경험에서도 중요한 깨달음을 얻을 수 있구나.
② 내가 힘들 때 누군가 나에게 '괜찮아'라고 말을 하며 위로해 준 경험이 있었나?
③ 다른 사람의 도움에 의존하지 않고 스스로 문제를 해결하는 자립심을 키워야 해.
④ 나의 사소한 말이나 행동이 누군가에게는 잊히지 않는 소중한 추억이 될 수 있겠어.
⑤ 나도 외로워하는 친구들이 있으면 먼저 다가가서 그들에게 힘이 되는 말을 해줘야겠어.

서술형

04 ㉠을 '나'가 어떻게 이해했는지 본문에서 찾아 쓰시오.

고난도 응용

중요

01 **다음 중 이 글에서 글쓴이가 말하고자 하는 것과 가장 유사한 태도를 보이는 노랫말은?**

① 곱고 희던 그 손으로 넥타이를 매어주던 때, 어렴풋이 생각나오. 여보 그때를 기억하오.
② 널 좋아하면 좋아할수록 상처 입을 날들이 많아. 모두가 즐거운 한때에도 나는 늘 그곳에 없어.
③ 우리가 저마다 힘에 겨워 인생의 무게로 넘어질 때 그 순간이 바로 우리들의 사랑이 필요한 거죠.
④ 여기까지가 끝인가 보오. 이제 나는 돌아서겠소. 억지 노력으로 인연을 거슬러 괴롭히지는 않겠소.
⑤ 나의 이별은 잘 가라는 인사도 없이 치러진다. 세상은 어제와 같고 시간은 흐르고 있고 나만 혼자 이렇게 달라져 있다.

02 **(마)의 빈 칸에 들어갈 말을 순서대로 바르게 나열한 것은?**

① 용서, 격려, 나눔, 부축
② 나눔, 용서, 부축, 격려
③ 격려, 용서, 부축, 나눔
④ 격려, 부축, 나눔, 용서
⑤ 부축, 격려, 용서, 나눔

서술형

03 **다음은 이 글을 학습한 수업의 일부이다. ㉮~㉰에 알맞은 내용을 넣으시오.**

선생님: 이 글에는 글쓴이가 직접 경험한 것, 들은 것, 본 것 등이 골고루 들어가 있어요. 각각의 내용을 아래와 같이 정리해 봅시다.

직접 경험한 것	어린 시절에 친구들이 놀면서 '나'에게 역할을 만들어 줌.
	㉮
들은 것	㉯
본 것	㉰
	골든벨을 울리지 못한 학생에게 친구들이 '괜찮아.'라고 말해 줌.

소단원 한눈에 보기

갈래	수필
성격	회상적, 고백적
제재	'(　　　).'라는 말과 관련된 여러 가지 일화
주제	'(　　　).'라는 말에 담긴 선의와 너그러움
특징	• 글쓴이의 어린 시절의 경험, 방송 프로그램에서 들은 내용, 일상에서 본 것 등을 바탕으로 한 수필이다. • 유사한 주제를 담고 있는 여러 개의 일화를 나열하였다. • 경험에 대한 글쓴이의 (　　　)이/가 직접적으로 드러나 있다.

▶ **글쓴이의 경험과 깨달음**

경험	• 어린 시절 골목길에서 친구들의 배려를 받음. • 어린 시절 골목길에서 깨엿 장수 아저씨에게서 위로를 받음. • 방송 프로그램에서 친구를 배려한 유명 가수의 이야기를 들음. • 축구 경기에서 패배한 선수들을 위로하는 관중의 모습을 봄. • 골든벨을 울리지 못한 친구를 위로하는 학생들을 봄.

↓

깨달음	다른 사람의 처지를 이해하고 배려해 주는 삶의 소중함을 깨달음.

▶ **'괜찮아.'라는 말에 담긴 의미**

용기를 주는 말, 용서의 말, 격려의 말
나눔의 말, 부축의 말

↓

어려워도 다시 시작할 수 있다는 희망을 주는 말임.

답 괜찮아, 괜찮아, 깨달음

출제 포인트

• 글쓴이가 다양한 경험을 통해 얻은 깨달음을 파악하며 감상한다.
• 수필을 감상한 후에, 글쓴이의 생각과 자신의 생각을 비교하면서 자신의 삶을 성찰한다.

단원 평가

[01~04] 다음 시를 읽고 물음에 답하시오.

(가) 죽는 날까지 ㉠하늘을 우러러
한 점 부끄럼이 없기를,
잎새에 이는 바람에도
나는 괴로워했다.
㉡별을 노래하는 마음으로
모든 죽어 가는 것을 사랑해야지
그리고 나한테 주어진 길을
걸어가야겠다.

오늘 밤에도 별이 ㉢바람에 스치운다.

– 윤동주, 「서시」

(나) 친구가 원수보다 더 미워지는 날이 많다
티끌만 한 잘못이 맷방석만 하게
동산만 하게 커 보이는 때가 많다
그래서 세상이 어지러울수록
남에게는 엄격해지고 내게는 너그러워지나 보다
㉣돌처럼 잘아지고 굳어지나 보다

멀리 동해 ㉤바다를 내려다보며 생각한다
널따란 바다처럼 너그러워질 수는 없을까
깊고 짙푸른 바다처럼
감싸고 끌어안고 받아들일 수는 없을까
스스로는 억센 파도로 다스리면서
제 몸은 맵고 모진 매로 채찍질하면서

– 신경림, 「동해 바다 – 후포에서」

01 ㉠~㉤에 대한 설명으로 적절하지 않은 것은?

① ㉠: 말하는 이가 바람직한 삶을 살기 위해 절대적 기준으로 삼은 대상이다.
② ㉡: 말하는 이가 지향하는 삶을 드러내는 소재로 순수한 양심을 의미한다.
③ ㉢: 자신에게 주어진 길을 가고자 하는 말하는 이의 소망을 드러내는 소재이다.
④ ㉣: 말하는 이가 생각하는 자신의 부정적인 현재의 모습을 비유적으로 드러낸다.
⑤ ㉤: 말하는 이가 자신을 성찰하는 계기가 된 소재이자, 말하는 이가 닮고 싶어 하는 대상이다.

02 (가)와 (나)의 말하는 이의 공통점으로 적절하지 않은 것은?

① 자신의 삶을 성찰하고 있다.
② 바람직한 삶을 살기를 소망하고 있다.
③ 자연물을 보며 시상을 이끌어내고 있다.
④ 다른 사람과의 관계에 대한 고민을 담고 있다.
⑤ 배경이 되는 사회 상황을 부정적으로 보고 있다.

중요

03 (가)를 감상한 내용 중, 〈보기〉와 가장 관계가 깊은 것은?

보기
시를 감상할 때, 말하는 이의 경험이나 생각을 파악한 후 이를 바탕으로 자신의 삶을 성찰하는 태도는 매우 중요하다.

① 시에 사용한 상징적인 소재가 시의 내용을 더욱 풍성하게 해.
② 이 시의 작가인 윤동주 시인은 일제강점기의 대표적인 저항 시인이야.
③ 겉으로 드러나는 규칙성이 없는데도 이 시를 읽으면 음악적 느낌을 받아.
④ 나는 과연 하늘을 우러러 부끄럽지 않은 생활을 하고 있는지 생각해보게 돼.
⑤ 시는 2연으로 구성되어 있지만, 내용으로 보면 세 개의 부분으로 나눌 수 있겠어.

04 (나)의 말하는 이와 유사한 고민을 하고 있는 시는?

① 나 보기가 역겨워 / 가실 때에는 / 말없이 고이 보내 드리오리다.
② 열무 삼십 단을 이고 / 시장에 간 우리 엄마 / 안 오시네. 해는 시든 지 오래
③ 남을 사랑하는 사람이 되고 싶었는데 / 남보다 나를 더 사랑하는 사람이 / 되고 말았다.
④ 나는 어릴 때부터 그랬다. / 칠칠치 못한 나는 걸핏하면 넘어져 무릎에 딱지를 달고 다녔다.
⑤ 내 고향 남쪽 바다 그 파란 물 눈에 보이네 / 꿈엔들 잊으리오 그 잔잔한 고향 바다 / 지금도 그 물새들 날으리 가고파라 가고파

[05~08] 다음 글을 읽고 물음에 답하시오.

가 그러다가 소녀가 물속에서 무엇을 하나 집어낸다. 하얀 조약돌이었다. 그러고는 벌떡 일어나 팔짝팔짝 징검다리를 뛰어 건너간다.

다 건너가더니만 홱 이리로 돌아서며,

"이 바보." / 조약돌이 날아왔다.

소년은 저도 모르게 벌떡 일어섰다.

단발머리를 나풀거리며 소녀가 막 달린다. 갈밭 사잇길로 들어섰다. 뒤에는 청량한 가을 햇살 아래 빛나는 갈꽃뿐.

나 "도라지꽃이 이렇게 예쁜 줄은 몰랐네. 난 보랏빛이 좋아!…… 그런데 이 양산같이 생긴 노란 꽃이 뭐지?"

"마타리꽃"

소녀는 마타리꽃을 양산 받듯이 해본다. 약간 상기된 얼굴에 살포시 보조개를 떠올리며,

다시 소년은 꽃 한 옴큼을 꺾어 왔다. 싱싱한 꽃가지만 골라 소녀에게 건넨다.

다 소녀가 들어선 곳도 비가 새기 시작했다. 더 거기서 비를 그을 수 없었다.

밖을 내다보던 소년이 ㉠무엇을 생각했는지 수수밭 쪽으로 달려간다. 세워 놓은 수숫단 속을 비집고 보더니, 옆의 수숫단을 날라다 덧세운다. 다시 속을 비집고 본다. 그러고는 이쪽을 향해 손짓을 한다.

수숫단 속은 비는 안 새었다. 그저 어둡고 좁은 게 안 됐다. 앞에 나앉은 소년은 그냥 비를 맞아야만 했다.

라 소년이 이번에는 어머니한테, 아버지가 어디 가시느냐고 물어보았다.

"저, 서당골 윤 초시 댁에 가신다. 제사상에라도 놓으시라고……."

"그럼 큰 놈으로 하나 가져가지. 저 얼룩 수탉으로……."

이 말에 아버지는 허허 웃고 나서,

"인마, 그래도 이게 실속이 있다."

마 "어쩌면 그렇게 자식 복이 없을까?"

"글쎄 말이지. 이번엔 꽤 여러 날 앓는 걸 약도 변변히 못 써 봤다더군. 지금 같아선 윤 초시 네도 대가 끊긴 셈이지……. 그런데 참, 이번 계집앤 어린 것이 여간 잔망스럽지가 않아. 글쎄, 죽기 전에 이런 말을 했다지 않아? 자기가 죽거든 자기 입던 옷을 꼭 그대로 입혀서 묻어 달라고……."

– 황순원, 「소나기」

05 〈보기〉는 이 소설을 읽고 핵심 내용을 정리한 것이다. 적절하지 않은 것은?

보기
- 시점: 서술자가 이야기 밖에서 이야기를 전달함. …… ①
- 배경: 이웃 간의 정이 말라가는 시골 마을의 어느 가을날 …… ②
- 인물: 순수한 마음을 간직하고 있는 소년과 소녀 …… ③
- 구성: 시간의 순서를 따라가며 사건을 구성함. …… ④
- 문체: 간결하고 깔끔한 문장을 사용함. …… ⑤

중요

06 (가)~(마)에서 인물의 행동에 숨겨진 심리를 잘못 추측한 것은?

① (가)에서 소녀가 소년에게 조약돌을 던진 것은 소년에 대한 관심의 표현으로 볼 수 있다.
② (나)에서 소년이 싱싱한 꽃가지만을 고른 것은 소녀에게 좋은 것을 주고 싶어 하는 마음의 표현이다.
③ (다)에서 수숫단 앞에서 비를 맞는 소년의 행동은 소녀가 비를 맞지 않기를 바라는 마음에서 나온 것이다.
④ (라)에서 소년이 수탉을 가져가라고 말하는 것은 아버지가 고른 닭이 더 실속이 있다는 것을 알기 때문이다.
⑤ (마)에서 자기가 입던 옷을 그대로 입혀 달라는 소녀의 유언은 소년과의 추억을 간직하고자 하는 마음의 표현이다.

07 이 글을 바탕으로 소설의 제목인 '소나기'의 의미나 역할을 파악한 것으로 적절하지 않은 것은?

① 소년과 소녀의 짧은 만남을 의미한다.
② 소년과 소녀의 우울한 심리를 상징한다.
③ 소년과 소녀의 소중한 추억의 일부이다.
④ 소년과 소녀가 더욱 가까워지게 된 배경이다.
⑤ 소년과 소녀의 순수한 사랑을 두드러지게 한다.

서술형

08 ㉠의 구체적인 내용을 〈조건〉에 맞게 쓰시오.

조건
- 소년의 생각을 추측하여 그대로 쓸 것.
- 한 문장으로 쓸 것.

단원 평가

[09~11] 다음 글을 읽고 물음에 답하시오.

가 초등학교 때 우리 집은 서울 동대문구 제기동에 있는 작은 한옥이었다. 골목 안에는 고만고만한 한옥 여섯 채가 서로 마주 보고 있었다. 그때만 해도 한 집에 아이가 네댓은 됐으므로 골목길 안에만 초등학교 다니는 아이가 줄잡아 열 명이 넘었다. 학교가 파할 때쯤 되면 골목 안은 시끌벅적, 아이들의 놀이터가 되었다.

나 그 골목길에서의 일이다. 초등학교 1학년 때였던 것 같다. 하루는 우리 반이 좀 일찍 끝나서 나는 혼자 집 앞에 앉아 있었다. 그런데 그때 마침 골목을 지나던 깨엿 장수가 있었다. 그 아저씨는 가위를 쩔렁이며, 목발을 옆에 두고 대문 앞에 앉아 있는 나를 흘낏 보고는 그냥 지나쳐 갔다. 그러더니 리어카를 두고 다시 내게 돌아와 내게 깨엿 두 개를 내밀었다. 순간 그 아저씨와 내 눈이 마주쳤다. 아저씨는 아무 말도 하지 않고 아주 잠깐 미소를 지어 보이며 말했다.

㉠"괜찮아."

다 무엇이 괜찮다는 건지 몰랐다. 돈 없이 깨엿을 공짜로 받아도 괜찮다는 것인지, 아니면 목발을 짚고 살아도 괜찮다는 말인지……. 하지만 그건 중요하지 않다. 중요한 건 내가 그날 마음을 정했다는 것이다. 이 세상은 그런대로 살 만한 곳이라고. 좋은 사람들이 있고, 선의와 사랑이 있고, '괜찮아'라는 말처럼 용서와 너그러움이 있는 곳이라고 믿기 시작했다는 것이다.

라 한번은 유명 가수가 나와서 초등학교 때 친구를 찾았는데, 함께 축구하던 이야기가 나왔다. 당시 허리가 36인치일 정도로 뚱뚱한 친구가 있었는데, 뚱뚱해서 잘 뛰지 못한다고 다른 친구들이 축구팀에 끼워 주려고 하지 않았다. 그때 그 가수가 나서서 말했다고 한다.

"괜찮아, 얜 골키퍼를 시키면 우리 함께 놀 수 있잖아!"

그래서 그 친구는 골키퍼를 맡아 함께 축구를 했고, 몇십 년이 지난 후에도 그 가수의 따뜻한 말과 마음을 그대로 기억하고 있었다.

마 그래서 세상 사는 것이 만만치 않다고 느낄 때, 죽을 듯이 노력해도 내 맘대로 일이 풀리지 않는다고 생각될 때, 나는 내 마음속에서 작은 속삭임을 듣는다. 오래전 내 따뜻한 추억 속 골목길 안에서 들은 말,

"괜찮아! 조금만 참아. 이제 다 괜찮아질 거야."

아, 그래서 "괜찮아."는 이제 다시 시작할 수 있다는 희망의 말이다.

– 장영희, 「괜찮아」

09 이 글을 통해 알 수 있는 내용은?

① '나'는 다리가 불편해 학교에서 친구들과 어울리지 못한다.
② 초등학교 때 동네에는 또래가 별로 없어서 '나'는 외롭게 지내야 했다.
③ '유명 가수'는 뚱뚱한 친구가 누구보다 골키퍼를 잘 할 수 있다고 생각했다.
④ '깨엿 장수 아저씨'는 '나'가 깨엿을 사기 위해 집 앞에 나와 있다고 생각했다.
⑤ '나'는 '깨엿 장수 아저씨'를 통해 세상을 긍정적으로 보는 태도를 기르게 되었다.

중요

10 이 글을 공감하며 읽은 독자가 자신을 성찰한 내용으로 적절하지 않은 것은?

① 어려운 처지에 있는 친구들을 만나면 진심으로 이해하고 위로해 줘야지.
② 때로는 나의 작은 친절이 누군가의 인생에 큰 영향을 줄 수도 있다는 생각을 했어.
③ 세상에 대해 부정적으로 생각했는데, 아직 세상은 따뜻한 정이 있다는 것을 깨닫게 되었어.
④ 힘들 때 나를 도와줄 누군가를 간절히 원했던 게 부끄러워. 세상은 결국 혼자서 살아가는 것인데.
⑤ 전에 국어 모둠 과제 때 집에 일이 생겨 내 역할을 하지 못했을 때, 진심으로 나를 위로해주던 친구들이 생각났어.

11 어른이 된 '나'가 이해한 ㉠의 의미로 적절한 것은?

① 지금은 조금 힘들겠지만 곧 괜찮아질 거야.
② 친구들과 어울려 노는 것보다 즐거운 일이 얼마든지 있어.
③ 너는 목발이 없어도 혼자 걸을 수 있어. 지금부터 노력해 봐.
④ 나는 모든 아이들에게 깨엿을 공짜로 주고 있어. 부담 갖지 말고 먹어.
⑤ 세상에 그냥 얻을 수 있는 것은 없어. 무엇을 얻으려면 대가를 지불해야 해.

[12~15] 다음 글을 읽고 물음에 답하시오.

(가) 죽는 날까지 하늘을 우러러 / 한 점 부끄럼이 없기를,
잎새에 이는 바람에도 / 나는 괴로워했다.
별을 노래하는 마음으로
모든 죽어 가는 것을 사랑해야지
그리고 나한테 주어진 길을 / 걸어가야겠다.

오늘 밤에도 별이 바람에 스치운다.

– 윤동주, 「서시」

(나) 친구가 원수보다 더 미워지는 날이 많다
티끌만 한 잘못이 맷방석만 하게
동산만 하게 커 보이는 때가 많다
그래서 세상이 어지러울수록
남에게는 엄격해지고 내게는 너그러워지나 보다
돌처럼 잘아지고 굳어지나 보다

– 신경림, 「동해 바다 – 후포에서」

(다) 소란하던 수숫잎 소리가 뚝 그쳤다. 밖이 멀개졌다.

수숫단 속을 벗어나 나왔다. 멀지 않은 앞쪽에 햇빛이 눈부시게 내리붓고 있었다. 도랑 있는 곳까지 와 보니, 엄청나게 물이 불어 있었다. 빛마저 제법 붉은 흙탕물이었다. 뛰어 건널 수가 없었다.

소년이 등을 돌려 댔다. 소녀가 순순히 업히었다. 걷어 올린 소년의 잠방이까지 물이 올라왔다. 소녀는 "어머나!" 소리를 지르며 소년의 목을 끌어안았다.

개울가에 이르기 전에, 가을 하늘은 언제 그랬는가 싶게 구름 한 점 없이 쪽빛으로 개어 있었다.

– 황순원, 「소나기」

(라) 딱히 놀이 기구가 없던 그때, 친구들은 대부분 술래잡기, 사방치기, 공기놀이, 고무줄놀이 등을 하고 놀았지만 나는 공기놀이 외에는 그 어떤 놀이에도 참여할 수 없었다. 하지만 골목 안 친구들은 나를 위해 꼭 무언가 역할을 만들어 주었다. 고무줄놀이나 달리기를 하면 내게 심판을 시키거나 신발주머니와 책가방을 맡겼다. 그뿐인가. 술래잡기를 할 때는 한곳에 앉아 있는 내가 답답할까 봐 어디에 숨을지 미리 말해 주고 숨는 친구도 있었다.

우리 집은 골목 안에서 중앙이 아니라 구석 쪽이었지만 내가 앉아 있는 계단 앞이 늘 친구들의 놀이 무대였다. 놀이에 참여하지 못해도 나는 전혀 소외감이나 박탈감을 느끼지 않았다. 아니, 지금 생각하면 내가 소외감을 느낄까 봐 친구들이 배려를 해 준 것이었다.

– 장영희, 「괜찮아」

중요

12 (가)~(라)를 읽는 독자의 태도 중 '성찰하며 읽기'와 가장 관계가 적은 것은?

① (가)와 (나)는 말하는 이가 고백하는 내용에 주의를 기울이며 읽는다.
② (가)는 말하는 이가 소망하는 삶이 어떤 것인지 파악하며 읽는다.
③ (나)는 비유적 표현을 통해 전달하고자 하는 말하는 이의 현재 모습을 생각하며 읽는다.
④ (다)는 작품에 감각적으로 묘사된 배경의 모습을 상상하며 읽는다.
⑤ (라)는 '나'의 구체적인 경험과 그에 대한 생각을 파악하며 읽는다.

13 (가)에서 말하는 이가 도덕적 삶의 절대적 판단 기준으로 보고 있는 소재는?

① 별　② 길　③ 바람
④ 잎새　⑤ 하늘

서술형

14 〈보기〉의 밑줄 친 시행과 같은 표현 방법이 사용된 시행을 (나)에서 찾아 쓰시오.

보기

열무 삼십 단을 이고 / 시장에 간 우리 엄마
안 오시네, 해는 시든 지 오래
나는 찬밥처럼 방에 담겨
아무리 천천히 숙제를 해도
엄마 안 오시네, 배춧잎 같은 발소리 타박타박
안 들리네, 어둡고 무서워

– 기형도, 「엄마 걱정」

서술형

15 〈보기〉의 근거가 되는 시행을 (가)와 (나)에서 각각 하나씩 찾아 쓰시오.

보기

(가)와 (나)의 말하는 이는 모두 자신이 처한 현재의 상황이 부정적이라는 생각을 하고 있다.

• (가):
• (나):

둘째 마당

문법

언어의 본질과 국어의 어휘 체계

개념 압축 APP

1 언어의 본질

- 기호성: 언어는 내용과 (   )이 결합하여 성립된 기호 체계이다.
- 자의성: 의미와 그것을 표현하는 형식의 관계가 (   )이지 않고 임의적이다.
- 사회성: 언어는 한 언어 사회에 속한 사람들 사이의 사회적 (   )이다.
- 역사성: 언어는 고정되어 있는 것이 아니라 시간의 흐름에 따라 끊임없이 변한다.
- (   ): 이미 익힌 언어를 통해 새로운 단어와 문장을 무한히 만들어 쓸 수 있다.
- 규칙성: 언어는 각 언어마다 지켜야 할 일정한 법칙이 있다.

2 국어의 어휘 체계

(1) 어휘 체계 분류의 기준: 어휘의 기원(어원)

① (   ): 본디부터 우리말에 있었거나 그것을 기초로 새로 만들어진 순우리말

예 어머니, 밥, 가다, 구수하다, 졸졸, 노르스름하다 등

② 한자어: 중국의 한자를 기반으로 하여 만들어진 말

예 우정(友情), 시계(時計), 평화(平和), 수리(修理), 수정(修整) 등

③ 외래어: 외국어로부터 빌려 와서 (   )처럼 쓰는 말

예 버스(bus), 피아노(piano), 커피(coffee), 세일(sail) 등

3 국어의 어휘 양상

(1) 표준어: 전 국민이 공통적으로 쓰기 위해 국가 수준에서 규범으로 정한 말

(2) 방언: 하나의 언어에서 지역이나 사회적 요인에 따라 달라진 말

① (   ) 방언: 지역적 요인에 따라 달라진 말

예 옥수수 – 옥시기(강원도), 강내이(경상도), 옥수깽이(충청도) 등

② (   ) 방언: 연령, 성별, 계층 등 사회적 요인에 따라 달라진 말

예 낚다 – 좋은 기사를 취재하다(기자 집단), 넙대 – 곰(심마니 집단)

필수 어휘 사전

- **기호:** 기호는 어떤 의미를 나타내기 위해 쓰는 부호, 문자, 표지 등을 통틀어 이르는 말이다. 사람들이 자신의 의지나 감정, 지식 등을 다른 사람에게 전달하기 위해 사용하는 것으로, 인간의 정신적인 영역에 속해 있는 어떤 것들을 외적인 대상으로 연결하는 기능을 한다.
- **표준어:** 우리나라의 경우 '교양 있는 사람들이 두루 쓰는 현대 서울말로 정함을 원칙으로 한다.'라는 표준어 규정을 정하여 적용하고 있다. 여기서 '교양 있는 사람들'은 사회 계층의 제한, '현대'는 시대적 제한, '서울말'은 지역적 제한이 있음을 의미한다. 또한 '두루 쓰는'이라는 말을 통해 보편성, 즉 우리나라 사람들이 보편적으로 소통의 도구로 인정하고 있는 말이어야 한다는 제한을 두고 있다.

답 형식, 필연적, 약속, 창조성, 고유어, 우리말, 지역, 사회

확인 문제

1. 다음 설명에 해당하는 언어의 본질을 〈보기〉에서 찾아 그 기호를 쓰시오.

〈보기〉
㉠ 자의성 ㉡ 사회성
㉢ 역사성 ㉣ 창조성
㉤ 규칙성

(1) 언어는 그 언어를 쓰는 사람들 사이의 약속이다. ············ (   )

(2) 언어의 의미와 형식은 임의적으로 결합되어 있는 것이다. ····· (   )

(3) 언어를 사용할 때에는 그 언어가 지켜야 할 규칙을 따른다. ····· (   )

2. 다음 단어가 고유어이면 '고', 한자어이면 '한', 외래어이면 '외'로 표시하시오.

(1) 학생, 친절, 시장 ············ (   )

(2) 피아노, 빵, 버스 ············ (   )

(3) 머리, 놀다, 빗물 ············ (   )

3. 빈칸에 알맞은 말을 넣어 국어 어휘의 양상에 대한 설명을 완성하시오.

(1) (   )은/는 지역 간의 거리가 멀수록 차이가 크다.

(2) '자네', '하시게'와 같은 표현은 연령대에 따른 (   )이다.

답 1. (1) ㉡ (2) ㉠ (3) ㉤ 2. (1) 한 (2) 외 (3) 고 3. (1) 지역 방언 (2) 사회 방언

학습 목표
• 언어의 본질을 이해하고 국어 생활에 활용할 수 있다.
• 국어 어휘의 체계와 양상을 이해하고 바르게 활용할 수 있다.

학습 활동 따라잡기

1 다음 대화의 내용을 통해 알 수 있는 언어의 본질이 무엇인지 모두 써 보자.

승우: 정은아, 너 '가시개'라는 말 들어 봤어? 우리 할머니는 '가위'를 '가시개'라고 하셔.
정은: 경상도 사투리를 쓰시나 보네.
승우: 근데 왜 경상도에서는 '가위'라고 하지 않고 '가시개'라고 할까?
정은: 그야 '가위'를 반드시 '가위'라는 말로만 나타내야 한다는 법이 없으니까.
승우: 응?
정은: 경상도에서는 '가위'를 '가시개'라고 이름 붙이고, 서로 그렇게 부르기로 은연중에 약속이 되었던 거지. 우리가 '가위'라고 이름 붙이고 그렇게 쓰기로 약속하여 쓰는 것처럼.
승우: 그럼 오늘부터 우리끼리 '가위'를 '자르개'라고 이름 붙이고 약속하면 되는 거야?
정은: 호호, 승우가 재미있는 말을 만들어 냈네. 그런 말을 쓸 수 없는 것은 아니야. 하지만 '자르개'가 단어가 되려면 그 말을 쓰는 사람 모두가 인정하는 과정이 있어야 해.
승우: 에이, 복잡하군. 그럼 그냥 '가위'라고 해야겠어.

2 다음 고속 도로 전광판의 문구를 비교해 보고 물음에 답해 보자.

(가) 과속 금지

(나) 허벌나게 빠르구만요, 쉬엄쉬엄 가시랑께요.

(1) 국어의 어휘 체계와 양상을 바탕으로, (가)와 (나)의 어휘의 특징을 말해 보자.

(2) (가)와 (나) 전광판의 효과를 비교하여 말해 보자.

(3) (나)와 같이 지역 방언을 활용한 홍보 문구를 찾아보자.

끌어 주기

◎ 언어의 본질을 바르게 이해하고 실제 사례를 통해 설명하는 활동이다. 지역마다 내용을 표현하는 형식이 다르다는 점, 그 표현이 그 지역 사람들의 인정을 받았다는 점, 새로운 단어를 만들어 쓸 수 있다는 점을 통해 알 수 있는 언어의 본질을 떠올려 본다.

예시 답안 언어의 사회성, 언어의 자의성, 언어의 창조성

◎ 고속 도로 전광판의 한자어와 순우리말, 표준어와 지역 방언의 쓰임의 차이를 바르게 파악해 보는 활동이다.

(1) (가)와 (나)에 쓰인 어휘들이 고유어인지 한자어인지, 표준어인지 방언인지 구별해 본다.

예시 답안 (가) 표준어, 한자어
(나) 방언, 고유어

(2) 순우리말인 지역 방언 사용의 효과를 말해 본다.

예시 답안 (가) 간결하고 의미를 분명하게 드러낸다.
(나) 정겹고 친밀한 느낌을 준다.

(3) 고속 도로 전광판 및 관광지 환영 문구 등에서 지역의 특성이 잘 드러나는 방언을 쓴 문구를 찾아본다.

예시 답안 오이소, 보이소, 사이소(부산 자갈치 시장), 졸음운전하다 식겁합니데이~(경상도), 뭔가 허전하쥬? 안전띠 매유~!(충청도)

1 언어의 본질

*다음 글을 읽고 물음에 답하시오.

(가) 아침에 일어나서 시원하게 마시는 물 한 잔, 건강에 여러 가지 좋은 점이 있다고 한다. 이때 '물'이라는 말을 살펴보자. '무색, 무미의 액체', 컵에 담겨 있는 '그것'을 가리키는 말이다. 우리는 '무색, 무미의 액체', '그것'을 '물'이라는 글자나 음성으로 드러내어 서로 소통을 한다.

(나) ㉠언어의 형식이 언어권마다 다르다고 하여 한 언어권 안에서 개인이 마음대로 형식을 바꾸어 쓸 수는 없다. 우리나라에서 어떤 사람이 '물'을 '불'이라고 바꾸어 "물 한 잔 줘."라는 표현을 "불 한 잔 줘."라고 말한다면 올바른 소통이 될 수 없다. 왜냐하면 일정한 의미를 표현하는 형식은 사회 구성원 전체의 약속에 의해 이미 결정되어 있기 때문이다.

(다) 언어에 대한 사회적 약속은 고정되어 있지 않아 시대의 흐름에 따라 달라지기도 한다. 오늘날 우리가 '물'이라고 말하는 그 대상에 대하여 조선 시대에는 '믈'이라는 형식으로 표시했다. 즉 조선 시대에는 '믈'이라는 형식으로 약속했다가 오늘날 우리 사회에서는 모든 구성원들이 '물'이라는 형식을 쓰기로 약속하고, 그에 따라 언어생활을 영위하고 있는 것이다.

언어의 변화는 한순간에 일어나는 것이 아니라 비교적 오랜 시간에 걸쳐 일어나며, ㉡새로운 문물의 유입에 따른 새로운 말의 생성, 사회 변화에 따른 언어의 의미나 소리의 변화 등 다양한 양상으로 나타난다.

(라) 언어는 실제 사용될 때 일정한 규칙에 따르는 성향이 있다. '시원한 물 좀 마셔.'라는 언어 표현은 우리말을 쓰는 사람들이 정한 규칙에 따른 것이다. 이 표현을 '물 좀 시원한 마셔.'라고 바꾸어 쓰면 규칙에 어긋나 원활한 소통에 방해가 된다. 이러한 규칙은 언어를 쉽게 익히도록 하며, 올바르게 사용하도록 하는 규범이 된다.

(마) 하나의 단어나 문장의 규칙을 익힌 후에는 그 규칙을 이용하여 새로운 단어나 문장을 무한하게 만들어 낼 수 있다. '시원한 물 좀 마셔.'라는 말을 통해 규칙을 익혔다면 '시원한 음료 좀 마셔.'라는 말을 만들어 쓸 수 있다. 또한 '차가운 물 좀 마셔.'와 같은 말도 만들 수 있다. 이처럼 인간이 새로운 말을 만들어 쓸 수 있다는 점은 동물의 언어와 달리 인간의 언어가 가지는 가장 큰 특성이다.

학습 목표 응용

01 이 글에 대한 설명으로 적절한 것은?

① 올바른 언어 사용에 대해 주장하고 있다.
② 언어 사용 경험을 시간 순서대로 서술하고 있다.
③ 언어의 본질적인 특성을 예를 들어 설명하고 있다.
④ 인간의 언어의 역사를 지역별로 나누어 설명하고 있다
⑤ 언어의 다양한 기능을 항목별로 분류하여 설명하고 있다.

02 (가)~(마)를 통해 알 수 있는 사실이 아닌 것은?

① '물'은 일정한 내용과 일정한 형식이 결합한 언어이다.
② '물'이라는 글자나 음성은 언어가 갖추어야 할 형식에 해당한다.
③ '물'은 '무색, 무미의 액체', 컵에 담겨 있는 '그것'을 의미한다.
④ 우리나라 사람들끼리는 '물'이라는 글자나 음성을 통해 소통이 가능하다.
⑤ '물'이라는 글자나 음성은 '무색, 무미의 액체', 컵에 담겨 있는 '그것'을 가리키는 의미와 필연적으로 연결된다.

03 ㉠과 밀접한 관련이 있는 언어의 본질은?

① 언어의 기호성 ② 언어의 자의성
③ 언어의 역사성 ④ 언어의 창조성
⑤ 언어의 규칙성

04 〈보기〉의 빈칸에 들어갈 말을 (나)에서 찾아 쓰시오.

보기
우리말을 쓰는 사람들은 '물'이라고 하지만 영어권에서는 'water'라는 형식을 사용한다. 이것은 기호로서의 언어가 그 의미와 필연적 관계가 아님을 보여 준다. '물'이라는 형식 또는 기호는 우리말을 사용하는 사람들이 자의적으로 서로 (   )하여 만든 것이다.

고난도 응용

중요

01 〈보기〉는 (다)와 관련하여 심화 학습한 자료이다. 밑줄 친 부분의 예로 적절한 것은?

> 보기
>
> 어휘가 소멸되는 데에는 두 가지 이유가 있다. 첫째, 그 어휘가 표현하고자 하는 대상이 사라짐으로써 그 어휘를 쓸 필요가 없어지면서 소멸되는 경우이다. 〈중략〉 둘째, 같은 대상을 표현하던 말들이 서로 경쟁하다가 한쪽이 사라지게 되는 경우이다. 대체로 한자어와 순우리말의 경쟁에서 순우리말이 사라지는 일이 많았는데, '가람'과 '강(江)'에서 '가람'이 사라진 것이 그 예이다.

① '꽃'은 예전의 '곶'의 발음과 표기가 달라진 말이다.
② '임금'은 '왕(王)'이라는 한자어와 함께 쓰여 온 말이다.
③ '즈믄'은 '천(千)'이라는 한자어에 밀려 지금은 쓰이지 않는 말이다.
④ '나이가 적다'의 의미를 지닌 '어리다'는 예전에 '어리석다'의 의미로 쓰였다.
⑤ '높은 벼슬을 하던 사람'을 부르던 '영감'이라는 말은 지금은 다른 의미로 쓰인다.

02 ⓛ으로 인해 나타나는 현상으로 가장 적절한 것은?

① 영어식의 외래어가 늘어나고 있다.
② 재미있는 유행어가 발달하고 있다.
③ 청소년의 비속어 사용이 증가하고 있다.
④ 다양한 지역의 지역 방언이 표준어로 인정받고 있다.
⑤ 집단 특유의 은어가 일반인에게도 널리 퍼져 쓰이고 있다.

서술형

03 〈보기〉를 참고하여 다음 문장을 규칙에 맞게 고치고, 적용된 규칙이 무엇인지 서술하시오.

> 보기
>
> 국어의 문장은 주어, 목적어, 서술어로 배열되며, 수식어는 수식을 받는 말 앞에 위치한다. 문장의 각 구성 요소는 일정한 형식을 갖추며 높임, 시제 등 적절한 의미 관계에 맞게 서로 호응하여 배치된다.

> 할머니가 맛있는 과자를 주었다.

소단원 한눈에 보기

갈래	(　　　)하는 글
성격	객관적, 예시적
주제	언어의 (　　　)
특징	• 언어의 본질을 구체적 (　　　)을/를 들어 설명하고 있다. • 각각의 문단에서 설명 대상을 일정한 비중으로 설명하고 있다.

▶ **언어의 기호성:** 언어는 일종의 기호이다.
언어=말소리(글자)+의미
'꽃'=❀(내용, 의미)+[꼳]이라는 발음 또는 '꽃'이라는 글자(형식)

▶ **언어의 자의성과 사회성**

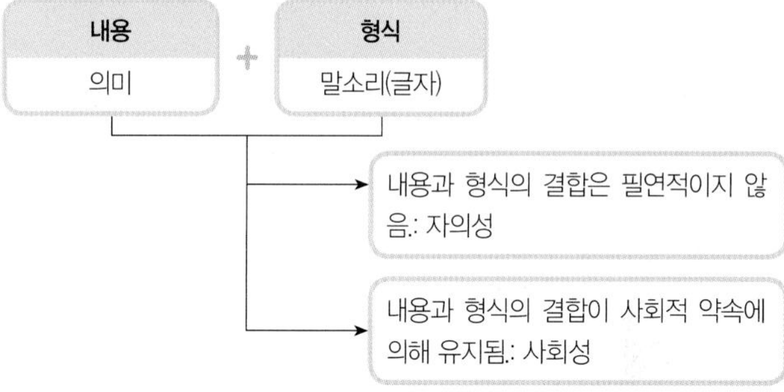

▶ **언어의 역사성과 창조성:** 언어는 역사성이 있어 새롭게 만들어지고 의미나 소리가 달라지기도 하고 쓰이던 말이 사라지기도 한다. 그러한 과정에서 새로운 말이 생겨나는 것은 언어의 창조성 때문이다.

▶ **언어의 규칙성:** 언어는 일정한 규칙을 가지고 있다.

답 설명, 본질, 예

출제 포인트

• 이 글은 언어의 본질을 설명하고 있어 글을 통해 언어의 본질을 바르게 이해하고 각각의 본질을 잘 설명할 수 있는 사례를 익혀 두어야 한다.
• 특히 언어의 자의성과 사회성, 역사성에 대해 올바른 개념 정립이 필요하다.

2 책상은 책상이다

| 페터 빅셀

*다음 글을 읽고 물음에 답하시오.

(가) '똑같은 의자, 침대, 사진. 나는 언제나 책상을 책상이라 말하고, 그림을 그림이라 말하고, 침대는 침대라 부르고, 의자는 의자라고 부른다. 도대체 왜 그렇게 불러야만 한단 말인가?'

프랑스인들은 침대를 '리', 책상을 '타블'이라고 말하고, 그림은 '타블로', 의자는 '셰에즈'라 부른다. 그 말들을 사용하여 그들은 의견을 주고받는다. 중국인들도 그들끼리 역시 ㉠이런 식으로 의사소통한다.

㉮'무엇 때문에 침대를 사진이라고 부르면 안 된단 말인가.'

(나) "이제는 달라지는 거다."
하고 그는 외쳤다. 그리고 지금부터 ⓐ침대를 '사진'이라고 말하기로 했다.

"나는 피곤해. ⓑ사진 속으로 들어갈 테야."
라고 그는 말했다. 그래서 그는 아침마다 오랫동안 사진 속에 누워 있었다. 그럼 의자는 무엇이라고 부를까, 곰곰이 생각해 보고 그는 ⓒ의자를 '괘종시계'라고 부르기로 했다. 즉 그는 일어나면 옷을 입고 괘종시계 위에 앉아 책상 위에 팔을 짚었다. 그러나 ⓓ책상은 이미 책상이라고 불리지 않았다.

책상은 이제 ⓔ양탄자라고 불리게 되었던 것이다.

(다) 이 늙은 발은 오랫동안 사진 속에서 울리고 있었다. 아홉 시에 사진첩을 세워 놓았다. 이 발은 얼어 올라왔고 아침이 바라보지 않도록 이 발은 옷장 위에 자신을 펼쳤다.

(라) 이 남자는 사람들이 이야기하는 것을 들으면 웃지 않고는 견딜 수가 없는 지경에 이르렀다. 누군가
㉡"당신은 내일도 축구 경기를 보러 가십니까?"
라고 말하는 것을 듣거나, 또는 누군가
"벌써 두 달 동안이나 계속 비가 오는군요."
라고 말하는 것을 듣거나, 또는 누군가
"미국에 저의 아저씨가 한 분 계십니다."
라고 말하는 것을 들으면 그는 웃지 않고는 견딜 수가 없었다. 웃을 수밖에 없는 것이, 그는 이 모든 말을 이해할 수 없었던 것이다.

(마) 회색 외투를 걸친 이 늙은 남자가 사람들을 이해할 수 없게 되었다는 것은 그렇게 나쁘지 않았다. 이보다 훨씬 더 나쁘게 된 것은 사람들이 이제는 그를 이해할 수 없게 된 것이었다. 그래서 그는 말을 하지 않았다. 그는 침묵했고, 자기 자신하고만 이야기했고, 다른 사람에게 인사조차 하지 않게 되어 버렸다.

학습 목표 응용

01 이 글의 내용으로 보아 (마)의 '남자'에게 해 줄 수 있는 충고의 말로 가장 적절한 것은?

① 다른 사람을 위해 봉사하는 삶을 살아야 해요.
② 경쟁심은 다른 사람들까지도 힘들게 할 수 있어요.
③ 대화에서 자기 얘기만 하는 사람을 누가 좋아하겠어요?
④ 서로 소통하려면 서로 공유하는 기호를 활용해야겠지요?
⑤ 주관이 뚜렷한 사람들은 다른 사람에게 양보하는 법을 잘 모르더군요.

02 ㉠의 구체적인 의미로 적절한 것은?

① 언어의 규칙을 일정하게 정하는 것
② 언어의 내용을 점점 더 확대하는 것
③ 언어의 내용과 형식을 임의로 결합하는 것
④ 시대에 따라 새로운 단어를 만들어 쓰는 것
⑤ 언어의 형식을 다른 나라와 비슷하게 정하는 것

03 ㉡에 대한 설명으로 적절하지 않은 것은?

① 사회 구성원들끼리 합의된 약속에 따라 만든 문장이다.
② '남자'를 제외한 다른 사람들은 쉽게 대답할 수 있는 질문이다.
③ '남자'가 새로 만든 단어의 의미를 바탕으로 새롭게 만든 문장이다.
④ '남자'는 문장의 의미를 다르게 받아들여 답하기가 어려운 질문이다.
⑤ 언어의 규칙을 지키고 있어 일반적인 대화 상황에서 활용할 수 있다.

04 ⓐ~ⓔ 중 성격이 같은 것끼리 묶은 것은?

① ⓐ, ⓑ, ⓒ ② ⓐ, ⓑ, ⓔ ③ ⓐ, ⓒ, ⓔ
④ ⓐ, ⓒ, ⓓ ⑤ ⓑ, ⓒ, ⓓ

고난도 응용

중요

01 이 글의 '남자'의 행위에 대한 토의의 일부이다. 의견으로 적절하지 않은 것은?

① 언어는 새롭게 만들어질 수 있어. 남자의 말이 인정받으면 새로운 언어가 생기는 셈이야.
② 언어는 형식과 내용이 필요한데, 남자는 내용이 없이 형식만 내세우며 언어라고 우기고 있어.
③ 언어가 다양한 이유로 바뀔 수 있다는 점에서 남자가 말을 바꾸어 쓰는 것도 가능하다고 생각해.
④ 언어를 마음대로 바꾸면 다른 사람과 소통이 안 돼. 그래서 남자는 다른 사람과 소통할 수 없어.
⑤ 언어의 형식과 내용이 필연적인 것은 아니잖아. 그러니 남자가 대상의 형식을 바꿀 수 있었던 거지.

02 ㉮에 대한 답변에 언급될 수 있는 언어의 본질과 거리가 먼 것은?

① 언어를 통해 과거의 훌륭한 문화유산이나 정신적 자산을 이어 갈 수 있습니다.
② 같은 언어를 사용하면 공동체를 형성하여 소속감과 일체감을 가질 수 있습니다.
③ 언어를 사용할 때에는 그 언어가 가지고 있는 규칙을 적절하게 활용해야 합니다.
④ 언어를 매개로 하여 사회 구성원이 정보를 교환하거나 상호 협력을 통해 사회 발전을 꾀할 수 있습니다.
⑤ 언어는 사회적 필요에 따라 만들어진 약속이므로 약속을 지키지 않으면 언어로서의 자격을 잃게 됩니다.

서술형

03 〈보기〉의 '청소년들'과 이 글의 '남자'의 언어 행위에 어떤 차이가 있는지 〈조건〉에 맞게 서술하시오.

보기

'낄끼빠빠', '심쿵', '세젤예' 등은 청소년들 사이에 새롭게 쓰이고 있는 말들이다. 이것들은 우리 사회 구성원들의 전반적인 합의를 거치지는 않았지만 어느 정도 묵인의 단계에 이르렀다고 볼 수 있다. 이러한 새말의 형성법에는 일정한 규칙이 있어 앞으로도 그 규칙을 바탕으로 하여 새로운 말들이 많이 나타날 것으로 예상된다.

조건

• 언어의 본질을 두 가지 이상 언급할 것.

소단원 한눈에 보기

갈래	소설
배경	현대, 일상적인 공간
주제	사회적 (　　　)(으)로서의 언어의 특성
특징	• 사건의 흐름을 시간 순서에 따라 전개하고 있다. • 언어의 (　　　)에 대하여 짤막한 에피소드 형식으로 전하고 있다.

▶ **언어의 자의성**: 언어는 특정한 의미를 특별한 형식으로 나타내는 일종의 기호인데, 여기서 의미와 형식 사이에는 필연적인 관계가 성립하지 않는다.

남자의 행위	특정한 의미를 담은 특별한 형식을 혼자서 다른 형식으로 바꾸어 사용함.

↓

언어의 자의성을 보여 주는 예

▶ **언어의 사회성**: 언어는 그 언어를 쓰는 사람들 사이의 약속이다. 특정한 의미를 특별한 형식으로 나타내어 사회 내에서 소통의 도구로 활용하는 데 대하여 사회적으로 합의한 것이다. 따라서 개인이 그 합의를 마음대로 바꾸어 버리면 소통을 어렵게 할 수 있다.

남자의 행위	사회적 약속을 개인이 임의로 바꾸어 버림으로써 다른 사람과의 소통이 어려워짐.

↓

언어의 사회성을 보여 주는 예

답 약속, 특성

출제 포인트

• 이 글은 언어의 자의성과 사회성을 구체적인 상황을 통해 보여 주고 있다. 남자의 행동과 그 행동의 결과를 통해 언어의 본질을 바르게 파악해 두어야 한다.

3 우리말에도 '메이드 인 차이나'가 넘친다 | 공규택

*다음 글을 읽고 물음에 답하시오.

(가) 우리말에는 '메이드 인 차이나'가 얼마나 될까? 이미 일상에서 너무나 익숙하게 사용하고 있어서 이제는 그것이 '메이드 인 차이나'인지조차 인식하지 못하는 말이 참 많다. 바로 예부터 사용해 오는 한자어가 그렇다. 우리말 어휘에서 한자어가 차지하는 비중은 70퍼센트 정도이다. 일상 대화에서 쓰이는 말 가운데 순수한 우리말은 30퍼센트가 채 안 되는 셈이다.

(나) 한자 문화권에 속하는 아시아의 대부분 국가가 ㉠비슷한 사정이다. 그런데 왜 일상에서 사용하는 기초적인 어휘까지 한자가 차지하고 있을까? 한자가 우리나라에 수입된 뒤로 문자를 통해 중국과 교류한 사람들은 주로 정치권의 위정자나 학문, 종교, 예술 등의 분야에 있던 전문가였다. 그렇다면 우리 어휘 체계에 침투한 한자어는 ㉡전문어나 학술어 같은 추상어에 그쳐야 마땅하다. 그런데 우리말에 뿌리박은 한자어를 살펴보면 가장 기초적인 어휘까지 한자어로 대체되었음을 알 수 있다. 구체적인 사물은 물론이거니와 아주 기본적인 서술하는 말, 꾸미는 말, 이어 주는 말까지도 우리말이 아닌 한자어가 그 역할을 대신하고 있는 현실과 마주하게 된다.

(다) 원로 국어학자 정재도 선생은 숱한 토박이말을 한자어로 둔갑시켜 사전에 올린 것은 일제가 저지른 만행이라고 주장한다. 예컨대 일제가 '잠깐'이라는 우리말을 한자어로 바꾸려고 '잠시간(暫時間)'이라는 헛것을 만들어 놓고, 잠시(暫時)나 잠간(暫間)이 그 준말이라고 하여 '잠깐'의 어원으로 삼았다는 것이다. 일제가 이런 식으로 수많은 한자어를 만들어 내고 '조선에는 원래 (㉢)이/가 거의 없으며 70퍼센트가 한자어에서 온 것'이라고 왜곡했다고 한다.

(라) 이유가 무엇이든, 우리말보다 한자어가 더 많이 실려 있는 국어사전은 오늘날 중국산 공산품이 곳곳에 스며든 현실과 다를 게 없다. 공산품에는 최소한 '메이드 인 차이나'라는 표시라도 있지만, 말에는 그런 표시도 없지 않은가. 최소한 우리말이 아니라는 것만이라도 알고 써야 하지 않을까?

(마) 한자어를 우리말로 바꾸려는 노력조차 포기해서는 안 되겠다. 가령 '나와 제일 친한 친구가 지각을 해서 선생님께 야단을 맞았다.'라는 문장을 보자. 이 문장을 보면 한자어를 우리말로 충분히 바꿔 쓸 수 있는 가능성을 엿볼 수 있다. "나와 가장 가까운 벗이 늦어서 스승님께 꾸지람을 들었다."와 같이 바꾸었을 때 충분히 의미를 전달할 수 있지 않은가?

학습 목표 응용

01 이 글을 통해 답을 찾을 수 있는 질문으로 적절한 것은?

① 우리말에 있는 일본식 한자어는 그 비중이 얼마나 될까?
② 우리나라 사람들이 한자어를 쓰기 시작한 것은 언제부터였을까?
③ 주로 한자어를 사용한 사람들은 어떤 계층의 사람들이었을까?
④ 우리말에 쓰이는 한자어를 어떻게 하면 순우리말로 바꿀 수 있을까?
⑤ 한자어를 순우리말로 바꾸어 쓰려는 노력이 왜 성공하지 못하고 있을까?

02 ㉠의 구체적인 의미를 바르게 나타낸 것은?

① 추상어보다 구체어가 더 발달되어 있다.
② 고유어보다 한자어가 많은 비중을 차지한다.
③ 한자어를 쓰는 것을 당연하게 받아들이고 있다.
④ 한자어인지 고유어인지 구별을 못하는 어휘가 많다.
⑤ 일상생활에서 쓰는 기초 어휘가 대부분 추상적 의미를 지닌 말이다.

03 ㉢에 들어갈 말로 적절한 것은?

① 외래어 ② 토종어 ③ 순화어
④ 조선어 ⑤ 일본어

중요

04 (라)~(마)에서 글쓴이가 궁극적으로 말하고자 하는 바로 적절한 것은?

① 국어사전에 실린 한자어를 순우리말로 바꾸어야 한다.
② 국어사전에 실린 한자어를 순우리말로 인식해야 한다.
③ 우리말에 한자어가 많이 쓰이는 이유를 바르게 알아야 한다.
④ 우리말에 쓰이는 한자어의 실상을 바로 알고 순우리말을 살려 써야 한다.
⑤ 국어사전에 실린 한자어에 한자어임을 알 수 있는 표시를 넣어야 한다.

고난도 응용

01 이 글을 바탕으로 할 때, 순우리말로만 묶인 것은?

① 눈, 코, 입, 귀, 머리
② 땅, 돌, 산, 강, 바람
③ 하나, 둘, 열, 백, 천
④ 하늘, 달, 비, 낙조, 태풍
⑤ 형, 삼촌, 이모, 언니, 오빠

02 ㉡에 대한 설명으로 적절하지 않은 것은?

① 우리나라의 경우 한자어나 외래어가 많은 비중을 차지하고 있다.
② 전문적인 업무 수행에서 정확한 소통을 위해 쓰이는 경우가 많다.
③ 다른 집단과의 소통이 매우 쉽다는 점에서 은어와 그 성격이 유사하다.
④ 직업이나 업무 특성을 사회적 요인으로 하여 발생한 일종의 사회 방언이다.
⑤ 대체로 어휘로 국한되어 나타나며 문장에서 쓰일 때에는 일반적인 어휘와 쓰임이 유사하다.

서술형

03 〈보기〉를 바탕으로 하여 다른 나라의 말이 유입될 때 일어나는 현상이 무엇인지 서술하시오.

보기

다른 나라의 말이 우리말에 정착될 때에는 토착어의 언어문화에 맞게 달라지는 것들이 있다. 외국어가 한국어라는 강물 속에 흐르게 되면서 그 속의 양분과 수질에 적응하는 과정이 필요하기 때문이다. 예를 들어 '어머니'라는 순우리말에 대응하는 한자어 '모친(母親)'은 그 쓰임이 '어머니'와 다르다. '일'의 의미를 지닌 독일어 '아르바이트(Arbeit)'는 우리말에서 다른 의미로 쓰이고 있다. '긴가민가'는 애초 '기연가미연가(其然-未然-)'라는 한자어에 뿌리를 두고 있다. 줄여서 '기연미연'이라고 하기도 했다. 그러다 '긴가민가'가 됐고, 이전의 형태는 일상에서 찾아보기 힘들어졌다. 한국어라는 강물 속에서 흐르다 보니 이렇게 된다.

소단원 한눈에 보기

갈래	수필
성격	비판적
주제	(　　　)의 실상과 한자어를 순우리말로 대체하려는 노력의 필요성
특징	• 우리 언어의 실상에 대한 (　　　)인 시각을 바탕으로 말하고 있다. • 학자의 주장을 바탕으로 말하고자 하는 바를 강조하고 있다.

▶ 고유어와 한자어의 특성

고유어	• 기초적인 어휘가 많음. • 일상 용어에 많이 쓰임. • 우리 고유의 정서를 표현하는 데 효과적임.
한자어	• 전문어나 학술어 등 추상어가 많음. • 추상적 개념 표현에 효과적임.

▶ 한자어 비중의 증가

• 추상어의 유입으로 시작됨.
• 기초적인 어휘도 한자어로 대체됨.
• 일본의 개입으로 일본식 한자어가 유입됨.

↓

우리말 어휘의 70% 정도를 차지함.

▶ 글쓴이의 의견

① 순우리말과 한자어를 구별해서 써야 한다.
② 한자어를 순우리말로 바꾸어 쓰려는 노력이 필요하다.

답 한자어, 비판적

출제 포인트

• 이 글은 국어 어휘의 체계에서 고유어와 한자어의 관계에 대하여 말하고 있다. 우리가 쓰는 말이 한자어인지 아닌지 구별할 수 있어야 하며, 앞으로 국어를 발전시키기 위해 어떻게 해야 할지 생각을 정리해 두어야 한다.

단원 평가

[01~05] 다음 글을 읽고 물음에 답하시오.

가 우리말을 쓰는 사람들은 '물'이라고 하지만 영어권에서는 'water'라는 형식을 사용한다. 중국어에서는 '水[shuǐ]'라는 형식을 사용한다. 이로 보아 '물'을 반드시 '물'이라고만 할 필연적인 이유가 없다는 것이다. '물'이라는 형식 또는 기호는 우리말을 사용하는 사람들이 임의로 붙인 것이다.

나 언어의 형식이 언어권마다 다르다고 하여 한 언어권 안에서 개인이 마음대로 형식을 바꾸어 쓸 수는 없다. 우리나라에서 어떤 사람이 '물'을 '불'이라고 바꾸어 "물 한 잔 줘."라는 표현을 "불 한 잔 줘."라고 말한다면 올바른 소통이 될 수 없다. 왜냐하면 일정한 의미를 표현하는 형식은 사회 구성원 전체의 약속에 의해 이미 결정되어 있기 때문이다.

다 언어에 대한 사회적 약속은 고정되어 있지 않아 시대의 흐름에 따라 달라지기도 한다. 오늘날 우리가 '물'이라고 말하는 그 대상에 대하여 조선 시대에는 '믈'이라는 형식으로 표시했다. 즉 조선 시대에는 '믈'이라는 형식으로 약속했다가 오늘날 우리 사회에서는 모든 구성원들이 '물'이라는 형식을 쓰기로 약속하고, 그에 따라 언어생활을 영위하고 있는 것이다.

언어의 변화는 한순간에 일어나는 것이 아니라 비교적 오랜 시간에 걸쳐 일어나며, 새로운 문물의 유입에 따른 새로운 말의 생성, 사회 변화에 따른 언어의 의미나 소리의 변화 등 다양한 양상으로 나타난다.

라 언어는 실제 사용될 때 일정한 규칙에 따르는 성향이 있다. '시원한 물 좀 마셔.'라는 언어 표현은 우리말을 쓰는 사람들이 정한 규칙에 따른 것이다. 이 표현을 '물 좀 시원한 마셔.'라고 바꾸어 쓰면 규칙에 어긋나 원활한 소통에 방해가 된다. 이러한 규칙은 언어를 쉽게 익히도록 하며, 올바르게 사용하도록 하는 규범이 된다.

마 하나의 단어나 문장의 규칙을 익힌 후에는 그 규칙을 이용하여 새로운 단어나 문장을 무한하게 만들어 낼 수 있다. '시원한 물 좀 마셔.'라는 말을 통해 규칙을 익혔다면 '시원한 음료 좀 마셔.'라는 말을 만들어 쓸 수 있다. 또한 '차가운 물 좀 마셔.'와 같은 말도 만들 수 있다. 이처럼 인간이 새로운 말을 만들어 쓸 수 있다는 점은 동물의 언어와 달리 인간의 언어가 가지는 가장 큰 특성이다.

중요

01 **(가)~(마)에서 각각 설명하는 언어의 본질로 잘못된 것은?**

① (가): 언어는 특정한 의미를 담은 기호의 성격을 띤다.
② (나): 언어는 그 언어를 사용하는 사람들 사이의 약속이다.
③ (다): 언어는 시간의 흐름에 따라 생성, 변화, 소멸의 과정을 거친다.
④ (라): 언어를 사용할 때에는 일정한 규칙에 따르게 된다.
⑤ (마): 인간은 끊임없이 새로운 말을 만들어 쓸 수 있다.

02 **(가)~(마)를 참고할 때, 다음의 경상도 방언을 이용하여 언어의 특성을 설명하는 방안으로 적절한 것은?**

니 정신 단디 챙기라. (너 정신 단단히 챙겨라.)

① '니, 단디'와 같은 새말을 통해 창조성을 설명할 수 있다.
② 문장 구조가 이전 시대와 달라졌으므로 역사성을 설명할 수 있다.
③ '니'가 '단디'와 시간적으로 호응하고 있어 규칙성을 설명할 수 있다.
④ 우리 사회의 모든 구성원들이 소통할 수 있으므로 사회성을 설명할 수 있다.
⑤ '단디'와 같이 대상에 대한 다른 표현이 나타나므로 자의성을 설명할 수 있다.

서술형

03 **〈보기〉에 드러나는 글쓴이의 생각을 (가)~(마)를 바탕으로 〈조건〉에 맞게 설명하시오.**

보기

언니가 언니의 남자 친구와 주고받은 SNS 문자를 본 적이 있다. 두 사람은 '사랑해'를 '랑랑해'라는 말로 바꾸어 쓰고 있었다. 두 사람끼리 그렇게 정하여 쓰고 있는데, 내가 뭐라고 할 수는 없지만 만약 다른 사람들에게까지 쓴다면 무리가 될 것 같다.

조건

• 언어의 본질에 대해 구체적으로 풀어서 쓸 것.
• 한 문장으로 쓸 것.

04 (가)~(마) 중, 〈보기〉의 빈칸에 들어갈 말을 설명하고 있는 것은?

> **보기**
> '얼짱'이라는 말을 국어사전에 올릴 수 있느냐 없느냐에 대한 논란이 있다. 이는 이 단어가 사회적으로 인정되는 말이냐에 대한 판단의 차이에서 비롯된 것(논란)이라는 점에서 언어가 (   )을/를 가지고 있음을 보여 주는 예이다.

① (가) ② (나) ③ (다) ④ (라) ⑤ (마)

05 (다)의 내용을 뒷받침하기에 적절한 것은?

① '어서 오세요.'를 제주도에서는 '혼저 옵서예.'라고 말하기도 한다.
② '어제 산에 오를 것이다.'라는 말은 우리말 규칙에 어긋난 문장이다.
③ '컴퓨터'를 '셈틀'로 쓰자는 주장이 있었지만 결국 '컴퓨터'라는 말이 일반화되었다.
④ 닭 우는 소리를 우리는 '꼬끼오'라고 하지만 독일에서는 '키케리키(kikeriki)'라고 한다.
⑤ '어리다'는 예전에 '어리석다'의 의미로 쓰였지만 지금은 '나이가 적다'의 의미로 쓰인다.

[06~10] 다음 글을 읽고 물음에 답하시오.

(가) '똑같은 의자, 침대, 사진. 나는 언제나 책상을 책상이라 말하고, 그림을 그림이라 말하고, 침대는 침대라 부르고, 의자는 의자라고 부른다. 도대체 왜 그렇게 불러야만 한단 말인가?' / 프랑스인들은 침대를 '리', 책상을 '타블'이라고 말하고, 그림은 '타블로', 의자는 '셰에즈'라 부른다. 그 말들을 사용하여 그들은 의견을 주고받는다. 중국인들도 그들끼리 역시 이런 식으로 의사소통한다.
'무엇 때문에 침대를 사진이라고 부르면 안 된단 말인가.'

(나) "이제는 달라지는 거다." / 하고 그는 외쳤다. 그리고 지금부터 침대를 '사진'이라고 말하기로 했다.
"나는 피곤해. ㉠사진 속으로 들어갈 테야."
라고 그는 말했다. 그래서 그는 아침마다 오랫동안 사진 속에 누워 있었다. 그럼 의자는 무엇이라고 부를까, 곰곰이 생각해 보고 그는 의자를 '괘종시계'라고 부르기로 했다. 즉 그는 일어나면 옷을 입고 괘종시계 위에 앉아 책상 위에 팔을 짚었다. 그러나 책상은 이미 책상이라고 불리지 않았다.
책상은 이제 양탄자라고 불리게 되었던 것이다.

(다) 이 남자는 사람들이 이야기하는 것을 들으면 웃지 않고는 견딜 수가 없는 지경에 이르렀다. 누군가
"당신은 내일도 축구 경기를 보러 가십니까?"
라고 말하는 것을 듣거나, 또는 누군가
"벌써 두 달 동안이나 계속 비가 오는군요."
라고 말하는 것을 듣거나, 또는 누군가
"미국에 저의 아저씨가 한 분 계십니다."
라고 말하는 것을 들으면 그는 웃지 않고는 견딜 수가 없었다. 웃을 수밖에 없는 것이, ㉡그는 이 모든 말을 이해할 수 없었던 것이다.

(라) 회색 외투를 걸친 이 늙은 남자가 사람들을 이해할 수 없게 되었다는 것은 그렇게 나쁘지 않았다. 이보다 훨씬 더 나쁘게 된 것은 사람들이 이제는 그를 이해할 수 없게 된 것이었다. 그래서 그는 말을 하지 않았다. 그는 침묵했고, 자기 자신하고만 이야기했고, 다른 사람에게 인사조차 하지 않게 되어 버렸다.

06 이 글을 통해 작가가 말하고자 하는 바로 적절한 것은?

① 자유로운 세상에 대한 동경
② 개성과 다양성 회복의 필요성
③ 이웃과의 단절로 인한 외로움
④ 사회적 소통의 의미와 중요성
⑤ 가족 간의 화해와 사랑의 아름다움

중요

07 (가)~(라)의 내용을 〈보기〉와 같이 정리할 때, 빈칸에 들어갈 말을 차례대로 나열한 것은?

> **보기**
> '남자'는 언어의 형식과 내용 사이의 (   )을/를 활용하여 새로운 말을 만들었으나 언어의 (   )을/를 무시했기 때문에 소외될 수밖에 없었다.

①	역사성	규칙성
②	자의성	사회성
③	규칙성	창조성
④	사회성	역사성
⑤	기호성	자의성

단원 평가

08 ㉠에 대한 설명으로 적절한 것은?

① 형식은 있지만 내용이 없으므로 언어라고 할 수 없다.
② 다른 사람들이 쓰는 '사진'과는 완전히 다른 단어이다.
③ '카메라를 통해 찍은 물체의 영상'이라는 의미로 쓰인다.
④ 새로운 의미를 지닌 단어로 사람들의 인정을 받은 말이다.
⑤ 특정한 의미에 '사진'이라는 형식이 필연적 관계로 연결되어 있다.

09 ㉡과 같은 상황에 해당하는 것은?

① 외국에서 살다 온 사촌 동생이 우리집 강아지를 부르며 'Come on.'이라고 말하자 강아지가 달려왔다.
② 세 살짜리 사촌 동생은 '까까, 맘마, 지지'와 같은 단어로 말하는데, 우리 가족은 모두 그 말의 의미를 알아듣는다.
③ 그 아기는 '밥 먹자.'라는 말을 듣고 맛있는 음식을 먹었던 행복한 기억 때문인지 기분이 좋을 때면 '밥 먹자.'라고 말하곤 했다.
④ 옆집에 사는 두 살짜리 아기가 장난감 로봇을 갖고 놀고 싶어서 '노뽀, 노뽀'라고 하며 찡얼댔는데, 그때 나는 무슨 말인지 몰라 난처했었다.
⑤ 세 살짜리 내 동생은 '안 먹어'라는 표현을 배운 후 부정의 상황에서는 '안'을 먼저 넣어 '안 밥 먹어. 안 바보야.' 등과 같은 말을 써서 우리를 웃겼다.

서술형

10 다음은 이 글의 제목이다. (가)~(라)를 바탕으로 제목의 의미를 〈조건〉에 맞게 설명하시오.

> 책상은 책상이다
> (㉮ 책상은, ㉯ 책상이다)

조건
• ㉮와 ㉯의 의미 차이가 드러나도록 두 문장으로 쓸 것.

11 다음 중 우리말의 규칙성을 지키지 않은 문장은?

① 어머니는 어제 해외로 출장을 가셨다.
② 우리는 결코 그 일을 잊지 않을 것이다.
③ 비록 성적은 낮았지만 공부한 보람은 있다.
④ 나무 위에서 다람쥐와 새가 지저귀고 있었다.
⑤ 그 소매치기는 결국 경찰관에게 잡히고 말았다.

12 다음 대화의 밑줄 친 단어들에 대한 설명으로 적절하지 않은 것은?

> 지원: 영준아, 나, 어제 너 보고 학원에서 심쿵했어. 완전 시강이었어.
> 영준: 내가 좀 볼매이긴 한데, 그래도 네가? 이거 어째 웃픈 기분인 걸?

① 새로운 말을 만들어 우리말의 단어를 풍부하게 한다.
② 우리말에 존재하는 특정한 규칙에 혼란을 줄 수 있다.
③ 새로운 의미에 새로운 형식을 결합해 만들어진 말이다.
④ 우리 시대의 사회 · 문화적 상황에 따라 만들어진 말이다.
⑤ 우리 사회에서 인정받기까지는 신중하게 사용해야 한다.

[13~16] 다음 글을 읽고 물음에 답하시오.

(가) ㉠우리말에는 '메이드 인 차이나'가 얼마나 될까? 이미 일상에서 너무나 익숙하게 사용하고 있어서 이제는 그것이 '메이드 인 차이나'인지조차 인식하지 못하는 말이 참 많다. 바로 예부터 사용해 오는 한자어가 그렇다. 우리말 어휘에서 한자어가 차지하는 비중은 70퍼센트 정도이다. 일상 대화에서 쓰이는 말 가운데 순수한 우리말은 30퍼센트가 채 안 되는 셈이다.

(나) 한자 문화권에 속하는 아시아의 대부분 국가가 비슷한 사정이다. 그런데 왜 일상에서 사용하는 기초적인 어휘까지 한자가 차지하고 있을까? 한자가 우리나라에 수입된 뒤로 문자를 통해 중국과 교류한 사람들은 주로 정치권의 위정자나 학문, 종교, 예술 등의 분야에 있던 전문가였다. 그렇다면 우리 어휘 체계에 침투한 한자어는 전문어나 학술어 같은 (㉮)에 그쳐야 마땅하다. 그런데 ㉡우리말에 뿌리박은 한자어를 살펴보면 가장 기초적인 어휘까지 한자어로 대체되었음을 알 수 있다. 구체적인 사물은 물론이거니와 아주 기본적인 서술하는 말, 꾸미는 말, 이어 주는 말까지도 ㉢우리말이 아닌 한자어가 그 역할을 대신하고 있는 현실과 마주하게 된다.

(다) 원로 국어학자 정재도 선생은 숱한 토박이말을 한자어로 둔갑시켜 사전에 올린 것은 일제가 저지른 만행이라고 주장한다. 예컨대 일제가 '잠깐'이라는 우리말을 한자어로 바꾸려고 '잠시간(暫時間)'이라는 헛것을 만들어 놓고, 잠시(暫時)나 잠간(暫間)이 그 준말이라고 하여 '잠깐'의 어원

으로 삼았다는 것이다. 일제가 이런 식으로 수많은 한자어를 만들어 내고 '조선에는 원래 토종어가 거의 없으며 70퍼센트가 한자어에서 온 것'이라고 왜곡했다고 한다.

㉣ 이유가 무엇이든, ㉣우리말보다 한자어가 더 많이 실려 있는 국어사전은 오늘날 중국산 공산품이 곳곳에 스며든 현실과 다를 게 없다. 공산품에는 최소한 '메이드 인 차이나'라는 표시라도 있지만, 말에는 그런 표시도 없지 않은가. 최소한 우리말이 아니라는 것만이라도 알고 써야 하지 않을까?

㉤ 한자어를 ㉤우리말 체계에서 일방적으로 몰아낼 수도 없는 형편이다. 한자어를 몰아내면, 그 빈자리를 대신 채워 줄 순우리말이 현재로서는 마땅치 않기 때문이다. 그렇다고 한자어를 우리말로 바꾸려는 노력조차 포기해서는 안 되겠다.

중요

13 이 글을 통해 알 수 있는 사실이 아닌 것은?

① 일반적으로 고유어는 기초적인 어휘로 쓰이는 경우가 많다.
② 외래어는 다른 언어에 유입된 후 토박이말처럼 쓰이는 경우도 있다.
③ 외래어는 언어가 유입되는 과정에서 그 형태가 달라지는 경우도 있다.
④ 한자 문화권에는 한자어가 토박이말보다 더 많은 비중을 차지하는 국가가 많다.
⑤ 외국어가 외래어로 받아들여지는 과정에서 사회적 인정을 받지 못하는 경우도 있다.

14 ㉮에 들어갈 말로 적절한 것은?

① 토착어 ② 공통어 ③ 추상어
④ 사회 방언 ⑤ 외래어

15 ㉠~㉤을 제시된 기준에 맞게 분류하여 바르게 묶은 것은?

	한자어를 포함한 우리말	순수한 우리말
①	㉠, ㉡	㉢, ㉣, ㉤
②	㉠, ㉡, ㉣	㉢, ㉤
③	㉠, ㉡, ㉤	㉢, ㉣
④	㉡, ㉢, ㉣	㉠, ㉤
⑤	㉡, ㉣, ㉤	㉠, ㉢

서술형

16 이 글의 글쓴이와 〈보기〉의 글쓴이의 공통된 가치관을 〈조건〉에 맞게 서술하시오.

보기

일본식 한자어란 서구 문물이 동아시아 한자 문화권에 유입되면서 일본에서 주도적으로 만들어 쓰는 한자 어휘를 말한다. 일본이 서구 문물을 가장 먼저 받아들였기 때문에 중국과 우리나라에서는 문물의 도입과 더불어 일본식 한자어를 받아들였는데, 그 과정에서의 수용 방법에 따라 오늘날 중국과 우리나라의 일본식 한자어의 비중이 달리 나타난다. 중국은 중국식으로 번역하여 어휘를 만들어 썼다. '카(Car)'의 경우 일본은 '자동차(自動車)'라는 말을 만들었는데, 우리나라는 일본의 말을 그대로 받아들였고, 중국은 '기차(汽車)'로 바꾸었다. '인더스트리(industry)'를 일본에서 '산업(産業)'이라고 하자 중국은 이를 '공업(工業)'이라 바꾸었고, 우리나라는 아무런 비판 없이 '산업'이라는 말을 그대로 받아들였으며, '산업화(産業化)'라는 말까지도 쓰고 있다.

조건

• 다른 나라로부터 말을 들여올 때의 태도에 관하여 서술할 것.
• 한 문장으로 서술할 것.

17 〈보기〉를 바탕으로 할 때, 다음 ㉠, ㉡에 들어갈 적절한 말을 〈보기〉에서 찾아 쓰시오.

보기

방언(方言)이란 말 그대로 '지방(地方)의 말'이라는 뜻을 가진다. 그런데 한 언어 안에서 방언과 같은 언어의 변이는 지역의 차이에 의해서만 일어나는 것은 아니다. 한 지역 안에서도 직업, 성별, 나이 등의 여러 가지 이유로도 달라질 수 있다. 이처럼 방언은 그 변이 요인에 따라 나눌 수 있는데, 지역 간의 거리 때문에 생겨난 지역 방언과, 사회적인 요소 때문에 생겨난 사회 방언이 바로 그것이다.

국어의 표준어는 '교양 있는 사람들이 두루 쓰는 현대 서울말'을 기준으로 함을 원칙으로 내세웠는데, 여기에는 '서울말'이라는 (㉠)으로서의 제한과 '교양 있는 사람'이라는 (㉡)으로서의 제한이 함께 들어 있음을 볼 수 있다.

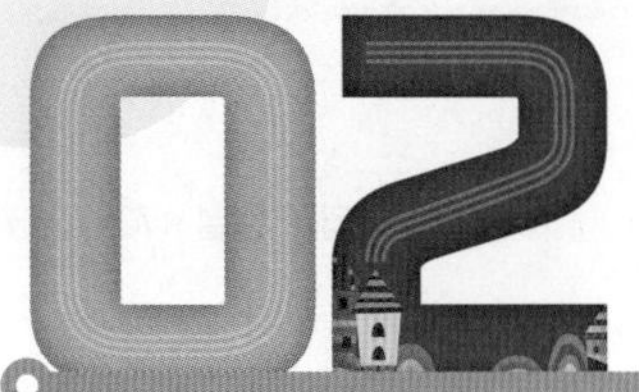

국어의 품사와 특성

개념 압축 APP

1 단어를 일정한 기준에 따라 공통된 성질을 지닌 것끼리 모아서 갈래를 지어 놓은 것을 (   )(이)라고 한다.

2 품사의 분류 기준

형태의 변화 여부에 따라	불변어					가변어
기능에 따라	( )	( )	수식언	관계언		( )
의미에 따라	명사, 대명사, ( )	감탄사	( ) 부사	'이다'를 제외한 ( )	서술격 조사인 '이다'	동사 형용사

① **형태 변화 여부에 따른 분류:** 단어가 문장에서 쓰일 때 형태가 변하는가, 변하지 않는가에 따른 분류. 형태가 변하지 않는 불변어와 형태가 변하는 (   )이/가 있음.

② **기능에 따른 분류:** 단어가 문장에서 어떤 역할을 하는가에 따른 분류

- (   ): 문장에서 주로 주체의 역할을 함.
- 용언: 문장에서 주로 주체를 (   )하는 역할을 함.
- 수식언: 문장에서 체언이나 용언의 앞에 놓여서 뒤에 오는 말을 (   ) 역할을 함.
- (   ): 문장에서 다른 단어들과의 문법적인 관계를 나타내거나 특별한 뜻을 더해 주는 역할을 함.
- 독립언: 문장에서 독립적으로 쓰이면서 놀람, 느낌, (   ) 등을 나타냄.

③ (   )**에 따른 분류:** 단어들이 지닌 공통된 의미에 따른 분류

- 명사, 대명사, 수사, 동사, 형용사, 관형사, 부사, 조사, 감탄사가 있음.

필수 어휘 사전

- **주체:** 문장 내에서 서술어의 동작이나 상태를 나타내는 대상에 해당하는 말.
- **서술:** 한 문장에서 주어의 움직임, 상태, 성질 따위를 나타내는 말.
- **형태:** 단어가 문장 내에서 어떠한 모양인지 나타냄. 형태의 변화 여부에 따라 품사를 불변어, 가변어로 나눌 수 있음.
- **기능:** 단어가 문장 내에서 어떤 구실이나 작용을 하는지를 나타냄. 기능에 따라 품사를 체언, 용언, 수식언, 관계언, 독립언으로 나눌 수 있음.
- **의미:** 단어가 무엇을 뜻하는지, 즉 무엇을 나타내는 말인지를 나타냄. 의미에 따라 품사는 명사, 대명사, 수사, 감탄사, 관형사, 부사, 조사, 동사, 형용사로 나눌 수 있음.

답 품사, 체언, 독립언, 용언, 수사, 관형사, 조사, 가변어, 체언, 서술, 꾸며 주는, 관계언, 대답, 의미

확인 문제

1. 품사의 분류와 관련된 설명이 적절하면 ○표, 틀리면 ×표 하시오.

(1) 형태에 따라 불변어, 가변어로 나눌 수 있다. ……………… (   )

(2) 감탄사와 조사는 관계언에 해당한다. ····· (   )

(3) 체언, 독립언, 수식언 등은 기능에 따른 분류이다. ……………… (   )

(4) 용언을 의미에 따라 분류하면 동사와 형용사로 나뉜다. ·········· (   )

2. 다음 밑줄 친 단어 중 체언에 해당하지 않는 것은?

> 친구 ①영희랑 문구점에 ②연필을 사러 갔다. 영희는 빨간 연필 ③두 자루를 샀고, 나는 어느 ④것을 살지 고민하다가 노란 연필 ⑤하나를 샀다.

3. 다음을 불변어와 가변어로 구분하여 연결하시오.

㉠ 뛰다 •
㉡ 누구 •　　　　• 불변어
㉢ 을/를 •
㉣ 이다 •　　　　• 가변어
㉤ 첫째 •

4. 다음 단어들을 '문장에서 어떤 기능을 하는가'에 따라 공통된 성질을 지닌 것끼리 묶으면 몇 묶음이 나오는가?

> 독립문　않다　무척
> 아름답다　옛　지우개

답 1. (1) ○ (2) × (3) ○ (4) ○ 2. ③ 3. • 불변어: ㉡, ㉢, ㉤ • 가변어: ㉠, ㉣ 4. 3묶음(체언, 용언, 수식언)

학습 목표
- 품사의 개념과 분류 기준을 안다.
- 품사의 종류를 구분하고, 각 품사의 특성을 안다.

개념 압축 APP

3 품사의 종류와 특징

(1) 체언: 문장에서 주로 (   )이/가 되는 역할을 하는 말

① 체언의 특징
- 형태의 변화가 없는 (   )임.
- 문장에서 주로 (   ), 목적어, 보어로 쓰임.
- 조사와 결합할 수 있고, (   )의 꾸밈을 받을 수 있음.

② 체언의 종류
- 명사: 사람이나 사물, 추상적인 대상의 (   )을/를 나타내는 단어
- 대명사: 대상의 이름을 (   )하여 나타내는 단어
- 수사: 사물이나 사물의 (   ) 또는 (   )을/를 나타내는 단어

(2) 용언: 문장에서 주로 주체를 (   )하는 역할을 하는 말

① 용언의 특징
- 형태가 변화하는 (   )(으)로서 활용을 함.
- 문장에서 주로 서술어로 쓰이며 (   )의 꾸밈을 받을 수 있음.

② 용언의 종류
- 동사: 사람이나 사물의 (   )(이)나 작용을 나타내는 단어
  - (   ) 어미 '-어라/-아라', 청유형 어미 '-자'와 모두 결합할 수 있음.
  - 현재 시제 선어말 어미 '-는-/-ㄴ-'과 결합할 수 있음.
- 형용사: 사람이나 사물의 성질이나 (   )을/를 나타내는 단어
  - (   ) 어미 '-어라/-아라', 청유형 어미 '-자'와 결합할 수 (   ).
  - 현재 시제 선어말 어미 '-는-/-ㄴ-'과 결합할 수 (   ).

필수 어휘 사전

- **활용:** 용언의 어간이나 서술격 조사의 어간에 다양한 어미가 붙어 단어의 기능이나 성격을 바꾸는 일을 말함.
- **어간:** 단어의 중심 부분으로서, 활용을 할 때 변하지 않는 부분
- **어미:** 활용을 할 때 어간에 붙는 부분. '-고', '-(으)니', '-아서' 등

답 주체, 불변어, 주어, 관형어, 이름, 대신, 수량, 순서, 서술, 가변어, 부사어, 동작, 명령형, 상태, 명령형, 없음, 없음

확인 문제

1. 다음 단어의 종류로 적절한 것을 (   )에서 찾아 ○표 하시오.

(1) 고양이 (체언, 용언)
(2) 하나 (명사, 수사, 대명사)
(3) 걷다 (동사, 형용사)

2. 다음 문장에서 밑줄 친 말의 종류로 적절한 것을 (   )에서 찾아 ○표 하시오.

(1) 선수가 공을 멀리 던지다.
(동사, 형용사)
(2) 하늘이 무척 맑다.
(동사, 형용사)

3. 다음 문장에서 밑줄 친 단어의 품사가 다른 하나는?

① 동생이 낮잠을 잤다.
② 하늘이 무척 높다.
③ 새가 하늘 높이 날다.
④ 수학 문제를 열심히 풀었다.
⑤ 친구가 열쇠로 교실 문을 잠갔다.

답 1. (1) 체언 (2) 수사 (3) 동사 2. (1) 동사 (2) 형용사 3. ②

개념 압축 APP

(3) (   ): 문장에서 체언이나 용언 앞에 놓여서 뒤에 오는 말을 꾸며 주는 말

① 수식언의 특징
- 형태의 변화가 없는 (   )임.

② 수식언의 종류
- (   ): 체언 앞에 놓여서 그 내용을 꾸며 주는 단어
  - 시제와 높임의 구별이 (있음, 없음).
  - 조사 또는 어미와 (결합함, 결합하지 않음).
- 부사: 주로 (   ) 앞에 놓여서 그 내용을 꾸며 주는 단어
  - 문장 내에서 위치가 비교적 자유로움.
  - 다른 부사, 관형사, 구절이나 문장 전체를 꾸며 주기도 함.

(4) (   ): 문장에서 쓰인 단어들의 관계를 나타내는 역할을 함.

① 관계언의 종류
- 조사: 주로 체언 뒤에 붙어서 다른 말과의 (   ) 관계를 나타내거나 특별한 뜻을 더해 주는 단어
  - 홀로 쓰일 수 (있고, 없고) 반드시 다른 말에 붙어 쓰임.
  - 여러 개가 겹쳐 쓰일 수 (있음, 없음).

(5) (   ): 문장에서 독립적으로 사용되는 말

① 독립언의 종류
- (   ): 감정을 넣어 말하는 이의 놀람, 느낌, 부름이나 대답 등을 나타내는 단어
- 감탄사의 특징
  - 문장에서 다른 문장 성분들과 문법적 관계를 맺지 않고 독립적으로 사용되어 위치 이동이 비교적 자유로움.
  - 조사가 (붙으며, 붙지 않으며) 형태가 (변함, 변하지 않음).

필수 어휘 사전

- **격 조사:** 체언 뒤에 붙어서 그 말이 일정한 자격을 갖도록 해 주는 조사로 주격 조사, 서술격 조사, 목적격 조사, 부사격 조사 등이 있음.
- **보조사:** 주로 체언 뒤에서 특별한 뜻을 더해 주는 조사

답 수식언, 불변어, 관형사, 없음, 결합하지 않음, 용언, 관계언, 문법적, 없고, 있음, 독립언, 감탄사, 붙지 않으며, 변하지 않음

확인 문제

1. 다음 밑줄 친 단어의 품사로 적절한 것을 (   )에서 찾아 ○표 하시오.

(1) 외딴 집 (관형사, 부사)
(2) 노래를 잘 부르다. (관형사, 부사)
(3) 나는 슬펐다. 그러나 울지 않았다. (관형사, 부사)
(4) 예, 이제 지각하지 않겠습니다. (감탄사, 조사)

2. 다음 밑줄 친 조사의 종류가 다른 하나는?

① 얼음이 물이 되었다.
② 우리의 소원은 통일이다.
③ 나는 추리 소설만 좋아한다.
④ 너의 웃는 얼굴이 생각난다.
⑤ 나는 많은 과일 중에서 사과를 골랐다.

3. 다음 밑줄 친 말의 품사를 종류에 맞게 연결하시오.

물이 정말 차갑다.	㉠	• 관형사
나는 오늘 헌 신을 신었다.	㉡	• 부사
네, 잘 알겠습니다.	㉢	• 감탄사

답 1. (1) 관형사 (2) 부사 (3) 부사 (4) 감탄사 2. ③ 3. ㉠ – 부사 ㉡ – 관형사 ㉢ – 감탄사

학습 활동 따라잡기

1 다음 단어들을 같은 기능을 하는 것끼리 묶어서 분류하시오.

밥 글 이것 그런데 놀다

어머나 낮다 읽다 저분 무척

헌 선물 우리 예쁘다 재미있다

분류 기준	분류 결과	해당하는 단어

2 다음 글을 읽고 물음에 답하시오.

저는 현주를 칭찬합니다!
현주는 아침마다 ㉠일찍 학교에 와서
교실 창문을 ㉡활짝 열고 하루를 시작합니다.
그래서 아침마다 교실에 들어오면
신선한 공기를 마시면서 ㉢온갖 새소리를 들을 수 있습니다.
부지런한 현주, 고맙다!

(1) 이 글에서 밑줄 친 ㉠~㉢의 의미에 따른 품사 명칭을 각각 쓰고, 이렇게 품사를 구분한 기준을 한 문장으로 쓰시오.

(2) 이 글에 사용된 동사를 모두 찾아 쓰시오.

(3) 이 글에 사용된 조사를 모두 찾아 쓰되, 중복되는 경우 한 번만 쓰시오.

끌어 주기

◎품사를 분류하는 방법
품사 분류의 기준을 정하고, 그에 따라 단어를 묶어 본다. 형태에 따라서는 불변어와 가변어가 있으며 기능에 따라서는 그 단어가 문장에서 어떤 역할을 하는가에 따라 체언, 용언, 수식언, 관계언, 독립언이 있다.

예시 답안

분류 기준	분류 결과	해당하는 단어
단어의 기능에 따라	체언	밥, 글, 이것, 저분, 선물, 우리
	용언	놀다, 낮다, 읽다, 예쁘다, 재미있다
	수식언	그런데, 무척, 헌
	독립언	어머나

◎문장 안에서 각각의 단어가 어떤 품사로 사용되었는지 구분하는 문제이다.

(1) ㉠~㉢이 각각 무엇을 꾸며 주는가에 따라 품사를 구분할 수 있으므로 꾸밈을 받는 말의 특징을 잘 파악해야 한다.

예시 답안 ㉠ 부사, ㉡ 부사, ㉢ 관형사
기준: 용언을 꾸며 주는가, 체언을 꾸며 주는가

(2) 용언 중에서 동사와 형용사를 구분할 수 있고, 이를 문장에 적용할 수 있어야 한다.

예시 답안 칭찬합니다, 와서, 열고, 시작합니다, 들어오면, 마시면서, 들을

(3) 주로 체언 뒤에서 다른 말과의 문법적인 관계를 나타내 주거나 특별한 뜻을 더해 주는 조사를 찾을 수 있어야 한다.

예시 답안 는, 을/를, 에, 마다

1 품사의 개념과 분류 기준 | 김남미

*다음 글을 읽고 물음에 답하시오.

단어들을 의미나 기능, 형태에 따라 구분한 것을 '품사'라고 해요. 품사의 이름은 모두 한자로 되어 있어서 그 의미를 활용하면 뜻을 쉽게 확인할 수 있답니다. 국어의 품사는 모두 아홉 개입니다.

'체언, 용언, 수식언' 등으로 표시한 것은 기능에 따라 품사를 나눈 것이에요. '체언'이라는 말은 문장에서 몸의 역할을 한다는 뜻이지요. '용언'은 문장에서 서술어의 기능을 주로 한다는 기능을 보인 것이고요, '수식언'은 말 그대로 다른 품사를 수식하는 기능을 하는 것을 의미하는 것이지요. '관계언'은 품사 간의 관계를 나타내는 것, 그리고 '독립언'은 다른 품사와 관련 없이 쓰인다는 것을 나타낸 것이에요. '명사, 대명사, 수사, 감탄사' 등은 단어의 의미에 따라 나눈 것입니다. 여러분에게 아주 익숙한 것들이지요? 품사들은 이름 속에 뜻이 다 들어 있답니다. '명사'가 사물의 이름을 나타내는 것은 더 말할 필요가 없을 거예요. 이 이름을 대신해서 말하는 품사가 '대명사'이겠네요. 앞의 '대(代)'라는 한자가 '대신하다'를 의미하는 것은 다 아시지요? '수사'는 수(數)를 나타내는 품사입니다. '동사'는 동작을 나타내는 품사이며, '형용사'는 상태나 모양을 나타내는 품사겠네요.

명사의 앞에 붙어서 수식하는 품사를 '관형사'라 합니다. 여기서 '관(冠)'이라는 것이 모자를 의미하는 한자입니다. 여기서 주목하실 점! 관형사의 '형(形)'이라는 한자가 형용사의 '형'과 같다는 점입니다. 두 품사가 모두 형태나 모양을 가리키는 품사라는 뜻입니다. 두 개의 품사를 혼동하시는 분들이 많습니다. '부사'의 '부(副)'라는 한자 역시 '보좌하다'라는 의미를 가졌어요. 동사나 형용사를 보좌하는 역할을 하는 품사이지요.

'조사'의 '조(助)' 역시 보조한다는 의미의 한자예요. 문장에서 다른 품사들의 역할을 나타내는 품사이니 다른 품사의 보조라 생각하여 이름 지은 것입니다. '서술격 조사'가 낯선 분들이 계시겠네요. 국어에서는 '나는 학생이다'와 같은 문장의 맨 마지막에 붙은 '이다'를 서술격 조사라 한답니다. '학생'이라는 명사를 서술어로 만드는 기능을 했네요. 그래서 서술어의 자격을 주는 조사라 하여 서술격 조사라고 이름 지은 거예요. '감탄사'는 감탄을 나타내는 품사이므로 굳이 설명하지 않아도 되겠죠?

마지막으로 품사가 문장에 나타날 때 형태 변화가 있는지 여부에 따라 분류할 수 있습니다. '가다'와 같은 동사는 '가고, 가니, 가니까' 등으로 바뀌어 나타납니다. 이렇게 어미가 붙어서 형태 변화를 하는 것을 '활용'이라 합니다. 국어에서 활용을 하는 품사는 '동사, 형용사, 서술격 조사'입니다.

학습 목표 응용

01 이 글을 바탕으로 다음 품사와 설명을 바르게 연결하시오.

문장에서 다른 품사를 수식하는 기능을 하는 단어	㉠	ⓐ 수식언
문장에서 주로 몸의 역할을 하는 단어	㉡	ⓑ 감탄사
말하는 이의 놀람, 느낌, 부름이나 대답 등을 나타내는 단어	㉢	ⓒ 대명사
사람이나 사물, 장소 등의 이름을 대신하여 나타내는 단어	㉣	ⓓ 체언

중요

02 이 글을 읽고, 〈보기〉에 쓰인 단어를 일정한 기준에 따라 분류한 것으로 적절하지 않은 것은?

보기
나는 아무도 없을 때 노래를 부른다. 나는 노래를 잘 못 부르지만 노래를 부르는 것을 무척 좋아한다.

① 형태 변화를 기준으로 할 때 '없을', '부른다', '좋아한다'는 함께 묶일 수 있겠군.
② 사람이나 사물의 이름을 대신하는 단어는 '나', '아무', '것'이 있군.
③ 문장에서 주체가 되는 기능을 하는 단어로 '나', '아무', '때', '노래'가 함께 묶일 수 있겠군.
④ 용언을 꾸며 주는 단어로 '잘', '못', '무척'이 함께 묶일 수 있겠군.
⑤ '를'과 '을'은 체언이 일정한 자격을 갖게 해 주는 말에 해당하겠군.

03 다음 문장의 빈칸에 들어갈 수 있는 품사의 특성으로 적절한 것은?

점순이는 굵은 감자 (   ) 개를 가지고 왔다.

① 관형사의 꾸밈을 받을 수 있다.
② 문장에서 형태가 변하는 단어이다.
③ 사물의 순서를 나타내는 단어이다.
④ 체언 앞에서 체언을 꾸며 주는 단어이다.
⑤ 문장 내에서 위치의 이동이 비교적 자유로운 단어이다.

고난도 응용

01 이 글을 읽고 기능에 따라 다음 ㉠과 ㉡의 품사를 분류할 때, 그 공통된 특성으로 적절하지 않은 것은?

> 봄이면 가지는 그 한 번 ㉠덴 자리에
> 세상에서 가장 ㉡아름다운 상처를 터뜨린다.
> – 고재종, 「첫사랑」

① 문장에서 쓰임에 따라 형태가 변한다.
② 문장에서 부사어의 꾸밈을 받을 수 있다.
③ 문장에서 주로 주체를 서술하는 기능을 한다.
④ 문장에서 다른 성분의 수식 없이 쓰일 수 있다.
⑤ 문장에서 홀로 쓰이지 못하고 조사와 함께 쓰인다.

서술형

02 다음 문장에서 밑줄 친 두 단어의 품사를 분류하고, 이를 구분하는 기준을 20자 정도로 쓰시오.

> 수목원에는 온갖 나무들이 제각각 위용을 자랑하며 우뚝 서 있다.

• 품사:
• 구분 기준:

중요

03 〈보기〉에서 (1)~(4)의 설명에 해당하는 것을 찾아 쓰시오. (중복 가능함.)

〈보기〉
광화문 헌 낮다
우리 연필 것 하나
달리다 제발 이다

(1) 문장에서 주로 주체가 되는 역할을 하는 단어
( )

(2) 문장에서 주로 주체를 서술하는 역할을 하는 단어
( )

(3) 주로 체언이나 용언 앞에 놓여서 그 내용을 꾸며 주는 단어
( )

(4) 문장에서 다른 말과의 문법적인 관계를 나타내는 역할을 하는 단어
( )

소단원 한눈에 보기

갈래	설명문
제재	품사
주제	( )의 개념과 ( ) 기준
특징	• 각각의 품사의 명칭에 담긴 의미를 설명하여 개념의 이해를 돕고 있다. • 이해하기 어려운 부분은 구체적인 예를 제시하고 있다.

▶ **품사의 분류 기준**

형태	단어가 문장에서 쓰일 때 형태가 변하느냐 변하지 않느냐?
기능	단어가 문장에서 어떤 기능을 하느냐?
의미	단어가 어떤 공통된 의미를 지니느냐?

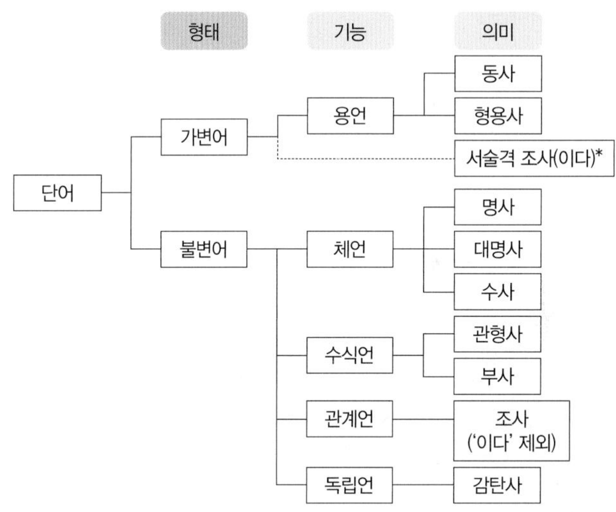

* 조사는 관계언으로 불변어에 속하는데, 서술격 조사 '이다'는 조사 중 유일하게 가변어에 속한다.

답 품사, 분류

출제 포인트

• 우리가 사용하는 단어들을 일정한 기준에 따라 구분한 것이 '품사'이다. 따라서 실제 사용하는 단어들의 특성을 중심으로 품사의 개념을 파악할 수 있어야 한다.
• 문장 안에서 단어의 특징을 파악하고 이를 토대로 품사를 구분할 수 있도록 한다.

2 품사의 종류와 특성

학습 목표 응용

중요

01 다음 단어들의 품사에 대해 탐구한 것으로 적절하지 않은 것은?

> 노래 이분 잡다 옛 하나
> 무척 즐겁다 귤 셋째 이순신

① '노래'는 사물의 이름을 나타내는 말이군.
② '이분'은 사람을 대신하여 나타내는 말이군.
③ '잡다', '즐겁다'는 문장에서 형태가 변하는 말이군.
④ '하나'는 수량을, '셋째'는 순서를 나타내는 말이군.
⑤ '무척'과 '옛'은 문장에서 주로 용언을 꾸며 주는 말이군.

02 다음과 같이 끝말잇기를 했다. ㉠~㉤ 중, 품사가 나머지와 다른 하나는?

> 발자국 – ㉠국수 – 수저 – ㉡저분 – ㉢분수 – 수도 – ㉣도깨비 – ㉤비밀

① ㉠ ② ㉡ ③ ㉢ ④ ㉣ ⑤ ㉤

03 밑줄 친 단어가 동사인 것은?

① 문법 공부는 생각보다 쉽구나.
② 산책길에 핀 꽃이 무척 예뻤다.
③ 우리 반이 줄다리기에서 이겼다.
④ 고운 말을 쓰는 친구와 친하게 지내라.
⑤ 매일 오늘처럼 즐겁게 뛰어 놀면 좋겠다.

04 〈보기〉에서 설명하는 특성을 모두 가진 품사에 속하는 단어가 포함된 문장은?

> 보기
> • 문장에서 주로 용언 앞에 놓여서 뒤에 오는 용언을 꾸며 준다.
> • 형태가 변하지 않는다.
> • 다른 부사, 관형사 등을 꾸며 주기도 한다.

① 우리는 수업이 끝나서 도서실로 갔다.
② 이 가게에서 파는 떡볶이가 제일 맛있다.
③ 비가 그쳐서 소풍을 가게 되기를 바란다.
④ 부모님과 집 근처 공원으로 산책을 갔다.
⑤ 우리 집에 들러서 우산을 가지고 가야겠어.

중요

05 밑줄 친 단어들의 공통점으로 적절한 것은?

> 이 영화는 배우들의 연기력이 뛰어나다고 소문이 났는데, 선생님께서 특히 중학생인 배우가 연기를 잘한다고 하셨다.

① 반드시 조사와 결합하여 쓰인다.
② 사람이나 사물의 성질을 나타낸다.
③ 문장 내에서 위치가 비교적 자유롭다.
④ 문장에서 부사의 꾸밈을 받을 수 있다.
⑤ 문장에서 활용을 통해 형태가 변화한다.

06 〈보기〉에서 밑줄 친 단어들이 지닌 공통된 특성으로 적절한 것만을 골라 바르게 짝지은 것은?

> 보기
> • 나는 이번 경기에서 할 수 있는 데까지 최선을 다 했다.
> • 음식을 담을 때는 먹을 만큼 담아야 한다.

> ㄱ. 문장에서 형태 변화가 없는 불변어에 해당한다.
> ㄴ. 조사와 결합하여 쓰일 수 있다.
> ㄷ. 홀로 자립하여 쓰일 수 있다.
> ㄹ. 부사어의 꾸밈을 받는다.

① ㄱ, ㄴ ② ㄱ, ㄷ ③ ㄴ, ㄷ ④ ㄴ, ㄹ ⑤ ㄷ, ㄹ

07 〈보기〉를 통해 보조사에 대해 탐구한 내용으로 적절한 것만을 골라 바르게 짝지은 것은?

> 보기
> • 혜진이는 노래를 잘 부른다.
> • 혜진이는 노래도 잘 부른다.
> • 혜진이는 노래를 잘만 부른다.

> ㄱ. 홀로 쓰일 수 없고 반드시 다른 말에 붙어 쓰인다.
> ㄴ. 주로 체언 뒤에 붙어서 그 말이 일정한 자격을 갖도록 한다.
> ㄷ. 단어와 단어, 문장과 문장을 같은 자격으로 이어 준다.
> ㄹ. 다른 말에 특별한 뜻을 더해 주는 역할을 한다.

① ㄱ, ㄴ ② ㄱ, ㄷ ③ ㄱ, ㄹ ④ ㄴ, ㄷ ⑤ ㄷ, ㄹ

고난도 응용

01 밑줄 친 단어의 품사를 바르게 제시한 것은?

① 따뜻한 햇살이 비치는 가을 오후이다. → 동사
② 여러분, 우리 내일 야구 경기를 보러 갑시다. → 감탄사
③ 세 마리 토끼가 깡충깡충 뛰어갔다. → 수사
④ 밥을 맛있게 먹으면 복이 들어온대. → 부사
⑤ 빨리 가는 것보다 착실히 가는 것이 더 중요하다. → 형용사

02 다음 중 빈칸에 조사가 결합할 수 없는 것은?

① 네 가방이 무척(　　　) 무겁구나.
② 나는 비빔밥(　　　) 만들 줄 안다.
③ 현화(　　　) 필통 속에는 연필이 많다.
④ 내가 너(　　　) 기쁜 소식을 전해 주마.
⑤ 들판에 두(　　　) 마리 기린이 우뚝 서 있다.

중요 | 서술형

03 다음 밑줄 친 ㉠과 ㉡의 품사를 구분하고, 그 차이점을 설명하시오.

> 내 운동복은 ㉠헌 옷이 되었지만 나는 그 옷을 무척 좋아한다. 왜냐하면 그 옷에는 ㉡멋진 추억이 담겨 있기 때문이다.

| 서술형

04 〈보기〉에서 틀린 부분을 찾아 바르게 고치고, 그 이유를 설명하시오.

> 보기
>
> 윤철아, 네가 전학을 가는구나. 앞으로 어디에서든 항상 건강해라.

• 틀린 부분:
• 이유:

소단원 한눈에 보기

▶ 품사의 종류와 특징

기능	의미	형태
(　　　): 문장에서 주로 주어나 목적어 등으로 쓰이는 말	명사: 사람이나 사물의 이름을 나타내는 말	형태 변화 없음.
	대명사: 사람이나 사물의 이름을 대신하는 말	
	수사: 수를 나타내는 말	
수식언: 다른 말을 꾸며 주는 기능을 하는 말	(　　　): 체언을 꾸며 주는 말	
	부사: 주로 용언을 꾸며 주는 말	
독립언: 독립하여 쓰이는 말	감탄사: 말하는 사람의 놀람, 느낌, 대답 등을 나타내는 말	
관계언: 다른 말과의 관계를 나타내는 말	조사: 다른 말과의 문법적 관계를 나타내거나 특별한 뜻을 더하는 말	
	서술격 조사: '이다'로서 활용을 함.	형태 변화 있음.
(　　　): 문장의 주어를 서술하는 기능을 가진 말	동사: 주체의 움직임을 나타내는 말	
	형용사: 사람, 사물의 성질이나 상태를 나타내는 말	

답 체언, 관형사, 용언

출제 포인트

• 기본적으로 품사가 어떤 기준으로 분류되었는지를 알고, 각각의 품사의 명칭과 특성에 대해 구체적인 단어의 사례를 적용하여 판단할 수 있어야 한다.
• 실제 문장을 통해 단어가 문장에서 어떤 의미와 기능으로 사용되고 있는지, 그에 따른 형태가 어떠한지 등을 적용하여 판단할 수 있어야 한다.

3 동사는 힘이 세다 | 김철호

*다음 글을 읽고 물음에 답하시오.

㉮ 산등성이 바위틈에서 싹을 틔운 **어린** 소나무. 그 **가느다란** 잎들 위로 빗방울이 **떨어지기** 시작한다. 바람도 선들선들 불어온다. 어느덧 하늘이 **열리고** 햇빛이 **눈부시게** 쏟아져 내린다. 계절이 바뀌고, 소나무는 흩날리는 함박눈을 온몸으로 받아 낸다.

㉯ 그리고 마침내 우람한 거목이 되어 산자락을 내려다본다……. 어린 소나무가 저 혼자였다면 시들어 죽고 말았을 것이다. 하지만 세상에는 눈과 비와 바람과 햇빛이 있어서 어린 소나무의 키를 키우고 몸집을 불려 주었다. 소나무는 눈, 비, 바람, 햇빛과 관계를 맺고 있었다. 어떤 사물이든, 다른 사물과 관계를 맺으면 변화를 맞을 수밖에 없다. 관계는 변화를 일으킨다.

㉰ '소나무', '눈', '비', '바람', '햇빛'은 명사다. 명사들이 서로 떨어져 있으면 아무런 일도 일어나지 않는다. 명사들이 서로 관계를 맺을 때 비로소 변화가 일어난다. 눈이 흩날리고 비가 내리고 바람이 불고 햇빛이 쏟아질 때, 소나무는 변하지 않을 수 없었다. 소나무는 작고, 가늘고, 여렸었다. 그랬던 것이 위풍당당한 거목이 되었다. 그래서 이제는 크고, 굵고, 단단해졌다.

㉱ '작다', '가늘다', '여리다' 같은 형용사들이 '(눈이) 흩날리다', '(바람이) 불다', '(비가) 내리다', '(햇빛이) 쏟아지다' 같은 동사들을 만나서 '크다', '굵다', '단단하다'로 변했다. 동사가 형용사에 변화를 일으킨 것이다. 동사는 움직이는 성질이 있고, 형용사는 가만히 있는 성질이 있다. 동사가 ㉠축구 선수라면 형용사는 ㉡축구공이다. 동사는 형용사보다 힘이 셀 수밖에 없다. / 동사는 명사보다도 힘이 세다. 인간은 '잠'이라는 것이 있어서 자는 것이 아니다. 인간이 자기 때문에 '잠'이 있는 것이다. 싸우는 행동이 있고 나서 '싸움'도 있다. 웃어서 '웃음'이 있고, 울어서 '울음'이 있다. 놀아야 '놀이'가 있고, 달려야 '달리기'가 있다. 동사는 명사의 어머니다.

㉲ 인간의 삶도 변화한다. 변화하지 않으면 목숨을 이어 갈 수가 없다. 변화는 곧 움직임이다. 먹고, 자고, 싸고, 걷고, 뛰고, 울고, 웃고 하는 것이 다 움직임이다. 움직임은 동사로 표현된다. 동사는 사람살이를 그대로 흉내 낸 말이다. 동사는 인간과 자연의 본질인 변화, 곧 움직임을 말로써 흉내 낸 것이다. 그래서 ㉢동사는 다른 어떤 말보다도 힘이 세다.

학습 목표 응용

01 이 글로 미루어 '동사'와 '형용사'에 대한 이해로 적절하지 않은 것은?

① 문장에서 주체의 움직임이나 작용을 서술하면 동사이다.
② 문장에서 주체의 성질이나 상태를 나타내면 형용사이다.
③ 명사에 동사가 결합한 문장 중에는 어떤 변화를 일으키는 의미를 나타내는 것도 있다.
④ 형용사는 사물의 본질을 나타내는 말이기 때문에 형태 변화를 하지 않는다.
⑤ 동사로 된 말에 '-음'이나 '-기'를 붙여서 그 동작과 관련된 명사를 만들 수 있다.

02 이 글을 참고할 때, 다음 밑줄 친 말 중 동사인 것은?

① 나는 매우 즐거운 마음으로 학교에 갔다.
② 내가 고른 책은 동물과 인간에 대한 책이다.
③ 오늘처럼 달이 밝은 날에는 네 생각이 난다.
④ 지금 우리들의 상황이 그러니 다른 방법이 없다.
⑤ 저는 성실한 자세로 학급을 위해 봉사하겠습니다.

중요

03 이 글을 읽고 다음 밑줄 친 ⓐ~ⓕ에 대해 이해한 내용으로 적절하지 않은 것은?

- 어제 ⓐ달리기를 하고 나서 무척 피곤했는데, ⓑ잠을 푹 ⓒ자고 일어나니 몸이 ⓓ가뿐하다.
- 친구가 나에게 ⓔ울음을 그치라고 하지만, 나는 너무 ⓕ웃어서 눈물이 난 거야.

① ⓐ는 '달리다'라는 동사에 명사를 만들어 주는 말인 '-기'를 붙여서 만든 명사이다.
② ⓑ는 동사인 ⓒ의 기본형에 명사를 만들어 주는 말인 '-ㅁ'을 붙여서 만든 명사이다.
③ ⓓ는 몸의 상태가 피곤했다가 변화한 것을 나타내는 말이므로 동사이다.
④ ⓔ는 '울다'라는 동사에 명사를 만들어 주는 말인 '-음'을 붙여서 만든 명사이다.
⑤ ⓕ는 주체의 동작이나 움직임을 나타내는 말이므로 동사이다.

고난도 응용

01 이 글의 ㉠과 ㉡을 바탕으로 '동사'와 '형용사'에 대해 탐구한 내용으로 적절하지 않은 것은?

① ㉠은 움직이는 특성이 있어서 '동사'에 빗대어 표현한 것이군.
② ㉡은 그 자체로 가만히 있는 특성이 있어서 '형용사'에 빗대어 표현한 것이군.
③ '흩날리다', '쏟아지다'는 이 글에서 ㉠에 대한 구체적인 예시로 볼 수 있겠군.
④ '작다', '가늘다'는 이 글에서 ㉡에 대한 구체적인 예시로 볼 수 있겠군.
⑤ ㉡은 ㉠의 뜻에 따라 명사나 동사 등 여러 가지 품사로 바뀌어 쓰일 수 있겠군.

02 이 글의 내용을 바탕으로 (가)에 제시된 단어의 품사를 이해한 내용으로 적절하지 않은 것은?

① 어린: 형용사
② 가느다란: 형용사
③ 떨어지기: 동사
④ 열리고: 동사
⑤ 눈부시게: 동사

중요 | 서술형

03 이 글에서 글쓴이가 ㉢이라고 말한 이유를 〈조건〉에 맞게 서술하시오.

◀ 조건 ▶
• '동사는 (   )을/를 가장 잘 반영하기 때문이다.'라는 문장 형태로 동사의 핵심적인 특징을 찾아 띄어쓰기를 포함하여 40자 내외로 설명할 것.

소단원 한눈에 보기

갈래	설명문
제재	동사와 명사, 형용사
주제	인간과 자연의 본질인 ( )을/를 말로 흉내 내어 어떤 말보다도 힘이 센 동사
특징	• 명사, 형용사, 동사의 특성을 어린 소나무의 성장 과정에 빗대어 설명하고 있다. • 각각의 품사에 해당하는 단어들의 사례를 들어 이해하기 쉽게 설명하고 있다.

▶ **글쓴이가 소나무의 성장 과정을 통해 드러내고자 한 '동사'의 특성**

어린 소나무	→	거목
명사 '눈', '비', '바람', '햇빛'	〈동사의 작용〉 (눈이) 흩날리다 (비가) 내리다 (바람이) 불다 (햇빛이) 쏟아지다	
형용사 '작다', '가늘다', '여리다'		형용사 '크다', '굵다', '단단하다'

'동사'의 움직이는 성질에 의해 명사들이 관계를 맺고 변화하며, 이에 따라 '소나무'의 특징을 표현하는 형용사도 변화하게 됨. 따라서 '변화'를 흉내 낸 동사가 가장 힘이 셈.

▶ **명사, 동사, 형용사의 사례와 특성**

명사	예 물, 공기, 우정 – 사람이나 사물의 이름을 나타내는 단어로 불변어임.
동사	예 웃다, 뛰다, 쏟아지다 – 사람이나 사물의 움직임이나 작용을 나타내는 단어로 가변어임.
형용사	예 작다, 가늘다, 밝다 등 – 사람이나 사물의 상태나 성질을 나타내는 단어로 가변어임.

답 변화(움직임)

출제 포인트

• '어린 소나무'가 '거목'으로 성장하는 과정과 관련하여 글쓴이가 '동사'가 가장 '힘이 세다'고 말한 이유가 무엇인지 이해하고 설명할 수 있어야 한다.
• 명사, 형용사, 동사의 사례로 제시된 단어를 통해 각 품사의 특성을 파악할 수 있어야 하고, 이와 관련된 비유적인 표현의 의미를 이해할 수 있어야 한다.

단원 평가

[01~06] 다음 글을 읽고 물음에 답하시오.

단어들을 의미나 기능, 형태에 따라 구분한 것을 '품사'라고 해요. 품사의 이름은 모두 한자로 되어 있어서 그 의미를 활용하면 뜻을 쉽게 확인할 수 있답니다. 국어의 품사는 모두 아홉 개입니다.

'체언, 용언, 수식언' 등으로 표시한 것은 기능에 따라 품사를 나눈 것이에요. '체언'이라는 말은 문장에서 몸의 역할을 한다는 뜻이지요. '용언'은 문장에서 서술어의 기능을 주로 한다는 기능을 보인 것이고요, '수식언'은 말 그대로 다른 품사를 수식하는 기능을 하는 것을 의미하는 것이지요. '관계언'은 품사 간의 관계를 나타내는 것, 그리고 '독립언'은 다른 품사와 관련 없이 쓰인다는 것을 나타낸 것이에요.

'명사, 대명사, 수사, 감탄사' 등은 단어의 의미에 따라 나눈 것입니다. 여러분에게 아주 익숙한 것들이지요? 품사들은 이름 속에 뜻이 다 들어 있답니다. '명사'가 사물의 이름을 지시한다는 것은 더 말할 필요가 없을 거예요. 이 이름을 대신해서 말하는 품사가 '대명사'이겠네요. 앞의 '대(代)'라는 한자가 '대신하다'를 의미하는 것은 다 아시지요? '수사'는 수(數)를 지시하는 품사입니다. '동사'는 동작을 나타내는 품사이며, ㉠'형용사'는 상태나 모양을 나타내는 품사겠네요.

명사의 앞에 붙어서 수식하는 품사를 ㉡'관형사'라 합니다. 여기서 '관(冠)'이라는 것이 모자를 의미하는 한자입니다. 여기서 주목하실 점! 관형사의 '형(形)'이라는 한자가 형용사의 '형'과 같다는 점입니다. 두 품사가 모두 형태나 모양을 가리키는 품사라는 뜻입니다. 두 개의 품사를 혼동하시는 분들이 많습니다. '부사'의 '부(副)'라는 한자 역시 '보좌하다'라는 의미를 가졌어요. 동사나 형용사를 보좌하는 역할을 하는 품사이지요.

'조사'의 '조(助)' 역시 보조한다는 의미의 한자예요. 문장에서 다른 품사들의 역할을 나타내는 품사이니 다른 품사의 보조라 생각하여 이름 지은 것입니다. '서술격 조사'가 낯선 분들이 계시겠네요. 국어에서는 '나는 학생이다'와 같은 문장의 맨 마지막에 붙은 '이다'를 서술격 조사라 한답니다. '학생'이라는 명사를 서술어로 만드는 기능을 했네요. 그래서 서술어의 자격을 주는 조사라 하여 서술격 조사라고 이름 지은 거예요. '감탄사'는 감탄을 나타내는 품사이므로 굳이 설명하지 않아도 되겠죠?

마지막으로 품사가 문장에 나타날 때 형태 변화가 있는지 여부에 따라 분류할 수 있습니다. '가다'와 같은 동사는 '가고, 가니, 가니까' 등으로 바뀌어 나타납니다. 이렇게 어미가 붙어서 형태 변화를 하는 것을 '활용'이라 합니다. 국어에서 활용을 하는 품사는 '동사, 형용사, 서술격 조사'입니다. 서술격 조사에만 주의를 하시면 됩니다. 동사나 형용사가 끊임없이 변화한다는 것은 이미 잘 아시는 사실이니까요.

중요

01 **이 글을 이해한 내용으로 적절하지 않은 것은?**

① '품사'란 단어를 일정한 기준에 따라 구분해 놓은 것이로군.
② 관형사와 형용사는 형태나 모양을 가리킨다는 점에서 공통적이군.
③ 문장에서 동사를 꾸미는 것은 부사, 형용사를 꾸미는 것은 관형사이겠군.
④ 기능에 따라 품사를 구분하면 체언, 용언, 수식언, 관계언, 독립언의 다섯 가지가 되는군.
⑤ 대명사는 사물의 이름을 나타내는 명사를 대신하기 때문에 명사의 앞에 '대'자를 붙인 것이로군.

[02~03] 〈보기〉를 바탕으로 2번과 3번의 물음에 답하시오.

보기
옛 지붕 쌓다 우정 너 에게 는 어머나 깡충깡충 몹시 돕다 맑다

02 **〈보기〉에 제시된 단어들의 품사를 분류한 것으로 적절하지 않은 것은?**

① 옛: 관형사　② 에게, 는: 조사
③ 지붕, 우정: 명사　④ 쌓다, 돕다, 맑다: 용언
⑤ 어머나, 깡충깡충: 독립언

03 **〈보기〉의 단어들 중 '동사나 형용사를 보좌하는 역할'을 하는 품사에 해당하는 단어들을 모두 고른 것은?**

① 옛, 몹시　② 깡충깡충, 몹시
③ 어머나, 깡충깡충　④ 옛, 어머나
⑤ 옛, 어머나, 몹시

04 다음 중 조사의 개수가 나머지와 다른 하나는?

① 빈 수레가 더 요란하다.
② 발 없는 말이 천 리 간다.
③ 말 많은 집은 장맛도 쓰다.
④ 말 한 마디로 천 냥 빚 갚는다.
⑤ 세 살 먹은 아이 말도 귀담아들으랬다.

서술형

05 다음 문장에서 ㉠과 ㉡에 해당하는 단어를 모두 찾아 문장에 쓰인 형태대로 쓰시오.

> 몸집이 큰 하마 한 마리가 입이 작은 개구리 둘과 함께 파란 들판을 걸었다.

• ㉠: ______
• ㉡: ______

서술형

06 이 글의 내용으로 미루어 다음 밑줄 친 말의 기능, 의미, 형태에 따른 품사가 무엇인지 각각 쓰시오.

> 호랑이는 "떡 하나만 주면 안 잡아먹지."라고 말했습니다.

• 기능:
• 의미:
• 형태:

07 다음과 같이 과제를 수행하였다. 적절하지 않은 것은?

> 제시된 문장에 맞게 빈칸에 적절한 형태의 용언을 써 넣으시오.
> ㄱ. 높다: 여러분! (높은) 이상을 가지세요!
> ㄴ. 길다: 우리 반에서 머리카락이 가장 (길은) 친구는 재희이다.
> ㄷ. 걷다: 나는 매일 (걸어서) 학교에 간다.
> ㄹ. 곱다: 한복을 (곱게) 차려 입은 아이가 내 사촌이다.
> ㅁ. 듣다: 우리 반은 매일 아침에 10분씩 음악을 (듣는다).

① ㄱ ② ㄴ ③ ㄷ ④ ㄹ ⑤ ㅁ

중요

08 밑줄 친 말 중, 품사가 다른 하나는?

① 이분은 우리나라에서 유명한 발명가이십니다.
② 준호야, 저기에 있는 책 좀 갖다 줄래?
③ 이 대회는 신청만 하면 누구나 참가할 수 있대.
④ 너희들 중의 한 사람만 나를 도와주면 고맙겠다.
⑤ 어제 우리들은 학교에 남아서 운동을 했다.

09 밑줄 친 말 중, 〈보기〉의 ㉠에 해당하지 않는 단어는?

> 보기
> 명사 중에는 홀로 자립하여 쓰일 수 있는 명사도 있으나 관형어의 꾸밈을 받아야만 쓰일 수 있는 명사도 있다. 이러한 명사를 ㉠'의존 명사'라고 한다.

① 아직 저녁 먹기에는 이른 시간이야.
② 이 빨간 우산은 우리 언니의 것이야.
③ 친절한 답변에 그저 감사할 따름이다.
④ 네가 이렇게 야구를 잘할 줄은 몰랐어.
⑤ 예전에 가 본 데가 어디쯤인지 모르겠네.

중요

10 다음 빈칸에 공통으로 들어갈 수 있는 품사의 특징으로 적절하지 않은 것은?

> • 너는 (　　　) 별에서 왔니?
> • (　　　) 마리 아기 돼지가 소풍을 갔다.

① 시제나 높임의 구분이 없다.
② 단어의 형태가 변하지 않는다.
③ 기능상으로 수식언에 해당하는 단어이다.
④ 체언 앞에서 그 내용을 꾸며 주는 말이다.
⑤ 특별한 뜻을 더해 주는 조사가 올 수 있다.

11 밑줄 친 말이 꾸며 주는 범위가 나머지와 다른 하나는?

① 건이는 문법 숙제를 안 했다.
② 화단에 핀 꽃이 무척 예뻐 보였다.
③ 내일은 제발 비가 안 왔으면 좋겠다.
④ 밥을 많이 먹었더니 소화가 잘 안 된다.
⑤ 상민이는 숙제를 빨리 끝내고 밖으로 나갔다.

중요 | 서술형

12 다음 밑줄 친 말의 공통적인 특징에 대한 설명으로 적절한 것은?

> • 승희: 저런, 버스 카드를 두고 왔구나.
> • 민혁: 그래, 오늘 내가 정신이 없었나 봐.

① 말하는 이의 부름에 대답하는 말에 해당한다.
② 문장에서 독립적으로 사용되는 말에 해당한다.
③ 다른 부사나 관형사, 문장 전체를 꾸미기도 한다.
④ 홀로 쓰일 수 없고 반드시 다른 말에 붙어 쓰인다.
⑤ 조사가 붙을 수 있으며 그 조사가 생략되기도 한다.

중요

13 밑줄 친 단어 중, 문장에서 하는 역할이 나머지와 다른 하나는?

① 나는 꽃집에서 가장 예쁜 꽃을 샀다.
② 오늘은 아주 멀리 있는 산까지 다 보인다.
③ 헌 책을 갖다 주면 다른 책을 고를 수 있대.
④ 먹을 수 없을 정도로 배가 부르니 그만 먹을래.
⑤ 여기 있는 인형들보다 저 인형이 더 마음에 들어.

[14~15] 다음 내용을 읽고 14번과 15번 물음에 답하시오.

명사	사람, 사물, 대상의 이름을 나타내는 단어
대명사	사람, 사물, (㉮) 등의 이름을 대신하여 나타내는 단어
(㉠)	사람이나 사물의 수량이나 순서를 나타내는 단어
동사	사람이나 사물의 움직임이나 작용 등을 나타내는 단어
(㉡)	사람이나 사물의 성질이나 상태를 나타내는 단어
관형사	체언 앞에서 그 내용을 꾸며 주는 단어
부사	주로 (㉯) 앞에서 그 내용을 꾸며 주는 단어
조사	다른 말과의 문법적인 관계를 나타내거나 특별한 뜻을 더해 주는 단어
(㉢)	감정을 넣어 말하는 이의 놀람, 느낌, 부름이나 대답 등을 나타내는 단어

| 서술형

14 ㉠~㉢에 들어갈 말을 각각 쓰시오.

| 서술형

15 다음 (1)은 ㉮, (2)는 ㉯와 관련된 예문이다. 이를 참고하여 ㉮와 ㉯에 들어갈 적절한 말을 쓰시오.

> (1) 여기가 바로 아버지의 고향이다.
> (2) 내일은 소풍을 가니까 일찍 일어나야겠다.

중요 | 서술형

16 다음 ㉠과 ㉡의 품사를 쓰고, 그렇게 구분한 이유를 〈조건〉에 맞게 서술하시오.

> 공원에 ㉠온갖 꽃들이 피어 있는 광경을 보니, 내 마음이 ㉡예쁜 꽃들처럼 고와지는 것 같다.

> **조건**
> • ㉠과 ㉡ 각각의 품사를 쓸 것.
> • ㉠과 ㉡이 의미와 기능상 어떤 차이가 있는지를 중심으로 서술할 것.

| 서술형

17 다음 (1)~(3)의 빈칸에 적절한 조사를 넣고, [조사의 종류]에서 골라 각각 그 종류를 쓰시오.

> (1) 갑돌이(　　　) 갑순이는 한 마을에 살았다.
> (2) 내가 우리 반(　　　) 제일 키가 크다.
> (3) 네가 던진 공은 멀리(　　　) 날아갔다.

> [조사의 종류]
> • 격 조사: 체언 뒤에 붙어서 그 말이 일정한 자격을 갖게 해 줌.
> • 보조사: 주로 체언 뒤에서 특별한 뜻을 더해 줌.
> • 접속 조사: 단어와 단어, 문장과 문장을 같은 자격으로 이어 줌.

[18~22] 다음 글을 읽고 물음에 답하시오.

> ㉮ 산등성이 바위틈에서 싹을 틔운 어린 소나무. 그 가느다란 잎들 위로 빗방울이 떨어지기 시작한다. 바람도 선들선들 불어온다. 어느덧 하늘이 열리고 햇빛이 눈부시게 쏟아져 내린다. 계절이 바뀌고, 소나무는 흩날리는 함박눈을 온몸으로 받아 낸다. 찬바람이 몰아친다. 때로는 느린 강물처럼, 때로는 화살처럼 시간이 흘러간다. 소나무는 쉬지 않고 키를 높이며 몸집을 불려 간다.

㉯ 그리고 마침내 우람한 거목이 되어 산자락을 내려다본다……. 어린 소나무가 저 혼자였다면 시들어 죽고 말았을 것이다. 하지만 세상에는 눈과 비와 바람과 햇빛이 있어서 어린 소나무의 키를 키우고 몸집을 불려 주었다. 소나무는 눈, 비, 바람, 햇빛과 관계를 맺고 있었다. 어떤 사물이든, 다른 사물과 관계를 맺으면 변화를 맞을 수밖에 없다. 관계는 변화를 일으킨다.

㉰ '소나무', '눈', '비', '바람', '햇빛'은 명사다. 명사들이 서로 떨어져 있으면 아무런 일도 일어나지 않는다. 명사들이 서로 관계를 맺을 때 비로소 변화가 일어난다. 눈이 흩날리고 비가 내리고 바람이 불고 햇빛이 쏟아질 때, 소나무는 변하지 않을 수 없었다. 소나무는 작고, 가늘고, 여렸었다. 그랬던 것이 위풍당당한 거목이 되었다. 그래서 이제는 크고, 굵고, 단단해졌다.

㉱ '작다', '가늘다', '여리다' 같은 형용사들이 '(눈이) 흩날리다', '(바람이) 불다', '(비가) 내리다', '(햇빛이) 쏟아지다' 같은 동사들을 만나서 '크다', '굵다', '단단하다'로 변했다. 동사가 형용사에 변화를 일으킨 것이다. 동사는 움직이는 성질이 있고, 형용사는 가만히 있는 성질이 있다. ㉠동사가 축구 선수라면 ㉡형용사는 축구공이다. ㉢동사는 형용사보다 힘이 셀 수밖에 없다. / 동사는 명사보다도 힘이 세다. 인간은 '잠'이라는 것이 있어서 자는 것이 아니다. 인간이 자기 때문에 '잠'이 있는 것이다. 싸우는 행동이 있고 나서 '싸움'도 있다. 웃어서 '웃음'이 있고, 울어서 '울음'이 있다. 놀아야 '놀이'가 있고, 달려야 '달리기'가 있다. ㉣동사는 명사의 어머니다.

㉲ '어머니'라는 말은 진짜 어머니가 아니다. 다만 진짜 어머니를 대신할 뿐이다. 말은 사물을 흉내 낸다. 말은 그림자다. 말은 현실의 모방이고 자연의 모방이다. 자연은 변화한다. 변화하지 않으면 자연이 아니다. 낮이 지나 밤이 되고, 봄 지나 여름, 가을 지나 겨울이 되는 것이 자연이다. 이런 대자연의 변화 속에서 식물이 살고 동물이 살고 인간들도 살아간다.

㉳ 인간의 삶도 변화한다. 변화하지 않으면 목숨을 이어 갈 수가 없다. 변화는 곧 움직임이다. 먹고, 자고, 싸고, 걷고, 뛰고, 울고, 웃고 하는 것이 다 움직임이다. 움직임은 동사로 표현된다. 동사는 사람살이를 그대로 흉내 낸 말이다. 동사는 인간과 자연의 본질인 변화, 곧 움직임을 말로 써 흉내 낸 것이다. 그래서 ㉤동사는 다른 어떤 말보다도 힘이 세다.

18 이 글을 읽고 해결할 수 없는 질문은?

① 명사는 어떤 특성을 지니고 있을까?
② 동사와 형용사는 어떤 차이가 있을까?
③ 동사가 형용사를 대신할 수 있는 이유는 무엇일까?
④ 인간과 자연의 변화를 흉내 낸 말은 무엇이 있을까?
⑤ 동사를 바탕으로 만들어지는 명사에는 어떤 것들이 있을까?

19 이 글을 참고하여, 다음에 제시된 단어의 품사를 문맥에 맞게 바꾸어서 ⓐ와 ⓑ에 쓰시오.

• 달리다: 아침에 하는 (ⓐ)은/는 건강에 좋다.
• 그리다: 네가 그린 이 (ⓑ)은/는 내가 예전에 본 풍경과 비슷하다.

20 다음 중 품사가 나머지와 다른 하나는?

① 슬프다 ② 추다 ③ 싸우다
④ 먹다 ⑤ 울다

중요

21 ㉠~㉤에 대한 이해로 적절하지 않은 것은?

① ㉠: 동사가 주체의 움직임을 나타낸다는 특성이 있어서 이를 빗댄 표현이군.
② ㉡: 형용사가 성질이나 상태를 나타내고 변화의 의미를 지니지 않는 특성을 빗댄 표현이군.
③ ㉢: 어떤 상태를 나타내는 형용사가 쓰이던 대상에 동사가 작용하면 다른 상태로 변화하게 되는 특성을 빗댄 표현이군.
④ ㉣: 동사가 있어야 이를 중심으로 모든 명사를 만들 수 있기 때문에 이를 빗댄 표현이군.
⑤ ㉤: 동사가 인간이나 자연의 본질인 변화한다는 의미를 담고 있는 단어이기 때문에 이를 빗댄 표현이군.

서술형

22 이 글을 바탕으로 다음 ㉮와 ㉯의 품사를 구분하고, 그렇게 구분한 이유를 서술하시오.

• 음악 소리가 너무 ㉮커서 말소리가 안 들린다.
• 너는 ㉯커서 무엇이 되고 싶니?

셋째 마당

읽기

01
예측하며 읽기

02
요약하며 읽기

03
자료 활용하며 읽기

예측하며 읽기

개념 압축 APP

1 예측하며 읽기

뜻	독자가 자신의 지식이나 경험, 글 속의 정보, 내용의 흐름을 바탕으로 이어질 내용을 미리 짐작해 보는 것으로 능동적 · 적극적 읽기 방법의 하나
필요성	• 내용 (　　　　) 및 (　　　　)에 도움이 된다. • 예측한 내용을 확인하는 과정에서 독서에 흥미를 느낄 수 있다. • 능동적이고 비판적으로 사고하며 글을 읽을 수 있다.
활용 정보	• (　　　　)와/과 경험 • 글에 나타난 다양한 정보 • 글의 (　　　　)와/과 형식
예측 항목	• 글의 구조와 결말 • 글쓴이의 주장과 논거 • 글의 목적과 글쓴이의 의도 • 글 속에 언급되지 않은 내용과 앞으로 이어질 내용
예측 방법	• 읽기 과정에 따라 – 읽기 전: 제목, 차례, 글쓴이, 겉표지, 삽화 등을 통해 글의 내용, 목적, 글쓴이의 의도 예측 – 읽는 중: 글에 나타난 정보를 통해 다음에 이어질 내용, 글의 구조나 결말, 생략된 부분 예측 – 읽은 후: 글이 독자와 사회에 미칠 영향 예측

필수 어휘 사전

● **배경지식:** 우리의 기억 속에 저장되어 있는 모든 경험과 지식의 총체

답 이해, 기억, 배경지식, 종류

확인 문제

1. 예측하며 읽기에 대한 설명으로 적절하지 않은 것은?

① 독자의 배경지식과 경험을 활용할 수 있다.
② 독자의 능동성과 적극성을 요구하는 읽기 방법이다.
③ 글에 제시된 정보를 바탕으로 생략된 부분을 파악한다.
④ 글의 종류와 형식에 따라 예측에 활용되는 정보들이 달라질 수 있다.
⑤ 읽기의 모든 과정에 사용하기보다는 주로 읽기 전에 사용하는 방법이다.

2. 글을 예측하며 읽을 때 얻을 수 있는 효과로 가장 적절한 것은?

① 중심 내용을 한눈에 파악할 수 있다.
② 글쓴이에 대한 많은 정보를 얻을 수 있다.
③ 수동적 읽기를 통해 글을 빠르게 읽을 수 있다.
④ 글쓴이의 생각을 비판할 수 있는 근거를 찾을 수 있다.
⑤ 자신의 예측을 확인하는 과정에서 글의 내용을 더 명료하게 이해할 수 있다.

답 1. ⑤ 2. ⑤

학습 목표

• 독자의 배경지식, 읽기 맥락 등을 활용하여 글의 내용을 예측한다.

학습 활동 따라잡기

1 다음 제시된 정보를 통해 글의 내용을 예측해 보자. 단, 예측의 내용을 쓸 때, 예측에 활용한 정보(근거)를 함께 써 보자.

글의 제목	군사들에게 종이옷을 보낸 인조
글쓴이	조희진: 옛사람들의 삶과 문화, 역사를 우리 옷과 의생활을 통해 살펴보는 데 관심이 많은 젊은 학자

(1) 이 글을 쓴 목적은 무엇일까?

(2) 이 글에 담길 내용은 무엇일까?

2 (1)~(3)은 다음 글을 읽는 과정에서 예측한 내용이다. 예측이 일어난 읽기의 과정과 예측에 활용한 정보를 다음 글에서 찾아 서술하시오.

고래들의 따뜻한 동료애

– 최재천(과학자)

이제 우리는 일상생활에서 장애인과 함께 사는 법을 배워야 한다. 그래서 하루 빨리 장애인의 날 같은 건 사라지게 말이다.

자연계는 언뜻 보면 늙고 병약한 개체들은 어쩔 수 없이 늘 포식자의 밥이 되고 마는 비정한 세계처럼만 보인다. 하지만 인간에 버금가는 지능을 지닌 고래들의 사회는 다르다.

(1) 고래들이 서로 힘들거나 위험한 처지에 있을 때 돕는 모습이 나올 것이다.

(2) 자연계의 모습에 대한 전문가적 지식을 바탕으로 인간에게 교훈을 주는 내용이 나올 것이다.

(3) 일반 자연계와는 다른 고래의 모습이 나올 것이다.

끌어 주기

◎ 글의 제목과 글쓴이는 읽기 전에 글의 내용이나 목적, 글쓴이의 의도를 예측할 수 있는 정보이다. 읽기 전 예측하기 활동을 통해 글을 좀 더 능동적이고 적극적으로 읽을 수 있다.

예시 답안 (1) 제목이 '군사들에게 종이옷을 보낸 인조'이니, 인조가 종이옷을 보낸 역사적 사건이나 이유를 설명할 것이다. 그러므로 글의 목적은 독자를 이해시키는 것이다.
(2) 글쓴이가 의생활에 관심이 많으니 종이옷에 담긴 옛사람들의 삶과 문화에 관한 내용일 것이다. / 제목에서 인조가 군사들에게 종이옷을 보낸다고 했으니, 종이옷은 전쟁 시기에 멀리 떨어져 지내는 군사를 위한 것일 것이다.

◎ '예측하며 읽기'는 읽기 과정에 따라 활용할 수 있는 정보와 예측 내용이 다르다. 읽기 전에는 제목이나 차례 등을 통해 글의 내용을, 읽는 중에는 글에 나타난 연결어나 구조를 통해 생략되거나 다음에 이어질 내용을, 읽은 후에는 글이 독자와 사회에 미칠 영향을 예측한다.

예시 답안 (1) 읽기 전 과정으로, '제목'으로 예측한 것이다.
(2) 읽기 전 과정으로, '글쓴이'로 예측한 것이다.
(3) 읽는 중 과정에서, '하지만 ~ 다르다.'의 문장으로 예측한 것이다.

1 군사들에게 종이옷을 보낸 인조 | 조희진

*다음 글을 읽고 물음에 답하시오.

㉮ 인조가 변방의 군사들에게 보내려 한 '종이옷'이란 우리의 상상처럼 종이를 오려 붙여 만든 옷이 아니라 '종이를 잘 활용한 옷'입니다. 즉 옷감과 옷감 사이에 종이를 넣어 만든 옷을 말하는 겁니다. ㉠그런데 왜 옷감 사이에 종이를 넣느냐구요?

목화를 키우기 어려운 변방에서 군사들이 따뜻하게 겨울을 날 수 있을 만큼 많은 솜을 구하는 게 결코 쉬운 일이 아니었습니다. 변방이 아닐지라도 조선의 생산 환경 속에서 솜은 늘 부족하기 마련이었지요. 그런 상황에서 솜을 대신하고, 솜과 함께 썼을 때 그 효과를 최대로 높일 수 있는 재료가 바로 종이였습니다.

㉯ 종이옷을 만드는 방법은 아주 간단합니다. 옷감과 옷감 사이에 종이를 넣어 꿰매면 끝이지요. ㉡비록 두툼한 솜만큼 따뜻하지 않을지라도 옷감 사이에 종이를 넣어 꿰매 입으면, 옷감만으로 옷을 지었을 때보다 찬바람을 막는 효과가 한층 커집니다.

㉰ 예전에 솜만큼이나 귀한 것이 종이였습니다. ㉢그도 그럴 것이 종이를 만드는 과정에서 많은 정성과 노고가 필요했으니까요. 종이를 만들기 위해서는 우선 닥나무를 베어 커다란 솥에 넣고 쪄서 겉껍질을 모두 벗겨 내야 했습니다. 그리고 고운 속껍질을 모아 잿물에 삶아서 한참 동안 불렸다가 맷돌로 곱게 갈거나 방망이로 두들겨 닥나무의 섬유를 잘게 찧었지요. 이것을 풀과 섞어 한 장, 한 장 대발로 종이를 떴습니다. 끝이냐고요? 천만에요!

㉱ ㉣그 때문에 나라일에 필요한 문서나 책을 만들 때를 제외하고는 새 종이를 마음껏 쓸 수가 없었습니다. 한 번 사용한 종이라도 잘 모아 두었다가 재활용하는 것은 습관처럼 당연한 일이었지요. 군사들에게 보낸 종이도 그런 재활용품인 '낙폭지'였습니다. 낙폭지란 과거 시험에 낙방한 사람의 답안지를 말합니다. 종이가 워낙 귀했던 때라 선비들의 답안지까지 분리수거해서 알뜰하게 사용한 것이지요. 먹물로 쓴 글자 때문에 다소 지저분해 보이긴 해도 종이의 성질은 그대로라서 옷감 안쪽에 넣는 데에는 아무런 문제가 없었습니다.

㉲ 그러니 낙폭지로 만든 종이옷은 변방을 지키는 군사들에 대한 ⓐ왕의 마음을 담은 선물이자, ㉤절박한 환경 속에서 추위를 이겨 내기 위해 수없이 고민한 결과로 탄생한 지혜의 산물인 셈입니다.

학습 목표 응용

중요

01 이 글을 예측하며 읽는 방법으로 적절하지 않은 것은?

① 글의 내용과 관련된 배경지식을 떠올려 봐.
② 글의 제목을 보고 어떤 내용일지 짐작해 봐.
③ 글 속에 제시된 정보들을 중요도에 따라 정리해 봐.
④ 글쓴이의 직업과 관심사를 참고하여 글을 쓴 의도를 추측해 봐.
⑤ 글 속에 나와 있는 다양한 요소들을 참고하여 이어질 내용을 생각해 봐.

02 〈보기〉에 제시된 배경지식을 활용하여 내용을 예측할 수 있는 문단으로 적절한 것은?

보기
목화는 주로 열대, 온대 지방에 분포하는데 솜의 주된 원료이다. 솜은 섬유 안에 공기를 함유할 수 있어 보온성이 뛰어나다.

① (가) ② (나) ③ (다) ④ (라) ⑤ (마)

03 ㉠~㉤을 통해 예측한 내용으로 적절하지 않은 것은?

① ㉠: 옷감 사이에 종이를 넣는 이유가 나오겠군.
② ㉡: 종이는 솜과 똑같이 따뜻하면서 더 가볍겠군.
③ ㉢: 종이를 만드는 과정이 매우 여러 단계이겠군.
④ ㉣: 옷을 만들 때에는 새 종이를 쓸 수 없었겠군.
⑤ ㉤: 종이옷이 추위를 막아 내는 효과가 있었겠군.

04 이 글을 통해 독자에게 새롭게 형성된 배경지식으로 적절하지 않은 것은?

① 조선 시대 종이의 주된 재료는 닥나무이다.
② 낙폭지는 과거 시험에 낙방한 사람의 답안지이다.
③ 조선 시대 종이옷은 옷감 사이에 종이를 넣어 만든 옷이다.
④ 조선 시대에는 종이가 흔해 옷을 지을 때에도 활용하였다.
⑤ 변방을 지키는 군사들에게 왕은 낙폭지로 만든 종이옷을 보냈다.

고난도 응용

01 이 글을 예측하며 읽을 때, 활용할 수 있는 배경지식으로 적절하지 않은 것은?

① 조선 시대 과거 시험 과목
② 목화가 자랄 수 있는 환경
③ 인조 때 일어난 외세의 침입
④ 평소 종이를 재활용하는 방법
⑤ 옷의 방한 효과를 높이는 방법

02 독자가 예측한 내용과 글의 내용 간의 일치 여부를 표시한 것으로 적절하지 않은 것은?

	예측한 내용	일치
①	종이옷은 종이를 오려 붙여 만든 옷이다.	×
②	종이는 솜과 함께 썼을 때, 따뜻하게 하는 효과가 있다.	○
③	많은 정성으로 만들어진 종이는 솜이나 옷감보다 귀하고 비쌌다.	○
④	낙폭지는 재활용한 종이이기 때문에 지저분해 보일 것이다.	○
⑤	군사들은 솜옷이 아닌 종이옷을 보낸 왕에게 반감을 가졌을 것이다.	×

03 이 글을 읽기 전 예측한 〈보기〉의 내용을 확인할 수 있는 문단으로 적절한 것은?

〈보기〉
제목이 '군사들에게 종이옷을 보낸 인조'인 것을 보니, 글의 내용에 인조가 종이옷을 보낸 의미가 나올 거야.

① (가) ② (나) ③ (다) ④ (라) ⑤ (마)

서술형

04 〈보기〉를 참고하여 ⓐ의 구체적 의미를 두 가지 서술하시오.

〈보기〉
인조는 외세의 침입으로 백성들과 함께 고난과 역경을 이겨 낸 왕이다. 특히 변방에서의 추위와 굶주림에 고달파하는 군사들을 백성의 부모 된 처지로 매우 측은하게 여겼다.

소단원 한눈에 보기

갈래	설명문
제재	종이옷
성격	사실적, 객관적
주제	( )에 담긴 왕의 마음과 삶의 지혜
특징	• 역사적 일화를 통해 독자가 글의 내용을 ( ) 할 수 있도록 함. • 독자에게 질문하면서 적극적인 읽기를 유도함.

▶ 읽기 과정에 따라 예측하며 읽기

읽기 과정	활용 정보	예측 내용
읽기 전	제목	인조가 종이옷을 보낸 이유가 나오겠구나. / 군사들에게 종이옷이 필요했겠구나.
	글쓴이	옷을 통해 알 수 있는 삶의 모습이 나오겠구나.
읽는 중	편집	편집 모양이 다른 걸 보니, 역사적 자료를 인용했겠구나.
	질문	'왜 옷감 사이에~넣느냐구요?'를 보니 이유가 나오겠구나.
	연결어	'뿐만 아니라 ~'를 보니 앞에서 언급한 내용에 추가하는 내용이 나오겠구나.
읽은 후		이 글을 통해 조선 시대의 의복 문화와 삶을 더 잘 이해할 수 있겠구나.

답 종이옷, 예측

출제 포인트

• '예측하며 읽기'는 독자가 글을 능동적이고 적극적으로 읽으면서 글의 내용을 이해할 수 있다는 점에서 필요하다.
• 읽기 과정에서 '예측하며 읽기'에 활용할 수 있는 정보(제목, 글쓴이, 배경지식, 글의 구조 등)들을 바탕으로 글의 내용을 이해하고 있음을 확인하는 문제들이 자주 출제된다.

2 고래들의 따뜻한 동료애

| 최재천

*다음 글을 읽고 물음에 답하시오.

(가) ㉠당시 나는 외국에서의 긴 연구 생활을 마치고 귀국한 지 얼마 되지 않았을 때였고 외국에 비해 장애인들이 별로 눈에 띄지 않아 의아하게 생각하던 참이었다. 하지만 우리나라가 외국보다 장애인이 적어서가 아니라 그들이 길에 나서기 너무 불편하게 되어 있기 때문이라는 걸 나는 그날 비로소 깨닫게 되었다.

(나) 해마다 우리는 장애인의 날이면 행사를 하며 법석을 떤다. 정작 그들에게 따뜻한 눈길 한번 주지 않으면서, 길 한번 제대로 비켜 주지 않으면서 말이다. 그날만 장애인을 걱정하는 것처럼 가장하고 그동안 그러지 못했던 것을 속죄하는 척하기만 하면 되는 것처럼 하루를 보낸다. 이제 우리는 일상생활에서 장애인과 함께 사는 법을 배워야 한다. ㉡그래서 하루빨리 장애인의 날 같은 건 사라지게 말이다.

(다) 자연계는 언뜻 보면 늙고 병약한 개체들은 어쩔 수 없이 늘 포식자의 밥이 되고 마는 비정한 세계처럼만 보인다. ㉢하지만 인간에 버금가는 지능을 지닌 고래들의 사회는 다르다. 거동이 불편한 동료를 결코 나 몰라라 하지 않는다. 다친 동료를 여러 고래들이 둘러싸고 거의 들어 나르듯 하는 모습이 고래 학자들의 눈에 여러 번 관찰되었다. 그물에 걸린 동료를 구출하기 위해 그물을 물어뜯는가 하면 다친 동료와 고래잡이배 사이에 과감히 뛰어들어 사냥을 방해하기도 한다.

(라) 고래는 비록 물속에 살지만 엄연히 허파로 숨을 쉬는 젖먹이 동물이다. 그래서 부상을 당해 움직일 수 없게 되면 무엇보다도 물 위로 올라와 숨을 쉴 수 없게 되므로 쉽사리 목숨을 잃는다. ㉣그런 친구를 혼자 등에 업고 그가 충분히 기력을 되찾을 때까지 떠받치고 있는 고래의 모습을 보면 저절로 머리가 숙여진다. 고래들은 또 많은 경우 직접적으로 육체적인 도움을 주지 않더라도 무언가로 괴로워하는 친구 곁에 그냥 오랫동안 있어 주기도 한다.

(마) 우리 사회의 장애인들에게도 휠체어를 직접 밀어 줄 사람들보다 그들이 스스로 밀고 갈 수 있도록 길을 비켜 주고 따뜻하게 함께 있어 줄 사람들이 필요한 것인지도 모른다. ㉤그들이 당당하게 삶을 꾸릴 수 있도록 여건을 마련해 준 후 그저 다른 이들을 대하듯 똑같이만 대해 주면 될 것이다.

학습 목표 응용

01 〈보기〉와 같은 방법으로 이 글을 읽었을 때, 활용한 읽기의 방법으로 적절한 것은?

> **보기**
> 제목에서 고래들의 동료애를 따뜻하다고 표현한 것으로 보아, 글쓴이는 고래들의 모습을 긍정적으로 보고 있어. 따라서 그들의 모습을 통해 얻을 수 있는 교훈을 제시할 거야.

① 분석하며 읽기 ② 비판하며 읽기 ③ 예측하며 읽기
④ 요약하며 읽기 ⑤ 재구성하며 읽기

중요

02 이 글을 예측하며 읽는 방법으로 적절하지 않은 것은?

① 장애인의 날 행사에 참여했던 경험을 떠올리며 장애인의 날에 대한 글쓴이의 평가를 예상해 봐야지.
② 고래의 따뜻한 동료애에 관한 내용의 과학 다큐멘터리를 본 기억을 떠올리며 글쓴이가 고래 이야기를 꺼낸 이유를 짐작해 봐야지.
③ 예전에 읽었던 우리나라와 외국의 장애인 수에 대한 통계 자료를 떠올리며 외국에 비해 장애인이 눈에 띄지 않는 이유를 추측해 봐야지.
④ 고래와 같이 물속에 살지만 허파로 숨을 쉬는 다른 젖먹이 동물들을 찾아보면서 글쓴이가 제시한 근거가 과학적으로 타당한지 평가해 봐야지.
⑤ 장애인들이 당당하게 자신의 삶을 꾸릴 수 있기 위해 필요한 여건이 마련되지 않는 현실을 떠올리며 이 글이 독자에게 미칠 영향을 생각해 봐야지.

03 ㉠~㉤에 대한 설명으로 적절하지 않은 것은?

① ㉠: 글쓴이가 쓴 다른 글을 읽을 때 글쓴이와 관련한 배경지식으로 활용할 수 있다.
② ㉡: 일상생활에서 장애인을 배려한다면 굳이 장애인의 날을 만들 필요가 없을 것이라는 의미이다.
③ ㉢: 고래 사회의 모습이 우리가 생각하는 자연계의 모습과 다름을 알 수 있다.
④ ㉣: 다친 친구가 숨을 쉴 수 있도록 도와주는 것이다.
⑤ ㉤: 장애인에 대한 사회 제도적 지원만 확보되면 개개인의 노력은 필요하지 않다는 의미이다.

고난도 응용

01 **〈보기〉의 배경지식을 활용하여, 글쓴이의 의도를 예측한 것으로 적절한 것은?**

> 보기
>
> 글쓴이는 우리 사회의 장애인 처우 방식에 대한 문제의식을 바탕으로 '고래들의 따뜻한 동료애'라는 제목의 글을 썼다.

① 장애인에 대한 금전적 지원이 필요하다.
② 장애인에 대한 따뜻한 배려의 자세를 갖자.
③ 장애인끼리 서로 동료애를 갖고 하나로 뭉치자.
④ 장애인 복지 개선을 위한 정책 마련이 시급하다.
⑤ 장애인의 날에 대한 시민들의 적극적인 관심을 촉구하자.

02 **〈보기〉의 배경지식을 적용하여, 이 글을 예측하며 읽은 결과로 적절한 것은?**

> 보기
>
> 글은 다양한 구성 방식으로 전개된다. 시간의 순서나 공간의 이동에 따라 구성되기도 하고, 원인과 결과, 문제와 해결의 방식에 따라 구성되기도 한다.

① (가)를 보니, '나'의 외국에서의 경험이 시간의 순서에 따라 전개되겠군.
② (나)를 보니, 제시한 문제에 대한 구체적 해결 방안을 제안하겠군.
③ (다)를 보니, 시간에 따라 변화하는 고래들의 사회가 제시되겠군.
④ (라)를 보니, 공간의 이동에 따른 고래의 특징이 이어지겠군.
⑤ (마)를 보니, 장애인의 처우 방식 문제를 유발한 원인이 나오겠군.

서술형

03 **〈보기〉는 이 글을 예측하며 읽은 결과이다. 읽기 과정에 따라 결과들을 분류하고, 각각에 맞는 읽기 과정을 쓰시오.**

> 보기
>
> ㉠ 제목을 보니, 따뜻한 동료애를 보이는 고래들의 모습이 나오겠군.
> ㉡ 고래의 모습에 머리가 숙여진다고 한 이유는 고래를 긍정적으로 보고 있기 때문이구나.
> ㉢ 독자는 글을 읽고 장애인을 대하는 자신의 태도를 돌아보겠구나.

소단원 한눈에 보기

갈래	논설문
제재	(　　　)들의 따뜻한 동료애
성격	설득적, 교훈적
주제	장애인에 대한 따뜻한 (　　　)의 자세를 갖자.
특징	• 자신의 경험으로부터 우리 사회의 문제를 제기함. • 고래들의 따뜻한 동료애를 통해 제기한 문제의 해결 방안을 주장함.

▶ **문제 제기와 해결 방향**

문제 제기		
자신의 경험		문제
길에서 난처함에 빠진 장애인을 도움.	➡	일상생활에서 장애인에 대한 배려가 없으면서 장애인의 날에만 걱정하는 척함.

⬇

해결 방안		
고래의 모습		주장
• 다친 동료를 둘러싸고 들어 나름. • 그물에 걸린 동료를 위해 그물을 물어뜯음. • 다친 동료와 고래잡이배 사이에 뛰어들어 사냥을 방해함. • 부상을 당한 친구가 기력을 찾을 때까지 떠받치고 있음. • 괴로워하는 친구 곁에 머무름.	➡	• 일상생활에서 장애인과 함께 사는 법을 배워야 한다. • 장애인이 스스로 삶을 꾸릴 수 있도록 여건을 마련해 주어야 한다.

답 고래, 배려

출제 포인트

• '예측하며 읽기'에서는 다양한 정보들을 활용할 수 있다. 글의 제목이나 글쓴이, 글의 구조와 읽기 과정 등 정보에 따라 예측할 수 있는 글의 내용들이 많이 출제된다.

단원 평가

[01~06] 다음 글을 읽고 물음에 답하시오.

㉮ 아침이 되자, 인조는 곧 도승지를 불러오라 명했습니다. 그리고 말했습니다.

"변방에는 두꺼운 얼음이 얼어 추위와 굶주림을 견디기 어려운데, 병사들이 춥고 의지할 곳이 없으니 두려운 마음이 생기기 쉬울 것이다. 적들의 칼날을 마주치기도 전에 고달픔이 이와 같으니 백성의 부모 된 처지에 어찌 이를 측은하게 여기지 않겠는가."

"예, 전하. 그 말씀이 타당하옵니다."

도승지가 한 손에 붓을 쥔 채 대답했습니다.

"도승지는 받아 적으라. 서쪽 변방을 지키느라 고생하는 장수와 병사들을 헤아려 등급을 나눈 다음, 비단과 명주 같은 옷감을 주어 나의 마음을 전하도록 하라. 그리고 군졸들에게도 솜옷, 개가죽으로 만든 갖옷, 종이옷을 고르게 나누어 주고 그들이 조정의 지극한 뜻을 저버리지 않도록 각별히 보살피라고 비변사와 병조, 호조에 전하라."

㉯ 목화를 키우기 어려운 변방에서 군사들이 따뜻하게 겨울을 날 수 있을 만큼 많은 솜을 구하는 게 결코 쉬운 일이 아니었습니다. 변방이 아닐지라도 조선의 생산 환경 속에서 솜은 늘 부족하기 마련이었지요. 그런 상황에서 솜을 대신하고, 솜과 함께 썼을 때 그 효과를 최대로 높일 수 있는 재료가 바로 종이였습니다.

㉰ 종이옷을 만드는 방법은 아주 간단합니다. 옷감과 옷감 사이에 종이를 넣어 꿰매면 끝이지요. 비록 두툼한 솜만큼 따뜻하지 않을지라도 옷감 사이에 종이를 넣어 꿰매 입으면, 옷감만으로 옷을 지었을 때보다 찬바람을 막는 효과가 한층 커집니다.

무엇보다도 이때 사용한 것은 닥나무로 만든 종이였기 때문에 쉽게 찢어지지 않을 뿐만 아니라 두께가 얇고 가벼워서 옷감 사이에 집어넣어도 전혀 불편함이 없었습니다. 솜을 아주 조금밖에 넣지 못할 때라도 종이와 함께 바느질하면 옷감과 종이, 솜이 서로 겹쳐져서 더욱 효과적으로 바람이 통하는 것을 막을 수 있었습니다. 그리고 이렇게 옷을 만들면 공기층이 여러 겹 생기기 때문에 두께가 얇아도 추위를 더욱 잘 막아 주는 옷이 됩니다. / 뿐만 아니라 솜과 종이, 옷감을 함께 바느질하면 종이의 거칠거칠한 표면 덕분에 마찰력이 생겨서 솜이 미끄러져 아래쪽으로 늘어지거나 떨어지는 것을 막을 수 있습니다. 종이의 이런 효능은 방한 용품이 턱없이 부족한 변방에서 군사들의 추위를 막는 데 아주 큰 도움이 되었지요.

㉱ 예전에 솜만큼이나 귀한 것이 종이였습니다. 그도 그럴 것이 종이를 만드는 과정에서 많은 정성과 노고가 필요했으니까요. 종이를 만들기 위해서는 우선 닥나무를 베어 커다란 솥에 넣고 쪄서 겉껍질을 모두 벗겨 내야 했습니다. 그리고 고운 속껍질을 모아 잿물에 삶아서 한참 동안 불렸다가 맷돌로 곱게 갈거나 방망이로 두들겨 닥나무의 섬유를 잘게 찢었지요. 이것을 풀과 섞어 한 장, 한 장 대발로 종이를 떴습니다. 끝이냐고요? 천만에요! 물기를 빼고 뜨거운 돌 위에 얹어 한 장씩 말려야 비로소 종이 한 장을 얻을 수 있었습니다. 그러니 귀하기로 따진다면 옷감 못지않은 물건이 바로 종이였지요.

㉲ 그 때문에 나랏일에 필요한 문서나 책을 만들 때를 제외하고는 새 종이를 마음껏 쓸 수가 없었습니다. 한 번 사용한 종이라도 잘 모아 두었다가 재활용하는 것은 습관처럼 당연한 일이었지요. 군사들에게 보낸 종이도 그런 재활용품인 '낙폭지'였습니다. 낙폭지란 과거 시험에 낙방한 사람의 답안지를 말합니다. 종이가 워낙 귀했던 때라 신비들의 답안지까지 분리수거해서 알뜰하게 사용한 것이지요. 먹물로 쓴 글자 때문에 다소 지저분해 보이긴 해도 종이의 성질은 그대로라서 옷감 안쪽에 넣는 데에는 아무런 문제가 없었습니다.

㉳ 이렇듯 사람들이 낙폭지를 빼돌린 것은 그 쓰임새가 무척 다양했기 때문입니다. 비록 한 번 사용한 종이지만 낙폭지는 벽이나 가구의 안쪽을 바를 때에도 요긴하게 쓰였고, 가늘고 길게 찢어서 꼬아 엮으면 바구니나 가방, 신발을 만드는 좋은 재료가 되었습니다. 종이의 성질이 치밀하고 질기기 때문에 가능한 일이었지요.

이렇게 일상생활에 쓰임이 많고 추위를 막는 데에도 탁월한 효과가 있다 보니, 낙폭지를 원하는 사람이 적지 않았고 시험을 감독한 감독관들조차도 그 욕심을 버리지 못했던 것입니다.

㉴ 조선의 역사와 정치, 일상생활을 담은 『조선왕조실록』에서, 낙폭지로 만든 종이옷에 관한 기록은 외세의 침략에 반복적으로 시달렸던 시기에 유난히 자주 등장합니다. 선조부터 광해군, 인조에 이르기까지 여러 왕들이 겨울이 되면 어김없이 낙폭지를 구해 변방으로 보내어 군사들에 대한 고마움과 미안함, 안타까운 마음을 전하곤 했습니다.

중요

01 **이 글을 예측하며 읽을 때, 활용할 수 있는 질문으로 적절하지 않은 것은?**

① 옷감 사이에 종이를 넣어 꿰맨 것을 종이옷이라 할 수 있을까?
② 사람들이 빼돌릴 만큼 다양했던 낙폭지의 쓰임새는 무엇일까?
③ 임금이 군사들에게 고마움과 미안함을 느낀 이유는 무엇일까?
④ 옷감만큼 중요한 게 종이라고 했는데, 그럼 다음에 이어질 내용은 무엇일까?
⑤ 제목에 '인조, 종이옷'이 나오는 것을 보아, 조선 시대 옷에 대한 이야기일까?

02 **이 글을 읽고 예측한 내용 중, 읽기 과정에서 확인할 수 있는 것으로 적절하지 않은 것은?**

① 변방의 군사들은 추위와 굶주림으로 고달픔을 겪었을 거야.
② 임금이 등급에 따라 옷감을 나누어 준 것으로 보아 종이옷은 군졸에게 지급됐을 거야.
③ 솜이나 옷감과 달리 거칠거칠한 표면을 가진 종이는 방한 이외의 다른 효과가 있을 거야.
④ 과거 시험에서 낙방한 사람의 답안지는 재활용했다면, 붙은 사람의 답안지는 보관했을 거야.
⑤ 낙폭지로 바구니나 가방을 만들려면 낙폭지가 질겨야 할 텐데 종이에 그런 성질이 있을 거야.

03 **〈보기〉의 배경지식 중 (가)~(다)를 예측하며 읽을 때, 활용할 수 있는 것으로 모두 묶인 것은?**

보기

㉠ 인조 때 군사들의 배치 상황
㉡ 방한 용품의 경제적 활용성
㉢ 닥나무로 만든 종이의 장점
㉣ 목화를 재배하기에 좋은 환경

① ㉠, ㉡ ② ㉡, ㉢ ③ ㉢, ㉣
④ ㉠, ㉡, ㉣ ⑤ ㉠, ㉢, ㉣

04 **이 글을 읽은 독자의 반응으로 적절한 것은?**

① 협동심을 기르기 위해 낙폭지로 옷을 만들었구나.
② 백성을 위하는 인조의 마음이 종이옷처럼 따뜻하게 느껴져.
③ 종이가 흔했던 시기에도 재활용한 것을 보니 선조들의 알뜰함을 본받아야겠어.
④ 종이를 만드는 과정에서 많은 정성과 노고가 필요하여 솜이나 옷감보다는 활용도가 떨어지겠구나.
⑤ 방한 용품의 부족이 조선 시대의 국방력 약화를 초래하여 우리나라가 외세의 침입에 끊임없이 시달렸구나.

05 **〈보기〉의 배경지식을 활용해서 읽을 수 있는 문단으로 적절한 것은?**

보기

실제로 과거 시험을 감독하는 감독관들이 낙폭지를 몰래 빼돌려 다른 데에 쓰는 일이 공공연하게 벌어졌습니다. 특히 광해군 때에는 이런 일이 여러 차례 적발되면서 시험장에 들어온 사람들의 수를 세어 감독관이나 운반하는 사람들이 낙폭지를 빼돌리지 않도록 단속하는 것이 좋겠다는 건의가 있을 정도였습니다.

① (다) ② (라) ③ (마) ④ (바) ⑤ (사)

서술형

06 **다음은 이 글을 읽기 전 제목을 보고 예측한 내용이다. 이 글을 다 읽은 후, 자신이 예측한 내용의 점검 결과를 〈조건〉에 맞게 서술하시오.**

〈읽기 전〉 이 글의 제목은 '군사들에게 종이옷을 보낸 인조'이다. 인조 때라면 군사들이 북쪽의 침입을 막기 위해 변방에 있었겠군. 그런 군사들을 위해서 종이옷을 보낸 것 같은데, 상으로 준 걸까?
〈읽은 후〉 '군사들에게 종이옷을 보낸 인조'에서 군사들은 변방에 있을 거라는 나의 생각은 맞았어. 변방의 날씨가
____
____

조건

- 변방의 날씨(기후) 상황을 쓸 것.
- 인조가 종이옷을 보낸 이유와 종이옷에 담긴 인조의 마음을 포함하여 쓸 것.

단원 평가

[07~12] 다음 글을 읽고 물음에 답하시오.

몇 년 전 일이다. 어디론가 가기 위해 바삐 걷던 중 저만치 앞에서 휠체어를 탄 장애인이 차도로 내려서는 걸 보았다. 위험할 터인데 왜 저러나 싶어 살펴보니 그의 앞에 큼직한 자동차가 인도를 꽉 메운 채 버티고 있는 게 아닌가. 어쩔 수 없는 상황에서 차도로라도 돌아가려는 그에게 차들은 한 치의 양보도 하지 않았고 심지어는 요란하게 경적을 울리는 이들도 있었다.

나는 황급히 그에게 다가가 그의 휠체어 손잡이를 잡으며 도와드리겠다고 했다. 그러나 나의 도움은 아무런 효과가 없었다. 차들은 여전히 매정하게 우리 앞을 가로지르고 있었고 세워 달라고 내가 손을 흔들 때면 더 빠른 속도로 달려오곤 했다. 그러자 그는 나에게 휠체어는 혼자서도 운전할 수 있으니 미안하지만 차도로 내려가 오는 차들을 잠시 멈춰 줄 수 있겠느냐고 부탁했다. 그러면서 자기처럼 장애인은 되지 않도록 조심하라는 당부를 잊지 않았다.

나는 곧바로 차도에 뛰어들어 달려오는 차들을 막아 세웠고, 그는 차도로 우회한 후 다시 인도로 올라가던 길을 계속 갈 수 있었다.

그는 비교적 말이 적은 사람이었다. 아니면 방금 벌어진 일을 되새기며 씁쓸해하고 있었는지도 모르겠다. 어쨌든 나는 엉거주춤 그의 곁에서 그와 보조를 맞추며 그렇게 한참을 걸었다. 어색해하는 나에게 그는 먼저 서둘러 가라고 권했다. 나는 결국 그와 몇 번의 인사를 나누고 먼저 앞서 걷기 시작했다. 그러나 자꾸 몇 걸음 걷다가 뒤를 돌아보지 않을 수 없었다. 그런 나를 향해 그는 가끔 조용히 손을 흔들어 주었다.

당시 나는 외국에서의 긴 연구 생활을 마치고 귀국한 지 얼마 되지 않았을 때였고 외국에 비해 장애인들이 별로 눈에 띄지 않아 의아하게 생각하던 참이었다. 하지만 우리나라가 외국보다 장애인이 적어서가 아니라 그들이 길에 나서기 너무 불편하게 되어 있기 때문이라는 걸 나는 그날 비로소 깨닫게 되었다. 미국에는 건물마다 장애인들이 이용하기 쉽도록 장애인 전용 통로까지 만들어 놓았다. 얼마 전에는 우리나라 출신의 장애인 학생을 위해 하버드 행정 대학원이 건물 구조까지 바꿨다는 기사가 신문에 실리기도 했다.

해마다 우리는 장애인의 날이면 행사를 하며 법석을 떤다. 정작 그들에게 따뜻한 눈길 한번 주지 않으면서, 길 한번 제대로 비켜 주지 않으면서 말이다. 그날만 장애인을 걱정하는 것처럼 가장하고 그동안 그러지 못했던 것을 속죄하는 척하기만 하면 되는 것처럼 하루를 보낸다. 이제 우리는 일상생활에서 장애인과 함께 사는 법을 배워야 한다. 그래서 하루빨리 장애인의 날 같은 건 사라지게 말이다.

자연계는 언뜻 보면 늙고 병약한 개체들은 어쩔 수 없이 늘 포식자의 밥이 되고 마는 비정한 세계처럼만 보인다. 하지만 인간에 버금가는 지능을 지닌 고래들의 사회는 다르다. 거동이 불편한 동료를 결코 나 몰라라 하지 않는다. 다친 동료를 여러 고래들이 둘러싸고 거의 들어 나르듯 하는 모습이 고래 학자들의 눈에 여러 번 관찰되었다. 그물에 걸린 동료를 구출하기 위해 그물을 물어뜯는가 하면 다친 동료와 고래잡이배 사이에 과감히 뛰어들어 사냥을 방해하기도 한다.

고래는 비록 물속에 살지만 엄연히 허파로 숨을 쉬는 젖먹이 동물이다. 그래서 부상을 당해 움직일 수 없게 되면 무엇보다도 물 위로 올라와 숨을 쉴 수 없게 되므로 쉽사리 목숨을 잃는다. 그런 친구를 혼자 등에 업고 그기 충분히 기력을 되찾을 때까지 떠받치고 있는 고래의 모습을 보면 저절로 머리가 숙여진다. 고래들은 또 많은 경우 직접적으로 육체적인 도움을 주지 않더라도 무언가로 괴로워하는 친구 곁에 그냥 오랫동안 있어 주기도 한다.

우리 사회의 장애인들에게도 휠체어를 직접 밀어 줄 사람들보다 그들이 스스로 밀고 갈 수 있도록 길을 비켜 주고 따뜻하게 함께 있어 줄 사람들이 필요한 것인지도 모른다. 그들이 당당하게 삶을 꾸릴 수 있도록 여건을 마련해 준 후 그저 다른 이들을 대하듯 똑같이만 대해 주면 될 것이다.

앞으로 좀 더 자세한 연구가 진행되어야 밝혀질 일이겠지만 남을 돕는 고래가 모두 다친 고래의 가족이거나 가까운 친척만은 아닐지도 모른다. 우리 인간이 그렇듯이 장애인 동생을 보살피는 것과 전혀 연고도 없는 장애인을 돕는 것은 근본적으로 다르다. 부상당한 고래를 등에 업고 있는 고래가 가족이나 친척으로 밝혀질 가능성은 충분히 있지만 다친 고래를 가운데 두고 보호하는 그 모든 고래들이 다 가족일 가능성은 적은 것 같다. 고래들의 사회에 우리처럼 장애인의 날이 있어 '장애 고래를 도웁시다'라는 구호를 외치며 배웠을 리 없건만 결과만 놓고 보면 고래들이 우리보다 훨씬 낫다.

07 예측하며 읽기의 효과로 적절하지 않은 것은?

① 적절한 예측으로 읽기의 방향과 목적을 설정할 수 있다.
② 예측한 것을 확인해 나가면서 글 읽기에 주의 집중할 수 있다.
③ 글 속에 포함된 정보들을 중요도 순으로 정리하여 빠르게 요약할 수 있다.
④ 예측하는 과정에서 삽화나 도표 등을 활용하면서 글에 제시된 다양한 장치들의 의미를 파악할 수 있다.
⑤ 글에 언급되지 않은 내용을 추측하고, 추측한 내용을 확인하면서 글의 내용을 명료하게 이해할 수 있다.

중요

08 예측하며 읽기에서 활용할 수 있는 장치와 이를 통해 예측할 수 있는 내용의 연결이 적절하지 않은 것은?

	장치	예측할 수 있는 내용
①	제목	글의 주제나 화제
②	접속어	뒤이어 나올 글의 내용
③	소제목	글의 중심 내용
④	삽화	글 전체의 구조
⑤	도표	도표의 제시 의도

09 이 글을 통해 알 수 있는 내용으로 적절하지 않은 것은?

① 내가 그의 휠체어 손잡이를 잡고 도운 것은 아무런 효과가 없었다.
② 외국에서는 장애인들이 건물이나 길을 다니기가 우리나라보다 쉽다.
③ 내가 그를 도와준 날, 외국에 비해 장애인들이 눈에 띄지 않는 이유를 알게 되었다.
④ 고래들은 거동이 불편하거나 무언가로 괴로워하는 친구에게 직접적이고 육체적인 도움만을 준다.
⑤ 남을 돕는 고래가 모두 다친 고래의 가족이거나 가까운 친척이 아닐 수도 있다는 점은 좀 더 자세한 연구가 진행되어야 알 수 있다.

10 이 글을 읽으면서 떠올린 고래의 모습으로 적절하지 않은 것은?

① 스스로 그물을 물어뜯어 탈출하는 모습
② 거동이 불편한 고래를 동료들이 도와주는 모습
③ 괴로워하는 친구 곁에 오랫동안 머물러 주는 모습
④ 다친 동료와 고래잡이배 사이에 과감히 뛰어드는 모습
⑤ 부상당한 친구가 숨을 쉴 수 있도록 떠받치고 있는 모습

11 이 글이 독자에게 미칠 수 있는 영향을 예측한 것으로 적절하지 않은 것은?

① 다른 동물들의 삶을 통해 인간이 본받아야 할 점이 없는지 찾아볼 것이다.
② 장애인의 날에 더욱 많은 사람들이 참여할 수 있도록 다채로운 행사를 기획할 것이다.
③ 장애인들이 당당하게 자신의 삶을 꾸릴 수 있도록 실질적인 방법들에 대해 떠올려 볼 것이다.
④ 장애인과 더불어 살아갈 수 있는 방법에 대해 좀 더 많은 관심을 가질 수 있도록 계기를 마련해 줄 것이다.
⑤ 평소 장애인 인권에 관심이 있거나 그들과 관련된 정책에 관여하는 사람들이 이 글에 관심을 보일 것이다.

서술형

12 이 글을 통해 알 수 있는 글쓴이의 의도를 예측하고, 〈조건〉에 맞게 서술하시오.

조건
- 글쓴이의 의도를 구체적으로 쓸 것.
- '~을/를 통해 문제를 제기하고, ~을/를 근거로 들어 ~을/를 주장할 것이다.'라는 형식으로 쓸 것.

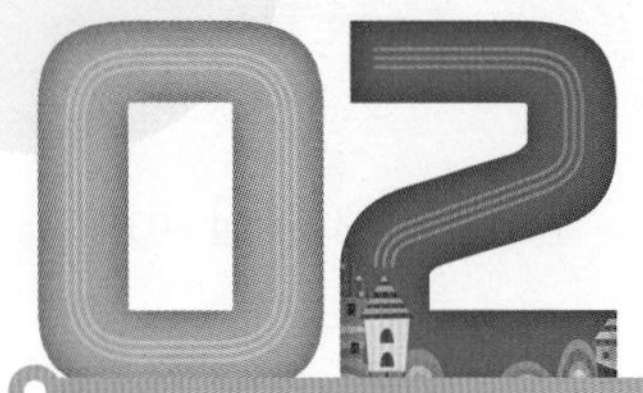

요약하며 읽기

개념 압축 APP

1 일반적인 요약의 방법

선택	글이나 문단에서 중심 내용과 뒷받침 내용을 구분하여 (　　　　)을/를 선택함.
(　　　　)	세부 내용, 반복되는 내용, 예로 든 내용 등을 삭제하여 중심 내용을 간추림.
일반화	세부 내용들만 제시된 경우, 이를 포함하는 (　　　　) 개념으로 일반화함.
재구성	중심 내용이 분명히 제시되지 않은 경우, 자신의 말로 중심 내용을 재구성함.

2 글의 종류에 따른 요약의 방법

설명하는 글	• 설명 대상과 그것에 대한 (　　　　)을/를 요약함. • 문단의 중심 내용을 파악한 후 관련된 문단끼리 묶어 글 전체 내용을 요약함.
주장하는 글	• 글쓴이의 (　　　　)와/과 그것을 뒷받침하는 근거를 요약함. • 문단의 중심 내용을 파악한 후 관련된 문단끼리 묶어 글 전체 내용을 요약함.
이야기 글	• 인물, 사건, 배경 등 이야기의 핵심 요소를 중심으로 요약함. • (　　　　)을/를 파악한 후 사건과 사건을 자연스럽게 연결하여 줄거리를 요약함.

3 읽기 목적과 글의 특성에 따른 요약의 방법

읽기 목적	정보 습득, 학습 또는 연구, 감동과 즐거움 느끼기 등 읽기 목적을 고려하여 목적 달성을 위해 필요한 내용을 중심으로 요약함.
글의 특성	글의 종류, 글의 구조, 글에 쓰인 내용 전개 방식 등을 고려하여 (　　　　)을/를 효과적으로 파악하여 요약함.

필수 어휘 사전

- **요약:** 글의 주요 내용을 간추려 정리하는 것으로, 글의 핵심 내용을 중심으로 분량을 짧게 줄이는 것을 말함.
- **일반화:** 개별적이거나 특수한 것들에서 일반적인 특징을 이끌어 내는 것으로, 요약하기에서는 세부 내용들을 그것을 포함하는 상위 개념으로 표현하는 것을 말함.
- **재구성:** 한 번 구성하였던 것을 다시 새롭게 구성하는 것으로, 요약하기에서는 제시된 내용들을 바탕으로 하여 중심 내용을 새로 만들어 내는 것을 말함.

답 중심 내용, 삭제, 상위, 주요 정보, 주장, 중심 사건, 핵심 내용

확인 문제

1. 글의 내용을 요약하는 방법으로 적절하지 않은 것은?

① 중심 내용을 간추려 간결하게 재구성한다.
② 중복되는 내용이나 세부 내용은 삭제한다.
③ 추상적인 내용을 이해하기 쉽게 구체화한다.
④ 문단의 핵심 내용을 담고 있는 중심 문장을 선택한다.
⑤ 세부 내용들은 그것을 모두 포함하는 상위 개념으로 일반화한다.

2. 글의 내용을 요약할 때 고려할 점으로 적절하지 않은 것은?

① 읽기 목적
② 글의 종류
③ 글의 구조
④ 글의 문체
⑤ 내용 전개 방식

3. 다음과 같은 글을 요약하는 방법을 한 문장으로 쓰시오.

> 주장하는 글은 사회 문제에 대해 자신의 생각이나 주장을 타당한 근거를 들어 논리적으로 펼쳐 나가는 글이다.

답 1. ③ 2. ④ 3. 주장과 근거를 중심으로 요약한다.

학습 목표

- 읽기 목적을 고려하여 글의 내용을 요약할 수 있다.
- 글의 특성을 고려하여 글의 내용을 요약할 수 있다.

학습 활동 따라잡기

1 다음은 '주몽 신화'의 일부분이다. 요약하기의 다양한 방법을 사용하여 다음 내용을 요약해 보자.

사람의 몸으로 알을 낳은 유화를 보자 금와왕은 그녀를 궁궐로 데리고 온 것을 후회했다. 그렇다고 이제 와서 다시 내쫓아 버릴 수도 없는 노릇이었다. ㉠금와왕은 왠지 꺼림칙하여 알을 개와 돼지에게 던져 주라고 명령했다. 그런데 어느 동물도 이 알을 먹지 않았다. 이번에는 알을 다시 길가에 내다 버렸다. 하지만 이번에도 길을 지나는 소나 말들이 하나같이 그 알을 피해 다니는 것이었다. 금와왕은 더욱 이상한 생각이 들어 알을 새와 짐승들이 먹도록 거친 들판에다 버렸다. 그러자 새들이 알에 다가와 오히려 깃털로 덮어 주기까지 하는 것이었다. 왕은 이 알을 그냥 두어서는 안 된다고 생각하고는 깨뜨려 버리려고 했지만 너무 단단해 도저히 깨지지 않았다. 이러지도 저러지도 못한 금와왕은 결국 알을 유화에게 되돌려 주었다.

(1) ㉠을 재구성의 방법을 사용하여 한 문장으로 요약해 보자.

(2) 이 글에 나타난 중심 사건 두 가지를 정리해 보자.

(3) (1)과 (2)의 활동을 바탕으로 이 글을 한 문장으로 요약해 보자.

2 다음은 '남극과 북극 어떤 점에서 다를까'의 일부분이다. 글의 특성을 고려하여 다음 내용을 요약해 보자.

남극과 북극 가운데 어디가 더 추울까? 남극이 훨씬 춥다. 북극은 주변에 있는 바다와 저위도에서 흘러 들어오는 따뜻한 해류의 영향을 받는다. 얼음덩어리에 비해 상대적으로 온도가 높은 바다에서 상승하는 따뜻한 공기의 흐름으로 겨울에는 최저 영하 30~40℃까지 내려가지만, 여름에는 영상 10℃ 정도로 비교적 따뜻한 편이다. 한편, 남극은 가열과 냉각이 쉽게 이루어지는 지각이 아래쪽에 있기 때문에 한겨울에 해당하는 8월 말 무렵이면 내륙의 고원 지대에서는 기온이 영하 70℃ 가까이 내려간다고 한다. 역사상 최저 기온은 영하 89℃였다.

(1) 이 글은 무엇에 대해 설명하고 있는가?

(2) 이 글은 어떤 방법을 사용하여 내용을 전개하고 있는가?

(3) (1)과 (2)를 고려하여 이 글을 한 문장으로 요약해 보자.

끌어 주기

◎ 이야기 글의 중심 사건을 다양한 방법을 사용하여 요약해 본다.

(1) ㉠에 나열된 금와왕의 행위와 그 결과를 포괄할 수 있는 말을 생각해 한 문장으로 재구성해 본다.

예시 답안 금와왕은 알을 없애 버리려고 했지만 실패했다.

(2) 금와왕이 유화가 낳은 알을 가지고 어떤 행동을 했는지 두 가지를 찾아본다.

예시 답안 금와왕이 알을 없애고자 했으나 실패함, 금와왕이 알을 유화에게 되돌려 줌.

(3) 이 글의 중심 사건을 자연스럽게 연결하여 한 문장으로 요약해 본다.

예시 답안 금와왕은 알을 없애 버리려고 했지만 실패하여 유화에게 알을 되돌려 주었다.

◎ 글의 목적, 내용 전개 방식 등 글의 특성을 고려하여 설명하는 글을 요약해 본다.

(1) 설명문을 요약할 때에는 설명 대상과 그것에 대한 주요 정보가 무엇인지 파악한다.

예시 답안 남극과 북극의 기후 조건

(2) 다양한 내용 전개 방식 – 정의, 분류, 분석, 비교·대조, 예시, 인과 등 – 중에서 이 글에는 무엇이 쓰였는지 파악한다.

예시 답안 남극과 북극의 기후 조건을 비교·대조하고, 각각의 원인과 결과를 인과의 방법으로 서술하였다.

(3) 중심 내용과 내용 전개 방식이 드러나게 요약한다.

예시 답안 북극은 따뜻한 해류의 영향을 받지만, 남극은 가열과 냉각이 쉽게 이루어지는 지각이 아래쪽에 있기 때문에 남극이 북극보다 훨씬 춥다.

1 주몽 신화 - 열두 살 나이에 고구려를 세우다 | 일연

*다음 글을 읽고 물음에 답하시오.

(가) 유화는 알을 돌려받자, 천으로 부드럽게 감싸 따뜻한 곳에 두었다. 그러자 ㉠얼마 되지 않아 한 어린아이가 스스로 껍질을 깨고 나왔는데, 아이의 모습이 남달랐다.

무척 영리한 그 아이는 일곱 살이 되었을 때부터 빼어난 용모와 함께 뛰어난 재주를 보이기 시작했다. ㉡아이는 제 스스로 활과 화살을 만들어 쏘곤 했는데, 백 번 쏘면 백 번을 다 맞추었다. 이 당시 동부여에서는 활을 잘 쏘는 사람을 주몽이라 부르는 풍속이 있어서 금와왕을 비롯한 주변 사람들이 모두 그를 주몽이라고 불렀다.

(나) 주몽은 말을 알아보고 기르는 재주도 갖고 있었는데 자신이 기르는 말 가운데 힘이 좋고 날쌘 말에게는 먹이를 조금씩 주어 비쩍 마르게 만들었고, 반대로 늙고 병든 말은 잘 먹여 살을 찌워 겉으로 보기엔 힘차고 보기 좋은 말로 변신시켰다. 그러자 금와왕은 보기 좋게 살찐 말은 자기가 탔고, 겉으로는 비쩍 말랐지만 사실은 날쌘 말을 주몽에게 주었다. 사실 ㉢주몽은 자신에게 닥쳐올 앞날을 내다보고 이렇게 행동한 것이었다.

(다) 그 무렵 대소는 다른 동생들과 신하들을 꾀어 어떻게든 자신에게 위협이 될 수 있는 주몽을 해치려고 이런저런 음모를 꾸몄다. 〈중략〉

"태자 대소를 비롯해 많은 사람들이 너를 해치려고 하지만, 네가 영특하니 어디를 간들 살지 못하겠느냐? 빨리 이곳을 떠나 목숨을 보존하도록 하여라." / 어머니의 말을 들은 ㉣주몽은 평소에 자신을 따르던 오이를 비롯한 세 명의 부하들을 데리고 몰래 부여를 떠나기로 했다.

(라) 주몽은 부하들과 대소의 추격을 피해 말을 달려 엄수라는 강가에 이르렀다. 그런데 엄수는 넓은 강이었고 더구나 물살도 거칠어 더 이상 달아날 수가 없었다. 그때 주몽은 강물을 향해 큰 소리로 외쳤다.

"㉤나는 해모수의 아들이자 물의 신 하백의 외손자다. 지금 나를 죽이려는 자들을 피해 달아나는데 뒤쫓는 자들이 코앞까지 따라오고 있으니 내가 어떻게 하면 좋겠는가?"

주몽의 말이 끝나자마자 신기한 일이 벌어졌다. 갑자기 강물 위로 수많은 물고기와 자라가 떠올라 다리를 만들어 주는 것이었다. 그리고 주몽 일행이 무사히 강을 건너자마자 남김없이 물속으로 사라져 버렸다. 주몽을 뒤쫓던 대소의 군사들은 발만 동동 구르면서 그 광경을 바라만 볼 뿐이었다.

(마) 이렇게 하여 어렵게 목숨을 건진 주몽은 졸본주에 도착해 자신이 장차 다스릴 나라의 도읍으로 정했다. 그리고 일단 비류수 강가에 초가를 짓고 임시로 궁궐로 삼았으며, 나라 이름을 고구려라 짓고 고(高)를 자신의 성씨로 삼았다. 이때, 주몽의 나이 겨우 12세였다.

학습 목표 응용

01 이와 같은 글을 요약하는 방법으로 적절한 것은?

① 중심 사건을 추려 내어 사건과 사건을 자연스럽게 연결한다.
② 글쓴이의 경험과 느낀 점을 중심으로 전체 내용을 정리한다.
③ 글에 쓰인 다양한 표현 방식을 중심으로 핵심 내용을 간추린다.
④ 단어의 함축적 의미를 파악하여 작가가 말하고자 하는 바를 요약한다.
⑤ 글쓴이의 의견을 뒷받침하는 핵심 근거를 찾아 짜임새 있게 요약한다.

02 이 글의 내용과 일치하지 않는 것은?

① 주몽은 스스로 알을 깨고 태어났다.
② 주몽은 활을 잘 쏘고 말을 알아보는 재주가 있다.
③ 주몽은 선견지명이 있고 뛰어난 지략을 갖추고 있다.
④ 주몽은 대소가 부여를 떠나라고 위협하자 길을 떠났다.
⑤ 주몽은 집을 떠난 후 위기를 극복하고 졸본주에 나라를 세운다.

03 (라)를 요약한 내용으로 가장 적절한 것은?

① 주몽은 강을 건널 수 없게 되자 도움을 구했다.
② 대소는 주몽 일행이 강을 건너자 안타까워하였다.
③ 주몽은 부하들과 함께 대소의 추격을 피하다가 위기에 처했다.
④ 주몽은 엄수라는 강을 건너기 위해 대소와 싸움을 벌여 승리로 이끌었다.
⑤ 주몽은 대소의 추격을 피해 물고기들과 자라들의 도움으로 무사히 강을 건넜다.

04 ㉠~㉤ 중, 〈보기〉와 같은 목적으로 이 글을 요약할 때 들어갈 내용이 아닌 것은?

보기
우리 모둠이 신화에 대해 조사한 내용을 발표하는데, 나는 신화의 주인공이 지닌 특징에 대해 알아봐야 해.

① ㉠ ② ㉡ ③ ㉢ ④ ㉣ ⑤ ㉤

고난도 응용

01 〈보기〉는 이 글을 요약하기 위해 메모한 내용이다. ⓐ~ⓔ 중, 적절한 것은?

〈보기〉
- 주요 인물: ⓐ주몽, 오이, 물고기, 자라
- 주요 사건
  - ⓑ알에서 태어난 주몽이 비범한 능력을 보임.
  - ⓒ주몽이 어머니인 유화와 함께 집을 떠남.
  - ⓓ주몽이 금와왕의 도움으로 나라를 세움.
- 배경: ⓔ고구려 시대

① ⓐ ② ⓑ ③ ⓒ ④ ⓓ ⑤ ⓔ

중요

02 다음과 같은 목적에 맞게 이 글을 요약한 내용으로 가장 적절한 것은?

> 이야기에 나타난 인물의 갈등 전개 및 해결 과정에 대해 발표하기

① 주몽의 비범한 능력 때문에 대소는 주몽을 해치려고 하지만 주몽은 집을 떠나 위기를 극복한다.
② 주몽은 고귀하고 신성한 혈통을 지닌 인물로 조력자의 도움으로 위기를 극복하여 위대한 업적을 세운다.
③ 주몽은 금와왕을 속여 힘이 좋고 날쌘 말을 자신이 가진다. 이 때문에 금와왕과 갈등하게 되어 결국 부여를 떠나고 만다.
④ 주몽은 알에서 태어났는데 용모와 재주가 남달랐다. 활을 잘 쏘는 능력과 앞날을 예측하고 미리 준비하는 지략을 바탕으로 주몽은 결국 고구려를 건국한다.
⑤ 주몽은 대소의 시기로 위험에 처해 길을 떠나지만 추격자들에게 쫓겨 큰 강에 가로막힌다. 하지만 물고기들과 자라들의 도움으로 무사히 강을 건너 도망친다.

서술형

03 〈보기〉에 나타난 영웅의 일대기적 구조에 따라 이 글을 요약하고자 할 때, ㉮와 ㉯에 해당하는 내용을 각각 쓰시오.

〈보기〉
기이한 출생 → ㉮뛰어난 능력 → 고난과 시련 → 위기의 극복 → ㉯위업의 달성

소단원 한눈에 보기

갈래	설화(신화)
배경	• 시간적 배경: 상고 시대 • 공간적 배경: 동부여, 졸본주
성격	비현실적, 서사적, 영웅적
주제	주몽의 탄생과 ( )의 건국
특징	• 주몽의 출생과 주몽이 고난을 극복하고 고구려를 건국하기까지의 과정을 시간의 흐름에 따라 서술함. • 영웅 이야기로 ( ) 구조가 잘 드러남. • 주몽을 신성한 존재로 묘사하여 민족의 자긍심을 높임.

▶ '주몽 신화'의 구조와 중심 사건

기이한 출생	유화가 햇빛을 받아 잉태한 알에서 주몽이 태어남.
비범한 능력	주몽은 지혜롭고 활을 잘 쏘며 앞날을 예측하고 미리 준비하는 지략을 지님.
위기와 고난	금와왕의 아들 대소의 시기로 위험에 처해 길을 떠나지만 대소에게 쫓기다가 큰 강에 가로막힘.
위기의 극복	물고기들과 자라들의 도움으로 무사히 강을 건너 도망침.
위업의 달성	졸본주에 이르러 고구려를 건국함.

답 고구려, 일대기적

출제 포인트

• '주몽 신화'는 건국 신화에 해당하는 이야기 글로, 주요 사건을 중심으로 줄거리를 간추리거나 영웅의 일대기적 구조에 따라 내용을 요약하는 문제가 주로 출제된다.

2 남극과 북극 어떤 점에서 다를까 | 홍준의 외

*다음 글을 읽고 물음에 답하시오.

(가) ⓐ지구상에서의 다양한 열 순환에도 불구하고 따뜻한 태양 복사 에너지를 넉넉하게 받지 못한 소외된 땅이 바로 남극과 북극이다. 이 두 지역은 겉으로는 비슷해 보이지만 서로 전혀 다른 특징을 갖고 있다.

(나) 남극은 대륙이지만 북극은 대륙이 아니다. 남극은 면적이 1,360 km^2로서 한반도의 60배에 달하는 거대한 대륙으로 지구상의 7대 대륙 중 다섯 번째로 크다. 오랜 세월에 걸쳐 쌓인 눈이 자체 압력으로 단단하게 굳어져 생긴 두께 2km에 이르는 거대한 얼음덩어리가 남극 대륙 표면의 98% 가량을 덮고 있다. 〈중략〉 반면에 북극은 아시아와 아메리카 대륙으로 둘러싸인 거대한 북극해를 말한다. 북극해는 면적이 1,400만 km^2로 지중해의 6배이며, 전 세계 바다의 3%를 차지한다. ⓑ북극은 이 북극해 주변의 바닷물이 얼어서 된 거대한 얼음덩어리가 떠 있는 것에 불과하다. 물론 해수면 위로 보이는 빙하는 전체 얼음덩어리의 10% 정도에 불과하다.

(다) 남극과 북극 가운데 어디가 더 추울까? 남극이 훨씬 춥다. ⓒ북극은 주변에 있는 바다와 저위도에서 흘러 들어오는 따뜻한 해류의 영향을 받는다. 얼음덩어리에 비해 상대적으로 온도가 높은 바다에서 상승하는 따뜻한 공기의 흐름으로 겨울에는 최저 영하 30~40℃까지 내려가지만, 여름에는 영상 10℃ 정도로 비교적 따뜻한 편이다. 한편, ㉠남극은 가열과 냉각이 쉽게 이루어지는 지각이 아래쪽에 있기 때문에 한겨울에 해당하는 8월 말 무렵이면 내륙의 고원 지대에서는 기온이 영하 70℃ 가까이 내려간다고 한다. 역사상 최저 기온은 영하 89℃였다.

(라) 또한 펭귄은 남극에서 볼 수 있고 북극곰은 북극에서만 산다. 왜 펭귄은 남극에서만 살까? 〈중략〉 펭귄이 주로 남극에 살고 있는 이유는 남극이 아메리카 대륙에서 분리되기 전에 서식하던 조류의 일부가 추위에 적응하기 위해 현재의 펭귄으로 진화하였기 때문으로 보고 있다.

(마) 반면 북극곰이 북극에만 살게 된 것은 북극이 북반구의 대륙에서 가까운 곳이기 때문이다. 대륙에 살던 곰이 넘어가 살게 되었을 가능성이 매우 높다. ⓓ지금도 유빙을 타고 이동하는 북극곰이 있다고 하니 북극해 주변의 얼음덩어리는 북극곰의 이동 수단으로 볼 수 있다. 그렇다고 곰이 얼음덩어리를 타고 남극 대륙까지 갈 수는 없었지만 펭귄 같은 조류는 육지를 따라 이동하였기 때문에 상대적으로 남극 대륙으로 이동하기가 더 쉬웠다. 그래서 ⓔ북극곰은 있지만 남극곰은 없고, 남극 펭귄은 있지만 북극 펭귄은 없는 것이다.

학습 목표 응용

01 글의 특성을 고려하여 이 글을 요약하는 방법으로 적절하지 않은 것은?

① 글의 구조를 고려하여 전체 내용을 짜임새 있게 요약한다.
② 비교와 대조의 내용 전개 방식에 따라 핵심 내용을 간추린다.
③ 각 문단의 중심 내용을 파악한 후 관련된 문단끼리 묶어 요약한다.
④ 처음 부분에서 제시한 설명 대상을 중심으로 주요 정보를 요약한다.
⑤ 글쓴이의 주장과 이를 뒷받침하는 근거를 파악하여 주요 내용을 요약한다.

02 (가)~(마)의 중심 내용으로 적절한 것은?

① (가): 비슷해 보이지만 서로 다른 남극과 북극
② (나): 남극과 북극의 면적
③ (다): 남극과 북극의 사계절
④ (라): 남극에 살고 있는 펭귄의 종류
⑤ (마): 북극곰의 이동 수단

03 (가)~(마) 중, 다음 내용이 들어갈 부분으로 적절한 것은?

> 이처럼 서로 다른 지역적 특징은 두 지역의 기후 조건에도 많은 영향을 미치고 있다.

① (가)와 (나) 사이 ② (나)와 (다) 사이
③ (다)와 (라) 사이 ④ (라)와 (마) 사이
⑤ (마) 뒤

04 ⓐ~ⓔ 중, 다음과 같은 글을 쓰기 위해 필요한 내용을 모두 골라 묶은 것은?

> 지구 온난화가 북극곰의 생존에 미치는 영향에 대한 보고서

① ⓐ, ⓑ, ⓒ ② ⓐ, ⓒ, ⓔ
③ ⓑ, ⓒ, ⓓ ④ ⓑ, ⓓ, ⓔ
⑤ ⓒ, ⓓ, ⓔ

고난도 응용

01 **이 글의 내용을 요약하기 위해 메모한 내용으로 적절한 것은?**

① 설명 대상: 남극의 펭귄과 북극의 북극곰
② 설명 내용: 남극과 북극의 역사
③ 설명 내용: 남극과 북극의 날씨와 기상 이변
④ 설명 내용: 남극에 펭귄이, 북극에 북극곰이 사는 이유
⑤ 설명 방법: 예를 들어 설명하는 예시의 방법

02 **(나)의 핵심 정보가 드러나게 요약한 내용으로 가장 적절한 것은?**

① 남극과 북극은 모두 거대한 얼음덩어리로 이루어져 있어서 몹시 추운 지역이다.
② 남극은 지구상의 7대 대륙 중 다섯 번째로 큰 대륙이며, 북극은 면적이 지중해의 6배에 해당하는 거대한 지역이다.
③ 남극은 오래전 지표의 모습을 확인할 수 있는 천연 자료들이 보관되어 있고, 북극에는 거대한 얼음덩어리들이 떠다닌다.
④ 남극의 얼음덩어리는 남극 대륙 표면의 대부분을 덮고 있는 반면에, 북극의 얼음덩어리는 전체 얼음덩어리의 일부만 겉으로 드러나 있다.
⑤ 남극은 눈이 단단하게 굳어진 거대한 얼음덩어리가 대륙 표면을 덮고 있는 지역인 반면에, 북극은 바닷물이 얼어서 된 거대한 얼음덩어리가 떠 있는 지역이다.

서술형

03 **㉠을 다음에서 설명하는 방법을 사용하여 한 문장으로 요약하여 쓰시오.**

> 글의 내용을 요약할 때에는 중요한 내용을 선택하고 덜 중요한 내용은 삭제하고 제시된 내용들을 바탕으로 중심 내용을 재구성하는 등의 방법을 사용한다.

소단원 한눈에 보기

갈래	설명문
성격	사실적, 객관적
주제	남극과 북극의 서로 다른 특징
특징	• 객관적, 과학적 사실을 바탕으로 남극과 북극의 (　　　)을/를 이해하기 쉽게 설명함. • 비교와 대조, 인과의 설명 방법을 사용하여 남극과 북극의 특징을 효과적으로 설명함.

▶ **남극과 북극의 특징을 차이점을 중심으로 요약하기**

	남극	북극
지역적 특징	거대한 대륙을 말하며, 눈이 굳어진 얼음덩어리가 대륙 표면을 덮고 있는 지역임.	거대한 북극해를 말하며, 바닷물이 얼어서 된 얼음덩어리가 떠 있는 지역임.
기후 조건	가열과 냉각이 쉽게 이루어지는 지각이 아래쪽에 있어서 북극보다 훨씬 추움.	따뜻한 해류의 영향을 받아 남극보다 훨씬 따뜻함.
거주민	연구를 목적으로 거주하는 사람들만 있음.	원주민인 이누이트들이 살고 있음.
서식 동물	추위에 적응하기 위해 진화한 조류인 펭귄이 살고 있음.	북반구의 대륙에서 넘어간 북극곰이 살고 있음.

답 차이

출제 포인트

• '남극과 북극 어떤 점에서 다를까'는 설명하는 글로, 남극과 북극의 특징을 차이점을 중심으로 요약하거나 비교와 대조, 인과의 설명 방법을 고려하여 내용을 요약하는 문제가 주로 출제된다.

단원 평가

[01~08] 다음 글을 읽고 물음에 답하시오.

㉮ "저는 북부여의 물의 신 하백의 딸로 이름은 유화라고 합니다. 어느 화창한 날, 동생들과 함께 놀러 나왔는데, 그때 웬 남자가 나타나 자신이 하늘나라 임금의 아들 해모수라고 하면서 웅신산 아래 압록강 가에 있는 집으로 저를 데려가 정을 통했습니다. 그러고는 저를 버리고 떠나가서 돌아오지 않았습니다. 부모님은 제가 혼인도 하지 않은 채 낯선 남자를 따라가 함부로 정을 통한 것을 알고 노발대발하여 이곳으로 귀양을 보냈습니다."

아무래도 평범한 여인이 아니다 싶었던 금와왕은 그녀를 궁궐로 데려왔다. 그리고 ㉠사람들의 눈에 띄지 않는 궁궐의 외딴 곳에 유화의 거처를 마련해 주고, 시중드는 사람들에게 그녀를 잘 지켜보도록 했다.

㉯ 그러던 어느 날, 유화에게 신기한 일이 생기기 시작했다. 따사로운 햇빛이 유화가 머물고 있는 어두운 방 안을 환하게 비추었다. 그런데 유화가 햇빛을 피하는데도 햇빛이 자꾸 따라다니며 비추는 것이었다. 더욱 신기한 일은 그 뒤로 유화의 배가 점점 불러오더니 열 달이 되자 알을 하나 낳은 것이었다. ㉡알의 크기는 무려 다섯 되쯤 되었다.

㉰ ㉢사람의 몸으로 알을 낳은 유화를 보자 금와왕은 그녀를 궁궐로 데리고 온 것을 후회했다. 그렇다고 이제 와서 다시 내쫓아 버릴 수도 없는 노릇이었다. 금와왕은 왠지 꺼림칙하여 알을 개와 돼지에게 던져 주라고 명령했다. 그런데 어느 동물도 이 알을 먹지 않았다. 이번에는 알을 다시 길가에 내다 버렸다. 하지만 이번에도 길을 지나는 소나 말들이 하나같이 그 알을 피해 다니는 것이었다. 금와왕은 더욱 이상한 생각이 들어 알을 새와 짐승들이 먹도록 거친 들판에다 버렸다. 그러자 새들이 알에 다가와 오히려 깃털로 덮어 주기까지 하는 것이었다. 왕은 이 알을 그냥 두어서는 안 된다고 생각하고는 깨뜨려 버리려고 했지만 너무 단단해 도저히 깨지지 않았다. 이러지도 저러지도 못한 금와왕은 결국 알을 유화에게 되돌려 주었다.

유화는 알을 돌려받자, 천으로 부드럽게 감싸 따뜻한 곳에 두었다. 그러자 ㉣얼마 되지 않아 한 어린아이가 스스로 껍질을 깨고 나왔는데, 아이의 모습이 남달랐다.

㉱ 무척 영리한 그 아이는 일곱 살이 되었을 때부터 빼어난 용모와 함께 뛰어난 재주를 보이기 시작했다. 아이는 제 스스로 활과 화살을 만들어 쏘곤 했는데, 백 번 쏘면 백 번을 다 맞추었다. 이 당시 동부여에서는 활을 잘 쏘는 사람을 주몽이라 부르는 풍속이 있어서 금와왕을 비롯한 주변 사람들이 모두 그를 주몽이라고 불렀다.

㉲ 주몽은 말을 알아보고 기르는 재주도 갖고 있었는데 자신이 기르는 말 가운데 힘이 좋고 날쌘 말에게는 먹이를 조금씩 주어 비쩍 마르게 만들었고, 반대로 늙고 병든 말은 잘 먹여 살을 찌워 겉으로 보기엔 힘차고 보기 좋은 말로 변신시켰다. 그러자 금와왕은 보기 좋게 살찐 말은 자기가 탔고, 겉으로는 비쩍 말랐지만 사실은 날쌘 말을 주몽에게 주었다. 사실 주몽은 자신에게 닥쳐올 앞날을 내다보고 이렇게 행동한 것이었다.

㉳ 그 무렵 대소는 다른 동생들과 신하들을 꾀어 어떻게든 자신에게 위협이 될 수 있는 주몽을 해치려고 이런저런 음모를 꾸몄다. 이런 사실을 알게 된 주몽의 어머니 유화는 어느 날 아들에게 몰래 말했다.

"태자 대소를 비롯해 많은 사람들이 너를 해치려고 하지만, 네가 영특하니 어디를 간들 살지 못하겠느냐? 빨리 이곳을 떠나 목숨을 보존하도록 하여라."

어머니의 말을 들은 주몽은 평소에 자신을 따르던 오이를 비롯한 세 명의 부하들을 데리고 몰래 부여를 떠나기로 했다.

㉴ 하지만 대소 또한 주몽의 행동을 눈여겨보고 있던 터라, 주몽이 떠났다는 사실을 알고 부하들과 함께 뒤를 쫓기 시작했다. 주몽은 부하들과 대소의 추격을 피해 말을 달려 엄수라는 강가에 이르렀다. 그런데 엄수는 넓은 강이었고 더구나 물살도 거칠어 더 이상 달아날 수가 없었다. 그때 주몽은 강물을 향해 큰 소리로 외쳤다.

"나는 해모수의 아들이자 물의 신 하백의 외손자다. 지금 나를 죽이려는 자들을 피해 달아나는데 뒤쫓는 자들이 코앞까지 따라오고 있으니 내가 어떻게 하면 좋겠는가?"

주몽의 말이 끝나자마자 신기한 일이 벌어졌다. 갑자기 강물 위로 수많은 물고기와 자라가 떠올라 다리를 만들어 주는 것이었다. 그리고 주몽 일행이 무사히 강을 건너자마자 남김없이 물속으로 사라져 버렸다. ㉤주몽을 뒤쫓던 대소의 군사들은 발만 동동 구르면서 그 광경을 바라만 볼 뿐이었다.

㉵ 이렇게 하여 어렵게 목숨을 건진 주몽은 졸본주에 도착해 자신이 장차 다스릴 나라의 도읍으로 정했다. 그리고 일단 비류수 강가에 초가를 짓고 임시로 궁궐로 삼았으며, 나라 이름을 고구려라 짓고 고(高)를 자신의 성씨로 삼았다. 이때, 주몽의 나이 겨우 12세였다.

01 이 글을 요약할 때 고려할 점으로 적절하지 않은 것은?

① 글의 구조적 특징을 고려하여 내용을 간추린다.
② 중요한 사건들을 중심으로 전체 내용을 요약한다.
③ 요구되는 분량에 맞게 길이를 조정하여 요약한다.
④ 글을 읽는 목적에 따라 적절한 방법으로 요약한다.
⑤ 독자의 흥미를 유발하는 내용을 중심으로 요약한다.

02 이 글에 대한 설명으로 적절한 것은?

① 영웅적 능력을 지닌 존재의 탄생과 활동을 담고 있다.
② 새로운 나라를 세우는 과정을 사실적으로 기록하고 있다.
③ 독자에게 재미와 즐거움을 주기 위한 목적으로 창작되었다.
④ 역사적 사실과 무관하게 작가가 상상하여 지어낸 이야기이다.
⑤ 허구적 인물을 등장시켜 우리 민족이 꿈꾸는 이상 세계를 보여 주고 있다.

03 이 글의 내용을 바르게 이해한 것은?

① 대소의 군사들은 대소를 배신하고 주몽을 도왔다.
② 주몽은 뛰어난 재주를 지닌 사람을 뜻하는 말이다.
③ 금와왕은 유화를 좋아하여 궁궐로 데려와 살게 했다.
④ 금와왕은 유화가 낳은 알을 없애려고 했으나 실패했다.
⑤ 유화가 낳은 아이는 효심이 남달라 사람들의 칭송을 받았다.

04 이 글의 등장인물에 대해 메모한 내용으로 적절하지 않은 것은?

① 유화: 주몽의 어머니로 물의 신 하백의 딸임.
② 금와: 동부여의 왕으로 유화를 궁궐로 데려옴.
③ 주몽: 스스로 껍질을 깨고 알에서 태어남.
④ 대소: 금와의 동생으로 주몽과 적대적인 관계임.
⑤ 해모수: 주몽의 아버지로 하늘나라 임금의 아들임.

05 이 글의 구조를 고려하여 내용을 정리한 것으로 적절하지 않은 것은?

	문단	내용
①	(가)~(다)	주몽이 기이하게 탄생함.
②	(라)~(마)	주몽이 비범한 능력을 보임.
③	(바)	주몽이 뛰어난 활약을 펼침.
④	(사)	주몽이 위기를 극복함.
⑤	(아)	주몽이 위업을 달성함.

06 다음 설명을 참고할 때, ㉠~㉤ 중, 삭제하기에 적절하지 않은 것은?

> 글의 내용을 요약할 때에는 세부 내용이나 반복되는 내용, 덜 중요한 내용을 지워 중심 내용을 간추린다.

① ㉠ ② ㉡ ③ ㉢ ④ ㉣ ⑤ ㉤

서술형

07 (마)에 나타난 주몽의 행동을 통해 알 수 있는 주몽의 능력을 한 문장으로 쓰시오.

중요 서술형

08 (바)~(아)를 다음과 같이 요약할 때, 중심 사건이 드러나도록 빈칸에 들어갈 문장을 쓰시오.

> 위험에 처한 주몽은 부여를 떠났지만 곧 대소가 추격해 왔다. 하지만 (   ) 그러고는 졸본주에 이르러 고구려를 건국하였다.

단원 평가

[09~16] 다음 글을 읽고 물음에 답하시오.

가 지구상에서의 다양한 열 순환에도 불구하고 따뜻한 태양 복사 에너지를 넉넉하게 받지 못한 소외된 땅이 바로 남극과 북극이다. 이 두 지역은 겉으로는 비슷해 보이지만 서로 전혀 다른 특징을 갖고 있다.

나 남극은 대륙이지만 북극은 대륙이 아니다. ㉠남극은 면적이 1,360km^{2}로서 한반도의 60배에 달하는 거대한 대륙으로 지구상의 7대 대륙 중 다섯 번째로 크다. 오랜 세월에 걸쳐 쌓인 눈이 자체 압력으로 단단하게 굳어져 생긴 두께 2㎞에 이르는 거대한 얼음덩어리가 남극 대륙 표면의 98% 가량을 덮고 있다. ㉡남극 대륙에서 오래된 운석이 발견되는 것으로 보아 이곳에는 오래전 지표의 모습을 확인할 수 있는 천연 자료들이 보관되어 있을 것으로 추정된다.

다 반면에 북극은 아시아와 아메리카 대륙으로 둘러싸인 거대한 북극해를 말한다. 북극해는 면적이 1,400만km^{2}로 지중해의 6배이며, 전 세계 바다의 3%를 차지한다. 북극은 이 북극해 주변의 바닷물이 얼어서 된 거대한 얼음덩어리가 떠 있는 것에 불과하다. 물론 해수면 위로 보이는 빙하는 전체 얼음덩어리의 10% 정도에 불과하다. '빙산의 일각'이라는 표현은 여기에서 나온 것이다.

라 이처럼 서로 다른 지역적 특징은 두 지역의 기후 조건에도 많은 영향을 미치고 있다. 남극과 북극 가운데 어디가 더 추울까? 남극이 훨씬 춥다. 북극은 주변에 있는 바다와 저위도에서 흘러 들어오는 따뜻한 해류의 영향을 받는다. 얼음덩어리에 비해 상대적으로 온도가 높은 바다에서 상승하는 따뜻한 공기의 흐름으로 겨울에는 최저 영하 30~40℃까지 내려가지만, 여름에는 영상 10℃ 정도로 비교적 따뜻한 편이다. 한편, ㉢남극은 가열과 냉각이 쉽게 이루어지는 지각이 아래쪽에 있기 때문에 한겨울에 해당하는 8월 말 무렵이면 내륙의 고원 지대에서는 기온이 영하 70℃ 가까이 내려간다고 한다. 역사상 최저 기온은 영하 89℃였다.

마 또한 북극에는 이누이트들이 거주하고 있지만, 남극에는 연구를 목적으로 거주하는 사람들 외에는 원주민이 없다. 남극의 혹한을 견뎌 내기가 그만큼 어렵기 때문이다. 흔히 '에스키모'라고 불리는 이누이트들은 그린란드, 캐나다, 시베리아의 북극 지방에 살며 주로 수렵과 어로에 종사한다. 남극에는 우리나라 남극 탐험의 교두보인 세종기지가 들어서 있는데, 이곳에서 우리의 젊은 과학자들이 극지 환경 연구 및 지구 환경 변화 연구를 위해 노력하고 있다.

바 또한 펭귄은 남극에서 볼 수 있고 북극곰은 북극에서만 산다. ⓐ왜 펭귄은 남극에서만 살까? 펭귄은 여러 종이 있으며 대부분 남극을 비롯한 남반구에서 살고 있다. ㉣주로 해안가에서 구멍을 파고 사는 펭귄들은 작은 돌 조각들을 이용하여 둥지를 만든다. 빙원에서 구할 수 있는 돌 조각은 태양열을 흡수하거나 체온을 따뜻하게 유지시킬 수 있는 유일한 물질이다. 펭귄이 주로 남극에 살고 있는 이유는 남극이 아메리카 대륙에서 분리되기 전에 서식하던 조류의 일부가 추위에 적응하기 위해 현재의 펭귄으로 진화하였기 때문으로 보고 있다.

사 반면 북극곰이 북극에만 살게 된 것은 북극이 북반구의 대륙에서 가까운 곳이기 때문이다. 대륙에 살던 곰이 넘어가 살게 되었을 가능성이 매우 높다. 지금도 유빙을 타고 이동하는 북극곰이 있다고 하니 북극해 주변의 얼음덩어리는 북극곰의 이동 수단으로 볼 수 있다. 그렇다고 곰이 얼음덩어리를 타고 남극 대륙까지 갈 수는 없었지만 펭귄 같은 조류는 육지를 따라 이동하였기 때문에 상대적으로 남극 대륙으로 이동하기가 더 쉬웠다. 그래서 북극곰은 있지만 남극곰은 없고, 남극 펭귄은 있지만 북극 펭귄은 없는 것이다.

아 보통 100m 두께의 얼음이 만들어지려면, 1,000년의 긴 세월이 필요하기 때문에 지금의 남극의 얼음이 되기까지 약 10만 년이 걸렸을 것으로 보고 있다. 현재 남극 대륙의 얼음은 전 지구상의 얼음 중 90% 가량을 차지하고 있으며 ㉤두꺼운 얼음층은 지구 기록에 대한 냉동 창고의 역할을 하고 있다.

09 이와 같은 글의 특징으로 적절한 것은?

① 중요한 사건을 육하원칙에 따라 서술한다.
② 독자에게 필요한 정보를 알기 쉽게 전달한다.
③ 글쓴이가 직접 경험한 것을 사실적으로 묘사한다.
④ 글쓴이가 생각하고 느낀 것을 진솔하게 표현한다.
⑤ 타당한 근거를 들어 글쓴이의 주장을 설득력 있게 제시한다.

10 이 글에 대한 설명으로 적절하지 않은 것은?

① 질문을 통해 독자의 관심을 유발하고 있다.
② 두 대상의 차이점을 중심으로 서술하고 있다.
③ 어떤 현상이 일어나는 원인을 분석하고 있다.
④ 글을 시작하면서 화제를 분명히 제시하고 있다.
⑤ 어려운 개념의 의미를 이해하기 쉽게 풀이하고 있다.

11 이 글의 내용과 일치하지 않는 것은?

① 남극과 북극은 태양 에너지를 충분히 받지 못한다.
② 남극과 북극은 각각 남반구와 북반구에 위치한 대륙이다.
③ 남극과 북극의 지역적 특징 때문에 남극이 북극보다 훨씬 춥다.
④ 남극의 펭귄은 체온을 유지하기 위해 돌 조각으로 만든 둥지에서 산다.
⑤ 북극에서 우리가 볼 수 있는 얼음은 전체 얼음덩어리의 일부에 불과하다.

12 다음 밑줄 친 부분에 해당하는 문단을 바르게 묶은 것은?

> 글을 요약할 때에는 각 문단의 중심 내용을 파악한 후, 서로 관련 있는 문단끼리 묶는다. 그런 다음 '처음-중간-끝'의 세 부분으로 정리하고, 세 부분의 중심 내용을 연결하여 글 전체의 내용을 짜임새 있게 요약한다.

① (가)와 (나) ② (나)와 (다) ③ (다)와 (라)
④ (라)와 (마) ⑤ (사)와 (아)

13 다음 설명을 참고하여 이 글을 요약하는 과정에서, (가)~(아) 중 삭제하기에 적절한 것은?

> 글을 이루는 문단 중에는 글의 핵심 내용을 담고 있는 주지 문단과 세부 내용을 담고 있는 부연, 예시 등의 성격을 지닌 문단이 있다. 글의 내용을 요약할 때에는 세부 내용이 담긴 문단은 삭제할 수 있다.

① (가) ② (라) ③ (바) ④ (사) ⑤ (아)

중요

14 ㉠~㉤ 중, 다음과 같은 목적으로 이 글을 요약할 때 필요한 내용을 모두 골라 묶은 것은?

> 남극이 지니는 가치를 바탕으로 남극에 대한 연구가 더 필요함을 주장하는 글을 쓰고자 한다.

① ㉠, ㉡ ② ㉠, ㉢ ③ ㉡, ㉤
④ ㉢, ㉣ ⑤ ㉣, ㉤

서술형

15 다음은 (마)를 요약하기 위해 메모한 내용이다. (마)의 중심 내용을 한 문장으로 쓰시오.

> • 설명 대상: 남극과 북극의 거주민
> • 내용 전개 방식: 비교와 대조
> • 중심 내용: ______________________

서술형

16 ⓐ의 답 두 가지를 (바)와 (사)에서 찾아 각각 한 문장으로 정리하여 쓰시오.

자료 활용하며 읽기

개념 압축 APP

❶ 자료를 참고하며 한 편의 글 읽기

자료를 참고하며 글을 읽어야 할 상황	모르는 단어나 낯선 용어, 모르는 정보나 지식과 맞닥뜨릴 때, 또는 더 알고 싶거나 궁금한 점이 있을 때

⬇

자료를 찾아 참고하는 방법	사전 찾기	국어사전, 백과사전, 전문 사전에서 단어의 의미나 용어의 개념을 알 수 있음.
	인터넷 검색	인터넷 검색창에 검색어를 입력하여 필요한 정보를 신속하게 찾아 참고할 수 있음.
	도서관 이용	학교나 지역의 도서관 누리집에서 필요한 정보를 얻을 수 있는 책을 찾거나, 분류 기호를 통해 서가에서 직접 책을 찾아볼 수 있음.

⬇

자료를 찾아 참고하며 글 읽기의 효과	• 모르는 것을 해소하고 배경지식을 확충함. • 글의 내용을 정확하고 깊이 있게 이해함. • 능동적으로 글을 읽는 습관을 기를 수 있음.

❷ 스스로 선정한 한 권의 책 읽기의 과정

읽기 전	• 읽기 목적, 주제, 저자, 분량, 수준 등을 고려하여 스스로 책을 선정함. • 책을 읽을 장소, 시간, 방법 등을 고려하여 계획을 세움.
읽는 중	• 사전, 인터넷, 도서관에서 관련 자료를 찾아 참고함. • 밑줄 긋기, 메모하기, 예측하기, 질문하기 등의 읽기 방법을 활용함.
읽은 후	• 책의 중심 내용, 인상적인 부분, 느낀 점, 더 알고 싶은 점 등을 독서 일지에 기록함. • 자신의 감상을 바탕으로 서평 쓰기, 토론하기, 누리 소통망을 통한 감상 나누기 등 다양한 독후 활동을 함.

필수 어휘 사전

- **자료 :** 연구나 조사 따위의 바탕이 되는 재료
- **검색 :** 책이나 컴퓨터에서, 목적에 따라 필요한 자료들을 찾아내는 일
- **능동적 :** 다른 것에 이끌리지 아니하고 스스로 일으키거나 움직이는. 또는 그런 것
- **배경지식 :** 어떤 일을 하거나 연구할 때, 이미 머릿속에 들어 있거나 기본적으로 필요한 지식

확인 문제

1. 다음 빈칸에 알맞은 단어를 쓰시오.

글을 읽으면서 모르는 단어나 용어, 이해하기 힘든 정보나 지식을 맞닥뜨릴 때에는 사전이나 인터넷, 도서관 등에서 (　　)을/를 찾아 참고하며 능동적으로 읽기 태도가 필요하다.

2. 다음 설명과 가장 관계 깊은 자료 찾기 방법은?

다양한 책, 문서, 잡지, 출판물 등에서 신뢰성 있는 정보를 찾을 수 있고, 분류 기호를 알면 서가에서 관련된 책을 두루 살펴보면서 자신이 필요한 책을 직접 고를 수 있다.

① 사전 찾기
② 인터넷 검색
③ 도서관 이용
④ 휴대폰 활용
⑤ 신문사 방문

3. 자료 찾아 참고하며 글 읽기의 효과에 대한 설명 중, 맞으면 ○표, 틀리면 ×표 하시오.

- 모르는 것을 해소하고 배경지식을 확충할 수 있다. …………………(　　)
- 글을 정확하고 깊이 있게 이해하는 데에 도움이 된다. ……………(　　)
- 능동적으로 글을 읽는 바람직한 습관이 길러진다. …………………(　　)

답 1. 자료 2. ③ 3. ○, ○, ○

학습 활동 따라잡기

1 다음은 「포기하고 싶을 때 딱 한 걸음만 더 나아가라」를 읽은 학생들이 나눈 대화이다. 대화를 읽고 주어진 활동을 해 보자.

주희: 이 글을 읽으면서 내가 그동안 좀 나약하지 않았나 하는 생각을 했어. 어려움이 있어도 회피하지 말고 참고 견뎌야겠어.

서정: 너도 나와 비슷한 생각을 했구나. 나도 이제부터는 고통과 시련에 당당히 맞서는 사람이 되어야겠다고 다짐했어. 그런데 왜 '리셋 증후군'이라고 했지?

현욱: '리셋'은 컴퓨터 용어 같긴 한데……. 난 '리셋 증후군'도 궁금했지만, 『역사의 연구』에 대해서 좀 더 알아보고 싶어. 도전과 응전! 참 멋진 말인 것 같아.

재정: 맞아. 그런데 '리셋 증후군'이나 '역사의 연구'에 대한 자료를 어디서 찾아볼 수 있을까?

(1) '리셋 증후군'과 『역사의 연구』에 대한 자료를 찾을 수 있는 방법을 생각해 보자.

(2) '리셋 증후군'과 '역사의 연구'에 대해 찾은 자료를 다음 표에 간략히 정리해 보자.

자료 찾기 방법	'리셋 증후군'	『역사의 연구』

2 다음 글을 읽고 주어진 활동을 해 보자.

아프리카에서 식수를 구하기란 하늘의 별 따기만큼이나 어렵고 힘든 일입니다. 한 양동이의 물을 긷기 위해서 심지어 수십km를 걸어가야 하는 경우도 허다합니다. 게다가 물을 양손에 들거나 머리에 이고 돌아오는 길은 얼마나 힘들고 고되겠어요? 더구나 그런 고된 일이 아이들에게 맡겨진다면 그 고통이야 이루 말할 수 없을 것입니다. 그런 아이들이 그 고된 일을 즐겁고 재밌는 놀이처럼 할 수 있게 해 준 디자인이 있습니다. 피에트 헨드릭스라는 사람이 만든 ㉠'큐드럼'이 바로 그것입니다.

알파벳 'Q'자를 닮았다고 해서 이렇게 이름 붙여진 물통은 원기둥 모양으로 되어 있어 물통을 손으로 들거나 머리에 이지 않고도 운반할 수 있도록 디자인되었습니다. 아이들은 이 물통을 장난감을 가지고 놀 듯 줄로 묶어서 끌고 다닙니다.

(1) ㉠을 '이타적 디자인, 인간을 위한 디자인'이라고 할 수 있는 이유를 이 글을 바탕으로 정리해 보자.

(2) ㉠과 같은 사례를 인터넷에서 찾아 친구들에게 간략히 소개해 보자.

끌어 주기

◎ 글을 읽으면서 낯선 용어나 개념, 모르는 정보나 지식과 맞닥뜨릴 수 있다. 이럴 때 사전이나 인터넷, 도서관 등에서 자료를 찾아 참고하며 읽을 수 있다.

예시 답안 (1) '리셋 증후군', 『역사의 연구』는 백과사전이나 인터넷 검색, 또는 도서관에서 핵심어 검색 등을 통해 자료를 찾아볼 수 있다.
(2) 인터넷 검색하기
• 리셋 증후군: 리셋 증후군의 개념, 증상, 관련 뉴스 등에 대한 정보를 얻을 수 있다.
• 『역사의 연구』: 책의 주요 내용에 대한 소개, 다른 사람들의 감상, 고대 문명 발상지 등에 대한 정보 및 사진 자료 등을 얻을 수 있다.

◎ '큐드럼'이 사회적 약자에게 도움이 되는지 판단해 본다. 그리고 인터넷에서 검색해 보고, 신뢰성을 고려하여 출처 등을 확인하고 필요한 정보만 선택한다.

예시 답안 (1) 식수를 구하기 어려운 아프리카에서 아이들은 물을 긷고 운반하기 위해 많은 고통을 겪는데, 큐드럼은 이처럼 고된 일을 힘이 덜 들고 즐겁게 할 수 있도록 해결했으므로 이타적 디자인이라고 할 수 있다.
(2) 소개하고자 하는 이타적 디자인은 시각 장애를 지닌 사람들을 위한 도우미 식판이다. 밥과 반찬을 볼 수 없는 시각 장애인들이 음식을 쉽게 먹을 수 있도록 디자인된 식판이다.

1 포기하고 싶을 때 딱 한 걸음만 더 나아가라 | 이정현

*다음 글을 읽고 물음에 답하시오.

(가) 토인비는 인류 역사는 곧 '도전과 응전'의 역사로 설명될 수 있으며, ⓐ가혹한 환경이 없었다면 인류는 지금처럼 발전할 수 없었을 거라고 말한다. 토인비는 이 주장을 뒷받침하기 위해 청어와 관련된 이야기도 했다. 보통 북해나 베링 해협 같은 먼 바다에서 잡히는 청어는 운반되는 동안 죽어 버리기 일쑤다. 그런데 언젠가부터 런던에 살아 있는 청어가 대량으로 공급되기 시작했다. 그 비결은 다름 아닌 청어의 천적, ⓑ물메기에 있었다. 청어들이 가득 담긴 수조에 물메기를 몇 마리 넣으면 청어는 물메기에게 잡아먹히지 않으려고 있는 ㉠힘껏 도망다닌다. 청어에게 물메기와 함께 있는 것은 가혹한 시련이었고, 그에 맞서 필사적으로 대응하다 보니 오히려 죽지 않고 살아남을 수 있었다.

(나) '리셋 증후군'을 보이는 어느 열일곱 살의 이야기다. 리셋 증후군이란 컴퓨터가 원활하게 돌아가지 않거나 제대로 작동하지 않을 때 리셋 버튼만 누르면 처음부터 다시 시작할 수 있는 것처럼 현실 세계에서도 리셋이 가능할 것이라 착각하는 현상을 일컫는 말이다. ⓒ힘들고 고통스러운 상황에서 벗어나 다시 새롭게 시작하고 싶은 마음이야 이해하지만 다른 나라로 간들 그곳이라고 역경이 없을까? 그 어떤 환경에서도 고통스러운 과정은 있게 마련인데 그때마다 다시 시작할 수는 없는 노릇 아닌가. 〈중략〉

『그래도 계속 가라』라는 책에서 '늙은 매'라 불리는 할아버지는 손자인 제레미에게 다음과 같이 말한다.

"얼마나 많이 불어닥치건 간에 ⓓ폭풍에 맞서 대항하다 보면, 그것에 저항하기 위해서는 굳이 폭풍만큼 강할 필요가 없다는 사실을 터득하게 된단다. 그냥 서 있을 정도만 강하면 된다. 겁에 질린 채 떨면서 서 있든지, ⓔ주먹을 휘두르면서 서 있든지 간에 우리가 서 있는 한은 그만큼 강하다는 뜻이 아니겠느냐."

(다) 어떤 사람들은 잘하지 못할 바엔 처음부터 도전하지 않는 게 낫다고 말한다. 중간에 그만두면 괜히 시간만 낭비하는 셈이라고 주장하면서 말이다. 그러나 그것은 도전이 두려워 포기해 버리는 자의 변명에 불과하다. 늙은 매의 말처럼 폭풍이 불어닥쳤을 때는 서 있을 정도로만 강해도 된다. 이렇게 생각한다면 할 수 없다고만 말할 게 아니라 뭐든 해 볼 수 있지 않을까? 포기하고 싶은 마음이 들 때는 더도 말고 딱 한 발자국만 앞으로 나아가 보라. 시련을 이겨 내고 더 단단해진 나를 상상하면서 말이다.

학습 목표 응용

01 이 글에 대한 설명으로 적절한 것은?

① 정보 전달을 목적으로 쓴 글이다.
② 인물의 업적을 통해 교훈을 전달한다.
③ 글쓴이의 비판적 시각과 주장이 드러난다.
④ 분류의 방법을 사용하여 대상을 설명하고 있다.
⑤ 글쓴이의 어린 시절 체험이 생생하게 드러난다.

02 이 글을 읽은 독자의 반응으로 적절하지 않은 것은?

① 청어에게 북해나 베링 해협은 가혹한 환경이었군.
② 리셋 증후군은 현실의 고통을 회피하려는 현상이군.
③ 토인비는 인류 역사를 도전과 응전의 역사로 보았군.
④ 글쓴이는 어떤 환경에도 고통스러운 과정은 존재한다고 생각하는군.
⑤ '늙은 매'는 손자에게 고통과 시련을 견디는 것이 중요하다고 말하고 있군.

중요

03 이 글을 읽으면서 자료를 찾아 참고한 활동으로 적절하지 않은 것은?

① '증후군'이라는 말의 의미를 국어사전에서 찾아보았다.
② '북해'와 '베링 해협'이 어디에 있는지 인터넷 검색을 통해 알아보았다.
③ '청어'의 생태와 관련된 심층적 정보를 국어사전에서 찾아 정리해 보았다.
④ '토인비'가 쓴 책을 도서관에서 찾아 '도전과 응전'에 대해서 알아보았다.
⑤ 『그래도 계속 가라』라는 책을 인터넷 도서 검색을 통해 찾아서 주요 내용을 알아보았다.

04 (가)의 토인비의 견해를 고려할 때, ㉠과 가장 관계가 깊은 말은?

① 낭비　② 도전　③ 리셋
④ 포기　⑤ 응전

고난도 응용

01 이 글의 서술상의 특징으로 가장 적절한 것은?

① 속담을 활용하여 독자의 이해를 돕고 있다.
② 시간의 흐름에 따라 글의 내용을 서술하고 있다.
③ 타인의 견해를 제시하여 주장을 뒷받침하고 있다.
④ 유머를 사용하여 독자의 흥미를 불러일으키고 있다.
⑤ 대상의 모습을 구체적으로 묘사하여 생동감을 준다.

중요

02 이 글을 읽으면서 떠오른 〈보기〉와 같은 궁금증을 해결하는 방법으로 가장 효율적인 것은?

보기
- 『그래도 계속 가라』의 저자는 누구인가?
- 『그래도 계속 가라』의 주요 내용은 무엇일까?
- 『그래도 계속 가라』에 대해 독자들은 어떤 평가를 했을까?

① 국어사전에서 찾아본다.
② 도서관 사서 선생님께 여쭤 본다.
③ 인터넷에서 도서 검색을 통해 알아본다.
④ 독서를 취미로 하는 친구에게 물어본다.
⑤ 중학생을 위한 문학 용어 사전에서 찾아본다.

03 〈보기〉를 참고할 때, ⓐ~ⓔ 중 성격이 다른 하나는?

보기
토인비의 역사관은 도전과 응전으로 이해할 수 있다. 개인이나 사회, 국가는 끊임없이 어려움에 맞닥뜨린다. 이 어려움을 해결하려는 응전의 방법과 태도에 따라 개인, 사회, 국가의 운명이 달라질 수 있다.

① ⓐ　② ⓑ　③ ⓒ　④ ⓓ　⑤ ⓔ

서술형

04 〈보기〉의 ㉮와 같은 결과가 나타난 이유를 (다)에서 찾아 한 문장으로 쓰시오. (단, '~ 때문이다.'로 끝맺을 것.)

보기
1960년대 초 생물학자 로버트 사폴스키는 막 태어난 쥐 몇 마리를 21일 동안 매일 작은 우리 속에 15분 정도 격리시켰다가 다시 어미에게 보내 주는 실험을 했다. 그 결과 ㉮이 쥐들은 성장하면서 스트레스를 받아도 잘 이겨 내고, 모험을 두려워하지 않으며, 용감하게 도전했다.

소단원 한눈에 보기

갈래	논설문
성격	설득적, 논리적
제재	청소년기에 겪을 수 있는 현실 (　　　) 현상
주제	고통과 시련의 순간에 쉽게 포기하지 않고 견디고 (　　　)하려는 자세의 중요성
특징	• 글쓴이의 주장을 뒷받침하기 위해 다양한 사례를 제시하고 있음. • 고통과 시련을 무조건 회피하려는 요즘 청소년들의 자세에 대한 (　　　)적인 시선이 나타남.

▶ **글의 짜임**

처음	인류는 가혹한 환경에 맞서 싸우며 발전함.
중간	인간이 건강한 정신을 가지려면 적절한 좌절을 경험해야 함. • 고대 문명의 발생지와 청어 이야기 • 쥐 격리 실험 • 요즘 청소년들이 겪을 수 있는 '리셋 증후군' • 『그래도 계속 가라』의 내용
끝	고통과 시련에 맞닥뜨려 포기하고 싶을 때 견디며 딱 한 발자국만 앞으로 나아가길 바람.

▶ **자료 찾아 참고하며 글 읽기의 예시**

'응전', '척박한' 등	국어사전을 찾거나, 인터넷 사전 검색을 통해 단어의 의미를 정확히 알 수 있음.
'토인비', '리셋 증후군' 등	인터넷 검색을 통해 다양한 정보와 시각 자료 등을 찾아볼 수 있음.
『역사의 연구』, 『그래도 계속 가라』	인터넷 도서 검색에서 자료를 얻을 수도 있고, 도서관에서 책을 빌려 볼 수도 있고, 저자의 다른 책들에 대해서도 살펴볼 수 있음.

답 회피, 극복, 비판

출제 포인트

- 사전, 인터넷, 도서관 등에서 자료를 찾아 참고하며 읽는 방법과 활동에 주목한다.
- 글쓴이의 주장과 뒷받침하는 근거를 파악한다.

2 이타적 디자인, 인간을 위한 디자인 | 공규택

*다음 글을 읽고 물음에 답하시오.

㉮ 빅터 파파넥은 살아생전에 세계 각국을 다니며 가난한 사람들, 장애인과 어린이, 여성과 문맹 등 소외된 사람들을 위한 디자인을 했습니다. 그의 이러한 노력은 자연과 사회적 약자를 돕는 데도 디자인이 중요한 역할을 할 수 있다는 가르침을 전해 주었습니다. 그래서 파파넥의 생각에서 비롯된 이러한 디자인의 경향을 '인간을 위한 디자인' 혹은 '이타적 디자인'이라고 부릅니다.

㉯ 이윽고 파파넥은 원주민들과 함께 이른바 ㉠'깡통 라디오'를 제작합니다. 관광객들이 버리고 간 깡통을 이용해 라디오 몸체를 만들었기 때문에 붙은 이름입니다. 라디오 부품 역시 발리섬 여기저기에서 구할 수 있는 간단한 재료들이었습니다. 전기 배선, 안테나 등이 그대로 노출되어 겉모습은 조악하기 그지없었습니다. 그러나 라디오의 겉모습을 보기 좋게 포장할 경우 제작 비용이 높아지기 때문에 그대로 두었습니다.

결국 그가 만든 라디오는 라디오가 가진 최소한의 기능만을 구현한 것이었습니다. 그래서 처음 보는 사람은 라디오라고 인식하기도 어려울 만큼 괴이한 형태를 지녔습니다. 그런데 우리는 그것을 왜 '괴이하다'고 느낄까요? 바로 우리가 가진 '디자인에 대한 고정 관념' 때문입니다. 좋은 디자인은 보기 좋고 아름다워야 한다는 생각이 바로 그것이지요.

㉰ 미켈은 아프리카에 여행을 다녀온 적이 있었는데, 그곳 사람들이 오염된 물을 마시고 온갖 질병으로 고통받는 모습에 큰 충격을 받았습니다. 여행을 마치고 돌아온 미켈은 보건 구호 사업가로서의 삶을 살기로 결심했습니다. 그가 만든 휴대용 정수기 라이프 스트로우는 말 그대로 생명을 살리는 빨대가 되어 세계적인 구호 단체들에 공급되었습니다. ㉡라이프 스트로우는 정수 기능에 최대한 충실하면서도 군더더기를 모두 뺀 디자인으로써 최대한 원가를 절약해 저렴하면서도 품질이 훌륭했습니다. 구호 단체들이 부담 없이 구입해 보급할 수 있게끔 한 것이지요.

㉱ 빅터 파파넥은 1970년대에 『인간을 위한 디자인』을 통해 세계가 안고 있는 환경 문제, 사회 문제에 대해 디자이너도 책임감과 사명감을 느껴야 한다고 주장했습니다. 그뿐만 아니라 디자이너들은 각종 위기에 처한 세계를 살리기 위해 무엇을 디자인할 것인지 고민하고, 더 나은 세상을 만드는 일에 동참해야 한다고 역설했습니다.

학습 목표 응용

01 이 글에 대한 설명으로 적절하지 않은 것은?

① 설명의 대상이 '인간을 위한 디자인'이다.
② 구체적인 사례를 통해 독자의 이해를 돕고 있다.
③ 문답법을 활용하여 독자의 주의를 환기하고 있다.
④ 주장의 타당성을 높이기 위해 통계 자료를 활용하고 있다.
⑤ 파파넥의 말에서 인간을 위한 디자인이 추구하는 정신을 짐작할 수 있다.

중요
02 다음은 이 글을 읽으면서 떠오른 질문이다. 이를 해결해 줄 수 있는 답변으로 가장 적절한 것은?

> 파파넥과 미켈이 디자인한 제품들을 사람들이 어떻게 사용하고 있는지 영상으로 볼 수는 없을까?

① 구독하는 신문을 살펴보면 찾을 수 있을 거야.
② 담임 선생님께 여쭤 보면 자세히 설명해 주실 거야.
③ 인터넷에서 동영상을 검색하면 찾을 수 있을 거야.
④ 백과사전에서 관련 자료를 찾아보면 도움이 될 거야.
⑤ 도서관에서 관련된 책을 대출해서 살펴보면 될 거야.

중요
03 이 글을 읽으면서 자료를 참고한 학생들의 반응으로 적절하지 않은 것은?

① 글을 더욱 능동적인 태도로 읽게 되는 것 같아.
② 자료를 찾아 읽다 보니까 더 많은 것을 알게 되었어.
③ 글의 내용을 체계적으로 파악해서 암기가 잘 되었어.
④ 궁금증이 해소되어 글의 내용을 잘 이해할 수 있었어.
⑤ 필요한 자료를 선별하는 비판적 시각의 필요성을 느꼈어.

04 ㉠과 ㉡에 대한 설명으로 적절하지 않은 것은?

① ㉠은 제작 비용을 아껴야 하는 상황에서 만들어졌다.
② ㉠은 일반적인 고정 관념을 깨뜨리는 형태를 지녔다.
③ ㉡은 오염된 물을 마시고 고통받는 사람들을 위해서 만들어졌다.
④ ㉡은 최대한 제작 원가를 절약하여 정수 기능이 미흡했다.
⑤ ㉠과 ㉡는 모두 인간을 위한 디자인이라고 할 수 있다.

고난도 응용

중요

01 **이 글에 소개된 책 『인간을 위한 디자인』을 선정하여 읽으면서 읽기 과정에 대해 점검 · 조정하는 항목으로 적절하지 않은 것은?**

① 책 읽기에 대한 계획은 적절했는가?
② 읽기 목적에 적합한 읽기 전략을 사용하였는가?
③ 흥미나 수준 등을 고려해서 책을 선정하였는가?
④ 배경지식을 활용하여 능동적으로 책을 읽었는가?
⑤ 저자의 활동과 주요 저서에 대한 이해가 충분했는가?

02 **㉠과 ㉡의 공통점을 바르게 지적한 사람은?**

① 경주: 창의적인 디자인으로 기업이 경제적으로 많은 이윤을 얻을 수 있음을 보여 줘.
② 서율: 디자인은 아름답고 멋지게 해야 한다는 점을 우리에게 확인시키는 것 같아.
③ 어진: 과학 기술의 발달이 우리 삶에 끼친 부정적 영향을 확인시켜 주는 것 같아.
④ 현우: 인공지능이 인류의 삶을 급격히 변화시킬 수 있다는 점을 각인시키는 것 같아.
⑤ 동주: 창의적인 디자인이 사회적 약자를 도울 수 있음을 보여 주는 사례라고 할 수 있어.

중요 | 서술형

03 **〈보기〉의 '구드작 봉투'는 인간을 위한 디자인이라고 할 수 있다. 그 이유를 (라)의 내용을 참고하여 30자 이내로 쓰시오.**

◀ 보기 ▶

네덜란드의 디자이너 사이먼 아카야는 버려지는 물건을 좋은 상태로 유지하여 재활용할 수 있는 방법을 고민하다가, '좋은 일을 하는 것'이라는 의미를 지닌 '구드작(Goedzak) 봉투'를 만들었다. 이 봉투의 절반은 안이 훤히 들여다보이는 비닐 소재로 되어 있고, 노란색을 사용하여 사람들의 시선을 끌 수 있도록 했다. 필요 없거나 버릴 물건을 이 봉투에 담아 쓰레기 버리는 곳에 두면 원하는 사람은 누구나 봉투 안의 물건을 보고 필요하면 가져갈 수 있다.

소단원 한눈에 보기

갈래	설명문
성격	예시적, 체계적
제재	( )을/를 위한 디자인(이타적 디자인)
주제	( ) 약자를 돕는 '인간을 위한 디자인'
특징	• '인간을 위한 디자인'의 구체적인 ( )을/를 제시하여 독자의 이해를 돕고 있음. • 빅터 파파넥의 말을 ( )하여 '인간을 위한 디자인'이 추구하는 정신을 강조함. • 사회적 약자를 돕기 위한 '인간을 위한 디자인'에 대한 독자의 관심을 이끌어 냄.

▶ **글의 짜임**

처음	사회적 약자를 돕기 위한 '인간을 위한 디자인'
중간	'인간을 위한 디자인'의 구체적 사례 • 빅터 파파넥의 '깡통 라디오' • 미켈의 '라이프 스트로우' • 피에트 헨드릭스의 '큐드럼'
끝	'인간을 위한 디자인'이 추구하는 정신

▶ **'인간을 위한 디자인'의 개념과 구체적인 사례**

개념		가난한 사람들, 장애인과 어린이, 여성과 문맹 등 사회적 약자들에게 쓸모 있는 물건을 만드는 일, 또는 그렇게 만든 물건
사례	깡통 라디오	발리 원주민들을 화산 폭발로부터 보호하기 위해 깡통을 이용해 최소한의 기능만 구현한 라디오
	라이프 스트로우	오염된 식수로 온갖 질병에 고통받는 사람들을 위해서 만든 정수 기능을 갖춘 휴대용 빨대
	큐드럼	식수를 구하느라 고통받는 아프리카 아이들이 물을 실어 쉽게 나르도록 만든, 알파벳 'Q'자 모양의 물통

답 인간, 사회적, 사례, 인용

출제 포인트

• 모르거나 낯선 개념, 용어, 정보 등을 사전, 인터넷, 도서관 등에서 자료를 찾아 참고하며 읽는 구체적인 활동과 효과에 주목한다.
• 스스로 한 권의 책을 선정하여 끝까지 읽는 과정에 대해 정확히 이해한다.

단원 평가

[01~07] 다음 글을 읽고 물음에 답하시오.

㉮ 역사학자 토인비는 『역사의 연구』라는 책에서 아주 재미있는 역사 이론을 펼친다. 가혹한 환경이 인간을 위협하면 그에 맞서 싸우는 과정에서 인류 역사가 발전해 왔다고 주장한 것이다. 고대 중국 문명을 예로 들어 보자. 양쯔강과 황허강은 중국을 대표하는 강인데, 그중 양쯔강 유역은 기후가 따뜻하고, 농토가 비옥해서 농사를 짓기에는 최적의 환경이었다. 반면 ⓐ황허강 유역은 너무 추워서 겨울이면 강물이 얼어붙어 배가 다닐 수조차 없었다. 게다가 매년 범람이 잦아 농사 피해가 이만저만이 아니었다. 그런데 고대 문명이 생겨난 곳은 양쯔강이 아니라 험난한 황허강 유역이었다. 황허 문명뿐만 아니라 다른 고대 문명의 발상지 또한 모두 척박하기 이를 데 없는 환경이었다.

㉯ 그래서 토인비는 인류 역사는 곧 '도전과 응전'의 역사로 설명될 수 있으며, 가혹한 환경이 없었다면 인류는 지금처럼 발전할 수 없었을 거라고 말한다. 토인비는 이 주장을 뒷받침하기 위해 청어와 관련된 이야기도 했다. 보통 북해나 베링 해협 같은 먼 바다에서 잡히는 청어는 운반되는 동안 죽어 버리기 일쑤다. 그런데 언젠가부터 런던에 살아 있는 청어가 대량으로 공급되기 시작했다. ⓑ그 비결은 다름 아닌 청어의 천적, 물메기에 있었다. 청어들이 가득 담긴 수조에 물메기를 몇 마리 넣으면 청어는 물메기에게 잡아먹히지 않으려고 있는 힘껏 도망 다닌다. 청어에게 물메기와 함께 있는 것은 가혹한 시련이었고, 그에 맞서 필사적으로 대응하다 보니 오히려 죽지 않고 살아남을 수 있었다.

㉰ 우리는 삶에 시련이나 고통이 찾아오면 나쁜 일이 벌어졌다고만 생각한다. ⓒ'왜 하필이면 이런 일이 나에게 일어났을까?'라고 생각하며 세상을 원망하기도 한다. 하지만 토인비의 주장에 따르면 시련이나 고통이 꼭 나쁜 것만은 아니다. ㉠시련에 맞서 싸우는 과정에서 우리는 더욱 성숙해지고 강인해지니까 말이다.

㉱ 그런데 요즘 열일곱 살은 고통과 시련이 찾아오면 지레 겁부터 먹는다. 어떻게든 도전할 생각을 하는 게 아니라 좌절하고 다시 못 일어나지 않을까부터 염려한다. 그들의 두려움은 결국 도전에 대한 무조건적인 회피 현상으로 나타난다.

"지금 고1인데요. 저는 우리나라의 교육 제도가 너무 싫어요. 모든 게 대학 입시 위주고, 학생 개인의 개성은 완전히 무시해 버리잖아요. 친구들과 경쟁해야 하는 것도 힘들고요. ⓓ고등학교 3년 내내 이렇게 보내야 한다고 생각하면 벌써부터 숨이 막혀요. 견딜 용기도 안 나고요. 그래서 다른 나라로 유학 갈까 생각 중이에요. 그곳에서 새 출발하면 잘할 수 있지 않을까요?"

'리셋 증후군'을 보이는 어느 열일곱 살의 이야기다. 리셋 증후군이란 컴퓨터가 원활하게 돌아가지 않거나 제대로 작동하지 않을 때 리셋 버튼만 누르면 처음부터 다시 시작할 수 있는 것처럼 현실 세계에서도 리셋이 가능할 것이라 착각하는 현상을 일컫는 말이다. 힘들고 고통스러운 상황에서 벗어나 다시 새롭게 시작하고 싶은 마음이야 이해하지만 다른 나라로 간들 그곳이라고 역경이 없을까?

㉲ 또 열일곱 살 때 겪어야 할 역경을 피하려다 오히려 20대에 더 큰 위기에 봉착할 수도 있다. 그러므로 20대, 30대가 되어 그 나이에 마땅히 겪어야 할 고통과 사춘기의 고통까지 뒤죽박죽 겪고 싶지 않다면 차라리 지금 겪는 게 낫다. 『그래도 계속 가라』라는 책에서 '늙은 매'라 불리는 할아버지는 손자인 제레미에게 다음과 같이 말한다.

"얼마나 많이 불어닥치건 간에 폭풍에 맞서 대항하다 보면, 그것에 저항하기 위해서는 굳이 폭풍만큼 강할 필요가 없다는 사실을 터득하게 된단다. ⓔ그냥 서 있을 정도만 강하면 된다. 겁에 질린 채 떨면서 서 있든지, 주먹을 휘두르면서 서 있든지 간에 우리가 서 있는 한은 그만큼 강하다는 뜻이 아니겠느냐."

㉳ 어떤 사람들은 잘하지 못할 바엔 처음부터 도전하지 않는 게 낫다고 말한다. 중간에 그만두면 괜히 시간만 낭비하는 셈이라고 주장하면서 말이다. 그러나 그것은 도전이 두려워 포기해 버리는 자의 변명에 불과하다. 늙은 매의 말처럼 폭풍이 불어닥쳤을 때는 서 있을 정도로만 강해도 된다. 이렇게 생각한다면 할 수 없다고만 말할 게 아니라 뭐든 해 볼 수 있지 않을까? 포기하고 싶은 마음이 들 때는 더도 말고 딱 한 발자국만 앞으로 나아가 보라. 시련을 이겨 내고 더 단단해진 나를 상상하면서 말이다.

01 이 글을 쓴 목적으로 가장 적절한 것은?

① 리셋 증후군이 무엇인지 자세히 알려 주기 위해서
② 시련을 극복했던 글쓴이의 체험을 알려 주기 위해서
③ 청소년 문제를 해결하려는 사회적 관심을 환기하기 위해서
④『역사의 연구』라는 책에 대한 글쓴이의 감상을 소개하기 위해서
⑤ 요즘 청소년들에게 시련에 직면하여 견디는 자세의 중요성을 강조하기 위해서

중요

02 이 글을 읽고 『그래도 계속 가라』라는 책을 스스로 선정하여 독서 과정을 계획한 내용으로 적절하지 않은 것은?

읽기 전	• 등교 후 아침 독서 시간에 읽는다. ⋯⋯⋯⋯ ① • 편한 마음으로 읽되 꼭 끝까지 읽는다.
읽는 중	• 모르는 말이나 정보는 사전이나 인터넷에서 검색해 본다. ⋯⋯⋯⋯ ② • 인상 깊은 내용에 밑줄을 긋거나 별표를 한다. ⋯⋯ ③ • 제목이나 소제목, 삽화 등을 보면서 내용을 예측하며 읽는다. • 친구에게 권하는 서평을 쓰고, 전체적인 책의 내용에 대한 나의 비평을 독서 공책에 쓴다. ⋯⋯⋯⋯ ④
읽은 후	• 인상 깊은 내용과 느낀 점을 간략히 정리한다. • 책에 대한 감상을 누리 소통망을 통해 다른 사람들과 나눈다. ⋯⋯⋯⋯ ⑤

중요

03 이 글을 읽으면서 자료를 찾아 참고한 활동으로 적절하지 않은 것은?

① '토인비'에 대해 인터넷에서 인물 검색을 하여 주요 활동과 저서 등을 참고하였다.
②『그래도 계속 가라』에 대해 도서관에서 도서 대출을 받아 주요 내용을 살펴보았다.
③ '리셋 증후군'에 대해 인터넷 백과사전에서 자료를 찾아 그 개념, 증세 등을 알아보았다.
④ '황허강'과 '양쯔강'에 대해 백과사전에서 자료를 찾아 위치와 지리적 환경 등을 참고하였다.
⑤ '물메기'에 대해 국어사전에서 자료를 찾아 시각 이미지와 물메기를 이용한 요리 등을 알아보았다.

04 이 글을 읽은 독자의 반응으로 적절하지 않은 것은?

① 토인비는 도전에 대한 응전의 자세가 필요하다고 생각했구나.
② 시련과 맞서 싸우는 과정에서 우리는 더욱 성숙해지고 강인해지는구나.
③ 고통에서 벗어나기 위해 환경을 바꾸면 역경 없이 새로 시작할 수 있겠구나.
④ 힘들고 어려울 때 포기하지 말고 한 발자국이라도 앞으로 나아가려고 노력해야겠구나.
⑤ 현실 세계는 리셋 버튼을 누른다고 해서 처음부터 다시 시작할 수 있는 데가 아니구나.

05 이 글의 맥락을 고려할 때, ㉠과 의미가 상통하는 사례로 가장 적절한 것은?

① 타고난 노래 재능을 잘 살려 가수가 된 경우
② 계획대로 자율 학습을 열심히 해서 성적을 올린 경우
③ 과학에 대한 관심으로 훗날 신소재 공학자가 된 경우
④ 팔을 잃는 사고에도 좌절하지 않고 그림을 그려 명작을 남긴 화가의 경우
⑤ 국내 무대를 벗어나 해외 무대에서 재능을 마음껏 발휘한 발레리나의 경우

06 ⓐ~ⓔ에 대한 이해로 적절하지 않은 것은?

① ⓐ: '황허강'은 인간에게 가혹한 환경이라고 할 수 있겠군.
② ⓑ: '물메기'는 '청어'에게 가혹한 환경이라고 할 수 있겠군.
③ ⓒ: 고통과 시련에 대한 사람들의 부정적 인식이 드러나는군.
④ ⓓ: 고통과 시련을 두려워하는 태도가 드러나는군.
⑤ ⓔ: 고통과 시련을 즐기려는 자세를 강조하는군.

서술형

07 토인비가 '고대 문명 발상지', '청어 이야기'를 통해 주장하고자 한 바를 〈조건〉에 맞게 쓰시오.

조건
• (나)의 내용을 바탕으로 쓸 것.
• '도전', '응전'이라는 말을 포함하여 한 문장으로 쓸 것.

단원 평가

[08~14] 다음 글을 읽고 물음에 답하시오.

가 현재 활동하는 세계적인 디자이너들에게 '존경하는 디자이너가 누구냐'고 물으면 이구동성으로 '이타적 디자인'의 원조인 빅터 파파넥을 손꼽습니다. ⓐ빅터 파파넥은 살아생전에 세계 각국을 다니며 가난한 사람들, 장애인과 어린이, 여성과 문맹 등 소외된 사람들을 위한 디자인을 했습니다. 그의 이러한 노력은 자연과 사회적 약자를 돕는 데도 디자인이 중요한 역할을 할 수 있다는 가르침을 전해 주었습니다. 그래서 파파넥의 생각에서 비롯된 이러한 디자인의 경향을 '이타적 디자인' 혹은 '인간을 위한 디자인'이라고 부릅니다.

나 ⓑ인도네시아를 찾은 파파넥은 원주민들이 왜 무방비로 화산 폭발의 피해를 입을 수밖에 없었는지 깨닫게 되었습니다. 그곳의 원주민들은 재난 경보를 들을 수 있는 간단한 장비조차 구매할 수 없을 만큼 가난했기 때문에 예고 없이 찾아오는 재난에 속절없이 당할 수밖에 없었던 것입니다. 화산 폭발 위험을 알리는 경보를 듣고 바로 대피만 했더라도 많은 사람들이 최소한 목숨은 구할 수 있었을 거라고 생각하니 파파넥은 가슴이 몹시 아팠습니다.

〈중략〉

결국 그가 만든 라디오는 라디오가 가진 최소한의 기능만을 구현한 것이었습니다. 그래서 처음 보는 사람은 라디오라고 인식하기도 어려울 만큼 괴이한 형태를 지녔습니다. 그런데 우리는 그것을 왜 '괴이하다'고 느낄까요? 바로 우리가 가진 '디자인에 대한 고정 관념' 때문입니다. 좋은 디자인은 보기 좋고 아름다워야 한다는 생각이 바로 그것이지요. 파파넥은 디자인에 대한 이러한 ⓒ고정 관념을 다음과 같은 말로 뛰어넘습니다.

"사물을 아름답게만 만드는 것은 죄악입니다. 사물을 쓸모 있게 만드는 것이 바로 디자인이지요."

다 미켈은 아프리카에 여행을 다녀온 적이 있었는데, 그곳 사람들이 오염된 물을 마시고 온갖 질병으로 고통받는 모습에 큰 충격을 받았습니다. 여행을 마치고 돌아온 미켈은 보건 구호 사업가로서의 삶을 살기로 결심했습니다. 그가 만든 휴대용 정수기 라이프 스트로우는 말 그대로 생명을 살리는 빨대가 되어 세계적인 구호 단체들에 공급되었습니다. ⓓ라이프 스트로우는 정수 기능에 최대한 충실하면서도 군더더기를 모두 뺀 디자인으로써 최대한 원가를 절약해 저렴하면서도 품질이 훌륭했습니다. 구호 단체들이 부담 없이 구입해 보급할 수 있게끔 한 것이지요.

라 ⓔ아프리카에서 식수를 구하기란 하늘의 별 따기만큼이나 어렵고 힘든 일입니다. 한 양동이의 물을 긷기 위해서 심지어 수십 km를 걸어가야 하는 경우도 허다합니다. 게다가 물을 양손에 들거나 머리에 이고 돌아오는 길은 얼마나 힘들고 고되겠어요? 더구나 그런 고된 일이 아이들에게 맡겨진다면 그 고통이야 이루 말할 수 없을 것입니다. 그런 아이들이 그 고된 일을 즐겁고 재밌는 놀이처럼 할 수 있게 해 준 디자인이 있습니다. 피에트 헨드릭스라는 사람이 만든 ㉠'큐드럼'이 바로 그것입니다.

알파벳 'Q'자를 닮았다고 해서 이렇게 이름 붙여진 물통은 원기둥 모양으로 되어 있어 물통을 손으로 들거나 머리에 이지 않고도 운반할 수 있도록 디자인되었습니다. 아이들은 이 물통을 장난감을 가지고 놀 듯 줄로 묶어서 끌고 다닙니다. 줄을 잡고 달리면 먼 거리를 왕복하며 물을 긷는 고된 일도 즐거운 놀이가 될 것 같은 느낌의 디자인입니다.

마 빅터 파파넥은 1970년대에 ㉡『인간을 위한 디자인』을 통해 세계가 안고 있는 환경 문제, 사회 문제에 대해 디자이너도 책임감과 사명감을 느껴야 한다고 주장했습니다. 그뿐만 아니라 디자이너들은 각종 위기에 처한 세계를 살리기 위해 무엇을 디자인할 것인지 고민하고, 더 나은 세상을 만드는 일에 동참해야 한다고 역설했습니다.

"저렴하고, 단순하고, 인간의 일상생활과 연결되어 있어야 합니다. 이것은 모두를 위한 디자인의 기본 조건입니다. 그리고 무엇보다 사람에 대한 관심과 사랑이 있어야 합니다."

생소하고 낯설었던 이러한 생각이 처음 세상에 알려졌을 때 지나치게 순진하다거나 망상에 불과하다며 비난하던 사람들도 있었습니다. 그러나 다행히도 현재 파파넥의 생각은 지속 가능한 디자인의 밑거름으로 평가받고 있으며, 오늘날에도 수많은 후배 디자이너들이 그의 숭고한 뜻을 이어 가고 있습니다.

08 이 글에 대한 설명으로 적절하지 않은 것은?

① 구체적인 사례를 들어 독자의 이해를 돕고 있다.
② '인간을 위한 디자인'에 대한 정보를 제공하고 있다.
③ 경어체를 사용하여 독자에게 친근하게 설명하고 있다.
④ 인물의 말을 인용하여 '인간을 위한 디자인'이 추구하는 정신을 드러내고 있다.
⑤ '인간을 위한 디자인'의 장점과 단점을 설명하여 독자에게 객관적 정보를 제공하고자 한다.

중요

09 이 글과 관련된 내용을 〈보기〉와 같이 자료를 찾아 참고하며 읽었을 때, 그 효과로 적절하지 않은 것은?

보기

글을 읽으면서 모르는 단어나 낯선 용어, 또는 이해하기 힘든 정보나 지식과 맞닥뜨릴 때, 그리고 글의 내용과 관련하여 더 알고 싶거나 궁금한 점이 있을 때는 사전이나 인터넷, 도서관에서 자료를 찾아 참고할 수 있다.

① 글의 내용을 능동적으로 이해하면서 읽는 습관이 길러진다.
② 모르는 것을 알게 되어 글의 내용을 이해하는 데에 도움이 된다.
③ 글의 제목이나 소제목, 시각 자료 등을 통해 내용을 정확히 예측할 수 있다.
④ 배경지식을 넓힐 수 있고, 확충된 배경지식을 글 읽기에 능동적으로 활용할 수 있다.
⑤ 매체를 적극적으로 활용하는 능력과, 내게 필요한 자료를 선별하는 비판적 시각을 기를 수 있다.

10 이 글에 대한 독자의 이해로 적절하지 않은 것은?

① 파파넥은 사회적 약자를 돕는 데 기여하였군.
② 파파넥은 재난 경보가 원주민들을 구할 거라고 생각했군.
③ 깡통 라디오의 외형은 괴이한 형태였다고 볼 수 있군.
④ 미켈은 식수로 고통받는 사람들을 안타깝게 여겼군.
⑤ 헨드릭스는 경제적 이윤을 위해 '큐드럼'을 디자인했군.

중요

11 ㉠에 대해 자료를 찾기 위한 활동으로 적절한 것을 〈보기〉에서 골라 바르게 묶은 것은?

보기

ㄱ. 인터넷에서 이미지 검색으로 정보를 찾아봄.
ㄴ. 국어사전에서 개념에 대해서 알아봄.
ㄷ. 도서관 관련 책들에서 정보를 찾아봄.
ㄹ. '드럼'에 대해서 음악 백과사전에서 정보를 찾아봄.

① ㄱ, ㄴ ② ㄱ, ㄷ ③ ㄴ, ㄷ
④ ㄴ, ㄹ ⑤ ㄷ, ㄹ

12 ㉡에 대한 설명으로 적절하지 않은 것은?

① 빅터 파파넥을 그 원조라고 할 수 있다.
② 소외된 사람에 대한 관심과 사랑이 담겨 있다.
③ 각종 위기에 처한 세계를 살리기 위한 디자인이라고 할 수 있다.
④ 순수한 동기에서 시작하여 처음부터 많은 사람들의 호응을 받았다.
⑤ 더 나은 세상을 만들기 위한 디자이너들의 동참이라고 할 수 있다.

13 ⓐ~ⓔ에 대한 자료를 찾은 활동으로 적절하지 않은 것은?

① ⓐ: 인터넷에서 그의 활동에 대해서 검색해 보았다.
② ⓑ: 지리 관련 책에서 이곳의 화산 활동에 대해 알아보았다.
③ ⓒ: 국어사전에서 그 의미를 찾아보았다.
④ ⓓ: 인터넷 이미지 검색으로 그 생김새를 알아보았다.
⑤ ⓔ: 도서관에서 아프리카의 광물 자원에 대해서 알아보았다.

서술형

14 이 글에서 '빅터 파파넥'과 '피에트 헨드릭스'가 디자인에서 추구하고자 했던 공통된 생각을 (나)에서 찾아 한 문장으로 쓰시오.

· 넷째 마당 ·

쓰기

01
경험을 담은 글과 통일성을 갖춘 글 쓰기

02
매체 특성에 따른 표현하기

경험을 담은 글과 통일성을 갖춘 글 쓰기

개념 압축 APP

1 경험을 담은 글 쓰기

개념	경험을 통해 얻은 생각이나 느낌을 표현하여 독자에게 (　　　　)(이)나 즐거움을 주는 글 쓰기
과정	의미 있는 경험을 선정하기 → 개요를 작성하기 → 경험을 생생하고 진솔하게 표현하기 → 내용, 구조, 표현 등을 고쳐쓰기
효과	• 자신의 삶을 (　　　　)하는 태도를 기름. • 독자에게 감동과 즐거움을 줄 수 있음.

2 다양한 자료를 활용하여 통일성을 갖춘 글 쓰기

개념	다양한 매체에서 자료를 수집하여 내용을 선정하고, 세부 내용이 글의 (　　　　)와/과 긴밀하게 연결되도록 하는 글 쓰기
과정	예상 독자, 목적, 주제 정하기 → 인쇄 매체, 영상 매체, 인터넷 매체 등에서 다양한 (　　　　)을/를 찾아 세부 내용 정하기 → 세부 내용이 주제를 잘 뒷받침하도록 개요 작성하기 → 주제가 명료하게 드러나도록 표현하기 → 내용, 구성, 표현 등이 주제를 잘 드러내도록 고쳐쓰기
효과	• 자신의 수준과 흥미에 맞는 내용을 선정함. • 글의 주제와 관련된 내용을 선정함. • 신뢰할 만한 자료를 활용하고 (　　　　)을/를 밝힘.

답 감동, 성찰, 주제, 자료, 출처

필수 어휘 사전

- **경험:** 자신이 실제로 해 보거나 겪어 봄. 또는 거기서 얻은 지식이나 기능
- **감동:** 크게 느끼어 마음이 움직임.
- **주제:** 글의 중심 내용. 글쓴이가 말하고자 하는 주된 생각이나 느낌
- **통일성:** 글의 주제와 세부 내용이 밀접하게 관련되는 것

확인 문제

1. 경험을 담은 글을 쓸 때 얻을 수 있는 효과로 적절하지 않은 것은?

① 자신의 삶을 성찰할 수 있게 해 준다.
② 삶의 경험과 깨달음을 독자와 공유할 수 있다.
③ 독자에게 감동과 즐거움을 느끼게 할 수 있다.
④ 논리적이고 비판적인 사고력을 길러 줄 수 있다.
⑤ 현재와 미래의 삶을 설계하는 데 도움을 받을 수 있다.

2. 다음은 통일성을 갖춘 글 쓰기에 대한 설명이다. 빈칸에 공통으로 들어갈 말을 한 단어로 쓰시오.

> 통일성을 갖춘 글은 (　　)이/가 명료하게 드러나는 글이다. 따라서 통일성을 갖춘 글을 쓰려면 세부 내용이 (　　)와/과 긴밀하게 연관되도록 써야 한다.

3. 다음은 글쓰기에 필요한 자료 수집 방법에 관한 설명이다. 맞으면 ○표, 틀리면 X표를 하시오.

(1) 전문적이고 어려운 내용을 중심으로 자료를 선정한다. ………… (　　)
(2) 글의 주제에서 벗어나지 않는 내용을 선정한다. ………………… (　　)

답 1. ④ 2. 주제 3. (1) × (2) ○

학습 목표

• 자신의 삶과 경험을 바탕으로 하여 독자에게 감동이나 즐거움을 주는 글을 쓸 수 있다.
• 다양한 자료에서 내용을 선정하여 통일성을 갖춘 글을 쓸 수 있다.

학습 활동 따라잡기

1 다음은 한 학생이 경험을 바탕으로 한 글을 쓰기 위해 메모한 내용이다. 다음 메모를 읽고 물음에 답해 보자.

■ 나에게 의미 있는 경험: 두발자전거 타기에 처음 성공했던 경험

■ 경험의 구체적인 내용: 초등학교 5학년 때 나도 친구들처럼 두발자전거를 타야겠다고 마음먹고 시도를 했는데 쉽지 않았다. 뒤에서 친구들이 잡아 줘도 매번 넘어졌고 균형을 잡는 게 힘들었다. 일주일째 되는 어느 날 저녁, 친구들이 다 떠나고 난 운동장에 남아 혼자 연습을 시작했다. 있는 힘껏 페달을 밟고 속도를 높이기 시작한 어느 순간 나는 자전거를 탄 채로 운동장을 돌고 있었다. 마침내 성공한 것이다.

■ 경험에서 얻은 느낌이나 생각
- 느낌: 가슴이 터질 듯한 행복감과 뿌듯함을 느낌.
- 생각: 무엇이든 포기하지 않고 노력하면 반드시 해낼 수 있다는 것을 깨달음.

(1) 이 학생과 같이 자신의 삶에서 인상적이고 의미 있었던 경험을 떠올려 적어 보자.

(2) (1)의 경험에서 얻은 생각과 느낌을 간략히 적어 보자.

2 다음은 '동굴의 생성 과정과 종류를 소개하는 글'을 쓰기 위해 작성한 개요표이다. 다음을 읽고 물음에 답해 보자.

제목: 동굴의 생성 과정과 종류
처음 1. 동굴에 대한 소개
(1) 동굴의 뜻
(2) 동굴의 경제적 가치

중간 1. 석회 동굴의 생성 과정과 특징
2. 파식 동굴의 생성 과정과 특징
3. 용암 동굴의 생성 과정과 특징
끝 1. 우리나라의 유명한 동굴들 소개
2. 마무리하는 말

(1) 이 개요표를 바탕으로 하여 글을 쓸 때 필요한 자료를 수집하고 출처를 적어 보자.

주요 내용	출처
동굴의 뜻, 종류, 형성 요인 등	『○○ 백과사전』

(2) 이 개요표에서 글의 통일성을 해치는 내용 두 가지를 찾아 바르게 고쳐 보자.

끌어 주기

◎ 경험을 바탕으로 한 글을 쓰기 위해 의미 있는 경험을 선정하고 그 경험에서 얻은 깨달음을 정리해 본다.

(1) 감동적인 경험, 특별한 깨달음을 주었던 경험, 오래도록 기억 나는 인상적인 경험 등을 떠올려 본다.
예시 답안 내가 키우던 강아지가 교통사고로 갑자기 죽은 경험

(2) (1)의 경험을 했을 때의 기분과 감정, 그때 얻은 생각과 깨달음 및 교훈을 구체적으로 떠올려 본다.
예시 답안 •느낌: 슬프고 허전함. •생각: 살아 있을 때 더 잘해 주지 못한 것이 후회됨. 부모님이 돌아가신 후에 후회하지 않도록 살아 계실 때 효도해야겠다고 생각함.

◎ 개요표를 바탕으로 하여 글쓰기에 필요한 다양한 자료를 수집하고, 통일성을 해치는 내용을 찾아본다.

(1) 이 글의 주제와 관련된 정보가 담긴 자료를 인터넷, 책, 신문, 영상물 등에서 찾아본다.
예시 답안 •주요 내용: 동굴의 종류에 따른 생성 과정 •출처: 석동일, 「동굴의 탄생 과정과 그 종류」
•주요 내용: 동굴의 생성 과정과 동굴 속 생물들 •출처: 다큐멘터리 '살아 있는 지구 – 제4편 숨겨진 동굴들'

(2) 이 글의 주제인 '동굴의 생성 과정과 종류'와 관련이 없는 내용을 찾아 주제를 뒷받침하는 내용으로 고친다.
예시 답안 •처음 1. (2) 동굴의 경제적 가치 → 동굴의 분류 기준
•끝 1. 우리나라의 유명한 동굴들 소개 → 동굴의 생성 과정과 특징 요약

1 어머니는 왜 숲속의 이슬을 떨었을까 | 이순원

*다음 글을 읽고 물음에 답하시오.

㉮ 아들아.

이제야 너에게 하는 얘기지만, 어릴 때 나도 너처럼 학교 다니기 참 싫었단다. 그러니까 꼭 너만 했을 때부터 그랬던 것 같구나. 사람들은 아빠가 지금은 소설을 쓰는 사람이니까 저 사람은 어릴 때 참 착실하게 공부를 했겠구나, 생각할지 모르지만 전혀 그렇지 않았단다.

㉯ 오월 어느 날이었다. 그날도 나는 학교에 가기 싫다고 말했다. 왜 안 가냐고 물어 공부도 재미가 없고, 학교 가는 것도 재미가 없다고 말했다.

어린 아들이 그러니 어머니로서도 한숨이 나왔을 것이다.

"그래도 얼른 교복으로 갈아입어라."/ "학교 안 간다니까."

그 시절 나는 어머니에게 존댓말을 쓰지 않았다. 어머니를 만만히 보아서가 아니라 우리 동네 아이들 모두 그랬다.

㉰ 어머니는 내게 가방을 넘겨준 다음 ㉠두 발과 ㉡지겟작대기를 이용해 내가 가야 할 ㉢산길의 이슬을 떨어내기 시작했다. 어머니의 몸뻬 자락이 이내 아침 이슬에 흥건히 젖었다. 어머니는 발로 이슬을 떨고, 지겟작대기로 이슬을 떨었다. 〈중략〉 / 그렇게 어머니와 아들이 무릎에서 발끝까지 옷을 흠뻑 적신 나음에야 신작로에 닿았나.

㉱ "자, 이제 이걸 신어라." / 거기서 어머니는 품속에 넣어 온 ㉣새 양말과 ㉤새 신발을 내게 갈아 신겼다. 학교 가기 싫어하는 아들을 위해 아주 마음먹고 준비해 온 것 같았다.

"앞으로는 매일 떨어 주마. 그러니 이 길로 곧장 학교로 가. 중간에 다른 데로 새지 말고."

그 자리에서 울지는 않았지만 왠지 눈물이 날 것 같았다.

"아니, 내일부터 나오지 마. 나 혼자 갈 테니까."

㉲ 그때부터 나는 학교를 결석하지 않았다.

어른이 된 지금도 나는 그렇게 생각한다. 그때 어머니가 이슬을 떨어 주신 길을 걸어 지금 내가 여기까지 왔다고. 돌아보면 꼭 그때가 아니더라도 어머니는 내가 지나온 길 고비고비마다 이슬떨이를 해 주셨다. / 아들은 어른이 된 뒤에야 그때 어머니가 떨어 주시던 이슬떨이의 의미를 깨닫게 되었다. 아마 그렇게 떨어내 주신 이슬만 모아도 내가 온 길 뒤에 작은 강 하나를 이루지 않을까 싶다.

㉳ 아들아. 〈중략〉 / 이다음 어른이 되었을 때, 아빠처럼 너에게도 그런 아름다운 길 하나 있었으면 좋겠다. 어린 날 나는 그 길을 걸어 나오며 내 앞에 펼쳐진 이 세상의 모든 길들을 바라보았단다.

아들아. 길은 그 자체로 인생이란다. 그리고 그것을 걷는 것이 곧 우리의 삶이란다.

학습 목표 응용

01 이와 같은 글을 쓸 때 필요한 점검 사항으로 적절하지 않은 것은?

① 삶의 경험을 진지하게 성찰하고 있는가?
② 정확하고 객관적인 사실을 표현하고 있는가?
③ 일관된 주제에 따라서 내용이 전개되고 있는가?
④ 글의 구조가 체계적이어서 내용을 이해하기가 쉬운가?
⑤ 독자가 감동과 즐거움을 느낄 만한 내용을 담고 있는가?

중요

02 다음은 이와 같은 글을 쓰는 과정에 대한 설명이다. 이 글에서 밑줄 친 말에 해당하는 내용으로 가장 적절한 것은?

> 먼저, 의미 있고 인상적인 경험을 선정한 후, 경험과 깨달음이 잘 드러나도록 개요를 작성한다. 그리고 진솔한 언어로 경험이 생생하게 드러나게 글로 표현한다. 끝으로 내용, 구조, 표현 등의 적절성을 평가하여 고쳐 쓴다.

① 어머니가 등굣길에 글쓴이의 책가방을 대신 들어 주셨다.
② 어머니는 비가 오는 날에도 글쓴이의 등굣길에 동행하였다.
③ 어머니는 매일 험한 산길을 넘어 글쓴이를 학교까지 데려다 주었다.
④ 어머니가 학교에 가기 싫어하는 글쓴이를 위해 등굣길의 이슬을 떨어 주셨다.
⑤ 학교에 가지 않으려는 글쓴이에게 어머니가 새 신발과 새 양말을 사 주셨다.

03 글쓴이가 이 글을 쓴 궁극적 목적으로 적절한 것은?

① 아들의 잘못을 꾸짖기 위해서
② 아들의 마음을 변화시키기 위해서
③ 아들의 상황과 처지를 이해하기 위해서
④ 아들에게 재미있는 이야기를 들려주기 위해서
⑤ 아들에게 자신의 성장 과정을 알려 주기 위해서

04 ㉠~㉤ 중, 다음과 같은 의미가 담긴 소재가 아닌 것은?

> 아들이 이슬에 젖지 않고 말끔한 상태로 학교에 다니기를 바라는 어머니의 마음

① ㉠ ② ㉡ ③ ㉢ ④ ㉣ ⑤ ㉤

고난도 응용

01 이 글의 표현상 특징과 효과로 적절한 것은?

① 경험을 압축적으로 제시하여 여운을 남긴다.
② 독백체를 사용하여 상황의 심각성을 강조한다.
③ 익살스러운 표현을 사용하여 독자에게 웃음을 준다.
④ 친근한 말투를 사용하여 편안한 분위기를 조성한다.
⑤ 존댓말을 사용하여 독자에게 고백하는 듯한 느낌을 준다.

02 이 글의 주제와 유사한 내용이 담긴 시조로 적절한 것은?

① 아버님 날 낳으시고 어머님 날 기르시니
두 분곧 아니시면 이 몸이 살았을까.
하늘 같은 끝없는 은덕을 어디 다 갚으리. – 정철

② 이 몸이 죽고 죽어 일백 번 고쳐 죽어
백골이 진토 되어 넋이라도 있고 없고
임 향한 일편단심이야 가실 줄이 있으랴. – 정몽주

③ 태산이 높다 하되 하늘 아래 뫼이로다.
오르고 또 오르면 오르지 못할 까닭 없건대
사람이 제 아니 오르고 뫼만 높다 하더라. – 양사언

④ 동기로 세 몸 되어 한 몸같이 지내다가
두 아운 어디 가서 돌아올 줄 모르는고.
날마다 석양 문 외에 한숨 겨워 하노라. – 박인로

⑤ 어져 내 일이야 그릴 줄을 모르더냐.
이시랴 하더면 가랴마는 제 구태여
보내고 그리는 정은 나도 몰라 하노라. – 황진이

서술형

03 이 글을 읽은 아들의 반응을 〈조건〉에 맞게 쓰시오.

조건
• 글쓴이가 기대하는 반응을 쓸 것.
• 이 글에 담긴 글쓴이의 의도가 드러나게 쓸 것.
• '~겠다.'로 끝맺는 한 문장으로 쓸 것.

소단원 한눈에 보기

갈래	수필
성격	고백적, 사실적
주제	어머니의 헌신적 (　　　)와/과 인생길의 의미
특징	• 글쓴이가 (　　　)에게 편지를 쓰는 외부 이야기 안에 글쓴이의 어린 시절 경험이 내부 이야기로 들어간 액자식 구성을 취함. • 글쓴이가 겪은 감동적인 일을 친근한 말투로 표현하여 독자의 공감을 이끌어 내고 독자에게 감동을 주고자 함.

▶ **이 글에 나타난 경험과 깨달음 및 글쓴이의 의도**

경험	학교에 가기 싫어하는 글쓴이를 위해 어머니가 등굣길을 동행하여 이슬떨이를 해 주심.
깨달음	자식을 위해 희생과 헌신을 아끼지 않는 어머니의 무한한 사랑과 정성에 감동함.
글쓴이의 의도	학교에 다니기 싫어하는 자신의 아들이 부모님의 사랑을 깨닫고 앞으로의 삶을 소중히 여기며 살아가길 바람.

▶ **독자의 감동을 이끌어 내기 위한 방법**

• 독자(아들)와 유사한 경험을 진솔하게 고백함.
• '–단다', '–란다'와 같은 친근감이 느껴지는 말투를 사용함.
• 글쓴이의 경험을 구체적이고 실감 나게 묘사함.
• 아름답고 감동적인 어린 시절의 경험을 들려줌.

답 사랑, 이슬

출제 포인트

• '어머니는 왜 숲속의 이슬을 떨었을까'에 담긴 경험과 깨달음, 이 글이 독자에게 감동과 깨달음을 줄 수 있는 까닭, 이 글의 구성과 표현 방식의 특징 등이 출제된다.

2 친구들아, 책을 읽자

*다음 글을 읽고 물음에 답하시오.

㉮ 학교 수업을 마치고 나면 우리들 손에는 주로 책 대신 휴대 전화가 들려 있다. 시간이 남을 때 도서관에 가기보다는 영화관이나 게임방을 찾는다. 독서가 중요하다는 말은 수없이 들었지만 막상 책을 읽기는 쉽지 않다. 도대체 우리 같은 청소년들이 책을 읽으면 무엇이 좋은지, 그리고 책 읽기를 실천하려면 어떻게 해야 하는지 알아보자.

㉯ 우리 학교 도서관 앞에는 책 읽기가 우리에게 주는 도움을 간략하게 소개해 놓은 게시판이 있다. 그 게시판의 내용을 바탕으로 하여 책 읽기의 장점을 몇 가지만 정리해 보면 다음과 같다. 일단, 독서는 우리의 학교 공부에 직접적인 도움이 된다. 무언가를 읽고 그 내용을 이해하는 것은 모든 공부의 기본이 되기 때문이다. 따라서 독서력은 모든 학습의 기본이자 핵심이다. 또한 독서는 시간과 공간의 제한을 뛰어넘는 다양한 간접 경험의 기회를 제공하여 세상과 인생과 인간을 이해할 수 있도록 도와준다.

㉰ 실제로 어려서부터 책 읽기를 생활화하여 성공한 인물들을 쉽게 찾아볼 수 있다. 한 인터넷 신문 기사에서는 미국의 한 작가가 30년 동안 전 세계를 돌며 1200여 명의 부자들을 인터뷰한 결과, 성공한 사람들의 공통점을 찾아내었는데 그것이 바로 독서 습관이었다고 한다. 우리가 잘 알고 있는 세계 최고의 기업가 빌 게이츠는 '독서 대통령'으로도 불리는데, '오늘날의 나를 있게 한 것은 우리 동네 도서관이었다. 하버드대학 졸업장보다 소중한 것이 독서하는 습관이다.'라고 말할 정도로 독서를 성공의 필수 조건으로 꼽았다. 〈중략〉 기왕이면 책 중에서도 오랜 시간 그 가치를 인정받은 동서양의 고전을 읽는 것이 좋다.

㉱ 그렇다면 언제 어떻게 책을 읽어야 할까? 사서 선생님과의 면담을 통해 책 읽기를 생활화할 수 있는 방안에 대한 좋은 정보를 얻을 수 있었는데, 첫째는 도서관을 적극적으로 이용하는 것이다. 학교 점심시간에는 학교 도서관에, 방과 후나 주말에는 동네 도서관에 가자. 혼자 가도 좋고 친구나 가족과 함께 가도 좋다. 둘째, 혼자서 책을 읽기가 어렵다면 친구들과 함께 독서 동아리를 만들거나 가족과 함께 독서 토론을 해 본다.

㉲ 책 읽기가 컴퓨터 게임이나 영화 보기, 야구 관람처럼 마냥 편하게 즐길 수 있는 일은 아닐 것이다. 하지만 조금 힘들더라도 책 읽기를 생활화하면 우리들은 험난한 인생을 헤쳐 나갈 든든한 지원군을 곁에 두게 될 것이다. 세상을 이해하기 위해, 더 나은 미래를 위해, 시공간을 초월한 다양한 벗들을 만나기 위해, 내 지친 영혼에 활력을 불어넣기 위해 지금 당장 휴대 전화를 내려놓고 책을 꺼내 드는 것은 어떨까?

학습 목표 응용

01 이 글에 대한 설명으로 적절하지 않은 것은?

① 책 읽기에 관한 여러 정보를 제공하고 있다.
② 실제 사례를 제시하여 독자의 이해를 돕고 있다.
③ 다양한 자료를 활용하여 주제를 뒷받침하고 있다.
④ 독자에게 책 읽기의 생활화를 권유하려는 의도가 담겨 있다.
⑤ 비교와 대조의 방법을 주로 사용하여 내용을 전개하고 있다.

02 글쓴이가 이 글을 쓰기 위해 자료를 수집한 방법으로 적절한 것은?

① 박물관에 직접 다녀왔다.
② 다양한 공익 광고물을 찾아보았다.
③ 인터넷 신문 기사를 검색해 보았다.
④ 텔레비전 뉴스 기사 목록을 확인해 보았다.
⑤ TV에서 방영된 다큐멘터리를 확인해 보았다.

03 (가)~(마)의 중심 내용으로 적절한 것은?

① (가): 청소년들이 책을 읽지 않는 까닭
② (나): 학교 도서관의 활용 방안
③ (다): 성공한 사람들의 독서 습관
④ (라): 책 읽기의 생활화를 방해하는 요인
⑤ (마): 책 읽기의 장점과 단점

04 글쓴이가 (나)에 다음 내용을 덧붙이려고 할 때, 해 줄 수 있는 말로 적절한 것은?

> 하지만 책은 다양한 감각을 자극하는 영상물에 비해 독자의 흥미를 끌기가 쉽지 않다는 단점이 있다.

① (나)와 (다)를 자연스럽게 이어 주는 기능을 하겠군.
② (나)에서 부족한 내용을 보완해 주는 역할을 하겠어.
③ (나)의 중심 내용과 관련이 없어 통일성을 해칠 수 있어.
④ (나)보다는 (다) 뒤에 넣는 것이 글의 흐름상 더 자연스럽겠군.
⑤ (나)의 내용이 한쪽으로 치우치지 않게 균형을 맞출 수 있겠군.

고난도 응용

01 이와 같은 글을 쓸 때 유의할 점으로 적절하지 않은 것은?

① 글을 쓰는 목적에 적합한 자료를 선정한다.
② 창의적이고 참신한 표현을 사용하여 글을 쓴다.
③ 글의 주제와 관련이 있는 내용들로 개요를 짠다.
④ 신뢰할 수 있는 자료를 활용하고 출처를 밝힌다.
⑤ 자신의 수준과 흥미에 맞는 내용을 선정하여 쓴다.

중요

02 이 글을 쓰기 위해 (라)에 추가할 자료를 〈보기〉에서 모두 골라 바르게 묶은 것은?

보기

ㄱ. 책 읽기 시간이 현저히 적은, 청소년의 여가 활용 실태를 보여 주는 통계 자료
ㄴ. 경제 협력 개발 기구(OECD) 국가 중 우리나라 성인의 독서율이 최하위권임을 알리는 신문 기사
ㄷ. 도서관을 활용하여 지역 주민의 독서율을 높인 사례를 다룬 다큐멘터리 영상물
ㄹ. 어려서부터 부모님이 길러 준 독서 습관으로 자신의 꿈을 이룬 사람의 자서전
ㅁ. 휴대 전화에 전자책을 다운받아 책 읽기를 생활화하고 있다는 내용이 실린 블로그의 글

① ㄱ, ㄴ ② ㄱ, ㄷ ③ ㄴ, ㄹ
④ ㄷ, ㅁ ⑤ ㄹ, ㅁ

서술형

03 (가)~(마) 중, 다음 내용을 추가하면 적절한 문단 기호를 쓰고, 그 이유를 한 문장으로 쓰시오.

특별한 추억을 남기고 싶다면 독서 기행이나 독서 캠프 같은 프로그램에 참여해 보는 것이 좋다. 책 읽는 습관 자체를 들이기가 어렵다면 자신이 흥미를 느끼는 쉬운 책부터 하루 10분씩만 읽어 보는 것도 좋을 것이다.

소단원 한눈에 보기

갈래	설명문
성격	사실적, 객관적
주제	책 읽기의 장점과 (　　　) 방안
특징	• 책 읽기에 대한 정보를 제시한 후, 이를 바탕으로 하여 책 읽기의 생활화를 권유하는 설득적 성격을 지님. • 다양한 방법으로 (　　　)을/를 수집하여 내용을 구성함.

▶ **이 글의 구성**

구성	문단	중심 내용
처음	(가)	청소년들이 책을 읽지 않는 현실
중간	(나)	책 읽기의 좋은 점
	(다)	책 읽기의 성공적 사례
	(라)	책 읽기의 생활화 방안
끝	(마)	책 읽기의 생활화에 대한 권유

▶ **이 글에서 통일성을 해치는 표현**

• (다)의 마지막 문장: '기왕이면 책 중에서도 오랜 시간 그 가치를 인정받은 동서양의 고전을 읽는 것이 좋다.'
➡ (다)의 중심 내용인 '책 읽기의 성공적 사례'와 관련이 없어 불필요한 내용이므로 삭제하는 것이 적절함.

▶ **이 글에 활용된 다양한 자료**

자료	내용
학교 도서관 게시판 글	책 읽기의 장점을 소개함.
인터넷 신문 기사	책 읽기의 성공 사례로 제시함.
독서 명언	책 읽기와 성공의 관계를 보여 줌.
책 『부자들의 습관』	책 읽기의 성공 사례로 제시함.
사서 선생님과의 면담 자료	책 읽기의 생활화 방안을 소개함.

답 생활화, 자료

출제 포인트

• '친구들아, 책을 읽자'라는 글의 목적, 주제, 구성, 독자를 파악하는 문제가 출제된다.
• 이 글에서 통일성을 해치는 표현, 이 글에 쓰인 자료 수집 방법 및 자료 활용 방법에 대한 문제가 출제된다.

단원 평가

[01~08] 다음 글을 읽고 물음에 답하시오.

㉮ 아들아. / 이제야 너에게 하는 얘기지만, 어릴 때 나도 너처럼 학교 다니기 참 싫었단다. 그러니까 꼭 너만 했을 때부터 그랬던 것 같구나. 사람들은 아빠가 지금은 소설을 쓰는 사람이니까 저 사람은 어릴 때 참 착실하게 공부를 했겠구나, 생각할지 모르지만 전혀 그렇지 않았단다.

초등학교 때부터 아빠는 가끔씩 학교를 빼먹었단다. 집에서 학교까지 5리쯤 산길을 걸어가야 하는데, 학교를 가다 말고 그냥 산에서 하루를 보내고 집으로 온 날도 있었단다.

그러다 중학교에 다니면서부터는 정말 학교 다니기가 싫었단다. 학교엔 전화가 있어도 집에는 전화가 없던 시절이니까 내가 학교를 빼먹어도 집안 식구들은 아무도 그걸 몰랐단다.

㉯ 오월 어느 날이었다. 그날도 나는 학교에 가기 싫다고 말했다. 왜 안 가냐고 물어 공부도 재미가 없고, 학교 가는 것도 재미가 없다고 말했다.

어린 아들이 그러니 어머니로서도 한숨이 나왔을 것이다.

"그래도 얼른 교복으로 갈아입어라."

"학교 안 간다니까."

그 시절 나는 어머니에게 존댓말을 쓰지 않았다. 어머니를 민민히 보아서가 아니라 우리 동네 아이들 모두 그랬다. 다들 아버지에게는 존댓말을, 어머니에게는 반말을 썼다.

"안 가면?"

"그냥 이렇게 자라다가 이다음 농사지을 거라구."

㉰ 어머니는 한 손엔 내 가방을 들고 또 한 손엔 지겟작대기를 들고 나보다 앞서 마당을 나섰다. 나는 말없이 어머니의 뒤를 따랐다. / 그러다 신작로로 가는 산길에 이르러 어머니가 다시 내게 가방을 내주었다.

"자, 여기서부터는 네가 가방을 들어라."

나는 어머니가, 내가 학교에 가기 싫어하니 중간에 학교로 가지 않고 다른 길로 샐까 봐 신작로까지 데려다 주는 것이라고 생각했다. 나는 어머니가 내주는 가방을 도로 받았다. / "너는 뒤따라오너라."

거기에서부터는 이슬받이였다. 사람 하나 겨우 다닐 좁은 산길 양옆으로 풀잎이 우거져 길 한가운데로 늘어져 있었다. 아침이면 풀잎마다 ⓐ이슬방울이 조록조록 매달려 있었다.

㉱ 어머니는 내게 가방을 넘겨준 다음 두 발과 지겟작대기를 이용해 내가 가야 할 산길의 이슬을 떨어내기 시작했다. 어머니의 몸빼 자락이 이내 아침 이슬에 흥건히 젖었다. 어머니는 발로 이슬을 떨고, 지겟작대기로 이슬을 떨었다.

그런다고 뒤따라가는 내 교복 바지가 안 젖는 것도 아니었다. 신작로까지 15분이면 넘을 산길을 30분도 더 걸려 넘었다. 어머니의 옷도, 그 뒤를 따라간 내 옷도 흠뻑 젖었다.

어머니는 고무신을 신고 나는 ⓑ검정색 운동화를 신었다. 걸음을 옮길 때마다 물에 빠졌다가 나온 것처럼 땟국이 찔꺽찔꺽 발목으로 올라왔다. 그렇게 어머니와 아들이 무릎에서 발끝까지 옷을 흠뻑 적신 다음에야 신작로에 닿았다.

㉲ "자, 이제 이걸 신어라."

거기서 어머니는 품속에 넣어 온 새 양말과 새 신발을 내게 갈아 신겼다. 학교 가기 싫어하는 아들을 위해 아주 마음먹고 준비해 온 것 같았다.

"앞으로는 매일 떨어 주마. 그러니 이 길로 곧장 학교로 가. 중간에 다른 데로 새지 말고."

그 자리에서 울지는 않았지만 왠지 눈물이 날 것 같았다.

"아니, 내일부터 나오지 마. 나 혼자 갈 테니까."

다음 날도 그 다음 날도 어머니가 매일 이슬을 떨어 준 것은 아니었다. 그러나 어떤 날 가끔 어머니는 내 등굣길의 이슬을 떨어 주었다. 또 새벽처럼 일어나 그 길의 이슬을 떨어 놓고 올 때도 있었다. 물론 어머니도 어머니가 아무리 먼저 그 길의 이슬을 떨어내도 집에서 ⓒ신작로까지 산길을 가다 보면 내 옷과 신발도 어머니의 것처럼 젖는다는 걸 알고 있었다. 알면서도 어머니는 그 산길의 이슬을 떨어 준 것이다.

㉳ 그때부터 나는 학교를 결석하지 않았다.

어른이 된 지금도 나는 그렇게 생각한다. ㉠그때 어머니가 이슬을 떨어 주신 길을 걸어 지금 내가 여기까지 왔다고. 돌아보면 꼭 그때가 아니더라도 어머니는 내가 지나온 길 고비고비마다 ⓓ이슬떨이를 해 주셨다.

아들은 어른이 된 뒤에야 그때 어머니가 떨어 주시던 이슬떨이의 의미를 깨닫게 되었다. 아마 그렇게 떨어내 주신 이슬만 모아도 내가 온 길 뒤에 작은 강 하나를 이루지 않을까 싶다.

㉴ 아들아.

나는 그 강을 이제 ⓔ'이슬강'이라고 이름 지으려 한다. 그러나 그 강은 이 세상에 없다. 오직 내 마음 안에만 있는 강이란다. 그때 아빠 등굣길에 이슬을 떨어 주시던 할머니의 연세가 올해 일흔넷이다. 어쩌면 할머니는 그때 그 일을 잊고 계실지도 모른다. 그러나 아빠한테는 그 길이 이제까지 아빠가 걸어온 길 가운데 ㉡가장 아름답고도 안타까우며 마음 아픈 길이 되었단다.

이다음 어른이 되었을 때, 아빠처럼 너에게도 그런 아름다운 길 하나 있었으면 좋겠다. 어린 날 나는 그 길을 걸어 나오며 내 앞에 펼쳐진 이 세상의 모든 길들을 바라보았단다. / 아들아. 길은 그 자체로 인생이란다. 그리고 그것을 걷는 것이 곧 우리의 삶이란다.

01 이와 같은 글의 특징으로 적절하지 않은 것은?

① 글쓴이의 개성이 잘 드러난다.
② 정해진 형식에 따라 글을 쓴다.
③ 삶의 성찰과 깨달음을 전달한다.
④ 글쓴이의 생각을 진솔하게 표현한다.
⑤ 일상생활의 다양한 소재를 활용한다.

02 이 글에 나타난 글쓴이의 어린 시절에 대한 설명으로 적절한 것은?

① 어머니와의 갈등이 심해 학교 다니기가 어려웠다.
② 어머니는 등굣길의 이슬을 직접 떨어 주시곤 했다.
③ 집안 형편이 어려워 고무신을 신고 학교에 다녔다.
④ 험한 산길을 넘기가 힘들어 결석하는 일이 잦았다.
⑤ 할머니의 사랑으로 힘든 학창 시절을 잘 견뎌 냈다.

03 이 글을 쓰기 위해 글쓴이가 다음과 같이 메모했다고 가정할 때, 적절하지 않은 것은?

① 글의 목적: 독자의 태도 변화
② 표현 방식: 솔직하고 다정다감한 말투
③ 글의 주제: 오늘날 효도가 지니는 가치
④ 글의 형식: 특정인에게 쓰는 편지 형식
⑤ 예상 독자: 학교에 다니기 싫어하는 아들

04 이 글의 독자와 유사한 상황에 처한 인물로 적절한 것은?

① 친구들과의 갈등 때문에 힘든 시간을 보내고 있는 초등학생
② 부모 대신 가족의 생계를 꾸리며 힘들게 살아가는 소년 소녀 가장
③ 열심히 노력했는데도 성적이 오르지 않아 고민에 빠진 고등학생
④ 삶의 의미를 발견하지 못해 방황하며 학교생활에 어려움을 겪는 중학생
⑤ 대학교를 졸업하고 직장을 구하기 위해 공부에 매진하고 있는 취업 준비생

중요

05 글쓴이가 독자의 감동을 이끌어 내기 위해 사용한 방법으로 적절하지 않은 것은?

① 독자의 경험과 유사한 경험을 소재로 다루었다.
② 객관적인 자료를 근거로 들어 설득력을 높였다.
③ 아름답고 감동적인 어린 시절의 경험을 들려주었다.
④ 글쓴이의 경험을 구체적이고 실감 나게 묘사하였다.
⑤ '-단다', '-란다'와 같은 친근감이 느껴지는 표현을 사용하였다.

06 ⓐ~ⓔ 중, 공통된 의미를 지닌 것끼리 바르게 묶은 것은?

① ⓐ, ⓑ ② ⓐ, ⓓ ③ ⓑ, ⓒ
④ ⓒ, ⓔ ⑤ ⓓ, ⓔ

서술형

07 ㉠이 의미하는 바를 〈조건〉에 맞게 쓰시오.

조건
- 글쓴이가 경험으로부터 얻은 깨달음이 드러나게 쓸 것.
- 25자 내외의 한 문장으로 쓸 것.

08 ㉡에 담긴 글쓴이의 심리를 해석한 내용으로 적절하지 않은 것은?

① 어머니의 사랑에 대해 감동하고 고마움을 느끼고 있다.
② 학창 시절 자신의 행동에 대한 후회의 마음이 담겨 있다.
③ 어머니를 힘들게 한 것에 대해 미안한 마음을 느끼고 있다.
④ 이제는 돌아갈 수 없는 지나간 삶에 대한 안타까움이 드러난다.
⑤ 힘겹고 고달픈 삶을 살아가고 있는 것에 대해 괴로워하고 있다.

단원 평가

[09~15] 다음 글을 읽고 물음에 답하시오.

가 학교 수업을 마치고 나면 우리들 손에는 주로 책 대신 휴대 전화가 들려 있다. 시간이 남을 때 도서관에 가기보다는 영화관이나 게임방을 찾는다. 독서가 중요하다는 말은 수없이 들었지만 막상 책을 읽기는 쉽지 않다. 도대체 우리 같은 청소년들이 책을 읽으면 무엇이 좋은지, 그리고 책 읽기를 실천하려면 어떻게 해야 하는지 알아보자.

나 우리 학교 도서관 앞에는 책 읽기가 우리에게 주는 도움을 간략하게 소개해 놓은 게시판이 있다. 그 게시판의 내용을 바탕으로 하여 책 읽기의 장점을 몇 가지만 정리해 보면 다음과 같다. 일단, 독서는 우리의 학교 공부에 직접적인 도움이 된다. 무언가를 읽고 그 내용을 이해하는 것은 모든 공부의 기본이 되기 때문이다. 따라서 독서력은 모든 학습의 기본이자 핵심이다. 또한 독서는 시간과 공간의 제한을 뛰어넘는 다양한 간접 경험의 기회를 제공하여 세상과 인생과 인간을 이해할 수 있도록 도와준다. 이를 통해 우리가 어떻게 살아가야 할지 삶의 방향을 정하고 가치관을 정립하는 데에도 도움을 받을 수 있다. 미래를 준비하며 진로를 고민하는 우리들에게 책은 나침반 역할을 해 주는 것이다.

다 실제로 어려서부터 책 읽기를 생활화하여 성공한 인물들을 쉽게 찾아볼 수 있다. 한 인터넷 신문 기사에서는 미국의 한 작가가 30년 동안 전 세계를 돌며 1200여 명의 부자들을 인터뷰한 결과, 성공한 사람들의 공통점을 찾아내었는데 그것이 바로 독서 습관이었다고 한다. 우리가 잘 알고 있는 세계 최고의 기업가 빌 게이츠는 '독서 대통령'으로도 불리는데, '오늘날의 나를 있게 한 것은 우리 동네 도서관이었다. 하버드대학 졸업장보다 소중한 것이 독서하는 습관이다.'라고 말할 정도로 독서를 성공의 필수 조건으로 꼽았다. 또한 「부자들의 습관」이라는 책에서 저자는 가난한 사람들과 성공한 부자들의 책 읽는 시간을 조사해 보았더니, 가난한 사람들은 TV를 시청하는 시간이 월등히 많고, 부자들은 책을 보는 시간이 훨씬 더 많다고 한다. 책 읽기는 성공으로 이끄는 지름길인 셈이다. ㉠<u>기왕이면 책 중에서도 오랜 시간 그 가치를 인정받은 동서양의 고전을 읽는 것이 좋다</u>.

라 그렇다면 언제 어떻게 책을 읽어야 할까? 사서 선생님과의 면담을 통해 책 읽기를 생활화할 수 있는 방안에 대한 좋은 정보를 얻을 수 있었는데, 첫째는 도서관을 적극적으로 이용하는 것이다. 학교 점심시간에는 학교 도서관에, 방과 후나 주말에는 동네 도서관에 가자. 혼자 가도 좋고 친구나 가족과 함께 가도 좋다. 둘째, 혼자서 책을 읽기가 어렵다면 친구들과 함께 독서 동아리를 만들거나 가족과 함께 독서 토론을 해 본다. 셋째, 특별한 추억을 남기고 싶다면 독서 기행이나 독서 캠프 같은 프로그램에 참여해 보는 것이 좋다. 마지막으로 책 읽는 습관 자체를 들이기가 어렵다면 자신이 흥미를 느끼는 쉬운 책부터 하루 10분씩만 읽어 보는 것도 좋을 것이다.

마 특히, 사서 선생님이 되면 누구보다도 책을 가까이하고 책을 많이 읽을 수 있다. 그래서 사서 교사가 되는 방법에 대해 우리 학교 도서관의 사서 선생님께 직접 여쭈어 보았다. 사서 교사가 되려면 몇 가지 과정이 필요하다. 먼저, 문헌 정보학 또는 도서관학을 전공하고 일정한 교직 과정을 이수해야 한다. 그런 다음 교육과학기술부 장관이 수여하는 자격증을 받아야 한다. 또한 자격증 취득 후에는 별도로 교원 임용 고시에 합격하여야 사서 교사가 될 수 있다. 사서 교사가 되면 사립 및 국공립 초·중·고등학교의 도서관에서 근무할 수 있다. 하지만 교원 임용 고시를 보지 않고 자격증만 받아도 대학 도서관, 공공 도서관, 기업체의 자료실 등에서 사서로 일할 수도 있다.

바 책 읽기가 컴퓨터 게임이나 영화 보기, 야구 관람처럼 마냥 편하게 즐길 수 있는 일은 아닐 것이다. 하지만 조금 힘들더라도 책 읽기를 생활화하면 우리들은 험난한 인생을 헤쳐 나갈 든든한 지원군을 곁에 두게 될 것이다. 세상을 이해하기 위해, 더 나은 미래를 위해, 시공간을 초월한 다양한 벗들을 만나기 위해, 내 지친 영혼에 활력을 불어넣기 위해 지금 당장 휴대 전화를 내려놓고 책을 꺼내 드는 것은 어떨까?

09 이와 같은 글을 쓰는 과정을 〈보기〉에서 찾아 순서대로 연결한 것은?

보기
ㄱ. 다양한 자료를 수집하여 내용 마련하기
ㄴ. 내용, 구성, 표현 등을 점검하고 고쳐 쓰기
ㄷ. 예상 독자, 글의 목적과 주제 정하기
ㄹ. 주제가 명료하게 드러나도록 글을 쓰기
ㅁ. 선정한 내용을 구성하여 글의 개요를 작성하기

① ㄱ-ㄴ-ㄷ-ㄹ-ㅁ ② ㄱ-ㄷ-ㄹ-ㅁ-ㄴ
③ ㄷ-ㄱ-ㅁ-ㄹ-ㄴ ④ ㄷ-ㄹ-ㄱ-ㅁ-ㄴ
⑤ ㅁ-ㄱ-ㄷ-ㄹ-ㄴ

10 이 글의 글쓴이가 활용한 자료 수집 방법으로 적절하지 않은 것은?

① 학교를 비롯한 공공 기관의 게시판에 붙어 있는 글을 살펴본다.
② 일상생활에서의 다양한 경험을 소소하게 기록한 블로그를 방문한다.
③ 도서관이나 서점에 들러서 글쓰기의 주제와 관련된 책들을 찾아본다.
④ 인터넷 신문 기사들을 검색하여 글쓰기에 필요한 자료들을 추려 낸다.
⑤ 필요한 정보를 얻을 수 있도록 면담 질문지를 작성하여 전문가와 면담을 한다.

11 다음은 이 글을 쓰기 위해 작성한 개요의 일부이다. 빈칸에 들어갈 적절한 내용을 쓰시오.

제목: 친구들아, 책을 읽자
- 처음: 1. 청소년들이 책을 읽지 않는 상황 제시
  2. 중간에서 다룰 내용 소개
- 중간: 1. [   ]
  (1) 학교 공부에 도움이 됨.
  (2) 세상을 이해하는 데 도움이 됨.
  (3) 삶의 방향과 가치관 정립에 도움이 됨.
  2. 책 읽기의 성공적 사례
  〈중략〉
- 끝: 책 읽기의 생활화에 대한 권유

12 다음은 이 글을 쓰기 위해 추가로 수집한 자료이다. (가)~(마) 중, 다음 자료를 활용하기에 적절한 문단은?

텔레비전이나 영화를 보는 것은 근본적으로 수동적인 행위이다. 인물의 모습, 작품의 배경 등이 직접 제시되기 때문에 상상을 할 수 있는 기회를 제공하지 않는다. 반면 책 읽기는 글자로만 이루어진 내용을 상상으로 채워 가야 한다. 따라서 상상력을 길러 주는 평생의 선물이 될 수 있다.

① (가) ② (나) ③ (다) ④ (라) ⑤ (마)

중요 | 서술형

13 (가)~(바) 중, 이 글의 통일성을 해치는 문단을 찾아 쓰고, 그 이유를 한 문장으로 쓰시오.

14 (다)에 추가할 만한 독서 명언으로 적절한 것은?

① 좋은 책을 읽지 않는 사람은 책을 읽을 수 없는 사람보다 나을 바 없다. – 마크 트웨인
② 독서는 다만 지식의 재료를 줄 뿐이다. 그것을 자신의 것으로 만드는 것은 사색의 힘이다. – 존 로스
③ 책 읽기를 통한 학습은 쉬운 과정이 아니다. 때로는 지루하고 재미없지만 열매는 달콤하다. – 워렌 버핏
④ 독서는 음식을 먹는 것과 같다. 조용히 잘게 씹으면 그 맛이 오래가지만 시끄럽게 마구 씹어 삼키면 끝까지 맛을 모른다. – 주희
⑤ 우리가 좋은 책을 처음 읽을 때 좋은 친구를 찾은 것과 같으며, 그 책을 다시 읽을 때는 옛 친구를 다시 만나는 것과 같다. – 볼테르

| 서술형

15 ㉠은 글쓴이가 고쳐쓰기 과정에서 삭제한 문장이다. 그 이유를 한 문장으로 쓰시오.

매체 특성에 따른 표현하기

개념 압축 APP

1 영상 매체로 표현하기

- 영상물의 뜻: 영화나 비디오, 텔레비전 따위의 영상 매체로 전달되는 작품을 통틀어 이르는 말.
- (   )의 뜻: 영상물을 만들기 위해 사용되는 영상물의 구성 요소
- 영상 언어의 구성 요소와 특징

시각적 요소	청각적 요소
• 화면(영상): 카메라에 의해 촬영된 이미지 • ( ): 화면에 등장하는 인물이나 상황, 대화 내용, 배경 등을 보여 주는 문자	• 음향 효과: 영상을 생생하게 만드는 소리 • ( ): 영상물의 분위기를 조성하는 역할 • 인물의 말: 영상물 속 등장인물이 하는 말

- 영상물을 만드는 과정

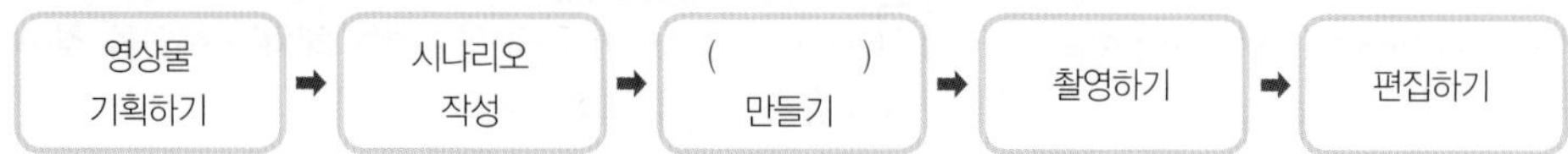

2 인터넷 매체로 표현하기

- 인터넷 매체의 종류

블로그	자신이 ( )을/를 가지고 있는 분야에 대해 자유로운 형식과 내용으로 글을 올릴 수 있는 웹 사이트
전산망 대화	인터넷상에서 한번에 여러 사용자가 실시간으로 대화를 나누는 것
전자 우편	전자 우편 주소를 가진 사람끼리 인터넷을 이용해 주고받는 ( )
누리 소통망	특정한 관심이나 활동을 공유하는 사람들끼리 관심사를 나누며 서로 ( )을/를 만들어갈 수 있도록 관리하는 전산망 서비스. 소셜 네트워크 서비스(SNS)

- 인터넷 매체를 활용한 글쓰기의 유의점
  - 자신의 글이 많은 사람들에게 순간적으로 전달될 수 있으므로 (   )하게 표현한다.
  - 다른 사람의 권리인 초상권, (   )을/를 침해하지 않아야 한다.
  - 확인되지 않은 사실이나 자신의 주관적 생각이나 느낌을 객관적인 사실인 것처럼 표현하지 않는다.
  - 비속어, 유행어, 지나치게 줄인 말, 다른 사람이 읽었을 때 모욕감을 느낄 만한 부분은 없는지 충분히 고려하면서 언어 예절을 지킨다.

필수 어휘 사전

- **초상권:** 자신의 얼굴이나 모습에 대한 독점권
- **유행어:** 비교적 짧은 시기에 걸쳐 여러 사람의 입에 오르내리는 단어나 구절

답 영상 언어, 자막, 음악, 스토리보드, 관심, 편지, 관계, 신중, 저작권

확인 문제

1. 다음 영상 언어의 종류 중에서 종류가 다른 것끼리 묶인 것은?

① 화면, 자막
② 음악, 자막
③ 음향 효과, 음악
④ 인물의 말, 음향 효과
⑤ 인물의 말, 음악

2. 다음에서 설명하는 영상물 제작의 단계를 쓰시오.

> 영상 속 장면의 초안을 그려 보는 단계로 주요 장면을 그림이나 사진 등으로 정리해 보는 단계

3. 다음에서 설명하는 인터넷 매체의 종류로 적절한 것은?

> 자신이 관심을 가지고 있는 분야에 대해 자유로운 형식과 내용으로 글을 올릴 수 있는 웹 사이트

① 블로그
② 전자 우편
③ 전산망 대화
④ 누리 소통망
⑤ 인터넷 게시판 댓글

답 1. ② 2. 스토리보드 만들기 단계 3. ①

학습 목표

• 영상 매체의 특성을 이해하고 영상으로 자신의 생각과 느낌을 표현할 수 있다.
• 인터넷 매체의 특성을 이해하고 이를 통해 자신의 생각과 느낌을 표현할 수 있다.

학습 활동 따라잡기

1 다음 영상에서 ㉠ 부분에 들어갈 내용을 상상하여 말로 설명하시오.

자막 · 내레이션: 습관처럼 내뱉는 욕설, 비속어

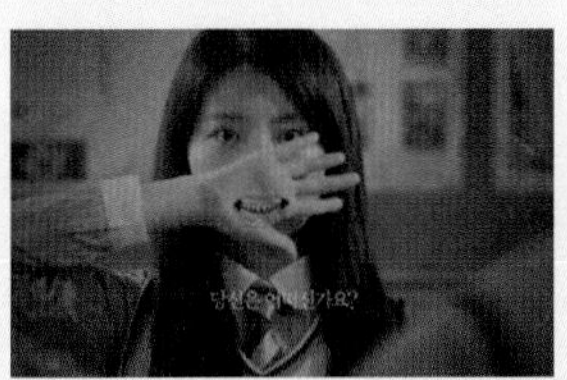

자막 · 내레이션: 당신은 어떠신가요?

내레이션: 살아온 세월을 기록하는 나이테처럼 당신의 얼굴도 당신이 쌓아 온 언어 습관을 기록합니다.
배경 음악: 진지한 분위기를 조성하는 음악

자막 · 내레이션: 10년 후, 당신의 얼굴은 어떤 모습을 하고 있을까요?

2 다음의 인터넷 매체 속의 글을 읽고 (1)~(3)의 활동을 해 보자.

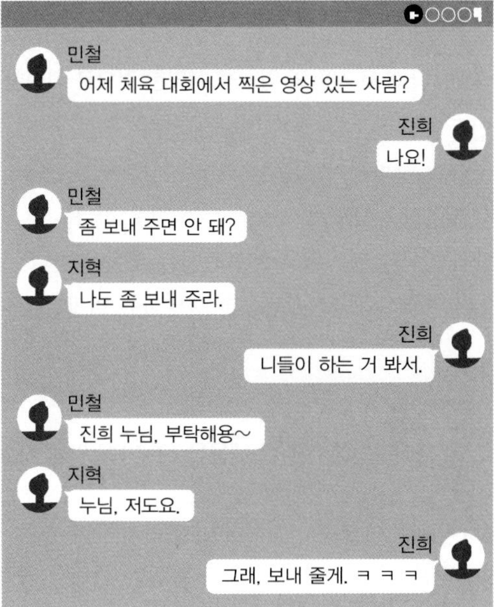

(1) 이와 같은 인터넷 매체는 무엇일까?

(2) 이와 같은 인터넷 매체의 특성은 무엇일까?

(3) 이와 같은 매체에서 글을 쓸 때, 유의할 점은 무엇일까?

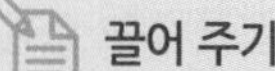

끌어 주기

◎ 국립국어원의 '당신의 언어 습관을 기록합니다.'라는 영상물이다. 나무가 나이테를 통해 자신의 성장 과정을 기록하듯이 청소년들도 자신의 얼굴에 자신의 언어 습관을 기록한다는 내용의 영상물이다. 이 영상물이 전달하고자 하는 바를 잘 파악하여 올바른 언어 습관을 가진 청소년의 미래의 모습을 그려 보도록 하자.

예시 답안 학생들이 모두 손을 내리고 밝은 미소를 띤 어른이 되어 있는 모습

◎ 학생들이 체육 대회에서 찍은 영상을 소재로 전산망 대화를 나누는 장면이다. 전산망 대화는 실시간으로 여러 사람들이 전산망을 통해 대화를 나누는 것임을 알고 활동을 해 보자.

(1) 이 매체는 세 사람이 동시에 접속하여 대화를 나누고 있다.
예시 답안 전산망 대화

(2) 실시간으로 동시에 여러 사람이 대화를 나눌 수 있다.
예시 답안 여러 사람이 동시에 대화를 할 수 있으며 상대의 반응을 곧바로 확인할 수 있다.

(3) 전산망 대화에서는 실시간으로 대화가 이루어지므로 언어 사용에 유의해야 한다.
예시 답안 • 동시에 여러 사람에게 내용이 전달되므로 신중하게 표현한다.
• 다른 사람의 권리를 침해하지 않도록 노력한다.
• 언어 예절을 지킨다.

1 당신의 언어 습관을 기록합니다 | 국립국어원

*다음 글을 읽고 물음에 답하시오.

가

나

자막 · 내레이션: 습관처럼 내뱉는 욕설, 비속어

다

자막 · 내레이션: 당신은 어떠신가요?

라

내레이션: (㉠)

마

자막 · 내레이션: 10년 후, 당신의 얼굴은 어떤 모습을 하고 있을까요?

학습 목표 응용

01 이 영상에 대한 설명으로 적절하지 않은 것은?

① 교훈적인 주제를 담고 있다.
② 학생들을 등장시켜 예상 시청자가 누구인지 보여 주고 있다.
③ 일상에서 문제가 되고 있는 상황을 비판적으로 그리고 있다.
④ 그림을 함께 활용하여 독자의 흥미를 끌고 주제를 부각시키고 있다.
⑤ 영상을 구성할 때, 시각적 요소보다 청각적 요소를 더 많이 활용하고 있다.

중요

02 (가)에 대한 설명으로 적절한 것은?

① 인물의 대화 내용이 중심을 이루고 있는 장면이다.
② 인물의 표정에 집중할 수 있도록 촬영된 화면이다.
③ 카메라를 멀리 배치하여 전체적 분위기를 표현하고 있다.
④ 카메라의 급격한 이동이 분명하게 드러나고 있는 장면이다.
⑤ 카메라의 위치가 인물과 가까워 인물의 심리를 적절히 드러내고 있다.

중요

03 (나), (다)에서 자막의 역할을 설명한 것으로 적절한 것은?

① 인물의 말을 대신하는 역할을 한다.
② 전체적 상황을 설명하는 역할을 한다.
③ 내레이션의 내용을 강조하는 역할을 한다.
④ 내레이션을 내용적으로 보충하는 역할을 한다.
⑤ 화면에 보이지 않는 내용을 설명하는 역할을 한다.

서술형

04 ㉠에 들어가기에 적절한 내용을 〈조건〉에 맞게 서술하시오.

조건
- 나이테와 얼굴을 비교하여 서술할 것.
- '올바른 언어 습관이 필요하다.'라는 주제를 담아 서술할 것.

고난도 응용

중요

01 다음은 이 영상을 만들기 위한 계획이다. 적절하지 않은 것은?

〈영상물 제작 계획서〉

- 제작 목적: 청소년들에게 올바른 언어 습관의 필요성을 알림. ······ ㉠
- 상영 대상: 청소년
- 영상물의 내용 구성
  (1) 그림을 활용하여 청소년들의 거친 언어 습관을 표현함. ······ ㉡
  (2) 나이테와 얼굴의 모습을 비교하여 주제를 전달함. ······ ㉢
  (3) 질문의 형식으로 새로운 문제를 제기함. ······ ㉣
  (4) 교복을 입은 학생들을 등장인물로 내세워 청소년들의 문제임을 분명하게 함. ······ ㉤

① ㉠　② ㉡　③ ㉢　④ ㉣　⑤ ㉤

02 (마)에 대한 반응으로 적절한 것은?

① 학생들의 모습을 통해 주제가 분명하게 드러나고 있어.
② 학생들의 얼굴을 클로즈업해서 표정이 잘 드러나도록 했군.
③ 학생들은 자신의 언어 습관에 대해 반성하는 태도를 보여 주고 있어.
④ 학생들은 자신의 미래에 대해 확신을 가지고 있다는 것을 보여 주고 있어.
⑤ 학생들과 시청자의 미래의 얼굴 모습이 아직 결정되지 않았다는 것을 나타내고 있어.

서술형

03 〈보기〉는 (라)의 앞에 제시된 영상이다. 이를 바탕으로 〈보기〉에서 (라)로 카메라가 어떻게 이동했는지 서술하시오.

보기

소단원 한눈에 보기

갈래	영상물
성격	비판적, 교훈적
제재	청소년의 (　　　) 습관
주제	청소년들의 바람직한 언어 습관의 필요성
특징	• (　　　)을/를 활용하여 청소년들의 폭력적인 언어 습관을 표현함. • (　　　)와/과 얼굴을 비교하여 주제를 부각함. • 질문을 통해 시청자의 관심을 유도하고 반성을 촉구함.

▶ **영상물에 사용된 영상 언어**

시각적 요소
- 자막을 통해 전달하고자 하는 내용을 강조함.
- 카메라와 대상의 거리를 달리하여 전체적 상황이나 인물의 표정, 심리를 나타냄.
- 그림으로 폭력적인 언어 사용을 표현함.

\+

청각적 요소
- 내레이션을 통해 말하고자 하는 내용을 드러냄.
- 배경 음악을 통해 진지한 분위기를 조성함.

▶ **영상물의 주제**

- 나이테와 얼굴을 비교함.
- 시청자에게 질문을 던짐.

↓

주제: 바람직한 언어 습관이 필요하다.

답 언어, 그림, 나이테

출제 포인트

- 이 영상물에서 영상 언어의 시각적인 요소와 청각적인 요소가 어떻게 활용되고 있는지 출제된다.
- 이 영상물에서는 나무가 나무테로 성장을 기록하듯이 우리의 얼굴도 우리의 언어 습관을 기록한다는 주제가 출제된다.

2 인터넷 매체 특성에 맞는 표현 / 3 댓글은 나의 얼굴 | 최병광

*다음 글을 읽고 물음에 답하시오.

(가) 온라인 대화는 인터넷상에서 문자 언어로 상대방과 실시간으로 대화를 나누는 매체이다. 일대일, 또는 일대다의 상황에서 자신의 메시지를 전달하고 즉각적으로 상대의 회신을 받는 대화 방식이다. 이에 따라 문자와 더불어 다양한 시각 기호를 활용하거나 의성어, 의태어 등을 통해 표정과 동작, 감정 등을 표현한다. 서로 대면하지 않고도 대화를 나눌 수 있고 한 번에 여러 사람과 만날 수 있다는 장점도 있지만 자칫 일반적인 대화 예절을 지키지 않는 경우도 있어 유의해야 한다.

(나) ㉠사회 관계망 서비스는 특정한 관심이나 활동을 공유하는 사람들 사이의 관계를 구축해 주는 매체이다. SNS로도 지칭되는 이 매체는 공통의 관심이나 활동을 지향하는 사람들이 일정한 시간 이상 공개적으로 또는 비공개적으로 자신의 신상 정보를 드러내고 정보 교환을 수행함으로써 관계망을 형성하도록 해 주는 웹 기반의 온라인 서비스로 정의될 수 있다. 소통과 공유를 강조하는 오늘날의 사회 · 문화를 반영하여 최근 발달하고 있는데, 특히 신상 정보의 등록 및 공개를 특성으로 하기 때문에 사생활 보호와 관련하여 사회적 문제를 야기하기도 한다.

(다) 이들 매체를 활용할 때에는 익명성을 이유로 상대에 대한 예의에 소홀해질 수 있다는 점을 주의해야 할 것이다. 또한 정보 활용의 용이성 때문에 사실을 왜곡하거나 다른 사람의 자료를 표절하는 등의 ㉡쓰기 윤리에 벗어난 행동도 삼가야 할 것이다.

(라) 상대방의 의견을 존중하고 반론이 있을 경우 논리적이고 유쾌하게 하라. 반대 의견이라도 다른 이가 즐겁게 읽을 수 있는 댓글을 쓰라. 우리의 인터넷 세상에는 지금 너무 투쟁적인 댓글이 많다. 특히 정치적인 문제에서는 날카로운 대립만 존재한다. 합의나 포용은 없고 오로지 나와 의견이 다르면 무조건 적이 되고 있는 현실이다. 우리에게는 논리적인 반론, 유쾌한 토론이 절실하다. 당신의 유쾌한 댓글이 우리의 댓글 문화를 성숙하게 할 것이다.

(마) 욕설을 하거나 인신공격을 하지 말라. 자신을 깎아내리는 처사다. 오늘날 우리의 댓글은 차마 입에 올리기도 힘든 욕설이 난무하고 있다. 다른 이에게 퍼붓는 인신공격도 만연한 현상이다. 그러나 욕설과 인신공격은 (㉢) 와/과 같다.

학습 목표 응용

중요

01 (가)~(마)를 통해 인터넷 매체를 활용한 글쓰기를 할 때 유의할 점으로 가장 거리가 먼 것은?

① 자신의 신상 정보를 보호하기 위해 노력해야 한다.
② 상대를 존중하고 예의를 지켜 소통에 참여해야 한다.
③ 매체별 특성을 알고 내용과 형식을 맞춰 글을 써야 한다.
④ 특정한 주제에 대한 자신의 생각을 간결하고 분명하게 드러내야 한다.
⑤ 다른 의견에 대해 반론을 제기할 때에는 논리적인 태도를 갖추어야 한다.

02 (가)로 보아 올바른 태도를 지닌 사람은?

① 지민: 되도록 글자보다는 시각 기호를 많이 써야겠군.
② 원우: 되도록 상대가 말한 내용에 바로 답을 해 주어야겠군.
③ 유니: 상대가 답을 주지 않으면 나도 더 이상 말을 하면 안 되겠군.
④ 은설: 여러 사람에게 비난을 받을 수 있으니 되도록 의견을 내지 말아야겠군.
⑤ 상진: 모든 참여자의 말에 답할 수 없으니 내 의견을 중심으로 글을 써야겠군.

03 ㉠과 관련된 설명이 아닌 것은?

① 자신의 정보의 일부를 드러낸다.
② 이용자들 사이에 메시지를 주고받는다.
③ 사진, 음악, 동영상 등을 공유할 수 있다.
④ 개인이 작성하는 기록 일지의 성격을 띤다.
⑤ 네트워크를 통해 관계를 맺고 유지, 관리한다.

04 ㉢에 들어갈 말로 적절한 것은?

① 제 코가 석 자
② 누워서 침 뱉기
③ 땅 짚고 헤엄치기
④ 사돈 남 말 하는 격
⑤ 뱁새가 황새 따라가는 격

고난도 응용

01 이 글을 바탕으로 〈보기〉의 빈칸에 들어갈 말을 차례대로 나열한 것은?

◀ 보기 ▶
인터넷 매체를 활용한 글쓰기는 자신의 정체를 숨긴 채 쓴다는 점에서 (   )을/를 띠는 동시에 많은 사람들을 향해 쓰는 글이라는 점에서 (   )을/를 띤다.

① 완결성, 단편성
② 장기성, 단기성
③ 익명성, 개방성
④ 모방성, 독창성
⑤ 일관성, 가변성

02 매체를 활용한 글쓰기에서 ㉡에 어긋난 행위에 해당하는 것은?

① 댓글을 달면서 좋은 정보가 있는 사이트를 링크로 연결하였다.
② 수업 시간에 수행 과제로 내가 쓴 시를 나의 블로그에 올렸다.
③ 예전에 썼던 일기를 보고 소설 창작하기의 제재로 삼아 소설을 썼다.
④ 좋아하는 가수의 CD를 구입하여 학급 블로그 게시판의 배경 음악으로 넣었다.
⑤ 친구와 함께 찍은 사진에 여러 가지 편집 기술을 적용하여 친구에게 전송해 주었다.

서술형

03 〈보기〉는 어떤 게시글에 붙은 댓글들이다. 이 댓글들로 보아 알 수 있는 게시글의 중심 내용을 〈조건〉에 맞게 서술하시오.

◀ 보기 ▶
↳ 라이락: ㄲ덕ㄲ덕...... 그래도! 개인의 이윤을 위해 정보의 흐름을 막는 건 노노!
↳ 띵띵: ㅠ.ㅠ 고민고민...... 무조건 나눠 달라는 것도 좀 염치 없죠. ㅋ
↳ 노라요: 모방은 창조의 어머니??? 공유하면 더 좋은 결과가 나오지 않을까요?
↳ 시시콜콜: 난 반댈세! 내가 만든 옷은 내 꺼, 내가 쓴 글도 내 꺼!

◀ 조건 ▶
• 대상과 대상에 대한 찬성과 반대 입장이 드러나도록 한 문장으로 쓸 것.

소단원 한눈에 보기

	2. 인터넷 매체 특성에 맞는 표현 [(가)~(다)]	3. 댓글은 나의 얼굴 [(라), (마)]
갈래	설명문	칼럼
성격	( )	주관적
주제	여러 인터넷 매체의 특성	인터넷 게시판 ( ) 쓰기의 유의점
특징	각 매체별 특성을 항목별로 나누어 설명하고 있다.	댓글 쓰기의 유의점을 여러 가지로 제시하고 있다.

▶ **인터넷 매체의 특성**

온라인 대화	인터넷상에서 두 명 이상의 참여자가 실시간으로 주고받는 대화
인터넷 게시판 댓글	게시물에 대하여 짧게 의견을 제시하는 글
전자 우편	인터넷을 통해 주고받는 편지로 다양한 종류의 정보 교환이 가능함.
블로그	인터넷으로 작성하는 개인 또는 공동체의 일지
사회 관계망 서비스	개인 신상을 공개하여 정보를 교환하며 관계망을 형성함.

▶ **인터넷 게시판 댓글 쓰기의 유의점**

• 게시 글의 핵심이나 주제에서 벗어나지 않도록 쓴다.
• 반대 의견이 있더라도 논리적이고 유쾌하게 표현한다.
• 글의 분량이 너무 짧거나 너무 길지 않게 표현한다.
• 다른 사람에 대하여 욕설이나 인신공격을 하지 않는다.
• 게시 글이나 글쓴이에 대해 충분한 칭찬을 담아 표현한다.
• 유익한 내용으로 표현한다.

(답) 객관적, 댓글

출제 포인트

• (가)~(다)에서는 다양한 인터넷 글쓰기 매체별로 그 특성을 파악해야 한다. 그리고 매체의 특성에 맞게 글을 쓰는 태도를 익혀 두어야 한다.
• (라)~(마)에서는 인터넷 게시판 댓글을 쓸 때 지켜야 할 예절을 바르게 파악해야 한다.

단원 평가

[01~05] 다음 글을 읽고 물음에 답하시오.

(가)

(나)

자막 · 내레이션: 습관처럼 내뱉는 욕설, 비속어

(다)

자막 · 내레이션: 당신은 어떠신가요?

(라)

내레이션: 살아온 세월을 기록하는 나이테처럼 당신의 얼굴도 당신이 쌓아 온 (　　㉠　　)을/를 기록합니다.

배경 음악: 진지한 분위기를 조성하는 음악

(마)

자막 · 내레이션: 10년 후, 당신의 얼굴은 어떤 모습을 하고 있을까요?

01 이 영상 언어의 구성 요소에 대한 설명으로 적절하지 않은 것은?

① 영상: 청소년들과 나무의 모습을 화면으로 제시하였다.
② 음악: 차분한 느낌을 자아내는 배경 음악을 제시하였다.
③ 음향: 다양한 자연의 소리를 들려주어 주제를 드러내었다.
④ 자막: 내레이션의 내용을 그대로 제시하여 내용을 강조하였다.
⑤ 내레이션: 자막과 같은 내용을 그대로 목소리로 들려주고 있다.

02 (가)~(마)를 통해 지적하고 있는 사회 현상을 표현한 것으로 가장 적절한 것은?

① 소리 나는 그대로 막 쓰는 '막춤뻡', 마구 늘어
② 청소년 거친 말 사용 수준은 지금 적신호입니다.
③ 공식석상 사투리 사용 증가로 의사 전달 힘들어져
④ 구라, 다대기, 간지, 꼬붕 … 뿌리 깊은 일본어 잔재
⑤ "한글 우수하다면서" … 방송 · 인터넷은 '셰프' 등 외국어 남발

중요

03 (가)~(마)로 보아, 이 영상물 제작자의 계획으로 볼 수 없는 것은?

① 질문을 제기하여 관심을 집중시켜야겠군.
② 카메라의 이동을 통해 시각적 효과를 주어야겠군.
③ 독자에게 깨달음을 주기 위한 방법을 찾아야겠군.
④ 널리 알려진 인물을 등장시켜 친근감을 느끼도록 해야겠군.
⑤ 내레이션을 통해 말하고자 하는 바를 요약적으로 전달해야겠군.

04 (라)의 장면에서 ㉠에 들어갈 말로 적절한 것은?

① 친구 관계　② 주변 상황
③ 언어 습관　④ 살아온 세월
⑤ 신체적 특성

서술형

05 〈보기〉를 바탕으로 할 때, (가)~(마)에서 드러난 카메라 기법의 변화 과정을 〈조건〉에 맞게 서술하시오.

보기

영상물을 제작할 때 카메라와 대상의 거리에 따라 대상에 대한 전달 효과가 달라진다. 이른바 롱숏이라고 하는 카메라 기법은 대상을 멀리에서 찍는 것을 말하는데, 이 경우 배경이나 전체 상황을 분명하게 드러내 준다. 반대로 클로즈업은 대상을 점점 가까이로 다가가서 특정 부분을 강조하여 표현하는 방법이다. 클로즈업은 표현하고자 하는 대상에 대해 집중하도록 하는 효과가 커진다.

조건

- 〈보기〉에 언급된 용어를 활용할 것.
- (가)~(마)의 장면과 관련지어 서술할 것.

06 ㉠~㉤을 일반적인 영상 언어를 만드는 절차에 따라 바르게 배열한 것은?

㉠ 스토리보드 작성하기
㉡ 영상물의 목적 정하기
㉢ 영상 촬영하기
㉣ 영상물의 형식 정하기
㉤ 영상 편집하기

① ㉠ – ㉡ – ㉢ – ㉣ – ㉤
② ㉡ – ㉣ – ㉠ – ㉢ – ㉤
③ ㉢ – ㉣ – ㉠ – ㉡ – ㉤
④ ㉣ – ㉠ – ㉤ – ㉡ – ㉢
⑤ ㉤ – ㉣ – ㉢ – ㉠ – ㉡

[07~10] 다음 글을 읽고 물음에 답하시오.

(가)	• 화면 제목: 거리를 떠도는 강아지 • 내레이션: "나는 거리를 떠도는 강아지입니다." • 배경: 삭막한 도시의 도로변, 힘없이 걷고 있는 어린 강아지. 슬픈 눈으로 지나는 사람을 흘깃. 카메라 점점 다가간다.
(나)	• 화면 제목: 나도 한때는 • 내레이션: "나도 한때는 가족들과 행복한 아이였습니다." • 배경: 강아지, 행복한 표정으로 생각에 잠김. 생각 풍선 속에는 가족들과 마당에서 즐겁게 놀고 있는 장면
(다)	• 화면 제목: 어느 날 갑자기 • 내레이션: 어느 날 갑자기 나는 낯선 곳에 버려졌습니다. • 배경: 빌딩이 늘어서 있는 대도시, 강아지가 몸을 떨며 주위를 두리번거림. ㉠카메라, 강아지의 주위를 빠르게 돌며 촬영함.
(라)	• 화면 제목: 가장 큰 고통은 • 내레이션: (㉡) • 배경: 지저분한 쓰레기봉투를 뒤지고 있는 강아지. 주변에서 코를 막고 지나가는 사람들, 발로 차는 시늉을 하는 사람들
(마)	• 화면 제목: 나는 사랑받고 싶어요. • 내레이션: 나는 사랑을 주고, 사랑을 받고 싶은 생명체입니다. • 배경: 삭막한 도시의 도로변, 힘없이 걷고 있는 어린 강아지. 따뜻한 눈으로 사람들을 쳐다보며 미소

07 (가)~(마)로 보아, 이 영상물을 통해 말하고자 하는 바로 적절한 것은?

① 반려동물을 끝까지 책임져야 한다.
② 동물이 가진 능력은 인간보다 뛰어나다.
③ 반려동물로 인한 피해 사례가 늘어나고 있다.
④ 공공장소에서 반려동물 동반을 허용해야 한다.
⑤ 인간의 개발이 동물의 생존 환경을 좁히고 있다.

08 (가), (나)에 들어갈 배경 음악의 분위기를 바르게 연결한 것은?

① 삭막함 – 쓸쓸함
② 신비함 – 행복함
③ 쓸쓸함 – 따뜻함
④ 따뜻함 – 공포스러움
⑤ 삭막함 – 공포스러움

09 ㉠과 같은 카메라 촬영 기법을 통해 표현하고자 하는 것은?

① 시간이 빠르게 흘러감
② 강아지에 대한 인간의 냉대
③ 강아지의 당황스럽고 두려운 심리
④ 인간 세계에 대한 강아지의 호기심
⑤ 강아지의 활발하고 천진난만한 성격

서술형

10 ㉡에 들어갈 말을 〈조건〉에 맞게 서술하시오.

조건

- 다른 장면의 '내레이션'과 유사한 말투를 사용할 것.
- 두 가지 대상을 비교하는 형식의 문장을 쓸 것.

[11~17] 다음 글을 읽고 물음에 답하시오.

(가) 온라인 대화는 인터넷상에서 문자 언어로 상대방과 실시간으로 대화를 나누는 매체이다. ⓐ일대일, 또는 일대다의 상황에서 자신의 메시지를 전달하고 즉각적으로 상대의 회신을 받는 대화 방식이다. 이에 따라 문자와 더불어 다양한 시각 기호를 활용하거나 의성어, 의태어 등을 통해 표정과 동작, 감정 등을 표현한다. 서로 대면하지 않고도 대화를 나눌 수 있고 한 번에 여러 사람과 만날 수 있다는 장점도 있지만 자칫 일반적인 대화 예절을 지키지 않는 경우도 있어 유의해야 한다.

(나) 전자 우편은 인터넷을 통해 편지를 주고받는 것으로 일반적인 편지와 같이 작성하지만 네트워크를 통해 전달되기 때문에 즉시 전송할 수 있을 뿐 아니라, 한꺼번에 여러 명에게 동일한 내용을 발송할 수 있다. 또한, 발송한 편지는 수신자가 인터넷에 접속했을 때 언제라도 읽어 볼 수 있다. 단순한 문서뿐만 아니라 ⓑ그림이나 소리가 들어간 파일도 함께 첨부해서 전송할 수 있으므로 전자 우편을 통해 전송받은 내용을 다양한 용도로 사용할 수 있다.

(다) 블로그는 '웹(web)'에서 따온 영어 알파벳 'b'와 '항해 일지 또는 여행 일기'를 뜻하는 영어 단어 '로그(log)'의 합성어로, '웹상의 일지'라고 말할 수 있다. 블로그를 통해 자신이 좋아하는 주제에 대해 글이나 사진, 동영상 등을 활용하여 ⓒ전문적으로 다룰 수 있으며, 다양한 의견이나 댓글을 확인할 수도 있다. 일반적으로 블로그가 1인 미디어이지만 같은 생각을 가진 사람들이 모여서 공동 관심사에 대하여 소통하는 모임방을 개설하기도 한다.

(라) 사회 관계망 서비스는 특정한 관심이나 활동을 공유하는 사람들 사이의 관계를 구축해 주는 매체이다. SNS로도 지칭되는 이 매체는 공통의 관심이나 활동을 지향하는 사람들이 일정한 시간 이상 공개적으로 또는 비공개적으로 자신의 신상 정보를 드러내고 정보 교환을 수행함으로써 관계망을 형성하도록 해 주는 웹 기반의 온라인 서비스로 정의될 수 있다. (㉠)을/를 강조하는 오늘날의 사회 문화를 반영하여 최근 발달하고 있는데, 특히 신상 정보의 등록 및 공개를 특징으로 하기 때문에 ⓓ사생활 보호와 관련하여 사회적 문제를 야기하기도 한다.

(마) 댓글의 긍정적인 측면은 많은 네티즌들이 자유롭게 자신의 의견을 펼칠 수 있다는 점이다. 그러나 익명성을 악용하여 다른 사람을 공격하거나 ⓔ허위 사실을 유포하며 인신공격까지 서슴지 않는 부정적인 측면도 있다. 그렇기 때문에 인터넷 실명제, 본인 확인제 등의 도입이 필요하다는 의견도 많았다. ㉡비뚤어진 인터넷 게시판 문화를 바꾸려는 취지라는 점에서 완전 실명제를 도입하거나 처벌 조항을 둬야 한다고 주장하는 이들이 많다. 이런 논란이 있는 것은 댓글이 그만큼 힘을 가진 수단이라는 반증이다.

11 인터넷 매체의 일반적인 특성으로 가장 거리가 먼 것은?

① 다양한 자료를 첨부할 수 있다.
② 즉각적인 소통이 이루어질 수 있다.
③ 양방향으로 의견을 교환할 수 있다.
④ 다른 사람의 정보를 마음대로 활용할 수 있다.
⑤ 자신에 대해 직접적으로 드러내지 않을 수 있다.

12 (가)~(마) 중 다음 설명과 가장 관계 깊은 것은?

- 일상적 일들을 쉽게 기록할 수 있다.
- 독자적인 자료 보관이 가능하다.
- 주제 중심으로 구성되는 경우가 많다.
- 다른 사람과의 소통이 가능하며, 소통의 결과가 날짜별로 기록된다.

① (가) ② (나) ③ (다) ④ (라) ⑤ (마)

13 (나)에서 설명하는 내용과 일치하는 것은?

① 전자 우편을 통해 받은 자료를 다양하게 활용할 수 있다.
② 전자 우편의 글쓰기는 일반적인 편지 쓰기의 격식을 따르지 않는다.
③ 전자 우편의 수신인이 여러 명인 경우 여러 번에 걸쳐 발송해야 한다.
④ 전자 우편은 글쓰기보다 자료의 전달을 위해 사용되는 인터넷 매체이다.
⑤ 전자 우편은 한 번 읽고 나면 삭제되는 특성 때문에 신중하게 확인해야 한다.

14 ㉠에 들어갈 말로 가장 적절한 것은?

① 정보의 생산 ② 협업과 조화
③ 신속한 전달 ④ 개성과 인권
⑤ 소통과 공유

중요
15 ㉡과 가장 거리가 먼 것은?

① 정보가 빠르게 전달되면서 정보의 왜곡이 일어나기도 한다.
② 게시물의 내용에 대한 철저한 검증의 과정으로서의 역할을 한다.
③ 잘못된 글쓰기 행위로 인해 개인의 삶에 큰 피해를 입기도 한다.
④ 다른 사람들이 남긴 글을 읽고 개인이 감정적인 어려움에 처할 수 있다.
⑤ 게시판의 잘못된 반응이 여론으로 수렴되어 공공의 정책으로 반영되기도 한다.

16 ⓐ~ⓔ 중 다음 사회 현상과 가장 밀접한 관련이 있는 것은?

일반적인 뉴스의 형태를 띠고 있으며 일정 부분은 사실에 기반하지만 특정 목적을 달성하기 위해 핵심 내용을 왜곡하거나 조작하여 전달한다. 대부분 사실 확인이 어려우며 자극적인 표현이 많다.

① ⓐ ② ⓑ ③ ⓒ ④ ⓓ ⑤ ⓔ

서술형
17 〈보기〉를 바탕으로 할 때, 최근 인터넷 매체를 활용한 글쓰기의 성향에서 드러나는 특성을 〈조건〉에 맞게 서술하시오.

보기

최근 인터넷 매체를 활용한 소통의 방법으로 메신저 프로그램 활용도가 매우 높아지고 있다. 2016년 미래 창조 과학부의 인터넷 사용 실태 조사 결과에 따르면 소통을 위해 최근 1년간 사용한 인터넷 매체로 (인스턴스) 메신저 92.5%, 사회 관계망 서비스가 65.2%, 전자 우편이 59.1%로 나타났다. 메신저를 활용한 소통은 인터넷에 접속만 되어 있으면 상대방이 지금 인터넷에 접속되어 있는지 확인하면서 실시간으로 쪽지를 주고받을 수 있고, 일대일 대화는 물론 일대다의 대화가 이루어질 수 있으며 동호회 구성 등 사이버 공간 내에서의 쌍방향 소통을 실현하는 서비스이다.

조건

• 매체의 특성이 드러나도록 서술할 것.
• 한 문장으로 서술할 것.

[18~19] 다음 글을 읽고 물음에 답하시오.

고민이 있어요. 중학생 딸아이가 화장을 너무 심하게 해요. 아이섀도, 볼터치, 틴트, 마스카라까지. 나이도 어린데 화장을 하면 피부가 상한다고 말해도 듣지 않아요. 학생이 무슨 화장이냐고 야단을 치면 다른 애들도 모두 화장한다면서 오히려 큰소리를 쳐요. 선크림 정도도 아니고... 좋은 방법이 없을까요?

↳ 빵아~: ㉠부모는 자식의 거울, 엄마는 과연 어떻게 하시고 다니시는지 되돌아보세요.

↳ 미소천사: ㉡지금 와서 야단을 치면 엄마 눈 피해서 몰래 하게 되지요. 자녀와 함께 좀 더 순한 화장품을 찾아보고 권유해 보시는 건 어떨까요^^

↳ 파란하늘: ㉢요즘 우리 교실에도 맨날 얼굴만 두드리고 있는 여자애들이 많아졌어요. 무슨 화장품도 그리 많은지......

↳ 또랑또랑: ㉣화장을 하느냐, 하지 않느냐보다 더 필요한 건 관심입니다. 엄마의 관심이 아이를 좋은 방향으로 변모시킬 거예요. 지켜보시고 조금 더 기다려 주세요.

↳ 쭈글이: ㉤우리 딸도 책상 위에 앉아서 맨날 공부보다 화장법 영상 찾느라고 바쁩니다. 어떻게 해야 할지 저도 고민입니다. ㅠ.ㅠ

18 이 게시판의 댓글 중 〈보기〉의 설명에 해당하는 것은?

보기

인터넷 게시판 댓글을 쓸 때 익명성 때문에 평소 대면 상황에서는 잘 하지 못하는 인신공격성 발언을 하는 경우가 있다.

① ㉠ ② ㉡ ③ ㉢ ④ ㉣ ⑤ ㉤

서술형
19 이 게시물에 댓글을 달기 위해 파악해야 할 요소를 다음과 같이 정리할 때, ㉮~㉰에 들어갈 말을 〈조건〉에 맞게 쓰시오.

글에서 다루는 대상	중학생의 화장
대상에 대한 글쓴이의 입장	㉮
글을 쓴 목적	㉯
댓글의 주요 내용	㉰

조건

• 각각 한 문장으로 서술할 것.

· 다섯째 마당 ·

듣기 · 말하기

면담하기와 배려하는 말하기

개념 압축 APP

1 면담하기

<table>
<tr><td>뜻</td><td colspan="2">일정한 목적을 위해 적절한 상대방을 만나 상의하거나 질문과 대답을 하는 말하기</td></tr>
<tr><td rowspan="3">과정</td><td>면담 (　　　) 하기</td><td>• 면담의 목적과 주제 정하기
• 면담 약속 정하기
• 면담 대상 선정하기
• 면담 질문지 작성하기</td></tr>
<tr><td>면담 (　　　) 하기</td><td>• 면담 대상 만나기
• 준비한 질문을 하고 답변 듣기
• 주요 내용 메모하기(사전 동의 얻고 녹음하기)
• 정중하고 예의 바른 태도 갖추기</td></tr>
<tr><td>면담 (　　　) 하기</td><td>• 면담 내용을 주제와 목적에 맞게 정리하기</td></tr>
</table>

2 상대방을 배려하는 말하기

뜻	상대방에 대한 존중과 배려를 바탕으로 생각과 감정을 이해하고 헤아리는 말하기
방법	• 상대방의 처지와 상황을 고려하여 말하기 • 상대방을 존중하는 언어 표현 사용하기

3 언어폭력

뜻	말로써 온갖 음담패설을 늘어놓거나 욕설, 협박 따위를 하는 것
유형	• 상대방을 비하하는 말 • 상대방을 차별하는 말

필수 어휘 사전

- **음담패설:** 음탕하고 사람으로서 마땅히 지켜야 할 도덕상의 의무에서 벗어나는 상스러운 이야기
- **욕설:** 남의 인격을 무시하는 모욕적인 말. 또는 남을 저주하는 말
- **비하:** 업신여겨 낮춤.

답 계획, 진행, 정리

확인 문제

1. 면담하기 과정에서 필요한 활동이 아닌 것은?

① 면담 약속 정하기
② 면담의 주제 정하기
③ 면담 대상자 선정하기
④ 면담 질문지에 예상 답변 써 보기
⑤ 면담 내용을 목적에 맞게 정리하기

2. 상대방을 배려하는 말하기에 대한 설명으로 적절하지 않은 것은?

① 상대방을 존중하는 언어 표현을 사용한다.
② 상대방에 대한 존중과 배려를 바탕으로 한다.
③ 상대방의 처지나 상황, 관심사를 고려하여 말한다.
④ 상대방의 바람이나 요구를 무조건적으로 수용한다.
⑤ 상대방의 생각과 감정을 이해하고 헤아리는 말하기이다.

3. 언어폭력에 해당하는 말이 아닌 것은?

① 협박
② 비속어
③ 음담패설
④ 지역 방언
⑤ 차별적 언어

답 1. ④ 2. ④ 3. ④

학습 목표

• 목적에 맞게 질문을 준비하여 면담한다.
• 언어폭력의 문제점을 인식하고 상대방을 배려하여 말하는 태도를 지닌다.

학습 활동 따라잡기

1 면담 대상에게 면담을 요청하는 글을 보고, 면담 계획서를 완성해 보자.

스튜어디스 김하늘 님께

안녕하세요? 저는 ○○중학교 1학년 박서현이라고 합니다. 제가 이렇게 전자 우편을 드리는 이유는 학교에서 직업 탐색을 하던 중 스튜어디스라는 직업에 관심이 생겼고, 궁금한 점을 직접 만나서 여쭤 보고 싶기 때문입니다. 스튜어디스가 하는 일은 무엇인지, 스튜어디스가 되기 위해 필요한 능력과 과정은 무엇인지 등 궁금한 점이 무척 많습니다. 바쁘시겠지만 다음 주 토요일 11시에 인천 공항으로 찾아뵐까 하는데, 시간 괜찮으신지요? 혹시 불편하시다면 다른 날짜와 시간을 잡아 주시면 언제든지 가능합니다. 꼭 만나 뵙기를 기대하겠습니다.

박서현 올림

면담 목적	(1)
면담 대상	(2)
면담 일시와 장소	다음 주 토요일 11시, 인천 공항(예정)
질문 내용	(3)

2 다음 대화를 읽고, 대화 처방전을 완성해 보자.

대학생인 현우는 여자 친구에게 생일 선물을 주고 있다.

현우: (머뭇거리며) 이거 생일 선물이야.

여자 친구: (포장지를 뜯으며) 어! 이거 저번에 우리 같이 본 옷이구나! 기대하고 있었는데, 정말 고마워!

현우: (당황하며) 아니. 그건 아니고……. 예상했던 것보다 가격이 너무 비싸서 대신 비슷한 것으로 샀어. 마음에 들지는 모르겠지만 그래도 최대한 비슷한 것으로…….

여자 친구: 뭐야. 진짜. 역시 지방 출신이라 물건 고르는 센스가 더럽게 없네. 너 나 아니었으면 모태 솔로를 못 벗어날 얼굴인데, 은혜를 이렇게 갚냐?

〈대화 처방전〉

환자	여자 친구
병명	(1)
증상	상대방을 비하하거나 차별하는 발언 (2) ____________ (3) ____________
처방	상대방을 배려하는 말하기로 바꿔 말한다. 예 (4) ____________

끌어 주기

◎ 면담을 요청하는 글의 내용을 바탕으로 면담 계획서를 완성할 수 있다. 면담 계획서에는 면담 목적, 대상, 질문 내용 등이 필수적으로 포함되어야 하는 내용임을 유의하여 면담 계획서를 완성해 보자.

예시 답안 (1) 스튜어디스 직업에 관한 정보 수집
(2) 김하늘 스튜어디스
(3) 스튜어디스가 하는 일, 스튜어디스가 되기 위해 필요한 능력이나 과정

◎ '언어폭력'을 문제 상황이라고 인식하고, 이를 해결하기 위한 방법으로 '상대를 배려하는 말하기'를 실천할 수 있다.

예시 답안 (1) 언어폭력
(2) 센스가 더럽게 없네. / 모태 솔로를 못 벗어날 얼굴
(3) 지방 출신이라
(4) 우와! 고마워! 이 옷도 나한테 잘 어울리는 것 같은데. 역시 옷도 그렇고, 여자 친구도 그렇고 보는 눈이 있어!

1 국어 교사와의 면담

*다음 글을 읽고 물음에 답하시오.

서현: 안녕하세요? 저는 전자 우편으로 먼저 인사드렸던 박 서현입니다. 바쁘실 텐데 면담에 응해 주셔서 감사합니다. 전자 우편으로 말씀드렸듯이 국어 교사에 대한 기사를 쓰기 위해 면담을 신청했습니다. 국어 교사에 대한 정보를 얻기 위해 책이나 인터넷 같은 다른 매체를 통해 찾아보긴 했지만 그 과정에서 또 다른 의문도 생기고, 찾은 내용도 만족스럽지 못해서요. 중간에 기사에 들어갈 사진을 찍고, 면담 내용을 녹음하려 하는데 괜찮으신지요?

국어 교사: 그럼요. 면담 질문지도 미리 받아 보았으니, 편하게 면담을 진행하세요.

서현: 감사합니다. 그럼 질문 드리겠습니다. ㉠국어 교사가 되신 계기가 무엇인가요?

국어 교사: 제가 중학생 때, 저의 국어 선생님께서 발표 수업을 시키셨는데 친구들의 반응이 무척 좋았고, 국어 선생님께서도 저에게 소질이 있다고 칭찬해 주셨어요. 내가 잘 할 수 있는 일을 직업으로 가지면 좋겠다는 생각이 들면서 국어 교사라는 직업에 관심이 생겼죠.

서현: ㉡어떤 수업이었나요?

국어 교사: 황순원의 「소나기」란 작품이었어요. 목소리 연기로 수업을 했거든요.

서현: 참 재미있었을 것 같아요. ㉢그럼 국어 교사가 되는 방법에 무엇이 있나요?

국어 교사: 우선 국어교육과에 진학하는 게 가장 일반적인 방법이에요. 하지만 국어교육과에 진학하지 않더라도 국문과에 입학하여 교직을 이수하는 방법도 있어요. 또 교육대학원에 진학해도 임용 시험을 볼 수 있는 자격이 주어져요. 〈중략〉

서현: 아, 그렇다면 ㉣국어 교사에게 필요한 능력은 무엇인가요?

국어 교사: 요즘은 임용 시험의 경쟁률이 무척 높아서 우선 전공과목에 대한 전문적 지식이 필요해요. 또한 실제 수업을 할 수 있는 능력과 자신만의 교육 철학을 가지는 것도 중요하죠. 하지만 무엇보다 학생들과 소통하는 노력이 가장 필요한 것 같아요.

서현: 학생들과 소통하는 능력이 무엇보다 중요하군요. ㉤국어 교사를 하시면서 보람을 느끼실 때는 언제인가요?

국어 교사: 교실이 붕괴되고 교권이 추락했다고 하지만 아직까지 교사를 믿고 따르는 학생들이 많아요. 열심히 준비한 수업에 대해 긍정적으로 반응하고 적극적으로 참여하는 학생들을 보면 정말 보람을 느껴요.

서현: 저도 긍정적인 반응과 적극적 참여를 기억해서 수업 시간에 실천해야겠네요. 면담에 응해 주시고, 친절하게 답변해 주셔서 감사합니다.

학습 목표 응용

01 이와 같은 말하기에 대한 설명으로 적절한 것은?

① 다수의 청자에게 한 방향으로 의사를 전달한다.
② 특정 대상을 직접 만나서 이야기나 의견을 나눈다.
③ 갈등을 해결하기 위한 방안 마련을 목적으로 한다.
④ 불합리한 상황에 대한 자신의 주장을 근거와 함께 제시한다.
⑤ 면 대 면 의사소통이 아니기에 궁금한 점을 즉각적으로 해결할 수 없다.

02 이 면담을 통해 알 수 있는 내용으로 적절하지 않은 것은?

① 국어 교사는 전자 우편으로 면담을 요청받았다.
② 국어 교사는 면담에서 나올 주요 질문을 미리 알고 있다.
③ 국어 교사는 학생들과 소통하는 능력을 중요하게 생각한다.
④ 국어 교사는 교실이 붕괴되고 교권이 추락한 현실을 비판적으로 생각한다.
⑤ 국어 교사는 자신이 잘 할 수 있는 일을 직업으로 가지고 싶다는 직업관을 가지고 있다.

03 ㉠~㉤ 중 질문의 성격이 다른 하나는?

① ㉠ ② ㉡ ③ ㉢ ④ ㉣ ⑤ ㉤

중요

04 이 면담에서 활용하기에 적절한 질문이 아닌 것은?

① 국어 교사는 어떤 전공과목을 공부하나요?
② 황순원의 「소나기」에서 배울 점은 무엇인가요?
③ 학생들과 소통하는 선생님만의 방법이 있나요?
④ 임용 시험을 볼 수 있는 자격은 무엇을 의미하나요?
⑤ 중학생 때, 선생님의 수업을 들은 친구들의 반응이 구체적으로 어땠나요?

고난도 응용

01 서현이가 보낸 전자 우편에 포함될 내용으로 적절하지 않은 것은?

① 면담자 소개
② 면담의 목적
③ 면담 질문지
④ 면담 날짜와 장소
⑤ 사전에 수집한 정보의 목록

02 다음은 이 면담을 바탕으로 작성된 기사문의 일부이다. 내용으로 적절하지 않은 것은?

> 특히 ①선생님은 국어 교사가 된 계기가 중학교 국어 시간에 한 발표에서 받은 칭찬 때문이었다고 회상하며, ②국어교육과 진학, 국문과 입학 후 교직 이수, 교육대학원 진학 등 국어 교사가 되기 위한 방법을 소개하였다. ③국어 교사는 전공과목에 대한 지식과 아이들과의 소통 능력, 실제 수업 능력 등이 필요한데, 특히 ④임용 시험의 경쟁률이 매우 높은 요즘 합격 여부를 판가름하는 전공과목에 대한 지식이 가장 중요함을 강조하였다. 또한 ⑤수업에 긍정적으로 반응하고 적극적으로 참여하는 학생들로부터 교사가 된 보람을 느낀다고 하였다.

서술형

03 〈보기〉에 제시된 면담자의 말을 통해 알 수 있는 면담자의 역할을 두 가지 서술하시오.

보기

> 국어 교사: 황순원의 「소나기」란 작품이었어요. 목소리 연기로 수업을 했거든요.
> 서현(면담자): 참 재미있었을 것 같아요. 그럼 국어 교사가 되는 방법에 무엇이 있나요?

소단원 한눈에 보기

갈래	면담
소재	국어 교사
성격	정보 전달적
주제	국어 교사란 어떤 직업인가?
특징	국어 교사에 대한 정보를 바탕으로 ( )을/를 쓰기 위해 진행된 ( )임.

▶ **면담 내용으로 재구성한 면담 계획서**

면담 대상	국어 교사
면담 목적	국어 교사에 대한 기사를 쓰기 위한 정보 수집
면담 준비물	수첩, 필기구, 녹음과 사진 촬영이 가능한 휴대 전화
질문 내용	• 국어 교사가 된 계기 • 국어 교사가 되기 위한 방법 • 국어 교사에게 필요한 능력 • 국어 교사로서 보람을 느끼는 때

▶ **면담의 흐름**

처음	• 인사 및 자기소개 • 면담의 주제 및 목적 안내 • 사진 촬영에 대한 양해 구하기
중간	질문하고 답변 듣기
끝	마무리 및 감사 인사

답 기사, 면담

출제 포인트

• 면담의 준비 과정 중 면담을 요청할 때, 면담 대상자에게 미리 안내해야 할 내용들이 주로 출제된다.
• 면담 과정에서 면담 대상자의 답변은 내용을 묻는 문제로, 면담자의 질문은 기능을 묻는 문제로 주로 출제된다.

2 배려하는 말하기

*다음 글을 읽고 물음에 답하시오.

(가) 대학생인 현우는 오늘도 학교를 마치자마자 곧장 아르바이트를 하는 곳으로 갔다. 며칠 전 함께 길을 걷는 중에 여자 친구가 매장에 진열된 옷을 보고 예쁘다고 말하기에,

"생일 기념으로 내가 꼭 사 줄게!"

라고 약속했기 때문이다. / 여자 친구를 위해 열심히 돈을 모은 현우는 당당하게 매장으로 가서 옷을 구입하려고 했지만 옷의 가격은 예상했던 것보다 훨씬 더 비쌌다. 옷을 살 수 없어 실망을 한 현우는 자신이 모은 돈의 액수 안에서 최대한 비슷한 옷을 사서 여자 친구에게 갔다.

현우: (머뭇거리며) 이거 생일 선물이야.

여자 친구: (포장지를 뜯으며) 어! 이거 저번에 우리 같이 본 옷이구나! 기대하고 있었는데, 정말 고마워!

현우: (당황하며) 아니. 그건 아니고……. 예상했던 것보다 가격이 너무 비싸서 대신 비슷한 것으로 샀어. 마음에 들지는 모르겠지만 그래도 최대한 비슷한 것으로…….

여자 친구: ㉠뭐야. 진짜. 역시 지방 출신이라 물건 고르는 센스가 더럽게 없네. 너 나 아니었으면 모태 솔로를 못 벗어날 얼굴인데, 은혜를 이렇게 갚냐?

(나)

(다) 이덕무는 『사소절(士小節)』의 '언어(言語)' 편에서 말하기에 대해 다음과 같이 언급하고 있다.

> 여름에 솜옷을 입은 사람과 한자리에 앉아 있으면 아무리 덥더라도 덥다고 하지 말고, 겨울에 홑옷을 입은 사람을 보면 아무리 춥더라도 춥다고 말하지 말며, 굶주린 사람을 보고 밥을 먹을 때에는 음식의 간이 맞지 않은 것을 탄식하지 말라.

아무리 자신이 하고 싶은 말과 생각이 있더라도 솜옷을 입은 사람, 홑옷을 입은 사람, 굶주린 사람이 있는, 즉 대화의 상대방이나 상황을 고려하여 ㉢할 말과 ㉣하지 않아야 할 말을 구분해서 말을 하라는 의미이다.

학습 목표 응용

01 (가)~(다)를 자료로 활용하여 글쓰기를 할 때, 글쓰기의 주제로 적절한 것은?

① 상대방을 배려하는 말하기를 하자.
② 세대에 따라 언어 표현을 달리하자.
③ 공식적인 상황에서 표준어를 사용하자.
④ 사적인 대화를 통해 원만한 인간관계를 유지하자.
⑤ 상대방의 오해를 불러일으키지 않도록 최대한 말을 아끼자.

02 (가)의 대화 이후, 현우와 여자 친구의 관계를 예측한 내용으로 가장 적절한 것은?

① 현우는 여자 친구가 자신에게는 과분하다고 생각하며 헤어질 것이다.
② 현우는 여자 친구를 만족시키지 못한 죄책감에 더욱 잘해 줄 것이다.
③ 현우는 자신을 무시한 여자 친구와의 관계를 지속할지 고민할 것이다.
④ 여자 친구는 현우에게 자신의 감정을 직접적으로 표현하지 못해 후회할 것이다.
⑤ 여자 친구는 자신의 생각을 제대로 표현하지 못하는 현우에 대해 답답함을 느낄 것이다.

03 ㉡에 해당하지 않는 말은?

① 남의 인격을 무시하는 말
② 상대방에게 모욕감을 주는 표현
③ 남을 업신여기거나 깎아내리는 말
④ 상대방을 조롱하거나 조소하는 표현
⑤ 상대방과 다른 의미로 해석할 수 있는 말

04 (다)의 내용을 바탕으로 캠페인을 할 때, 캠페인의 문구로 가장 적절한 것은?

① 열 마디 말보다 한 번의 행동으로
② 주고받는 배려 속에 웃음 피는 대화꽃
③ 올바른 한글 사용 웃음 짓는 세종대왕
④ 무심코 쓴 욕설, 인성 온도계가 내려간다.
⑤ 칭찬은 고래를 춤추게 하고 우리를 노래 부르게 한다.

고난도 응용

중요

01 〈보기〉와 같은 말하기 태도를 반영하여, ㉠을 변형한 것으로 적절한 것은?

> **보기**
> 상대방을 존중하고 배려하는 태도는 바람직한 의사소통을 하기 위한 핵심 요소이다. 말을 할 때 상대방의 처지나 반응을 고려한다면 품위 있는 언어생활을 할 수 있을 것이다.

① 진짜 격 떨어져서 같이 못 놀겠다.
② 다음 생일에는 줄 수 있겠지, 좀 더 노력해 봐.
③ 오히려 색은 이 옷이 더 좋은걸! 고마워! 잘 입을게!
④ 보기에는 괜찮지만 가격이 싸니 분명 품질은 안 좋을 거야.
⑤ 이 옷은 나보다 너에게 더 잘 어울릴 것 같은데. 원래 옷 가격은 주인 따라가거든.

02 (나)에 제시된 부정적 언어 상황이 계속되면 나타날 수 있는 현상으로 적절하지 않은 것은?

① 원만한 의사소통을 방해할 수 있다.
② 대화 상대방과의 인간관계를 해칠 수 있다.
③ 특정 집단이 주로 사용하여 언어 이질화가 심해진다.
④ 어휘력과 표현력 등 언어 사용 능력이 저하될 수 있다.
⑤ 언어를 듣는 사람뿐 아니라 사용하는 사람의 정서에도 악영향을 미칠 수 있다.

서술형

03 〈보기〉의 상황에서 ㉢과 ㉣에 해당하는 말을 찾아 각각 하나씩 쓰시오.

> **보기**
> 서현: 엄마, 나 국어 백 점이야! (의기소침한 동생을 발견한다.)
> 정현: (풀이 죽은 채로) 언니는 좋겠다.
> 서현: 아냐, 찍은 문제가 맞은 건데 뭐. 생각보다 성적이 안 나왔나 보구나?
> 정현: 응. 난 국어 실력이 별로 없나 봐.
> 서현: 무슨 소리야. 이제껏 나보다 더 잘했었잖아. 다음 시험에는 분명 원하는 성적을 받을 수 있을 거야.
> 엄마: 우리 서현이는 성적도 잘 받더니 겸손하기까지 하네. 정현이는 머리가 나빠서 그런 거니 어쩔 수 없고.

소단원 한눈에 보기

갈래	언어 자료 (가) 대화, (나) 만화, (다) 주장하는 글
소재	배려하는 말하기
성격	일상적, 교훈적
주제	(　　　)하는 말하기의 필요성
특징	• (가)는 배려하는 말하기가 필요한 상황으로, 말하기에 따라 인간관계가 달라질 수 있음을 알 수 있다. • (나)는 (　　　)이/가 될 수 있는 욕설이나 은어의 사용이 습관화된 문제점을 지적하고 있다. • (다)는 우리나라의 고전인 이덕무의 『사소절』에서 배울 수 있는 말하기 태도를 다루고 있다.

▶ **(가)~(다)에 나타난 대화 상황과 문제 상황**

	대화 상황	문제 상황
(가)	돈이 부족하여 여자 친구가 원하는 선물을 사지 못함을 알리는 대화 상황	여자 친구가 상대방을 비하하고 차별하는 표현을 사용함.
(나)	친구들과의 일상적인 대화 상황	욕설이나 은어를 주로 사용함.
(다)	여름에 솜옷을 입은 사람, 겨울에 홑옷을 입은 사람, 굶주린 사람과 대화를 하는 상황	덥거나 춥거나 음식의 간이 맞지 않다고 말함.

▶ **(가)~(다)의 문제 해결 방법**
상대방을 배려하여 말하는 태도가 필요함.

답 배려, 언어폭력

출제 포인트

• 배려하는 말하기는 문제 상황을 해결하고 상대방과의 인간관계를 발전시킬 수 있기 때문에 그 필요성이 주로 출제된다.
• 언어폭력이 습관화되고 있는 상황에서 그 심각성을 인식하고 이를 해결하기 위한 말하기 방식이 주로 출제된다.

단원 평가

[01~07] 다음 글을 읽고 물음에 답하시오.

(가) 서현: 현우야! 우리 학교 신문에 진로와 관련해서 국어 교사에 대한 기사를 써야 하는데, ㉠책이나 인터넷으로 자료를 수집하다 보니 한계가 있어. 좋은 방법 없을까?

현우: 그러면 우리 학교 국어 선생님께 면담을 요청해 보는 게 어때? 학생들에게 도움을 주는 것을 좋아하셔서 면담에 잘 참여해 주실 것 같은데. 그리고 워낙 우리랑 잘 통하셔서 아마 너도 금방 친밀감을 느낄 거야.

서현: 우와! 면담을 할 수 있으면 정말 좋겠다. 그럼 국어 교사에 관한 정보를 얻기 위한 면담을 계획해야겠어. 면담 약속도 정해야 하고, 질문지도 만들어야겠지?

현우: 내가 이메일 주소 알려 줄게.

서현: 고마워! 정말 큰 도움이 되었어.

(나) 서현: 안녕하세요? 저는 전자 우편으로 먼저 인사드렸던 박서현입니다. 바쁘실 텐데 면담에 응해 주셔서 감사합니다. 전자 우편으로 말씀드렸듯이 국어 교사에 대한 기사를 쓰기 위해 면담을 신청했습니다. 국어 교사에 대한 정보를 얻기 위해 책이나 인터넷 같은 다른 매체를 통해 찾아보긴 했지만 그 과정에서 또 다른 의문도 생기고, 찾은 내용도 만족스럽지 못해서요. 중간에 기사에 들어갈 사진을 찍고, 면담 내용을 녹음하려 하는데 괜찮으신지요?

국어 교사: 그럼요. 면담 질문지도 미리 받아 보았으니, 편하게 면담을 진행하세요.

서현: 감사합니다. 그럼 질문 드리겠습니다. 국어 교사가 되신 계기가 무엇인가요?

국어 교사: 제가 중학생 때, 저의 국어 선생님께서 발표 수업을 시키셨는데 친구들의 반응이 무척 좋았고, 국어 선생님께서도 저에게 소질이 있다고 칭찬해 주셨어요. 내가 잘 할 수 있는 일을 직업으로 가지면 좋겠다는 생각이 들면서 국어 교사라는 직업에 관심이 생겼죠.

서현: ㉡어떤 수업이었나요?

국어 교사: 황순원의 「소나기」란 작품이었어요. 목소리 연기로 수업을 했거든요.

서현: 참 재미있었을 것 같아요. 그럼 국어 교사가 되는 방법에 무엇이 있나요?

국어 교사: 우선 국어교육과에 진학하는 게 가장 일반적인 방법이에요. 하지만 국어교육과에 진학하지 않더라도 국문과에 입학하여 교직을 이수하는 방법도 있어요. 또 교육대학원에 진학해도 임용 시험을 볼 수 있는 자격이 주어져요.

서현: 임용 시험을 볼 수 있는 자격이요?

국어 교사: 네. 임용 시험을 보기 위해서 정교사 2급 자격증이 필요해요. 이 자격증이 있으면 기본적으로 교사를 할 수 있구요, 저처럼 공립 학교에 근무하기 위해서 임용 시험을 보는 거예요.

서현: ㉢그렇다면 국어 교사에게 필요한 능력은 무엇인가요?

국어 교사: 요즘은 임용 시험의 경쟁률이 무척 높아서 우선 전공과목에 대한 전문적 지식이 필요해요. 또한 실제 수업을 할 수 있는 능력과 자신만의 교육 철학을 가지는 것도 중요하죠. 하지만 무엇보다 학생들과 소통하는 노력이 가장 필요한 것 같아요.

서현: 학생들과 소통하는 능력이 무엇보다 중요하군요. 국어 교사를 하시면서 보람을 느끼실 때는 언제인가요?

국어 교사: 교실이 붕괴되고 교권이 추락했다고 하지만 아직까지 교사를 믿고 따르는 학생들이 많아요. 열심히 준비한 수업에 대해 긍정적으로 반응하고 적극적으로 참여하는 학생들을 보면 정말 보람을 느껴요.

서현: 저도 긍정적인 반응과 적극적 참여를 기억해서 수업 시간에 실천해야겠네요. 면담에 응해 주시고, 친절하게 답변해 주셔서 감사합니다.

국어 교사: 저도 즐거운 면담이었습니다. 더 궁금한 점이 있으면 언제든지 연락하세요.

서현: 감사합니다.

01 (가)의 대화를 통해 알 수 있는 내용으로 적절하지 않은 것은?

① 서현이는 면담을 하기 전 면담 계획서를 작성할 것이다.
② 현우는 서현이의 문제를 해결하는 방법으로 면담을 제안하고 있다.
③ 현우는 면담자가 친밀감을 느낄 수 있는 면담 대상자를 선정하였다.
④ 서현이는 기사를 쓰기 위한 정보를 수집하기 위해 책이나 인터넷을 활용했다.
⑤ 현우는 서현이의 기사를 자신의 국어 선생님께 보여 드리고 조언을 받는 방식으로 서현이에게 도움을 주고 있다.

중요

02 다음 중 (가)의 대화 후, 서현이가 작성한 면담 계획서에 포함될 요소가 모두 묶인 것은?

ⓐ 면담 목적 및 대상	ⓑ 면담 일시 및 장소
ⓒ 면담 대상자 추천인	ⓓ 면담에서 사용할 질문
ⓔ 면담 내용 및 결과 분석	

① ⓐ, ⓑ, ⓒ　　② ⓐ, ⓑ, ⓓ
③ ⓑ, ⓒ, ⓔ　　④ ⓑ, ⓓ, ⓔ
⑤ ⓒ, ⓓ, ⓔ

03 ㉠을 극복할 수 있는 '면담'의 특징으로 적절한 것은?

① 시 · 공간의 제약을 받지 않는다.
② 다양한 관점의 정보를 수집할 수 있다.
③ 절차가 간단해서 별다른 준비가 필요 없다.
④ 여러 사람이 동시에 많은 양의 정보를 모을 수 있다.
⑤ 궁금한 점에 대해 즉각적으로 묻고 답하면서 필요한 정보를 바로 얻을 수 있다.

04 (가)에서 작성한 질문지에 포함할 내용으로 적절하지 <u>않은</u> 것은?

① 국어 교사가 되신 계기는 무엇인가요?
② 국어 교사가 되는 방법은 무엇인가요?
③ 국어 교사에게 필요한 능력은 무엇인가요?
④ 국어 교사로서 주로 쓰는 학습 사이트는 어디인가요?
⑤ 국어 교사를 하시면서 보람을 느끼실 때는 언제인가요?

05 (나)에 드러난 면담자의 역할로 적절하지 <u>않은</u> 것은?

① 면담 목적이 반영된 질문을 한다.
② 녹음과 사진 촬영에 대한 양해를 구한다.
③ 면담 대상자의 대답에 긍정적으로 호응한다.
④ 면담에 응해 준 면담 대상자에게 감사 인사를 한다.
⑤ 면담 대상자의 생각과 다른 자신의 생각을 제시한다.

06 (나)의 면담을 정리한 내용으로 적절하지 <u>않은</u> 것은?

① 질문: 국어 교사가 된 계기는?
　대답: 중학생 때, 발표 수업에서 얻은 친구들의 반응과 선생님의 칭찬
② 질문: 국어 교사로서 진행한 수업 중 가장 기억에 남는 것은?
　대답: 황순원의 「소나기」
③ 질문: 국어 교사가 되는 방법은?
　대답: 국어교육과에 진학, 교직 이수, 교육대학원 진학
④ 질문: 국어 교사에게 필요한 능력은?
　대답: 전공과목에 대한 지식, 수업 능력, 교육 철학, 학생과의 소통 노력
⑤ 질문: 국어 교사로서 보람을 느낄 때는?
　대답: 학생들이 적극적으로 참여하고 긍정적으로 반응을 보일 때

서술형

07 다음을 참고하여 ㉡과 ㉢의 차이점을 서술하시오.

> 면담 질문은 크게 주안적 질문과 부차적 질문으로 나눌 수 있다. 주안적 질문은 질문자가 일차적으로 묻고자 하는 핵심적 내용을 담은 질문이며, 부차적 질문은 응답자의 응답이 불충분하거나 불명확할 때 보충하는 질문이다.

단원 평가

[08~14] 다음 글을 읽고 물음에 답하시오.

㉮ 대학생인 현우는 오늘도 학교를 마치자마자 곧장 아르바이트를 하는 곳으로 갔다. 며칠 전 함께 길을 걷는 중에 여자 친구가 매장에 진열된 옷을 보고 예쁘다고 말하기에,

"생일 기념으로 내가 꼭 사 줄게!"

라고 약속했기 때문이다.

여자 친구를 위해 열심히 돈을 모은 현우는 당당하게 매장으로 가서 옷을 구입하려고 했지만 옷의 가격은 예상했던 것보다 훨씬 더 비쌌다. 옷을 살 수 없어 실망을 한 현우는 자신이 모은 돈의 액수 안에서 최대한 비슷한 옷을 사서 여자 친구에게 갔다.

현우: (머뭇거리며) 이거 생일 선물이야.

여자 친구: (포장지를 뜯으며) 어! 이거 저번에 우리 같이 본 옷이구나! 기대하고 있었는데, 정말 고마워!

현우: (당황하며) 아니. 그건 아니고……. 예상했던 것보다 가격이 너무 비싸서 대신 비슷한 것으로 샀어. 마음에 들지는 모르겠지만 그래도 최대한 비슷한 것으로…….

(가-1)

여자 친구: 이 옷도 나에게 잘 어울리는 것 같아. 역시 패션의 완성은 얼굴이야! 고마워!

현우는 자신의 선물을 긍정적인 마음으로 받으면서도 자신의 자존심까지 살려 주는 여자 친구에게 고마움을 느꼈다. 자신의 걱정이 기우였음을 깨닫고 앞으로 여자 친구에게 더욱 잘해 줘야겠다고 다짐했다.

(가-2)

여자 친구: 너무 쉽게 약속한다 했어. 너를 믿고 기대한 내 탓이지.

현우는 여자 친구의 생일을 축하해 주는 내내 가시방석에 앉은 듯 불편했다. 나름대로 최선을 다한 자신을 몰라주는 여자 친구가 원망스럽기도 하고, 앞으로 여자 친구와 잘 지낼 수 있을까 하는 생각에 기분이 좋지 않은 하루였다.

㉯

㉰ 이덕무는 『사소절(士小節)』의 '언어(言語)' 편에서 말하기에 대해 다음과 같이 언급하고 있다.

[A] 여름에 솜옷을 입은 사람과 한자리에 앉아 있으면 아무리 덥더라도 덥다고 하지 말고, 겨울에 홑옷을 입은 사람을 보면 아무리 춥더라도 춥다고 말하지 말며, 굶주린 사람을 보고 밥을 먹을 때에는 음식의 간이 맞지 않은 것을 탄식하지 말라.

아무리 자신이 하고 싶은 말과 생각이 있더라도 솜옷을 입은 사람, 홑옷을 입은 사람, 굶주린 사람이 있는, 즉 대화의 상대방이나 상황을 고려하여 할 말과 하지 않아야 할 말을 구분해서 말을 하라는 의미이다.

대화(對話)는 독백(獨白)이 아니다. 상대방을 대(對)하며 이야기(話)하는 것이다. 그러니 대화를 할 때에는 상대방의 처지와 상황, 생각과 감정을 고려하며 말해야 한다. 또한 상대방에 대한 존중과 배려의 태도를 갖추어 그에 맞는 언어 표현을 사용해야 한다. 우리가 친근감의 표시라고 치부하고, 별 것 아니라 생각하며 내뱉는 말들이 상대방에게 아픔과 상처가 될 수 있음을 인지하고, 그렇게 쏜 ㉠부정적 언어의 화살이 나에게 되돌아올 수 있음을 깨달아야 한다.

08 상대방을 배려하는 말하기에 대한 설명으로 적절한 것은?

① 상대방과의 친밀감을 과시하는 말하기이다.
② 상대방의 처지나 상황을 반영하는 말하기이다.
③ 상대방에게 대화의 주도권을 주로 주는 말하기이다.
④ 표준어법에 맞게 상대방과 의사소통하는 말하기이다.
⑤ 상대방의 의견을 무조건적으로 수용하는 말하기이다.

09 (가)에서 여자 친구의 대답에 따라 달라지는 현우의 반응으로 알 수 있는 내용은?

① 상대방의 기분을 맞춰 주기 위해 때로는 하얀 거짓말도 필요하다.
② 상대방을 비하하거나 낮잡아 표현하는 것은 언어폭력에 해당한다.
③ 상대방의 처지나 상황에 따라 언어적 표현뿐만 아니라 비언어적 표현을 활용해야 한다.
④ 상대방의 상황이나 반응을 고려하면서 존중하는 말하기 태도는 원활한 인간관계를 유지할 수 있다.
⑤ 의사소통 과정에서 생긴 문제를 해결하기 위해서는 자신의 감정이나 생각을 솔직하게 표현해야 한다.

10 (가)에 나타난 대화를 분석한 내용으로 적절하지 않은 것은?

① 현우는 자신이 한 말을 지키지 못해 실망하고 있다.
② 현우는 자신의 처지와 상황을 여자 친구에게 설명하고 있다.
③ 여자 친구의 반응에 따라 의사소통이 성공적이 되기도 하고 그렇지 않기도 하다.
④ (가-1)에서 여자 친구는 현우에게 고마움을 표시하면서도 유머 감각이 있는 표현으로 분위기를 밝게 만들고 있다.
⑤ (가-2)에서 여자 친구는 책임감 있는 언어생활을 강조하며 현우의 행동을 변화시키기 위한 목적으로 말하고 있다.

중요

11 언어폭력에 대한 설명으로 적절하지 않은 것은?

① 말로써 온갖 음담패설을 늘어놓는다.
② 비속어나 욕설 등으로 상대를 비하한다.
③ 신체적 특성과 관련하여 상대를 낮추어 차별하는 말이다.
④ 언어폭력을 당하는 사람뿐만 아니라 행하는 사람도 부정적인 영향을 받는다.
⑤ 일상적인 대화에서보다 감정에 호소해야 하는 특정한 상황에서 주로 나타난다.

12 (나)의 학생들의 말하기에 대한 평가로 적절한 것은?

① 욕설이나 은어와 같은 부정적 언어 표현이 일상화되어 있다.
② 상대방에게 불쾌감을 주는 말하기로 의사소통의 갈등을 겪고 있다.
③ 서로의 차이를 인정하지 않고 자신의 생각을 일방적으로 말하고 있다.
④ 소극적인 태도로 말하기에 참여하여 대화가 원활하게 진행되지 않는다.
⑤ 중의적 의미로 해석될 수 있는 말하기를 통해 의사소통의 혼란을 초래하고 있다.

13 ㉠에 해당하는 말이 아닌 것은?

① 잡종 ② 처녀작 ③ 잡상인
④ 봉급쟁이 ⑤ 환경미화원

서술형

14 [A]에서 밑줄 친 부분을 말하지 말라고 한 이유를 〈조건〉에 맞게 서술하시오.

조건
- 밑줄 친 부분의 공통점을 내용으로 쓸 것.
- '밑줄 친 부분은 모두 ~이기 때문에 말하지 말라고 하고 있다.'의 형식으로 쓸 것.

토의하기와 판단하며 듣기

개념 압축 APP

1 토의

(1) 뜻: 문제를 (　　　)하기 위해 여러 사람들이 의견이나 생각을 주고받는 (　　　) 말하기

(2) 토의의 과정(패널 토의)

사회자	토의 (　　　), 토의자, 토의 절차, 의견 발표 순서 안내
↓	
토의자	토의 주제에 관한 자신의 의견 발표
↓	
토의자	토의자 상호 간의 의견 (　　　) 및 조정
↓	
토의자, (　　　)	질의응답
↓	
사회자	토의 내용 정리 및 (　　　)

(3) 토의자와 사회자의 역할과 태도

토의자	사회자
• 자신의 의견을 명확히 제시 • 다른 사람의 의견 존중 – 협력적 태도 • 토의에 의해 마련된 해결책에 대한 (　　　) 자세가 필요	• 토의 주제, 진행 절차 등 토의에 대해 안내 • 토의자가 (　　　) 발언할 수 있도록 토의를 진행 • 토의 내용을 정리하고 마무리

2 내용의 타당성을 판단하며 듣기

(1) 뜻: 주장과 근거가 이치에 맞는지 판단하며 듣는 것

(2) 효과: (　　　)(으)로 결정하여 곤란한 상황에 빠지지 않을 수 있다.

(3) 고려할 점

- 주장이 분명한가?
- 주장을 뒷받침하는 (　　　)이/가 충분히 제시되었는가?
- 주장과 근거 사이에 밀접한 (　　　)이/가 있는가?
- 근거로부터 주장을 이끌어 내는 과정에 오류가 없는가?
- 근거로부터 주장을 이끌어 내는 과정에 영향을 미치는 다른 정보는 없는가?

필수 어휘 사전

- **근거:** 어떤 일이나 의논, 의견에 그 근본이 됨. 또는 그런 까닭
- **오류:** 그릇되어 이치에 맞지 않음.

해설 협력적인, 주제, 교환, 청중, 마무리, 수용적, 공평하게, 합리적, 근거, 연관성

확인 문제

1. 다음에서 설명하고 있는 말하기가 무엇인지 쓰시오.

> 문제를 해결하기 위해 여러 사람들이 의견이나 생각을 주고받는 협력적인 말하기

2. 패널 토의에서 토의자 간의 의견 교환이 있은 후에 이루어지는 토의의 단계로 적절한 것은?

① 청중의 의견 발표
② 토의자의 의견 발표
③ 토의 내용 정리 및 마무리
④ 청중과 토의자의 질의응답
⑤ 토의자와 사회자의 의견 교환

3. 내용의 타당성을 판단하며 들을 때, 고려할 점이 아닌 것은?

① 주장이 분명한가?
② 주장과 근거 사이에 밀접한 연관성이 있는가?
③ 주장을 뒷받침하는 근거가 충분히 제시되었나?
④ 근거로부터 주장을 이끌어 내는 과정에 오류가 없는가?
⑤ 근거로부터 주장을 이끌어 내는 과정에 글쓴이의 경험이 들어 있는가?

답 1. 토의 2. ④ 3. ⑤

학습 목표

- 토의에서 협력적 태도로 의견을 주장하고 수용할 수 있다.
- 내용의 타당성을 판단하며 들을 수 있다.

학습 활동 따라잡기

1 다음 토의에서 토의 주제와 이에 따른 토의자의 의견을 알아보자.

장민수: 저는 교실 청소를 청소 당번을 정해서 하지 말고 수업이 끝난 후에 모두 함께 청소를 하는 것이 더 효율적이라고 생각합니다. 지금과 같이 청소 당번을 정해서 하다 보면 어떤 학생들은 청소를 열심히 하지만 어떤 학생들은 청소를 하지 않고 시간만 보내는 경우가 있습니다. 그리고 방과 후에 늦게까지 청소를 하게 되면서 방과 후 시간을 낭비하게 됩니다. 모두 함께 자기가 맡은 구역을 청소한다면 청소도 빨리 끝나고 청소를 하지 않는 학생들도 없어질 것입니다.

강성주: 저는 청소 당번의 수를 늘리는 방식을 제안합니다. 지금은 청소 당번이 4명씩입니다. 4명이 청소를 하다 보니 청소하는 시간이 오래 걸리고 청소도 깨끗하게 이루어지지 않습니다. 청소 당번을 6명으로 늘린다면 청소를 더욱 효율적으로 할 수 있습니다. 청소 당번을 늘리면 청소를 맡는 횟수는 늘어나겠지만 청소를 하는 부담은 훨씬 줄어들고 방과 후 시간을 활용하기에 더 좋습니다.

이소연: 저는 방과 후에 청소하는 시간을 갖는 지금의 방식을 획기적으로 바꾸어 보는 것이 좋겠다고 생각합니다. 지금은 청소 당번이 남아 교실 청소를 하고 있습니다. 각자 자기 자리를 깨끗하게 관리한다면 굳이 방과 후에 남아서 청소를 할 필요가 있을까요? 쉬는 시간이나 점심시간 등을 이용해서 자기 자리를 자기가 스스로 청소하면 됩니다. 자기 자리를 자기가 청소하는 게 당연한 것 아닌가요?

2 다음 광고를 바탕으로 (1) ~ (3)의 활동을 해 보자.

살을 빼고 싶으십니까?
좀 더 날씬해지고 싶으세요?
다이어트 보조 식품 ×××를 복용하면 누구나 살을 뺄 수 있습니다.
다이어트 보조 식품 판매량 1위를 자랑하는 ×××.
최고의 여배우 ○○○도 효과를 봤다는 ×××
㉠"안녕하세요? ○○○입니다. ×××를 먹고 체중이 10kg이나 빠졌어요."
국세청에서 우수 납세 기업으로 상을 받은 □□□이 만든 믿을 만한 제품, 다이어트 보조 식품 ×××, 당신도 다이어트 성공의 주인공이 되세요.

(1) 이 광고의 주장이 무엇일까?

(2) ㉠이 타당성이 없는 근거인 이유는 무엇일까?

(3) 이 광고에 타당성이 있는 내용을 추가해 보자.

끌어 주기

◎ 이 토의는 학급에서 일상적으로 생길 수 있는 문제를 해결하기 위한 토의이다. 토의자들은 문제를 해결하기 위한 자신의 의견을 논리적으로 전개하고 있다. 토의에 참여할 때, 참여자들은 토의의 주제가 무엇인지 분명히 알아야 하며, 이에 따라 토의자들이 제시하는 주장이 무엇인지 정확히 파악해야 한다. 각 토의자의 의견을 살펴보면서 토의 주제와 해결 방안을 찾아보자.

예시 답안 • 토의 주제: 교실 청소를 어떻게 할 것인가?
장민수: 청소 당번을 정하지 말고 방과 후에 모두 함께 청소하기
강성주: 청소 당번을 4명에서 6명으로 늘리기
이소연: 자기 자리를 스스로 청소하기

◎ 다이어트 보조 식품을 판매하는 라디오 광고이다. 소비자의 입장에서 내용의 타당성을 판단하며 들어 보자.

(1) 이 광고에서는 질문을 통해 관심을 끈 후 바로 주장을 펼치고 있다.
예시 답안 살을 뺄 수 있으므로 ×××을 사서 복용해야 한다.

(2) 근거가 주장을 완전하게 뒷받침하지 못한다.
예시 답안 체중이 빠진 또 다른 이유들이 있을 수 있다.

(3) 다이어트에 실제로 도움이 되는 방법이나 영양소를 함께 제시한다.
예시 답안 운동과 함께 섭취하면 더욱 효과가 좋습니다. / 다이어트에 도움이 되는 칼슘을 함유하고 있습니다.

1 교실 청소, 어떻게 할까?

*다음 글을 읽고 물음에 답하시오.

(가) 사회자: 안녕하세요? 오늘은 '교실 청소를 어떻게 할까?'라는 주제로 토의하겠습니다. 교실 청소를 어떻게 할까라는 문제는 우리 학급의 모든 학생들이 관심을 가지고 있고 여러 학생들이 청소 당번을 정하는 문제나 청소하는 방식에 대해 다양한 의견을 가지고 있는 문제입니다. 그래서 오늘은 장민수, 강성주, 이소연 학생을 토의자로 모시고 토의를 진행하도록 하겠습니다. 오늘 토의는 세 분의 토의자가 의견을 발표하고, 토의자 간의 의견 교환이 있은 후에 청중의 질문을 받는 순서로 진행하겠습니다. 그럼, 장민수, 강성주, 이소연 학생 순서로 의견을 발표해 주시기 바랍니다.

(나) 장민수: 저는 교실 청소를 청소 당번을 정해서 하지 말고 수업이 끝난 후에 모두 함께 청소를 하는 것이 더 효율적이라고 생각합니다. 지금과 같이 청소 당번을 정해서 하다 보면 어떤 학생들은 청소를 열심히 하지만 어떤 학생들은 청소를 하지 않고 시간만 보내는 경우가 있습니다. 그리고 방과 후에 늦게까지 청소를 하게 되면서 방과 후 시간을 낭비하게 됩니다.

(다) 강성주: 자기 자리를 스스로 청소해야 한다는 것에는 동의합니다. 하지만 청소 당번을 없애자는 의견에는 동의하지 않습니다. 자기 자리를 깨끗하게 유지하는 것은 당연한 일입니다. 하지만 아무리 각자가 자기 자리를 깨끗이 한다고 해도 사람마다 차이가 날 수 있습니다. 그리고 무책임하게 자기 자리를 청소하지 않는 사람은 어떻게 합니까? 또, 누구 자리라고 말하기 애매한 공간들도 있습니다.

(라) 이소연: 제가 그 점에 대해서는 미처 생각하지 못했습니다. 각자 자기 자리를 청소하면서 최소한의 청소 당번이 주번과 함께 뒷마무리를 하는 방식으로 하면 어떨까요?

장민수: 듣고 보니 그렇게 하는 것이 좋을 것 같습니다. 각자 자기 자리를 쉬는 시간이나 점심시간을 이용해서 스스로 청소하고 매일 두 명씩 청소 당번을 정해 마무리하도록 하면 좋겠습니다.

(마) 사회자: 네, 청중의 질문과 그 답변까지 들었습니다. 오늘 토의 결과, 교실 청소는 각자 자기 자리를 스스로 청소하고 방과 후에 청소 당번 2명이 주번과 함께 마무리하는 것으로 했습니다. 오늘 토의에서 합의한 내용을 잘 실천해서 항상 깨끗한 교실이 되었으면 좋겠습니다. 의견을 내 주신 토의자 분들과 관심을 가지고 참여해 주신 청중 여러분 모두 감사합니다.

학습 목표 응용

01 이와 같은 대화를 할 때, 유의할 점으로 적절하지 않은 것은?

① 사회자의 진행에 따라 발언한다.
② 다른 사람이 하는 말을 경청한다.
③ 근거를 바탕으로 의견을 제시한다.
④ 토의 주제가 무엇인지 정확히 파악한다.
⑤ 의견을 발표할 때 듣는 사람의 의견을 고려한다.

중요
02 (가)에 드러나는 사회자의 역할이 아닌 것은?

① 토의자를 소개한다.
② 토의 주제를 소개한다.
③ 토의 절차를 안내한다.
④ 의견 발표 순서를 안내한다.
⑤ 이전 토의 내용을 요약정리한다.

03 (나)에서 주장을 뒷받침하는 근거로 적절한 것은?

① 청소 당번을 쉽게 정할 수 있다.
② 방과 후 시간을 낭비하지 않게 된다.
③ 청소를 천천히 꼼꼼하게 할 수 있다.
④ 청소 당번은 누구나 싫어하는 일이다.
⑤ 청소를 하는 친구들끼리 더욱 친해질 수 있다.

중요
04 (다)의 토의자에 대한 설명으로 적절한 것은?

① 자신의 의견이 잘못되었음을 인정했다.
② 다른 사람의 의견에 전적으로 동의했다.
③ 다른 사람의 의견에 대해 감정적으로 대응한다.
④ 자신의 의견을 조정해서 합의를 도출하려 한다.
⑤ 학생들의 자발적인 청소만으로 충분하다고 생각한다.

고난도 응용

01 이 토의가 〈보기〉에서 설명하는 토의와 다른 점으로 적절한 것은?

〈보기〉
- 열 명 내외의 사람들이 상하 구별 없이 자유롭게 의견을 나누는 방식
- 상호 대등한 관계에서 이루어지는 자유 토의 형태이기 때문에 주어진 토의 문제에 대한 의사 결정이 쉬움.

① 토의자와 청중이 나누어진다.
② 근거를 바탕으로 주장을 내세운다.
③ 상대방을 존중하는 토의 태도가 필요하다.
④ 토의자들 사이의 의견 교환이 이루어진다.
⑤ 최선의 해결 방안을 도출하는 것을 목적으로 한다.

중요

02 (라)에 대한 평가로 적절한 것은?

① 두 학생이 서로 다른 의견을 절충하기 위해 최선의 노력을 하고 있다.
② 두 학생 모두 자신의 의견만 고집하지 않고 협력적인 태도를 보였다.
③ 장민수 학생에 비해 이소연 학생이 더 토의에 적합한 발언을 하였다.
④ 이소연 학생은 협력적인 태도를 보였지만 장민수 학생은 그렇지 못했다.
⑤ 두 학생 모두 상대방의 의견을 반박하면서 의견 충돌을 일으키고 있다.

서술형

03 (마)에서 사회자가 한 발언을 정리하여 〈보기〉의 표를 완성하시오.

〈보기〉

	사회자가 한 일
토의 결과 정리	㉠:
당부	㉡:

소단원 한눈에 보기

갈래	토의
성격	(　　　), 일상적, 주관적
토의 형식	패널 토의-배심 토의
제재	교실 (　　　)
주제	교실 청소를 어떻게 할까?
특징	• 토의자가 먼저 자신의 의견을 주장하고 의견을 교환한 후 청중과 질의응답함. • 토의자가 논리적으로 자신의 주장을 제시함.

▶ **토의자의 의견**

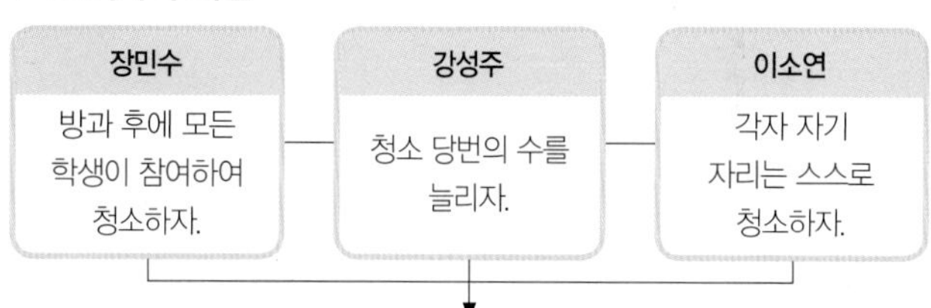

장민수
방과 후에 모든 학생이 참여하여 청소하자.
강성주
청소 당번의 수를 늘리자.
이소연
각자 자기 자리는 스스로 청소하자.

교실 청소를 할 때 각자 자기 자리를 스스로 청소하고 방과 후에 청소 당번 2명이 주번과 함께 마무리한다.

▶ **사회자의 역할**

처음	• 토의 주제 소개 • 토의 절차 안내	• 토의자 소개 • 의견 발표 순서 지정
중간	• 토의자의 의견 정리 • 순서에 따라 토의를 진행	
끝	• 토의 결과 정리 • 당부와 마무리	

답 논리적, 청소

출제 포인트
- 이 토의에서는 학급에서 일어날 수 있는 문제에 대해 어떻게 해결 과정이 이루어지는지 출제된다.
- 이 토의에서 토의자의 논리적인 의견 주장과 협력적인 의견 교환 및 조정 과정이 어떻게 드러나는지 출제된다.

2 판단하며 듣기

*다음 글을 읽고 물음에 답하시오.

(가) 살을 빼고 싶으십니까?

좀 더 날씬해지고 싶으세요?

다이어트 보조 식품 ×××를 복용하면 누구나 살을 뺄 수 있습니다.

다이어트 보조 식품 판매량 1위를 자랑하는 ×××.

최고의 여배우 ○○○도 효과를 봤다는 ×××

"안녕하세요? ○○○입니다. ×××를 먹고 체중이 10kg이나 빠졌어요."

㉠국세청에서 우수 납세 기업으로 상을 받은 □□□이 만든 믿을 만한 제품, 다이어트 보조 식품 ×××, 당신도 다이어트 성공의 주인공이 되세요.

(나) 안녕하세요? 저는 로봇 동아리 '멋진 신세계'의 회장, 민수호입니다.

우리 동아리 '멋진 신세계'는 로봇과 인간이 조화를 이루며 행복하게 살아가는 세계를 꿈꾸는 동아리입니다.

우리 동아리에 가입하면 다양한 활동을 통해 여러분들도 로봇 전문가가 될 수 있습니다. 우선 우리 동아리에 가입하면 1주일에 한 번씩 로봇 관련 책이나 자료를 함께 읽는 활동을 합니다. 동아리 지도 교사이신 ○○○선생님께서 함께해 주시기 때문에 자료를 이해하는 데 많은 도움을 얻을 수 있습니다.

또, 동아리 학생들 간의 친목을 위해서 한 달에 한 번씩 영화를 보거나 놀이공원에 놀러 가는 행사를 갖기도 합니다. 우리 동아리 학생들이 제일 좋아하는 활동이기도 합니다.

8월에 △△대학교에서 열리는 청소년 로봇 박람회를 아시나요? 이곳에 참가하기 위해 우리 로봇 동아리도 많은 준비를 하고 있답니다. 여러분 같은 신입생들도 함께 참가할 수 있는 기회를 얻을 수 있습니다.

우리 동아리의 자랑거리는 학업 성적이 좋은 선배들이 많다는 것입니다. 우리 동아리에 가입하면 이런 선배들의 도움을 받아 성적이 오를 수도 있습니다. 실제로 성적이 많이 오른 사람도 있으니 동아리에 들어와서 확인해 보세요.

로봇 과학자인 □□□ 박사님도 우리 동아리 출신이라는 걸 아시면 깜짝 놀라실 겁니다. 여러분도 우리 동아리에 들어오면 이렇게 훌륭한 로봇 과학자가 될 수 있습니다.

우리 동아리에서 꼭 만날 수 있기를 바랍니다.

학습 목표 응용

01 (가)와 (나)에 대한 설명으로 적절한 것은?

① (가)와 (나)는 모두 설득을 목적으로 한다.
② (가)와 (나)는 모두 상업적 의도를 가지고 있다.
③ (가)와 (나)에는 말하는 사람의 의도가 숨겨져 있다.
④ (가)는 설득보다는 정보 전달에 더 큰 비중을 두고 있다.
⑤ (나)는 공식적인 말하기가 아닌 사적인 말하기에 해당한다.

02 (가)에 대한 설명으로 적절하지 <u>않은</u> 것은?

① 질문을 통해 관심을 유도하고 있다.
② 살을 빼고 싶은 사람에게 필요한 광고이다.
③ 유명인을 활용하는 설득 전략을 가지고 있다.
④ 품질이나 효능보다는 판매량을 내세우고 있다.
⑤ 의도와 반대로 말하여 설득 효과를 높이고 있다.

중요

03 (나)에서 주장을 뒷받침하는 근거로 타당성이 있는 것은?

① 동아리에 학업 성적이 좋은 선배들이 많다.
② 친목을 위해 한 달에 한 번 영화를 보러 간다.
③ 동아리 활동을 통해 성적이 오른 사람이 있다.
④ 로봇 과학자인 □□□ 박사가 동아리 출신이다.
⑤ 지도 교사와 함께 로봇 관련 책이나 자료를 읽는다.

중요

04 ㉠이 가진 문제점을 설명한 것으로 적절한 것은?

① 주장과의 관련성이 떨어진다.
② 사실이 아닌 내용을 담고 있다.
③ 제시된 사례가 너무 부족하다.
④ 주장과 모순된 내용을 담고 있다.
⑤ 소비자의 감정에 지나치게 호소하고 있다.

고난도 응용

01 〈보기〉의 광고와 (가)의 광고를 비교할 때, 〈보기〉에만 드러나는 문제점으로 적절한 것은?

〈보기〉

부족한 머리칼! ○○○으로 누구나 해결할 수 있습니다. 하루만 써 봐도 느낄 수 있어요.

○○○, 사용자 중 75%가 효과를 본 연구 결과가 증명합니다.

머리숱이 많기로 유명한 연예인 A씨도 사용하는 ○○○.

착한 기업, □□□가 만든 제품 믿고 사용해 보세요. 이번이 마지막 기회입니다.

① 과장된 내용을 제시하고 있다.
② 주장과 근거 사이에 오류가 있다.
③ 확인할 수 없는 통계를 이용하고 있다.
④ 주장과 근거 사이에 연관성이 부족하다.
⑤ 유명인을 이용하여 소비자를 현혹하고 있다.

서술형

02 〈보기〉를 참고하여 (가)에 나온 여배우의 인터뷰 내용을 타당성이 있게 고쳐 쓰시오.

〈보기〉

근거가 주장을 뒷받침하기 위해서는 다른 정보가 추가로 필요하지 않아야 한다. 예를 들어, 몸무게가 줄었다면 이유가 여러 가지일 수 있다. 보조 식품을 먹어서일 수도 있고 규칙적인 운동을 해서일 수도 있고 먹는 양을 줄여서일 수도 있다. 그런데 여러 가지 이유 중에서 한 가지만 이유로 제시하면 타당성이 떨어지게 된다.

중요

03 ㉠의 타당성이 떨어지는 이유와 유사한 사례를 (나)에서 찾은 것으로 가장 적절한 것은?

① 유명 로봇 박사가 동아리 출신이다.
② 청소년 로봇 박람회에 참석할 수 있다.
③ 1주일에 한 번씩 로봇 관련 책과 자료를 읽는다.
④ 동아리 지도 교사인 ○○○선생님이 함께해 주신다.
⑤ 회원과의 친목을 위해 한 달에 한 번 놀이공원에 간다.

소단원 한눈에 보기

(가)

갈래	광고문
성격	(　　), 일상적
제재	다이어트 보조 식품
주제	다이어트 보조 식품 ×××판매
특징	• 주장을 뒷받침하기 위해 근거를 제시하였으나 (　　)이/가 떨어짐. • 유명인의 (　　)을/를 직접 인용하는 설득 전략을 보임.

(나)

갈래	(　　)
성격	설득적, (　　)
제재	로봇 동아리
주제	로봇 동아리 신입생 모집
특징	• 주장을 뒷받침하기 위해 근거를 제시하였으나 타당성이 떨어지는 근거가 있음. • 친근한 어투로 설득력 있게 말함.

▶ (가)와 (나)에서 내용의 타당성이 떨어지는 근거

(가) 누구나 살을 뺄 수 있다.: 과장
(가) 판매량 1위: 제품의 효능과 직접적 관련 없음.
(가) 유명 여배우의 인터뷰: 사례가 한 가지임. 여배우가 살이 빠진 다른 이유가 있을 수 있음.
(가) 우수 납세 기업이 만든 제품: 제품의 효능과 직접적 관련이 없음.

+

(나) 한 달에 한 번씩 영화 보기 / 성적 좋은 선배들의 도움: 동아리의 목적과 연관성이 없음.
(나) 로봇 박사 □□□ 박사님의 출신 동아리: 사례가 한 가지임. □□□ 박사님이 로봇 박사가 된 이유가 다른 것이 있을 수도 있음.

답 설득적, 타당성, 인터뷰, 연설문, 일상적

출제 포인트

• (가)의 광고는 다이어트 보조 식품 광고로, 내용의 타당성을 판단하는 내용이 출제된다.
• (나)의 연설은 동아리 신입생 모집을 위한 연설로, 내용의 타당성을 판단하는 내용이 출제된다.

단원 평가

[01~03] 다음 토의를 읽고 물음에 답하시오.

(가) 사회자: 안녕하세요? 오늘은 '교실 청소를 어떻게 할까?'라는 주제로 토의하겠습니다. 교실 청소를 어떻게 할까라는 문제는 우리 학급의 모든 학생들이 관심을 가지고 있고 여러 학생들이 청소 당번을 정하는 문제나 청소하는 방식에 대해 다양한 의견을 가지고 있는 문제입니다. 그래서 오늘은 장민수, 강성주, 이소연 학생을 토의자로 모시고 토의를 진행하도록 하겠습니다. 오늘 토의는 세 분의 토의자가 의견을 발표하고, 토의자 간의 의견 교환이 있은 후에 청중의 질문을 받는 순서로 진행하겠습니다. 그럼, 장민수, 강성주, 이소연 학생 순서로 의견을 발표해 주시기 바랍니다.

(나) 장민수: 저는 교실 청소를 청소 당번을 정해서 하지 말고 수업이 끝난 후에 모두 함께 청소를 하는 것이 더 효율적이라고 생각합니다. 지금과 같이 청소 당번을 정해서 하다 보면 어떤 학생들은 청소를 열심히 하지만 어떤 학생들은 청소를 하지 않고 시간만 보내는 경우가 있습니다. 그리고 방과 후에 늦게까지 청소를 하게 되면서 방과 후 시간을 낭비하게 됩니다. 모두 함께 자기가 맡은 구역을 청소한다면 청소도 빨리 끝나고 청소를 하지 않는 학생들도 없어질 것입니다.

(다) 강성주: 저는 청소 당번의 수를 늘리는 방식을 제안합니다. 지금은 청소 당번이 4명씩입니다. 4명이 청소를 하다 보니 청소하는 시간이 오래 걸리고 청소도 깨끗하게 이루어지지 않습니다. 청소 당번을 6명으로 늘린다면 청소를 더욱 효율적으로 할 수 있습니다. 청소 당번을 늘리면 청소를 맡는 횟수는 늘어나겠지만 청소를 하는 부담은 훨씬 줄어들고 방과 후 시간을 활용하기에 더 좋습니다.

(라) 이소연: 저는 방과 후에 청소하는 시간을 갖는 지금의 방식을 획기적으로 바꾸어 보는 것이 좋겠다고 생각합니다. 지금은 청소 당번이 남아 교실 청소를 하고 있습니다. 각자 자기 자리를 깨끗하게 관리한다면 굳이 방과 후에 남아서 청소를 할 필요가 있을까요? 쉬는 시간이나 점심시간 등을 이용해서 자기 자리를 자기가 스스로 청소하면 됩니다. 자기 자리를 자기가 청소하는 게 당연한 것 아닌가요?

중요

01 이와 같은 토의의 과정을 설명한 것으로 가장 적절한 것은?

① 의제 설정 – 토의자 의견 발표 – 토의자 간 의견 교환 – 논의 내용 정리
② 논제 제시 – 주장 발표 – 반론하기 – 주장 다지기 – 판정하기 – 사회자의 내용 정리
③ 주제 소개 – 토의자의 발표 – 토의자와 청중의 질의응답 – 토의 내용 정리와 마무리 – 토의자의 최종 발언
④ 주제 소개 – 토의자의 의견 발표 – 토의자 간 의견 교환 – 토의된 내용 정리 – 토의자와 청중 간의 상호 질의응답 – 논의 내용 정리
⑤ 주제 소개 – 전문가의 발표 – 지정된 토의자와 전문가의 질의응답 – 발표 내용 정리 – 전문가와 청중 간의 질의응답 – 논의된 내용 정리

서술형

02 (가)와 〈보기〉의 사회자의 공통적 역할이 무엇인지 한 문장으로 서술하시오.

보기

네, 지금까지 세 분 토의자의 의견을 잘 들었습니다. 세 분의 의견을 정리하면, 모두 함께 방과 후에 청소하자는 의견, 청소 당번을 기존 6명에서 4명으로 줄이자는 의견, 방과 후 청소 시간을 없애고 쉬는 시간과 점심시간에 각자 자기 자리를 스스로 청소하자는 의견입니다. 모두 좋은 의견이라는 생각이 듭니다. 이제 토의자들께서는 서로의 의견에 대해 궁금한 점이 있거나 반박하고 싶은 부분이 있으면 말씀해 주시기 바랍니다.

03 (나)~(라)에 제시된 주장을 이해한 것으로 적절하지 않은 것은?

① (나), (다)에서는 방과 후 시간을 잘 활용할 수 있다는 공통된 논거를 제시하였다.
② (나)의 주장은 청소에 참여하는 사람의 수가 줄어드는 효과가 있다.
③ (다)의 주장은 현재의 방식과 가장 유사한 방식이다.
④ (라)의 주장은 방과 후 청소 시간을 없애자는 주장이다.
⑤ (라)의 주장은 모두가 실천할 수 있을 때 가능한 방법이다.

[04~07] 다음 토의를 읽고 물음에 답하시오.

(가) 장민수: 저는 이소연 학생 의견에 동의합니다. 교실 청소에 모든 학생들이 참여한다는 점에서 제 의견과 이소연 학생의 의견은 비슷한 점이 있다고 봅니다. 모든 학생들이 교실 청소에 관심을 두고 쉬는 시간과 점심시간을 이용해서 스스로 자기 자리를 청소한다면 굳이 방과 후에 남아서 청소할 필요가 없을 것입니다. 이소연 학생의 의견을 받아들여서 모두 자기 자리를 스스로 청소하면 좋겠습니다.

(나) 강성주: 자기 자리를 스스로 청소해야 한다는 것에는 동의합니다. 하지만 청소 당번을 없애자는 의견에는 동의하지 않습니다. 자기 자리를 깨끗하게 유지하는 것은 당연한 일입니다. 하지만 아무리 각자가 자기 자리를 깨끗이 한다고 해도 사람마다 차이가 날 수 있습니다. 그리고 무책임하게 자기 자리를 청소하지 않는 사람은 어떻게 합니까? 또, 누구 자리라고 말하기 애매한 공간들도 있습니다. 저는 최소한의 청소 당번은 유지하는 것이 좋다고 생각합니다.

(다) 이소연: 제가 그 점에 대해서는 미처 생각하지 못했습니다. 각자 자기 자리를 청소하면서 최소한의 청소 당번이 주번과 함께 뒷마무리를 하는 방식으로 하면 어떨까요?
장민수: 듣고 보니 그렇게 하는 것이 좋을 것 같습니다. 각자 자기 자리를 쉬는 시간이나 점심시간을 이용해서 스스로 청소하고 매일 두 명씩 청소 당번을 정해 마무리하도록 하면 좋겠습니다.

(라) 사회자: 네, 토의자들께서 청소 방법에 대해 논의한 결과, 모든 학생들이 자기 자리를 스스로 청소하고 청소 당번 2명을 지정하여 주번과 함께 방과 후에 마무리하는 것으로 의견을 모았습니다. 이제 토의 내용과 관련하여 청중 가운데 질문이 있는 분은 말씀해 주시기 바랍니다.

(마) 김정원: 청소도 중요하지만 교실을 더럽히지 않는 것이 더 중요할 것 같습니다. 교실을 깨끗하게 하기 위한 방법에 대해 생각해 보셨나요?
이소연: 저는 실내화를 신고 밖에 나가는 학생들이 많아서 교실이 지저분해진다고 생각합니다. 실내화는 실내에서 신고, 일반 신발은 밖에서 신는 기본적인 예절을 지키는 것이 필요하다고 생각합니다.

중요
04 이와 같은 토의에 올바르게 참여하기 위해서 토의 참여자의 역할에 관해 나눈 대화로 적절하지 않은 것은?

① 토의자: 자신의 주장을 조리 있게 발표한다.
② 토의자: 협력적인 태도를 보이되 자신의 주장을 굽히지 않는다.
③ 청중: 토의에 집중하며 궁금한 점이 있으면 발언권을 얻어 질문한다.
④ 사회자: 토의 진행 절차에 따라 공정하게 토의를 진행한다.
⑤ 사회자: 토의자의 발언을 정리하여 다른 토의자나 청중이 토의 내용을 잘 이해할 수 있도록 한다.

05 (가)~(다)에 대한 설명으로 가장 적절한 것은?

① 토의자들이 의견을 교환하고 조정하고 있다.
② 사회자가 토의자들의 의견을 조정하고 있다.
③ 토의자들이 자기 의견을 논리적으로 발표하고 있다.
④ 토의자들이 모두 자기 의견의 약점을 보완하고 있다.
⑤ 토의자가 적극적으로 상대방의 주장을 반박하고 있다.

06 (라)로 볼 때, 토의에서 채택된 해결 방안으로 적절하지 않은 것은?

① 청소 당번은 2명으로 한다.
② 주번은 청소 당번과 함께 교실을 청소한다.
③ 모든 학생들이 자기 자리를 스스로 청소한다.
④ 방과 후에 청소를 마무리하는 시간을 갖는다.
⑤ 방과 후 청소에 참여하고 싶은 사람은 참여한다.

서술형
07 다음은 (마)의 내용을 정리한 표이다. ㉠, ㉡에 들어갈 적절한 내용을 쓰시오.

청중의 질문	㉠:
토의자의 답변	㉡:

단원 평가

[08~12] 다음 광고와 연설을 읽고 물음에 답하시오.

가 살을 빼고 싶으십니까?

좀 더 날씬해지고 싶으세요?

다이어트 보조 식품 ×××를 복용하면 누구나 살을 뺄 수 있습니다.

다이어트 보조 식품 판매량 1위를 자랑하는 ×××.

㉠최고의 여배우 ○○○도 효과를 봤다는 ×××

"안녕하세요? ○○○입니다. ×××를 먹고 체중이 10 kg이나 빠졌어요."

국세청에서 우수 납세 기업으로 상을 받은 □□□이 만든 믿을 만한 제품, 다이어트 보조 식품 ×××, 당신도 다이어트 성공의 주인공이 되세요.

나 안녕하세요? 저는 로봇 동아리 '멋진 신세계'의 회장, 민수호입니다.

우리 동아리 '멋진 신세계'는 로봇과 인간이 조화를 이루며 행복하게 살아가는 세계를 꿈꾸는 동아리입니다.

우리 동아리에 가입하면 다양한 활동을 통해 여러분들도 로봇 전문가가 될 수 있습니다. 우선 우리 동아리에 가입하면 1주일에 한 번씩 로봇 관련 책이나 자료를 함께 읽는 활동을 합니다. 동아리 지도 교사이신 ○○○선생님께서 함께해 주시기 때문에 자료를 이해하는 데 많은 도움을 얻을 수 있습니다.

또, 동아리 학생들 간의 친목을 위해서 한 달에 한 번씩 영화를 보거나 놀이공원에 놀러 가는 행사를 갖기도 합니다. 우리 동아리 학생들이 제일 좋아하는 활동이기도 합니다.

8월에 △△대학교에서 열리는 청소년 로봇 박람회를 아시나요? 이곳에 참가하기 위해 우리 로봇 동아리도 많은 준비를 하고 있답니다. 여러분 같은 신입생들도 함께 참가할 수 있는 기회를 얻을 수 있습니다.

㉡우리 동아리의 자랑거리는 학업 성적이 좋은 선배들이 많다는 것입니다. 우리 동아리에 가입하면 이런 선배들의 도움을 받아 성적이 오를 수도 있습니다. 실제로 성적이 많이 오른 사람도 있으니 동아리에 들어와서 확인해 보세요.

로봇 과학자인 □□□ 박사님도 우리 동아리 출신이라는 걸 아시면 깜짝 놀라실 겁니다. 여러분도 우리 동아리에 들어오면 이렇게 훌륭한 로봇 과학자가 될 수 있습니다.

우리 동아리에서 꼭 만날 수 있기를 바랍니다.

08 (가)와 (나)에 공통적으로 적용할 수 있는 듣기 방법이 아닌 것은?

① 필요한 정보를 메모하며 듣는다.
② 사실과 의견을 구분하여 듣는다.
③ 주장의 타당성을 생각하며 듣는다.
④ 말하는 이의 생각을 수용하며 듣는다.
⑤ 주장과 근거의 연관성을 생각하며 듣는다.

09 (나)에서 주장의 근거로 제시한 내용이 아닌 것은?

① 청소년 로봇 박람회에 참석한다.
② 다양한 활동을 통해 로봇 전문가가 될 수 있다.
③ 한 달에 한 번 영화를 보거나 놀이공원에 간다.
④ 로봇 과학자 □□□ 박사님이 동아리 출신이다.
⑤ 1주일에 한 번씩 로봇 관련 책이나 자료를 읽는다.

10 ㉠에 대한 반응으로 적절하지 않은 것은?

① 인터뷰를 직접 인용하여 현실감을 높였어.
② 유명인을 내세워 광고 효과를 높이려 하는군.
③ '최고의 여배우'라는 기준도 너무 주관적이야.
④ ○○○의 살이 빠진 데에 다른 이유는 없을까?
⑤ 모방 심리를 방지하여 판매 효과를 높이려고 하는군.

11 ㉡의 타당성을 판단한 것으로 가장 적절한 것은?

① 주장과 근거가 연관성이 없다.
② 과장되고 허위의 사실을 담고 있다.
③ 주장의 내용과 모순이 되는 내용이 있다.
④ 일반적인 사실을 자신만의 특징으로 제시했다.
⑤ 주장과 관련된 근거와 그렇지 않은 근거를 결합하였다.

중요 | 서술형

12 (가)와 (나)의 말하기의 구체적 목적이 무엇인지 〈조건〉에 맞게 서술하시오.

조건
- '(가)의 목적은 ~ 이고, (나)의 목적은 ~ 이다.'의 형식으로 서술할 것.

[13~16] 다음 강연을 읽고 물음에 답하시오.

가 오늘은 '로봇과 인간이 함께 일하는 사회'라는 주제로 한 말씀 드리겠습니다.

가까운 미래에 로봇이 인간의 일자리를 빼앗을 것이라는 걱정이 많습니다. 그런데 저는 그렇게 생각하지 않습니다. 로봇이 인간의 일자리를 완전히 대체할 수 없을 뿐더러 새로운 일자리를 만들어 낼 것입니다.

올해 3월 국립중앙박물관에서 색다른 공연이 열린 건 알고 있으신가요? 웨어러블 로봇과 드론을 이용한 로보틱 아트 퍼포먼스 '로봇나무'입니다. 이 공연에서 배우들은 기계를 직접 착용하고 드론을 작동하며 배우와 기계가 한 몸이 되어 인간과 로봇의 소통, 이해, 나눔에 대한 이야기를 담아냅니다. 입소문이 퍼지면서 놀이동산, 대학 축제 등에서 공연 요청이 쇄도하자 공연을 기획하고 진행했던 회사에서는 30여 명을 신규 채용했어요.

나 ○○○은 올해 협동 로봇 H××−5를 공식 출시하며 로봇 산업에 뛰어들었습니다. 협동 로봇은 '작업자와 가까운 거리에서 사람의 업무를 도와주는 로봇'을 말하는데, 실제로 이를 구매한 업체 관계자는 '화상과 협착의 위험이 있는 공정에 협동 로봇을 사용하여 사업장 안전을 획기적으로 관리할 수 있었다.'라고 말했습니다. 미국 ○○공대 연구 결과에 따르면 이런 형태의 협업은 인간과 로봇이 각자 생산할 경우에 비해 생산성이 85%나 높아지는 것으로 나타났습니다.

다 많은 사람들이 로봇의 등장은 우리의 일상을 편안하게 하겠지만, 사람의 일자리를 빼앗을 것이라고 생각합니다. 하지만 역사적 사실은 그 반대 결과를 말하고 있죠. 1~3차 산업 혁명 시대에도 기술 발전에 따라 대량 실업이 일어날 우려가 있었지만 실제로는 오히려 일자리가 늘어났거든요. 영국의 컨설팅 업체 메△△에 따르면 로봇의 발전으로 인해 사라지는 일자리보다 새로 생기는 일자리가 더 많다고 합니다.

라 ㉠<u>그러면 어떤 일자리가 많이 늘어날까요?</u>

로봇을 유지하고 수리 · 점검하는 분야가 대표적입니다. 메△△는 로봇 등장으로 창출되는 일자리 수가 355만 개에 달할 것으로 내다봤죠. 물론 자동화와 기계화로 일자리가 줄어드는 직업군도 있겠지만, 사회 전체적으로 보면 늘어난 부와 시간이 새로운 수요를 만들고 새로운 직업을 창출하기 때문이라는 거죠. 전문가들은 하나의 직업이 다양한 직무로 구성돼 있다는 점을 생각해 보면 로봇이 인간을 완전 대체하는 것은 불가능하며, 많은 일들이 로봇과 인간의 협업 형태로 진행될 것이라고 예상하고 있습니다.

13 이 강연에 대한 설명으로 가장 적절한 것은?

① 로봇과 인간의 공존에 대한 강연이다.
② 강연자의 창의력이 돋보이는 강연이다.
③ 과거 사회에 대한 그리움을 담은 강연이다.
④ 로봇에 대한 정서를 표현하기 위한 강연이다.
⑤ 미래에 대한 부정적 전망을 담고 있는 강연이다.

14 이 강연에서 내용의 타당성을 높이기 위해 활용한 방법이 <u>아닌</u> 것은?

① 통계 자료를 활용하였다.
② 역사적 사실을 인용하였다.
③ 전문가의 의견을 활용하였다.
④ 설문 조사 결과를 제시하였다.
⑤ 유명 기업체의 의견을 인용하였다.

중요

15 이 강연에서 강연자의 주장을 뒷받침하는 근거로 적절하지 <u>않은</u> 것은?

① 하나의 직업이 다양한 직무로 구성되어 있다.
② 1~3차 산업 혁명 시대에도 일자리가 늘어났다.
③ 로봇이 인간이 하는 일의 대부분을 대체할 수 있다.
④ 인간과 로봇의 협업으로 생산성이 매우 높아진다.
⑤ 로봇의 발전으로 사라지는 일자리보다 새로 생기는 일자리가 더 많다.

서술형

16 ㉠에 대한 대답을 〈조건〉에 맞게 서술하시오.

조건
• 구체적인 직업을 밝히지 말고 직업의 형태를 서술할 것.
• 하나의 문장으로 서술할 것.

성취도 평가 1회

[01~03] 다음 시를 읽고 물음에 답하시오.

(가) 내를 건너서 숲으로
고개를 넘어서 마을로

어제도 가고 오늘도 갈
나의 길 새로운 길

민들레가 피고 까치가 날고
아가씨가 지나고 바람이 일고

나의 길은 언제나 새로운 길
오늘도…… 내일도……

내를 건너서 숲으로
고개를 넘어서 마을로

– 윤동주, 「새로운 길」

(나) 죽는 날까지 하늘을 우러러
한 점 부끄럼이 없기를,
잎새에 이는 바람에도
나는 괴로워했다.
별을 노래하는 마음으로
모든 죽어 가는 것을 사랑해야지
그리고 나한테 주어진 길을
걸어가야겠다.

오늘 밤에도 별이 바람에 스치운다.

– 윤동주, 「서시」

(다) 내 벗이 몇이나 하니 수석(水石)과 송죽(松竹)이라.
동산(東山)에 달 오르니 긔 더욱 반갑고야.
두어라, 이 다섯밖에 또 더하여 무엇하리.

〈제1수〉

구름 빛이 좋다 하나 검기를 자로 한다.
바람 소리 맑다 하나 그칠 적이 하노매라.
좋고도 그칠 뉘 없기는 물뿐인가 하노라.

〈제2수〉

꽃은 무슨 일로 피면서 쉬이 지고,
풀은 어이하여 푸르는 듯 누르나니,
아마도 변치 않는 건 바위뿐인가 하노라.

〈제3수〉

더우면 꽃 피고 추우면 잎 지거늘,
솔아, 너는 어찌 눈서리를 모르는다.
구천(九泉)에 뿌리 곧은 줄을 글로 하여 아노라.

〈제4수〉

나무도 아닌 것이, 풀도 아닌 것이
곧기는 뉘 시기며 속은 어이 비었는다.
저렇고 사시(四時)에 푸르니 그를 좋아하노라.

〈제5수〉

작은 것이 높이 떠서 만물을 다 비추니,
밤중에 광명(光明)이 너만 한 이 또 있느냐.
보고도 말 아니하니 내 벗인가 하노라.

〈제6수〉

– 윤선도, 「오우가」

01 (가)~(다)에 대한 설명으로 적절하지 않은 것은?

① (가)에서는 시의 첫 연과 마지막 연을 똑같이 반복하면서 주제를 강조하고 있다.
② (가)에서는 3연을 기준으로 1연과 5연, 2연과 4연이 각각 대칭을 이루는 구조로 구성되어 있다.
③ (나)에서는 '과거 – 미래 – 현재'의 순서로 시상을 전개하고 있다.
④ (다)에서는 각 수의 마지막 행의 첫 시어가 3자로 통일되어 있다.
⑤ (다)에서는 〈제1수〉부터 〈제6수〉까지를 시간의 순서대로 배열하고 있다.

중요

02 〈보기〉의 탐구 활동의 결과로 적절하지 않은 것은?

보기

〈시인 윤동주에 대한 보충 자료〉

• 윤동주는 일제 강점기에 활동하던 시인이다.
• 윤동주는 주권을 잃은 국가의 지식인으로서 끊임없이 자신을 성찰하고 의지를 다지는 시를 창작했다.
• 윤동주 시에 나오는 '길'은 인생의 길로, 자신이 나아갈 삶의 길을 의미한다.
• 윤동주의 시 「새로운 길」은 1938년에 창작되었고, 「서시」는 1941년에 창작되었다.

〈탐구 활동〉

(가)와 (나)의 말하는 이가 같은 사람이라고 가정하고, (가)와 (나)를 함께 감상해 보자.

① 말하는 이가 (가)에서 만났던 '내'와 '고개'는 (나)의 '바람'과 비슷한 의미라고 생각해.
② 말하는 이가 (가)에서 만나는 '민들레'나 '까치'로 인해 (나)에서 괴로워하고 있는 거야.
③ 말하는 이가 (가)에서 말하는 '새로운 길'을 가는 것이 (나)에서 말하는 부끄럼 없는 삶 아닐까?
④ (나)의 말하는 이는 (가)에서 가고자 했던 '숲'과 '마을'에 아직 도착하지 못한 것 같아.
⑤ (나)의 말하는 이는 (가)에서 가는 '새로운 길'이 자신에게 '주어진 길'이라고 생각하고 있어.

03 (다)를 이해한 내용으로 적절하지 않은 것은?

① 〈제1수〉에서는 자연물을 나열하면서 자연에 사는 만족감을 표현하고 있다.
② 〈제2수〉에서는 자주 검게 변하는 구름과 비교하면서 깨끗한 물의 덕목을 예찬하고 있다.
③ 〈제3수〉에서는 변하지 않는 바위의 모습을 쉽게 변하는 꽃이나 풀과 비교하고 있다.
④ 〈제4수〉에서는 화려한 꽃이 피는 다른 나무들과 달리 늘 푸름을 유지하는 소나무의 검소함을 노래하고 있다.
⑤ 〈제5수〉에서는 휘어지지 않고 곧은 대나무를 통해 지조 있는 모습을 이야기하고 있다.

[04~06] 다음 글을 읽고 물음에 답하시오.

(가) 망망대해를 헤매는 것처럼 힘든 인생의 항해는 신학기 잠시의 외로움을 극복하는 일 따위와는 비교도 할 수 없을 만큼 두려움 가득한 일이다. 삶은 고난투성이고 끝없는 인내를 요구하기만 하는데, 홀로 헤치는 ㉮파도는 높고 거칠기만 한 것이다.

바로 이때에 영혼을 함께 나눌 친구가 절실히 필요해진다. 인생이란 험난한 항해를 같이 겪고 있다는 동지애를 느낄 수 있는 친구, 혹은 내 삶의 따뜻한 동반자라는 느낌이 전해져 오는 친구와 같이 있는 시간에는 이 세상도 한번 살아 볼 만하다는 용기가 솟는다. 그런 친구와 돈독한 우정을 서로 교환하고 있는 이들이라면, 적어도 실패한 삶은 아니라고 단정할 수 있는 것이다.

〈중략〉

누군가는 말했다. 친구 없이 사는 일만큼 무서운 사막은 없다고. 또 누군가는 말했다. 친구 없이 사는 것은 증인 없이 사라지는 일이라고.

그 말들을 새기고 있으면 불현듯 마음이 찡해 온다. 나는 지금 무서운 사막을 홀로 걷고 있는 것은 아닌지, 지금 내 삶의 의미를 설명해 줄 단 한 사람의 증인도 없이 마음을 닫고 살아가는 것은 아닌지.

하지만 우정은 상호 간의 교류이다. 일방적인 행위가 결코 아니다. 말하자면 내가 먼저 쌓아야 할 탑이고 내가 밭을 경작해서 맺어야 할 열매인 것이다. 그럼에도 불구하고 탑을 제대로 쌓는 사람, 혹은 빛깔 곱고 아름다운 열매를 맺는 사람은 참 드물다. 친구는 많지만 진정으로 벗이라 부를 만한 이는 몇이나 되는지, 그것만이라도 한 번쯤 되새겨 보며 살아야 하는 것 아닐까. 우리한테 참다운 벗이 없다는 말은 곧 우리가 누군가에게 참다운 벗이 되어 주지 않았다는 말과 조금도 다름이 없다.

– 양귀자, 「사막을 같이 가는 벗」

(나) 그 골목길에서의 일이다. 초등학교 1학년 때였던 것 같다. 하루는 우리 반이 좀 일찍 끝나서 나는 혼자 집 앞에 앉아 있었다. 그런데 그때 마침 골목을 지나던 깨엿 장수가 있었다. 그 아저씨는 가위를 쩔렁이며, 목발을 옆에 두고 대문 앞에 앉아 있는 나를 흘낏 보고는 그냥 지나쳐 갔다. 그러더니 리어카를 두고 다시 내게 돌아와 내게 깨엿 두 개를 내밀었다. 순간 그 아저씨와 내 눈이 마주쳤다. 아저씨는 아무 말도 하지 않고 아주 잠깐 미소를 지어 보이며 말했다. / "괜찮아." 〈중략〉

성취도 평가 1회

"그만하면 참 잘했다."라고 용기를 북돋아 주는 말, "너라면 뭐든지 다 눈감아 주겠다."라는 용서의 말, "무슨 일이 있어도 나는 네 편이니 넌 절대 외롭지 않다."라는 격려의 말, "지금은 아파도 슬퍼하지 마라."라는 나눔의 말, 그리고 마음으로 일으켜 주는 부축의 말, "괜찮아."

그래서 세상 사는 것이 만만치 않다고 느낄 때, 죽을 듯이 노력해도 내 맘대로 일이 풀리지 않는다고 생각될 때, 나는 내 마음속에서 작은 속삭임을 듣는다.

– 장영희, 「괜찮아」

04 (가)와 (나)에 대한 설명으로 적절하지 않은 것은?

① (가)에서는 비교의 방법으로 세상살이의 어려움을 표현하고 있다.

② (가)에서는 전문가의 말을 인용하여 주장의 설득력을 높이고 있다.

③ (가)에서는 비유적 표현을 사용하여 주제를 효과적으로 드러내고 있다.

④ (나)에서는 과거의 경험에서 얻은 깨달음을 이야기하고 있다.

⑤ (나)에서는 '괜찮아'라는 말에 담긴 다양한 의미를 나열하여 제시하고 있다.

중요

05 (가)의 글쓴이와 (나)의 글쓴이의 대화를 가상한 것이다. 적절하지 않은 것은?

① (가): 세상은 혼자 살기에는 너무 두려운 곳입니다. 그래서 나를 도와줄 친구가 필요하죠.

② (나): 그래도 이 세상에는 좋은 사람들이 있으니 그런대로 살 만하죠.

③ (가): 아무리 좋은 사람이 많아도 나와 영혼을 나눌 친구가 없으면 정말 삭막할 겁니다.

④ (나): 그렇죠. 친구들이 나에게 용기를 주기 때문에 희망을 갖고 사는 거죠.

⑤ (가): 그래서 사람들은 자신에게 용기를 줄 친구가 다가오기를 기다려야 하는 거죠.

서술형

06 ㉮와 〈보기〉의 밑줄 친 ㉯의 의미가 어떻게 다른지 〈조건〉에 맞게 서술하시오.

보기

멀리 동해 바다를 내려다보며 생각한다
널따란 바다처럼 너그러워질 수는 없을까
깊고 짙푸른 바다처럼
감싸고 끌어안고 받아들일 수는 없을까
스스로는 억센 ㉯파도로 다스리면서
제 몸은 맵고 모진 매로 채찍질하면서

– 신경림, 「동해 바다 – 후포에서」

조건

• ㉮와 ㉯를 대조하여 한 문장으로 쓰시오.

[07~09] 다음 글을 읽고 물음에 답하시오.

가 "너 혹 붙장 안의 돈 봤니?"
하다가는 채 문기가 입을 열기 전에 숙모는,

"학교서 지금 오는 애가 알겠니. 참 점순이 고년 앙큼헌 년이드라. 낮에 내가 뒤곁에서 화초 모종을 내고 있는데 집을 간다고 나가더니 글쎄 돈을 집어갔구나."

문기는 잠잠히 듣기만 한다. 그러나 속으로는 갚으면 고만이지 소리를 또 한 번 외어 본다.

그날 밤이었다. 아랫방 들창 밑에 훌쩍훌쩍 우는 어린아이 울음소리가 났다. 아랫집 심부름하는 아이 점순이의 음성이었다. 숙모가 직접 그 집에 가서 무슨 말을 한 것은 아니로되 자연 그 말이 한 입 걸러 두 입 걸러 그 집에까지 들어갔고 그리고 그 집 주인 여자는 점순이를 때려 쫓아낸 것이다. 먼저는 동네 아이들이 모여 지껄지껄하더니 차차 하나 가고 둘 가고 훌쩍훌쩍 우는 그 소리만 남는다. 방 안의 문기는 그 밤을 뜬눈으로 새웠다.

㉯ 이튿날 아침이다. 문기는 밥을 두어 술 뜨다가는 고만 둔다. 뭐 그 돈을 갚기 위한 그것이 아니다. 도시 입맛이 나지 않았다. 학교엘 갔다. 첫 시간은 수신 시간, 그리고 공교로이 제목이 '정직'이다. 선생님은 뒷짐을 지고 교단 위를 왔다 갔다 하며 거짓이라는 것이 얼마나 악한 것이고 정직이 얼마나 귀하고 중한 것인가를 누누이 말씀한다. 그리고 안경 쓴 선생님의 그 눈이 번쩍 하고 문기 얼굴에 머물렀다 가고 가고 한다. 그럴 때마다 문기는 가슴이 뜨끔뜨끔해진다. 문기는 자기 한 사람에게만 들리기 위한 정직이요, 수신 시간인 듯싶었다. 그만치 선생님은 제 속을 다 들여다보고 하는 말인 듯싶었다.

운동장에서도 문기는 풀이 없다. 사람 없는 교실 뒤 버드나무 옆 그런 데만 찾아다니며 고개를 숙이고 깊은 생각에 잠기거나 팔짱을 찌르고 왔다 갔다 하기도 한다. 그러다 누가 등을 치면 소스라쳐 깜짝깜짝 놀란다.

언제나 다름없이 하늘은 맑고 푸르건만 문기는 어쩐지 그 하늘조차 쳐다보기가 두려워졌다. 자기는 감히 떳떳한 얼굴로 그 하늘을 쳐다볼 만한 사람이 못 된다 싶었다.

㉰ "너 내가 누군 줄 알겠니?"
하고 웃지도 않고 내려다본다. 문기는 이것도 꿈인가 하고 한 번 웃어 주려면서 그대로 맑은 정신이 났다. 문기는 병원 침대 위에 누워 있었다. 어디 아픈 데는 없으면서도 몸을 움직일 수는 없다. 삼촌은 근심스런 얼굴로 내려다본다.

"작은아버지."
하고 문기는 입을 열었다. 그리고,

"저는 마땅히 받아야 할 벌을 받은 거예요."
하고 문기는 눈을 감으며 한마디 한마디 그러나 똑똑하게 처음서부터 끝까지, 먼저 고깃간 주인이 1원을 10원으로 알고 거슬러 준 것, 그 돈을 써 버린 것, 그리고 또 붙장 안의 돈을 자기가 훔쳐 낸 것, 이렇게 하나하나 숨김없이 자백을 하자, 이때까지 겹겹으로 싸고 있던 허물이 한 꺼풀 한 꺼풀 벗어지면서 따라 마음속의 어둠도 차차 사라지며 맑아 가는 것을 문기는 확실히 깨달을 수 있었다. 마음이 맑아지며 따라 몸도 가뜬해진다. 내일도 해는 뜨고 하늘은 맑아지리라. 그리고 문기는 그 하늘을 떳떳이 마음껏 쳐다볼 수 있을 것이다.

– 현덕, 「하늘은 맑건만」

07 이 글을 홍보하는 글로 적절한 것은?

① 웃음 속에 숨겨진 진한 감동과 눈물~~
② 사회의 부정에 저항하는 어린 소년의 용기!!
③ 현대화로 인한 세대 간의 갈등을 다룬 작품!!
④ 오늘, 이 소년은 아픔을 겪으며 조금 더 성장한다.
⑤ 아름다운 자연을 배경으로 펼쳐지는 순수한 사랑 이야기.

08 이 글의 내용과 일치하는 것은?

① 문기의 숙모는 아랫집 여자에게 점순이가 돈을 집어갔다고 말을 했다.
② 문기는 숙모에게 돈을 가져간 것은 자기가 아니라고 거짓말을 하였다.
③ 문기의 작은아버지는 처음부터 문기가 저지른 잘못을 모두 알고 있었다.
④ 문기는 자기가 병원에 누워 있는 것이 잘못에 대한 벌을 받는 것이라 생각했다.
⑤ 선생님은 문기가 죄의식을 느끼게 하기 위해 수신 시간에 '정직'에 대한 수업을 하였다.

중요 | 서술형

09 〈보기〉의 ㉮와 ㉯에 들어갈 내용을 〈조건〉에 맞게 각각 쓰시오.

보기

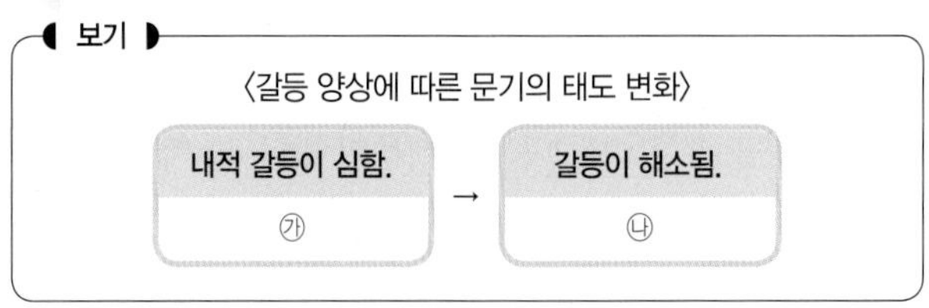

〈갈등 양상에 따른 문기의 태도 변화〉
내적 갈등이 심함.
㉮
→
갈등이 해소됨.
㉯

조건
• ㉮와 ㉯를 각각 한 문장으로 쓸 것.
• '하늘'이라는 말을 넣어 답을 작성할 것.

성취도 평가 1회

중요

10 언어의 본질과 그것을 설명하는 예를 바르게 연결한 것은?

① 역사성: '책상'을 영어권에서는 '테이블(table)'이라고 한다.
② 규칙성: 예전에 쓰이던 '하다'는 오늘날 '많다'의 의미로 쓰인다.
③ 기호성: '그 노래 아까 들을 것이다.'라는 문장은 시간 표현이 어색하다.
④ 자의성: '바밥밥바'라는 음성은 아무런 의미를 담고 있지 않기 때문에 언어라 할 수 없다.
⑤ 사회성: 우리는 닭 우는 소리를 '꼬끼오'로 표현하기로 약속해 왔기 때문에 그렇게 표현한다.

11 〈보기〉에서 설명하는 언어의 본질과 가장 관계 깊은 것은?

보기

하나의 단어나 문장의 규칙을 익힌 후에는 그 규칙을 이용하여 새로운 단어나 문장을 무한하게 만들어 낼 수 있다. '시원한 물 좀 마셔.'라는 말을 통해 규칙을 익혔다면 '시원한 음료 좀 마셔.'라는 말을 만들어 쓸 수 있다. 또한 '차가운 물 좀 마셔.'와 같은 말도 만들 수 있다.

① 처음 들어 보는 문장을 이해할 수 있다.
② 그 언어권에서의 소통을 가능하게 한다.
③ 언어는 변해 가는 사회의 모습을 반영한다.
④ 지역에 따라 다양한 방언이 만들어지기도 한다.
⑤ 언어는 세대 간의 문화를 전달하는 수단이 된다.

12 밑줄 친 한자어에 대응하는 고유어의 연결이 적절하지 <u>않은</u> 것은?

① 이쪽으로 <u>운행(運行)하는</u> 버스가 있다. – 오는
② 좋은 책을 <u>선정(選定)하여</u> 읽자. – 뽑아, 가려서
③ 불만을 <u>표출(表出)하는</u> 사람이 있다. – 드러내는
④ 그 형을 <u>추종(追從)하는</u> 후배들이 많다. – 따르는
⑤ 시험의 결과를 <u>통보(通報)해야</u> 한다. – 미리 알려야

13 다음 중 품사가 <u>다른</u> 하나는?

① 저곳 ② 그분 ③ 누구 ④ 그이 ⑤ 이런

14 다음 (가)~(라)의 밑줄 친 단어에 대한 설명으로 적절한 것은?

(가) 내 동생은 나보다 <u>크다</u>.
(나) 방울토마토가 <u>크고</u> 있다.
(다) 나는 지금 공을 <u>차고</u> 있다.
(라) 날씨가 몹시 <u>차다</u>.

① (가), (나)의 '크다'와 (나), (다)의 '차다'는 모두 동사이다.
② (가), (나)의 '크다'는 동사, (나), (다)의 '차다'는 모두 형용사이다.
③ (가)의 '크다'와 (다)의 '차다'는 동사이며, (나)의 '크다'와 (라)의 '차다'는 형용사이다.
④ (가)의 '크다'와 (라)의 '차다'는 형용사이며, (나)의 '크다'와 (다)의 '차다'는 동사이다.
⑤ (가)의 '크다'와 (다)의 '차다'는 형용사이며, (나)의 '크다'와 (라)의 '차다'는 동사이다.

서술형

15 다음 밑줄 친 두 단어의 차이를 〈조건〉에 맞게 서술하시오.

(가) 숲속에는 <u>일곱</u> 명의 난장이가 살고 있었다.
(나) 숲속에는 난장이 <u>일곱</u>이 살고 있었다.

조건

- 각각의 단어의 역할이 드러나도록 쓸 것.
- 각각의 단어의 품사가 드러나도록 쓸 것.
- 한두 문장으로 쓸 것.

[16~17] 다음 글을 읽고 물음에 답하시오.

군사들에게 종이옷을 보낸 인조

"도승지는 받아 적으라. 서쪽 변방을 지키느라 고생하는 장수와 병사들을 헤아려 등급을 나눈 다음, 비단과 명주 같은 옷감을 주어 나의 마음을 전하도록 하라. 그리고 군졸들에게도 솜옷, 개가죽으로 만든 갖옷, 종이옷을 고르게 나누어 주고 그들이 조정의 지극한 뜻을 저버리지 않도록 각별히 보살피라고 비변사와 병조, 호조에 전하라."

인조가 변방의 군사들에게 보내려 한 '종이옷'이란 우리의 상상처럼 종이를 오려 붙여 만든 옷이 아니라 '종이를 잘 활용한 옷'입니다. 즉 옷감과 옷감 사이에 종이를 넣어 만든 옷을 말하는 겁니다. 그런데 왜 옷감 사이에 종이를 넣느냐구요?

목화를 키우기 어려운 변방에서 군사들이 따뜻하게 겨울을 날 수 있을 만큼 많은 솜을 구하는 게 결코 쉬운 일이 아니었습니다. 변방이 아닐지라도 조선의 생산 환경 속에서 솜은 늘 부족하기 마련이었지요. ㉠그런 상황에서 솜을 대신하고, 솜과 함께 썼을 때 그 효과를 최대로 높일 수 있는 재료가 바로 종이였습니다.

종이옷을 만드는 방법은 아주 간단합니다. 옷감과 옷감 사이에 종이를 넣어 꿰매면 끝이지요. 비록 두툼한 솜만큼 따뜻하지 않을지라도 ㉡옷감 사이에 종이를 넣어 꿰매 입으면, 옷감만으로 옷을 지었을 때보다 찬바람을 막는 효과가 한층 커집니다.

무엇보다도 이때 사용한 것은 닥나무로 만든 종이였기 때문에 쉽게 찢어지지 않을 뿐만 아니라 두께가 얇고 가벼워서 옷감 사이에 집어넣어도 전혀 불편함이 없었습니다. 솜을 아주 조금밖에 넣지 못할 때라도 ㉢종이와 함께 바느질하면 옷감과 종이, 솜이 서로 겹쳐져서 더욱 효과적으로 바람이 통하는 것을 막을 수 있었습니다. 그리고 이렇게 옷을 만들면 공기층이 여러 겹 생기기 때문에 두께가 얇아도 추위를 더욱 잘 막아 주는 옷이 됩니다.

예전에 솜만큼이나 귀한 것이 종이였습니다. 그도 그럴 것이 종이를 만드는 과정에서 많은 정성과 노고가 필요했으니까요. ㉣종이를 만들기 위해서는 우선 닥나무를 베어 커다란 솥에 넣고 쪄서 겉껍질을 모두 벗겨 내야 했습니다. 그리고 고운 속껍질을 모아 잿물에 삶아서 한참 동안 불렸다가 맷돌로 곱게 갈거나 방망이로 두들겨 닥나무의 섬유를 잘게 찢었지요. 〈중략〉

그 때문에 나랏일에 필요한 문서나 책을 만들 때를 제외하고는 새 종이를 마음껏 쓸 수가 없었습니다. 한 번 사용한 종이라도 잘 모아 두었다가 재활용하는 것은 습관처럼 당연한 일이었지요. 군사들에게 보낸 종이도 그런 재활용품인 '낙폭지'였습니다. 낙폭지란 과거 시험에 낙방한 사람의 답안지를 말합니다. 종이가 워낙 귀했던 때라 선비들의 답안지까지 분리수거해서 알뜰하게 사용한 것이지요. ㉤먹물로 쓴 글자 때문에 다소 지저분해 보이긴 해도 종이의 성질은 그대로라서 옷감 안쪽에 넣는 데에는 아무런 문제가 없었습니다.

중요

16 이 글을 예측하며 읽기의 방법에 대해 친구들과 나눈 대화로 적절하지 않은 것은?

① 주희: '군사들에게 종이옷을 보낸 인조'라는 제목에서 역사적 사실과 관련된 내용이 나올 거라고 예측해 보았어.

② 재정: '종이옷'이 종이를 오려 붙여 만든 옷인가 생각했는데, 옷감 사이에 종이를 넣어 꿰매 만든 옷임을 알게 되었어.

③ 상원: '낙폭지'를 이용하면 좀 지저분한 느낌이 들고 방한 효과가 떨어질 것이라고 생각했는데, 역시 내 예측이 적중하더라고.

④ 서정: '그런데 왜 옷감 사이에 종이를 넣느냐구요?'라는 문장을 읽고 다음에 이어질 내용이 종이를 넣었을 때의 효과가 나올 것이라고 생각해 보았어.

⑤ 현욱: 예전에 '한지의 제작 과정'에 대한 글을 읽었는데, 그 내용을 떠올리며 읽으니까 닥나무를 이용하여 종이를 만드는 제작 과정이 잘 이해가 됐어.

17 ㉠~㉤ 중에서 〈보기〉의 궁금증을 해결하는 정보와 거리가 먼 것은?

보기

인조는 왜 변방의 군사들에게 종이옷을 보내라고 했을까?

① ㉠ ② ㉡ ③ ㉢ ④ ㉣ ⑤ ㉤

성취도 평가 1회

[18~19] 다음 글을 읽고 물음에 답하시오.

가 금와왕은 왠지 꺼림칙하여 알을 개와 돼지에게 던져 주라고 명령했다. 그런데 어느 동물도 이 알을 먹지 않았다. 이번에는 알을 다시 길가에 내다 버렸다. 하지만 ㉠이번에도 길을 지나는 소나 말들이 하나같이 그 알을 피해 다니는 것이었다. 금와왕은 더욱 이상한 생각이 들어 알을 새와 짐승들이 먹도록 거친 들판에다 버렸다. 그러자 새들이 알에 다가와 오히려 깃털로 덮어 주기까지 하는 것이었다. 왕은 이 알을 그냥 두어서는 안 된다고 생각하고는 깨뜨려 버리려고 했지만 너무 단단해 도저히 깨지지 않았다. 이러지도 저러지도 못한 금와왕은 결국 알을 유화에게 되돌려 주었다.

나 유화는 알을 돌려받자, 천으로 부드럽게 감싸 따뜻한 곳에 두었다. 그러자 얼마 되지 않아 한 어린아이가 스스로 껍질을 깨고 나왔는데, 아이의 모습이 남달랐다.

무척 영리한 그 아이는 일곱 살이 되었을 때부터 빼어난 용모와 함께 뛰어난 재주를 보이기 시작했다. 아이는 제 스스로 활과 화살을 만들어 쏘곤 했는데, 백 번 쏘면 백 번을 다 맞추었다. ㉡이 당시 동부여에서는 활을 잘 쏘는 사람을 주몽이라 부르는 풍속이 있어서 금와왕을 비롯한 주변 사람들이 모두 그를 주몽이라고 불렀다.

다 주몽은 말을 알아보고 기르는 재주도 갖고 있었는데 ㉢자신이 기르는 말 가운데 힘이 좋고 날쌘 말에게는 먹이를 조금씩 주어 비쩍 마르게 만들었고, 반대로 늙고 병든 말은 잘 먹여 살을 찌워 겉으로 보기엔 힘차고 보기 좋은 말로 변신시켰다. 그러자 금와왕은 보기 좋게 살찐 말은 자기가 탔고, 겉으로는 비쩍 말랐지만 사실은 날쌘 말을 주몽에게 주었다. 사실 주몽은 자신에게 닥쳐올 앞날을 내다보고 이렇게 행동한 것이었다.

라 그 무렵 대소는 다른 동생들과 신하들을 꾀어 어떻게든 자신에게 위협이 될 수 있는 주몽을 해치려고 이런저런 음모를 꾸몄다. 이런 사실을 알게 된 주몽의 어머니 유화는 어느 날 아들에게 몰래 말했다.

"태자 대소를 비롯해 많은 사람들이 너를 해치려고 하지만, 네가 영특하니 어디를 간들 살지 못하겠느냐? 빨리 이곳을 떠나 목숨을 보존하도록 하여라."

어머니의 말을 들은 주몽은 평소에 자신을 따르던 오이를 비롯한 세 명의 부하들을 데리고 몰래 부여를 떠나기로 했다.

마 주몽은 부하들과 대소의 추격을 피해 말을 달려 엄수라는 강가에 이르렀다. 그런데 엄수는 넓은 강이었고 더구나 물살도 거칠어 더 이상 달아날 수가 없었다. 그때 주몽은 강물을 향해 큰 소리로 외쳤다.

"㉣나는 해모수의 아들이자 물의 신 하백의 외손자다. 지금 나를 죽이려는 자들을 피해 달아나는데 뒤쫓는 자들이 코앞까지 따라오고 있으니 내가 어떻게 하면 좋겠는가?"

주몽의 말이 끝나자마자 신기한 일이 벌어졌다. 갑자기 강물 위로 수많은 물고기와 자라가 떠올라 다리를 만들어 주는 것이었다. 그리고 주몽 일행이 무사히 강을 건너자마자 남김없이 물속으로 사라져 버렸다. 주몽을 뒤쫓던 대소의 군사들은 발만 동동 구르면서 그 광경을 바라만 볼 뿐이었다.

바 이렇게 하여 어렵게 목숨을 건진 주몽은 졸본주에 도착해 자신이 장차 다스릴 나라의 도읍으로 정했다. 그리고 ㉤일단 비류수 강가에 초가를 짓고 임시로 궁궐로 삼았으며, 나라 이름을 고구려라 짓고 고(高)를 자신의 성씨로 삼았다. 이때, 주몽의 나이 겨우 12세였다.

중요

18 **<보기>는 이 글을 읽고 주요 사건을 중심으로 요약한 것이다. 이 중 삭제가 가능한 것끼리 묶인 것은?**

◀ 보기 ▶
ㄱ. 새들이 알에 다가와 깃털로 덮어 줌.
ㄴ. 알에서 태어난 주몽은 비범한 능력을 보임.
ㄷ. 금와왕은 보기 좋게 살찐 말을 자기가 탐.
ㄹ. 주몽이 위기감을 느끼고 부여를 떠나기로 함.
ㅁ. 주몽이 추격을 뿌리치고 무사히 강을 건넘.

① ㄱ, ㄴ ② ㄱ, ㄷ ③ ㄴ, ㄷ, ㄹ
④ ㄴ, ㄹ, ㅁ ⑤ ㄷ, ㄹ, ㅁ

19 **㉠~㉤에 대한 이해로 적절하지 않은 것은?**

① ㉠: 동물들이 알을 신성시함을 알 수 있군.
② ㉡: 주몽이라고 부르게 된 내력이 드러나는군.
③ ㉢: 금와왕에 대한 주몽의 원망이 드러나는군.
④ ㉣: 주몽이 신성한 혈통을 지닌 존재임을 알 수 있군.
⑤ ㉤: 주몽이 나라를 세우고 위업을 달성했군.

[20~21] 다음 글을 읽고 물음에 답하시오.

㉮ 역사학자 토인비는 ㉠『역사의 연구』라는 책에서 아주 재미있는 역사 이론을 펼친다. 가혹한 환경이 인간을 위협하면 그에 맞서 싸우는 과정에서 인류 역사가 발전해 왔다고 주장한 것이다. 고대 중국 문명을 예로 들어 보자. 양쯔강과 황허강은 중국을 대표하는 강인데, 그중 양쯔강 유역은 기후가 따뜻하고, 농토가 비옥해서 농사를 짓기에는 최적의 환경이었다. 반면 황허강 유역은 너무 추워서 겨울이면 강물이 얼어붙어 배가 다닐 수조차 없었다. 게다가 매년 범람이 잦아 농사 피해가 이만저만이 아니었다. 그런데 고대 문명이 생겨난 곳은 양쯔강이 아니라 험난한 황허강 유역이었다. 황허 문명뿐만 아니라 ㉡다른 고대 문명의 발상지 또한 모두 척박하기 이를 데 없는 환경이었다.

㉯ 1960년대 초 ㉢생물학자 로버트 사폴스키는 막 태어난 쥐 몇 마리를 21일 동안 매일 작은 우리 속에 15분 정도 격리시켰다가 다시 어미에게 보내 주는 실험을 했다. 그 결과 이 쥐들은 성장하면서 스트레스를 받아도 잘 이겨 내고, 모험을 두려워하지 않으며, 용감하게 도전했다. 반면 어미와 떨어져 혼자 있어 본 경험이 없는 쥐들은 작은 스트레스에도 민감하게 반응하며 괴로워했다.

㉰ ㉣'리셋 증후군'을 보이는 어느 열일곱 살의 이야기다. 리셋 증후군이란 컴퓨터가 원활하게 돌아가지 않거나 제대로 작동하지 않을 때 리셋 버튼만 누르면 처음부터 다시 시작할 수 있는 것처럼 현실 세계에서도 리셋이 가능할 것이라 착각하는 현상을 일컫는 말이다. 힘들고 고통스러운 상황에서 벗어나 다시 새롭게 시작하고 싶은 마음이야 이해하지만 다른 나라로 간들 그곳이라고 역경이 없을까? 그 어떤 환경에서도 고통스러운 과정은 있게 마련인데 그때마다 다시 시작할 수는 없는 노릇 아닌가.

㉱ 『그래도 계속 가라』라는 책에서 ㉤'늙은 매'라 불리는 할아버지는 손자인 제레미에게 다음과 같이 말한다.

"얼마나 많이 불어닥치건 간에 폭풍에 맞서 대항하다 보면, 그것에 저항하기 위해서는 굳이 폭풍만큼 강할 필요가 없다는 사실을 터득하게 된단다. 그냥 서 있을 정도만 강하면 된다. 겁에 질린 채 떨면서 서 있든지, 주먹을 휘두르면서 서 있든지 간에 우리가 서 있는 한은 그만큼 강하다는 뜻이 아니겠느냐."

㉲ 어떤 사람들은 잘하지 못할 바엔 처음부터 도전하지 않는 게 낫다고 말한다. 중간에 그만두면 괜히 시간만 낭비하는 셈이라고 주장하면서 말이다. 그러나 그것은 도전이 두려워 포기해 버리는 자의 변명에 불과하다. 늙은 매의 말처럼 폭풍이 불어닥쳤을 때는 서 있을 정도로만 강해도 된다. 이렇게 생각한다면 할 수 없다고만 말할 게 아니라 뭐든 해 볼 수 있지 않을까?

20 이 글에 대한 이해로 적절하지 않은 것은?

① 황허강 유역의 가혹한 환경이 오히려 문명의 발상지가 되게 하였군.
② 요즘 청소년들은 고통스러운 현실을 회피하려는 경향을 보이기도 하는군.
③ 쥐 실험 내용을 보니까 적절한 좌절이 인간의 심리 구조를 건강하게 하는군.
④ 글쓴이는 고통과 시련을 회피하지 말고 당당하게 극복해 가라는 조언을 하고 있군.
⑤ 청소년들이 건강하게 자랄 수 있도록 사회가 그들이 겪을 수 있는 역경을 제거해 주어야겠군.

중요

21 ㉠~㉤에 대한 자료를 찾아 참고하며 읽은 효과에 대해 대화를 나눈 것으로 적절하지 않은 것은?

경주: ㉠의 주요 내용에 대해서 인터넷에서 검색하여 읽어 보니까 '토인비'가 주장하는 인류 역사 발전 과정을 이해하게 되고, 이 글의 내용도 더 깊이 있게 알게 되었어. ······ ①

재희: ㉡에 대해서 세계사 관련 책을 대출 받아서 읽어 보니까, 이 글의 내용뿐만 아니라 고대 문명 발상지에 대한 배경지식이 확장되는 느낌을 받았어. ······ ②

원준: ㉢에 관련된 실험에 대해 인터넷에서 찾은 자료 중에서 내게 필요한 자료를 선별해서 보니까 비판적인 시각이 길러지는 것 같아. ······ ③

동주: ㉣에 대해 컴퓨터 활용법이라는 책을 빌려서 읽으면서 글의 내용과 관련된 모르는 것을 해소할 수 있었어. ······ ④

현우: ㉤에 대해 『그래도 계속 가라』를 인터넷에서 검색하여 인물에 대해서 알아보면서 능동적인 읽기의 재미를 느낄 수 있었어. ······ ⑤

[22~24] 다음 글을 읽고 물음에 답하시오.

㉠어머니는 내게 가방을 넘겨 준 다음 두 발과 지겟작대기를 이용해 내가 가야 할 산길의 이슬을 떨어내기 시작했다. 어머니의 몸뻬 자락이 이내 아침 이슬에 흥건히 젖었다. 어머니는 발로 이슬을 떨고, 지겟작대기로 이슬을 떨었다.

그런다고 뒤따라가는 내 교복 바지가 안 젖는 것도 아니었다. 신작로까지 15분이면 넘을 산길을 30분도 더 걸려 넘었다. 어머니의 옷도, 그 뒤를 따라간 내 옷도 흠뻑 젖었다. 어머니는 고무신을 신고 나는 검정색 운동화를 신었다. 걸음을 옮길 때마다 물에 빠졌다가 나온 것처럼 땟국이 찔꺽찔꺽 발목으로 올라왔다. 그렇게 어머니와 아들이 무릎에서 발끝까지 옷을 흠뻑 적신 다음에야 신작로에 닿았다.

"자, 이제 이걸 신어라."

거기서 어머니는 품속에 넣어온 새 양말과 새 신발을 내게 갈아 신겼다. 학교 가기 싫어하는 아들을 위해 아주 마음먹고 준비해 온 것 같았다.

"앞으로는 매일 떨어 주마. 그러니 이 길로 곧장 학교로 가. 중간에 다른 데로 새지 말고."

㉡그 자리에서 울지는 않았지만 왠지 눈물이 날 것 같았다.

"아니, 내일부터 나오지 마. 나 혼자 갈 테니까."

〈중략〉

㉢어른이 된 지금도 나는 그렇게 생각한다. 그때 어머니가 이슬을 떨어 주신 길을 걸어 지금 내가 여기까지 왔다고. 돌아보면 꼭 그때가 아니더라도 어머니는 내가 지나온 길 고비고비마다 이슬떨이를 해 주셨다.

아들은 어른이 된 뒤에야 ㉣그때 어머니가 떨어 주시던 이슬떨이의 의미를 깨닫게 되었다. 아마 그렇게 떨어내 주신 이슬만 모아도 내가 온 길 뒤에 작은 강 하나를 이루지 않을까 싶다.

아들아.

나는 그 강을 이제 '이슬강'이라고 이름 지으려 한다. 그러나 그 강은 이 세상에 없다. 오직 내 마음 안에만 있는 강이란다. 그때 아빠 등굣길에 이슬을 떨어 주시던 할머니의 연세가 올해 일흔 넷이다. 어쩌면 할머니는 그때 그 일을 잊고 계실지도 모른다. 그러나 아빠한테는 그 길이 이제까지 아빠가 걸어온 길 가운데 ㉤가장 아름답고도 안타까우며 마음 아픈 길이 되었단다.

이다음 어른이 되었을 때, 아빠처럼 너에게도 그런 아름다운 길 하나 있었으면 좋겠다. 어린 날 나는 그 길을 걸어 나오며 내 앞에 펼쳐진 이 세상의 모든 길들을 바라보았단다.

중요

22 〈보기〉는 이 글을 쓰기 전에 글쓴이가 생각한 글쓰기 계획이다. 이 글에 반영되지 <u>않은</u> 것은?

보기
ㄱ. 외부와 내부의 액자식 구성을 취함.
ㄴ. 아들에게 편지를 쓰는 형식을 활용함.
ㄷ. 속담을 인용하여 교훈적인 의미를 전달함.
ㄹ. 감동적인 어린 시절의 체험을 들려 줌.
ㅁ. 친근한 어투를 사용하여 공감을 불러일으킴.

① ㄱ ② ㄴ ③ ㄷ ④ ㄹ ⑤ ㅁ

23 이 글을 읽은 독자의 반응으로 적절하지 <u>않은</u> 것은?

① 어린 시절 글쓴이는 학교에 가기를 싫어했었군.
② 글쓴이의 어머니는 자식에 대한 사랑을 행동으로 실천해 보였군.
③ 글쓴이는 어린 시절 깨달은 어머니의 사랑을 늘 가슴속에 품고 살아왔군.
④ 글쓴이는 아들이 부모님의 사랑을 깨닫고 자신의 길을 성실하게 가길 바라는군.
⑤ 사람들에게 널리 알려지지 않은 '이슬강'이라는 강의 이름이 생기게 된 내력을 알 수 있군.

24 ㉠~㉤에 대한 설명으로 적절하지 <u>않은</u> 것은?

① ㉠: 아들의 교복 바지가 젖지 않도록 하기 위한 어머니의 정성이 느껴진다.
② ㉡: 이슬을 털어도 소용없이 교복 바지가 젖는 상황에 대한 안타까움이 느껴진다.
③ ㉢: 어른이 된 글쓴이가 어린 시절의 일을 회상했음을 알 수 있다.
④ ㉣: 아들을 위하는 어머니의 무한한 헌신과 사랑이 담겨 있다.
⑤ ㉤: 어머니의 사랑과 정성에 대한 고마움과 자신의 철없던 행동에 대한 후회와 미안함이 느껴진다.

[25~27] 다음 글을 읽고 물음에 답하시오.

당신의 언어 습관을
기록합니다.
– 국립국어원

자막 · 내레이션: 습관처럼 내뱉는 욕설, 비속어

자막 · 내레이션: 당신은 어떠신가요?

내레이션: ㉠살아온 세월을 기록하는 나이테처럼 당신의 얼굴도 당신이 쌓아 온 언어 습관을 기록합니다.
배경 음악: 진지한 분위기를 조성하는 음악

자막 · 내레이션: 10년 후, 당신의 얼굴은 어떤 모습을 하고 있을까요?

25 이 영상에 대한 설명으로 적절하지 않은 것은?

① 영상을 통해 언어 사용 실태를 비판하고 있다.
② 자막을 통해 전달하고자 하는 의미를 강조하고 있다.
③ 시각적 요소와 청각적 요소가 복합적으로 사용되고 있다.
④ 교복을 입은 학생들을 등장시켜서 학생들의 일상적인 문제와 관련됨을 드러내고 있다.
⑤ 인물의 얼굴을 위에서 아래로 촬영하여 장면의 긴장감을 극대화하고 있다.

중요

26 이 영상을 시청한 학생들의 반응으로 적절하지 않은 것은?

① 대현: 대상을 클로즈업하여 인물의 표정과 심리를 효과적으로 드러냈어.
② 인하: 진지한 음악을 사용하여 청소년의 천진난만하고 쾌활한 모습을 두드러지게 보여 줬어.
③ 해인: 자막의 질문이 마치 나에게 한 것 같아서 내 언어 습관에 대해서 되돌아보게 되었어.
④ 윤선: 영상을 통해 문제점을 지적하니까 관심과 흥미도 생기고 주제도 잘 이해하게 되었어.
⑤ 재상: 입은 가렸지만 손등이나 손바닥에 입모양을 그려 넣어서 학생의 언어 습관을 보여 주는 것 같아서 재미있었어.

서술형

27 ㉠을 통해 궁극적으로 전달하고자 하는 주제를 〈조건〉에 맞게 쓰시오.

조건
• 청유형의 문장으로 쓸 것.
• 15자 이내로 쓸 것.

[28~29] 다음 면담을 읽고 물음에 답하시오.

서현: 안녕하세요? 저는 전자 우편으로 먼저 인사드렸던 박서현입니다. 바쁘실 텐데 면담에 응해 주셔서 감사합니다. 전자 우편으로 말씀드렸듯이 국어 교사에 대한 기사를 쓰기 위해 면담을 신청했습니다. 중간에 기사에 들어갈 사진을 찍고, 면담 내용을 녹음하려 하는데 괜찮으신지요?

국어 교사: 그럼요. 면담 질문지도 미리 받아 보았으니, 편하게 면담을 진행하세요.

서현: 감사합니다. 그럼 질문 드리겠습니다. 국어 교사가 되신 계기가 무엇인가요?

국어 교사: 제가 중학생 때, 저의 국어 선생님께서 발표 수업을 시키셨는데 친구들의 반응이 무척 좋았고, 국어 선생님께서도 저에게 소질이 있다고 칭찬해 주셨어요. 내가 잘 할 수 있는 일을 직업으로 가지면 좋겠다는 생각이 들면서 국어 교사라는 직업에 관심이 생겼죠.

서현: 어떤 수업이었나요?

국어 교사: 황순원의 「소나기」란 작품이었어요. 목소리 연기로 수업을 했거든요.

서현: 참 재미있었을 것 같아요. 그럼 국어 교사가 되는 방법에 무엇이 있나요?

국어 교사: 우선 국어교육과에 진학하는 게 가장 일반적인 방법이에요. 하지만 국어교육과에 진학하지 않더라도 국문과에 입학하여 교직을 이수하는 방법도 있어요. 또 교육대학원에 진학해도 임용 시험을 볼 수 있는 자격이 주어져요.

서현: 임용 시험을 볼 수 있는 자격이요?

국어 교사: 네. 임용 시험을 보기 위해서 정교사 2급 자격증이 필요해요. 이 자격증이 있으면 기본적으로 교사를 할 수 있구요, 저처럼 공립 학교에 근무하기 위해서 임용 시험을 보는 거예요.

서현: 아, 그렇다면 국어 교사에게 필요한 능력은 무엇인가요?

국어 교사: 요즘은 임용 시험의 경쟁률이 무척 높아서 우선 전공과목에 대한 전문적 지식이 필요해요. 또한 실제 수업을 할 수 있는 능력과 자신만의 교육 철학을 가지는 것도 중요하죠. 하지만 무엇보다 학생들과 소통하는 노력이 가장 필요한 것 같아요.

중요

28 이와 같은 면담을 준비하는 과정에서 해야 할 일로 적절하지 않은 것은?

① 면담 대상을 정한다.
② 면담 목적을 결정한다.
③ 면담할 장소와 시간을 정한다.
④ 면담에 사용할 질문지를 만든다.
⑤ 준비한 질문을 하고 답변을 듣는다.

29 이 면담을 바탕으로 기사문을 작성할 때, 들어갈 내용으로 적절하지 않은 것은?

① 임용 시험을 보기 위해서는 2급 정교사 자격증이 있어야 한다.
② 국어 선생님은 중학생 때 국어 시간이 계기가 되어 국어 교사가 되었다.
③ 국어 교사에게는 수업을 할 수 있는 능력과 자신만의 교육 철학이 필요하다.
④ 국어 교사가 되기 위해서는 국어교육과에 진학하는 게 가장 일반적인 방법이다.
⑤ 임용 시험을 보기 위해서는 교직을 이수한 후 교육대학원에 진학하는 방법도 있다.

중요 | 서술형

30 다음 대화에서 여자 친구의 말이 보여 주는 바람직한 말하기의 태도가 무엇인지 서술하시오.

> 현우: (머뭇거리며) 이거 생일 선물이야.
> 여자 친구: (포장지를 뜯으며) 어! 이거 저번에 우리 같이 본 옷이구나! 기대하고 있었는데 정말 고마워!
> 현우: (당황하며) 아니. 그건 아니고……. 예상했던 것보다 가격이 너무 비싸서 대신 비슷한 것으로 샀어. 마음에 들지는 모르겠지만 그래도 최대한 비슷한 것으로…….
> 여자 친구: 이 옷도 나에게 잘 어울리는 것 같아. 역시 패션의 완성은 얼굴이야! 고마워!

[31~32] 다음 토의를 읽고 물음에 답하시오.

㉮ 사회자: 안녕하세요? 오늘은 '교실 청소를 어떻게 할까?'라는 주제로 토의하겠습니다. 교실 청소를 어떻게 할까라는 문제는 우리 학급의 모든 학생들이 관심을 가지고 있고 여러 학생들이 청소 당번을 정하는 문제나 청소하는 방식에 대해 다양한 의견을 가지고 있는 문제입니다. 그래서 오늘은 장민수, 강성주, 이소연 학생을 토의자로 모시고 토의를 진행하도록 하겠습니다. 오늘 토의는 세 분의 토의자가 의견을 발표하고, 토의자 간의 의견 교환이 있은 후에 청중의 질문을 받는 순서로 진행하겠습니다. 그럼, 장민수, 강성주, 이소연 학생 순서로 의견을 발표해 주시기 바랍니다.

㉯ 장민수: 저는 교실 청소를 청소 당번을 정해서 하지 말고 수업이 끝난 후에 모두 함께 청소를 하는 것이 더 효율적이라고 생각합니다. 지금과 같이 청소 당번을 정해서 하다 보면 어떤 학생들은 청소를 열심히 하지만 어떤 학생들은 청소를 하지 않고 시간만 보내는 경우가 있습니다. 그리고 방과 후에 늦게까지 청소를 하게 되면서 방과 후 시간을 낭비하게 됩니다. 모두 함께 자기가 맡은 구역을 청소한다면 청소도 빨리 끝나고 청소를 하지 않는 학생들도 없어질 것입니다.

㉰ 강성주: 저는 청소 당번의 수를 늘리는 방식을 제안합니다. 지금은 청소 당번이 4명씩입니다. 4명이 청소를 하다 보니 청소하는 시간이 오래 걸리고 청소도 깨끗하게 이루어지지 않습니다. 청소 당번을 6명으로 늘린다면 청소를 더욱 효율적으로 할 수 있습니다. 청소 당번을 늘리면 청소를 맡는 횟수는 늘어나겠지만 청소를 하는 부담은 훨씬 줄어들고 방과 후 시간을 활용하기에 더 좋습니다.

㉱ 이소연: 저는 방과 후에 청소하는 시간을 갖는 지금의 방식을 획기적으로 바꾸어 보는 것이 좋겠다고 생각합니다. 지금은 청소 당번이 남아 교실 청소를 하고 있습니다. 각자 자기 자리를 깨끗하게 관리한다면 굳이 방과 후에 남아서 청소를 할 필요가 있을까요? 쉬는 시간이나 점심시간 등을 이용해서 자기 자리를 자기가 스스로 청소하면 됩니다. 자기 자리를 자기가 청소하는 게 당연한 것 아닌가요?

중요

31 이 토의의 특징으로 적절하지 않은 것은?

① 사회자에 의해 토의 전체가 진행되는 토의이다.
② 학급의 일상적인 문제를 해결하기 위한 토의이다.
③ 청중과 토의자의 질의응답 시간이 주어지는 토의이다.
④ 사회자와 토의자의 의견 교환이 이루어지는 토의이다.
⑤ 토의자의 주장이 순서대로 이루어진 후 의견이 교환되는 토의이다.

32 (나)~(라)의 내용을 이해한 것으로 적절하지 않은 것은?

① 장민수는 모든 학생들이 함께 청소를 하는 방법을 제안했다.
② 장민수는 학생 모두가 맡은 구역을 정하여 청소하는 방식을 주장하고 있다.
③ 강성주는 기존의 방식에서 청소 당번의 수를 늘리는 방안을 제안하였다.
④ 이소연은 기존의 청소 방식에 대해 직접적으로 언급하고 있다.
⑤ 이소연은 다양한 근거를 바탕으로 청소 시간을 없애자는 의견을 제시하고 있다.

중요 | 서술형

33 다음 광고에서 밑줄 그은 부분이 타당성이 있는지 쓰고, 그 이유를 서술하시오.

> 살을 빼고 싶으십니까?
> 좀 더 날씬해지고 싶으세요?
>
> 다이어트 보조 식품 ×××를 복용하면 누구나 살을 뺄 수 있습니다.
>
> 다이어트 보조 식품 판매량 1위를 자랑하는 ×××.
>
> 최고의 여배우 ○○○도 효과를 봤다는 ×××
> "안녕하세요? ○○○입니다. ×××를 먹고 체중이 10kg이나 빠졌어요."
>
> <u>국세청에서 우수 납세 기업으로 상을 받은 □□□이 만든 믿을 만한 제품, 다이어트 보조 식품 ×××</u>, 당신도 다이어트 성공의 주인공이 되세요.

성취도 평가 2회

[01~03] 다음 시를 읽고 물음에 답하시오.

가 눈이 내린다.
봄이라서
봄빛처럼 포근한 눈

[A] ┌ 담장 위에 쌓이는 봄눈
　　 나무 위에 쌓이는 봄눈
　　└ 마당 위에 쌓이는 봄눈

그리고
마루에서 졸다가 깬
눈을 하고 있는
새끼 고양이의 눈 속에도
내리는 봄눈

감았다 떴다 하는
새끼 고양이의 눈처럼
보드라운

봄
봄 하늘
봄 하늘의 봄눈

– 오규원, 「포근한 봄」

나 친구가 원수보다 더 미워지는 날이 많다
티끌만 한 잘못이 맷방석만 하게
동산만 하게 커 보이는 때가 많다

[B] ┌ 그래서 세상이 어지러울수록
　　 남에게는 엄격해지고 내게는 너그러워지나 보다
　　└ 돌처럼 잘아지고 굳어지나 보다

멀리 동해 바다를 내려다보며 생각한다
널따란 바다처럼 너그러워질 수는 없을까
깊고 짙푸른 바다처럼
감싸고 끌어안고 받아들일 수는 없을까
스스로는 억센 파도로 다스리면서
제 몸은 맵고 모진 매로 채찍질하면서

– 신경림, 「동해 바다 – 후포에서」

다 내 벗이 몇이나 하니 수석(水石)과 송죽(松竹)이라.
동산(東山)에 달 오르니 그 더욱 반갑고야.
두어라, 이 다섯밖에 또 더하여 무엇하리.

구름 빛이 좋다 하나 검기를 자로 한다.
바람 소리 맑다 하나 그칠 적이 하노매라.
좋고도 그칠 뉘 없기는 **물**뿐인가 하노라.

[C] ┌ 꽃은 무슨 일로 피면서 쉬이 지고,
　　 풀은 어이하여 푸르는 듯 누르나니,
　　└ 아마도 변치 않는 건 **바위**뿐인가 하노라.

더우면 꽃 피고 추우면 잎 지거늘,
솔아, 너는 어찌 눈서리를 모르는다.
구천(九泉)에 뿌리 곧은 줄을 글로 하여 아노라.

나무도 아닌 것이, 풀도 아닌 것이
곧기는 뉘 시기며 속은 어이 비었는다.
저렇고 사시(四時)에 푸르니 **그**를 좋아하노라.

작은 것이 높이 떠서 만물을 다 비추니,
밤중에 광명(光明)이 **너**만 한 이 또 있느냐.
보고도 말 아니하니 내 벗인가 하노라.

– 윤선도, 「오우가」

01 [A]~[C]에 공통적으로 사용된 표현 방법이 쓰인 것은?

① 밥티처럼 따스한 별들이 뜬 마을을 지난다.
② 지금도 내 눈시울을 뜨겁게 하는
　그 시절, 내 유년의 윗목
③ 산은 사람들과 친하고 싶어서
　기슭을 끌고 마을에 들어오다가도
④ 가는 바람 지나면 파릇파릇 파란 싹
　나는 바람 지나면 울긋불긋 살구꽃
⑤ 가야 할 때가 언제인가를
　분명히 알고 가는 이의
　뒷모습은 얼마나 아름다운가.

중요

02 (가)와 (나)에서 자연을 대하는 말하는 이의 태도를 비교한 것으로 적절한 것은?

① (가)의 말하는 이는 자연을 그리워하고 있고, (나)의 말하는 이는 자연을 즐기고 있다.

② (가)의 말하는 이는 자연과 거리감을 느끼고, (나)의 말하는 이는 자연과 친근감을 느낀다.

③ (가)의 말하는 이는 자연을 보며 즐기고 있고, (나)의 말하는 이는 자연을 보며 자신을 성찰하고 있다.

④ (가)의 말하는 이는 자연을 교훈의 대상으로 삼고 있고, (나)의 말하는 이는 자연을 감상의 대상으로 삼고 있다.

⑤ (가)의 말하는 이는 자연에 대해 부정적인 태도를 보이고, (나)의 말하는 이는 자연에 대해 우호적인 태도를 보이고 있다.

03 (다)와 〈보기〉를 비교하며 감상한 것으로 가장 적절한 것은?

보기

바람이 눈을 몰아 산창을 부딪치니
찬 기운 새여 들어 잠든 **매화**를 침노한다.
아무리 얼우려 하인들 봄뜻이야 앗을소냐.

– 안민영, 「매화사」

① 〈보기〉의 '매화'는 (다)의 '물'처럼 그치지 않고 노력하는 존재이다.

② 〈보기〉의 '매화'는 (다)의 '바위'처럼 항상 변함없는 존재이다.

③ 〈보기〉의 '매화'는 (다)의 '솔'처럼 어려움을 이기고 지조를 지키는 존재이다.

④ 〈보기〉의 '매화'는 (다)의 '그'처럼 사계절 내내 푸르른 존재이다.

⑤ 〈보기〉의 '매화'는 (다)의 '너'처럼 어둠을 밝히는 존재이다.

[04~06] 다음 글을 읽고 물음에 답하시오.

(가) 길동이 칼을 던지고 엎드려 대답하였다.

"소인이 대감의 정기를 받고 당당한 남자로 태어났으니 이만한 즐거움도 없습니다. 그러나 늘 서러운 것은 아버지를 아버지라 부르지 못하고 형을 형이라 부르지 못하는 신세이옵니다. 하인들까지 모두 천하게 보며, 친지와 친구조차도 아무개의 천생이라고 이릅니다. 이런 원통한 일이 어디 있겠습니까?"

길동은 대성통곡하였다. 대감은 속으로는 길동이 불쌍했지만 짐짓 꾸짖어 말하였다. 만일 그 마음을 드러내서 위로하면 오히려 버릇이 없어질까 염려하였던 것이다. 〈중략〉

대감은 길동을 말릴 수 없으리라 생각하고 길동의 한을 위로하였다.

"내가 너의 품은 한을 짐작하겠구나. 오늘부터는 아버지를 아버지라 부르고 형을 형이라 불러도 좋다. 다만 네가 천지 사방을 두루 돌아다니더라도, 죄를 지어 아버지와 형에게 걱정을 끼치는 일만은 삼가거라. 또한 하루도 빠짐없이 너를 기다리고 있을 것이니, 부디 속히 돌아오기를 바라노라. 여러 말 하지는 않겠다. 신중하고 겸손하게 생각하도록 하라."

대감의 말을 다 들은 길동은 아버지를 향해 크게 절을 하였다.

"아버님께서 오늘 해묵은 소원을 풀어 주시니, 이제 죽어도 한이 없겠습니다. 황공하여 몸 둘 바를 모르겠사옵니다. 간절히 바라옵건대 만수무강하옵소서."

(나) 여덟 명의 홍길동은 전국 팔도를 누비면서, 정당하지 못한 재물을 빼앗아 불쌍한 백성을 구제했다. 불의한 수령의 뇌물을 탈취하며 창고를 열어 백성을 도와주니 곳곳에 소동이 일어났다. 팔도의 군사들은 잠을 설쳐 가며 창고를 지켜야 했다. 하지만 길동이 도술을 한 번 부리면 비바람이 크게 일어나고 구름과 안개가 자욱하여 천지를 분별할 수가 없었다. 상황이 이쯤 되니, 지키는 군사 모두 손이 묶인 듯 어쩌지를 못했다. 팔도에서 난을 일으키면서도 '활빈당 장수 홍길동'이라고 버젓이 외치지만, 누가 감히 길동의 자취를 찾을 수 있겠는가? / 한편 길동으로 인해 매일같이 탄식하던 임금은 마침내 결정을 내렸다.

"이놈의 재주는 사람의 힘으로 어찌할 수가 없겠다. 민심이 이렇듯 술렁이고 그 재주는 기특하니, 차라리 그 재주를 인정하여 조정에서 쓰는 것이 낫겠구나."

임금은 병조 판서를 내주겠다 하고 길동을 불렀다. 며칠 후 드디어 길동이 수레를 타고 하인 수십 명을 거느리고 대궐에 나타났다.

"성은이 망극하게도 분수에 넘치는 은혜를 입어 병조 판서에 오르게 되었습니다. 성은을 만분의 일도 갚기 어려울 것이니, 황공하기 그지없나이다."

성취도 평가 2회

이 말을 남기고 길동은 구름을 타고서는 하늘로 홀연히 사라져 버렸다. 그 이후로는 길동이 다시 소란을 피우지 않았고, 임금 또한 길동을 잡으라는 명을 거두었다. – 허균, 「홍길동전」

04 이 글의 내용과 일치하는 것은?

① 길동은 대감의 아들로 태어났지만 천한 대접을 받으며 자랐다.
② 대감은 길동이 우는 모습에 화가 나서 길동을 심하게 꾸짖었다.
③ 길동은 자신의 진짜 아버지가 누구인지 몰라서 원통해하고 있다.
④ 임금은 길동에 대해 오해했던 것을 사과하며 병조 판서를 내 주었다.
⑤ 대감은 길동에게 집을 떠나겠다는 약속을 받고 길동의 부탁을 들어 주었다.

중요

05 (가)와 (나)를 비교한 것으로 적절하지 않은 것은?

① (가)와 (나)에서 모두 길동은 자신이 바라는 바를 이루게 된다.
② (가)와 (나)는 모두 길동이 떠나는 것으로 상황이 마무리되고 있다.
③ (가)는 갈등이 심화되는 상황이고, (나)는 갈등이 해소되는 상황이다.
④ 길동은 (가)에서는 사회 제도와 갈등을 하고, (나)에서는 탐관오리와 갈등을 한다.
⑤ (가)는 가정을 배경으로 이야기가 전개되고, (나)는 국가를 배경으로 이야기가 전개된다.

서술형

06 〈보기〉에서 설명하는 고전 소설의 특징이 드러나는 내용 세 가지를 이 글에서 찾아 쓰시오.

보기

고전 소설의 특징 중 하나가 '전기성'이다. '전기성'이란 '괴상하고 기이해 세상에 전할 만한 가치가 있는 성질'을 의미하는데, 보통 주인공의 비현실적인 능력 등을 통해 드러나게 된다.

[07~09] 다음 글을 읽고 물음에 답하시오.

(가) 소년은 개울가에서 소녀를 보자 곧 윤 초시네 증손녀라는 걸 알 수 있었다. 소녀는 개울에다 손을 잠그고 물장난을 하고 있는 것이다. 서울서는 이런 개울물을 보지 못하기나 한 듯이. / 벌써 며칠째 소녀는, 학교에서 돌아오는 길에 물장난이었다. 그런데 어제까지는 개울 기슭에서 하더니, 오늘은 징검다리 한가운데 앉아서 하고 있다.

소년은 개울둑에 앉아 버렸다. 소녀가 비키기를 기다리자는 것이다.

요행 지나가는 사람이 있어, 소녀가 길을 비켜 주었다.

(나) 소녀가 산을 향해 달려갔다. 이번은 소년이 뒤따라 달리지 않았다. 그러고도 곧 소녀보다 더 많은 꽃을 꺾었다.

㉠"이게 들국화, 이게 싸리꽃, 이게 도라지꽃……."

"도라지꽃이 이렇게 예쁜 줄은 몰랐네. 난 보랏빛이 좋아!…… 그런데 이 양산같이 생긴 노란 꽃이 뭐지?"

"마타리꽃"

소녀는 마타리꽃을 양산 받듯이 해 본다. 약간 상기된 얼굴에 살포시 보조개를 떠올리며, / 다시 소년은 꽃 한 옴큼을 꺾어 왔다. ㉡싱싱한 꽃가지만 골라 소녀에게 건넨다.

(다) 소란하던 수숫잎 소리가 뚝 그쳤다. 밖이 멀개졌다.

수숫단 속을 벗어나 나왔다. 멀지 않은 앞쪽에 햇빛이 눈부시게 내리붓고 있었다. 도랑 있는 곳까지 와 보니, 엄청나게 물이 불어 있었다. 빛마저 제법 붉은 흙탕물이었다. 뛰어 건널 수가 없었다. / 소년이 등을 돌려 댔다. 소녀가 순순히 업히었다. 걷어올린 소년의 잠방이까지 물이 올라왔다. 소녀는 "어머나!" 소리를 지르며 소년의 목을 끌어안았다. / 개울가에 이르기 전에, 가을 하늘은 언제 그랬는가 싶게 구름 한 점 없이 쪽빛으로 개어 있었다.

(라) 소년이 이번에는 어머니한테, 아버지가 어디 가시느냐고 물어보았다.

"저, 서당골 윤 초시 댁에 가신다. 제사상에라도 놓으시라고……."

"그럼 큰 놈으로 하나 가져가지. 저 얼룩 수탉으로……."

이 말에 아버지는 허허 웃고 나서,

"인마, 그래도 이게 실속이 있다."

소년은 공연히 열없어, ㉢책보를 집어던지고는 외양간으로 가, 쇠잔등을 한번 철썩 갈겼다.

(마) "윤 초시 댁도 말이 아니야. ㉣그 많던 전답을 다 팔아버리고, 대대로 살아오던 집마저 남의 손에 넘기더니, 또 악상까지 당하는 걸 보면……."

남폿불 밑에서 바느질감을 안고 있던 어머니가
"증손이라곤 계집애 그 애 하나뿐이었지요?"
"그렇지, 사내애 둘 있던 건 어려서 잃어버리고……."
"어쩌면 그렇게 자식 복이 없을까?"
"글쎄 말이지. 이번엔 꽤 여러 날 앓는 걸 약도 변변히 못 써 봤다더군. 지금 같아선 윤 초시네도 대가 끊긴 셈이지……. 그런데 참, 이번 계집앤 어린 것이 여간 잔망스럽지가 않아. 글쎄, 죽기 전에 이런 말을 했다지 않아? ⓜ자기가 죽거든 자기 입던 옷을 꼭 그대로 입혀서 묻어 달라고……."

– 황순원, 「소나기」

중요
07 다음에서 이 글을 읽은 학생들의 반응으로 적절한 것을 모두 골라 묶은 것은?

용철: 나는 소설의 결말이 마음에 들어. 모두가 행복하게 끝이 났잖아.
태우: 짧고 간결한 문장이 소년과 소녀의 순수한 사랑 이야기를 더욱 돋보이게 만드는 것 같아.
유진: '소나기'라는 소설의 제목이 인상적이야. 소나기처럼 짧지만 깨끗한 소년과 소녀의 사랑을 의미하는 것 같잖아.
애리: 나는 소설의 배경이 얼마나 중요한지 알았어. 배경 묘사를 통해 소설의 분위기와 인물의 심리가 잘 전달되잖아.

① 용철, 태우 ② 태우, 유진
③ 유진, 애리 ④ 용철, 태우, 유진
⑤ 태우, 유진, 애리

08 ㉠~ⓜ에 대한 설명으로 적절하지 않은 것은?

① ㉠: 소년이 소녀보다 시골 생활에 익숙하다는 것을 보여 준다.
② ㉡: 소녀에게 좋은 것을 주고 싶어 하는 소년의 마음이 드러난다.
③ ㉢: 자신을 무안하게 한 아버지에 대한 원망을 행동으로 드러낸다.
④ ㉣: 소녀가 약도 변변히 못 쓰고 죽게 된 이유가 드러난다.
⑤ ⓜ: 소년과의 추억을 영원히 간직하고 싶은 소녀의 마음이 드러난다.

서술형
09 〈보기〉는 소년의 성격 변화를 정리한 것이다. (가)와 (다)에서 근거가 되는 소년의 행동을 찾아 각각 쓰시오.

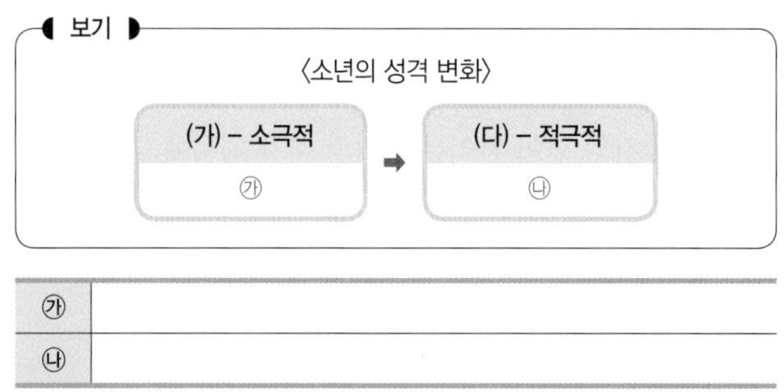

㉮	
㉯	

10 〈보기〉를 바탕으로 할 때, 우리말의 규칙을 지킨 문장은?

보기
언어는 실제 사용될 때 일정한 규칙에 따르는 성향이 있다. '시원한 물 좀 마셔.'라는 언어 표현은 우리말을 쓰는 사람들이 정한 규칙에 따른 것이다. 이 표현을 '물 좀 시원한 마셔.'라고 바꾸어 쓰면 규칙에 어긋나 원활한 소통에 방해가 된다. 이러한 규칙은 언어를 쉽게 익히도록 하며, 올바르게 사용하도록 하는 규범이 된다.

① 나무는 푸르고 강물과 바람은 시원했다.
② 지금은 매우 힘들지만 기필코 극복했었다.
③ 비와 바람이 불어닥치자 과일이 떨어졌다.
④ 선생님께서 무섭게 말하자 모두 조용해졌다.
⑤ 할머니와 나는 파스타를 만들어 함께 드셨다.

11 다음을 통해 설명할 수 있는 것은?

어떤 사전에는 '얼짱'이라는 단어가 올라 있더라고. 10여 년 넘게 꾸준히 그리고 폭넓게 쓰였으니까 사전에 등록했겠지. '얼짱'이라는 단어가 나중에는 '몸짱'이라는 단어로 확장된 걸 보면 그 단어의 생명력이 강하다는 걸 알 수 있어. 그렇지만 아직까지도 '얼짱'을 국어사전에 등록한 걸 인정할 수 없다는 사람들도 많을 거야.

① 언어는 사회적 약속이다.
② 언어는 인간만의 창조물이다.
③ 언어의 유입은 새로운 문화의 유입이다.
④ 언어는 의미를 담고 있는 기호 체계이다.
⑤ 언어의 의미와 형식의 결합은 필연이 아니다.

성취도 평가 2회

12 다음 중 방언에 대한 설명으로 적절하지 않은 것은?

① 직업에 따른 사회 방언은 전문어의 성격이 강하다.
② 지역 간의 거리가 멀수록 지역 방언의 차이가 크다.
③ 직업, 성별, 나이 등의 요인에 따라 방언이 생겨난다.
④ 세대 간의 언어 차이는 학력의 격차 때문에 나타난다.
⑤ 청소년 은어는 암호와 같은 성격을 띠는 사회 방언이다.

중요

13 밑줄 친 두 품사가 서로 같은 것은?

① 이제 우리끼리 노래하자.
너만의 개성이 나타나는 글을 써 봐.
② 어제 산 새 옷을 입고 나갔다.
전학 가면 새로운 학교를 다니겠군.
③ 이제 한 가지만 더 찾으면 돼.
너랑 나랑 둘만 열심히 하는 것 같아.
④ 오늘만이라도 엄마를 기쁘게 해 드려야지.
시간이 없으니 빨리 먹어야겠네.
⑤ 낡은 일기장을 펼쳐 보았다.
늙어 가시는 아버지를 보며 안타까웠다.

14 다음 중 수식언을 포함하고 있는 문장은?

① 청소가 끝났다.
② 늦잠 자느라 지각했다.
③ 사과 하나를 더 먹었다.
④ 우리가 만든 빵을 드렸다.
⑤ 축구장에서 운동하는 사람이 많다.

서술형

15 〈보기〉를 바탕으로 〈조건〉에 맞게 다음 말의 표현에 대해 평가하고 바르게 고쳐 쓰시오.

보기

형용사의 어간에는 명령형, 청유형, 현재형 어미가 결합되지 않는 특성이 있다.

명령형 어미	–아라/어라, –게, –시오, –세요, –십시오 등
청유형 어미	–자, –(으)ㅂ시다
현재형 어미	–(ㄴ)는다, –고 있다

행복하세요!

조건

• 표현의 잘못된 점을 찾아 올바른 표현으로 고쳐 쓸 것.

[16~17] 다음 글을 읽고 물음에 답하시오.

해마다 우리는 장애인의 날이면 행사를 하며 법석을 떤다. 정작 그들에게 따뜻한 눈길 한번 주지 않으면서, 길 한번 제대로 비켜 주지 않으면서 말이다. 그날만 장애인을 걱정하는 것처럼 가장하고 그동안 그러지 못했던 것을 속죄하는 척하기만 하면 되는 것처럼 하루를 보낸다. 이제 우리는 일상생활에서 장애인과 함께 사는 법을 배워야 한다. 그래서 하루빨리 장애인의 날 같은 건 사라지게 말이다.

자연계는 언뜻 보면 늙고 병약한 개체들은 어쩔 수 없이 늘 포식자의 밥이 되고 마는 비정한 세계처럼만 보인다. 하지만 인간에 버금가는 지능을 지닌 고래들의 사회는 다르다. 거동이 불편한 동료를 결코 나 몰라라 하지 않는다. 다친 동료를 여러 고래들이 둘러싸고 거의 들어나르듯 하는 모습이 고래학자들의 눈에 여러 번 관찰되었다. 그물에 걸린 동료를 구출하기 위해 그물을 물어뜯는가 하면 다친 동료와 고래잡이배 사이에 과감히 뛰어들어 사냥을 방해하기도 한다.

고래는 비록 물속에 살지만 엄연히 허파로 숨을 쉬는 젖먹이 동물이다. 그래서 부상을 당해 움직일 수 없게 되면 무엇보다도 물 위로 올라와 숨을 쉴 수 없게 되므로 쉽사리 목숨을 잃는다. 그런 친구를 혼자 등에 업고 그가 충분히 기력을 되찾을 때까지 떠받치고 있는 고래의 모습을 보면 저절로 머리가 숙여진다. 고래들은 또 많은 경우 직접적으로 육체적인 도움을 주지 않더라도 무언가로 괴로워하는 친구 곁에 그냥 오랫동안 있어 주기도 한다.

우리 사회의 장애인들에게도 휠체어를 직접 밀어 줄 사람들보다 그들이 스스로 밀고 갈 수 있도록 길을 비켜 주고 따뜻하게 함께 있어 줄 사람들이 필요한 것인지도 모른다. 그들이 당당하게 삶을 꾸릴 수 있도록 여건을 마련해 준 후 그저 다른 이들을 대하듯 똑같이만 대해 주면 될 것이다.

앞으로 좀 더 자세한 연구가 진행되어야 밝혀질 일이겠지만 남을 돕는 고래가 모두 다친 고래의 가족이거나 가까운 친척만은 아닐지도 모른다. 우리 인간이 그렇듯이 장애인 동생을 보살피는 것과 전혀 연고도 없는 장애인을 돕는 것은 근본적으로 다르다. 부상당한 고래를 등에 업고 있는 고래가 가족이나 친척으로 밝혀질 가능성은 충분히 있지만 다친 고래를 가운데 두고 보호하는 그 모든 고래들이 다 가족일 가능성은 적은 것 같다. 고래들의 사회에 우리처럼 장애인의 날이 있어 '장애 고래를 도웁시다.'라는 구호를 외치며 배웠을 리 없건만 결과만 놓고 보면 고래들이 우리보다 훨씬 낫다.

중요

16 〈보기〉를 고려하여 이 글을 예측하며 읽은 것으로 적절하지 <u>않은</u> 것은?

보기

이 글의 글쓴이는 동물 행동학자인 최재천이다. 글쓴이는 일회성 행사에 그치는 장애인의 날에 대해서 부정적 시선을 갖고 있다. 그는 고래들이 보여 주는 따뜻한 동료애를 근거로 우리도 장애인과 더불어 살아가는 법을 배워야 한다는 생각을 설득력 있게 제시하고 있다.

① 글쓴이의 주장을 뒷받침하는 근거로 고래들의 따뜻한 동료애를 제시할 것 같아.
② 우리들이 안고 있는 문제에 대한 해결 방안을 동물의 세계에서 이끌어 올 것 같아.
③ 장애인의 날 행사를 생색내기로 치르는 우리들의 모습에 대한 비판적인 내용이 제시되어 있을 것 같아.
④ 글쓴이가 동물학자라는 점을 보면 인간과 동물의 공통점을 바탕으로 인간 사회의 긍정적 측면을 부각할 것 같아.
⑤ 장애인과 함께 살아가기 위해서는 일상생활에서 그들을 배려하고 함께 살아가는 자세를 가져야 한다는 생각을 드러낼 것 같아.

중요

17 이 글을 읽은 후 독자와 사회의 반응을 예측한 내용으로 가장 적절한 것은?

① 정부 차원에서 장애인의 날 행사 규모를 더욱 크게 늘릴 것이다.
② 고래에 대해 긍정적 인식이 확산되면서 고래 포획을 반대하는 운동이 일어날 것이다.
③ 장애인을 배려하고 그들을 위한 사회적 여건을 조성하려는 분위기가 형성될 것이다.
④ 지자체가 중심이 되어서 장애인의 날 행사를 축소하거나 취소하는 경향이 나타날 것이다.
⑤ 고래와 다른 동물들은 어떻게 동료애를 표현하는지에 대한 과학자들의 연구가 활성화될 것이다.

[18~19] 다음 글을 읽고 물음에 답하시오.

(가) 남극은 대륙이지만 북극은 대륙이 아니다. 남극은 면적이 1,360 km^2로서 한반도의 60배에 달하는 거대한 대륙으로 지구상의 7대 대륙 중 다섯 번째로 크다. 오랜 세월에 걸쳐 쌓인 눈이 자체 압력으로 단단하게 굳어져 생긴 두께 2km에 이르는 거대한 얼음덩어리가 남극 대륙 표면의 98%가량을 덮고 있다. 남극 대륙에서 오래된 운석이 발견되는 것으로 보아 이곳에는 오래전 지표의 모습을 확인할 수 있는 천연 자료들이 보관되어 있을 것으로 추정된다.

(나) 반면에 북극은 아시아와 아메리카 대륙으로 둘러싸인 거대한 북극해를 말한다. 북극해는 면적이 1,400만 km^2로 지중해의 6배이며, 전 세계 바다의 3%를 차지한다. 북극은 이 북극해 주변의 바닷물이 얼어서 된 거대한 얼음덩어리가 떠 있는 것에 불과하다. 물론 해수면 위로 보이는 빙하는 전체 얼음덩어리의 10% 정도에 불과하다. '빙산의 일각'이라는 표현은 여기에서 나온 것이다. 이처럼 서로 다른 지역적 특징은 두 지역의 기후 조건에도 많은 영향을 미치고 있다.

(다) 또한 북극에는 이누이트들이 거주하고 있지만, 남극에는 연구를 목적으로 거주하는 사람들 외에는 원주민이 없다. 남극의 혹한을 견뎌 내기가 그만큼 어렵기 때문이다. 흔히 '에스키모'라고 불리는 이누이트들은 그린란드, 캐나다, 시베리아의 북극 지방에 살며 주로 수렵과 어로에 종사한다. 남극에는 우리나라 남극 탐험의 교두보인 세종 기지가 들어서 있는데, 이곳에서 우리의 젊은 과학자들이 극지 환경 연구 및 지구 환경 변화 연구를 위해 노력하고 있다.

(라) 또한 펭귄은 남극에서 볼 수 있고 북극곰은 북극에서만 산다. 왜 펭귄은 남극에서만 살까? 펭귄은 여러 종이 있으며 대부분 남극을 비롯한 남반구에서 살고 있다. 주로 해안가에서 구멍을 파고 사는 펭귄들은 작은 돌 조각들을 이용하여 둥지를 만든다. 빙원에서 구할 수 있는 돌 조각은 태양열을 흡수하거나 체온을 따뜻하게 유지시킬 수 있는 유일한 물질이다. 펭귄이 주로 남극에 살고 있는 이유는 남극이 아메리카 대륙에서 분리되기 전에 서식하던 조류의 일부가 추위에 적응하기 위해 현재의 펭귄으로 진화하였기 때문으로 보고 있다.

(마) 반면 북극곰이 북극에만 살게 된 것은 북극이 북반구의 대륙에서 가까운 곳이기 때문이다. 대륙에 살던 곰이 넘어가 살게 되었을 가능성이 매우 높다. 지금도 유빙을 타고 이동하는 북극곰이 있다고 하니 북극해 주변의 얼음덩어리는 북

극곰의 이동 수단으로 볼 수 있다. 그렇다고 곰이 얼음덩어리를 타고 남극 대륙까지 갈 수는 없었지만 펭귄 같은 조류는 육지를 따라 이동하였기 때문에 상대적으로 남극 대륙으로 이동하기가 더 쉬웠다. 그래서 북극곰은 있지만 남극곰은 없고, 남극 펭귄은 있지만 북극 펭귄은 없는 것이다.

18 이 글에서 알 수 있는 내용으로 적절하지 않은 것은?

① 남극 대륙에서는 오래된 운석이 발견되기도 했다.
② 북극과 남극의 지역적 특징은 두 지역의 기후에 영향을 미쳤다.
③ 남극에 연구 목적의 거주민 이외에 원주민이 없는 이유는 혹한의 기후 때문이다.
④ 북극곰이 북극에 살 수 있는 이유는 가까운 대륙에서 육로를 따라 이동하기가 용이했기 때문이다.
⑤ 펭귄이 남극에서 살 수 있는 이유는 빙원의 돌조각으로 체온 유지를 할 수 있고, 추위에 적응하도록 진화했기 때문이다.

중요 | 서술형

19 (가)와 (나)를 요약하여 〈조건〉에 맞게 한 문장으로 쓰시오.

조건
- 차이점이 드러나도록 할 것.
- 남극과 북극의 지역적 특징을 중심으로 요약할 것.

[20~21] 다음 글을 읽고 물음에 답하시오.

가 생명을 살리는 빨대, 라이프 스트로우

베스터가드 프란센이라는 회사에서 만든 구호 물품 '라이프 스트로우'도 파파넥을 이어 인간을 위한 디자인 철학을 담은 제품입니다. 세계적으로 수십억 명이 안전한 물을 마시지 못하고 있고, 매년 수백만 명이 오염된 물을 먹고 목숨을 잃는 현실을 외면할 수 없었던 이 회사의 대표인 미켈은 쓰기 간편하고 가격도 저렴한 ㉠휴대용 개인 정수기를 디자인했습니다.

미켈은 아프리카에 여행을 다녀온 적이 있었는데, 그곳 사람들이 오염된 물을 마시고 온갖 질병으로 고통받는 모습에 큰 충격을 받았습니다. 여행을 마치고 돌아온 미켈은 보건 구호 사업가로서의 삶을 살기로 결심했습니다. 그가 만든 휴대용 정수기 라이프 스트로우는 말 그대로 생명을 살리는 빨대가 되어 세계적인 구호 단체들에 공급되었습니다. 라이프 스트로우는 정수 기능에 최대한 충실하면서도 군더더기를 모두 뺀 디자인으로써 최대한 원가를 절약해 저렴하면서도 품질이 훌륭했습니다.

나 큐드럼은 세상에서 가장 아름다운 물통

아프리카에서 식수를 구하기란 하늘의 별 따기만큼이나 어렵고 힘든 일입니다. 한 양동이의 물을 긷기 위해서 심지어 수십km를 걸어가야 하는 경우도 허다합니다. 게다가 물을 양손에 들거나 머리에 이고 돌아오는 길은 얼마나 힘들고 고되겠어요? 더구나 그런 고된 일이 아이들에게 맡겨진다면 그 고통이야 이루 말할 수 없을 것입니다. 그런 아이들이 그 고된 일을 즐겁고 재밌는 놀이처럼 할 수 있게 해 준 디자인이 있습니다. 피에트 헨드릭스라는 사람이 만든 ㉡'큐드럼'이 바로 그것입니다.

알파벳 'Q'자를 닮았다고 해서 이렇게 이름 붙여진 물통은 원기둥 모양으로 되어 있어 물통을 손으로 들거나 머리에 이지 않고도 운반할 수 있도록 디자인되었습니다. 아이들은 이 물통을 장난감을 가지고 놀 듯 줄로 묶어서 끌고 다닙니다. 줄을 잡고 달리면 먼 거리를 왕복하며 물을 긷는 고된 일도 즐거운 놀이가 될 것 같은 느낌의 디자인입니다.

다 인간을 위한 디자인

빅터 파파넥은 1970년대에 『인간을 위한 디자인』을 통해 세계가 안고 있는 환경 문제, 사회 문제에 대해 디자이너도 책임감과 사명감을 느껴야 한다고 주장했습니다. 그뿐만 아니라 디자이너들은 각종 위기에 처한 세계를 살리기 위해 무엇을 디자인할 것인지 고민하고, 더 나은 세상을 만드는 일에 동참해야 한다고 역설했습니다.

"저렴하고, 단순하고, 인간의 일상생활과 연결되어 있어야 합니다. 이것은 모두를 위한 디자인의 기본 조건입니다. 그리고 무엇보다 사람에 대한 관심과 사랑이 있어야 합니다."

생소하고 낯설었던 이러한 생각이 처음 세상에 알려졌을

때 지나치게 순진하다거나 망상에 불과하다며 비난하던 사람들도 있었습니다. 그러나 다행히도 현재 파파넥의 생각은 지속 가능한 디자인의 밑거름으로 평가받고 있으며, 오늘날에도 수많은 후배 디자이너들이 그의 숭고한 뜻을 이어 가고 있습니다.

중요

20 이 글을 능동적으로 읽기 위한 방법으로 적절하지 않은 것은?

① (가)~(다)의 소제목을 보고, 이어질 내용을 예측해 보았다.
② 글에 드러난 사전적 의미만 객관적인 태도로 이해하면서 읽었다.
③ (가)~(다)의 소제목을 보고, 질문을 던지고 그 질문의 답을 찾아보며 읽었다.
④ 텔레비전 공익 광고에서 본 큐드럼을 떠올리면서 (나)의 내용을 폭넓게 이해하였다.
⑤ '파파넥'과 '인간을 위한 디자인'에 대해서 인터넷 자료를 검색하여 참고하며 읽었다.

21 ㉠과 ㉡에 대한 이해로 가장 적절한 것은?

① ㉠과 달리 ㉡은 사회적 약자를 위해 디자인한 것이군.
② ㉠과 달리 ㉡은 소외된 사람들을 고통으로부터 구원하는 효과를 얻었겠군.
③ ㉡과 달리 ㉠은 창의적 생각을 바탕으로 만들어졌군.
④ ㉡과 달리 ㉠은 사회 문제 해결에 많은 도움이 되었겠군.
⑤ ㉠과 ㉡ 모두 인간을 위한 디자인, 이타적인 디자인이라고 할 수 있겠군.

[22~23] 다음 글을 읽고 물음에 답하시오.

가 어머니는 내게 가방을 넘겨준 다음 두 발과 지겟작대기를 이용해 내가 가야 할 산길의 이슬을 떨어내기 시작했다. 어머니의 몸뻬 자락이 이내 아침 이슬에 흥건히 젖었다. 어머니는 발로 이슬을 떨고, 지겟작대기로 이슬을 떨었다.

그런다고 뒤따라가는 내 교복 바지가 안 젖는 것도 아니었다. 신작로까지 15분이면 넘을 산길을 30분도 더 걸려 넘었다. 어머니의 옷도, 그 뒤를 따라간 내 옷도 흠뻑 젖었다. 어머니는 고무신을 신고 나는 검정색 운동화를 신었다. 걸음을 옮길 때마다 물에 빠졌다가 나온 것처럼 땟국이 찔꺽찔꺽 발목으로 올라왔다. 그렇게 어머니와 아들이 무릎에서 발끝까지 옷을 흠뻑 적신 다음에야 신작로에 닿았다.

나 "자, 이제 이걸 신어라."

거기서 어머니는 품속에 넣어 온 새 양말과 새 신발을 내게 갈아 신겼다. 학교 가기 싫어하는 아들을 위해 아주 마음먹고 준비해 온 것 같았다.

"앞으로는 매일 떨어 주마. 그러니 이 길로 곧장 학교로 가. 중간에 다른 데로 새지 말고."

그 자리에서 울지는 않았지만 왠지 눈물이 날 것 같았다.

"아니, 내일부터 나오지 마. 나 혼자 갈 테니까."

다음 날도 그 다음 날도 어머니가 매일 이슬을 떨어 준 것은 아니었다. 그러나 어떤 날 가끔 어머니는 내 등굣길의 이슬을 떨어 주었다. 또 새벽처럼 일어나 그 길의 이슬을 떨어 놓고 올 때도 있었다.

다 그때부터 나는 학교를 결석하지 않았다.

어른이 된 지금도 나는 그렇게 생각한다. 그때 어머니가 이슬을 떨어 주신 길을 걸어 지금 내가 여기까지 왔다고. 돌아보면 꼭 그때가 아니더라도 어머니는 내가 지나온 길 고비고비마다 이슬떨이를 해 주셨다.

아들은 어른이 된 뒤에야 그때 어머니가 떨어 주시던 이슬떨이의 의미를 깨닫게 되었다. 아마 그렇게 떨어내 주신 이슬만 모아도 내가 온 길 뒤에 작은 강 하나를 이루지 않을까 싶다.

중요

22 〈보기〉를 글쓴이가 이 글을 쓰기 전에 메모한 내용의 일부라고 할 때, ㉠~㉤ 중 적절하지 않은 것은?

보기

- 의미 있고 인상적인 경험: ㉠학교 가기 싫어하는 나를 위해 어머니는 등굣길에 동행하여 산길의 이슬을 직접 떨어내심. ㉡옷이 흠뻑 젖은 나에게 새 양말과 새 신발을 갈아 신기며 학교에 가라고 하심. ㉢그 일 이후에 나는 학교를 결석한 적이 없었음.
- 경험에서 얻은 느낌: ㉣평소 보지 못했던 어머니의 냉정하고 단호한 모습에 무서워 눈물이 남.
- 경험으로부터 얻은 깨달음: ㉤자식을 위해 희생과 헌신을 아끼지 않는 어머니의 무한한 사랑과 정성에 감동함.

① ㉠ ② ㉡ ③ ㉢ ④ ㉣ ⑤ ㉤

성취도 평가 2회

23 **이 글을 쓸 때 다음 밑줄 친 단계에서 고려했을 법한 내용으로 적절한 것은?**

> 계획하기 → 내용 선정하기 → 내용 조직하기 → 표현하기 → 고쳐쓰기

① 독자의 이해를 돕기 위해 속담이나 격언을 인용해야겠어.
② 경험이 잘 전달되도록 구체적이고 생동감 있게 표현해야겠어.
③ 깨달음을 강조하기 위해 처음과 끝에 같은 내용을 반복해야겠어.
④ 독자의 관심과 흥미를 유발하기 위해 질문하는 방식을 사용해야겠어.
⑤ 경험을 효과적으로 표현하기 위해 다양한 비유적 표현을 활용해야겠어.

[24~26] 다음을 읽고 물음에 답하시오.

- **작문 상황**: 책 읽기의 좋은 점과 생활화 방안을 소개하고 책 읽기를 생활화하도록 권유하는 글을 써서 자신의 ㉠블로그에 올리기
- **예상 독자**: (책을 잘 읽지 않는) 청소년들
- **개요**

㉡
1. 처음: 청소년들이 책을 읽지 않는 현실
2. 중간: (1) 책 읽기의 장점과 단점
(2) 책 읽기의 성공적 사례
(3) 책 읽기의 생활화 방안
3. 끝: 책 읽기의 생활화에 대한 권유

- ㉢**수집한 자료**

1. 책 읽기가 청소년들에게 주는 도움을 소개해 놓은 학교 도서관 게시판의 글
2. 책 읽기를 생활화하여 성공한 부자들의 사례를 인터뷰한 내용을 담은 신문 기사
3. 책 읽기를 생활화할 수 있는 방법에 대해 알아본 사서 교사와의 면담 내용

24 **㉠의 특성을 고려할 때 필요한 글쓰기 전략으로 적절하지 않은 것은?**

① 글의 내용 이해에 도움이 되는 사진들을 첨부한다.
② 글의 내용과 관련이 있는 인터뷰 동영상 자료를 첨부한다.
③ 글에 활용한 자료를 확인할 수 있는 사이트를 링크해 둔다.
④ 댓글에 제시된 의견을 반영하여 글의 내용을 수시로 고쳐 쓴다.
⑤ 불특정 다수를 대상으로 하는 공간이므로 예의를 갖춘 표현을 쓴다.

중요 | 서술형

25 **글쓰기에 관한 다음 설명을 참고하여 ㉡에서 고쳐야 할 부분을 찾아 바르게 고쳐 쓰시오.**

> 한 편의 글을 쓸 때에는 하나의 주제가 명료하게 드러나도록 써야 한다. 글의 내용은 하나의 주제를 뒷받침해야 하며, 주제와 관련이 없는 불필요한 내용은 삭제한다.

- 고쳐야 할 부분: ____________________
- 바르게 고친 내용: ____________________

26 **㉢에 추가할 수 있는 자료로 가장 적절한 것은?**

① 베스트셀러를 쓰는 방법에 대해 소개한 책
② 전자책과 종이 책의 장단점을 분석한 보고서
③ 지역별 도서관 신축 현황을 보여 주는 신문 기사
④ 전 세계 유명 도서관의 건축 디자인을 설명하는 블로그의 자료
⑤ 독서 습관이 청소년들의 성적에 미치는 긍정적 영향을 다룬 다큐멘터리 영상물

27 **다음은 '올바른 언어 습관의 필요성'을 주제로 제작한 공익 광고의 일부이다. (가)~(마)를 제작하기 위해 계획한 내용으로 적절하지 않은 것은?**

(가)

(나)

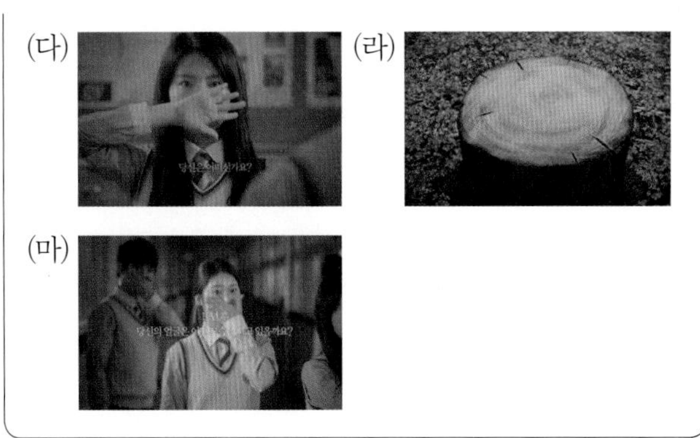

① (가): 교실에서 대화를 나누고 있는 학생들의 모습이 전체적으로 드러나게 먼 곳에서 촬영한다.
② (나): 입을 가린 손 위로 추한 입 모양을 보여 주면서 '습관처럼 내뱉는 욕설, 비속어'를 자막으로 제시한다.
③ (다): 입을 가린 손 위로 예쁜 입을 그려 아름다운 모습을 연출하면서 밝고 경쾌한 음악과 함께 '예쁜 말, 아름다운 당신!'을 자막으로 제시한다.
④ (라): 진지한 분위기를 조성하는 배경 음악을 깔고 '살아온 세월을 기록하는 나이테처럼 당신의 얼굴도 당신이 쌓아 온 언어 습관을 기록합니다.'라는 내레이션을 들려준다.
⑤ (마): 시청자가 자신의 모습을 성찰할 수 있도록 차분한 어조로 '10년 후, 당신의 얼굴은 어떤 모습을 하고 있을까요?'라는 내레이션을 들려주고 자막으로도 제시한다.

[28~29] 다음 면담을 읽고 물음에 답하시오.

(가) 서현: 안녕하세요? 저는 전자 우편으로 먼저 인사드렸던 박서현입니다. 바쁘실 텐데 면담에 응해 주셔서 감사합니다. 전자 우편으로 말씀드렸듯이 국어 교사에 대한 기사를 쓰기 위해 면담을 신청했습니다. 중간에 기사에 들어갈 사진을 찍고, 면담 내용을 녹음하려 하는데 괜찮으신지요?
국어 교사: 그럼요. 면담 질문지도 미리 받아 보았으니, 편하게 면담을 진행하세요.
서현: 감사합니다. 그럼 질문 드리겠습니다. 국어 교사가 되신 계기가 무엇인가요?
국어 교사: 제가 중학생 때, 저의 국어 선생님께서 발표 수업을 시키셨는데 친구들의 반응이 무척 좋았고, 국어 선생님께서도 저에게 소질이 있다고 칭찬해 주셨어요. 내가 잘 할 수 있는 일을 직업으로 가지면 좋겠다는 생각이 들면서 국어 교사라는 직업에 관심이 생겼죠.
서현: 어떤 수업이었나요?
국어 교사: 황순원의 「소나기」란 작품이었어요. 목소리 연기로 수업을 했거든요.
서현: 참 재미있었을 것 같아요. 그럼 국어 교사가 되는 방법에 무엇이 있나요?
국어 교사: 우선 국어교육과에 진학하는 게 가장 일반적인 방법이에요. 하지만 국어교육과에 진학하지 않더라도 국문과에 입학하여 교직을 이수하는 방법도 있어요. 또 교육대학원에 진학해도 임용 시험을 볼 수 있는 자격이 주어져요.
서현: 임용 시험을 볼 수 있는 자격이요?
국어 교사: 네. 임용 시험을 보기 위해서 정교사 2급 자격증이 필요해요. 이 자격증이 있으면 기본적으로 교사를 할 수 있구요, 저처럼 공립 학교에 근무하기 위해서 임용 시험을 보는 거예요.
(나) 서현: 학생들과 소통하는 능력이 무엇보다 중요하군요. 국어 교사를 하시면서 보람을 느끼실 때는 언제인가요?
국어 교사: 교실이 붕괴되고 교권이 추락했다고 하지만 아직까지 교사를 믿고 따르는 학생들이 많아요. 열심히 준비한 수업에 대해 긍정적으로 반응하고 적극적으로 참여하는 학생들을 보면 정말 보람을 느껴요.

중요
28 **다음은 이 면담을 하기 위한 계획서이다. 적절하지 않은 것은?**

㉮ 면담 목적: 국어 교사에 대한 기사문 작성을 위한 정보 수집
㉯ 면담 대상: 국어 선생님
㉰ 면담을 위한 사전 작업: 전자 우편을 통해 질문지 보내기
㉱ 면담 방식: 집단 면담
㉲ 준비물: 녹음기, 사진기(휴대 전화)

① ㉮ ② ㉯ ③ ㉰ ④ ㉱ ⑤ ㉲

서술형
29 **(가), (나)의 질문 중, 질문에 대한 보충 질문으로서 응답자의 응답 중에 생긴 궁금증에 대해 다시 묻는 질문을 두 가지 찾아 쓰시오.**

중요

30 다음 글에서 강조하고 있는 언어 습관으로 적절한 것은?

> 여름에 솜옷을 입은 사람과 한자리에 앉아 있으면 아무리 덥더라도 덥다고 하지 말고, 겨울에 홑옷을 입은 사람을 보면 아무리 춥더라도 춥다고 말하지 말며, 굶주린 사람을 보고 밥을 먹을 때에는 음식의 간이 맞지 않은 것을 탄식하지 말라.

① 상대방을 고려한 말하기를 해야 한다.
② 주제에서 벗어나는 말을 하지 않는다.
③ 말을 할 때에는 논리적으로 해야 한다.
④ 상대방을 배려하며 수용적인 태도로 말한다.
⑤ 자신의 주장만을 내세우지 말고 경청해야 한다.

[31~32] 다음 토의를 읽고 물음에 답하시오.

> ㉮ 장민수: 저는 이소연 학생 의견에 동의합니다. 교실 청소에 모든 학생들이 참여한다는 점에서 제 의견과 이소연 학생의 의견은 비슷한 점이 있다고 봅니다. 모든 학생들이 교실 청소에 관심을 두고 쉬는 시간과 점심시간을 이용해서 스스로 자기 자리를 청소한다면 굳이 방과 후에 남아서 청소할 필요가 없을 것입니다. 이소연 학생의 의견을 받아들여서 모두 자기 자리를 스스로 청소하면 좋겠습니다.
>
> ㉯ 강성주: 자기 자리를 스스로 청소해야 한다는 것에는 동의합니다. 하지만 청소 당번을 없애자는 의견에는 동의하지 않습니다. 자기 자리를 깨끗하게 유지하는 것은 당연한 일입니다. 하지만 아무리 각자가 자기 자리를 깨끗이 한다고 해도 사람마다 차이가 날 수 있습니다. 그리고 무책임하게 자기 자리를 청소하지 않는 사람은 어떻게 합니까? 또, 누구 자리라고 말하기 애매한 공간들도 있습니다. 저는 최소한의 청소 당번은 유지하는 것이 좋다고 생각합니다.
>
> ㉰ 이소연: 제가 그 점에 대해서는 미처 생각하지 못했습니다. 각자 자기 자리를 청소하면서 최소한의 청소 당번이 주번과 함께 뒷마무리를 하는 방식으로 하면 어떨까요?
>
> 장민수: 듣고 보니 그렇게 하는 것이 좋을 것 같습니다. 각자 자기 자리를 쉬는 시간이나 점심시간을 이용해서 스스로 청소하고 매일 두 명씩 청소 당번을 정해 마무리하도록 하면 좋겠습니다.
>
> ㉱ 사회자: 네, 토의자들께서 청소 방법에 대해 논의한 결과, 모든 학생들이 자기 자리를 스스로 청소하고 청소 당번 2명을 지정하여 주번과 함께 방과 후에 마무리하는 것으로 의견을 모았습니다. 이제 토의 내용과 관련하여 청중 가운데 질문이 있는 분은 말씀해 주시기 바랍니다.

31 이 토의의 토의자들을 평가한 것으로 적절한 것은?

① 모두 자신의 주장을 강조하기 위해 논리적 태도를 보이고 있다.
② 서로 의견을 양보할 것을 주장하면서 합의점을 찾지 못하고 있다.
③ 협력적인 태도로 서로 의견을 교환하고 합리적 방안을 도출하고 있다.
④ 협력적인 태도로 의견을 조정하면서 세 가지 의견 중 한 가지 의견을 선택하고 있다.
⑤ 토의자들이 합리적 태도를 보이고 있지만 해결안에 대한 합의를 이루지 못하고 있다.

서술형

32 (라)에 드러나는 사회자의 역할이 무엇인지 서술하시오. (단, 두 가지 역할을 한 문장으로 서술할 것.)

중요

33 다음 연설의 ㉠~㉢에서 내용의 타당성을 갖춘 근거로만 묶은 것은?

> 우리 동아리에 가입하면 다양한 활동을 통해 여러분들도 로봇 전문가가 될 수 있습니다. 우선 ㉠우리 동아리에 가입하면 1주일에 한 번씩 로봇 관련 책이나 자료를 함께 읽는 활동을 합니다. 동아리 지도 교사이신 ○○○선생님께서 함께해 주시기 때문에 자료를 이해하는 데 많은 도움을 얻을 수 있습니다. / 또, ㉡동아리 학생들 간의 친목을 위해서 한 달에 한 번씩 영화를 보거나 놀이 공원에 놀러 가는 행사를 갖기도 합니다. 우리 동아리 학생들이 제일 좋아하는 활동이기도 합니다.
>
> ㉢8월에 △△대학교에서 열리는 청소년 로봇 박람회를 아시나요? 이곳에 참가하기 위해 우리 로봇 동아리도 많은 준비를 하고 있답니다. 여러분 같은 신입생들도 함께 참가할 수 있는 기회를 얻을 수 있습니다.

① ㉠ ② ㉡ ③ ㉢ ④ ㉠, ㉡ ⑤ ㉠, ㉢

중학 국어 어휘

중학 국어 학습에 반드시 필요하고
자주 나오는 개념어, 주제어, 관용 표현 선정 수록

어휘가 바로 독해의 열쇠!
성적에 직결되는 어휘력, 갈수록 어려워지는 국어는
이 책으로 한 방에 해결!!!

어려운 문학 용어, 속담과 한자성어 등
관용 표현을 만화와 삽화로 설명하여
쉽고 재미있게 읽을 수 있는 구성

중학생이 꼭 알아야 할 지문 속 어휘의 뜻,
지문에 대한 이해를 묻는 문제 풀이로
어휘력, 독해력을 함께 키우는 **30강 단기 완성!**

세상에 없던 새로운 공부법

EBS 중학

뉴런

| 국어 1 |

실전책

중학도 역시 EBS

세상에 없던 새로운 공부법

EBS 중학 뉴런

국어 1

정답과 해설

중학도 역시 EBS

하루 한 장으로 중학 수학 실력 UP

인터넷·모바일·TV 무료 강의 제공

| 1(상) | 1(하) | 2(상) | 2(하) | 3(상) | 3(하) |

중학 수학은 **한 장 수학**으로 이렇게!

하나! 하루 한 장으로 가볍게 **습관 들이기**

둘! 기초부터 시작해서 문제로 완성**하기**

셋! 서술형·신유형 문항도 **빠짐없이** 연습**하기**

뉴런 국어 1

정답과 해설

개념책

정답과 해설 • 개념책

첫째 마당 문학

01 비유와 상징의 표현 효과

1. 포근한 봄 본문 14~15쪽

01 ② **02** ④ **03** ② **04** ⑤ **05** [예시 답안] 봄빛처럼 포근한 눈

01 이 시는 봄에 내리는 눈의 느낌을 노래하고 있는 작품이다. 말하는 이는 봄에 내리는 눈은 포근하면서도 부드러운 느낌이라고 표현하고 있다. 이와 같은 느낌을 적절한 비유적 표현을 활용하여 효과적으로 전달하고 있다.

오답 확인 ③ 고양이의 모습에서 여유로움이 느껴지지만 가벼운 긴장감을 유발하지는 않는다.
⑤ 봄이 주는 느낌을 표현하고 있지만 생동감이나 경쾌함과는 거리가 멀다.

02 이 시의 말하는 이는 봄에 눈이 내리는 모습을 바라보고 있다. 2연과 3연에는 봄눈이 어디에 어떻게 내리는지 잘 표현되어 있다. 2연에서는 담장, 나무, 마당에 눈이 내리고 있다고 노래하고 있으며, 3연에서는 새끼 고양이의 눈 속에도 눈이 내리고 있다고 말하고 있다.

03 2연에서는 '~에 쌓이는 봄눈'이라는 문장 구조를 반복함으로써 봄눈이 여기저기에 쌓이는 모습을 강조하고 있다. '봄눈이 담장, 나무, 마당 위에 쌓인다.'에 비해 봄눈이 쌓이는 모습이 더욱 강조된다고 할 수 있다.

04 5연의 시행은 점점 길어진다. 이는 시행 배열을 의도적으로 하여 봄눈이 내려서 쌓이는 모습을 시각적으로 형상화한 것이다.

오답 확인 ① 계절의 변화를 드러내고 있지 않다.
② 대상의 범위를 점점 좁혀 가고 있다.
③ 봄에 대한 말하는 이의 느낌이 직접적으로 드러나지는 않는다.
④ 하늘이라는 소재가 사용된 것은 맞지만 이를 통해 말하는 이의 감정을 표현하는 것은 아니다.

05 〈보기〉에 사용된 비유적 표현을 1연에서 찾아보면 '봄빛처럼 포근한 눈'이다. 직유법은 '~처럼, ~같이, ~듯이, ~인 양'의 형식을 활용한 비유적 표현 방법이다. 〈보기〉에서는 '같이'라는 형식을 활용하여 봄을 고양이에 비유하여 표현하고 있다.

상	1연에서 직유법이 사용된 부분을 정확히 찾아 쓴 경우
중	1연에서 직유법이 사용된 부분을 찾았으나 원관념을 밝히지 않은 경우
하	1연에서 직유법이 사용된 부분을 제대로 찾지 못한 경우

2. 새로운 길 본문 16~17쪽

01 ④ **02** ③ **03** ⑤ **04** ⑤ **05** [예시 답안] 살아가면서 만나게 되는 고난과 시련을 의미한다.

01 이 시는 '길', '내', '고개' 등을 비롯한 다양한 상징적 의미의 소재들을 활용하여 언제나 새로운 길을 가고자 하는 소망과 의지를 효과적으로 표현한 작품이다. 표현하려는 대상을 그와 유사한 다른 대상에 빗대어 표현하는 비유적 표현은 쓰이지 않았다.

오답 확인 ① '길', '내', '고개' 등 상징적 의미를 지닌 시어를 사용하고 있다.
② '길'을 중심으로 시상을 전개하면서, '길'을 걸어가는 과정과 '길'을 걸어가면서 다짐하는 내용 및 '길'을 걸어가면서 만나는 존재들을 노래하고 있다.
③ '나의 길은 언제나 새로운 길'이라는 표현을 통해 새로운 마음으로 인생을 살아가고자 하는 말하는 이의 자세를 드러내고 있다.
⑤ 1연과 5연에서는 어려움을 이겨 내고 평화로운 세계로 나아가는 내용이 동일하게 반복되고 있고, 2연과 4연에서도 새로운 마음으로 길을 걸어가겠다는 내용이 동일하게 반복되고 있다. 이와 같이 이 시는 3연을 중심으로 1연과 5연이, 2연과 4연이 내용상 대칭을 이루는 구조를 취하고 있다.

02 이 시에서는 어제도 걸었고 오늘도 걷고 있고 내일도 걸을 자신의 길을 걸어가겠다는 강한 의지를 보여 주고 있다. 시의 처음과 끝에 같은 내용을 배치하여 말하는 이가 걷는 길이 계속 이어질 것 같은 여운을 주기도 한다. 이 시를 읽다 보면 말하는 이의 발걸음을 따라 걷는 경쾌한 느낌을 얻을 수 있다.

오답 확인 ① 말하는 이가 '내를 건너서', '고개를 넘어서'라고 표현하고 있으므로 그가 걷는 길은 결코 여유롭고 행복한 길을 의미하는 것이 아니다.
④ 말하는 이의 강한 의지가 드러나고 있지만 이것이 엄숙하고 장엄한 분위기까지 연결되지는 않고 있다.
⑤ 자신의 길을 걸어가겠다는 의지를 담담하게 보여 주고 있으나, 분주하고 열정적인 분위기는 아니다.

03 이 시는 인생의 길을 걸어가면서 그 길을 새로운 길로 만들고 싶은 소망, 즉 언제나 새로운 마음으로 인생을 살아가야겠다는 다짐을 보여 준다. 3연에 나타난 소재들은 말하는 이가 길을 가면서 만나는 대상들이라고 할 수 있다.

04 이 시는 일제 강점기에 쓰인 시이지만 시대적 상황이 직접적으로 드러나고 있지는 않다. 그리고 시대적 상황에 대한 안타까움과 같은 감정보다는 새로운 시대를 열어 가겠다는 의지가 더욱 강하게 드러나는 시이다.

05 말하는 이는 '내'를 건너서 '숲'으로 가고, '고개'를 넘어서 '마을'로 간다. 숲과 마을에 가기 위해 건너고 넘어야 하는 '내'와 '고개'는 험난한 곳으로, 말하는 이의 인생길에서 겪는 고난과 시련을 의미한다고 할 수 있다.

상	고난과 시련을 의미한다고 한 문장으로 서술한 경우
중	고난과 시련을 의미한다고 서술했으나 한 문장으로 서술하지 못한 경우
하	고난과 시련을 의미한다고 제대로 서술하지 못한 경우

3. 오우가 본문 18~19쪽

01 ⑤ **02** ② **03** [예시 답안] 대나무, 곧고 속이 비었으며 사시에 푸르다. **04** ③ **05** ⑤

01 이 시는 우리나라 전통 시의 한 종류인 시조이다. 특히 평시조 여섯 수로 쓰인 연시조이다. 말하는 이는 자연 친화적인 태도를 바탕으로 물, 바위, 소나무, 대나무, 달의 미덕을 예찬하고 있다. 자연물의 속성으로부터 인간이 갖춰야 할 바람직한 덕목을 이끌어 내고 있기 때문에 자연의 특징과 인간의 속성이 대조적으로 나타난다고 볼 수 없다.

02 이 시는 다섯 자연물을 다섯 친구로 의인화하여 표현한 시조로 주된 표현 방법은 의인법이다.

오답 확인 ① 대유법에 대한 설명이다.
③ 반어법에 대한 설명이다.
④ 도치법에 대한 설명이다.
⑤ 직유법에 대한 설명이다.

03 지조를 나타내는 소재는 소나무와 대나무이다. 하지만 이 두 소재 중에서 욕심이 없음을 특징으로 하는 소재는 속이 비어 있는 대나무이다. 그 외에도 물은 그치지 않는 영원함을, 바위는 변하지 않음을, 달은 밝고 과묵함을 상징적으로 드러낸다.

상	소재와 소재의 특성을 모두 적절하게 서술한 경우
중	소재와 소재의 특성 중에서 한 가지만 적절하게 서술한 경우
하	소재와 소재의 특성을 모두 적절하게 서술하지 못한 경우

04 (다)에서는 바위의 불변함을, (라)에서는 소나무의 불변함과 뿌리 곧음을, (마)에서는 대나무의 절개와 욕심 없음을 예찬하고 있다. 따라서 (다)~(마) 모두 공통적으로 지조나 절개를 강조하고 있음을 알 수 있다. ③의 시조는 정몽주의 '단심가'로, 임금을 향한 변치 않는 충절을 노래하고 있는 작품이다.

오답 확인 ① 부모에 대한 효를 강조하고 있다.
② 부지런한 삶을 노래하고 있다.
④ 노래를 통한 설움의 정화를 노래하고 있다.
⑤ 임에 대한 그리움을 노래하고 있다.

05 ㉥은 말하는 이가 벗이라고 생각하는 '달'을 가리키고 있다. ㉠~㉣은 말하는 이가 추구하는 삶과 다른 모습을 보여 주는 존재들을 의미한다. 즉 ㉥은 말하는 이가 긍정적이고 예찬적인 태도로 바라보는 대상이지만, ㉠~㉣은 긍정적인 태도로 바라보는 대상이 아니다.

4. 사막을 같이 가는 벗 본문 20~23쪽

01 ⑤ **02** ③ **03** ⑤ **04** ③ **05** [예시 답안] 낯설어서 힘들었던 신학기를 보내야 했던 학창 시절보다 어른이 된 현재의 세상살이가 더 황폐하고 힘들다. **06** ④ **07** ③ **08** ③ **09** ② **10** [예시 답안] (1) 쌓아야 할 탑, 밭을 경작해서 맺어야 할 열매 (2) 참다운 벗이 되어야 한다.

01 글쓴이는 현재 신학기를 겪지 않아도 되는 어른이 된 상태로서, 학창 시절 신학기 때 친구들과 떨어져 외롭고 힘들었던 수업 시간, 점심시간 등의 기억을 회상하며 글을 전개하고 있다.

오답 확인 ① 글쓴이가 학창 시절에 학교 곳곳에서 힘들었던 기억을 떠올리고 있으나, 이와 관련지어 각 공간마다 관련된 일화들을 나열한 것은 아니다.
② 글쓴이가 고백적으로 자신의 경험을 서술하고 있으나, 편지 형식을 빌려서 자신의 경험을 표현하고 있는 것은 아니다.
③ 글쓴이가 과거의 경험을 이야기하고 있으나, 그 경험을 바탕으로 현재 발생한 문제를 극복한 내용은 드러나지 않았다.
④ 글쓴이는 신학기에 친구가 없어서 외로웠던 기억을 말하고 있으나 특정한 대상과 갈등을 겪었기 때문은 아니며, 그 해결 과정이 드러난 것도 아니다.

02 글쓴이는 자신이 학창 시절 신학기에 느꼈던 감정들을 속

상황, 지겨움, 외로움 등으로 솔직하게 드러내고 있다.

오답 확인 ① 글의 내용 중에 남을 따돌린 친구에 대한 것은 드러나지 않았다.
② 글의 내용에서 신학기에 발생할 수 있는 문제점을 지적하였으나, 이에 대해 비판적으로 평가한 것은 드러나지 않았다.
④ 글쓴이는 학창 시절을 벗어난 후에 그보다 더 황폐한 세상살이를 겪게 되었다고 하였다.
⑤ 글쓴이가 당시의 기억을 떠올리며 자신이 어떤 점을 개선할 필요가 있는지에 대해 새롭게 발견한 것은 드러나지 않았다.

03 글쓴이는 신학기가 지나면 단짝 한 명 정도는 발견했다고 했으나, 신학기는 또다시 찾아오면서 소외감을 느끼는 일이 반복되었다고 말하고 있으므로 신학기가 되는 것을 두려워하지 않게 되었다고 볼 수는 없다.

오답 확인 ① 글쓴이는 간절히 원했던 친구와 헤어져야 했던 신학기에 속상함을 느꼈다고 하였다.
② 친한 친구 없이 보내야 했던 신학기마다 잘 적응하지 못했다.
③ 다른 친구들은 자신과 달리 친한 친구를 만들어서 잘 지내는 것 같다고 하였다.
④ 여름 방학을 할 때쯤이면 단짝을 발견했다고 하였다.

04 글쓴이가 학년이 바뀔 때마다 마음을 잡지 못했던 것은 친한 친구와 헤어져서 외로움과 소외감을 느꼈기 때문이다.

오답 확인 ① 글쓴이가 아침에 학교에 갈 일을 생각하면 가슴 한쪽이 싸늘해졌던 이유는 친한 친구가 없는 교실에서 지내야 하는 외로움 때문이며, 아침에 일어나서 학교에 가는 것이 힘들어서 마음을 잡지 못했던 것은 아니다.
② 글쓴이는 친구가 없어서 운동장 조회나 체육 시간 같은 때 더 힘들었다고 하였다.
④ 새 학년이 된 설렘이나 기대감은 드러나지 않았다.
⑤ 글쓴이가 다른 반이 된 친구들을 찾아 돌아다녔다는 내용은 드러나지 않았다.

05 (바)에서 글쓴이는 신학기가 사라진 현재 더 황폐한 세상살이에 '내던져지고 말았다.'라고 하여 학창 시절보다 어른이 된 후에 더 힘든 일이 많다고 말하고 있다.

상	〈조건〉을 만족하고 '학창 시절'에 느꼈던 힘겨움과 '어른이 된 현재'의 힘겨움이 논리적으로 드러나 있는 경우
중	〈조건〉 중 하나를 만족하지 못하거나 과거보다 현재의 삶이 더 힘들다는 내용이 드러나 있으나 다소 모호하게 표현한 경우
하	〈조건〉을 모두 만족하지 못하거나 과거나 현재 중 하나에 대해서만 표현한 경우

06 글쓴이가 말한 '증인'은 '어떤 사실을 증명하는 사람.'이라는 사전적인 의미가 아니라 힘든 세상을 살아갈 때 삶의 의미가 되어 주는 친구를 뜻한다. 또한 글쓴이가 어떤 일에 실패했을 때 증인 역할을 하는 사람을 진정한 친구라고 말한 부분은 이 글에서 확인할 수 없다.

오답 확인 ① 글쓴이는 진정한 친구와 함께 있으면 세상을 살아 볼 만한 용기가 솟는다고 하였다.
② 글쓴이는 신학기의 잠시 동안의 외로움보다 인생의 항해가 훨씬 두려운 일이라고 하였다.
③ 글쓴이는 사업에 실패하여 낙향한 친구를 따라 시골에 내려가서 사는 사람을 보며 영혼을 나누는 친구를 보는 일이 아름답다고 하였다.
⑤ 글쓴이는 끝부분에서 참다운 벗이 없을 때는 자신이 누군가에게 참다운 벗이 되어 준 적이 있었는지 반성해 보아야 한다고 하였다.

07 '망망대해를 헤매는 것처럼 힘든 인생'에서 직유법이 사용되었으나, (가)에서 도치법이 사용된 부분은 확인할 수 없다.

오답 확인 ① '인생의 항해'라는 은유법을 사용하여 인생을 사는 것을 바다를 항해하는 것에 빗대어 표현하고 있다.
② '파도'는 순조로운 항해를 방해한다고 볼 수 있으므로 인생을 살아가는 것을 '항해'라고 할 때, '파도'는 살면서 겪게 되는 고난이나 시련이라고 볼 수 있다.
④ '홀로 헤치는 파도는 높고 거칠기만 한 것'이라고 하였으므로 인생에서 친구 없이 홀로 어려움을 헤쳐 나가는 것이 힘겨운 일이라고 생각하는 것을 알 수 있다.
⑤ 직유법, 은유법과 같은 비유적인 표현을 사용함으로써 인생이 얼마나 고달픈 것인지를 더욱 실감 있게 느끼도록 강한 인상을 주고 있다.

08 첫째 문장과 둘째 문장, 셋째 문장과 넷째 문장은 앞뒤 순서를 바꾸어 표현한 도치법에 해당한다(ㄴ). '무서운 사막'과 '증인 없이 사라지는 일'을 '친구 없이 사는 일'에 빗대어 표현한 은유법을 사용하였다(ㄷ).

오답 확인 ㄱ. 어떤 대상을 다른 대상에 직접적으로 빗대어 표현한 직유법은 ㉮에서 사용하지 않았다.
ㄹ. 사람이 아닌 대상을 사람처럼 표현한 의인법은 ㉮에서 사용하지 않았다.

09 ㉠은 '인생'을 '험난한 항해'라고 함으로써 은유적으로 빗대어 표현하고 있다. ②에서도 '이것'을 '소리 없는 아우성'이라고 함으로써 'A는 B이다'라는 형식을 활용한 은유법을 사용하였다.

오답 확인 ① 무생물인 '산'을 생물처럼 '달려오는'이라고 표현한 활유법을 사용하였다.
③ 사람이 아닌 참새들이 '글씨를 공부'한다고 사람처럼 비유하여 나타낸 의인법을 사용하였다.
④ '구름에 달 가듯이 가는 나그네'는 나그네의 모습을 '구름에 달'이 지나가는 모양에 직접 빗대어 표현한 직유법을 사용하였다.
⑤ '밥티처럼 따스한 별들'에서 직접 빗대어 표현한 직유법을 사용하였다.

10 (1) ㉡에서 '쌓아야 할 탑'과 '밭을 경작해서 맺어야 할 열매'는 우정을 은유법을 사용하여 표현한 것이다.
(2) ㉡에서는 이러한 탑과 열매를 '내가 먼저 쌓아야 할' 것이라고 말함으로써 내가 먼저 누군가에게 진정한 친구가

되어 주어야 한다는 것을 강조하고 있다.

상	비유가 사용된 부분을 정확히 찾고, '참다운 벗', '진정한 친구' 등 정답과 관련된 정확한 표현을 사용하여 문장으로 완성한 경우
중	비유가 사용된 부분 중의 한 가지만 찾고, '벗', '친구' 등의 표현을 사용하였으나 꾸며 주는 말이 없거나 정확한 문장으로 완성하지 않은 경우
하	비유가 사용된 부분을 찾지 못했거나, 원관념을 제대로 표현하지 못하고 모호한 문장으로 표현한 경우

5. 찡

본문 24~27쪽

01 ⑤ **02** ④ **03** ④ **04** ④ **05** [예시 답안] (1) 용이, 어머니 (2) 어머니가 말한 아버지가 올해까지만 하고 머슴살이를 그만둔다((라)는 말로 인해서 해소되었다.) **06** ① **07** ⑤ **08** ④ **09** [예시 답안] ⓐ 아이들에게 당당하게 맞서게 되었습니다. ⓑ 용기, 당당함, 자신감 등을 상징한다고 볼 수 있습니다.

01 용이가 글을 한 자도 모른다는 것은 이 글에서 확인할 수 없으며, 용이는 그러한 이유로 아이들이 놀리기 때문이 아니라 자신이 남의 책 보퉁이를 나르는 것이 부끄러워서 학교에 가기 싫어한다.

오답 확인 ① '나도 이젠 4학년 됐잖아요.'라는 용이의 말을 통해 용이가 '4학년'이 되었다는 것을 알 수 있다.
② 용이와 어머니의 대화를 통해 아버지가 머슴이라는 것을 알 수 있다.
③ 뒷집 순이는 아이들이 '곰보딱지'라고 놀려서 학교를 그만두었다는 것을 알 수 있다.
④ '사내가 국민학교도 졸업 못 하면 어떡할라고?'라는 용이 어머니의 말을 통해 알 수 있다.

02 '너 장랠 생각해서라도'라는 어머니의 말은 아버지가 머슴이라는 이유로 용이가 머슴 취급을 당하는 것을 고려한다는 의미로, 직업이 대물림된다는 내용은 이 글에서 확인할 수 없다.

오답 확인 ① 아침 식사로 '보리밥'을 먹고 아버지가 '머슴살이'를 한다는 것으로 미루어 용이네 형편이 넉넉지 않음을 짐작할 수 있다.
② '국민학교', '향토 예비군의 노래' 등은 이 작품이 1970년대를 배경으로 한다는 것을 나타낸다.
③ 용이가 학교에 가기 싫어하는 것이 아버지가 머슴이라는 이유로 아이들 사이에서 용이를 머슴처럼 대하는 것을 당연시하고 있기 때문이라는 것을 이 글의 내용으로 미루어 짐작할 수 있다.
⑤ '3년 동안 용이 어깨에 매달려' 있었던 '책보들'이라는 표현으로 미루어 용이가 3년 가까이 아이들의 책보를 들어 주었음을 짐작할 수 있다.

03 아버지가 올해까지만 머슴살이를 하고 그만두신다는 어머니의 말을 들은 용이는 이에 힘을 얻어 자신도 올해까지만 이러한 생활을 하면 된다고 생각해서 등교하기로 결심하고 아침밥을 먹은 것이다.

오답 확인 ① '남의 산전(산에 있는 밭)을 얻어서 죽을 먹더래도…….'라는 어머니의 말로 미루어 아버지가 머슴살이를 그만둔다고 가난한 생활이 끝나는 것이라고 볼 수는 없다.
② 아침밥을 먹고 공부할 의욕이 솟았다고 판단할 만한 내용은 확인할 수 없다.
③ 이어지는 내용으로 미루어 알 수 있듯이 자신을 믿어 주는 친구들이 있기 때문에 힘을 냈다고 볼 수는 없다.
⑤ 용이가 건강하지 못하다는 것을 판단할 만한 내용은 확인할 수 없다.

04 '못난 아이제.'는 2, 3학년 아이들이 용이 옆을 지나갈 때 '수군거리는 것 같았'다고 용이 스스로 느낀 것이다. 이는 아이들의 심부름을 거절하지 못하고 책 보퉁이를 들어 주는 스스로를 못났다고 생각하기 때문에 아이들이 자신을 놀린다고 여긴 것으로 아이들이 직접 용이를 놀리는 말을 했다고 볼 수는 없다.

오답 확인 ② 평상시 아이들이 용이를 놀릴 때 어떤 말을 쓰는지는 드러나지 않았다.
③ 용이의 외모로 인하여 놀림을 받았다는 내용은 확인할 수 없다.
⑤ 용이가 책 보퉁이를 들면서 힘을 발휘하지 못해서 놀렸다는 내용은 확인할 수 없다.

05 (1) (가)에는 학교에 가지 않겠다는 용이와 국민학교는 졸업해야 한다는 어머니의 갈등이 드러나 있다.
(2) 어머니의 '아버지가 올해까지만 머슴살이를 하고 그만둔다.'라는 말에 힘을 얻은 용이가 등교함으로써 (1)에 나타난 갈등이 해소되고 있다.

상	갈등의 주체를 정확히 파악하고, '아버지의 머슴살이'와 '올해까지만 하고 그만둔다.'라는 내용이 담긴 자연스러운 문장을 쓴 경우
중	갈등의 주체 중의 한 가지를 파악하지 못하고, '머슴살이를 그만둔다.'라는 내용이 있으나 주체가 불분명하거나 문맥이 부자연스러운 경우
하	갈등의 주체나 해소 과정을 파악하지 못하여 정확한 표현을 사용하지 못했거나 문맥이 부자연스럽고 문장 표현이 모호한 경우

06 이 글에는 용이에게 책 보퉁이를 나르게 하는 아이들과 이러한 상황을 부끄러워하고 스스로에게 화를 내는 용이의 갈등이 드러나 있다. 또한 용이가 찡을 본 후에 아이들에게 당당하게 맞서자 아이들도 그 기세에 눌려 태도를 바꿈으로써 갈등이 해결된 것이다.

오답 확인 ② 용이가 말로 설득했다기보다 아이들이 용이를 혼내 주려고 할 때 용이가 재빠른 몸놀림을 보이고 용감한 말로 맞서서 갈등을 해결한 것이다.
③ 아이들이 순이를 놀려서 순이가 학교를 그만두었고 용이가 내일부터 순이와 함께 등교하겠다고 결심했으나, 순이와 함께 맞서서 문제를 해결하는 내용은 이 글에 나오지 않았다.
④ 아이들과 순이와의 갈등은 이 글에 크게 드러나 있지 않고, 아이들과

용이와의 갈등이 있으나 이러한 상황에서 용이가 자신의 부모님이나 순이의 부모님을 설득하여 문제를 해결한 것은 아니다.
⑤ 아이들과 다른 아이들과의 갈등은 이 글에 드러나 있지 않다.

07 ㉠은 '날아오른 꿩'으로 용이가 돌멩이를 던졌을 때 솟아오른 것이다. 용이가 평상시에 꿩을 보고 자신의 처지와 유사하다고 느꼈다는 내용은 확인할 수 없다.

오답 확인 ①, ③ ㉠은 산 밑에서 하늘로 날아오른 꿩으로, 용이는 이 모습을 본 후에 '어떤 힘'이 솟아서 이후에 아이들에게 그동안과는 다른 태도를 보이게 되므로 꿩의 모습을 보고 심적인 변화를 일으켰다고 할 수 있다.
② 용이는 꿩이 날아오르는 모습을 보고 소리를 들으며 '살아 있는 목숨이 부르짖는 소리', '눈부신 모습'으로 인식하고 힘을 얻게 되므로, 이를 통해 꿩이 용이에게 생명력 넘치는 모습으로 비추어졌음을 알 수 있다.
④ 용이가 꿩을 본 후에 자신의 마음과 태도를 바꿈으로써 아이들과의 관계가 변화하게 되므로 꿩이 그 계기가 되었다고 할 수 있다.

08 ㉡은 용이의 당당하고 자신감 있는 모습을 직유법을 사용하여 나타낸 것이다. 직유법을 사용한 것은 '나그네'의 모습을 '구름에 달 가듯이'라고 비유한 ④이다.

오답 확인 ① '내 마음은 호수요'는 은유법을 사용하여 자신의 마음을 '호수'에 빗대어 표현하고 있다.
② '나는 나룻배 / 당신은 행인.'에서는 은유법을 사용하여 '나'와 '당신'을 배와 그 배를 타고 가는 사람에 빗대어 표현하고 있다.
③ '아홉 켤레의 신발'이 땅 위에 놓여 있다는 의미이지만, 특별한 비유법을 사용한 것은 아니다.
⑤ '어두운 방 안'과 '빠알간 숯불'이라는 색채의 대비가 드러나 있으나 특별한 비유법을 사용한 것은 아니다.

09 용이가 '꿩'을 보기 전에는 부당한 일에 대해 맞서지 않았다. 그러나 '꿩'이 날아오르는 소리를 듣고 '살아 있는 목숨이 부르짖는 소리'라고 느끼고 '눈부신 모습으로 산을 넘어가는 꿩'을 보고 '어떤 힘'이 솟구쳤다고 하였으며, 그 이후에 용이가 아이들에게 맞서는 태도로 변화하게 되었다. 따라서 이를 통해 볼 때 '꿩'은 자유롭고 당당하며 자신감 있고 용기가 넘치는 모습 등을 상징한다고 볼 수 있다.

상	ⓐ에는 용이의 용감하고 자신감 넘치는 태도에 대한 내용을, ⓑ에는 용기, 당당함, 자신감, 속박에 얽매이지 않는 자유 등의 내용을 쓰고 어법에 맞고 문장이 자연스러운 경우
중	ⓐ와 ⓑ 중의 어느 하나가 명확하지 않거나 어법이 틀린 부분이 보이고 문장이 다소 어색한 경우
하	ⓐ와 ⓑ의 내용이 모두 명확하게 서술되지 않고 어법이 틀리거나 문맥이 맞지 않는 경우

02 갈등의 진행과 해결 과정

1. 하늘은 맑건만

본문 30~37쪽

01 ④ **02** ③ **03** ② **04** ⑤ **05** ① **06** [예시 답안] 문기가 고깃간에서 너무 많은 거스름돈을 받음. **07** ② **08** ④ **09** ③ **10** ⑤ **11** ⑤ **12** [예시 답안] 두려움에서 기쁨으로 바뀌었다. **13** ⑤ **14** ① **15** ④ **16** ⑤ **17** ④ **18** [예시 답안] 무거운 죄책감에서 벗어나고 싶었기 때문이다. / 자신의 잘못을 뉘우치고, 양심에 어긋나는 행동을 바로잡고 싶었기 때문이다. **19** ⑤ **20** ④ **21** ⑤ **22** ① **23** ② **24** [예시 답안] 문기가 작은아버지께 모든 죄를 고백한다.

01 소설은 허구의 문학으로, 작가의 체험이 직접적으로 드러나 있지 않다. 따라서 소설을 읽을 때에는 작가의 체험을 들여다보기보다는 작품 속에서 인물의 심리 변화 과정, 갈등의 양상과 해결 과정 및 주제 의식을 파악해야 한다. 작가의 체험을 파악하며 읽어야 하는 것은 주로 수필이다.

02 (가)는 현재 시점으로 서술되고 있고, (나)는 과거의 사건을 회상하고 있다. 그러므로 시간 순서대로 사건을 정리하면 (가)의 사건이 (나)의 사건보다 나중에 일어난 것이다. (가)에서 문기는 중문 안 안반 뒤에 숨겨 둔 공과 책상 서랍 깊숙이 넣어 둔 쌍안경이 보이지 않자 삼촌의 추궁에 대한 염려와 불안감 때문에 책을 펴 들었지만 도무지 글이 읽히지 않았다. ①~⑤를 사건이 발생한 시간에 따라 재배열하면 '④ → ⑤ → ① → ② → ③'의 순서가 된다.

03 (나)에서 문기는 고깃간에서 우연히 거스름돈을 많이 받고서 어리둥절해하는 모습을 보이고 있다. 문기는 적극적으로 그 까닭을 확인하려 하지 않고 돈과 주인을 의심스레 쳐다보면서 주뼛주뼛하다가 뒷줄로 밀려 나오고 만다. 이러한 문기의 모습에서 문기가 소심하고 내성적인 성격임을 알 수 있다.

04 '의기양양하다'는 뜻한 바를 이루어 만족한 마음이 얼굴에 나타난 상태를 의미한다. 문기는 많은 거스름돈을 받고서 머뭇거리다가 숙모에게 알아볼 일이라고 생각하며 집으로 향하면서도 계속 의아해하고 있다. 문기가 의기양양해한다고 심리를 파악하는 것은 적절하지 않다.

오답 확인 ① 문기는 안반 뒤에 숨겨 둔 공이 없어진 사실을 알고 삼촌이나 숙모의 손에 들어갔나 하는 불안감으로 가슴이 두근거린다.
② 문기는 서랍 속에 깊숙이 넣어 간직해 둔 쌍안경이 보이지 않자 누군가가 손댔음을 깨닫고 당황해한다.

③ 문기는 삼촌이 퇴근 후 공과 쌍안경에 대해서 추궁할 것을 염려하며 책을 펴 들었으나 초조한 마음에 글이 읽어지질 않는다.
④ 문기는 고깃간 주인이 많은 거스름돈을 내주자 어리둥절해한다.

05 이 소설은 1930년대를 배경으로 하고 있다. '지전, 고깃간, 은전, 1원' 등은 1930년대를 배경으로 하고 있음을 나타내는 소재이나, '고기 한 근'은 지금도 쓰이고 있는 말이다.

06 문기는 숙모의 심부름으로 고깃간에 고기를 사러 갔다가 고깃간 주인의 착각으로 더 많은 거스름돈을 받게 된다. 거스름돈을 잘못 받고 이상하다고 생각하지만, 거스름돈을 잘못 내준 것이 아닌지 명쾌하게 묻지 못하고 주뼛주뼛하는 사이에 뒤로 밀려 나오게 되었다. 문기는 소심하고 내성적인 성격 탓에 그냥 집으로 돌아온다.

상	'문기가 고깃간에서 너무 많은 거스름돈을 받음.'과 같이 문기가 심리적 갈등을 겪는 계기가 분명히 드러나게 쓴 경우
중	'고깃간'과 '거스름돈'만 언급하고, 심리적 갈등을 겪는 계기가 명확하게 드러나지 않게 쓴 경우
하	'거스름돈을 받음.'과 같이 심리적 갈등을 겪는 계기를 모호하게 쓴 경우

07 이 소설의 주인공은 문기이지만, 문기가 자신이 겪은 일을 1인칭 관점에서 서술하고 있는 작품이 아니다. 전지적 위치에 있는 서술자가 주인공인 문기가 겪은 일을 인물의 심리까지 다 아는 것처럼 서술하고 있다.

오답 확인 ① (가)의 수만이의 대화에서 영악하고 약삭빠른 수만이의 성격이, (다)의 삼촌의 대화에서 책임감이 강하고 문기를 사랑하는 삼촌의 성격이 드러난다.
③ (다)에서 삼촌과 문기의 외적 갈등이 드러난다.
④ '활동사진', '일 전'과 같은 소재에서 1930년대 일제 강점기를 배경으로 하고 있음을 짐작할 수 있다.
⑤ 어린 문기를 주인공으로 하여 일상에서 겪을 수 있는 일을 사실적으로 전달하고 있다.

08 문기는 잘못 받은 거스름돈을 쓰자는 수만이의 제안을 받고 수만이가 시키는 대로 하지만 남이 하래서 하는 것이니까 자기 책임은 없다고 생각한다. 수만이 또한 돈은 문기가 만들었으므로, 무슨 일이 난다 해도 자기 책임은 없다고 생각하고, 돈을 아무 고민 없이 사용하고 있다. 문기는 수만이와 함께 돈을 쓸 때, 처음에는 두려움을 느끼지만, 나중에는 기쁨을 느낀다.

09 (다)에 나타난 삼촌의 훈계에서 남이 주는 물건을 아무것이고 덥적덥적 받는 것, 남에게 저녁을 얻어먹는 것에 대해서 삼촌이 긍정적으로 보지 않고 있다는 사실을 확인할 수 있다. 이로 보아 삼촌은 수만이가 문기에게 도움을 준다고 여기지도 않고, 수만이를 호의적으로 생각하지도 않음을 알 수 있다.

10 문기는 삼촌에게 공과 쌍안경을 수만이가 준 것이라고 거짓말을 하였다. 그러나 삼촌은 ㉠과 같이 말하며 문기에게 믿음을 표현한다. 문기는 자신에 대한 믿음을 갖고 있는 삼촌을 보며, 그러한 삼촌을 속였다는 사실에 더욱더 죄책감을 느낄 것이다.

11 수만이는 문기에게 고깃간에서 받은 거스름돈으로 그동안 거리에서 보고 지내던, 온갖 가지고 싶고 해 보고 싶은 가지가지를 다 해 보자고 제안한다. 그리고 돈을 쓰면 어떻게 되느냐고 불안해하는 문기를 자신이 하는 대로만 하면 된다고 부추기는 영악스러움을 보이고 있다.

12 (나)에서 으슥한 골목을 걸을 때에는 알 수 없는 두려움에 가슴이 두근거리었으나, 밝은 큰 행길로 나오자 차차 다른 기쁨으로 변했다고 했다.

상	문기의 심리 변화 과정을 '두려움에서 기쁨으로 바뀌었다.'라고 정확하게 쓴 경우
중	'두려움'과 '기쁨'을 언급했으나 문기의 심리 변화 과정이 정확하게 드러나지 않는 경우
하	문기의 심리를 정확하게 파악하지 못한 경우

13 수만이는 양심적으로 살려는 문기를 위협하여, 결국 협박을 못 이긴 문기가 숙모의 돈을 훔치도록 만든다. 이 일을 저지른 후 문기는 심한 죄책감에 시달리게 되어 내적 갈등이 심화된다.

14 (나), (다)에 주로 나타나 있는 갈등은 더 이상 양심에 어긋난 행동을 하지 않으려는 문기와 돈을 내놓으라고 문기를 협박하는 수만이 사이의 외적 갈등이다. ①에는 인물의 내적 갈등이 드러나 있고, 나머지에는 인물과 인물 간의 외적 갈등이 드러나 있다. 내적 갈등은 한 인물의 내면에서 일어나는 갈등이고, 외적 갈등은 인물 간의 성격이나 의견이 대립하거나, 인물과 외부 세계가 대립하여 일어나는 갈등이다.

15 (나)에서 수만이는 쓰다 남은 거스름돈을 고깃간 안마당에 던져 주고, 공과 쌍안경을 버렸다는 문기의 말을 믿지 않고 문기 혼자서 돈을 쓰려는 속셈이라고 의심한다. 그리고 (다)에서 돈을 내놓으라고 문기를 집요하게 협박하는 모습을 보이고 있다. 이로 보아 수만이는 탐욕적이고 영악스러운 성격을 지녔음을 알 수 있다.

16 문기가 돈과 쌍안경을 버리고 돈을 돌려줬다고 말했지만, 수만이는 문기가 혼자서 돈을 쓰려고 거짓말을 한다고 생각하기 때문에 문기의 말을 믿지 않고 오히려 문기가 약았다고 말하고 있다.

17 문기의 첫 번째 허물은 고깃간에서 많이 받은 거스름돈을 수만이와 몰래 쓰고 삼촌의 추궁에 거짓으로 둘러댄 것이다. 두 번째 허물은 수만이의 괴롭힘을 이기지 못하고 숙모의 돈을 훔친 것이다. 문기가 숙모에 대한 반감 때문에 붙장에서 돈을 훔친 것은 아니다.

18 문기는 자신의 잘못에 대해 부끄러움을 느껴, 부당하게 얻은 물건을 모두 버리고 고깃간에 돈을 돌려주면서 죄책감에서 벗어나고 있다. 그러한 행동을 하고 나서, '무거운 짐을 풀어 놓은 듯 어깨가 거뜬했다.'라고 한 것으로 보아 돈을 돌려주었다는 생각에 문기의 마음이 한결 나아졌음을 확인할 수 있다.

상	'죄책감에서 벗어나고 싶었기 때문이다.', '자신의 잘못을 뉘우치고, 양심에 어긋나는 행동을 바로잡고 싶었기 때문이다.' 등과 같이 문기의 행동 이유를 정확하게 파악한 경우
중	'죄책감 때문이다.', '잘못을 뉘우쳤기 때문이다.', '양심의 가책을 느꼈기 때문이다.'와 같이 문기의 행동 이유를 파악했으나 의미가 불충분한 경우
하	문기의 행동 이유를 막연하게 파악하고 의미가 불충분한 경우

19 이 소설은 우연히 고깃간에서 거스름돈을 잘못 받고, 그 돈을 친구인 수만이와 어울려 쓰면서 겪게 되는 문기의 갈등, 갈등의 해소 과정을 사실적으로 그린 작품이다. 전지적 시점에서 인물의 심리나 행동 등을 서술자가 모두 아는 것처럼 서술하고 있다.

20 문기는 점순이가 자신 때문에 누명을 썼다는 것을 알게 되고, 그 일 때문에 쫓겨난 점순이의 울음소리에 심한 죄책감을 느끼며 밤을 새운다.

21 문기는 붙장 안의 돈을 훔쳐 낸 일로 인해서 이웃집의 심부름하는 아이인 점순이가 누명을 쓰게 된 상황을 알게 된다. (나)에는 자신으로 인해 누명을 쓴 점순이에 대한 미안한 마음과 죄책감으로 뜬눈으로 밤을 지새우는 문기의 모습이 나타나 있다.

22 이 글에서 '하늘'은 정직과 양심을 의미한다. 이 글은 정직하지 못한 돈으로 인해 문기가 겪는 갈등을 통해 '정직하게 살자.', '양심을 지키면서 살자.', '떳떳하게 살자.'라는 교훈을 주고 있다. 즉 이 글은 문기가 죄를 지어 벌을 받는 것보다 잘못된 일을 저질렀을 때의 괴로운 갈등 상황을 제시하여 양심을 지키는 것이 얼마나 떳떳한 것인가를 더 비중 있게 보여 주고 있다.

23 ㉠은 선생님이 수업 시간에 정직에 대해 말하자 문기가 정직하지 못한 자신의 행동을 선생님께서 다 아시고 말씀하시는 것 같은 생각에 양심에 찔려 하는 모습이다. 이는 우리 속담 중 '도둑이 제 발 저리다.'와 관련이 깊다.

오답 확인 ① 개는 도토리를 먹지 않기 때문에 밥 속에 있어도 먹지 않고 남긴다는 뜻에서, 따돌림을 받아서 여럿의 축에 끼지 못하는 사람을 비유적으로 이르는 말이다.
③ 철없이 함부로 덤비는 경우를 이르는 말이다.
④ 못된 사람 하나가 온 사회를 어지럽힌다는 말이다.
⑤ 겉으로는 얌전하고 아무것도 못할 것처럼 보이는 사람이 딴짓을 하거나 자기 실속을 다 차리는 경우를 비유한 말이다.

24 문기는 작은아버지에게 자신의 모든 잘못을 털어놓음으로써 마음의 괴로움에서 벗어날 수 있게 된다. 고깃간 주인이 잘못 준 거스름돈을 써 버린 것, 붙장 안의 돈을 훔쳐 낸 것 등의 잘못을 숨김없이 자백을 하고 나자, 자신을 겹겹으로 싸고 있던 허물이 벗어지면서 마음속의 어둠이 사라지는 것을 느낀다.

상	'문기가 작은아버지에게 모든 죄를 고백한다.'와 같이 문기가 죄책감에서 벗어나게 된 계기를 정확히 드러나게 쓴 경우
중	'문기가 고백한다.'와 같이 문기가 죄책감에서 벗어나게 된 계기를 불충분하게 쓴 경우
하	문기가 죄책감에서 벗어나게 된 계기를 파악하지 못한 경우

2. 자전거 도둑

본문 38~45쪽

01 ② **02** ⑤ **03** ④ **04** ② **05** ② **06** [예시 답안] 인건비를 많이 들이기 아까워 수남이 혼자만 일을 시키고자 하는 속내를 드러내기 싫었기 때문이다. **07** ② **08** ① **09** ④ **10** ④ **11** [예시 답안] 자신이 손해 보지 않는 것을 중시한다는 점에서 물질 중심적이고 계산적인 도시민들을 나타낸다. **12** ③ **13** ③ **14** ④ **15** 자전거 **16** ③ **17** [예시 답안] 수남이는 자전거를 마치 검부러기처럼 가볍게 옆구리에 끼고 질풍같이 달렸다. **18** ⑤ **19** ① **20** ② **21** ② **22** [예시 답안] ㉮ 수남이의 잘못된 행동(도둑질)을 칭찬함. ㉯ 도덕적인 삶을 중시함.

01 이 글은 현실 사회에 있음 직한 일을 작가의 상상력에 의해 재구성한 소설이다. 소설의 등장인물은 일정한 사건 속에서 외적, 내적 갈등을 겪게 된다. 독자는 작품을 읽으면서 갈등의 원인과 전개 과정, 해결 방법을 파악해야 한다. 이를 통해 주제를 파악하고 작가의 창작 의도를 이해할 수 있기 때문이다.

오답 확인 ① 소설 속 사회적 배경은 실제 사회를 바탕으로 하지만 작가가 만들어 낸 가상의 공간이다.
③ 전기문과 같은 실제 인물을 다룬 글을 읽는 방법이다.

④ 시와 같은 운문을 감상하는 방법이다.
⑤ 수필을 감상하는 방법이다.

02 수남이는 열여섯 살 점원이지만 아직 세상 물정을 이해하지 못하는 아이로 등장한다. 주인 영감이 손님들 앞에서 자신을 두둔하고 이해해 주는 척하는 모습을 보며 뿌듯해하고 고마워하고 있다. 그리고 부지런히 일하면서 야학에 다닐 꿈을 가지고 있다. 스스로 자신이 영리하다고 생각하는 것은 아니다.

03 (가)에서는 주인공인 수남이가 어떤 아이인지 사건 발생의 공간적 배경이 어디인지 소개하고 있다. 갈등 전개 과정에서 발단에 해당하는 부분이다.

오답 확인 ① 결말, ② 전개, ③ 위기, ⑤ 절정

04 (다)에서 수남이는 눈 코 뜰 새 없이 고단한 하루를 보내면서도 행복해하고 있다. 시험을 보고 학교 다닐 것을 기대하기 때문이다. 그렇지만 가겟방에 들어서면 다후다 이불을 덮고 방바닥이 차가운지 더운지도 모르고 잠이 쏟아질 정도로 피곤해한다. 이로 보아 주인 영감은 수남의 고단한 하루와 열악한 주거 환경을 알고 있으면서 특별히 학업에 정진할 수 있는 여건을 만들어 주지 않음을 알 수 있다.

05 주인 영감은 다른 점원을 들일 경우, 순진한 수남이가 나쁜 습성이 들 것을 우려하기 때문에 수남이 외에 사람을 쓰지 않는다고 말하고 있다. 여기서 '사람 같은 놈'이 수남이와 같은 순진한 사람을 가리킨다. 반대로 '깡패'는 '구정물'이 들어 있는 나쁜 사람들을 의미한다.

06 주인 영감은 겉으로는 수남이를 위하는 척하지만, 실질적으로는 자신의 이익을 위해 순진한 수남이가 여러 명의 일을 혼자서 하도록 조종하고 있는 것이다. 다른 사람들이 이런 사실에 대해 건드리면 자신의 그런 속마음을 들킬까 두려워 버럭 화를 내는 것이다.

상	경제적 이익을 추구하는 주인 영감의 면모를 바르게 서술한 경우
중	경제적 이익을 추구하는 주인 영감의 면모를 모호하게 서술한 경우 ㉠ 돈을 많이 벌고 싶어서 ~
하	경제적 이익을 추구하는 성격이 거의 드러나지 않게 서술한 경우 ㉠ 간섭하는 느낌이 들어서 ~

07 (나)에서 서술자는 '바람'을 단순히 '횡액', '먼지', '쓰레기'로 인식하며 짜증을 내는 '서울 사람들'을 부정적인 시각에서 말하고 있다.

오답 확인 ① 이 글에서는 자연을 파괴하는 인간의 모습을 다루지 않았다.
③ 이 글에서 서울 사람들은 대부분 현실적인 이익과 손해에 민감한 반응을 보이는 인물로 묘사되고 있으며, 개성적인 삶의 의미에 관심을 보이지 않는다.
④ 이 글에서는 현대에 접어들면서 내면보다 물질을 중시하는 사람들의 삶을 다루고 있지만, 서술자는 그런 사람들에 대해 비판적인 시선으로 보고 있다.
⑤ 이 글에서 수남이가 순수한 동심을 지닌 인물로 등장하지만 동심이 사라진 사회를 걱정하거나 비판하는 것은 아니다.

08 (가)~(마)에서는 갑작스레 불어온 '바람'으로 인해 상가 거리에 불길한 기운이 돌고, 전체적으로 음울한 분위기가 만들어지고 있다. 작품의 분위기를 바꾸어 주면서 새로운 사건이 발생하고, 새로운 갈등이 유발될 수 있음을 암시한다.

오답 확인 ② 중심인물인 '수남이'는 성격의 변화가 크게 나타나지 않는다.
③ '바람'은 갈등을 유발하는 실마리에 해당한다.
④ (가)~(마)에서는 새로운 인물 '××상회 주인'이 등장하지만, '바람'과는 무관하다.
⑤ 공간적 배경은 청계천 세운 상가 전체로 변화가 없다.

09 (나)에서 수남이는 봄에 바람이 불어와서 나무와 뿌리와 꽃망울에 신비한 변화가 생기는 것에 대해 긍정적인 느낌을 가지고 있다. 봄바람이 한차례 지나면서 나무와 뿌리와 꽃망울을 깨워 아름답고 생명력 넘치는 자연이 된다고 생각하고 있다.

10 (라)와 (마)에서 수남이는 주인 영감의 심부름으로 물건을 배달하고 물건값을 받아 가려고 버티고 서 있다. 반면 ××상회 주인은 돈을 가지고 있으면서도 되도록 주지 않으려고 하며, 또 돈을 주면서도 몹시 아까운 듯 행동하고 있다. 수남이와 ××상회 주인 사이의 외적 갈등이 드러난다.

11 이 글에서 '주인 영감'과 '××상회 주인'은 모두 서울에 거주하며 상업에 종사하면서 물질의 가치를 중시하는 인물이다. 작가는 이러한 인물을 통해 현대 도시에서 사는 사람들의 이기적이고 계산적인 속성을 드러내고자 한다.

상	제시문의 내용과 관련지어 인물의 전형적 성격을 바르게 서술한 경우
중	제시문의 내용과 관련짓지 않고 인물의 전형적 성격을 바르게 서술한 경우
하	인물의 전형적 성격을 모호하게 서술한 경우 ㉠ 작가가 부정적으로 바라보는 인물이다.

12 (가)~(마)에서는 바람 때문에 수남이의 자전거가 넘어지고, 그로 인해 자동차에 흠집이 생겨 자동차 주인인 신사가 수남이에게 수리비로 오천 원을 요구하는 사건이 생긴다. 수남이는 신사와 수리비로 인해 외적 갈등을 겪다가 수리

비 대신 붙잡힌 자전거를 들고 도망가는 것으로 갈등을 해결한다. '고급차'는 갈등 발생의 실마리에 해당한다.

오답 확인 ① '바람'은 수남이의 자전거를 넘어뜨려 자동차에 생채기를 내도록 한 결정적인 원인이다.
② 수남이는 갈등을 겪지만 결국 자전거를 들고 도망가는 행동을 통해 갈등을 해결한다.
④ 신사는 고급차를 몰고 나타난 인물로, 수남이에게 갈등을 겪게 한다.
⑤ 신사는 수남이에게 수리비 오천 원을 요구하고, 수남이는 수리비를 주지 않으려고 용서를 구한다. 여기서 신사와 수남이의 외적 갈등이 나타난다.

13 (가)~(마)에서 수남이는 자신이 신사의 고급차 수리비를 물어 주어야 한다는 사실을 알았을 때, 몹시 놀라고 당황한다. 그리고 주인 영감의 돈을 수리비로 빼앗길까 봐 두려워한다. 하지만 자전거를 들고 도망가면서 쾌감을 느낀다. 신사의 부당한 요구에 대해 자전거도 돈도 모두 빼앗기지 않았다는 데서 기쁨을 느끼는 것이다.

14 이 글에서 신사는 어린 아이인 수남이가 실수로 저지른 일에 대해 조금도 양보하지 않는 인물이다. 겉으로 보기에 '거울처럼 티 하나 없이 번들대는 차체'에서 겨우 생채기를 하나 찾아내고 그에 대해 수리비를 요구한다. 또 수리비를 내지 않으려는 수남이의 자전거를 빼앗아 두고자 한다. 다른 사람의 입장이나 처지를 고려하지 않고 자신의 이익만을 추구하는 인물이다.

오답 확인 ① 신사는 다른 사람들이 보고 있음에도 고함을 지르며 자신의 주장만 펼치고 있다.
② 신사가 자동차의 흠집에 대해 수리비를 요구한 것은 이기적인 욕심을 강조하기 위한 것이다.
③ 신사는 다른 사람들의 반응과 상관없이 돈을 요구한다.
⑤ 신사는 수남이가 어린아이라는 점에 대해 개의치 않고 보상받기를 원하고 있다.

15 ㉠은 수남이가 들고 도망가는 '자전거'의 무게가 가볍게 느껴진다는 것을 직유법으로 표현한 것이다.

16 ㉡은 수남이가 자전거를 들고 도망가면서 느낀 내면적 상황을 표현한다. 자신이 물어 주어야 할 수리비를 내지도 않고 신사가 담보로 잡아 둔 자전거까지 들고 도망가면서 죄책감보다 쾌감을 느낀 것은 수남이의 내면에 잠재되어 있는 부도덕함을 드러낸다. 이것은 사건이 전개되면서 수남이의 내적 갈등의 원인이 된다.

오답 확인 ① ㉡은 직전의 갈등 상황을 성숙된 방식으로 대응하는 것이라 보기 어렵다.
② ㉡은 수남이가 순수한 마음을 가지고 있는 아이이면서도 갈등 상황에서 순수한 아이의 면모와는 다른 마음을 드러내고 있음을 강조한다.
④ 수남이가 사춘기 소년이지만 사춘기 특유의 반항적인 모습을 보이지는 않는다.
⑤ ㉡은 수남이가 양심에 따라 행동한 것이 아니라 주변 사람들의 응원과 그 상황을 모면하고 싶은 자신의 마음에 따른 것이라 볼 수 있다.

17 소설 속 인물은 현실 대응 방식에 따라 자신의 갈등을 다양한 방법으로 해결한다. 갈등의 해결 과정을 통해 작가의 주제 의식을 드러내기도 한다. 이 글에서 수남이는 신사와의 외적 갈등을 겪게 되는데, 그 갈등은 자전거를 들고 도망가는 행동을 통해 해결된다.

상	수남이의 행동을 드러내는 문장을 정확하게 찾아 쓴 경우
중	수남이의 행동을 썼지만 내용을 다르게 표현한 경우 예 수남이가 자전거를 훔쳐 도망갔다.
하	수남이의 행동임이 분명하게 드러나지 않는 경우 예 자동차 수리비를 물어 주지 않았다.

18 이 글을 통해 작가는 근대화에 따라 정신적인 것을 소홀히 여기고 물질과 돈에 집착하여 비양심적인 모습으로 변모해 가는 사람들의 모습을 비판하고자 한다. 특히 비도덕적인 삶의 환경에 무방비로 노출된 순진한 어린아이를 주인공으로 내세워 양심적인 삶의 가치를 강조하고 있다.

오답 확인 ① 수남이가 가족과 고향을 떠나 서울에서 점원으로 일하고 있지만 돈을 벌어 공부를 하기 위한 선택이었다.
② 이 글에 등장하는 대부분의 인물들은 서울에 거주하면서 자신의 이익을 중시하는 삶을 살고 있지만 다른 사람들과의 교류에 대해 소극적인지 적극적인지 구체적으로 드러나지 않았다.
③ 이 글은 근대화의 과정이 드러나지만 변화에 무조건 따라갈 것이 아니라 그 속에서도 끝까지 지켜야 할 양심을 강조하고 있다.
④ 이 글에서 수남이의 아버지는 양심적으로 살 것을 강조하는 인물이다.

19 (가)~(라)는 수남이가 자전거를 들고 도망쳐 온 자신의 행동을 성찰하면서 자신이 도둑질이라는 비양심적인 행동을 했다는 데 대하여 괴로워하고 있다. 즉 내적 갈등이 최고조에 도달한다. (마)에서는 자신의 비양심적인 모습을 바르게 고치기 위해서는 고향으로 돌아가 아버지의 가르침을 받아야겠다고 결심함으로써 갈등에서 벗어난다. (가)~(라)는 절정, (마)는 결말에 해당한다.

20 ㉠은 수남이의 도둑질을 칭찬하는 주인 영감의 얼굴과, 도둑질을 한 형의 얼굴에서 나타나는 모습이다. 자신의 입장만 생각하여 남의 것을 탐내는 부정적인 모습, 계산적이고 물질 만능주의적인 입장과 같은 바람직하지 않은 모습을 시각적으로 표현한 부분이다.

21 ㉡에서 수남이는 자신이 자전거를 들고 도망쳐 온 것에 대해 잘못된 행동이라는 점을 깨닫고 있다. 자전거 때문에 자동차에 흠집이 났고, 신사가 요구하는 수리비를 주지도 않

았을뿐더러 신사가 담보로 붙잡아 둔 자전거까지 훔쳐 왔기 때문이다. 정당하게 대응하지 못하고 자기에게 이로운 것만 챙겨 왔다는 점에서 비양심적인 행동임을 깨닫는 부분이다.

22 이 글에서 아버지와 주인 영감은 수남이에게 각각 긍정적, 부정적인 역할을 하는 대조적인 인물이다. 아버지는 수남이에게 올바른 가르침을 주고 있지만, 주인 영감은 수남이를 바람직하지 않은 방향으로 이끌고 있기 때문이다.

상	㉮, ㉯를 모두 바르게 서술한 경우
중	㉮, ㉯ 중 하나는 바르게 썼으나 하나를 모호하게 서술한 경우
하	㉮, ㉯ 중 하나만 바르게 서술한 경우

3. 홍길동전

본문 46~51쪽

01 ⑤ **02** ⑤ **03** ① **04** ② **05** ② **06** [예시 답안] 사람은 모두 평등한 존재이다. **07** ① **08** ① **09** ⑤
10 [예시 답안] 집을 떠나야 하는 자신의 처지에 대해 서러워하다가 아버지가 호부호형을 허락하자 감동한다. **11** ⑤ **12** ③
13 ④ **14** [예시 답안] 사회의 모순을 해결하려는 적극적인 개혁 의지의 중요성 / 신분 차별에 대한 저항 / 탐관오리의 횡포에 대한 비판 중에서 두 가지 **15** ④ **16** ③ **17** ② **18** ②

01 이 글은 현실을 바탕으로 작가가 상상력을 동원하여 꾸며 낸 이야기인 소설이다. 소설은 인물, 사건, 배경을 바탕으로 일정한 사건 변화가 드러나도록 하는 서사 문학으로, 사건 전개 과정에서 드러나는 갈등의 이해와 파악이 소설 감상의 중요한 요소이다. 또 독자는 자신의 배경지식을 적극적으로 동원하여 작품을 이해하고 작가가 말하고자 하는 바가 무엇인지 파악해야 한다. 작품이 작가의 인생관이나 가치관을 반영하지만 작가의 삶을 여실하게 드러내거나 사실적 정보를 제시하는 것은 아니다. 따라서 소설 작품을 읽으면서 작품에 반영된 작가에 대한 사실적 정보를 파악하는 것은 올바른 감상 방법이 아니다.

02 이 글은 조선 후기 평민들에 대한 사회적 인식이 바뀌어 가는 시기에 쓰여지기는 했지만 그런 사회적 상황을 반영하고 있지는 않다.

오답 확인 ① 길동은 홍 판서의 서자로 집안에서 정당한 대우를 받지 못하고 사회에서도 높은 벼슬을 하지 못한다. 이는 적서 차별이 존재했음을 의미한다.
② 길동이 첩의 아들이므로 이는 축첩 제도가 존재했음을 의미한다.
③ 길동이 아버지인 홍 판서를 대감으로 칭하고 길동의 어머니가 노비였음으로 보아 신분 제도가 엄격했음을 알 수 있다.
④ 길동은 공자와 맹자의 학문을 익히고 무관이나 문관으로 출세하는 것을 대장부의 소망이라고 표현하고 있다.

03 (나)에서 길동은 '대장부가 세상에 태어나서 공자, 맹자의 학문을 익힌 뒤에 ~ 이름을 후세에 전함이 대장부의 떳떳한 일일 것이다.'라고 말하고 있다. 이로 보아 길동이 궁극적으로 바라는 삶의 모습은 입신양명(立身揚名), 즉 출세를 하여 이름을 날리는 것이다. 이는 유교 사회에서의 일반적 성공을 의미한다.

04 (나)에서 길동은 대장부로 태어나 공자와 맹자의 학문을 익히고, 병법을 익혀 수많은 군사를 지휘하는 장군으로 '이름을 후세에 전함'을 원하고 있다. 그러나 (가)에서는 천한 출생 탓에 '아버지를 아버지라 부르지 못하고 형을 형이라 부르지 못하'게 하는 사회임을 보여 주면서 길동의 꿈이 사회 제도에 의해 좌절된다는 점을 제시하여 길동의 갈등의 원인을 드러내고 있다. 따라서 길동의 갈등은 출생이 천한 서자의 벼슬길을 제한한 적서 차별 제도로 인한 갈등으로, 인물과 사회 제도의 외적 갈등에 해당함을 알 수 있다.

05 (다)에서 홍 대감은 길동을 불쌍하게 생각하면서도 '그 마음을 드러내서 위로하면 오히려 버릇이 없어질까 염려하'여 길동의 호소를 못 들은 척하며 꾸짖어 말하였다. 이로 볼 때 홍 대감은 바람직하지 않은 현실이라도 받아들여야 한다는 현실 순응적 태도를 보이고 있다.

오답 확인 ① 홍 대감은 길동이 차별로 인해 서러워하는 현실 상황을 바르게 이해하고 있으나 이를 해결해 주지 못하는 것일 뿐, 현실과 무관한 삶을 사는 것은 아니다.
③ 적서 차별 제도에 대해 분명하게 인식하면서도 그 제도를 비판하는 것이 아니라 그 제도에 따라 살아가야 한다고 보고 있다.
④ 길동과 자신의 처지를 분명히 알고 있다는 점에서 홍 대감은 현실을 있는 그대로 파악할 줄 아는 인물이다.
⑤ 현실의 문제를 인식하고 있지만 이상적인 세상을 꿈꾸며 도피하고 있는 것은 아니다.

06 ㉠에서 '왕후장상'은 '제왕 · 제후 · 장수 · 재상을 아울러 이르는 말.'이다. 그러므로 ㉠은 이런 높은 지위에 오르는 사람이 따로 정해져 있지 않다는 말로, 길동이 인간이 평등하다는 가치관을 가지고 있음을 보여 주고 있다.

상	사람들이 평등한 존재임을 한 문장으로 서술한 경우
중	사람들이 평등한 존재임을 표현하였으나 한 문장이 아닌 경우
하	사람들이 평등한 존재임을 제대로 표현하지 못한 경우

07 문학 작품 속에서 갈등은 사건을 흥미롭게 전개하면서 긴장감을 조성한다. 독자는 갈등의 전개 과정을 통해 인물의

성격이나 작품의 주제를 파악할 수 있다. 갈등은 소설 속 인물의 삶과 관련이 있지만 그 삶이 작가의 삶의 모습을 보여 주는 것이 아니다.

08 (가), (나)에서 대감은 길동의 '품은 한'을 알고 있고, 호부호형을 허락하면서 출가하더라도 '속히 돌아오'라고 말하고 있다. 대감은 길동의 처지에 공감하고 안타까워하며 연민의 정을 느끼고 있다.

09 길동이 겪는 갈등은 사회적 갈등으로부터 시작된 개인적 갈등이다. 적서 차별의 사회적 갈등이 가족 간의 갈등을 거쳐 개인의 내면적 갈등을 심화시킨다. (나)를 보면 길동이 아버지를 아버지라고 부르지 못하는 문제 상황이 해결되면서 갈등이 해소된다. (다)에서 길동은 아직 남아 있는 사회적 갈등을 해소하기 위해 집을 나서면서 갈등이 새로운 국면으로 접어들게 됨을 나타낸다.

10 (나)에서 길동은 서러운 눈물을 흘리면서 대감에게 자신이 집을 떠나야 하는 상황임을 고하고 있다가, 대감이 호부호형을 허락하자 크게 절을 하면서 '이제 죽어도 한이 없겠습니다. 황공하여 몸 둘 바를 모르겠사옵니다.'라고 감격해 마지않는다. 이로 미루어 길동의 심리 변화의 원인이 대감이 호부호형을 허락한 사실에서 비롯됨을 알 수 있다.

상	자신의 처지에 대한 서러움과 아버지가 호부호형을 허락한 것에 대한 감동을 모두 표현한 경우
중	자신의 처지에 대한 서러움과 아버지가 호부호형을 허락한 것에 대한 감동 중에서 한 가지만 제대로 서술한 경우
하	자신의 처지에 대한 서러움과 아버지가 호부호형을 허락한 것에 대한 감동 모두 제대로 표현하지 못한 경우

11 ㉠은 대감이 우연히 문을 열어 뜰에 있는 길동을 발견하게 되는 장면이다. 이는 두 인물의 만남이 필연적인 이유 없이 이루어진 것으로 고전 소설의 우연적인 사건 전개의 특성을 보여 준다. 우연성은 필연성의 상대적인 개념으로, 어느 사건의 발생이 앞서 일어난 사건과 아무런 인과 관계가 없는 것을 말한다. 이러한 우연적 사건 전개는 고전 소설에서 일반적으로 나타나는 특징 중 하나이다.

12 길동은 호부호형을 허락받지 못하여 아버지를 '대감'이라고 부르다가 호부호형을 허락받은 후 '아버지'라고 바꾸어 부르게 된다. ㉡은 호부호형을 허락받기 전, ㉢은 허락받은 후이므로, '대감'에서 '아버지'로 호칭이 바뀐다. '아버님, 아버지'라는 호칭은 길동이 품은 큰 갈등 중 하나가 해소되었음을 보여 준다.

13 (나)와 (다)에서 길동은 활빈당을 결성하여 탐관오리들이 백성들로부터 착취한 재물들을 빼앗아 백성들의 어려운 삶을 구제하는데, 여기에서 당시 사회의 모습을 짐작할 수 있다. 이 작품이 창작된 조선 시대에 백성들을 탄압하면서 부당한 방법으로 재물을 긁어모은 탐관오리들에 대한 작가의 비판 의식도 엿볼 수 있다.

14 이 글에서 작가는 서자로 태어나 차별받는 인물 '길동'을 내세워 당대 사회가 가지고 있었던 문제점을 지적하고 있다. 길동이 신분에 따른 차별과 제약, 지배층의 부패와 비리 등 사회적인 문제점에 대해 적극적으로 비판하면서 저항하고, 개혁해 나가는 모습을 통해 이상적인 사회 건설을 위한 개혁 의지를 강조하고 있다. 또한 서자인 길동에게 임금이 병조 판서의 벼슬을 내리는 상황을 설정하여 적서 차별에 대한 비판 의식도 드러내고 있다. 결국 작가가 말하고자 하는 바는 신분제로 인한 차별과 억압을 타파하고, 부정부패를 척결해야 이상향을 만들 수 있다는 것이다.

상	사회의 모순을 해결하려는 적극적인 개혁 의지의 중요성 / 신분 차별에 대한 저항 / 탐관오리의 횡포에 대한 비판 중에서 2가지를 서술한 경우
중	사회의 모순을 해결하려는 적극적인 개혁 의지의 중요성 / 신분 차별에 대한 저항 / 탐관오리의 횡포에 대한 비판 중에서 한 가지만 제대로 서술한 경우
하	사회의 모순을 해결하려는 적극적인 개혁 의지의 중요성 / 신분 차별에 대한 저항 / 탐관오리의 횡포에 대한 비판 중에서 한 가지도 제대로 서술하지 못한 경우

15 (가)~(라)에서는 길동이 활빈당의 두령이 되어 벌였던 여러 가지 일과 그로 인한 갈등, 갈등의 해결 과정 등을 보여 주고 있다. 길동은 도적들을 이끌고 활빈당을 만들어 관리들의 불의한 재물을 탈취하여 백성들에게 나누어 주는 일을 했다. 이에 임금을 비롯한 조정의 관리들은 길동을 잡고자 하나 길동의 도술을 당해 내지 못했다. 임금이 결국 병조 판서의 벼슬을 내리자 길동이 더 이상 소란을 벌이지 않으면서 갈등이 해소되고 있다. 길동은 병조 판서에 오르게 되지만, 구름을 타고 사라져 버린다. 따라서 길동이 임금에게 인정받고 나라의 인재로 활약했다는 내용은 적절하지 않다.

16 (가)에서 길동은 바위를 뽑아 치켜들고 이리저리 걸어 다닐 정도로 괴력의 소유자이고, (다)에서는 여덟 명의 홍길동으로 분신술을 발휘하고, 도술을 부려 비바람을 크게 일으키고 구름과 안개를 일으켜 군사들을 꼼짝 못하게 한다. (라)에서는 구름을 타고 하늘로 홀연히 사라져 버리기도 한다. 이런 모습은 길동이 비범한 재주를 가진 영웅적 인물이라는 것을 보여 준다.

17 (다)에는 길동과 그를 잡으려는 군사들 사이의 갈등이 드러나 있다. 여기서 '군사'는 길동에게 재물을 탈취당한 관리들을 대표하는 집단이므로, 개인과 집단의 갈등으로 볼 수 있다.

18 ㉠은 길동이 다른 도적들과 달리 엄청난 힘을 소유하고 있음을, ㉢은 분신술을, ㉣과 ㉤은 도술을 부릴 수 있음을 보여 주는 장면으로, 현실에서는 일어날 수 없는 비현실적 요소를 드러내고 있다. ㉡은 도적 무리의 이름을 '활빈당'으로 정하는 것으로 현실 속에서 일어날 수 있는 장면이다.

03 문학과 삶의 성찰

1. 서시

본문 54~55쪽

01 ④ **02** ⑤ **03** ② **04** [예시 답안] '눈'과 '바람'은 공통적으로 외부로부터의 시련이라는 의미를 지닌다.

01 이 시에서는 현재의 부정적 상황을 드러내는 '밤'이나 '바람'이라는 시어들과, 말하는 이가 소망하는 세계를 드러내는 '별'이라는 시어가 대조적으로 쓰였다. 이를 통해 부정적 상황에서 순수한 세계를 지향하는 말하는 이의 마음을 효과적으로 표현하고 있다.

오답 확인 ① 이 시는 말하는 이의 독백 형식으로 진행되고 있다. 여러 사람이 말을 주고받는 대화 형식은 사용하지 않았다.
② '의성어'는 소리를 흉내 내는 말이고, '의태어'는 모양이나 동작을 흉내 내는 말이다. 이 시에는 의성어와 의태어가 사용되지 않았다.
③ 이 시는 시간의 흐름에 따르고 있다. 하지만 그것이 과거부터 현재까지를 순서대로 따르는 것이 아니라, '과거 – 미래 – 현재'의 순서를 따르고 있다.
⑤ 이 시에는 색채를 드러내는 말이 사용되지 않았다.

02 이 시의 말하는 이는 하늘을 우러러 부끄럼이 없는 삶을 살고자 한다. 비록 지금은 조그만 유혹에도 괴로워하고 있지만, 모든 살아 있는 것들을 사랑하는 순수한 마음으로 자신의 길을 가겠다는 의지를 숨기지는 않고 있다. 따라서 바람직한 삶을 살고자 하는 의지와 소망을 드러냈다고 볼 수 있다.

오답 확인 ① 과거의 일은 1행부터 4행까지 제시되고 있다. 말하는 이는 부끄럼이 없는 삶을 살기를 소망하였지만, 잎새에 이는 바람과 같은 작은 유혹에도 괴로워했음을 고백하고 있다. 따라서 과거를 그리워하고 있다고 볼 수는 없다.
② 2연에서 말하는 이는 현재를 '밤'이라고 표현하였다. 이를 통해 볼 때, 말하는 이가 생각하는 현실은 밤과 같이 어둡고 암울한 현실이다.
③ 이 시에서 말하는 이는 자신의 삶을 성찰하는 모습을 보이고 있다. 하지만 이를 위해 다른 사람과 자신을 비교하고 있지는 않다.
④ 말하는 이가 별을 노래하는 마음으로 살고 싶다고 말한 것은 순수한 이상을 가지고 살고 싶다는 의미이다. 이것이 자연 속에서 살고 싶다는 의미는 아니다.

03 이 시에서 '밤'은 고통스러운 현실을 의미한다고 볼 수 있다. 별은 어두운 '밤'에 차가운 '바람'을 맞으며 홀로 빛나고 있다. 힘든 상황에서도 순수한 세계에 대한 이상을 홀로 지키려는 말하는 이의 모습이 드러나는 시행이다. 따라서 '별'이 어둠을 사랑한다는 해석은 적절하지 않다.

오답 확인 ① 말하는 이는 6행에서 '모든 죽어 가는 것을 사랑해야지'라고 고백하고 있다. 죽어 가는 것은 다르게 이야기하면 살아 있는 것들이고, 고통받는 것들이다. 따라서 이 고백은 살아서 고통받는 모든 이웃들에 대한 애정과 연민으로 해석할 수 있다.
③ 말하는 이는 7행과 8행에서 '나한테 주어진 길을 / 걸어가야겠다.'라고 말하고 있다. 여기에서 '나한테 주어진 길'은 말하는 이에게 주어진 역할이나 운명을 의미한다. 따라서 자신의 역할에 충실하겠다는 고백으로 해석할 수 있다.
④ 말하는 이는 1행부터 4행까지에서 자신의 과거 모습을 되돌아보며 성찰하고 있다. 그리고 이를 바탕으로 앞으로 자신에게 주어진 길을 걸어가겠다는 의지를 밝히고 있다.
⑤ 시의 2연에서 어두운 '밤'에 차가운 '바람'이 불더라도 홀로 빛나는 '별'의 모습은 곧 말하는 이의 모습이다. 힘든 상황에서도 의지를 굽히지 않으려는 태도를 볼 수 있다.

04 〈보기〉는 고려 말, 조선 초의 충신인 원천석의 시조이다. 눈에 맞아 비록 굽어졌더라도 대나무가 지닌 절개는 꺾이지 않는다는 내용의 시조로, 외부의 시련에 꺾이지 않는 강한 지조에 대해 노래한 것이다. 여기에서 '눈'은 대나무를 꺾으려고 하는 외부의 시련을 의미한다. 「서시」에서 이와 유사한 역할을 하는 소재는 '바람'이다. 차가운 '바람'은 하늘의 '별'에게 큰 시련이 아닐 수 없다. 하지만 '별'은 그 속에서도 홀로 빛을 잃지 않고 있다.

상	'시련'이라는 의미를 포함한 문장으로 정확하게 서술한 경우
중	'시련'이라는 의미를 포함하였으나, 문장이 정확하지 않은 경우
하	'시련'이라는 의미를 포함하였으나, 주어진 형식을 만족하지 못한 경우

2. 동해 바다 - 후포에서

본문 56~57쪽

01 ⑤ **02** ⑤ **03** [예시 답안] 자신에게는 엄격하면서 다른 사람에게는 너그러운 사람이 되자. **04** ③ **05** ③

01 청각적 심상은 귀로 듣는 듯한 심상을 말한다. 이 시에서는 '깊고 짙푸른 바다' 등과 같이 시각적 심상이 주로 사용되었으며, 청각적 심상은 사용되지 않았다.

오답 확인 ① 이 시의 1연에서 말하는 이는 현재의 자신의 모습을 성찰하고 있다. 그러면서 자꾸 잘아지고 굳어지는 듯한 자신의 모습을 돌에 비유하고 있다. 그리고 2연에서는 자신이 소망하는 모습을 바다에 비유하며 제시하고 있다. 1연과 2연이 대칭을 이루고 있음을 알 수 있다.
② 1연에서는 1행과 3행에서 '많다'라는 종결형이 반복되고 있고, 5행과 6행에서는 '보다'라는 종결형이 반복되고 있다. 한편 2연에서는 2행과 4행에서 '없을까'라는 종결형을 반복하고 있다. 이처럼 동일한 종결형을 반복하면 시의 통일성을 얻을 수 있고, 음악적인 효과도 얻을 수 있다.
③ '색채어'란 색깔을 표현하는 단어를 말한다. 2연의 3행에서는 '짙푸른'이라는 색채어가 사용되었다. 시인은 이를 통해 수심이 깊은 바다의 모습을 잘 형상화하고 있다.
④ 이 시의 말하는 이는 지금 동해 바다에 와 있다. 그리고 이 시의 부제는 '후포에서'이다. '후포'라는 동해 바다에서의 경험이 시상 전개의 계기가 된 것이다.

02 '실제 표현하고자 하는 뜻과 반대되는 표현'을 반어법이라 한다. 우리가 일상에서 친구의 잘못을 지적할 때, '잘했다.'라고 말하는 경우가 이에 해당한다. 이 시에서는 반어법이 사용되지 않았다.

오답 확인 ① 대조적인 성격의 소재를 대비하는 것은 대조법이다. 이 시에서는 '돌'과 '바다'라는 대조적인 성격의 소재를 대비하고 있다.
② 비슷한 구조의 문장을 나란히 배열하는 것은 대구법이다. '남에게는 엄격해지고 내게는 너그러워지나 보다'에는 대구법이 사용되었다.
③ 표현하고자 하는 대상을 다른 대상에 직접 빗대어 표현하는 것은 직유법이다. '돌처럼 잘아지고 굳어지나 보다', '바다처럼 너그러워질 수는 없을까' 등에 직유법이 사용되었다.
④ 작은 것부터 큰 것으로 순서대로 나열하는 것은 점층법이다. '티끌만 한 잘못이 ~ 커 보이는 때가 많다'에 쓰였다.

03 이 시의 말하는 이는 1연에서 남에게는 엄격해지고 내게는 너그러워지는 자신의 모습을 반성하고 있다. 그러면서 동해 바다처럼 다른 사람을 포용하는 한편 바다가 파도로 자신을 다스리는 것처럼 엄격하게 채찍질하는 삶을 살고 싶다고 고백하고 있다.

상	'엄격하다'와 '너그럽다'는 의미를 모두 포함하면서 <보기>의 형식대로 정확하게 쓴 경우
중	'엄격하다'와 '너그럽다'는 의미를 모두 포함하였지만 <보기>의 형식을 지키지 못한 경우
하	'엄격하다'와 '너그럽다'는 의미 중 하나를 정확하게 찾아내지 못하고 서술한 경우

04 '널따란 바다처럼 너그러워질 수는 없을까'라는 시구는 바다를 보면서 너그러운 삶을 살고 싶다는 고백을 하는 부분이다. 따라서 성찰하는 글 읽기를 하는 독자들은 이 부분을 읽으며 다른 사람들에게 너그럽지 못했던 경험을 떠올리거나, 너그러운 삶을 살아야겠다는 생각을 하게 된다.

오답 확인 ①, ② 1연에서 말하는 이는 자신의 모습을 성찰하고 있다. 독자들은 이러한 말하는 이의 성찰하는 모습을 보면서 자신의 현재 모습을 되돌아볼 수 있다.
④ 말하는 이가 소망하는 내용을 읽으면서 구체적으로 그런 삶은 어떤 삶일지 생각해 보는 것도 자신을 성찰하는 과정이라 할 수 있다.
⑤ 시에 나타난 말하는 이의 가치관이나 생각을 파악한 후, 그것과 자신의 가치관, 또는 생각을 비교해 보는 것도 성찰하며 글 읽기의 중요한 과정이다.

05 말하는 이의 현재 모습이 드러난 부분은 1연이다. 말하는 이는 다른 사람에게 엄격하면서 자신에게는 너그러운 자신의 모습을 '돌'에 비유하고 있다. 그리고 2연에서는 '바다'를 보며 바다처럼 다른 사람을 포용하는 삶을 살고 싶다는 고백을 한다. 이처럼 이 시에서 대조를 이루는 중심 소재는 '돌'과 '바다'이다.

3. 소나기

본문 58~63쪽

01 ⑤ **02** ⑤ **03** ① **04** [예시 답안] ㉮ 소년의 무심함에 대한 소녀의 서운함(원망), ㉯ 소녀에 대한 소년의 관심 **05** ③ **06** ④ **07** ④ **08** ② **09** [예시 답안] (1) 우울하고 불길한 느낌이다. (2) 소녀의 불행한 운명을 암시한다. **10** ③ **11** ③ **12** ④ **13** ④ **14** ③ **15** [예시 답안] 소녀에 대한 소년의 그리움이 깊어짐.

01 소설에서 종결형을 현재형으로 하면 독자가 사건이 일어나는 곳에 함께 있는 것과 같은 현장감이나 생생함을 느낄 수 있다. 하지만 이 소설에서는 과거형과 현재형을 섞어서 사용하고 있다.

오답 확인 ① 이 소설의 공간적인 배경은 개울이 있고, 갈밭이 우거진 시골이다. '서울서는 이런 개울물을 보지 못하기나 한 듯이.'를 통해 이 부분이 확실히 드러난다.
② (다)의 마지막 부분의 '청량한 가을 햇살 아래'를 통해 알 수 있다.
③ 시골을 배경으로 하면서 향토적인 분위기가 조성되고, 전반적으로 고요하고 평화로운 분위기를 유지하고 있다.
④ 서술자는 소설에서 이야기를 전달하는 사람이다. 이 소설의 서술자는 이야기 밖에서 이야기를 전달하고 있다. 서술자가 이야기 안에 있는 경우에는 소설에 '나'라는 인물이 등장한다.

02 햇볕을 많이 받지 않은 듯한 흰 목덜미나 시골에서 흔히 볼 수 없는 분홍 스웨터 등에서 소녀가 도시에서 왔음을 알 수 있다.

오답 확인 ① 고기 새끼라도 잡는 듯이 보이나 번번이 허탕인 것으로 보아 소녀는 시골 생활에 익숙하지 않다.

② 소녀는 개울물에 와서 노는 것을 즐기는 듯이 보인다.
③ 소녀가 자신의 신분이 알려지기를 싫어한다고 판단할 만한 근거는 없다.
④ 소녀가 소년에게 조약돌을 던지는 것에서 소년의 존재를 알고 있었음을 알 수 있다.

03 (가)와 (나)의 상황은 소녀가 개울의 징검다리에서 물장난을 하고 있고 소년이 이를 지켜보며 비켜 주기만을 기다리는 상황이다. 소년은 이런 상황에서 소녀가 비키기를 무작정 기다리며 소극적으로 대처하고 있다.

오답 확인 ③ 소녀가 개울을 건널 수 없게 방해하고 있지만, 소녀에게 적대적인 감정보다는 호감이나 호기심을 가지고 있다고 할 수 있다.
⑤ 소년은 소녀가 보내는 호감을 잘 파악하지 못하고 있다.

04 소녀가 징검다리에서 물장난을 하는 동안 소년은 개울둑에 앉아 기다린다. 그런 소년을 향해 소녀는 조약돌을 던지며 '바보'라고 말한다. 이는 소년이 자신에게 아는 척을 하지 않는 것에 대한 원망이나 서운함으로 볼 수 있다. 한편 소년은 소녀가 던진 조약돌을 집어 주머니에 넣는데, 이를 통해 소년이 소녀에게 관심이 있음을 알 수 있다.

상	㉮의 '서운함'이나 '원망', ㉯의 '관심' 등 핵심어를 포함하여 정확하게 답을 작성한 경우
중	㉮의 '서운함'이나 '원망', ㉯의 '관심' 등 핵심어를 포함하였으나 문장이 정확하지 않은 경우
하	㉮와 ㉯ 중 하나만 정확하게 쓴 경우

05 소녀에게 비켜 달라는 말을 못하고 개울둑에 앉아 기다리는 것으로 보아 소극적이고 내성적임을 알 수 있다.

06 이 소설에는 인물들의 대화가 많이 나오지 않는다. 주로 서술자의 설명에 의해 사건의 전개 과정이 독자들에게 전달되고 있다.

오답 확인 ① (나)에서 갑자기 먹장구름이 몰려오고 소나기가 내리는 배경을 묘사하고 있는데, 이는 소설을 읽는 독자들에게 위기감을 느끼게 한다.
② '그러나 소녀는 상관없다고 생각했다.' 등에서 인물의 심리를 서술자가 독자들에게 직접 전달하고 있다.
③ 이 소설은 시간의 순서를 따라가면서 사건이 전개되고 있다.
⑤ 소나기를 만나 좁은 수숫대 안에서 함께 비를 피하면서 소년과 소녀는 심리적으로 많이 가까워진다. 결국 소나기가 소년과 소녀의 관계를 이어 주는 역할을 한 것이다.

07 도랑에 물이 불어 소녀가 쉽게 건너지 못하게 되었지만, 그렇다고 이것이 소년과 소녀의 불안한 심리를 드러내는 역할을 하는 것은 아니다. 오히려 물이 불은 도랑으로 인해 소녀가 소년에게 업히게 되면서 둘 사이는 더욱 친밀해지게 된다.

오답 확인 ① '단풍잎'을 통해 이 소설의 배경이 가을임을 알 수 있다.
② '먹장구름'을 통해 소나기가 올 것임을 알 수 있고, 이는 소년과 소녀에게 위기가 되는 상황이다.
③ '수숫단 속'이 좁기 때문에 소년과 소녀는 가깝게 앉아 있을 수 있고, 이로 인해 둘 사이는 더욱 가까워진다.
⑤ 쪽빛으로 갠 '가을 하늘'은 소설의 분위기를 맑게 해 주고, 이는 소년과 소녀의 순수한 모습을 더욱 돋보이게 하는 역할을 한다.

08 이 글에서 소년은 소녀를 적극적으로 보호하고자 한다. 소년은 소나기를 만나면서 소녀가 되도록 비를 맞지 않게 하려고 노력한다. 원두막에서 수숫단으로 자리를 옮겨 가면서 비를 피하게 하고 수숫단에서는 소녀를 안쪽에 있게 하여 조금이라도 비를 적게 맞도록 한다. 그리고 비가 그친 후 도랑을 건널 때에는 소녀를 업고 건너기도 한다. 이러한 행동들을 통해 소녀에 대한 소년의 마음이 잘 드러난다.

오답 확인 ① 소녀와의 나들이가 즐거웠으므로 원망할 이유가 없다.
④ 소녀를 위해 기꺼이 희생을 감수하고 있으므로 부담스러워하는 것은 아니다.
⑤ 소나기를 맞게 된 것은 소년이 어떻게 할 수 없는 것이므로 소년이 소녀에게 미안한 감정을 가지지는 않았을 것이다.

09 먹장구름이 몰려오면서 사방이 보랏빛으로 변하자 뭔가 음침하고 불길한 느낌이 든다. 이는 보랏빛이 주는 느낌 때문이기도 하다. 그런데 소녀는 이 불길한 보라색을 좋아한다고 말을 하였다. 이는 소녀의 앞날에 뭔가 불길한 일이 일어날 것 같은 느낌을 준다.

상	'보랏빛의 느낌'과 '㉠의 역할'을 모두 정확하게 쓴 경우
중	'보랏빛의 느낌'과 '㉠의 역할'을 모두 썼으나 문장이 정확하지 않은 경우
하	'보랏빛의 느낌'과 '㉠의 역할' 중 하나만 정확하게 쓴 경우

10 (가)에서 소년이 꺾어 준 꽃을 보면서 소녀는 상한 꽃도 버리지 말라고 말을 한다. 여기에서 상한 꽃마저 소중하게 여기는 소녀의 마음이 드러난다. 그런데 (다)에서 소녀는 소년의 뒷걸음질로 꽃묶음이 망그러졌는데 아무렇지도 않다고 생각하고 있다. 이는 꽃묶음이 망그러지지 않는 것보다 소년이 비를 안 맞는 것이 더 중요하다고 생각했기 때문이다.

11 이 글은 시골을 배경으로 서울에서 온 소녀와 시골의 소년이 소나기와 같은 짧지만 아름다운 사랑을 나누는 이야기이다. 제시된 부분에 소년이 과거를 회상하는 장면은 들어 있지 않다.

오답 확인 ① 이 소설은 평범한 시골을 공간적 배경으로 하여 향토적 분위기를 느낄 수 있다.
② 소나기와 같은 소년과 소녀의 짧지만 아름다운 사랑을 주제로 하고 있다.

④ 이 소설의 문장은 호흡이 짧으며 깔끔하고 서정적이다.
⑤ '얼룩 수탉, 호두알, 여물어 가는 개울물' 등을 통해 소년의 심리를 드러내고 있다.

12 소년은 아버지가 소녀네 집에 가기 위해 닭을 고를 때, 암탉보다 수탉을 가져가라고 말을 한다. 소년이 보기에는 덩치가 큰 수탉이 더 좋아 보였기 때문이다. 이는 소녀에게 더 좋은 것을 주고 싶은 소년의 마음이 드러난 것이다.

오답 확인 ① 죽은 사람은 윤 초시가 아니라 소녀이다.
② 소년은 내일 소녀네가 이사를 간다는 말을 듣고도 소녀에게 가지 못하고 소녀의 집 방향만 보고 있다. 마음을 적극적으로 표현하지 못하고 있는 것이다.
③ 소년은 소녀네가 이사를 간다는 말을 어른들을 통해 들었다.
⑤ 소년이 외양간에서 쇠잔등을 때리는 것은 소녀에 대한 자신의 마음을 아버지에게 들킨 것 같아 부끄러웠기 때문이다.

13 소녀네가 이사를 간다는 말을 들은 소년은 갈림길에서 소녀네 집 방향을 보면서 호두알만 만지작거린다. 지문에는 안 나왔지만 이 호두알은 소년이 소녀에게 주려고 딴 것이다. 따라서 소년이 호두알을 만지작거린다는 것은 소녀에 대한 그리움의 표현으로 이해할 수 있다.

오답 확인 ① '옷'은 소년과 소녀가 함께 산에 갈 때 입었던 것으로 둘 사이의 추억을 의미한다.
②, ③, ⑤ 향토적인 분위기의 배경을 드러내는 소재들이다.

14 (다)는 소설의 마지막 부분으로 소년이 잠결에 소녀의 죽음에 관한 소식을 전해 듣는 장면이다. 어머니와 아버지의 대화는 소녀의 죽음을 전하고 있다. 소년은 이야기를 마치 꿈인 듯 현실인 듯 듣고 있으며 소년의 감정이 직접적으로 서술되고 있지는 않다.

오답 확인 ① 소녀의 죽음과 관련된 소식이 전해지고 있으므로 비극적인 결말이라고 할 수 있다.
② 소녀의 죽음은 아버지와 어머니의 대화를 통해 드러난다. '악상'이라는 말이 소녀의 죽음을 직접적으로 드러내는 말이다.
④ 아버지의 말 뒤에는 말줄임표가 있다. 이 문장 부호는 뒤에 이어지는 말을 생략하는 기능을 한다. (다)에서는 이러한 생략법을 사용하여 여운과 감동을 주고 독자의 상상력을 자극하고 있다.
⑤ 소녀의 유언에는 소년과의 아름다운 추억을 영원히 간직하고자 하는 소녀의 마음이 잘 드러나 있다.

15 ㉠은 개울물의 변화를 통해 시간의 흐름을 표현한 문장이다. 하지만 개울물의 변화는 시간의 흐름뿐만 아니라 소년의 마음의 변화도 함께 표현하고 있다. 개울물이 계절이 깊어 가면서 변화하듯이 소녀에 대한 소년의 마음도 깊어지고 있다. 소녀를 만나지 못해서 점점 더 그리워하는 소년의 마음을 ㉠을 통해 짐작할 수 있다.

상	'그리움이 깊어진다.'라는 내용을 포함하여 정확하게 쓴 경우
중	'그리움이 깊어진다.'라는 내용을 포함하였으나 문장이 정확하지 않은 경우
하	'그리움'이라는 단어는 찾아냈으나, '깊어진다'는 의미와 연결하지 못한 경우

4. 괜찮아

본문 64~67쪽

01 ② **02** ⑤ **03** [예시 답안] '나'가 소외되지 않고 친구들과 어울리도록 하기 위해서이다. **04** ① **05** ④ **06** ③ **07** ③ **08** ② **09** 용서의 말 **10** ③

01 이 글은 수필이다. 수필은 글쓴이가 직접 체험한 내용이나 생각한 내용을 솔직하게 고백하는 글이다. 따라서 수필에 나오는 '나'는 글쓴이 자신으로 볼 수 있다. 허구적 인물을 서술자로 내세우는 것은 소설이다. 한편 수필은 형식의 제약이 적어 비교적 자유롭게 쓸 수 있는 글이며, 글쓴이의 생각이 직접 드러나기 때문에 글쓴이의 개성이나 가치관이 가장 잘 드러나는 글이기도 하다.

02 '나'의 친구들은 다리가 불편해 함께 어울릴 수 없는 '나'가 소외감이나 외로움을 느낄까 봐 일부러 역할을 주었다. 이는 친구들이 '나'를 배려한 행동으로 볼 수 있다.

오답 확인 ① (라)에서 '우리 반이 좀 일찍 끝나서'라고 한 것으로 보아 '나'가 학교에 다녔음을 알 수 있다.
② '나'의 친구들은 '나'가 함께 어울릴 수 있도록 배려하는 모습을 보여 주었다.
③ 친구들의 배려로 '나'는 놀이에서 소외감이나 외로움을 느끼지 않았다.
④ 어머니는 '나'가 책만 읽는 것을 싫어했다는 내용은 제시되어 있다. 하지만 '나'가 친구들과 어울리는 것보다 책 읽기를 좋아했다는 것을 알 수 있는 근거는 없다.

03 어머니는 '나'가 집에서 책만 읽는 것을 좋아하지 않으셨다. 그래서 골목길에서 놀고 있는 아이들을 볼 수 있도록 하셨다. 이는 '나'가 친구들로부터 소외되지 않고 친구들과 어울리기를 바라는 마음에서 한 행동이다.

상	'소외', '어울림'이라는 말과 유사한 단어를 모두 포함한 정확한 문장으로 쓴 경우
중	'소외', '어울림'이라는 말과 유사한 단어를 모두 포함하였으나 문장이 정확하지 않은 경우
하	'소외', '어울림'이라는 말과 유사한 단어 중 하나만 찾아 유사한 내용의 답을 작성한 경우

04 (라)에서 깨엿 장수 아저씨가 '나'에게 깨엿을 주며 '괜찮

아.'라고 한 말을 들은 경험을 통해, '나'는 세상이 살 만하며 좋은 사람들이 있고 선의와 사랑이 있다는 것을 믿게 되었다. '나'가 세상을 긍정적으로 보게 된 것이다.

05 친구들과 함께 놀지 못하고 집 앞 계단에 앉아 구경을 해야 한다는 것이나, 목발을 옆에 두고 있다는 것 등을 통해 '나'가 다리가 불편하다는 것을 알 수 있다. 하지만 깨엿 장수 아저씨가 깨엿 두 개를 공짜로 주었다는 내용만으로는 '나'의 처지를 알 수 없다.

06 수필은 체험을 통해 얻은 삶에 대한 성찰, 깨달음을 담은 글이다. 따라서 자신의 경험과 경험에서 느낀 감정을 진솔하게 표현해야 한다. 사건 전개 방향에 대해서 다양한 상상력을 발휘해서 쓰는 것은 소설을 쓸 때에 유의할 점이다.

07 이 글에는 타인을 배려하는 따뜻한 말 한마디가 인생을 긍정적으로 살게 하는 힘이 된다는 내용이 들어 있다. 뚱뚱한 친구에게 골키퍼 역할을 맡겨 함께 축구를 할 수 있게 배려한 한 유명 가수의 이야기와 주변 사람들을 배려하여 삶을 따뜻하게 변화시킨 사례들을 소개함으로써 다른 사람의 어려운 처지를 이해하고 감싸 주며 배려하는 삶의 소중함을 드러내고 있다.

08 (가)는 유명 가수가 어릴 때 뚱뚱한 친구의 처지를 이해해 함께 놀 수 있게 해 주었고, 그 친구는 몇 십 년이 지난 후에도 그 가수의 배려를 마음에 품고 살았다는 일화이다. 이러한 일화를 제시함으로써 다른 사람을 배려하는 말이나 행동이 큰 감동이 될 수 있다는 것을 독자들에게 효과적으로 전달할 수 있다.

09 진수는 약속 시간에 늦어서 미안해하고 있다. 이때, 정호가 한 '괜찮아!'라는 말은 진수의 행동을 용서한다는 의미를 담은 표현이다.

10 ㉠은 도전에 실패한 친구를 위로하고 격려하는 말이다. '비 온 뒤에 땅이 굳어진다.'는 비에 젖은 흙이 마르면서 굳어지듯이 어떤 시련을 겪은 뒤에 더 강해짐을 비유적으로 이르는 말로, 실패를 겪은 친구를 위로할 때 인용할 수 있는 속담이다.

오답 확인 ① '백지장도 맞들면 낫다.'는 쉬운 일이라도 협력하면 훨씬 더 쉽다는 말이다.
② '콩 한 쪽도 나눠 먹어라.'는 자신이 가진 것을 타인과 나누면서 살라는 말이다.
④ '우물을 파도 한 우물을 파라.'는 일을 너무 벌여 놓거나 하던 일을 자주 바꾸어 하면 아무런 성과가 없으니, 어떠한 일이든 한 가지 일을 끝까지 하여야 성공할 수 있다는 말이다.
⑤ '늦게 배운 도둑이 날 새는 줄 모른다.'는 나이 들어서 시작한 일에 몹시 골몰하는 사람을 두고 이르는 말이다.

대단원 평가

본문 68~75쪽

01 ④ **02** ④ **03** ② **04** [예시 답안] ('봄눈'과 '고양이의 눈'은) 보드랍다는 점에서 유사합니다. **05** ⑤ **06** [예시 답안] ㉮ 널따란 바다, ㉯ 다른 사람을 감싸고 끌어안고 받아들이고 싶다, ㉰ 억센 파도가 치는 바다 **07** ② **08** ③ **09** ③ **10** ④ **11** ③ **12** ① **13** ② **14** 용이가 내리받잇길을 내리달리는 모습 **15** ② **16** ④ **17** ④ **18** [예시 답안] (1) '대감'이 '아버님'으로 변하였다. (2) 길동이 아버지에게서 호부호형을 허락받았다. **19** ② **20** ③ **21** ② **22** [예시 답안] 참된 우정을 위해 자신이 먼저 노력하자. **23** ① **24** ① **25** ② **26** [예시 답안] 그만하면 참 잘했어. **27** ③ **28** [예시 답안] 주인 영감은 아버지와 달리 도덕적으로 자신을 견제해 주지 못한다고 생각했기 때문이다. **29** [예시 답안] 자전거에 자물쇠가 채워져 있었기 때문이다. **30** ④

01 (라)의 말하는 이는 하늘을 우러러 한 점 부끄럼이 없는 삶을 살고자 하였다. 그리고 잎새에 부는 바람과 같은 아주 작은 마음의 흔들림에도 괴로워하며 살았다. 하지만 이것이 과거의 고백에 대한 괴로움은 아니다.

오답 확인 ① (가)의 말하는 이는 지금까지 그래왔듯이 앞으로도 늘 새로운 마음으로 길을 가겠다는 다짐을 하고 있다.
② (나)의 말하는 이는 내리는 봄눈을 보고 있다. 담장, 나무, 마당 등에 쌓이고 하늘에 흩날리는 봄눈을 보면서 따뜻한 정서를 느끼고 있다.
③ (다)의 말하는 이는 '물, 돌, 소나무, 대나무, 달'이라는 다섯 자연물을 자신의 벗이라 지칭하면서, 그들과 어울려 사는 삶에 대한 만족감을 표현하는 한편, 그들이 지닌 덕성을 예찬하고 있다.
⑤ (마)의 말하는 이는 바다를 보면서 바다와 같은 삶을 살고 싶다는 소망을 밝히고 있다.

02 (라)는 형식적으로는 두 개의 연으로 구성되었다. 하지만 내용 면으로는 세 개의 부분으로 나눌 수 있다. 1연의 1행부터 4행까지는 과거에 대한 성찰이며, 5행부터 8행까지는 미래에 대한 각오이다. 그리고 2연은 현재의 모습이다. 즉 '과거 – 미래 – 현재'의 순서로 구성되어 있는 것이다.

오답 확인 ① (가)에서는 1연과 5연을 반복하는 수미상관의 방법이 사용되었다.
② (나)의 마지막 연에서는 시행을 점층적으로 배열하고 있다.
③ (다)는 시조로, 각 행이 4개의 마디로 끊어 읽히는 4음보의 시이다.
⑤ (마)의 1연과 2연은 '성찰'과 '소망'이 대칭적으로 구성되었다.

03 대구법은 비슷한 형태의 구절을 반복하여 사용하는 표현 방법이다. (가)에서는 1연, 2연, 3연, 5연에서 모두 대구법을 사용하고 있다. 그리고 (나)에서는 2연에서 대구법을 사용하고 있다. 즉 (가)의 1연과 (나)의 2연에 공통적으로 사용된 표현 방법은 대구법이다. ②에서는 '남에게 엄격해지고'와 '내게는 너그러워지나'에서 비슷한 형태의 시구가 반복되고 있다.

오답 확인 ① 비교법이 사용되었다.
③, ④, ⑤ 직유법이 사용되었다.

04 4연에서 '눈'에 대해 '새끼 고양이의 눈처럼 / 보드라운'이라고 표현하고 있다. 즉 말하는 이는 '눈'과 '새끼 고양이의 눈' 사이에서 '보드랍다'라는 공통점을 발견하고 있는 것이다. 답은 첫 번째 조건을 고려하여 학생의 발표 말투로 작성해야 한다.

상	'보드랍다'는 공통점을 찾아 학생의 구어체로 정확하게 답을 작성한 경우
중	'보드랍다'는 공통점을 찾았으나 학생의 구어체로 답을 작성하지 않은 경우
하	'보드랍다'는 공통점을 정확하게 찾지 못하고 답을 작성한 경우

05 (다)의 마지막 수에서 '달'에 대해 '작은 것이 높이 떠서 만물을 다 비추니', '밤중에 광명', '보고도 말 아니하니'라고 표현하고 있다. 즉 달은 높이 떠서 세상을 모두 밝게 비추는 존재이며, 어둠을 밝히는 존재이고, 보는 것을 함부로 말하지 않는 과묵한 존재이다. 따라서 달을 어려울 때 충고해 주는 친구와 연결하는 것은 적절하지 않다.

06 (마)에서 말하는 이는 바다를 보며 바다 같은 존재가 되고 싶다고 말하고 있다. 말하는 이가 먼저 주목한 것은 넓은 바다의 모습이다. 말하는 이는 이를 통해 바다처럼 너그러운 넓은 마음을 갖고 싶다고 말하고 있다. 또한 깊고 짙푸른 바다를 보면서 다른 사람을 감싸고 끌어안고 받아들이는 마음을 갖기를 바란다고 말하고 있다. 마지막으로 억센 파도가 치는 바다를 보면서, 모진 매로 채찍질하며 자기 자신에게 엄격해지는 삶을 살고 싶다고 말하고 있다.

상	㉮~㉰ 3개의 답을 정확하게 작성한 경우
중	㉮~㉰ 중 2개의 답만을 정확하게 작성한 경우
하	㉮~㉰ 중 1개의 답만을 정확하게 작성한 경우

07 나머지는 모두 '달'을 가리키는 말이지만, '만물'은 '세상의 모든 존재'를 의미한다.

08 〈보기〉의 설명으로 보았을 때, (가)에서 '내'는 말하는 이가 꿈꾸는 세상인 '숲'으로 가는 데 장애가 되는 고난이나 시련으로 해석할 수 있다. (라)에서 이와 유사한 상징적 의미를 갖는 소재는 '바람'이다.

오답 확인 ① '하늘'은 말하는 이가 부끄럼이 없는 삶을 살기 위한 기준, 즉 도덕적 판단의 절대 기준에 해당한다.
② '잎새'는 아주 사소한 것을 의미한다고 볼 수 있다.
④ (라)에서 '별'은 두 번 나온다. 5행의 '별'은 말하는 이가 꿈꾸는 순수하고 이상적인 세상을 의미한다고 볼 수 있다. 그리고 2연의 '별'은 그러한 세상을 꿈꾸는 의지적인 존재로서 말하는 이를 의미한다고 볼 수도 있다.
⑤ '길'은 말하는 이가 가야 할 인생의 길이자 운명을 의미한다고 볼 수 있다.

09 꽃은 피자마자 쉽게 지는 대상이다. 이는 오랜 시간 동안 변치 않는 바위의 속성과 대비가 된다. 즉 꽃은 바위의 덕목을 강조하기 위한 대조적 사물이다. 따라서 유사한 성격이라는 표현은 잘못되었다.

오답 확인 ① 말하는 이가 자신의 길을 가면서 만나는 세상의 모든 사물들이다.
② 마루에서 졸다가 깬 눈을 하고 있는 고양이의 눈에 비친 봄눈을 의미한다.
④ 말하는 이는 부끄럼이 없는 삶을 살고 싶다는 소망을 직접적으로 고백하고 있다.
⑤ 말하는 이는 동해 바다를 보면서 자신의 삶을 되돌아보는 한편 바다와 같은 삶을 살고 싶다는 소망을 이야기하고 있다.

10 (다)의 제5수는 대나무를 소재로 한다. 즉 여기에서 '그'는 대나무를 가리킨다. 대나무를 사람처럼 표현하는 의인법을 사용하여 대나무에 대한 친근함을 표현하고 있다.

오답 확인 ① 첫 번째 행과 두 번째 행에서 유사한 형식을 반복하는 대구법이 사용되었지만 영탄법이 사용되지는 않았다.
② 직유법이 사용된 표현이다. 은유법은 '내 마음은 호수요'와 같이 '~처럼', '~같이' 등의 표현을 사용하지 않고 원관념과 보조 관념을 연결하는 표현법이다.
③ 설의법은 의문을 표현하기 위한 표현 방법이 아니라, 당연한 내용을 의문의 형식으로 표현하여 의미를 강조하기 위한 것이다. 이 부분에서는 솔이 눈서리를 모른다는 내용을 강조하기 위해 의문의 형식을 사용하였다.
⑤ 비교법을 사용하여 친구에 대해 부정적 마음을 갖는 말하는 이의 태도를 드러내고 있다.

11 '늘 하는 소리제.', '지발 좀 참아라.', '박살낼끼다.' 등에서 사투리를 사용하고 있다. 소설에서 사투리를 사용하면 배경이 되는 지역의 특성을 잘 드러내는 한편, 인물의 성격을 구체적이고 생동감 있게 표현할 수 있다.

오답 확인 ① 이 글에서는 인물이 과거를 회상하는 부분이 없다.
② 이 소설의 배경은 시골이다. 이는 인물들이 사용하는 사투리와 배경 묘사를 통해 알 수 있다.
④ 이 소설에서는 한 가지 사건이 제시된다. 같은 시간에 여러 이야기가

벌어지고 있지 않다.
⑤ 이 소설의 서술자는 이야기 밖에 위치한다.

12 아이들이 용이에게 책보를 맡기는 것은 용이 아버지가 머슴이라는 이유로 용이를 무시하기 때문이다. 따라서 민수의 발언은 적절하다. 한편 (라)에서 아이들은 돌을 거머쥐고 자신들에게 소리치는 용이를 보면서 놀라는데, 그 이유는 이전에 못 보던 모습이기 때문이다. 따라서 윤숙이의 발언도 적절하다.

오답 확인 아이들이 책보를 가지러 가는 것은 용이에게 겁을 먹고 피하려는 것이다. 따라서 준철이의 발언은 적절하지 않다. 한편 용이가 학교에 가지 않겠다고 한 것은 다른 아이들의 책 보퉁이를 메는 것이 부끄러워서이다. 따라서 수지의 말도 적절하지 않다.

13 (마)에서 아이들을 쫓아버린 용이는 자신이 이제 못난 놈이 아니라고 말을 한다. 이것은 이전처럼 자신을 괴롭히는 아이들에게 당하고만 살지 않고 자신의 목소리를 내겠다는 의미이다.

14 ㉡에는 직유법이 사용되었다. 여기에서 말하는 '꿩이 소리치며 날아오르는 모습'은 두 팔을 내저으며 내달리는 용이의 힘찬 모습을 비유적으로 표현한 것이다.

상	예시 답안의 내용을 정확한 문장으로 작성한 경우
중	예시 답안의 내용을 작성했으나 문장이 정확하지 않은 경우
하	예시 답안의 내용 중 '용이의 모습'이라고만 서술한 경우

15 '보리'가 계절적 배경을 나타낸다는 것은 맞는 말이다. 하지만 '보리'가 현재 용이의 심리를 보여 주지는 않는다. 이 장면에서 용이는 친구들이 자신에게 책보를 던질 것을 염려하는 상황이므로 우울한 상태이다. 따라서 힘차게 살아난 '보리'와 용이의 심리를 연결할 수는 없다. 그보다는 이전의 모습에서 벗어나 당당함을 되찾게 되는 용이의 모습을 암시한다고 보는 것이 적절하다.

오답 확인 ① 요즘은 '머슴'이라는 신분이 사라지고 없다. '머슴살이'는 이 소설이 머슴이 있던 시절을 배경으로 하고 있음을 드러낸다.
③ 힘차게 날아오르는 꿩을 보며 용이는 용기를 얻고 아이들에게 당당히 맞서게 된다.
④ '책보'는 아이들이 용이에게 맡긴 것으로, 지금까지 용이는 아이들의 책보를 들고 다니는 무기력한 모습을 보였다. 용이가 아이들의 책보를 던져 버린다는 것은 이전의 나약한 모습을 벗어 버린다는 것을 뜻한다.
⑤ 용이의 말을 통해 순이는 아이들의 놀림 때문에 학교에 나오지 않음을 알 수 있다. 용이는 이제부터 자신이 순이를 지켜 주겠다고 생각하고 있다.

16 (마)에서 대감이 걱정하는 것은 길동이 돌아다니다가 죄를 짓는 것이다. 집을 떠나 돌아다니는 것 자체를 죄라고 여기는 부분은 없다.

오답 확인 ① 길동은 서자이기 때문에 아버지를 대감이라 부른다.
② 길동은 대감이 천비를 통해 낳은 자식이다.
③ (나)의 길동의 독백을 통해 알 수 있다.
⑤ 서자라는 이유로 하인들이 길동을 천하게 보고 있다.

17 (라)는 길동과 대감 사이의 외적 갈등이 드러나는 부분이다. 일반적으로 인간과 자연 사이의 갈등은 인간이 자연재해로 인해 어려움을 겪는 상황에서 드러난다.

18 길동은 (다)에서 아버지를 '대감'이라 불렀다. 이는 서자이기 때문에 호부호형을 할 수 없기 때문이다. 하지만 (마)에서는 '아버님'이라 부른다. 이는 대감이 호부호형을 허락했기 때문이다.

상	'호칭의 변화'를 쓰고, '그 원인'을 정확하게 서술한 경우
중	'호칭의 변화'를 찾았으나, '그 원인'의 설명이 미흡한 경우
하	'호칭의 변화'만 찾고, '그 원인'은 서술하지 못한 경우

19 글쓴이는 (나)에서 '빼앗고 속이는 일이 더 많은 황폐한 세상살이'라고 말하고 있으며, (다)에서 '삶은 고난투성이고 끝없는 인내를 요구하기만' 한다고 말하고 있다. 기본적으로 삶과 세상살이에 대해 부정적인 인식을 가지고 있음을 알 수 있다.

오답 확인 ① 이 글은 수필로, 글쓴이의 경험과 생각이 직접 드러난다.
③ (라)에서 '누군가'의 말을 인용하고 있다.
④ (나)와 (다)에서 학창 시절의 어려움보다 더한 어려움이 있는 세상살이에 대해 이야기하고 있다.
⑤ 이 글에서는 '망망대해', '항해', '사막' 등과 같은 비유적 표현이 사용되었다.

20 (다)에서 영혼을 함께 나눌 친구가 있으면 용기가 솟는다고 말하고 있다.

오답 확인 ① '나'가 기억하는 학창 시절은 소외감에 시달리던 쓸쓸한 시절이다.
② '나'는 학년을 새로 시작하는 신학기를 싫어했다.
④ '항해'는 글쓴이의 경험을 표현한 것이 아니라 비유적인 표현이다.
⑤ '나'는 친구는 많지만, 진정으로 벗이라 부를 만한 이는 몇이나 되는지 되새겨 봐야 한다고 말하고 있다.

21 '인생의 항해'는 '세상살이'를 비유적으로 표현한 것이다. 글쓴이는 '인생의 항해'가 힘들다고 표현하면서 고단하고 힘든 세상살이에 대해 이야기하고 있다.

22 (마)에서 글쓴이는 우정에 대해 '내가 먼저 쌓아야 할 탑'이라 말하고 있다. 이는 참된 우정을 위해 기다리지 말고 먼

저 손을 내밀어야 한다는 의미이다.

상	예시 답안과 유사한 내용을 두 가지 〈조건〉에 맞게 쓴 경우
중	예시 답안과 유사한 내용이나 두 가지 〈조건〉 중 하나만 만족한 경우
하	예시 답안과 유사한 내용이나 두 가지 〈조건〉 중 하나도 만족하지 못한 경우

23 이 글은 수필이다. 수필은 글쓴이의 경험과 생각이 직접 드러나는 글로, 수필에 등장하는 '나'는 글쓴이 자신으로 볼 수 있다. 즉 소설처럼 따로 서술자를 내세우는 글이 아닌 것이다.

24 (나)의 경험을 통해 '나'는 세상은 살 만한 곳이고, 좋은 사람들이 있고, 선의와 사랑이 있는 곳이라는 믿음을 갖게 되었다. 세상과 사람들에 대한 믿음을 갖게 된 것이다.

25 (가)에서 친구들이 고무줄놀이나 달리기를 하면서 '나'에게 심판을 시키거나, 신발주머니와 책가방을 맡기는 것은 다리가 불편해 같이 뛰지 못하는 '나'를 배려하는 행동이다. '나'는 이에 대해 고마움을 느끼고 있다.

26 골든벨을 울리지 못한 친구에게 해 줄 수 있는 말로는 용기를 북돋아 주는 말이 적절하다.

상	예시 답안의 내용으로 정확하게 작성한 경우
중	예시 답안의 내용으로 답을 작성했으나 문장이 정확하지 않은 경우
하	예시 답안의 내용으로 답을 작성했으나 친구들에게 하는 말투로 쓰지 않은 경우

27 (라)에 제시된 수남이의 기억을 통해 볼 때, 수남이의 형은 도둑질을 해서 순경들에게 끌려갔음을 짐작할 수 있다. 수남이의 아버지가 도둑질만은 절대 하지 말라고 신신당부를 한 것도 이 때문이다.

오답 확인 ① (가)를 통해, 수남이의 자전거가 쓰러지면서 고급차에 생채기를 냈다는 것을 알 수 있다. 수남이는 그 사실을 알지 못하고 있었다.

② 수남이가 들고 뛴 자전거는 본인의 자전거이다.

④ 수남이는 주인 영감님의 탐욕스러운 모습에 실망을 하고, 세상의 때에 물드는 자신의 모습이 미워서 가게를 떠나 고향으로 돌아가려 하고 있다.

⑤ 수남이가 아버지의 빚을 갚기 위해 일을 했다는 근거는 없다.

28 (다)에서 주인 영감은 자전거를 들고 도망쳐 온 수남이를 칭찬한다. 수남이는 이런 영감의 모습이 도둑놈 두목 같다고 생각한다. (라)에서 수남이의 아버지는 수남이에게 도둑질만은 하지 말라고 신신당부를 한다. (마)에서 수남이는 도덕적으로 견제해 줄 어른이 그립다는 생각을 하는데, 그런 어른이 바로 아버지이다. 결국 아버지와 주인 영감의 다른 점은 수남이를 도덕적으로 이끌어 줄 어른이냐 아니냐인 것이다.

상	'도덕적 견제'와 유사한 내용이 들어가면서 두 번째 〈조건〉을 충족한 정확한 문장으로 쓴 경우
중	'도덕적 견제'와 유사한 내용이 들어가면서 두 번째 〈조건〉을 충족했으나 문장이 정확하지 않은 경우
하	'도덕적 견제'와 유사한 내용이 들어갔으나 두 번째 〈조건〉을 충족하지 못한 경우

29 (다)에서 자전거에 채운 자물쇠를 분해하는 주인 영감의 행동을 통해 자전거가 자물쇠에 채워져 있어 탈 수 없었음을 알 수 있다. 실제로 생략된 부분에서 고급차의 주인은 수남이가 자전거를 타고 도망가지 못하게 하기 위해 자전거에 자물쇠를 채웠고, 수남이는 그 자전거를 들고 달아난 것이다.

상	'자물쇠로 채워져 있다.'라는 내용이 들어가면서 두 번째 〈조건〉을 충족한 정확한 문장으로 쓴 경우
중	'자물쇠로 채워져 있다.'라는 내용이 들어가면서 두 번째 〈조건〉을 충족했으나 문장이 정확하지 않은 경우
하	'자물쇠로 채워져 있다.'라는 내용이 들어갔으나 두 번째 〈조건〉을 충족하지 못한 경우

30 수남이가 도시를 떠나 고향으로 돌아가기로 하면서 그동안 수남이를 괴롭히던 내적 갈등이 해소된다.

둘째 마당 문법

01 언어의 본질과 국어의 어휘 체계

1. 언어의 본질

본문 80~81쪽

01 ⑤ **02** ② **03** ⑤ **04** ③ **05** ④ **06** [예시 답안] 인간의 언어는 시대의 흐름에 따라 새롭게 만들어지고 변화하기 때문에 상황을 구체적이고 풍부하게 표현할 수 있다.

01 (마)에서는 언어가 그 언어마다 일정한 규칙이 있음을 설명하고 있다. 각각의 언어권에서는 단어가 만들어지는 원리나 문장을 만드는 순서, 소통 맥락에서의 단어나 문장의 쓰임 등 여러 가지 상황에서 그 언어에 맞게 정해진 규칙에 따라 언어를 사용하게 된다. 이를 언어의 규칙성이라 한다.

오답 확인 ① (가)는 언어가 일정한 의미를 일정한 형식에 담아낸다는 언어의 기호성을 설명하고 있다.

② (나)는 언어의 의미와 형식이 임의적인 관계로 서로 연결되어 있다는 언어의 자의성을 설명하고 있다.

③ (다)는 언어는 한 개인이 마음대로 바꾸어 쓸 수 없는 사회적 약속이라는 언어의 사회성을 설명하고 있다.

④ (라)는 언어가 시대의 흐름에 따라 변한다는 언어의 역사성을 설명하고 있다.

02 〈보기〉에서는 언어의 사회적 속성을 설명하고 있다. 한 언어권 안에서 언어가 사회 구성원들의 공용의 소통 도구로 쓰이고 있기 때문에 구성원 간의 협력에 큰 역할을 하고 있다는 것이다. 또한 이전 시대의 유산을 다음 세대로 전하는 데에도 사회적 약속으로서의 언어를 매개로 한다. (다)에서는 언어의 사회성을 설명하고 있다.

03 (나)에서는 언어의 자의성을 설명하고 있다. 언어를 이루는 의미와 음성 또는 문자가 필연적인 이유 없이 결합되어 있다는 것이다. '다리'라는 하나의 언어가 형식을 그대로 유지하면서 의미의 확대가 일어난 것은 그 언어권의 구성원들 간의 합의에 따른 것이며, 이런 의미 변화는 사회적 요구에 따라 일어난 것이다. 이는 언어의 사회성과 역사성을 증명하는 예가 된다.

오답 확인 ① 하나의 대상을 가리키는 언어 형식이 여러 가지로 나타날 수 있다는 점을 보여 준다. 유의어를 통해 언어가 자의적으로 만들어졌음을 설명한다.

② 언어권마다 대상을 표현하는 형식이 다르다는 점을 보여 준다. '어머니'를 반드시 '어머니'라고 해야 할 이유가 없다는 점에서 언어의 자의성을 설명한다.

③ 하나의 대상에 대하여 지역적으로 서로 다른 형식으로 표현하고 있다는 점을 보여 준다. 지역 방언을 통해 언어의 자의성을 설명한다.

④ 서로 다른 의미를 지닌 말들이 우연히 같은 소리로 발음된다는 점을 보여 준다. 동음이의어를 통해 언어의 자의성을 설명한다.

04 ㉠은 언어가 새롭게 만들어지기도 하고, 소리나 의미가 달라지기도 하며, 그 언어권에서 사라지기도 하는 여러 가지 변화 현상을 가리킨다. ③은 '바밥바바'라는 소리(형식)가 아무런 의미(내용)를 담고 있지 않다는 점을 예로 들고 있으므로, 언어의 기호성을 설명하는 예가 된다.

오답 확인 ① '나모'라는 소리가 오늘날 '나무'라는 소리로 바뀌어 쓰이고 있다는 설명이다.

② '어여쁘다'는 예전이나 지금이나 그 소리는 같지만 의미가 달라진 예이다.

④ 새로운 문물이 도입되면서 우리 사회에 새로운 말 '피아노'가 쓰이게 되었음을 설명한다.

⑤ '즈믄'이라는 소리나 문자가 오늘날 우리 사회에서 더 이상 쓰이지 않는 사어(死語)라는 점을 설명한다.

05 '시원한 물 좀 마셔.'는 우리말의 규칙에 맞는 말로, 우리말에는 수식어인 '시원한'이 수식을 받는 말 '물' 앞에 위치한다는 규칙이 있다. ㉡은 바로 이 규칙을 가리킨다. 이때 '시원한'이라는 수식어는 뒤에 체언이 올 경우 수식할 수 있는 말이다. '물 좀 시원한 마셔.'의 경우 '시원한'이 '마셔'라는 동사 앞에 위치하고 있어 수식 관계가 어색하다. 즉 '마셔'라는 말은 '시원한'이라는 말의 꾸밈을 받을 수 없는 말이다.

오답 확인 ① 높임의 규칙은 높임의 대상이 누구냐에 따라 다르다. '시원한 물 좀 마셔.'와 '물 좀 시원한 마셔.'의 경우 모두 자신과 동등하거나 아랫사람인 상대를 대상으로 하는 말로 볼 수 있다.

② 주체를 설명하는 말을 서술어라 하는데, 우리나라의 말은 대체로 '주어, 목적어(보어), 서술어' 순으로 이루어진다. '시원한 물 좀 마셔.'와 '물 좀 시원한 마셔.'의 경우 모두 서술어인 '마셔'가 마지막에 나온다.

③ 시간 표현의 경우 과거, 현재, 미래의 상황에 따라 서로 다르게 호응되어 쓰인다. '시원한 물 좀 마셔.'와 '물 좀 시원한 마셔.'의 경우 모두 현재나 미래를 기준으로 표현하고 있다.

⑤ '시원한 물 좀 마셔.'와 '물 좀 시원한 마셔.'의 경우 모두 조사가 쓰이지 않은 문장이다.

06 (라)에서는 인간의 언어가 시대 상황에 맞게 바뀔 수 있다는 점을 설명하고 있고, (바)에서는 인간의 언어가 무한히 창조될 수 있는 것임을 설명하고 있다. 언어의 발전은 이러한 언어의 역사성과 창조성을 원인으로 한다. 그리고 그 결과 인간은 표현하고자 하는 대상을 세심하고 구체적으로, 다양하고 풍부하게 표현할 수 있게 된다.

상	언어 발전의 원인과 결과를 모두 바르게 서술한 경우
중	언어 발전의 원인과 결과 중 한 가지를 모호하게 서술한 경우
하	언어 발전의 원인과 결과 중 한 가지만 서술한 경우

2. 책상은 책상이다

본문 82~85쪽

01 ② **02** ④ **03** ④ **04** ② **05** [예시 답안] ㉡은 사람들이 두루 사용하던 '책상'으로, '공부할 때나 책을 읽을 때 받치는 상.'의 의미를 지니는 말이며, ㉢은 '형식'으로서의 '책상'이라는 표기나 발음을 나타낸다. **06** ① **07** ③ **08** ① **09** ① **10** ⑤ **11** ② **12** [예시 답안] 이 늙은 남자는 오랫동안 침대 속에서 누워 있었다. 아홉 시에 괘종시계가 울렸다. 이 남자는 일어서며 발이 얼지 않도록 양탄자 위에 서 있었다.

01 이 글은 한 남자가 겪는 사건을 바탕으로 하여 사회로부터 소외되어 가는 과정을 다루고 있다. 남자가 일상적인 단어를 자기 마음대로 바꾸어 쓰는 사건에 대하여 극적인 긴장감이나 갈등을 드러내지 않고 담담하게 서술하고 있다.

오답 확인 ① '침대, 괘종시계, 사진' 등과 같이 현대 생활과 관련된 사물들이 등장하고 있으며, 짧은 에피소드 형식의 이야기를 제시하고 있다.
③ 주인공 남자의 생각이나 느낌을 전지적인 시점에서 서술하고 있다.
④ 남자가 사는 평범하고 일상적인 생활의 공간을 배경으로 사건이 전개되고 있다.
⑤ 남자가 단어를 바꾸고 문장을 바꾸어 쓰는 과정과 그 결과를 순차적 순서에 따라 제시하고 있다.

02 이 글에서 남자는 사람들이 쓰는 언어에 대한 의문을 제기하고 있다. 사람들이 서로 소통하면서 쓰는 말이 꼭 그 말이어야 하는가에 대한 의문으로, 사람들의 생각 속에서 당연하게 받아들였던 것들에 대해서 다시 한번 생각해 보려는 태도이다.

오답 확인 ① 남자는 평범한 인물로, 언어를 새롭게 바꾸어 쓰기는 하지만 기존에 있던 말을 다른 말로 바꾸는 것뿐, 새로운 말을 만들어 쓰는 것은 아니므로 동심을 지니고 있거나 상상력이 뛰어나다고 보기 어렵다.
② 남자는 일상적 삶은 그대로 유지하면서 단어를 다르게 바꾸려 하고 있다.
③ 남자는 주변 상황에 대한 의문을 품고 있지만, 그것을 긍정적 측면에서 보는 시각을 보이지 않고 있다.
⑤ 남자는 다른 사람과의 교류보다 자신만의 언어에 대한 자부심을 소중하게 여기고 있다.

03 (다)에서는 '똑같은 의자, 침대, 사진. 나는 언제나 책상을 책상이라 말하고, 그림을 그림이라 말하고, 침대는 침대라 부르고, 의자는 의자라고 부른다. 도대체 왜 그렇게 불러야만 한단 말인가?'라고 말하면서 내용과 형식 사이의 필연성에 대한 의문을 제기하고 있다. 즉 '책상'을 '책상'이라고 해야 하는 필연적인 이유가 없다는 점을 발견하고 있다.

오답 확인 ① 남자는 사람들이 쓰는 말을 대상으로 하여 의문을 제기하고 있다.
② 남자는 나라마다 언어가 다르다는 사실을 바탕으로 하여 의문을 품었지만 그러한 의문이 각 나라의 언어의 차이가 어떤 모습으로 드러나는지에 대한 궁금증은 아니다.
③ 남자는 언어의 발전 방안에 대한 고민을 제기하지 않고 있다.
⑤ 남자는 언어의 역사에 대한 관심을 보이지 않는다.

04 ㉠은 프랑스인들이 '침대, 책상, 그림, 의자'를 각각 어떤 음성이나 문자로 사용하고 있는지 보여 주는 것으로, 이때 그 의미와 형식(음성이나 문자)은 필연적인 이유가 없이 결합된 것이다. 이는 언어의 자의성 때문이다.

오답 확인 ① 프랑스인들도 그들의 언어를 바꿀 수는 있지만 사회적 합의의 과정이 필요하기 때문에 자주 바꾼다고 말하기 어렵다. 지문에도 자주 바꾸는지에 대한 정보는 없다.
③ '리, 타블, 타블로, 셰에즈'는 각각 '침대, 책상, 그림, 의자'의 의미를 표현하는 형식(음성이나 문자)에 해당한다.
④ '리, 타블, 타블로, 셰에즈'는 사용 순서가 정해져 있는 말이 아니다.
⑤ '리, 타블, 타블로, 셰에즈'는 프랑스 사회에서 이미 사용되고 있는 말이다.

05 ㉡은 사람들이 약속하여 사용하고 있는 '책상'이라는 말의 의미, 즉 '공부할 때나 책을 읽을 때 받치는 상.'을 가리키는 말이다. 그 말을 '남자'가 임의로 바꾸었기 때문에 '남자'는 ㉢과 같은 언어 형식(표기나 발음)을 사용하지 않게 되었다.

상	㉡과 ㉢에 대하여 모두 바르게 서술한 경우
중	㉡과 ㉢ 중 한 가지는 바르게 서술했으나 한 가지는 모호하게 서술한 경우 예 ㉡은 일반적인 '책상'이며, ㉢은 다른 말이다.
하	㉡과 ㉢ 중 한 가지만 바르게 서술한 경우

06 남자는 '침대'를 '사진'으로, '책상'을 '양탄자'로, '의자'를 '괘종시계'로 바꾸어 부르고 있다.

07 이 글을 통해 작가는 사회적인 관계를 형성하고 유지하는 데 언어가 얼마나 중요한가를 보여 주고 있다. 사회적 합의를 거쳐 쓰이는 언어를 통해 원만한 소통이 이루어진다는 점을 잘 보여 준다.

08 (가)는 남자가 어떤 대상을 나타내는 말을 자기 마음대로 바꾸는 모습을 표현하고 있다. 이는 언어의 자의성과 관계 깊다. 남자가 바꾼 단어들은 일정한 의미를 일정한 형식으로 표현하고 있으므로 남자에게는 언어의 역할을 할 수 있다.

오답 확인 ② 언어의 사회성, ③ 언어의 규칙성, ④ 언어의 창조성, ⑤ 언어의 역사성을 설명한다.

09 ㉮는 남자가 개인적으로 바꾸어 만든 말로, 필연성이나 사회성이 없다는 특징이 있다. 남자의 언어는 모두 자의적이

며 임의적인 말들이다.

오답 확인 ② 남자는 능동적인 태도로 단어를 만들었다.
③ 남자는 자기만의 언어를 만들기는 했지만 개인적 이익을 추구한 것은 아니다.
④ 남자가 만든 말은 기존에 있던 말을 바꾼 것이므로 새로운 단어로 보기는 어렵다.
⑤ 남자의 말은 구체적 대상을 구체적인 말로 나타내는 것들이다.

10 ㈏는 언어의 사회성을 무시한 남자가 한 행동의 결과를 보여 준다. 사회적 소통의 도구를 개인이 마음대로 바꾸어 씀으로써 다른 사람과의 소통이 어려워지고 남자는 결국 소외된 삶을 살 수밖에 없었던 것이다. 남자는 다른 사람과 교류하면서 같은 말을 하면서도 거기에 다른 의미를 담아 소통한 것으로, 이는 언어 예절을 지키지 않아서 생긴 결과가 아니다.

11 ㉠은 사람들이 합의하여 쓰는 언어로서의 '침대'이며, ㉡은 남자에게 '침대'를 뜻하는 말로서 다른 사람들과 함께 쓸 수 없는 언어이다.

오답 확인 ① ㉠은 일상적 언어에 해당하지만, ㉡이 공식적 언어는 아니다.
③ ㉠과 ㉡은 성별에 따라 구별되는 말은 아니다.
④ ㉠과 ㉡은 연령대에 따라 달라지는 말은 아니다.
⑤ ㉠은 공용의 언어라 할 수 있으나 지역적 언어가 아니며, ㉡은 공용으로 쓰기 어려운 언어이다.

12 (라)는 남자의 언어로 표현한 글이다. (가)~(다)를 바탕으로 남자의 언어를 사회적 언어로 바꾸면 다음과 같다.

남자의 언어	사회적 언어
발	남자
사진	침대
울린다	누워 있다
사진첩	괘종시계
세워 놓다	울린다
얼다	서 있다
아침	발
바라보다	얼다
옷장	양탄자
펼쳤다	세워 놓다

상	의미가 잘 드러나도록 바르게 바꾸어 쓴 경우
중	1~2개 정도의 단어는 잘못 바꾸었으나 의미가 제대로 드러나도록 쓴 경우
하	3개 이상의 단어를 잘못 바꾸어 쓴 경우

3. 우리말에도 '메이드 인 차이나'가 넘친다 본문 86~87쪽

01 ① **02** ① **03** ③ **04** ④ **05** ② **06** [예시 답안] 나와 가장 가까운 벗이 너무 늦게 와서 스승님께 꾸지람을 들었다.

01 글쓴이는 우리말 중에서 높은 비중을 차지하고 있는 한자어의 실상을 바탕으로 순우리말과 한자어의 구별이 필요하며, 한자어를 순우리말로 바꾸어 쓰려는 노력이 있어야 함을 강조하고 있다. 전문어나 추상어의 분류에 속하는 한자어가 많은 것도 사실이지만 우리말의 경우 일상생활에서 쓰이는 기초 어휘에도 한자어가 많다는 점을 지적하고 있다.

오답 확인 ② (나)에서 한자 문화권에 속하는 아시아 여러 나라에서 고유어와 더불어 한자어가 많이 쓰이고 있다고 말하고 있다.
③ (가)에서 우리말 어휘의 70% 정도가 한자어이며, 순우리말이 30%가 채 되지 않는다고 말하고 있다.
④ (마)에서 우리말에 쓰이는 한자어가 너무 많아서 모두 순우리말로 대체하기는 힘든 현실을 지적하고 있다.
⑤ (다)에서 우리말의 한자어 중에는 일제에 의해서 만들어진 것도 있음을 예를 들어 말하고 있다.

02 (나)에서는 추상어뿐만 아니라 기초적인 어휘까지도 한자어가 쓰이고 있는 우리말의 실상을 설명하고 있다. ①은 모두 고유어로 이루어진 문장이다.

오답 확인 ② '대학생, 교정', ③ '우천, 시, 행사, 연기', ④ '난해, 기술', ⑤ '어휘, 팽창, 양상, 복합, 요인, 의거'가 한자어이다.

03 (라)에서는 국어사전에 순우리말보다 한자어가 더 많이 실려 있는 현상을 지적하고 있다. 더구나 한자어인지 표시도 없이 실려 있는 한자어가 많아서 한자어를 제대로 구별할 수 없도록 하고 있다는 점을 우려하고 있다.

오답 확인 ① 한자어의 의미를 달리하여 쓰는 예를 제시하지 않았다.
② (마)에서 글쓴이는 한자어를 쓰지 않으면 우리의 언어생활을 제대로 영위할 수 없다고 말하였다.
④ (다)에서 일본식 한자어에 대해 언급했으나 이는 한자어의 비중이나 양상을 보여 주기 위한 것이다.
⑤ 국어사전에 실린 우리말 어휘 중에서 한자어가 많음을 지적할 뿐, 모든 어휘를 바꾸어 쓰자는 주장은 없다.

04 '굉장히'는 '굉장(宏壯)'이라는 한자어가 결합된 말로, '아주 크고 훌륭하게.', '보통 이상으로 대단하게.'의 의미를 지니는 부사이다.

오답 확인 ① '비로소'는 고유어, 부사, ② '그러면'은 고유어, 접속어(이어 주는 말), 부사, ③ '얼마나'는 고유어, 부사, ⑤ '따라서'는 고유어, 접속어, 부사이다.

05 일본인들이 대부분의 우리말이 한자어에서 유래한 것이라고 말하는 것은 우리말에 대한 자부심이나 자긍심을 없애고자 하는 행위이다. 고유의 말이 거의 없다는 것은 그 민족 고유의 정서나 문화를 표현할 수 있는 수단이 없다는 것이다. 즉 일제는 우리 민족이 고유의 문화를 계승 발전시킬 수 있는 언어를 제대로 가지지 못한 민족이라는 방향으로 왜곡하고자 하는 것이다. ②는 언어에 담겨 있는 민족 고유의 정신이나 가치관, 사고방식 등을 강조하는 격언이다.

오답 확인 ① 침묵의 필요성을 강조한다.
③ 다른 사람에게 불편함을 주는 말을 조심할 것을 강조한다.
④ 말의 진실성을 강조한다.
⑤ 말의 전달력을 강조한다.

06 '나와 제일 친한 친구가 지각을 해서 선생님께 야단을 맞았다.'라는 문장에서 한자어는 '제일(第一), 친(親)한, 친구(親舊), 지각(遲刻), 선생(先生)님, 야단(惹端)'이다. '제일(第一)'은 '가장, 으뜸으로'로 바꿀 수 있다. '친(親)하다'는 '가까이하다, 가까이 지내다'로, '친구(親舊)'는 '동무, 벗'으로, '지각(遲刻)을 하다'는 '너무 늦게 오다'로, '선생(先生)님'은 '스승님'으로, '야단(惹端)'은 '꾸지람, 나무람, 꾸중'으로 바꿀 수 있다.

상	한자어를 모두 고유어로 바르게 바꾸어 쓴 경우
중	1개만 틀리게 바꾼 경우
하	2개 이상 틀리게 바꾼 경우

02 국어의 품사와 특성

1. 품사의 개념과 분류 기준 본문 92~93쪽

01 ② **02** ④ **03** ④ **04** ③ **05** [예시 답안] (1) 우리, (2) 의미상 사람(또는 사물)의 이름을 대신 나타내는 기능을 한다.

01 관형사는 명사의 앞에 붙어서 명사를 꾸며 주는 품사로서 형태나 모양을 가리키는 품사이지만 기능상으로 '수식언'에 해당하며 다른 품사를 꾸며 주는 기능을 한다. 형용사는 상태나 모양을 나타내는 품사로서 기능상으로 '용언'에 해당하며 문장에서 서술어의 기능을 주로 한다. 따라서 관형사가 서술어의 기능을 담당하는 것은 아니다.

오답 확인 ① 단어의 의미에 따라 '명사, 대명사, 수사, 감탄사' 등으로 나눌 수 있다는 것을 지문에서 확인할 수 있다.
③ 서술격 조사 '이다'는 동사나 형용사처럼 활용을 한다는 것을 지문에서 확인할 수 있다.
④ '부사'에서 '부(副)'라는 한자는 '보좌하다'라는 의미를 가지며 동사나 형용사를 보좌한다는 것을 확인할 수 있다.
⑤ 1문단을 보면 품사는 의미, 기능, 형태 변화 여부에 따라 구분한다고 하였고, 전체적으로 각각의 기준에 따라 다른 명칭이 붙여진 이유에 대해 제시하고 있다.

02 의미를 기준으로 할 때 '빨리'는 뒤에 오는 '읽는다'를 꾸며 주므로 뒤에 이어지는 동사를 보좌하는 역할을 하는 부사이다. 다른 품사들의 역할을 나타내는 품사는 조사에 해당한다.

오답 확인 ① 의미를 기준으로 하면 '읽는다'는 움직임을 나타내므로 동사이다.
② '읽는다'는 '읽고', '읽는' 등으로 형태가 변화하며 활용하는 가변어이다.
③ '의'와 '은', '을'은 모두 조사로서 기능상 주로 체언 뒤에 붙어 그 말과 다른 말과의 문법적 관계를 나타내는 관계언에 해당한다.
⑤ '상우', '동생', '책'은 모두 의미상 사물이나 사람의 이름을 나타내는 명사이므로 문장에서 몸의 역할을 하는 체언에 해당한다.

03 ㉠~㉤은 모두 의미상 '조사'로서 기능상으로 '관계언'에 해당한다. 그러나 그중에서 ㉣'인'은 서술격 조사인 '이다'가 활용한 것으로, 다른 조사들과 달리 활용을 하는 가변어에 해당한다.

오답 확인 ① ㉠은 주격 조사이다.
② ㉡은 부사격 조사이다.
③ ㉢은 목적격 조사이다.
⑤ ㉤은 부사격 조사이다.

04 '둘째, 물, 누구'는 문장에서 주로 몸의 역할을 하는 체언에 해당한다. '을/를, 부터, 에서'는 조사로서 문장에서 다른 품사들의 역할을 나타내는 품사인 관계언에 해당한다. '예, 여보세요, 어머나'는 감탄사로서 문장에서 다른 품사와 관련 없이 쓰이는 독립언에 해당한다.

오답 확인 ① '공통된 의미'에 따라 '명사', '대명사' 등이 있으나 〈보기〉의 단어들은 이러한 기준으로 분류한 것은 아니다.
② 〈보기〉에 제시된 단어들은 모두 문장에서 형태 변화를 하지 않는 불변어에 해당한다.
④ 〈보기〉에서 첫 번째 칸에 있는 '체언'과 세 번째 칸에 있는 '독립언'은 자립하여 쓰일 수 있다는 공통점이 있으나 기능에 따라 분류하였으므로 〈보기〉와 같이 구분이 되었다.
⑤ 〈보기〉에서 첫 번째 칸의 '체언'은 문장에서 관형어의 수식을 받지만 '관계언'이나 '독립언'은 다른 말의 수식을 받지 않는다.

05 (1) ⓐ '나'는 의미상 사람(또는 사물)의 이름을 대신 나타내는 대명사이다. 제시된 문장에서 대명사에 해당하는 것은 '우리'이다.

(2) 의미상 사람(또는 사물)의 이름을 대신 나타낸다.

상	의미에 대하여 정확한 용어를 사용하여 적절하게 설명한 경우
중	의미를 적절히 설명하지 못하거나 용어 사용이 부정확한 경우
하	의미에 대해 적절히 설명하지 못한 경우

2. 품사의 종류와 특성

본문 94~95쪽

01 ③ **02** ④ **03** ① **04** ② **05** ⑤ **06** ④ **07** [예시 답안] • 관형사: 이, 한 • 부사: 무척, 특히, 제일, 아주, 잘 **08** [예시 답안] ㉠은 대명사, ㉡은 수사이다. ㉠은 사물의 이름을 대신 나타낸다는 공통점에 따라, ㉡은 사물의 수와 양을 나타낸다는 공통점에 따라 분류한 것이다. **09** ③ **10** ⑤ **11** ④ **12** ③ **13** ① **14** [예시 답안] ㉠ 동사, ㉡ 웃는, ㉢ 형용사, ㉣ 아름답게

01 '한'은 뒤에 오는 '권'이라는 체언을 꾸며 주는 관형사에 해당한다.

오답 확인 ① '나'는 대명사로서 체언이다.
②, ④ '서점', '과일'은 명사로서 체언이다.
⑤ '하나'는 수사로서 체언이다.

02 '나'는 대명사로서 자립하여 홀로 쓰일 수 있고, '수'는 의존 명사로서 자립하여 홀로 쓰일 수 없다.

오답 확인 ① 체언은 모두 문장에서 쓰일 때 형태 변화를 하지 않는다.
② 체언 뒤에는 '가', '는', '이다'와 같은 조사가 붙어서 쓰일 수 있다.
③ '내'는 '나의'의 준말로 대명사인 '나'와 조사인 '의'가 결합한 관형어가 되어 체언을 꾸며 주고 있으며, '이'는 관형사로서 체언을 꾸며 주고 있다.
⑤ '학교'는 사물의 이름을 나타내는 데 두루 쓰이는 보통 명사이며, '정약용'은 특정한 대상에 쓰이는 고유 명사이다.

03 밑줄 친 단어들은 모두 의미상 '감탄사'로서 말하는 이의 놀람, 느낌, 대답 등을 나타내며 기능상 '독립언'으로서 문장에서 다른 문장 성분과 큰 관련이 없이 독립적으로 사용된다.

오답 확인 ② 문장 전체를 꾸며 주기도 하는 것은 부사이다.
③ 상대방의 말에 대한 대답은 제시문 중에서 '네'만 해당한다.
④ 상황에 따라 형태가 변화하는 가변어는 서술격 조사 '이다'와 용언에 해당한다.
⑤ 문장에서 다른 성분과의 문법적인 관계를 나타내는 것은 조사이다.

04 '무슨'은 뒤에 이어지는 체언인 '맛'을 꾸며 주는 관형사이며, '잘', '졸졸', '무척', '모름지기' 등은 주로 용언을 꾸며 주는 부사이다.

오답 확인 ① '잘'은 '먹는구나'를 꾸며 주는 부사이다.
③ '졸졸'은 '따라왔다'를 꾸며 주는 부사이다.
④ '무척'은 '좋다'를 꾸며 주는 부사이다.
⑤ '모름지기'는 문장 전체를 꾸며 주는 부사이다.

05 조사에는 주로 체언의 뒤에 붙어서 그 말과 다른 말과의 문법적인 관계를 나타내는 격 조사와 특별한 뜻을 더해 주는 보조사가 있다. 보조사는 용언의 뒤에 붙어서 쓰일 수도 있으나 ㉠~㉣ 중에 동사나 형용사의 뒤에 붙어서 특별한 뜻을 더해 주는 조사는 없다.

오답 확인 ① 접속 조사에 대한 설명이며, ㉢이 이에 해당한다.
② 조사의 일반적인 특성에 해당한다.
③ 서술격 조사인 '이다'는 형태가 변하는 말이다.
④ 격 조사에 대한 설명이며, ㉠, ㉡, ㉣이 이에 해당한다.

06 '형용사'는 주체의 상태나 성질을 나타내는 단어이지만, 제시문에서는 형용사를 사용하지 않았다.

오답 확인 ① '제일', '마치'는 부사이다.
② '셋'은 수사이다.
③ '셋째'는 관형사이다.
⑤ '그녀'는 대명사이다.

07 수식언에는 체언을 꾸며 주는 '관형사'와 용언을 꾸며 주는 '부사'가 있다. 제시된 문장에서 '무척'은 '좋아한다'를 꾸며 주는 부사, '이'는 '연필'을 꾸며 주는 관형사, '제일'은 '좋아한다'를 꾸며 주는 부사, '아주'는 '잘'을 꾸며 주는 부사, '잘'은 '써지기'를 꾸며 주는 부사, '한'은 '자루'를 꾸며 주는 관형사이다.

상	5개 이상 각각 단어의 품사를 정확히 분류한 경우
중	2~4개 정도 각각 단어의 품사를 정확히 분류한 경우
하	각 단어의 품사를 정확히 분류하지 못하거나 1개만 맞은 경우, 또는 '관형사'나 '부사'라는 용어를 사용하지 못한 경우

08 ㉠과 ㉡은 기능상 모두 체언에 해당하지만 의미상 차이가 있다. ㉠ '나'와 '우리'는 사람의 이름을 대신하는 대명사이며, ㉡ '셋', '넷'은 사람이나 사물의 수 또는 양을 나타내는 수사이다.

상	㉠, ㉡의 명칭과 분류 기준을 정확한 용어를 사용하여 쓴 경우
중	㉠, ㉡의 명칭을 정확히 썼으나 분류 기준에 대한 설명이 모호한 경우
하	㉠, ㉡ 중 하나의 명칭이 정확하지 못하거나 분류 기준에 대해 설명이 부정확하거나 이에 대한 개념이 명확하지 않은 경우

09 문장 안에서 다른 단어들과의 문법적인 관계를 나타내며 홀로 쓰일 수 없고 다른 말에 붙어 쓰이는 것은 '조사'이다. 그중에서도 형태가 변하는 가변어는 서술격 조사이므로 〈보기〉의

조건에 해당하는 단어는 '이다'뿐이다.

오답 확인 ① '방금'은 '끝냈다'는 용언을 수식하는 부사이다.
② '만'은 조사이기는 하지만 '단독'을 뜻하는 보조사이며 불변어이다.
④ '언제'는 '보아도'라는 용언을 수식하는 부사이다.
⑤ '본다'는 가변어이지만 조사가 아니라 동사이다.

10 ㉣ '하나'는 사물의 수량을 나타내는 수사이다. 순서를 나타내는 말도 수사이지만 '첫째', '제일' 등이 이에 해당한다.

오답 확인 ① ㉠은 대명사, ㉡과 ㉢은 명사, ㉣은 수사로서 모두 체언이다.
② ㉡과 ㉢은 모두 사물의 이름을 나타내는 명사라는 공통점이 있다.
③ ㉠ '우리'는 사람을 대신하여 가리키는 대명사이다.
④ ㉡ '광화문'은 특정한 사물을 나타내는 말로, 명사 중에서도 고유 명사에 해당한다.

11 '높은'은 '건물'을 꾸며 주는 관형어이지만 기본형이 '높다'로서 상태나 성질을 나타내는 형용사에 해당한다.

오답 확인 ① '새'는 체언 '신'을 꾸며 주는 관형사이다.
② '이'는 체언 '학교'를 꾸며 주는 관형사이다.
③ '온갖'은 체언 '나비(들)'를 꾸며 주는 관형사이다.
⑤ '어느'는 체언 '곳'을 꾸며 주는 관형사이다.

12 '자동사'는 움직임이나 작용이 주어에만 미치는 동사로서 목적어를 필요로 하지 않는 동사이다. 예문을 통해 볼 때 '보다'는 '영화를'이라는 목적어를 필요로 하며, 이러한 동사를 '타동사'라고 한다.

오답 확인 ① '가다'는 주어가 필요한 자동사이며, 목적어를 필요로 하는 타동사가 아니다. 참고로 '학교에'는 부사어이다.
② '노래하다'는 '영희가'라는 주어만 필요한 자동사이다.
④ '솟다'는 '나무가'라는 주어만 필요한 자동사이다. 이때 '우뚝'은 '솟다'를 꾸며 주는 부사이다.
⑤ '자라다'는 '키가'라는 주어만 필요한 자동사이다.

13 ㄱ과 ㄴ의 '는'은 보조사로서 체언에 특별한 뜻을 더해 주는 기능을 한다. 체언이 일정한 자격을 갖도록 해 주는 조사는 격 조사이지만 '는'은 이에 해당하지 않는다.

오답 확인 ② ㄱ과 ㄴ의 '와', '는', '만' 등은 모두 조사로서 체언 뒤에 붙어서 쓰이고 있다.
③ ㄱ의 '와'는 접속 조사로서 단어와 단어를 같은 자격으로 이어 주고 있다.
④ ㄴ의 '만'은 보조사로서 '오직'이라는 의미를 더해 주고 있다.
⑤ '에서부터가'는 '에서', '부터', '가'가 겹쳐 쓰인 것으로, 조사는 이와 같이 여러 개가 겹쳐 쓰일 수도 있다.

14 '웃다'는 주체의 움직임을 나타내므로 '동사'에 해당하며, 예문에서는 '얼굴'이라는 체언을 꾸며 주기 때문에 형태를 변화시켜 '웃는'으로 써야 한다. '아름답다'는 상태나 성질을 나타내므로 '형용사'에 해당하며, 예문에서는 '피었다'라는 용언을 꾸며 주기 때문에 형태를 변화시켜 '아름답게'로 써야 한다.

상	㉠~㉣의 명칭과 형태 변화를 모두 정확하게 쓴 경우
중	㉠~㉣의 명칭과 형태 변화 중 1~2개를 틀린 경우
하	㉠~㉣의 명칭과 형태 변화 중 3개 이상 틀린 경우

3. 동사는 힘이 세다

본문 96~97쪽

01 ⑤ **02** ④ **03** ③ **04** ⑤ **05** ② **06** [예시 답안] '자다, 싸우다, 웃다, 울다, 놀다, 달리다'와 같은 동사를 바탕으로 '잠, 싸움, 웃음, 울음, 놀이, 달리기'라는 명사가 만들어졌기 때문이다.

01 이 글은 동사, 형용사, 명사의 특성을 어린 소나무가 자라 거목이 되기까지의 과정에 빗대어 이해하기 쉽게 설명하고 있다.

오답 확인 ① 글쓴이가 자신의 체험을 고백한 글은 '수필'이지만, 이 글은 품사에 대해 알기 쉽게 쓴 설명문이다.
② 이 글에서 우리 언어생활에서 나타나는 문제점을 지적한 것은 아니다.
③ 이 글에서는 동사, 형용사, 명사의 공통점을 나열한 것이 아니라 각각의 특성을 제시하고 있다.
④ 이 글에서 동사를 올바르지 못하게 사용한 사례나 그와 관련된 문제점을 제시한 것은 아니다.

02 (라)에서 동사를 바탕으로 명사가 만들어지는 예를 제시하고 있다.

오답 확인 ①, ② (라)에서 동사는 움직임과 변화를 이끌어 낸다고 말하고 있다.
③, ⑤ (바)에서 동사는 인간과 자연의 본질인 변화, 사람살이를 그대로 흉내 낸 말이라고 언급하고 있다.

03 '작다, 가늘다, 여리다'는 형용사이다. 형용사는 대상의 성질이나 상태를 나타내는 말로 주로 서술어에 쓰인다. 주로 동사를 꾸미는 구실을 하는 말은 부사이다.

오답 확인 ①, ④ 형용사는 의미상 대상의 성질이나 상태를 나타내는 말에 해당하며, 기능상 주로 주체를 서술하는 역할을 하는 용언에 해당한다.
②, ⑤ 형용사는 문장에 쓰일 때 다양한 어미와 결합하여 활용을 하므로 형태가 변하는 가변어에 해당한다.

04 명사는 체언의 기능을, 형용사는 용언의 기능을 하는 말로 명사나 형용사가 반드시 동사와 결합해야만 문장에서 그

기능을 발휘하는 것은 아니다. 명사나 형용사 단독으로 된 문장도 있고, 동사가 없이 다른 품사와 결합하여 문장에서 쓰일 수도 있으며, 이때에도 각각 제 기능을 할 수 있다.

오답 확인 ① (라)에서 형용사는 '가만히 있는 성질'이 있다고 했으며, 이는 형용사가 동사와 달리 대상의 움직임이 아닌 성질이나 상태를 나타내기 때문이다.
② (라)에서 '자다'라는 동사에서 '잠', '웃다'라는 동사에서 '웃음' 등 동사를 이용해서 명사를 만들어 낸 예를 들어 설명하고 있다.
③ 명사는 사물이나 사람의 이름을 나타내는 단어로서 자립하여 홀로 쓰일 수 있다.
④ (바)에서 동사가 인간과 자연의 본질인 변화, 움직임이라는 속성을 흉내 낸 말이라고 하였으므로 변화하는 속성을 가장 많이 반영했다고 볼 수 있다.

05 '기쁘다'는 사물의 성질이나 상태를 나타낸 형용사이다.

오답 확인 ①, ③, ④, ⑤ '먹다', '웃다', '싸우다', '달리다'는 움직임을 나타낸 동사이다.

06 글쓴이가 (라)에서 '동사는 명사의 어머니'라고 말한 이유는 동사가 움직이는 성질이 있고, 이러한 성질을 지닌 동사에서 만들어지는 명사들이 있기 때문이다. 그 예로 '자다'에서 '잠', '싸우다'에서 '싸움', '웃다'에서 '웃음', '울다'에서 '울음', '놀다'에서 '놀이', '달리다'에서 '달리기'가 만들어진다는 점을 들었다.

상	(라)에서 동사의 예와 그 동사에서 만들어진 명사의 예를 각각 2개 이상 들어서 명확한 용어를 사용하여 설명한 경우
중	(라)에서 동사의 예와 그 동사에서 만들어진 명사의 예를 1개씩 들어서 설명하거나 설명이 다소 모호한 경우
하	예를 들었으나 적절하지 못하거나 표현이 부정확하여 설명이 불충분한 경우

대단원 평가

본문 98~101쪽

01 ⑤ **02** ② **03** [예시 답안] 언어는 그 언어를 사용하는 사람들 사이의 약속인데, 이를 언어의 사회성이라 한다. 이를 어기고 개인이 마음대로 바꾸면 사회적으로 소통하기 어렵다. **04** ③ **05** ② **06** ② **07** ① **08** ⑤ **09** ③ **10** [예시 답안] 졸음운전은 위험하니 잠시 휴식을 취하라는 의미의 문구로, 지역마다 달리 표현하고 있어 언어의 자의성을 보여 준다. **11** ④ **12** ② **13** ③ **14** [예시 답안] ㉮는 '문제'라는 명사를 꾸며 주는 관형사이며, ㉯는 조사가 결합되어 있는 대명사로 문장의 주체 역할을 한다. **15** ② **16** ④ **17** ⑤ **18** [예시 답안] '꿀잼'은 '꿀'이라는 명사와 형용사 '재미있다'를 결합하여 줄인 말로, '매우 재미있다'의 의미로 쓰인다. '꿀'이라는 명사가 부사 '매우'를 대신하는 역할을 하고 있는데, 명사는 형용사를 수식하는 기능을 가진 품사가 아니므로 '꿀잼'은 우리 문법 체계에 어긋나는 표현이다.

01 언어는 기호성, 자의성, 사회성, 역사성, 규칙성, 창조성의 본질을 가진다. 여기서 자의성은 언어의 형식과 내용 사이의 임의적인 결합을 가리킨다. 언어의 형식과 내용이 서로 특별한 이유 없이 우연히 결합되어 있기 때문에 하나의 대상을 나타내는 언어가 나라마다 달리 나타난다.

오답 확인 ① 언어의 사회성을, ② 언어의 규칙성을, ③ 언어의 창조성을, ④ 언어의 자의성을 설명한다.

02 (나)에서는 언어도 시간이 흐르면서 생성, 변화, 소멸의 과정에 따라 달라진다는 점을 설명하고 있다. 언어의 변화는 새로운 문물의 도입에 따른 새로운 언어의 생성, 시대에 따른 소리나 의미의 변화, 쓰이던 말의 소멸 등 다양한 양상으로 나타난다. '곶 됴코 여름 하나니'는 조선 시대의 언어 표현으로, 오늘날에는 '꽃 좋고 열매가 많으니'라는 다른 소리로 바뀌어 쓰인다.

오답 확인 ① 같은 대상을 다르게 표현할 수 있다는 언어의 자의성을 설명한다.
③ 규칙에 어긋난 문장을 사용하여 어색함을 느끼게 하므로 언어의 규칙성을 설명한다.
④ 우리 사회에서 하나의 언어를 만들어 쓰는 합의나 인정, 약속의 과정을 보여 주므로 언어의 사회성을 설명한다.
⑤ 언어의 자의성을 설명한다.

03 (가)에서는 언어의 자의성을 바탕으로 한 언어의 사회성을 설명하고 있다. 프랑스에서 어떤 사물의 이름을 우연히 붙였으나 그것은 프랑스 사람들끼리 약속된 것으로 그 이름을 다른 이름으로 바꾸었을 때에는 서로 소통하기 어려워진다. 즉 사회적 약속을 개인이 마음대로 바꾸어 쓸 때 언어가 더 이상 사회적 소통의 도구가 될 수 없기 때문에, '침

대'를 '사진'이라고 바꾸어 부르면 안 되는 것이다.

상	언어의 사회성을 바르게 서술하고 말을 함부로 바꿀 수 없는 이유를 서술한 경우
중	언어의 사회성을 바르게 서술했으나 말을 함부로 바꿀 수 없는 이유를 모호하게 서술한 경우
하	언어의 사회성만 서술했거나 말을 함부로 바꿀 수 없는 이유만 서술한 경우

04 ㉠은 남자가 혼자 바꾸어 쓰는 말로, 사회적으로 소통되기에는 어려운 말이다. 당시 사람들에게는 '책상'을 '책상'이라고 하기로 약속되어 있으며, '양탄자'로 바꾸었을 때 그것을 '책상'을 의미하는 것으로 이해할 수 있는 사람은 남자 외에는 없다. 제시된 글에서는 '펜'이라는 말은 '피나'에서 온 말로, 오래전부터 사람들 사이에 약속된 말이라는 점을 밝히고 있다. 즉 '책상'이라는 말과 마찬가지로 '펜'이라는 말도 사람들 사이에 약속된 소통의 도구라는 것이다.

오답 확인 ①, ②, ④, ⑤ 아직 사회적으로 인정받지 못한 말을 의미한다.

05 문장을 쓸 때에는 국어의 규칙을 따라야 한다. '할아버지께서 어제 먹는다고 사 오시라고 한다.'라는 문장은 어순은 바르게 썼으나 주어, 서술어의 호응, 시간 표현 등의 규칙에 어긋난다. '만일', '만약'이라는 부사는 '~한다면'이라는 가정의 상황을 만들어야 하는 것으로, 제시된 문장에서는 미래의 일에 대한 서술이 드러나지만 가정의 상황으로 볼 수 없다.

오답 확인 ① '사다'는 타동사로, 목적어를 필요로 하는 말이다.
③ 주어가 높임의 대상인 '할아버지'이며 높임을 나타내는 조사 '께서'를 사용하고 있으므로 서술어에도 높임을 나타내는 표현을 써야 한다.
④ 무언가를 먹기 위해 사 오라고 하는 문장이므로 아직 먹기 전임을 알 수 있다. '어제'는 과거의 상황에 쓸 수 있는 말이므로 미래의 상황에 쓸 수 있는 말로 바꾸어야 한다.
⑤ '사 오다'의 주체는 '나'이므로 '사 오다'로, '하다'의 주체는 '할아버지'이므로 '하시다'로 바꾸어야 한다.

06 (가), (나)에서는 우리말에 쓰이는 한자어가 70% 정도라는 점을, 〈보기〉에서는 한자어가 거의 우리말처럼 쓰이고 있다는 점을 설명하고 있다. 두 글을 통해 한자어를 우리말에서 배제하는 것은 매우 어려운 일임을 짐작할 수 있다.

오답 확인 ① 한자어가 고유어가 아니라는 점에 대해 분명히 밝히고 있다.
③ 한자어와 다른 외래어와의 비교는 드러나 있지 않다.
④ 우리말을 쓰려는 노력을 당부하는 언급은 없다.
⑤ 한자어가 우리말이 아니라는 점을 밝히고 있지만 〈보기〉에서는 한자어를 준고유어로 표현하고 있어 한자어에 대한 배척의 입장이라고 볼 수 없다.

07 ㉠은 한자어를 의미한다. '내일(來日)'은 한자어이다.

오답 확인 ② 엄마, ③ 나무, ④ 모래, ⑤ 여름은 모두 고유어이다.

08 ㉡은 한자어가 아닌 순우리말을 의미한다. 즉 원래부터 우리가 쓰던 순수한 우리말, 고유어를 나타낸다.

09 제시된 글에서는 사회 방언의 하나인 청소년 은어의 특성을 설명하고 있다. '넘사벽'은 '넘을 수 없는 4차원의 벽'의 줄임말로, '자신과 경쟁 관계에 있지만 너무 실력 차이가 커 감히 넘볼 수 없는 존재'를 의미한다. 이 말은 이미 사용되고 있던 말들을 조합하여 줄인 경우로, 요즘 청소년 은어의 대부분이 이런 방법으로 만들어지고 있다.

오답 확인 ① '까까'는 유아들의 언어로, 연령층에 따른 사회 방언의 하나이다.
② '강내이'는 '옥수수'의 지역 방언이다.
④ '블루투스'는 외래어이며, 새로운 문물의 도입과 더불어 새롭게 쓰이는 말이다.
⑤ '초미세 먼지'는 현대 사회의 환경 오염의 실상을 드러내는 새말이다.

10 〈보기〉의 문구는 모두 졸음운전을 하지 말자는 의미를 담고 있는 지역 방언이다. '시방 짜잔한 졸음하고 싸우고 있소? 쉬어 가믄 되제.'는 전라도 지역의 방언이며, '졸리면 쉬다 가이소~'는 경상도 지역 방언, '졸리면 쉬었다 가셔유~'는 충청도 지역의 방언이다. 같은 의미를 서로 다른 표현으로 소통하는 것은 언어가 자의성이 있다는 것을 보여 준다.

상	문구의 의미와 언어의 자의성을 모두 바르게 서술한 경우
중	문구의 의미와 언어의 자의성 중 한 가지를 모호하게 서술한 경우
하	문구의 의미와 언어의 자의성 중 한 가지만 서술한 경우

11 품사는 단어를 일정한 기준에 따라 분류한 것으로, 분류의 기준은 기능, 형태, 의미이다. 기능에 따라 체언, 용언, 수식언 등으로 나뉘며, 형태에 따라 활용 여부를 기준으로 가변어와 불변어로 나뉜다. 명사, 대명사 등의 품사 이름은 의미를 기준으로 나눈 것이다. 관계언은 조사를 가리키며, 주로 체언 뒤에 붙어서 다른 단어들과의 관계를 나타낸다. 조사는 홀로 쓰일 수 없다는 특성이 있지만 국어에서는 동등한 품사로 인정하고 있다.

12 '쓰레기를 그곳에 몰래 버렸다.'라는 문장은 목적어, 부사어, 부사어, 서술어로 이루어진 문장이다. '를', '에'는 관계언인 조사인데, 그중 '를'은 '쓰레기'가 '버렸다'의 목적어 역할을 하도록 하는 조사이며, '에'는 '버리다'의 구체적인 장소가 어디인지 드러내는 부사어 역할을 하도록 한다.

오답 확인 ① 이 문장에서 '쓰레기'는 목적어로, '버리다'의 대상이 되는 말이다.
③ '그곳'은 쓰레기를 버린 장소의 이름을 대신하는 대명사이다.
④ '몰래'는 '버렸다'는 동사를 꾸며 주는 부사이다.
⑤ '버렸다'는 기본형 '버리다'가 과거를 나타내기 위해 활용한 형태이다.

13 〈보기〉에서는 동사와 형용사가 다르게 활용된다는 점을 개략적으로 설명하고 있다. 동사는 평서형, 의문형, 감탄형, 명령형, 청유형 어미가 모두 결합되어 활용한다. 이에 비해 형용사는 명령형 어미나 청유형 어미와 결합되기 어렵다. '웃다'는 '웃어라', '웃자'와 같이 명령형 어미나 청유형 어미가 결합되어 활용되는 동사이다.

14 ㉮와 ㉯는 모양은 같으나 기능과 의미가 달라 다른 품사이다. ㉮의 '그'는 바로 뒤에 조사가 붙지 않고 '문제'라는 명사를 수식하는 기능을 한다. 수식언 중의 하나인 관형사이다. ㉯의 '그'는 바로 뒤에 주격 조사 '가'가 붙어 있고, 문장의 주체 역할을 한다. 어떤 사람의 이름을 대신하는 말로, 체언 중의 하나인 대명사이다.

상	두 단어의 품사와 역할을 바르게 서술한 경우
중	두 단어의 품사와 역할 중 한 가지를 모호하게 서술한 경우
하	한 단어의 품사와 역할만 서술한 경우

15 '독립언'은 다른 품사와 관계없이 독립적으로 쓰이는 말로 감탄사가 있다. 일반적으로 문장의 앞이나 뒤에 반점을 찍은 상태로 쓰인다. 감탄사는 부름, 느낌, 놀람, 대답 등을 나타낸다. '와우'는 느낌이나 놀람을 나타내는 감탄사이다.

오답 확인 ① '엄마'는 명사이다.
③ '좋아요'는 형용사의 활용형이다.
④ '지후야'는 '지후'라는 명사와 '야'라는 조사의 결합형이다.
⑤ '과연'은 부사이다.

16 '하늘이 몹시 뿌옇다.'는 '명사, 조사, 부사, 형용사'로 이루어진 문장이다. '강아지가 제법 귀엽구나.'도 같은 품사로 이루어져 있다.

오답 확인 ① 명사, 조사, 대명사, 조사, 동사
② 형용사, 명사, 조사, 동사
③ 명사, 조사, 형용사, 동사
⑤ 명사, 조사, 명사, 조사, 동사

17 '다른'은 '당장 문제되거나 해당되는 것 이외의'의 의미를 가질 때에는 관형사이다. 형용사 '다르다'의 활용형 '다른'과 쓰임이 다르다. ⑤의 경우 둘 다 관형사에 해당한다.

오답 확인 ① '한 명'의 '한'은 관형사, '그 일을 한'의 '한'은 동사이다.
② '비판적이다'의 경우 '비판적' 뒤에 서술격 조사 '이다'가 결합되어 있으므로 '비판적'은 명사이다. '비판적 인물'의 경우 '비판적'이 '인물'을 꾸며 주고 있으므로 '비판적'은 관형사이다.
③ '딸 다섯'의 경우 뒤에 조사가 결합되어 있으므로 체언의 하나인 수사, '다섯 딸'의 경우 '다섯'은 '딸'을 수식하는 관형사이다.
④ '만세를'의 경우 '만세'는 명사, '만세!'의 경우 감탄사이다.

18 '꿀잼'은 명사 '꿀'과 형용사 '재미있다'의 결합형에서 줄어든 말이다. '매우 재미있다', '아주 재미있다'의 의미로 쓰는데, 여기서 '꿀'은 '재미있다'를 수식하는 역할을 한다. 국어의 규범에 따르면 형용사를 수식하는 품사는 부사이거나 용언의 활용형인데, '꿀잼'은 명사 '꿀'이 그 역할을 하도록 하여 규칙에 어긋난 표현이라 할 수 있다.

상	품사를 바르게 분석하고 규칙에 어긋남을 바르게 서술한 경우
중	품사 분석과 규칙에 어긋남 중 하나를 모호하게 서술한 경우
하	품사 분석과 규칙에 어긋남 중 하나만 서술한 경우

셋째 마당 읽기

01 예측하며 읽기

1. 군사들에게 종이옷을 보낸 인조 본문 106~109쪽

01 ⑤ **02** ③ **03** ⑤ **04** ③ **05** [예시 답안] 배경지식을 활용하여 예측하였다. **06** ⑤ **07** ⑤ **08** [예시 답안] '종이옷'에는 변방의 추위에서 나라를 지키는 군사에 대한 미안함과 재활용한 낙폭지를 사용하여 방한의 효과를 높인 선조들의 지혜가 담겨 있다. **09** ③ **10** ④

01 예측하며 읽기는 독자가 자신의 배경지식이나 글의 맥락 등을 활용하여 이어질 내용을 미리 짐작해 보는 방법이다. 예측하며 읽을 때에는 제목, 차례, 글쓴이, 겉표지, 삽화 등 글 요인과 자신의 배경지식, 경험 등 독자 요인을 활용할 수 있다. 또한 경우에 따라 글의 종류나 형식을 고려하며 읽을 수 있다. 이 글은 설명하는 글로, 글쓴이가 제기한 문제를 참고하여 주장하고자 하는 바를 예측하며 읽는 글의 종류는 주장하는 글이기 때문에 ⑤는 적절하지 않다.

오답 확인 ①, ③ 제목과 글쓴이를 바탕으로 글의 내용이나 의도를 예측하는 활동은 읽기 전에 주로 하는 예측하며 읽기 방법이다.
② 글을 읽은 후에는 글이 독자나 사회에 미칠 영향을 예측할 수 있다.
④ 글에 나타난 정보를 바탕으로 생략된 내용을 예측하는 활동은 읽기 중에 주로 하는 예측하며 읽기이다.

02 글을 예측하며 읽을 때에는 글에서 생략되거나 아직 제시되지 않은 부분을 대상으로 하지만, 예측의 근거는 독자의 배경지식이나 경험, 글의 맥락 속에 있어야 한다. 종이옷의 뜻이 시대에 따라 변화한다는 내용을 예측할 수 있을 만한 근거를 찾을 수 없기 때문에 ③은 독자가 떠올릴 만한 질문으로 보기 어렵다.

오답 확인 ① 제목이 '군사들에게 종이옷을 보낸 인조'인 것으로 보아 인조 시대, 즉 역사적인 일에 대한 내용이라고 예측할 수 있다.
② (가)에 인조가 병사들을 측은하게 여기지 않을 수 없었다는 내용을 근거로 다음에 나올 인조의 행동을 예측할 수 있다.
④ (다)에 종이옷을 만드는 방법이 간단하다고 나와 있기 때문에 구체적인 방법이 뒤에 이어 나올지 예측할 수 있다.
⑤ (다)에 종이옷의 방한 효과에 대해 나오기 때문에 이 글을 읽은 후에 독자에게 미칠 수 있는 영향을 예측할 수 있다.

03 글의 제목, 형식, 갈래, 편집 방법 등은 예측하며 읽을 때 활용하는 다양한 정보들이다. (가) 부분은 나머지와 다른 편집 방법으로 되어 있어 역사적 일화를 재구성하거나 인용했음을 예측할 수 있다.

04 (나)의 앞부분에 '종이옷'의 뜻이 제시되어 있다. '종이옷'은 '종이를 잘 활용한 옷'으로 우리의 상상처럼 종이를 오려 붙여 만든 옷이 아니다.

오답 확인 ① 목화를 키우기 어려운 환경에서 솜을 구하는 게 쉬운 일이 아니라는 점을 바탕으로 목화를 통해 솜을 얻을 수 있다는 것을 예측할 수 있다.
② 조선의 생산 환경 속에서 솜이 늘 부족하기 마련이라는 점에서 조선에서 솜옷을 구하기 어려웠음을 예측할 수 있다.
④ 종이가 솜을 대용할 수 있었던 이유는 솜을 대신하거나, 솜과 함께 쓰이면 효과를 최대로 높일 수 있기 때문이다.
⑤ 인조가 종이옷을 보내는 이유는 군사들이 따뜻하게 겨울을 날 수 있게 하기 위해서이다.

05 <보기>의 학생은 자신이 예전에 읽은 기사를 떠올리며 글의 내용을 예측하고 있다. 즉 자신의 배경지식을 활용하여 예측하는 읽기를 하고 있는 것이다.

상	'배경지식'과 '예측하며 읽기' 두 내용 요소를 정확하게 쓴 경우
중	'배경지식'과 '예측하며 읽기' 두 내용 요소를 모호하게 쓴 경우
하	'배경지식'과 '예측하며 읽기' 중 한 내용 요소만 쓴 경우

06 변방을 지키는 군사들의 많아지는 이유는 외세의 침략 때문이다. 그리고 (라)를 통해 외세의 침략에 반복적으로 시달렸던 시기에 낙폭지로 만든 옷에 관한 기록이 유난히 자주 등장함을 알 수 있다. 즉 이 시기에 낙폭지의 수요가 많아졌음을 예측할 수 있기 때문에 낙폭지의 가치가 떨어졌다고 볼 수 없다.

오답 확인 ① (가)에서 알 수 있다.
② (나)를 통해 군사들에게 보낸 종이는 재활용 종이인 낙폭지임을 알 수 있다.
③ (다)에서 알 수 있다.
④ (마)에서 알 수 있다.

07 (가)에는 종이를 만드는 과정이 나와 있다. 종이를 만드는 데 많은 정성과 노고가 필요하다는 점에서 종이는 솜이나 옷감만큼 귀하게 여겨졌음을 알 수 있다.

오답 확인 ① 종이를 만드는 과정이 번거롭다는 것은 예측할 수 있으나 활용도에 대한 언급은 없다.
② 종이를 만드는 과정이 복잡한 만큼 다양한 과학적 원리가 적용됨을 예측할 수 있지만 복잡한 과정을 통해 종이의 귀함을 전달하려는 것이 글쓴이의 의도이지, 과학적 원리를 설명하려는 의도는 아니다.
③ 종이가 정성스럽게 여러 과정을 거쳐서 만들어지므로 귀하다는 것이지, 친환경적이라서 귀하다는 것은 아니다.
④ 종이가 많은 노고를 들여 만들고, 귀하게 생각되었지만 그렇기 때문에 꼭 재활용해야 한다고 주장하고 있지 않다.

08 글의 끝부분인 (마)를 보면, '종이옷'에 두 가지 의미가 담

겨 있음을 알 수 있다. 우선 변방의 추위에서 나라를 지키는 군사에 대한 고마움과 미안함, 안타까움이 담긴 왕의 마음과 재활용한 낙폭지를 사용하여 방한의 효과를 얻는 지혜가 담겨 있다.

상	'군사에 대한 미안함', '방한의 효과를 얻는 지혜'의 두 내용 요소가 바르게 제시된 경우
중	'군사에 대한 미안함', '방한의 효과를 얻는 지혜'의 두 내용 요소가 모호하게 제시된 경우
하	'군사에 대한 미안함', '방한의 효과를 얻는 지혜'의 두 내용 요소 중 한 가지만 제시된 경우

09 이 글의 중심 소재인 '종이옷'에는 군사를 위하는 임금의 마음과 삶의 지혜가 담겨 있기 때문에 임금과 비슷한 역할을 하는 정치가는 이 글을 통해 백성을 위하는 마음을 느낄 수 있다.

오답 확인 ① 글의 제목을 보고 내용을 예측하는 것은 읽기 전에 주로 하는 활동이다.
② 나랏일에 필요한 문서나 책을 만들 때 새 종이를 쓸 수 있다는 내용은 글을 읽는 중에 예측할 수 있는 내용이다.
④ 반복되는 외세의 침략으로 종이옷의 필요성이 증가했다는 내용은 글을 읽는 중에 예측할 수 있는 내용이다.
⑤ 설명문이라는 글의 갈래를 고려하여 글의 목적과 구조를 예측하는 것은 글을 읽기 전 예측하기 활동이다.

10 글을 읽는 중에 글 속에 나와 있는 다양한 정보로 생략된 내용이나 다음에 이어질 내용 등을 예측할 수 있다. ㉣에서 시험을 감독하는 감독관도 쓰임이 많은 낙폭지를 욕심낸다는 사실을 바탕으로 감독관이 낙폭지를 빼돌리는 등의 내용을 예측할 수 있지만, 낙폭지를 원하는 사람들이 시험을 감독하는 감독관이 되기 위해 열심히 공부했을 것이라는 내용은 예측하기 어렵다.

오답 확인 ① 종이를 재활용하는 것이 습관처럼 당연한 이유는 나랏일에 필요한 문서나 책을 만들 때를 제외하고는 새 종이를 마음껏 쓸 수 없었기 때문이다. 이를 통해 재활용이 종이의 부족함을 해결하는 방법임을 예측할 수 있다.
② 낙폭지가 지저분해도 옷감 안쪽에 넣는데 아무런 문제가 없었다는 내용을 통해 옷감 안쪽에 넣기 위해 필요한 종이의 성질은 먹물로 쓴 글자와는 무관함을 예측할 수 있다.
③ 낙폭지를 빼돌린 이유가 그 쓰임새가 다양했기 때문이라고 나와 있기 때문에, 뒤에 낙폭지의 쓰임새가 나올 것이라고 예측할 수 있다.
⑤ 낙폭지로 만든 종이옷은 변방을 지키는 군사들에 대한 왕의 마음을 담은 선물이라고 나와 있기 때문에 군사들은 왕이 보내 준 선물인 낙폭지로 만든 옷을 받을 수 있었을 것이다.

2. 고래들의 따뜻한 동료애

본문 110~113쪽

01 ③ **02** ④ **03** ⑤ **04** ④ **05** [예시 답안] 일상생활에서 장애인과 함께 사는 법을 배워야 한다. **06** ⑤ **07** ③ **08** ① **09** ④ **10** 고래들의 따뜻한 동료애

01 글쓴이가 외국에 비해 우리나라의 장애인이 적다고 판단한 이유는 길에서 장애인들이 별로 눈에 띄지 않았기 때문이다. 하지만 글쓴이는 경험을 통해 우리나라가 외국보다 장애인이 적어서가 아니라 장애인이 길을 나서기에 너무 불편하기 때문이라는 것을 알게 된다.

오답 확인 ① '나'는 평소에는 따뜻한 눈길 한번 주지 않으면서, 길 한번 제대로 비켜 주지 않으면서 장애인의 날만 되면 행사를 하며 법석을 떠는 모습을 비판적으로 보며 장애인의 날이 없어져야 한다고 생각한다.
② 외국에서의 긴 연구 생활을 마치고 귀국한 '나'는 외국에 비해 장애인들이 별로 눈에 띄지 않는 점을 의아하게 생각하였다.
④ 내가 휠체어를 탄 장애인에게 다가가 그의 휠체어 손잡이를 잡으며 도와주었지만 '나'의 도움은 아무런 효과가 없었다. 차도로 뛰어 들어 달려오는 차들을 막아 세운 후에 그가 차도로 우회할 수 있었다.
⑤ 휠체어를 탄 장애인은 앞에 큼직한 자동차가 인도를 꽉 메운 채 버티고 있어 위험한 줄 알지만 어쩔 수 없는 상황에서 차도로 돌아가고 있다.

02 글을 예측하며 읽을 때 활용할 수 있는 배경지식은 글의 내용과 관련성이 있는 내용이어야 한다. ④ 장애인을 위한 인공지능 발달의 필요성은 장애인들에 대한 따뜻한 배려가 필요하다는 이 글의 내용과 무관한 배경지식으로, 글 읽기에 활용할 수 없다.

오답 확인 ① 외국보다 장애인에 대한 배려가 적어 장애인들이 길에 나서기가 불편하다는 글의 내용을 예측할 때 활용할 수 있다.
② 해마다 장애인의 날이면 행사를 하며 법석을 떤다는 내용을 예측할 때 활용할 수 있다.
③ 글쓴이가 문제로 제기하는 장애인에 대한 사람들의 태도를 예측할 때 활용할 수 있다.
⑤ 글 속의 장애인이 느낄 어려움을 예측할 때 활용할 수 있다.

03 ㉠은 겉으로는 장애인을 위하는 척하지만 속마음은 장애인을 배려하지 않는 가장된 모습을 지적한 것으로, 이와 관련된 사자성어로는 '겉으로 드러나는 언행과 속으로 가지는 생각이 다름.'이라는 뜻의 '표리부동'이 적절하다.

오답 확인 ① 다다익선: 많으면 많을수록 더 좋다는 뜻이다.
② 설상가상: 눈 위에 또 서리가 내린다는 뜻으로, 어려운 일이 겹침을 이른다.
③ 안하무인: 눈 아래에 사람이 없다는 뜻으로 사람됨이 교만하여 남을 업신여김을 이르는 말이다.
④ 일거양득: 한 가지 일로써 두 가지 이익을 얻는다는 뜻이다.

04 이 글 다음에 이어질 내용은 다양한 글 요소를 근거로 하여 예측할 수 있다. 글쓴이의 과거 경험이 제시되어 있지만, 상반된 현재 경험이 나올 것이라고 예측할 수 있는 근거를 찾을 수 없다.

오답 확인 ① 이 글의 목적이 '설득'임을 고려할 때, 장애인과 함께 사는 법을 배워야 한다는 자신의 주장을 뒷받침하는 근거들이 나올 수 있다.
② 글의 제목이 '고래들의 따뜻한 동료애'라는 점을 고려할 때, 글쓴이는 따뜻한 동료애를 지닌 고래를 긍정적으로 보고 있으며 우리에게도 고래와 같은 따뜻한 동료애나 배려가 필요하다는 내용이 나올 것을 예측할 수 있다.
③ 글의 앞부분에 글쓴이의 경험을 통해 문제를 제기하고 있기 때문에 뒤이어 제기한 문제를 해결하는 방안이 나올 것임을 예측할 수 있다.
⑤ 글쓴이의 직업이나 관심 분야로도 글의 내용을 예측할 수 있는데, 과학자인 글쓴이가 인간의 문제를 해결하는 데 과학 지식이나 내용을 활용할 수 있음을 예측할 수 있다.

05 글쓴이는 평소에는 장애인을 배려하지 않으면서, 장애인의 날에만 걱정하는 모습을 가장이라고 표현하면서 장애인의 날은 없애고 일상생활에서 장애인과 함께 사는 법을 배워야 한다고 말하고 있다.

상	'일상생활'에서 '장애인과 함께 사는'의 두 내용 요소를 바르게 제시한 경우
중	'일상생활'에서 '장애인과 함께 사는'의 두 내용 요소를 모호하게 제시한 경우
하	'일상생활'에서 '장애인과 함께 사는'의 두 내용 요소 중 하나만 제시한 경우

06 고래는 다친 친구를 혼자 등에 업고 그가 충분히 기력을 되찾을 때까지 떠받치고 있다. 그런 따뜻한 동료애가 있는 고래의 모습을 볼 때 글쓴이의 머리가 숙여진다는 것이다.

오답 확인 ①~④ 모두 거동이 불편한 동료를 외면하지 않는 고래들의 모습으로 제시되어 있다.

07 〈보기〉는 삽화를 보고 글의 내용을 예측하며 읽은 결과이다. 글을 예측하며 읽을 경우, 글 읽기의 방향과 목적을 정할 수 있어 읽기에 집중할 수 있고 배경지식을 활용하면서 적극적으로 읽어 글의 내용을 명료하게 이해할 수 있으며, 이해한 내용을 더 잘 기억할 수 있다. 또한 예측한 내용과 실제 글의 내용이 일치하는지 확인하는 과정에서 글을 읽는 재미가 증가할 수 있다. 하지만 예측하며 읽을 때에 글의 내용이 논리에 어긋나지 않는지 판단할 수 있는 효과는 얻을 수 없다.

08 ㉠은 고래들이 우리(=인간)보다 훨씬 나은 모습을 의미한다. 고래들의 사회에 우리처럼 장애인의 날이 있는 것도 아니며, 글쓴이는 장애인의 날을 정하는 것을 비판적으로 보고 있으므로 ①이 적절하지 않다.

09 글을 읽은 후 글이 독자와 사회에 미치는 영향을 예측할 때, 예측의 내용은 글의 내용에 근거를 두어야 한다. 제도적으로 장애인을 위한 특별한 날이 만들어지도록 건의하는 것은 장애인이 스스로 삶을 꾸릴 수 있는 사회적 여건과 응원이 필요하다는 글의 내용이나 글쓴이의 의도와 다르다.

오답 확인 ① 글에 제시된 고래들의 따뜻한 동료애가 독자에게 교훈과 감동을 줄 수 있을 거라고 예측할 수 있다.
② 고래에 대한 좀 더 자세한 연구가 진행되어야 한다고 글에 언급했으므로, 이 글을 읽은 독자나 학자가 이런 분야의 연구를 진행할 것임을 예측할 수 있다.
③ 글쓴이가 비판적으로 제시하고 있는 장애인을 대하는 태도를 통해 자신을 되돌아볼 수 있다는 점을 예측할 수 있다.
⑤ 글의 주제를 고려하여 장애인이 스스로 자신의 삶을 꾸릴 수 있는 사회적 분위기를 만들려고 노력한다는 점을 예측할 수 있다.

10 글쓴이는 일상생활에서 장애인에 대한 배려가 없음을 비판하면서 이와 대비되는 고래들의 따뜻한 동료애를 [A]에 구체적인 고래의 모습들과 함께 제시하였다.

02 요약하며 읽기

1. 주몽 신화 - 열두 살 나이에 고구려를 세우다 본문 116~119쪽

01 ⑤ **02** ④ **03** ④ **04** [예시 답안] 금와왕의 궁궐에서 유화가 알을 낳았다. **05** ① **06** ⑤ **07** ④ **08** [예시 답안] 나는 해모수의 아들이자 물의 신 하백의 외손자다.

01 이 글은 주몽의 고귀하고 신성한 혈통, 기이하고 비정상적인 탄생 과정, 비범한 능력 등 영웅으로서의 면모가 주로 드러나 있는 신화이다. 주몽 신화는 전승자들의 입에서 입으로 전해지다가 훗날 문자로 기록되었다. 그러나 비극적 결말을 암시하는 내용은 드러나지 않는다.

오답 확인 ①, ② 유화가 햇빛을 받고 잉태하여 커다란 알을 낳았고 그 알에서 주몽이 태어났다는 내용은 비현실적인 요소이며, 비정상적인 탄생 과정을 보여 준다.
③ '제 스스로 활과 화살을 만들어 쏘곤 했는데, 백 번 쏘면 백 번을 다 맞추었다.'라는 내용에서 주몽이 비범한 능력을 지닌 존재임을 알 수 있다.
④ 주인공인 주몽의 어머니는 '물의 신 하백의 딸' 유화이며, 아버지는 '하늘나라 임금의 아들' 해모수라는 점에서 주몽이 신성한 혈통을 지닌 인물임을 알 수 있다.

02 이 글은 시간의 흐름에 따라 사건이 진행되는 이야기로, 요약할 때에는 이야기의 핵심적 요소인 인물, 사건, 배경을 파악하고 전체적인 흐름에 따라서 주요 사건을 중심으로 내용을 요약해야 한다. 요약할 때에는 세부적 사건이나 반복되는 내용, 예로 든 내용 등은 삭제하며 중심 내용을 찾는다.

03 (라)에서 유화가 낳은 알의 껍질을 깨고 나온 아이의 이름이 주몽임을 알 수 있다. 주몽은 '빼어난 용모와 함께 뛰어난 재주'를 지녔다고 서술되어 있다. 또한 '주몽'은 동부여에서 활을 잘 쏘는 사람을 부르는 말인데, 주몽이 활을 쏘는 능력이 뛰어나 붙여진 이름이다.

오답 확인 ① (가)에서 해부루는 동부여로 피해 가서 살았다. 따라서 해부루의 뒤를 이어 왕이 된 금와는 동부여의 왕이다.
② (가)에서 유화는 혼인도 하지 않은 채 해모수와 정을 통한 것 때문에 부모로부터 쫓겨나 귀양을 가게 된다. 부모가 결혼에 반대하여 집을 나온 것이 아니다.
③ (가)에서 금와가 유화를 궁궐로 데려온 것은 맞지만 아내로 삼지는 않았다.
⑤ (다)에서 금와는 유화가 사람의 몸으로 알을 낳자 그녀를 궁궐로 데려온 것을 후회하며 내쫓아 버리지 못하는 것을 안타까워한다.

04 이 글은 주몽의 탄생과 고구려 건국 과정을 다룬 이야기이므로 인물, 사건, 배경을 파악하고 주요 사건을 간추려야 한다. (나)의 중심인물은 유화이고, 중심 사건은 유화가 알을 낳았다는 것이며, 이런 사건이 일어난 배경은 금와왕의 궁궐이므로, 이 세 가지 항목을 중심으로 내용을 간추리는 것이 적절하다.

상	인물, 배경, 사건이 모두 적절히 드러나게 한 문장으로 요약한 경우
중	인물, 배경, 사건 중 두 가지만 적절히 드러나게 한 문장으로 요약한 경우
하	인물, 배경, 사건 중 한 가지만 적절히 드러나게 한 문장으로 요약한 경우

05 (가)에는 금와왕의 아들들이 주몽의 뛰어난 재주를 시기하다가 결국 맏아들 대소가 주몽을 해치자고 금와왕에게 아뢰는 내용이 나와 있다. 따라서 대소가 주몽의 비범한 재주를 시기하는 내용이 핵심이라고 할 수 있다.

06 이 글은 영웅 이야기의 일반적 구조를 보이고 있으므로, 그 구조에 따라서 내용을 요약할 수 있다. '고귀한 혈통, 기이한 탄생, 비범한 능력, 위기에 처함, 위기의 극복, 대업의 완성'이라는 구조를 염두에 둘 때, '주몽의 임시 궁궐의 위치'인 비류수 강가에 관한 내용은 중심 내용과는 거리가 먼 세부적 내용이므로 삭제해도 된다.

오답 확인 ① 주몽의 뛰어난 지략은 (나)에 나오는 것으로 주몽의 비범한 능력을 보여 준다.
② 고구려의 건국은 (마)에 나오는 것으로 주몽이 달성한 위업에 해당한다.
③ 대소와 부하들의 추격은 (라)에 나오는 것으로 주몽이 처하게 되는 위기와 관련이 있다.
④ 물고기와 자라의 도움은 (라)에 나오는 것으로 주몽이 위기를 극복하는 데 결정적 역할을 한다.

07 ㉣은 주몽이 대소의 추격을 피해 도망치다가 넓은 강을 만나 더 이상 달아나지 못하는 장면으로, 주몽이 겪게 되는 위기 상황에 해당한다. 주몽은 이 위기를 물고기와 자라의 도움으로 극복한다. 따라서 주몽이 활쏘기와 같은 자신의 뛰어난 능력으로 위기를 극복했다고 보기는 어렵다.

08 일반적인 영웅 이야기에 등장하는 주인공은 고귀한 혈통을 지니고 탄생한다. 아버지는 하느님의 아들인 해모수이고 어머니는 물의 신인 하백의 딸이니, 이들 사이에서 태어난 주몽은 고귀하고 신성한 혈통을 지녔음을 알 수 있다.

상	해당 문장을 정확히 찾아 서술한 경우
중	해당 문장을 정확히 찾아 쓰지는 않았지만, 비슷한 내용으로 서술한 경우
하	해당 문장의 내용과 전혀 상관없는 내용을 서술한 경우

2. 남극과 북극 어떤 점에서 다를까

본문 120~123쪽

01 ④ **02** ① **03** ① **04** [예시 답안] 남극과 북극은 겉으로는 비슷해 보이지만 서로 전혀 다른 특징을 지니고 있다. **05** ② **06** ⑤ **07** ⑤ **08** [예시 답안] 이누이트들이 주로 수렵과 어로에 종사하며 살고 있다.

01 글의 내용을 요약할 때 구체적인 사례는 세부 내용에 해당하므로 삭제하는 것이 적절하다. 구체적인 사례를 통해 설명하고자 하는 일반적인 원리가 핵심 내용에 해당하므로 일반적인 원리를 중심으로 요약하는 것이 효과적이다.

02 (라)에서 북극의 여름은 '영상 10℃ 정도로 비교적 따뜻한 편이다.'라고 설명하고 있다.

오답 확인 ② (라)에서는 남극이 북극보다 훨씬 춥고, 남극의 한겨울에는 '기온이 영하 70℃ 가까이 내려'가며, '역사상 최저 기온은 영하 89℃였다.'라고 서술하고 있다. 하지만 남극의 여름 기온에 대해서는 서술하고 있지 않으므로 북극의 겨울과 비교하기는 어렵다.
③ (나)에서 북극은 대륙이 아니라고 했으며, 남극은 '지구상의 7대 대륙 중 다섯 번째로 크다.'라고 설명하고 있다.

④ (다)에서 북극의 눈에 보이는 얼음, 즉 '해수면 위로 보이는 빙하는 전체 얼음덩어리의 10% 정도에 불과하다.'라고 설명하고 있다. 북극의 얼음이 지구상의 얼음 중 몇 퍼센트 정도를 차지하고 있는지는 알 수 없다.
⑤ (라)에서 북극은 '주변에 있는 바다와 저위도에서 흘러 들어오는 따뜻한 해류의 영향을 받는다.'라고 설명하고 있다.

03 (나)와 (다)에서는 북극과 남극의 지역적 특징의 차이를 설명하고 있다. 남극은 대륙이지만 북극은 대륙이 아닌 바닷물이 얼어서 이루어진 것임을 밝히고 있다. 따라서 북극과 남극의 차이점을 중심으로 서술하고 있음을 알 수 있다.

04 빈칸에는 (가)의 중심 내용이 들어가야 한다. (가)는 남극과 북극이 '겉으로는 비슷해 보이지만 서로 전혀 다른 특징을 갖고 있다.'라고 서술하면서, 이 글에서는 남극과 북극의 서로 다른 특징에 대해 다룰 것임을 소개하고 있다.

상	남극과 북극이 겉으로는 비슷하지만 서로 전혀 다른 특징을 가지고 있다는 내용을 모두 서술한 경우
중	남극과 북극이 서로 전혀 다른 특징을 가지고 있다는 내용만 서술한 경우
하	남극과 북극의 차이점을 서술하지 못한 경우

05 (가)에서는 북극과 남극의 거주민을, (나)에서는 남극에서 사는 펭귄을, (다)에서는 북극에서 사는 북극곰을 중심으로 북극과 남극의 특징을 설명하고 있다.

06 (라)에서 '지금의 남극의 얼음이 되기까지 약 10만 년이 걸렸을 것으로 보'이며, 이 '두꺼운 얼음층은 지구 기록에 대한 냉동 창고의 역할을 하고 있다.'라고 설명하고 있다. 이것은 남극의 두꺼운 얼음층을 연구함으로써 10만 년이나 되는 지구의 역사에 대한 정보를 얻을 수 있을 것임을 암시하는 것이지, 실제 지구 역사의 비밀을 모두 밝혀내었다는 뜻은 아니다.

오답 확인 ① (가)에서 '남극에는 연구를 목적으로 거주하는 사람들 외에는 원주민이 없다.'라고 서술하고 있다.
② (가)에서 북극에는 이누이트들이 거주하고 있으며, 이들은 흔히 '에스키모'라고 불린다고 설명하고 있다.
③ (나)에서 펭귄은 대부분 남극을 비롯한 남반구에서 살고 있으며, 주로 해안가에서 구멍을 파고 산다고 설명하고 있다.
④ (나)의 '남극이 아메리카 대륙에서 분리되기 전에'라는 서술을 통해 현재는 남극과 아메리카 대륙이 분리되어 있지만 오래전에는 하나의 대륙이었음을 짐작할 수 있다.

07 펭귄이 체온 유지를 위해 돌 조각을 사용해 둥지를 만든다는 설명은 펭귄이 추운 남극에 어떻게 적응했는가를 보여 주는 것일 뿐, 펭귄이 남극에만 있는 이유와는 관련이 없는 설명이다.

오답 확인 ① (다)에서 곰이 얼음덩어리를 타고 남극 대륙까지 갈 수 없었기 때문에 남극에는 곰이 살지 않는다고 설명하고 있다.
② (다)에서 '북극곰이 북극에만 살게 된 것은 북극이 북반구의 대륙에서 가까운 곳이기 때문이다.'라고 설명하고 있다.
③ (다)에서 '펭귄 같은 조류는 육지를 따라 이동하였기 때문에 상대적으로 남극 대륙으로 이동하기가 더 쉬웠다.'라고 설명하고 있다.
④ (나)에서 펭귄이 주로 남극에 살고 있는 이유는 남극이 아메리카 대륙에서 분리되기 전에 서식하던 조류의 일부가 추위에 적응하기 위해 현재의 펭귄으로 진화하였기 때문이라고 설명하고 있다.

08 (가)에서는 북극에 거주하는 사람들로 이누이트가 있다고 했고, 그들이 '주로 수렵과 어로에 종사한다.'라고 밝히고 있다. 따라서 이 두 가지 내용을 중심으로 답을 마련해야 한다.

상	이누이트나 에스키모라는 단어를 쓰고, 이누이트가 하는 일을 적절히 서술한 경우
중	이누이트나 에스키모라는 단어를 쓰지 않고, 이누이트가 하는 일만 적절히 서술한 경우
하	이누이트나 에스키모라는 단어도 쓰지 못하고, 이누이트가 하는 일도 서술하지 못한 경우

03 자료 활용하며 읽기

1. 포기하고 싶을 때 딱 한 걸음만 더 나아가라 본문 126~129쪽

01 ③ **02** ④ **03** ③ **04** ④ **05** ② **06** [예시 답안] 인류의 역사는 가혹한 환경에 맞서 싸우면서 발전해 왔다. **07** ③ **08** ③ **09** ⑤ **10** ③ **11** ① **12** [예시 답안] 포기하고 싶은 마음이 들 때는 더도 말고 딱 한 발자국만 앞으로 나아가 보자.

01 글쓴이는 역사학자 토인비의 책 『역사의 연구』의 내용을 인용하고, 고대 문명의 발상지, 청어 이야기, 그리고 쥐 실험의 사례를 통해 시련에 맞서 싸우는 과정에서 우리는 더욱 성숙해지고 강인해진다는 생각을 전달하고 있다.

02 (가)에서 양쯔강 유역은 기후가 따뜻하고, 농토가 비옥해서 농사를 짓기에 최적의 환경이었다는 점을 확인할 수 있다. 이로 보아 인류 생활에 적합한 곳이 아니었다고 볼 수는 없다.

오답 확인 ① (가)에서 고대 문명의 발상지가 모두 척박한 환경을 지녔음을 알 수 있다.
② (나)의 '청어 이야기'에서 청어에게 있어서 물메기는 심각한 시련이었음을 알 수 있다. 이를 토인비의 '도전과 응전'의 역사에 적용해 볼 때, 청

어에게 물메기는 '도전'에 해당한다.
③ (나)에서 토인비는 인류 역사는 '도전과 응전'의 역사로 설명될 수 있고, 가혹한 환경이 없었다면 인류는 지금처럼 발전할 수 없었을 거라고 말한다.
⑤ (라)에서 '자기 심리학'의 대가 하인즈 코헛은 인간이 건강한 심리 구조를 이루려면 '적절한 좌절'을 경험해야 한다고 주장했음을 확인할 수 있다.

03 '자기 심리학'에 대한 전문적인 자료는 심리학 관련 전문 서적에서 찾아볼 수 있다. 그리고 인터넷을 통해 개념이나 주요 정보를 확인할 수 있으나 '교과서'에서 구체적인 정보를 얻기는 어렵다.

04 쥐 실험은 어미에게서 격리되는 좌절을 겪은 쥐와 겪지 않은 쥐가 성장 과정에서 보여 주는 모습을 통해 적절한 좌절의 필요성을 생각해 보게 한다. 이러한 쥐 실험은 적절한 좌절이 인간의 심리 구조에 어떤 영향을 끼치는지를 알아보기 위한 목적으로 진행된 것이다.

05 ②는 비에 젖어 질척거리던 흙도 마르면서 단단하게 굳어진다는 뜻으로, 어떤 시련을 겪은 뒤에 더 강해짐을 비유적으로 이르는 말이다.

오답 확인 ① 모든 일에는 질서와 차례가 있는 법인데 일의 순서도 모르고 성급하게 덤빔을 비유적으로 이르는 말이다.
③ 가늘게 내리는 비는 조금씩 젖어 들기 때문에 여간해서도 옷이 젖는 줄을 깨닫지 못한다는 뜻으로, 아무리 사소한 것이라도 그것이 거듭되면 무시하지 못할 정도로 크게 됨을 비유적으로 이르는 말이다.
④ 남이 한다고 하니까 분별없이 덩달아 나섬을 비유적으로 이르는 말. 또는 제 분수나 처지는 생각하지 않고 잘난 사람을 덮어놓고 따름을 비유적으로 이르는 말이다.
⑤ 가까운 부뚜막에 있는 소금도 넣지 아니하면 음식이 짠맛이 날 수 없다는 뜻으로, 아무리 좋은 조건이 마련되었거나 손쉬운 일이라도 힘을 들이어 이용하거나 하지 아니하면 안 됨을 비유적으로 이르는 말이다.

06 고대 중국의 문명이 인간이 살기에는 매우 척박한 환경인 황허강에서 생겨난 점, 청어를 운반할 때 천적인 물메기를 함께 넣어 주면 청어들이 필사적으로 이에 대응하면서 죽지 않고 살아남은 점 등을 통해 토인비는 인류의 역사는 가혹한 환경에 맞서 싸우면서 발전해 왔다는 견해를 드러내고 있다.

상	인류 역사의 발전 과정을 가혹한 환경과 관련지어 적절하게 서술한 경우
중	인류 역사의 발전 과정을 가혹한 환경과 관련지었으나 내용이 정확하지 않은 경우
하	인류 역사의 발전 과정을 가혹한 환경과 관련지어 서술하지 않은 경우

07 글을 요약하며 읽을 때는 글의 성격이나 읽기 목적 등을 고려하여 세부 내용보다는 주요 내용을 중심으로 간추려 정리하며 읽는 것이 효과적이다.

오답 확인 ① 글을 읽으면서 모르는 내용이나 낯선 개념과 맞닥뜨릴 때 사전, 인터넷, 도서관에서 자료를 찾아 참고하며 읽으면 궁금증이 해소되고 글의 내용을 정확하게 이해할 수 있으며 능동적인 읽기 습관을 기를 수 있다.
② 핵심어나 중요 내용에 밑줄을 그으면서 읽으면 글에 더욱 집중할 수 있다.
④ 배경지식을 활성화하고 적극적으로 활용하면서 글을 읽으면 글의 내용을 더욱 깊고 풍부하게 이해할 수 있다.
⑤ 글의 내용과 관련된 질문을 스스로 만들고, 그 답을 찾아보면 글에 집중할 수 있을 뿐만 아니라 능동적인 읽기를 할 수 있다.

08 글의 전체적인 내용을 구조화하여 오래 기억하는 효과를 얻을 수 있는 읽기 방법은 요약하며 읽기이다. 사전, 인터넷, 도서관 등에서 자료를 찾아 참고하며 읽으면 글의 내용을 정확하고 깊이 있게 이해할 수 있다. 그리고 모르는 것을 해소하고, 배경지식을 풍부하게 할 수 있으며, 능동적인 읽기 습관을 기르게 된다. 또 찾은 자료 중에서 자신에게 필요한 자료, 신뢰성이 있는 자료를 선별하는 과정에서 비판적인 시각도 기를 수 있다.

09 '리셋 증후군'은 컴퓨터에서처럼 현실에서도 리셋이 가능할 것이라 착각하는 현상을 뜻한다. 고통이나 시련에 대한 두려움 때문에 도전하지 못하고 무조건적으로 회피하려는 현상으로 나타난다. 직면한 고통을 회피하고 다른 환경을 선택할지라도 그곳에도 고통과 시련은 있게 마련이다. 그러므로 다른 환경에 처하면 사라지는 경향을 보인다는 이해는 잘못된 것이다.

10 '제레미'는 『그래도 계속 가라』에 등장하는 인물이다. 국어사전에서 관련 자료를 찾기는 어렵고, 인터넷이나 도서관에서 관련 자료를 찾아 참고하는 것이 적절하다.

11 아버지를 잃은 손자가 삶이 왜 이렇게 힘든 거냐고 묻는 질문에 할아버지가 대답한 내용으로, '폭풍'은 살아가면서 직면하게 되는 고통이나 시련을 의미한다.

12 글쓴이는 고통과 시련에 직면했을 때 무조건적으로 회피하려고 하는 요즘 청소년의 사례를 들고, 『그래도 계속 가라』라는 책의 내용을 인용하여 포기하고 싶은 마음이 들 때에도 조금만 더 노력하는 자세가 중요하다는 점을 강조하고 있다.

상	'포기하고 ~ 나아가 보라.'라는 문장을 찾아서 정확하게 쓴 경우
중	'포기하고 ~ 나아가 보라.'라는 문장과 의미상 상통하나 임의대로 변형한 경우
하	'포기하고 ~ 나아가 보라.'라는 문장과 관련이 없는 내용을 쓴 경우

2. 이타적 디자인, 인간을 위한 디자인 본문 130~133쪽

01 ① **02** ② **03** ④ **04** ⑤ **05** ④ **06** [예시 답안] 사물을 쓸모 있게 만드는 것 **07** ③ **08** ② **09** ③ **10** ⑤ **11** ③ **12** [예시 답안] 인터넷에서 빅터 파파넥에 대해 검색하여, 그의 생애, 활동, 저서, 디자인에 대한 정보를 얻을 수 있고, 동영상이나 시각적 이미지를 참고할 수 있다.

01 (가)에 제시된 이타적 디자인, 인간을 위한 디자인에 대해서 빅터 파파넥의 깡통 라디오를 구체적인 사례로 제시하여 독자의 이해를 돕고 있다.

02 파파넥이 발리 원주민들을 화산의 폭발로부터 구제하고자 만든 깡통 라디오는 비용을 절감하기 위해서 라디오가 지닌 최소한의 기능만을 구현한 것임을 (마)에서 확인할 수 있다.

오답 확인 ① (라)에서 관광객들이 버리고 간 깡통을 이용해 라디오 몸체를 만들었기 때문에 '깡통 라디오'라는 이름이 붙여진 사실을 확인할 수 있다.
③ (나)에서 파파넥이 재난 경보를 통해 화산 폭발로 인한 발리 원주민들의 피해를 줄일 수 있다고 생각했음을 알 수 있다.
④ (다)에서 발리 원주민들은 라디오 건전지를 사서 쓸 수 없는 경제적 상황에 처해 있었음을 알 수 있다.
⑤ (다)에서 파파넥이 발리 원주민들 모두에게 라디오를 보급하기에는 예산이 많이 부족해서 제작 비용 절감을 위해 깡통 라디오를 제작하였음을 알 수 있다.

03 친구들에게 책을 권하는 서평을 쓰거나 책에서 쟁점이 되는 내용을 찾아 서로 토론하는 것은 책 읽는 중에 하는 활동보다는 책을 읽은 후에 하는 활동으로 적절하다.

04 이타적 디자인은 가난한 사람들, 장애인과 어린이, 여성과 문맹 등 소외된 사람들, 즉 사회적 약자를 돕기 위해 만들어진 실용적인 디자인이다. 세계적으로 명성이 있는 디자이너들의 작품이라는 이해는 적절하지 않다.

05 라디오를 사서 발리 원주민들에게 보급하더라도, 고장이 났을 때 전파상이 없어서 수리할 수 없다면 그 라디오는 원주민들에게 쓸모없는 물건이다. 내용의 흐름으로 보아 ㉡에 들어가기에 적절한 말은 '쓸모없는 물건이나 사람.'을 뜻하는 '무용지물'이다.

오답 확인 ① 직접 일을 하지 아니하고 얻는 수익. 이자, 배당금, 지대(地代) 따위를 통틀어 이르는 말이다.
② 말이 조금도 사리에 맞지 아니함을 뜻하는 말이다.
③ 자기 논에 물 대기라는 뜻으로, 자기에게만 이롭게 되도록 생각하거나 행동함을 이르는 말이다.
⑤ 심부름을 가서 오지 아니하거나 늦게 온 사람을 이르는 말이다.

06 (마)에서 사물을 아름답게만 만드는 것은 죄악이고, 사물을 쓸모 있게 만드는 것이 좋은 디자인이라는 파파넥의 생각을 확인할 수 있다.

상	'사물을 쓸모 있게 만드는 것'이라고 5어절로 정확히 쓴 경우
중	'사물을 쓸모 있게 만드는 것'이라는 의미를 담고 있으나 〈조건〉에 어긋난 경우
하	'사물을 쓸모 있게 만드는 것'이라는 의미가 드러나지 않게 쓴 경우

07 (가)~(다)의 내용에서 '라이프 스트로우'와 '큐드럼'으로 아프리카 식수 문제가 완전히 해결되었다고 단정할 수는 없다. 이들 제품이 식수 문제를 해결하는 데에 도움이 되었다는 정도로 이해하는 것이 적절하다.

08 '라이프 스트로우'는 오염된 물을 마시고 질병에 걸려 고통받는 아프리카인들이 정수된 물을 안전하게 마실 수 있게 했다. '큐드럼'은 물을 긷기 위해 고통받는 아프리카 아이들이 그 일을 힘들이지 않고 즐겁게 할 수 있게 도움을 주었다. 이와 같은 사례를 통해 글쓴이는 인간을 위한 디자인이 사회적 약자를 살리는 데에 기여한다는 점을 전달하고 있다.

09 (다)에서 인간을 위한 디자인이 추구하는 정신을 엿볼 수 있다. 인간을 위한 디자인은 세계가 안고 있는 사회 및 환경 문제를 해결하는 데에 책임감과 사명감을 갖고 만들어졌으며, 모두를 위해 쓸모 있고 보다 나은 세상을 위해 기여해야 한다는 정신을 담아 디자인되었다. 외향의 아름다움보다는 인간의 일상에 쓸모 있어야 한다는 가치가 담겨 있다.

10 '라이프 스트로우'는 세계의 많은 사람들이 오염된 물을 마시고 목숨을 잃는 현실을 외면할 수 없어서 미켈이 휴대용 개인 정수기로 디자인한 것이다. 이를 사용하면 오염된 물을 마시고 질병에 고통받는 사람들을 구제할 수 있기 때문에 '생명을 살리는 빨대'라고 표현한 것이다.

11 '큐드럼'은 식수를 구하기 위해서 수십km를 오가며 물을 길어야 하는 아프리카의 아이들을 위해서 디자인된 것으로, 물통의 모양이 알파벳 'Q'자를 닮았다. 이 제품은 물을 힘들게 길어 나르는 아프리카 아이들의 고통을 덜어 주었을 뿐만 아니라 즐겁게 이 일을 할 수 있게 해 주었다. 이 제품을 피에트 헨드릭스가 경제적 이익을 추구하기 위해 만들었다는 이해는 적절하지 않다.

12 인터넷은 이미지 검색을 통해 사진이나 동영상을 찾아볼 수 있고, 들머리 사이트의 백과사전, 신문 기사, 서적 등에서 다양하고 풍부한 자료를 얻을 수 있다. 그리고 인물 검색을 통해 빅터 파파넥에 대한 정보를 얻을 수 있다.

상	인터넷 활용이라는 방법을 밝히고, 인터넷에서 얻을 수 있는 자료를 적절하게 쓴 경우
중	인터넷 활용이라는 방법을 밝혔으나, 인터넷에서 얻을 수 있는 자료에 대한 언급이 미흡한 경우
하	자료 찾기 방법을 밝히지 않고, 막연하게 얻을 수 있는 자료만 쓴 경우

대단원 평가

본문 134~139쪽

01 ⑤ 02 ② 03 ③ 04 [예시 답안] 추위에 고생하며 나라를 지키는 군사들에게 고마움과 미안함을 전하고, 군사들을 힘들게 하는 추위를 막아 주고 싶어서 05 ① 06 ③ 07 ⑤ 08 [예시 답안] 장애인에 대해 따뜻한 배려의 자세를 갖자. 09 ③ 10 ④ 11 ⑤ 12 ③ 13 ① 14 ② 15 ③ 16 ② 17 [예시 답안] 기후 조건의 차이로 북극에는 이누이트들이 거주하지만, 남극에는 원주민들이 거주하지 않는다. 18 ③ 19 ⑤ 20 ① 21 ④ 22 ④ 23 ② 24 ② 25 ①

01 글을 예측하며 읽으면 능동적인 읽기를 할 수 있어서 글의 내용에 집중하고 더 잘 기억할 수 있다. 또 예측한 내용과 글의 내용이 일치할 때 재미와 즐거움을 맛볼 수 있으며, 배경지식을 적극적으로 활용하여 글의 의미를 더욱 풍부하게 이해할 수 있다. ⑤는 사전, 인터넷, 도서관 등에서 자료를 찾아 참고하며 읽을 때의 효과와 관련된다.

02 종이를 옷감 사이에 넣어 종이옷을 만든 이유는 종이가 솜보다 방한 효과가 좋아서가 아니다. 솜보다는 방한 효과가 떨어지지만 솜을 구하기 어려운 상황에서 추위를 막는 데에 효과가 있었기 때문이다.

03 옷감 사이에 종이를 넣어 종이옷을 만들면 공기층이 여러 겹 생겨서 찬 바람을 막아 주는 효과가 생긴다. 즉 공기층이 바람을 잘 통하게 한 것이 아니라 바깥의 찬 기운을 막아 주는 효과를 발휘한 것이다.

04 (나)에서 종이옷이 군사들을 힘들게 하는 추위를 막아 주는 기능을 했음을 알 수 있다. (라)에서 추운 변방에서 나라를 지키는 군사들에 대한 여러 임금들의 고마움과 미안함, 안타까운 마음을 확인할 수 있다. 이를 통해서 인조가 변방의 군사들에게 종이옷을 보내려 한 이유를 정리해 볼 수 있다.

상	인조의 심리와 종이옷의 기능을 모두 쓴 경우
중	〈조건〉에 맞게 하나만 정확하게 쓴 경우
하	〈조건〉에 어긋나고, 종이옷을 군사들에게 보낸 이유가 분명히 드러나지 않게 쓴 경우

05 이 글은 고래들의 따뜻한 동료애를 사례로 들어서, 우리도 장애인에 대해 따뜻한 배려의 자세를 갖자는 주장을 내세우고 있다.

오답 확인 ② 고래가 부상을 당해 움직일 수 없는 동료를 돕는 모습을 통해 우리가 장애인을 대하는 모습을 성찰하고 있다.
③ 글쓴이는 고래들이 보여 주는 따뜻한 동료애에 대해서 긍정적인 시선을 갖고 있다.
④ 글쓴이는 고래들의 모습에서 평소에 장애인을 배려하지 않는 우리의 문제점을 지적하고, 장애인과 일상생활에서 함께 사는 법을 배우고 장애인이 당당하게 삶을 꾸릴 수 있도록 여건을 마련하자는 해결 방안을 제시하고 있다.
⑤ 글쓴이는 형식적으로 치르는 장애인의 날 행사에 대해서 부정적인 시선을 드러내면서 일상생활에서 평소 관심을 갖고 배려하자는 생각을 드러내고 있다.

06 글을 읽은 후에는 글이 독자나 사회에 미치는 영향에 대해서 예측해 볼 수 있다. 고래가 부상을 당한 동료를 돕는 사례에 대한 과학적 검증을 할 것이라는 예측은 적절하지 않다.

07 글쓴이는 부상을 당한 고래와 그 고래를 돕는 동료 고래 사이에 연고 관계가 없을 수도 있다는 점을 들어, 연고가 없는 장애인을 배려하고 돕는 자세가 필요함을 지적하고 있다. 그러므로 부상을 당한 고래와 그 고래를 돕는 동료 사이의 연고 관계를 밝히는 연구 결과가 이어질 것이라는 예측은 글의 흐름에 어긋난다.

08 글쓴이는 고래들의 사회에서 고래들이 '장애 고래를 도웁시다.'라는 구호를 외치며 장애를 지닌 고래를 도와야 한다고 배우지 않았음에도 배려하고 돕는 모습을 보면 우리보다 고래들이 낫다고 말하고 있다. (다)에서 글쓴이는 장애인들을 배려해서 길을 비켜 주고, 그들 곁에 따뜻하게 함께 있어 주고, 다른 이들을 대하듯 똑같이 대해 주자는 생각을

드러내고 있다. 바로 글쓴이는 장애인에 대한 따뜻한 배려의 자세를 갖자는 주장을 내세우고 있다.

상	'장애인에 대해 따뜻한 배려의 자세를 갖자.'라는 내용을 〈조건〉에 맞게 쓴 경우
중	'장애인에 대해 따뜻한 배려의 자세를 갖자.'라는 내용을 담았으나 〈조건〉에 어긋나게 쓴 경우
하	(다)에 나타난 글쓴이의 생각을 일부만 밝히고, 〈조건〉에 어긋나게 쓴 경우

09 이 글은 주몽의 탄생과 주몽이 고난을 극복하고 고구려를 건국하는 과정을 시간의 흐름에 따라 서술하고 있는 설화이다. 그러므로 인물, 사건, 배경을 염두에 두면서 주요 사건을 중심으로 줄거리를 간추려서 요약하는 것이 적절하다.

10 금와왕의 일곱 명의 아들이 언제나 주몽과 어울려 놀았으나, 금와왕의 아들들이 주몽의 뛰어난 재능을 따라가지 못한다. 그래서 맏아들인 대소가 주몽을 시기하여 금와왕에게 주몽을 없앨 것을 간청한다. 이는 대소가 주몽의 뛰어난 재주를 따라가지 못하자 시기했다는 내용으로 간추릴 수 있다.

11 (나)를 사건의 전개 과정에 따라 요약할 때, 금와왕이 알을 꺼림칙하게 여겨 없애려고 했으나 뜻을 이루지 못하고 유화에게 되돌려 주었다는 내용으로 간추릴 수 있다. ㉠~㉣은 세부 내용이므로 삭제하고, ㉤은 주요 내용에 해당하므로 중심 사건으로 선택하는 것이 바람직하다.

12 (다)의 알에서 주몽이 태어났다는 내용은 기이한 출생과 관련이 되고, 어렸을 때부터 뛰어난 재주를 보이고 활을 잘 쏘았다는 내용은 주몽의 비범한 능력을 보여 준다.

13 주몽은 앞으로 자신에게 닥쳐올 일을 예견하고 지략을 발휘하여 좋은 말을 얻어 대비했음을 알 수 있다. 어떤 일이 일어나기 전에 미리 앞을 내다보고 아는 지혜를 뜻하는 '선견지명(先見之明)'이 의미상 관계가 깊다.

오답 확인 ② 자기에게만 이롭게 되도록 생각하거나 행동함을 이르는 말이다.
③ 난처한 일이나 불행한 일이 잇따라 일어남을 이르는 말이다.
④ 마음과 마음으로 서로 뜻이 통함을 이르는 말이다.
⑤ 인생의 길흉화복은 변화가 많아서 예측하기가 어렵다는 말이다.

14 이 글은 객관적이고 과학적인 사실을 바탕으로, 북극과 남극의 서로 다른 특징을 대조의 방법을 주로 사용하여 설명하고 있다.

15 (마)의 주요 내용은 북극과 남극의 거주민의 차이이다. 남극에서 연구를 목적으로 거주하는 사람들은 세부적인 내용이므로 삭제가 가능하다.

16 (라)에 북극은 주변에 있는 바다와 저위도에서 흘러 들어오는 따뜻한 해류의 영향을 받아서 남극에 비해서 따뜻한 기온을 보인다는 사실이 드러나 있다.

17 (마)의 주요 내용은 북극과 남극의 기후 조건에 따른 거주민의 차이가 있다는 점이다. 북극은 남극에 비해 기후가 따뜻하여 이누이트라는 원주민들이 거주하는 반면에, 남극의 혹한은 견디기가 힘들어 원주민이 없다는 특징을 설명하고 있다.

상	〈조건〉에 맞게 거주민의 차이를 정확하게 요약하여 쓴 경우
중	거주민의 차이에 대해 썼으나 〈조건〉에 어긋나게 쓴 경우
하	세부 내용을 포함하여 요약하고, 〈조건〉에 어긋나게 쓴 경우

18 글쓴이는 고대 문명의 발상지, 로버트 사폴스키의 쥐 실험 등의 사례를 바탕으로, 리셋 증후군을 보이기도 하는 요즘 청소년들에게 고통과 시련을 무조건 회피하지 말고 견디며 극복하는 자세가 필요하다는 주장을 하고 있다.

19 생물학자인 로버트 사폴스키에 대한 자료를 국어 교과서에서 찾아보기는 어렵다. 이에 대한 정보를 얻기 위해서는 인터넷에서 검색을 하거나, 관련된 책을 도서관에서 찾아 읽어 보는 것이 효과적이다.

20 (라)에 리셋 증후군에 대한 개념이 명확하고 이해하기 쉽게 제시되어 있으므로 더 알고 싶은 내용으로 포함하여 자료를 찾아보는 것은 적절하지 않다.

21 토인비가 말한 '도전'은 살아가면서 직면하게 되는 가혹한 환경이나 고통, 시련 등을 의미한다. ⓓ는 도전과 의미상 관련이 없고, 도전에 대한 회피에 해당한다.

22 〈보기〉는 매체의 발달로 필요로 하는 자료나 정보를 빠른 시간 안에, 손쉽게 찾을 수 있다는 점을 설명하고 있다. 이와 관련하여 글을 읽을 때 이해하기 어렵거나 더 알고 싶은 내용과 관련된 자료를 매체를 활용하여 찾아 참고하며 능동적인 읽기를 할 수 있다.

23 파파넥의 '깡통 라디오'나 미켈의 개인 휴대용 정수기인 '라이프 스트로우'는 창의적인 생각과 인간을 위한 디자인을 바탕으로 만들어진 것이다. 이러한 창의적이고 인간을 위한 디자인은 사회적 약자를 돕는 중요한 역할을 할 수 있다.

24 인간을 위한 디자인에 대한 자료를 얻기 위해서 인터넷에서 검색을 하면 다양한 신문 기사, 시각적 이미지, 방송 영상 등을 찾아볼 수 있고, 도서관에서 도서 검색을 통해서 파파넥이 쓴 『인간을 위한 디자인』을 찾아 읽어 볼 수도 있다.

25 ㉠은 발리의 원주민들을 화산 폭발의 위험으로부터 구제하기 위한 목적으로 만들었다. ㉡은 오염된 물을 마시고 질병으로 고통받거나 목숨을 잃는 사람들을 구제할 목적으로 디자인된 것이다.

넷째 마당 쓰기

01 경험을 담은 글과 통일성을 갖춘 글 쓰기

1. 어머니는 왜 숲속의 이슬을 떨었을까 본문 144~147쪽

01 ④ **02** ① **03** ② **04** [예시 답안] 나는 어머니가, 내가 학교에 가기 싫어하니 중간에 학교로 가지 않고 다른 길로 샐까 봐 신작로까지 데려다 주는 것이라고 생각했다. **05** ④ **06** ④ **07** ② **08** [예시 답안] 자식을 위해 기꺼이 헌신하는 어머니의 정성과 사랑

01 글쓴이는 자신의 어린 시절 경험을 들려주면서 그때 자신이 느꼈던 심정과 자신이 했던 생각을 진솔하게 표현하고 있다. (가)에서 '그러다 중학교에 다니면서부터는 정말 학교 다니기가 싫었단다.', (다)에서 '나는 어머니가, 내가 학교에 ~ 데려다 주는 것이라고 생각했다.'라고 말하면서 자신의 주관적인 생각과 느낌을 있는 그대로 표현하고 있다.

오답 확인 ①, ② 글쓴이는 학교 다니기 싫어하는 아들과 유사한 자신의 어린 시절 경험을 이야기하면서 아들의 공감을 이끌어 내고 아들의 마음을 변화시키려고 하고 있다.
③, ⑤ (가)의 '아들아'라는 말에서 독자는 아들임을 알 수 있으며, '-단다'라는 친근한 말투를 사용하여 아들의 마음을 움직이려고 하고 있다.

02 글쓴이의 어린 시절 경험은 (나)와 (다)에 주로 제시되어 있다. 학교에 가기 싫은 글쓴이와 어머니가 실랑이를 벌이다가 결국 어머니가 글쓴이의 등굣길에 동행하는 내용이 나와 있다.

오답 확인 ② 글쓴이는 (가)에서 외진 산골에 살았기 때문에 학교를 빼먹은 게 아니라 정말 학교 다니기 싫어서 학교를 가지 않았다고 말하고 있다.
③ (나)에서 글쓴이는 어머니에게 존댓말을 쓰지 않았는데, 다들 어머니에게는 반말을 썼기 때문이라고 했다. 실제로 존댓말을 쓰지 않은 것 때문에 갈등하는 내용은 없다.
④ 글쓴이가 전학을 갔다는 내용은 제시되어 있지 않다.
⑤ (다)에서 '어머니는 한 손엔 내 가방을 들고' 등굣길에 동행한 것일 뿐, 글쓴이가 평소에 가방을 들고 다니지 않았다는 내용은 제시되어 있지 않다.

03 (나)와 (다)에서 글쓴이와 어머니 사이의 대화를 인용하여 마치 실제 그런 대화가 이루어지는 것 같은 느낌을 주며, (가)에서 글쓴이의 초등학교와 중학교 시절 상황에 대해 상세히 이야기하고 있다.

오답 확인 ①, ③ 글쓴이는 독자와 유사한 경험을 솔직하게 고백하고 있다. 웃음을 유발할 만한 재미있는 이야기는 제시되어 있지 않다.
④ (나)와 (다)에서 글쓴이는 자신의 학창 시절 경험을 쉬운 일상 언어를

사용하여 이야기하고 있다. 비유적 표현은 사용되지 않았다.

⑤ 고백하는 듯한 진솔하고 솔직한 말투로 자신의 어린 시절 모습을 있는 그대로 보여 주고 있으므로 말투가 과장되거나 인물이 어리숙하다고 보기는 어렵다.

04 (다)에서 글쓴이는 어머니의 행동을 이야기한 후, 그것에 대한 자신의 생각을 표현하고 있다. '어머니는 한 손엔 ~ 앞서 마당을 나섰다.'는 어머니가 등굣길을 동행했음을 보여 주고, 그 이유에 대한 나의 생각은 '나는 어머니가, 내가 ~ 데려다 주는 것이라고 생각했다.'에서 드러나고 있다.

상	㉠의 이유에 관한 '나'의 생각을 (다)에서 찾아 해당 문장을 정확히 쓴 경우
중	㉠의 이유에 관한 '나'의 생각을 쓰긴 했지만, (다)의 해당 문장과 일치하지 않는 경우
하	㉠의 이유에 관한 '나'의 생각을 적절히 쓰지 못한 경우

05 이 글의 갈래는 수필이다. 수필은 글쓴이가 자신의 경험을 바탕으로 하여 생각하고 느낀 것을 자유로운 형식으로 표현한 문학 갈래이다. 따라서 과장되거나 거짓된 표현 대신 진솔한 표현을 사용하는 것이 바람직하다.

06 (라)에서 글쓴이는 '이다음 어른이 되었을 때, 아빠처럼 너에게도 그런 아름다운 길 하나 있었으면 좋겠다.'라고 말한다. '그런 아름다운 길'이란 글쓴이의 등굣길을 동행하며 이슬을 떨어 주시던 어머니의 헌신과 사랑이 담긴 길을 뜻한다. 즉 자신의 아들도 아낌없는 사랑을 주고자 하는 부모의 사랑을 깨닫고 앞으로의 삶을 소중히 여기며 살아가길 바라는 마음을 전하고 있는 것이다.

오답 확인 ③ 글쓴이는 아들과 유사한 경험을 했던 자신의 이야기를 들려주고 있다. 학교 다니기 싫어했던 자신이 어머니의 사랑을 깨닫고 학교를 결석하지 않았던 것처럼, 아들도 부모의 사랑을 깨닫고 학교를 다니면서 일상의 경험을 소중하게 여기기를 바라는 마음을 전하고 있다고 볼 수 있다.

07 ㉠은 어머니가 아들의 등굣길을 동행하거나 그 길을 미리 가서 이슬을 떨어 주는 행동을 표현한 것이다. 아들이 학교에 가는 길에 이슬에 젖지 않도록 하려는 것으로, 아들이 학교를 잘 다니기를 바라는 어머니의 정성과 사랑을 드러낸 것이라 할 수 있다.

오답 확인 ④ 어머니가 새벽처럼 일어나 이슬을 떨어 놓고 오신 것은 아들에게 부지런하게 살라는 가르침을 전하려는 것이 아니라, 학교에 다니기 싫어하는 아들을 위해 몸소 등굣길의 이슬을 떨어 주면서 아들이 학교에 다니기를 바라는 어머니의 간절한 마음을 전하기 위한 것이다.

08 (다)에서 글쓴이는 '어머니가 이슬을 떨어 주신 길을 걸어' 현재의 자신이 있게 되었고, '그렇게 떨어내 주신 이슬만 모아도 내가 온 길 뒤에 작은 강 하나를 이루지 않을까 싶다'라고 말하며 어머니의 무한한 정성과 사랑, 헌신 덕분에 현재의 자신이 있는 것이라는 깨달음을 전하고 있다.

상	어머니의 '정성', '사랑', '헌신' 등의 핵심 단어를 사용하여 깨달음의 내용을 정확히 서술한 경우
중	어머니의 '정성', '사랑', '헌신' 등의 핵심 단어를 사용하지 않고 '어머니에 대한 고마움'과 같이 막연하게 깨달음의 내용을 서술한 경우
하	깨달음의 내용을 잘못 서술한 경우

2. 친구들아, 책을 읽자

본문 148~149쪽

01 ① **02** ④ **03** ③ **04** [예시 답안] ㉢, (다)의 중심 내용은 책 읽기의 성공적 사례 또는 성공의 필수 조건인 독서 습관인데, ㉢은 고전을 읽어야 한다는 내용을 다루고 있어서 (다)의 중심 내용과 직접적인 관련이 없기 때문이다.

01 (나)~(라)에서 글쓴이는 책 읽기의 좋은 점과 생활화 방안에 대한 정보를 제공하고 있으며, 이를 통해 (마)에서 청소년들이 책 읽기를 생활화하도록 권유하고 있다.

오답 확인 ② (가)에서 책을 읽지 않는 청소년들의 문제 상황을 제시하였고, (마)에서 청소년들에게 책을 읽자고 권유하는 것으로 보아, 예상 독자는 책 읽기를 좋아하지 않는 청소년들이라고 보는 것이 적절하다.

③ 이 글은 문자 언어로 이루어진 인쇄물이기 때문에 학교 신문과 같은 인쇄 매체를 통해 전달되는 것이 적절하다.

④ 이 글은 감정이 배제된 건조한 말투를 사용하여 책 읽기에 관한 정보를 제공하고 있다.

⑤ 이 글의 주제는 책 읽기의 장점과 생활화 방안을 알고 책 읽기를 생활화하자는 것이다. (라)에서 책 읽기의 생활화 방안으로 도서관 이용에 대한 내용을 언급하고 있으나, 이는 세부 내용에 해당한다.

02 (라)의 '혼자 가도 좋고 친구나 가족과 함께 가도 좋다.' 또는 '혼자서 책을 읽기가 어렵다면 친구들과 함께 독서 동아리를 만들거나 가족과 함께 독서 토론을 해 본다.'라는 부분에서 여럿이 함께 하는 책 읽기 방법에 대해 설명하고 있다. 따라서 책 읽기가 여럿이 함께하는 것보다 혼자서 하는 것이 더 효과적이라고 보기는 어렵다.

오답 확인 ①, ②는 (나)에서, ③은 (다)에서, ⑤는 (라)에서 확인할 수 있다.

03 (가)가 청소년들의 독서 실태와 관련된 내용이라고 볼 수 있지만, 글쓴이는 책을 읽지 않는 자신과 친구들의 현실을 이야기하면서 이 글에서 다룰 내용을 소개하고 있을 뿐, 설

문 조사 결과를 활용하고 있지는 않다.

오답 확인 ① (다)의 '한 인터넷 신문 기사에서는 ~ 독서 습관이었다고 한다.'에서 알 수 있다.
② (다)의 「부자들의 습관」이라는 책에서 ~ 훨씬 더 많다고 한다.'에서 알 수 있다.
④ (나)의 '우리 학교 도서관 ~ 발견할 수 있다.'에서 알 수 있다.
⑤ (라)의 '사서 선생님과의 면담을 ~ 좋은 정보를 얻을 수 있었는데,'에서 알 수 있다.

04 문제에 제시된 설명에서 '하나의 문단에는 하나의 중심 내용이' 담겨야 통일성을 갖춘 글이라고 했다. 그런데 ㉢은 (다) 문단의 중심 내용인 책 읽기의 성공적 사례와 관련이 없는 내용이므로 통일성을 해치는 표현이라고 할 수 있다.

상	통일성을 해치는 문장의 기호를 바르게 쓰고 그 이유를 타당하게 서술한 경우
중	통일성을 해치는 문장의 기호를 바르게 썼으나 그 이유를 명확하게 서술하지 못한 경우
하	통일성을 해치는 문장의 기호를 바르게 쓰지 못하고 그 이유도 타당하게 서술하지 못한 경우

02 매체 특성에 따른 표현하기

1. 당신의 언어 습관을 기록합니다. 본문 152~153쪽

01 ③ **02** ⑤ **03** ② **04** ⑤ **05** ① **06** [예시 답안] 바람직하지 않은 언어를 사용하게 되면 나무의 나이테처럼 우리 얼굴에도 그런 언어 습관이 기록될 것이다.

01 사회적으로 이슈가 되는 문제만 영상물의 소재가 되는 것은 아니다. 우리 주변의 일상생활 속의 사소한 일도 영상물의 훌륭한 소재가 될 수 있다. 영상물의 소재는 매우 다양하며 영상물의 형식도 매우 다양하다.

오답 확인 ① 영상물을 만들 때에 관객의 관심과 흥미를 고려해야 하는 것은 글을 쓸 때, 독자의 관심과 흥미를 고려하는 것과 같다.
② 영상물을 왜 만들었는지, 전달하고자 하는 생각이 무엇인지 분명해야 영상물의 가치가 높아진다.
④ 영상 언어가 가진 특성을 잘 이해해야 주제를 올바르게 전달할 수 있다.
⑤ 영상물도 글과 마찬가지로 한번에 완성된 작품이 나오지는 못한다. 반복해서 점검하고 수정하는 작업을 거친 후에 완성도가 있는 영상물을 만들 수 있다.

02 이 영상에서 가장 기본이 되는 요소는 시각적 이미지인 화면이다. 그리고 청각적 요소 중에 내레이션과 배경 음악이 사용되고 있고, 내레이션을 강조하기 위해서 자막이 사용되고 있다.

03 이 영상물에서는 손으로 가려진 욕하는 입의 모양을 그림으로 처리하여 강한 인상을 주고 있다. 일반 영상에 그림이 추가되었기 때문에 더욱 강한 인상을 준다.

오답 확인 ① 이 영상물에서 자막의 크기는 일정한 편이다.
③ 등장인물의 수가 지나치게 많은 편이라고 보기는 어렵다. 그리고 화면에 한 명의 등장인물이 등장하는 장면이 더 많다.
④ 공간적 배경은 교실이므로 비현실적 공간으로 보기 어렵다.
⑤ 이 영상물에서는 관객들에게 질문을 던져서 관객들의 관심을 끌고 자신의 삶을 돌아보게 한다. 하지만 질문을 던지는 형식은 시각적 효과라 볼 수 없다.

04 왼쪽의 화면은 카메라를 인물로부터 멀리 떨어뜨려서 전체적인 상황을 표현한 화면이고, 오른쪽 화면은 여학생의 얼굴에 카메라를 가깝게 배치하여 인물의 표정이나 심리를 표현한 화면이다.

05 ㉠에는 영상에 알맞은 배경 음악으로 진지한 음악이 적절하다. 이 부분은 나이테를 보여 주면서 나무의 살아온 세월이 나이테에 기록되듯이 사람의 얼굴도 언어 습관을 기록한다는 주제를 드러내는 부분이므로 진지한 분위기를 조성하는 배경 음악을 제시하는 것이 바람직하다.

06 이 영상물은 우리의 얼굴에 우리의 언어 습관이 기록된다고 말하고 있다. 바람직하지 않은 언어를 사용하게 되면 나무의 나이테처럼 우리 얼굴에도 그런 언어 습관이 기록될 수 있으므로 올바른 언어 습관을 가져야 함을 말하고 있다.

상	유사성을 가진 두 단어인 나이테와 얼굴을 비교하여 언어 습관의 중요성을 서술한 경우
중	유사성을 가진 두 단어인 나이테와 얼굴을 비교하지 못했거나 언어 습관의 중요성을 제대로 서술하지 못한 경우
하	유사성을 가진 두 단어를 찾지 못하고 언어 습관의 중요성도 제대로 서술하지 못한 경우

2. 인터넷 매체 특성에 맞는 표현 본문 154~155쪽

01 ④ **02** ① **03** ② **04** ③ **05** ⑤ **06** [예시 답안] 해당 정보가 믿을 만하고 객관적인지 판단해야 한다.

01 이 글에서는 여러 인터넷 매체에 대하여 그 특성과 활용상의 유의점을 설명하고 있다. 인터넷 매체가 그 특성에 따라 표현 내용과 형식이 달라져야 한다고 말하고 있다. 매체 자체의 내용과 형식에 대한 정보를 다양하게 제시하지는 않았다.

오답 확인 ① 여러 가지 인터넷 매체를 제시하면서 그 특성이 다르고, 그에 따라 활용 방법도 다르다고 설명하고 있다.
② 인터넷 매체는 시간과 공간의 제약을 받지 않고 낯선 사람들과 쉽게 소통할 수 있다는 점에서 소통의 속도와 범위를 긍정적으로 변화시켰다고 볼 수 있다.
③ 인터넷 매체가 익명성을 전제로 활용된다.
⑤ 인터넷 매체가 다양하게 발달함으로써 인간의 소통 방식도 다양해지고 있다.

02 〈보기〉에서는 실시간 대화의 형식을 활용하는 매체에 대해 설명하고 있다. 일반적인 대화와 같은 느낌을 주는 것은 (나)에서 설명하는 온라인 대화이다.

오답 확인 ② (다)에서는 인터넷 게시판의 댓글, ③ (라)에서는 전자우편, ④ (마)에서는 블로그, ⑤ (바)에서는 사회 관계망 서비스를 설명하고 있다.

03 (마)에서는 블로그 글쓰기를 설명하고 있다. 블로그는 인터넷상에서 운영하는 개인 미디어라고 할 수 있으며, 개인의 일상에서부터 전문 분야까지 그 내용으로 다룰 수 있다. 또 글 외에 사진이나 영상 등 다양한 형식으로 쓰기 활동에 참여할 수 있으며, 다른 사람의 댓글을 통해 반응을 확인할 수도 있다. 다른 사람에게 의미 있는 블로그가 되기 위해서는 자신이 잘 아는 분야에 대해 다루는 것이 좋다.

오답 확인 ① 다른 사람들이 읽기 쉬운 글이 되어야 하는데, 이를 위해 구체적인 묘사보다 간결한 표현이 바람직하다.
③ 본인의 블로그에 다른 사람의 정보를 활용할 수는 있지만, 자신이 생산한 정보를 제시하는 것이 바람직하다.
④ 사진이나 동영상도 블로그의 주제에 맞는 것으로 제시해야 한다.
⑤ 다른 사람들의 반응을 확인하며 블로그의 내용을 적절하게 조절해 가는 것이 바람직하다.

04 ㉠은 욕설과 같은 공격적 표현이나 허위 정보, 비방 등의 잘못된 댓글로 인한 피해가 없어야 함을 강조한다. '악성 댓글'은 이러한 잘못된 댓글을 통칭하는 말로, ③의 표어는 '악성 댓글'이 잘못된 행위임을 표현하고 있다.

오답 확인 ① 스마트폰 중독으로 인한 사람들 간의 소통의 부재에 대한 우려가 담겨 있는 표어이다. 스마트폰을 바라보느라 고개를 숙이고 있다가 고개를 들고 서로를 바라보면서 진심 어린 소통을 할 필요가 있다는 내용이다.
② 독서를 강조하는 표현이다. 독서를 통해 많은 지식과 정보를 습득할 수 있고, 정서를 순화하며 인격을 수양할 수 있기 때문이다.
④ 뉴스에 대한 불법 복제, 배포를 우려하는 표어이다. 뉴스도 저작권이 있는 저작물이므로 함부로 저작권을 침해하는 행동은 좋은 뉴스를 만들어 내는 일을 위축되게 한다는 것이다.
⑤ 노인 공경을 강조하는 표어이다. 인터넷 매체에 수많은 정보가 떠돌고 있지만 삶의 지혜는 경험이 많은 노인들에게서 찾을 수 있다는 것이다.

05 ㉡은 인터넷이라는 환경의 특성의 하나인 익명성을 가리킨다. 익명성은 이름을 밝히지 않고 서로 얼굴을 마주하지 않는다는 특성으로, 자신에 대한 규제와 책임감에서 벗어나게 한다.

오답 확인 ① 서로 주고받는 특성을, ② 한꺼번에 많은 사람이 소통하는 특성을, ③ 오랜 기간 동안 활용할 수 있는 특성을, ④ 빠른 특성을 의미한다.

06 〈보기〉에서는 사회 관계망 서비스로 인하여 마구 생산되고 있는 가짜 뉴스에 대한 우려가 담겨 있다. 10대 청소년들은 신문이나 방송과 같은 공신력 있는 매체보다 SNS와 같은 인터넷 매체를 통해 정보를 습득하는 경우가 많다. 최근 잘못된 정보나 허위 사실을 뉴스로 제작하여 배포하는 사례가 많은데, 청소년들이 이에 대해 무분별하게 받아들이고 있다는 것이다.

상	정보의 신뢰성 판단에 대하여 바르게 서술한 경우
중	정보의 신뢰성 판단에 대하여 모호하게 서술한 경우
하	많은 정보를 습득할 수 있다는 점만 서술한 경우

3. 댓글은 나의 얼굴

본문 156~157쪽

01 ② **02** ③ **03** ② **04** ③ **05** ① **06** [예시 답안]
• 댓글의 문제점: 댓글의 내용이 글의 핵심에서 벗어났다. • 바람직한 댓글: 동물 보호 단체의 노력이 유기 동물을 구해 줄 것입니다.

01 이 글은 인터넷 게시판 댓글에 대하여 설명하고 있다. 글쓴이는 게시판의 댓글도 자신의 생각이나 감정을 표현하는 글이라고 보고 있다. 게시 글에 비해 가치가 떨어진다고 말하지 않았다.

오답 확인 ① 글쓴이는 댓글을 다는 과정에서 배움을 얻을 수 있다고 하여 댓글이 서로 정보를 주고받는 역할을 한다는 점을 알 수 있다.
③ 좋은 댓글은 게시 글을 쓴 사람에게 긍정적인 느낌을 주며, 감성을 자극할 수도 있다고 말하였다.
④ 댓글을 통해 서로 다른 의견을 주고받을 수 있다고 보고 있다.
⑤ 댓글로 인해 인터넷 실명제 논란이 일어나는 것을 두고 댓글이 그만큼 힘을 가진 수단이라고 말하고 있다.

02 (나)에서는 댓글이 긍정적 측면이 있음에도 사회적 물의를 일으키기도 한다는 점을 바탕으로, 인터넷 실명제 논란이 있음을 말하고 있다. ③의 경우 인터넷 실명제 도입에 대한 찬성의 입장으로, 자신의 이름을 밝히면 자신의 글에 대한 책임감을 갖게 될 것이라는 생각이 담겨 있다.

오답 확인 ① 인터넷 실명제가 정보 제공에 대한 부담을 가중시켜 정보의 교류에 방해가 될 수 있다는 것이므로, 반대 입장이다.
② 인터넷 실명제를 실시하면 개인의 표현의 자유가 위축된다는 것이므로, 반대 입장이다.
④ 인터넷 실명제를 실시하면 개인의 이름과 정보가 유출될 위험이 있다는 것이므로, 반대 입장이다.
⑤ 인터넷 실명제라는 강제적인 제도의 도입보다 네티즌들이 스스로 올바른 태도로 인터넷을 사용하는 태도를 지니는 것이 더 중요하다는 입장으로, 반대 입장이다.

03 〈보기〉에서는 지식인들이 올린 글에 대해 쓴 공격적인 댓글을 '똥물'에 비유하여, 그 부정적 영향력을 설명하고 있다. 일방적인 비방과 욕설 등이 쓰인 댓글이 많아지면서 지식인들이 제대로 글을 쓰기 힘들어진 현실을 통해, 댓글의 문제점을 말하고 있다. 이는 서로 입장이 다른 사람들과의 논쟁에서 논리적인 토론보다 상대에 대한 공격이 우선시되는 풍조와 연관이 있다. (마)에서는 '합의나 포용은 없고', '나와 의견이 다르면 무조건 적이 되고 있는 현실'을 지적하고 있다.

오답 확인 ① (라)에서는 핵심에서 벗어난 댓글을 쓰지 말아야 한다는 점을 설명하고 있다.
③ (바)에서는 너무 짧거나 너무 길지 않도록 써야 함을 설명하고 있다.
④ (아)에서는 게시 글을 쓴 사람이나 다른 댓글에 대해 칭찬하는 내용을 쓸 것을 설명하고 있다.
⑤ 인터넷 매체의 기본이 소통이므로 다른 사람의 반응을 확인하는 것은 자연스러운 일이다.

04 ㉠은 다른 사람의 댓글이 하나도 없는 글을 가리킨다. 좋은 글이지만 댓글이 없을 경우, 그 글은 사람들에게 읽히지 않았다는 것을 의미하기 때문에 죽은 글과 같다고 보는 것이다.

05 ㉡은 '한 치의 쇠붙이로도 사람을 죽일 수 있다.'는 뜻으로, 간단한 말로도 남을 감동하게 하거나 남의 약점을 찌를 수 있음을 이르는 말이다. 간결하지만 글의 핵심을 바로 파악하고 핵심에 대한 자신의 의견을 정확하게 표현한 댓글을 표현하는 말이다. '정문일침'은 '정수리에 침을 놓는다.'라는 뜻으로, 따끔한 충고나 교훈을 의미한다.

오답 확인 ② '살신성인'은 '옳은 일을 위해 목숨을 바치다.'의 의미이다.
③ '우문현답'은 '어리석은 질문에 대한 현명한 답'을 의미한다.
④ '문일지십'은 '하나를 들으면 열 가지를 안다.'라는 말로, 매우 똑똑함을 의미한다.
⑤ '칠전팔기'는 '일곱 번 넘어지고 여덟 번 일어난다.'라는 뜻으로, 여러 번의 실패를 겪고도 좌절하지 않고 마침내 성공을 이룰 때 쓰는 말이다.

06 제시된 게시 글은 유기 동물을 줄이기 위한 동물 보호 단체의 노력을 다루고 있다. 댓글에서는 반려동물은 동물 병원에서 사야 한다고 말하고 있어 게시 글의 주제에서 벗어난 내용을 다루고 있다. 댓글은 글의 핵심에 대해 간결하게 표현하되, 칭찬을 담아서 표현하는 것이 좋다.

상	문제점과 바람직한 댓글을 모두 바르게 서술한 경우
중	문제점과 바람직한 댓글 중 한 가지가 모호한 경우
하	문제점과 바람직한 댓글 중 한 가지만 서술한 경우

대단원 평가

본문 158~161쪽

01 ③ **02** ⑤ **03** ⑤ **04** [예시 답안] 어머니의 무한한 정성과 사랑 **05** ② **06** ③ **07** [예시 답안] 적절하지 않다. 왜냐하면 이 자료는 이 글의 주제를 뒷받침하지 못하기 때문이다. / 이 자료는 이 글의 주제와 관련이 없어 글의 통일성을 해치기 때문이다. **08** ③ **09** ③ **10** ⑤ **11** ③ **12** [예시 답안] 올바른 언어 습관을 갖도록 노력하자. **13** ② **14** ② **15** [예시 답안] 귀염둥이, 필요한 대답을 바로 제시하지 않고 상대의 잘못을 지적하며 무안하게 함.

01 이 글은 글쓴이의 어린 시절 경험과 그 경험에서 얻은 깨달음을 바탕으로 하여 아들의 태도 변화를 이끌어 내기 위해 쓴 편지 형식의 수필이다.

02 (다), (라)에서 어머니는 학교에 가지 않으려는 '나'를 위해 등굣길에 동행하여 산길의 이슬을 떨어내 주셨다. 이슬떨이는 '어머니'가 '나'를 위해 하신 일이다.

오답 확인 ① (가)의 '아빠가 지금은 소설을 쓰는 사람이니까'에서 글쓴이의 현재 직업이 소설가임을 알 수 있다.
② (가)의 '아들아. ~ 학교 다니기 참 싫었단다.'에서 아들이 학교 다니기 싫어하고 있음을 알 수 있다.
③ (나)에서 학교를 보내려는 어머니와 가지 않으려는 '나'가 실랑이를 벌이고 있다.
④ (다)와 (라)에서 어머니가 등굣길에 동행하여 산길의 이슬을 떨어내 주셨음을 알 수 있다.

03 글쓴이는 자신의 어린 시절 경험을 들려줄 때, 그와 같은 경험을 해 본 적이 없는 아들을 고려하고 있다. (나)~(라)

에서 어린 시절 나눈 대화를 인용하거나 상황을 자세히 제시하여 실감 나게 묘사하고 있다.

04 '이슬떨이'는 '이슬이 내린 길을 갈 때에 맨 앞에 서서 가는 사람'을 말한다. 이슬 내린 길을 가장 먼저 가기 때문에 옷이 흠뻑 젖을 수밖에 없는데, '나'의 어머니는 글쓴이를 위해 이슬떨이를 해 주셨다. 학교에 가기 싫어하는 글쓴이를 훈계하거나 혼내는 대신 직접 등굣길에 동행하여 이슬떨이를 해 줌으로써 '나'가 어머니의 정성과 사랑을 깨닫고 스스로 마음을 고쳐먹도록 노력한 것이다. '꼭 그때가 아니더라도 어머니는 내가 지나온 길 고비고비마다 이슬떨이를 해 주셨다.'라는 말에서 그 이후에도 글쓴이를 위한 어머니의 헌신과 사랑이 계속되었음을 알 수 있다.

상	'어머니', '정성', '사랑', '희생', '헌신' 등의 단어가 들어가도록 깨달음을 쓰고, 명사로 끝맺은 경우
중	'어머니', '정성', '사랑', '희생', '헌신' 등의 단어가 들어가도록 깨달음을 썼지만, 명사로 끝맺지 못한 경우
하	깨달음을 모호하게 쓰고, 명사로 끝맺지 못한 경우

05 글쓰기에 필요한 자료를 수집할 때에는 자료가 글의 주제를 뒷받침할 수 있는지, 글을 쓰는 목적에 적합한지를 판단해야 한다. 글의 목적과 주제에 맞지 않는 자료는 사용하지 말아야 한다.

오답 확인 ① 다양한 종류의 매체를 활용할 수 있지만, 매체의 다양성이 중요한 게 아니라 글의 내용과 관련 있는 자료를 수집하는 것이 중요하다.
③ 글을 쓰는 사람의 수준에 맞는 자료를 선정해야 한다.
④ 독자의 흥미도 고려해야 하지만, 흥미 위주로 자료를 수집하는 것은 적절하지 않다. 글의 내용을 잘 뒷받침할 수 있는 자료를 수집해야 한다.
⑤ 출처가 분명하고 신뢰할 만한 자료를 수집해야 한다.

06 각 문단의 중심 내용을 정리해 보면, (가)는 책 읽기의 좋은 점을, (나)는 책 읽기의 성공적 사례를, (다)는 책 읽기의 생활화 방안을 설명하는 내용으로 (가)~(다)는 중간 부분에 해당한다. (라)는 책 읽기의 생활화를 권유하는 내용으로 끝부분에 해당한다. 따라서 처음 부분이 없으므로 화제를 제시하고 본문에서 다룰 내용을 소개하는 처음 부분에 해당하는 문단을 추가하는 것이 바람직하다.

07 이 글의 주제는 책 읽기의 장점과 생활화 방안이다. 그런데 문제에서 제시한 자료는 종이 책과 전자책의 차이를 바탕으로 종이 책의 장점을 설명한 신문 기사이다. 따라서 이 자료는 종이 책이 아닌 책 읽기에 대해 다룬 이 글의 내용과 관련이 없으며, 이 글의 주제를 뒷받침하지 못한다. 따라서 이 자료를 추가하면 글의 통일성을 해칠 수 있다.

상	적절하지 않다고 평가하고, 그 이유를 통일성과 관련지어 타당하게 서술한 경우
중	적절하지 않다고 평가하였으나, 그 이유를 통일성과 관련지어 타당하게 서술하지 못한 경우
하	적절하다고 평가하고, 그 이유를 통일성과 관련지어 타당하게 서술하지 못한 경우

08 문제에서 제시한 내용은 성공한 부자들이 가난한 사람들에 비해 책 읽는 시간이 더 많다는 내용으로 책 읽기와 성공의 상관관계를 보여 주는 자료이다. 따라서 책 읽기가 성공의 필수 조건임을 이야기하고 있는 (나)의 뒤에 덧붙이는 것이 적절하다.

09 영상물을 제작할 때에는, 먼저 영상물을 기획한다. 이 단계에서는 주제와 목적을 정하고 시청자의 관심과 흥미를 파악하며 영상물의 형식 등을 결정한다. 그러고 나서 영상물을 구성한다. 먼저 시나리오를 작성한 후, 이를 바탕으로 스토리보드를 만든다. 이때 화면 구성 및 대사, 자막, 소리나 음악 등을 구체적으로 구상해야 한다. 그런 다음 적절한 매체를 활용하여 촬영한다. 마지막으로 편집을 하는데, 이때 상영 시간, 주제나 목적 등을 고려한다. 또한 자막, 음향 효과, 음악 등을 삽입하여 완성도를 높인다.

10 이 영상물을 이루는 구성 요소는 시각 이미지와 자막, 내레이션, 음악 등이다. 학생들이 교실에서 대화하는 모습, 손으로 입 주변을 가린 모습, 나이테의 모습 등이 시각 이미지로 제시되어 있고, 내용 이해를 위해 자막과 내레이션 등을 사용하였으며, 진지한 분위기를 조성하는 배경 음악도 사용하였다. 인물들이 나누는 대사는 제시되어 있지 않다.

11 ㉠은 바로 앞에서 배경과 함께 제시된 나이테를 가까이에서 촬영한 것으로, 나이테가 잘 보일 수 있도록 위에서 아래로 대상을 내려다보면서 촬영하였다. 따라서 대상의 일부를 확대하는 클로즈업과 위에서 아래로 대상을 내려다보면서 찍는 하이 앵글 숏을 사용하였다.

12 ㉡의 앞 장면 내레이션에서 '당신의 얼굴도 당신이 쌓아 온 언어 습관을 기록합니다.'라고 하였다. 따라서 10년 후의 얼굴은 지금의 언어 습관에 따라 그 모습이 결정된다고 할 수 있다. 영상물 제작자는 올바른 언어 습관을 통해 올바른 삶을 살게 되길 바라는 마음을 ㉡에 담아 표현한 것이다.

상	주제가 드러나게 의도를 쓰고, 청유형으로 끝맺은 경우
중	주제가 드러나게 의도를 썼지만, 청유형으로 끝맺지 못한 경우
하	주제가 드러나게 의도를 쓰지 못한 경우

13 (나)에서 인터넷 게시판의 댓글은 '하나의 게시물에 대하여 다수가 참여하여 짧은 의견을 제시하는 데 적합한 매체'라고 하였다. 따라서 길고 복잡한 내용을 논리적으로 제시하는 데 효과적이라는 설명은 적절하지 않다.

오답 확인 ① (가)에서 온라인 대화에는 문자와 더불어 다양한 시각 기호를 활용할 수 있다고 설명했다.
③ (다)에서 전자 우편은 네트워크를 통해 전달되기 때문에 즉시 전송하는 신속성이 있으며, 한꺼번에 여러 명에게 동일한 내용을 발송할 수 있다고 설명했다.
④ (라)에서 블로그를 통해 자신이 좋아하는 주제에 대해 글이나 사진, 동영상 등을 활용하여 전문적으로 다룰 수 있다고 설명했다.
⑤ (마)에서 사회 관계망 서비스는 일정한 시간 이상 공개적으로 또는 비공개적으로 자신의 신상 정보를 드러내고 정보 교환을 수행한다고 설명했다.

14 문제에서 주어진 상황을 보면, 글쓴이는 전학 간 친구에게 안부를 전하는 편지를 쓰고 싶어 한다. 그 편지가 외부에 공개되기를 바라지 않으므로 댓글이나 블로그나 사회 관계망 서비스를 활용하는 것은 적절하지 않다. 또한 친구가 아무 때나 편한 시간에 받아 보기를 원하고 있으므로 온라인 대화도 적절하지 않다. 따라서 가장 적절한 매체는 전자 우편이다. 전자 우편에는 사진과 동영상도 첨부가 가능하다.

15 '귀염둥이'는 '아기천사'의 질문에 대해 바로 대답을 해 주지 않고, 오히려 '아기천사'의 잘못을 지적하며 상대를 무안하게 하고 있다. 이러한 행동은 일반적인 대화 예절을 지키지 않은 것으로 적절한 행동으로 볼 수 없다.

상	대화 예절을 어긴 사람을 바르게 지적하고, 필요한 대답을 바로 하지 않은 잘못과 상대를 무안하게 한 잘못을 모두 서술한 경우
중	대화 예절을 어긴 사람을 바르게 지적하고, 필요한 대답을 바로 하지 않은 잘못과 상대를 무안하게 한 잘못 중 하나만 서술한 경우
하	대화 예절을 어긴 사람을 바르게 지적하였으나, 필요한 대답을 바로 하지 않은 잘못과 상대를 무안하게 한 잘못을 모두 서술하지 못한 경우

다섯째 마당 듣기·말하기

01 면담하기와 배려하는 말하기

1. 국어 교사와의 면담

본문 166~167쪽

01 ③ **02** ① **03** ③ **04** ⑤ **05** [예시 답안] 책이나 인터넷을 통한 정보 수집은 의문점 해결에 한계가 있지만, 면담의 과정에서는 의문점을 즉각적으로 해결할 수 있다.

01 면담은 일정한 목적을 위해 적절한 상대방을 만나 상의하거나 질문과 대답을 하는 말하기로, 도중에 궁금한 점을 추가 질문할 수 있다.

02 면담 계획서에는 면담 목적, 대상, 면담 질문지 등이 포함되어 있다. 이 면담의 목적은 기사를 쓰기 위한 정보 수집이다. 국어 교사로서의 자격 평가를 목적으로 하지 않는다.

03 이 면담에서 서현이의 말하기는 주로 국어 교사에 대한 정보를 얻기 위한 질문이나 국어 교사의 답변에 대한 반응이다. 이 과정에서 서현이가 자신의 배경지식을 활용하고 있지 않다. 또한 정보를 얻기 위한 말하기이지 상대방을 설득하는 말하기는 아니다.

오답 확인 ① 서현이는 '국어 교사가 되신 계기가 무엇인가요?', '국어 교사를 하시면서 보람을 느끼실 때는 언제인가요?' 등 상대방에게 예의를 갖추어 질문하고 있다.
② '학생들과 소통하는 능력이 무엇보다 중요하군요.'를 통해 면담자가 상대방의 대답을 요약하여 재확인함을 알 수 있다.
④ '참 재미있었을 것 같아요.', '네.'를 통해 면담 대상의 대답을 경청하고 적절하게 반응함을 알 수 있다.
⑤ 면담의 앞부분에서 면담자 소개, 면담 목적 등 면담에 대한 구체적 정보를 상대방에게 제공하고 있다.

04 질문 이후의 대답이 '교과에 대한 전문 지식 및 수업 능력, 자신만의 교육 철학, 학생들과의 소통 능력'인 것으로 보아 질문은 '국어 교사에게 필요한 능력은 무엇인가요?'라고 할 수 있다.

05 책이나 인터넷을 통한 정보 수집은 직접 만나 이루어지지 않기 때문에 궁금한 점이 생겨도 즉각적으로 해결할 수 없다. 하지만 면담의 경우, 면담 과정에서 생기는 의문점을 즉각적으로 질문할 수 있으며, 면담 대상자의 대답을 생생하게 들을 수 있다는 장점이 있다.

상	책이나 인터넷 활용 방법의 한계점, 면담의 장점을 모두 바르게 서술한 경우
중	책이나 인터넷 활용 방법의 한계점, 면담의 장점을 서술하였지만, 두 내용을 연관시키지 않고 서술한 경우
하	책이나 인터넷 활용 방법의 한계점, 면담의 장점 중 한 가지만 서술한 경우

2. 배려하는 말하기

본문 168~171쪽

01 ③ **02** ⑤ **03** ③ **04** ③ **05** [예시 답안] [A]는 배려하는 말하기를 하여 의사소통에 성공하였고, [B]는 배려하지 않는 말하기를 하여 의사소통에 실패하였다. **06** ⑤ **07** ⑤ **08** ⑤ **09** ③ **10** [예시 답안] 대화는 상대방이 있는 말하기이므로 상대방을 배려하여 말해야 한다.

01 현우는 돈이 부족해 여자 친구가 원하는 선물을 사 주지 못하고 있으며, 여자 친구와의 약속을 지키지 못해 미안해하며 여자 친구가 실망할까 봐 걱정하는 상황이다. 또한 현우는 자신의 상황을 여자 친구가 이해해 주길 바라고 있다.

오답 확인 ① 여자 친구는 현우에게 정중한 표현이 아닌 친근감의 표현으로 반말을 쓰고 있으나, 현우의 말을 중간에 가로채고 있지는 않다.
② 성별에 따른 차별적 표현은 '여교사', '남자 간호사' 등과 같은 표현이다. 현우와 여자 친구 사이의 대화에서는 나타나 있지 않다.
④ 현우가 당황한 이유는 여자 친구가 자신의 선물에 대해 기대감을 표출했기 때문이다.
⑤ (가)의 의사소통 상황만으로 현우와 여자 친구의 관심사가 다름을 확인할 수 없다.

02 현우의 [A]와 같은 반응을 통해 의사소통이 성공했음을 알 수 있다. ⑤는 자신이 기대했던 선물은 아니지만 자신에게 잘 어울린다며 현우의 부담은 줄여 주고, 고맙다고 표현하면서 상대방을 배려하는 말하기를 실천하고 있다. 상대방을 배려하는 말하기는 의사소통을 성공으로 이끌 수 있으며, 더 나아가 상대방과의 관계를 더욱 좋게 만들 수 있다.

오답 확인 ①~④는 모두 상대방(현우)에게 실망하거나 상대방(현우)을 무시하는 부정적 말하기로, 대화 이후 둘의 사이가 어색해질 수 있는 말하기이다.

03 [A]는 성공적인 의사소통의 모습을 보여 준다. 여자 친구의 대답으로 서로의 관계가 좋아졌으므로 어울리는 속담은 '말 한 마디에 천 냥 빚을 갚는다.'이다.

오답 확인 ① 범도 제 말 하면 온다.: 다른 사람에 관한 이야기를 하는데 공교롭게 그 사람이 나타나는 경우를 이르는 말이다.
② 발 없는 말이 천 리 간다.: 말은 비록 발이 없지만 천 리 밖까지도 순식간에 퍼진다는 뜻으로, 말을 삼가야 함을 비유적으로 이르는 말이다.
④ 입은 비뚤어져도 말은 바로 해라.: 상황이 어떻든지 말은 언제나 바르게 하여야 함을 이르는 말이다.
⑤ 남의 잔치에 감 놔라 배 놔라 한다.: 남의 일에 공연히 간섭하고 나섬을 비유적으로 이르는 말이다.

04 현우가 [B]의 반응을 보였을 때, 여자 친구는 상대를 무시하는 부정적인 말을 했기 때문에 남자 친구의 상황을 이해하고 배려하는 말하기를 하라고 조언할 수 있다.

05 여자 친구의 대답에 따라 현우의 반응이 [A]와 [B]로 나누어지고, 이는 의사소통의 성공과 실패로 나누어진다. [A]는 현우와 여자 친구의 관계가 더욱 좋아지고 있기 때문에 성공한 의사소통이며, 이는 여자 친구가 현우를 배려한 말하기를 했기 때문임을 알 수 있다. 그에 반해 [B]의 경우 현우와 여자 친구의 관계가 어색해지고 있는데, 그 원인은 여자 친구가 현우의 상황이나 처지를 배려하여 말하지 않았기 때문이다.

상	[A]와 [B]의 의사소통 성공 여부와 원인이 모두 바르게 제시된 경우
중	• [A] 혹은 [B]의 한 경우에 의사소통 성공 여부와 원인이 모두 바르게 제시된 경우 • [A]와 [B]의 두 경우에 의사소통 성공 여부나 원인 중 한 가지만 바르게 제시한 경우
하	[A] 혹은 [B]의 한 경우에 의사소통 성공 여부나 원인 중 하나만 바르게 제시된 경우

06 (나)는 친구들끼리 이야기를 하다가 '욕설이나 은어 사용 금지'라는 조건 아래서는 이야기를 원활하게 하지 못하는 상황이다. 그만큼 무의식적으로 평상시에 은어와 욕설을 자주 사용한다는 점을 나타내고 있다.

오답 확인 ①, ③ 나이나 성별에 따르는 언어 사용 양상이나 영향력을 파악할 수 없다.
② 친구들끼리 이야기가 원활하지 못한 상황은 부정적 언어 표현을 금지한 이후부터이다. 또한 이야기가 원활하게 진행되지 못한 것일 뿐 이를 두고 친구들과의 사이가 어색해진 것이라고 볼 수 없다.
④ 만화에서 침묵이 흐르는 장면은 말하는 것보다 말하지 않는 것이 더 많은 의미를 전달한다는 내용을 전하기 위한 의도적인 장치가 아니라 욕설이나 은어를 사용하지 않게 되니 어쩔 수 없이 할 말이 없어진 상황을 보여 주는 것이다.

07 (다)는 상대방을 배려하는 말하기로, 상대방에 대한 존중과 배려를 바탕으로 생각과 감정을 이해하고 헤아리는 말하기이다. 배려하는 말하기는 상대방과의 친밀감도 고려 요소 중 하나이지만, 대화의 상황이 공식적인 상황이라면 높임 표현 등 격식을 갖춘 표현을 사용해야 한다.

08 욕설이나 은어는 언어폭력에 해당하는 말로 원활한 의사소통을 방해하고 인간관계를 해친다. 이는 부정적 표현을 사

용하는 사람의 정서에도 악영향을 미치며, 부정적 표현을 듣는 사람의 자존심을 무너뜨리거나 삶을 파괴하는 등 사회적 문제를 낳기도 한다. 그렇기 때문에 순화가 필요하며, 특히 언어폭력이 습관화되어 있는 청소년들에게는 각별한 주의가 필요하다.

09 만화의 의도는 욕설이나 은어 등 언어폭력을 줄이고 순화된 언어를 사용하자는 것이다. 이를 〈조건〉에 맞게 표현하면 '아름다운 우리말을 쓰는 당신이 아름답습니다.'가 적절하다.

오답 확인 ②, ④ 욕설과 은어의 사용이 지나치게 많은 언어 사용의 문제점(만화의 의도)은 드러나 있지만, 같은 단어를 반복 사용하여 의미를 강조하고 있지는 않다.

10 대화는 독백과 다르게 상대방이 있는 말하기이므로 성공적인 의사소통을 위해서는 상대방을 배려하여 말해야 한다.

상	'구체적인 의미'와 '강조하는 말하기 태도'가 모두 바르게 제시된 경우
중	'구체적인 의미'와 '강조하는 말하기 태도' 중 하나가 바르게 제시된 경우
하	'구체적인 의미'와 '강조하는 말하기 태도' 모두 바르게 제시되지 않은 경우

02 토의하기와 판단하며 듣기

1. 교실 청소, 어떻게 할까? 본문 174~177쪽

01 ④ **02** ③ **03** ④ **04** ② **05** ⑤ **06** [예시 답안] 토의자의 의견을 요약정리하였다. 토의자의 의견 교환 순서로 토의를 진행하였다. **07** ④ **08** ② **09** ㉠ 토의자들의 의견 교환, ㉡ 청중과 토의자의 질의응답 **10** ⑤ **11** ② **12** ③

01 이 대화의 종류는 토의이다. 토의의 목적은 최선의 해결 방안을 도출하는 것이다. 즉 일상적인 문제에 대해 함께 모여 토의함으로써 그 문제를 해결할 가장 좋은 방법을 찾아내는 것이 토의의 목적이다.

오답 확인 ① 설득은 토의의 과정에서 필요하지만, 설득이 토의의 궁극적인 목적은 아니다.
③ 토의 중에 다양한 정보가 교환될 수도 있지만, 그것은 문제를 해결하는 최종 목표로 가기 위한 과정에 해당한다.

02 (가)에서는 토의 주제에 대해 많은 학생들이 관심을 가지고 있다는 표현은 있지만 토의의 결과는 제시되지 않고 있다.

오답 확인 ① 토의 주제는 '교실 청소를 어떻게 할까?'로 제시되고 있다.
② 사회자는 토의 절차로 패널 토의의 절차를 설명하고 있다.
④, ⑤ 토의 참여자는 장민수, 강성주, 이소연이고, 이 순서대로 의견 발표가 전개된다.

03 (나)에서 장민수는 청소 당번을 따로 정하지 말고 방과 후에 모든 학생들이 함께 청소를 하는 방식을 주장하고 있다. 이와 같은 주장을 뒷받침하기 위해서 청소가 빨리 끝나 방과 후 시간을 아낄 수 있으며, 청소를 안 하는 학생들이 없어질 것이라는 점을 제시하였다.

04 (다)에서 강성주는 자신의 주장을 논리적으로 펼치고 있다. 현재 단계에서는 상대방의 주장을 반박하기보다는 자신의 주장을 효율적으로 전달하는 것이 바람직하다.

오답 확인 ① 현재 청소 당번의 수가 적어서 청소 시간이 오래 걸리고 청소도 깨끗하게 되지 않는다고 말하고 있다.
③ 청소 당번을 늘리는 해결 방안을 제기하고 있다.
④, ⑤ 청소의 부담이 줄어들고 방과 후 시간을 효율적으로 활용할 수 있다는 근거를 제시하고 있다.

05 (라)에서 토의자는 자신의 주장만을 반복할 뿐 어떤 근거에서 이런 주장이 나왔는지 논리적으로 밝히고 있지 않다. 토의에서 주장을 할 때에는 타당성이 있는 논거를 바탕으로 주장을 펼쳐야 한다. 주장만 반복한다고 해서 주장의 설득력이 높아지는 것은 아니다.

오답 확인 ① 각자 자기 자리는 자기가 청소하자는 분명한 주장을 제시하였다.
② 개인적 경험을 제시하지는 않았다.
③ 자신의 주장을 내세울 뿐 다른 사람의 의견에 대해서는 언급하지 않았다.
④ 토의 주제인 '청소를 어떻게 할 것인가'와 연관된 내용이다.

06 (마)에서 사회자는 토의자들의 주장을 하나씩 정리한 후에 토의자들에게 서로의 의견에 대해 궁금한 점이나 반박하고 싶은 부분이 있으면 의견을 나누라고 하면서 토의의 다음 단계로 진행하고 있다. 이와 같이 사회자는 적절하게 토의 내용을 정리하고, 토의 순서에 맞게 토의를 진행하는 역할을 수행해야 한다.

상	토의자 의견의 요약정리와 토의 진행이라는 두 가지 요소를 모두 제대로 서술한 경우
중	토의자 의견의 요약정리와 토의 진행이라는 두 가지 요소 중 한 가지만 제대로 서술한 경우
하	토의자 의견의 요약정리와 토의 진행이라는 두 가지 요소를 모두 제대로 서술하지 못한 경우

07 청중의 발언을 살펴보면 토의자에게 궁금한 점에 관해 질문하고 있다는 것을 알 수 있다. 청중이 토의자의 주장에 반박한다는 것은 잘못된 설명이다.

오답 확인 ①, ② 토의자 간에 의견을 교환하고 조정하면서 가장 바람직한 해결 방안을 찾아내고 있다.
⑤ 사회자는 토의를 정리하고 진행할 뿐 토의자들의 의견 교환에 개입하지 않는다.

08 (가)에서 장민수는 자신의 의견과 유사한 의견을 낸 이소연의 의견에 동의하면서 의견을 조정하려는 시도를 하고 있다. 장민수의 의견은 교실 청소를 모든 학생들이 남아서 함께하자는 것이다. 이 의견은 모든 학생들이 자기 자리를 스스로 청소하고 따로 청소 시간을 갖지 말자는 이소연의 의견과 유사하므로 장민수가 이소연의 의견에 동의하게 된 것이다.

09 이와 같은 토의 방식을 패널 토의라고 한다. 패널 토의는 토의자의 의견 발표가 있은 후 토의자 간의 의견 교환과 조정이 있고 그 후에 청중과 토의자 간의 질의응답이 있은 후에 토의가 마무리된다. 패널 토의의 가장 중요한 특징은 청중이 존재하고 전문가인 패널이 토의를 진행하며 청중과 패널과의 질의응답이 이루어진다는 것이다.

10 (나)에서 토의자는 청소 당번이 없으면 자기 자리를 잘 청소하지 않는 학생의 경우에는 그 자리가 계속 더러운 상태로 유지될 수 있다는 점을 지적하고 있다. 그래서 (나)의 토의자는 최소한의 청소 당번은 유지해야 한다고 주장하고 있다.

11 (바)에서 사회자는 청중과 토의자의 질의응답이 끝난 후, 토의 결과를 정리하고 토의를 마무리하고 있다. 토의에서 최선의 해결책을 마련했으므로 새로운 논제를 제기하고 있지는 않다.

오답 확인 ① (바)에서 사회자는 토의를 끝내는 역할을 하고 있다.
③ 사회자는 '교실 청소는 각자 자기 자리를 스스로 청소하고 방과 후에 청소 당번 2명이 주번과 함께 마무리한다.'는 토의의 결과를 발표했다.
④ 사회자는 토의 결과를 알려 주면서 토의에서 합의된 내용을 잘 실천해서 깨끗한 교실을 만들어 가자고 당부하고 있다.
⑤ 사회자는 토의자와 청중 모두에게 감사함을 표현하였다.

12 토의를 할 때에는 협력적인 태도가 매우 중요하다. 토의의 목적이 문제를 해결하기 위한 최선의 해결책을 찾는 것이므로 서로 협력하는 태도가 필요한 것이다. 그러기 위해서는 자신의 의견만을 고집하지 말고 다른 사람의 의견과 자신의 의견을 견주어 보며 더 좋은 의견으로 조정해 가는 것이 필요하다. ㉢에서 '자기 자리를 깨끗하게 유지하는 것은 당연한 일입니다.'라고 말한 것은 다른 사람의 주장에 큰 의미를 부여하지 않는 것으로, 협력적인 태도로 보기 어렵다.

2. 판단하며 듣기

본문 178~179쪽

01 ③ **02** ⑤ **03** ⑤ **04** ③ **05** [예시 답안] 여러분도 우리 동아리에 들어오면 이렇게 훌륭한 로봇 과학자가 될 수 있습니다. **06** ①

01 (가)는 라디오 광고이고, (나)는 동아리 가입을 권유하는 연설이다. 광고는 다양한 설득 전략을 활용하여 소비자가 제품을 구입할 수 있도록 설득한다. 그 과정에서 허위나 과장된 내용이 들어갈 수도 있고 제품의 성능과는 관련이 없는 내용으로 소비자를 현혹할 수 있으므로 내용의 타당성을 판단하며 들어야 한다. 동아리 가입 연설의 경우에도 동아리에 가입시키기 위해서 주장과 근거 간에 연관성이 없거나 근거로부터 주장을 이끌어 내는 데 오류가 있거나 다른 정보가 더 필요한 근거를 사용하는 경우가 생길 수 있다. 그러므로 이런 연설을 들을 때에도 내용의 타당성을 판단하면서 들어야 한다.

02 (가)에서는 다이어트 보조 식품인 ×××를 복용하면 누구나 살을 뺄 수 있다는 주장을 하고 있다. 그리고 이를 뒷받침하기 위해서 여배우의 사례와 판매량이 1위라는 점, 제품을 만든 기업이 우수 납세 기업이라는 점을 제시하고 있다. 궁극적으로 광고를 하는 목적은 제품을 판매하기 위한 것이다.

03 (가)에서 당신도 다이어트 성공의 주인공이 되라는 것은 소비자가 다이어트에 성공하라는 말이다. 이 말은 누구나 살을 빼야 한다고 과장한 말은 아니다.

오답 확인 ① 다이어트 보조 식품인 ×××를 먹으면 누구나 살을 뺄 수 있는 것은 아니므로 과장 광고에 해당한다.
② 판매량이 많다고 해서 제품의 효과가 증명되는 것은 아니다.
③ 여배우의 체중이 줄어든 데에는 다른 이유가 있을 수 있다. 운동을 규칙적으로 한다든지 먹는 음식의 양을 줄였다든지 하는 이유가 있을 수 있다.
④ 우수 납세 기업이라는 것은 분명히 칭찬받을 만한 사실이지만, 이것이 제품의 우수성을 보장하는 것은 아니다.

04 (나)에서는 동아리에 가입하면 로봇 전문가가 될 수 있다고 주장하고 있다. 이 주장을 뒷받침하기 위해서 여러 가지 근거들을 제시하고 있다. 그 근거는 다음과 같다. 첫째, 1주일에 한 번씩 로봇 관련 자료나 책을 담당 선생님의 도움을 받으며 읽는다. 둘째, 동아리 학생들 간의 친목을 위해

한 달에 한 번씩 영화를 보거나 놀이공원에 간다. 셋째, 청소년 로봇 박람회에 참가한다. 넷째, 동아리에 학업 성적이 좋은 선배들이 많아서 성적을 올리는 데 도움을 받을 수 있다. 다섯째, 로봇 과학자인 □□□ 박사님이 이 동아리의 출신이다.

05 (나)에서 주장을 뒷받침하는 근거 중 로봇 과학자인 □□□ 박사님이 이 동아리 출신이므로 이 동아리에 들어오면 훌륭한 과학자가 될 수 있다는 것은 □□□ 박사 한 명의 사례이므로 타당성이 없다. 그리고 □□□ 박사님이 로봇 과학자가 된 데에는 이 동아리 출신이라는 점 외에 다른 원인들이나 다른 정보도 있을 수 있으므로 이 동아리에 들어오면 훌륭한 과학자가 될 수 있다는 것은 타당성이 떨어진다.

상	'여러분도 우리 동아리에 들어오면 이렇게 훌륭한 로봇 과학자가 될 수 있습니다.'라는 내용을 정확히 찾아 서술한 경우
중	'여러분도 우리 동아리에 들어오면 이렇게 훌륭한 로봇 과학자가 될 수 있습니다.'라는 내용을 정확히 찾아 서술하지 않고 자신의 말로 서술한 경우
하	'여러분도 우리 동아리에 들어오면 이렇게 훌륭한 로봇 과학자가 될 수 있습니다.'라는 내용을 제대로 찾아 서술하지 못한 경우

06 ㉠은 동아리 구성원들이 친목을 다지기 위해 한 달에 한 번씩 영화를 보거나 놀이공원에 간다는 내용이다. 동아리의 목적은 로봇과 관련된 지식을 얻어 로봇 전문가가 되는 것이라고 앞에서 주장하고 있으므로 이와 같은 내용은 주장과 연관성이 없는 근거라고 할 수 있다.

오답 확인 ② 한 달에 한 번씩 친목을 도모하는 것이 과장된 내용은 아니다.
③ 확인되지는 않았지만 허위 사실이라고 단정 지을 수는 없다.
④ 주장과 모순이 있는 내용은 아니다. 연관성이 없을 뿐이다.
⑤ 한 달에 한 번씩 영화를 보거나 놀이공원에 간다는 것은 객관성을 따질 만한 문제가 아니다.

대단원 평가

본문 180~183쪽

01 ⑤ **02** ⑤ **03** [예시 답안] 중학생 때, 국어 시간에 한 발표에 대해 선생님의 칭찬을 받았기 때문이다. **04** ③ **05** ③ **06** ⑤ **07** ① **08** [예시 답안] <보기>의 말하기는 상대방을 배려하지 않은 말하기이고, ㉠은 상대방을 배려한 말하기이다. **09** ① **10** ② **11** ② **12** [예시 답안] '저는 이소연 학생 의견에 동의합니다.', '자기 자리를 스스로 청소해야 한다는 것에는 동의합니다.'와 같은 협력적인 태도가 바람직하다고 볼 수 있다. **13** ③ **14** ④ **15** [예시 답안] 우리 로봇 동아리에 가입하면 로봇 전문가가 될 수 있습니다. **16** ⑤

01 이 면담은 학생이 자신을 담당하는 국어 교사와 면담한 내용이다. 국어 교사가 된 계기, 국어 교사가 되는 방법, 국어 교사에게 필요한 능력 등과 관련된 정보를 얻을 수 있다.

오답 확인 ① 학교 선생님이므로 교육 전문가라고 할 수 있다.
② 국어 교사에 대한 기사를 쓰기 위한 면담이라고 목적을 밝히고 있다.
③ 국어 교사에 대한 정보를 얻기 위한 면담이다.
④ 피면담자의 말을 참고하면 이미 면담 질문지를 받아 보았음을 알 수 있다.

02 (가)에서 면담자는 피면담자와 면담을 시작하면서 면담에 대해 소개하고 면담과 관련된 사항에 대해 피면담자와 협의하고 있다. (나)에서는 본격적으로 면담을 시작하고 있다. 주안적 질문을 던진 후 '어떤 수업이었나요?'라는 부차적인 질문을 통해 원하는 정보를 더욱 구체적으로 이끌어 내고 있다.

03 (나)를 보면 피면담자가 국어 교사가 된 데에는 중학생 때의 경험이 중요한 역할을 했음을 알 수 있다. 피면담자가 중학교 때 국어 시간에 발표를 했고 그 발표에 대해 당시 국어 선생님의 칭찬을 받으면서 국어 교사라는 직업에 관심을 갖게 되었다는 것이다.

상	중학생 때, 국어 시간에 칭찬을 받았기 때문이라고 한 문장으로 서술한 경우
중	중학생 때, 국어 시간에 칭찬을 받았기 때문이라고 서술하였으나 내용이 미흡하거나 한 문장이 아닌 경우
하	중학생 때, 국어 시간에 칭찬을 받았기 때문이라고 제대로 서술하지 못한 경우

04 (다)와 (라)에는 국어 교사와 관련된 다양한 정보가 면담을 통해 제시되고 있다. 면담 내용을 살펴보면 국어 교사가 되기 위해서는 국어에 대한 전문적 지식뿐만 아니라 자신만의 교육 철학이 필요하다고 말하고 있다. 자신만의 교육 철학을 갖기 위해 국어에 대한 전문적 지식이 필요한 것과는 구별된다.

05 (가)는 배려하는 말하기의 방식이 잘 드러나고 있는 대화이므로 상반된 태도가 드러나는 대화라고 보기는 어렵다.

오답 확인 ① (가)는 남녀 친구 사이의 대화이고, (나)는 일상 속의 친구들 간의 대화를 소재로 하고 있다.

06 (나)에서는 친구들과 대화를 원활하게 나누던 청소년들이 욕설과 은어를 사용하지 않기로 하고 대화를 나누게 하자 원활하게 대화를 나누지 못하는 모습을 보여 준다. 이는 청소년들이 평소에 얼마나 남들에게 상처를 주는 말을 많이 사용하는지 보여 주고 있다.

07 이덕무의 『사소절』의 언어 편에 실린 이야기는 다른 사람이 처한 상황을 잘 살펴서 말을 해야 한다는 것을 구체적인 예를 들어 말하고 있다. 자신의 상황을 말할 때에도 그 말을 듣는 사람의 상황을 고려하여 말하는 것이 예의에 맞는 말하기라는 것이다. 여름철에 솜옷을 입고 있을 수밖에 없는 사람의 처지를 고려하여 덥다고 말하는 것을 삼가고, 겨울철에 홑옷을 입고 있을 수밖에 없는 사람의 처지를 고려하여 춥다고 말하지 말아야 한다는 것이다.

08 ㉠은 여자 친구가 원하는 생일 선물을 돈이 모자라서 사지 못한 현우에게 여자 친구가 하는 말이다. 여자 친구는 현우가 자신에게 미안해하고 있다는 것을 알고 있다. 여자 친구는 이런 현우의 마음을 배려하여 현우의 마음을 가볍게 해 줄 수 있는 말을 하고 있다. 이와 같은 말하기는 남을 배려하는 말하기라고 할 수 있다. 이와는 반대로 〈보기〉의 말하기는 자신의 감정을 있는 그대로 솔직하게 표현하고 있다. 솔직하고 정확하기는 하지만 남을 배려한 말하기라고 보기는 어렵다.

상	〈보기〉는 상대방을 배려하지 않은 말하기이고, ㉠은 상대방을 배려한 말하기임을 한 문장으로 서술한 경우
중	〈보기〉는 상대방을 배려하지 않은 말하기이고, ㉠은 상대방을 배려한 말하기임을 서술하였으나, 내용이 미흡하거나 한 문장이 아닌 경우
하	〈보기〉는 상대방을 배려하지 않은 말하기이고, ㉠은 상대방을 배려한 말하기임을 제대로 서술하지 못한 경우

09 이 토의에서 토의자들이 하는 주장을 살펴보면 토의의 주제를 알 수 있다. 각 토의자들은 교실 청소를 효율적으로 하기 위해 자기 나름대로의 방식을 제시하고 있다. 그러므로 이 토의의 주제는 '교실 청소를 어떻게 할 것인가?'이다.

오답 확인 ③ 교실 청소를 하는 당번의 수만을 논의하는 것이 아니라 청소 방식 전체에 대한 의견을 교환하고 있다.

10 (가)에서 장민수는 교실 청소를 청소 당번을 정해서 하지 말고 수업이 끝난 후에 모든 학생들이 함께 청소하는 방식을 제안하고 있다. 그 근거로는 청소 당번 중에서 일부만 열심히 하고 일부는 열심히 하지 않는 문제가 해결될 수 있으며, 청소 시간이 짧아져서 방과 후의 시간을 적절하게 활용할 수 있다는 점을 제시하였다.

11 (나)는 강성주의 주장이고, (다)는 이소연의 주장이다. (나)에서 강성주는 청소 당번의 수를 현재보다 늘리자는 의견을 제시하면서 청소 당번을 늘림으로써 청소를 더욱 효율적으로 할 수 있다는 것을 근거로 제시하였다. (다)에서 이소연은 각자 자기 자리를 스스로 청소한다면 특별히 청소 시간을 갖지 않아도 된다는 의견을 제시하였다. 이는 현재의 청소 방식을 획기적으로 바꾸는 방식이라고 할 수 있다. 이에 비해 강성주의 의견은 기존의 청소 방식에서 당번의 수를 늘리는 것이므로 획기적인 방법의 전환이 이루어지는 것은 아니다.

12 (라)에서 장민수는 이소연의 의견에 동의하였으며, (마)에서 강성주는 이소연의 의견에 동의하면서도 청소 당번을 없애는 문제에 대해서는 동의하지 않고 있다. 두 토의자 모두 서로 다른 토의자의 의견에 동의 또는 반대의 의견을 표현하면서 최선의 해결책을 찾아가려는 노력을 하고 있다. 토의에서는 이와 같은 협력적인 태도가 바탕이 되어야 한다. 두 토의자의 말 중에서 협력적인 태도가 강하게 드러나는 말은 다음과 같다.

- 저는 이소연 학생 의견에 동의합니다.
- 이소연 학생의 의견을 받아들여서
- 자기 자리를 스스로 청소해야 한다는 것에는 동의합니다.
- 저는 최소한의 청소 당번은 유지하는 것이 좋다고 생각합니다.

상	구체적인 예를 들어 바람직한 토의 태도를 한 문장으로 서술한 경우
중	구체적인 예를 들지 못했거나 한 문장으로 서술하지 못한 경우
하	바람직한 토의 태도가 무엇인지 이해하지 못하고 서술한 경우

13 내용의 타당성이란 주장과 근거의 관계가 논리적인 것을 의미한다. 내용의 타당성을 판단한다는 것은 근거로부터 주장을 이끌어 내는 데 오류가 없으며 논리적으로 제시되어 있는지를 살펴보는 것이다. 그러므로 주장이 얼마나 창의적인지는 판단의 대상이 되지 않는다.

오답 확인 ① 내용의 타당성을 살피기 위해서는 우선 주장이 분명하게 제시되어 있는지를 판단해 보아야 한다.
② 주장을 뒷받침하는 근거가 타당성이 있으려면 근거가 주장과 연관성이 있어야 한다.
④ 근거가 주장을 이끌어 내기에 충분한가를 살펴보아야 한다. 그 근거에 더 많은 정보가 추가되어야 한다면 그것은 타당성이 떨어지는 근거이다.
⑤ 주장의 내용과 근거의 내용을 비추어 볼 때, 서로 모순되거나 오류가 있으면 내용의 타당성이 없다고 할 수 있다.

14 (가)는 다이어트 보조 식품의 광고로, 제품의 판매를 목적으로 하는 제품 광고이다.

오답 확인 ① 이 광고의 목적은 다이어트 보조 식품의 판매이다.
② 광고의 목적으로 볼 때, 다이어트에 관심이 있는 사람을 대상으로 할 것이라는 점을 예측할 수 있다.
③ 유명인을 등장시켜 제품의 효용성이 매우 크다는 것을 강조하고 소비자들의 모방 심리를 자극하려는 설득 전략을 보여 준다.
⑤ 제시된 근거들은 모두 타당성이 떨어지는 근거들이다. 타당하다고 분

석한 판매량 1위도 제품의 효능을 직접적으로 증명할 수는 없으므로 타당성이 떨어지는 근거이다.

15 (나)에서 주장하는 것은 '로봇 동아리 '멋진 신세계'에 들어오면 로봇 전문가가 될 수 있다.'이다. 그리고 그 근거를 5가지로 제시하고 있다. 제시된 근거는 다음과 같다.

- 1주일에 한 번씩 로봇 관련 책이나 자료를 함께 읽는다.
- 친목을 다지기 위해 한 달에 한 번씩 영화를 보거나 놀이공원에 놀러 가는 행사를 갖는다.
- 청소년 로봇 박람회에 참가한다.
- 성적이 좋은 선배들의 도움으로 성적을 올릴 수 있다.
- 로봇 과학자인 □□□ 박사님이 이 동아리 출신이다.

상	동아리에 가입하면 로봇 전문가가 될 수 있다는 주장을 연설 형식으로 된 하나의 문장으로 서술한 경우
중	동아리에 가입하면 로봇 전문가가 될 수 있다는 주장을 서술했으나, 연설 형식으로 된 하나의 문장으로 서술하지 못한 경우
하	동아리에 가입하면 로봇 전문가가 될 수 있다는 주장을 제대로 서술하지 못한 경우

16 ⓜ의 경우에는 로봇 전문가와 관련된 내용이기는 하지만 □□□ 박사가 동아리 출신인 것만으로는 충분히 주장을 뒷받침한다고 보기 어렵다. □□□ 박사가 로봇 전문가가 된 이유가 여러 가지일 수 있기 때문이다.

오답 확인 ① ㉠은 로봇 동아리의 목적에 어울리며 로봇과 관련된 자료나 책을 읽는 것은 로봇 전문가가 될 수 있다는 주장의 근거로 적절하다.

② ㉡은 로봇 동아리에 가입하여 로봇 전문가가 되는 일과 연관성이 없는 주장이다.

③ ㉢은 로봇과 관련하여 전문성을 키울 수 있는 활동이므로 타당하다.

④ ㉣은 학생들에게 도움이 되기는 하겠지만 로봇과 관련이 없으므로 적절하지 않다.

뉴런 국어 1

정답과 해설

실전책

정답과 해설 실전책

첫째 마당 문학

01 비유와 상징의 표현 효과

1. 포근한 봄 본문 10~11쪽

[학습 목표 응용] 01 ③ 02 ⑤ 03 ⑤ 04 ⑤
[고난도 응용] 01 ⑤ 02 ② 03 [예시 답안] 두 시에 공통적으로 사용된 비유적 표현은 직유법이다. 이를 통해 대상을 더욱 생생하게 표현할 수 있다.

[학습 목표 응용]

01 이 시는 주로 촉각적 심상과 시각적 심상을 활용하여 봄철에 내리는 봄눈의 포근함과 부드러움을 노래하고 있다. 다양한 심상을 사용하여 상반된 느낌을 표현하고 있다는 설명은 적절하지 않다. 포근함과 부드러움은 상반된 느낌이라고 보기는 어렵기 때문이다.

02 이 시에서 봄눈은 아쉬움을 불러오는 소재가 아니라 부드럽고 포근한 느낌을 주는 소재라고 할 수 있다.

03 이 시의 주된 표현 방법은 표현하고자 하는 대상을 다른 대상에 직접적으로 빗대어 표현하는 직유법이다. 직유법은 '~처럼, ~같이, ~듯이, ~인 양' 등과 같은 연결어를 활용하여 비유하는 특징이 있다.

오답 확인 ①, ②, ③ 비유법이 사용되지 않은 시구이다.
④ 자연물을 마치 사람처럼 표현하는 의인법이 사용되고 있다.

04 이 시의 말하는 이는 봄눈이 내리는 모습을 바라보고 있다. 말하는 이가 느끼는 봄눈의 느낌은 포근함과 부드러움이다.

오답 확인 ① 말하는 이는 봄눈을 보고 있지만 추억에 잠기지는 않는다.
② 봄눈이 내리는 상황 속에 있지만 자연과의 조화에 대한 소망을 드러내고 있지는 않다.
③ 말하는 이는 봄눈을 바라보고 있지만 미래에 대한 소망이나 의지를 보이고 있지는 않다.
④ 봄눈은 겨울눈과 자연스럽게 대조를 이루지만 이 시에서는 이를 대조하고 있지 않다.

[고난도 응용]

01 5연에서는 시행을 의도적으로 점점 길게 배치하여 봄눈이 쌓이는 모습을 시각적으로 형상화하고 있다. 그리고 대상을 봄에서 봄의 하늘로 다시 봄 하늘의 봄눈으로 점점 좁혀 가며 봄눈의 느낌을 표현하고 있다. 그리고 봄, 하늘과 같은 단어가 반복되어 운율을 형성하는 효과도 거두고 있다.

02 ㉠ 같은 문장 구조를 반복하여 다양한 효과를 얻을 수 있다. 하지만 봄눈의 부드러움을 강조하는 효과는 없다.

오답 확인 ① 같은 문장이 반복되므로 운율을 형성할 수 있다.
③ 봄눈이 내리는 장소가 강조되는 효과를 주어 봄눈이 골고루 내리는 느낌을 준다.
④ 각각의 장소를 각각의 행으로 표현함으로써 봄눈이 천천히 내리는 것 같이 느껴진다.
⑤ 봄눈이 내리는 장소를 살피는 말하는 이의 시선이 더 잘 느껴진다.

03 〈보기〉의 시를 보면 '구름에 달 가듯 / 가는 나그네'에서 직유법이 사용되었음을 알 수 있다. 직유법은 '봄빛처럼 포근한 눈'이나 '새끼 고양이의 눈처럼 보드라운'에서도 활용되고 있는 표현 방법이므로 〈보기〉와 이 시에 공통적으로 활용된 표현 방법이다. 이와 같은 표현을 통해 대상을 더욱 생생하게 표현할 수 있다.

상	표현법과 표현 효과를 모두 적절하게 제시한 경우
중	표현법과 표현 효과 중 한 가지만 적절하게 제시한 경우
하	표현법과 표현 효과 모두 적절하게 제시하지 못한 경우

2. 새로운 길 본문 12~13쪽

[학습 목표 응용] 01 ① 02 ④ 03 ④ 04 ①
[고난도 응용] 01 ⑤ 02 ④ 03 [예시 답안] 조국의 독립을 위해 헌신하는 삶의 길을 의미한다.

[학습 목표 응용]

01 이 시는 '길, 내, 숲, 고개, 마을, 민들레, 까치, 아가씨, 바람' 등의 시어가 가진 상징적 의미가 시의 주제를 형성하고 있는 시이다.

오답 확인 ② 자연을 소재로 하고 있지만 자연 속에서 누리는 조화로운 삶을 추구하지는 않는다.
③ 이 시는 현재 상황에서 자신이 걸어온 길과 앞으로 걸어갈 길을 생각하고 있으므로 시간이 역전되어 있지 않다.
④ 비유적 표현이 사용되지 않았고 상징이 사용되었다.
⑤ 소리를 흉내 낸 의성어와 행동을 흉내 낸 의태어가 사용되지는 않았다.

02 시에서 첫 연을 끝 연에 다시 반복하는 구성을 수미상관이라고 한다. 같은 내용을 반복하는 것이므로 수미상관을 통해 새로운 심상이 만들어지지는 않는다.

오답 확인 ① 수미상관은 기본적으로 같은 내용이 반복되는 것이므로 운율을 형성한다.
② 마지막에서 앞의 내용이 반복되므로 시적 여운을 형성한다.
③ 앞뒤에 같은 내용이 반복되어 균형을 이루므로 시 전체가 안정된 느낌을 준다.
⑤ 같은 내용이 반복되므로 의미를 강조하는 효과가 생긴다.

03 이 시의 주된 표현 방법은 상징이다. ④에서 벽은 힘들고 고된 현실을 의미하고, 담쟁이는 고난의 현실을 극복하려는 의지를 상징한다.

오답 확인 ① 비유적 표현 중에서 은유법을 사용하였다.
② 비유적 표현 중에서 의인법이 사용되었다.
③ 의도와 반대로 표현하는 반어법이 사용된 시구이다.
⑤ 단어를 나열하듯이 제시하는 열거법이 사용되었다.

04 이 시는 자신에게 주어진 길을 묵묵히 걸어가겠다는 다짐을 주제로 한 시이다. 그 '길'은 과거로부터 현재로 그리고 미래로 이어지는 길이고, '숲'과 '마을'로 상징되는 평화와 희망으로 나아가는 길이다. 그 과정에서 겪게 되는 고난은 '내'와 '고개'로 상징되고 있으며, '민들레, 까치, 아가씨, 바람'은 그 길에서 만나게 될 많은 존재들을 의미한다.

[고난도 응용]

01 〈보기〉의 설명은 상징적 표현에 대한 설명이다. 이 시에서는 '길, 내, 숲, 고개, 마을, 민들레, 까치, 아가씨, 바람'과 같은 소재들이 모두 상징적인의 의미를 나타낸다. 하지만 '나'는 이 시의 말하는 이로 상징성을 가진 시어로 보기 어렵다.

02 이 시에서 말하는 이는 자신이 걸어가는 길 가운데에서 많은 존재들을 만난다는 점을 드러냈지만 그들을 통해 삶의 위로와 위안을 얻는다는 표현까지 나아가지는 않았다.

03 〈보기〉에서 설명하고 있는 시인의 삶은 어두운 조국의 현실과 역사에 대한 자각을 바탕으로 일제에 저항하며 살아갔던 삶이다. 이를 바탕으로 이 시를 해석할 때, 이 시에서 말하는 이가 걸어가려고 하는 길은 조국의 독립을 위해 식민지의 지식인으로서 걸어가야 할 길이라고 할 수 있다.

상	조국의 독립을 위해 헌신하는 시인의 삶의 자세라는 내용이 적절히 포함된 경우
중	'독립', '광복'이라는 단어가 포함되어 있으나 시인의 삶의 자세를 적절히 제시하지 못한 경우
하	독립과 관련된 내용이 포함되어 있지 않고 시인의 삶의 자세가 적절히 제시되지 않은 경우

3. 오우가

본문 14~15쪽

[학습 목표 응용] 01 ① 02 ② 03 ⑤ 04 ④
[고난도 응용] 01 ④ 02 고난과 시련에 굴하지 않는 03 [예시 답안] 의인법을 통해 친근감을 유발하는 효과를 거둘 수 있다.

[학습 목표 응용]

01 이 시에서 말하는 이는 자연물 속에서 다섯 친구를 고르고 그 다섯 친구가 가진 덕성을 칭송하고 있다. 말하는 이가 다섯 친구를 통해 칭송하려는 덕성은 모두 유교적인 덕목이다. 그러므로 말하는 이는 유교적인 가치관을 가진 존재라고 할 수 있다.

오답 확인 ④ 자연물을 통해 인간이 가져야 할 바람직한 덕목을 제시하고 있기는 하지만 자신이 어떤 삶을 살지 못했다고 반성한다든지 앞으로 어떻게 살아야겠다고 고민하는 모습은 드러나지 않는다.
⑤ 자연물에 대한 친밀함을 드러내고 있기는 하지만 자연의 아름다움에 대해 감탄하는 마음을 보이지는 않는다.

02 이 시의 자연물 중에서 '바위'는 변하지 않고 과묵한 특징을 드러내는 소재가 아니라 '변하지 않음'을 보여 주는 소재이다. '과묵하다'는 특징은 '보고도 말 아니하는'이라고 표현된 '달'의 특징이라고 할 수 있다.

03 이 시의 주된 표현 방법은 자연물을 인간처럼 표현하는 의인법이다.

오답 확인 ①, ② 비유적 표현으로 직유법이 사용되었다.
③ 비유적 표현으로 직유법이 사용되었고 반복법, 생략법이 사용되었다.
④ 비유적 표현 중에서 일부로 전체를 대신하는 대유법이 사용되었다.

04 이 시에서는 말하는 이가 칭송하는 자연물과 함께 대조적인 특성을 보이는 자연물을 함께 제시하여 표현의 효과를 높이고 있다. 하지만 '구름'과 '바람'은 모두 '물'과 대조를 이루고 있는 소재로 두 소재는 변화가 심하다는 공통점을 가진 소재라고 할 수 있다.

[고난도 응용]

01 이 시에서 바위와 물은 불변성을 공통점으로 가지고 있는 소재라고 할 수 있다. 물은 구름이나 바람에 비해 그치지 않는 영원함을 가진 존재로 표현되어 있으며, 바위는 꽃, 풀과 대조되게 변하지 않는 존재로 표현되고 있기 때문이다.

02 이 시에서 소나무는 뿌리가 곧은 특징을 가지고 있으며 눈서리를 모른다고 표현되고 있다. 눈서리를 모른다는 것은 고난과 시련에 굴하지 않는 삶을, 곧고 꿋꿋한 삶의 태도를 상징한다고 할 수 있다.

03 〈보기〉에서는 '산'을 의인화하여 표현하고 있으므로 이 시의 표현 방식과 유사성을 가지고 있다. 이와 같이 의인법을 사용하여 얻을 수 있는 효과는 대상에 대한 친근감을 표현하여 독자로 하여금 대상에 더 쉽게 다가갈 수 있도록 하는 것이다.

상	공통적으로 사용된 비유법이 의인법이라 지적하고, 이를 통해 얻을 수 있는 효과인 친근감을 유발한다는 내용이 적절히 포함된 경우
중	공통적으로 사용된 비유법이 의인법이라는 것은 지적하였으나, 이를 통해 얻을 수 있는 효과에 대해 명확하게 서술하지 못한 경우
하	공통적으로 사용된 비유법을 찾지 못하고, 이를 통해 얻을 수 있는 효과에 대해서도 적절하게 서술하지 못한 경우

4. 사막을 같이 가는 벗

본문 16~17쪽

[학습 목표 응용] 01 ③ 02 ③ 03 ⑤
[고난도 응용] 01 ④ 02 ③ 03 [예시 답안] (1) 은유법 (2) 각박한 세상을 친구가 없이 홀로 살아가는 것

[학습 목표 응용]

01 이 글에서 글쓴이가 시간의 흐름에 따라 자신이 체험했던 일화들을 나열한 내용은 드러나지 않았다.

오답 확인 ① 글쓴이는 학창 시절에 친한 친구와 떨어져서 힘들었던 경험과 학창 시절 이후에 힘든 삶을 살았던 경험 등을 통해 진정한 친구의 필요성에 대한 자신의 깨달음을 전달하고 있다.
② 글쓴이는 어른이 된 후에 학창 시절에 대한 기억을 떠올리며 이와 관련지어 우정에 대한 자신의 생각을 드러내고 있다.
④ (마)에서 '세상이 온통 ~ 가득 차 있다.'라는 과장법을 통해 험난한 세상살이를 강조하고 있다.
⑤ (라)의 첫 문장과 둘째 문장, 셋째 문장과 넷째 문장에서 도치법을 사용하고 있으며, 이러한 변화를 통해 지루한 느낌을 없애는 효과가 있다.

02 '인생'이라는 '항해'에서 만나는 '파도'는 홀로 헤쳐 가야 하는 '고난'을 의미한다. 이 고난은 학기 초에 겪는 외로움과는 비교도 안 될 만큼 힘든 일이라고 말하고 있다.

오답 확인 ① '인생의 항해'를 '망망대해를 헤매는 것'이라는 직유법을 사용하여 드러내고 있다.
② '인생의 항해'는 'A는 B이다' 형식의 은유법을 사용하여 인생살이를 비유한 것이다.
④ '망망대해', '항해', '파도' 등은 인생이 그만큼 살기 힘들다는 특성을 나타내기 위해 이와 유사한 특성을 지닌 바다의 항해에 비유한 것이라고 할 수 있다.
⑤ 직유법, 은유법 등의 비유를 사용하는 이유는 대상이 지닌 의미를 더욱 생생하고 실감 나게 떠올리도록 하는 효과를 얻기 위한 것이다.

03 ㉡과 ㉢의 '탑'과 '열매'는 '진정한 우정'을 비유하는 말이며, 글쓴이는 이러한 것을 '내가 먼저' 이루어야 한다고 했으므로 '탑을 제대로 쌓는 사람'과 '빛깔 곱고 아름다운 열매를 맺는 사람'은 스스로 노력해서 이러한 진정한 우정을 나누게 된 사람을 의미한다고 볼 수 있다.

오답 확인 ① ㉡과 ㉢은 모두 자신이 앞장서서 노력하는 사람을 나타낸다.
② (마)에서 우정은 상호 간의 교류라고 하였으나 친구와 협력하거나 자신만 노력해야 한다고 언급한 부분은 없다.
④ 글쓴이는 자신에게 진정한 벗이 있는지 반성해야 한다는 의미를 드러내고 있으나, ㉡과 ㉢이 그러한 사람을 나타내는 것은 아니다.

[고난도 응용]

01 '지금의 나'는 학창 시절 신학기에 친한 친구와 떨어져 힘들었던 기억을 떠올리고 있으나, 빨리 마음을 잡아서 많은 친구를 만들지 못한 것을 후회하고 있다는 것은 언급하지 않았다.

오답 확인 ① (가)에서 학년이 바뀌면 친한 친구와 헤어져서 마음을 잡지 못했던 일들을 떠올리고 있다.
② 글쓴이는 이 글 전체를 통해 진정한 친구를 사귀는 것이 중요하다는 것을 나타내고 있다.
③ 학창 시절보다 이후의 삶에서 더 힘든 일이 많았다는 것을 (나)에서 확인할 수 있다.
⑤ (마)에서 참다운 벗이 없다는 것은 자신이 누군가에게 그런 벗이 되어 주지 않았기 때문이라는 생각이 드러나 있으므로 '학창 시절'의 '나'에게 먼저 자신이 좋은 친구가 되어 주도록 조언을 해 줄 것을 짐작할 수 있다.

02 〈보기〉에서 '최신 유행의 의상 걸치기', '순수의 꽃', '호사가의 장식품'이라는 은유법을 통해 자신의 시가 사람들에게 가치 없이 흥밋거리로 남기를 바라지 않는다는 생각을 드러내고 있다. 또한 '나는 바라지 않는다'와 '나의 시가 ~ 되는 것을'에서 도치법을 통해 단조로움을 피하면서 자신의 생각을 강조하고 있다. 이 글에서는 직유법, 은유법, 과장법, 도치법이 사용되었으므로 공통으로 사용된 표현 방법은 ③이다.

03 (1) ㉠ '무서운 사막을 홀로 걷고 있는 것'은 '친구 없이 사는 것'을 은유법을 사용하여 표현한 것이다.
(2) '사막'을 통해 드러내고자 한 것은 사막처럼 황폐하고 힘든 삶을 나타내므로 (마)에서 '각박'한 삶을 살아가는 것을 나타낸다고 볼 수 있다.

상	'각박한'이라는 단어를 사용하고 '친구 없이 사는 것'이라는 의미를 드러내며 어법에 맞고 문장이 자연스러운 경우
중	'각박한'이라는 단어를 사용하고 '친구 없이 사는 것'이라는 의미를 드러내고 있으나 어법에 어긋난 표현이 보이거나 문장이 다소 부자연스러운 경우
하	'각박한'이라는 단어를 찾지 못하고 '친구 없이 사는 것'이라는 의미를 적절히 표현하지 못하고 어법에 어긋난 표현을 사용하거나 문장이 부자연스러운 경우

5. 꿩

본문 18~19쪽

[학습 목표 응용] 01 ⑤ 02 ④ 03 ②
[고난도 응용] 01 ② 02 ⑤ 03 [예시 답안] 자신감, 용기, 자유 등을 상징한다.

[학습 목표 응용]

01 (다)에 아이들과 용이의 외적 갈등이 드러나 있으나 아이들이 용이의 기세에 눌려 태도를 바꿈으로써 그 갈등이 해소되고 있다. (라)에서 용이가 '순이'를 데리고 오겠다고 한 것은 새로운 인물의 등장으로 갈등이 심화된 것이 아니라 아이들과의 갈등이 해소되어 이에 용기를 얻은 용이의 결심이라고 볼 수 있다.

[오답 피하기] ① (가)에서는 학교에 가기 싫어하는 용이와 학교에 가기를 바라는 어머니 사이의 외적 갈등이 나타나 있다.
② (가)에서 학교에 가기 부끄러워하는 것은 용이가 아이들의 책 보퉁이를 들어 주어야 한다는 부끄러움으로 인한 자신의 내적 갈등 때문이라고 볼 수 있다.
③ (나)에서 꿩이 힘차게 날아오르는 모습을 보고 용이가 다른 아이의 책 보퉁이를 던지면서 자신감 있는 태도를 보이고 있으므로 꿩의 모습이 용이로 하여금 갈등을 해소하도록 하는 계기가 되고 있음을 짐작할 수 있다.
④ (나)와 (다)에서 용이에게 책 보퉁이를 들도록 하는 아이들과 용이와의 외적인 갈등이 나타나 있다.

02 ㉠은 자신에게 책 보퉁이를 들게 한 아이들에 대해 화가 난 것이며, ㉡은 자신이 용기 있게 태도를 바꾸자 이에 당황하여 더 이상 용이를 괴롭히지 않는 아이들을 보며 시원함과 후련함을 느낀 것으로 볼 수 있다.

오답 확인 ② ㉠에는 (가)로 미루어 남의 책 보퉁이를 들어 주는 것에 대해 부끄러움도 함께 담겨 있다고 볼 수 있으나, ㉡에서 고마움을 느낀 것은 아니다.
⑤ ㉠에 무엇에 대해 걱정하는 심정이 담긴 것은 아니며, ㉡에서는 자신의 용기에 아이들이 태도를 바꾼 것을 보고 당당함을 느꼈다고 볼 수 있다.

03 용이가 하늘로 날아오른 꿩을 보고 받은 '어떤 힘'은 그 뒤에 전개되는 내용으로 미루어 자신을 괴롭히는 아이들의 속박에서 벗어날 수 있다는 자신감, 그러한 아이들 앞에 용감하게 맞설 수 있는 용기와 관련된다고 볼 수 있다.

오답 확인 ㄴ과 같이 원하던 것을 손에 넣었다는 성취감을 느끼는 것은 글의 내용과 관련이 없다. 또한 용이가 ㄹ과 같이 공부를 하기 싫어했던 것은 글에 나타나지 않았다.

[고난도 응용]

01 경민이 선택한 주제와 관련하여 이 글에서는 '꿩'이 용이의 태도 변화에 영향을 끼친 중요 소재이므로 '꿩'의 상징 의미에 대해서 알아보는 것은 적절하다. 진희가 선택한 주제와 관련하여 이 글에서 시간의 흐름에 따라 용이가 아이들의 책 보퉁이를 들어 주는 것에 대해 부끄러움을 느끼다가 아이들에게 맞서게 되는 과정이 드러나 있으므로 이에 대해 알아보는 것은 적절하다.

오답 확인 이 글에 '용이'와 '순이'의 다툼이 있었다는 것은 드러나 있지 않고, (라)를 통해 오히려 용이가 순이를 도와주려고 한다는 것을 알 수 있다. 또한 이 글에서 '아이들'이 '용이'에게 사과를 한 것은 아니며, (다)와 (라)를 통해 용이의 태도에 기가 눌려서 용이에게 책 보퉁이를 나르게 하는 것을 포기했다는 것을 알 수 있다.

02 [A]에서는 태도를 바꾸어 자신감을 갖게 된 용이가 순이도 아이들의 놀림을 받지 않고 학교에 다닐 수 있도록 도와주고 싶다는 생각을 드러내고 있다. 그러나 자신의 가방을 다른 아이들이 들어 주는 모습을 순이에게 보여 주고 싶다는 생각은 드러나지 않았다.

오답 확인 ①, ② '못난 놈 아니야!'를 통해 남의 책 보퉁이를 들어 주는 일을 하지 않을 것을 짐작할 수 있고, 앞으로 더욱 자신감 있게 학교생활을 할 것을 짐작할 수 있다.
③, ④ 순이를 괴롭히는 아이들을 혼내 주겠다는 것을 통해 순이도 괴롭힘을 받지 않고 학교에 다니기를 바란다는 용이의 생각을 알 수 있다.

03 이 글에 나타난 '꿩'은 생명력 넘치는 소리를 내고 날개를 쫙 펴고 날아가는 모습으로 용이에게 자신감과 자유로움을 느끼게 해 준 소재이다.

상	'자신감', '용기', '자유' 등의 단어를 써서 어법에 맞고 자연스러운 문장으로 서술한 경우
중	'자신감', '용기', '자유' 등과 관련된 의미를 드러내고 있으나 모호하며 어법에 어긋난 표현이 보이거나 문장이 다소 부자연스러운 경우
하	의미를 적절히 표현하지 못하고 어법에 어긋난 표현을 사용하거나 문장이 부자연스러운 경우

단원 평가

본문 20~23쪽

01 ⑤ **02** ③ **03** ③ **04** [예시 답안] 봄눈이 내려 쌓이는 **05** [예시 답안] 욕심 없는 자세를 드러내고 있다. **06** ⑤ **07** ③ **08** [예시 답안] 식민지 시대 현실 속에서 지식인으로서 시대적인 양심을 지키며 살고자 노력한 삶을 상징한다고 볼 수 있다. **09** ④ **10** ④ **11** [예시 답안] (1) 용이가 돌멩이를 던졌다가 하늘로 날아오르는 꿩을 본 것 (2) 용이가 자신감을 얻고 용기를 내어 아이들에게 도전함. **12** [예시 답안] 하늘 높이 날아오르는 꿩의 자유로운 모습을 통해 용이가 갖게 된 용기, 자신감 등의 변화를 더욱 생생하게 표현할 수 있다.

01 <보기>는 '봄'과 '고양이'의 유사성을 중심으로 부드럽고 생동감 넘치는 봄의 특징을 부각하고 있으므로 대조적인 소재를 활용한 것은 아니다. (가)에서도 '봄'과 '새끼 고양이의 눈'을 연관 지어 부드러운 봄의 느낌을 부각하고 있다.

오답 확인 ① (가)에서 '봄빛처럼', '새끼 고양이의 눈처럼'과 같이 직유법을 사용했고 <보기>에서는 '~과 같이'라는 직유법을 사용하고 전체적으로 봄을 고양이에 빗대는 은유법을 사용하여 대상에 대한 느낌을 생생하게 드러내고 있다.
② (가)와 <보기>는 모두 '고양이'가 주는 따뜻하고 포근한 느낌을 부각하고 있다.
③ (가)에서는 말하는 이가 봄눈이 내려 쌓이는 광경을 바라보며 시상을 전개하고 있고, <보기>에서는 고양이의 털, 눈 등에 대한 관찰을 바탕으로 시상을 전개하고 있다고 볼 수 있다.
④ (가)는 '봄눈'과 같이 명사를 중심으로 시행을 마무리하는 행이 많이 보이며, <보기>는 '~에 ~도다, 아라'와 같이 부사어와 감탄형 어미를 중심으로 시행을 마무리하고 있다.

02 (나)의 말하는 이는 '물'의 '좋고도 그칠 때가 없는' 속성, 즉 변함없는 속성을 예찬하고 있으나 물과 같은 융통성 있는 태도를 본받고자 한 것은 아니다.

오답 확인 ① (나)는 자연물인 물, 바위, 소나무, 대나무 등을 통해 작가가 본받고 지향하고자 하는 인간 세계의 덕목을 드러내고 있다.
② (나)는 전체적으로 자연물이 의지를 지닌 것처럼 표현하며 '벗'이라고 부르며 의인화하여 친근감을 드러내고 있다.
④ '꽃'과 '풀'은 쉽게 변하는 소재로서 변치 않는 '바위'와 대조적인 속성을 지녔다고 볼 수 있다.
⑤ '솔'은 누가 시킨 것도 아닌데 곧으면서 사계절 내내 푸르다고 하였으므로 이를 통해 '솔'의 지조와 절개를 예찬한다고 볼 수 있다.

03 (가)의 '눈'은 봄눈으로 포근하고 부드러운 느낌을 통해 봄에 대한 정취를 불러일으키고 있으며, (나)는 '솔'이 '눈서리'와 같은 어려운 상황에 흔들리지 않음을 나타내고 있으므로 '눈서리'는 시련을 상징한다고 볼 수 있다.

오답 확인 ① ㉠은 말하는 이가 실제로 바라보는 대상이며, ㉡은 말하는 이가 '솔'을 통해 떠올린 소재이다.
② ㉠은 말하는 이가 바라보고 감흥을 느끼는 대상이므로 자신과 동일시하는 소재라고 할 수 없으며, ㉡은 '솔'에게 시련을 주는 대상이므로 말하는 이와 상반되는 특징을 지녔다고 볼 수 없다.
④ ㉠은 삶에 대한 의지와 관련이 없고, ㉡은 간접적으로 말하는 이 자신도 '솔'을 닮아 '눈서리'와 같은 시련에 굴하지 않겠다는 의지를 지니게 하는 것으로 볼 수 있다.
⑤ ㉠과 ㉡ 모두 말하는 이의 과거의 기억과는 큰 관련이 없다.

04 (가)의 [A]에서는 '봄'을 행의 맨 앞에 놓고 행이 길어지면서 내용이 덧붙도록 의도적으로 배열하고 있다. 이러한 시행의 배열을 통해 봄눈이 쌓이는 모습을 시각적으로 형상화했다고 볼 수 있다.

상	봄눈이 내려 쌓이는 것과 같은 광경을 어법에 맞고 자연스러운 문장으로 묘사한 경우
중	관련된 내용을 표현하였으나 어법에 어긋난 표현이 보이거나 문장이 다소 부자연스러운 경우
하	의미를 적절히 표현하지 못하고 어법에 어긋난 표현을 사용하거나 문장이 부자연스러운 경우

05 대나무의 속이 비었다는 것은 어떤 것으로 채우려고 하지 않는 속성을 나타내므로 욕심이 없는 모습을 드러내는 것이라고 볼 수 있다.

상	'욕심이 없는 자세' 또는 이와 유사한 내용을 어법에 맞고 자연스러운 문장으로 묘사한 경우
중	관련된 내용을 표현하였으나 어법에 어긋난 표현이 보이거나 문장이 다소 부자연스러운 경우
하	'욕심이 없다'는 특징을 찾지 못하고 어법에 어긋난 표현을 사용하거나 문장이 부자연스러운 경우

06 (가)의 ⓐ는 새로운 길을 가고자 하는 말하는 이이고, (나)의 ⓑ는 경험을 통해 우정의 중요성을 깨달은 글쓴이이다. (가)의 말하는 이가 말한 '숲'과 '마을'은 인생길을 지나며 만나게 되는 다양한 삶의 모습이며 특히 희망적이고 평화로운 상황과 관련된다고 볼 수 있다. 그러나 (가)에서 '숲'과 '마을'에 가면 진정한 친구를 만날 수 있다고 한 것은 아니다.

오답 확인 ① '오늘도', '내일도' 새로운 길이 계속 이어진다는 말을 통해 짐작할 수 있다.
② '인생의 항해'는 신학기의 외로움과 비교할 수 없을 만큼 두려운 일이라는 말을 통해 짐작할 수 있다.
③ '내'와 '고개'는 말하는 이가 길을 가면서 건너야 하는 것으로 고난이나 시련을 상징한다고 볼 수 있다.
④ (나)의 글쓴이는 힘든 인생을 함께할 진정한 친구의 중요성을 강조하고 있다.

07 ㉠ '무서운 사막'은 '친구 없이 사는 일'을 은유법으로 나타낸 것이다. 이와 유사한 것은 '이것은 소리 없는 아우성', '(이것은) 노스탤지어의 손수건'이라고 빗대어 표현한 ③이다.

오답 확인 ① '햇발같이', '샘물같이'라는 직유법을 사용하여 자신의 마음을 비유하고 있다.
② '찬밥처럼'에서 직유법을 사용하여 자신의 상황을 빗대어 표현하고 있다.
④ '푸른 산이 흰 구름을 지니고 살 듯'과 같이 직유법을 사용하여 자신의 상황을 빗대어 표현하고 있다.
⑤ '눈'을 '살아 있'는 것으로 드러냄으로써 상징적인 의미를 드러내고 있다.

08 (가)의 '길'은 시인이 식민지 시대라는 역사적인 현실 속에서 지식인으로서 양심을 지키는 삶을 살고자 노력한 삶으로 파악할 수 있다.

상	'식민지 현실', '지식인', '양심'과 같은 주요 표현을 사용하여 어법에 맞고 자연스러운 문장으로 쓴 경우
중	시대 상황, 지식인으로서 살아가고자 하는 의지를 드러내고 있으나 표현이 불충분하고 어법에 다소 어긋나며 부자연스러운 표현이 있는 경우
하	시대 상황이나 지식인으로서의 의지 등을 파악하지 못하여 모호한 표현을 사용하고 어법에 어긋나며 부자연스러운 문장으로 쓴 경우

09 이 글에서 2,3학년 학생들이 용이를 큰 소리로 놀린 것은 드러나지 않았다. 용이 자신이 스스로를 못났다고 생각하여 놀림 받은 것으로 인식한 것이다.

오답 확인 ① 아침에 용이는 어머니께 학교에 가지 않겠다고 고집을 부리고 있으므로 이를 장면으로 떠올린 것은 적절하다.
② 어머니께서 내년에 아버지께서 머슴살이를 그만두실 것이라고 말한 것에 용이가 힘을 얻어 등교했으므로 적절하다.
③ 아이들이 고갯길에 접어들어 용이에게 책 보퉁이를 들고 가도록 하였으므로 적절하다.
⑤ 용이가 꿩을 보고 용기를 얻어 책 보퉁이를 멀리 내던졌으므로 적절하다.

10 ⓒ에서 아이들이 '용이가 저렇게 강해지다니'라고 느낀 것은 가능하다. 이때 '아이들'이 용이의 기세에 눌려서 더 이상 용이를 놀리지 않게 된 것으로 볼 수 있으나 용이와 친하게 지내야겠다는 결심을 했다고 판단할 만한 내용은 드러나지 않았다.

오답 확인 ①, ② ⓐ에서는 아이들이 계속 용이가 자신들의 책 보퉁이를 들어다 주는 것을 당연하게 생각하고 있었으므로 이와 같은 심리를 추측할 수 있다.
③ ⓑ에서 용이의 재빠른 몸놀림에 놀랐다는 것을 통해 추측할 수 있다.
⑤ ⓒ에서 용이에게 책 보퉁이를 들게 하던 아이들이 자신들의 책 보퉁이를 찾으러 갔으므로 이와 같은 심리를 추측할 수 있다.

11 (나)와 (다)에서 용이에게 책 보퉁이를 들도록 하는 아이들과 이로 인해 괴로워하는 용이의 갈등은 (라)에서 용이가 '꿩'을 보게 된 사건을 계기로 (바)에서 해소되고 있다. 용이가 '꿩'을 본 후에 태도를 바꾸어 용감하고 자신감 있는 모습을 보였기 때문이다.

상	(1)에서 용이가 돌멩이를 던진 후에 날아오르는 꿩을 본 사건이 모두 드러나고, (2)에서 용이의 태도 변화와 아이들에게 도전한 행동이 드러나며 어법에 맞고 자연스러운 문장으로 쓴 경우
중	(1)에서 용이가 꿩을 본 사건은 드러나 있으나 구체적인 설명이 부족한 경우, (2)에서 용이의 행동 변화가 드러나 있으나 구체적인 표현이 불충분하고 어법에 다소 어긋나며 부자연스러운 표현이 있는 경우
하	갈등 해소의 계기와 이로 인한 용이의 태도 변화를 파악하지 못하여 모호한 표현을 사용하고 어법에 어긋나며 부자연스러운 문장으로 쓴 경우

12 [A]와 [B]에서 '상징'이 되는 사물은 '꿩'이며, 이를 통해 드러내는 추상적인 대상이나 감정은 '용기, 자신감, 자유로움' 등으로 볼 수 있다. 이러한 추상적인 감정을 상징적 사물로 드러냄으로써 용이가 가지게 된 심정이나 태도를 더욱 생생하게 드러낼 수 있다는 것이 상징의 효과이다.

상	상징이 되는 사물, 이를 통해 드러내는 추상적인 대상이나 감정, 그 효과를 모두 파악하여 어법에 맞고 자연스러운 문장으로 쓴 경우
중	상징이 되는 사물, 이를 통해 드러내는 추상적인 대상이나 감정, 그 효과 중의 일부를 파악하였으나 구체적인 표현이 불충분하고 어법에 다소 어긋나며 부자연스러운 표현이 있는 경우
하	상징이 되는 사물, 이를 통해 드러내는 추상적인 대상이나 감정, 그 효과 등을 제대로 파악하지 못하고 어법에 어긋나며 부자연스러운 문장으로 쓴 경우

02 갈등의 진행과 해결 과정

1. 하늘은 맑건만

본문 26~27쪽

[학습 목표 응용] 01 ③ 02 ② 03 ④ 04 ②
[고난도 응용] 01 ⑤ 02 ⑤ 03 [예시 답안] 정직하게 네 잘못을 고백하면 죄책감에서 벗어날 수 있을 거야. / 정직의 중요성을 깨달았으니 용기 있게 네 잘못을 솔직히 고백하렴.

[학습 목표 응용]

01 이 글에는 인물의 심리가 직접적으로 제시되기도 하나, 인물의 말과 행동을 통해 간접적으로 심리가 제시되기도 한다. (나)의 '수만이는 흥, 하고 코웃음을 친다.', '문기는 어떻게 ~ 울상을 한다.', (라)의 '방 안의 문기는 ~ 새웠다.'와 같은 부분에서는 행동 묘사를 통해 인물의 심리를 간접

적으로 제시하고 있다. (나)의 "거짓말 아니다. 참말야."에서 자신의 말을 믿지 않는 수만이를 대하는 문기의 갑갑한 심리가, "누군 너만 못 약을 줄 아니?"에는 문기의 의도를 의심하는 수만이의 심리가 드러나 있다.

02 (나)와 (다)에는 문기와 수만이 사이의 외적 갈등이 주로 드러나 있고, (라)에는 문기의 내적 갈등이 드러나 있다.

오답 확인 ① (마)에서 문기가 삼촌에게 자신의 잘못을 솔직히 고백하면서 문기의 갈등이 해소되고 있다.
③ (나)에서 문기는 죄책감에서 벗어나기 위해서 쓰다 남은 거스름돈을 고깃간의 안마당에 던져 주는 행동을 하고, (마)에서는 자신의 잘못된 행동에 대해서 삼촌에게 솔직하게 고백하고 있다. 문기가 갈등을 해결하고 그 상황에서 벗어나려는 태도를 지녔다고 볼 수 있다.
④ (나)에서 수만이가 문기의 말을 믿지 않고 의심하게 되면서 (다)와 같이 둘 사이의 외적 갈등이 심화되었다.
⑤ (라)에서 돈을 훔쳤다는 누명을 쓰고 억울하게 쫓겨난 점순이의 울음소리는 문기의 내적 갈등을 더욱 심화하는 구실을 한다.

03 (라)에서 문기는 숙모의 말을 듣고 점순이와 숙모에게 미안한 마음이 들었을 것이다. 그리고 살던 집에서 쫓겨나 들창 밑에서 훌쩍훌쩍 우는 어린 점순이의 울음소리를 들으면서 부끄러움과 죄책감을 느꼈을 것이다.

오답 확인 ① 고깃간 주인이 많은 거스름돈으로 지전 아홉 장과 은전 몇 닢을 내주자 문기가 어리둥절해하는 모습이 나타난다.
② 쓰다 남은 거스름돈을 고깃간 안마당에 던져 주고, 공과 쌍안경도 버렸다는 말을 수만이가 믿지 않자 문기는 어떻게 변명을 해야 할지 몰라 난감해한다.
③ 돈을 가져 오지 않으면 가만 두지 않겠다는 수만이의 협박에 문기가 괴로움을 느끼고 돈을 훔치게 된다.
⑤ 문기가 자신의 잘못을 작은아버지에게 고백하고 마음이 맑아지고 몸도 가뜬해짐을 느낀다.

04 문기는 작은아버지의 훈계를 듣고 죄책감을 느껴서 거스름돈을 고깃간 안마당에 던져 주고, 공과 쌍안경도 버렸다.

[고난도 응용]

01 〈보기〉의 글은 자신의 잘못을 에밀에게 고백하고 용서를 구하는 '나'가 에밀의 모멸적인 태도에서 '한 번 결딴난 일은 다시 손을 써 볼 수 없다'는 깨달음을 얻고 내적으로 성숙하는 모습을 보여 준다. 이 글의 문기도 정직하지 못한 행동으로 양심의 가책을 받다가 삼촌에게 고백하고 홀가분함을 느끼는 과정에서 정직함의 중요성을 깨닫는 내적 성숙을 이루었다고 볼 수 있다.

02 ㉠은 고깃간 주인이 문기에게 잘못 내준 거스름돈이고, ㉡은 붙장 안에 놓여 있는, 숙모의 돈이다. ㉠은 문기가 부정직한 행동을 하게 되고 갈등을 겪게 되는 실마리가 된다. ㉡은 문기가 훔쳐서 수만이에게 줌으로써 수만이와 문기 사이의 외적 갈등은 일시적으로 해소해 주나, 점순이가 억울하게 누명을 쓰고 쫓겨남으로써 문기의 내적 갈등을 심화하는 계기가 된다.

03 〈보기〉에서 문기는 수신 시간에 정직의 중요성에 대해서 배우면서 부끄러움과 죄책감을 느끼고 있다. 그러므로 핵심어인 '정직'을 활용해서 조언을 하는 것이 적절하다. (라)에서 문기는 자신의 잘못으로 점순이가 억울하게 된 상황 때문에 한층 내적 갈등이 심화된 모습이다. 문기가 부끄러움과 죄책감에서 벗어나 떳떳할 수 있으려면 용기를 내서 정직하게 자신의 잘못을 고백하는 것이 바람직할 것이다.

상	'정직하게 잘못을 고백하면 죄책감에서 벗어날 수 있을 거야.'와 같이 핵심어 '정직'을 활용하여 조언을 적절하게 쓴 경우
중	'잘못을 고백하면 죄책감에서 벗어날 수 있을 거야.'와 같이 핵심어 '정직'을 활용하지 않고 조언을 적절하게 쓴 경우
하	핵심어 '정직'을 활용하지 않고, 조언의 내용도 상황에 맞지 않게 쓴 경우

2. 자전거 도둑

본문 28~29쪽

[학습 목표 응용] 01 ⑤ 02 ④ 03 ④ 04 ②
[고난도 응용] 01 ③ 02 ③ 03 [예시 답안] 수남이는 도둑질을 하면서 죄책감을 느끼지 못했다. 수남이는 그런 자신의 비양심에 대하여 나무라지 않는 주인 영감에게서 배울 것이 없다고 생각했다. 반면 아버지는 자신을 도덕적으로 살 수 있게 가르쳐 줄 수 있다고 판단하여 아버지가 계신 고향으로 돌아가기로 결심했다.

[학습 목표 응용]

01 (가)~(마)에서는 수남이의 자전거가 신사의 자동차에 흠집을 내고, 신사가 수리비 오천 원을 요구하자 수남이가 자전거를 훔쳐 오는 사건이 일어난다. 그리고 그 행동에 대한 수남이의 반성과 갈등이 이어지고, 수남이가 고향으로 돌아갈 것을 결심하는 내용이 드러난다. 그 과정에서 수남이는 주인 영감과 아버지가 서로 대조적인 입장에 있음을 알아차린다.

02 (가)에서는 신사와의 외적 갈등이, (나)에서는 그에 대한 해결책으로 자전거를 훔치는 행동이 드러난다. (다)와 (라)에서는 수남이의 반성과 내적 갈등이, (마)에서는 그 해결책으로 귀향을 결심하는 내용이 나타난다.

03 이 글에서 '신사'는 고급차를 가지고 있으면서도 가난한 점원의 실수를 용서하지 못하고 자신의 물질에만 관심을 두는 인물이다. '아버지'와 대조적인 인물로, 수남이와 외적 갈등을 겪고 있다.

오답 확인 ① '신사'는 '주인 영감'과 마찬가지로 자신의 손해에 민감하게 반응한다.
② 수남이로 하여금 자전거를 들고 도망가도록 만들어 심한 내적 갈등에 빠지게 만드는 인물이다.
③ 작가는 물질 만능주의적인 신사를 부정적인 모습으로 그려 내고 있다.
⑤ 고급차, 신사 등과 같은 표현을 통해 서구적이고 현대적인 삶의 방식을 보여 주는 인물이다.

04 ㉢은 수남이가 고향에서 보았던 것으로, 생명력이 넘치고 전통적이고 정신적인 가치가 중시되는 공간을 시각적으로 표현한 것이다.

오답 확인 ① 수남이가 청계천 세운 상가에서 일하면서 주인 영감을 위해 고단하게 일을 해야 하는 상황이었지만 자유와 평등을 억압받는 경험으로 괴로워하는 부분은 거의 드러나지 않는다.
③ 수남이는 시골에서의 삶이 넉넉하지 않기에 돈을 벌기 위해 서울로 온 것이다.
④ 수남이에게 서울과 시골에 대해 다양한 사람들이 다양한 모습으로 조화를 이루며 사는 공간으로서의 인식은 드러나지 않는다.
⑤ 자연의 모습이 그려져 있지만 수남이가 고향에서 되찾고자 하는 것은 인간으로서의 참모습이다.

[고난도 응용]

01 작가는 이 글을 통해 돈에 집착하는 현대인의 삶에 대해 비판하고자 한다. ⓐ의 표제는 돈을 위해서 무슨 일이든 하는 삶의 방식을 강조하고 있다.

오답 확인 ① 고령화 사회에, 독거노인의 문제가 점점 심각해지고 있음을 드러낸다.
② 개인주의적 삶이 널리 퍼지면서 단독 세대의 편의를 위한 사회적 배려가 필요함을 강조하고 있다.
④ 경제 불황의 영향으로 다른 사람을 생각하는 마음이 줄어들고 있다는 점을 강조한다.
⑤ 각 세대별로 개성적인 문화가 발달하고 있음을 표현한다.

02 주인 영감은 수남이가 수리비를 물어주지 않고 자전거를 들고 도망쳐 온 사실을 듣고 ㉡과 같이 말하며 칭찬하고 있다. 이 말에는 자칫 수남이가 자신의 돈으로 수리비를 물어주거나 자전거를 빼앗길 상황임에도 자신에게 손해가 갈 만한 행동을 전혀 하지 않았음에 대한 안도가 담겨 있다. 또한 양심과 도덕만 따르는 수남이를 어리숙한 '촌놈'으로 보고 있었는데 의외로 약삭빠른 면모가 있음에 대해 칭찬하는 마음도 담겨 있다.

오답 확인 ① 주인 영감은 수남이가 자신을 위해 열심히 일하고 있음을 알지만 고마워하는 마음으로 수남이를 대하지는 않는다.
② 주인 영감은 수남이가 시키는 일을 잘 해내는 것을 알고 있지만 수남이의 영특함을 인정하거나 칭찬하는 인물이 아니다.
④ 주인 영감은 수남이가 잘못된 판단을 하고 잘못된 행동을 했다고 생각하지 않는다.
⑤ 주인 영감은 수남이가 자신을 잘 따르는 것으로 생각하고 있다.

03 〈보기〉는 수남이가 자전거를 들고 도망쳐 오면서 죄책감은 커녕 오히려 쾌감을 느끼고 있었음을 드러낸다. 수남이의 내면에 잠재된 비양심적 면모를 보여 준다. 수남이는 스스로 이런 자신의 모습을 발견하고 스스로 반성하면서 고향으로 돌아가기로 결심한다. 주인 영감이 자신을 바르게 인도해 줄 만한 인물이 아니라는 걸 깨달았으며, 고향에는 자신을 도덕적으로 견제해 줄 아버지가 계시기 때문이다.

상	수남이의 내면 상황과 주인 영감, 아버지의 역할이 모두 잘 드러나도록 서술한 경우
중	수남이의 내면 상황과 주인 영감, 아버지의 역할 중 어느 한 가지가 모호하게 서술한 경우
하	수남이의 내면 상황과 주인 영감, 아버지의 역할 중 한 가지만 바르게 서술한 경우

3. 홍길동전

본문 30~31쪽

[학습 목표 응용] 01 ④ 02 ④ 03 ② 04 ②
[고난도 응용] 01 ④ 02 [예시 답안] 동시에 드러나는 정서는 억울하고 분한 감정이다. 03 ②

[학습 목표 응용]

01 이 소설은 조선 후기의 불합리한 사회를 개혁하고자 하는 의지를 가졌던 허균의 소설 「홍길동전」으로 내용상으로 볼 때, 사회 소설에 해당한다.

오답 확인 ① '홍길동'은 한자가 다르기는 하지만 역사 속에 실제로 등장하는 인물이다. 하지만 이 소설이 역사적 인물과 사실을 다루고 있지는 않으므로 역사 소설로 보기 어렵다.
③ 가족 간의 갈등과 화해를 넘어 사회적 문제를 다루고 있다.

02 길동은 다른 사람의 칭찬을 받기는 하였지만 다른 사람들의 안타까움의 대상이 되고 있지는 않다.

오답 확인 ① 길동은 천비의 몸을 빌려 태어난 자식이다.
② 대감은 길동의 재주를 눈여겨보고 길동을 아끼고 사랑했다.
③ 길동의 비범함은 모든 사람이 칭찬했다.
⑤ 아버지를 아버지라고 부르지 못했으므로 제대로 대접을 받지 못했다고 볼 수 있다.

03 (나)에서 길동은 자신의 처지 때문에 심한 내적 갈등을 겪고 있다. 이 갈등은 길동이 처한 사회적 상황에서 비롯된 것이다. 길동이 서자로 태어나 사회적 제약을 심하게 받고 있는 상황이기 때문이다.

04 ㉡의 '너의 품은 한'은 홍 판서가 허락한 행동을 통해 미루어 짐작할 수 있다. 홍 판서는 '오늘부터는 아버지를 아버지라 부르고 형을 형이라 불러도 좋다.'고 말한다. 그러므로 길동이 품고 있던 한은 호부호형을 하지 못하는 것이었음을 알 수 있다.

오답 확인 ① 이 글에서 드러나는 길동의 갈등은 아직 사회적 갈등으로 확대되지는 않은 상황이므로 길동의 한은 호부호형을 못하는 한이라고 할 수 있다.
③ 길동이 서자로서 차별을 받고 있지만 이것이 가난하고 차별받는 민중이 가진 한으로 확대되지는 않는다.
④ 홍 판서는 길동에 대해 부당한 대우를 하지는 않았고 오히려 겉으로 내색을 안했지만 길동을 아끼고 안타깝게 여겼다.
⑤ 길동이 뛰어난 재능을 가지고 있기는 하지만 (다)의 상황은 길동의 재능이 사회적 환경 속에서 인정받지 못하는 상황은 아니다.

[고난도 응용]

01 홍 판서는 길동에게 호부호형을 허락하였다. 홍 판서는 길동이 가지고 있는 불만이 길동이 가정에서 당하고 있는 부당한 현실이라고 생각한 것이다. 홍 판서는 길동이 집을 나가서 하려는 일이 무엇이든 자신과 형에게 걱정을 끼치지만 말라고 말하고 있다. 즉 홍 판서는 길동이 가진 사회 개혁적인 의지를 파악하지 못하고 있다. 그러므로 길동과 같은 인재가 자신의 꿈을 펼칠 수 없다는 것이 국가적 손실이라는 것을 홍 판서가 알고 있었다고 보기 어렵다.

02 〈보기〉의 시는 이상화의 「통곡」이라는 시이다. 이 시에는 일제 강점기에 나라를 빼앗긴 울분이 잘 담겨 있다. 이 글에서도 길동이 자신의 신분 때문에 갈등하고 울분을 터트리는 모습을 발견할 수 있으므로 이 글과 〈보기〉 사이에 공통적으로 드러나는 감정은 '울분(억울하고 분함.)'이라고 할 수 있다.

상	억울하고 분함을 동시에 표현하고 있다고 서술한 경우
중	억울하고 분함을 표현했으나 하나의 문장으로 서술하지 못한 경우
하	억울하고 분하다는 감정을 제대로 서술하지 못한 경우

03 ㉠ '왕후장상의 씨가 따로 없다.'라는 말에서 '왕후장상'은 '왕과 제후, 장수와 재상을 아울러 이르는 말.'이다. 이 말은 세상 사람들이 본질적으로 평등하다는 생각을 표현하는 말이다. 이는 사람의 인권이라는 것이 하늘에서 부여된 것이라는 '천부인권' 사상과 관련이 깊다.

오답 확인 ① 입신양명: 출세하여 세상에 이름을 떨침.
③ 상부상조: 서로서로 도움.
④ 홍익인간: 널리 인간 세계를 이롭게 함.
⑤ 남녀평등: 성에 따른 차별을 받지 않고 자신의 능력에 따라 동등한 기회와 권리를 누리는 것.

단원 평가

본문 32~35쪽

01 ⑤ **02** ⑤ **03** ① **04** [예시 답안] 정직하지 못한 행동에 대한 부끄러움과 죄책감 때문이다. / 잘못된 행동에 대해 양심의 가책을 느끼기 때문이다. **05** ⑤ **06** ④ **07** ③ **08** [예시 답안] ⓐ: 부도덕하고 물질적 탐욕을 지닌 사람, ⓑ: 자신을 격려해 주는 고마운 사람 **09** ⑤ **10** ① **11** ③ **12** [예시 답안] 아버지를 아버지라 부르고 싶었던 길동의 소원이 이루어졌다. **13** ④ **14** ③ **15** ③ **16** ②

01 선생님께 자신의 잘못을 솔직하게 고백을 하지 못하고 선생님 집에서 나왔을 때 문기는 부끄러움과 죄책감으로 집을 향해 가면서도 마음은 집에서 멀어진다. 숙모나 삼촌, 점순이를 보기 두려운 이유는 문기 자신의 정직하지 못한 행동 때문에 부끄러움과 죄책감을 느끼기 때문이다.

02 (라)에서 문기는 선생님께서 학교에서와는 달리 웃는 얼굴로 부드럽게 대해 주자, 자신의 잘못에 대해서 차마 입을 열지 못한다. 그리고 고백을 할 만한 기회를 얻지 못하고 물러나오고 말았다. 선생님 집에서 나온 문기의 내적 갈등은 해소되지 않고 오히려 심화된다.

03 문학 작품에는 다양한 갈등의 양상이 나타나고, 갈등의 상황에 처한 인물이 갈등을 해결하기 위한 노력들이 드러난다. ⓐ는 문기가 정직하지 못했던, 자신의 잘못된 행동을 바로잡기 위한 노력으로 볼 수 있다.

04 여러 아이들이 넓은 운동장에서 마음대로 뛰놀고 즐겁게 놀 수 있는데 반면에 문기가 하늘을 쳐다보기가 두렵고 고개를 들지 못한다. 그 이유는 자신의 정직하지 못한 잘못된 행동으로 양심의 가책을 느끼고 죄책감을 느끼기 때문이다.

상	'정직하지 못한 행동에 대한 부끄러움과 죄책감 때문이다.', '잘못된 행동에 대해 양심의 가책을 느꼈기 때문이다.'와 같이 〈보기〉를 활용하여 정확히 쓴 경우
중	'부끄러움 때문이다.', '양심의 가책 때문이다.'와 같이 의미를 불충분하게 쓴 경우
하	문기의 행동 이유를 적절하게 파악하지 못한 경우

05 (마)에는 도시인들의 부도덕함과 탐욕적인 모습에 회의를 느낀 수남이는 자신의 잘못을 도덕적으로 견제해 줄 아버지가 계신 시골로 내려갈 결심을 한 후, 얼굴이 소년다운 청순함으로 빛난다. 이는 수남이의 내적 갈등이 완전히 해소되었음을 상징적으로 보여 준다.

06 수남이는 자전거를 옆구리에 끼고 도망쳐 온 자신을 칭찬하고, 양심을 지키는 것보다 금전적인 이익을 더 중시하는 주인 영감에게서 역겨움을 느낀다. 그리고 자신이 낮에 한 행동이 도둑질처럼 느껴지면서 심각한 내적 갈등을 겪는다. 내면의 부도덕성을 깨달은 수남이는 자신을 도덕적으로 견제하고 꾸짖어 줄 수 있는 아버지가 계신 시골로 가기로 결심한다.

07 ㉢은 자동차 수리비를 물어 주지 않고 자전거를 들고 도망쳐 온 수남이의 행동을 칭찬하는 주인 영감의 말이다. 도덕적인 가치보다는 금전적인 이익을 중시하는 주인 영감의 태도가 드러난다. 그러므로 반어적 표현으로 수남이의 부도덕함을 꾸짖었다고 볼 수 없다.

08 ⓐ에게서 수남이는 부도덕하고 탐욕적이며 이기적인 면모를 깨닫고 있다. ⓑ에게서 수남이는 공부를 계속하고 싶은 자신의 마음속 바람을 잘 이해하고 자신을 격려해 주어서 고마움을 느끼고 있다.

상	ⓐ를 '부도덕하고 물질적인 탐욕을 지닌 사람', ⓑ를 '자신을 격려해 주는 고마운 사람'과 같이 정확하게 쓴 경우
중	ⓐ를 '물질적인 탐욕을 지닌 사람', ⓑ를 '자신을 격려해 주는 사람'과 같이 쓴 경우
하	'주인 영감'에 대한 수남이의 생각을 적절하게 파악하지 못한 경우

09 '왕후장상'은 제왕 · 제후 · 장수 · 재상을 아울러 이르는 말이다. 서자인 길동은 적서차별이라는 당대의 사회 제도 때문에 왕후장상의 자리를 오를 수 없었다.

10 (가)에 나타난 길동의 탄식에서 적서 차별로 길동은 입신양명이라는 자신의 바람을 이루기 어려울 뿐만 아니라, 아버지를 아버지라고 부르고 형을 형이라고 부르는 호부호형도 하지 못함을 확인할 수 있다. 적서 차별이라는 사회 제도가 길동이 갈등하는 근본적인 이유에 해당한다.

11 (나)에서 길동은 홍 대감에게 적서 차별로 호부호형을 하지 못하는 자신의 원통함을 하소연하고 있다. (다)에서 자신이 목숨을 잃을 위험에 처하여 집을 떠나기로 결심하였음을 밝히고 호부호형을 하지 못한 평생의 원한이 서러울 따름이라고 말하고 있다.

12 ⓐ는 길동이 호부호형을 허락받지 못한 상황에서의 호칭이고, ⓑ는 호부호형을 허락받은 이후의 호칭이다. 길동은 홍 대감이 호부호형을 허락한 것이 자신의 해묵은 소원을 풀어준 일이라고 밝히고 있다.

상	'아버지를 아버지라 부르고 싶었던 길동의 소원이 이루어졌다.'와 같이 〈조건〉에 맞게 호칭 변화의 의미를 정확히 파악하여 쓴 경우
중	'길동이 아버지를 아버지라 부를 수 있게 되었다.'와 같이 〈조건〉에 어긋나지만 호칭 변화의 의미를 정확히 파악하여 쓴 경우
하	호칭 변화의 의미를 정확하게 파악하지 못한 경우

13 (나)에서 수남이는 도둑질한 물건을 들고 집에 왔다가 경찰에게 잡혀간 형의 사건을 떠올리면서 자신에게도 부도덕한 도둑의 피가 흐르고 있지나 않은지 갈등하고 있다.

14 (가)에서 문기는 자신의 잘못을 모두 고백하고자 선생님을 찾아갔으나 입을 열지 못하고 물러 나온다. 집으로 향하는 문기는 자신의 잘못된 행동에 대해서 죄책감을 느끼면서 마음이 더욱 무거워진다. (나)에서 수남이는 자신이 낮에 자전거를 들고 도망쳤던 이유가 부도덕한 도둑의 피가 흐르고 있기 때문이 아닌가 하며 내적 갈등을 겪고 있다.

15 도적들의 우두머리가 된 길동은 탐관오리들이 백성들로부터 착취한 재물만 빼앗아 그것을 불쌍한 백성들을 구제하는 데 쓸 것이라고 말하고 있다. 부패한 관리들에게 착취당하는 백성들의 편에서 그 부조리를 바로잡고자 함을 알 수 있다.

16 ㉡에서는 선생님께 자신의 잘못을 솔직하게 고백하지 못한 문기의 괴로움과 부끄러움, 죄책감이 한층 심해졌음을 알 수 있다.

03 문학과 삶의 성찰

1. 서시 본문 38~39쪽

[학습 목표 응용] 01 ② 02 ② 03 ② 04 ①
[고난도 응용] 01 ① 02 ① 03 [예시 답안] ⓐ 별, ⓑ 암울하고 고단한 현실

[학습 목표 응용]

01 이 시에서는 '하늘', '별', '밤', '바람' 등과 같은 상징적 의미를 가진 소재를 사용하여 주제를 효과적으로 드러내고 있다.

오답 확인 ① 이 시는 말하는 이의 독백으로 시적 상황을 전달한다. 이와 같은 독백체는 성찰의 내용을 전달하는 데 효과적이다.
③ 이 시에서는 반복되는 시구가 없다.
④ 이 시는 주로 시각적 이미지가 사용되었고, '스치운다'에서 촉각적 이미지가 느껴진다. 하지만 청각적 이미지는 사용되지 않았다.
⑤ 이 시에는 '나'라는 말하는 이가 직접 시에 등장한다.

02 4행에서 말하는 이가 괴로워한 것은 고백 때문이 아니라, 잎새에 이는 바람과 같은 사소한 내적 갈등에도 흔들리는 것 때문이다.

오답 확인 ① 1~2행에서 한 점 부끄럼 없는 삶을 살기를 소망한다고 고백하고 있다.
③ '모든 죽어 가는 것'을 사랑한다고 했는데, 이는 한편으로는 살아 있는 모든 것을 사랑하는 것이라고 해석할 수 있다.
④ 말하는 이는 모든 죽어 가는 것을 사랑하는 것이 자신에게 주어진 길이라고 보고 있다.
⑤ 이 시의 말하는 이는 자신의 모습을 성찰하면서 솔직하게 고백을 하고 있다.

03 이 시에서 '별'은 '순수하고 아름다운 세상' 혹은 '말하는 이가 꿈꾸는 이상적인 세상'을 의미한다. 따라서 '별을 노래하는 마음'은 그러한 세상을 소망하는 마음으로 해석할 수 있다.

04 '걸어가야겠다'에서 말하는 이의 의지가 드러난다. 이는 자신이 선택한 길이 옳은 길이라는 당당함에서 나온 태도이다. 이처럼 말하는 이의 의지를 드러내는 말투를 '의지적 어조'라고 한다.

[고난도 응용]

01 〈보기〉에서는 일제 강점기에 시를 통해 일제에 대한 저항과 자신의 의지를 드러낸 '저항 시인'으로서 윤동주에 대한 설명이 제시되어 있다. 이를 참고하여 시를 이해한다면 이 시는 식민지 조국의 현실에 대한 안타까움과 조국 독립에 대한 소망 및 의지를 드러낸 시라고 해석할 수 있다. 여기에서 '죽는 날'은 말하는 이가 죽는 날을 의미한다. 이는 죽는 순간까지 조국을 걱정하면서 조국을 위해 살겠다는 의지를 드러낸 것이지, 이것이 주권을 빼앗긴 조국의 현재를 의미하는 것은 아니다.

오답 확인 ② '부끄럼 없는 삶'은 조선의 지식인으로서 부끄럼이 없는 삶을 의미한다. 이는 조국 독립을 위한 사명을 다하는 삶이기도 하다.
③ '괴로워했다'는 자신의 의지와는 별개로 작은 내적 갈등에도 힘들어했다는 의미이다. 이는 조국의 독립에 큰 기여를 할 수 없는 무기력한 지식인으로서 자신의 모습에 대한 성찰이다.
④ 말하는 이가 사랑해야 할 '모든 죽어 가는 것'은 식민지 현실에서 고통받는 우리 민족을 의미한다고 볼 수 있다. 이들에 대한 사랑은 조국에 대한 사랑이요, 민족에 대한 사랑이다.
⑤ 결국 말하는 이가 가야 할 '나한테 주어진 길'은 조국 독립을 위한 길로 해석할 수 있는 것이다.

02 이 시는 '과거 – 미래 – 현재'의 순으로 시상이 전개된다. 시의 2연은 '현재'에 해당하는 부분으로 '오늘'이라는 시어를 통해 분명히 알 수 있다.

오답 확인 ②, ④ '밤'은 춥고 어두운 시간으로 고난의 시간이다. 위 1번의 〈보기〉와 관련해서 보면 식민지 조국의 현실을 의미한다고 볼 수 있다.
③ '도'는 '또한'이라는 의미를 더하는 보조사이다. 즉 별이 바람에 스치우는 상황이 오늘만의 일이 아니라 이전부터 지속되어 온 상황임을 드러낸다.
⑤ '별'을 스쳐 지나가는 '바람'은 존재를 위협하는 바람이다. 이는 말하는 이에게 가해지는 외적인 시련이나 고난을 의미한다.

03 말하는 이가 처해 있는 '밤'이라는 현실은 춥고 어두운 부정적 현실이다. 즉 말하는 이는 현재 자신이 처한 상황이 부정적임을 인식하고 있다. 그러면서 '별을 노래하는 마음'으로 살아가겠다고 말한다. 이는 '별'이 의미하는 순수하고 아름다운 세상을 소망하고 지향하겠다는 의지의 표현이다.

상	'소재'를 찾고, '이유'를 정확한 문장으로 쓴 경우
중	'소재'를 찾고, '이유'를 썼으나 문장이 정확하지 않은 경우
하	'소재'만 찾고, '이유'를 쓰지 못한 경우

2. 동해 바다 - 후포에서 본문 40~41쪽

[학습 목표 응용] 01 ② 02 ④ 03 직유법 04 ③
[고난도 응용] 01 ④ 02 ③ 03 [예시 답안] 구리거울과 바다는 공통적으로 자아 성찰을 하는 매개체 역할을 한다.

[학습 목표 응용]

01 이 시는 '성찰 - 소망'의 구조로 되어 있다. 말하는 이는 1연에서 자신의 현재 모습을 되돌아보면서 '남에게는 엄격해지고 내게는 너그러워지나 보다'라고 말하고 있다. 그리고 이를 두고 다시 '돌처럼 잘아지고 굳어지나 보다'라고 말한다. 현재의 자기 모습에 대해 반성적으로 성찰하고 있는 것이다.

오답 확인 ① 주변 사람에 대한 자신의 태도만 제시할 뿐, 주변 사람과 자신을 비교하고 있지는 않다.
③ 자신의 현재 모습을 부정적으로 생각하고 있다.
④ 1연에서 '세상이 어지러울수록'이라고 말하며, 주변 상황을 부정적으로 표현하고 있다.
⑤ 주변 사람들에 대한 원망은 드러나지 않는다.

02 이 시의 1연에서 말하는 이는 다른 사람에게는 엄격하면서 자신에게는 너그럽다고 말하면서 자신의 모습을 성찰하고 있다. 그리고 2연에서는 바다처럼 다른 사람을 포용하고 자신은 엄격히 단련시키는 사람이 되고 싶다는 소망을 드러내고 있다.

03 〈보기〉에서는 '까만 고약 같은 딱지', '딱정벌레 날개처럼 하얀 새살'에 직유법이 사용되었다. 직유법은 '~같이', '~처럼'과 같은 형식을 사용하여 표현하고자 하는 대상을 다른 대상에 빗대어 표현하는 방법이다. [A]에서는 '깊고 짙푸른 바다처럼 ~'에 직유법이 사용되었다.

04 '돌'이 말하는 이를 비유하고 있다는 것은 맞다. 하지만 여기에서 비유하는 돌의 모습은 '굳은 의지'가 아니라, 마음이 좁고 편협해지는 것이다. 따라서 '돌'을 말하는 이의 굳은 의지를 상징한다고 진술한 것은 적절하지 않다.

[고난도 응용]

01 이 시에서 말하는 이는 자신이 다른 사람의 잘못에 대해서는 엄격하게 대하면서 자신의 잘못에는 한없이 너그러워진다고 반성하면서, 다른 사람을 포용하면서 자신은 엄격하게 단련하는 사람이 되고 싶다고 말하고 있다. 따라서 이 시는 말하는 이와 비슷한 처지에 있는 사람에게 추천하기에 적절하다. ④의 성윤이는 매일 지각을 하면서도 자신의 잘못을 인정하지 않는다. 이는 자신의 잘못에 대해 문제 있다고 생각하지 않는 '자신에게 너그러운' 모습이다. 따라서 이 시는 성윤이에게 추천하기에 적절하다.

오답 확인 ① 자신의 실수에 대해 속상해하는 민희는 자신에게 엄격한 사람이다.
② 준수는 집단을 위해 희생하고 봉사할 줄 아는 사람이다. 따라서 이 시의 추천자로 적절하지 않다.
③ 다른 친구의 잘못을 자기 탓으로 돌리는 강호도 넓게 보면 다른 사람에게 너그러운 사람으로 볼 수 있다.
⑤ 이 시의 말하는 이가 보는 바다와 미옥이가 좋아하는 바다는 성격이 다르다. 미옥이의 바다는 성찰의 대상이라 보기 어렵다.

02 이 시의 1연의 핵심 소재는 '돌'이다. 이는 말하는 이의 부정적인 현재 모습을 비유한 것이다. 한편 2연의 핵심 소재는 '바다'이다. 이는 '돌'과 대조적으로, 말하는 이가 닮고 싶어 하는 대상이다. 따라서 '돌'과 '바다'는 대조적인 의미를 지니고 있다고 볼 수 있다.

03 〈보기〉는 일제 강점기의 대표적인 저항 시인 중 한 명인 윤동주의 「참회록」의 일부이다. 이 시에서 말하는 이는 '구리거울'에 비친 자신의 모습을 보며 현재의 삶을 성찰하고 있다. 그렇게 볼 때, 이 시에서 '구리거울'은 말하는 이를 성찰하게끔 만들어 주는 도구이다. 이와 같은 역할을 하는 소재를 '자아 성찰의 매개체'라고 한다. 「동해 바다 – 후포에서」에서 이와 같은 역할을 하는 소재는 '바다'이다. 말하는 이는 동해 바다를 보면서 자신의 모습을 되돌아보는 한편, 바다와 같은 사람이 되고 싶다는 소망을 드러내고 있다.

상	'바다'라는 소재와 '자아 성찰의 매개체'를 모두 포함하여 〈조건〉에 맞게 쓴 경우
중	'바다'라는 소재와 '자아 성찰의 매개체'를 모두 포함하였으나 〈조건〉에 맞게 쓰지 못한 경우
하	'바다'라는 소재를 찾았으나 '자아 성찰의 매개체'를 정확하게 쓰지 못한 경우

3. 소나기

본문 42~43쪽

[학습 목표 응용] 01 ① 02 ⑤ 03 ③ 04 ③
[고난도 응용] 01 ② 02 ④ 03 [예시 답안] 소년과 함께 산에 갔던 일에 대해 소중한 추억이라고 생각한다.

[학습 목표 응용]

01 이 소설의 문장은 대체로 짧다. 이와 같은 짧은 문장은 사건의 전개를 간결하게 전달해 준다는 장점이 있다. 특히 이 소설에서는 짧으면서 서정성이 있는 문장의 사용으로 소년과 소녀의 순수함을 부각시키는 효과를 덤으로 얻고 있다.

오답 확인 ② 이 소설의 서술자는 이야기 밖에 위치해 있다. 즉 이야기 밖에서 인물들의 행동과 심리를 서술하고 있는 것이다.
③ 이 소설에서는 현재형 종결과 과거형 종결을 섞어서 사용하고 있다.

④ 이 소설은 시간의 흐름에 따라 서술하고 있다.
⑤ 이 소설의 배경은 시골이지만 인물들이 사투리를 사용하고 있지는 않다.

02 물이 불은 도랑 앞에서 소년은 소녀에게 등을 돌려 댄다. 소녀가 도랑을 건너기 힘들 것으로 생각하고 업어서 건너 주려는 것이다.

오답 확인 ① 소년의 형제가 많은지는 판단할 수 없다. 다만 (마)를 통해 소녀는 남자 형제들을 어릴 때 모두 잃고 혼자 자랐음을 알 수 있다.
② 소년이 개울둑에 앉아 있는 것은 소녀가 길을 비켜 주기를 기다리는 것이다.
③ 싱싱한 꽃가지만 고른 것은 소녀가 아니라 소년이다.
④ 소녀가 서울 생활을 그리워하고 있다고 판단할 근거는 없다.

03 (가)에서 소년은 징검다리에 앉아 있는 소녀가 비키기를 기다리며 개울둑에 앉아 있는 소극적인 모습을 보여 준다. 하지만 (라)에서는 과감히 소녀에게 등을 돌려 대고 있다. 이전보다 적극적인 모습을 보이고 있는 것이다.

04 이 소설에서 가장 위기감이 조성되는 부분은 먹장구름이 몰려오는 부분이다. 산에 놀러간 소년과 소녀가 갑자기 소나기를 만나게 되는 상황이 긴장감을 조성한다.

[고난도 응용]

01 자칫 '소나기'란 소재 때문에 이 소설의 계절적 배경은 여름으로 오해할 수 있다. 하지만 (라)의 마지막 부분의 '가을 하늘은 언제 그랬는가 ~ 쪽빛으로 개어 있었다.' 부분을 볼 때, 이 소설의 계절적 배경은 가을이다. 따라서 배경을 7월이라고 진술한 것은 적절하지 않다.

오답 확인 ① 이 소설은 시골을 배경으로 시골 소년과 서울에서 온 소녀의 짧지만 아름다운 만남을 다루고 있다.
③ (라)에는 소년이 소녀를 업고 도랑을 건너는 장면이 나온다. 따라서 이 장면을 삽화로 사용하는 것은 적절하다.
④ 이 소설은 아름다운 시골 마을과 산을 배경으로 소년과 소녀의 아름다운 만남을 다루고 있다.
⑤ 이 소설의 제목인 '소나기'는 소년과 소녀의 짧지만 강렬한 만남을 상징한다고 볼 수도 있다.

02 (라)에서 물이 불은 도랑을 건너기 위해 소년은 소녀를 업게 된다. 이러한 과정을 통해 소년과 소녀의 관계는 더욱 가까워지는 것이다. 따라서 도랑이 둘의 관계에 위기감을 불어넣는다는 진술은 적절하지 않다.

오답 확인 ① (가)는 아직 소년과 소녀가 가까워지기 전의 상황이다. 개울둑에 앉아 소녀가 비키기를 기다리는 소년의 모습에서 거리감이 느껴진다.
② (나)에서 꽃을 한 옴큼 따온 소년은 싱싱한 것만 골라 소녀에게 건넨다. 이는 소녀에게 좋은 것을 주고 싶어 하는 소년의 마음이 드러난 것이다.
③ (다)에서 갑자기 내린 소나기로 인해 소년과 소녀는 더욱 가까운 관계가 된다.
⑤ (마)에서 소녀가 자신이 죽거든 자신이 입던 옷을 같이 묻어 달라고 한 것은 소년과의 추억을 끝까지 간직하고 싶어 하는 마음의 표현이다.

03 소녀는 자기가 죽거든 입고 있던 옷을 같이 묻어 달라고 유언을 하였다. 소녀가 말한 옷은 소년과 함께 산에 갔을 때 입었던 옷으로, 소년과의 추억이 담겨 있는 옷이다. 따라서 소녀의 유언은 소년과 함께 산에 갔던 추억을 영원히 간직하고 싶다는 마음의 표현으로 볼 수 있다.

상	'소년과 함께 산에 갔던 일'과 '소중한 추억'의 내용을 모두 포함하여 〈조건〉에 맞게 쓴 경우
중	'소년과 함께 산에 갔던 일'과 '소중한 추억'의 내용을 모두 포함하였으나 〈조건〉에 맞게 쓰지 못한 경우
하	'소년과 함께 산에 갔던 일'과 '소중한 추억'의 내용 중 하나를 쓰지 못한 경우

4. 괜찮아

본문 44~45쪽

[학습 목표 응용] 01 ⑤ 02 ③ 03 ③ 04 [예시 답안] "괜찮아! 조금만 참아. 이제 다 괜찮아질 거야."
[고난도 응용] 01 ③ 02 ① 03 [예시 답안] ㉮ 깨엿 장수 아저씨가 '나'에게 깨엿 두 개를 줌. ㉯ 유명 가수가 뚱뚱한 친구를 배려해 함께 축구를 한 이야기를 들음. ㉰ 우리나라 축구팀이 졌을 때 관중들이 축구팀을 위로해 줌.

[학습 목표 응용]

01 이 글은 '괜찮아.'라는 말에 담긴 배려와 위로의 의미가 지닌 가치에 대해 이야기하고 있다. 글쓴이는 어릴 적 경험과 보고 들은 다양한 일화를 나열하면서 '괜찮아.'라는 말이 상대방에게 얼마나 큰 위로가 되는지를 이야기하고 있다. 따라서 대립되는 의견의 사례를 나열했다는 진술은 적절하지 않다.

오답 확인 ① 수필은 독자에게 교훈과 깨달음을 주는 글이다. 이 글 또한 위로와 배려의 가치에 대한 깨달음을 주는 글이다.
② (가)와 (나)에는 글쓴이의 어린 시절의 경험이 제시되어 있다.
③ 이 글에는 '괜찮아.'라는 말과 관련된 여러 가지 일화가 나열되어 있다.
④ 수필은 글쓴이의 경험과 생각이 솔직하게 드러나는 글이다.

02 (다)의 유명 가수는 뚱뚱하다고 축구 경기에서 따돌림을 받는 친구를 위로하며 함께 놀 수 있게 해 주었다. 그 친구에

게 골키퍼로서 숨은 재능이 있음을 발견한 것은 아니다.

오답 확인 ① (가)의 친구들이 '나'에게 심판을 시키거나 물건을 맡기는 것은 같이 뛸 수 없는 '나'를 배려한 것이다.
② (나)의 깨엿 장수 아저씨는 목발을 옆에 두고 앉아 있는 '나'에게 깨엿을 주면서 위로와 격려의 말을 해 주었다.
④ (라)의 관중들은 축구 경기에서 졌지만 선수들은 최선을 다했다고 생각하며 그들을 격려하고 있다.
⑤ (마)의 '나'는 힘이 들 때마다 어릴 때 들은 '괜찮아.'라는 말을 떠올리며 힘을 얻고 있다.

03 이 글은 어려움을 겪는 이웃들을 격려하고 위로하며 힘을 주는 말인 '괜찮아.'에 대해 이야기하고 있다. '자립심'이라는 덕목도 중요한 덕목이지만, 이 글에서는 '자립심'에 대해 이야기하지는 않는다.

오답 확인 ① 글쓴이는 일상의 경험에서 깨달음을 이끌어 내고 있다.
② 글의 주제와 관련해서 자신의 삶을 되돌아보고 있다.
④ 글에 나오는 일화와 관련된 추억을 찾아보는 것도 성찰의 일부이다.
⑤ 글의 내용을 바탕으로 바람직한 행동에 대한 교훈을 이끌어 낼 수도 있다.

04 (마)의 마지막 부분을 보면 '나'는 어릴 때 골목길에서 들은 말을 '조금만 참아. 이제 다 괜찮아질 거야.'라는 의미로 기억하고 있다.

상	본문에서 답을 찾아 정확하게 쓴 경우
중	본문에서 답을 찾았으나, 일부분만 쓴 경우
하	본문에서 답을 찾았으나, 정확하게 쓰지 못한 경우

[고난도 응용]

01 이 글에서 글쓴이가 하고자 하는 이야기는 어려운 이웃에 대한 배려와 위로의 자세이다. ③의 노랫말은 힘이 들어 어려워할 때 서로의 사랑으로 그것을 이겨 낼 수 있을 것이라는 내용을 담고 있다.

오답 확인 ① 사랑하는 사람과의 과거를 추억하는 노랫말이다.
② 사랑하는 사람으로 인해 상처를 입은 경험에 대해 이야기하는 노랫말이다.
④ 이별을 통보하는 노랫말이다.
⑤ 이별의 아픔과, 그로 인한 외로움을 노래한 노랫말이다.

02 상대방의 잘못을 눈감아 주는 것이기 때문에 첫 번째 빈칸에는 '용서'라는 말이 들어가야 한다. 외로운 사람에게 '나는 네 편이니, 너는 더 이상 외롭지 않아'라고 말하는 두 번째 칸에는 '격려'가 들어가야 한다. 슬퍼하지 말라는 말을 하는 세 번째 칸에는 슬픔을 나누려는 '나눔'의 태도가 드러난다. 그리고 마지막 칸에는 '일으켜 준다'라는 말에서 '부축'이 들어가야 함을 알 수 있다.

03 이 글에는 다섯 가지 일화가 나열되어 있다. 첫 번째와 두 번째 일화는 글쓴이가 어릴 때 경험한 것이다. 친구들과의 이야기, 깨엿 장수 아저씨와의 추억이 그것이다. 세 번째인 유명 가수의 일화는 방송을 통해 들은 이야기이다. 네 번째와 마지막 일화는 축구 경기와 골든벨 방송을 통해 글쓴이가 본 것이다.

상	㉮~㉰ 3개의 답을 정확하게 작성한 경우
중	㉮~㉰ 중 2개의 답만을 정확하게 작성한 경우
하	㉮~㉰ 중 1개의 답만을 정확하게 작성한 경우

단원 평가

본문 46~49쪽

01 ③ **02** ④ **03** ④ **04** ③ **05** ② **06** ④ **07** ②
08 [예시 답안] "수숫단 속을 잘 정리하면 소녀가 비를 맞지 않게 해 줄 수 있겠군." **09** ⑤ **10** ④ **11** ① **12** ④ **13** ⑤
14 돌처럼 잘아지고 굳어지나 보다 **15** [예시 답안] (가) 오늘 밤에도 별이 바람에 스치운다. (나) 그래서 세상이 어지러울수록

01 '바람'은 부끄럼 없이 별을 노래하는 마음으로 살아가려는 말하는 이를 힘들게 하는 외부의 시련을 의미하는 소재이다.

02 (나)는 다른 사람을 대하는 태도에 관한 내용이니 다른 사람과 관련된 내용이라 할 수 있다. 하지만 (가)는 자신에게 주어진 길을 간다는 고백이므로 다른 사람과의 관계에 대한 고민이라고 볼 수 없다.

오답 확인 ① 두 시 모두 자신의 모습을 성찰하는 내용을 담고 있다.
② 두 시의 말하는 이 모두 바람직한 삶의 태도에 대해 고민하고 있다.
③ (가)는 '별'을 보며, (나)는 '바다'를 보며 시상을 이끌어 내고 있다.
⑤ (가)는 현실을 '밤'이라 보고 있고, (나)는 '세상이 어지러울수록'이라고 말하고 있다.

03 (가)를 감상하며, 시의 말하는 이가 경험하고 성찰한 내용을 파악한 후, 이를 자신의 삶과 연결시키는 활동이다. (가)의 말하는 이가 성찰하는 모습을 보면서 자신의 삶이 어떤지 생각해 보는 것이 이에 해당한다.

오답 확인 ① 표현 방법을 중심으로 감상하고 있다.
② 작가에 대해 조사하는 내용이다.
③ 시의 운율에 대해 생각하고 있다.
⑤ 시의 구성에 대해 생각하고 있다.

04 (나)의 말하는 이는 다른 사람에게 엄격하고 자신에게만 너그러운 삶의 태도에 대해 반성하고 있다. ③의 말하는 이 역시 남보다 자신을 더 사랑하는 모습에 대해 성찰하고 있다.

오답 확인 ① 이별의 슬픔에 대해 이야기하고 있다.
② 시장에 갔다 돌아오지 않는 엄마를 기다리는 마음을 노래한 시이다.
④ 자신의 어린 시절을 회상하는 시이다.
⑤ 고향에 대한 그리움을 노래한 시이다.

05 이 소설의 배경은 시골 마을이다. 전체적인 분위기는 조용하고 평화롭다. 특히 윤 초시 댁에 가져다주려고 닭을 고르는 아버지의 모습에서 이웃 간의 정이 살아 있는 따뜻한 마을 풍경을 상상할 수 있다.

06 아버지가 소녀의 집에 가져다주려고 닭을 고르는 것을 안 소년은 기왕이면 큰 수탉으로 가져가라고 말한다. 이는 아버지가 고른 암탉보다 수탉이 더 크기 때문이다. 소녀에게 더 좋은 것을 주고 싶어 하는 소년의 순수한 마음이 잘 드러난다.

오답 확인 ① 소녀가 소년에게 조약돌을 던지는 것은 자신에게 관심을 안 보이는 것에 대한 서운함이자, 소년에 대한 관심 표현이다.

07 소설의 제목인 '소나기'는 짧게 내리지만 시원한 느낌을 준다. 또한 소나기가 오고 난 뒤에는 세상이 더 깨끗하고 맑게 보이기도 한다. 따라서 '소나기'가 소년과 소녀의 우울한 심리를 상징한다는 설명은 적절하지 않다.

08 이후의 소년의 행동을 통해 소년의 생각을 짐작할 수 있다. 밖을 내다보던 소년은 무언가를 생각하더니 수수밭으로 가서 수숫단 속을 정비한 뒤, 소녀를 부른다. 비를 피하기 위해 소녀와 같이 간 곳도 비가 새기 시작하자 소녀가 비를 피할 수 있는 다른 곳을 찾고 있는 중임을 알 수 있다.

상	예시 답안과 유사한 내용을 한 문장으로 정확하게 쓴 경우
중	예시 답안과 유사한 내용을 썼으나 한 문장으로 쓰지 못한 경우
하	예시 답안의 내용을 충분히 포함한 답을 쓰지 못한 경우

09 (나)에서 깨엿 장수 아저씨로부터 엿을 받은 '나'는 이를 계기로 세상은 살 만한 곳이고, 좋은 사람들이 있고, 선의와 사랑이 있고, 용서와 너그러움이 있는 곳이라는 생각을 하게 된다. '나'가 세상을 따뜻한 곳이라고 긍정적으로 보게 된 것이다.

10 글쓴이는 힘들 때 다른 사람을 위로해 주는 말이나 행동의 소중함을 이야기하고 있다. 따라서 글을 읽고 난 후 세상이 혼자 살아가는 것이라는 깨달음을 얻었다는 설명은 적절하지 않다.

11 (마)의 마지막 부분을 보면 '나'는 어린 시절에 들었던 '괜찮아.'라는 말을 '괜찮아! 조금만 참아. 이제 다 괜찮아질 거야.'라는 의미로 이해하고 있다.

12 '성찰하며 읽기'는 문학 작품을 감상할 때, 작품 속 인물들의 경험과 생각을 파악한 후, 이를 바탕으로 자신의 삶을 성찰하며 읽는 것이다. (다)에서 감각적으로 묘사된 배경을 상상하며 읽는 것은 '인물들의 경험 파악'이나 '성찰'과는 관계가 없다.

오답 확인 ① 말하는 이가 고백하는 내용을 통해 말하는 이의 성찰 내용을 파악할 수 있다.
② 말하는 이가 소망하는 삶을 파악하면서 말하는 이의 생각을 알 수 있다.
③ (나)의 비유적 표현은 말하는 이가 성찰한 현재의 모습을 표현한 것이다.
⑤ 작품 속 인물의 경험과 생각을 파악하며 읽는 것은 '성찰하며 읽기'에서 중요한 활동이다.

13 말하는 이는 '하늘'을 우러러 부끄럼 없는 삶을 살 것을 고백하고 있다. 여기에서 '하늘'은 말하는 이의 도덕적 행동을 판단하는 기준이 될 수 있다.

14 〈보기〉의 밑줄 친 시행에는 '나'를 '찬밥'에 빗대어 표현하는 직유법이 사용되었다. (나)에서 직유법이 사용된 부분은 말하는 이가 자신을 '돌'에 비유한 부분이다.

15 (가)에서 말하는 이의 현재 모습은 2연에 드러나는데, 말하는 이는 현재의 시간을 '밤'과 '바람'으로 표현하고 있다. 즉 말하는 이가 생각하는 현재는 어둡고 답답한 상황인 것이다. 한편 (나)에서 말하는 이는 자신의 행동을 성찰하면서 '세상이 어지러울수록' 그러한 부정적인 모습이 더 많이 드러난다고 말하고 있다. 이는 현재의 세상이 어지러운 세상이라는 의미를 담고 있다. 시행을 찾아 쓰라고 했으므로, 해당 내용이 포함된 행 전체를 써 줘야 한다.

상	(가)와 (나)에서 해당 답을 찾아 시행을 정확하게 쓴 경우
중	(가)와 (나)에서 해당 답을 찾았으나 시행을 정확하게 쓰지 못한 경우
하	(가)와 (나) 중 하나만 찾아 쓴 경우

둘째 마당 문법

01 언어의 본질과 국어의 어휘 체계

1. 언어의 본질

본문 54~55쪽

[학습 목표 응용] 01 ③ 02 ⑤ 03 ② 04 약속

[고난도 응용] 01 ③ 02 ① 03 [예시 답안] • 규칙에 맞는 문장: 할머니께서 맛있는 과자를 주셨다. • 적용된 규칙: '할머니'는 높임의 대상이므로 높임법에 맞게 써야 한다.

[학습 목표 응용]

01 이 글은 구체적인 예를 제시하여 언어의 기호성, 사회성, 역사성, 규칙성, 창조성을 설명하고 있다.

오답 확인 ① 글쓴이의 주관적 주장보다 객관적 정보를 제공하는 글이다.
② 글쓴이의 개인적인 언어 사용 경험이 드러나 있지는 않다.
④ 언어의 역사성을 설명하고 있지만, 언어의 역사 자체를 언급한 부분은 없다.
⑤ 언어의 기능은 정보적, 친교적, 명령적 기능으로 나뉘는데, 이 글에는 이에 대한 언급은 없다.

02 '물'이라는 음성이나 문자는 언어 기호로서, 일정한 의미를 담고 있다. '무색, 무미의 액체', 컵에 담겨 있는 '그것'을 의미하는데, 이러한 의미에 대해 영어권에서는 'water'라는 형식으로 나타낸다. 반드시 '물'이라고 해야 할 필연성은 없는 것이다. 이렇게 언어의 형식과 내용이 임의적으로 결합되는 성질을 언어의 자의성이라 한다.

오답 확인 ① '물'은 우리말에서 일정한 의미를 담아 전달하는 언어 기호이다.
② '물'이라는 문자나 음성은 일정한 의미를 담고 있는 언어의 형식에 해당한다.
③ '물'이라는 형식이 담고 있는 의미는 '무색, 무미의 액체' 컵에 담겨 있는 '그것'이다.
④ 우리말에서는 '물'이 언어로 인정받고 있어 서로 소통하는 데 활용되는 도구이다.

03 언어의 형식이 언어권마다 다르다는 것은 일정한 의미를 나타내는 형식이 반드시 일정하게 정해지지 않았음을 증명한다. 이는 언어의 형식과 내용 사이의 우연적 결합을 의미하는 것으로 언어의 자의성을 증명한다.

오답 확인

기호성	언어는 일정한 내용(의미)을 일정한 형식(기호)으로 담아 낸다.
역사성	언어는 시간이 흐르면서 변화한다.
규칙성	언어를 사용할 때에는 일정한 규칙에 따른다.
창조성	인간은 끊임없이 새로운 언어를 만들어 쓸 수 있다.

4 <보기>에서는 언어의 형식과 내용의 결합이 사회적 합의에 의해 이루어지는 것임을 설명하고 있다. 이는 언어의 사회성과 관련되는 설명이다. 언어의 형식과 내용이 임의로 결합되기는 하지만 개인이 마음대로 결합한 것이 아니라 그 언어권의 사람들끼리 약속한 것이다.

[고난도 응용]

01 (다)에서는 언어의 역사성을 설명하고 있으며, <보기>에서는 그중 어휘의 소멸에 대하여 설명하고 있다. 어휘 소멸의 원인은 대상의 소멸과 경쟁력 소멸 때문이다. 특히 하나의 대상을 가리키는 어휘가 두 가지 이상인 경우 그것들끼리 경쟁하여 더 많이 쓰이는 어휘가 살아남고 반대 입장의 어휘는 점점 사라지게 된다. 우리말의 경우 고유어와 한자어의 경쟁에서 대부분의 고유어가 사라지는 일이 있었는데, '뫼 – 산(山)', '가람 – 강(江)', '온 – 백(百)', '즈믄 – 천(千)' 등이 그 예이다.

오답 확인 ① '곶'은 오늘날 '꽃'으로 쓰이고 있어 소리가 달라진 예이다.
② '임금'은 소리나 의미의 변화가 없는 말이다.
④ '어리다'는 예전에는 '어리석다, 모자라다'의 의미였으나 요즘은 '나이가 적다'로 의미가 달라진 예이다.
⑤ '영감'은 이전에는 '종2품, 정3품의 당상관을 부르는 말'이었으나 요즘은 '나이 든 부부 사이에서 아내가 그 남편을 이르거나 부르는 말'로 쓰인다. 의미가 달라진 말이다.

02 어휘는 사회 · 문화의 변화에 따라 새롭게 생겨나고 소멸되는 과정을 겪는다. 표현해야 할 새로운 대상이 생기면 새로운 어휘가 생겨나는데, 특히 외국으로부터 새로운 문물이 유입되는 경우, 그것을 표현하는 어휘도 함께 유입되는 경우가 많다. 우리 사회에서는 이를 그대로 받아들여 사용함으로써 외래어의 비중이 커지고 있는 것이다.

오답 확인 ② 유행어는 어느 한 시기에 유행하다가 사라지는 말로, 당시 사회의 모습을 반영하여 생겨나는 말들이다.
③ 청소년들의 비속어 사용 증가는 외래 문물의 도입보다는 청소년 문화의 특성에서 기인한다.
④ 지역 방언이 표준어로 인정되는 경우가 있지만 이는 외래 문물의 유입과는 관계가 없다.
⑤ 은어가 널리 퍼지는 것은 미디어의 보급과 밀접한 관련이 있다.

03 〈보기〉에서는 언어의 규칙성을 바탕으로 국어 문장의 규칙의 일부를 설명하고 있다. '할머니가 맛있는 과자를 주었다.'라는 문장은 우리말을 쓰는 사람들에게 어색한 느낌을 갖게 하는데, 이는 우리말에 있는 높임법을 지키지 않았기 때문이다. 문장의 주체인 '할머니'는 높임의 대상이므로 높임을 나타내는 문법적 요소가 들어가야 하는 것이다. 따라서 '할머니께서 맛있는 과자를 주셨다.'라고 바꾸어 써야 한다.

상	높임법에 맞게 정확하게 바꾸어 쓴 경우
중	'께서'와 '주시다'를 바꾸었으나 시간 표현이 잘못된 경우 ㉠ 할머니께서 맛있는 과자를 주신다.
하	'께서'와 '주시다' 중 하나만 바꾸어 쓴 경우

2. 책상은 책상이다

본문 56~57쪽

[학습 목표 응용] 01 ④ 02 ③ 03 ③ 04 ④

[고난도 응용] 01 ② 02 ③ 03 [예시 답안] 남자와 청소년들은 언어의 자의성을 바탕으로 자기만의 말을 만들어 썼다. 그런데 남자의 언어는 사회적 약속으로 인정받지 못하여 결국 소외되었으나, 청소년들의 언어는 자기 집단 내에서는 사회적 약속으로 인정되어 소통의 도구로 활용되고 있다.

[학습 목표 응용]

01 (가)~(마)에서 남자는 모든 사람들이 쓰는 말을 자기 마음대로 바꾸어 썼고, 그 결과 다른 사람들과의 소통에 참여할 수 없어 소외되고 말았다.

오답 확인 ① 남자의 삶이 언어의 측면에서만 드러나 있으므로 이기적 삶으로 인한 소외로 보기는 어렵다.
② 남자가 언어를 바꾸어 쓴 것은 호기심에서 비롯된 것으로 다른 사람들과의 경쟁이 드러나 있지 않다.
③ 남자가 자신만의 언어로 말하기는 하지만 대화를 독점하거나 다른 사람의 말을 무시하는 행동이 드러나 있지 않다.
⑤ 남자가 자기 고집대로 말을 바꾸어 썼으나, 양보하지 않으려는 태도와 무관하다.

02 ㉠의 구체적인 내용은 '프랑스인들이 침대를 '리', 책상을 '타블'이라고 말하고, 그림은 '타블로', 의자는 '셰에즈'라 부른다. 그 말들을 사용하여 그들은 의견을 주고받는다.'라는 것이다. 또한 '중국인들'도 마찬가지로 자기들끼리 말을 정하여 대화를 한다는 점을 가리킨다. 이는 특정 언어권에서 어떤 대상에 대하여 자기들끼리 임의로 이름을 붙여 사용한다는 언어의 자의성에 대한 인식이라고 할 수 있다.

오답 확인 ① ㉠은 언어의 내용과 형식의 결합에 대한 약속으로, 언어 사용에 필요한 규칙을 정하는 일과는 다르다.
② ㉠은 언어의 내용과 형식 사이의 관계에 대한 인식이지 내용의 확대에 대한 인식이 아니다.
④ ㉠은 기존에 사용하던 단어의 예들이며 새로 만들어졌다는 언급은 없다.
⑤ ㉠은 나라마다 언어의 형식이 다르다는 점을 보여 준다.

03 ㉡은 당시 사회의 구성원들이 일반적으로 사용하는 언어로, 사회적으로 합의된 말을 바탕으로 만든 문장이다. 남자는 각각의 단어를 자기만의 언어로 바꾸었기 때문에 ㉡과 같은 일상적인 문장을 바르게 이해할 수 없을 것이다.

오답 확인 ① ㉡은 사회 구성원들이 일정한 의미를 담아 사용하기로 약속한 말로, 소통의 도구로 쓰인다.
② ㉡은 사회 구성원들끼리 서로 대화에서 일상적으로 사용할 수 있는 말이므로 누구나 쉽게 대답할 수 있다.
④ ㉡은 남자에게는 전혀 다른 의미로 받아들여져서 질문에 대해 정상적인 반응을 보이기 어려울 수 있다.
⑤ ㉡은 사람들끼리 정한 언어의 규칙을 지킨 문장이며, 이러한 문장을 쓰는 것은 일상적인 소통 상황으로 볼 수 있다.

04 ⓐ, ⓒ, ⓓ는 사회적으로 인정받는 일상적 언어이며, ⓑ와 ⓔ는 남자가 마음대로 바꾸어 쓰는 말이다.

[고난도 응용]

01 남자는 언어의 본질적 특성을 제대로 파악하지 못해 사회로부터 소외되는 비극적 결말을 맞고 있다. 남자는 다른 사람들이 쓰는 말을 활용하여 그 말이 다른 의미를 가지도록 결합하는 행위를 보여 준다. 이는 형식과 내용의 결합에 있어 필연성이 없다는 언어의 자의성 때문에 가능한 행위이다. 남자의 언어는 형식만으로 말한 것은 아니며 다른 사람들이 알아들을 수 없는 자기만의 내용이 있는 것이다.

오답 확인 ① 남자의 언어는 기존의 형식과 내용을 바꾸어 결합한 것이다. 따라서 남자가 만든 언어는 기존의 언어와 다른 새로운 언어이며, 이 말이 사회적으로 인정받게 되면 새로운 언어로 정착될 수 있는 것이다.
③ 남자가 기존의 언어에 대해 의문을 품고 새롭게 바꾸어 버렸는데, 이를 통해 언어가 새롭게 생성되고 변하고 소멸된다는 언어의 역사성이 드러난다.
④ 언어가 사회적 약속이라는 사회성을 제대로 이해하지 못한 남자의 언어는 다른 사람들과의 약속을 어긴 언어로, 소통의 도구로 쓰이지 못한 것이다.
⑤ 남자는 언어의 자의성을 활용하여 대상의 이름을 바꾼 것이다.

02 '침대'를 '사진'으로 바꾸어 쓰면 안 되는 이유는 '침대'는 '침대'라는 음성이나 문자로 나타내기로 약속되어 있기 때문이다. 즉 언어가 사회적 약속이기 때문이다. 언어 사용 규

칙은 문장을 사용할 때나 단어를 새롭게 형성할 때 적용되는 경우가 많다. 남자의 행위는 일반적인 언어 사용의 규칙에는 맞지만 그 단위인 단어를 다른 말로 교체한 것이다.

오답 확인 ①, ②, ④, ⑤ 언어가 사회적 약속이라는 언어의 사회성이 있기 때문에 사람들은 언어를 통해 기존의 문화유산을 계승, 발전시키고 있으며, 같은 언어를 쓰는 사람들끼리 소속감과 일체감을 느낄 수 있다. 또한 상호 정보 교환을 통해 사회 발전을 도모할 수 있다.

03 남자와 〈보기〉의 청소년들은 모두 기존의 언어를 새로운 방식으로 바꾸었다는 데 공통점이 있다. 다만 남자의 언어는 개인적 차원에서 바꾼 것으로 다른 사람과의 소통에 아예 활용될 수 없지만, 청소년들의 말은 청소년 집단 내에서는 소통이 가능하다는 데에 차이가 있다. 즉 청소년 은어는 청소년 사회에서의 합의에 의해 쓰는 말이다.

상	공통점과 차이점을 바르게 서술한 경우
중	공통점과 차이점 중 한 가지를 모호하게 서술한 경우
하	공통점과 차이점 중 한 가지만 서술한 경우

3. 우리말에도 '메이드 인 차이나'가 넘친다 본문 58~59쪽

[학습 목표 응용] 01 ③ 02 ② 03 ② 04 ④
[고난도 응용] 01 ① 02 ③ 03 [예시 답안] 어휘의 의미나 소리가 우리 언어문화에 맞게 달라지기도 한다.

[학습 목표 응용]

01 (나)의 전반부에서, 한자가 유입된 이래 '문자를 통해 중국과 교류한 사람들은 주로 정치권의 위정자나 학문, 종교, 예술 등의 분야에 있던 전문가'들이었다고 설명하고 있다.

오답 확인 ① 일본식 한자어가 있음을 언급하고 있으나 그 비중이 어느 정도인지에 대한 설명은 없다.
② 우리나라 사람들이 한자를 수입했다고 말하면서 그 시작을 언급하지는 않았다.
④ 한자어를 우리말로 바꿀 필요가 있음을 말하고 있지만 구체적인 방법을 제안하지는 않았다.
⑤ 한자어를 순우리말로 바꾸어 쓰려는 노력의 필요성을 언급하고 있지만 그 성공 가능성을 드러내는 내용은 없다.

02 (가)에서 한자어가 약 70% 정도를 차지하고 있어 고유어의 비중이 채 30%가 안 된다는 점을 지적하고 있다. ㉠은 이러한 점을 가리키고 있다.

오답 확인 ① 일반적으로 추상어로는 한자어를 많이 쓰고 구체어로는 고유어를 많이 쓰는데, 우리말의 경우 구체어까지도 한자어가 많은 비중을 차지함을 지적하고 있다.
③ 글쓴이는 한자어가 한자어인지도 모르고 쓰고 있는 우리의 현실을 우려하고 있지만, 이런 내용은 ㉠보다 뒷부분에서 언급하고 있다.
④ 한자어와 고유어 구별의 필요성은 뒷부분에서 언급하고 있다.
⑤ 기초 어휘는 대체로 구체적 의미를 지니는 경우가 많다.

03 ㉢은 원래부터 우리가 쓰던 순수한 우리말, 고유어, 토박이말을 의미한다.

오답 확인 ① 외래어는 외국에서 들어왔지만 우리말처럼 쓰이는 어휘이다.
③ 순화어는 외국어나 외래어를 우리말식으로 바꿔 만든 어휘이다.
④ 조선어는 조선의 말이라는 뜻으로, 한자어가 포함될 수 있는 개념이다.
⑤ 일본어는 일본의 말이다.

04 (라)~(마)에서 글쓴이는 우리말에 쓰이는 한자어가 한자어라는 사실을 인식하고 이를 바탕으로 우리말로 바꾸어 쓸 수 있는 한자어는 우리말로 바꾸어 쓰려고 노력해야 함을 강조하고 있다. 즉 한자어를 모두 우리말로 대체하기는 어렵다는 점을 전제로 하여 우리말을 써야 하는 상황에서는 되도록 우리말을 써야 한다는 입장이다.

오답 확인 ① 글쓴이는 모든 한자어를 우리말로 바꾸는 것에 대해 어렵다는 입장을 드러내고 있다.
② 글쓴이는 한자어를 순우리말과 구별하여 제대로 인식하지 못하고 있는 현실에 대해 우려하고 있다.
③ 한자어가 많아진 이유가 일부 드러나 있지만 모든 상황을 설명하지는 않았으며, 그 이유보다 현재의 실상에 대해 염려하는 편이다.
⑤ 한자어의 경우 한자어임을 표시하는 한자가 병기되어 있다.

[고난도 응용]

01 일반적으로 기초적인 어휘는 고유어를 사용하는 경우가 많다. 기초적인 어휘는 자연물이나 신체어, 날씨, 친족 관계 등을 나타내는 말이다. ①의 신체어는 모두 순우리말이다.

오답 확인 ② 산(山), 강(江)은 한자어이다.
③ 백(百), 천(千)은 한자어이다.
④ 낙조(落照), 태풍(颱風)은 한자어이다.
⑤ 형(兄), 삼촌(三寸), 이모(姨母)는 한자어이다.

02 전문어는 전문가 집단에서 쓰는 말이다. 대체로 업무 수행의 효율성을 높이기 위해 쓰며 추상어가 많다. 다른 집단과의 소통에 대하여 크게 관심을 갖지 않는 말이다. 은어는 집단 내의 소통을 목적으로 일종의 암호처럼 쓰이는 말로, 다른 집단과의 소통이 어렵다는 점에서 전문어와 은어는 유사한 성격을 띤다.

오답 확인 ① 우리나라의 전문어는 대부분 한자어로 만들어졌으며, 현대에 와서는 외래어가 많은 비중을 차지하고 있다.
② 전문어는 의사, 법률가, 상인 등 대체로 특정 전문 직업에서 만들어진 경우가 많다. 특히 집단 내에서 전문적인 업무를 수행할 때에는 전문어를 통해 쉽고 빠르게 의사를 전달할 수 있다.

④ 전문어는 사회적 요인 중 하나인 직업을 요인으로 하여 발생한 말이므로 사회 방언에 속한다.
⑤ 전문어는 단어의 형태로 만들어지는 경우가 많아 그 어휘를 활용하여 문장을 만들어 쓸 때에는 별도의 규칙을 적용하지 않는다.

03 〈보기〉에서는 외국어가 외래어로 정착되는 과정에서 일어나는 변화를 설명하고 있다. '모친(母親)'이라는 한자어는 '어머니'와 같은 의미를 지니고 있음에도 우리말로 정착되면서 '어머니를 높이는 표현'으로 쓰이고 있다. '아르바이트'도 '임시로 하는'이라는 의미가 덧붙여진 상태로 외래어로 정착했다. '긴가민가'는 '기연가미연가'라는 한자어와 고유어의 결합에서 말이 줄어든 경우이다. 이처럼 외래어는 정착 과정에서 의미가 달라지는 경우도 있고, 소리가 달라지는 경우도 있다.

상	의미 변화와 소리 변화를 모두 바르게 서술한 경우
중	의미 변화와 소리 변화 중 한 가지를 모호하게 서술한 경우
하	의미 변화와 소리 변화 중 한 가지만 바르게 서술한 경우

단원 평가

본문 60~63쪽

01 ① **02** ⑤ **03** [예시 답안] 언어가 자의성을 띠기 때문에 '사랑하다'라는 의미를 전달하기 위해 '랑랑하다'라는 표현을 쓰는 것이 잘못된 것은 아니지만, 이 말은 사회적으로 약속된 것이 아니기 때문에 일반적인 소통의 상황에서는 쓰기 어려울 것이다. **04** ② **05** ⑤ **06** ④ **07** ② **08** ② **09** ④ **10** [예시 답안] ㉮의 '책상'은 '앉아서 책을 읽거나 글을 쓰는 등의 활동을 할 때 앞에 놓고 쓰는 상'의 의미를 지닌 음성 또는 문자이며, ㉯의 '책상'은 사람들이 쓰고 있는 사회적 약속으로서의 언어라는 의미이다. 따라서 글의 제목은 언어의 형식을 개인이 마음대로 바꾸어 쓸 수 없다는 의미를 표현한다. **11** ④ **12** ③ **13** ⑤ **14** ③ **15** ③ **16** [예시 답안] 다른 나라의 말을 우리말로 바꾸거나 우리말 체계에 맞는 말로 대체하여 받아들이려는 노력이 필요하다. **17** ㉠ 지역 방언 ㉡ 사회 방언

01 (가)에서는 같은 대상을 언어권마다 다르게 표현하는 양상을 설명하고 있다. 이는 언어의 자의성에 해당한다. ①에서는 언어의 기호성을 설명하고 있다.

오답 확인 ② 언어의 사회성, ③ 언어의 역사성, ④ 언어의 규칙성, ⑤ 언어의 창조성을 설명하고 있다.

02 '니 정신 단디 챙기라.(너 정신 단단히 챙겨라.)'라는 문장에서 사투리인 '단디'와 같은 단어는 언어의 내용과 형식의 관계가 임의적이라는 점을 보여 준다. 표준어인 '단단히'가 서울 지역에서 사용되는 형식인데 경상도 지역에서는 '단디'라는 형식이 사용되고 있다는 것이다. 어떤 대상을 어떤 형식으로 나타내야(지시해야) 하는지에 대해서 특별한 인과 관계가 성립되지 않음을 알 수 있다.

오답 확인 ① '니, 단디'는 제한적으로 쓰이고 있지만 이미 사용되던 말이다.
② 문장 구조는 '주어, 목적어, 부사어, 서술어'로 우리말의 전형적인 문장 구조를 그대로 따르고 있다.
③ 시간 표현에 관한 호응은 '벌써 ~ 했다(과거형)'와 같은 형식의 문장에서 드러난다.
④ 지역 방언은 표준어와 달리 공용어로 사용되기 어렵다.

03 어떤 의미를 담고 있는 말을 다른 말로 바꾸어 쓸 수 있는 것은 언어의 형식과 내용 사이의 자의성 때문이다. 자의적으로 만든 말이 다른 사람들과의 소통에서 사용되려면 사회적으로 인정받는 과정이 필요하다. 언니가 만든 말은 두 사람만의 말로, 사회적으로 인정받지 못한 말이다.

상	언어의 자의성과 사회성을 바탕으로 바르게 서술한 경우
중	언어의 자의성과 사회성 중 하나를 모호하게 서술한 경우
하	언어의 자의성과 사회성 중 하나만 서술한 경우

04 〈보기〉에서 '얼짱'을 국어사전에 올리느냐 마느냐에 관한 논란은 '얼짱'을 우리말로 인정하느냐의 여부에 대한 사회적 합의의 과정이다. (나)에서는 언어의 사회성을 설명하고 있다.

05 (다)에서는 언어의 역사성을 설명하고 있다. '어리다'라는 말은 예전에도 쓰였던 말이나 예전에는 '어리석다'의 의미를 가지고 있었다. 그러나 시간의 변화에 따라 똑같은 '어리다'라는 형식에 '나이가 적다'라는 의미가 결합되어 쓰이고 있다. 시간의 흐름에 따라 언어의 의미가 변한 사례이다.

오답 확인 ① 같은 대상을 지역마다 다르게 표현하는 것은 언어의 형식과 내용 사이의 자의성을 보여 준다.
② '어제'라는 표현과 '오를'이라는 서술어가 서로 시간적으로 호응되지 않아서 어색한 말이다.
③ 하나의 대상에 대한 언어 형식을 정하는 과정에서 '셈틀'을 버리고 '컴퓨터'를 쓰자고 사회적으로 합의되었음을 보여 준다.
④ 닭 우는 소리를 나라마다 다르게 표현하는 것은 언어의 자의성을 보여 준다.

06 이 글은 소통에 있어 언어의 중요성을 보여 주는 우화이다. 한 남자를 통해 사회적 관계 속에서 소통의 도구로 사용되는 언어를 한 개인이 마음대로 바꾸는 것은 소통을 어렵게 한다는 점을 강조하고 있다.

오답 확인 ① 남자가 자유를 억압당하는 모습이 드러나 있지 않다.
② 남자가 획일적인 삶으로 인해 갈등하는 내용은 드러나 있지 않다.

③ 남자가 이웃으로부터 소외된 결과를 맞긴 했지만 작품의 주된 내용은 그 과정에 초점을 맞추고 있다.
⑤ 남자가 혼자 사는 인물로 등장하지만 가족과의 교류를 그리워하는 모습은 드러나 있지 않다.

07 남자는 언어의 형식과 내용의 관계가 자의적임을 적극적으로 활용하여 언어를 바꾸었다. 하지만 다른 사람과 합의의 과정을 거치지 않았기 때문에 비극적 결말을 맞게 된다. 이는 언어의 사회성을 바르게 이해하지 못한 결과라 할 수 있다.

08 ㉠ '사진'은 '남자'가 기존에 있던 언어의 형식에 다른 의미를 결합한 것으로, 일반 사람들에게는 기존의 의미대로 쓰이지만 '남자'에게는 '침대'의 의미로 쓰이는 말이다. 똑같은 언어 형식을 갖추고 있으나 의미는 완전히 다른 말이다.

오답 확인 ① '사진'은 형식과 내용을 모두 갖추고 있다.
③ '카메라를 통해 찍은 물체의 영상'의 의미는 다른 사람들이 쓰는 '사진'의 의미이다.
④ 새로운 의미를 지니고 있으나 다른 사람들의 인정을 받지 못했다.
⑤ 의미와 형식 사이에 필연성은 없다.

09 ㉡은 같은 음성으로 말하면서도 서로 다른 의미를 담고 있는 단어를 사용함으로써 발생하는 소통의 부재를 보여 준다. ④의 경우 '로봇'을 다른 형식으로 말하고 있는 아기와 소통이 되지 않는 상황을 보여 준다.

오답 확인 ① 강아지를 부르는 말이 영어권과 우리가 다르다는 점을 보여 준다.
② 유아들의 말이 일반인들과 다르지만 사회적으로 인정하고 있어서 가족과의 소통에 문제가 없음을 보여 준다.
③ 아기의 언어 표현이 상황과 맞지 않더라도 그 의도를 파악하고 있어 소통이 되고 있는 상황이다.
⑤ 유아가 언어 사용에 필요한 규칙을 배워 가는 모습을 보여 준다.

10 '책상은 책상이다'에서 앞의 '책상'은 일반적으로 '책상'이라는 문자나 음성이 담고 있는 대상으로서의 '책상'을 가리킨다. 뒤의 '책상'은 그러한 대상을 가리키는 말을 '책상'이라고 약속하여 쓰고 있음을 가리킨다. 따라서 어떤 대상을 가리키는 말에 대해 사회적으로 정한 약속이 있다면 그 약속에 따라 언어를 사용해야 한다는 점을 강조한다. 즉 개인이 마음대로 약속을 바꾸어 쓰는 것이 어려움을 의미한다.

상	㉮, ㉯의 의미 차이를 바탕으로 제목의 의미를 바르게 서술한 경우
중	㉮, ㉯의 의미 차이와 제목의 의미 중 하나를 모호하게 서술한 경우
하	㉮, ㉯의 의미 차이와 제목의 의미 중 하나만 바르게 서술한 경우

11 ④의 경우 주어와 서술어의 호응이 잘못된 예이다. '다람쥐와 새가 지저귀고 있었다.'에서 '지저귀고 있었다'라는 서술어와 호응할 수 있는 주어는 '새'이다. '다람쥐'는 '지저귀고 있었다'라는 서술어와 호응될 수 없다. 따라서 '나무 위에서 다람쥐가 놀고(달리고), 새가 지저귀고 있었다.'로 바꾸어야 한다.

오답 확인 ① '어제'가 과거이므로, '가셨다'를 과거형으로 사용하여 규칙에 맞는 문장이다.
② '결코'가 부정어인 '잊지 않을'이라는 부정 표현과 호응한다.
③ '비록 ~ 낮았지만'이 서로 호응하고 있다.
⑤ 피동형 문장으로, '소매치기'가 주어이므로 피동문이 적절하다.

12 대화에 쓰인 '심쿵, 시강, 볼매, 웃픈'은 기존에 쓰던 단어들을 줄여서 만든 말이다. '심쿵'은 '심장이 쿵하고 떨어진다'의 의미이며, '시강'은 '시선 강탈', '볼매'는 '볼수록 매력 있다', '웃픈'은 '웃기면서 슬픈'을 줄여서 쓰는 말이다. 의미는 그대로인데 형식이 바뀐 예에 해당한다.

오답 확인 ① 신조어는 시대의 흐름에 맞게 새로 만들어진 말로, 새로운 사회 · 문화적 상황을 표현하기에 효과적이다. 이들 단어는 우리의 언어생활을 풍부하게 하기도 한다.
② 특히 '웃픈'과 같은 줄임말은 합성법이나 파생법에 맞지 않는 말로, 국어 문법에 혼란을 줄 수 있다.
④ 말을 줄여서 쓰는 사회적 성향이 반영되어 만들어진 말들이다.
⑤ 이들 신조어는 청소년 계층에서 많이 쓰이고 있으나 아직 사회 전반에서 소통의 도구로 합의하지는 않았다.

13 제시문은 우리말에 있는 한자어의 모습에 대해 설명하고 있다. 외국어였던 한자어가 우리말로 들어올 때 우리 사회의 인정을 받지 못해 소멸된 예와 관련된 설명은 제시되어 있지 않다.

오답 확인 ① 고유어는 그 언어권 사람들의 일상생활에서 쓰이는 말이나 기초적인 어휘가 많다.
② 외래어는 토박이말에 유입되어 외래어인지 아닌지 인식하지 못할 정도로 토착화되는 경우도 있다.
③ (다)에 제시된 '잠시간'이라는 한자어가 '잠깐'의 어원이라는 예를 보면 외래어가 반드시 그 형태를 유지하면서 유입되는 것이 아님을 알 수 있다.
④ 한자 문화권에서는 한자어가 외래어로 유입되어 많은 비중을 차지하고 있다.

14 전문어나 학술어는 추상적인 개념을 포함하고 있는 말이 많다. 따라서 ㉮에 들어갈 말로는 추상어가 적절하다.

오답 확인 ① 토착어는 토박이말, 고유어이다.
② 공통어는 그 언어권 사람들이 공통으로 쓰는 말이다.
④ 사회 방언은 사회적 요인에 의해 변이된 말이다.
⑤ 외래어는 외국에서 들어왔으나 고유어처럼 쓰이는 말이다.

15 ㉢, ㉣은 순수한 우리말을 의미하며, ㉠, ㉡, ㉤은 한자어를 포함하고 있는 큰 범주의 우리말을 의미한다.

16 〈보기〉에서는 다른 나라로부터 말을 받아들일 때의 태도에 대해 언급하고 있다. 중국이 일본식 문물을 받아들이면서 따라오는 말을 중국식으로 바꾸어 받아들인 데 비해 우리나라는 그런 과정이 없었음을 지적하고 있다. 이 글의 글쓴이도 한자어를 우리말로 바꾸려는 노력이 필요하다는 입장을 보여, 두 사람은 공통적으로 외래어를 그대로 받아들이는 태도가 바람직하지 않음을 강조하고 있다.

상	외래어를 우리말로 바꾸려는 노력의 필요성에 대해 바르게 언급한 경우
중	한자어로 제한하여 쓴 경우
하	외래어에 대해 부정적인 태도만 서술한 경우

17 〈보기〉에서는 방언이 지역적 요인과 사회적 요인에 따라 달라짐을 설명하고 있다. 이를 바탕으로 표준어 규정을 살펴보면 표준어가 '서울'이라는 지역적 범위를 제한하고 있음을 통해 서울의 지역 방언을 기준으로 한다는 점을 알 수 있다. 또한 '교양 있는 사람들'이라는 사회적 요인을 제시하여 사회 방언으로서의 범주도 제한하고 있다.

02 국어의 품사와 특성

1. 품사의 개념과 분류 기준

본문 68~69쪽

[학습 목표 응용] **01** ㉠ – ⓐ, ㉡ – ⓓ, ㉢ – ⓑ, ㉣ – ⓒ **02** ② **03** ④

[고난도 응용] **01** ⑤ **02** [예시 답안] 온갖: 관형사, 우뚝: 부사, 체언을 꾸며 주는가, 용언을 꾸며 주는가에 따라 **03** (1) 광화문, 우리, 연필, 것, 첫째 (2) 낮다, 달리다 (3) 헌, 제발 (4) 이다

[학습 목표 응용]

01 ㉠ 문장에서 다른 단어들을 수식하는 기능을 하는 관형사나 부사를 '수식언'이라고 한다.

㉡ 문장에서 주로 몸의 역할을 하는 단어는 '체언'으로서 명사, 대명사, 수사가 이에 해당한다.

㉢ 말하는 이의 놀람, 느낌, 대답 등을 나타내는 단어는 '감탄사'로서 '예', '아차' 등을 그 예로 들 수 있다.

㉣ 사람이나 사물, 장소 등의 이름을 대신하여 나타내는 단어는 '대명사'로서 '나', '그것', '여기' 등을 그 예로 들 수 있다.

02 사람이나 사물의 이름을 대신하는 단어는 대명사로서 〈보기〉에서는 '나', '아무'가 이에 해당한다. '것'은 명사 중에서 관형어의 꾸밈을 받아 쓰이는 의존 명사에 해당한다.

오답 확인 ① '없을', '부른다', '좋아한다'는 주체의 행동이나 상태를 나타내는 용언으로서 문장에서 쓰임에 따라 형태가 변하는 가변어이다.
③ 문장에서 주체가 되는 기능을 하는 단어는 체언을 나타내며 〈보기〉에서 '나', '아무', '때', '노래', '것'이 이에 해당하므로 제시된 단어들이 함께 묶일 수 있다.
④ '못'은 '부르지만'이라는 용언을, '무척'은 '좋아한다'라는 용언을 각각 꾸며 주는 부사이므로 이 단어들이 함께 묶일 수 있다. '잘'도 부사이며 용언을 꾸며 주는 기능도 있으나 이 문장에서는 '못'이라는 부사를 꾸며 주고 있다.
⑤ '를'과 '을'은 목적격 조사로서 체언이 일정한 자격을 갖게 해 주는 조사이다.

03 제시된 문장의 빈칸에는 문장의 내용상 '한', '두', '다섯' 등의 개수를 나타내는 말이 와야 한다. 이때 '개'가 체언이므로 체언을 꾸며 주는 관형사가 와야 한다.

오답 확인 ① 관형사가 또 다른 관형사의 꾸밈을 받을 수는 없다.
② 관형사는 문장 내에서 형태가 변하지 않는 불변어이다.
③ 제시된 문장에서는 순서를 나타내는 말이 아니라 개수를 나타내는 말인 수 관형사가 와야 한다.
⑤ 관형사는 문장 내에서 체언 앞에서만 쓰이므로 위치의 이동이 자유롭지 못하다.

[고난도 응용]

01 ㉠은 '자리'라는 체언을 꾸며 주고 있으나 기본형이 '데다'로서 주체의 동작이나 작용을 나타내는 말인 동사에 해당한다. ㉡은 '상처'라는 체언을 꾸며 주고 있으나 기본형이 '아름답다'로서 주체의 상태나 성질을 나타내는 형용사이다. 따라서 동사와 형용사, 즉 용언이 지닌 공통적인 특성이 아닌 것을 찾아야 한다. 용언은 문장에서 홀로 쓰일 수 있고 특별한 의미를 더할 때 외에는 조사와 함께 쓰이지 않는다.

오답 확인 ① 용언은 문장에서 쓰임에 따라 형태가 변하는 가변어이다.
② 용언은 문장에서 '가장', '무척' 등 부사어의 꾸밈을 받을 수 있다.
③ 용언은 문장에서 주로 주체를 서술하는 기능을 한다.
④ 용언은 문장에서 다른 성분의 수식 없이 쓰일 수 있다.

02 '온갖'과 '우뚝'은 모두 수식언이지만 '온갖'은 뒤에 이어지는 체언인 '나무(들)'를 꾸며 주는 관형사이며, '우뚝'은 뒤

에 이어지는 용언인 '서'를 꾸며 주는 부사이다.

상	품사를 정확히 분류하고 각각 꾸며 주는 말을 정확한 용어로 쓴 경우
중	품사를 정확히 분류하였으나 꾸며 주는 말을 모호하게 쓴 경우
하	품사 분류 중 하나 이상 틀리거나 꾸며 주는 말을 적절하지 못하게 쓴 경우

03 (1) 문장에서 주로 주체가 되는 역할을 하는 단어는 명사, 대명사, 수사 등 체언이므로 명사인 '광화문', '연필', '것', 대명사인 '우리', 수사인 '하나'가 이에 해당한다.

(2) 문장에서 주로 주체를 서술하는 역할을 하는 단어는 동사나 형용사 등 용언이므로 형용사인 '낮다', 동사인 '달리다'가 이에 해당한다.

(3) 문장에서 체언 앞에서 체언을 꾸며 주는 단어는 관형사이며 주로 용언 앞에 놓여서 용언을 꾸며 주는 단어는 부사이므로 관형사인 '헌', 부사인 '제발'이 이에 해당한다.

(4) 문장에 쓰인 단어들의 관계를 나타내는 역할을 하는 단어는 관계언인 조사로서 '이다'가 이에 해당한다.

2. 품사의 종류와 특성

본문 70~71쪽

[학습 목표 응용] **01** ⑤ **02** ② **03** ③ **04** ② **05** ⑤ **06** ① **07** ③

[고난도 응용] **01** ① **02** ⑤ **03** [예시 답안] ㉠: 관형사, ㉡: 형용사, 차이점: ㉠은 형태 변화가 없이 체언만을 꾸며 주는 단어이고, ㉡은 '멋지다'라는 기본형이 있으며 대상의 성질이나 상태를 나타내는 단어이면서 형태 변화를 통해 체언을 꾸며 준다. **04** [예시 답안] • 틀린 부분: 건강해라 → 건강하게 지내라. • 이유: '건강하다'는 형용사이기 때문에 명령형 어미 '–아라/–어라'가 결합할 수 없다.

[학습 목표 응용]

01 '무척'은 부사로서 문장에서 주로 용언을 꾸며 주는 말이지만, '옛'은 '옛 이야기', '옛 추억' 등으로 문장에서 체언을 꾸며 주는 관형사이다.

오답 확인 ① '노래'는 사물의 이름을 나타내는 명사이다.

② '이분'은 사람을 대신하여 나타내는 대명사이다.

③ '잡다', '즐겁다'는 문장에서 쓰임에 따라 형태가 변하는 가변어에 해당한다.

④ '하나'는 수량을 나타내는 수사이며, '셋째'는 순서를 나타내는 수사 또는 관형사이다.

02 '저분'은 사람을 대신해서 가리키는 대명사이며, ㉠, ㉢, ㉣, ㉤은 사람이나 사물의 이름을 나타내는 명사에 해당한다.

03 '이기다'는 '내기나 시합, 싸움 따위에서 재주나 힘을 겨루어 우위를 차지하다.'라는 뜻을 가진 동사로서 주체의 움직임을 서술하는 기능을 한다.

오답 확인 ① '쉽구나'의 기본형 '쉽다'는 '하기가 까다롭거나 힘들지 않다.'라는 뜻으로, 주체의 상태나 성질을 나타내는 형용사이다.

② '예뻤다'의 기본형 '예쁘다'는 '생긴 모양이 아름다워 눈으로 보기에 좋다.'라는 뜻의 형용사이다.

④ '고운'의 기본형 '곱다'는 '모양, 생김새, 행동거지 따위가 산뜻하고 아름답다.'라는 뜻을 지닌 형용사이다.

⑤ '즐겁게'의 기본형인 '즐겁다'는 '마음에 거슬림이 없이 흐뭇하고 기쁘다.'라는 뜻을 지닌 형용사이다.

04 <보기>는 부사의 특성을 설명한 것이다. '제일'은 '맛있다'라는 용언 앞에서 이 용언을 꾸며 주는 부사에 해당한다.

오답 확인 ① '도서실로'는 '도서실'이라는 명사에 '로'라는 부사격 조사가 결합한 말로 부사는 아니다.

③, ⑤ 제시된 문장에서 부사에 해당하는 단어는 사용되지 않았다. ③의 '가게 되기를'에서 '가게'는 본용언, '되기를'은 보조 용언이다.

④ '공원으로'는 '공원'이라는 명사에 '으로'라는 부사격 조사가 결합한 말로 부사는 아니다.

05 '뛰어나다'는 형용사, '났는데'는 '나다'가 기본형인 동사, '(중학생)인'은 '이다'가 기본형인 서술격 조사이며, '하셨다'는 '하다'가 기본형인 동사이다. 따라서 밑줄 친 단어들은 모두 가변어로서 문장에서 쓰임에 따라 활용을 통해 형태가 변하는 단어이다.

오답 확인 ① 용언은 형태에 따라 조사가 결합할 수도 있으나 반드시 조사와 결합하여 쓰이는 것은 아니다.

② 사람이나 사물의 성질을 나타내는 말은 형용사이며, '뛰어나다'가 이에 해당한다.

③ 문장 내에서 위치가 비교적 자유로운 것은 부사이다.

④ 밑줄 친 단어 중의 '이다'는 문장에서 부사의 꾸밈을 받을 수 없다.

06 '수'와 '만큼'은 명사 중에서 의존 명사로, 앞에 오는 관형어의 꾸밈을 받아서 쓰이는 명사이다. 의존 명사도 체언의 특성을 지니므로 형태 변화가 없는 불변어이며 '수가', '만큼은'과 같이 조사가 결합하여 쓰일 수 있다.

오답 확인 ㄷ. '의존 명사'는 앞에 오는 관형어의 꾸밈을 받아서 쓰이므로 홀로 자립하여 쓰이지 못한다.

ㄹ. 의존 명사는 '할', '먹을'과 같은 관형어의 꾸밈을 받아서 쓰이며, 부사어의 꾸밈을 받는 것은 아니다.

07 '는', '도', '만'은 모두 조사이며 단어의 뒤에 붙어서 특별한 의미를 더해 주는 역할을 하는 보조사에 해당한다. 따라서 (ㄱ)과 같이 홀로 쓰일 수 없고 반드시 다른 말에 붙어 쓰이며, (ㄹ)과 같이 다른 말에 특별한 뜻을 더해 주는 역할을

한다는 특성을 갖는다.

오답 확인 ㄴ은 격 조사인 '이/가', '을/를' 등을 가리킨다. ㄷ은 접속 조사인 '와/과', '(이)랑' 등을 가리킨다.

[고난도 응용]

01 '비치다'는 '빛이 나서 환하게 되다.'라는 뜻을 지닌 동사로, 문장에서 주체의 작용을 나타내는 용언에 해당한다.

오답 확인 ② '여러분'은 '듣는 이가 여러 사람일 때 그 사람들을 높여 이르는 이인칭 대명사'로서, 부르는 의미로 사용했으나 감탄사는 아니다.
③ '세'는 뒤에 이어지는 체언인 '마리'를 꾸며 주는 관형사이다.
④ '맛있게'의 기본형은 '맛있다'로, 품사는 형용사이며 기본형의 어간 '맛있-' 에 어미 '-게'를 붙여서 부사어를 만든 것이다.
⑤ '빨리'는 '걸리는 시간이 짧게'라는 뜻의 부사이다.

02 '두'는 뒤에 이어지는 체언인 '마리'를 꾸며 주는 관형사이다. 이때 관형사 뒤에는 조사가 결합할 수 없다.

오답 확인 ① '무척'은 '무겁구나'를 꾸며 주는 부사이며, '무척이나'와 같이 조사가 결합할 수 있다.
② '비빔밥'은 명사로서 '만들다'의 대상이 되는 목적어이므로 '을', '도', '만'과 같이 조사가 결합할 수 있다.
③ '현화'라는 명사는 '필통'이라는 명사를 꾸며 주는 관형어로 사용되고 있으므로 그 사이에 '의'라는 관형격 조사가 올 수 있다.
④ '너'는 문장에서 부사어로 사용되었으므로 그 뒤에 '에게'와 같이 부사격 조사가 올 수 있다.

03 ㉠ '헌'은 뒤에 이어지는 체언인 '옷'을 꾸며 주는 관형사이다. ㉡ '멋진'은 뒤에 이어지는 체언인 '추억'을 꾸며 주고 있으나 '멋지다'라는 형용사의 형태를 변화시켜 관형어로 사용한 것이다.

상	품사를 정확히 분류하고 '형태 변화'를 중심으로 ㉠과 ㉡의 차이점을 정확히 쓴 경우
중	품사를 정확히 분류하였으나 ㉠과 ㉡의 차이점에 대한 설명에서 '형태 변화'라는 용어 사용을 제대로 하지 못하고 모호하게 쓴 경우
하	품사 분류 중 하나 이상 틀리거나 ㉠과 ㉡의 차이점을 제대로 파악하지 못하고 부정확하게 쓴 경우

04 '건강해라'의 기본형은 '건강하다'이며 형용사이므로 명령형 어미나 청유형 어미가 쓰일 수 없다. 따라서 '건강해라'가 아니라 '건강하게 지내라'로 써야 한다.

상	틀린 부분을 찾아 바르게 고치고, '건강하다'가 형용사이므로 명령형 어미가 올 수 없다는 점을 정확히 설명한 경우
중	틀린 부분을 찾아 고치고 '건강하다'의 품사를 파악했으나 이유에 대한 설명이 불분명한 경우
하	틀린 부분을 파악하지 못하고 그 이유에 대한 설명도 부정확하거나 잘못된 경우

3. 동사는 힘이 세다

본문 72~73쪽

[학습 목표 응용] 01 ④ 02 ② 03 ③
[고난도 응용] 01 ⑤ 02 ⑤ 03 [예시 답안] 동사는 인간의 삶이나 자연의 변화하는 특징을 가장 잘 반영하고 있기 때문이다.

[학습 목표 응용]

01 글쓴이는 (마)에서 '동사'가 '인간과 자연의 본질인 변화, 곧 움직임을 말로써 흉내 낸 것'이라고 하였다. 그러나 '형용사'를 '사물의 본질을 나타내는 말'이라고 언급한 내용은 없다. 또한 형용사도 '작다', '작고'와 같이 형태 변화를 하는 가변어이다.

오답 확인 ① (라)~(마)를 통해 알 수 있듯이 동사는 문장에서 주체의 움직임이나 작용을 서술하는 말이다.
② (다)와 (라)에서 알 수 있듯이 형용사는 '작다', '가늘다' 등으로 주체의 성질이나 상태를 나타내는 말이다.
③ (라)의 '(눈이) 흩날리다'와 같은 문장에서 알 수 있듯이 명사에 동사가 결합한 문장으로 '변화'의 의미를 나타낼 수 있다.
⑤ (라)의 '싸우는 행동'에서 '싸움'이라는 명사가 만들어지는 것을 통해 알 수 있듯이 동사로 된 말 뒤에 이를 명사로 바꾸어 주는 '-음'이나 '-기' 등을 붙이면 그 동작과 관련된 명사를 만들 수 있다.

02 '고른'의 기본형은 '고르다'로서 '여럿 중에서 가려내거나 뽑다.'라는 뜻으로 동작을 나타내는 동사이다.

오답 확인 ① '즐거운'의 기본형은 '즐겁다'로서 '마음에 거슬림이 없이 흐뭇하고 기쁘다.'라는 뜻으로, 성질이나 상태를 나타내는 형용사이다.
③ '밝은'의 기본형은 '밝다'로서 '불빛 따위가 환하다.'라는 뜻으로, 성질이나 상태를 나타내는 형용사이다.
④ '그러니'의 기본형은 '그렇다'로서 '상태, 모양, 성질 따위가 그와 같다.'라는 뜻으로, 성질이나 상태를 나타내는 형용사이다.
⑤ '성실한'의 기본형은 '성실하다'로서 '정성스럽고 참되다.'라는 뜻으로, 성질이나 상태를 나타내는 형용사이다.

03 '가뿐하다'는 '몸의 상태가 가볍고 상쾌하다.'라는 뜻으로, 주체의 상태나 성질을 나타내는 말이므로 형용사에 해당한다. 문장에서 '피곤했'던 상태였다가 잠을 푹 '자는' 행동을 했기 때문에 '가뿐하다'는 상태로 바뀐 것이다.

오답 확인 ① '달리기'는 '달리다'라는 동사에 명사를 만들어 주는 접미사 '-기'를 붙여 만든 명사이다.
② '잠'은 '잤더니'의 기본형인 '자다'라는 동사에 명사를 만들어 주는 접미사 '-ㅁ'을 붙여 만든 명사이다.
④ '울음'은 '울다'라는 동사에 명사를 만들어 주는 접미사 '-음'을 붙여서 만든 명사이다.
⑤ '웃어서'는 '웃다'라는 동사를 문장에 맞게 활용하여 '-어서'라는 어미를 붙여서 만든 말이며, 품사가 바뀐 것은 아니므로 동사에 해당한다.

[고난도 응용]

01 실제 '축구공'은 '축구 선수'의 뜻에 따라 움직인다고 볼 수도 있다. 그러나 이 글에서 '축구공'은 형용사의 '가만히 있는 성질'을 비유한 말이며, '축구 선수'는 동사의 '움직이는 성질'을 비유한 말이다. 형용사가 동사의 뜻에 따라 여러 가지 품사로 바뀌어 쓰일 수 있다는 의미를 나타내는 것은 아니다.

오답 확인 ①, ② '축구 선수'는 '움직이는 성질' 때문에, '축구공'은 '가만히 있는 성질' 때문에 글쓴이가 동사와 형용사의 특성을 드러내기 위해 비유적으로 쓴 말이다.
③ '흩날리다'는 (라)를 통해 알 수 있듯이 동사에 해당하므로 적절하다.
④ '가늘다'는 (다)와 (라)를 통해 알 수 있듯이 형용사에 해당하므로 적절하다.

02 '눈부시게'는 '빛이 아주 아름답고 황홀하다.'라는 뜻의 '눈부시다'라는 단어의 형태를 문장에 맞게 변화시킨 것이다. '눈부시다'는 움직임이 아니라 상태나 성질을 나타내는 말이므로 형용사에 해당한다.

오답 확인 ① '어린'은 '나이가 적다.'라는 뜻을 지닌 '어리다'라는 단어의 형태를 변화시킨 것이다. '어리다'는 상태나 성질을 나타내는 형용사이다.
② '가느다란'은 '아주 가늘다.'라는 뜻을 지닌 '가느다랗다'라는 단어의 형태를 변화시킨 것이다. '가느다랗다'는 상태나 성질을 나타내는 형용사이다.
③ '떨어지기'는 '달렸거나 붙었던 것이 갈라지거나 떼어지다.'라는 뜻을 지닌 '떨어지다'라는 단어의 형태를 변화시킨 것이다. '떨어지다'는 움직임을 나타내는 동사이다.
④ '열리고'는 '닫히거나 잠긴 것을 트이다.'라는 뜻을 지닌 '열리다'라는 단어의 형태를 변화시킨 것이다. '열리다'는 움직임을 나타내는 동사이다.

03 제시문에서 글쓴이는 사람이나 자연의 본질이 움직임 또는 변화라고 하였으며, 떨어져 쓰이면 아무런 관계를 맺지 못하는 명사나 가만히 있으려는 성질을 지닌 형용사와 달리 동사가 이러한 움직이고 변화하는 특징을 가장 잘 반영하기 때문에 동사가 가장 힘이 세다고 한 것이다.

상	'사람', '자연'을 모두 사용하고, '움직임' 또는 '변화'라는 단어를 사용하여 자연스러운 문장으로 쓴 경우
중	'사람', '자연' 중 하나만 사용하고, '움직임' 또는 '변화'라는 단어를 사용했으나 표현이 어색한 경우
하	'사람', '자연'을 사용하지 못하고, '움직임' 또는 '변화'라는 단어를 모호하게 사용하거나 사용하지 못하여 내용이 부정확하고 문장이 부자연스러운 경우

단원 평가

본문 74~77쪽

01 ③ **02** ⑤ **03** ② **04** ③ **05** [예시 답안] ㉠ 큰, 작은, 파란 ㉡ 한 **06** [예시 답안] 기능: 관계언 의미: 조사(보조사) 형태: 불변어 **07** ② **08** ④ **09** ① **10** ⑤ **11** ③ **12** ② **13** ④ **14** [예시 답안] ㉠: 수사 ㉡: 형용사 ㉢: 감탄사 **15** [예시 답안] ㉮ 장소 ㉯ 용언 **16** [예시 답안] • 온갖: 관형사. 체언 앞에서 체언의 성질이나 상태가 어떠한지에 대한 내용을 꾸며 주고 있음. • 예쁜: 형용사. 사람이나 사물의 성질이나 상태를 나타내는 단어임. **17** [예시 답안] (1) 와 또는 랑(접속 조사) (2) 에서(격 조사) (3) 까지, 도(보조사) **18** ③ **19** ⓐ 달리기, ⓑ 그림 **20** ① **21** ④ **22** [예시 답안] ㉮는 형용사: 가만히 있는 성질을 지닌 말임. ㉯는 동사: 변화(움직임)라는 특징을 흉내 낸 말임.

01 이 글에서 '부사'에 대해 설명하면서 '동사나 형용사를 보좌하는 역할을 하는 품사'라고 하였다. 부사는 이처럼 주로 동사나 형용사와 같은 용언을 꾸며 주는 역할을 하는 품사이므로 동사를 꾸며 주면 부사, 형용사를 꾸며 주면 관형사라는 것은 적절하지 않다.

오답 확인 ① 이 글의 첫 문단을 참고할 때 단어들을 '의미, 기능, 형태'와 같은 일정한 기준에 따라 구분해 놓은 것을 '품사'라고 한다는 것을 알 수 있다.
② 이 글의 넷째 문단에서 관형사와 형용사는 모두 형태나 모양을 가리키는 말이기 때문에 '형(形)'이라는 한자를 사용한다고 하였으므로 적절하다.
④ 이 글의 둘째 문단에서 알 수 있듯이 품사는 기능에 따라 체언, 용언, 수식언, 관계언, 독립언으로 구분된다.
⑤ 이 글의 셋째 문단을 통해, 사물의 이름을 대신 나타내기 때문에 '대신하다'라는 의미의 '대'를 붙여서 '대명사'라고 한다는 것을 알 수 있다.

02 '어머나'는 말하는 이의 놀라는 감정을 표현하는 감탄사에 해당하므로 독립언이다. 그러나 '깡충깡충'은 용언을 꾸며 주는 부사에 해당하므로 수식언이다.

오답 확인 ① '옛'은 '지나간 때의'라는 뜻으로, '옛 친구', '옛 모습' 등으로 뒤에 이어지는 체언을 꾸며 주는 말이므로 관형사에 해당한다.
② '에게'는 체언에 붙어 주로 부사어를 만들어 주는 격 조사이며, '는'은 '어떤 대상이 다른 것과 대조됨을 나타내는 보조사'이므로 둘 다 조사에 해당한다.
③ '지붕'은 '집의 맨 꼭대기 부분을 덮어 씌우는 덮개'라는 뜻으로 사물의 이름을 나타내는 명사이며, '우정'은 '친구 사이의 정'이라는 뜻으로 어떤 추상적인 대상을 나타내는 명사이다.
④ '쌓다'는 '여러 개의 물건을 겹겹이 포개어 얹어 놓다.'라는 뜻이며, '돕다'는 '남이 하는 일이 잘되도록 거들거나 힘을 보태다.'라는 뜻으로 동작을 나타내는 동사이며, '맑다'는 '잡스럽고 탁한 것이 섞이지 아니하다.'라는 뜻으로 상태를 나타내는 형용사로서 모두 용언에 해당한다.

03 동사나 형용사를 보좌하는 역할을 하는 품사에 해당하는

단어들은 용언을 꾸며 주는 말로서 부사에 해당한다. '깡충깡충'은 '짧은 다리를 모으고 자꾸 힘 있게 솟구쳐 뛰는 모양'이라는 뜻으로 '뛰다'와 같은 동사인 용언을 꾸며 주는 부사이며, '몹시'는 '더할 수 없이 심하게'라는 뜻으로 '몹시 춥다', '몹시 사랑하다'와 같이 주로 형용사나 동사인 용언을 꾸며 주는 부사이다.

오답 확인 ① '옛'은 관형사로서 '옛 집'과 같이 뒤에 이어지는 체언을 꾸며 주는 말이다.
③ '어머나'는 말하는 이의 놀람이나 느낌 등을 나타내는 감탄사이므로 독립언에 해당한다.
④ '옛'은 관형사, '어머나'는 감탄사로서 동사나 형용사를 보좌하는 역할을 하는 단어는 아니다.
⑤ '옛'은 관형사, '어머나'는 감탄사이며, '몹시'만 주로 동사나 형용사를 보좌하는 역할을 하는 부사이다.

04 '말 많은 집은 장맛도 쓰다.'라는 문장에 쓰인 조사의 개수는 '은'이라는 보조사, '도'라는 보조사 총 두 개이다.

오답 확인 ① '가'라는 주격 조사 한 개만 쓰였다.
② '이'라는 주격 조사 한 개만 쓰였다.
④ '로'라는 부사격 조사 한 개만 쓰였다.
⑤ '도'라는 보조사 한 개만 쓰였다.

05 ㉠은 상태나 성질을 나타내는 단어로서 '크다'를 활용한 '큰', '작다'를 활용한 '작은', '파랗다'를 활용한 '파란'이 이에 해당한다.
㉡은 체언의 앞에서 체언을 꾸며 주는 말로 수를 나타내는 '한'이 이에 해당한다. 참고로 '둘'은 '둘과'와 같이 뒤에 조사가 이어졌으므로 수사에 해당한다.

상	㉠과 ㉡에 해당하는 말을 각각의 개념에 맞게 모두 골라서 문장에 있는 그대로 쓰거나 ㉠에 해당하는 말의 기본형을 쓴 경우
중	㉠과 ㉡에 해당하는 말 중 합하여 2~3개를 각각의 개념에 맞게 구분하여 문장에 있는 그대로 쓰거나 ㉠에 해당하는 말의 기본형을 쓴 경우
하	㉠과 ㉡에 해당하는 말 중의 하나만 쓰거나 하나도 정확히 구분해서 쓰지 못한 경우

06 이 글에 제시된 품사의 분류 기준에 따를 때 '만'은 기능상으로는 품사 간의 관계를 나타내므로 관계언, 의미상으로는 다른 품사를 보조해 주는 뜻을 지니므로 조사, 형태상으로는 형태 변화가 없는 불변어에 해당한다.

상	의미, 기능, 형태에 따른 품사의 명칭을 모두 정확하게 쓴 경우
중	의미, 기능, 형태에 따른 명칭 중 2개를 정확하게 쓴 경우
하	의미, 기능, 형태에 따른 명칭 중 1개를 정확하게 쓴 경우, 또는 개념 이해가 부족하여 각각의 명칭을 정확하게 쓰지 못한 경우

07 '길다'는 문장에서 쓰임에 따라 형태가 변할 때 '기니', '긴'과 같이 'ㄹ'이 탈락되기도 하는 말이다. 따라서 '길은'이 아니라 '긴'으로 써야 한다.

오답 확인 ① '높다'는 문장에서 쓰임에 따라 '높아', '높으니'와 같이 규칙적으로 활용하는 말이므로 '높은'이 적절하다.
③ '걷다'는 문장에서 쓰임에 따라 '걷고', '걸으니'와 같이 모음으로 시작하는 말 앞에서 'ㄷ'이 'ㄹ'로 바뀌는 말이므로 '걸어서'가 적절하다.
④ '곱다'는 문장에서 쓰임에 따라 '고와', '고우니'와 같이 모음으로 시작하는 어미가 이어질 때 어간의 받침 'ㅂ'이 '-우-'로 바뀌어 활용하는 말이지만, '-게'라는 자음으로 시작하는 어미가 이어졌으므로 '곱게'가 적절하다.
⑤ '듣다'는 문장에서 쓰임에 따라 '들어', '들으니'와 같이 모음으로 시작하는 어미가 이어질 때 'ㄷ'이 'ㄹ'로 바뀌는 말이지만, '-는-'이라는 자음으로 시작하는 어미가 이어졌으므로 '듣는다'가 적절하다.

08 '이분', '저기', '누구', '우리'는 모두 사람이나 사물의 이름을 대신하여 나타내는 대명사이다. '한'은 뒤에 이어지는 체언인 '사람'을 꾸며 주는 관형사(수 관형사)이다.

오답 확인 ① '이분'은 '이 사람'을 아주 높여 부르는 삼인칭 대명사이다.
② '저기'는 말하는 이나 듣는 이로부터 멀리 있는 곳을 가리키는 지시 대명사이다.
③ '누구'는 잘 모르는 사람을 가리키는 인칭 대명사이다.
⑤ '우리'는 말하는 이가 자기와 듣는 이, 또는 자기와 듣는 이를 포함한 여러 사람을 가리키는 일인칭 대명사이다.

09 명사 중에서 관형어의 꾸밈을 받아야만 쓰일 수 있는 명사를 '의존 명사'라고 한다. '시간'은 문장에서 '이른'이라는 관형어의 꾸밈을 받았으나, '어떤 시각에서 어떤 시각까지의 사이'라는 뜻을 지닌 말로 홀로 자립하여 쓰일 수 있는 명사이다.

오답 확인 ② '것'은 '사물, 일, 현상 따위를 추상적으로 이르는 말.'을 나타내는 의존 명사이다.
③ '따름'은 '오로지 그것뿐이고 그 이상은 아님을 이르는 말.'을 나타내는 의존 명사이다.
④ '줄'은 '어떤 방법, 셈속 따위를 이르는 말.'을 나타내는 의존 명사이다.
⑤ '데'는 '곳'이나 '장소'의 뜻을 나타내는 의존 명사이다.

10 '(　　) 별'에서 (　　)에는 '별'이라는 체언을 꾸며 주는 관형어가 와야 한다. 관형어로는 '예쁜'과 같이 용언을 활용한 말이 올 수도 있고 '어느'와 같이 관형사가 올 수도 있다. '(　　) 마리'에서 '마리'는 '짐승이나 물고기, 벌레 따위를 세는 단위.'의 뜻을 지닌 체언(의존 명사)으로, (　　)에는 '한', '두'와 같이 수를 나타내는 관형사만 올 수 있다. 따라서 (　　)에 공통적으로 들어갈 말은 관형사이며, 관형사에는 조사가 덧붙을 수 없다.

오답 확인 ①, ② 관형사는 체언 앞에서 체언을 꾸며 주는 말로, 형태가 변하지 않는 불변어이며 시제나 높임의 구분이 없다.
③, ④ 관형사는 체언을 꾸며 주는 말이므로 기능상 수식언이다.

11 '제발'은 문장 부사로서 뒤에 오는 문장 전체를 꾸며 주는 부사이며, 문장 내에서 위치 이동이 비교적 자유롭다. ③에서도 '제발'은 '내일은 비가 안 왔으면 좋겠다.'라는 문장 전체를 꾸며 주는 부사이다.

오답 확인 ① '안'은 '했다'라는 용언을 꾸며 주는 부사로서 부정의 뜻을 나타내는 말이다.
② '무척'은 '예뻐'라는 용언을 꾸며 주는 부사이다.
④ '많이'는 '먹었더니'라는 용언을 꾸며 주는 부사이다.
⑤ '빨리'는 '끝내고'라는 용언을 꾸며 주는 부사이다.

12 '저런'은 '뜻밖에 놀라운 일 또는 딱한 일을 보거나 들었을 때 하는 말'로, 말하는 이의 감정을 나타내는 감탄사이다. '그래'는 '긍정하는 뜻으로 대답할 때 하는 말'로, 어떤 말에 대한 대답을 나타내는 감탄사이다. 감탄사는 문장 내에서 독립적으로 사용되는 말이다.

오답 확인 ① 밑줄 친 말 중에서 말하는 이의 부름에 대답하는 말은 '그래'이다.
③ 다른 부사나 관형사, 문장 전체를 꾸미는 말은 부사이다.
④ 홀로 쓰일 수 없고 반드시 다른 말에 붙어 쓰이는 것은 조사이다.
⑤ 조사가 붙을 수 있고 생략되기도 하는 것은 문장에 따라 체언이나 용언, 수식언 중에서 부사 등이 있다.

13 '수'는 의존 명사로서 '먹을'과 같은 관형어의 꾸밈을 받아야만 쓰일 수 있는 말이며, 문장의 흐름으로 볼 때 '수가'와 같이 주체에 해당하는 말이다.

오답 확인 ① '가장'은 '예쁜'이라는 관형어를 꾸며 주는 부사로서 수식언의 역할을 한다.
② '아주'는 바로 뒤에 오는 '멀리'라는 부사를 꾸며 주는 부사로서 수식언의 역할을 한다.
③ '헌'은 바로 뒤에 오는 '책'이라는 체언을 꾸며 주는 관형사로서 수식언의 역할을 한다.
⑤ '저'는 바로 뒤에 오는 '인형'이라는 체언을 꾸며 주는 관형사로서 수식언의 역할을 한다.

14 ㉠은 사람이나 사물의 수량이나 순서를 나타내는 체언으로서 '수사'이다.
㉡은 사람이나 사물의 성질이나 상태를 나타내는 단어이므로 용언 중에서 '형용사'이다.
㉢은 감정을 넣어 대답, 놀람 등을 나타내는 단어로서 '감탄사'이다.

상	정확한 용어를 사용하여 ㉠, ㉡, ㉢ 모두 맞힌 경우
중	정확한 용어를 사용하여 ㉠, ㉡, ㉢ 중의 1~2개를 맞힌 경우
하	개념을 이해하지 못하여 답을 쓰지 못하거나, 정확한 용어를 사용하지 않고 모호한 표현으로 쓴 경우

15 (1)에서 '여기'는 장소를 나타내는 대명사이므로 ㉮에는 '장소'가 들어가야 한다.
(2)에서 '일찍'은 '일어나야겠다'라는 용언을 꾸며 주는 말이므로 ㉯에는 '용언'을 써야 한다.

상	정확한 용어를 사용하여 ㉮와 ㉯에 들어갈 말을 모두 맞힌 경우
중	정확한 용어를 사용하여 ㉮와 ㉯에 들어갈 말 중 1개를 맞힌 경우
하	개념을 이해하지 못하여 답을 쓰지 못하거나, 정확한 용어를 사용하지 않고 모호한 표현으로 쓴 경우

16 '온갖'은 뒤에 이어지는 '꽃들'을 꾸며 주는 관형사에 해당한다. '예쁜'은 문장에서 뒤에 이어지는 '꽃들'을 꾸며 주는 말이지만 '예쁘다'라는 기본형을 가진 말로서 사람이나 사물의 성질이나 상태를 나타내는 단어이므로 형용사에 해당한다.

상	㉠과 ㉡의 품사를 모두 맞히고, ㉠과 ㉡ 각각의 의미와 기능상의 특징을 정확한 용어를 사용하여 서술하거나, 서술이 다소 모호하더라도 개념에 대한 설명이 적절한 경우
중	㉠과 ㉡의 품사 중 하나를 맞히고, ㉠과 ㉡ 각각의 의미와 기능상의 특징을 서술하였으나 표현이 다소 부정확한 경우
하	㉠과 ㉡의 품사 중 하나를 맞혔으나, ㉠과 ㉡ 각각의 의미와 기능상의 특징에 대한 개념 이해가 부족하여 서술이 부정확하거나 제대로 서술하지 못한 경우

17 (1)의 괄호에는 문장의 흐름상 '와'나 '랑'이 들어가는 것이 가장 적절하며, 이와 같이 단어와 단어를 같은 자격으로 이어 주는 조사를 '접속 조사'라고 한다.
(2)의 괄호에는 '에서'와 같이 장소를 나타내면서 체언을 부사격으로 만들어 주는 부사격 조사가 들어가야 한다.
(3)의 괄호에는 '도'나 '까지'와 같이 체언 뒤에서 특별한 의미를 더해 주는 보조사가 들어가는 것이 가장 적절하다.

상	(1)~(3)에 들어갈 조사와 조사의 명칭을 모두 정확히 쓰거나 조사의 명칭은 정확히 썼으나 적절한 조사 하나가 틀린 경우
중	(1)~(3)에 들어갈 조사와 조사의 명칭 중에서 2~4개 틀린 경우
하	(1)~(3)에 들어갈 조사와 조사의 명칭 중에서 5개 이상 틀린 경우

18 이 글에서는 사물이나 인간의 삶의 변화 과정을 흉내 낸 동사가 형용사에 변화를 일으키기 때문에 동사가 형용사보다 더 힘이 세다고 했으나, 동사가 형용사를 대신할 수 있다는 내용은 언급하지 않았다.

오답 확인 ① (다)에서 명사들은 서로 떨어져 있을 때는 아무런 일도 일어나지 않지만 서로 관계를 맺을 때 변화한다고 하여 명사의 특성을 일부 제시하고 있다.
② (라)에서 동사는 움직이는 특성이 있고, 형용사는 가만히 있으려는 특성이 있다고 하여 차이점을 드러내고 있다.
④ (바)에서 '인간과 자연의 본질인 변화, 곧 움직임을 말로써 흉내 낸 것'은 '동사'라고 설명하고 있다.

⑤ (라)에서 '자다'에서 '잠', '싸우다'에서 '싸움' 등 동사를 바탕으로 만들어지는 명사에 대해 제시하고 있다.

19 문장의 흐름으로 볼 때, ⓐ에는 '달리다'의 어간 '달리-'에 명사를 만들어 주는 접미사 '-기'를 붙인 '달리기'가 들어가는 것이 적절하다. ⓑ에는 '그리다'의 어간 '그리-'에 명사를 만들어 주는 접미사 '-ㅁ'을 붙인 '그림'이 들어가는 것이 적절하다. '그리기'라는 명사도 있으나 '선이나 색채를 써서 사물의 형상이나 이미지를 평면 위에 나타낸 것'을 나타내는 말은 '그림'이 더 적절하다.

20 '슬프다'는 '원통한 일을 겪거나 불쌍한 일을 보고 마음이 아프고 괴롭다.'라는 뜻을 지닌 형용사이다.

오답 확인 ② '추다'는 '춤 동작을 보이다.'라는 뜻을 지닌 동사이다.
③ '싸우다'는 (라)에서 제시한 바와 같이 동사이다.
④ '먹다'는 주로 '음식 따위를 입을 통하여 배 속에 들여보내다.'라는 뜻을 지닌 동사이다.
⑤ '울다'는 (라)에서 제시한 바와 같이 동사이다.

21 (라)에서는 동사의 움직임을 바탕으로 만들어진 명사에 대한 예를 제시하였고, 이를 빗대어 '동사는 명사의 어머니'라고 표현하였다. 그러나 (다)에서 알 수 있듯이 모든 명사들이 동사를 중심으로 만들어진 것은 아니다.

오답 확인 ① '축구 선수'는 직접 몸을 움직이는 역할을 하며, 동사가 이처럼 주체의 움직임을 나타낸다는 특성이 있어서 이를 빗대어 표현한 것이다.
② '축구공'은 스스로 움직이는 것이 아니라 특정한 성질을 지니고 있으므로 성질이나 상태를 나타내는 형용사의 특성을 '축구공'에 빗대어 표현한 것이다.
③ (라)에서 알 수 있듯이 '작다'라는 상태를 나타내는 형용사가 쓰이던 '어린 소나무'에 동사인 '(눈이) 흩날리다', '(바람이) 불다' 등이 작용해서 '어린 소나무'를 '거목'으로 성장시키면서 이를 나타내는 형용사가 '크다'로 바뀌었다. ⓒ은 이러한 동사의 작용을 중심으로 빗대어 설명한 것이다.
⑤ (마)와 (바)를 통해 알 수 있듯이 인간의 삶이나 자연의 본질은 '변화(움직임)'이며 동사는 이러한 변화를 흉내 낸 단어이기 때문에 이를 빗대어 '힘이 세다'라고 표현한 것이다.

22 ㉮의 '커서'는 문장의 흐름으로 미루어 움직임이 없이 가만히 있는 성질을 지니고 있으므로 형용사에 해당한다. 사전적으로 '사람이나 사물의 외형적 길이, 넓이, 높이, 부피 따위가 보통 정도를 넘다.'라는 뜻을 지닌 형용사이다.

㉯의 '커서'는 문장의 흐름으로 미루어 변화하는 특성을 나타내는 말이므로 동사에 해당한다. 사전적으로 '사람이 자라서 어른이 되다.'라는 뜻을 지닌 동사이다.

상	㉮와 ㉯의 품사를 정확히 파악하고 그렇게 판단한 이유를 적절한 용어를 사용하여 자연스러운 문장으로 쓴 경우
중	㉮와 ㉯의 품사를 정확히 파악하였으나 그렇게 판단한 이유를 설명할 때 용어 사용이 불충분하거나 문장이 다소 부자연스러운 경우
하	㉮와 ㉯ 중의 하나의 품사 또는 두 가지 품사를 제대로 파악하지 못하거나 그렇게 판단한 이유에 대한 설명이 모호하거나 문장이 부자연스러운 경우

셋째 마당 읽기

01 예측하며 읽기

1. 군사들에게 종이옷을 보낸 인조 본문 82~83쪽

[학습 목표 응용] 01 ③ 02 ① 03 ② 04 ④
[고난도 응용] 01 ① 02 ③ 03 ⑤ 04 [예시 답안] 왕의 마음은 외세의 침입으로 고난과 역경을 함께 이겨 낸 군사들에 대한 고마움과 추위와 굶주림에 고달파하는 군사들에 대한 안타까움이다.

[학습 목표 응용]

01 예측하며 글을 읽을 때에는 글에 나타난 다양한 정보를 활용하거나 자신의 배경지식과 경험을 활용하며 읽는다. 또한 글의 종류와 형식을 고려하며 읽는다. 글 속에 제시된 정보들을 중요도에 따라 정리하는 읽기 방법은 요약하며 읽는 방법이지 예측하며 읽는 방법으로 보기 어렵다.

오답 확인 ① 예측하며 읽기 과정 중, 읽는 중에 글의 내용과 관련된 배경지식을 떠올릴 수 있다.
② 예측하며 읽기 과정 중, 읽기 전에 글의 제목을 보고 내용을 예측할 수 있다.
④ 글쓴이에 대한 정보를 참고하여 의도나 목적 등을 파악하는 것도 예측하며 읽기의 한 방법이다.
⑤ 글 속에 나와 있는 요소들로 생략된 내용이나 이어질 내용을 예측하는 것은 읽기 중에 할 수 있는 예측하며 읽기이다.

02 〈보기〉는 목화의 재배 환경과 솜의 활용에 관한 지식으로, (가)에서 옷감 사이에 종이를 넣는 이유를 예측하는 데 활용할 수 있다.

03 ㉡에 솜만큼 따뜻하지 않다고 나왔기 때문에 이를 바탕으로 솜과 똑같이 따뜻하다고 예측하기는 어렵다. 단 옷감만으로 옷을 지었을 때보다는 따뜻할 수 있음을 예측할 수 있다.

오답 확인 ① ㉠에서 글쓴이가 독자에게 질문을 하는 이유는 독자의 흥미를 높이면서 동시에 다음에 나올 내용에 대해 안내하는 것이다. 즉 ㉠ 뒤에는 옷감 사이에 종이를 넣는 이유가 나올 것이다.
③ 종이를 만드는 과정에서 많은 정성과 노고가 필요하다고 했으니 종이를 만드는 과정이 여러 단계이면서 복잡할 것이라고 예측할 수 있다.
④ 새 종이는 나랏일에 필요한 문서나 책을 만들 때만 사용할 수 있다고 했으니, 옷을 만들 때에는 새 종이가 아닌 재활용 종이를 사용할 것이라고 예측할 수 있다.
⑤ 종이옷이 추위를 이겨 내기 위한 고민의 결과라고 했으니 종이옷에는 추위를 막아 내는 효과가 있을 것이라고 예측할 수 있다.

04 독자는 독서를 통해 새로운 배경지식을 획득할 수 있는데, 배경지식은 글의 내용을 명확하게 이해한 것이어야 한다. 조선 시대에는 종이가 귀해 새 종이를 마음껏 쓸 수 없었으며 재활용 종이인 낙폭지를 사용했음을 이 글을 통해 알 수 있다.

오답 확인 ① (다)의 '종이를 만들기 ~ 벗겨 내야 했습니다.'를 통해 확인할 수 있다.
② (라)의 '군사들에게 ~ '낙폭지'였습니다.'를 통해 확인할 수 있다.
③ (가)의 '즉 옷감과 ~ 말하는 겁니다.'를 통해 확인할 수 있다.
⑤ (마)의 '그러니 ~ 산물인 셈입니다.'를 통해 확인할 수 있다.

[고난도 응용]

01 예측하며 글을 읽을 때, 활용할 수 있는 배경지식은 글의 내용을 이해하거나 파악하는 데 도움을 주는 정보이다. 조선 시대 과거 시험 과목은 제시된 글을 이해하는 데 필요한 정보라고 보기 어렵다.

오답 확인 ② (가)의 내용과 관련된 배경지식이다.
③ (마)의 내용과 관련된 배경지식이다.
④ (라)의 내용과 관련된 배경지식이다.
⑤ (나)의 내용과 관련된 배경지식이다.

02 독자는 글의 내용을 예측하며 읽으면서 또한 예측한 내용과 실제 글의 내용이 맞는지 확인하며 읽는다. '많은 정성으로 만들어진 종이가 솜이나 옷감보다 귀하고 비쌌다.'라는 예측은 할 수 있지만 (다)에 제시된 '솜만큼 귀하다.', '옷감 못지않은 물건이 바로 종이였지요.'에서 글의 내용과 일치하지 않음을 확인할 수 있다.

오답 확인 ① (가)에서 종이옷이 '종이를 잘 활용한 옷'이라고 언급했으므로 예측한 내용과 불일치한다.
② (가)의 '그런 상황에서 ~ 종이였습니다.'를 통해 예측한 내용이 글의 내용과 일치함을 알 수 있다.
④ (라)의 '먹물로 쓴 ~ 보이긴 해도'에서 예측한 내용이 글의 내용과 일치함을 알 수 있다.
⑤ (마)에서 낙폭지로 만든 옷은 군사들이 추위를 이겨 낼 수 있도록 왕이 보낸 선물이므로 반감을 가졌다고 보긴 어렵다.

03 (마)를 통해 인조는 변방을 지키는 군사들에 대한 고마움과 추위를 이겨 내기를 바라는 마음으로 종이옷을 보냈음을 알 수 있다.

04 인조는 외세의 침입으로 백성들과 함께 고난과 역경을 이겨 냈기에 나라를 지키는 군사들의 중요함과 백성들의 고마움을 더욱 간절히 느꼈을 것이다. 그래서 군사들이 추위를 이기고 무사히 겨울을 보낼 수 있는 방법을 찾으려고 고심했을 것이다. 그렇기 때문에 종이옷에 담긴 왕의 마음은 고마움, 미안함, 안타까움 등이다.

상	'고마움', '미안함', '안타까움' 중 두 가지 내용 요소를 모두 제시한 경우
중	'고마움', '미안함', '안타까움' 중 한 가지 내용 요소를 제시한 경우
하	'고마움', '미안함', '안타까움' 중 한 가지 내용 요소도 제시하지 못한 경우

2. 고래들의 따뜻한 동료애

본문 84~85쪽

[학습 목표 응용] 01 ③ 02 ④ 03 ⑤

[고난도 응용] 01 ② 02 ② 03 ㉠은 읽기 전, ㉡은 읽는 중, ㉢은 읽은 후의 예측하기 활동이다.

[학습 목표 응용]

01 '고래들의 따뜻한 동료애'라는 제목으로 글에 나올 내용을 예측하고 있으므로 '예측하며 읽기'에 해당한다.

오답 확인 ① '분석하며 읽기'는 글의 내용이나 구조를 작은 단위로 나누어 파악하면서 글에 담긴 세부 정보를 이해하는 읽기 방법이다.
② '비판하며 읽기'는 글의 내용과 표현에 대해 옳고 그름, 잘되고 잘못됨에 대해 평가, 판정하며 읽는 방법이다.
④ '요약하며 읽기'는 글의 구조를 고려하여 중심 내용을 찾고 글의 순서나 주제를 중심으로 전체 내용을 요약하며 읽는 방법이다.
⑤ '재구성하며 읽기'는 글에 나타난 다양한 정보들을 독자의 필요나 목적에 맞게 조합하여 읽는 방법이다.

02 고래와 같이 물속에 살지만 허파로 숨을 쉬는 다른 젖먹이 동물을 찾아보는 활동은 글의 내용과 관련된 추가 정보를 찾으며 읽기 결과를 심화하는 것으로 글을 잘 이해할 수 있지만 글쓴이가 제시한 근거의 타당성을 파악하는 것은 '판단하며 읽기'에 해당한다. '예측하며 읽기'는 글을 읽을 때 글에 나타난 다양한 정보를 활용하거나 자신이 기존에 가지고 있던 배경지식이나 경험을 활용하여 이어질 내용을 미리 생각하여 읽는 방법이다.

오답 확인 ①, ②, ③ 글의 내용과 관련된 자신의 경험이나 배경지식을 떠올리며 내용을 예측하고 있다.
⑤ 글에 제시된 내용을 바탕으로, 이 글이 독자나 사회에 미칠 영향을 예측하고 있다.

03 글쓴이는 장애인들이 당당하게 삶을 살 수 있도록 여건을 마련해 주고 똑같이 대해 주기를 바라고 있으므로 사회 제도적으로뿐만 아니라 개개인으로도 똑같이 대하는 노력이 있어야 함을 주장하고 있다.

오답 확인 ① 글 속에 제시된 정보를 기억하면, 자신의 배경지식으로 활용할 수 있어 다른 글을 읽는 데 도움이 된다.
② 글쓴이는 장애인의 날을 정해 행사를 진행하기보다는 일상생활에서 장애인과 함께 사는 법을 배우기를 바라고 있다.
③ '하지만'이라는 연결어를 통해 앞에서 언급한 내용과 다른 고래의 모습이 나올 것이다.
④ 고래는 물 위로 올라와 숨을 쉬는 동물이므로 다친 친구의 등을 떠받치고 있는 모습은 그 친구가 숨을 쉴 수 있도록 도와주고 있는 것이다.

[고난도 응용]

01 〈보기〉에 제시된 배경지식은 글쓴이와 제목에 대한 정보이다. 독자는 글쓴이와 제목에 대한 정보를 바탕으로 글의 내용, 글쓴이의 의도, 글을 쓴 목적 등을 예측할 수 있다. 글쓴이는 장애인 처우 방식에 대해 비판적 시각을 가지고 있기 때문에 장애인을 대하는 태도 개선을 위해 글을 쓸 것이고, 과학자이기 때문에 그 근거로 고래들의 따뜻한 동료애를 활용한 것으로 예측할 수 있다.

오답 확인 ⑤ (나)의 내용을 통해 글쓴이가 장애인의 날이 불필요하다고 생각함을 예측할 수 있다.

02 〈보기〉는 글의 구성에 관한 배경지식이다. 이 글의 앞부분에서는 글쓴이가 경험을 통해 느낀, 장애인에 대한 부족한 배려가 문제로 제시되어 있다. 그러므로 뒷부분에서는 문제를 해결하기 위한 방법이 제시될 것을 예측할 수 있다.

오답 확인 ① (가)에는 글쓴이가 외국에서 연구 생활을 했다는 경험이 나와 있지만 글쓴이의 상황을 간단하게 제시한 것이기에 과거의 경험이 시간의 순서에 따라 전개될 것이라고 예측하는 것은 적절하지 않다.
③, ④ (다)와 (라)는 고래들의 따뜻한 동료애가 보이는 모습을 구체적인 예를 통해 제시하고 있으므로 이후 시간의 순서나 공간의 이동에 따른 내용이 나올 것이라는 예측은 적절하지 않다.
⑤ (마)는 글쓴이가 바람직하게 생각하는 장애인 처우 방식이므로 이후 문제를 유발한 원인이 나오겠다는 예측은 적절하지 않다.

03 예측하며 읽기는 읽기 과정에 따라 각기 다른 방법을 활용할 수 있다. 읽기 전에는 제목, 차례, 글쓴이, 겉표지, 삽화 등을 바탕으로 글의 내용, 글쓴이의 의도, 글을 쓴 목적 등을 예측할 수 있다. 읽는 중에는 글에 나타난 정보를 바탕으로 다음에 이어질 내용, 글의 구조나 결말, 생략된 부분 등을 예측하고 읽은 후에는 글이 독자와 사회에 미칠 영향을 예측한다. ㉠은 제목을 통한 내용 예측, ㉡은 글에 나타난 정보를 통한 생략된 내용 예측, ㉢은 이 글이 독자에게 미치는 영향이므로 각각 읽기 전, 읽는 중, 읽은 후의 과정이다.

상	㉠~㉢에 해당하는 읽기 과정을 모두 바르게 제시한 경우
중	㉠~㉢에 해당하는 읽기 과정 중 두 가지를 제시한 경우
하	㉠~㉢에 해당하는 읽기 과정 중 한 가지를 제시한 경우

단원 평가 본문 86~89쪽

01 ① **02** ④ **03** ⑤ **04** ② **05** ④ **06** [예시 답안] 매우 춥기 때문에 자신의 안타까움과 고마움을 종이옷에 담아 추위를 이겨 내라고 북방으로 보냈다는 것을 알게 되었어. **07** ③ **08** ④ **09** ④ **10** ① **11** ② **12** [예시 답안] 자신의 경험을 통해 문제를 제기하고, 고래들의 따뜻한 동료애를 근거로 들어 장애인들에게 따뜻한 배려가 필요함을 주장할 것이다.

01 예측하며 읽기에 유용한 질문은 다음과 같다.

- 제목이나 차례로 보아 어떤 내용을 다루고 있을까?
- 글쓴이는 어떤 사람이고, 어떤 의도로 이 글을 썼을까?
- 이 글은 어떤 방식으로 전개될까?
- 글쓴이의 의견을 뒷받침하는 근거에는 무엇이 있을까?
- 글에 주어진 정보를 참고할 때 다음에 이어질 내용은 무엇일까?
- 이 글은 독자에게 어떤 영향을 미칠까?

①은 종이옷의 뜻에 대한 적절성을 판단하는 질문이므로 예측하며 읽을 때 활용하기에는 적절하지 않다.

02 예측하며 읽기는 읽기 중에 자신이 예측한 내용과 글의 내용이 일치하는지 확인할 수 있다. (마)에서 과거 시험에 낙방한 사람의 답안지를 재활용한 것이 낙폭지임을 알 수 있다. 하지만 붙은 사람의 답안지에 대해 따로 언급이 없다.

오답 확인 ①, ② (가)에서 확인할 수 있다.
③ (다)에서 확인할 수 있다.
⑤ (바)에서 확인할 수 있다.

03 ㉠을 통해 인조의 병사들이 변방에 있음을, ㉢을 통해 (다)를, ㉣을 통해 (나)의 내용을 예측할 수 있다.

04 독자는 글을 읽은 후에, 글의 내용과 관련된 반응을 보일 수 있다. 이 글을 읽은 독자는 종이옷에 담긴 왕의 마음에 감동을 받을 수 있다.

오답 확인 ① 낙폭지로 만든 옷은 군사들의 추위를 달래기 위해 만든 옷이지 협동심을 기르기 위해 만든 옷은 아니다.
③ 종이가 흔하지 않았기 때문에 종이를 재활용한 것이다.
④ 종이를 만드는 과정에서 많은 정성과 노고가 필요했다는 내용은 종이가 솜이나 옷감만큼 귀했음을 의미한다.
⑤ 방한 용품의 부족으로 국방력 약화를 초래했다는 내용은 알 수 없다.

05 〈보기〉의 배경지식은 과거 시험을 감독하는 감독관들이 낙폭지를 몰래 빼돌린다는 내용이다. 〈보기〉를 통해 낙폭지를 빼돌린 사회적 상황을 알 수 있기 때문에 (바)의 내용을 이해할 때 활용할 수 있다.

06 (가)를 통해 변방의 날씨가 매우 추움을 알 수 있고, (다)를 통해 인조가 방한 용품으로 종이옷을 보냈다는 내용을 알 수 있으며, (사)를 통해 종이옷에 담긴 인조의 마음을 알 수 있다.

상	'추운 날씨', '안타까움(고마움)', '추위를 이겨 내기 바람'의 세 가지 내용 요소를 모두 제시한 경우
중	'추운 날씨', '안타까움(고마움)', '추위를 이겨 내기 바람'의 세 가지 내용 요소 중 두 가지를 제시한 경우
하	'추운 날씨', '안타까움(고마움)', '추위를 이겨 내기 바람'의 세 가지 내용 요소 중 한 가지를 제시한 경우

07 글 속에 포함된 정보들을 중요도에 따라 정리하는 것은 '요약하며 읽기'의 방법 중 하나이다.

08 글에 제시된 삽화는 글의 이해를 돕기 위해 제시된 것이며, 글쓴이가 의도한 글 전체의 구조를 예측하기 위해서는 글의 소제목을 활용하면 된다.

09 고래들은 많은 경우 육체적인 도움을 주지 않더라도 무언가로 괴로워하는 친구 곁에서 그냥 머물러 주기도 한다.

오답 확인 ① '그러나 나의 도움은 아무런 효과가 없었다.'를 통해 알 수 있다.
② '미국에는 건물마다 ~ 실리기도 했다.'를 통해 알 수 있다.
③ '하지만 우리나라가 ~ 깨닫게 되었다.'를 통해 알 수 있다.
⑤ '앞으로 ~ 아닐지도 모른다.'를 통해 알 수 있다.

10 이 글을 읽으면서 그물에 걸린 동료를 구출하기 위해 그물을 물어뜯는 고래의 모습이 나오지만, 스스로 그물을 뜯어 탈출하는 고래의 모습은 나와 있지 않다.

오답 확인 ② '거동이 ~않는다.'를 통해 알 수 있다.
③ '고래들은 또 ~ 있어 주기도 한다.'를 통해 알 수 있다.
④ '그물에 걸린 ~ 방해하기도 한다.'를 통해 알 수 있다.
⑤ '그런 친구를 ~ 머리가 숙여진다.'를 통해 알 수 있다.

11 글을 읽은 후에 글이 독자와 사회에 미칠 영향을 예측하는 것도 '예측하며 읽기' 방법 중 하나이다. 글쓴이는 장애인의 날 등 특별한 날을 제정하여 그날만 장애인을 위하는 척하지 말고 평소에 장애인을 배려하자는 의도로 이 글을 썼으므로 장애인의 날 행사를 다채롭게 기획하자는 것은 글을 읽은 후에 예측한 내용으로 적절하지 않다.

오답 확인 ① 글쓴이는 현대 사회의 문제점을 해결하기 위해 따뜻한 동료애를 가진 고래의 삶에서 교훈을 얻었으므로 다른 동물의 삶에서 인간의 문제를 해결하기 위한 교훈을 얻을 수 있는지 찾아볼 수 있다.
③ 글쓴이는 장애인이 당당하게 삶을 꾸릴 수 있도록 여건을 마련해 주자고 주장하고 있으므로 그와 관련되니 실질적인 방법을 떠올려 볼 수 있다.

④ 이 글은 장애인에 대한 따뜻한 배려의 자세를 갖자는 글쓴이의 주장이 담겨 있기 때문에 장애인에 대한 독자의 관심을 유발할 수 있다.
⑤ 이 글은 장애인의 처우 방식에 대한 글이기 때문에 관련 분야에 종사하거나 관심이 있는 사람에게 더욱 영향을 미칠 수 있다.

12 글쓴이의 의도는 장애인에게 따뜻한 배려의 태도를 가지자는 것이고 장애인을 도운 자신의 경험을 바탕으로 문제를 제기하고 있다. 또한 인간이 본받을 수 있는 태도를 지닌 대상으로 고래를 들어 자신의 주장을 설득력 있게 전개하고 있다.

상	문제 제기 방식, 근거, 주장 내용을 모두 바르게 제시한 경우
중	문제 제기 방식, 근거, 주장 내용 중 두 가지를 바르게 제시한 경우
하	문제 제기 방식, 근거, 주장 내용 중 한 가지를 바르게 제시한 경우

02 요약하며 읽기

1. 주몽 신화 - 열두 살 나이에 고구려를 세우다 본문 92~93쪽

[학습 목표 응용] 01 ① 02 ④ 03 ⑤ 04 ④
[고난도 응용] 01 ② 02 ⑤ 03 [예시 답안] ㉮ 주몽은 활을 매우 잘 쏘고 선견지명이 있으며 지략이 뛰어남. ㉯ 주몽은 졸본주에 도읍을 정하고 고구려를 건국함.

[학습 목표 응용]

01 이 글의 갈래는 영웅적 능력을 지닌 신적 존재의 탄생과 활동을 다룬 신화로, 이야기 글에 해당한다. 이야기 글을 요약할 때에는 중심 사건을 추려 낸 후, 사건과 사건을 자연스럽게 연결하여 줄거리를 간추려야 한다.

오답 확인 ② 신화는 입에서 입으로 전해 내려오는 이야기로 글쓴이를 알 수 없다. 글쓴이의 경험과 느낀 점이 드러나는 글은 수필이다.
③ 글에 쓰인 다양한 표현 방식은 글의 내용을 간추리는 것과는 직접적인 관련이 없다.
④ 단어의 함축적 의미가 잘 드러나는 문학 갈래는 시이다. 신화는 글의 구조적 특징이나 주요 사건을 중심으로 간추리는 것이 적절하다.
⑤ 글쓴이의 의견이나 주장과 그것을 뒷받침하는 근거를 중심으로 요약하는 글은 주장하는 글이다.

02 (다)에서 주몽이 길을 떠나게 된 직접적인 계기는 대소가 주몽을 해치려고 음모를 꾸미자 주몽의 어머니인 유화가 이를 알아채고 주몽에게 길을 떠나도록 당부한 것이다. 대소가 주몽에게 부여를 떠나라고 직접 위협하지는 않았다.

03 (라)의 중심 사건은, '주몽이 대소의 추격을 피해 도망침', '더 이상 달아날 수 없는 큰 강을 만나 위기에 처함', '물고기와 자라의 도움으로 무사히 강을 건넘' 등의 세 가지 정도로 요약할 수 있다. 이를 정리하면, 주몽이 대소의 추격을 피해 물고기들과 자라들의 도움으로 무사히 강을 건넜다고 요약할 수 있다.

04 신화의 주인공이 지닌 특징에 대해 알아보기 위해 이 글을 읽고 내용을 요약한다면, 신화의 주인공은 고귀한 혈통과 비범한 능력을 지니고 있으며 기이하게 탄생하는 특징이 있음을 파악해야 한다. ㉠은 기이한 출생을, ㉡과 ㉢은 비범한 능력을, ㉤은 고귀한 혈통을 보여 주는 부분이다. 하지만 ㉣은 위험을 피해 주몽이 부여를 떠나는 것으로 주몽 자체의 영웅적 특징이나 면모와는 직접적인 관련이 없다.

[고난도 응용]

01 주몽이 알에서 태어났고 어려서부터 비범한 능력을 보인 것은 주몽의 출생과 주몽이 갖춘 영웅적 자질을 보여 주는 내용으로 중심 사건에 해당한다.

오답 확인 ① 이 글의 주인공은 주몽이고, 주몽과 갈등 관계에 있는 대소, 주몽의 어머니인 유화, 주몽이 살았던 궁궐의 주인인 금와왕 등이 주요 인물에 해당한다. 오이는 주몽이 부여를 떠날 때 함께한 부하로 부수적 인물에 해당하며, 물고기와 자라들은 주몽을 도운 조력자로서의 역할을 했을 뿐 주요 인물로 보기는 어렵다.
③ 주몽은 어머니인 유화가 부여를 떠나라고 당부하자 '오이를 비롯한 세 명의 부하들을 데리고 몰래 부여를 떠'난다.
④ 주몽은 (다)에서 금와왕이 있었던 부여를 떠나고 (라)에서 대소의 추격을 피하는 데 성공하여 (마)에서 고구려를 건국하는 위업을 달성하게 된다.
⑤ 이 글의 끝부분인 (마)에서 주몽이 고구려를 건국했기 때문에 이 글의 배경을 고구려 시대라고 보는 것은 적절하지 않다. 고구려를 건국하기까지의 과정을 다루고 있으므로 고구려 건국 직전 시기로 보는 것이 타당하다.

02 이 글에 드러난 갈등은 주몽과 대소의 갈등이다. (다)에서 대소는 '자신에게 위협이 될 수 있는 주몽을 해치려고 음모를 꾸'민다. 하지만 이를 알아챈 유화 덕분에 주몽은 부여를 떠난다. 그러나 이를 알고 추격해 온 대소와 주몽은 갈등을 벌이게 된다. 이들의 갈등은 주몽이 물고기와 자라의 도움으로 무사히 강을 건넘으로써 해결된다. 주몽이 대소의 추격을 피함으로써 갈등이 해결된 것이다.

오답 확인 ① 주몽은 집을 떠난 후에도 대소의 추격을 받아 위기에 처한다. 위기를 극복한 것은 물고기와 자라의 도움이 있었기 때문이다. 따라서 단지 집을 떠나 위기를 극복했다고 정리하는 것은 적절하지 않다.

②, ④ 갈등 관계가 드러나 있지 않다.

③ 주몽이 금와왕과 직접적인 갈등을 겪는 내용은 제시되어 있지 않다. 특히, 주몽이 지략을 발휘하여 힘이 좋고 날쌘 말을 얻은 것은 사실이지만, 이 때문에 주몽과 금와왕이 갈등하는 내용은 나와 있지 않다.

03 이 글에서 영웅적 능력을 지닌 인물은 주몽이다. 주몽의 뛰어난 능력은 (가)에서는 활쏘기로, (나)에서는 선견지명을 지니고 있고 준마를 비쩍 마르게 만드는 지략을 발휘하는 데서 확인된다. 주몽이 달성한 위업은 (마)에 나오는 고구려 건국이다.

상	㉮와 ㉯의 내용을 모두 적절히 서술한 경우
중	㉮와 ㉯의 내용 중 하나만 적절히 서술한 경우
하	㉮와 ㉯의 내용을 모두 적절히 서술하지 못한 경우

2. 남극과 북극 어떤 점에서 다를까 본문 94~95쪽

[학습 목표 응용] **01** ⑤ **02** ① **03** ② **04** ③
[고난도 응용] **01** ④ **02** ⑤ **03** [예시 답안] 남극은 가열과 냉각이 쉽게 이루어지는 지각이 아래쪽에 있기 때문에 한겨울에 매우 춥다.

[학습 목표 응용]

01 이 글은 객관적, 과학적 사실을 바탕으로 남극과 북극의 차이점을 설명하는 글이다. 글쓴이의 주장과 근거를 중심으로 내용을 요약하는 것은 주장하는 글을 요약하기에 적절한 방법이다.

02 (가)는 이 글의 설명 대상으로 남극과 북극을 제시하면서 남극과 북극이 겉으로는 비슷해 보이지만 서로 전혀 다른 특징을 가지고 있다고 설명하고 있다.

오답 확인 ② (나)의 중심 문장은 '남극은 대륙이지만 북극은 대륙이 아니다.'이다. 이 사실을 중심으로 남극과 북극의 지역적 특성의 차이를 설명하는 것이 중심 내용이므로, 남극과 북극의 면적은 세부 내용에 해당한다.

③ (다)의 중심 문장은 '남극이 (북극보다) 훨씬 춥다.'이다. 즉 남극과 북극의 기후 조건의 차이에 대해 설명하고 있을 뿐, 두 지역의 사계절에 대해 설명하고 있지 않다.

④ (라)의 중심 내용은 펭귄이 남극에서만 사는 이유이다.

⑤ (마)의 중심 내용은 북극곰이 북극에서만 사는 이유이다.

03 (나)는 북극과 남극의 지역적 특징을, (다)는 북극과 남극의 기후 조건을 설명하고 있으므로 북극과 남극의 지역적 특징이 두 지역의 기후 조건에 영향을 미친다는 내용은 (나)와 (다) 사이에 들어가는 것이 적절하다.

04 ⓑ는 북극이 바닷물이 얼어서 된 얼음덩어리가 떠 있는 지역임을 설명하고 있고, ⓒ는 북극이 주변 바다의 따뜻한 해류의 영향을 받는다는 내용이고, ⓓ는 얼음덩어리가 북극곰의 이동 수단임을 설명하고 있다. 이를 통해 지구 온난화가 가속화되면 수온이 상승하여 북극의 얼음덩어리가 많이 녹게 될 것이고, 그렇다면 이런 얼음덩어리에서 생활하는 북극곰의 삶이 위협받을 것임을 짐작할 수 있다.

[고난도 응용]

01 (라)와 (마)에서 각각 남극에 펭귄이, 북극에 북극곰이 사는 이유에 대해 설명하고 있다.

오답 확인 ① 설명 대상은 남극과 북극이다.

②, ③ 설명 내용으로 (나)에서는 북극과 남극의 지역적 특징이, (다)에서는 기후 조건이 제시되어 있다.

⑤ 남극과 북극의 특징을 차이점을 중심으로 설명하는 비교와 대조의 설명 방법과, (다)에서 남극이 북극보다 훨씬 추운 이유와 (라)와 (마)에서 남극에 펭귄이, 북극에 북극곰이 사는 이유를 설명할 때 인과의 설명 방법이 사용되었다.

02 (나)에서 제시하는 핵심 정보는 남극과 북극의 지역적 특성의 차이를 설명한 것이다. 즉 남극의 얼음덩어리는 대륙 표면을 덮고 있고, 북극의 얼음덩어리는 바닷물이 얼어서 된 것으로, 이 문단의 첫 문장으로 제시된 것처럼 '남극은 대륙이지만 북극은 대륙이 아니'라는 것을 설명하는 것이다. 따라서 이 핵심 정보가 드러나게 요약해야 한다.

03 '한겨울에 해당하는 ~ 영하 89℃였다.'는 '매우 춥다'라는 말로 재구성할 수 있다. 그 앞에 나오는 '남극은 가열과 냉각이 쉽게 이루어지는 지각이 아래쪽에 있기 때문에'는 남극이 매우 추운 이유에 대해 설명한 것이므로 글의 내용을 요약할 때 선택한다.

상	남극이 춥다는 내용과 그 이유를 모두 적절히 서술한 경우
중	남극이 춥다는 내용과 그 이유 중 한 가지만 적절히 서술한 경우
하	남극이 춥다는 내용과 그 이유를 모두 적절히 서술하지 못한 경우

단원 평가

본문 96~99쪽

01 ⑤ **02** ① **03** ④ **04** ④ **05** ③ **06** ④ **07** [예시 답안] 주몽은 선견지명과 지략을 지니고 있다. **08** [예시 답안] 주몽은 물고기들과 자라들의 도움으로 무사히 강을 건넜다.
09 ② **10** ⑤ **11** ② **12** ② **13** ⑤ **14** ③ **15** [예시 답안] 북극에는 원주민인 이누이트들이 거주하고 있지만, 남극에는 연구를 목적으로 거주하는 사람들 외에는 원주민이 없다.
16 [예시 답안] 첫째 남극이 아메리카 대륙에서 분리되기 전에 서식하던 조류의 일부가 추위에 적응하기 위해 현재의 펭귄으로 진화했기 때문이다. 둘째 펭귄 같은 조류는 육지를 따라 이동하였으므로 남극 대륙으로 이동하기가 더 쉬웠기 때문이다.

01 일반적으로 글을 요약할 때에는 글의 핵심 내용을 파악해야 한다. 또한 글의 구조나 글을 읽는 목적, 요구되는 분량 등을 고려하여 요약을 해야 한다. 글을 읽는 독자의 흥미를 유발하는 내용을 중심으로 요약하면 글의 중심 내용을 제대로 파악하기 어려워진다.

02 이 글은 주몽의 탄생과 고구려 건국 과정을 다루고 있는 건국 신화이다. 신화는 민족 사이에서 전해져 내려오는 신적 존재의 탄생과 활동에 관한 이야기이다.

오답 확인 ② 고구려 건국 과정이 기록되어 있으나, 물고기와 자라가 다리를 만들어 주는 장면 등 비현실적인 요소가 가미되어 있다.
③ 이 글은 신화로 민족의 자긍심을 고취하기 위한 목적으로 만들어졌다.
④ (아)에서 나타난 주몽의 고구려 건국은 역사적 사실에 해당한다.
⑤ 주몽과 대소, 금와왕 등은 실존 인물에 해당하며, 이 글은 고구려 건국의 과정을 보여 주는 것일 뿐, 이상 세계를 담고 있지는 않다.

03 (다)에서 금와왕은 유화가 낳은 알을 없애 버리려고 시도한다. 개와 돼지에게 던져 주라고 명령하거나 알을 길가에 내다 버리거나 거친 들판에다 버리거나 깨뜨려 버리려고 하는 등 알을 없애려는 시도를 한다. 하지만 번번이 실패하여 결국 알을 유화에게 되돌려 준다.

오답 확인 ① (바)에서 주몽은 오이를 비롯한 세 명의 부하들을 데리고 부여를 떠났으며, (사)에서는 물고기와 자라의 도움으로 위기를 극복한다. 주몽과 대소는 적대적 관계에 있다.
② (라)에서 '당시 동부여에서는 활을 잘 쏘는 사람을 주몽이라 부르는 풍속이 있'었다고 이야기하고 있다.
③ (가)에서 금와왕은 유화가 평범한 여인이 아니라고 생각하여 궁궐로 데려온다.
⑤ (라)와 (마)에서 유화가 낳은 아이인 주몽은 빼어난 용모와 뛰어난 재주를 지녔다고 서술하고 있다. 주몽의 효심에 대해서는 서술한 내용이 없다.

04 (바)에서 대소는 주몽의 뛰어난 재주를 시기하여 주몽을 해치려고 하고, (사)에서 달아난 주몽을 추격하는 등 주몽과 적대적인 관계를 유지한다. 하지만 대소는 (바)에 나오는 '태자 대소'라는 말에서 알 수 있듯이, 금와의 동생이 아니라 맏아들이다.

05 (바)는 대소가 주몽을 해치려고 하자 주몽이 부여를 떠나는 장면으로 주몽이 처한 위기를 보여 준다. 따라서 주몽이 뛰어난 활약을 펼친다고 볼 수 없다.

06 ㉣은 주몽이 스스로 껍질을 깨고 알에서 태어나는 장면으로, 주몽의 기이한 탄생을 보여 주는 중심 사건이다. 따라서 삭제해서는 안 된다.

07 (마)에서 주몽은 힘이 좋고 날쌘 말을 일부러 비쩍 마르게 만들어 이 말을 금와왕으로부터 받게 된다. 자신에게 닥칠 앞날을 예측하고 이를 미리 준비하기 위해 지략을 발휘한 것으로 볼 수 있다.

상	선견지명과 지략을 모두 적절히 서술한 경우
중	선견지명과 지략 중 하나만 적절히 서술한 경우
하	선견지명과 지략 모두를 서술하지 못한 경우

08 빈칸에는 (사)의 중심 내용이 들어가야 한다. (사)에서 주몽은 대소의 추격을 받다가 엄수라는 큰 강에 당도해 위기에 봉착하지만 물고기들과 자라들의 도움으로 무사히 강을 건너 대소의 추격을 피하는 데 성공한다. 이러한 위기 극복의 내용을 중심 사건으로 요약하는 것이 적절하다.

상	주몽이 강을 건넌 사건과 강을 건너는 데 도움을 준 대상을 모두 서술한 경우
중	주몽이 강을 건넌 사건만 서술한 경우
하	주몽이 강을 건넌 사건을 서술하지 못한 경우

09 이 글의 갈래는 설명문이다. 설명문은 정보 전달을 목적으로 하는 글로, 독자에게 필요한 정보를 이해하기 쉽게 전달하는 글이다.

오답 확인 ①은 기사문, ③과 ④는 수필, ⑤는 논설문에 대한 설명이다.

10 이 글은 남극과 북극이 어떤 점에서 서로 다른지 그 차이점을 중심으로 두 지역의 특징을 설명하고 있다. 어려운 개념에 대해 풀이하는 정의의 방법은 사용되지 않았다.

오답 확인 ① (라)에서 '남극과 북극 가운데 어디가 더 추울까?', (바)에서 '왜 펭귄은 남극에서만 살까?'라는 질문 형식을 통해 독자의 관심과 호기심을 유발하고 있다.
② 이 글은 남극과 북극의 특징을 차이점을 중심으로 (나)와 (다)에서는 지역적 특징의 차이를, (라)에서는 기후 조건의 차이를, (마)에서는 거주

민의 차이를, (바)와 (사)에서는 서식 동물의 차이를 서술하고 있다.
③ (라)에서는 남극이 북극보다 훨씬 추운 까닭을, (바)에서는 펭귄이 남극에서만 사는 까닭을, (사)에서는 북극곰이 북극에서만 사는 까닭을 인과의 방법으로 서술하고 있다.
④ (가)에서 남극과 북극의 서로 다른 특징에 대해 다룰 것임을 밝히고 있다.

11 (나)의 첫 문장에서 '남극은 대륙이지만 북극은 대륙이 아니다.'라고 설명하고 있다. (나)에서 남극은 지구상의 7대 대륙 중 다섯 번째로 큰 대륙이라는 것을 알 수 있고, (다)에서 북극은 아시아와 아메리카 대륙으로 둘러싸인 거대한 북극해를 뜻한다는 것을 알 수 있다.

12 (나)의 첫 문장에서 '남극은 대륙이지만 북극은 대륙이 아니다.'라고 밝힌 후, 그 구체적 내용을 (나)와 (다)에서 각각 서술하고 있다는 점에서 (나)와 (다)가 모두 남극과 북극의 지역적 특징을 밝히고 있는 내용임을 알 수 있다. 또한 (라)의 첫 문장에서 '이처럼 서로 다른 지역적 특징은 두 지역의 기후 조건에도 많은 영향을 미치고 있다.'라고 서술한 것으로 보아, (나)에서는 남극의 지역적 특징을, (다)에서는 북극의 지역적 특징을 설명하고 있음을 알 수 있다.

13 (아)는 남극 얼음의 특징과 가치에 대해 설명하고 있다. 북극 얼음과 비교하여 남극 얼음의 특징을 밝힌 것이 아니라, 10만 년 지구 역사의 비밀을 간직하고 있는 남극 얼음의 가치를 덧붙인 것으로 부연 성격의 문단에 해당한다. 따라서 생략이 가능하다.

14 ㉡은 남극 대륙에 오래전 지표의 모습을 확인할 수 있는 천연 자료가 있다는 점을, ㉤은 10만 년이 넘는 시간 동안 형성된 남극의 두꺼운 얼음층이 지구 역사의 비밀을 밝혀 줄 수 있다는 점을 설명하고 있다. 따라서 ㉡과 ㉤은 모두 남극 연구의 필요성을 주장할 때 그 근거 자료로 사용할 수 있다.

15 (마)는 남극과 북극의 거주민에 대해 설명한 부분으로, 중심 문장은 처음에 제시되어 있다. '북극에는 이누이트들이 거주하고 있지만, 남극에는 연구를 목적으로 거주하는 사람들 외에는 원주민이 없다.'가 중심 문장이므로 이 문장을 선택하여 중심 내용을 요약한다.

상	북극의 거주민과 남극의 거주민에 해당하는 핵심 내용을 둘 다 정확히 서술한 경우
중	북극의 거주민과 남극의 거주민에 해당하는 핵심 내용 중 하나만 정확히 서술한 경우
하	북극의 거주민과 남극의 거주민에 해당하는 핵심 내용을 모두 서술하지 못한 경우

16 ⓐ의 답은 (바)와 (사)에 각각 하나씩 제시되어 있다. (바)에서는 '펭귄이 주로 남극에 살고 있는 이유는 ~ 현재의 펭귄으로 진화하였기 때문으로 보고 있다.'라고, (사)에서는 '펭귄 같은 조류는 ~ 이동하기 더 쉬웠다.'라고 이유를 밝히고 있다. 따라서 이 두 가지 내용을 중심으로 답을 작성하면 된다.

상	(바)에 제시된 이유와 (사)에 제시된 이유를 모두 적절히 서술한 경우
중	(바)에 제시된 이유와 (사)에 제시된 이유 중 하나만 적절히 서술한 경우
하	(바)에 제시된 이유와 (사)에 제시된 이유를 모두 서술하지 못한 경우

03 자료 활용하며 읽기

1. 포기하고 싶을 때 딱 한 걸음만 더 나아가라

본문 102~103쪽

[학습 목표 응용] 01 ③ 02 ① 03 ③ 04 ⑤
[고난도 응용] 01 ③ 02 ③ 03 ⑤ 04 [예시 답안] 시련을 이겨 내고 더 단단해졌기 때문이다.

[학습 목표 응용]

01 글쓴이는 고통과 시련을 무조건 회피하려는 요즘 청소년들의 자세에 대해 비판적인 시각을 드러내면서 고통과 시련의 순간에 쉽게 포기하지 않고 견디고 극복하려는 자세가 중요하다는 주장을 펼치고 있다.

02 북해나 베링 해협은 한류성 어종인 청어의 서식지이다. 청어에게 있어서 가혹한 환경은 수조에 함께 넣어진 물메기라고 할 수 있다.

오답 확인 ② (나)에서 리셋 증후군은 현실 세계에서도 컴퓨터처럼 리셋이 가능할 것이라고 착각하는 현상이라고 밝히고 있다. 고통과 시련에 직면했을 때 이를 회피하려는 현상이라고 할 수 있다.
③ (가)에 인류 역사는 '도전과 응전'의 역사로 설명될 수 있고, 인류 역사는 가혹한 환경에 맞서는 과정에서 발전해 왔다는 토인비의 견해가 드러나 있다.
④ (나)에서 글쓴이는 요즘 청소년들이 고통스러운 상황에서 벗어나고자 하는 마음은 이해하지만, 다른 나라에 가도 역경이 존재한다고 말하고 있다.
⑤ (나)에서 할아버지 '늙은 매'는 손자에게 폭풍 속에서 그냥 서 있을 정도만 강하면 된다고 말하고 있다. 폭풍만큼 강할 필요 없이 폭풍이라는 시련에 맞서서 견디는 것이 중요하다는 점을 말하고자 한 것이다.

03 '청어'의 생태에 대한 다양한 정보는 인터넷이나 어류 백과사전, 어류 관련 전문 서적 등을 통해 얻는 것이 적절하다. 국어사전에는 '청어'에 대한 간략한 설명 자료만 제시되어 있다.

04 수조에 넣어진 청어의 천적 물메기는 청어에게 있어서 '가혹한 환경', 즉 도전이라고 할 수 있다. 이에 맞서 청어가 잡아먹히지 않으려고 필사적으로 도망 다니는 것은 응전에 해당한다.

[고난도 응용]

01 글쓴이는 역사학자 토인비의 인간 역사 발전에 대한 견해를 인용하여 고통과 시련에 맞닥뜨렸을 때 회피하지 말고 버티며 극복하는 자세가 중요하다는 자신의 주장을 뒷받침하고 있다.

02 『그래도 계속 가라』라는 책의 저자, 주요 내용 등은 도서관에서 책을 대출하여 보면 알 수 있다. 그러나 독자들이 어떤 평가를 내렸는지에 대한 정보는 책을 대출하여 읽는 것만으로는 충족시킬 수 없다. 인터넷에서 도서 검색을 통해 저자, 주요 내용, 독자들의 평가 등을 찾아볼 수 있다.

03 〈보기〉는 토인비의 역사관에 대한 설명이다. ⓐ~ⓓ는 '도전'에 해당하고, ⓔ는 도전에 대한 '응전'에 해당한다.

04 생물학자 로버트 사폴스키는 쥐 실험을 통해 어렸을 때부터 적절한 시련을 겪은 쥐가 성장하면서 스트레스도 잘 이겨 내고, 모험을 두려워하지 않으며, 용감하게 도전한다는 결과를 얻었다. 그 이유는 바로 적절한 시련을 겪으며 이를 이겨 내면서 심리적으로 더욱 단단해졌기 때문이다.

상	'시련을 이겨 내고 더 단단해졌기 때문이다.'라고 정확하게 쓴 경우
중	'시련을 겪으며 강해졌다.'라는 의미로 썼으나 〈조건〉을 충족하지 못한 경우
하	'시련을 겪었다.'라는 사실만 쓴 경우

2. 이타적 디자인, 인간을 위한 디자인

본문 104~105쪽

[학습 목표 응용] 01 ④ 02 ③ 03 ③ 04 ④
[고난도 응용] 01 ⑤ 02 ⑤ 03 [예시 답안] 환경 문제 해결에 도움이 되고, 재활용할 수 있어서 더 나은 세상을 만드는 데에 기여했기 때문이다.

[학습 목표 응용]

01 이 글은 이타적 디자인, 즉 인간을 위한 디자인에 대해서 소개하고, 이와 관련된 구체적인 사례를 통해서 독자에게 정보를 제공하고 독자의 이해를 돕기 위해서 쓴 설명문이다.

오답 확인 ① 이 글에서 글쓴이가 설명하는 대상은 인간을 위한 디자인이다.
② 빅터 파파넥의 '깡통 라디오', 미켈의 '라이프 스트로우'와 같은 구체적인 사례를 바탕으로 설명을 하여 독자의 이해를 돕고 있다.
③ (나)에서 '그런데 우리는 ~ 때문입니다.'와 같이 질문과 대답을 통해 독자의 주의를 환기하여 글의 내용에 집중하도록 유도하고 있다.
⑤ (라)에 나타난 파파넥의 말에서 인간을 위한 디자인이 추구하는 정신을 엿볼 수 있다. 세계의 환경 문제, 사회 문제에 대해 디자이너가 책임감과 사명감을 지녀야 한다는 점, 각종 위기에 처한 세계를 살리기 위해 고민하고 더 나은 세상을 만드는 일에 동참해야 한다는 점 등이 바로 인간을 위한 디자인이 추구하는 정신이라고 할 수 있다.

02 파파넥의 '깡통 라디오'와 미켈의 '큐드럼'을 사람들이 어떻게 사용하고 있는지 영상을 보기 위해서는 인터넷에서 검색창에 핵심어를 입력한 후 동영상 검색을 하면 찾아볼 수 있다.

03 이 글을 읽으면서 이해하기 어렵거나 모르는 내용, 혹은 더 알고 싶거나 궁금한 것들에 대한 자료를 사전, 인터넷, 도서관 등에서 찾아 참고하며 읽으면 능동적인 읽기 태도를 지니게 되고 배경지식을 더욱 확충할 수 있으며 글의 내용을 정확하고 깊이 있게 이해할 수 있게 된다. 자료를 참고하며 읽기가 체계적인 내용 파악으로 암기가 잘 되는 효과를 얻는다는 진술은 적절하지 않다.

04 (다)에서 '라이프 스트로우'는 정수 기능에 최대한 충실하면서도 군더더기를 모두 뺀 디자인으로서 가격이 저렴하면서도 품질이 훌륭했다는 점을 확인할 수 있다. 그러므로 정수 기능이 미흡했다는 설명을 적절하지 않다.

[고난도 응용]

01 스스로 한 권의 책을 선정하여 읽는 과정에서 점검 및 조정을 할 때에는 책 읽기의 계획, 글을 읽는 방법과 목적, 책

에 대한 흥미, 책의 수준, 배경 지식의 활용 여부, 글의 내용 이해 여부 등에 대해서 점검하면서 조정하는 자세가 바람직하다. 책의 저자에 대한 관심과 이해 정도는 점검 사항으로 볼 수 있으나, 활동과 주요 저서에 대한 이해 정도는 점검 사항으로 거리가 멀다.

02 '깡통 라디오'와 '라이프 스트로우'는 창의적인 생각을 바탕으로 사회적 약자를 위해서 쓸모 있는 디자인을 한 경우에 해당한다. '깡통 라디오'는 발리의 원주민들을 화산 폭발로부터 구제하는 데에 도움이 되었으며, '라이프 스트로우'는 오염된 물을 마시고 질병으로 고통받거나 목숨을 잃는 사람들의 생명을 지키는 데에 중요한 역할을 했다.

03 사이먼 아카야의 '구드작 봉투'는 창의적인 생각으로 버려질 수 있는 물건들을 재활용할 수 있게 하였다. 그 물건을 필요로 하는 사람에게 깨끗한 상태로 제공될 수 있었으며, 쓰레기로 버려져서 환경 문제를 일으키는 문제점도 해결하는 데에 기여했다고 볼 수 있으므로 인간을 위한 디자인이라고 할 수 있다.

상	환경 문제 해결, 재활용, 더 나은 세계를 만드는 데 도움이 되었다는 내용을 포함하여 쓴 경우
중	위에서 언급된 내용 중, 두 가지만 쓴 경우
하	위에서 언급된 내용 중, 한 가지만 쓴 경우

단원 평가

본문 106~109쪽

01 ⑤ 02 ④ 03 ⑤ 04 ③ 05 ④ 06 ⑤ 07 [예시 답안] 인류의 역사는 가혹한 환경이라는 도전에 맞서 싸우는 응전의 과정에서 발전해 왔다. 08 ⑤ 09 ③ 10 ⑤ 11 ② 12 ④ 13 ⑤ 14 [예시 답안] 디자인은 사물을 쓸모 있게 만드는 것이다.

01 글쓴이는 고대 중국 문명의 발상지, 청어 이야기, 『그래도 계속 가라』의 내용 등을 사례로 들면서 현실의 고통과 시련을 회피하려고만 하는 요즘 청소년들에게 시련을 견디고 극복하는 자세가 중요하다는 점을 강조하고 있다.

02 자신이 스스로 선정하여 읽은 책에 대해서 친구들에게 권하는 서평을 쓰고, 책에 대한 나의 비평을 독서 공책에 쓰는 활동은 책 읽은 후 활동으로 적절하다.

03 '물메기'에 대한 시각적 이미지나 물메기를 이용한 요리를 알아보려면 국어사전을 찾아서는 필요한 정보를 얻기 어렵다. 이들 자료는 인터넷 들머리 사이트에서 정보 검색을 통해 얻을 수 있고, 도서관에서 물메기와 관련된 도서를 대출하여 읽어 보는 것이 효과적이다.

04 (라)에서 글쓴이는 힘들고 고통스러운 상황에서 벗어나 다시 새롭게 시작하고자 하는 마음은 이해를 하지만 다른 나라로 가도 역시 고난과 시련은 있다고 말하고 있다.

오답 확인 ① (가)와 (나)에 나타난 토인비의 견해를 바탕으로 도전에 대한 응전의 자세가 필요하다는 생각을 할 수 있다.
② (다)에 나타난 토인비의 주장에서 시련에 맞서 싸우는 과정에서 우리는 더욱 성숙해지고 강인해질 수 있다는 생각을 할 수 있다.
④ (바)의 글쓴이의 주장에 공감하면 고통이나 시련에 맞닥뜨렸을 때 견디며 극복하고자 하는 자세를 가져야겠다고 생각할 수 있다.
⑤ (라), (마)의 내용을 바탕으로 컴퓨터와는 달리, 현실 세계에서는 리셋 버튼을 누른다고 처음부터 다시 시작할 수 있는 것은 아님을 깨달을 수 있다.

05 ㉠은 '팔을 잃는 사고'라는 도전에 직면하여 좌절하지 않고 그림을 계속 그리면서 응전함으로써 명작을 남긴 화가의 경우와 의미상 상통한다.

06 ⓔ는 고통과 시련에 직면할 때 회피하지 않고 견디고 참아내는 자세가 필요하다는 점을 말하고자 한 것으로, 고통과 시련을 즐기는 자세를 강조한다고 볼 수는 없다.

07 (가)와 (나)에서 토인비는 고대 문명의 발상지, 청어와 관련된 이야기를 통해 인류의 역사는 가혹한 환경이라는 도전에 맞서 싸우는 응전의 과정에서 발전해 왔다는 주장을 내세우고 있다.

상	'인류의 역사는 ~ 발전해 왔다.'라는 의미의 내용을 서술하고, <조건>에 맞게 쓴 경우
중	'인류의 역사는 ~ 발전해 왔다.'라는 의미의 내용을 서술하고, <조건>에 맞지 않게 쓴 경우
하	'인류의 역사는 ~ 발전해 왔다.'라는 의미의 내용이 드러나지 않고, <조건>에 어긋나게 쓴 경우

08 이 글은 설명의 대상인 인간을 위한 디자인에 대해서 구체적인 사례를 들어 설명함으로써 독자의 이해를 돕고 있다. 또 경어체를 사용하여 독자에게 설명하고자 하는 내용을 친근감 있게 전달하는 효과도 얻고 있다. 이 글에는 인간을 위한 디자인의 단점이 드러나지 않는다.

09 글의 내용에서 모르거나 이해하기 힘든 정보와 관련된 자료를 찾아 참고하며 읽는다고 해서 글의 제목이나 소제목, 시각 자료 등을 통해서 글의 내용을 정확하게 예측할 수는 없다.

10 피에트 헨드릭스가 큐드럼을 제작하여 아프리카에 보급한

이유는 식수를 구하기 힘든 그곳에서 아이들이 물을 길어 돌아올 때 이동하면서 겪는 고통을 덜어 주기 위해서이다.

11 큐드럼에 대해서 인터넷에서 검색하면 시각적 이미지나 관련된 동영상을 살펴볼 수 있고, 인터넷 신문 기사 등에서 자료를 찾아볼 수 있다. 도서관에서 관련된 책들을 찾아도 다양한 정보를 얻을 수 있다.

12 빅터 파파넥이 1970년대에 『인간을 위한 디자인』을 통해 디자인에 대한 그의 생각을 주장했을 때 지나치게 순진하다거나 망상에 불과하다며 비난하던 사람들도 있었다.

13 ⓔ와 관련된 자료를 얻기 위해서는 도서관에서 아프리카의 식수와 관련된 도서를 찾아 읽어 보아야 한다. 아프리카의 광물 자원과 식수는 거리가 멀어 자료를 얻기 어렵다.

14 빅터 파파넥과 피에트 헨드릭스는 사회적으로 소외된 사람들, 약자들에게 쓸모 있는 디자인을 하고자 했기 때문에 '깡통 라디오'나 '큐드럼'을 제작한 것이다.

상	'디자인은 사물을 쓸모 있게 만드는 것'이라는 내용을 포함하여 쓴 경우
중	'디자인은 사물을 쓸모 있게 만드는 것'이라는 내용을 포함했으나 (가)의 내용을 바탕으로 쓴 경우
하	'디자인은 사물을 쓸모 있게 만드는 것'이라는 내용을 포함하지 않고 〈조건〉에 어긋나게 쓴 경우

넷째 마당 쓰기

01 경험을 담은 글과 통일성을 갖춘 글 쓰기

1. 어머니는 왜 숲속의 이슬을 떨었을까 본문 114~115쪽

[학습 목표 응용] **01** ② **02** ④ **03** ② **04** ③
[고난도 응용] **01** ④ **02** ① **03** [예시 답안] 아버지의 아낌없는 사랑을 깨닫고 학교에 열심히 다녀야겠다. / 아버지가 나를 아끼는 정성과 사랑을 알고 앞으로의 삶을 소중히 여기며 살아야겠다.

[학습 목표 응용]

01 이 글은 삶의 경험을 바탕으로 한 느낌과 생각을 진술한 언어로 자유롭게 표현한 수필이기 때문에 주관적 성격을 지닌다. 따라서 정확하고 객관적인 사실을 표현했는지 점검하는 것은 적절하지 않다.

02 이 글에서 글쓴이가 겪은 의미 있는 경험은 (나)~(라)에 제시되어 있다. 학창 시절, 학교에 가기 싫어하는 글쓴이를 위해 어머니가 등굣길을 동행하여 옷이 흠뻑 젖도록 이슬을 떨어 주셨던 경험을 이야기하고 있다. (마)에서 어머니의 이슬떨이로 인해 글쓴이가 어머니의 헌신과 사랑을 깨닫게 되었음을 알 수 있다. 따라서 글쓴이의 의미 있는 경험은 어머니가 글쓴이를 위해 이슬을 떨어 주신 것이라고 할 수 있다.

03 글쓴이가 이 글을 쓴 목적과 의도는 (가)와 (바)에서 확인할 수 있다. (가)에서 글쓴이는 학교에 다니기 싫어하는 아들에게 이 글을 쓰고 있음을 알 수 있다. (나)~(마)에서는 아들과 유사한 경험과 그것으로부터 얻은 깨달음을 들려주고 있다. 부모의 사랑을 깨달은 후 마음을 바꾸어 학교에 결석하지 않았던 자신의 이야기를 들려준 것인데, (바)에서 '이 다음 어른이 되었을 때, 아빠처럼 너에게도 그런 아름다운 길 하나 있었으면 좋겠다.'라는 바람을 통해 아들도 자신과 비슷한 깨달음을 얻기를 바라는 마음으로 이 글을 썼음을 알 수 있다.

04 산길은 글쓴이가 학교에 가기 위해 반드시 지나가야 하는 길로 이슬 맺힌 풀이 우거진 좁은 길을 말한다. 이 산길을 지나면 옷이 흠뻑 젖게 되는데, 아들이 등교할 때마다 옷이 젖지 않도록 글쓴이의 어머니는 이슬떨이를 해 주신 것이다. 따라서 산길 자체가 아들을 위하는 어머니의 마음을 보여 주는 소재라고 보기는 어렵다.

오답 확인 '두 발'과 '지겟작대기'는 어머니가 이슬떨이를 하기 위해 필요한 것들이며, '새 양말'과 '새 신발'은 이슬받이 산길을 지난 후에 발이 젖었을 아들을 위해 준비한 것들이다. 따라서 이 네 가지 소재는 아들이 이슬에 젖지 않고 말끔한 상태로 학교에 가기를 바라는 어머니의 마음을 담고 있는 소재이다.

[고난도 응용]

01 글쓴이는 (가)에서 '이제야 너에게 ~ 참 싫었단다.', '사람들은 아빠가 ~ 전혀 그렇지 않았단다.'라는 표현을, (바)에서도 '어린 날 나는 ~ 바라보았단다.', '아들아, ~ 인생이란다.', '그리고 그것을 ~ 삶이란다.'라는 표현을 사용하고 있다. 즉 '-단다', '-란다'와 같은 친근한 말투를 사용하여 편안한 분위기를 조성하고 예상 독자인 아들의 공감을 이끌어 내고 있다.

오답 확인 ① (나)~(라)에서 글쓴이는 자신의 경험을 이야기할 때 대화 내용을 직접 인용하면서 당시 상황을 구체적으로 보여 주고 있다. 따라서 경험을 압축적으로 제시했다고 보기는 어렵다.
② (가)에서 '아들아'라고 부르면서 아들에게 직접 이야기하는 듯한 말투를 사용하고 있다. 따라서 혼잣말인 독백체가 쓰였다고 보기는 어렵다.
③ 진실되고 솔직한 표현을 사용하고 있기 때문에 웃음을 유발하는 익살스러운 표현을 썼다고 보기는 어렵다.
⑤ 존댓말은 사용하지 않았다.

02 이 글은 글쓴이가 깨달은 어머니의 헌신적인 사랑을 자신의 경험을 바탕으로 하여 이야기하고 있는 글이다. 정철의 시조 역시 부모님의 은혜를 노래하고 있으므로 이 글의 주제와 유사한 내용을 담고 있다고 볼 수 있다.

오답 확인 ② '임 향한 일편단심'에서 알 수 있듯이 변하지 않는 절개를 다짐하는 내용을 담고 있다.
③ '오르고 또 오르면 오르지 못할 까닭 없건대'에서 드러나듯 체념하고 노력하지 않는 자세를 경계하는 내용을 담고 있다.
④ '두 아운 어디 가서 돌아올 줄 모르는고.'에서 알 수 있듯이 두 아우에 대한 그리움을 노래하고 있다.
⑤ '보내고 그리는 정'이라는 표현에서 떠나보낸 임에 대한 그리움을 노래하고 있음을 알 수 있다.

03 글쓴이가 아들에게 당부하는 내용은 (바)에 나타나 있다. 글쓴이는 '이다음 어른이 되었을 때, 아빠처럼 너에게도 그런 아름다운 길 하나 있었으면 좋겠다.'라고 아들에 대한 바람을 드러내고 있다. 아들도 글쓴이처럼 부모의 헌신적인 사랑을 깨닫고 자신에게 주어진 인생을 소중히 여기며 살아가기를 바라고 있는 것이다. 구체적으로는 (가)에서 아들이 현재 학교를 다니기 싫어하고 있다는 점과, 글쓴이가 어머니의 사랑을 깨닫고 학교를 결석하지 않았다는 자신의 어린 시절 경험을 아들에게 들려주었다는 점에서 아들이 학교를 다시 열심히 다니기를 바라고 있다고 할 수도 있다.

상	아버지의 사랑을 깨달은 내용과 앞으로의 삶에 대한 긍정적인 마음가짐을 모두 적절히 서술한 경우
중	아버지의 사랑을 깨달은 내용과 앞으로의 삶에 대한 긍정적인 마음가짐 중 하나만 적절히 서술한 경우
하	아버지의 사랑을 깨달은 내용과 앞으로의 삶에 대한 긍정적인 마음가짐을 모두 서술하지 못한 경우

2. 친구들아, 책을 읽자

본문 116~117쪽

[학습 목표 응용] 01 ⑤ 02 ③ 03 ③ 04 ③
[고난도 응용] 01 ② 02 ④ 03 [예시 답안] (라), (라)는 독서의 생활화 방안을 다루고 있는데, 독서 기행, 독서 캠프, 10분 독서 등은 독서의 생활화 방안에 해당하는 내용이기 때문이다.

[학습 목표 응용]

01 (나)~(다)에서는 각각 책 읽기의 좋은 점, 책 읽기의 성공 사례, 책 읽기의 생활화 방안 등을 나열하는 열거의 방법을 사용하여 내용을 전개하고 있다. 비교와 대조는 두 대상의 특징을 공통점과 차이점을 중심으로 설명하는 것이므로 이 글의 주된 내용 전개 방식으로 볼 수 없다.

오답 확인 ① (나)에서는 책 읽기의 좋은 점, (라)에서는 책 읽기의 생활화 방안에 대한 정보를 제공하고 있다.
② (다)는 책 읽기를 생활화하여 성공한 사례를 제시하여 성공을 위한 필수 조건으로서 독서 습관이 중요함을 이해시키고 있다.
③ (나)에서는 학교 도서관 게시판의 글을, (다)에서는 인터넷 신문 기사와 독서 명언을, (라)에서는 사서 선생님과의 면담 자료를 활용하였다.
④ (마)에서 '지금 당장 휴대 전화를 내려놓고 책을 꺼내 드는 것은 어떨까?'라고 말하고 있다. 책 읽기의 좋은 점을 다시 한번 강조하면서 독자가 책 읽기를 생활화하도록 권유하고 있는 것이다.

02 (다)에서는 '한 인터넷 신문 기사'의 자료를 활용하여 성공한 사람들의 공통점이 독서 습관이었다고 서술하고 있다.

03 (다)는 '책 읽기를 생활화하여 성공한 인물들'로, 전 세계 부자들과 빌 게이츠의 사례를 소개하고 있다. 성공의 필수 조건으로서 독서 습관이 매우 중요함을 이야기하고 있는 것이다.

오답 확인 ① (가)는 '청소년들이 책을 읽지 않는 상황'을 보여 주면서 이 글에서 다룰 내용을 소개하고 있다.
② (나)는 '책 읽기의 좋은 점'에 대해 설명하고 있다.
④ (라)는 '책 읽기의 생활화 방안'에 대해 설명하고 있다.
⑤ (마)는 '책 읽기의 생활화를 권유'하는 내용을 담고 있다.

04 (나)의 중심 내용은 책 읽기의 장점인데, 덧붙이고자 하는

내용은 책의 단점을 설명한 것이다. 따라서 (나)의 중심 내용에서 벗어나거나 중심 내용과 관련이 없으므로 통일성을 해칠 수 있으니, 덧붙이지 않는 것이 적절하다.

[고난도 응용]

01 이 글은 설득적 성격을 지닌 설명문이라고 할 수 있다. 설명문은 정보 전달이 목적이므로 정확하고 객관적인 표현을 사용해야 한다. 창의적이고 참신한 표현은 문학 갈래의 글이나 글쓴이의 개성이 두드러지는 수필에서 사용하는 것이 바람직하다.

02 ㄷ에 제시된 '도서관 활용의 성공 사례'는, 책 읽기의 생활화 방안으로 도서관 활용에 대해 설명한 (라)와 관련이 있는 자료이다. ㅁ에 제시된 '휴대 전화에 전자책을 다운받아 책 읽기를 생활화하고 있는 내용'도 책 읽기의 생활화 방안에 해당하므로 (라)와 관련이 있는 자료이다.

오답 확인 ㄱ은 '청소년들이 책을 읽지 않는 현실을 보여 주는 자료'이므로 (가)와 관련이 있다. ㄴ은 성인의 독서율에 관한 자료이므로 청소년을 대상으로 한 이 글에는 어울리지 않는 자료이다. ㄹ은 '독서 습관으로 꿈을 이룬 사례'이므로 독서 습관이 성공과 밀접한 관련이 있음을 보여 주는 (다)와 관련이 있는 자료이다.

03 독서 기행, 독서 캠프, 10분 독서 등은 모두 책 읽기를 생활화할 수 있는 방안에 해당한다. 따라서 책 읽기의 생활화 방안을 설명하고 있는 (라)에 추가하는 것이 적절하다.

상	(라)를 쓰고, 이유를 (라)의 중심 내용과 관련지어 적절히 서술한 경우
중	(라)를 쓰고, (라)의 중심 내용만 적절히 서술한 경우
하	(라)를 썼지만, (라)의 중심 내용과 이유를 서술하지 못한 경우

단원 평가

본문 118~121쪽

01 ② **02** ② **03** ③ **04** ④ **05** ② **06** ⑤ **07** [예시 답안] 어머니의 사랑과 헌신 덕분에 현재의 '나'가 있게 된 것이다. **08** ⑤ **09** ③ **10** ② **11** 책 읽기가 우리에게 주는 도움 / 책 읽기의 좋은 점(장점) **12** ② **13** [예시 답안] (마), 이 글의 주제는 책 읽기의 장점과 생활화 방안을 소개하고 책 읽기를 생활화도록 권유하는 것인데, (마)는 사서 교사가 되는 방법을 소개한 것으로 주제에서 벗어난 내용이기 때문이다. **14** ③ **15** [예시 답안] ㉠은 (다)의 중심 내용과 관련이 없으므로 문단의 통일성을 해치기 때문이다.

01 수필은 경험을 바탕으로 한 생각이나 느낌을 자유로운 형식으로 표현하는 문학 갈래이다. 일기, 편지, 자서전, 기행문 등 형식이 다양하다. 따라서 정해진 형식에 따라 글을 쓴다는 설명은 적절하지 않다.

02 (나)~(마)를 보면, 학교에 가지 않으려는 글쓴이를 위해 어머니가 등굣길에 동행하여 이슬떨이를 해 주셨음을 알 수 있다.

오답 확인 ① (나)에서 글쓴이가 학교에 가기 싫다고 해서 어머니와 갈등이 일어난 것임을 알 수 있다.
③ (라)에서 '어머니는 고무신을 신고 나는 검정색 운동화를 신었다.'라고 이야기하고 있다.
④ (가)에서 '집에서 학교까지 5리쯤 산길을 걸어가야 하는데, 학교를 가다 말고 그냥 산에서 하루를 보내고 집으로 온 날도 있었다.'라고 이야기한 부분은 학교를 가지 않았던 글쓴이의 경험을 보여 주는 것일 뿐, 학교를 가지 않은 이유를 설명하는 내용은 아니다. '중학교에 다니면서부터는 ~ 아무도 그걸 몰랐단다.'에서 글쓴이는 단지 학교에 가기 싫어서 결석을 했다고 이야기하고 있다.
⑤ (사)에서 '아빠 등굣길에 이슬을 떨어 주시던 할머니'는 글쓴이의 어머니를 말하는 것이다. 글쓴이의 할머니에 대한 내용은 제시되어 있지 않다.

03 이 글의 주제는 글쓴이가 자신의 어린 시절 경험으로부터 얻은 깨달음인 어머니의 헌신적 사랑과 인생길의 진정한 의미라고 할 수 있다. 따라서 효도의 가치가 주제라고 보기는 어렵다.

04 이 글의 독자는 글쓴이의 아들이며, (가)에 나오듯이 학교에 다니기 무척 싫어하는 인물이다. 따라서 글쓴이의 아들과 유사한 상황에 처한 인물은 학교생활에 잘 적응하지 못하고 어려움을 겪고 있는 청소년이라고 할 수 있다.

05 글쓴이는 자신이 어린 시절 경험에서 느끼고 생각했던 내용을 진솔하게 표현하고 있다. 개인의 경험과 깨달음을 생생하게 구체적으로 그려 내고 있는 주관적인 성격의 글이기 때문에 객관적 자료를 근거로 들었다는 설명은 적절하지 않다.

06 '이슬떨이'는 이슬이 내린 길을 갈 때에 맨 앞에 서서 가는 사람을 뜻하는데, 어머니는 학교에 가기 싫어하는 글쓴이를 위해 등굣길의 이슬을 떨어 주는 이슬떨이를 해 주셨다. 따라서 '이슬떨이'에는 아들에 대한 어머니의 헌신적인 사랑과 정성이 담겨 있다고 할 수 있다. 그렇게 어머니가 떨어 주셨던 이슬들이 모여 이루어진 '이슬강'은 학창 시절 이후에도 계속된 어머니의 무한한 사랑과 희생을 의미한다고 할 수 있다.

07 '그때 어머니가 이슬을 떨어 주신 길'이란 학교에 가기 싫어하는 아들을 위해 어머니가 옷이 흠뻑 젖도록 등굣길의 이슬을 떨어 주신 그 길을 말한다. 따라서 그 길은 자식을 위하는 어머니의 사랑과 헌신을 의미한다. 그러므로 그 '길을 걸어 지금 내가 여기까지 왔다'는 것은 어머니의 헌신과 사랑이 바로 현재의 글쓴이를 있게 한 것임을 의미한다.

상	어머니의 사랑과 헌신이 현재의 나를 있게 했다는 내용을 적절히 서술한 경우
중	어머니의 사랑과 헌신은 서술하였으나, 그 내용을 현재의 나와 관련지어 서술하지 못한 경우
하	어머니의 사랑과 헌신을 서술하지 못하고 그 내용을 현재의 나와 관련짓지 못한 경우

08 ㉡은 어머니가 등굣길에 글쓴이를 위해 이슬을 떨어 주신 과거의 그 길을 말한다. 자신의 철없던 행동과 어머니의 사랑과 관련된 길이므로, 힘겹고 고달픈 삶과는 관련이 없다.

오답 확인 ① 글쓴이는 그 길을 '가장 아름답고도 안타까우며 마음 아픈 길'이라고 표현하고 있다. 그 길이 가장 아름다운 길인 이유는 어머니의 헌신과 사랑에 대해 글쓴이가 감동과 고마움을 느끼고 있기 때문일 것이다.

②, ④ 그 길이 '안타까운 길'인 이유는 철없던 지난 시절을 후회하고 있기 때문일 것이다.

③ 그 길이 '마음 아픈 길'인 이유는 어머니를 힘들게 한 것에 대한 미안함 때문일 것이다.

09 글을 쓸 때에는 먼저, 어떤 독자를 대상으로 어떤 목적으로 어떤 주제의 글을 쓸 것인지를 정한다. 그런 다음, 그 독자, 목적, 주제를 고려하여 필요한 자료를 수집하여 내용을 마련한다. 내용을 마련한 다음에는 그 내용을 가지고 글의 개요를 작성하고, 주제가 분명히 드러나게 글을 쓴다. 마지막으로 주제에서 벗어난 내용은 없는지, 글의 구조는 체계적인지, 표현은 정확한지 등을 점검하고 고쳐 쓴다.

10 개인이나 기관의 블로그에서 글쓰기에 필요한 자료를 수집할 수는 있으나, 이 글에서는 블로그에서 수집한 자료를 사용하지 않았다.

오답 확인 ① (나)는 학교 도서관 게시판의 글에서 수집한 자료의 내용이다.

③, ④ (다)는 「부자들의 습관」이라는 책의 내용과 인터넷 신문 기사에서 수집한 자료의 내용이 제시되어 있다.

⑤ (라)는 사서 선생님과의 면담을 통해 수집한 자료의 내용이다.

11 빈칸에 들어갈 내용은 중간 1에 해당하는 (나) 문단의 중심 내용이다. 개요표에서 세부 내용으로 제시된 것들은 모두 책 읽기의 좋은 점 또는 책 읽기가 우리에게 주는 도움에 대한 것이다.

12 문제에 제시된 자료는 책 읽기가 상상력을 키워 줄 수 있는 장점이 있다는 것이므로, 책 읽기의 장점을 다룬 (나)에서 활용하면 적절할 것이다.

13 통일성이란 한 편의 글이 하나의 주제를 드러내도록 글의 주제와 세부 내용이 유기적으로 연결되는 성질을 말한다. (마)는 사서 교사가 되는 방법에 대한 정보를 담고 있으므로 이 글의 주제인 책 읽기의 좋은 점과 생활화 방안과는 관련이 없는 불필요한 내용이다. 따라서 (마)는 글의 통일성을 해치므로 삭제하는 것이 적절하다.

상	(마)를 쓰고, 통일성을 해치는 이유를 주제와 관련지어 적절히 서술한 경우
중	(마)를 쓰고, (마)의 중심 내용만 적절히 서술하고 주제와 관련지어 서술하지 못한 경우
하	(마)를 썼지만, (마)의 중심 내용과 통일성을 해치는 이유를 모두 서술하지 못한 경우

14 (다)는 '책 읽기는 성공으로 이끄는 지름길'임을 설명하고 있는 내용이다. 워렌 버핏은 책 읽기가 쉬운 일은 아니지만 '열매는 달콤'하니까 계속 노력해야 한다고 말하고 있다. 즉 책 읽기를 생활화하면 성공적인 삶과 같은 좋은 결과가 주어진다는 것을 이야기하고 있다.

오답 확인 ① 좋은 책을 골라서 읽는 것이 중요함을 이야기하고 있다.

② 단순히 책을 읽는 데서 그치지 말고 책의 내용을 바탕으로 하여 충분한 사색을 해야 함을 이야기하고 있다.

④ 책 한 권을 읽더라도 정독을 하면서 책에 담긴 의미를 충분히 곱씹어 봐야 함을 이야기하고 있다.

⑤ 글쓴이와 의사소통할 수 있는 책 읽기의 장점을 이야기하고 있다.

15 (다)의 중심 내용은 책 읽기의 생활화를 통해 성공한 사례를 보여 주는 것인데, ㉠은 책 읽기의 구체적 방법으로 어떤 책을 읽어야 하는가에 대해 설명한 것이므로 (다)의 중심 내용에서 벗어난 내용이다. 이렇게 통일성을 해치는 내용은 삭제해야 한다.

상	㉠이 (다)의 중심 내용과 관련이 없어 문단의 통일성을 해친다고 서술한 경우
중	㉠이 문단의 통일성을 해친다는 내용만 간략히 서술한 경우
하	㉠이 문단의 통일성을 해친다는 내용을 서술하지 못한 경우

02 매체 특성에 따른 표현하기

1. 당신의 언어 습관을 기록합니다. 본문 124~125쪽

[학습 목표 응용] 01 ⑤ 02 ③ 03 ③ 04 [예시 답안] 살아온 세월을 기록하는 나이테처럼 당신의 얼굴도 당신이 쌓아 온 언어 습관을 기록합니다.

[고난도 응용] 01 ④ 02 ⑤ 03 [예시 답안] 카메라를 위쪽으로 이동시키면서 나무의 나이테를 클로즈업하였다.

[학습 목표 응용]

01 이 영상물은 청각적 요소보다 시각적 요소를 더 많이 활용하고 있다. 청각적 요소는 내레이션과 배경 음악 정도가 드러나고 주로 시각적 요소를 중심으로 영상물이 구성되어 있다.

오답 확인 ① 이 영상물은 올바른 언어 습관이 필요하다는 교훈적인 주제를 담고 있다.
② 이 영상물에는 교복을 입은 청소년들이 등장하고 있다.
③ 이 영상물은 일상에서 문제가 되고 있는 청소년의 거친 언어 습관을 비판하고 있다.
④ 학생들의 입을 가린 손에 그림을 활용해 흉한 입모양을 드러내 주제를 부각시키고 있다.

02 (가)는 교실에서 학생들이 대화를 나누는 장면을 전체적으로 보여 주고 있는 장면이다. 이와 같이 카메라를 인물과 먼 위치에 두고 촬영함으로써 전체 상황을 보여 주는 촬영 방법이다.

오답 확인 ① 영상물에서 인물 간의 대화 내용이 중심인지 알 수 없다.
② 카메라와 인물의 거리가 멀기 때문에 인물의 표정에 집중할 수는 없다.
④ (가)로 보아서는 카메라의 이동을 분명하게 알 수 없다.
⑤ 카메라의 위치가 인물과 멀기 때문에 인물의 심리를 적절히 표현할 수 있다.

03 영상물에서 자막은 다양한 역할을 한다. 등장인물의 말을 표현하기도 하고 내레이션을 대신하여 장면의 상황을 설명하기도 한다. 때에 따라서는 시청자의 반응을 예상하고 이를 대신 표현하기도 한다. 그런데 이 영상에서는 내레이션의 말과 일치한다. 내레이션의 내용을 강조하는 역할을 하는 것이다.

04 ㉠과 관련된 장면은 나이테가 살아온 과정을 기록한다는 것이다. 이를 사람의 얼굴에 적용하면 한 사람의 언어 습관이 얼굴에 기록되어 그 사람의 인상을 만드는 것이라고 할 수 있다.

상	㉠에 들어갈 내용을 나이테와 얼굴을 비교하여 적절하게 서술한 경우
중	㉠에 들어갈 내용을 나이테와 얼굴을 비교하여 서술했으나 미흡한 경우
하	㉠에 들어갈 내용을 서술했으나 나이테와 얼굴을 비교하지 못한 경우

[고난도 응용]

01 질문의 형식을 통해 새로운 문제를 제기하는 것이 아니라 시청자의 관심을 유도하고 시청자가 자신을 돌아보도록 하고 있다.

오답 확인 ① 이 영상물을 제작한 이유는 청소년들에게 올바른 언어 습관이 필요함을 알리기 위해서이다.
② 그림을 활용하여 독자의 관심을 끌고 있다.
③ 얼굴의 모습과 나이테를 비교하여 주제를 부각한다.
⑤ 이 영상물은 청소년들이 교복을 입고 나와 청소년들의 문제를 다루고 있음을 나타낸다.

02 (마)는 학생들이 입을 가리고 있는 장면이다. 해설에서는 '10년 후, 당신의 얼굴은 어떤 모습을 하고 있을까요?'라고 묻고 있다. 학생들이 입을 가리고 있는 것은 아이들의 모습은 완전히 결정되지는 않았으며 앞으로 어떤 언어생활을 하게 될지 알 수 없음을 나타낸다. 또한 질문을 통해 학생들과 시청자의 미래의 얼굴 모습이 아직 결정되지 않았음을 드러낸다.

03 <보기>는 나무의 그루터기를 옆에서 찍은 것이다. 이에 비해 (라)는 그 그루터기를 위에서 찍은 것이다. <보기>에서 (라)로 이동하면서, 즉 정면에서 위쪽으로 카메라를 이동하면서 나무의 그루터기를 더욱 크게 클로즈업하였다.

상	카메라를 위쪽으로 이동했음과 클로즈업했음을 모두 서술한 경우
중	카메라를 위쪽으로 이동했음과 클로즈업했음 중에서 한 가지만 서술한 경우
하	카메라를 위쪽으로 이동했음과 클로즈업했음을 모두 제대로 서술하지 못한 경우

2. 인터넷 매체 특성에 맞는 표현 / 3. 댓글은 나의 얼굴 본문 126~127쪽

[학습 목표 응용] 01 ① 02 ② 03 ④ 04 ②

[고난도 응용] 01 ③ 02 ④ 03 [예시 답안] 저작권 공유에 대하여 찬성한다.

[학습 목표 응용]

01 (가)~(마)에서는 인터넷 매체를 활용한 글쓰기의 유의점을 설명하고 있다. (가)에서는 온라인 대화의 특성과 글쓰기의 유의점을, (나)에서는 사회 관계망 서비스의 특성을, (다)에서는 매체 활용 글쓰기의 유의점을, (라), (마)에서는 인터넷 게시판 댓글 쓰기의 유의점을 설명하고 있다. 인터넷 매체가 개인 정보 유출의 위험이 있기는 하지만, (가)~(마)에서는 다른 사람과의 소통에서의 유의점을 중심으로 말하고 있다.

오답 확인 ② (가), (다), (라), (마)에서 대화 예절을 강조하고 있다.
③ (가)~(나)에서는 온라인 대화와 사회 관계망 서비스, (라), (마)에서는 인터넷 게시판 댓글에 대해 매체 특성을 설명하고 있다.
④ 온라인 대화, 사회 관계망 서비스, 댓글은 모두 짧고 간결한 의사 표현 매체이다.
⑤ (라)에서는 논리적인 반론의 필요성을 설명하고 있다.

02 (가)에서는 온라인 대화에서의 쓰기 방법에 대해 설명하고 있다. 온라인 대화는 실시간 대화로, 문자와 시각 기호를 활용하여 표현한다. 일반적인 대화 상황과 마찬가지로 상대의 말에 대해 반응을 보여 주어야 한다.

오답 확인 ① 시각 기호를 많이 쓸 수 있지만 의사 표현을 정확하게 하기 위해서는 문자를 활용하는 것이 좋다.
③ 상대가 답을 주지 않을 때 반응을 보이지 않는 것은 상대에게 부담을 줄 수 있다.
④ 온라인 대화는 상대와의 소통이므로 자신의 의견을 적극 개진해야 한다.
⑤ 대화 참여자가 많더라도 여러 사람의 의견을 고루 읽고 반응하는 것이 바람직하다.

03 사회 관계망 서비스는 최근 널리 쓰이고 있는 인터넷 매체로, 일정 기간 자신의 신상을 드러내고 소통에 참여하는 것이 특징이다. 다양한 미디어 자료를 공유할 수 있으며 사회적 관계를 형성하여 여론을 조성하는 역할도 하고 있다. 개인의 일지의 성격을 띤 인터넷 매체는 블로그이다.

04 욕설과 인신공격성 발언은 그것을 쓰는 사람의 인격을 짐작하게 하는 언행이다. 여러 인터넷 매체에서의 소통에서 다른 사람의 기분을 고려하지 않는 언행을 일삼는 것은 소통의 문화를 저속하게 만들어 결국 자신도 같은 상황에 놓이게 될 수 있다. '누워서 침 뱉기'는 남을 해치려고 하다가 도리어 자기가 해를 입게 된다는 것을 비유적으로 이르는 말이다.

오답 확인 ① 자신이 사정이 급하고 어려워서 남을 돌볼 여유가 없음에도 남을 도우려 한다는 뜻으로, 몹시 어려운 사정이나 어리석음을 비유적으로 이르는 말이다.
③ 일이 매우 쉽다는 말이다.
④ 자기가 하려고 하는 말이나 마땅히 할 말을 도리어 남이 함을 비유적으로 이르는 말이다.
⑤ 힘에 겨운 일을 억지로 하면 도리어 해만 입는다는 말이다.

[고난도 응용]

01 인터넷 매체는 자신에 관한 정보를 드러내지 않을 수 있다는 점에서 익명성을 띠며, 자신의 글을 인터넷에 접속하는 모든 사람이 볼 수 있다는 점에서 개방성을 띤다.

오답 확인 ① '완결성'은 '완전히 끝을 맺은 상태나 특성'을, '단편성'은 '완전하지 못하고 일부만 제시한 상태'를 말한다.
② '장기성'은 '오랜 기간 유지되는 성질'을, '단기성'은 그 반대를 뜻한다.
④ '모방성'은 '다른 사람의 창작물을 따라 하는 성질'을, '독창성'은 '고유의 개성에 따라 새롭게 만들어 내는 특성'을 말한다.
⑤ '일관성'은 '하나의 주제로 통일되어 있는 특성'을, '가변성'은 '상황에 따라 변할 수 있는 특성'을 말한다.

02 쓰기 윤리는 글쓰기에서 지켜야 할 윤리이다. 쓰기 윤리를 지켜 글을 쓰는 것이 올바른 인터넷 매체 활용에서의 기본적인 태도라 할 수 있다. 다른 사람의 저작물을 허락 없이 인용하거나 왜곡하여 쓰는 등의 행위는 쓰기 윤리에서 어긋나는 일이다. 가수의 노래는 저작권이 있는 저작물이므로 정당한 절차를 거쳐야 한다. 자신 또는 학급의 블로그 게시판에 허락 없이 올리는 것은 저작권을 침해하는 행위이다.

오답 확인 ① 링크는 다른 사이트의 정보를 임의로 활용하는 것이 아니며 저작권을 침해한 사례가 아니다.
② 자신이 쓴 글을 자신의 블로그에 올리는 것은 정당한 쓰기 행위이다.
③ 자신이 쓴 글을 바탕으로 새로운 글을 쓰는 것은 정당한 쓰기 행위이다.
⑤ 자신과 친구가 찍힌 사진이므로 편집할 수 있으며, 친구에게 전송하는 것도 정당한 행위이다.

03 댓글에서 다루는 내용은 정보의 공유에 대한 찬반 의견이다. '시시콜콜'의 댓글을 보면 '내가 쓴 글'이라는 표현이 있으며, 이는 개인이 저작권을 가진 글을 의미한다. 따라서 대화의 제재는 저작권 공유라고 볼 수 있다. 네 개의 댓글에서는 저작권 공유에 대한 찬성과 반대 의견을 제안하고 있다. '라이락'이 '끄덕끄덕', '시시콜콜'이 '난 반댈세!'라고 한 것으로 보아, 게시 글에서는 저작권 공유에 대해 긍정적인 입장을 보였음을 알 수 있다.

상	'저작권 공유'와 그에 대한 찬성의 입장을 모두 바르게 서술한 경우
중	'저작권 공유'와 그에 대한 찬성의 입장 중 하나를 모호하게 쓴 경우
하	'저작권 공유'와 그에 대한 찬성의 입장 중 하나만 서술한 경우

단원 평가

본문 128~131쪽

01 ③ **02** ② **03** ④ **04** ③ **05** [예시 답안] (가)는 롱숏으로 전체 화면을 보여 주고 있고, (나)~(라)에서는 클로즈업으로 대상을 가까이서 보여 주고 있다. (마)에서는 중간쯤의 거리에서 촬영하여 화면을 제시하고 있다. **06** ② **07** ① **08** ③ **09** ③ **10** [예시 답안] 배고픔과 추위보다 더 고통스러운 것은 사람들의 무관심과 냉대입니다. **11** ④ **12** ③ **13** ① **14** ⑤ **15** ② **16** ⑤ **17** [예시 답안] 상대와의 즉각적인 소통을 중시한다. **18** ① **19** [예시 답안] ㉮ 부정적이다. ㉯ 딸의 화장에 대해 고민하며 바람직한 해결 방안을 찾고 있다. ㉰ 중학생의 화장에 대한 자신의 의견을 제시한다.

01 영상 언어의 구성 요소 중 음향은 청각적 요소에 해당하며 영상을 생생하게 만드는 효과가 있다. 이 영상물에서는 배경 음악 이외의 청각적 요소는 나타나 있지 않다.

오답 확인 ① 화면에는 청소년들의 모습과 나무를 이미지로 제시하고 있다.
② (라)에서 진지한 분위기의 배경 음악을 제시한다고 밝히고 있다.
④ 내레이션과 똑같은 자막을 제시하여 내용을 강조하고 있다.
⑤ 자막을 그대로 음성으로 들려주는 내레이션을 제시하고 있다.

02 이 영상물에서는 최근 청소년들이 욕설과 비속어를 남발하고 있는데, 그런 언어 습관이 어른이 되었을 때 자신의 삶에 영향을 미치고 그것이 고스란히 자신의 외양으로 드러나게 될 것이라는 점을 강조하고 있다.

오답 확인 ① 청소년들의 맞춤법 파괴 표기에 대해 지적하고 있다.
③ 공식적인 언어생활에서 사투리 사용이 늘어남으로 인한 부정적 현상을 지적하고 있다.
④ 우리말 속에 잔재되어 있는 일본어의 실상을 지적하고 있다.
⑤ 무분별한 외국어 사용에 대해 지적하고 있다.

03 이 영상물은 공익 광고의 하나로, 널리 알려진 인물이 아니라 평범한 청소년들을 등장시켜 주제를 전달하고 있다. 일반적으로 영상에서 '널리 알려진 인물'로는 유명 인사를 말한다.

오답 확인 ① 이 영상에서는 '당신은 어떠신가요?', '10년 후, 당신의 얼굴은 어떤 모습을 하고 있을까요?'라고 질문을 제기하여 독자들이 자신의 생각을 점검해 보도록 하고 있다.
② 이 영상물에서 (가)는 롱숏으로 먼 거리에서 전체 화면을 보여 주고 있으며, (나)~(라)는 클로즈업, (마)는 중간쯤의 거리에서 대상을 촬영하여 각각의 내용을 강조하고 있다.
③ 이 영상은 청소년들을 대상으로 청소년들이 함부로 쓰는 욕설이나 비속어가 언어 습관이 되었을 때 나중에 바람직하지 않은 모습으로 변모될 수 있다는 점을 강조하고 있다. 이를 통해 올바른 언어생활의 필요성을 깨닫도록 하고 있다.
⑤ 이 영상에서 내레이션은 주제를 간결하고 압축적으로 전하고 있다.

04 (라)에서 '나이테'는 나무가 오랜 세월을 어떻게 살아왔는지 기록한 것으로, 청소년들이 오랫동안 사용하는 언어 습관이 나이테처럼 얼굴에 기록으로 남을 수 있다는 점을 강조한다. 바른 언어 습관을 가지고 생활할 때 아름다운 무늬를 가진 나이테를 보여 줄 수 있다는 것이다.

05 롱숏은 먼 거리에서 대상을 촬영하는 기법으로, (가)와 같이 교실이라는 공간적 배경을 모두 보여 주면서 등장하는 인물 모두를 보여 줄 수 있다. 클로즈업은 대상의 일부를 부각시키는 방법으로, (나)~(라)와 같이 인물의 얼굴이나 나이테의 단면을 보여 주면서 대상의 특징을 자세하게 보여 줄 수 있다. (마)는 롱숏과 클로즈업의 중간쯤의 거리에서 대상을 촬영한 것이다.

상	'롱숏'과 '클로즈업'의 용어를 적절히 활용하면서 ㉠, ㉡의 내용을 바르게 서술한 경우
중	'롱숏'과 '클로즈업'의 용어 활용이나 ㉠, ㉡의 내용 중 어느 하나를 모호하게 서술한 경우
하	'롱숏'과 '클로즈업'의 용어 활용이나 ㉠, ㉡의 내용 중 어느 하나만 바르게 서술한 경우

06 일반적으로 영상물을 제작할 때에는 '영상물 기획하기(영상물의 주제와 목적 정하기, 형식 정하기, 시청자 분석) – 영상물 구성하기(시나리오 작성 – 스토리보드 작성) – 촬영하기 – 편집하기'의 과정을 거친다.

07 스토리보드는 영상물을 제작하기 위해 장면의 초안을 그린 문서이다. 영상의 그림을 보여 주기도 하고 시나리오를 시각화하는 도구로 쓰인다. 이 스토리보드에서는 버려진 강아지의 목소리를 내레이션으로 들려주면서 반려동물을 마구 버리는 세태에 대해 지적하면서 반려동물을 사랑하고 끝까지 책임지려는 태도가 필요함을 강조하고 있다.

오답 확인 ② 이 영상물에서 강아지는 인간에게 버려짐으로써 나약하고 초라한 삶을 살게 되어, 인간보다 약한 존재로 묘사되어 있다.
③ 쓰레기통을 뒤지는 장면이 있지만 이것은 배고픔을 이기려는 유기 동물의 실상을 보여 주기 위한 것이며, 일반적인 반려동물이 주는 피해 사례는 아니다.
④ 이 영상물에서는 반려동물이 공공장소에 출입할 수 없다는 내용을 다루지 않는다.
⑤ 이 영상물에서는 인간의 환경 파괴보다 인간과 함께하는 반려동물의 실상을 다루고 있다.

08 (가)에서는 '삭막한 도시'에서 '힘없이 걷고 있는 어린 강아지'의 모습을 그려 내고 있으므로, 쓸쓸하면서도 삭막함을 느낄 수 있는 배경 음악을 통해 장면의 분위기를 표현할 수 있다. (나)에서는 강아지가 행복했던 시절을 회상하고 있으

므로, 따뜻하고 사랑스러운 느낌을 줄 수 있는 배경 음악이 적절하다.

09 ㉠은 어느 날 갑자기 홀로 남겨진 강아지의 입장에서 느낄 수 있는 공포를 카메라 기법을 통해 표현하고 있다.

오답 확인 ① 시간의 흐름은 자막 처리, 주변 환경의 변화나 강아지의 이미지 변화를 통해 표현할 수 있다.
② 인간의 냉대는 (라)의 장면에서 두드러지게 나타난다.
④, ⑤ 갑자기 버려진 강아지의 입장을 긍정적으로 표현하는 것은 영상물의 목적에서 벗어난다.

10 (라)에서는 가족의 일원으로서 사람들로부터 사랑받던 강아지가 사람들로부터 버려지고 냉대받는 장면을 그리고 있다. 하나의 생명체로서 견디기 힘든 무시와 무관심을 강조하고 있다. '배고픔'이나 '추위'와 같은 육체적인 고통보다 '무시'나 '냉대', '무관심'과 같은 정서적, 정신적 고통이 더 큰 고통임을 보여 줌으로써 독자의 공감을 불러올 수 있다.

상	육체적 고통과 정신적 고통을 비교하여 바르게 서술한 경우
중	육체적 고통과 정신적 고통을 비교하였으나 모호하게 서술한 경우 예 무관심은 우리를 더 배고프게 합니다.
하	정신적 고통만 강조하여 서술한 경우

11 인터넷 매체는 다양한 정보를 주고받을 수 있다는 점에서 사람들 사이에 급속하게 활용되고 있다. 다만 다른 사람의 정보를 개인이 마음대로 활용하는 것은 저작권을 침해하는 불법 행위로서 다양한 장치를 두어 저작권 위반을 예방하고 있다.

오답 확인 ① 인터넷 매체에서는 시각, 청각, 시청각 자료 등 다양한 형식의 자료를 첨부하여 전달할 수 있다.
② 인터넷 매체는 인터넷에 접속된 상황에서는 즉각적인 상호 교류가 가능하다.
③ 인터넷 매체를 활용하면 서로의 의견이나 정보를 주고받는 쌍방향성 작업이 가능하다.
⑤ 인터넷 매체를 활용할 때에는 자신의 정보를 완전히 숨기거나 일부만 드러낼 수 있다는 점에서 자유로운 의사 표현이 가능하다.

12 (다)에서는 블로그에 대하여 설명하고 있다. 블로그는 개인의 일지 형식의 글쓰기 매체로, 일정한 주제에 대해 글이나 사진, 그림, 음악, 동영상 등의 자료를 저장할 수 있다. 이를 일부나 불특정 다수에게 공개할 수 있으며 댓글을 통해 소통도 가능하다.

13 (나)에서는 전자 우편에 대해 설명하고 있다. 전자 우편은 인터넷을 통해 주고받는 편지이며, 일반적인 편지에 비해 다양한 자료를 첨부할 수 있고 언제든 확인할 수 있다는 장점이 있다.

오답 확인 ② 전자 우편은 우편물의 전달 방식이 달라진 것일 뿐 일반적인 편지와 마찬가지로 받는 이가 있고 일정한 주소에 의해 전달된다. 또한 처음, 중간, 끝에서 갖추어야 할 격식에 유의해야 한다.
③ 전자 우편은 여러 명의 수신인에게 한 번에 전달된다는 점에서 정보의 전달력이 크다.
④ 전자 우편은 글쓰기와 자료 전달의 기능 모두 중요한 의미가 있다. 자료 전달을 위해 전자 우편을 사용할 때에도 적절한 글쓰기를 통해 자료에 대한 설명을 제시하는 것이 바람직하다.
⑤ 전자 우편은 한 번 발송된 후에는 편지함에 저장되어 언제든 재확인이 가능하다.

14 사회 관계망 서비스는 '공유', '공통의 관심이나 활동 지향', '정보 교환' 등의 측면을 강조하는 서비스이다. 즉 오늘날 같은 대상에 대한 공동 관심사를 서로 나누려는 사람들의 성향을 만족시켜 주기 위해 생긴 인터넷 매체인 것이다. 따라서 오늘날 '소통과 공유'를 강조하는 사회 문화적 현상을 잘 보여 주는 요소라 할 수 있다.

15 인터넷 댓글로 인한 부정적 현상은 대체로 비방이나 인신공격성 발언으로 인하여 나타난다. 또한 허위 사실 유포나 정보의 왜곡 등으로 잘못된 여론 조성의 경우도 사회적인 문제가 될 수 있다. 다만 하나의 게시물에 대하여 여러 사람의 평가를 통해 게시물의 내용에 대한 다양한 입장에서의 비판과 평가가 가능하다는 점은 댓글의 긍정적 측면이다.

16 가짜 뉴스는 정확하지 않은 정보이며, 잘못된 정보가 많아 여러 사람에게 피해를 준다. 여러 가지 이유에서 만들어지는 가짜 뉴스는 결국 인터넷 매체의 정보 전달의 광범위함과 신속함을 고려할 때 잘못된 여론을 조성할 수 있다는 점에서 허위 사실 유포와 같은 부정적 현상이다.

17 제시된 글에서는 소통을 위한 사람들의 인터넷 매체 활용 빈도를 매체별로 보여 주고 있다. 온라인 대화 매체로서의 메신저, 공동 관심사에 대한 관계망 형성 도구로서의 사회 관계망 서비스, 다양한 파일 교류 매체로서의 전자 우편 중 메신저 이용률이 가장 높게 나타났다. 이것은 메신저가 다른 매체에 비해 즉각적이고 실시간 대화가 가능하다는 특성이 있기 때문이다.

상	메신저의 즉시성을 바르게 서술한 경우
중	메신저의 즉시성을 모호하게 서술한 경우 예 정보를 빠르게 주고받고자 한다.
하	메신저의 특성이 분명하게 드러나지 않게 서술한 경우 예 익명으로 대화하기를 원한다.

18 댓글을 쓸 때에는 반대 입장이더라도 논리적이고 합리적인

내용 전개를 통해 의견을 제시하는 것이 바람직하다. ㉠은 글쓴이를 비방하는 내용으로, 글쓴이의 입장에서는 자신에 대해 잘 모르는 이로부터 공격받는다는 느낌을 받을 수 있다.

오답 확인 ② ㉡은 딸의 입장을 수용하면서도 엄마의 걱정을 덜 수 있는 방법을 제시하고 있다.
③ ㉢은 엄마와 같은 입장이지만 구체적인 방법을 제시하지는 못하고 있다.
④ ㉣은 엄마의 관심을 칭찬하면서 딸의 입장을 강조하고 있다.
⑤ ㉤은 글쓴이와 공감하는 입장에서 쓴 댓글이다.

19 댓글을 달 때에는 게시물의 핵심이 무엇인지 글쓴이가 원하는 바가 무엇인지에 대해 바르게 파악해야 한다. 이 게시물의 경우 엄마의 입장에서 중학생인 딸의 화장에 대해 걱정하면서 딸과의 갈등을 줄이기 위한 방법을 찾고자 한다.

상	㉮, ㉯, ㉰에 들어갈 내용을 모두 바르게 서술한 경우
중	㉮, ㉯, ㉰ 중 두 가지 내용을 바르게 서술한 경우
하	㉮, ㉯, ㉰ 중 한 가지 내용만 바르게 서술한 경우

다섯째 마당 듣기·말하기

01 면담하기와 배려하는 말하기

1. 국어 교사와의 면담

본문 136~137쪽

[학습 목표 응용] **01** ② **02** ④ **03** ② **04** ②
[고난도 응용] **01** ⑤ **02** ④ **03** [예시 답안] 면담 대상자의 말을 경청하면서 반응하며, 얻고자 하는 정보에 대한 질문을 한다.

[학습 목표 응용]

01 이와 같은 말하기는 '면담'으로, 면담은 일정한 목적을 위해 적절한 상대방을 만나 상의하거나 질문과 대답을 주고받는 말하기이다.

오답 확인 ① 다수의 청자에게 한 방향으로 자신의 의사를 전달하는 말하기는 발표나 연설이다. 면담의 경우, 다수의 청자가 있을 수 있지만 질문과 대답을 주고받기 때문에 한 방향의 의사소통은 아니다.
③ 갈등을 해결하기 위한 방안 마련을 목적으로 하는 말하기는 토의, 토론, 건의 등이 있다.
④ 불합리한 상황에 대한 자신의 주장을 근거와 함께 제시하는 말하기는 건의이다.
⑤ 면담은 직접 만나서 이루어지는 의사소통이기 때문에 궁금한 점을 즉각적으로 해결할 수 있다는 장점이 있다.

02 이 면담에서 국어 교사는 교실이 붕괴되고 교권이 추락한 현실이지만 보람을 느끼는 때에 대해 대답하고 있다. 국어 교사의 대답을 통해 국어 교사가 교실 붕괴나 교권이 추락하는 현실을 비판적으로 생각한다는 것을 알 수 없다.

오답 확인 ① '전자 우편으로 ~ 신청했습니다.'를 통해 알 수 있다.
② '면담 질문지도 ~ 진행하세요.'를 통해 알 수 있다.
③ '하지만 ~ 같아요.'를 통해 알 수 있다.
⑤ '내가 잘 할 수 있는 ~ 생겼죠.'를 통해 알 수 있다.

03 면담에서의 질문은 질문자가 일차적으로 묻고자 하는 핵심적 내용을 담은 주안적 질문과 응답자의 응답이 불충분하거나 불명확할 때 보충해서 묻는 부차적 질문이 있다. ㉡은 국어 교사의 대답에 대한 내용의 보충을 요구하는 부차적 질문이고, 나머지는 모두 주안적 질문이다.

04 이 면담에서 추가적으로 할 수 있는 질문은 면담의 목적과 주제에 일치해야 한다. 황순원의 「소나기」는 국어 교사의 경험을 말하는 과정에서 나온 내용이지, 그 작품 자체에 대한 질문은 이 면담에서 불필요하다.

[고난도 응용]

01 서현이가 보낸 전자 우편은 면담 전 준비 과정으로 면담을 의뢰하는 내용이 담겨 있을 것이다. 면담자가 사전에 수집한 정보의 목록은 면담을 의뢰하는 내용과 무관하다.

오답 확인 ①, ②, ③, ④ 서현이는 면담 전에 전자 우편을 통해 면담을 신청했다. 면담을 신청하는 전자 우편에는 면담자 소개, 면담의 목적, 날짜, 장소 등에 대한 설명과 함께 면담 질문지가 포함될 수 있다. 면담자는 면담 질문지를 먼저 받아 보고 예상 답변을 준비할 수 있기 때문에 면담을 좀 더 효율적으로 진행할 수 있다.

02 면담을 바탕으로 작성된 기사문은 면담에서 알게 된 정보를 바탕으로 해야 한다. 국어 교사는 임용 시험의 경쟁률이 무척 높아진 현실에서 무엇보다 학생들과 소통하는 노력이 필요함을 말하고 있기 때문에 ④의 내용은 기사의 일부로 부적절하다.

오답 확인 ① '제가 중학생 때 ~ 관심이 생겼죠.'라는 국어 교사의 답변을 통해 알 수 있다.
② '우선 국어교육과에 ~ 자격이 주어져요.'를 통해 알 수 있다.
③ '하지만 ~ 필요한 것 같아요.'라는 국어 교사의 답변을 통해 알 수 있다.
⑤ '열심히 준비한 ~ 보람을 느껴요.'를 통해 알 수 있다.

03 서현이는 국어 교사(면담 대상자)가 하는 대답에 대해 '참 재미있었을 것 같아요.'라고 경청하며 반응을 보이고 있고, '그럼 국어 교사가 되는 방법에 무엇이 있나요?'라고 정보를 얻기 위한 질문을 하고 있다. 즉 면담자는 면담 대상자의 대답을 경청하며 반응을 보이고, 면담 목적을 달성하기 위해 질문하고 있다.

상	두 가지 모두 바르게 서술한 경우
중	두 가지를 서술했지만 내용이 모호한 경우
하	두 가지 중 한 가지만 서술한 경우

2. 배려하는 말하기 본문 138~139쪽

[학습 목표 응용] 01 ① 02 ③ 03 ⑤ 04 ②
[고난도 응용] 01 ③ 02 ③ 03 [예시 답안] ⓒ: 이제껏 나보다 더 잘했었잖아. / 다음 시험에는 분명 원하는 성적을 받을 수 있을 거야. ⓓ: 정현이는 머리가 나빠서 그런 거니 어쩔 수 없고.

[학습 목표 응용]

01 (가)는 상대방을 배려하지 않는 말하기, (나)는 욕설이나 은어 등 부정적인 언어 표현이 습관화된 언어 환경, (다)는 배려하는 말하기의 필요성을 내용으로 하는 언어 자료이다. 이 자료를 활용하여 '상대방을 배려하는 말하기를 하자.'라는 주제로 글을 쓸 수 있다.

02 (가)의 대화에서 여자 친구는 현우의 상황을 고려하지 않고, 현우에게 차별적이고 모욕적인 표현으로 언어폭력을 가하고 있다. 이러한 부정적 의사소통은 상대방과의 관계에도 영향을 주어 현우는 자신을 무시한 여자 친구와의 관계를 지속할지 고민할 것이다.

오답 확인 ④ 여자 친구는 예상했던 선물이 아니어서 느끼게 된 실망감을 차별적이고 모욕적인 표현을 사용하여 직접적으로 표현하고 있다.
⑤ 현우는 여자 친구가 생각했던 선물을 사지 못한 자신의 상황을 자세히 설명하고 있기 때문에 자신의 생각을 제대로 표현하지 못했다고 할 수 없다.

03 ⓒ은 부정적인 언어 표현으로, 남의 인격을 무시하는 말, 상대방을 업신여기거나 깎아내리고, 상대방을 조롱하거나 조소하며 모욕감을 주는 표현 등이 그 예이다. 상대방과 다른 의미로 해석할 수 있는 말은 중의적 의미를 지닌 말이다.

04 (다)에서는 배려하는 말하기를 강조하고 있다. 이를 바탕으로 캠페인 문구를 작성하면 '주고받는 배려 속에 웃음 피는 대화꽃'이 가장 적절하다.

오답 확인 ① 말보다 실천의 중요성, ③ 올바른 한글 사용, ④ 욕설 사용의 경계, ⑤ 칭찬하며 말하기의 필요성을 내용으로 하는 캠페인 문구이다.

[고난도 응용]

01 ㉠은 상대방의 상황이나 처지를 고려하지 않은 말하기이다. 〈보기〉는 상대방을 배려하는 말하기에 대한 설명으로, ㉠을 바꾸면 '이 옷도 나에게 잘 어울리는 것 같아. 오히려 색은 이 옷이 더 좋은걸! 고마워! 잘 입을게!'가 적절하다. 돈이 부족해 여자 친구에게 원하는 선물을 사 주지 못해 미안해하는 현우의 상황을 고려했기 때문이다.

오답 확인 ① 상대방을 비하하는 표현이다.
② 상대방이 부담을 느낄 수 있는 표현이다.
③ 옷이 좋아 보인다고 말하고 있지만 품질이 좋지 않을 거라는 내용이기에 상대방을 배려한 표현이라고 보기 어렵다.
⑤ 싼 가격의 옷이 상대방에게 잘 어울린다는 내용으로 상대방이 기분 나빠할 수 있는 표현이다.

02 (나)의 언어 상황은 욕설과 은어 등 부정적인 언어 표현이 주로 쓰이는 상황이다. 언어폭력을 포함하여 부정적인 언어 표현이 계속 쓰이면 원만한 의사소통은 물론 인간관계 형성도 어렵다. 또한 듣는 사람과 말하는 사람에게 모두 악

영향을 미치며, 어휘력이나 표현력 등 언어 사용 능력이 저하될 수 있다.

03 ㉢은 '할 말'로 상대방의 상황이나 처지를 고려한 말하기이고, ㉣은 '하지 않아야 할 말'로 상대방의 상황이나 처지를 고려하지 않은 말하기이다. 〈보기〉에서 정현이는 원하는 시험 성적이 나오지 않아 의기소침한 상태이다. 이런 정현이의 처지를 배려하여 말한 예는 '이제껏 나보다 더 잘했었잖아.'와 같은 위로의 말하기와 '다음 시험에는 분명 원하는 성적을 받을 수 있을 거야.'의 격려의 말하기이다. 이 말하기는 모두 '할 말'에 해당한다. 하지만 '정현이는 머리가 나빠서 그런 거니 어쩔 수 없어.'는 상대방의 처지를 전혀 고려하지 않고 상대방을 비하하는 말하기이므로 '하지 않아야 할 말'에 해당한다.

상	㉢과 ㉣을 모두 바르게 서술한 경우
중	㉢과 ㉣을 모두 서술했지만 내용이 모호한 경우
하	㉢과 ㉣ 중 하나만 서술한 경우

단원 평가

본문 140~143쪽

01 ⑤ **02** ② **03** ⑤ **04** ④ **05** ⑤ **06** ② **07** [예시 답안] ㉡은 보충하는 질문이고, ㉢은 질문자가 일차적으로 묻고자 하는 핵심적 내용을 담은 질문이다. **08** ② **09** ④ **10** ⑤ **11** ⑤ **12** ① **13** ⑤ **14** [예시 답안] 밑줄 친 부분은 모두 상대방을 배려하지 않는 말이기 때문에 말하지 말라고 하고 있다.

01 현우가 서현이에게 도움을 준 방식은 서현이의 문제를 해결하기 위해 면담을 제안하고, 면담 대상자로 자신의 학교 국어 선생님을 추천한 것이다.

오답 확인 ① 서현이는 면담 약속을 정하고 질문지도 만들어야겠다고 하며 면담을 계획하고 있음을 알 수 있다.
② '그러면 우리 학교 국어 선생님께 면담을 요청해 보는 게 어때?'라는 현우의 말에서 알 수 있다.
③ 현우가 면담 대상자로 국어 선생님을 추천한 이유는 면담 목적과 주제에 적합하면서(국어 교사에 대한 정보 수집), 면담 대상자가 면담에 능동적으로 참여할 수 있으며 면담자가 친밀감을 느낄 수 있기 때문이다.
④ 서현이의 말 중 '~책이나 인터넷으로 자료를 수집하다 보니 한계가 있어.'에서 서현이가 기사를 쓰기 위한 정보를 수집하기 위해 책이나 인터넷을 활용했음을 알 수 있다.

02 서현이가 작성한 면담 계획서에는 면담 목적(국어 교사에 관한 정보를 얻기 위한 면담), 대상(국어 교사)과 면담 일시 및 장소(면담 약속), 면담에서 사용할 질문(질문지)이 포함되어 있을 것이다.

오답 확인 ⓒ 면담 대상자 추천인은 현우임을 알 수 있지만, 면담 계획서에 포함할 내용은 아니다.
ⓔ 면담 내용 및 결과 분석은 면담 계획하기 단계가 아니라 면담이 끝난 후에 이루어지는 마무리 활동이므로, 면담 계획서에 포함할 내용은 아니다.

03 책이나 인터넷을 통한 정보 수집과 달리 면담을 통한 정보 수집은 정보를 수집하는 과정에서 궁금한 점이 생겼을 때 즉각적인 묻고 답하기가 가능하다.

오답 확인 ① 면담은 면담 대상자와 만날 시간과 장소를 정해야 하기 때문에 시 · 공간의 제약을 받는다.
② 면담은 주로 면담 대상자가 한 명이기 때문에 관련 분야에 대한 전문적인 정보는 얻을 수 있지만 다양한 관점의 정보를 수집하기는 어렵다.
③ 면담은 면담의 목적과 주제 정하기, 대상 선정하기, 약속 정하기, 질문지 작성하기 등의 준비 과정이 필요하다.
④ 면담은 서로 질문과 답을 주고받는 직접적인 의사소통 방식으로, 여러 사람이 동시에 많은 양의 정보를 모으는 데 한계가 있다.

04 면담에서의 질문은 면담의 목적에 따라 결정된다. 이 면담의 목적은 국어 교사라는 직업에 관한 정보 수집이기 때문에 국어 교사로서 자주 쓰는 학습 사이트에 대한 질문은 면담의 목적에서 벗어나는 질문이다.

05 (나)의 면담자는 면담을 진행하는 사람으로, 가장 큰 역할은 면담 목적을 달성하기 위해 질문을 하는 것이다. 면담자는 면담 대상자의 생각과 다른 자신의 생각을 설명하지 않는다.

오답 확인 ① '국어 교사가 되신 계기는 무엇인가요?', '국어 교사가 되는 방법에 무엇이 있나요?' 등 면담 목적이 반영된 질문을 하고 있다.
② '중간에 기사에 들어갈 사진을 찍고, 면담 내용을 녹음하려 하는데 괜찮으신지요?'를 통해 알 수 있다.
③ '참 재미있었을 것 같아요.' 등 면담 대상자의 대답에 긍정적으로 호응한다.
④ '바쁘실 텐데 면담에 응해 주셔서 감사합니다.'에서 면담에 응해 준 면담 대상자에게 감사 인사를 함을 알 수 있다.

06 황순원의 「소나기」 수업은 가장 기억에 남는 수업이 아니라, 국어 교사가 되는 계기를 마련해 준 발표 수업이었다.

07 면담에서 활용되는 질문은 묻고자 하는 핵심적 내용을 담은 질문과 이 질문에 대한 대답이 불충분하거나 불명확하여 보충할 때 쓰이는 질문으로 나눌 수 있다. ㉢은 국어 교사에게 필요한 능력, 즉 핵심적 내용을 묻는 질문이고, ㉡은 국어 교사가 된 계기를 묻는 질문에 대한 답의 내용을 보충해서 묻는 질문이다.

상	㉡과 ㉢을 모두 바르게 서술한 경우
중	㉡과 ㉢을 모두 서술했지만 내용이 모호한 경우
하	㉡과 ㉢ 중 하나만 서술한 경우

08 상대방을 배려하는 말하기는 상대방의 처지나 상황을 고려하며 상대방을 존중하는 언어 표현을 사용하는 말하기이다.

09 (가)에서 여자 친구의 대답에 따라 현우의 반응이 달라진다. 즉 대화를 통한 목적 달성 여부도 그 대화의 성공과 실패를 평가하는 기준이 될 수 있지만, 대화를 통해 형성된 인간관계의 양상도 그 대화의 성공 여부를 판가름하는 중요한 기준이 된다. (가-1)에서는 여자 친구가 현우의 상황과 처지를 고려한 말하기를 하였고, 둘의 사이가 더욱 좋아졌기 때문에 상대방의 상황이나 반응을 고려하면서 존중하는 말하기 태도가 원활한 인간관계를 유지할 수 있게 함을 알 수 있다.

오답 확인 ① (가-1)에서 여자 친구가 현우를 위해서 거짓말을 했다고 보기 어렵다.
② (가-2)에서 여자 친구는 현우의 입장을 고려하지 않고 말했지만 현우를 비하하거나 낮잡아 표현한 것은 아니다.
③ 여자 친구의 대답에 따로 비언어적 표현이 나타나 있지 않기 때문에 비언어적 표현이 현우의 반응에 영향을 주었다고 볼 수 없다.
⑤ (가-1)과 (가-2)에서 모두 여자 친구는 현우에게 자신의 감정이나 생각을 솔직하게 말하고 있기 때문에 이것이 현우의 다른 반응에 영향을 준 것은 아니다.

10 (가-2)에서 여자 친구는 현우의 상황을 고려하지 않고 상대방을 존중하거나 배려하지 않는 태도로 자신의 생각을 말하고 있다. 이를 통해 현우와의 관계가 악화되었음을 알 수 있다.

11 언어폭력은 말로써 온갖 음담패설을 늘어놓거나 욕설, 협박 따위를 하는 것으로, 그 심각성이나 문제의식 없이 일상적인 대화에서 자주 나타난다.

오답 확인 ④ 언어폭력 등과 같은 부정적 언어 사용으로 인해 그것을 사용하는 사람도 부정적인 영향을 받는다.

12 (나)에서 학생들은 욕설과 은어를 사용하는 것에 제한이 없는 경우 자유롭게 말할 수 있었는데, 제한이 생기자 말이 없어졌다. 즉 그만큼 욕설이나 은어와 같은 부정적 언어 표현이 일상화되었음을 알 수 있다.

오답 확인 ② 욕설과 은어를 사용하는 친구들끼리는 웃으며 지내고 있으므로 의사소통의 갈등이 나타나 있다고 보기 어렵다.
③ 서로의 차이를 인정하지 않고 자신의 생각을 일방적으로 말할 때에는 서로 말을 하면서 의사소통이 원활하지 않은 모습이 나타나는데, (나)에서는 그런 모습을 찾기 어렵다.
④ 소극적인 태도로 말하기에 참여하는 것은 말을 아예 하지 않는 모습으로 나타날 수 있는데, (나)에서 말을 하지 못하는 이유는 욕설과 은어를 자유롭게 사용하지 못하기 때문이다.
⑤ 중의적 의미로 해석될 수 있는 말하기는 하나의 문장이 다양한 의미로 해석되어 의사소통의 혼란이 일어나는 경우이다. (나)에서는 중의적 의미로 해석될 수 있는 말하기가 나타나 있지 않다.

13 ㉠에는 상대방을 배려하지 않는 언어 표현과 언어폭력 등이 있다. 언어폭력은 상대방을 비하하거나 차별하는 말을 포함하는데, '환경미화원'은 '청소부'라는 비하 표현을 순화한 말이다.

오답 확인 ① '잡종'은 특정 인종을 비하 혹은 차별하는 말이다.
② '처녀작'은 여성의 성적, 신체적 측면을 이용하여 차별하는 표현이다.
③ '잡상인', ④ '봉급쟁이'는 특정 직업을 비하하는 말이다.

14 [A]에서 '덥다, 춥다, 음식의 간이 맞지 않는다'는 자신의 생각을 표현한 말이지만 주변 상황이 '여름에 솜옷을 입은 사람, 겨울에 홑옷을 입은 사람, 굶주린 사람'과 함께 있는 상황이기에 상대방을 배려하지 않는 표현이 된다. 즉 밑줄 친 부분은 모두 상대방을 배려하지 않는 말이기 때문에 말하지 말라고 하고 있다.

상	[A]의 밑줄 친 부분을 말하지 말라고 한 이유를 두 가지 〈조건〉에 맞게 적절히 서술한 경우
중	[A]의 밑줄 친 부분을 말하지 말라고 한 이유를 썼으나, 〈조건〉 중 하나만 만족한 경우
하	[A]의 밑줄 친 부분을 말하지 말라고 한 이유를 모호하게 쓰고, 〈조건〉에 맞게 서술하지 못한 경우

02 토의하기와 판단하며 듣기

1. 교실 청소, 어떻게 할까?

본문 146~147쪽

[학습 목표 응용] 01 ⑤ 02 ⑤ 03 ② 04 ④
[고난도 응용] 01 ① 02 ② 03 [예시 답안] ㉠ 교실 청소는 각자 자기 자리를 스스로 청소하고 방과 후에 청소 당번 2명이 주변과 함께 마무리한다. ㉡ 토의에서 합의한 내용을 잘 실천해 나가자.

[학습 목표 응용]

01 이 대화는 토의이다. 토의에서 의견을 발표할 때에는 듣는 사람의 의견을 고려해야 하는 것이 아니라 토의의 주제에 맞게 자신의 의견을 논리적으로 전개해야 한다. 토의에 참여한 토의자는 기본적으로 상대방을 존중하는 태도를 가지되 의견을 발표할 때에는 듣는 사람의 의견을 고려하여 주장하는 것이 아니라 상대방을 설득하려는 태도를 가져야 한

다. 의견 발표가 끝난 후 의견을 교환하고 조정할 때에는 상대방의 의견을 고려하면서 주장을 펼치는 것이 바람직하다.

오답 확인 ① 토의는 사회자에 의해 진행되고 토의자는 사회자의 진행에 따라 토의에 임해야 한다.
② 토의에서는 다른 사람의 말을 경청하는 태도를 가져야 하며 협력적으로 토의에 임해야 한다.
③ 토의에서 자신의 의견을 말할 때에는 근거를 바탕으로 논리적으로 말해야 한다.
④ 토의에서 발언할 때에는 주제에 맞는 내용을 발언해야 한다. 그러기 위해서는 우선 토의의 주제를 잘 알고 있어야 한다.

02 (가)에서 사회자는 토의를 시작하면서 토의에 대한 다양한 정보를 제시하고 있다. 앞에서 같거나 유사한 주제로 토의가 진행되었다면 이전 토의를 요약정리할 필요가 있겠지만 이 토의는 앞의 토의와 관련이 없으므로 이전 토의에 대한 요약정리는 필요가 없다.

오답 확인 ① 토의자로 장민수, 강성주, 이소연을 모셨다는 표현이 있다.
② 인사 후에 '교실 청소를 어떻게 할까?'라는 토의 주제를 제시하였다.
③ 토의는 토의자가 먼저 발표하고 토의자 간의 의견 교환이 있은 후에 청중의 질문을 받는 순서로 진행된다고 안내하였다.
④ 장민수, 강성주, 이소연 순서로 발표한다고 언급하고 있다.

03 (나)의 주장은 교실 청소를 할 때, 청소 당번을 정해서 하지 말고 수업이 끝난 후에 모두 남아서 함께 청소를 하자는 것이다. 그렇게 하면 청소하는 시간을 줄일 수 있으며 청소를 하지 않는 학생들도 없어진다는 것이다.

04 (다)의 토의자는 자기 자리를 스스로 청소해야 한다는 다른 토의자의 주장에 동의하면서 최소한의 청소 당번은 남겨 두어야 한다는 자신의 주장도 펼치고 있다. 이는 자신의 주장을 조정해서 합의를 도출하려는 협력적인 태도라고 할 수 있다.

오답 확인 ① 토의자가 자신의 의견이 잘못되었음을 인정하지는 않았다.
② 다른 사람의 의견에 일부는 동의하였지만 일부에는 동의하지 않았다.
③ 토의자는 자신의 감정을 앞세우지 않고 침착하게 자신의 주장을 발표하고 있다.
⑤ 자발적인 청소도 필요하지만 최소한의 청소 당번도 필요하다고 생각한다.

[고난도 응용]

01 〈보기〉에서 설명하는 토의는 '원탁 토의'이다. 원탁 토의는 청중이 없이 모두가 토의자가 되어 참여하는 토의의 형식이다. 그러므로 토의자와 청중이 나누어지는 것이 두 토의의 형식을 가르는 중요한 특징이다.

오답 확인 ② 토의에서 이루어지는 주장은 모두 근거를 바탕으로 이루어져야 한다.
③ 모든 토의를 할 때에는 상대방을 존중하는 협력적인 태도가 필요하다.
④ 토의자들 사이의 의견 교환은 두 토의 형식 모두에서 일어나는 일이다.
⑤ 모든 토의의 목적이다.

02 (라)를 보면 이소연과 장민수가 자신의 의견만 고집하지 않고 최선의 해결책을 찾기 위해 노력하는 것을 알 수 있다. 토의에서 최선의 해결책을 찾기 위해서는 이와 같은 조정의 과정이 필요하고, 이때 협력적인 토의 태도가 필요하다.

03 (마)는 사회자가 토의를 마무리하기 위해 마지막으로 하는 발언이다. 사회자는 토의의 결과를 정리하고 토의자와 청중에게 당부를 한 후 토의를 마무리하고 있다. 토의의 결과는 각자 자기 자리를 스스로 청소하고 청소 당번을 2명만 남겨 주번과 함께 청소를 마무리하는 것이다. 그리고 토의를 통해 합의한 내용을 잘 실천하여 깨끗한 교실을 만들자고 당부하고 있다.

상	토의 결과 정리와 당부를 모두 적절하게 서술한 경우
중	토의 결과 정리와 당부 중에서 한 가지만 적절하게 서술한 경우
하	토의 결과 정리와 당부를 모두 적절하게 서술하지 못한 경우

2. 판단하며 듣기

본문 148~149쪽

[학습 목표 응용] 01 ① 02 ⑤ 03 ⑤ 04 ①
[고난도 응용] 01 ② 02 [예시 답안] '안녕하세요? ○○○입니다. 평소 체중을 줄이기 위해 음식을 조절하고 규칙적인 운동을 했습니다. 그런 노력과 함께 ×××를 먹으니 체중이 쉽게 줄었습니다. 03 ⑤

[학습 목표 응용]

01 (가)는 다이어트 보조 식품을 판매하기 위한 상업 광고이고, (나)는 교내 로봇 동아리 신입 회원을 모집하기 위한 연설이다. (가)는 소비자를 설득하기 위한 광고이고, (나)는 신입생을 설득하기 위한 연설이다.

오답 확인 ② (가)는 상업적 의도를 가지고 있지만, (나)는 상업적 의도를 가지고 있지 않다.
③ (가)와 (나)는 모두 말하는 사람이 자신의 의도를 강하게 드러내고 있다.
④ (가)는 상업 광고이므로 정보 전달보다는 설득에 더 큰 비중을 두고 있다.
⑤ (나)는 신입생을 대상으로 하는 공적인 말하기에 해당한다.

02 (가)는 다이어트 보조 식품을 판매하기 위한 광고이다. 광고 제작자는 '다이어트 보조 식품 ×××를 복용하면 누구나 살을 뺄 수 있다.'라고 주장하며 이를 뒷받침하기 위해 여러 가지 근거를 제시하고 있다.

오답 확인 ① 광고의 시작을 '살을 빼고 싶으십니까?', '좀 더 날씬해지고 싶으세요?'와 같은 질문으로 시작하고 있다.
② 이 광고는 살을 빼고 싶은 사람에게 다이어트 보조 식품 ×××를 권하는 광고이다.
③ 유명인인 여배우 ○○○을 내세워서 소비자들의 모방 심리를 자극하는 광고의 설득 전략을 가지고 있다.
④ 품질이나 효능에 대한 과학적이고 논리적인 근거 제시보다는 단순한 판매량만을 내세워 제품이 우수하다고 주장하고 있다.

03 (나)의 주장은 '교내 로봇 동아리에 가입하면 로봇 전문가가 될 수 있다.'라는 것이다. 이를 뒷받침하기 위해서 다양한 근거를 제시하고 있다. 그중에서 타당한 근거는 지도 교사와 함께 로봇 관련 책이나 자료를 읽는다는 것이다. 그 외에는 말하는 이의 주장과 관련이 없거나 주장을 뒷받침하기에 불충분하다.

04 ㉠은 '다이어트 보조 식품을 만든 기업이 국세청에서 우수 납세 기업으로 상을 받은 기업이다.'라는 것이다. 국세청에서 우수 납세 기업으로 상을 받은 것은 훌륭한 일이지만, 상품인 다이어트 보조 식품의 효능이나 품질과는 관련이 없는 내용이다. 따라서 이는 주장과 관련성이 떨어지는 근거이어서 내용의 타당성을 판단해 볼 때, 적절하지 않은 내용이다.

[고난도 응용]

01 〈보기〉의 광고는 머리숱이 부족한 사람들을 위한 발모제 광고이다. 상업 광고로 제품의 판매를 목적으로 하는 광고이다. (가)와는 달리 '○○○으로 누구나 해결할 수 있습니다.'라고 주장해 놓고 근거에서는 '사용자의 75%가 효과를 본 연구 결과가 증명합니다.'라고 했다. 이는 주장과 근거 사이에 오류가 있다는 것을 보여 주는 것이다.

오답 확인 ① '누구나 해결할 수 있다'는 말은 과장된 표현이다. (가)에도 그와 같은 내용이 있다.
③ 75%가 효과를 보았다는 것은 이 광고의 내용만 보아서는 확인할 수 없는 내용이다. (가)의 '판매량 1위'라는 근거와 유사하다.
④ '착한 기업'이라는 것은 무엇이 착한 기업인지도 알 수 없고 제품의 효능과는 관련이 없으므로 주장과 연관성이 떨어진다. (가)의 '우수 납세 기업'과 유사하다.
⑤ 두 광고 모두 '최고의 여배우'나 '유명인'을 내세워 광고 효과를 높이려고 하였다.

02 〈보기〉의 내용을 정리하면, 근거로부터 주장을 이끌어 낼 때, 다른 정보가 더 필요하다면 그 근거는 타당성이 떨어진다는 것이다. 살이 빠지는 것에는 다양한 이유가 있을 수 있는데, 그 원인이 ×××에만 있는 것처럼 말하는 것은 타당성이 떨어진다는 것이다. 그러므로 ×××의 효능과 함께 다이어트를 위한 다른 노력도 제시하는 것이 타당성을 높일 수 있다.

상	인터뷰 내용을 타당성 있게 만들되 인터뷰 형식에 맞추어 서술한 경우
중	인터뷰 내용을 타당성 있게 만들어 서술하였으나 인터뷰 형식에서 벗어나게 서술한 경우
하	인터뷰 내용을 타당성 있게 서술하지 못한 경우

03 ㉠은 주장과 근거의 연관성이 없는 경우이다. 우수 납세 기업이라는 것은 제품의 효능과 관련이 없기 때문이다. (나)에서 회원과의 친목을 위해서 한 달에 한 번씩 영화를 함께 보거나 놀이 공원에 놀러 간다는 것은 로봇 동아리의 목적이나 로봇 전문가가 되는 일과 관련이 없다.

오답 확인 ④ 동아리 지도 교사 ○○○ 선생님이 함께해 주신다는 것은 관련이 없어 보이지만, 함께해 주시는 일이 로봇과 관련된 책이나 자료를 읽는 것이므로 로봇 동아리의 목적과 관련이 깊다.

단원 평가

본문 150~153쪽

01 ④ **02** [예시 답안] 토의를 다음 토의 단계(과정)로 진행한다. **03** ② **04** ② **05** ① **06** ⑤ **07** [예시 답안] ㉠ 교실을 깨끗하게 하기 위한 방법은 무엇인가? ㉡ 실내화와 일반 신발을 구별해서 신는다. **08** ④ **09** ② **10** ⑤ **11** ① **12** [예시 답안] (가)의 목적은 상품 판매이고, (나)의 목적은 동아리의 신입 회원 모집이다. **13** ① **14** ④ **15** ③ **16** [예시 답안] 로봇을 유지하고 수리 · 점검하는 분야의 일자리나 로봇과 인간의 협업 형태의 일자리가 늘어날 것이다.

01 이 토의에서는 사회자 외에 세 명의 토의자가 대표로 토의를 하는데 이러한 토의 형식을 '패널 토의'라고 한다. 패널 토의는 사회자의 토의 주제 소개, 토의자들의 의견 발표, 발표한 의견을 토대로 한 토의자들 간의 의견 교환, 사회자의 토의 내용 정리와 요약, 청중의 질문과 토의자의 응답, 논의 내용 정리의 순으로 진행된다.

02 〈보기〉에서 사회자의 역할은 두 가지이다. 첫째는 앞에서 이루어진 토의 내용을 정리하는 것이고, 둘째는 토의를 다음 순서로 진행하는 것이다. (가)에서 사회자는 토의 주제를 제시하고 토의자를 소개하고 토의 절차를 설명한 후, 토의자들의 의견 발표 순서로 토의를 진행하고 있으므로 〈보

기〉와 (가)에서 공통적으로 드러나는 사회자의 역할은 토의를 진행하는 것이다.

상	공통적 역할을 적절하게 한 문장으로 서술한 경우
중	공통적 역할을 서술하였으나 미흡했거나 한 문장으로 서술하지 못한 경우
하	공통적 역할을 서술하였으나 매우 미흡한 경우

03 (나)~(라)에는 토의자의 주장이 담겨 있다. (나)는 교실 청소를 할 때, 당번을 정하지 말고 수업이 끝난 후에 모두 참여하여 청소를 하자는 의견이고, (다)는 청소 당번의 수를 늘리자는 의견이고, (라)는 청소 시간을 없애고 모두 자기 자리는 자신이 청소하자는 의견이다. (나)는 모두 함께 청소하는 시간을 갖자는 것이므로 청소에 참여하는 사람의 수가 늘어나게 된다.

오답 확인 ① (나)는 모두 청소에 참여하므로, (다)는 청소 당번이 늘어나서 결과적으로 청소하는 시간이 줄어들게 된다는 공통된 근거를 제시하고 있다.
③ (다)는 청소 당번의 수를 늘리는 방식이므로 기존의 방식에서 청소 당번의 수만 늘어나는 것이다.
④ (라)는 청소하는 시간을 갖지 말고 평소에 자기 자리를 자기가 스스로 청소하자는 주장이다.
⑤ (라)는 모든 사람이 참여하여 실천할 수 있다면 따로 청소 시간을 가지지 않아도 되는 방법이라고 할 수 있다.

04 이와 같은 토의에는 토의자, 사회자, 청중이 참여할 수 있다. 토의자는 자신의 의견을 발표하는 사람이고 청중은 토의를 지켜보는 사람이다. 토의를 시작하고 진행하며 마무리하는 것은 사회자의 몫이다. 토의자는 협력적인 태도로 다른 사람의 의견을 경청하고 자신의 의견을 제시하고 조정해야 한다. 자신의 주장만 고집해서는 안 된다.

오답 확인 ① 토의자는 자신의 의견을 발표하는 역할을 하는 사람이므로 자신의 의견을 논리적으로 제시해야 한다.
③ 청중은 토의를 주의 깊게 살펴보고 궁금한 점이 있으면 토의자들의 의견 교환 및 조정이 끝난 후 발언권을 얻어 질문하고 응답을 듣는다.
④ 사회자는 정해진 토의의 절차에 따라 한쪽에 치우치지 않고 공정하게 토의를 진행해야 한다.
⑤ 사회자는 토의자의 발언을 요약정리한 후 다음 순서를 진행해 가는 것이 토의 참여자들이 토의에 집중하게 하는 방법이다.

05 (가)~(다)는 토의자들이 서로 의견을 교환하면서 최선의 해결 방안을 도출해 가는 과정을 잘 보여 준다.

오답 확인 ② 사회자가 개입하여 의견을 조정해 가는 것이 아니라 토의자 간의 의견 교환과 조정이 이루어지고 있다.
③ 이 부분은 의견을 논리적으로 펼치는 부분이 아니라 의견 교환과 조정이 이루어지는 부분이다.
④ 장민수 토의자의 경우에는 자신이 가진 의견의 약점을 보완하는 것이 아니라 다른 사람의 의견에 동의하면서 자신의 의견을 포기하고 있다.
⑤ 상대방의 의견에 적극적으로 반박하지 않고 협력적인 태도로 의견을 조정하려고 시도하고 있다.

06 방과 후 청소에는 청소 당번 2명과 주번이 마무리를 한다고 최종적인 의견을 정리하였다. 그러므로 방과 후 청소에 참여하고 싶은 사람이 참여한다는 것은 채택된 해결 방안과는 관련이 없다.

오답 확인 ① 청소 당번은 기존 4명에서 2명으로 줄이기로 하였다.
② 주번은 청소 당번 2명을 도와 청소를 마무리한다.
③, ④ 자기 자리는 자기가 스스로 청소하지만, 방과 후에 청소를 마무리하는 시간을 갖는다.

07 (마)는 청중과 토의자 간의 질의응답 순서이다. 청중은 토의자에게 교실을 깨끗하게 하는 방법에 대한 질문을 하였고, 토의자는 실내화를 일반 신발과 구별하여 신어야 한다는 방안을 제시하였다.

상	청중의 질문과 토의자의 답변을 모두 적절하게 서술한 경우
중	청중의 질문과 토의자의 답변 중에서 한 가지만 적절하게 서술한 경우
하	청중의 질문과 토의자의 답변을 모두 적절하게 서술하지 못한 경우

08 (가)는 상품 광고이고, (나)는 동아리 가입을 권하는 연설이다. 이렇게 설득적인 성격이 강한 말을 들을 때에는 말하는 이의 생각을 수용하며 들어서는 안 된다. 말하는 내용을 비판적인 관점에서 내용의 타당성을 판단하며 들어야 한다.

오답 확인 ① 내용의 타당성을 판단하기 위해서 필요하다면 메모해 두는 것도 좋은 방법이다.
② 사실과 의견을 구분하여 사실의 경우 정확성을, 의견의 경우 타당성을 판단하며 듣는다.
③ 주장의 경우에는 주장과 근거가 타당성이 있는지 판단하며 들어야 한다.
⑤ 주장과 근거의 연관성이 있는지도 파악하여 내용의 타당성을 판단할 때 활용해야 한다.

09 (나)는 주장과 근거로 나누어 볼 수 있다. 주장은 로봇 동아리에 들어오면 로봇 전문가가 될 수 있다는 것이다. 이를 뒷받침하기 위해 여러 근거가 제시되어 있다. 그중에서는 타당성이 있는 경우도 있고 그렇지 않은 경우도 있다. ②는 근거가 아니라 주장하는 내용이다.

10 ㉠은 유명인인 여배우를 활용하여 소비자를 설득하는 전략을 보여 주고 있다. 소비자의 모방 심리를 자극하는 전략으로 상업 광고에서 흔히 있는 경우라고 할 수 있다.

오답 확인 ① 여배우의 말을 직접 인용하였다. 이렇게 직접적인 인용을 하면 현실감을 높이는 데 도움이 된다.

③ '최고의 여배우'라는 기준도 사람에 따라 다를 수 있으므로 너무 주관적인 언급이다.
④ 여배우가 살이 빠진 데에 다른 이유는 없을까 하는 의문을 품을 수 있다. 이와 같은 의문은 내용의 타당성을 판단하는 데 많은 도움이 된다.

11 ㉡은 로봇 동아리에 성적이 좋은 선배들이 많아서 동아리에 가입하면 이런 선배들의 도움을 받아 성적을 올릴 수 있다는 것이다. 그 자체로 보면 그럴 듯하고 학생들의 학교생활에 도움을 줄 수 있는 내용이지만, 로봇 동아리에 가입하면 로봇 전문가가 될 수 있다는 주장과는 연관성이 없는 근거라고 할 수 있다.

12 (가)는 다이어트 상품 판매를 목적으로 하는 라디오 광고이고, (나)는 로봇 동아리 가입을 권하기 위한 연설이다. 두 말하기 모두 설득을 목적으로 하는 말하기이다.

상	(가)의 목적과 (나)의 목적을 모두 적절하게 한 문장으로 서술한 경우
중	(가)의 목적과 (나)의 목적을 서술하는 데 어느 한 가지가 미흡하거나 한 문장으로 서술하지 못한 경우
하	(가)의 목적과 (나)의 목적을 서술하는 데 모두 미흡한 경우

13 이 강연은 4차 산업 혁명으로 인공 지능을 지닌 로봇이 상용화되면서 벌어지게 될 일을 예측하는 강연이다. 강연자는 로봇과 인간이 함께 일하는 사회라는 주제로 강연을 하겠다고 말하고 있으므로 로봇과 인간의 공존에 대한 강연이라는 것을 알 수 있다.

14 이 강연에서는 내용의 타당성을 높이기 위해 다양한 방법을 활용하고 있다. 설문 조사 결과는 활용하지 않았다.

오답 확인 ① (나)에서 미국 ○○공대의 연구 결과 중에 통계 자료가 들어가 있다.
② (다)에서 1~3차 산업 혁명 시대의 역사적 사실을 인용하여 근거로 제시하고 있다.
③ (라)에서 전문가들의 의견을 인용하였다.
⑤ (다)에서 전문 기업체의 의견을 제시하였다.

15 이 강연에서 강연자는 로봇이 인간의 일을 대체하는 것이 아니라 로봇과 인간이 서로 협업하는 시대가 될 것임을 주장하고 있다.

오답 확인 ① 하나의 직업이 다양한 직무로 구성되어 있으므로 로봇과 인간이 서로 협업하는 것이 효율적이다.
② 역사적 사실을 바탕으로 할 때, 일자리가 줄어들 것이라고 생각했지만 오히려 새로운 형태의 일자리가 늘어났다.
④ 인간과 로봇이 협업하면 생산성이 매우 높아지기 때문에 인간과 로봇의 협업이 일반화될 것이다.
⑤ 로봇의 발전은 새로운 일자리를 창출해 낼 수도 있다고 말하고 있다.

16 강연자는 먼저 '그러면 어떤 일자리가 늘어날까요?'라고 질문한 후에 로봇을 유지하고 수리 · 점검하는 분야의 일자리나 로봇과 인간이 협업 형태로 진행되는 일자리가 늘어날 것이라고 스스로 답하고 있다.

상	로봇의 유지 · 수리 · 점검 분야의 일자리나 로봇과 인간의 협업 형태의 일자리가 늘어날 것임을 하나의 문장으로 서술한 경우
중	로봇의 유지 · 수리 · 점검 분야의 일자리나 로봇과 인간의 협업 형태의 일자리가 늘어날 것임을 서술하는 데 미흡하거나 하나의 문장으로 서술하지 못한 경우
하	로봇의 유지 · 수리 · 점검 분야의 일자리나 로봇과 인간의 협업 형태의 일자리가 늘어날 것임을 서술하는 데 매우 미흡한 경우

성취도 평가 1회

본문 154~165쪽

01 ⑤ **02** ② **03** ④ **04** ② **05** ⑤ **06** [예시 답안] ㉮는 삶을 힘들게 하는 고난을 의미하지만, ㉯는 말하는 이가 자신을 성찰하는 수단이다. **07** ④ **08** ④ **09** [예시 답안] ㉮ 하늘을 쳐다보기가 두렵다. ㉯ 하늘을 마음껏 쳐다볼 수 있을 것 같다. **10** ⑤ **11** ① **12** ⑤ **13** ⑤ **14** ④ **15** [예시 답안] (가)의 '일곱'은 뒤의 '명'이라는 단위 명사를 수식하는 관형사이며, (나)의 '일곱'은 바로 뒤에 조사가 붙어 쓰이고 있어 체언 중 하나인 수사이다. **16** ③ **17** ④ **18** ② **19** ③ **20** ⑤ **21** ④ **22** ③ **23** ⑤ **24** ② **25** ⑤ **26** ② **27** [예시 답안] 바람직한 언어 습관을 기릅시다. **28** ⑤ **29** ⑤ **30** [예시 답안] 여자 친구는 다른 사람을 배려하며 말하는 태도를 보여 주고 있다. **31** ④ **32** ⑤ **33** [예시 답안] 제품의 효능과 관련이 없는 내용이므로 주장과 연관성이 없어 타당성이 떨어지는 내용이다.

01 (다)의 〈제1수〉에서는 말하는 이가 벗으로 생각하는 다섯 자연물을 나열하고 있다. 〈제2수〉부터 〈제6수〉까지는 〈제1수〉에서 나열된 소재에 대해 차례대로 배열하고 있다. 따라서 시간의 순서대로 시가 배열되었다는 설명은 적절하지 않다.

오답 확인 ① (가)의 1연과 5연은 똑같은 내용이 반복된다. 이와 같은 표현 방법을 수미상관이라 하는데, 이는 음악적 느낌을 주면서 구조적 안정감을 주는 동시에 주제를 강조하는 효과를 준다.
② (가)에서는 3연을 기준으로 1연과 5연이 같은 시연으로 구성되어 있고, 2연과 4연은 '길'에 대한 비슷한 내용을 제시하고 있다. 마치 데칼코마니와 같은 구성이다.
③ (나)에서는 '과거의 성찰', '미래의 소망', '현재의 상황'의 순서로 시상이 전개된다.
④ (다)의 각 수의 종장의 첫 단어는 세 자로 일치한다. 이는 시조의 중요한 형식적 특징이다.

02 (가)의 '민들레'나 '까치'는 말하는 이가 길을 걷다가 만나는 것들이다. 즉 말하는 이가 세상을 살면서 만나는 존재들인 것이다. (나)에서 말하는 이가 괴로워하는 것은 작은 마음의 흔들림 때문이다.

오답 확인 ① (가)의 '내'와 '고개', (나)의 '바람'은 모두 시련을 의미한다.
③ (가)의 말하는 이가 소망하는 것은 새로운 길을 가는 것이고, (나)의 말하는 이가 소망하는 것은 부끄럼이 없는 삶을 사는 것이다.
④ (나)의 말하는 이가 아직도 길을 가야겠다고 생각하는 것으로 보아, (가)에서 가고자 했던 평화로운 세상에 도달하지 못했음을 알 수 있다.
⑤ (가)에서 말하는 이가 가는 '새로운 길'과 (나)의 말하는 이가 가고자 하는 '주어진 길'은 모두 말하는 이가 가야 할 인생의 길을 의미한다.

03 〈제4수〉에서 말하는 이가 예찬하는 것은 눈서리 속에도 푸름을 유지하는 소나무의 지조와 곧은 절개이다. 따라서 소나무의 덕목을 검소함으로 해석하는 것은 적절하지 않다.

04 (가)에서 '누군가'의 말을 인용하고 있지만, 그 '누군가'가 전문가라고 볼 수는 없다.

오답 확인 ① (가)에서는 어린 시절의 신학기와 비교하면서 세상살이의 어려움을 이야기하고 있다.
③ (가)에서는 '망망대해', '사막', '항해' 등과 같은 비유적 표현을 사용하여 주제를 효과적으로 드러내고 있다.
④ (나)에서는 글쓴이의 초등학교 시절에 골목길에서 깨엿 장수 아저씨와의 만남에서 얻은 깨달음을 이야기하고 있다.
⑤ (나)의 〈중략〉 이후에는 '괜찮아.'라는 말에 담긴 다양한 의미를 나열하고 있다.

05 (가)에서는 참된 우정에 대해 '내가 먼저 쌓아야 할 탑'이라 비유하면서 먼저 손을 내미는 태도가 필요함을 이야기하고 있다. 따라서 친구가 다가오기를 기다린다는 말은 (가)의 글쓴이의 생각과 일치하지 않는다.

06 ㉮의 '파도'는 홀로 헤쳐야 할 세상살이의 시련과 고난이다. 반면에 ㉯의 '파도'는 바다가 스스로를 억세게 다듬는 수단, 즉 자신을 강하게 성찰하는 수단이다.

상	㉮의 '시련'과 ㉯의 '성찰'을 포함한 답을 모두 정확하게 쓴 경우
중	㉮의 '시련'과 ㉯의 '성찰'을 포함한 답을 모두 썼으나 문장이 정확하지 않은 경우
하	㉮의 '시련'과 ㉯의 '성찰'을 포함한 답 중 하나만 쓴 경우

07 이 소설에서 문기는 양심을 속이는 잘못을 저지르고 괴로워한다. 그리고 이러한 과정을 통해 조금씩 성장해 간다. 그런 면에서 이 소설은 한 소년의 성장 과정을 다룬 성장 소설로 볼 수 있다.

오답 확인 ① 이 소설이 웃음을 유발하는 유쾌한 소설은 아니다.
② 이 소설의 문기는 사회의 부정에 저항하는 인물이 아니다.
③ 이 소설이 현대화를 배경으로 본다고 볼 수도 없으며, 문기와 어른들 사이의 갈등이 두드러지게 드러나지도 않는다.
⑤ 이 소설이 아름다운 자연을 배경으로 하지는 않는다.

08 (다)에서 문기가 '저는 마땅히 받아야 할 벌을 받은 거예요.'라고 말하는 부분을 통해 문기가 자신이 병원에 있는 것은 죄에 대한 벌이라고 생각하고 있음을 알 수 있다.

오답 확인 ① (가)에서 숙모가 직접 아랫집에 가서 무슨 말을 한 것은 아니라고 나와 있다.
② 문기가 뭐라 하기 전에 숙모가 점순이를 의심하는 말을 한다. 따라서 문기가 숙모에게 거짓말을 했다고 볼 수는 없다.
③ 문기의 작은아버지가 문기의 잘못을 알고 있었다고 볼 근거가 없다.
⑤ 선생님이 수신 시간에 정직에 대해 말하자 문기가 정직하지 못한 자

신의 행동을 선생님께서 다 아시고 말씀하시는 것 같다는 생각을 하며 가슴이 뜨끔뜨끔해지는 것일 뿐이다.

09 (나)에서 하늘은 맑고 푸르건만 문기는 하늘조차 쳐다보기를 두려워한다. 이는 자신의 잘못으로 인한 내적 갈등 때문이다. 하지만 작은아버지에게 잘못을 털어놓은 (다)에서는 하늘을 떳떳이 볼 수 있을 것이라고 생각한다. 이는 내적 갈등이 해소되었음을 의미한다.

상	㉮와 ㉯의 내용을 모두 정확하게 쓴 경우
중	㉮와 ㉯의 내용을 모두 썼으나 문장이 정확하지 않은 경우
하	㉮와 ㉯ 중 하나만 쓴 경우

10 언어의 사회성은 한 언어권 안에서 사용하는 언어는 그 사회의 약속이므로 개인이 마음대로 바꾸어 쓸 수 없는 특성을 말한다. 우리말을 쓰는 사람들이 '꼬끼오'라는 말을 닭 울음소리의 표기로 약속하여 그렇게 쓰고 있는 것은 언어 표기에 대한 약속과 소통의 도구로 활용되는 것에 대한 사회적 인정이므로 언어의 사회성의 예가 된다.

오답 확인 ① 역사성은 언어가 변하는 특성을 가졌음을 의미한다.
② 규칙성은 언어 활용에 일정한 규칙이 있음을 의미한다.
③ 기호성은 언어가 의미를 담은 기호 체계임을 의미한다.
④ 자의성은 언어의 형식과 내용이 임의적인 관계로 결합됨을 의미한다.

11 〈보기〉에서는 언어의 창조성을 설명하고 있다. 일정한 언어 규칙에 따라 무한히 많은 단어나 문장을 만들어 쓸 수 있다는 점이다. '시원한 물 좀 마셔.'라는 말을 익힌 후에 '시원한 음료 좀 마셔.'라는 새로운 문장으로 들었을 때에도 일정한 규칙에 따라 그 문장을 이해할 수 있다는 점도 창조성과 관련이 있다.

오답 확인 ② 언어의 사회성, ③ 언어의 역사성, ④ 언어의 자의성, ⑤ 언어의 사회성을 설명한다.

12 '통보하다'는 '통지하여 보고하다.'의 의미를 가진다. '미리 알리다.'는 '예보하다, 예고하다'이다.

13 '이런'은 '상태, 모양, 성질 따위가 이러한.'의 의미일 때에는 관형사, '뜻밖에 놀라운 일이나 딱한 일을 보거나 들었을 때 하는 말.'일 때에는 감탄사이다.

오답 확인 ①, ②, ③, ④는 모두 대명사이다.

14 (가)의 '크다'는 '부피나 넓이, 깊이 등이 보통 정도를 넘다.'는 의미를 지닌 형용사이다. (나)의 '크다'는 '성장하다.'의 의미를 지닌 동사이다. (다)의 '차다'는 '발로 내어 지르거나 받아 올리다.'의 의미를 지닌 동사이다. (라)의 '차다'는 '몸에 닿은 물체나 대기의 온도가 낮다.'의 의미를 지닌 형용사이다. 동사는 '~고 있다'로 활용되지만 형용사는 그럴 수 없다.

15 수를 나타내는 말은 수관형사와 수사, 두 가지가 있다. 수관형사는 주로 단위를 나타내는 체언 앞에 위치하여 체언을 수식하며, 수사는 바로 뒤에 조사와 결합하여 쓰인다. (가)의 '일곱'은 수관형사, (나)의 '일곱'은 수사이다.

상	두 단어의 역할과 품사를 모두 바르게 서술한 경우
중	두 단어의 역할을 바르게 서술하였으나 한 단어의 품사를 잘못 서술한 경우
하	두 단어의 역할을 바르게 서술하였으나 두 단어의 품사를 잘못 서술한 경우

16 낙폭지는 과거 시험에 낙방한 사람들의 답안지로, 먹물로 쓴 글자 때문에 다소 지저분해 보이긴 해도 종이의 성질을 그대로 지니고 있기 때문에 옷감과 옷감 사이에 넣어 종이옷을 만드는 데에는 아무런 문제도 없고 방한 효과도 있었다.

17 ㉣은 닥나무를 이용하여 종이를 만드는 한 과정으로, 종이를 만드는 과정에서 많은 정성과 노고가 필요했음을 알려 주는 내용이지만 〈보기〉의 궁금증을 해결하는 정보와는 거리가 멀다. 〈보기〉의 궁금증을 해결하는 정보는 종이옷이 변방의 군사들을 괴롭히는 추위를 막는 효과가 있다는 종이옷의 기능과 관련된 내용이다.

18 이 글은 주몽의 탄생과 주몽이 고난을 극복하고 고구려를 건국한 과정을 시간의 흐름에 따라 서술한 설화이다. 그러므로 이야기의 요소를 고려하면서 주요 사건을 간추려 요약하는 것이 적절하다. 〈보기〉에서 ㄱ과 ㄷ은 세부적인 내용이므로 삭제할 수 있다.

19 ㉢은 힘이 좋고 날쌘 말을 자신이 차지하기 위한 주몽의 지략이 드러나는 부분으로, 앞으로 닥칠 위기를 내다보고 대비하는 주몽의 비범함이 나타난다.

20 글쓴이는 고대 문명의 발상지, 로버트 사폴스키의 쥐 실험, 『그래도 계속 가라』의 내용을 사례로 제시하면서 고통과 시련을 회피하지 말고 견디며 극복하는 자세를 가져야 한다는 점을 강조하고 있다.

21 '리셋 증후군'은 컴퓨터 용어인 '리셋'에, 몇 가지 증후가 늘 함께 나타나지만 그 원인이 명확하지 아니하거나 단일하지 아니한 병적인 증상들을 통틀어 이르는 말인 '증후군'이 결합하여 만들어진 용어이다. 컴퓨터 활용법을 다룬 책에서는 관련된 정보를 찾기 힘들고, 심리학 관련 서적에서, 또

는 인터넷 들머리 사이트에서 핵심어 검색을 통해 다양한 정보를 얻을 수 있다.

22 이 글은 글쓴이가 아들에게 편지를 쓰는 외부 이야기와, 어머니의 헌신적인 사랑을 깨달은 어린 시절 경험인 내부 이야기로 구성되었다. 그리고 아들에게 친근하게 말을 건네는 어투를 사용하여 독자의 공감을 불러일으키고 있다. 어머니의 헌신적 사랑과 인생길의 의미와 관련한 교훈적 내용은 있으나 속담을 인용하여 전달하지는 않았다.

23 '이슬강'은 글쓴이가 이름 지은 것으로, 세상에는 존재하지 않고 오직 글쓴이의 마음 안에만 존재하는 강이다.

24 ㉡에는 어머니의 사랑과 정성에 감동한 글쓴이의 심리가 드러난다. '눈물이 날 것 같았'던 이유는 교복이 젖는 상황에 대한 안타까움 때문이 아니라 어머니의 사랑에 감동하여 감정이 복받쳤기 때문이다.

25 이 영상은 주로 인물의 얼굴을 정면에서 촬영하여 표정과 심리를 효과적으로 드러내고 있다. 그리고 나이테를 가운데에서 위로 이동하면서 촬영하여 대상을 분명하게 표현하고자 했다.

26 진지한 음악을 사용하여 청소년들의 언어 습관이 지닌 문제점에 대해서 성찰하고 반성할 수 있는 분위기를 조성하고자 했다.

27 나무가 살아온 세월이 나이테로 기록되는 것처럼, 쌓아 온 언어 습관도 얼굴에 기록된다는 표현을 통해 시청자가 자신의 언어 습관을 되돌아보게 하고, 바람직한 언어 습관을 기르자는 주제를 전달하고 있다.

상	'바람직한 언어 습관을 기르자.'라는 내용을 〈조건〉에 맞게 쓴 경우
중	'바람직한 언어 습관을 기르자.'라는 내용을 언급했으나 〈조건〉에 어긋나게 쓴 경우
하	'바람직한 언어 습관을 기르자.'라는 내용이 드러나지 않고, 〈조건〉에 어긋나게 쓴 경우

28 준비한 질문을 하고 답변을 듣는 것은 면담을 준비하는 과정에서 하는 활동이 아니라 면담을 하는 중에 하는 활동이다.

오답 확인 ① 면담을 하기 위해서는 면담을 할 대상을 정해야 한다. 면담의 목적에 맞는 면담 대상을 정해야 면담의 목적을 수월하게 달성할 수 있다.
② 면담의 목적을 정해야 면담의 대상을 정할 수 있다.
③ 면담 대상을 정한 후에는 면담이 실제로 이루어질 장소와 시간을 정한다.
④ 면담을 실제로 하기 전에 질문지를 준비하면 좀 더 원활하게 면담을 진행할 수 있다.

29 이 면담은 기사문 작성을 목적으로 하는 면담이다. 임용 시험을 보기 위해서는 국어교육과에 진학하는 것 외에도 국문과에 입학하여 교직을 이수하거나 교육대학원에 진학하는 방법도 있다. 교직을 이수한 후 교육대학원에 진학해야 하는 것이 아니다.

30 대화에서 여자 친구는 현우의 처지를 이해하고 현우가 마음의 상처를 받지 않도록 하기 위해 현우를 배려하는 말하기의 태도를 보여 주고 있다. 배려하는 말하기는 상대방의 상황과 처지를 고려하여 말하는 것이며, 상대방을 존중하는 언어 표현을 사용하는 것이다.

상	상대방을 배려하는 말하기를 사용하였음을 자연스러운 문장으로 표현한 경우
중	상대방을 배려하는 말하기를 사용하였음을 밝혔으나 문장이 매끄럽지 않은 경우
하	상대방을 배려하는 말하기를 사용하였음을 제대로 제시하지 못한 경우

31 이 토의에서는 사회자와 토의자가 서로 의견을 교환하지는 않고 있다. 사회자는 토의를 전체적으로 진행할 뿐 자신의 의견을 표현하지 않는다.

오답 확인 ① 사회자는 처음에 토의를 안내하고 토의자를 순서대로 발언하도록 한 후 의견을 교환하게 하고 청중과의 질의응답을 진행한 후 토의를 마무리할 것임을 알 수 있다.
② 이 토의는 학급에서 청소를 어떻게 할 것인가에 대해 토의하고 있으므로 학급의 일상적 문제를 해결하기 위한 토의라고 할 수 있다.
③ 토의자의 의견 교환과 조정이 있은 후에는 토의자와 청중의 질의응답 시간이 주어지는 패널 토의이다.
⑤ 사회자는 토의자를 순서에 따라 발언할 수 있도록 한 후 의견 교환 순서를 갖겠다고 안내했다.

32 이소연은 다양한 근거를 제시하기보다는 자신의 주장만을 반복하고 있다.

오답 확인 ① 장민수는 교실 청소를 청소 당번을 정해서 하지 말고 수업이 끝난 후에 모두 함께 청소를 하는 것이 효율적이라고 주장하고 있다.
② 장민수는 모든 학생이 자신이 맡은 구역을 함께 청소하자고 주장한다.
③ 강성주는 기존의 방식에서 청소 당번만 4명에서 6명으로 늘리자고 말하고 있다.
④ 이소연은 지금은 청소 당번이 남아 교실 청소를 하고 있다는 것을 직접적으로 언급하였다.

33 밑줄 친 부분은 다이어트 보조 식품을 만든 기업이 우수 납세 기업이라는 내용이다. 이는 제품의 효능과는 관련이 없는 부분이다. 그러므로 주장과 연관성이 없어 타당성이 떨어지는 근거라고 할 수 있다.

상	제품의 효능과 관련이 없으므로 주장과 연관성이 없어 타당성이 떨어지는 내용이라고 타당성이 없는 이유까지 정확하게 밝혀 제시한 경우
중	타당성이 없다고는 밝혔으나 타당성이 없는 이유를 적절하게 제시하지 못한 경우
하	타당성이 없다고 명확하게 제시하지 못했거나 타당성이 없는 이유를 거의 제시하지 못한 경우

성취도 평가 2회

본문 166~176쪽

01 ④ **02** ③ **03** ③ **04** ① **05** ③ **06** [예시 답안] 여덟 명의 홍길동이 전국을 누빈다. 길동이 도술을 부리면 비바람이 일어나고 구름과 안개가 자욱해진다. 길동이 구름을 타고 사라진다. **07** ⑤ **08** ③ **09** [예시 답안] ㉮ 소녀가 비키기를 기다리며 개울둑에 앉아 있다. ㉯ 도랑 앞에서 소녀에게 업히라고 등을 돌려 댔다. **10** ① **11** ① **12** ④ **13** ① **14** ③ **15** [예시 답안] '행복하세요.'는 형용사의 명령형이므로 잘못된 표현이다. 그 의도를 살려 바르게 표현하면 '행복하게 지내세요.' 또는 '행복하게 사세요.'이다. **16** ④ **17** ③ **18** ④ **19** [예시 답안] 남극은 거대한 얼음덩어리로 덮인 대륙이지만, 북극은 거대한 얼음덩어리가 떠 있는 북극해이다. **20** ② **21** ⑤ **22** ④ **23** ② **24** ④ **25** [예시 답안] • 고쳐야 할 부분: 중간 (1) 책 읽기의 장점과 단점, • 바르게 고친 내용: 중간 (1) 책 읽기의 장점 **26** ⑤ **27** ③ **28** ④ **29** [예시 답안] 어떤 수업이었나요?, 임용 시험을 볼 수 있는 자격이요? **30** ① **31** ③ **32** [예시 답안] 토의 내용을 정리하고 다음 순서로 진행한다. **33** ⑤

01 [A]에는 비슷한 구조의 문장이 반복되는 대구법과 열거법이 사용되었다. [B]에는 앞 행에는 대구법이, 뒤 행에는 직유법이 사용되었다. 그리고 [C]에는 전체적으로 의인법이 사용되었으며, 1행과 2행에는 대구법도 사용되었다. 따라서 [A]~[C]에 공통적으로 사용된 표현 방법은 대구법으로 볼 수 있다. ④는 1행과 2행이 대구를 이룬다.

오답 확인 ① 직유법이 사용되었다. [B]에는 직유법이 사용되었으나, [A]와 [C]에는 직유법이 사용되지 않았다.
② '유년의 윗목'에 은유법이 사용되었다. [A]~[C] 모두 은유법이 사용되지 않았다.
③ 의인법이 사용되었다. [C]에는 전체적으로 의인법이 사용되었으나, [A]와 [B]에는 의인법이 사용되지 않았다.
⑤ [A]~[C] 모두 설의법이 사용되지 않았다.

02 (가)의 말하는 이는 여유로운 마음으로 마당에 내리는 봄눈을 감상하며 즐기고 있다. 반면에 (나)의 말하는 이는 자연인 '바다'를 보면서 자신의 모습을 성찰하는 한편, 바다를 닮은 삶을 살고 싶다는 소망을 밝히고 있다.

03 〈보기〉의 '매화'는 겨울의 찬 기운이 새여 들어도 때가 되면 꽃을 피우는 존재이다. 외부의 시련을 극복하는 지조 있는 모습을 보인다. 이와 유사한 모습을 보이는 것은 '솔'이다. '솔' 역시 눈서리가 괴롭히는 겨울에도 푸름을 유지하는 존재이다.

04 길동은 대감의 아들로 태어났지만 아버지를 아버지, 형을 형이라 부르지도 못하고 하인들의 천대까지 받으며 산다. 이는 길동이 천한 종의 몸에서 태어난 서자이기 때문이다.

오답 확인 ② 대감이 길동을 꾸짖은 것은 위로하면 오히려 버릇이 없어질까 염려해서이다.
③ 길동이 원통해하는 것은 아버지를 아버지라 부르지 못해서이다.
④ 임금이 길동에게 병조 판서를 내준 것은 길동의 재주를 사람의 힘으로 어찌할 수 없다고 판단했기 때문이다.
⑤ 대감이 길동의 부탁을 들어준 것은 길동의 한이 크다고 느꼈기 때문이다.

05 (가)는 길동이 아버지로부터 호부호형을 허락받고 집을 떠나는 부분이며, (나)는 길동이 임금으로부터 병조 판서의 직을 받은 후 감사해하며 떠나는 부분이다. 둘 다 갈등이 해소되는 상황이다.

06 고전 소설의 특징 중 하나는 '전기성'에 있다. 이는 비현실적이고 신기한 내용을 의미한다. 이 소설에서는 길동이 도술을 부려 인간이 할 수 없는 비현실적인 능력을 보여 주는 것에서 전기성이 잘 드러난다.

상	세 가지 답을 모두 정확하게 쓴 경우
중	세 가지 답 중 두 가지를 정확하게 쓴 경우
하	세 가지 답 중 한 가지만 정확하게 쓴 경우

07 이 소설의 문장은 대체로 짧고 간결하다. 이와 같은 문장은 소설의 순수한 분위기와 어울려 소년과 소녀의 순수함을 더욱 부각하는 역할을 한다. 따라서 태우의 발언은 적절하다. 또한 '소나기'라는 제목은 소년과 소녀의 짧지만 강렬하고 순수한 사랑을 의미한다고 볼 수 있으므로, 유진의 말도 적절하다. 이 소설에서는 배경을 통해 순수하고 아름다운 분위기를 조성하는 동시에 인물의 심리를 드러내기도 한다. (다)의 구름 한 점 없이 쪽빛으로 갠 날씨 등이 이에 해당한다. 따라서 애리의 말도 적절하다.

오답 확인 이 소설은 소녀의 죽음으로 끝난다. 따라서 이 소설의 결말을 행복한 결말이라고 본 용철의 반응은 적절하지 않다.

08 소년이 쇠잔등을 갈긴 것은 소녀를 위하는 자신의 마음을 부모님 앞에서 보여 준 것 같은 부끄러움 때문이다. 이를 아버지에 대한 원망 때문이라고 볼 수는 없다.

오답 확인 ① 소녀에게 꽃 이름을 알려 주는 소년의 모습에서 소년이 시골 생활에 익숙하다는 것을 알 수 있다.
② 꽃 중에서 싱싱한 것만 골라 소녀에게 건네는 모습에서 소녀에 대한 소년의 마음을 엿볼 수 있다.
④ 소녀네 집이 파산해서 경제적으로 어렵기 때문에 소녀에게 약도 제대로 못 썼음을 알 수 있다.
⑤ 소녀가 입은 옷은 소년과 함께 산에 갔던 추억이 담긴 옷이다.

09 이 소설에서는 사건의 전개에 따른 인물의 성격 변화가 드러난다. (가)에서 소녀에게 비키라는 말을 하지 못해 개울둑에 앉아 소녀가 비키기만을 기다리던 소극적인 소년은 (다)에서 소녀에게 업히라고 등을 돌려 댈 만큼 적극적으로 변한다.

상	㉮와 ㉯의 내용을 모두 정확하게 쓴 경우
중	㉮와 ㉯의 내용을 모두 썼으나 문장이 정확하지 않은 경우
하	㉮와 ㉯ 중 하나만 쓴 경우

10 언어를 사용할 때에는 그 언어가 가지는 규칙에 따라야 한다. 우리말에서는 주어와 서술어의 호응, 시간 표현이나 부사어와 서술어의 호응 등 문장 활용에 있어 지켜야 할 규칙이 있다. '나무는 푸르고 강물과 바람은 시원했다.'라는 문장은 규칙을 바르게 지켜 쓴 문장이다.

오답 확인 ② '지금'이 현재를 나타내는 부사어이므로 '극복했었다'라는 과거형을 '극복할 것이다'로 바꾸어야 한다.
③ '비와 바람이 불어닥치자'에서 '바람'은 '불어닥치다'라는 동사와 호응하지만 '비'는 '불어닥치다'와 호응할 수 없다. '비가 내리고 바람이 불어닥치자'로 바꾸어야 한다.
④ '선생님께서'는 높임 표현을 활용한 주어이므로, 서술어 '말하자'도 높임 표현을 써야 한다. '말씀하시자'로 바꾸어야 한다.
⑤ '드셨다'는 주어가 높임의 대상인 경우에 쓰는 서술어이다. '할머니'가 높임의 대상이지만 '나'가 있으므로 '먹었다'로 표현해야 한다.

11 제시된 글에서는 '얼짱'이라는 단어가 우리 사회에서 인정받는 과정을 보여 주고 있다. 국어사전에 등록되었다는 것은 우리 사회에서 소통의 도구로 합의했다는 것을 의미한다. 다만 아직도 그에 대한 반대 입장이 있어 완전한 합의라고 말할 수는 없다. 이는 언어가 사회 구성원 간의 약속에 의해 쓰이는 것임을 말해 준다.

오답 확인 ③ '몸짱'은 기존의 언어를 활용하여 새롭게 만든 언어이지만 새로운 언어의 유입으로 볼 수는 없다.

12 방언은 지역 방언과 사회 방언으로 나뉘며, 지역 방언은 지역적 요인에 따라 발생한 것으로 물리적인 거리가 주요 원인이다. 사회 방언은 계층이나 직업, 성별, 연령 등 다양한 사회적 요인에 따라 변이된 말로, 세대 간의 언어 차이는 세대 간의 문화나 생활 방식의 차이에 따라 나타난다.

오답 확인 ① 의사 집단, 법조인 집단, 상인 집단 등 직업에 따른 사회 방언들은 그 직업에서의 업무를 효율적으로 운영하기 위한 전문어이다.
② 지역 간의 거리가 멀다는 것은 언어의 교류가 그만큼 적다는 뜻으로 방언차를 크게 하는 요인이다.
③ 사회 방언은 사회적 요인에 의해 발생한다.
⑤ 청소년 은어는 집단 내에서의 비밀스러운 소통을 목적으로 하는 경우가 많으므로 암호와 같은 성격을 띤다.

13 '우리'와 '너'는 모두 대명사이다.

오답 확인 ② '새'는 관형사, '새로운'은 형용사이다.
③ '한'은 관형사, '둘'은 수사이다.
④ '기쁘게'는 형용사, '빨리'는 부사이다.
⑤ '펼쳐'는 동사, '안타까웠다'는 형용사이다.

14 수식언에는 관형사와 부사가 있다. '사과 하나를 더 먹었다'에서 '더'는 동사 '먹었다'를 수식하는 부사이다.

오답 확인 ① 명사, 조사, 동사
② 명사, 동사, 동사
④ 대명사 조사, 동사, 명사, 조사, 동사
⑤ 명사, 조사, 동사, 명사, 조사, 형용사

15 〈보기〉에서는 형용사의 활용에 제약이 있음을 설명하고 있다. 특히 '-아라/어라, -시오, -십시오'와 같은 명령형 어미, '-자, -(으)ㅂ시다'와 같은 청유형 어미, '-(ㄴ)는다, -고 있다'와 같은 현재형 어미를 결합하여 쓸 수 없다. '행복하세요.'는 '행복하다'라는 형용사를 활용한 경우로, 어간 '행복하-'에 명령형 어미 '-시오'가 결합한 '행복하시오'의 변형 '행복하세요'로 쓴 것이다. 형용사의 쓰임에 관한 규칙을 어긴 예이다. '행복하게 사세요', '행복하게 지내세요', '행복해지세요' 등과 같이 '-세요'라는 말을 동사와 결합하여 써야 한다.

상	잘못된 점과 올바른 표현을 모두 바르게 서술한 경우
중	잘못된 점과 올바른 표현 중 한 가지를 모호하게 서술한 경우
하	잘못된 점과 올바른 표현 중 한 가지만 바르게 서술한 경우

16 〈보기〉에서 고래들이 보여 주는 따뜻한 동료애의 모습에서 우리가 장애인을 대하는 자세를 생각해 보자는 글쓴이의 의도를 예측해 볼 수 있다. 장애인의 날 행사를 일회성 행사로 치르는 우리 사회의 모습에 대해서 글쓴이가 부정적인 시선을 갖고 있다는 〈보기〉의 내용으로 보아 인간 사회의 긍정적인 측면을 부각할 것이라는 예측은 적절하지 않다.

17 글쓴이는 부상을 당한 고래를 돕는 동료 고래들의 따뜻한 배려와 사랑이 느껴지는 사례를 통해 우리도 일상생활에서 장애인을 배려하고 그들이 당당하게 살아갈 수 있는 여건을 조성하자는 주장을 내세우고 있다. 이러한 글쓴이의 생각에 공감한 독자나 사회는 글쓴이의 주장을 일상에서 실천하고자 노력할 것이다.

18 북극은 대륙이 아니라 아시아와 아메리카 대륙으로 둘러싸인 북극해이다. 따라서 북극곰이 육로를 따라 북극으로 이동하기가 용이했다는 이해는 적절하지 않다. (마)에서 북극곰은 북극해 주변의 얼음덩어리를 이동 수단으로 삼았을 것이라는 내용을 확인할 수 있다.

19 (가)에는 거대한 얼음덩어리가 대륙을 덮고 있는 남극의 지역적 특징이, (나)에는 바닷물이 얼어서 된 얼음덩어리가 떠 있는 북극해인 북극의 지역적 특징이 드러나 있다.

상	'남극은 거대한 얼음덩어리로 ~ 북극해이다.'라는 내용을 〈조건〉에 맞게 쓴 경우
중	'남극은 거대한 얼음덩어리로 ~ 북극해이다.'라는 내용을 〈조건〉에 어긋나게 쓴 경우
하	남극과 북극의 지역적 특징을 요약적으로 제시하지 못하고, 〈조건〉에도 어긋나게 쓴 경우

20 글을 능동적으로 읽기 위해서는 제목, 소제목, 그림이나 도표, 사진 등을 통해서 글의 내용을 예측해 보거나, 관련된 자료를 찾아 참고하며 읽어야 한다. 또는 글의 내용과 관련된 배경지식을 적극적으로 활용하며 읽는 것도 능동적 읽기의 방법이 될 수 있다. 글에 드러난 사전적인 의미만 이해하며 글을 읽게 되면 글의 의미를 깊이 있고 풍부하게 이해할 수가 없다.

21 ㉠과 ㉡은 모두 창의적인 생각을 바탕으로 사회적 약자를 돕기 위해서 제작된 것이므로, 이타적 디자인, 인간을 위한 디자인이라고 할 수 있다.

22 (나)에서 글쓴이는 학교 가기 싫어하는 자신을 위해 등굣길에 동행하여 직접 이슬떨이를 해 주시는 어머니를 보며 '눈물이 날 것 같'은 감정을 느낀다. 그리고 (다)에서 글쓴이는 '그때부터 나는 학교를 결석하지 않았다.'라고 말한다. 글쓴이가 더 이상 학교를 결석하지 않은 이유는 자식을 위해 기꺼이 자신을 희생하는 어머니의 정성과 사랑에 감동을 받았기 때문이다. 따라서 어머니의 냉정하고 단호한 모습에 무서움을 느껴 눈물을 흘렸다는 설명은 적절하지 않다.

23 이 글에서 글쓴이는 자신의 어린 시절 경험을 진솔하게 고백하고 있다. (가)에서는 어머니가 직접 산길의 이슬을 떨고 글쓴이가 그 뒤를 따라가는 모습을 생동감 있게 묘사하고 있다. (나)에서는 어머니와 글쓴이 사이에 오간 대화를 직접 인용하고 글쓴이의 생각과 감정을 서술하면서 당시 상황을 구체적으로 표현하고 있다. 이렇게 경험을 바탕으로 한 글을 쓸 때에는 경험이 잘 드러나도록 구체적이고 생생하게 표현해야 한다.

오답 확인 ① 속담이나 격언은 사용되지 않았다.
③ (가)와 (나)에는 글쓴이의 경험이, (다)에는 그 경험으로부터 얻은 깨달음이 제시되어 있다. 따라서 (가)와 (다)에 같은 내용이 반복되었다는 설명은 적절하지 않다.

④ 이 글에서는 글쓴이의 경험과 깨달음을 마치 고백하듯이 담담하게 서술하고 있다. 독자에게 직접 질문하는 방식은 쓰이지 않았다.
⑤ (다)의 '작은 강'은 '나'를 위하는 어머니의 헌신과 사랑을 상징하는 표현으로, 글쓴이가 얻은 깨달음을 함축적으로 보여 준다. 하지만 비유적 표현은 쓰이지 않았다.

24 블로그에 글을 올리면 댓글을 통해 그 글에 대한 다양한 반응과 의견을 파악할 수 있다. 하지만 그 댓글에 따라 자신이 쓴 글의 내용을 수시로 수정하는 것은 바람직하지 않다. 댓글에 대한 자신의 의견을 밝히고 싶다면 댓글에 다시 댓글을 다는 방법을 사용하는 것이 적절하다.

오답 확인 ①, ② 블로그에서는 글뿐만 아니라 사진, 동영상 같은 자료를 활용할 수 있다.
③ 블로그는 인터넷 매체이므로 글에 활용한 자료를 직접 확인할 수 있도록 해당 사이트를 링크해 둘 수 있다.
⑤ 블로그는 불특정 다수를 대상으로 하는 공간이기 때문에 예의를 갖춘 격식체의 언어를 사용하는 것이 바람직하다.

25 작문 상황을 보면, 이 글의 중심 내용은 '책 읽기의 좋은 점과 생활화 방안'이다. 따라서 책 읽기의 단점은 글의 중심 내용과 관련이 없다. 그러므로 중간 (1)의 '책 읽기의 장점과 단점'은 '책 읽기의 장점'으로 고치는 것이 적절하다.

상	고쳐야 할 부분을 바르게 지적하고, 그 부분을 올바르게 고친 경우
중	고쳐야 할 부분을 바르게 지적하였으나, 그 부분을 올바르게 고치지 못한 경우
하	고쳐야 할 부분을 바르게 지적하지 못하고, 해당 부분을 올바르게 고치지 못한 경우

26 독서 습관이 청소년들의 성적에 긍정적 영향을 미치는 것은 책 읽기의 좋은 점에 해당한다. 따라서 중간 (1) '책 읽기의 장점'을 서술할 때 활용할 수 있다.

27 (다)는 언어 습관에 따라 얼굴의 모양이 변할 수 있음을 보여 주는 장면으로, 입을 가린 손 위에 만들어지고 있는 입 모양이 제시되어 있다. 따라서 청소년들이 욕설을 습관처럼 사용하고 있지는 않은지 성찰하게 하는 효과가 있다. 그러므로 아름다운 모습을 연출하고 있다고 보긴 어려우며, 이 장면에는 밝고 경쾌한 음악보다는 진지한 음악이 어울리고, '예쁜 말, 아름다운 당신!'이라는 긍정적 내용의 자막은 어울리지 않는다.

28 이 면담의 방식은 일대일 면담이다. 집단적으로 이루어지는 면담이 아니다.

오답 확인 ① 이 면담의 목적은 기사문 작성을 위해 국어 교사에 대한 정보를 수집하는 것이다.
② 면담 대상은 국어 선생님이다.
③ 원활한 면담 진행을 위해 먼저 전자 우편을 통해 질문지를 보내고 진행한 면담이다.
⑤ 준비물은 녹음기와 사진기이지만 휴대 전화로 이 두 가지를 모두 해결할 수 있다.

29 이 문제는 부차적인 질문을 찾는 문제이다. 부차적인 질문은 주안적 질문을 보충해 주는 질문이다. '어떤 수업이었나요?'라는 질문은 앞의 '국어 교사가 되신 계기가 무엇인가요?'라는 질문의 대답과 관련된 부차적인 질문이다. 그리고 '임용 시험을 볼 수 있는 자격이요?'는 피면담자의 대답 중에서 궁금한 점에 대한 보충 설명을 요구하는 질문이라고 할 수 있다.

상	부차적인 질문을 두 가지 찾아 모두 적절하게 제시한 경우
중	부차적인 질문 두 가지 중에서 한 가지만 적절하게 제시한 경우
하	부차적인 질문 두 가지 중에서 한 가지도 적절하게 제시하지 못한 경우

30 〈보기〉의 글에서는 솜옷을 입은 사람 옆에서 덥다고 하지 않고, 홑옷을 입은 사람 옆에서 춥다고 하지 않는 말하기 태도를 언급하고 있다. 이는 말을 할 때 그 말을 듣는 사람의 상황과 처지를 고려해야 한다는 뜻으로, 배려하는 말하기와 깊은 연관이 있다.

31 이 토의의 토의자들은 자신의 주장을 포기하고 다른 사람의 주장에 동의하거나, 다른 사람의 주장에 일부는 동의하고 일부는 반대 의사를 표현하기도 하면서 합리적으로 의견을 조정해 최선의 해결책을 찾아가고 있다.

32 (라)에서 사회자는 토의자들이 의견을 교환하면서 서로 자신의 의견을 조정했던 것을 정리하여 최선의 해결책으로 발표하였다. 그 후에는 청중과 토의자의 질의응답으로 순서를 진행하고 있다.

상	사회자의 역할 두 가지를 하나의 문장으로 적절하게 제시한 경우
중	• 사회자의 역할 두 가지를 모두 제시하였으나 한 가지가 적절하지 못한 경우 • 사회자의 역할을 두 가지 제시하였으나 하나의 문장으로 제시하지 못한 경우
하	사회자의 역할 두 가지를 모두 적절하게 제시하지 못한 경우

33 이 연설에서 연설하는 사람이 하는 주장은 동아리에 가입하면 다양한 활동을 통해 로봇 전문가가 될 수 있다는 것이다. ㉠은 1주일에 한 번씩 로봇 관련 책이나 자료를 함께 읽는 활동을 하는 것이므로 주장을 뒷받침하기에 타당성이 있으며, ㉢도 청소년 로봇 박람회에 참가하는 것이므로 주장을 뒷받침하기에 타당성이 있는 근거이다. 하지만 ㉡은 동아리 학생들 간의 친목을 다지기 위한 행동으로, 주장하는 내용과 관련이 없으므로 타당한 근거라고 보기 어렵다.